中國 北朝 地方統治 研究

The Local Governance
in the Northern Dynasties

by Choi JinYeoul

ACANET, SEOUL KOREA, 2019

대우학술총서

621

中國 北朝 地方統治 研究

The Local Governance
in the Northern Dynasties

최진열 지음

아카넷

서문

━━━

'곤학의 여로'에 들어선 후 연구자로서 사료의 분석과 역사지리에 뛰어남을 깨닫게 되었다. 사료를 읽고 분석하면서 논문으로 발전할 수 있는 실마리를 찾아내는 데 능하였고, 특히 지명과 공간에 대한 이해가 뛰어났던 것 같다. 이런 장점을 바탕으로 北魏의 지역지배라는 주제로 석사논문을 썼다. 원래 초고는 A4 용지 90장에 달할 정도로 방대했으나, 이런저런 이유로 내용과 분량이 줄어들었다. 특히 북위 후기(북위 낙양시대) 국가의 성격을 규정한 부분을 뺀 점이 아쉬웠다.

魏晉南北朝史 전공자로서 이 시대의 특징이 무엇인지, 혹은 앞과 뒤 시대와의 공통점과 차이점, 연속성을 고민하면서 魏書뿐만 아니라 北齊書, 周書, 隋書, 北史, 심지어 墓誌銘까지 숙독하였다. 아직까지 공부가 짧아서 원래의 목표에 접근조차 못했지만, 이 과정에서 사료를 정리하면서 동위·북제와 서위·북주의 제도와 지방통치에 관심을 가지게 되었다. 이 가운데 선행연구에 없는 東魏北齊와 西魏北周의 지방통치를 주제로 논문을 집필하였고, 이를 이전에 썼던 北魏의 지

역지배 논문과 합쳐서 연구서를 출판하면 좋겠다는 생각을 하게 되었다. 운이 좋게도 2015년 대우재단의 학술연구비 지원 대상에 선정되어 연구서를 출판할 수 있는 기회를 얻었다. 연구서를 집필하면서 석사논문 초고의 고민을 충분히 반영하였고, 다른 연구자들이 쉽게 읽을 수 있도록 정치사, 외교사, 전쟁사 부분을 삽입하면서 북주와 북제의 체제상 우열과 북주의 북제 정복 원인을 나름대로 규명하게 된 것은 큰 수확이었다.

지도교수님은 묘지명 자료가 연구에 도움이 되지 않는다고 하셨으나 이 연구서를 집필하는 과정에서 묘지명뿐만 아니라 출토유물과 고고학 보고서도 역사연구에 필요한 귀중한 자료임을 실감하였다. 여러 차례 중국학술대회에 참석하고 학술답사에 참가하여 鄴과 大同 일대를 답사할 수 있었던 것은 필자에게 행운이었다. 또 학회 참석 전후 여러 지역을 돌아본 것도 필자에게 큰 영감을 주었다. 북위군의 병주 진격로, 북주 무제의 북제 정복 루트, 북제 후주의 평양성 전투 추정로, 鄴·大同·洛陽·西安·太原 답사, 특히 박물관 견학은 사료에서 발견할 수 없는 지적 충격을 안겨주었다. 특히 2018년 大同 답사는 北魏前期 수도 平城에 대한 필자의 선입견을 깰 수 있는 좋은 기회였다. 평성과 주변 지역에 대한 새로운 글을 이 연구서에 포함시키고 싶었는데, 출판 날짜가 촉박하여 포기할 수밖에 없어서 아쉽다. 또 원래의 연구계획서에는 서장에 북조시대에 앞선 16국시대 지방통치를 간단히 언급하려고 하였다. 그러나 16국시대 사료를 검토하고 정리하면서 16국 각국의 지방통치도 논문으로 발전할 수 있는 주제임을 알게 되었고 간단히 짧은 지면에 정리할 수 없음을 깨달았다. 현재 前燕과 後燕의 지방통치 논문을 준비 중인데, 다른 16국의 지방통치에 관한 논문도 집필한다면, 16국시대 지방통치를 주제로 한 연구서를 출판할 수 있는 분량으로 늘어날 수도 있을 것 같다. 이러한 고민 때문에 16국시대 지방통치 부분을 서술하지 못한 점은 유감이다. 마지막으로 지방통치를 연구하면서 관심사가 재정 문제로 확대되었다. 이는 서위북주와 동위북제 지방통치 부분에서 간단히 서술하였는데, 더 이상 확대되면 연구서의 주제에서 벗어날 것 같아 생략하였다. 16국과 북조시대 재정 문제는 필자의 연구과제로 남겨두려고 한다.

이 책이 출판되는 데 많은 분들의 도움이 있었다. 필자의 엉성한 연구계획서를 심사하고 연구비를 받을 수 있도록 해주신 익명의 심사위원들과 중간보고서·최종보고서 심사위원들께 심심한 사의를 표한다. 또 묘지명 자료를 구하는 데 큰 도움을 준 김종희 동학에게도 감사의 말을 전한다. 무엇보다 아카넷의 이하심 부장님과 이 책 출판 작업에 도움을 주신 출판사 관계자 여러분들에게 거듭 고맙다는 말을 하고 싶다. 특히 이하심 부장님은 최근 한자 대신 한글로 바꿔서 책을 출판하는 관행을 거부하고 한자로 노출된 연구서 출판을 제안한 필자의 고집을 잘 받아주셨다. 그의 도움이 없었으면 이 책의 출판은 불가능했을 것이다. 지면을 통해 거듭 감사드린다.

차례

2部 北魏洛陽時代 地方統治

4章 孝文帝의 地方改革과 北魏洛陽時代 地方統治 293

3部   東魏北齊時代 地方統治

일러두기

1. 본서에 표기된 날짜는 음력이며 漢字의 숫자와 간지로 표기했다. 이를 양력으로 변환한 경우 陳垣의 『二十史朔閏表』(北京: 中華書局, 1999)를 참조하여 바꾸었으며, 괄호 안에 아라비아 숫자로 표기했다.

2. 본서의 각 章 혹은 節 가운데 기존의 학술잡지에 동일하게 게재하거나 목차와 내용을 바꿔 발표하거나 일부를 인용한 논문이 있다. 이러한 논문의 목록은 아래와 같다.

   6장 北魏末 尒朱氏政權과 「兩都體制」의 1절과 2절 1-3항: 「北魏末 '尒朱榮政權'의 출현과 그 영향-六鎭의 난 과대 평가와 尒朱榮政權의 재평가를 중심으로-」, 『대동문화연구』 102, 2018

   3부 7장과 8장은 「東魏北齊의 軍事 중심 太原의 전략적 限界-군사배치와 방어체계로 본 北齊의 멸망-」(『동아시아문화연구』 55, 2013)과 「東魏北齊의 華北 지배와 그 한계」(『東洋史學研究』 125, 2013)를 참조하여 재구성하였다.

   10장 2절 華州(同州)의 政治・軍事的 위상과 역할: 「西魏北周 華州(同州)의 政治・軍事的 지위와 역할」, 『中國古中世史研究』 31, 2014

   11장 1절과 2절: 「西魏北周의 巴蜀 정복과 지배」, 『中國古中世史研究』 50, 2018

   12장 北周의 舊北齊(山東) 支配와 그 한계: 「北周의 舊北齊(山東) 支配와 그 한계」, 『東洋史學研究』 144, 2018

3. 본문의 중국 지명은 漢字로 표기하였다.

4. 본문에서 [ ]는 다음의 경우에 사용하였다.

   (1) 한문을 번역하며 문맥상 필요한 내용을 필자가 삽입하거나 『魏書』의 '太祖', '歲調', '高肇'로 표기된 皇帝의 명칭을 일반적으로 알려진 皇帝의 諡號로 표기할 경우.

   (2) 금석문의 이름과 『魏書』에 표기된 이름이 다를 경우 후자를 보충적으로 설명할 필요가 있을 경우.

   (3) 번역에 필요한 내용을 보충할 경우.

   (4) 기타 필요한 경우에 [ ]를 사용하였다.

5. 본문에 인용한 사료와 연구서, 논문은 첫 번째 인용 때 서지사항을 모두 썼고 두 번째 인용 때부터는 '사료명', '저자, 연구서', '저자, 연구논문'의 형식으로 표기했다. 그리고 연구서와 논문명의 부제도 두 번째 인용할 때부터 생략했다.

6. 인용하는 사료가 중복될 경우 첫 번째 인용할 때, 그리고 내용상 중요한 곳에 원문을 제시했고 나머지 인용 때는 사료의 이름과 권수, 쪽수만 기록했다.

7. 본문의 "□"는 금석문에서 판독하기 어렵거나 아예 탈루된 글자를 뜻한다.

8. 각주와 본문에서 인용문을 표시할 때 " "를 사용했다.

序章

1. 문제제기

중국사 연구의 중요한 주제 중 하나가 지역연구 혹은 地方統治 연구이다. 地方志가 남아 있는 宋元 이후, 특히 明清時代 이후에는 각 지역의 地方志와 族譜, 檔案 문서 등을 이용한 연구가 활발하다. 중국고대사(先秦秦漢史)의 경우 최근 각지에서 출토되는 갑골문자, 金文, 木簡, 竹簡 덕분에 개별 지역의 연구나 중앙정부와 지방 간의 문서행정, 地方統治 연구가 가능하였다. 그 사이의 중국중세사, 특히 魏晉南北朝時代의 경우 지역연구나 地方統治의 연구가 쉽지 않다. 남아 있는 지방지가 거의 없고 중앙정부 중심의 정사류 사서가 남아 있는 데다가, 州郡縣의 명칭이 달라지고 지방행정구역이 더욱 세분화되었을 뿐만 아니라 僑州郡縣이 존재하여 지명의 혼란이 심하다. 따라서 이 시대 지역사 혹은 地方統治 연구는 부진한 상황이다.

南北朝時代 혹은 魏晉南北朝時代 전체의 지역연구와 지방행정제도

로 나눌 수 있다. 전자는 南朝의 중앙과 지방의 갈등,[1] 鄴과 河北 지역,[2] 靑州·徐州·兗州,[3] 幷州,[4] 秦州(關隴 지역),[5] 오르도스,[6] 淮水 유역,[7] 남쪽 변경지역,[8] 巴蜀[9] 등이 있다. 후자는 北朝時代 行臺[10]와 覇府(兩都體制)[11]를 다룬 논문이 있다. 선행연구를 검토하면 정사류 사료의 서술 대상의 한계로 지방행정제도나 지방세력, 중앙과 지방의 정치적 갈등 등이 주된 주제가 될 수밖에 없었다.

일반적으로 北魏는 북쪽 변경에서 河北을 점령하고 華北을 통일하였으며 孝文帝의 漢化政策을 실시하였으나 六鎭의 난 이후 붕괴했다고 알려져 있다. 그리고 孝文帝의 漢化政策으로 鮮卑를 비롯한 이

---

1 章義和,『地域集團與南朝政治』, 上海: 華東師範大學出版社, 2002.

2 市來弘志,「魏晉南北朝時代における鄴城周邊の牧畜と民族分布」, 鶴間和幸 編,『黃河下流域の歷史と環境−東アジア海文明への道−』, 東京: 東方書店, 2007.

3 王蕊,『魏晉十六國靑徐兗地域政局硏究』, 濟南: 齊魯書社, 2008.

4 汪波,「魏晉南北朝幷州地區少數民族初探」, 殷憲·馬志强,『北朝硏究』 2, 北京: 北京燕山出版社, 2001; 李書吉,「十六國北朝山西塢壁的地理分布」, 中國魏晉南北朝史學會·山西大學歷史文化學院 編,『中國魏晉南北朝史學會第十屆年會暨國際學術硏討會論文集』, 太原: 北岳文藝出版社, 2012.

5 牛旭,「北朝秦州地區硏究」, 陝西師範大學碩士學位論文, 2009. 5.

6 王天順,「魏晉十六國北朝時期河套諸族」,『河套史』, 北京: 人民出版社, 2006.

7 王鑫義,「北朝時期淮河流域農業生産的恢復和發展」,『中國農史』 21-2, 2002; 韓樹峰,『南北朝時期淮漢迤北的邊境豪族』, 北京: 社會科學出版社, 2003

8 陳金鳳,『魏晉南北朝中間地帶硏究』, 天津: 天津古籍出版社, 2005; 谷口房男,「南北朝時代の蠻酋」, 魏晉南北朝隋唐時代の基本問題編纂委員會 編,『魏晉南北朝隋唐時代の基本問題』, 東京: 汲古書院, 1997.

9 中林史朗,『中國中世四川地方史論集』, 東京: 勉誠出版, 2015.

10 古賀昭岑,「北朝の行臺について−その一−」,『九州大學東洋史論集』 3, 1974; 牟發松 著, 古賀昭岑 譯,「北朝行臺の地方官化についての考察」,『九州大學東洋史論集』 25, 1997.

11 谷川道雄,「兩魏齊周時代の覇府と王都」, 唐代史硏究會 編,『中國都市の歷史的硏究』, 唐代史硏究會報告 第Ⅳ集, 1988, 85-91쪽.

민족이 중국 문화에 동화되었다고 보는 것이 통설이었다. 필자는 『魏書』뿐만 아니라 「文成帝南巡碑」를 분석하면서 전자의 사료는 이민족의 姓名과 官制를 제대로 기록하지 않는 등 北魏를 漢化에 충실한 나라로 분식했음을 깨달았다. '편파적인' 『魏書』와 北朝系 史書, 출토유물, 墓誌 자료를 정리하면서 北魏를 세운 이민족(胡人)들이 중국 문화를 받아들였지만 여전히 자신들의 사고방식과 문화, 습속을 유지했음을 발견하였다. 그리고 이를 북위의 정치적 측면에서 입증하기 위해 「北魏의 華北支配와 그 성격」이라는 석사논문을 썼다. 秦漢帝國의 일원적인 郡縣支配를 중국식 지방통치 방식이라고 한다면, 北魏는 郡縣支配와 다른 방식으로 통치하였음을 입증하였다. 北魏는 화북통일을 달성했지만, 16국 시대 후기 五胡諸國의 胡漢分治 관행과 제도를 이어받아 여러 種族의 관행과 관습을 유지하면서 경제적 수취에 주력하였다. 孝文帝의 官制·制度 개혁 이후에도 秦漢時代나 다른 漢人王朝에서 볼 수 없는 지역지배 방식과 관행이 존재하였다. 필자는 이를 굳이 '호족적' 성격으로 단정하지는 않지만 한인왕조의 지역지배와 다른 점을 보인다.

필자는 秦漢時代의 郡縣支配와 다른 北魏의 지역지배 방식이 다른 北朝의 왕조에도 보이는지 관심을 가지게 되었다. 아래의 선행연구에서 알 수 있듯이, 개별 지역에 대한 연구는 많지만 北朝 개별국가 전체의 지방통치 연구가 적은 것도 연구주제를 정하게 된 동기가 되었다. 李延壽의 『北史』에서 유래한 '北朝'는 흔히 華北을 통일한 북방의 이민족 왕조로 오해되지만, 北魏, 東魏, 西魏, 北周, 北齊 가운데 北魏와 北周만이 華北을 통일한 왕조였다. 그리고 다섯 개의 왕조가 있었지만 北魏가 동서로 분열된 東魏와 西魏는 계승국가인 北齊와 北周의 실력자들이 허수아비 황제를 옹립한 후 통치했기 때문에 '西魏

北周', '東魏北齊'처럼 두 국가를 하나의 국가로 표기한다. 따라서 실제로 北朝時代에는 세 개의 왕조가 있었다. 그리고 493-494년 孝文帝가 洛陽遷都를 감행한 후 北魏의 수도는 平城에서 洛陽으로 바뀌었다. 따라서 北朝時代 수도는 平城, 洛陽, 鄴, 長安이었다. 東晉南朝의 다섯 왕조가 建康을 수도로 정했던 것과 달리 北朝의 여러 왕조의 수도가 서로 달랐던 점에서 수도에 따른 地方統治의 차이가 존재할 것이라는 가설도 가능하다. 이러한 이유로 필자는 北朝 여러 왕조의 地方統治를 연구주제로 삼았다. 물론 이 시대 北朝 전체 혹은 개별 왕조 전체의 지방통치 연구가 없다는 현실도 주제를 택한 이유의 하나이다. 아래에서 北朝 각 왕조의 地方統治와 관련된 선행연구를 살펴본다.

2. 선행연구

1 北魏 地方統治 研究

현재 北魏의 지방통치 연구는 華北 전체에 대한 연구,[12] 北魏 前後期 首都인 平城[13]과 洛陽[14]에 대한 연구, 序紀時代 盛樂과 平城의 兩都體

---

12 崔珍烈, 「北魏의 華北支配와 그 性格」, 서울大學校 大學院 東洋史學科 文學碩士學位論文, 2002. 8 및 「北魏의 地域支配方式과 그 性格―華北지역을 중심으로―」, 「東洋史學研究」92, 2005, 116-149쪽.

13 前田正名, 「平城의 歷史地理學的研究」(東京: 風間書房, 1979), 「平城附近·桑乾河流域·隣接地域人口流動一覽表」; 李凭, 「拓跋珪與雁北的開發」, 太原: 「晉陽學刊」1985-3, 1985(K22 魏晉南北朝隋唐史 1985-6, 1985); 堀內明博 著, 于德源 譯, 「北魏平城」, 「大同高等專科學校學報(綜合版)」1994-4, 1994; 高平, 「拓跋魏往京師平城

制,[15] 北魏洛陽時代 平城과 洛陽의 兩都體制,[16] 平城과 洛陽의 비교,[17]

大規模遷徙人口的數字·原因及其影響」, 中國魏晉南北朝史學會 大同平城北朝研究
會 編, 『北朝研究』 第一輯, 1999, 62-81쪽; 李凭, 「北魏平城畿內的城邑」, 287-345
쪽; 同氏, 「道武帝時期的大移民與雁北的開發」, 346-364쪽(이상 『北魏平城時代』, 北
京: 社會科學文獻出版社, 2000에 수록); 曉鳳, 「北魏建都平城之我見」, 『大同職業技
術學院』 第20卷 第3期, 2006; 佐川英治, 「遊牧と農耕の間-北魏平城の鹿苑の機能
とその変遷-」, 『岡山大學文學部紀要』 47, 2007; 鹽澤裕仁, 「鮮卑の都城"平城"」, 『後
漢魏晉南北朝都城境域研究』, 東京: 雄山閣, 2013; 佐川英治, 「北魏平城」, 佐川英
治·陳力·小尾夫, 『漢魏晉南北朝都城復元圖の研究』, 平成22~平成25年度科學研
究費補助金基盤研究(B)研究成果報告書(最新の考古調査および禮制研究の成果を
用いた中國古代都城史の新研究), 2014. 3; 崔珍烈, 「平城定都與鮮卑人保持的草原
政治文化」, 政協大同市委員會·山西大同大學, 『2018中國大同·北魏文化論壇論文
集』, 2018. 8, 24-45쪽.

14 朴漢濟, 「北魏 洛陽社會와 胡漢體制-都城區劃과 住民分布를 중심으로-」, 『泰東古
典研究』 6, 1990, 118-149쪽; 同氏, 「魏晉南北朝時代 각 왕조의 首都선정과 그 의
미-洛陽과 鄴都-」, 『歷史學報』 168, 2001, 113-173쪽; 張金龍, 「北魏洛陽里坊制度
探微」, 『北魏政治與制度論稿』, 蘭州: 甘肅教育出版社, 2002(原載 『歷史研究』 1999-
6, 1999); 李久昌, 「北魏洛陽里坊制度及其特點」, 『學術交流』 2007-7(總第160期),
2007; 謝美婧, 「北魏洛陽城的營建」, 東北師範大學碩士學位論文, 2009. 6; 王佳月,
「談孝宣之際北魏洛陽城的規建」, 『石窟寺研究』 2, 2012, 250왼쪽-256왼쪽; 賈文慧,
「從《洛陽伽藍記》看北魏洛陽城里坊布局特徵」, 『赤峰學院學報(漢文哲學社會科學
版)』 34-1, 2013, 28왼쪽-31왼쪽; 佐川英治, 「漢魏洛陽城」, 佐川英治·陳力·小尾
夫, 『漢魏晉南北朝都城復元圖の研究』, 平成22~平成25年度科學研究費補助金基盤
研究(B)研究成果報告書(最新の考古調査および禮制研究の成果を用いた中國古代都
城史の新研究), 2014. 3; 王東洋, 「從平城到洛陽: 北魏孝文帝遷都洛陽草率說獻疑」,
風鋒 主編, 『雲岡文化研究選粹』, 北京: 光明日報出版社, 2017, 351-356쪽.

15 崔彦華, 「北魏前期"盛樂-平城"兩都格局-兼論北魏金陵之所在-」, 中國魏晉南北朝
史學會·山西大學歷史文化學院 編, 『中國魏晉南北朝學會第十屆年會暨國際學術
研討會論文集』, 太原: 北岳文藝出版社, 2012.

16 崔彦華, 「"洛陽-平城"兩都格局與北魏政權之敗亡」, 『山西大學學報(哲學社會科學版)』
35-4, 2012, 70왼쪽-75오른쪽.

17 張劍·孟昭芝, 「北魏國都平城和洛陽城的對比研究」, 『三門峽職業技術學院學報』 10-
1, 2011.

河北,[18] 靑齊 지역,[19] 六鎭 지역,[20] 오르도스,[21] 盛樂,[22] 河西回廊,[23] 遼

18 前田正名,「平城と河北平野との經濟的關係」 及 「四-五世紀における太行山脈東麓路に關する論考-住民構造-」;「三-五世紀における太行山脈東麓の地域構造に關する論考-住民構造を通じて-」(이상『平城の歷史地理學的研究』, 東京: 風間書房, 1979); 郭黎安,「北魏定冀相三州的歷史地位」,『北朝研究』1990年 上半年刊(總第2期), 1990, 42-45쪽; 周一良,「讀《鄴中記》」,『周一良集』第壹卷, 591-592쪽 及「中山鄴信都三城」,『周一良集』第貳卷 魏晉南北朝札記, 瀋陽: 遼寧教育出版社, 1998, 487-490쪽; 牛潤珍,『河北通史』(嚴蘭紳 主編, 北京: 河北人民出版社, 2000) 魏晉北朝卷 5-7章; 蔣福亞,「魏晉南北朝河北經濟的發展」,『魏晉南北朝經濟史探』, 蘭州: 甘肅人民出版社, 2003; 김성희,『북위의 하북 지배와 그 지향』, 이화여자대학교 대학원, 2006; 王仁磊,「試論河北地區在北魏前期政局中的地位與影響」, 鄭州大學碩士學位論文, 2006. 5, 1-43쪽; 史衛,「論南北朝時期河北地區經濟中心地位的形成」,『石家莊學院學報』10-1, 2008; 孫權,「北魏河北地區研究」, 山西大學碩士學位論文, 2009. 6, 1-54쪽; 王仁磊,「道武帝平定河北與北魏在北方的迅速崛起」, 政協大同市委員會 · 山西大同大學,『2018中國大同 · 北魏文化論壇論文集』, 2018. 8, 46-53쪽.
19 唐長孺,「北魏的靑齊士民」,『魏晉南北朝史論拾遺』, 北京: 中華書局, 1983, 92-122쪽; 王仁磊,「略論北魏道武帝平定河北策略的制定」,『內蒙古社會科學(漢文版)』30-6, 2009; 嚴耀中,「平齊民身分與靑齊士族集團」,『魏晉南北朝史考論』, 上海: 上海人民出版社, 2010.
20 楊耀坤,「北魏末年北鎭暴動分析」,『歷史研究』1978-11, 1978, 68-70쪽; 朱大渭,「代北豪强酋帥崛起述論」,『六朝史論』, 北京: 中華書局, 1998, 216-245쪽; 李則芬,「北魏的六鎭」,『中國歷史論文集(上)』(從先秦到南北朝), 臺北: 黎明出版, 1998; 孔毅,「北朝後期六鎭鮮卑群體心態的演變」,『重慶師院學報哲社版』1999-2, 1999; 錢龍,「北魏安置六鎭'饑民'失誤淺論」,『滄桑』2007-1, 2007; 蘇小華,「遷都洛陽後北魏六鎭的地域社會特徵」,『古代文明』2-2, 2008; 姚波,「六鎭問題與北魏的滅亡」,『重慶科技學院學報(社會科學版)』2010-11, 2010; 薛海波,「北魏末年鎭民暴動新探-以六鎭豪强酋帥爲中心-」,『文史哲』2011-2(總第323期), 2011; 唐長孺,「試論魏末北鎭鎭民暴動的性質」 及「北魏末期的山胡敕勒起義」(모두『山居存稿』, 北京: 中華書局, 2011에 수록); 王明前,「北魏邊疆經營與北鎭問題」,『遼寧教育行政學院學報』2013-4, 2013, 22왼쪽-27오른쪽; 薛海波,「論北魏六鎭經濟與六鎭暴動的原因」,『中國社會經濟史研究』2014-3, 2014, 1왼쪽-9오른쪽; 薛海波,「論北魏六鎭豪帥的婚姻關係與其社會地位'劇降'問題」,『古代文明』9-3, 2015, 40왼쪽-46오른쪽.
21 侯甬堅,「北魏時期鄂爾多斯高原的自然-人文景觀」,『歷史地理學探索』, 北京: 中國社會科學出版社, 2004; 閆廷亮,「北魏對河西的經營和開發」,『河西學院學報』21-4, 2005.

西 지역,[24] 江淮,[25] 남쪽 변경[26] 등으로 나뉜다. 더 세부적인 지역연구로 懷朔鎭[27]과 平涼郡[28]에 대한 연구가 있다. 또 北魏의 정치계와 지역지배에 영향을 준 洛陽遷都[29]의 정치적 배경과 원인을 다룬 연구도 있다.

유일하게 北魏 전체 지역을 연구한 필자의 선행연구 내용을 간단히 소개하면 다음과 같다. 北魏前期(平城時代) 華北 지배과정을 살펴보면 北魏는 "行臺 혹은 鎭 설치 → 徙民 → 土着勢力의 포섭 → 稅役 징수 체제로의 편입 → 皇帝 巡幸을 통한 안정적인 지배의 표방"의 5단계 과정을 거치며 地方統治를 강화하였다. 이는 京畿(明元帝 시기), 河北

22 松下憲一, 「「定襄之盛樂」と「雲中之盛樂」─鮮卑拓跋國家の都城と陵墓─」, 『史朋』 40, 2007, 1-22쪽.

23 田德新・公維章, 「北魏對西北地區的統治措施」, 『發展』 1998-6, 1998; 索伯(Alexander C. Soper), 「北涼和北魏時期的甘肅」, 『敦煌研究』 1999-4(總第62期), 1999.

24 園田俊介, 「北魏時代における匈奴の遼西徙民とその背景」, 『中央大學アジア史研究』 (白東史學會 編) 27, 2003, 47-72쪽; 井上直樹, 「「韓曁墓誌」を通してみた高句麗の對北魏外交の一側面─六世紀前半を中心に─」, 『朝鮮學報』 178, 2001, 1-30쪽.

25 欒貴川, 「十六國北朝時期黃河海地區戶口與勞動力考述」, 北京: 『中國社會科學院研究生院學報』 2000-4, 2000(K22 魏晉南北朝隋唐史 2000-6, 2000); 許少林, 「北魏經略江淮地區述論」, 吉林大學碩士學位論文, 2016. 4.

26 西野正彬, 「北魏の軍制と南邊」, 『北陸史學』 25, 1976, 2아래쪽-15아래쪽; 陳金鳳・姜敏, 「南北朝時期北魏與中間地帶蠻族合作探微─以北魏和桓誕・田益宗合作爲中心─」, 『中南民族大學學報(人文社會科學版)』 22-6, 2002.

27 馬志强・何建國, 「北魏懷朔鎭將略談」, 『蘭臺世界』 2015・6月下旬, 2015, 92왼쪽-93오른쪽.

28 嚴耀中, 「北魏平涼郡考」, 『魏晉南北朝史考論』, 上海: 上海人民出版社, 2010.

29 鈕仲勳, 「論北魏孝文帝之遷都」, 『山西大學學報(哲學社會科學版)』 1996-4, 1996; 何德章, 「論北魏孝文帝遷都事件」, 『魏晉南北朝隋唐史資料』 26, 1997; 史蘇苑, 「北魏孝文帝遷都洛陽平議」, 洛陽市文物局・洛陽白馬寺漢魏故城文物保管所 編, 『漢魏洛陽故城研究』, 北京: 科學出版社, 2000; 李憑, 「論北魏遷都事件」, 『北朝研究存稿』, 北京: 商務印書館, 2006; 松下憲一, 「北魏の洛陽遷都」, 『北魏胡族體制論』, 札幌: 北海道大學出版會, 2007.

(太武帝 시기), 關隴(文成帝 시기), 河南·靑齊·兗州(孝文帝 시기)의 순서로 이루어져 전체적으로 平城을 중심으로 동심원적으로 확대되는 모습을 보인다. 이러한 단계적 地方統治 과정은 定住·農耕 지역에 생소하며 그 통치방식에 익숙하지 않은 북방 胡族이 華北 지역을 점령한 후 일정 기간 과도기를 거쳐 정주 농경지역에 익숙해진 후 점차로 통치의 강도를 높이는 과정으로 이해할 수 있다. 이어서 北魏後期(洛陽時代)의 地方統治를 살펴보면, 孝文帝 시기 北部尙書·南部尙書의 胡漢分治體制의 폐지, 鎭의 州 改置와 州郡縣으로의 단일화 등 지방행정개혁이 이루어졌고, 均田制와 三長制 등이 실시되어 외형상 北魏가 秦漢 시대의 郡縣支配 체제를 지향한 것처럼 보인다. 그러나 胡漢分治의 鎭과 護軍, 領民酋長이 존재하였고, 남쪽 변경의 僑州郡縣도 여전히 남아 있었을 뿐만 아니라 郡縣支配의 기본원리인 지방장관과 封爵者의 본적지 회피원칙도 잘 지켜지지 않았다. 北魏는 불철저한 州郡縣 편제를 보완하기 위해 중앙에서 각종 명칭의 大使 혹은 使를 파견하여 지방감찰과 南朝와의 전쟁에 필요한 군수물자 동원에 이용하였다.[30] 그리고 北魏 洛陽時代 물자의 운송체계와 '徵兵' 체계 등 '戰時動員體制'는 孝文帝가 洛陽遷都 전후 전국을 순행하며 華北 지역의 통치를 공고히 하려고 했던 이유가 南朝와의 통일전쟁이었음을 시사한다. 바꿔 말하면 北魏 洛陽時代까지 지속된 地方統治 방식의 다양화와 외형적으로 일원화한 州郡縣 편제와 실질적인 郡縣 편제의 다원화는 北魏 洛陽時代의 華北 통치방식이 전적으로 漢人의 군현 지배방식을 따른 것이 아니라 통치에 필요한 장치를 선택적으로 수용했음을

---

30 崔珍烈, 「北朝時代 使職의 출현과 그 의의—北朝使職의 試論的 考察—」, 『中國古代史研究』(『中國古中世史研究』로 변경) 14, 2005, 75-119쪽.

뜻한다.[31]

北魏의 경제적 중심지인 河北 지역의 연구는 많은 편이다. 河北 지역이 北魏時代 경제적 중심지였을 뿐만 아니라 漢人 門閥 가운데 두각을 나타냈기 때문이다. 이 가운데 몇 개의 선행연구를 소개한다.

北魏 치하 河北 지역의 중요성에 처음 주목한 이가 周一良이다. 그는 「中山鄴信都三城」에서 北魏時代 河北의 특징을 몇 가지 지적하였다. ① 北魏는 396년부터 494년 洛陽遷都까지 冀州·定州·相州 3州를 특별히 중시하였다. ② 太武帝는 435년 定州·冀州·鄴, 443년 中山, 445년 定州, 447년 中山, 文成帝는 454년 中山·信都, 458년 信都·中山, 460년 中山·鄴·信都를 巡幸하였다. 北魏皇帝들은 河北을 巡幸하여 통치를 공고히 함과 동시에 山東 3州 인민을 농락하였다. ③ 北魏平城時代 平城에서 冀州·定州·相州로 南巡할 때 반드시 지나는 도로였던 靈丘道가 중시되었다. ④ 冀州·定州·相州 3州는 "河北數州, 國之基本", "國之資儲, 唯藉河北"이라고 불릴 정도로 經濟 선진 지역이었다. ⑤ 이러한 河北(山東)의 발전은 문화 발전을 이끌었다. 『魏書』「儒林傳」에 河北(山東) 출신 儒學者가 많았던 것이 대표적인 예이다. ⑥ 中山을 평정한 후 冀州와 定州의 丁零 세력이 아직 강대하자 엄중히 방어하고 진압하였다.[32]

郭黎安은 歷史地理의 관점에서 燕州·幽州·瀛州·定州·冀州·相州 6州의 설치와 十六國·北魏初 동란기의 河北의 농업, 수공업, 平城 건축 등을 서술하였다. 北魏는 통치에 저항한 옛 세력들을 굴복시키기 위해 대규모 이민을 추진하였다. 平城으로 옮겨진 河北의 이민은

---

31 崔珍烈, 「北魏의 地域支配方式과 그 性格」, 116-149쪽.

32 周一良, 「中山鄴信都三城」, 487-490쪽.

민족 융합에 기여하였고 중원문화, 생산기술(농업과 수공업), 都城 건축 등에 영향을 주었다.[33]

王仁磊는 代北에 있던 拓跋部의 代國이 河北을 평정하는 과정과 道武帝·明元帝의 鄴 천도 기도와 불발, 北魏와 河北士人의 관계 등을 서술하였다. 특히 河北 지역이 北魏의 華北統一에 경제적·군사적 측면에서 기여했음을 지적하였다.[34] 道武帝와 明元帝가 모두 두 차례에 걸쳐 鄴 천도를 추진했음을 주목한 점과 河北 지역이 北魏의 華北統一에 군사적으로 공헌했음을 지적한 점은 주목할 점이다.

孫權은 北魏初 河北을 처음 점령했을 때 丁零과 河北의 豪族勢力이 치안의 불안요소였음을 지적하고 北魏가 두 세력을 다루기 위한 정책을 소개하였다. 또 平城과 河北의 교통로(直道·莎泉道·靈丘道), 병역과 요역의 징발, 물자유통 등을 분석하였다. 그러나 자료의 부족으로 河北 지역의 지배 양상을 충분히 밝힐 수 없었다. 이를 보충하기 위해 孫權은 河北 지역 지방관의 인적 구성 분석과 河北의 門閥 혹은 豪族勢力 분석에 치중하였다.[35]

이 밖에 중앙과 지방의 권력관계와 관련된 연구는 大使의 지방

---

33 郭黎安,「北魏定冀相三州的歷史地位」, 42-45쪽.

34 王仁磊,「試論河北地區在北魏前期政局中的地位與影響」, 1-43쪽.

35 孫權,「北魏河北地區研究」, 1-54쪽. 이 밖에 김성희의 하북 연구가 있으나, 필자의 연구를 인용하면서 인용주를 달지 않았고, 필자의 단계적 지역지배 주장을 차용하면서 사용한 生地, 熟地 등의 개념은 필자가 석사논문 초고에서 사용했으나, 지도교수의 요구로 삭제했다. 필자가 사용한 개념이 어떻게 차용되었는지 알 수 없으니 유감이다. 또 하북의 교통로와 역사지리 관련 논문도 前田正名의 연구서 내용을 벗어나지 않는다. 따라서 본문에서 언급하지 않았다.

파견,[36] 巡幸,[37] 徙民政策,[38] 宗主督護,[39] 地方統治와 종교,[40] 지방관의 본적지 임용[41] 등이 있다. 또 지방행정과 관련된 연구는 地方行政

36 楊鈺俠,「北魏大使出巡評議」,『安徽史學』1999-4, 1999; 崔珍烈,「北朝時代 使職의 출현과 그 의의」, 75-119쪽; 戴衛紅,「北魏考課制度與大使巡行·吏民告發」,『北魏考課制度研究』, 北京: 中國社會科學出版社, 2010.

37 佐藤智水,「北魏皇帝の行幸について」,『岡山大·文·紀要』5(通卷45), 1984; 洪吉,「北魏皇帝的巡幸」, 2007屆研究生碩士學位論文, 華東師範大學, 2007. 4; 崔珍烈,『北魏皇帝의 巡幸 研究-'遊牧的 君主'의 통치행위와 그 변천과정을 중심으로-』, 서울大學校 大學院 東洋史學科 文學博士學位論文, 2007. 8; 章義和·洪吉,「北魏諸帝巡行的歷史意義」,『文化學刊』2008-1(總第9期), 2008; 孫權,「北魏河北地區研究」, 山西大學碩士學位論文, 2009. 6, 13쪽; 崔珍烈,「北魏時代 漢人官僚들의 巡幸論」, 역사와교육학회,『역사와 교육』10집, 2010, 235-272쪽 및「北魏 皇帝 巡幸의 統計的 性格-巡幸頻度·巡幸期間·순행활동의 통계적 분석을 중심으로-」,『中國古中世史研究』26, 2011, 119-156쪽;『북위황제 순행과 호한사회』, 서울대학교출판문화원, 2011. 12.

38 河地重造,「北魏王朝の成立とその性格について-徙民政策の展開から均田制へ-」,『東洋史研究』12-5, 1953; 古賀昭岑,「北魏における徙民と計口受田について」,『九州大學東洋史論集』1, 1973; 操曉理,「北魏移民初論」,『首都師範大學學報』1998-6, 1998; 高平,「拓跋魏往京師平城大規模遷徙人口的數字·原因及其影響」, 中國魏晉南北朝史學會 大同平城北朝研究會 編,『北朝研究』1, 北京: 北京燕山出版社, 1999.

39 李凭,「論宗主督護」,『北魏平城時代』, 北京: 社會科學文獻出版社, 2000; 高敏,「北魏"宗主督護"制施行時間試探-兼論"宗主督護"制的社會影響-」,『秦漢魏晉南北朝史論考』, 北京: 中國社會科學出版社, 2004; 高賢棟,「《魏書·李沖傳》舊無三長, 唯立宗主督護"辨析」, 中國魏晉南北朝史學會·武漢大學中國三至九世紀研究所 編,『魏晉南北朝史研究: 回顧與探索-中國魏晉南北朝史學會第九屆年會論文集-』, 武漢: 湖北教育出版社, 2009.

40 蕭瑤みちる,「北魏の華北支配と道教」, 記念論叢刊行會 編,『福井重雅先生古稀·退職記念論集 古代東アジア史の社會と文化』, 東京: 汲古書院, 2007.

41 窪添慶文,「魏晉南北朝における地方官の本籍地任用について」,『魏晉南北朝官僚制研究』, 東京: 汲古書院, 2003(原載「魏晉南北朝における地方官の本籍地任用について (一)·(二)」,『史學雜誌』83-1·2, 1974); 楊龍,「論北魏後期地方長官本籍任用-以漢族士人爲中心的考察-」,『烟臺大學學報(哲學社會科學版)』25-3, 2012, 77왼쪽-83오른쪽.

制度의 研究,[42] 行政區域의 고증,[43] 僑州郡縣,[44] 北魏前期 京畿 지명 고증,[45] 州의 등급,[46] 行臺,[47] 지방관,[48] 지방세력의 활동,[49] 지

42 嚴耕望,「中國地方行政制度史」上編, 卷中下册 北朝地方行政制度史, 臺北, 臺灣商務印書館, 1963; 船木勝馬,「北魏建國期における州郡縣の設置について」,『東洋大學紀要 文學部編』24, 1971; 會田大輔,「北魏後半期の州府僚佐-「山公寺碑」を中心に-」,『東洋學報』91-2, 2009, 63-94쪽.

43 勞榦,「北魏州郡志略」,『中央研究院歷史於焉研究所集刊』32, 1961, 181-283쪽; 何德章,「北魏太和中州郡制改革考釋」,『武漢大學學報(哲學社會科學版)』1995-3(總第218期), 1995, 27-30쪽; 毋有江,『北魏政區地理研究』, 復旦大學博士學位論文, 2005; 毋有江,「道武帝之後北魏在新占地區的政區設置」,『中國史研究』2010-3, 2010, 75-88쪽.

44 胡阿祥,「十六國北朝僑州郡縣與僑流人口研究引論」,『中國歷史地理論叢』24-3, 2009.

45 力高才・殷憲,「北魏平城京畿地名考釋」(上),『北朝研究』1989-1(創刊號), 1989; 力高才・殷憲・高平,「北魏平城京畿地名考釋」(下),『北朝研究』1990年下半年刊(總第3期), 1990; 馬志强・張焯,「北魏平城京畿行政區劃的演變」,『洛陽大學學報』18-1, 2002.

46 窪添慶文,「北魏の州の等級について」,『高知大學教育學部研究報告』第二部 40號, 1988, 21-35쪽.

47 蔡學海,「北朝行臺研究」,『歷史學報(臺灣師範大學)』5, 1977; 牟發松,「東魏北齊的地方行臺」,『魏晉南北朝隋唐史資料』9・10, 1988; 牟發松,「六鎮起義前的北魏行臺」,『魏晉南北朝隋唐史資料』11, 1991; 牟發松 著, 古賀昭岑 譯,「北朝行臺の地方官化についての考察」, 134-151쪽; 俞鹿年,「北魏前期的地方職官・北魏初期的地方行臺」및「北魏後期的地方職官・北魏末年的地方行臺」(모두『北魏職官制度考』, 北京: 社會科學文獻出版社, 2008).

48 薛瑞澤,「北魏縣令長的相關門題」,『史學集刊』2003-3, 2003; 俞鹿年,「北魏前期的地方官」및 俞鹿年,「北魏後期的地方職官」(모두『北魏職官制度考』, 北京: 社會科學文獻出版社, 2008에 수록); 嚴耀中,「關于北魏"三刺史"制度的若干詮釋」,『魏晉南北朝史考論』, 上海: 上海人民出版社, 2010.

49 李啓明,「關中의「郡姓」-河東薛氏의 成立-」, 大邱,『中國史研究』12, 2001, 65-74쪽; 許蓉生,「河東薛氏研究: 兼論南北朝時期地方豪强的發展道路」,『中國魏晋南北朝史學會第四屆國際學術討論會』발표논문, 1992. 9; 陳爽,『世家大族與北朝政治』, 北京: 中國社會科學出版社, 1998, 81-151; 佐藤佑治,「北朝の地方官と豪族」,『一橋論叢』76-1, 1976, 66아래쪽-74아래쪽.

방기층조직인 三長制,[50] 華北支配와 정치적·사회적 상황의 관계,[51] 변경 방어[52] 등을 다루었다. 다음으로 군사제도와 방어체계에 관한 연구로는 都督,[53] 軍鎭制度,[54] 鎭戍制度,[55] 護軍制度,[56] 軍事制度

50 古賀登, 「北魏三長攷」, 『東方學』 31, 1965; 周一良, 「從北魏畿郡的戶口變化看三長制的作用」, 『周一良集』 第一卷(魏晉南北朝史論), 瀋陽: 遼陽教育出版社, 1998, 444-458쪽; 佐川英治, 「北魏の編戶制と徵兵制度」, 『東洋學報』 81-1, 1999, 6-28쪽; 佐川英治, 「三長·均田兩制の成立過程-『魏書』の批判的檢討をつうじて」, 『東方學』 97, 1999; 李凭, 「論宗主督護」, 『北魏平城時代』, 北京: 社會科學文獻出版社, 2000, 365-407쪽; 侯旭東, 「北魏"三長制"」, 『北朝村民的生活世界: 朝廷·州縣與村里』, 北京: 商務印書館, 2005; 渡邊信一郎, 「三五發卒考實-六朝期の兵役·力役徵發方式と北魏の三長制」, 『中國古代の財政と國家』, 東京: 汲古書院, 2010.

51 船木勝馬, 「拓跋部の華北支配への道」, 『アジアアフリカ文化研究所研究年報』, 1970, 88아래쪽-91아래쪽; 同氏, 「北魏建國期における州郡縣の設置について」, 『東洋大學紀要 文學部編』 24, 1971, 117아래쪽-131아래쪽; 同氏, 「北魏太宗朝の諸反亂について」, 『鈴木俊先生古稀記念東洋史論叢』, 東京: 山川出版社, 1975, 350-362쪽; 佐藤智水, 「北魏末の大乘の亂と災害」, 『岡山大學文學部紀要』 14, 1990, 89위쪽-98아래쪽; 勝畑冬實, 「北魏の郊甸と'畿上塞圍'-胡族政權による長城建築の意義-」, 『東方學』 90, 1995, 34아래쪽-44아래쪽.

52 王萌, 「試探北魏北部邊疆軍事經略及其成敗」, 『內蒙古社會科學(漢文版)』 37-3, 2016, 85왼쪽-89오른쪽.

53 窪添慶文, 「北魏の都督-軍事面からみた中央と地方-」, 『魏晉南北朝官僚制研究』, 東京: 汲古書院, 2003(原載 「北魏的都督-從軍事面看中央與地方-」, 『中華民國史專題論文集第五屆討論會』, 臺北: 國史館, 2000); 張鶴泉, 「北魏都督諸州諸軍事制度試探」, 殷憲 主編, 『北朝史研究-中國魏晉南北朝史國際學術研討會論文集』, 北京: 商務印書館, 2004; 張小隱, 「北朝都督·行臺與總管長官等級考辨」, 『北華大學學報(社會科學版)』 10-4, 2009; 俞鹿年, 「北魏前期的地方職官·都督」 및 「北魏後期的地方職官·都督與都督區」, 『北魏職官制度考』, 北京: 社會科學文獻出版社, 2008.

54 梁偉基, 「北魏軍鎭制度探析」, 『中央民族大學學報(社會科學版)』 1998-2, 1998; 俞鹿年, 「北魏前期的地方職官·軍鎭的建制及其職官」 및 「北魏後期的地方職官·軍鎭的建制及其職官」(모두 『北魏職官制度考』, 北京: 社會科學文獻出版社, 2008에 수록).

55 周一良, 「北魏鎭戍制度考」, 251-259; 同氏, 「北魏鎭戍制度續考」, 267-277(이상 『周一良集』 第壹卷 魏晉南北朝史論, 瀋陽: 遼寧教育出版社, 1998에 수록).

56 俞鹿年, 「北魏前期的地方職官·諸部護軍」, 『北魏職官制度考』, 北京: 社會科學文獻出版社, 2008.

와 중앙·지방의 관계,[57] 長城[58]에 관한 연구가 있다. 이어서 조세제
도,[59] 지방재정,[60] 조운과 교통,[61] 屯田[62] 등 재정과 물자유통에 관
한 연구가 있다. 이 밖에 非漢族 異種族 통치와 관련한 연구는 部
族(部落)解散[63]과 領民酋長[64]의 두 유형으로 나눌 수 있다. 마지막

57 西野正彬,「北魏の宗教反亂と地方軍」,『北陸史學』30, 1981, 88아래쪽-93아래쪽;
    窪添慶文,「北魏の地方軍(特に州軍)について」,『西嶋定生博士還曆記念 東アジア史
    における國家と農民』, 東京: 山川出版社, 1984, 194-217쪽.

58 勝畑冬實,「北魏の郊甸と'畿上塞圍'−胡族政權による長城建築の意義−」,『東方學』
    90, 1995; 張敏,「論北魏長城−軍鎭防禦體系的建立−」,『中國邊疆史地研究』13-2,
    2003; 郭建中,「北魏泰常八年長城尋踪」,『內蒙古文物考古』2006-1, 2006; 朱大渭,
    「北朝歷史建置長城及其軍事戰略地位」,『六朝史論續編』, 北京: 學苑出版社, 2007(原
    載『中國史研究』2006-2, 2006); 殷憲,「北魏畿上塞圍考辨」,『平城史稿』, 北京: 科學
    出版社, 2012; 張蔚,「北魏長城與金界壕對比研究」,『東北史地』2012-6, 2012, 12왼
    쪽-14왼쪽.

59 張維訓,「略論北魏孝文帝以來的租調制度」,『中國史研究』1990-1, 1990(F7 經濟史
    1990-4, 1990).

60 渡邊信一郎,「北魏の財政構造−孝文帝·宣武帝期の經費構造を中心に−」,『北朝財
    政史の研究−魏書』食貨志を中心に−』, 平成11年度〜平成14年度科學研究費補助金
    基礎研究 研究成果報告書, 2002; 王萬盈,「北魏存在地方財政說質疑−兼與渡邊信
    一郎先生商榷−」,『中國社會經濟史研究』2008-3, 2008.

61 佐久間吉也,「北魏時代の漕運」,『魏晉南北朝水利史研究』, 東京: 開明書院, 1980(原
    載「北魏時代の漕運について」,『福島大學教育學部論集』23-1, 1971); 周得京,「洛陽
    古代航運述略」, 中國古都學會 編,『中國古都研究』, 太原: 山西人民出版社, 1998; 薛
    瑞澤,「北魏的內河航運」,『山西師大學報(社會科學版)』28-3, 2001.

62 盧開萬,「論北朝施行屯田制的必要性·可能性及其規模與效果−北朝屯田制度之一一」,
    『武漢大學學報(社科版)』1985-6, 1985(F7 經濟史 1986-3, 1986); 武建國,「北朝屯田
    述論」,『漢唐經濟社會研究』, 北京: 人民出版社, 2010(『思想戰線』1986-5, 1986); 劉漢
    東,「北魏屯田述略」,『上饒師專學報』1988-3·4, 1988.

63 松永雅生,「北魏太祖の『離散諸部』」,『福岡女子短大紀要』9, 1974; 古賀昭岑,「北魏
    の部族散について」,『東方學』59, 1980; 川本芳昭,「部族解散の理解をめぐって」,
    『魏晉南北朝時代の民族問題』, 東京: 汲古書院, 1998(原載「北魏太祖の部落解散と
    高祖の部族解散−所謂部族解散の理解をめぐって−」,『佐賀大學教養部研究紀要』
    14, 1982; 同氏,「北朝社會における部族制の傳統について」,『佐賀大學教養部研究

으로 北魏末 붕괴를 수습했으나 동서 분열의 원인을 제공한 尒朱氏政
權에 대한 연구[65]가 최근 급증하고 있다.

紀要』21, 1989); 勝畑冬實, 「拓跋珪の「部族解散」と初期北魏政權の性格」, 『早稻田
大學院文學研究科紀要 哲學·史學篇』別冊 20集, 1994; 太田稔, 「拓跋珪の「部族解
散政策について」, 『集刊東洋學』89, 2002; 田餘慶, 「賀蘭部落離散問題-北魏"離散
部落"個案考察之一-」, 『拓跋史探』, 北京: 三聯書店, 2003(原載『歷史研究』1997-2,
1997); 田餘慶, 「獨孤部落離散問題-北魏"離散部落"個案考察之二-」, 『拓跋史探』,
北京: 三聯書店, 2003(原載『慶祝鄧廣銘教授九十華誕論文集』, 石家莊: 河北敎育出
版社, 1997); 崔珍烈, 「北魏의 種族政策-'부족해산'의 실상과 對部落首領 정책을
중심으로-」, 『魏晉隋唐史研究』(『中國古中世史研究』로 변경) 10집, 2003, 31-98쪽;
楊恩玉, 「北魏離散部落與社會轉型-就離散的時間·內涵及目的與唐長孺·周一良·
田餘慶諸名家商榷-」, 『文史哲』2006-6, 2006; 松下憲一, 「"部族解散"研究史」 및 「領
民酋長制と「部族解散」」(모두 『北魏胡族體制論』, 札幌: 北海道大學出版會, 2007에 수
록); 侯旭東, 「北魏境內胡族政策初探-從《大代持節屭州刺史山公寺碑》說起-」, 『中
國社會科學』2008-5, 2008; 侯旭東, 「《大代持節屭州刺史山公寺碑》所見史事考-兼論
北魏對待境內胡族的政策-」, 『紀念西安碑林九百二十周年華誕國際學術研討會論文
集』, 北京: 文物出版社, 2008; 梁麗紅, 「也談北魏離散部落的問題-與楊恩玉同志商
榷-」, 『晉陽學刊』2009-2, 2009; 窪添慶文, 「北魏服屬諸族覺書」, 『立正大學大學院
紀要』26, 2010, 27위쪽-44아래쪽; 崔珍烈, 「北魏의 '部族解散' 再論-部·部落의 多
義性과 鮮卑 無姓 현상의 검토-」, 『역사와교육』13, 2011, 159-191쪽; 吳松巖, 「從
考古學視野看北魏初期離散部落政策」, 『內蒙古大學學報(哲學社會科學版)』44-1,
2012, 64위쪽-66오른쪽; 崔珍烈, 「北魏道武帝時期部落解散的再檢討」, 中國魏晉南
北朝史學會·山西大學歷史文化學院 編, 『中國魏晉南北朝史學會第十屆年會暨國際
學術研討會論文集』, 太原: 北岳文藝出版社, 2012, 124-134쪽.

64 佐久間吉也, 「北朝の領民酋長制に就いて」, 『福島大學學藝部論集』1, 1950; 周一良,
「領民酋長與六州都督」, 『周一良集』第一卷(魏晉南北朝史論), 瀋陽: 遼陽敎育出版
社, 1998; 松下憲一, 「領民酋長制と「部族解散」」(모두 『北魏胡族體制論』, 札幌: 北海
道大學出版會, 2007에 수록); 俞鹿年, 「北魏前期的地方職官·領民酋長」 및 「北魏
後期的地方職官·領民酋長」(모두 『北魏職官制度考』, 北京: 社會科學文獻出版社,
2008에 수록).

65 李啓明, 「北魏末의 亂政과 叛亂-尒朱氏政權을 중심으로-」, 『全南史學』9, 1995;
洪濤, 「尒朱榮述論」, 『中央民族大學學報(社會科學版)』1998-2, 1998; 小島典子, 「北
魏末期の尒朱榮」, 『史窓』58, 2001, 317위쪽-326아래쪽; 蘇小華, 「試論尒朱氏集團
的興亡」, 太原: 『晉陽學刊』2005-3, 2005(K22 魏晉南北朝隋唐史 2005-5, 2005); 李

東魏北齊의 地方統治에 대한 연구는 太原(晉陽)의 정치적·경제적 지위[66]와 覇府의 지위,[67] 鄴,[68] 鄴과 太原의 兩都體制,[69] 華北支配,[70] 東魏北齊의 군사적 중심지(太原과 그 주변 지역)에 거주하는 胡人(鮮卑人) 집

文才·王婷琳,「尒朱氏興衰的政治與文化考察」,『南京曉莊學院學報』2007-4, 2007; 鄭建民,「尒朱集團和北魏末期的政局」, 2008屆硏究生碩士學位論文, 2008. 4; 長部悅弘 著, 王冬艶 譯,「北魏尒朱氏軍閥集團考」, 中國魏晉南北朝史學會·武漢大學中國三至九世紀研究所 編,『魏晉南北朝史研究: 回顧與探索─中國魏晉南北朝史學會第九屆年會論文集─』, 武漢: 湖北教育出版社, 2009; 黎鏡明,「北魏尒朱家族專制研究」, 陝西師範大學碩士學位論文, 2015. 5; ; 최진열,「北魏末 '尒朱榮政權'의 출현과 그 영향─六鎭의 난 과대 평가와 尒朱榮政權의 재평가를 중심으로─」,『대동문화연구』102, 2018, 185-246쪽.

66 王振芳,「論太原在東魏北齊時期的戰略地位」,『山西大學學報(哲學社會科學版)』 1991-14, 1991; 康玉慶·勒生禾,「試論古都晉陽的戰略地位」,『中國古都研究』12, 太原: 山西人民出版社, 1998; 崔彦華,「晉陽在東魏北齊時的覇府和別都地位」,『晉陽學刊』2004-3, 2004; 陶賢都,「高歡父子覇府述論」, 靑島:『靑島大學師範學院學報』 2006-1, 2006(K22 魏晉南北朝隋唐史 2006-4, 2006); 李書吉·崔彦華,「北齊陪都晉陽與歐亞大陸經濟文化交流」,『中國經濟史研究』2009-2, 2009; 張慶捷,「絲綢之路與北朝晉陽」, 中國魏晉南北朝史學會·山西大學歷史文化學院 編,『中國魏晉南北朝史學會第十屆年會暨國際學術研討會論文集』, 太原: 北岳文藝出版社, 2012.

67 金翰奎,「東魏 高氏의 覇府와 晉陽」,『古代東亞細亞幕府體制研究』, 서울: 一潮閣, 1997.

68 劉志玲,「縱論魏晉北朝鄴城的中心地位」,『邯鄲學院學報』18-4, 2008; 牛潤珍,「東魏北齊鄴京里坊制度考」,『晉陽學刊』2009-6, 2009; 佐川英治,「曹魏·後趙·東魏北齊鄴城」, 佐川英治·陳力·小尾夫,『漢魏晉南北朝都城復元圖の研究』, 平成22~平成25年度科學研究費補助金基盤研究(B)研究成果報告書(最新の考古調査および禮制研究の成果を用いた中國古代都城史の新研究), 2014. 3.

69 崔彦華,「"鄴-晉陽"兩都體制與東魏北齊政治」,『社會科學戰線』2010-7, 2010; 岡田和一郞,「北齊國家論序說─孝文體制と代體制─」,『九州大學東洋史論集』39, 2011, 31-64쪽.

70 崔珍烈,「東魏北齊의 華北 지배와 그 한계」,『東洋史學研究』125, 2013, 83-136쪽.

단 분석[71]과 북방의 중시와 남방의 경시 경향,[72] 현재의 山西省 서남부에 해당하는 河東의 地方豪族[73]과 河東 지역의 군사적 쟁탈,[74] 東魏北齊와 西魏北周의 河南 쟁탈[75] 등에 대한 연구로 나뉜다. 이 밖에 東魏北齊의 지방행정구역인 胡漢分治,[76] 行臺,[77] 京畿大都督,[78] 東魏北齊의 戶口,[79] 농업개발,[80] 長城 축조[81] 등을 분석한 연구도 있다.

71 毛漢光, 「北魏東魏北齊之核心集團與核心區」, 『中國中古政治史論』, 上海: 上海書店出版社, 2002(原載 『中央研究院歷史研究所集刊』 57-2, 1985), 29-104쪽; 嚴耀中, 「北齊政治與尚書幷省」, 『上海師範大學學報(哲社版)』 1990-4, 1990, 38쪽.

72 李萬生, 「論東魏北齊的積極進取-兼論東魏北齊歷史的一種分期法-」, 『史學月刊』 2003-1, 2003; 蘇小華, 「東魏北齊重北輕南的原因及其影響」, 『社會科學評論』 2009-4, 2009.

73 毛漢光, 「晉隋之際河東地區與河東大族」, 『中國中古政治史論』, 上海: 上海書店出版社, 2002(原載 『臺灣大學文史哲學報』 35).

74 毛漢光, 「北朝東西政權之河東爭奪戰」, 『中國中古政治史論』, 上海: 上海書店出版社, 2002(原載 『臺灣大學文史哲學報』 35).

75 李萬生, 「河南之地與三國之爭」, 『侯景之亂與北朝政局』, 北京: 中國社會科學出版社, 2003; 朱葉俊, 「兩魏周齊河南之爭」, 南京大學碩士學位論文, 2011. 4, 1-76쪽.

76 韋琦輝, 「東魏北齊胡漢分治政策與高演政變」, 『社科縱橫』 26-6, 2011.

77 嚴耕望, 『中國地方行政制度史』, 上編中卷, 臺北: 臺灣商務印書館, 1963, 801-813쪽; 古賀昭岑, 「北朝の行臺についてその一」, 『九州大學東洋史論集』 3, 1974; 蔡學海, 「北朝行臺研究」, 『歷史學報(臺灣師範大學)』 5, 1977; 牟發松, 「東魏北齊的地方行臺」, 『魏晉南北朝隋唐史資料』 9·10, 1988; 牟發松 著, 古賀昭岑 譯, 「北朝行臺の地方官化についての考察」, 『九州大學東洋史論集』 25, 1997; 張小隱, 「魏晉南北朝時期行臺性質的演變-兼論地方行臺制度的淵源-」, 『人文雜誌』 2008-3, 2008; 張小隱, 「北朝都督·行臺與總管長官等級考辨」, 『北華大學學報(社會科學版)』 10-4, 2009.

78 中田篤郎, 「北齊の京畿大都督について」, 『東洋史苑』 17, 1981; 周雙林, 「從京畿都督府看東魏北齊的民族關係」, 『史學月刊』 1987-6, 1987; 張焯, 「東魏北齊京畿大都督府補考-兼向周雙林先生請教-」, 『史學月刊』 1989-2, 1989; 張金龍, 「東魏·北齊京畿大都督考」, 『文史哲』 2000-1, 2000.

79 鄭顯文, 「北齊戶口考」, 『中國社會經濟史研究』 1993-1, 1993.

80 王堯, 「東魏北齊早期農業區域經濟建設」, 『赤峰學院學報(漢文哲學社會科學版)』 33-12, 2012.

81 尙珩, 「北齊長城考」, 『文物春秋』 2012-1, 2012.

東魏北齊의 地方統治를 다룬 선행연구를 살펴보자. 王明前은 東魏北齊의 地方統治를 경제를 중심으로 분석하였다. 그에 따르면, 北齊는 수도인 鄴城 중심의 경제체제를 만들고 '일체화' 작업을 벌였다고 보았다. 또 수도 鄴城과 여러 지역의 경제개발과 長城 축조, 屯田, 戶口 파악, 화폐 문제를 다루었다.[82] 지면 관계상 北齊의 地方統治 양상을 포괄적으로 다루지 못하였고, 개별 지역을 자세히 분석하지는 못하였다. 다음으로 東魏北齊의 華北支配를 다룬 필자의 연구이다. 東魏北齊의 영토는 호구파악이 잘 된 黃河 중하류 지역과 軍人의 공급원이고 戶口 파악이 누락된 晉陽 주변 지역, 새로 정복되어 호구파악이 유보되고 輕稅의 혜택을 받았던 淮南·江北 지역으로 나뉜다. 東魏北齊의 경제적 다원화 현상은 목축과 농경의 이원화, 징세 지역의 다원화, 화폐 통용의 지역적 편차 등에서 확인할 수 있다. 東魏北齊는 다양한 지역들을 자신들의 정치·군사·경제적 관심에 따라 개별 지역을 다르게 통치했고 兵役·徭役·租稅를 수취하였다.[83]

선행연구 가운데 의견이 엇갈리는 주제가 鄴과 太原의 兩都體制이다. 鄴省과 幷省, 즉 두 개의 尙書省의 兩立은 蒙元帝國의 中書省과 行中書省처럼 특수한 현상으로 평가하기도 한다.[84] 鄴省과 幷省의 지위에 대해 周一良과 陳琳國은 兩省의 지위는 비슷하지만 幷省이 鄴省과 같은 것이 아니라고 보았으나,[85] 嚴耀中은 幷省이 우위에 있었다고

---

82 王明前, 「試論北齊北周的國家經濟一體化努力」, 『蘭州學刊』 2012-2, 2012, 98왼쪽-100왼쪽; 101왼쪽-101오른쪽.

83 崔珍烈, 「東魏北齊의 華北 지배와 그 한계」, 83-136쪽.

84 嚴耀中, 「北齊政治與尙書幷省」, 『上海師範大學學報(哲社版)』 1990-4, 1990, 36쪽.

85 周一良, 「北齊書札記·各立一省條」, 『魏晉南北朝史札記』, 北京: 中華書局, 1985, 408쪽; 陳琳國, 『魏晉南北朝政治制度硏究』, 臺北: 文津出版社, 1994, 138쪽.

보았다.[86] 그리고 鄴이 아닌 晉陽은 실질적인 수도였고 정치 중심의 소재지였다고 평가되기도 한다.[87] 이 밖에 東魏北齊의 정치와 제도를 孝文體制(孝文帝가 개혁한 정치제도와 의례)와 代體制(北魏 건국 이전인 序紀時代를 정통성의 근간으로 생각하는 胡人들의 사고방식과 제도)의 갈등과 불완전한 공존으로 파악하고 兩都體制를 두 체제의 병존으로 해석한 연구가 있다.[88]

다음으로 東魏의 河東 상실을 전략적 · 지정학적으로 분석한 연구가 있다. 東魏北齊가 西魏北周에 인구, 경제, 군사력에서 우세했지만, 537년 沙苑의 전투에서 패하자 그 여파로 西魏에 河東을 빼앗겼다. 河東의 상실은 '실질적인 수도' 太原의 안전에도 영향을 주었다. 결국 北周 武帝는 河東에서 晉州를 돌파하여 太原(幷州)으로 진격하는 전략을 구사하였고 결국 晉州에서 北齊 後主의 大軍을 격파하였다. 晉州에서 패한 후 後主는 전의를 상실하였고 北周 武帝는 쉽게 北齊를 정복할 수 있었다.[89]

이어서 東魏北齊의 최상위의 지방행정조직으로 평가받는 行臺에 대한 선행연구를 소개한다. 嚴耕望은 『中國地方行政制度史』에서 東魏北齊 지방행정제도를 서술하면서 지방통치와 관련하여 몇 가지 특징을 지적하였다. ① 北魏와 마찬가지로 北齊의 본적지 임용이 무척 많

---

86 嚴耀中, 「北齊政治與尙書幷省」, 38쪽.

87 朴漢濟, 「東魏~北齊時代의 胡漢體制의 展開」, 서울대학교동양사학연구실 編, 『分裂과 統合-中國 中世의 諸相-』, 知識産業社, 1998, 162쪽; 崔彦華, 「晉陽在東魏北齊時的覇府和別都地位」, 22원쪽; 崔彦華, 「"鄴-晉陽"兩都體制與東魏北齊政治」, 245원쪽.

88 岡田和一郎, 「北齊國家論序說-孝文體制と代體制-」, 31-64쪽.

89 崔珍烈, 「東魏北齊의 軍事 중심 太原의 전략적 限界-군사배치와 방어체계로 본 멸망-」, 『동아시아문화연구』 55, 2013, 260-264쪽.

았다. ② 行臺가 최상위 행정조직의 역할을 하였다. 그리고 이 行臺는 魏晉時代 설치된 行臺와 鮮卑의 舊俗이 결합된 것으로 보았다. 行臺는 尙書行臺의 약칭, 즉 尙書臺의 지방 출장소이며 중앙을 대표하여 지방의 軍事와 民政을 지휘하는 기구였다. 地方行臺의 治所는 대부분 州刺史의 治所와 같았으며, 行臺가 刺史를 겸하는 경우가 많았다. 東魏北齊의 行臺는 幷州大行臺, 朔州行臺, 晉州行臺(西道行臺), 建州行臺, 定州北道行臺(北道行臺), 幽州東北道行臺(北道行臺), 河陽行臺(河南行臺), 豫州行臺, 徐州東南道行臺, 揚州行臺 등 10개가 있었다. ③ 北魏時代에 존재했던 領民酋長이 史書에 자주 보인다.[90]

마지막으로 東魏가 孝靜帝와 朝廷이 있는 鄴 이외에 高歡의 覇府가 있는 太原(晉陽), 侯景이 주둔한 河南·潁川 등 세 지역 블록이 있었다고 상정한 연구[91]도 있다.

3 西魏北周 地方統治 硏究

현재 국내외 학계의 西魏北周의 地方統治 연구는 경제 일체화의 관점에서 다룬 北周 지역 문제,[92] 漢川(漢中)·巴蜀 정복과 지배[93] 혹은

---

90 嚴耕望,『中國地方行政制度史』, 上編中卷, 799-801쪽; 804쪽; 810-815쪽; 848-850쪽; 864-865쪽.

91 前島佳孝,「西魏·北周·隋初における領域統治體制の諸相」,『唐代史硏究』15, 2012, 25쪽.

92 王明前,「試論北齊北周的國家經濟一體化努力」, 100왼쪽-101왼쪽; 101오른쪽-102오른쪽.

93 趙文潤,「西魏宇文泰伐蜀滅梁戰役述略」, 中國魏晉南北朝史學會 大同平城北朝硏究會 編,『北朝研究』1, 北京: 北京燕山出版社, 1999; 前島佳孝,「西魏·蕭梁通交の成立-大統初年漢中をめぐる抗爭の顚末-」, 白東史學會 編,『中央大學東洋史學專攻創設五十周年記念アジア史論叢』;『中央大學アジア史研究』26(刀水書房, 2002)

그 배경,[94] 同州(華州)의 정치·군사적 지위,[95] 河西回廊,[96] 河東[97]과 河南[98] 쟁탈 등이 있다. 또 舊北齊 지역 문제에 대한 연구는 北周의 舊北齊 통치,[99] 北齊 멸망 후 營州의 高保寧 반란,[100] 舊北齊 지역인 山東豪族의 의식,[101] 尉遲迥의 반란과 關東 통제[102]를 다루었다. 다음으로 정치 투쟁과 중앙집권 문제,[103] 본적지 지방관의 임명,[104] 河東豪族 정

및「西魏の漢川進出と梁の內訌」,『中央大學大學院研究年報』28, 文學研究科篇, 1999;「西魏の四川進攻と梁の帝位鬪爭」,『中央大學大學院研究年報』29, 文學研究科篇, 2000;「西魏·北周の四川支配の確立とその經營」,『中央大學人文科研紀要』65, 2009(모두 前島佳孝,『西魏·北周政權史の研究』, 東京: 汲古書院, 2013에 수록); 崔珍烈,「西魏北周의 巴蜀 정복과 지배」,『中國古中世史研究』50, 2018, 111-140쪽.

94 李萬生,「二國(東魏北齊與西魏)侵梁」,『侯景之亂與北朝政局』, 北京: 中國社會科學出版社, 2003; 前島佳孝,「東魏·北齊等の情勢と西魏の南進戰略總括」,『西魏·北周政權史の研究』, 東京: 汲古書院, 2013.

95 崔珍烈,「西魏北周 華州(同州)의 政治·軍事的 지위와 역할」,『中國古中世史研究』31, 2014, 232-261쪽; 李兆宇·丁武,「西魏北周時期同州地位的變遷」,『西部學刊』2015-10, 2015, 44왼쪽-50왼쪽.

96 楊帆,「北周武帝開發西北經濟初探」,『鳥魚木齊成人敎育學院學報』15-4, 2007.

97 毛漢光,「北朝東西政權之河東爭奪戰」,『中國中古政治史論』, 上海: 上海書店出版社, 2002; 陳長琦·易澤陽,「韋孝寬與玉璧之戰」,『南都學壇(人文社會科學學報)』28-1, 2008, 37왼쪽-40오른쪽.

98 朱葉俊,「兩魏周齊河南之爭」, 南京大學碩士學位論文, 2011. 4, 1-76쪽.

99 崔珍烈,「北周의 舊北齊(山東) 支配와 그 한계」,『東洋史學研究』144, 2018, 83-136쪽.

100 王小甫,「隋初與高句麗及東北諸族關係試探-以高保寧據營州爲中心-」, 王小甫 主編,『盛唐時代與東北亞政局』, 上海: 上海辭書出版社, 2003.

101 侯林虎,「北齊亡後山東豪族心態試析-以董敬墓誌爲線索-」,『淮陰師範學院學報(哲學社會科學版)』2011-1(第32卷), 2011.

102 李鴻賓,「尉遲迥事變及其結局-新舊時代轉變的表徵」,『西北民族大學學報(哲學社會科學版)』2004-2, 2004.

103 楊翠微,「西魏北周政治鬪爭與中央集權之加强」,『中國文化研究』2003年冬之卷, 2003, 127-136쪽.

104 鍾盛,「西魏北周"作牧本州"考析」,『魏晉南北朝隋唐史資料』25, 2009.

책,[105] 『周禮』 채용을 통한 제도개혁,[106] 府兵制,[107] 均田制,[108] 胡姓(國姓)
再行,[109] 財政改革,[110] 농업생산 장려,[111] 武帝의 외교정책[112]과 문화정
책,[113] 민족정책[114] 등 제도와 체제정비, 富國强兵의 관점에 관한 연구
가 있다.

西魏北周의 地方統治 연구 가운데 중요한 성과를 몇 가지 소개한다.
먼저 西魏北周의 '兩都體制'를 둘러싼 논쟁이다. 谷川道雄은 長安
과 華州(同州)의 관계를 兩都體制로 이해하였다.[115] 이에 대해 西魏北

---

105 毛漢光, 「晉隋之際河東地區與河東大族」, 『中國中古政治史論』, 上海: 上海書店出版
社, 2002(原載 『臺灣大學文史哲學報』 35).

106 朴漢濟, 「西魏-北周時代 『周禮』 官制 採用의 經過와 그 意味」, 『中國學報』 42,
2002, 253-279쪽.

107 府兵制 연구성과는 일일이 열거할 수 없이 많지만 지면 관계상 생략한다. 府兵制
의 研究史 정리는 氣賀澤保規, 「府兵制の成立とその構造」, 『府兵制の研究-府兵兵
士とその社會-』, 京都: 同朋舍, 1999, 1-75쪽에 잘 기술되었다.

108 堀敏一, 「均田思想と均田制度の源流」, 『均田制の研究-中國古代國家の土地政策と
土地所有制-』, 東京: 岩波書店, 1975, 151-360쪽; 武建國, 「均田制産生的社會原
因和條件」, 『均田制研究』, 昆明: 雲南人民出版社, 1992, 86-109쪽.

109 胡姓(國姓) 再行 연구성과 역시 지면 관계상 모두 열거하지 않는다. 胡姓(國姓) 再
行의 연구사는 佐川英治, 「孝武西遷と國姓賜與-六世紀華北の民族と政治」, 『岡山
大學文學部紀要』 38, 2002, 17위쪽-17아래쪽 참조.

110 張文華 · 蘇小華, 「西魏北周的財政與政治」, 『求索』 2006-11, 2006, 205왼쪽-207오
른쪽.

111 趙文潤 · 陳鼎中, 「西魏北周時期的關中農業」, 『陝西師大學報(哲學社會科學版)』
2-1, 1993, 69-74쪽.

112 楊翠微, 「周武帝滅齊統一北方可能性探析」, 『求是學刊』 1998-3, 1998, 84-87쪽.

113 彭體用, 「儒學理性精神與北周武帝」, 『北朝研究』 1992-4, 1992, 1-10쪽; 趙文潤,
「西魏北周時期的社會思潮」, 『文史哲』 1993-3, 1993, 54-56쪽; 裴恒濤, 「北周武帝
的文化政策論略」, 『遵義師范學院學報』 11-1, 2009, 4왼쪽-6오른쪽.

114 萬繩楠, 「從陳 · 齊 · 周三方關系的演變看陳的統一」, 『安徽師大學報(哲學社會科學
版)』 1985-4, 1985, 55쪽; 裴恒濤, 「北周武帝的民族政策芻議」, 『四川民族學院學報』
20-2, 2011, 27-33쪽.

115 谷川道雄, 「兩魏齊周時代の覇府と王都」, 85-91쪽.

周의 華州(同州)는 東魏北齊의 晉陽과 달리 군사적 목적에 특화되었다는 견해가 있다.[116] 이 밖에 長安과 華州(同州)는 경제적·군사적 역할을 분담했던 東魏北齊의 鄴·晉陽과 달리 西魏北周 지역의 중핵지역이었다는 견해도 있다.[117]

이어서 西魏北周는 여러 개의 '지역 블록'을 두어 領域으로 통치를 했다는 주장이 있다. 西魏는 長安과 華州를 합한 京畿 지역(首都圈), 秦州(天水·上邽)를 중심으로 한 關西 지역(隴右大都督), 동남의 荊州 지역(東南道行臺) 등 통치영역을 3개의 중심으로 나누었다. 西魏 후기(550년 이후) 宇文泰는 隴西·秦州와 동쪽의 蒲坂·蒲州, 巴蜀(益州)을 중시하였다. 이 가운데 蒲州-京畿-秦州로 이어지는 라인이 西魏 후반기 領域統治體制의 골격이었다. 北周時代(華北統一 이전) 領域統治의 골격을 형성한 곳은 京畿 지역을 중심으로 배후지인 서쪽의 秦州와 서남의 益州, 河東의 蒲州, 동남쪽의 荊州 혹은 襄州였다. 華北統一 이후 舊北齊 영토인 河北·山東 부분의 통치 거점이 洛陽에 두어졌다. 또 華北統一 전까지 중시되었던 蒲州와 陝州의 總管府가 폐지되었고 益州總管의 중요성이 줄어들었다.[118]

다음으로 宇文泰·宇文護 집정 시기 西魏北周의 사실상 수도역할을 했던 華州(同州)의 역할이다. 華州(同州)는 北魏가 東魏와 西魏로 분열된 534년부터 北周 武帝가 宇文護를 제거한 建德元年(572)까지 40여 년 가까이 西魏北周를 사실상 지배했던 宇文泰와 宇文護의 정치

---

116 藤井律之,「北朝皇帝の行幸」, 前川和也·岡村秀典 編, 『國家形成の比較研究』, 東京: 學生社, 2005; 吉田愛,「同州と西魏·北周の覇府」, 『史滴』 34, 2012.

117 前島佳孝,「西魏·北周·隋初における領域統治體制の諸相」, 『唐代史研究』 15, 2012, 22-48쪽.

118 위의 글, 25-38쪽.

적 본거지였다. 關中 평원의 동북부에 위치한 華州(同州)는 東進 정책의 군사적 거점이었다. 따라서 西魏北周는 華州(同州)의 夏陽縣에 屯田과 鐵冶를 설치하여 전쟁에 필요한 식량과 무기를 저장하였다. 그리고 주변 지역은 목축에 유리한 지형이었기 때문에 武川鎮 출신 軍士들에게 필요한 말과 양 등 가축을 길렀다. 이처럼 華州(同州)에는 庫兵, 倉粟, 國儲가 존재하여 병참기지로서 각종 물자를 완비하였다. 또 武帝는 潼關에서 洛陽으로 진격하는 北齊 공격에서 실패한 후 同州에서 河東을 거쳐 北齊의 軍事重鎮 晉州와 太原(晉陽)을 공격하는 전략을 취하였다. 이에 同州에 자주 순행하여 군사를 사열하고 훈련 상황을 점검하였다. 따라서 同州는 建德 5년(576) 두 차례 北齊 공격의 전진기지가 되었다. 그러나 北齊 정복 이후 同州의 군사적 가치는 떨어졌다.[119]

　毛漢光의 河東 논문은 北朝後期 河東의 지정학적 역할에 주목하였다. 汾水와 黃河가 만나는 곳은 당시 쌍방의 必爭之地였다. 이 지역은 河東薛氏의 세력이 강하고 그들의 귀속이 줄 영향도 컸다. 東魏 天平 4년(西魏 大統 3년, 537) 十月 高歡은 10만을 이끌고 沙苑에서 宇文泰와 싸웠으나 패하여 돌아갔다. 薛善은 西魏軍을 받아들여 李弼이 순조롭게 河東을 점령하였다. 西魏가 河東을 점령한 이후 宇文泰는 薛善을 汾陰令에 임명하여 汾陰의 실제 통치권을 승인하였다. 玉壁의 양차 會戰에서 양쪽은 모두 주력부대를 출동시켰다. 東魏의 1차 玉壁進攻 때 東魏는 高歡이 직접 지휘하는 大軍뿐만 아니라 斛律金이 지휘하는 雲代의 정예병, 薛孤延 등의 부대가 참전하였다. 西魏는 賀拔勝이 선봉에 섰고 뒤에는 宇文泰가 大軍을 이끌고 지원하였다. 西魏

119 崔珍烈, 「西魏北周 華州(同州)의 政治·軍事的 지위와 역할」, 232-261쪽.

北周는 東魏北齊와의 네 차례 전쟁에서 모두 주력부대를 동원하였으나 모두 패하고 돌아왔다. 河東 인물의 동향은 宇文氏가 하동지역을 공고하게 지배하고 西魏北周가 東魏北齊에 대항하는 데 큰 영향을 주었다. 汾陰縣의 薛氏, 聞喜縣의 裴氏, 解縣의 柳氏, 蒲坂의 敬氏 등 河東의 大族은 東魏北齊와 西魏北周의 對峙 시기에 대부분 西魏北周에 歸降하였고 汾水 이남과 涑水 유역, 鹽池 일대가 西魏北周의 공고한 지반이 되었다.[120] 이 논문은 분열의 시기인 十六國時代 혹은 東西 분열시기인 北朝後期 河東의 지정학적 역할과 河東 豪族의 정치적 동향을 분석한 秀作이다.

이 밖에 王明前은 北周의 地方統治를 關中, 동쪽 변경(河東, 荊州, 灃州), 巴蜀, 洛陽(北齊 정복 이후)으로 나누어 경제적 측면에서 분석하였다. 그리고 경제적 측면과 관계가 없지만 北周가 北齊를 정복한 후 長城 축조에 관심을 가졌음을 지적하였다.[121] 또 금석문을 이용하여 北周의 지방세력 방식을 분석한 연구도 있다. 保定元年(561) 3월 河東의 勳州에 세워진 「延壽公碑」에는 總管府 屬僚, 지방 僧官, 지방 유력세력의 姓名 342명이 열거되었다. 會田大輔는 이를 분석하여 勳州刺史와 勳州總管府의 중추(상급 屬僚와 大都督 등)는 주로 중앙에서 파견되었고 河東의 豪右는 總管府의 하급 屬僚와 일부 都督 등에 등용되었으며, 郡太守와 州郡縣의 屬僚 대부분은 河東의 '豪右'였음을 밝혔다. 또 郡姓의 존재감은 희박하고 다수의 河東 출신 豪右가 다른 지역의 장관에 취임했으며, 朝廷이 豪右를 직접 통치하였다고 한다.[122]

---

120 毛漢光, 「北朝東西政權之河東爭奪戰」, 154-173쪽.

121 王明前, 「試論北齊北周的國家經濟一體化努力」, 100원쪽-101원쪽.

122 會田大輔, 「北周の地方統治に關する一考察―「延壽公碑」を中心として―」, 『文學部・文學研究科學術研究發表會論集』, 2009, 21-35쪽.

3. 연구방법과 내용 전개

본 연구서에서는 北魏前期(北魏平城時代), 北魏後期(北魏洛陽時代), 東魏北齊, 西魏北周의 네 시기로 나누어 각 시기의 지방통치의 특징을 분석하고자 한다. 이에 따라 본 연구서는 4부로 구성되었으며, 구분 기준은 수도이다. 본문의 1부와 2부에서 알 수 있듯이, 수도의 차이에 따라 지방통치의 방식이 달라지기 때문이다.

또 개별 왕조의 지방통치는 그 왕조가 지배한 영토와 자연지리에 기반한 권역 구분에 따라 河北, 河南, 淮水 유역, 關隴 등지로 구분하여 개별 권역 지방통치의 특징을 검토한다. 이를 바탕으로 해당 왕조의 전체적인 지방통치 특징을 조감한다. 이는 1-3장, 4장, 8장, 10-12장 등 대부분의 장에 해당된다. 그리고 이런 연구성과를 바탕으로 독자들에게 각 왕조의 지방통치를 이해하기 쉽도록 지도(주제도)를 만들거나 지방행정구역의 구분의 경우 기존의 지도를 활용한다. 또 필자가 각 장의 내용을 정리하여 만든 지도는 필자의 논지를 강화하는 근거로도 사용될 것이다.

입체적인 지방통치의 성격을 규명하기 위해 자료가 가능한 한 각 왕조의 물자유통과 유통권역, 농업과 목축의 분포 등을 정리하려고 한다. 이는 北魏後期 경제권역과 유통, 전시체제를 다룬 5장과 東魏北齊의 정치적·경제적 지역 분담을 분석한 7장에 반영되었다.

연구 자료에 관하여 말하면, 고고학 발굴성과와 墓誌 자료의 활용에 등한시하여 正史에만 의존한 선행연구의 한계를 지양한다. 이를 위해 墓誌와 비석 등 금석문 자료를 최대한 반영하였다. 특히 北周의 舊北齊 지방통치 과정을 살펴보기 위해 隋唐時代 墓誌까지 최대한 검색하여 반영하였다.

1部에서 北魏前期(平城時代) 地方統治를 살펴본다. 1章에서 北魏前期(平城時代) 平城과 京畿 지역의 지방통치 양상을 수도 平城의 건설, 徙民政策, 京畿의 胡漢分治 양상을 중심으로 살펴본다. 2章에서 먼저 部族(部落)이 유지되었던 증거를 각 부족과 胡人 氏族의 복속시기 문제, 北魏의 無姓 현상, 領民酋長의 존재 등 부족 잔존의 증거, 部·部落의 다중적 의미, 賀蘭·獨孤 2部의 部族(部落) 解散, 高車의 반 독립 상태로 나누어 검증한다. 이어서 각 부족을 平城과 주변의 京畿, 漠南(六鎭과 북변 지역 포함), 오르도스 등에 이주시키거나 거주하게 하는 分土定居의 양상과 胡人들이 주로 거주하는 胡地를 통치하는 과정과 특징을 살펴본다. 3장에서 漢人들이 많이 살았던 華北 지역(漢地)의 통치방식을 살펴본다.

2部는 北魏後期(洛陽時代) 地方統治를 다룬다. 4章에서 北魏洛陽時代 地方統治를 살펴본다. 먼저 孝文帝 시기 지방행정조직의 개편 양상을 살펴본다. 이어서 京畿(司州), 關東(黃河 중하류), 남쪽 변경, 關隴, 북쪽 변경 등 각 지역으로 나누어 개별 지역의 통치방식을 검토한다. 다음으로 北魏後期에 보이는 僑郡縣·鎭·戍·護軍·部落 조직의 병존, 지역민의 詣闕·直訴와 上書, 본적지 회피제의 파괴(지방관의 본적지 임용, 本籍地封號)로 나누어 北魏의 지배층이 秦漢時代 郡縣支配體制의 원리와 다른 원리로 통치하였음을 검토한다. 5章에서 군대의 배치와 물자유통 구조를 파악하여 南朝 南齊·梁과의 전쟁 때문에 발생한 '戰時動員體制'가 北魏後期 地方統治에 영향을 주었음을 밝힌다. 6章에서 尒朱榮이 주도한 尒朱氏政權이 북위말 六鎭의 난 이후 발생한 혼란을 수습하고 兩都體制의 원형을 만드는 과정을 살펴본다.

3部는 東魏北齊의 地方統治를 다룬다. 7章에서 東魏北齊의 地方統治를 군사와 경제적 역할분담이라는 시각에서 경제적 중심지인 황하

중하류 지역과 군사와 목축의 중심지인 太原과 주변 지역에 대한 정책을 검토하고 東魏北齊의 방어체계를 분석한다. 8章에서 東魏北齊의 지역지배 특징을 兩都體制와 개별 지역의 분석을 중심으로 살펴본다.

4部는 西魏北周의 地方統治를 다룬다. 9章에서 西魏北周의 地方統治를 가능하게 한 장치를 지방행정제도와 吏治, 土着豪族 정책, 異種族 통치로 나누어 살펴본다. 10章에서 원래 西魏의 영토였던 關隴과 河東, 변경지역 등 개별 지역의 통치방식을 다룬다. 11章에서 西魏가 점령했던 梁의 영토인 長江 중하류 지역(漢川(漢中)·巴蜀과 荊州)의 정복과 지방통치 과정을 고찰한다. 12章에서 北周가 北齊를 정복한 후 舊北齊 지역을 統治하는 과정과 특징을 분석한다.

1부

北魏平城時代 地方統治

1章

胡 · 漢 병존의 京畿 統治

序紀時代[1] 拓跋部는 고정된 수도를 정하지 않고 정치적 중심지를 옮겨 다니는 이동 생활을 하였다. 이는 다른 유목국가에서도 흔히 발견된다. 什翼犍(昭成帝)이 灅源川에 성곽도시를 만들고 수도로 삼으려고 했으나 平文皇后 王氏의 반대로 定都와 정착생활은 실현되지 않았다.[2] 拓跋珪(道武帝)가 後燕의 수도 中山城과 河北을 점령한 후 돌아

---

1 '序紀時代'는 北魏가 河北으로 진출한 道武帝 이전의 시기를 지칭한다. 北魏의 역사를 道武帝를 중심으로 塞外의 유목국가였던 拓跋部(代國)와 華北을 지배한 魏(北魏)로 구분하는 史觀은 孝文帝가 平文帝의 廟號 太祖와 昭成帝의 廟號 高祖를 없애고 '烈祖'였던 道武帝의 廟號를 '太祖'로 바꾸었다. 그리고 자신의 廟號는 사후에 高祖로 정해졌다. 이 조치는 단순히 廟號를 변경한 것뿐만 아니라 국가의 정체성을 바꾸는 조치였다(崔珍烈, 「雲崗石窟 曇曜五窟 五帝의 재해석—廟號와 國號로 본 北魏의 정체성—」『中央아시아研究』 10, 2005, 1-23쪽). 이를 계승한 『魏書』는 道武帝 이전 君長의 기록을 '序紀'로 묶어서 기록하였다. 따라서 道武帝 이전의 시기를 序紀時代 혹은 代國時代라고 칭한다. 이 책에서는 전자의 용어를 사용한다.

2 『北史』 卷13 「后妃上 · 魏 · 平文皇后王氏傳」, 491쪽, "昭成初欲定都於灅源川, 築城郭, 起宮室, 議不決. 后聞之曰: '國自上世, 遷徙爲業. 今事難之後, 基業未固, 若郭而居, 一旦寇來, 難卒遷動.' 乃止.";『魏書』 卷13補 「皇后 · 平文皇后王氏傳」, 322쪽.

와 平城을 건설하였다. 그리고 舊後燕의 지배층과 徒何(慕容部와 치하 유목민) 등 異種族을 平城과 京畿로 강제 이주시켰다. 平城과 京畿 지역에 城郭을 만들고 유목민 혹은 기마민뿐만 아니라 정주농경민인 漢人을 거주하게 하면서 京畿는 胡人과 漢人이 함께 사는 공간이 되었다. 따라서 京畿 지역을 어떻게 통치하느냐 여부가 다른 농경지역인 河北과 華北統一 이후 다른 지역의 통치에도 영향을 주었을 것이다.

平城과 京畿 지역의 본격적인 연구는 嚴耕望의 지방행정제도 연구에서 시작되었다. 그는 北魏平城時代[3] 최초의 京畿는 胡人이 거주하는 북부·서부와 漢人이 거주하는 동부·남부(郡縣 설치지역)로 나뉜다고 설명하였다. 이후 孝文帝 시기 京畿에 司州가 설치되고 胡人 거주지역에도 郡縣이 설치되었음을 논증하였다.[4] 이후 京畿 지역의 연구는 강제 이주(遷徙),[5] 移民의 농경 강제,[6] 京畿 지역의 개발[7] 등에 초점을 맞추었다. 최근 일본학자들은 北魏가 河北을 점령한 이후부터 '漢化'되었다는 중국학계의 견해와 달리 北魏平城時代에도 鮮卑의 풍속을 유지했음을 강조한 연구를 발표하였다. 鹽澤裕仁은 고고학 발굴 성과를 바탕으로 平城의 서쪽에 궁전이 없었고 北魏皇帝와 지배층의 이동식 텐트가 있었음을 논증하였다.[8] 佐川英治는 胡人支配層이 제사와 의식, 가축을 점검했던 鹿苑의 위치를 平城 북쪽 지대로 추정하였다.[9] 필자는 京畿 지역을 전문으로 다루지 않았지만, 嚴耕望

---

3 '北魏平城時代'는 平城에 수도를 정했던 道武帝부터 孝文帝 전기(洛陽遷都 이전)의 시기를 가리킨다. 李凭이 연구서에 사용한 후 北魏前期와 後期라는 용어 대신 '北魏平城時代'와 '北魏洛陽時代' 혹은 平城時代와 洛陽時代라는 용어를 사용하는 학자들이 늘어나는 추세이다. 이 책은 지방통치를 다루고, 수도의 위치가 지방통치에 영향을 주기 때문에 이 용어를 사용한다.

4 嚴耕望, 『中國地方行政制度史』上編卷中下册 北朝地方行政制度史, 臺北: 臺灣商務印書館, 1963, 419-425쪽.

의 학설을 수용하면서 胡人 거주지역에 '行政 部'가 설치되었음을 지적하였다.[10]

선행연구에서 北魏平城時代 平城과 京畿 지역을 미시적으로 연구하였지만 전체를 체계적으로 서술한 연구는 거의 없다. 본 장에서는 선행연구와 平城·京畿 지역의 사료를 정리하여 北魏平城時代 京畿가 胡·漢 병존의 공간이었음을 밝힌다. 그리고 京畿 統治의 성공 경험이

5 河地重造, 「北魏王朝の成立とその性格について−徙民政策の展開から均田制へ−」, 『東洋史研究』12-5, 1953, 394-422쪽; 古賀昭岑, 「北魏における徙民と計口受田について」, 『九州大學東洋史論集』1, 1973, 19-37쪽; 前田正名, 『平城の歴史地理學的研究』, 東京: 風間書房, 1979, 「平城附近·桑乾河流域·隣接地域人口流動一覧表」; 高平, 「拓跋魏往京師平城大規模遷徙人口的數字·原因及其影響」, 中國魏晉南北朝史學會 大同平城北朝研究會 編, 『北朝研究』第一輯, 1999, 62-81쪽.

6 武仙卿 著, 宇都宮淸吉·增村宏 譯, 『魏晉南北朝經濟史−均田制度の實施−』, 生活史, 1942; 河地重造, 「北魏王朝の成立とその性格について−徙民政策の展開から均田制へ−」, 394-422쪽; 唐長孺, 「拓跋國家的建立及其封建化」, 『魏晉南北朝史論叢』, 北京: 三聯書店, 1955; 兼子秀利, 「北魏前期の政治」, 『東洋史研究』19-1, 1960, 24-36쪽; 堀敏一, 「均田制の成立」, 『東洋史研究』24-1·2, 1965.

7 堀內明博 著, 于德源 譯, 「北魏平城」, 『大同高等專科學校學報(綜合版)』1994-4, 1994; 李凭, 「道武帝時期的大移民與雁北的開發」, 『北魏平城時代』, 北京: 社會科學文獻出版社, 2000(原載 「拓跋珪與雁北的開發」, 太原: 『晉陽學刊』1985-3, 1985), 346-364쪽; 董氏, 「北魏平城畿內的城邑」, 『北魏平城時代』, 287-345쪽; 曉鳳, 「北魏建都平城之我見」, 『大同職業技術學院』第20卷 第3期, 2006. 이 밖에 佐川英治는 역사지리학과 고고학 발굴 성과를 종합하여 平城의 복원을 시도하는 연구성과를 발표하였다(佐川英治, 「北魏平城」, 佐川英治·陳力·小尾夫, 『漢魏晉南北朝都城復元圖の研究』, 平成22~平成25年度科學研究費補助金基盤研究(B)研究成果報告書(最新の考古調査および禮制研究の成果を用いた中國古代都城史の新研究), 2014. 3).

8 鹽澤裕仁, 「鮮卑の都城"平城"」, 『後漢魏晉南北朝都城境域研究』, 東京: 雄山閣, 2013(原載 「鮮卑の都城"平城"−その都市空間の樣相−」 『法政史學』68, 2007, 1-26쪽).

9 佐川英治, 「遊牧と農耕の間−北魏平城の鹿苑の機能とその変遷−」, 『岡山大學文學部紀要』47, 2007.

10 崔珍烈, 「北魏의 種族政策−'부족해산'의 실상과 對部落首領 정책을 중심으로−」, 『魏晉隋唐史研究』(『中國古中世史研究』로 변경) 10집, 2003, 31-98쪽.

河北 등 다른 지역을 統治하는 데 영향을 주었음을 논하려고 한다.

1장에서 北魏의 수도 平城과 京畿 지역의 통치 양상을 검토한다. 1절에서는 수도 平城의 건설과정과 지배 양상을 살펴본다. 2절에서는 北魏平城時代 平城과 京畿 지역으로의 피정복민 이주정책을 검토한다. 3절에서는 京畿를 胡人이 사는 서·북부와 漢人이 사는 동·남부를 각각 '行政 部'와 郡縣 조직을 통해 지배하는 과정을 분석한다.

1. 수도 平城의 건설과 경영

北魏를 건국하기 전, 즉 序紀時代 拓跋部는 고정된 수도가 없이 여기저기 옮겨 다니며 활동하였다. 拓跋猗盧는 313년 盛樂에 城을 쌓고 北都로 삼고 灅水의 북쪽 黃瓜堆에 新平城을 쌓고 장자 拓跋六脩에게 居하고 南部를 거느리게 하였다.[11] 이때 처음으로 盛樂과 新平城이라는 고정된 장소를 수도로 정하였다. 후에 拓跋猗盧가 少子 拓跋比延을 총애하고 후사로 삼으려고 하였기 때문에 拓跋六脩와 불화하여 서로 공격하였다. 결국 拓跋猗盧가 아들인 拓跋六脩의 공격을 받고 패하여 살해되었고, 拓跋六脩는 拓跋普根에게 살해되었다.[12] 이후

---

11 『魏書』卷1「序紀」穆皇帝條, 8쪽, "六年, 城盛樂以爲北都, 修故平城以爲南都. 帝登平城西山, 觀望地勢, 乃更南百里, 於灅水之陽黃瓜堆築新平城, 晉人謂之小平城, 使長子[拓跋]六脩鎭之, 統領南部." 이하 정사류는 中華書局 標點校勘本을 따른다.

12 『北史』卷15「魏諸宗室·六脩傳」, 545쪽, "穆帝少子比延有寵, 欲以爲後, 六脩出居新平城, 而黜其母. 六脩有驊騮駿馬, 日行五百里, 穆帝欲取以給比延. 後六脩來朝, 穆帝又命拜比延, 六脩不從. 穆帝乃坐比延於己所乘步輦, 使人導從出遊. 六脩望見, 以爲穆帝, 謁伏路左, 及至, 乃是比延, 慚怒而去. 穆帝怒, 伐之, 帝軍不利, 六脩殺比延. 帝改服微行人間, 有賤婦人識之, 遂暴崩. 桓帝子普根先守于外, 聞難來赴, 滅之.";『魏書』卷14補「神元平文諸帝子孫·六脩傳」, 348쪽.

拓跋部의 君長들이 고정된 정치적 중심지, 즉 수도를 두지 않다가 什翼犍(昭成帝)이 都城을 건축하려고 하였다. 『魏書』「平文皇后王氏傳」에 이와 관련된 내용이 있다.

"昭成[帝]은 재위초 灅源川에 定都하고 城郭을 축조하고 宮室을 지으려고 의논하였으나 결정하지 못했다. 后는 이를 듣고서 '國은 옛날부터 遷徙를 業으로 삼았다. 지금 어려운 일을 겪은 후 基業이 아직 공고하지 못하다. 만약 城郭에 居할 경우, 하루아침에 갑자기 적이 쳐들어오면 급히 옮겨 이동하기 어렵다'라고 말했다. 이에 昭成帝는 定都의 논의를 그쳤다."[13]

위의 인용문에서 알 수 있듯이 什翼犍(昭成帝)은 灅源에 수도를 두고 城郭과 궁전을 만들려고 하였다. 그러나 平文皇后 王氏는 拓跋部가 遷徙, 즉 이동이 일상적이었음을 지적하며 고정된 장소에 거주하는 것을 반대하였다.

什翼犍 시기 拓跋部(代)가 前秦에 정복되었다가 淝水의 전투 이후 독립한 후 拓跋珪(道武帝)는 유목부족들을 병합하고 後燕과 싸워 수도 中山城을 점령하였다. 귀국한 후 天興元年(398) 七月 平城으로 遷都하고 宮室·宗廟·社稷 건축을 시작하였다.[14]

---

13 『北史』卷13「后妃上·魏·平文皇后王氏傳」, 491쪽, "昭成初欲定都於灅源川, 築城郭, 起宮室, 議不決. 后聞之日: '國自上世, 遷徙爲業. 今事難之後, 基業未固, 若郭而居, 一旦寇來, 難卒遷動.' 乃止."; 『魏書』卷13補「皇后·平文皇后王氏傳」, 322쪽.

14 『魏書』卷2「太祖紀」天興元年秋七月條, 33쪽, "秋七月, 遷都平城, 始營宮室, 建宗廟, 立社稷."

시기	건축물 이름
天興元年 十月(398. 10–11)	天文殿(시공)[15]
天興 2년 二月 丁亥朔(399. 3. 23)	鹿苑 시공, 鴻雁池 팜[16]
天興 2년 秋七月(399. 8–9) 十月 辛亥日(399. 12. 12)	天華殿 시공[17] 天華殿 완공[18]
天興 2년 八月(399. 9–10)	平城의 12門, 西武庫[19]
天興 2년 十月(399. 11–12)	太廟 완성[20]
天興 3년 三月(400. 4. 5)	城南渠, 東西魚池[21]
天興 3년 七月 壬子(400. 8. 9)	中天殿, 雲母堂, 金華室 시공[22]
天興 4년 五月(401. 5–6)	紫極殿, 玄武樓, 凉風觀, 石池, 鹿苑臺 시공[23]
天興 6년 十月(403. 7–8)	西昭陽殿 시공[24]

(좌측에 세로로: 道武帝)

---

15 『魏書』卷2「太祖紀」天興元年冬十月條, 33쪽, "冬十月, 起天文殿."

16 『魏書』卷2「太祖紀」天興二年二月丁亥朔條, 35쪽, "二月丁亥朔, 諸軍同會, 破高車雜種三十餘部, 獲七萬餘口, 馬三十餘萬匹, 牛羊百四十餘萬. 驃騎大將軍·衛王儀督三萬騎別從西北絕漠千餘里, 破其遺迸七部, 獲二萬餘口, 馬五萬餘匹, 牛羊二十餘萬頭, 高車二十餘萬乘, 並服玩諸物. 還次牛川及薄山, 並刻石記功. 班賜從臣各有差. 庚戌, 征虜將軍庚岳破張超於勃海. 超走平原, 爲其黨所殺. 以所獲高車衆起鹿苑, 南因臺陰, 北距長城, 東包白登, 屬之西山, 廣輪數十里. 鑿渠引武川水注之苑中, 疏爲三溝, 分流宮城內外. 又穿鴻雁池."

17 『魏書』卷2「太祖紀」天興二年秋七月條, 35쪽, "秋七月, 起天華殿."

18 『魏書』卷2「太祖紀」天興二年冬十月辛亥條, 36쪽, "辛亥, 詔材官將軍和突討盧溥. 天華殿成."

19 『魏書』卷2「太祖紀」天興二年八月條, 35쪽, "八月, 遣太尉穆崇率騎六千往赴之. 增啓京師十二門, 作西武庫."

20 『魏書』卷2「太祖紀」天興二年冬十月條, 36쪽, "冬十月, 太廟成, 遷神元·平文·昭成·獻明皇帝神主於太廟."

21 『魏書』卷2「太祖紀」天興三年三月條, 36쪽, "是月, 穿城南渠通於城內, 作東西魚池."

22 『魏書』卷2「太祖紀」天興三年秋七月壬子條, 36쪽, "秋七月壬子, 車駕還宮. 起中天殿及雲母堂·金華室."

23 『魏書』卷2「太祖紀」天興四年五月條, 36쪽, "五月, 起紫極殿·玄武樓·凉風觀·石池·鹿苑臺."

24 『魏書』卷2「太祖紀」天興六年冬十月條, 41쪽, "冬十月, 起西昭陽殿."

시기	건축물 이름
天賜 2년 六月(405. 7-8)	灅南宮, 池 파기, 園囿 넓히기, 外城 쌓기(30일)[25]
永興二年 秋七月 丁巳(410. 8. 22)	馬射臺 시공[26]
永興五年 二月 癸丑(413. 4. 4)	魚池(北苑)[27]
神瑞元年 二月 乙卯(414. 4. 1)	豐宮 시공(平城 東北)[28]
神瑞二年 二月 甲辰(415. 3. 16)	太祖廟(白登之西)[29]
泰常元年 十一月 甲戌(416. 12. 5)	蓬臺(北苑)[30]
泰常二年 七月(417. 7-8)	白臺 시공(城南)[31]
泰常三年 十月 戊辰(418. 11. 19)	宮(西苑)[32]
泰常五年 四月 丙寅(420. 5. 10)	灅南宮[33]
泰常六年 三月 乙亥(421. 5. 14)	苑(舊苑 확대, 白登 포함, 둘레 30여 里)[34]
泰常七年 九月 辛亥(422. 10. 12)	平城外郭(둘레 32里)[35]
泰常八年 十月 癸卯(423. 11. 19)	西宮 확장, 外垣墙 시공(둘레 20里)[36]

明元帝 (rowspan for rows 2–12)

---

25 『魏書』卷2「太祖紀」天賜二年夏六月條, 42-43쪽, "六月, 發八部五百里內男丁築灅南宮, 門闕高十餘丈; 引溝穿池, 廣苑囿; 規立外城, 方二十里, 分置市里, 經塗洞達. 三十日罷."

26 『魏書』卷3「太宗紀」永興二年秋七月丁巳條, 50쪽, "秋七月丁巳, 立馬射臺於陂西, 仍講武教戰."

27 『魏書』卷3「太宗紀」永興五年二月癸丑條, 52쪽, "癸丑, 穿魚池於北苑."

28 『魏書』卷3「太宗紀」神瑞元年二月乙卯條, 54쪽, "乙卯, 起豐宮於平城東北."

29 『魏書』卷3「太宗紀」神瑞二年二月甲辰條, 55쪽, "甲辰, 立太祖廟於白登之西."

30 『魏書』卷3「太宗紀」泰常元年十一月甲戌條, 57쪽, "十一月甲戌, 車駕還宮, 築蓬臺於北苑."

31 『魏書』卷3「太宗紀」泰常二年秋七月條, 57쪽, "秋七月, 作白臺於城南, 高二十丈."

32 『魏書』卷3「太宗紀」泰常三年冬十月戊辰條, 59쪽, "冬十月戊辰, 築宮於西苑."

33 『魏書』卷3「太宗紀」泰常五年夏四月丙寅條, 60쪽, "[夏四月]丙寅, 起灅南宮."

34 『魏書』卷3「太宗紀」泰常六年三月乙亥條, 61쪽, "發京師六千人築苑, 起自舊苑, 東包白登, 周回三十餘里."

35 『魏書』卷3「太宗紀」泰常七年秋九月辛亥條, 62쪽, "辛亥, 築平城外郭, 周回三十二里."

36 『魏書』卷3「太宗紀」泰常八年冬十月癸卯條, 64쪽, "冬十月癸卯, 廣西宮, 起外垣墻, 周回二十里."

시기	건축물 이름
始光二年 三月 庚申(426)	萬壽宮(옛 東宮), 永安·安樂二殿, 臨望觀, 九華堂 시공[37]
始光二年 秋九月(427. 10~11)	永安·安樂二殿 완공[38]
始光三年 二月(428. 3)	太學 시공(城東)[39]
延和三年 七月 辛巳(434. 9. 9)	東宮 완공[40]
太平眞君十一年 二月(450. 3)	宮室 대거 축조[41]
興安二年 二月 乙丑(453. 3. 17)	天淵池 팜[42]
興安二年 七月(453. 8~9)	馬射臺(南郊)[43]
承明元年 十月 丁巳(476. 11. 3)	七寶永安行殿 시공[44]
太和元年 正月 辛亥(477. 2. 25) 七月 己酉(477. 8. 22)	太和·安昌二殿 시공[45] 太和·安昌二殿成 완공[46]
太和元年 七月 己酉(477. 8. 22)	朱明·思賢門 시공[47]

The leftmost vertical column labels: 太武帝 (spanning rows 1-5), 文成帝 (spanning rows 6-7), 孝文帝 (spanning rows 8-10).

---

37 『魏書』卷4上「世祖紀」上 始光二年三月庚申條, 70쪽, "庚申, 營故東宮爲萬壽宮, 起永安·安樂二殿, 臨望觀, 九華堂."

38 『魏書』卷4上「世祖紀」上 始光二年秋九月條, 71쪽, "秋九月, 永安·安樂二殿成, 丁卯, 大饗以落之."

39 『魏書』卷4上「世祖紀」上 始光三年二月條, 71쪽, "二月, 起太學於城東, 祀孔子, 以顏淵配."

40 『魏書』卷4上「世祖紀」上 延和三年秋七月辛巳條, 84쪽, "秋七月辛巳, 東宮成, 備置屯衛, 三分西宮之一."

41 『魏書』卷4下「世祖紀」下 太平眞君十一年二月條, 103쪽, "是月, 大治宮室, 皇太子居于北宮."

42 『魏書』卷5「高宗紀」興安二年二月乙丑條, 112쪽, "乙丑, 發京師五千人穿天淵池."

43 『魏書』卷5「高宗紀」興安二年秋七月條, 112쪽, "是月, 築馬射臺於南郊."

44 『魏書』卷7上「高祖紀」上 承明元年冬十月丁巳條, 143쪽, "冬十月丁巳, 起七寶永安行殿."

45 『魏書』卷7上「高祖紀」上 太和元年春正月辛亥條, 143쪽, "起太和·安昌二殿."

46 『魏書』卷7上「高祖紀」上 太和元年秋七月己酉條, 144쪽, "己酉, 太和·安昌二殿成."

47 위와 같음, "起朱明·思賢門."

시기		건축물 이름
孝文帝	太和元年 九月 庚子(477. 10. 12)	永樂游觀殿 시공(北苑), 神淵池 팜[48]
	太和三年 二月 壬寅(479. 4. 7)	乾象六合殿 완공[49]
	太和三年 六月 辛未(479. 7. 8)	文石室·靈泉殿 시공(方山)[50]
	太和三年 八月 乙亥(479. 9. 7)	思遠佛寺 시공(方山)[51]
	太和四年 正月 癸卯(480. 2. 2)	乾象六合殿 완공[52]
	太和四年 正月 丁巳(480. 2. 16)	報德佛寺(鷹鷂之所)[53]
	太和四年 七月 壬子(480. 8. 10) 九月 壬午(480. 11. 7)	東明觀 改作[54] 東明觀 완공[55]
	太和四年 九月 乙亥(480. 10. 31)	思義殿 완공[56]
	太和五年 四月 己亥(481. 5. 23)	永固石室 건축(方山), 鑒玄殿 시공[57]
	太和七年 十月 戊午(483. 11. 28)	皇信堂 완공[58]
	太和九年 七月 丙寅朔(485. 7. 28)	新作 새로 건축[59]

---

48 『魏書』卷7上「高祖紀」上 太和元年九月庚子條, 144쪽, "庚子, 起永樂游觀殿於北苑, 穿神淵池."

49 『魏書』卷7上「高祖紀」上 太和三年二月壬寅條, 146쪽, "壬寅, 乾象六合殿成."

50 『魏書』卷7上「高祖紀」上 太和三年六月辛未條, 147쪽, "六月辛未, 以雍州民饑, 開倉賑恤. 起文石室·靈泉殿於方山."

51 『魏書』卷7上「高祖紀」上 太和三年八月乙亥條, 147쪽, "乙亥, 幸方山, 起思遠佛寺."

52 『魏書』卷7上「高祖紀」上 太和四年春正月癸卯條, 148쪽, "四年春正月癸卯, 乾象六合殿成."

53 『魏書』卷7上「高祖紀」上 太和四年春正月丁巳條, 148쪽, "丁巳, 罷畜鷹鷂之所, 以其地爲報德佛寺."

54 『魏書』卷7上「高祖紀」上 太和四年秋七月壬子條, 149쪽, "壬子, 改作東明觀."

55 『魏書』卷7上「高祖紀」上 太和四年九月壬午條, 149쪽, "壬午, 東明觀成."

56 『魏書』卷7上「高祖紀」上 太和四年九月乙亥條, 149쪽, "乙亥, 思義殿成."

57 『魏書』卷7上「高祖紀」上 太和五年夏四月己亥條, 150쪽, "夏四月己亥, 行幸方山. 建永固石室於山上, 立碑於石室之庭. 又銘太皇太后終制於册冊; 又起鑒玄殿."

58 『魏書』卷7上「高祖紀」上 太和七年冬十月戊午條, 153쪽, "冬十月戊午, 皇信堂成."

59 『魏書』卷7上「高祖紀」上 太和九年秋七月丙寅朔條, 155쪽, "秋七月丙寅朔, 新作諸門."

시기	건축물 이름
太和十年 九月 辛卯(486. 10. 16) 太和十五年 十月 庚寅(485. 11. 18)	明堂·辟雍 시공[60] 明堂·太廟 완공[61]
太和十二年 九月 丁酉(485. 10. 11)	宣文堂·經武殿 시공[62]
太和十二年 閏月 甲子(485. 12. 7)	圓丘 건축(南郊)[63]
太和十三年 七月 丙寅(489. 9. 5)	孔子廟 세움[64]
太和十五年 七月 乙丑(491. 10. 7)	壽陵 건축[65]
太和十五年 八月 戊戌(491. 9. 27)	道壇 옮김(桑乾之陰), 崇虛寺로 改稱[66]
太和十五年 十二月 壬辰(492. 1. 19)	社 옮김(內城之西)[67]
太和十六年 二月 庚寅(492. 3. 17) 太和十六年 十月 庚戌(492. 12. 2)	太華殿 허물고 太極殿 시공[68] 太極殿 완공[69]
太和十七年 三月 戊辰(492. 4. 24)	後宮 改作[70]

(孝文帝)

---

60 『魏書』卷7下「高祖紀」下 太和十年九月辛卯條, 161쪽, "九月辛卯, 詔起明堂·辟雍."

61 『魏書』卷7下「高祖紀」下 太和十五年冬十月庚寅條, 168쪽, "冬十月庚寅, 車駕謁永固陵. 是月, 明堂·太廟成. 十有一月丁卯, 遷七廟神主於新廟."

62 『魏書』卷7下「高祖紀」下 太和十二年九月丁酉條, 164쪽, "丁酉, 起宣文堂·經武殿."

63 『魏書』卷7下「高祖紀」下 太和十二年閏月甲子條, 164쪽, "閏月甲子, 帝觀築圓丘於南郊."

64 『魏書』卷7下「高祖紀」下 太和十三年秋七月丙寅條, 165쪽, "丙寅, 幸靈泉池, 與群臣御龍舟, 賦詩而罷. 立孔子廟於京師."

65 『魏書』卷7下「高祖紀」下 太和十五年秋七月乙丑條, 168쪽, "秋七月乙丑, 謁永固陵, 規建壽陵."

66 『魏書』卷7下「高祖紀」下 太和十五年八月戊戌條, 168쪽, "戊戌, 移道壇於桑乾之陰, 改曰崇虛寺."

67 『魏書』卷7下「高祖紀」下 太和十五年十二月壬辰條, 168쪽, "十有二月壬辰, 遷社於內城之西."

68 『魏書』卷7下「高祖紀」下 太和十六年二月庚寅條, 169쪽, "庚寅, 壞太華殿, 經始太極殿."

69 『魏書』卷7下「高祖紀」下 太和十六年冬十月庚戌條, 171쪽, "庚戌, 太極殿成, 大饗群臣."

70 『魏書』卷7下「高祖紀」下 太和十七年三月戊辰條, 171쪽, "三月戊辰, 改作後宮, 帝幸永興園, 徙御宣文堂."

〈표 1〉에서 알 수 있듯이, 道武帝 시기 天興元年 十月(398. 10-11) 天文殿 공사를 시작으로 天華殿, 太廟, 中天殿, 雲母堂, 金華室, 紫極殿, 玄武樓, 凉風觀, 西昭陽殿, 漼南宮 등을 시공하거나 완공하였다.[71] 明元帝 시기에 馬射臺, 豊宮, 太祖廟, 蓬臺, 白臺, 漼南宮, 宮(西苑) 등을 축조하였다. 대부분은 平城 밖의 건축물인 것으로 보아 道武帝 시기 平城 안의 궁전과 주요 건축물은 완성되었음을 알 수 있다. 다만 泰常 3년 十月 戊辰日(418. 11. 19) 宮(西苑) 건축[72]과 西宮 확장[73] 기사를 보면 추가로 궁전을 만들거나 확장했음을 알 수 있다. 또 泰常 7년 九月 辛亥日(422. 10. 12) 둘레 32里의 平城外郭을 축조한 기사[74]를 보면, 앞에서 말한 여러 궁전을 새로 짓거나 증축하면서 內城 밖에 外郭(外城)을 축조하여 平城의 규모를 확대했을 것으로 추정된다.

그런데 『南齊書』「魏虜傳」에는 北魏의 平城과 궁전을 서술한 기록이 있다.

"(가) 什翼珪[道武帝]가 처음으로 平城에 수도를 정했지만, 여전히 물과 풀을 쫓아다녔기 때문에 都城에 城郭이 없다가 木末[明元帝]이 처음으로 고정된 居處에 머무르게 되었다. 佛狸는 梁州[涼州의 오기]와 黃龍國을 격파하고 그 주민들을 遷徙하여 대규모로 郭邑을 축조하였다. 平城 서쪽을 잘라서 宮城으로 삼았는데, 궁성의 네 모퉁이에 누각[樓]을 세웠다. [성벽의] 女墻과 門에는 지붕을 이지 않고, 또 성[벽 주위]에는 해자도 없었

---

71 사료에는 "起+건물명"으로 표기되는데 "起"는 해당 궁전이나 건축물 건축을 시작했다는 뜻이다. 『魏書』에는 시공 기사는 많지만 완공 기사가 없는 경우가 많다.

72 『魏書』卷3「太宗紀」泰常三年冬十月戊辰條, 59쪽, "冬十月戊辰, 築宮於西苑."

73 『魏書』卷3「太宗紀」泰常八年冬十月癸卯條, 64쪽, "冬十月癸卯, 廣西宮, 起外垣墻, 周回二十里."

74 『魏書』卷3「太宗紀」泰常七年秋九月辛亥條, 62쪽, "辛亥, 築平城外郭, 周回三十二里."

다. 南門 밖에는 2개의 土門을 세웠고, 안에는 廟를 세웠는데, 4개의 문을 만들고 각각의 문에는 각각의 방위에 해당하는 색깔(方色)을 칠했다. 모두 다섯 개의 사당[五廟]이 있었는데, 一代[의 죽은 황제를 모시는 묘는] 1間이었으며, 기와지붕을 덮었다. 그 서쪽에는 太社를 세웠다. (나) 佛狸[太武帝]가 거처하는 雲母 등 3개의 殿에 또 여러 층으로 된 궁전을 세우고 그 위에 거주하였다. ……(중략)…… (다) 殿 서쪽에 갑옷과 무기를 저장하는 창고 40여 간이 있었고, 전의 북쪽에는 絲·綿·布·絹을 보관하는 창고인 土屋 10여 간이 있었다. [위로의] 太子宮은 城의 동쪽에 있었는데, 역시 4개의 문이 설치되었으며, 기와지붕이었고 네 모퉁이에 누각을 세웠다. 太子妃와 첩들은 모두 흙집에 거주하였다. 婢 1,000여 인을 부려 綾과 錦을 짜서 판매하였고, 술을 만들어 팔았으며, 돼지와 양, 소, 말을 길렀을 뿐만 아니라 채소를 심어 이익을 다투었다. (라) 太官에는 80여 窖가 있었는데, 한 개의 움집마다 穀과 米가 반반씩 모두 4,000斛이 저장되었다. 먹을 것을 걸어두는 기와집이 수십 間 있었다. 尙方을 두어 鐵과 나무로 각종 기물을 만들었다. 袍衣는 宮內의 婢를 부려 만들게 하였다. 魏虜의 太子는 별도로 창고를 가지고 있었다.

(마) 그 郭城은 궁성의 남쪽을 둘러싸는데, 모두 구획된 坊으로 쌓았고 방은 길로 통하게 하였다. 규모가 큰 방에는 400 혹은 500家를, 작은 곳은 60 혹은 70家[의 집이] 있었다. 매번 남쪽의 방을 폐쇄하고 수색·단속하여 奸巧한 자들을 防備하였다. (바) 평성의 서남쪽은 白登山으로부터 7里 떨어져 있는데, 산기슭에 별도로 父祖의 廟를 세웠다. 平城의 서쪽에는 祠天壇이 있었는데, 49개의 木人을 세웠으며 길이는 약 1丈 정도였고, 白幀과 練裙, 馬尾被를 두르고 있었다. 壇 위에 서서 늘 四月 四日에 소와 말을 죽여 제사를 지낼 때 鹵簿의 儀仗을 성대히 배치하였으며, 제단 주변을 둘러싸고 말을 타고 달리며 연주하고 재주를 부리는 것을 즐거움으로 삼았

다. (사) 평성 서쪽 3리에는 돌에 五經과 그 國記를 새겼는데, 업[현](鄴縣)에서 취한 길이 1장 정도의 石虎의 文石屋基 60枚 취하여 사용하였다.”[75]

위의 인용문에서 밑줄 친 부분 (가), 즉 道武帝(원문의 什翼圭) 시기 성곽이 없었고 明元帝(원문의 木末) 시기에 처음으로 고정된 장소에 머무르게 되었다는 사실은 앞에서 살펴본 〈표 1〉의 道武帝·明元帝 시기 平城 궁전 공사 기록과 어긋난다. 또 인용문에서 太武帝(원문의 佛狸) 시기에 대규모 郭邑을 축조했다는 대목도 『魏書』에 보이지 않는다. 오히려 『魏書』「太宗紀」에는 泰常 7년 九月 辛亥日(422. 10. 12) 둘레 32里의 平城外郭을 축조한 기사[76]가 보인다. 즉 인용문처럼 太武帝 시기가 아닌 明元帝 시기에 平城의 外郭, 즉 郭城(外城)을 축조했다고 기록한 것이다. 다만 太平眞君 11년 二月(450. 3) 宮室을 대거 축조했다는 기록[77]을 보면, 太武帝 말기에 대규모 궁전 증축이 있었음

---

75 『南齊書』卷57「魏虜傳」, 984-985쪽, “什翼珪始都平城, 猶逐水草, 無城郭, 木末始土著居處. 佛狸破梁州·黃龍, 徙其居民, 大築郭邑. 截平城西爲宮城, 四角起樓, 女墻, 門不施屋, 城又無塹. 南門外立二土門, 內立廟, 開四門, 各隨方色, 凡五廟, 一世一間, 瓦屋. 其西立太社. 佛狸所居雲母等三殿, 又立重屋, 居其上. …… 殿西鎧仗庫屋四十餘間, 殿北絲綿布絹庫土屋一十餘間. 僞太子宮在城東, 亦開四門, 瓦屋, 四角起樓. 妃妾住皆土屋. 婢使千餘人, 織綾錦販賣, 酤酒, 養豬羊, 牧牛馬, 種菜逐利. 太官八十餘窖, 窖四千斛, 半穀半米. 又有懸食瓦屋數十間, 置向方作鐵及木. 其袍衣, 使宮內婢爲[之]. 僞太子別有倉庫. 其郭城繞宮城南, 悉築爲坊, 坊開巷. 坊大者容四五百家, 小者六七十家. 每南坊搜檢, 以備奸巧. 城西南去白登山七里, 於山邊別立父祖廟. 城西有祠天壇, 立四十九木人, 長丈許, 白幘·練裙·馬尾被, 立壇上, 常以四月四日殺牛馬祭祀, 盛陳鹵簿, 邊壇奔馳奏伎爲樂. 城西三里, 刻石寫五經及其國記, 於鄴取石虎文石屋基六十枚, 皆長丈餘, 以充用.”
76 『魏書』卷3「太宗紀」泰常七年秋九月辛亥條, 62쪽, “辛亥, 築平城外郭, 周回三十二里.”
77 『魏書』卷4下「世祖紀」下 太平眞君十一年二月條, 103쪽, “是月, 大治宮室, 皇太子居于北宮.”

은 확실하다. 밑줄 친 (나)의 3殿 가운데 雲母殿은 天興 3년 七月 壬子日(400. 8. 9) 만들기 시작한 中天殿, 雲母堂, 金華室[78] 가운데 雲母堂일 것이다. (다)에서 전의 서쪽에 무기를 놓아둔 창고 40여 間은 道武帝가 天興 2년 八月(399. 9-10) 축조한 西武庫[79]와 방향과 기능이 비슷하다. (마)에서 宮城 남쪽에 坊이 존재했음을 알 수 있는데 文成帝 시기인 興光元年(454) 城門을 닫고 수색하여 姦人亡命 수백 인을 색출했던 예가 있다.[80] 따라서 밑줄 친 (마)의 坊의 존재[81]도 사실에 부합할 것이다. 白登山에 父祖의 廟가 있다는 (바)의 기록은 永興 4년(412) 白登山에 太祖廟를 세웠고 2년 후(414)에 昭成帝 · 獻明帝 · 太武帝의 廟

---

78 『魏書』卷2「太祖紀」天興三年秋七月壬子條, 36쪽, "秋七月壬子, 車駕還宮. 起中天殿及雲母堂 · 金華室."

79 『魏書』卷2「太祖紀」天興二年八月條, 35쪽, "八月, 遣太尉穆崇率騎六千往赴之. 增啓京師十二門. 作西武庫."

80 『魏書』卷5「高宗紀」興光元年九月條, 113쪽, "是月, 閉都城門, 大索三日, 獲姦人亡命數百人."

81 逯耀東은 平城의 坊里 제도가 草原文化에서 農耕文化로 넘어가는 과도기의 흔적이라고 보았다. 그에 따르면 직업에 따라 거주지역을 나누고, 특히 상업에 종사하는 사람들을 나누어 거주시킨 것은 前漢武帝의 抑商政策과 관련 있다고 보았다. 그러나 北魏 都城의 坊里 제도는 '分土定居' 및 '宗主督護制'와 밀접한 관계가 있다고 한다. 北魏의 平城에서 기술과 직업에 따라 서로 다른 구역에 분리하여 거주시켰고, 이는 洛陽에 영향을 주었다. 平城의 坊制가 후에 洛陽과 長安의 都市 계획에 영향을 주었다고 한다(逯耀東, 「北魏平城對洛陽規建的影响」, 『從平城到洛陽─拓跋魏文化轉變的歷程─』, 北京: 中華書局, 2006, 168-171쪽). 北魏 이전에도 坊이 존재하였지만, 군사적 방어와 감시를 위한 壘壁이었다(宮崎市定, 「漢代の里制と唐代の坊制」, 『東洋史研究』21-3, 1962, 33쪽). 반면 朴漢濟 교수에 따르면, 北魏의 坊은 주위에 견고하고 높은 牆垣을 두른 소구역이란 의미였으며, 쉽게 넘나들 수 있었던 漢代 里의 土壁과 구별된다. 平城에 坊을 쌓은 목적은 간교한 도적을 막으려는 治安 때문이라고 한다. 이 밖에 정부가 坊의 居民을 통제하고 장악하기 위한 수단이라고 한다(朴漢濟, 「北魏 洛陽社會와 胡漢體制」, 130-132쪽).

를 白登山 서쪽에 세운 『魏書』「禮志」의 기록과 일치한다.[82] 또 『魏書』「崔浩傳」에는 著作令史 閔湛과 郗標가 太武帝의 皇太子 晃(恭宗)의 허락을 받아 天郊 동쪽 3里에 國書(國記라고도 하며 拓跋部와 北魏의 역사)와 五經을 돌로 새겼다는 기록이 있다.[83] 이는 (사)의 돌에 새긴 五經과 國記 기사와 일치한다.

위에서 대조한 것처럼 (가)의 平城과 宮殿, 郭城 등 건축 시기는 『魏書』의 기록과 다르지만, (나), (다), (마), (바), (사)의 기록은 『魏書』와 일치한다. 따라서 『南齊書』「魏虜傳」의 平城 기사는 신뢰할 수 있을 것이다.[84] 그렇다면 위의 인용문에서 平城의 면모를 확인할 수 있다. (다)에

---

82 『魏書』 卷108之1「禮志」4 祭祀上, 2736-2737쪽, "明年, 立太祖廟于白登山. 歲一祭, 具太牢, 帝親之, 亦無常月. 兼祀皇天上帝, 以山神配, 旱則禱之, 多有效. 是歲, 詔郡國於太祖巡幸宮之所, 各立壇, 祭以太牢, 歲一祭, 皆牧守侍祀. 又立太祖別廟於宮中, 歲四祭, 用牛馬羊各一. 又加置天日月之神及諸小神二十八所於宮內, 歲二祭, 各用羊一. 後二年, 於白登西, 太祖舊遊之處, 立昭成 · 獻明 · 太祖廟, 常以九月 · 十月之交, 帝親祭, 牲用馬 · 牛 · 羊, 及親行貙劉之禮. 別置天神等二十三於廟左右, 其神大者以馬, 小者以羊. 華陰公主, 帝姊也, 元紹之爲逆, 有保護功, 故別立其廟於太祖廟垣後. 因祭薦焉. 又於雲中 · 盛樂 · 金陵三所, 各立太廟, 四時祀官侍祀."

83 『魏書』 卷35「崔浩傳」, 825쪽, "著作令史太原閔湛 · 趙郡郗標素諂事浩, 乃請立石銘, 刊載國書, 幷勒所注五經. 浩贊成之. 恭宗善焉, 遂營於天郊東三里, 方百三十步, 用功三百萬乃訖."

84 高敏은 원문에서 묘사한 北魏前期의 수도 平城에 관한 정보, 즉 宮殿의 위치 및 배치, 건축에 관한 기록이 『魏書』의 기록 부족을 보충할 수 있다고 보았다. 高敏은 『魏書』本紀를 검토하여 北魏의 수도 平城의 宮殿 건축은 주로 道武帝 시기에 완성되었지만 平城 宮殿의 배치와 방위 등에 대해 언급이 없음을 지적하였다. 그러나 원문의 기록을 분석하면 平城의 각종 건축물 배치 상황을 알 수 있고 다섯 가지 사실을 발견할 수 있다고 보았다. 첫째, 平城 宮殿의 건축은 주로 太武帝 시기에 완성되었다. 둘째, 宮殿 건축과 形制, 방위는 명확하다. 셋째, 당시 北魏의 궁전에서 奴婢들이 각종 생산활동에 종사했음을 알 수 있다. 넷째, 九豆和官이 宮城 3里 안의 民 戶籍을 관장한다는 기록에서 北魏 平城 안에서 軍이 民을 통할했던 상황을 반영하였다. 다섯째, 平城 내부의 坊里 분포와 坊里의 규모 등을 알 수 있다. 이러한 사실들은 『魏書』와 酈道元의 『水經注』에 보이지 않는 기록이었다. 원문 가운데

서 雲母 등 3殿 서쪽에 있으며 西武庫로 추정되는 갑옷과 무기를 저장하는 창고 40여 간과 殿 북쪽에 絲·綿·布·絹을 보관하는 창고인 土屋 10여 간, (라)에서 太官이 관리하는 8,000斛의 곡물이 저장된 80여 개의 窖가 있었다. 즉 곡물창고에 64만여 斛의 곡물이 보관되었다. 즉 平城 안에 무기와 비단 등 직물류, 각종 곡물이 대량으로 저장되었음을 알 수 있다. 또 (바)의 白登山에 설치된 歷代 皇帝들의 사당과 (사)에 보이는 五經과 國記의 石碑는 平城이 궁전뿐만 아니라 儀禮와 유가경전, 기념비를 갖춘 '문화적' 공간이었음을 보여준다.

平城 주변에는 종교(제사)와 五經과 北魏의 역사를 기록한 문화적인 공간뿐만 아니라 각종 가축을 기르는 공간도 있었다. 처음으로 설치한 것이 鹿苑이다. 道武帝는 天興 2년(399) 高車遠征에 나서 高車 雜種 30여 部를 격파했고, 衛王 拓跋儀는 7部를 격파했다. 道武帝는 회군하며 우천 남쪽에서 대규모 사냥을 벌인 뒤 高車 騎兵에게 포획한 짐승으로 주변 700여 리를 에워싸게 한 다음 그 짐승을 몰고 平城으로 돌아왔다. 그리고 高車人을 동원하여 남쪽으로 臺陰, 북쪽으로 長城, 동쪽으로 白登, 서쪽으로 西山 안의 지역에 鹿苑을 만들었다.[85] 鹿

'白樓'는 『魏書』에도 보인다. 원문에 서술된 平城의 건축물 분포는 직접 平城에 가서 보지 않으면 이처럼 상세히 기록할 수 없다고 하였다. 즉 원문의 기록은 傳聞이 아니라 실제 목격한 기록이라는 것이다(高敏, 「《南齊書 · 魏虜傳》書後」, 『魏晉南北朝史發微』, 北京: 中華書局, 2005, 278-281쪽). 逯耀東은 원문의 단락과 이전의 단락에 기록된 太武帝 시기의 平城이 여전히 초라하고 빈약하였으며, 北魏의 都城이 농업 발전에 따라 점차적으로 형성된 것이라고 주장하였다(逯耀東, 「北魏平城對洛陽規建的影向」, 36쪽).

85 『魏書』 卷2 「太祖紀」 天興二年二月條, 34쪽, "二月丁亥朔, 諸軍同會, 破高車雜種三十餘部, 獲七萬餘口, 馬三十餘萬匹, 牛羊百四十餘萬. 驃騎大將軍, 衛王儀督三萬騎別從西北絕漠千餘里, 破其遺迸七部, 獲二萬餘口, 馬五萬餘匹, 牛羊二十餘萬頭, 高車二十餘萬乘, 幷服玩諸物. 還次牛川及薄山, 並刻石記功, 班賜從臣各有差. 庚戌, 征虜將軍庾岳破張超於勃海. 超走平原, 爲其黨所殺. 以所獲高車衆起鹿苑, 南因

苑은 北魏 平城으로 추정되는 山西省 大同市 操場城 북쪽에 위치하며 서쪽으로 雷公山 동쪽 기슭에 이르고 동쪽으로 馬鋪山을 포함하며 북쪽으로 장성에 이르는 지역으로 추정된다. 鹿苑은 종교의 공간이기도 하지만 북위황제와 신하의 사냥 장소였을 뿐 아니라 가축의 가을 방목지와 겨울 방목지의 기능도 담당했다.[86] 太武帝는 太延 2년 十一月 己酉日(426. 11. 25) 榴楊으로 가서 야생마를 운중으로 몰아 野馬苑을 설치했다.[87] 또 太武帝는 神䴥 2년(429) 柔然을 親征하여 柔然과 高車를 격파하고 柔然 30만여 명과 高車 수십만 명을 사로잡았다.[88] 그리

臺陰, 北距長城, 東包白登, 屬之西山, 廣輪數十里, 鑿渠引武川水注之苑中, 疏爲三溝, 分流宮城內外. 又穿鴻雁池.";『魏書』卷103「高車傳」, 2308쪽, "後徙於鹿渾海西北百餘里, 部落强大, 常與蠕蠕爲敵, 亦每侵盜于國家. 太祖親襲之, 大破其諸部. 後太祖復度弱洛水, 西行至鹿渾海, 停駕簡輕騎, 西北行百餘里, 襲破之, 虜獲生口馬牛羊二十餘萬. 復討其餘種於狼山, 大破之. 車駕巡幸, 分命諸將爲東西二道, 太祖親勒六軍從中道, 自駮髯水西北, 徇略其部, 諸軍同時雲合, 破其雜種三十餘落. 衛王儀別督將從西北絶漠千餘里, 復破其遺迸七部. 於是高車大懼, 諸部震駭. 太祖自牛川南引, 大校獵, 以高車衛圍, 騎徒遮列, 周七百餘里, 聚雜獸於其中. 因驅至平城, 卽以高車衆起鹿苑, 南因臺陰, 北距長城, 東包白登, 屬之西山."

86 佐川英治,「遊牧と農耕の間」, 50위쪽~65아래쪽.

87 『魏書』卷4上「世祖紀」上 太延二年冬十一月己酉條, 87쪽, "[冬十一月己酉]行幸榴楊, 驅野馬於雲中, 置野馬苑. 閏月壬子, 車駕還宮."

88 『魏書』卷4上「世祖紀」上 神䴥二年夏四月庚寅條, 75쪽, "[夏四月]庚寅, 車駕北伐, 以太尉·北平王長孫嵩, 衛尉·廣陵公樓伏連留守京師, 從東道與長孫翰等期會於賊庭. 五月丁未, 次于沙漠, 舍輜重, 輕騎兼馬, 至栗水, 蠕蠕震怖, 焚燒廬舍, 絶跡西走. 事具蠕蠕傳. 八月, 帝以東部高車屯巳尼陂, 詔左僕射安原率萬餘討之. 事具蠕蠕傳.";『魏書』卷103「蠕蠕傳」, 2293쪽, "[神䴥]二年四月, 世祖練兵于南郊, 將襲大檀. 公卿大臣皆不願行, 術士張淵·徐辯以天文說止世祖, 世祖從崔浩計而行. 會江南使還, 稱劉義隆欲犯河南, 謂行人曰: '汝疾還告魏主, 歸我河南地, 卽當罷兵, 不然盡我將士之力.' 世祖聞而大笑, 告公卿曰: '龜鱉小竪, 自救不暇, 何能爲也. 就使能來,, 若不先滅蠕蠕 便是坐待寇至, 腹背受敵, 非上策也. 吾行決矣.' 於是車駕出東道向黑山, 平陽王長孫翰從西道向大娥山, 同會賊庭. 五月, 次于沙漠南, 舍輜重輕襲之, 至栗水, 大檀衆西奔. 弟匹黎先典東落, 將赴大檀, 遇翰軍 翰縱騎擊之, 殺其大人

고 이들을 漠南, 구체적으로 동쪽의 濡源에서 서쪽의 五原과 陰山에 이르는 3,000리에 분산 거주케 하고 長孫翰·安原·劉潔·古弼 등을 보내 鎭撫하게 했다.[89] 이를 '漠南牧場'이라고도 한다.[90] 이 '漠南牧場'의 남쪽은 京畿의 북쪽에 뻗쳐 있었을 것이다. 鹿苑과 野馬苑 이외에 虎圈·灅南宮苑囿·北苑·西苑·東苑, 山北苑 등의 苑囿가 있었다.[91] 이러한 苑囿에서 말과 각종 동물을 사육하거나 보관하여 관리했을 것이다. 이처럼 가축을 관리하는 공간이 平城 주변에 많은 이유는 北魏의 胡人支配層이 가축을 기르며 사는 유목민이었기 때문이다.

牧場과 苑囿뿐만 아니라 北魏皇帝들은 물고기가 있는 연못을 만들었다. 예컨대 道武帝는 천흥 3년(400) 平城 남쪽의 물길을 성 안으로 끌어들여 東西魚池를 만들었다.[92] 또 明元帝는 永興 5년 二月 癸丑日 (413. 4. 4) 北苑에 魚池를 만들었다.[93] 이 두 魚池는 平城 혹은 종묘와 가까운 곳에 위치하기 때문에 종묘 제사에 바치는 희생에 사용할 물고기를 양식하거나 잡는 데 사용했다는 견해도 있다.[94] 실제 道武帝

數百. 大檀聞之震怖, 將其族黨, 焚燒廬舍, 絕跡西走, 莫知所至. 於是國落四散, 竄伏山谷, 畜産布野, 無人收視. 世祖緣栗水西行, 過漠將竇憲故壘. 六月, 車駕次於兎園水, 去平城三千七百里. 分軍搜討, 東至瀚海, 西接張掖水, 北渡燕然山, 東西五千餘里, 南北三千里. 高車諸部殺大檀種類, 前後歸降三十餘萬, 俘獲首虜及戎馬百餘萬匹. 八月, 世祖聞東部高車屯已尼陂, 人畜甚衆, 去官軍千餘里. 遂遣左僕射安原等往討之. 暨已尼陂, 高車諸部望軍降者數十萬."

89 『魏書』卷4上「世祖紀」上 神䴥二年冬十月條, 75쪽, "振旅凱旋于京師, 告於宗廟. 列置新民於漠南, 東至濡源, 西曁五原·陰山, 竟三千里. 詔司徒平陽王長孫翰·尙書令劉潔, 左僕射安原·侍中古弼鎭撫之."

90 朱大渭, 「北魏的國營畜牧業經濟」, 『六朝史論』, 北京: 中華書局, 1998, 344-345쪽.

91 黎虎, 「北魏前期的狩獵經濟」, 『魏晉南北朝史論』, 北京: 學苑出版社, 1999, 150-153쪽.

92 『魏書』卷2「太祖紀」天興三年三月條, 36쪽, "是月, 穿城南渠通於城內, 作東西魚池."

93 『魏書』卷3「太宗紀」永興五年二月癸丑條, 52쪽, "癸丑, 穿魚池於北苑."

는 天興 4년 3월(401. 4) 몸소 물고기를 잡아 침묘에 바쳤다.[95] 北魏皇帝들은 물고기 잡이를 시찰하며 생산을 독려하였다. 유목민들은 평소에 물고기를 먹지 않았지만, 가뭄과 흉년 등 식량이 부족할 때 먹었기 때문에 平城 주변의 각종 魚池는 관상용일 뿐만 아니라 救荒食糧의 역할도 하였을 것이다.[96]

위에서 살펴본 시설을 지도에 표시하면 아래와 같다.

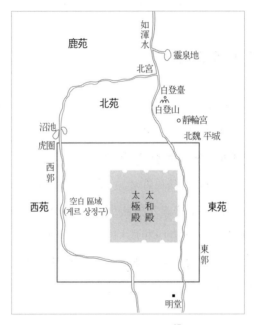

〈지도 1〉 平城 주변 지도[97]

---

94 佐川英治, 「遊牧と農耕の間」, 63위쪽.

95 『魏書』卷2「太祖紀」天興四年三月條, 38쪽, "三月, 帝親漁, 薦于寢廟."

96 최진열, 『북위황제 순행과 북위사회』, 서울대출판문화원, 2011, 135-142쪽.

97 前田正名, 『平城の歷史地理學的硏究』, 東京: 風間書房, 1979, 111쪽, 平城近傍地域槪要圖.

〈지도 1〉에서 알 수 있듯이, 北魏는 平城에 皇帝의 생활에 필요한 궁전과 각종 조세를 보관할 창고, 각종 의례의 공간뿐만 아니라 胡人 (유목민)의 생활에 필요한 가축들을 가두는 각종 苑囿와 목장, 구황 식량으로 쓰이는 魚池 등을 만들었다. 이러한 배치를 보면 平城은 정치적 중심지였을 뿐만 아니라 물자와 가축을 보관하는 거대한 창고 역할을 하였다.[98]

2. 平城·京畿 徙民

북위는 중국의 다른 왕조처럼 피정복민의 강제이주를 피정복 지역의 통치를 위해 활용하였다. 아래에서 살펴보는 것처럼 北魏前期 徙民 지역은 平城과 주변의 京畿 지역이 많았다.

北魏는 皇始 2년(397) 後燕의 수도 中山城을 점령한 후 다음 해인 天興元年(398) 山東, 즉 後燕의 영토인 6州 民吏와 徒何(慕容部와 그 지배를 받던 유목민 집단), 高麗(高句麗), 雜夷(기타 이민족) 등 36만과 百工 伎巧 10여만 口를 京師, 즉 平城과 京畿 지역으로 옮기고 이들에게 耕牛를 주어 농사를 짓는 計口受田 정책을 추진하였다.[99] 『魏書』「食

---

98 前田正名은 土門·土屋이 있고 돼지와 양을 기르며 소와 말을 목축하는 점이 중국 內地의 도시와 다른 平城 특유의 경관이었다고 보았다(前田正名,「平城都市景觀の 展開」,『平城の歷史地理學的硏究』, 東京: 風間書房, 1979, 125쪽). 이는 성곽·궁전 뿐만 아니라 목축을 위한 苑囿와 魚池 등 생산시설을 갖추어 漢人王朝의 都城과 다른 모습임을 저적한 필자의 견해와 일치한다.

99 『魏書』卷2「太祖紀」天興元年春正月條, 31-32쪽, "辛酉, 車駕發自中山, 至于望都堯 山. 徙山東六州民吏及徒何·高麗雜夷三十六萬, 百工伎巧十萬餘口, 以充京師. 車駕 次于恒山之陽, 博陵·勃海·章武羣盜並起, 略陽公元遵等討平之. 廣川太守賀盧殺 冀州刺史王輔, 驅勒守兵, 抄掠陽平·頓丘諸郡, 遂南渡河, 奔慕容德. …… 二月, 車

貨志」에도 이때 옮겨진 吏民·徒何·기술자(工伎巧) 10여만 家에게 耕牛를 주고 計口受田에 따라 농사에 종사하게 하였다고 기록하였다.[100] 胡三省은 『資治通鑑』의 이 대목에서 이때의 徒民이 關東 豪傑을 關中으로 옮겨 충실히 한 정책과 유사했음을 지적하였다.[101]

이 기사의 인상이 너무 강하여 선행연구에서는 平城時代 京畿로 徒民된 사람들은 計口受田 정책에 따라 농경에 종사했다고 보는 것이 통설이다.[102] 이에 대해 古賀昭岑은 徒民의 大半(2/3)이 유목민 혹은 목축민이고 이들이 목축에 종사했음을 고증하였다. 즉 京畿로의 徒民이 농경을 위한 정책만은 아니었고 대다수 유목민은 목축에 종사했다는 것이다.[103] 道武帝는 天興元年 十二月 己丑日에 6州(舊後燕의 영토) 22郡의 守宰(太守와 縣令), 豪傑, 吏民 2,000家를 代都로 옮겼다.[104] 이는 舊後燕의 지배층을 수도 平城으로 이주시켜 감시를 강화함과 동시에 일부는 北魏의 관료로 편입시키기 위한 조치였을 것이다.[105] 따

駕自中山幸繁畤宮, 更選屯衛. 詔給內徒新民耕牛, 計口受田."

100 『魏書』卷110「食貨志」, 2849-2850쪽, "既定中山, 分徒吏民及徒何種人·工伎巧十萬餘家以充京都, 各給耕牛, 計口授田."

101 『資治通鑑』卷110「晉紀」32 安帝隆安二年條胡註, 3463쪽, "此漢高帝徙關東豪傑以實關中之策也."

102 武仙卿 著, 宇都宮清吉·增村宏 譯,『魏晉南北朝經濟史－均田制度の實施－』, 東京: 生活史, 1942; 河地重造,「北魏王朝の成立とその性格について－徒民政策の展開から均田制へ－」,『東洋史研究』12-5, 1953, 394-422쪽; 唐長孺,「拓跋國家的建立及其封建化」,『魏晉南北朝史論叢』, 北京: 三聯書店, 1955; 兼子秀利,「北魏前期の政治」,『東洋史研究』19-1, 1960, 24-36쪽; 堀敏一,「均田制の成立」,『東洋史研究』24-1·2, 1965.

103 古賀昭岑,「北魏における徒民と計口受田について」,『九州大學東洋史論集』1, 1973, 19-37쪽.

104 『魏書』卷2「太祖紀」天興元年十二月己丑條, 34쪽, "徙六州二十二郡守宰·豪傑·吏民二千家于代都."

105 徒民 대상 가운데 豪傑과 吏民은 해당 지역의 土着豪族이었음을 고려하면 이 조

라서 平城과 京畿로의 徙民이 농경 종사 강제라는 도식은 성립하기
어렵다.

北魏는 後燕을 시작으로 五胡諸國을 정복한 후 피정복민의 일부를
수도와 京畿로 이주시켰다. 그러나 전형적인 경우는 北涼밖에 없었
다. 太武帝는 太延 5년 十月 辛酉日(439. 11. 22) 北涼 사람 3만여 家를
京師로 옮겼다.[106] 그러나 두 번째로 정복한 夏의 경우는 달랐다. 太
武帝는 夏의 수도 統萬城을 점령하기 전 해인 始光 3년(426) 統萬城을
공격하여 1만여 家를 이끌고 돌아왔다.[107] 北魏는 다음 해 五月(427.
6-7) 夏를 공격하여 六月 甲辰日(427. 7. 11) 수도 統萬城을 점령하였
다. 이때 夏의 군주 赫連昌과 동생 赫連定은 上邽로 도망갔다. 太武
帝는 赫連氏 일족과 포로, 金銀·珍玩·布帛 등을 將士들에게 나눠주
었다.[108] 이들이 北魏軍을 따라 平城과 京畿로 끌려가기는 했지만, 後
燕이나 北涼의 徙民과 달리 將士들의 노비로 끌려갔다. 夏의 군주 赫
連昌은 곧 北魏軍에 생포되었지만 赫連定은 계속 저항하였다. 그러나

치는 秦漢時代 陵邑徙民처럼 강력한 土著 세력을 제거하기 위한 조치였음을 알
수 있다.

106 『魏書』卷4上「世祖紀」上 太延五年冬十月條, 90쪽, "辛酉, 車駕東還, 徙涼州民三萬
餘家于京師, 留驃騎大將軍·樂平王丕, 征西將軍賀多羅鎮涼州."

107 『魏書』卷4上「世祖紀」上 始光三年十一月戊寅條, 71쪽, "十有一月戊寅, 帝率輕騎二
萬襲赫連昌, 壬午, 至其城下, 徙萬餘家而還."

108 『魏書』卷4上「世祖紀」上 始光四年五月條, 72-73쪽, "五月, 車駕西討赫連昌. 辛巳,
濟君子津. 三城胡酋鵲子相率內附. 帝次拔隣山, 築城, 舍輜重, 以輕騎三萬先行. 戊
戌, 至于黑水, 帝親所天告祖宗之靈而誓眾焉. 六月甲辰, 昌引眾出城, 大破之. 事在
昌傳. 昌將麾下數百騎西南走, 奔上邽, 諸軍乘勝追至城北, 死者萬餘人, 臨陣殺昌
弟河南公滿及其兄子蒙遜. 會日暮, 昌尚書僕射間至拔城, 夜將昌母出走. 乙巳, 車
駕入城, 虜昌羣弟及其諸母·姊妹·妻妾·宮人萬數, 府庫珍寶車旗器物不可勝計,
擒昌尚書王買·薛超等及司馬德宗將毛脩之·秦雍人士數千人, 獲馬三十餘萬匹, 牛
羊數千萬. 以昌宮人及生口·金銀·珍玩·布帛班賚將士各有差."

北魏軍은 神䴥 3년 十一月 己亥日(430. 12. 17) 赫連定의 근거지 安定을 점령하였다. 이때 太武帝는 安定을 방문하여 노획한 生口와 물자를 將士에게 나눠주었다.[109] 赫連定은 西秦을 멸망시키고 北涼의 沮渠蒙遜을 공격하기 위해 黃河를 건너다가 吐谷渾의 공격을 받고 대패하여 생포되었다.[110] 吐谷渾은 赫連定을 北魏에 보냈다.[111]

北燕도 夏와 비슷했다. 北魏와 北燕의 전쟁을 설명하기 앞서 北魏와 遼西로 쫓겨난 後燕 잔여 세력과의 전쟁을 먼저 살펴봐야 한다. 後燕의 군주 慕容寶는 수도 中山城을 버리고 慕容氏의 발상지인 龍城(和龍)으로 달아났다. 이후 北魏는 後燕과 일진일퇴의 공방전을 벌였다. 後燕의 遼西太守 李朗이 天興 2년 七月 辛亥日(399. 10. 14) 北魏에 항복하였다.[112] 같은 해 十二月 甲午日(400. 1. 24) 後燕의 燕郡太守 高湖가 3,000戶를 거느리고 北魏에 內屬하였다.[113] 北魏는 天興 3년 正

---

109 『魏書』 卷4上 「世祖紀」上 神䴥三年十一月己亥條, 77-778쪽, "己亥, 帝幸安定, 獲乞伏熾磐質子及定車旗, 簿其生口‧財畜, 班賜將士各有差. 庚子, 帝自安定還臨平涼, 遂掘堙圍守之. 行幸紐城, 安慰初附, 赦秦雍之民, 賜復七年. 定隴西守及將士數千人來降."

110 『魏書』 卷4上 「世祖紀」上 神䴥四年條, 78쪽, "是月(春正月), 乞伏慕末爲赫連定所滅. …… 六月, 赫連定北襲沮渠蒙遜, 爲吐谷渾慕瓆所執."

111 『魏書』 卷4上 「世祖紀」上 延和元年三月壬申條, 80쪽, "壬申, 西秦王吐谷渾慕瓆, 送赫連定於京師."

112 『魏書』 卷2 「太祖紀」 天興二年秋七月辛亥條, 32쪽, "慕容盛遼西太守李朗, 擧郡內屬."

113 『魏書』 卷2 「太祖紀」 天興二年十二月甲午條, 36쪽, "十有二月甲午, 慕容盛征虜將軍‧燕郡太守高湖, 率戶三千內屬." 여기서 '燕郡'이 廣開土大王이 공격한 燕郡 때문에 주목되지만, 『魏書』 卷32 「高湖傳」에서 北魏 항복 후 高湖가 代 동쪽의 諸部를 관할하였던 것을 보면(『魏書』 卷32 「高湖傳」, 751쪽, "寶立, 乃起湖爲征虜將軍‧燕郡太守. 寶走和龍, 兄弟交爭, 湖見其衰亂, 遂率戶三千歸國. 太祖賜爵東阿侯, 加右將軍, 總代東諸部.") 高湖는 항복 후 北魏의 영토 안에 들어왔음을 알 수있다. 高湖가 太守로 있었던 燕郡은 北魏의 동쪽 경계에 가까운 지역에 있었을 것으로 생각된다. 약 5개월 전 後燕의 遼西太守 李朗이 北魏에 항복했음을 고려하

月 戊午日(400. 2. 17) 漁陽郡 일대에 있었던 後燕의 幽州刺史 盧溥를
생포하였다.[114] 『資治通鑑』에 따르면, 北魏의 전 河間太守였던 盧溥는
部曲 數千家를 거느리고 漁陽郡으로 就食하러 갔고 漁陽郡을 비롯
한 여러 郡을 점령하였다. 後燕의 慕容盛은 盧溥를 幽州刺史에 임명
하였다.[115] 盧溥가 漁陽郡 일대에서 北魏와 대치하여 後燕의 서쪽 변
경의 영토가 넓어졌음과 동시에 北魏와 後燕 사이의 완충지대도 생겼
다. 盧溥는 北魏의 幽州 郡縣을 공격하였고 北魏의 幽州刺史 封沓干
을 살해하였다.[116] 北魏는 변경에서 괴롭히던 盧溥를 토벌하여 漁陽郡
일대를 점령하였고, 이는 後燕의 영토가 줄어들었음을 뜻한다. 401년
北魏의 宿沓干이 後燕을 공격하여 令支를 점령하였다.[117] 令支는 遼西
郡에 속한 지역이었으며, 현재의 灤河 서쪽에 위치하였다. 後燕은 다
음 해인 402년 반격하였다. 後燕의 慕容拔이 北魏 令支戍를 공격하여
점령하였다. 慕容拔은 幽州刺史에 임명되어 令支에 주둔하였고 遼西
陽豪가 本郡太守(遼西太守)에 임명되었다.[118] 北魏와 後燕은 幽州와 遼

면, 이때의 燕郡은 遼西郡 주변에 있었을 것이다.

114 『晉書』 卷124 「慕容盛載記」, 3103쪽, "魏襲幽州, 執刺史盧溥而去. 遣孟廣平援之, 無
及."; 『魏書』 卷2 「太祖紀」 天興三年春正月戊午條, 36쪽, "和突破盧溥於遼西, 生獲
溥及其子焕, 傳送京師, 轘之."; 『資治通鑑』 卷111 「晉紀」33 安帝隆安四年條, 3506
쪽, "魏材官將軍和跋漢置材官將軍, 領郡國材官士人以出征, 師還則省. 襲盧溥於遼西,
戊午, 克之, 禽溥及其子焕送平城, 車裂之. 燕主盛遣廣威將軍孟廣平救溥不及, 斬魏
遼西守幸而還."

115 『資治通鑑』 卷111 「晉紀」33 安帝隆安三年六月條, 3492쪽, "魏前河間太守范陽盧溥帥
其部曲數千家, 就食漁陽, 遂據有數郡. 秋, 七月, 己未, 燕主盛遣使拜溥幽州刺史."

116 『魏書』 卷2 「太祖紀」 天興二年八月辛亥條, 36쪽, "范陽人盧溥, 聚衆海濱, 稱使持
節·征北大將軍·幽州刺史, 攻掠郡縣, 殺幽州刺史封沓干."

117 『資治通鑑』 卷112 「晉紀」34 安帝隆安五年十二月條, 3530쪽, "乙卯, 魏虎威將軍宿
沓干伐燕, 攻令支; 乙丑, 燕中領軍宇文拔救之. 壬午, 宿沓干拔令支而戍之."

118 『魏書』 卷2 「太祖紀」 天興五年春正月丁丑條, 32쪽, "五年春正月丁丑慕容熙遣將寇

西 일대의 지배권을 두고 싸웠으며, 이때 생포하여 平城과 京畿로 이주시킨 사람들은 거의 없었다.[119]

後燕의 뒤를 이은 北燕은 後燕 시대 高句麗의 공격을 받아 이미 약해진 상태였다. 北魏는 北燕의 영토를 잠식하였고 北燕의 백성들을 빼앗았다. 北魏 太武帝는 432년 五月 南郊에서 군사훈련을 하면서 北燕 공격을 계획하고,[120] 六月 庚寅日(7. 30) 北燕 공격을 시작하여[121] 七月 己巳日(9. 7) 北燕의 수도 和龍에 이르렀다.[122] 이때 石城太守 李崇 등이 10郡(혹은 10여 郡)을 가지고 北魏에 항복하였다.[123] 建德令 高育도 500여 家를 거느리고 北魏에 항복하였다.[124] 太武帝가 八月 辛巳日

遼西, 虎威將軍宿沓干等拒戰不利, 棄令支而還.";『資治通鑑』卷112「晉紀」34 安帝元興元年丁丑條, 3533쪽,"丁丑, 燕慕容拔攻魏令支戌, 克之, 宿沓干走, 執魏遼西太守那頡. 燕以拔爲幽州刺史, 鎭令支, 以中堅將軍遼西陽豪爲本郡太守."

119 崔珍烈,「16국 시대 요서(遼西)의 인구 증감과 전연(前燕)·후연(後燕)·북연(北燕)의 대응」,『백제와 요서지역』(백제학연구총서 쟁점백제사7), 한성백제박물관, 2015, 231-233쪽.

120 『資治通鑑』卷122「宋紀」4 文帝元嘉九年夏五月條, 3837쪽,"魏主治兵於南郊, 謀伐燕."

121 위와 같음,"庚寅, 魏主伐燕. 命太子晃錄尙書事, 時晃才五歲. 又遣左僕射安原·建寧王崇等屯漠南以備柔然."

122 『資治通鑑』卷122「宋紀」4 文帝元嘉九年夏秋七月條, 3838쪽,"秋, 七月, 己未, 魏主至濡水. 庚申, 遣安東將軍奚斤發幽州民及密雲丁零萬餘人, 運攻具, 出南道, 會和龍. 魏主至遼西, 燕王遣其侍御史崔聘奉牛酒犒師. 己巳, 魏主至和龍."

123 『魏書』卷46「李訢傳」, 1039쪽,"李訢, 字元盛, 小名眞奴, 范陽人也. …… 父崇, 馮跋吏部尙書·石城太守. 延和初, 車駕至和龍, 崇率十餘郡歸降. 世祖甚禮之, 呼曰'李公'以崇爲平西將軍·北幽州刺史·固安侯.";『資治通鑑』卷122「宋紀」4 文帝元嘉九年秋七月條, 3839쪽,"燕石城太守李崇等十郡降於魏. 魏主發其民三萬穿圍塹以守和龍. 崇, 績之子也."

124 『魏書』卷62「高道悅傳」, 1399쪽,"高道悅, 宇文欣, 遼東新昌人也. 曾祖策, 馮跋散騎常侍·新昌侯. 祖育, 馮文通建德令. 値世祖東討, 率其所部五百餘家歸命軍門, 世祖授以建忠將軍, 齊郡·建德二郡太守, 賜爵肥如子."

(9. 19) 공격하여 高紹를 참하고 帶方·建德·冀陽 3郡을 점령하였고 九月 乙卯日(10. 23) 營丘·成周·遼東·樂浪·帶方·玄菟 6郡民 3만 家를 幽州로 遷徙시켰다.[125] 이후 北燕이 망하기 전 해인 435년까지 北魏는 北燕의 10郡과 凡城, 4만 3,000여 家와 6,000口의 인구를 빼앗았다. 인구수로 계산하면 1家에 5口가 있다고 가정하면 모두 22만 1,000여 口의 인구를 北魏에 빼앗겼다.[126] 이들은 幽州 등지로 옮겨졌고 京畿로 옮겨지지는 않았다.

北燕의 군주 馮弘이 太延 2년 二月 戊子日(436. 3. 9) 北魏에 사신을 보내 아들을 바치겠다고 하였다. 그러나 太武帝가 허락하지 않고 三月 辛未日 平東將軍 娥淸과 安西將軍 古弼에게 정예 기병 1만을 거느리고 北燕을 공격하게 하였다.[127] 이에 馮弘이 高句麗의 長壽王에게

---

125 『資治通鑑』卷122「宋紀」4 文帝元嘉九年夏條, 3840쪽, "八月, 燕王使數萬人出戰, 魏昌黎公丘等擊破之, 死者萬餘人. 燕尙書高紹帥萬餘家保羌胡固; 辛巳, 魏主攻紹, 斬之. 平東將軍賀多羅攻帶方, 撫軍大將軍永昌王健攻建德, 驃騎大將軍樂平王丕攻冀陽, 皆拔之. 九月, 乙卯, 魏主引兵西還, 徙營丘·成周·遼東·樂浪·帶方·玄菟六郡民三萬家於幽州.";『魏書』卷4上「世祖紀」上 延和元年九月乙卯條, 81쪽, "車駕西還. 徙營丘·成周·遼東·樂浪·帶方·玄菟六郡民三萬家于幽州, 開倉以賑之.";『魏書』卷97「海夷馮跋傳附文通傳」, 2127쪽, "延和元年, 世祖親討之, 文通嬰城固守. 文通營丘·遼東·成周·樂浪·帶方·玄菟六郡皆降, 世祖徙其三萬餘戶于幽州." 『十六國春秋輯補』에서는 北魏가 石城·遼東·營丘·成周 4郡의 항복을 받고 4萬餘 戶를 北魏의 영토로 옮겼다고 기록하였다(『十六國春秋輯補』(崔鴻 撰, 湯球輯補, 王魯一·王立華 點校, 濟南: 齊魯書社, 1998) 卷100「北燕錄」3, 677쪽, "七月, 魏師來伐神高. 八月 石城遼東營丘成周四郡並降魏. 九月, 魏師引還, 徙民四萬餘戶而西."). 『十六國春秋輯補』의 기록을 『魏書』나 『資治通鑑』과 비교하면 郡의 수는 2개가 적고 戶數는 1萬戶가 많다.

126 崔珍烈, 「16국 시대 요서(遼西)의 인구 증감과 전연(前燕)·후연(後燕)·북연(北燕)의 대응」, 261-268쪽.

127 『魏書』卷4上「世祖紀」上 太延二年條, 86쪽, "二月戊子, 馮文通 遣使朝貢, 求送侍子, 帝不許. 壬辰, 遣使者十餘輩詣高麗· 東夷諸國, 詔論之. [三月]辛未, 平東將軍娥淸·安西將軍古弼, 率精騎一萬討馮文通, 平州刺史元嬰又率遼西將軍會之."

원병을 청하자 長壽王은 葛盧와 孟光에게 수만 명을 보내 구원하게 하니 高句麗軍은 陽伊를 따라 和龍으로 들어갔고,[128] 北燕 武庫의 무기로 무장하고 성안을 약탈하였다.[129] 『十六國春秋輯補』에 따르면, 이때 高句麗 군사들은 龍城의 미녀들를 약탈하였다.[130] 高句麗軍은 北魏軍과 싸우는 대신 龍城의 宮殿에 불을 지르고 馮弘과 龍城 見戶를 高句麗로 데리고 갔다. 『資治通鑑』의 기록에 따르면, 이때 馮弘과 龍城 見戶의 高句麗 遷徙 행렬이 80여 里에 이르렀다.[131] 太武帝는 高句麗에 사신을 보내 北燕의 亡主 馮弘을 바치라고 명령하였으나 長壽王은 거부하였다. 이에 노한 太武帝는 高句麗를 공격하려고 하였으나 樂平王 丕의 간언을 받아들여 중지하였다.[132] 요컨대 北燕을 멸망시키기는 했지만, 高句麗軍이 北燕의 지배층과 백성을 高句麗로 옮겨 北魏는 경제적인 성과를 거두지 못하였다.

위에서 살펴본 것처럼 北魏는 後燕·夏·北涼·北燕의 영토를 점령

---

128 『魏書』卷4上「世祖紀」上 太延二年三月辛未條, 86-87쪽, "文通迫急, 求救於高麗, 高麗使其大將葛蔓盧以步騎二萬人迎文通.";『資治通鑑』卷123「宋紀」5 文帝元嘉十三年夏四月條, 3861쪽, "夏, 四月, 魏娥淸·古弼攻燕白狼城, 克之. 高麗遣其將葛盧孟光將衆數萬隨陽伊至和龍迎燕王."

129 『資治通鑑』卷123「宋紀」5 文帝元嘉十三年夏四月條, 3862쪽, "高麗屯於臨川. 燕尙書令郭生因民之憚遷, 開城門納魏兵; 魏人疑之, 不入. 生遂勒兵攻燕王, 王引高麗兵入自東門, 與生戰於闕下, 生中流矢死. 葛盧孟光入城, 命軍士脫弊褐, 取燕武庫精仗以給之, 大掠城中."

130 『十六國春秋輯補』卷100「北燕錄」3, 678쪽, "高麗軍旣入城, 取武庫甲以給其衆. 城內美女, 皆爲高麗軍人所掠."

131 『資治通鑑』卷123「宋紀」5 文帝元嘉十三年五月乙卯條, 3862쪽, "五月, 乙卯, 燕王帥龍城見戶東徙, 焚宮殿, 火一旬不滅; 令婦人被甲居中, 陽伊等勒精兵居外, 葛盧孟光帥騎殿後, 方軌而進, 前後八十餘里. 古弼部將高苟子帥騎欲追之, 弼醉, 拔刀止之, 故燕王得逃去. 魏主聞之, 怒, 檻車征弼及娥淸至平城, 皆黜爲門卒."

132 『魏書』卷4上「世祖紀」上 太延二年九月庚戌條, 87쪽, "高麗不送文通, 遣使奉表, 稱當與文通俱奉王化. 帝以高麗違詔, 議將擊之. 納樂平王丕計而止."

하였지만 피정복민을 平城과 京畿로 이주시킨 것은 두 차례(後燕과 北涼)에 불과했다. 夏의 경우 將士들의 전리품, 즉 奴婢 상태로 平城·京畿로 끌려갔다. 선행연구에 따르면, 登國 3년(388)부터 皇興 3년(469)까지 北魏가 五胡諸國과 柔然 등을 공격한 후 北魏 영토 안으로 遷徙한 예는 60회이다. 이 가운데 平城과 京畿로 遷徙된 예는 18회였다. 전체 遷徙 횟수 가운데 平城과 京畿로의 이주 횟수는 30%였다. 後燕의 수도 中山城을 점령한 天興元年(398) 이후 平城·京畿 遷徙는 14회였고 같은 기간 遷徙 횟수는 모두 43회였다. 마찬가지로 平城과 京畿로의 이주 횟수 비율은 약 33%였다.[133] 平城과 京畿로의 이주 횟수 비율이 작은 것은 전쟁 대상이 平城과 가까운 五胡諸國과 柔然 등 유목국가에서 南朝의 劉宋으로 바뀌었기 때문일 것이다. 반면 馬長壽의 통계에 따르면 天興元年(398)부터 皇興 3년(469)까지 代都 徙民은 14회이다.

또 平城과 京畿로 이주된 徙民의 수를 헤아려 보면, 道武帝가 後燕을 정복한 후 약 46만여 口가 옮겨졌다. 太武帝 시기 遷徙된 五胡諸國의 漢人·匈奴·柔然·高車·西域人은 50만 인 안팎으로 추정된다. 여기에 기존의 인구를 포함하면 약 100만 인이 平城과 京畿 주변에 밀집하여 살았을 것이다.[134] 그러나 平城과 京畿 지역이 농경이 가능하다고 해도 100만 인을 먹여 살릴 수 있는 곡창지역은 아니었다. 게다가 徙民의 大半, 즉 2/3가 유목민들이고 목축에 종사했다는 古

133 馬長壽, 『烏桓與鮮卑』, 上海: 上海人民出版社, 1962, 47-49쪽; 古賀昭岑, 「北魏における徙民と計口受田について」, 39-40쪽, 第一表 掠奪戰爭의 進行과 俘獲 및 徙民 참조.
134 前田正名, 「住民構造」, 『平城의 歷史地理學的硏究』, 東京: 風間書房, 1979, 70-99쪽.

賀昭岑의 견해[135]를 받아들인다면, 농경에 종사할 사람의 수와 농업 생산량은 줄어들 것이다. 北魏는 平城·京畿의 식량부족을 보완하기 위해 太行山 동쪽의 河北 평원에서 곡물을 수송해야 했다. 이에 天興 元年 正月 庚子日(398. 3. 2) 平城으로 돌아가면서 卒 1만 인을 징발하여 望都縣의 鐵關에서 恒嶺을 뚫고 代까지 500여 里에 달하는 直道를 건설하였다.[136] 또 太武帝는 太延元年 八月 丁亥日(435. 9. 10) 定州 7郡의 1만 2,000인을 징발하여 莎泉道를 만들었다.[137] 直道와 莎泉道는 北魏 건국 이전부터 있었던 飛狐道와 함께 수도 平城과 경제적 선진지역이자 곡창지역인 河北을 연결하는 교통로였다.[138] 太和 6년 七月(482. 8) 5만 인을 징발하여 靈丘道를 수축하였다.[139] 獻文帝 시기 戶口를 9등급으로 나누어 상위 3등급(上三品)은 京師로, 중간의 3등급(中三品)은 다른 주의 要倉, 하위 3등급(下三品)은 자기가 거주하는 州(本州)로 租를 운반하는 제도를 도입하였다.[140] 이 기사에서 獻文帝 시기까지 곡물을 平城으로 운반하였음을 알 수 있다. 太平眞君 7년(447년) 刁雍의 上表에 따르면, 太武帝가 高平·安定·統萬·薄骨律 4鎭에 수레 5,000승을 동원하여 모두 50만 석의 屯穀을 沃野鎭으로 운송하도

---

135 古賀昭岑,「北魏における徙民と計口受田について」, 19-37쪽.

136 『魏書』 卷2 「太祖紀」 天興元年春正月庚子條, 31쪽, "東駕將北還, 發卒萬人治直道, 自望都鐵關鑿恒嶺至代五百餘里."

137 『魏書』 卷4上 「世祖紀」上 太延元年八月丁亥條, 87쪽, "丁亥, 遣使六輩使西域. 帝校獵于河西. 詔廣平公張黎發定州七郡一萬二千人, 通莎泉道."

138 前田正名,「平城をめぐる交通路」,『平城の歷史地理學的硏究』, 東京: 風間書房, 1979, 211-225쪽.

139 『魏書』 卷7上 「高祖紀」上 太和六年秋七月條, 151쪽, "發州郡五萬人治靈丘道."

140 『魏書』 卷110 「食貨志」, 2852쪽, "山東之民咸勤於征戌轉運, 帝深以爲念. 遂因民貧富, 爲租輸三等九品之制. 千里內納粟, 千里外納米; 上三品戶入京師, 中三品入他州要倉, 下三品入本州."

록 명령하였다. 이후 刁雍의 간언으로 薄骨律鎭에서 배 200척을 동원하여 水運과 陸運을 이용하여 沃野鎭까지 곡물을 수송하였다.[141] 薛海波에 따르면, 六鎭의 인구는 太武帝 시기에 약 100만 전후이며, 軍鎭별 인구는 15-16만으로 추산된다.[142] 이 추산에 따르면, 초원지대인 六鎭이 인구과잉이며 식량부족에 시달렸음을 알 수 있다. 그런데 平城에서 沃野鎭까지 가까웠지만 거리가 먼 高平·安定·統萬·薄骨律 4鎭에서 沃野鎭까지 곡물을 수송한 것도 平城과 京畿 지역의 곡물 부족이 심각했음을 방증한다. 요컨대 北魏平城時代 平城·京畿로의 遷徙는 平城 일대의 인구집중 현상과 인구압을 야기하여 식량부족 문제에 봉착했다. 따라서 河北 등 각지에서 平城으로 곡물을 수송하여 문제를 해결하였다.

앞에서 설명한 것처럼 피정복민의 강제 이주는 피정복민 통치방법의 하나였다. 北魏는 피정복민뿐만 아니라 반란을 일으킨 집단도 수도 平城과 京畿로 遷徙하여 감시하였다. 예컨대 太武帝 시기 拓跋素(元素)가 休屠 郁原 등의 반란을 토벌한 후 休屠 1,000여 家를 涿鹿으로 이주시키고 平原郡을 설치하였다.[143] 또 獻文帝 시기 靑齊 지역의 저항을 진압한 후 下館에 平齊郡과 懷寧·歸安 2縣을 설치하였으며

---

141 『魏書』卷38「刁雍傳」, 868쪽, "[太平眞君]七年, 雍表曰: '奉詔高平·安定·統萬及臣所守四鎭, 出車五千乘, 運屯穀五十萬斛付沃野鎭, 以供軍糧. 今求於牽屯山河水之次, 造船二百艘, 二船爲一舫, 一船勝穀二千斛, 一舫十人, 計須千人. 臣鎭內之兵, 率皆習水. 一運二十萬斛. 方舟順流, 五日而至, 自沃野牽上, 十日還到, 合六十日得一返. 從三月至九月三返, 運送六十萬斛, 計用人功, 輕於車運十倍有餘, 不費牛力, 又不廢田.'"

142 薛海波,「論北魏六鎭經濟與六鎭暴動的原因」, 5왼쪽-5오른쪽.

143 『魏書』卷15「常山王遵傳附素傳」, 375쪽, "世祖初, 復襲爵. 休屠郁原等叛, 素討之, 斬渠率, 徙千餘家於涿鹿之陽, 立平原郡以處之."

일부 豪族을 제외한 사람들은 奴婢로 삼아 百官에 나눠주었다.[144] 樊子鵠의 선조는 荊州의 蠻酋였으나 代, 즉 平城 일대로 옮겨졌다. 구체적인 이유는 『魏書』에 기록되지 않았지만,[145] 반란을 일으켜 平城 일대로 이주되었을 것이다.

3. 胡·漢 분리 배치와 통치

선행연구에 따르면, 北魏前期의 京畿는 代郡·善無·陰館·參合을 東西南北의 경계로 하는 '畿內之田'[146]과 上谷 軍都關·黃河·中山隘門塞·五原의 안쪽 지역인 甸服의 重層 구조로 구성된다.[147] 京畿 지역은 지형상 代郡·上谷·廣寧·雁門 4郡의 동·남부 군현지역(대개 농경지역)과 八部大夫·領民酋長·護軍이 통치하는 서·북부 지역(대개 遊牧 지역)으로 구분된다.[148] 필자 역시 北魏平城時代 京畿 지역이 胡·上漢이 병존하면서도 분리된 지역이라는 선행연구의 결과에 동의한다.

---

144 『魏書』卷50 「慕容白曜傳」, 1119쪽, "後乃徙二城民望於下館, 朝廷置平齊郡, 懷寧·歸安二縣以居之. 自餘悉爲奴婢, 分賜百官."

145 『魏書』卷80 樊子鵠傳, 1777쪽, "樊子鵠, 代郡平城人. 其先荊州蠻酋, 被遷於代."

146 『魏書』卷110 「食貨志」, 2850쪽, "天興初, 制定京邑, 東至代郡, 西及善無, 南極陰館, 北盡參合, 爲畿內之田."

147 嚴耕望, 『中國地方行政制度史』上編中卷, 420-422; 周一良, 「北朝的民族問題與民族政策」, 『周一良集』第一卷(魏晉南北朝史論), 瀋陽: 遼陽敎育出版社, 1998, 200쪽; 陳連慶, 『《魏書·食貨志》校注』, 長春: 東北師範大學出版社, 1999, 232-233쪽; 勝畑冬實, 「北魏の郊甸と'畿上塞圍」, 34위쪽-34아래쪽; 川本芳昭, 『魏晉南北朝時代の民族問題』, 東京: 汲古書院, 1998, 127-128쪽.

148 嚴耕望, 『中國地方行政制度史』上編中卷, 420-425; 堀敏一, 「北魏における均田制の成立」, 『均田制の研究』, 東京: 岩波書店, 1975, 110쪽.

본 절에서는 선행연구에서 한 걸음 나아가 京畿 지역에 설치된 胡人으로 편제된 '行政 部'와 漢人 거주지역의 郡縣 지역으로 나누어 胡人과 漢人의 편제와 통치방식을 살펴본다.

① 京畿 지역의 '行政 部' 編制와 統治

선행연구에서 살펴본 것처럼 『魏書』의 部와 '部落'은 다양한 의미가 있었다. 이 가운데 東部, 西部처럼 부족연합체의 일부를 지칭하는 '部'도 있었다. 필자는 이를 '行政 部'로 명명하였다.[149] 본 항에서는 北魏 前期의 '行政 部'에 대해 살펴본다.

北魏 이전 시기에도 '部族聯合體(部落聯盟體)'를 2部·3部 등으로 단순하게 분할하여 통치하였다. 拓跋祿官이 國을 東·中·西 3部로 나누어 猗㐌·猗盧 등 일족과 분할 통치한 사례가 대표적이다.[150] 이러한 '行政 部'는 북위 이전에는 사안에 따라 2部 혹은 3部로 나뉘었으며, 道武帝 登國元年(386) 2部, 天興元年(398) 8部, 明元帝 泰常 2년(417) 6部로 확대와 축소를 반복하였다.[151] 이러한 '行政 部'에는 部 혹은 部落으로 표현되는 각 種族 집단이 편제되었다. 예컨대 來附한 雜人 집단의 多少에 따라 그 우두머리를 酋長과 庶長으로 임명하고 이들 집단을 南·北部에 分屬하여 2部 大人이 통할하게 했다는 『魏書』

---

149 崔珍烈, 「北魏의 種族政策-'부족해산'의 실상과 對部落首領 정책을 중심으로-」, 『魏晉隋唐史硏究』(『中國古中世史硏究』로 변경) 10집, 2003, 55-59쪽.

150 『魏書』卷1 「序紀」 昭皇帝條, 5쪽.

151 部의 숫자와 변천과정은 山崎宏, 「北魏의 大人官に就いて」(上), 11-22쪽 및 「北魏의 大人官に就いて」(下), 36上-45下쪽 참조. 山崎宏은 太武帝 시기 6部가 4部로 축소되었다고 주장하였지만, 北魏 후기에도 6部가 남아 있었다. 자세한 사항은 후술함.

「官氏志」序의 기사[152]는 北魏 이전에도 拓跋部에서는 복속한 집단들을 '行政 部' 조직에 편제하였음을 알 수 있다. 北魏 건국 후에도 각 種族 집단[部]을 '行政 部'에 편입하는 조치를 취하였다. 앞에서 언급한 "東部未耐婁大人"과 "西部泣黎大人"의 존재는 未耐婁部를 '行政 部'인 東部에, 泣黎部를 西部에 편제했음을 보여준다. 대대로 大人 혹은 酋帥였던 叱列氏 역시 西部로 편제되었음을 『魏書』와 『周書』, 『北齊書』에서 확인할 수 있다.[153] 또 『魏書』 「陽平王熙傳」에 越勤部가 '西部越勤'이라 표기된 것으로 보아[154] 越勤部도 '行政 部'인 西部에 속했을 것이다. 이러한 사례는 北魏가 복속된 各種 집단들을 조직적으로 편제하여 통제를 강화했음을 뜻한다.[155]

이어서 '行政 部'의 위치를 살펴보자. 北魏前期의 京畿는 代郡·善無·陰館·參合을 東西南北의 경계로 하는 '畿內之田'과 上谷 軍都關·黃河·中山陘門塞·五原의 안쪽 지역인 甸服의 重層 구조로 구성되었으며, 代郡·上谷·廣寧·雁門 4郡의 동·남부 군현지역과 八部大夫·領民酋長·護軍이 통치하는 서·북부 지역으로 구분된다.[156] 따라서 北魏前期 '行政 部'는 京畿의 郡縣 편제지역을 제외한 지역과 漠南·陰山 일대와 서남쪽에 설치되었을 것이다. 獻文帝 시기 源賀는 3

---

152 『魏書』卷113 「官氏志」序, 2971쪽, "其諸方雜人來附者, 總謂之烏丸, 各以多少稱酋·庶長, 分爲南北部, 復置二部大人以統攝之."

153 『魏書』卷80 「叱列延慶傳」, 1771쪽, "叱列延慶, 代西部人也, 世爲酋帥.";『周書』卷20 「叱列伏龜傳」, 341쪽, "叱列伏龜字摩頭陁, 代郡西部人也. 世爲部落大人. 魏初入附, 遂世爲第一領民酋長.";『北齊書』卷20 「叱列平傳」, 278쪽, "叱列平, 字殺鬼, 代郡西部人也, 世爲酋帥."

154 『魏書』卷16 「道武七王·陽平王熙傳」, 391쪽, "後討西部越勤, 有功."

155 崔珍烈, 「北魏의 種族政策」, 55-56쪽.

156 崔珍烈, 「北魏의 華北支配와 그 性格」, 5-9쪽; 嚴耕望, 『中國地方行政制度史』上編 中卷, 420-425쪽; 堀敏一, 「北魏における均田制の成立」, 110쪽.

部와 2鎭 사이에 城을 쌓아 柔然을 방어해야 한다고 상주하였다.[157] 여기서 3部는 北鎭과 가까운 것으로 보아 京畿 지역에 위치한 것으로 볼 수 있다. 또 孝文帝 시기 "比年方割畿內及京城三部"라 하여[158] 3部 가 京城, 즉 平城을 포함하고 있음을 알 수 있다.[159]

'行政 部'에 속한 유목민 집단(부족)의 대체적인 위치는 아래의 지도 에서 살펴볼 수 있다.

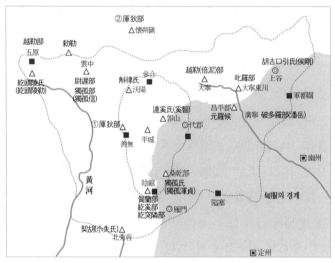

〈지도 2〉 北魏 초기 京畿 지역 지도[160]

---

157 『魏書』卷41「源賀傳」, 922쪽, "賀以年老辭位, 詔不許. 又詔都督三道諸軍, 屯于漠南. 是時, 每歲秋冬, 遣軍三道並出, 以備北寇, 至春中乃班師. 賀以勞役京都, 又非禦邊長計, 乃上言: 請募諸州鎭有武健者三萬人, 復其徭賦, 厚加賑恤, 分爲三部·二鎭之間築城, 城置萬人, 給强弩十二床, 武衛三百乘, 弩一床, 給牛六頭; 武衛一乘, 給牛二頭. 多造馬槍及諸器械, 使武略大將二人以鎭撫之. ……"

158 『魏書』卷33補「公孫表傳附邃傳」, 786쪽, "後高祖與文明太后引見王公以下, 高祖曰: '比年方割畿內及京城三部, 於百姓頗有益否?' ……"

159 崔珍烈, 「北魏의 種族政策」, 56-57쪽.

160 최진열, 『북위황제 순행과 호한사회』, 405쪽, 지도 25 북위초기의 경기지역 지도.

〈지도 2〉에 표시된 각 부족과 領民酋長, 牧地 分賜 사례는 勝畑冬實[161]과 川本芳昭[162]의 선행연구에 인용된 사례 및 필자가 검색한 사례를 인용하였다.

〈지도 2〉에서 알 수 있듯이 北魏初期 京畿는 "平城 → 畿內 → 甸服"의 동심원 구조로 이루어졌음을 알 수 있다. 京畿 지역의 인적 배치는 平城 주변에 피정복지로부터 北魏에 필요한 漢人, 기술자 등이 徙民되었고, 畿內의 田과 郊甸의 境界上에는 鮮卑 · 匈奴 · 高車 등이 거주하는 형태였다.[163] 여기에서 甸服의 경계상에 위치하는 敕勒이 주목된다. 甸服 북쪽의 소위 六鎭에는 東部 · 西部 · 北部 敕勒이 분포하였기 때문에[164] 六鎭民의 상당수는 敕勒, 즉 高車였을 것이다. 이들의 지리적 위치나 六鎭民의 來源을 보면 이들은 주로 北魏와 柔然 사이에서 柔然의 침입을 막는 방패막이 역할을 했을 것이다.[165]

〈지도 2〉에서 알 수 있듯이, 京畿 지방 가운데 북쪽과 서쪽이 유목민이 사는 지역이었다. 이 지역이 '行政 部'에 해당할 것이다. 그렇다면 北魏前期 '行政 部'에는 善無와 雲中 북쪽, 懷朔鎭의 厙狄部(厙狄越豆眷),[166] 雲中의 尉遲部,[167] 沃陽의 斛律部(斛律洛陽),[168] 陰館의 賀蘭部,

---

161 勝畑冬實, 「北魏の郊甸と'畿上塞圍」, 34위쪽-34아래쪽.

162 川本芳昭, 『魏晉南北朝時代の民族問題』, 120-140쪽 및 399쪽.

163 勝畑冬實, 「北魏の郊甸と'畿上塞圍」, 34위쪽-36아래쪽.

164 白翠琴, 『魏晉南北朝民族史』, 成都: 四川民族出版社, 1996, 363-364쪽.

165 崔珍烈, 「北魏의 華北支配와 그 性格」, 5-6쪽.

166 『北齊書』卷15 「厙狄干傳」, 197, "厙狄干, 善無人也. 曾祖越豆眷, 魏道武時, 以功割善無之西臘汙山地方百里以處之. 後率部落北遷, 因家朔方.";『北史』卷54 「厙狄干傳」, 1956, "厙狄干, 善無人也. 曾祖越豆眷, 魏道武時, 以功割善無之西臘汙山地方百里以處之. 後率部落北遷, 因家朔方." 厙庫狄部의 懷朔鎭 이주는 2章 주) 121(135-136쪽) 자료 참조.

紇奚部, 紇突隣部,[169] 北秀容의 契胡(尒朱氏),[170] 五原의 紇豆陵氏(紇豆陵勤), 五原 북쪽의 越勤部[171]와 大寧의 越勤倍泥部,[172] 大寧 東川의 叱羅部(羅結),[173] 代 西部의 敕勒 叱列氏(叱列延慶,[174] 叱列平,[175] 叱列伏龜[176]),

---

167 『魏書』卷2「太祖紀」天興六年春正月辛未條, 40쪽, "六年春正月辛未, 朔方尉遲部別帥率萬餘家內屬, 入居雲中."

168 『魏書』卷74「尒朱榮傳」, 1645, "秀容內附胡民乞扶莫于破郡, 殺太守; 南秀容牧子萬子乞眞反叛, 殺太僕卿陸延; 幷州牧子素和婆崙嶮作逆. 榮並前後討平之. 遷直閤將軍·冠軍將軍, 仍別將. 內附叛胡乞·步落堅胡劉阿如等作亂瓜肆, 敕勒胡列步若反於沃陽, 榮並滅之. 以功封安平縣開國侯, 食邑一千戶. 尋加通直散騎常侍. 敕勒斛律洛陽作逆桑乾西, 與費也頭牧子迭相掎角, 榮率騎破洛陽於深井, 逐牧子於河西."

169 『魏書』卷2「太祖紀」皇始二年二月條, 29쪽, "是時, 栢肆之役, 遠近流言, 賀蘭部帥附力眷·紇突隣部帥帀物尼·紇奚部帥叱奴根眾黨反於陰館, 南安公元順率軍討之, 不克, 死者數千. 詔安遠將軍庾岳總萬騎, 還討叱奴根等, 滅之.";『魏書』卷28「庾業延傳」, 684쪽, "官軍之驚於栢肆也, 賀蘭部帥附力眷·紇突隣部帥帀物尼·紇奚部帥叱奴根等聞之, 聚黨反於陰館. 南安公元順討之, 不克, 死者數千人. 太祖聞之, 詔岳率萬騎, 還討叱奴根等, 殄之, 百姓乃安. 離石胡帥呼延鐵·西河胡帥張崇等不樂內徙, 聚黨反叛. 岳率騎三千, 討破之, 斬鐵禽崇, 搜山窮討, 散其餘黨."

170 『魏書』卷74「尒朱榮傳」, 1643쪽, "尒朱榮, 字天寶, 北秀容人也. 其先居于尒朱川, 因爲氏焉. 常領部落, 世爲酋帥. 高祖羽健, 登國初爲領民酋長, 率契胡武士千七百人從駕平晉陽, 定中山. 論功拜散騎常侍. 以居秀容川, 詔割方三百里封之, 長爲世業. 太祖初以南秀容川原沃衍, 欲令居之, 羽健曰: '臣家世奉國, 給侍左右. 北秀容旣在剗內, 差近京師, 豈以沃埆更遷遠地.' 太祖許之."

171 『魏書』卷2「太宗紀」天興五年十二月辛亥條, 40쪽, "越勤莫弗率其部萬餘家內屬 居五原之北."

172 『魏書』卷2「太宗紀」永興五年秋七月條, 53쪽, "奚斤等破越勤倍泥部落於跋那山西, 獲馬五萬匹 牛二十萬頭, 徙二萬餘家於大寧, 計口受田."

173 『魏書』卷44「羅結傳」, 987쪽, "羅結, 代人也, 其先世領部落, 爲國附臣. 劉顯之謀逆也, 太祖去之. 結翼衛鑾輿, 從幸賀蘭部. 後以功賜爵屈蛇侯. 太宗時, 除持節·散騎常侍·寧南將軍·河內鎭將. 世祖初, 遷侍中·外都大官, 總三十六曹事. 年一百七歲, 精爽不衰. 世祖以其忠慤, 甚見信待, 監典後宮, 出入臥內, 因除長信卿. 年一百十, 詔聽歸老, 賜大寧東川以爲居業, 幷爲築城, 卽號曰羅侯城, 至今猶存."

174 『魏書』卷80「叱列延慶傳」, 1771쪽, "叱列延慶, 代西部人也, 世爲酋帥."

175 『北齊書』卷20「叱列平傳」, 278쪽, "叱列平, 字殺鬼, 代郡西部人也, 世爲酋帥."

176 『周書』卷20「叱列伏龜傳」, 341쪽, "叱列伏龜字摩頭陁, 代郡西部人也. 世爲部落大

廣寧郡 石門縣의 破多羅部(潘樂),[177] 雲中의 獨孤部(獨孤信),[178] 上谷郡 居庸縣의 胡古口引氏(侯剛,[179] 侯掌,[180] 侯忻[181]), 恒州 樊氏 崞山渾의 達奚氏(奚智),[182] 桑乾郡 桑乾縣 侯頭鄉 隨厥里의 獨孤氏(獨孤渾貞)[183] 등이 있었다. 이 밖에 墓誌에 따르면, 代郡 太平縣의 叱羅氏(叱羅協),[184] 代郡 平城縣의 代郡 平城縣의 荊州 蠻(樊子鵠)[185]과 匹婁氏(婁昭),[186] 獨孤氏(獨孤思男),[187] 尉遲氏(尉氏),[188] 郁久閭氏(閭炫)[189] 등이 北魏前期 수도 平城 일대를 본적으로 두었다. 이 墓誌의 본적이 실제 거주지였다면, 平城 일대에는 다양한 遊牧民들이 거주했음을 확인할 수 있다.

이들은 초기의 8部, 후기의 6部에 편제되었을 것이다. 일반적으로

人. 魏初入附, 逮世爲第一領民酋長."

177 『北齊書』卷15「潘樂傳」, 201쪽, "潘樂, 字相貴, 廣寧石門人也. 本廣宗大族, 魏世分鎮北邊, 因家焉. 父永, 有技藝, 襲爵廣宗男."

178 『周書』卷16「獨孤信傳」, 263쪽, "獨孤信, 雲中人也, 本名如願. 魏氏之初, 有三十六部, 其先伏留屯者, 爲部落大人, 與魏俱起. 祖俟尼, 和平中, 以良家子自雲中鎮武川, 因家焉. 父庫者, 爲領民酋長, 少雄豪有節義, 北州咸敬服之."

179 「侯剛墓誌」, 『漢魏南北朝墓誌彙編』(趙超, 天津: 天津古籍出版社, 1992), 188-190쪽. 이하 묘지명은 "姓名+墓誌"의 형식으로 표기한다.

180 「侯掌墓志」, 『新出魏晉南北朝墓志疏證』(羅新・葉煒, 北京: 中華書局, 2005), 104쪽.

181 「侯忻墓志」, 『新出魏晉南北朝墓志疏證』, 132-133쪽.

182 「奚智墓志」, 『漢魏南北朝墓誌彙編』, 50쪽.

183 「獨孤渾貞墓志」, 『新出魏晉南北朝墓志疏證』, 241쪽.

184 「叱羅協墓志」, 『新出魏晉南北朝墓志疏證』, 269쪽.

185 『魏書』卷80「樊子鵠傳」, 1777쪽, "樊子鵠, 代郡平城人. 其先荊州蠻酋, 被遷於代. 父興, 平城鎮長史, 歸義侯. 普泰中, 子鵠貴顯, 乃贈征虜將軍・荊州刺史."

186 『北齊書』卷15「婁昭傳」, 196쪽, "婁昭, 字菩薩, 代郡平城人也, 武明皇后之母弟也. 祖父提, 雄傑有識度, 家僮千數, 牛馬以谷量. 性好周給, 士多歸附之. 魏太武時, 以功封眞定侯. 父內干, 有武力, 未仕而卒. 昭貴, 魏朝贈司徒, 齊受禪, 追封太原王."

187 「獨孤思男墓誌」, 『漢魏南北朝墓誌彙編』, 454쪽.

188 「尉孃孃墓誌」, 『漢魏南北朝墓誌彙編』, 407-408쪽.

189 「閭炫墓誌」, 『漢魏南北朝墓誌彙編』, 421쪽.

이러한 '行政 部'는 8部에서 6部로, 다시 2部로 줄어들었다고 보는 견해가 일반적이지만, 최근 「元萇墓誌」의 분석을 통해 이에 반대하는 주장이 제기되었다. 松下憲一은 「元萇墓誌」를 분석하여 道武帝의 部族解散이 제대로 실행되지 않았다고 보았다. 「元萇墓誌」에는 "太和 12년(488) 代都 平城에서 俟懃曹를 바꾸어 司州를 두었다"[190]라는 구절이 있다. 俟懃曹는 『南齊書』 「魏虜傳」에 보이는 俟懃地何[191]를 연상시킨다. 白鳥庫吉은 俟懃地何를 契丹의 夷離菫과 女眞의 移里菫처럼 部族長의 뜻으로 해석하였다. 羅新은 俟懃이 柔然의 俟斤이며, 突厥과 契丹에 계승되었다고 보았다. 松下憲一은 五胡의 慕容燕에 中部俟釐[192]와 東部俟釐[193]가 있었고, 單于八部가 존재하였음을 지적하였다. 따라서 元萇墓誌의 俟懃曹는 慕容燕의 각 部(아마도 중앙과 동서남북 5부) 俟釐이며, 北魏前期에 八部俟釐가 존재했을 것으로 추정하였다. 北魏의 八部俟釐는 『魏書』의 八國이며, 八國이 점차 축소되어 孝文帝 太和 12년(488)에 폐지된 것이다.[194] 이 주장은 설득력이 있다.

　　그러나 松下憲一이 간과한 사료가 있다. 「雲榮墓誌」와 「莫仁相墓

190　宮萬松 · 宮萬瑜, 「濟源出土的北魏宗室元萇墓誌考釋」, 『中原文物』 2011-5, 2011, 72왼쪽, "太和十二年, 代都平城改俟懃曹, 創立司州." 탁본사진은 73쪽 참조.

191　『南齊書』 卷57 「魏虜傳」, 985쪽, "又有俟懃地何, 比尙書; ……"

192　『資治通鑑』 卷98 「晉紀」 20 穆帝永和六年條, 3104쪽, "甲子, 使中部俟釐慕輿句督薊中留事(胡註: 俟釐, 蓋亦鮮卑部帥之稱), 自將擊鄧恆於魯口. 軍至淸梁, 恆將鹿勃早將數千人夜襲燕營, 半已得入, 先犯前鋒都督慕容霸, 突入幕下, 霸起奮擊, 手殺十餘人, 早不能進, 由是燕軍得嚴."

193　『魏書』 卷84 「儒林 · 陳奇傳」, 1846-1847쪽, "[游]雅曰: '君言身且小人, 君祖父是何人也?' [陳]奇曰: '祖, 燕東部俟釐.' [游]雅質[陳]奇曰: '俟釐何官也?' [陳]奇曰: '三皇不傳禮, 官名豈同哉? 故昔有雲師 · 火正 · 鳥師之名. 以斯而言, 世革則官異, 時易則禮變. 公爲皇魏東宮內侍長, 侍長竟何職也?' 由是[游]雅深憾之."

194　松下憲一, 「北魏部族解散再考−元萇墓誌を手がかりに−」, 『史學雜誌』 123-4, 2014, 545-568쪽.

誌」이다. 먼저 「雲榮墓誌」에 따르면, 那勿黎(雲榮의 曾祖)가 北魏에 편입된 후 성을 '雲'의 뜻을 지닌 口豆連으로 바꾸었고[195] 北部莫弗에 임명되었다.[196] 雲榮의 5代祖가 大夏 武皇帝, 즉 赫連勃勃이었음을 고려하면, 夏가 멸망된 후 夏의 皇室 일족의 일부는 口豆連(雲)으로 성씨를 바꾸었음을 알 수 있다. 필자는 那勿黎가 임명된 北部莫弗에 주목하였다. 柔然,[197] 莫弗은 契丹,[198] 烏洛侯,[199] 靺鞨,[200] 室韋[201] 등 北魏-隋代 중국 주변 집단의 우두머리를 지칭하는 용어였다. 그리고 北魏에 복속된 집단 가운데 越勤部,[202] 敕勒 혹은 高車,[203] 賀拔部[204]의 우

---

195 『魏書』「官氏志」에는 宥連氏가 漢姓改姓 후 雲氏가 되었다고 한다(『魏書』卷113「官氏志」, 3012쪽, "宥連氏 後改爲雲氏.").

196 「雲榮墓誌」, 『漢魏南北朝墓誌彙編』, "曾祖那勿黎, 大夏七兵尙書. 嚼家國失德, 衆畔民離, 捨彼危邦, 言歸樂土. 入魏爲北部莫弗, 藏姓爲口豆連氏, 漢言雲也."

197 太武帝가 太平眞君 10년(449) 柔然을 공격했을 때 柔然 カ간 吐賀眞의 莫弗 烏朱駕頹가 무리 수천 落을 거느리고 항복했던 기사(『魏書』卷103「蠕蠕傳」, 2294-2295쪽, "吳提死, 子吐賀眞立, 號處可汗, 魏言唯也. …… 吐賀眞遠遁, 其莫弗烏朱駕頹率衆數千落來降, 乃刊石記功而還.")에서 莫弗이 부족의 우두머리 칭호였음을 알 수 있다.

198 『魏書』卷100「契丹國傳」, 2223쪽, "眞君以來, 求朝獻, 歲貢名馬. 顯祖時, 使莫弗紇何辰奉獻, 得班饗於諸國之末."

199 『魏書』卷100「烏洛侯國傳」, 2224쪽, "無大君長, 部落莫弗皆世爲之."

200 『隋書』卷81「東夷·靺鞨傳」, 1821쪽, "所居多依山水, 渠帥日大莫弗瞞咄, 東夷中爲強國."

201 『隋書』卷84「北狄·室韋傳」, 1882쪽, "漸分爲二十五部, 每部有餘莫弗瞞咄, 猶酋長也."

202 天興 5년 越勤莫弗이 北魏에 來屬했는데(『魏書』卷2「太祖紀」天興五年條, 40쪽, "越勤莫弗率其部萬餘家內屬, 居五原之北."), 문맥상 莫弗은 越勤部의 우두머리이다.

203 敕勒과 高車는 투르크계 유목민을 지칭하는 용어이며, 敕勒과 高車는 동일한 집단이다. 神䴥 4년 北部敕勒의 우두머리 庫若于의 칭호가 '莫弗'이었고(『魏書』卷4上「世祖紀」上 神䴥四年條, 79쪽, "十一月丙辰, 北部敕勒莫弗庫若于, 率其部數萬騎, 驅鹿數百萬, 詣行在所, 帝因而大狩以賜從者, 勒石漠南, 以記功德."), 懷荒鎭에 있었던 高車 莫弗이 陸俟를 제거하기 위해 소송을 벌인 사례(『魏書』卷40「陸

두머리도 莫弗 혹은 大莫弗을 칭하였다. 지금까지 살펴본 용례에서 알 수 있듯이, 국가 혹은 부족 이름 앞에 붙은 莫弗 혹은 大莫弗이 부족의 우두머리 칭호였다. 그런데 那勿黎가 맡은 北部莫弗의 '北部'는 국가 혹은 부족의 명칭이 아니다. 따라서 北部莫弗은 部族(部落)의 우두머리 칭호로 보기 어렵다. 「慧智墓誌」에 따르면, 奚智의 曾祖 鳥洛頭는 大人大莫弗을 역임하였다.[205] 大人大莫弗이 하나의 관직이 아니라 "大人=大莫弗"이라면 大莫弗은 大人의 뜻이다. 여기에서 大人의 뜻을 살펴볼 필요가 있다.

'序紀時代' 什翼犍은 諸部大人과 豪族 良家子를 뽑아 좌우 近侍에 임명하였다. 또 남북 2部를 두어 大人을 두어 拓跋部에 항복한 酋長과 庶長을 거느리게 하였다.[206] 여기에서 部族(部落)의 우두머리와 유

侯傳」, 902쪽, "出爲平東將軍·懷荒鎭大將. 未期, 諸高車莫弗訟侯嚴急, 待下無恩, 還請前鎭將郎孤. 世祖詔許之, 徵侯還京. 旣至朝見, 言於世祖曰: 「陛下今以郎孤復鎭, 以臣愚量, 不過周年, 孤身必敗, 高車必叛.」")에서 高車의 우두머리 칭호도 莫弗이었음을 알 수 있다. 또 몽골 고원 북쪽에 있었던 高車 姪利曷의 우두머리 敕力犍과 解批의 우두머리 幡豆建이 항복했는데, 그의 칭호 역시 莫弗이었다(『魏書』卷103 「高車傳」, 2308-2309쪽, "尋而高車姪利曷莫弗敕力犍率其九百餘落內附, 拜敕力犍爲揚威將軍, 置司馬·參軍, 賜穀二萬斛. 後高車解批莫弗幡豆建復率其部三十餘落內附, 亦拜爲威遠將軍, 置司馬·參軍, 賜衣服, 歲給廩食."). 여기에서 高車(敕勒)의 우두머리 칭호가 莫弗이었음을 알 수 있다.

204 賀拔勝의 선조는 北魏初 大莫弗을 역임하였다(『周書』卷14 「賀拔勝傳」, 215쪽, "賀拔勝字破胡, 神武尖山人也. 其先與魏氏同出陰山. 有如回者, 魏初爲大莫弗."). 여기에서 大莫弗이 賀拔部의 우두머리 칭호였음을 알 수 있다.

205 「奚智墓誌」, 50쪽, "君故大人大莫弗鳥洛頭之曾孫, 內行羽眞散騎常侍鎭西將軍雲中鎭大將內亦干之孫, 兗州治中衛將軍府長史步洛汗之子."

206 『魏書』卷113 「官氏志」, 2971-2972쪽, "建國二年, 初置左右近侍之職, 無常員, 或至百數, 侍直禁中, 傳宣詔命. 皆取諸部大人及豪族良家子弟儀貌端嚴, 機辯才幹者應選. 又置內侍長四人, 主顧問, 拾遺應對, 若今之侍中·散騎常侍也. 其諸方雜人來附者, 總謂之「烏丸」, 各以多少稱酋·庶長, 分爲南北部, 復置二部大人以統攝之."

목부족을 통할하는 2部, 즉 '行政 部'의 우두머리 명칭이 모두 大人이 었음을 알 수 있다. 이후 登國元年 南部와 北部의 2部에 大人을 두었고 外朝大人도 설치하였다.[207] 神瑞元年(414) 8大人을 두었고,[208] 泰常 2년(417) 天部·地部·東·西·南·北 6部 大人官을 설치하였다.[209] 여기에서 大人은 外朝大人과 2部大人, 8部大人, 6部大人 등 관직명으로 사용되었음을 알 수 있다. 그런데 天賜 2년 4월(405. 5-6) 西郊祭天에 "百官及賓國諸部大人畢從至郊所"라고 하여[210] 百官과 賓國·諸部의 大人이 참여했음을 밝혔다. 大人은 賓國과 諸部의 우두머리 칭호로 사용되었다. 明元帝가 泰常 7년(422) 河南의 北魏軍을 독려하려 南巡할 때 恒嶺까지 四方蕃附大人이 따라왔다.[211] 여기에서 '大人'은 北魏 주변국의 우두머리로 해석된다. 이처럼 道武帝·明元帝 시기 大人은 주변국, 부족(부락)뿐만 아니라 朝廷(外朝大人)과 지방('行政 部')의

---

207 『魏書』卷113「官氏志」, 2972쪽, "太祖登國元年, 因而不改, 南北猶置大人, 對治二部. 是年置都統長, 又置幢將及外朝大人官."

208 『魏書』卷113「官氏志」, 2975쪽, "神瑞元年春, 置八大人官, 大人下置三屬官, 總理萬機, 故世號八公云."

209 위와 같음, "泰常二年夏, 置六部大人官, 有天部, 地部, 東·西·南·北部, 皆以諸公爲之. 大人置三屬官."

210 『魏書』卷108之1「禮志」1, 2736쪽, "天賜二年夏四月, 復祀天于西郊, 爲方壇一, 置木主七於上. 東爲二陛, 無等; 周垣四門, 門各依其方色爲名. 牲用白犢·黃駒·白羊各一. 祭之日, 帝御大駕, 百官及賓國諸部大人畢從至郊所. 帝立青門內近南壇西, 內朝臣皆位於帝北, 外朝臣及大人咸位於青門之外, 后率六宮從黑門入, 列於青門內近北, 並西面. 廩犧令掌牲, 陳於壇前, 女巫執鼓, 立於陛之東, 西面. 選帝之十族子弟七人執酒, 在巫南, 西面北上. 女巫升壇, 搖鼓. 帝拜, 后肅拜, 百官內外盡拜. 祀訖, 復拜. 拜訖, 乃殺牲, 執酒七人西向, 以酒灑天神主, 復拜, 如此者七. 禮畢而返. 自是之後, 歲一祭."

211 『魏書』卷3「太宗紀」泰常七年冬十月甲戌條, 62쪽, "奚斤伐滑臺不克, 帝怒, 議親南討, 爲其聲援. 壬辰, 車駕南巡, 出自天門關, 踰恒嶺. 四方蕃附大人各率所部從者五萬餘人."

우두머리 명칭으로 사용되었다. 그런데 鮮卑도 전체의 지배자 檀石槐뿐만 아니라 東部·中部·西部 3部의 우두머리, 각 部(부족)의 지배자모두 똑같이 '大人'이란 명칭을 사용하였다. 이는 느슨한 鮮卑의 조직때문이다.[212] 鮮卑의 한 부족이었던 拓跋部도 최소한 明元帝 시기까지檀石槐 시대 여러 층차로 사용한 '大人'을 여전히 관명으로 사용하였다. 那勿黎의 관직인 北部莫弗의 北部가 部族(部落)의 명칭이 아니라면 '行政 部', 즉 北部의 우두머리로 해석할 수밖에 없다. 達奚鳥洛頭가 역임한 大人大莫弗이 "大人=大莫弗"의 뜻이라면 大人이 '行政 部'인 2部·6部·8部의 우두머리 명칭으로 사용된 것처럼 莫弗도 같은용례로 사용되었을 것이며, 北部莫弗은 그 예가 될 수 있다.

다음으로 2009년 5월 陝西省考古硏究院이 長安區 韋曲街 夏殿村에서 출토한「莫仁相墓誌」이다.[213] 이 墓誌에 따르면 莫仁相의 祖父 莫仁聞德은 獻文帝 시기 南面俟利弗에 임명되었다.[214] 俟利弗은 俟利(力)發, 俟利(力)伐, 俟匿伐의 同語异譯字이고 姚薇元의 고증에 따르면, 俟力發=俟利發=俟利伐=俟力伐이다.『魏書』「官氏志」에 보이는 俟力伐氏[215]가 柔然의 部族(部落)으로 俟利發이란 官名을 氏로 삼았으며,「莫仁相墓誌」의 俟利弗은 柔然에서 유래한 官名

---

212 金浩東,「북아시아 遊牧國家의 君主權」, 東洋史學會 編,『東亞史上의 王權』, 한울
    아카데미, 1993, 127-136쪽.

213 莫仁相·莫仁誕 墓誌 연구는 陝西省考古硏究院,「北周莫仁相·莫仁誕墓發掘簡
    報」,『考古與文物』2012-3, 2012, 3왼쪽-15왼쪽; 周慧敏,「北周莫仁相·莫仁誕父
    子墓誌考釋」,『淮陰師范學院學報·哲學社會科學版』35, 2013, 206왼쪽-211오른쪽
    참조.

214 陝西省考古硏究院,「北周莫仁相·莫仁誕墓發掘簡報」, 9왼쪽, "祖聞德, 獻文帝之
    光, 利用建侯, 遂翼成帝業, 拜南面俟利弗."

215 『魏書』卷113「官氏志」, 3008쪽, "俟力伐氏, 後改爲鮑氏."

이었다.[216] 護雅夫에 따르면, 頡利發은 투르크어 일테베르(ilteber 혹은 elteber)의 음사이며 部族長에 해당하는 관직이라고 한다.[217] 그런데 莫仁聞德의 관직이 南面俟利弗로 俟利弗 앞에 '南面'이 붙어 있기 때문에 부족장, 즉 部族(部落) 首領으로 보기 어렵다. 『周書』 「突厥傳」에 俟利發(=俟利弗)이란 관직이 보인다.

"大官에는 葉護(yabghu)가 있었고 다음으로 設(shad), 特勤(tegin 또는 tigin), 俟利發(ilteber 또는 elteber), 吐屯發(todunbar)이 있었으며 남은 小官은 28등급이었고 모두 세습하였다."[218]

葉護(yabghu)는 원래 突厥의 서쪽(西面)을 통치하던 벼슬이었고, 設(shad)도 유목집단을 다스리던 관직이었다. 吐屯發(todunbar)은 吐屯이라고 하며 突厥이 간접지배하는 屬國에 파견한 감독관이었다. 예컨대 突厥의 沙鉢略可汗은 吐屯 潘垤을 보내 契丹을 거느리게 하였다(그러나 契丹에 살해됨).[219] 또 突厥은 室韋에 3인의 吐屯을 보내 室韋 5部를 거느리게 하였다.[220] 統葉護可汗은 西域에 吐屯 1인을 보내 西域

---

216 姚薇元, 『北朝胡姓考』, 北京: 中華書局, 2007(초판 1962), 102쪽; 羅新, 「柔然官制續考」, 『中古北族名號研究』, 北京: 北京大學出版社, 2009(原載 『中華文史論叢』 2007-1, 2007), 136쪽; 周慧敏, 「北周莫仁相·莫仁誕父子墓誌考釋」, 210원쪽.

217 護雅夫, 『古代トルコ民族史研究』 I, 東京: 山川出版社, 1967, 427쪽.

218 『周書』 卷42 「異域下·突厥傳」, 909쪽, "大官有葉護, 次(沒)[設], 次特(勒)[勤], 次俟利發, 次吐屯發, 及餘小官凡二十八等, 皆世爲之."

219 『北史』 卷94 「契丹傳」, 3128쪽, "突厥沙鉢畧可汗遣吐屯潘姪垤統之, 契丹殺吐屯而遁."

220 『北史』 卷94 「室韋傳」, 3129쪽, "其後分爲五部, 不相總一, 所謂南室韋·北室韋·鉢室韋·深末怛室韋·大室韋, 並無君長. 人貧弱, 突厥以三吐屯總領之."

諸國을 거느리고 租賦 징세를 감독하였다.[221] 이처럼 吐屯(發)이 突厥의 지배를 받지 않는 屬國에 파견되어 감독하는 관직이었다면, 葉護(yabghu)·設(shad)과 吐屯發(todunbar) 사이에 언급된 俟利發도 제국의 일부를 통치 혹은 감독하는 직책이었을 것이다.[222] 莫仁聞德이 맡은 南面俟利弗은 남쪽을 담당한 俟利弗로 해석되며, 南面은 北魏平城時代에 설치한 '行政 部' 가운데 하나인 南部일 것이다. 필자의 추론에 대과가 없다면, 방위명이 붙는 俟利弗은 '行政 部'의 사무를 맡는 관직이었을 것이다.

앞에서 살펴본 俟勤과 莫弗, 俟利弗이 同音異譯語인지, 혹은 장관과 차관처럼 상하관계가 있는 관직인지 자료의 부족으로 단정하기 어렵지만, 平城과 京畿 일대 胡人 거주지역에 설치된 '行政 部'를 관할하는 관직임은 확실하다.

이러한 '行政 部'는 중국의 지방행정구역인 郡縣과 유사하며, 胡族 방식의 지방행정조직으로 이해할 수 있다. 『魏書』「官氏志」에는 八部의 기능을 다음과 같이 설명하였다.

"[天賜元年]十一月(404. 12-405. 1), 八國의 姓族을 나누기 어려웠기 때문에, 國마다 大師와 小師를 두고 그 宗黨을 나누고 人才를 품별하여 천거하도록 명령하였다. 八國 이외에 郡에 각각 師를 세웠으며, 職分은 八國[의 大師·小師와] 같았고 현재의 中正에 해당된다. 宗室에는 宗師를 두었

---

221 『舊唐書』卷194下「突厥下·統葉護可汗傳」, 5181쪽, "其西域諸國王悉授頡利發, 并遣吐屯一人監統之, 督其征賦."

222 俟利發 앞에 배치된 特勤(tegin 또는 tigin)은 카간의 부계혈통 남성들에게 주어지는 칭호이며, 언급된 다른 大官과 성격이 다르다(特勤 혹은 直勤은 羅新, 「北魏直勤考」, 『中古北族名號研究』, 北京: 北京大學出版社, 2009(原載 『歷史研究』 2004-5, 2004), 89-107쪽 참조).

으며 또, 州郡八國의 법도[儀]와 같았다."[223]

위의 인용문을 분석하기에 앞서 3장 1절의 인용문에서 살펴본 것처럼 "八部=八國"[224]이므로 部와 國은 동일한 개념을 달리 번역한 것이다. 위의 인용문에서 "部=國"은 중국의 州郡과 같은 행정구역의 역할을 하였다. 특히 八國에 설치된 大師와 小師가 中正처럼 관할지역의 인재 천거의 기능을 지녔음을 알 수 있다.

따라서 「官氏志」의 "始同爲編民"은 州郡民으로의 편제가 아니라 部民, 즉 '行政 部'民으로 편제한 것으로 볼 수 있을 것이다. 胡族의 編民化 혹은 編戶化에 관해 몇 가지 설이 있다. 먼저 『南齊書』 「魏虜傳」에 軍戍에 속하지 않는 宮城 3里 안의 戶籍을 담당하는 九豆和官의 존재에서 胡族들의 戶籍이 州郡縣과 별도로 관리되었다고 보는 설이다.[225] 그러나 상식적으로 宮城 3里라는 공간은 胡族들이 밀집하여 거주하기는 좁기 때문에 九豆和官이 관리하는 戶籍은 宮城에 봉사하는 사람들의 戶籍으로 봐야 할 것이다. 또 十戶-百戶-千戶-萬戶 등 遊牧國家의 일반적인 십진제처럼 北魏에도 100-500-1,000-5,000을 단위로 한 軍編制, 즉 戶口編制[226]가 있었다고 보는 견해가 있지만,[227] 500과 5,000이 생소한 숫자이기 때문에 北魏에서도 다른 遊牧國家처럼 십진제 편

---

223 『魏書』 卷113 「官氏志」, 2972쪽, "[天賜元年]十一月, 以八國姓族難分, 故國立大師·小師, 令辯其宗黨, 品擧人才. 自八國以外, 郡各自立師, 職分如八國, 比今之中正也. 宗室立宗師, 亦如州郡八國之儀."

224 위와 같음, "[天興元年]十二月, 置八部大夫·散騎常侍·待詔等官. 其八部大夫於皇城四方四維面置一人, 以擬八座, 謂之八國常侍. 待詔侍直左右, 出入王命."

225 川本芳昭, 「北魏における身分制について」, 『魏晋南北朝時代の民族問題』, 東京: 汲古書院, 1998, 352-353쪽.

226 遊牧國家에서는 軍編制와 일상적인 戶口編制가 일치하는 것이 보통이다.

227 古賀昭岑, 「北魏の部族解散について」, 71아래쪽-72위쪽.

제가 있었을 것으로 보는 견해도 있다.[228] 필자 역시 이 견해에 동의하는데, 그 근거는 다음과 같다. 『魏書』「蠕蠕傳」에는 柔然에 千人을 軍, 百人을 幢으로 삼고 각각 軍將과 幢帥를 두었다는 기록이 있다.[229] 『資治通鑑』「晉紀」安帝元興元年(402) 春正月條에도 비슷한 구절이 보이는데, 胡三省은 "軍將·幢帥, 皆魏制, 社崙蓋效而立之"[230]이라 하여 柔然의 제도가 본래 北魏의 제도였음을 밝히고 있다. 千人軍將[231]과 千人督[232]이란 武官名에서 실제 北魏에서도 "1,000=軍"이라는 편제가 있었음을 알 수 있다. "100=幢"을 시사하는 자료는 없지만 正光 5년(524) 涼州幢帥 于菩提와 呼延雄의 반란 기사[233]에서 幢帥가 北魏의 武官이었음이 확인된다. 또 登國元年(386) 幢將을 설치한 기사[234]는 北魏의 幢將이 柔然의 幢帥보다 6년 일찍 설치되었기 때문에 柔然의 軍法이 北魏의 것을 모방했다는 胡三省의 주장은 신빙성이 있다. 또 和平 2년 (461) 세워진 文成帝 南巡碑에 보이는 斛洛眞軍將·內都幢將·內小幢 將·三郎幢將·雅樂眞幢將 등 侍衛武官의 명칭[235]에서도 軍將과 幢將

228 松下憲一, 「北魏道武帝の部族解散」, 『史朋』 34, 2002, 27위쪽 주) 1 참조.

229 『魏書』 卷103 「蠕蠕傳」, 2290쪽, "社崙遠遁漠北, 侵高車, 深入其地, 遂爲諸部, 凶 勢益振. 北徙弱洛水, 始立軍法: 千人爲軍, 軍置將一人, 百人爲幢, 幢置帥一人."

230 『資治通鑑』 卷112 「晉紀」 安帝元興元年(402)春正月條, 3534쪽, "始立約束, 以千人 爲軍, 軍有將, 百人爲幢, 幢有帥(胡註: 軍將·幢帥, 皆魏制, 社崙蓋效而立之)."

231 『魏書』 卷30 「尉撥傳」, 729쪽, "從討和龍, 遷虎賁帥, 轉千人軍將.";『魏書』 卷42 「堯 暄傳」, 954쪽, "暄聰了, 美容貌, 爲千人軍將·東宮吏."

232 『魏書』 卷113 「官氏志」, 2988쪽.

233 『魏書』 卷9 「肅宗紀」 正光五年秋七月條, 236쪽, "是月, 涼州幢帥于菩提·呼延雄執 刺史宋穎據州反."

234 『魏書』 卷113 「官氏志」, 2972쪽, "是年[登國元年]置都統長, 又置幢將及外朝大人官. …… 幢將員六人, 主三郎衛士直宿禁中者."

235 張慶捷·郭春梅, 「北魏文成帝《南巡碑》所見拓跋職官初探」, 『中國史研究』 1999- 2(K22 復印報刊資料 魏晉隋唐史 1999-5), 32-33쪽 및 38-40쪽.

이 北魏의 武官 명칭으로 자주 사용되었음을 알 수 있다. 그런데 太和 4년(480) 二部·內部 幢將이라는 武官職을 없애는 기사[236]에서 幢將이 宿衛武官 이외에 일반 武官의 명칭이었으며, 幢將이 內部 등 '行政 部'에 소속된 것으로 보아(二部는 불명) "行政 部-軍-幢"의 체계를 지니는 행정조직이 있었을 것이다.[237]

이처럼 部의 再編에 따라 부족의 우두머리를 뜻하는 大人도 점차로 "南部大人長孫嵩"처럼 '行政 部'의 수장이나 外朝大人[238] 등 北魏皇帝가 임명하는 관직의 명칭으로 사용되었다.[239] 앞에서 살펴본 것처럼 「官氏志」의 '部族解散' 관련 기사에서 '行政 部'와 '部族'의 의미 충돌을 피하기 위해 '部' 대신 '部落'이란 단어를 사용했으며, '部'의 우두머리인 大人의 명칭을 사용하지 못하게 하고 관직명으로 격하시킨 조치는

---

236 『魏書』卷113「官氏志」, 2976쪽, "[太和]四年, 省二部內部幢將."

237 遊牧國家의 십진제 편제가 '부족해산'이나 '編民化'를 의미하는 것은 아니다. 匈奴·突厥 등의 예를 보면 십진제를 기초로 한 관직 가운데 상층부는 핵심집단이 독점하였지만, 예컨대 흉노의 千長·百長·十長과 같은 기층조직의 장은 종속집단의 首領 혹은 씨족장이 담당하였다. 즉 遊牧國家는 십진제로 편제된 각 집단의 부족체제가 유지되고 수령들의 기득권 보장과 관직 수여를 통해 체제 내로 편입시키는 구조를 유지하였다(金浩東, 「古代遊牧國家의 構造」, 서울大東洋史學研究室編, 『講座中國史』Ⅱ, 知識産業社, 1989, 272-274쪽). 따라서 北魏의 '行政 部'와 기층조직으로 추정되는 "軍-幢"으로 편제된 각 집단도 기존의 체제를 유지하고 수령들의 기득권을 보장한 상태였을 것으로 추정된다. 이는 앞에서 살펴본 깃처럼 北魏末까지 西部에 포함된 叱列氏가 대대로 領民酋長이 되었던 예에서도 확인할 수 있다(崔珍烈, 「北魏의 種族政策」, 59쪽, 주) 123).

238 外朝大人은 詔命 출납, 외교사절, 지방시찰, 정책결정 등을 담당하는 관직이다 (『魏書』卷113「官氏志」, 2972쪽, "[太祖登國元年]又置幢將及外朝大人官. …… 外朝大人, 無常員, 主受詔命, 外使, 出入禁中, 國有大喪大禮皆與參知, 隨所典焉.").

239 관료의 성격을 지닌 大人官에 관해서는 山崎宏, 「北魏の大人官に就いて」(上), 『東洋史研究』9-5·6, 1947, 9-22쪽 및 「北魏の大人官に就いて」(下), 『東洋史研究』10-1, 1947, 36上-47上쪽 참조.

체제정비와 皇帝權 강화의 측면에서 이해할 수 있다.[240]

北魏皇帝들은 京畿 북·서 지역의 胡人(유목민) 지역을 순행하며 목축을 감독하였다. 선행연구에서 이미 京畿 지역에 畿內牧場이라 불리는 국영목장의 존재가 확인된다.[241] 이러한 국영목장뿐만 아니라 胡人들이 각자의 牧地에서 소·말·양 등 가축을 길렀을 것이다. 明元帝와 太武帝 등이 이 지역을 방문한 목적은 가축 생산과 목축을 감독하는 데에 있었을 것이다.[242]

京畿 지역의 胡人들을 통치하기 위해 가축의 점검과 제사를 활용하였다. 什翼犍(소성제)의 부하인 燕鳳이 前秦의 군주 苻堅에게 아래와 같이 말하였다.

"雲中川은 [동서로] 東山에서 西河에 이르는 200리이며, [남북으로] 북산에서 남산에 이르는 100여 리입니다. 매년 孟秋마다 늘 말들을 대거 모아놓으니 대략 [운중]천을 채울 정도로 많습니다."[243]

위의 인용문에서 拓跋部는 매년 孟秋에 유목민과 말을 雲中에 모아서 그 숫자를 점검했음을 알 수 있다. 이런 풍습은 장소만 달라졌

---

240 大人은 大人官이 설치된 이후에도 간헐적으로 병용되지만, 점차 공식적인 문서에서 배제되는 추세였다. 그러나 『洛陽伽藍記』 永寧寺條에서 尒朱榮의 아들 尒朱菩提를 '部落大人'으로 칭한 것을 보면(『洛陽伽藍記』(范祥雍校注, 上海: 上海古籍出版社, 1999) 卷1 「城內」 永寧寺條, 9쪽, "永安三年]九月二十五日, 詐言産太子 [尒朱]榮·[元天]穆並入朝, 莊帝手刃榮於光明殿, 穆爲伏兵魯暹所煞, 榮世子部落大人來死焉.") 민간에서는 여전히 大人이라는 호칭이 사용되었던 것 같다.

241 朱大渭, 「北魏的國營畜牧業經濟」, 341쪽.

242 최진열, 『북위황제 순행과 호한사회』, 125-129쪽.

243 『魏書』 卷24 「燕鳳傳」, 610쪽, "[燕]鳳曰:「雲中川自東山至西河二百里, 北山至南山百有餘里, 每歲孟秋, 馬常大集, 略爲滿川. ……」"

을 뿐 北魏平城時代에도 존재하였다. 佐川英治의 연구에 따르면, 북위 황제는 陰山과 河西(오르도스)를 순행하고 팔월 말이나 구월 초 평성으로 돌아온 후 각지에서 기른 가축을 鹿苑에 모아놓고 백등산에 올라 가축의 수를 세어봄으로써 가축의 번식과 수렵의 성과를 확인했다. 그리고 조상신과 天神에게 감사하고 가축이 무사히 겨울을 넘기도록 기원하는 제사를 지냈다.[244] 鹿苑에서 가축의 수를 점검함으로써 유목민들의 통제를 강화하였고 제사를 통해 유목민들의 결속을 강화했을 것이다.

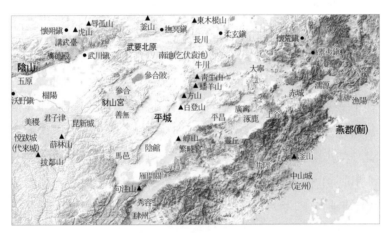

〈지도 3〉道武帝·明元帝 시기 주요 巡幸 지역[245]

---

244 佐川英治, 「遊牧と農耕の間」, 58위쪽-59아래쪽. 이러한 제사는 선비의 秋祭를 연상시키는 것으로, 흉노의 八月龍祠와 거란의 春秋 祭山儀, 몽골의 春秋 제례, 滿洲人의 祭大神儀 등 아시아 유목민이나 수렵채취민에게서 공통적으로 발견되는 제례라고 한다(江上波夫, 「匈奴の祭祀」, 『ユウラシア古代北方文化: 匈奴文化論攷』, 東京: 山川出版社, 1950, 237-240쪽).

245 최진열, 『북위황제 순행과 호한사회』, 79쪽, 지도 13 북위 전기 경기와 주요 순행지명.

平城時代 北魏皇帝들의 巡幸은 京畿에 거주하는 胡人 통치의 주요한 방법이었다. 〈지도 3〉은 道武帝·明元帝의 주요 巡幸 지역을 표시한 것이다.

〈지도 3〉에서 알 수 있듯이, 北魏皇帝들이 가장 많이 방문한 지역이 平城 주변의 京畿 지역이었다.[246] 北魏皇帝는 胡人 部族(部落)을 순행하고 部族(部落)의 우두머리들에게 물자를 하사하며 충성심을 확보하였다. 예컨대 明元帝는 永興 4년(412) 서·북 지역 胡族 部落을 순행하며 繒帛 등을 渠帥 등에게 賜與하였고,[247] 永興 5년 七月 丙戌日 서남쪽의 部落들을 巡行하며 渠帥, 즉 部族(部落)의 우두머리들에게 繒帛을 하사하였다.[248] 神瑞 2년 二月 丁亥日(415. 2. 27) 西宮에 附國大帥와 渠帥를 모아 잔치를 크게 열고 이들에게 繒帛金闕를 차등 있게 하사하였다.[249] 泰常 7년 正月 甲辰日(422. 2. 7) 雲中에서 서쪽으로 가면서 수행원에게 사흘 동안 잔치를 베풀어주고 蕃의 渠帥들에게 繒帛을 차등 있게 나눠주었다.[250] 이처럼 北魏皇帝들은 巡幸 도중 주변의 胡人 部族(部落)의 우두머리(大帥·渠帥) 등에게 나눠주며 권위를 과시하였다. 이러한 행위를 비단 등의 생산과 수취를 독점하고 일부를 胡族들에게 나눠주면서 胡族들을 경제적으로 통제했다고 해석할 수 있

---

246 위의 책, 73-80쪽.

247 『魏書』卷3「太宗紀」永興四年秋七月庚寅條, 52쪽, "庚寅, 西巡, 幸北部諸落, 賜以繒帛.";『魏書』卷3「太宗紀」永興五年春正月己卯條, 52쪽, "己卯, 幸西宮. 頒拔大·渠帥四十餘人詣闕奉貢, 賜以繒帛錦闕各有差."

248 『魏書』卷3「太宗紀」永興五年秋七月丙戌條, 53쪽, "丙戌, 車駕自大室西南巡諸部落, 賜其渠帥繒帛各有差."

249 『魏書』卷3「太宗紀」神瑞二年二月丁亥條, 55쪽, "丁亥, 大饗于西宮, 賜附國大·渠帥朝歲首者繒帛金闕各有差."

250 『魏書』卷3「太宗紀」泰常七年春正月甲辰朔條, 61쪽, "甲辰朔, 自雲中西行, 賜從者大酺三日·蕃渠帥繒帛各有差."

다.[251] 北魏에 복속된 胡人部落은 말과 소 등을 바치고,[252] 주로 전쟁에 동원되었다.[253]

2 동·남부 지역의 郡縣 編制와 統治

平城 동부와 남부의 郡縣 지역은 주로 농경지역이었다. 道武帝는 後燕 정복 후 中山에서 遷徙한 이들에게 耕牛를 지급하고 計口受田을 행하였다.[254] 이후 京畿 지역의 농업개발이 촉진되었다고 한다.[255] 京畿 지역의 城邑이 平城과 중원지구의 交通幹線, 즉 平城-薊(幽州), 平城-中山, 平城-晉陽 축에 분포하기 때문에 그 주변에 농경지가 존재했을 것이다. 京畿의 城邑 분포는 ① 平城-高柳-薊(幽州 치소), ② 平城-平舒-代-薊, ③ 平城-崞山-莎泉-靈丘-中山(定州 치소), ④ 平城-

---

251 遊牧君主의 군주권과 물자의 획득 및 재분배의 관계에 관해서는 朴漢濟, 『中國中世胡漢體制研究』, 서울: 一潮閣, 1988, 150-162쪽; 金浩東, 「古代遊牧國家의 構造」, 277-278쪽; 同氏, 「北아시아 遊牧國家의 君主權」, 137-152쪽 참조.

252 『魏書』 卷3 「太宗紀」 天賜五年春正月乙酉條, 52쪽, "詔諸州六十戶出戎馬一匹."; 『魏書』 卷3 「太宗紀」 泰常六年二月條, 61쪽, "調民二十戶輸戎馬一匹, 大牛一頭."; 『魏書』 卷3 「太宗紀」 泰常六年三月乙亥條, 61쪽, "制六部民 羊滿百口輸戎馬一匹."

253 예컨대 422년 明元帝는 河南을 공략 중인 北魏軍의 독려를 겸하여 親征하였는데, 이때 복속한 胡族 5만이 징발되어 南討에 종군하였다(『魏書』 卷3 「太宗紀」 泰常七年冬十月甲戌條, 62쪽, "奚斤伐滑臺不克, 帝怒, 議親南討, 爲其聲援. 壬辰, 車駕南巡, 出自天門關, 踰恒嶺. 四方蕃附大人各率所部從者五萬餘人.").

254 『魏書』 卷113 「食貨志」, 2849-2850쪽, "旣定中山, 分徙吏民及徒何種人·工伎巧十萬餘家以充京都, 各給耕牛, 計口授田."; 『魏書』 卷110 「食貨志」, 2850쪽, "天興初, 制定京邑, 東至代郡, 西及善無, 南極陰館, 北盡參合, 爲畿內之田; 其外四方四維置八部帥以監之, 勸課農耕, 量校收入, 以爲殿最. 又躬耕籍田率先百姓. 自後比歲大熟, 匹中八十餘斛. 是時戎車不息, 雖頻有年, 猶未足以久瞻矣."

255 堀敏一은 徙民은 四郡 지역에 정착했으며 남부의 王領地(=四郡)에서 농업생산이 이루어졌을 것으로 보았다(堀敏一, 「北魏における均田制の成立」, 104쪽 및 110쪽).

鼓城-繁時-桑乾-陰館-晉陽(幷州 치소), ⑤ 平城-鼓城-北新城-馬邑-晉陽, ⑥ 平城-武周-善無-盛樂(朔州 치소) 등 平城과 中原 지구와의 교통간선 위에 있었다.[256] 이 가운데 平城 서쪽인 ⑥을 제외한 ①-⑤지역이 雁門·代·廣寧·上谷 郡縣 설치지역이었다. 이 역시 郡縣이 설치되었던 京畿의 동부와 남부에 漢人이 거주하는 城邑이 많았음을 입증한다. 또 「申洪之墓誌」가 山西省 大同市 桑乾河 南岸에서 발견되었다.[257] 桑乾河(北魏 당시 桑乾水)는 平城의 남쪽에 있으므로 漢人 申洪之가 平城의 남쪽에 살았음을 알 수 있다. 이는 漢人이 京畿의 남부와 동부에 집중 거주했다는 선행연구와 일치한다.

北魏는 代國時代 이래 謀士로 활약한 漢人 許謙과 張袞의 아들들을 京畿 동부·남부 郡縣 지역인 雁門·廣寧·上谷 등 京畿 동·남 郡縣의 太守에 임명하였다. 예컨대 許謙의 아들 許洛陽은 明元帝 시기에 雁門太守,[258] 許洛陽의 아우 許安都는 廣寧太守,[259] 張袞의 아들 張溫도 廣寧太守,[260] 張袞의 次子 張度는 上谷太守[261]에 임명되었다. 이 가운데 許洛陽만이 확실히 明元帝 때 太守로 임용되었음을 알 수 있고, 나머지의 임용연대는 불확실하다. 그러나 許安都는 許洛陽의 아우라는 점에서 역시 明元帝 시기였을 가능성이 있고, 張袞의 아들인 張溫과 張度는 張袞이 永興2년(410) 72세로 사망한 것으로 보아 그들

---

256 李凭, 「道武帝時期的大移民與雁北的開發」, 344-345쪽.

257 殷憲, 「北魏《申洪之墓銘》及幾個相關問題」, 『山西大同大學學報(社會科學版)』 24-1, 2010, 27윗쪽.

258 『魏書』卷24 「許謙傳附洛陽傳」, 611쪽, "太宗追錄謙功, 以洛陽爲雁門太守."

259 『魏書』卷24 「許謙傳附安都傳」, 612쪽, "[洛陽弟]安國弟安都, 廣寧·滄水二郡太守."

260 『魏書』卷24 「張袞傳附溫傳」, 614쪽, "子溫, 外都大官·廣寧太守."

261 『魏書』卷24 「張袞傳附度傳」, 615쪽, "袞次子度, 少有志尙, 襲爵臨渭侯. 上谷太守, 入爲武昌王師."

의 나이를 고려하면, 道武帝 혹은 明元帝 시기에 임용되었음이 확실하다. 이처럼 道武帝·明元帝 시기 北魏 건국 전(序紀時代)부터 충성한 許謙과 張袞 등의 일족을 京畿 지역 郡의 太守에 임명하였다. 이는 이들의 능력보다 충성심을 고려한 것이며, 이들은 漢人 거주지역을 통치함과 동시에 내외의 반란과 공격을 막는 역할을 맡았을 것이다.

이와 더불어 北魏는 동·남 郡縣 지역의 漢人들 가운데 일부를 侍官으로 임용하였다. 天賜 4년(407) 五月 侍官을 增置하면서 8國 良家와 함께 代郡·上谷·廣寧·雁門 4郡 출신 器望한 연장자를 侍官에 임명하였다.[262] 이 4郡 가운데 代郡은 수도가 있던 지역이었고 上谷·廣寧·雁門 3郡은 京畿의 동부와 남부에 위치한 郡이었다. 侍官은 皇帝를 호위하는 '近侍官'이었으므로[263] 4郡의 漢人을 요직에 임명하여 지배층으로 편입시키는 정책이었다. 이를 통해 4郡의 漢人들은 北魏에 충성하는 지지세력이 되었고, 鄕里의 영향력을 통해 4郡의 지배에 협력했을 것이다.

4郡 지역의 유력자를 侍官, 즉 '近侍官'에 임명하고 이들을 통해 이 지역의 통치를 공고히 함과 동시에 北魏皇帝들은 이 지역을 자주 순행하였다. 예컨대 明元帝는 神瑞 2년 四月 己卯日(415. 6. 19) 大寧과

---

262 『魏書』卷113「官氏志」, 2974쪽, "四年五月, 增置侍官, 侍直左右, 出內詔命, 取八國良家, 代郡·上谷·廣寧·雁門四郡民中年長有器望者充之."

263 近侍官의 개념은 崔珍烈, 「北魏前期 近侍官의 性格─「文成帝南巡碑」의 분석을 중심으로─」, 『역사문화연구』 28, 2007, 37-66쪽 참조. 川本芳昭와 松下憲一, 특히 전자는 필자의 견해와 일치한다(川本芳昭, 「內朝制度」, 『魏晉南北朝時代의 民族問題』, 東京: 汲古書院, 1998(原載 「北魏의 內朝」, 『九州大學東洋史論集』 6, 1977); 同氏, 「北魏文成帝南巡碑について」, 『九州大學東洋史論集』 28, 2000, 25-49쪽; 松下憲一, 「北魏石刻史料に見える內朝官─「北魏文成帝南巡碑」の分析を中心に─」, 『北魏胡族體制論』, 札幌: 北海道大學出版會, 2007; 川本芳昭, 「北魏內朝再論─比較史の觀點から見た─」, 『東洋史研究』 70-2, 2011, 195-224쪽).

赤城을 방문하고 長老들을 만나 백성들의 疾苦를 물었으며 1년의 租를 면제하였다. 上谷郡에 간 후 100세의 고령자들과 인재를 만나고 田租의 절반을 면제하였다. 이어 廣寧郡의 歷山에서 舜 임금의 사당에서 제사를 지냈다. 이후 七月(415. 8-9) 환궁하였다. 그리고 巡幸하며 거친 지역의 田租를 절반 면제하였다.[264] 여기에서 明元帝는 동쪽의 여러 郡縣을 방문하여 長老·고령자·賢俊(인재)을 만나고 1년 田租의 전부 혹은 절반을 면제하였다. 田租 면제 기사에서 이 해 明元帝가 방문한 지역은 농경지역이었고 토지에서 거둔 수확물을 세금(田租)으로 거두었음을 확인할 수 있다. 이어서 泰常 4년 四月 辛巳日(419. 5. 31) 雁門을 방문하며 雁門과 지나간 지역의 租賦를 면제하였다.[265] 같은 해 八月 辛未日(419. 1. 28)에도 東巡하고 환궁한 후 지나간 지역의 田租 1년분을 면제하였다.[266] 泰常 7년 九月 乙巳日(422. 10. 6) 廣寧郡과 幽州를 방문하고 耆年을 만나 疾苦를 묻고 爵號를 하사하였다. 이후 十月 甲戌日(422. 11. 4) 환궁한 후 지나온 지역의 田租 절반을 면제하였다.[267] 太武帝는 太延 3년(437) 幽州로 行幸하여 고아와 노인들을 存恤하였으며 백성들의 疾苦를 물었다. 그리고 돌아오면서 上谷을 거

---

264 『魏書』卷3「太宗紀」神瑞二年四月己卯條, 55쪽, "[四月]己卯, 車駕北巡. 五月丁亥, 次於參合東, 幸大寧. …… 丁卯, 幸赤城, 親見長老, 問民疾苦, 復租一年. 南次石亭, 幸上谷, 問百年, 訪賢俊, 復田租之半. …… 至廣寧, 登歷山, 祭舜廟. …… 秋七月, 還宮, 復所過田租之半."

265 『魏書』卷3「太宗紀」泰常四年夏四月辛巳條, 59쪽, "[夏四月]辛巳, 南巡, 幸雁門. 賜所過無出今年租賦. 五月庚寅朔, 觀漁于灅水. 己亥, 車駕還宮, 所過復一年租賦."

266 『魏書』卷3「太宗紀」泰常四年條, 59쪽, "[秋八月]辛未, 東巡, 遣使祭恒岳. 甲申, 車駕還宮, 所過復一年田租."

267 『魏書』卷3「太宗紀」泰常七年條, 62쪽, "[秋九月]乙巳, 幸灅南宮, 遂如廣寧. …… 因東幸幽州, 見耆年, 問其所苦, 賜爵號. 分遣使者循行州郡, 觀察風俗. …… 冬十月甲戌, 車駕還宮, 復所過田租之半."

처 代에 이르렀다. 이후 환궁하면서 방문 지역인 平城-幽州-上谷 지역의 田租 절반을 면제하였다.[268] 이상의 예에서 알 수 있듯이 明元帝와 太武帝는 京畿 동부의 上谷·大寧·廣寧 3郡을 방문하고 長老·耆年으로 기록된 지역의 유력자들을 만나고 백성들의 어려움을 물어보았다. 그리고 田租 1년분 혹은 절반을 면제하는 등 皇帝의 은덕을 과시하는 조치를 취하고 있다. 明元帝와 太武帝가 백성들을 직접 만날 수 있었던 것은 이 지역의 치안과 통치가 공고했음을 뜻한다. 그렇다면 동·남 군현지역은 412년부터 415년 사이 北魏의 공고한 통치하에 들어왔다고 해석할 수 있을 것이다.

3 胡·漢 분리 배치의 의의

北魏 초기 서·북 胡人 거주지역과 동·남 漢人 거주지역의 분리 형태는 北魏의 통치구조의 기본 틀이 되었다고 볼 수 있다.

먼저 孝文帝 前期까지 존속했던 北部尙書와 南部尙書[269]가 보여주는 '胡漢分治' 체제가 대표적인 예이다. 즉 北部尙書는 鎭·軍·戍 등 北邊 胡族 거주지의 사무와 柔然의 방어를 담당하는 데 비하여 南部尙書는 南邊 漢人 거주지의 訴訟·考課·選擧 등을 관장하였다.[270] 또

---

268 『魏書』卷4上 「世祖紀」上 太延三年條, 87쪽, "[二月]乙卯, 行幸幽州, 存恤孤老, 問民疾苦; 還幸上谷, 遂至代. 所過復田租之半."

269 嚴耕望은 南部尙書와 北部尙書가 南部大人과 北部大人이 바뀐 관명이라고 보았다(嚴耕望, 「北魏尙書制度考」, 『中央研究院歷史語言研究所』 18, 1948, 253-281쪽). 劉東昇은 이 밖에 南部尙書와 北部尙書의 직무가 지방 감찰, 지방 순시, 지방 奏事 처리, 國政 참여였음을 밝혔다(劉東昇, 「北魏南北尙書制度考」, 『北方論叢』 2017-1(總第261期), 2017, 88왼쪽-88오른쪽).

270 『南齊書』卷57 「魏虜傳」, 985쪽, "…… 南部尙書知南邊州郡, 北部尙書知北邊州郡."

한 平城 일대가 南部와 北部의 경계가 되었다.[271] 平城을 중심으로 북쪽은 胡人들의 부족(부락)을 관리하는 '行政 部', 남쪽은 漢人들을 관리하는 郡縣으로 양분된 '胡漢分治'는 北魏가 華北 전체를 통치한 다음에도 漢地(漢人 거주지인 북중국)와 河西(오르도스)·漠南 등지의 새로운 정복지역에도 확대되었다.

다음으로 京畿 동부·남부 漢人 郡縣 지역의 統治經驗을 통해 漢人統治의 기술을 익힌 北魏朝廷은 이를 다른 점령지에도 확대했을 것이다. 이는 京畿 동부·남부의 정주지역 다음으로 北魏가 地方統治를 공고화한 지역이 河北이라는 점에서 잘 드러난다. 京畿에 이어 河北, 그 다음에는 關隴·河南·靑齊·淮北 등으로 확대되었다. 京畿의 漢人 거주지역의 통치를 공고히 한 후 北魏의 漢人·漢地 統治는 波狀的으로 확대되었다.

이어서 京畿 지역은 北魏가 어느 지역을 정복한 후 맨 처음 실시하는 정책, 즉 徙民 정책의 대상 지역이 되었다. 平城·京畿로의 徙民은 京畿 지역의 인구집중과 피정복국 지배층의 감시·통제를 위해 필요한 조치였다. 또 京畿 지역으로의 徙民은 다른 새로운 정복지의 사민과 유기적으로 연결되어 진행되었다.

---

271 陳琳國, 『魏晋南北朝政治制度研究』, 臺北: 文津出版社, 1984, 106-107쪽; 嚴耕望, 「北魏尚書制度」, 『嚴耕望史學論文選集』, 臺北: 聯經出版事業公司, 1991, 386-387쪽.

2章

北魏平城時代 胡地 統治

　北魏平城時代 지배층은 주로 胡人들이었다. 이들은 平城에 定住하지 않고 京畿·河西(오르도스)·陰山·漠南 등지를 巡幸하는 北魏皇帝의 측근인 近侍官[1]을 형성하였고 北魏皇室과의 通婚을 통해 정치적 지위를 확고히 하였다.[2] 그러나 학계에서는 胡人支配層의 존재보다 部族(部落)解散 문제에 초점을 두었다.[3] 거의 대부분 중국학자들은 주로 部族解散에 찬성하고[4] 일부 일본학자들도 이에 동의하지만,[5] 이에

1　崔珍烈, 「北魏前期 近侍官의 性格」, 37-66쪽.

2　崔珍烈, 「北魏前期 皇室通婚정책−겹사돈혼의 만연과 그 정치적 기능을 중심으로−」, 『역사와 교육』 11, 2010, 135-180쪽.

3　부족(부락)해산 연구사 정리는 松下憲一, 「部族解散 研究史」 및 「領民酋長制と「部族解散」, 『北魏胡族體制論』, 札幌: 北海道大學出版會, 2007 및 牟發松, 「北魏"離散諸部""領民酋長" 研究的回顧與反思」, 『歷史教學問題』 2017-6, 2017, 3왼쪽-9오른쪽 참조.

4　部落解散을 주장하는 중국학자들의 연구는 많으나 주요한 연구는 田餘慶, 「賀蘭部落離散問題−北魏"離散部落"個案考察之一一」, 『拓跋史探』, 北京: 三聯書店, 2003(原載 『歷史研究』 1997-2, 1997); 田餘慶, 「獨孤部落離散問題−北魏"離散部落"個案考

의문을 제기하거나[6] 반대하는 견해가 한국과 일본학자들을 중심으로 제기되었다.[7] 이 가운데 川本芳昭와 松下憲一은 孝文帝의 제도개혁으로 部族(部落)이 해산되었음을 지적하였다.[8] 이는 부족해산과 반대론

察之二-」, 『拓跋史探』, 北京: 三聯書店, 2003(原載 『慶祝鄧廣銘敎授九十華誕論文集』, 石家莊: 河北敎育出版社, 1997); 楊恩玉, 「北魏離散部落與社會轉型-就離散的時間·內涵及目的與唐長孺·周一良·田餘慶諸名家商榷-」, 『文史哲』 2006-6, 2006; 侯旭東, 「北魏境內胡族政策初探-從《大代持節嚮州刺史山公寺碑》說起-」, 『中國社會科學』 2008-5, 2008; 侯旭東, 「《大代持節嚮州刺史山公寺碑》所見史事考-兼論北魏對待境內胡族的政策-」, 『紀念西安碑林九百二十周年華誕國際學術硏討會論文集』, 北京: 文物出版社, 2008; 梁麗紅, 「也談北魏離散部落的問題-與楊恩玉同志商榷-」, 『晉陽學刊』 2009-2, 2009; 吳松巖, 「從考古學視野看北魏初期離散部落政策」, 『內蒙古大學學報(哲學社會科學版)』 44-1, 2012, 64왼쪽-66오른쪽 등이 있다.

5 일본학자 가운데 부족해산을 지지하는 주요 연구에는 內田吟風, 「北朝政局に於ける鮮卑·匈奴登諸北族系貴族の地位」, 『北アジア史硏究(匈奴篇)』, 京都: 同朋舍, 1936; 谷川道雄, 「初期拓跋國家における王權」, 『增補隋唐帝國形成史論』, 東京: 筑摩書房, 1998(原載 『史林』 46-6, 1963), 123-124쪽; 窪添慶文, 「北魏服屬諸族覺書」, 『立正大學大學院紀要』 26, 2010, 27위쪽-44아래쪽이 있다.

6 勝畑冬實은 登國年間에 일률적으로 모든 부족들이 해산되지 않았음을 지적하였다 (勝畑冬實, 「拓跋珪の『部族解散』と初期北魏政權の性格」, 『早稻田大學院文學硏究科紀要 哲學·史學篇』 別冊 20集, 1994).

7 松永雅生, 「北魏太祖の『離散諸部』」, 『福岡女子短大紀要』 9, 1974; 崔珍烈, 「北魏의 種族政策-'부족해산'의 실상과 對部落首領 정책을 중심으로-」, 『魏晉隋唐史硏究』 (『中國古中世史硏究』로 변경) 10집, 2003, 31-98쪽; 松下憲一, 「領民酋長制と『部族解散』」, 『北魏胡族體制論』, 29-50쪽; 崔珍烈, 「北魏의 '部族解散' 再論-部·部落의 多義性과 鮮卑 無姓 현상의 검토-」, 『역사와교육』 13, 2011, 159-191쪽; 崔珍烈, 「北魏道武帝時期部落解散的再檢討」, 中國魏晉南北朝史學會·山西大學歷史文化學院 編, 『中國魏晉南北朝史學會第十屆年會暨國際學術硏討會論文集』, 太原: 北岳文藝出版社, 2012, 124-134쪽.

8 川本芳昭, 「部族解散の理解をめぐって」, 『魏晉南北朝時代の民族問題』, 東京: 汲古書院, 1998(原載 「北魏太祖の部落解散と高祖の部族解散-所謂部族解散の理解をめぐって-」, 『佐賀大學敎養部硏究紀要』 14, 1982; 同氏, 「北朝社會における部族制の傳統について」, 『佐賀大學敎養部硏究紀要』 21, 1989); 太田稔, 「拓跋珪の『部族解散』政策について」, 『集刊東洋學』 89, 2002; 松下憲一, 「北魏部族解散再考-元萇墓誌を手がかりに-」, 『史學雜誌』 123-4, 2014, 545-568쪽.

의 절충론이기는 하지만 北魏平城時代 部族(部落) 조직이 유지되었음을 긍정한 것이다. 또 古賀昭岑은 部族(部落) 조직의 유지를 긍정하면서도 部族(部落)의 재편성을 주장하였다.[9] 필자는 北魏平城時代 部族(部落)이 해산되지 않았음을 주장하며, 北魏皇帝들이 胡人들을 통치하기 위해 이들의 거주지인 京畿·河西·陰山·漠南 지역을 순행하며 당근과 채찍을 사용하며 통치했음을 논증하였다.[10]

2장에서는 北魏平城時代 部族(部落)이 해산되지 않았다는 필자의 주장을 정리하고 최근 연구성과를 추가하였으며, 선행연구에서 소홀히 다룬 分土定居를 部族(部落)의 지역적 분포에 초점을 맞추어 자세히 다룬다. 특히 후자에 주목하여 北魏平城時代 유목민들의 部族(部落)이 京畿와 漠南 지역뿐만 아니라 關隴과 汾水·呂梁山 지역(현재의 山西省 서부), 內地인 河東과 弘農, 남변 등에 다양하게 분포했음을 논증한다.

2장에서는 北魏 군사력의 근간이자 지배층을 형성한 胡人들이 사는 지역(胡地) 통치를 살펴본다. 먼저 1절에서는 기존의 통념과 달리 '部族(部落)解散'이 실시되지 않았음을 『魏書』「官氏志」 복속기사와 실제 복속시기의 불일치, 賀蘭部와 獨孤部 해체의 재해석(部族(部落)聯合體의 해체), 領民酋長의 존재, 部族(部落)聯合體가 유지된 高車의 예외적 상황, 部·部落의 多重的 의미 등 다섯 가지로 나누어 검토한다. 2절에서는 각종 部族(部落)들을 배치한 分土定居의 양상을 漠南과 北邊 六鎭 일대, 平城과 京畿 일대, 呂梁山·汾水 유역(현재의 山西省 중부와 서부), 河西(오르도스) 지역, 關隴, 남쪽 변경, 黃河 중류의 河東과

9　古賀昭岑,「北魏の部族解散について」,『東方學』59, 1980.

10　최진열,『북위황제 순행과 북위사회』, 143-163쪽.

弘農 등으로 나누어 살펴본다. 3절에서는 北魏皇帝의 胡地 巡幸과 巡幸이 胡人과 胡地 통치에 끼친 영향을 분석한다.

1. '部族解散'의 실상: 部族(部落) 잔존 현상

1 『魏書』「官氏志」복속기사와 실제 복속시기의 불일치

본 항에서는 「官氏志」의 기록을 몇 가지 측면에서 검토한다. 「官氏志」는 크게 職官과 胡族의 姓氏 두 부분으로 나뉜다. 후자의 서술체계는 아래와 같다(이하 「官氏志」는 후자를 지칭함).

(1) 拓跋氏 등 帝室十姓
(2) 神元皇帝時, 餘部諸姓內入者(모두 76氏; 3006-3011쪽)
  丘穆陵氏 …… 乙弗氏
(3) 東方(2氏)·南方(7氏)·西方(16氏; 이상 3012-3013쪽)
  東方 宇文·慕容氏
  南方 茂眷氏 …… 柯拔氏
  西方 尉遲氏 …… 獨孤渾氏
(4) 凡此諸部, 其渠長皆自統衆, 而尉遲已下不及賀蘭諸部氏(3013쪽).
(5) 北方(10氏; 3013-3014쪽)
  賀蘭氏 …… 羽弗氏
(6) 凡此四方諸部, 歲時朝貢, 登國初, 太祖散諸部落, 始同爲編民(3014쪽).
  …………
太和 19년(495) '定姓族' 詔書
(宣武帝 시기의 '定姓族' 改定)

필자가 파악한 「官氏志」 기사의 문제점은 다음과 같다. 첫째, 「官氏志」는 神元帝 시기 諸部의 內入, 道武帝 登國初 "散其部落", 孝文帝 시기(496년) 胡姓의 漢姓 改姓 등 크게 세 개의 다른 시기의 상황을 한꺼번에 담고 있다. 기존에는 姓氏 서술 부분에 서로 다른 사례가 있다는 사실에 거의 주목하지 않았다. 둘째, (4)의 내용과 (6)의 "散其部落"을 모순 없이 해석하는 문제이다. (4) 부분은 끊어 읽기에 따라 해석이 달라지지만, "이 모든 部의 渠長은 尉遲氏 이하까지 스스로 무리를 거느렸고 賀蘭氏 등 部氏는 미치지 않았다"라고 이해된다. (6)은 部落을 해산시켰다고 보는 것이 통설이다. 즉 (4)에서 일부 部(部落)의 우두머리는 部落民을 거느렸지만 (6)에서는 모든 部落을 해산한 것처럼 기술하여 양자의 기록은 모순된다. 셋째, 道武帝 登國(386-395)初 諸部落을 해산하고 처음으로 [部落民을] 모두 編民으로 삼았다는 (6)의 기사는 '부족해산' 진위의 논란이 되는 부분이다. 마지막으로 (6)의 "諸部"와 "諸部落"이 같이 사용된 이유이다.[11]

먼저 세 개의 시기가 위 기사에 같이 등재된 이유를 살펴보기 위해 먼저 「官氏志」 諸姓이 北魏에 편입된 시기문제를 살펴보자. 기존에는 「官氏志」의 체계를 다음과 같이 설명하기도 한다. 즉 '拓跋部 部族(部落)聯合體'는 神元帝 시기 帝室十姓과 餘部諸姓內入者 76氏를 포괄하며, 나머지 四方의 諸部는 "歲時朝貢"하는 존재였지만,[12] (6)에 따르면 이들은 登國初 部族(部落)解散의 대상이 되었다. 그러나 (2)-(5)에는 (2) 神元帝 시기와 (6) 道武帝 登國初 이후 복속된 집단이 史書에서 발견되기 때문에 이 주장은 설득력이 있다. 필자는 (2)-(5)에 속한 部·氏

---

11 崔珍烈, 「北魏의 種族政策」, 34-35쪽.
12 勝畑冬實, 「拓跋珪의 『部族解散』과 初期北魏政權의 性格」, 139아래-140아래쪽. 특히 140아래쪽의 圖 拓跋部의 周圍35氏가 「歲時朝貢」 참조.

가운데 登國년간 이후 복속된 집단에 주목하였다.[13]

아래 〈표 2〉는 『魏書』에서 확인한 胡人集團의 北魏 편입시기를 조사하여 정리한 것이다.

〈표 2〉「官氏志」 諸部의 복속시기 表[14]

복속시기	복속 部·氏	「官氏志」	비 고
什翼犍 시기	叱呂氏[侯呂鄰](呂氏)[15]	(2)	內附
登國元年(386)	獨孤部(劉氏)	(2)	일부(劉奴眞 등)
登國元年(386)	乙弗部(乙氏)	(2)	일부
384년 이후	叱干氏(薛氏)	(3) 西方	叱干部의 일부
登國 5년(390))	紇奚部(嵇氏)	(5) 北方	내속
	紇突隣氏[紇豆陵](竇氏)[16]	(3) 南方	
登國 8년(393)	侯呂鄰部(呂氏)	(2)	
390-397년	賀蘭部(賀氏)	(5) 北方	
登國 5년(390)	叱奴部(狼氏)	(5) 北方	
登國 10년(395)	尸[屈]突氏(屈氏)	(2)	後燕에서 귀부
河北점령(398년) 이후	慕容氏	(3) 東方	後燕의 중추
	吐伏盧氏[豆盧氏](盧氏)[17]	(2)	원래는 慕容氏
	渴燭渾氏[可足渾/可朱渾](朱氏)[18]	(5) 北方	慕容燕의 유력가문
	莫輿氏(輿氏)	(2)	
	一那蔞氏(蔞氏)	(5) 北方	

---

13 崔珍烈, 「北魏의 種族政策」, 35쪽.

14 위의 글, 35-37쪽, 〈표 1〉「官氏志」 諸部의 복속시기 表. 이 표에 누락된 부분은 별도로 각주를 달아 인용처를 밝혔다.

15 姚薇元, 『北朝胡姓考』, 北京: 中華書局, 1962, 118-122쪽.

16 위의 책, 176-177쪽.

17 위의 책, 96-99쪽.

18 위의 책, 226-229쪽.

복속시기	복속 部·氏	「官氏志」	비 고
	宇文氏	(3) 東方	慕容燕의
	蘭氏(烏洛蘭氏)	(5) 北方	유력가문
天興元年(398)	越勤部(越氏)	(5) 北方	413년 大寧遷徙
天興 2년(399)	宿六斤氏(宿氏)	(2)	원래는 赫連氏
	是樓氏(高氏)	(2)	高湖는 鮮卑
天興 2년(399)	庫狄部(狄氏) 侯莫陳部(陳氏) 宥連部(雲氏)	(3) 南方 (3) 南方 (3) 南方	
天興 4년(401)	解枇[批]部(解氏)	(2)	高車에서 귀부
天興 6년(403)	尉遲部(尉氏)	(3) 西方	尉遲部의 일부
永興(409-413)中	出大汗(韓氏)	(2)	赫連夏 소속
泰常元年(416)	庫傉官氏(庫氏)	(5) 北方	後燕 → 北魏 → 北燕 → 北魏
泰常(416-432)末	費連氏(費氏)	(3) 西方	內附
統萬城 함락 후 (427년)	薛[比]干部(薛氏)	(3) 西方	원래 赫連夏에
	破多羅部(蘭氏)	(3) 西方	속했음
赫連定 패배 이후(431)	叱盧部(祝氏) 出連部(畢氏) 屋引部(房氏)	(3) 西方 (2) (2)	西秦(乞伏氏)의 주축 部
太延 5년(439)	慕連(慕氏)[19]	(3) 南方	
眞君元年(440)	阿鹿桓氏(鹿氏)[20]	(2)	

---

[19] 위의 책, 211쪽.

[20] 『魏書』卷88「鹿生傳」에 따르면 鹿生의 아버지 鹿壽興은 北涼에서 벼슬하였다(『魏書』卷88「鹿生傳」, 1901쪽, "鹿生, 濟陰乘氏人. 父壽興, 沮渠牧犍庫部郎."). 窪添慶文은 鹿生 부자를 漢人이 아닌 胡人 阿鹿桓氏라고 추정하였다. 窪添慶文에 따르면, 阿鹿桓氏는 太武帝 시기 北涼이 멸망되었을 때 徙民되었을 것이다(窪添慶文, 「北魏服屬諸族覺書」, 『立正大學大學院紀要』26, 2010, 30아래쪽).

복속시기	복속 部·氏	「官氏志」	비 고
眞君 5년(444) 이후	吐谷渾氏 谷渾氏(渾氏)	(2) (2)	
眞君 10년(449)	尒綿氏(綿氏)	(2)	柔然 소속
太武帝 시기 (424-452)	乙弗氏(乙氏)	(2)	귀부
皇興 4년(470)	匹婁氏(婁氏)	(2)	
獻文帝 시기	賀若氏[21]	(2)	
太和 13년(489)	叱呂氏(呂氏)	(2)	吐谷渾 소속

【비고】 乙弗·叱[薛]干·叱呂는 중복된 部·氏임.

〈표 2〉는 「官氏志」에서 확인되는 모두 42개 姓氏를 시대 순으로 정리한 것이다. 대개 해당 部 혹은 部落을 破하였다거나 혹은 內附·歸附했다는 기사를 北魏에의 복속으로 간주하였다. 그리고 後燕에 복속했던 宇文·渴燭渾[可足渾](朱)·莫興(興)·蘭氏(烏洛蘭氏)·一那蔞(蔞)[22]와 赫連夏에 복속했던 叱[薛]干·破多羅[蘭](蘭),[23] 西秦의 중추였

---

21 『北史』卷68「賀若敦傳」, 2378쪽, "賀若敦, 河南洛陽人也. 其先居漠北, 世爲部落大人. 曾祖貸, 魏獻文時入國, 爲都官尙書, 封安富縣公."

22 小林聰, 「慕容政權の支配構造の特質－政治過程の檢討と支配層の分析を通して－」, 『九州大學東洋史 論集』16, 1988, 60-62쪽 및 64-65쪽의 〈표 2〉慕容政權の非漢族官人; 姚薇元, 『北朝胡姓考』, 131-132쪽 및 226-229쪽; 232-233쪽.

23 破多羅(蘭)氏는 破多羅沒弈于가 사위 赫連勃勃에게 살해된 후 赫連勃勃에게 귀속되었다(『魏書』卷95「鐵弗劉虎傳」, 2056쪽, "太悉伏送之姚興, 興高平公破多羅沒弈于妻之以女. …… 太祖末, 屈丐襲殺沒弈于而幷其衆, 僭稱大夏天王, ……"). 따라서 破多羅氏는 赫連夏가 멸망한 후 北魏에 귀속되었을 가능성이 높다. 薛干部는 劉衛辰部가 拓跋部에 族滅된 후 살아남은 赫連勃勃을 숨겨주었으나 도리어 赫連勃勃에게 병합되었다. 이 때문에 薛干部는 統萬城 함락 후(427년) 編戶가 될 수 있었다(『魏書』卷103「高車傳附薛干部傳」, 2312-2313쪽, "薛干部, 常屯聚於三城之間. 及滅衛辰後, 其部帥太悉伏望軍歸順, 太祖撫安之, 車駕還, 衛辰子屈丐奔其部. 太祖

던 叱盧·出連·屋引[24] 部·氏는 각각 後燕과 赫連夏의 수도 점령 혹은 赫連定의 체포 시기(西秦은 赫連夏에 망했음)에 복속되었다. 문제는 吐谷渾이다. 본래 吐谷渾은 慕容廆의 형으로 慕容部에서 이탈하여 지금의 靑海로 가서 독립 정권을 세웠고,[25] 吐谷渾의 후손들이 그의 업적을 기리기 위해 국호와 성을 吐谷渾으로 삼았기 때문에[26] 神元帝 力微時期 吐谷渾氏(部)가 拓跋部에 복속했다고 볼 수 없다. 따라서 444년 이후 北魏에 속하게 된 吐谷渾은 神元帝 力微 시기에는 北魏에 편입되지 않았다고 이해해야 한다.[27]『魏書』에는 護佛侯部나 西秦의 군주씨족 乞伏氏 등 다양한 집단이 北魏에 복속했음을 기록하였지만『魏書』「官氏志」에서 보이지 않는다. 또『魏書』「官氏志」의 內入諸姓과 四方諸姓에 포함되지 않은 諸姓에는 柔然系(尒綿氏, 郁久閭氏, 黜弗部, 素古延部), 高車系(袁紇部, 豆陳部, 解枇部, 解如部), 庫莫奚, 類拔部, 泣黎部, 현재의 山西省, 陝西省, 甘肅省 동부에 거주한 山胡·河西胡, 氐·羌, 丁零 등이 있다.[28]

聞之, 使使詔太悉伏執送之. 太悉伏出屈丐以示使者曰:「今窮而見投, 寧與俱亡, 何忍送之.」遂不遣. 太祖大怒, 車駕親討之. 會太悉伏先出擊曹覆寅, 官軍乘虛, 遂屠其城, 獲太悉伏妻子珍寶, 徙其人而還. 太悉伏來赴不及, 遂奔姚興, 未幾亡歸嶺北. 上郡以西諸鮮卑·雜胡聞而皆應之. 天賜五年, 屈丐盡劫掠總服之. 及平統萬, 薛干種類皆得爲編戶矣.」).

24 出連部와 弗斯部·叱盧部는 함께 漠北에서 陰山으로 이동했으며, 후에 乞伏 '부족연맹체'를 구성하였다(周偉洲,『南涼與西秦』, 西安: 陝西人民出版社, 1987, 112-122쪽). 屋引氏는 右相 屋引出支, 刺史 屋引破光 등 西秦에서 高官을 배출한 것으로 보아(姚薇元,『北朝胡姓考』, 159쪽) 西秦의 주요 세력이었던 것 같다.

25 이하『晉書』卷97「四夷·吐谷渾傳」, 2537-2538쪽 참조.

26 『晉書』卷97「四夷·吐谷渾傳」, 2539쪽, "又曰:「禮云公孫之子得以王父字爲氏, 吾祖始自昌黎光宅於此, 今以吐谷渾爲氏, 尊祖之義也.」"

27 崔珍烈,「北魏의 種族政策」, 2003, 37-38쪽.

28 窪添慶文,「北魏服屬諸族覺書」, 33아래쪽-35위쪽.

먼저 (2)에 속한 76氏 가운데 叱呂(呂)·獨孤(劉)·乙弗(乙)·侯呂鄰(呂)·尸[屈]突(屈)·吐伏盧(盧)·莫興(興)·宿六斤(宿)·是樓(高)·解枇[批](解)·出大汗(韓)·出連(畢)·屋引(房)·吐谷渾·谷渾(渾)·尒綿(綿)·匹婁(婁)·阿鹿桓(鹿)·賀若 등 21개 部·氏(乙弗·蒺藜部는 중복됨)가 神元帝 力微 이후 복속하였음을 알 수 있다. 그리고 吐伏盧 이하 14개 部·氏는 皇始년간(登國 다음의 연호) 이후 北魏에 복속하였다. 따라서 (2)에 속한 部·氏가 모두 神元帝 力微 시기 혹은 登國년간 복속하지 않았음은 확실하다.[29]

다음으로 (3)에 속하는 25개 諸姓은 東方·南方·西方으로 나뉜다. 이 가운데 東方의 宇文·慕容과 南方의 紇突隣(竇)·庫狄(狄)·侯莫陳(陳)·宥連(雲)·綦連(綦), 西方의 叱[薛]干(薛)·尉遲(尉)·費連(費)·破多羅(蘭)·叱盧(祝) 등 12개 部는 神元帝 力微 이후, 특히 慕容·宇文 이하 11개 部는 皇始년간 이후, 즉 後燕의 붕괴 이후 北魏에 복속하였다.[30]

마지막으로 (5), 즉 北方에는 賀蘭·紇奚(嵇)·叱奴(狼)·渴燭渾[可足渾](朱)·一那蔞(蔞)·越勤(越)·庫傉官·蘭(烏洛蘭) 등 8개 部가 登國년간부터 여전히 '部'를 유지하고 있었다(가장 늦은 사례가 明元帝 永興 4년(415)이다).[31] 이 밖에 「大周故左衛翊衛和君墓誌」에 따르면, 素和氏(和氏)는 白部大人에 임명되었고, 北魏 건국 시기에 部落을 거느리고 附臣이 되었다.[32] 이는 『魏書』 「和跋傳」에서 대대로 部落을 거느렸고 附

---

29 崔珍烈, 「北魏의 種族政策」, 38쪽.
30 위와 같음.
31 위와 같음.
32 「大周故左衛翊衛和君墓誌」, 『唐代墓誌彙編』(周紹良 主編, 上海: 上海古籍出版社, 1992), 983쪽.

臣이 되었다는 기록과 일치한다.[33] 따라서 和跋 등도 北魏初에 部落을 거느렸으며, 부족해산의 대상에서 제외되었을 것이다.[34]

위의 「官氏志」의 諸姓 편입기사의 분석결과를 정리해보자. 첫째, (2) 神元帝 力微 시기 '拓跋部 部族(部落)聯合體'에 속했다는 76部·氏 가운데 21개 部·氏(약 27.6%)가 神元帝 이후까지 拓跋部에 속하지 않았다. 이는 (2)에 속한 집단들 가운데 상당수가 神元帝 이후 拓跋部에 복속했을 것으로 추정할 수 있다. (2) 神元帝 시기 실제 '拓跋部 部族(部落)聯合體'에 포함된 집단의 수가 76氏보다 훨씬 적었고, 후에 삽입되었음을 시사한다. 둘째, (3)과 (5), 즉 神元帝 시기 해마다 朝貢했다는 35개의 四方諸部 가운데 "散諸部落 始同爲編民"의 조치가 취해진 登國 다음의 年號인 皇始년간 이후 北魏에 복속한 部는 모두 15개이다. (2)의 16개 部를 포함하면 모두 31개 部로 전체 121개 部·氏 가운데 약 25.6%를 차지한다. 또 登國년간에 복속된 部·氏를 포함하면 모두 42개로 34.7%가 登國初 당시 北魏에 복속되지 않았다. 바꿔 말하면 소위 '部族解散' 조치 이후에도 살아남은 집단이 많았다. 이는 神元帝 시기와 道武帝 登國初 '部族解散' 시기에 北魏에 복속하지 않았던 집단이 최소 20-30%였기 때문에 실제로 登國初 '部族解散' 조치의 영향과 파급력은 크지 않았을 것이다.[35]

「官氏志」의 "太祖散諸部落, 始同爲編民"의 기사 (6)은 『魏書』「賀訥傳」의 "其後離散諸部 分土定居"[36]와 함께 '部族解散'의 근거로 활용된

---

33 『魏書』 卷28 「和跋傳」, 681쪽, "和跋, 代人也, 世領部落, 爲國附臣."

34 崔珍烈, 「北魏의 種族政策」, 38쪽.

35 위의 글, 39쪽.

36 『魏書』 卷83上 「外戚·賀訥傳」, 1812쪽, "其後離散諸部, 分土定居, 不聽遷徙, 其君長大人皆同編戶. 訥以元舅, 甚見尊重, 然無統領, 以壽終於家."

다. 그러나 전자가 登國년간, 후자가 北魏의 河北占領 후이므로 시간적 불일치 문제가 발생한다. 「官氏志」의 기록은 원래의 "散諸部落, 始同爲編民" 조치의 시점은 登國初였지만, 이후 諸部의 복속 이후 차례로 추가하면서도 연도를 登國初로 그대로 두었기 때문에 발생한 오류로 봐야 할 것이다. 바꿔 말하면 「官氏志」의 관련기록은 ① 神元帝 力微 시기 복속된 諸部와 ② 이후 복속된 諸部, ③ 登國初 "散諸部落 始同爲編民"의 조치, ④ 그 후 복속한 집단, ⑤ 일부의 '部族解散', ⑥ 이후 복속한 집단, ⑦ 胡姓을 중국식 성으로 바꾼 496년 현재의 상황과 ⑧ '定姓族'이 명확한 시간의 표시 없이 혼재된 것이다. 「官氏志」의 전체적인 논리를 보면, 「官氏志」의 姓氏 나열은 孝文帝의 漢姓 改稱과 姓族分定을 위한 기본자료였다. 서로 범주가 다른 관직과 姓氏가 같은 志에 묶인 것은 관직이 姓族分定, 즉 개별 姓氏의 등급을 孝文帝가 주도한 胡姓의 등급을 매기는 자료였다고 해석되기 때문이다. 따라서 神元帝·道武帝 시기 복속되거나 일부 해산된 部族·姓氏 사이에 그 이후에 정복·복속된 집단을 끼워 넣었을 것이다.[37]

그리고 "散諸部落 始同爲編民"은 登國初에 처음 실시되었고, 그 이후 산발적이고 부분적으로 실시되었다고 잠정적으로 결론지을 수 있다. 이는 397년 後燕이 中山城을 포위당했을 때, 慕容隆이 後燕의 군주 慕容寶에게 北魏의 상황을 설명하면서 "諸部離散"의 표현을 사용하였는데, 胡三省은 '諸部'를 賀蘭·紇鄰·紇奚 三部로 본 것과도 상통한다.[38] 즉 胡三省의 주가 사실이라면 397년 당시 離散된 諸部는 賀

---

37 崔珍烈, 「北魏의 種族政策」, 2003, 39-41쪽.

38 『資治通鑑』 卷109 「晉紀」 安帝隆安元年(397)三月條, 3442쪽, "魏圍中山旣久, 城中將士皆思出戰. 征北大將軍隆言於寶曰 : 「涉珪雖屢獲小利, 然頓兵經年, 凶勢沮屈, 士馬死傷太半, 人心思歸, 諸部離散(胡註曰 「謂賀蘭·紇鄰·紇奚三部.」), 正是可破

蘭, 紇鄰, 紇奚 3部밖에 없었음을 뜻한다.[39] 실제로 이보다 1년 전의
일이지만, [北]魏의 別部大人 沒根이 道武帝의 시기로 죽을 것을 두려
워하여 後燕으로 도망갔던 예[40]는 登國년간 '部族解散'되지 않은 부가
존재했음을 증명한다. 이는 登國初의 '部族解散'이 일부 집단에만 해
당된 제한된 조치였음을 시사한다.

2 賀蘭部와 獨孤部: 部族聯合體의 解體

1항에서 살펴본 것처럼 '部'는 여러 部가 모인 部族聯合體나 고도의
정치적 조직, 즉 국가로 해석할 수 있다. 賀蘭部는 수십 部로 구성되
었고,[41] 獨孤部는 36部로 조직되었다.[42] 따라서 『魏書』 「賀訥傳」의 "離
散諸部, 分土定居, 不聽遷徙, 其君長大人皆同編戶"[43]의 구절은 복수
의 部(부족)로 구성된 部族聯合體를 개별 部로 분해시켰거나 해체당한
것으로 해석할 수 있다. 이를 입증하기 위해 道武帝 초기 賀蘭部와 獨
孤部의 정치적 상황을 살펴볼 필요가 있다.

賀訥은 처음에 獨孤部로부터 拓跋珪를 보호해주고 拓跋珪(道武帝)

之時也.」"

39 "離散諸部"의 의미는 2항 이하에서 살펴보겠지만, 반드시 部族(部落)解散을 뜻하
는 것은 아니다.

40 『資治通鑑』 卷108 「晉紀」 孝武帝太元二十一年冬十月條, 3435-3436쪽, "魏別部大人
沒根有膽勇, 魏王珪惡之. 沒根懼誅, 己丑, 將親兵數十人降燕, 燕主寶以爲鎭東大將
軍, 封雁門公."

41 『魏書』 卷83上 「外戚·賀訥傳」, 1812쪽, "賀訥, 代人, 太祖之元舅, 獻明后之兄也. 其
先世爲君長, 四方附國者數十部."

42 『周書』 卷16 「獨孤信傳」, 263쪽, "魏氏之初, 有三十六部, 其先伏留屯者, 爲部落大
人, 與魏俱起."

43 『魏書』 卷83上 「外戚·賀訥傳」, 1812쪽.

를 代王으로 옹립하는 데 기여하였다.[44] 拓跋珪가 吐突隣部를 공격할 무렵 賀訥 형제는 拓跋部를 배신하였으나, 拓跋珪의 공격을 받고 서쪽으로 달아났다. 『魏書』「賀訥傳」에 따르면, 賀訥은 처음에 鐵弗部 劉衛辰과 연합하였다가 후에는 後燕의 慕容部와 외교관계를 맺었다. 그 후 賀染干과 군주의 자리를 두고 싸우다가 賀訥은 後燕의 공격을 받아서 赤城에서 패하고 拓跋部의 구원을 받아 기사회생하였다.[45] 『魏書』는 拓跋部(北魏)의 시각에서 賀蘭部의 君長 賀訥 형제의 배반과 복속을 기록하였다. 『魏書』보다 상대적으로 객관적으로 서술한 『資治通鑑』의 기록을 보면 사정이 달라진다. 『資治通鑑』에 따르면, 賀蘭部는 385년 獨孤部의 劉頭眷에게 善無에서 격파되었다.[46] 이어서 386년 後燕의 慕容麟이 拓跋珪와 拓跋窟咄의 내분에 개입하였다. 拓跋窟咄은 昭成帝 什翼犍의 少子이며 拓跋珪의 叔父였다. 당시 慕容永에 의탁하여 西燕의 新興太守에 임명되었고 西燕은 적극적으로 그를 지원하여 王位를 빼앗도록 하였다. 獨孤部의 劉顯도 拓跋窟咄을 도와 拓跋

---

44 『魏書』卷83上「外戚·賀訥傳」, 1812쪽, "後劉顯之謀逆, 太祖聞之, 輕騎北歸訥. 訥見太祖, 驚喜拜曰: '官家復國之後當念老臣.' 太祖笑答曰: '誠如舅言, 要不忘也.' 訥中弟染干粗暴, 忌太祖, 常圖爲逆, 每爲皇姑遼東公主擁護, 故染干不得肆其禍心. 於是諸部大人請訥兄弟求擧太祖爲主. 染干曰: '在我國中, 何得爾也!' 訥曰: '帝, 大國之世孫, 興復先業, 於我國中之福, 常相持奬, 立繼統勳, 汝尙異議, 豈是臣節!' 遂與諸人勸進, 太祖登代王位于牛川."

45 위와 같음, "及太祖討吐突隣部, 訥兄弟逐懷異圖, 率諸部救之. 帝擊之, 大潰, 訥西遁. 衛辰遺子直力鞮征訥. 訥告急請降, 太祖簡精騎二十萬救之. 遂徙訥部落及諸弟處之東界. 訥又通於慕容垂, 垂以訥爲歸善王. 染干謀殺訥而代立, 訥遂與染干相攻. 垂遣子麟討之, 敗染干於牛都, 破訥於赤城. 太祖遺師救訥, 麟乃引退. 訥從太祖平中原, 拜安遠將軍."

46 『資治通鑑』卷106「晉紀」28 孝武帝太元十年秋七月條, 3349-3350쪽, "鮮卑劉頭眷擊破賀蘭部於善無, 又破柔然於意親山."

珪와 싸우도록 하였다.[47] 선행연구에 따르면, 拓跋部의 군주위 계승은 본래 관습법의 규정이 없었고 代國의 復國 이후 실제로 확실한 계승인이 없었다. 拓跋珪는 嫡長의 명분이 있었으나 특별히 존중받지 못했고 나이는 16세였으며 窟咄보다 어렸다. 이는 拓跋珪에게 큰 약점이었다.[48] 慕容麟은 拓跋珪와 함께 窟咄을 공격하자 賀蘭部의 賀染干은 窟咄 편을 들어 拓跋部의 북부 지역을 공격하였다.[49] 여기에서 賀蘭部 君長의 아우인 賀染干은 독자적인 세력을 가지고 있었고, 형인 賀訥과 달리 拓跋部에 적대적이었음을 알 수 있다. 後燕은 389년 慕容德과 慕容麟을 보내 賀訥을 공격하게 하였다. 勿根山으로 달아난 賀訥이 항복하니 後燕은 賀訥의 무리를 上谷으로 이주시키고 賀染干은 인질로 後燕의 수도 中山에 억류시켰다.[50] 拓跋珪와 慕容麟이 390년 意辛山에서 만나 賀蘭 · 紇突鄰 · 紇奚 3部를 격파하였다.[51] 後燕의 힘을 빌린 덕분에 拓跋珪는 경쟁상대를 격파할 수 있었다. 이때 타격을 입은 賀蘭部의 君長 賀訥의 권위가 약해졌기 때문에 賀染干은 형 賀訥을 제거하려고 하였다. 拓跋珪는 이 정보를 後燕에 알리고 後燕

---

47 王仁磊, 「略論北魏道武帝平定河北策略的制定」, 『內蒙古社會科學(漢文版)』 30-6, 2009, 33오른쪽.

48 田餘慶, 「北魏后宮子貴母死之制的形成和演變」, 『拓跋史探』, 北京: 三聯書店, 2003, 40쪽.

49 『資治通鑑』 卷106 「晉紀」28 孝武帝太元十一年條, 3370쪽, "燕趙王麟軍未至魏, 拓跋窟咄稍前逼魏王珪, 賀染干侵魏北部以應之. 魏衆驚擾, 北部大人叔孫普洛亡奔劉衛辰. 麟聞之, 遽遣安同等歸. 魏人知燕軍在近, 衆心少安. 窟咄進屯高柳, 珪引兵與麟會擊之, 窟咄大敗, 奔劉衛辰, 衛辰殺之. 珪悉收其衆, 以代人庫狄干爲北部大人, 麟引兵還中山."

50 『資治通鑑』 卷107 「晉紀」29 孝武帝太元十四年五月條, 3388쪽, "燕范陽王德 · 趙王麟擊賀訥, 追奔至勿根山, 訥窮迫請降, 徙之上谷, 質其弟染干於中山."

51 『資治通鑑』 卷107 「晉紀」29 孝武帝太元十五年夏四月條, 3396쪽, "丙寅, 魏王珪會燕趙王麟於意辛山, 擊賀蘭 · 紇突鄰 · 紇奚三部, 破之, 紇突鄰 · 紇奚皆降於魏."

에 토벌을 청했으며, 後燕의 향도가 되겠다고 청하였다. 이에 後燕의 군주 慕容垂는 慕容麟에게 賀訥을 공격하게 하니, 蘭汗은 龍城의 군대를 동원하여 賀染干을 공격하게 하였다.[52] 같은 해 六月 甲辰日(391. 7. 20) 慕容麟이 賀訥을 赤城에서 격파하고 部落 수만을 항복시켰다. 慕容垂는 賀訥의 部落을 데리고 오라고 명령하고 賀染干을 中山으로 옮겼다.[53] 이처럼 賀蘭部는 後燕의 견제와 공격으로 인해 약화되었고 部落 수만을 생포당해 힘이 약해졌다. 이러한 상황을 참조하면 賀蘭部는 拓跋部(北魏)에게 강제적으로 諸部가 離散된 것이 아니라 後燕의 공격을 받아 약해진 것이다. 그리고 "離散諸部"는 賀蘭部의 지배를 받는 여러 部族(部落)의 이탈 혹은 해산으로 해석하는 것이 자연스럽다.

다음으로 獨孤部를 살펴보자. 前秦의 苻堅이 拓跋部를 공격하여 군주인 什翼犍(涉翼犍)을 생포하고 部落을 漢郭邊 故地에 흩어놓고 감독 아래 두었다.[54] 『晉書』「苻堅載記」에 기록되지 않았지만, 『魏書』에 따르면, 前秦은 拓跋部의 땅을 黃河를 기준으로 동서로 나누어 劉

---

52 『資治通鑑』卷107「晉紀」29 孝武帝太元十六年條, 3398쪽, "賀染干謀殺其兄訥, 訥知之, 擧兵相攻. 魏王珪告於燕, 請爲鄕導以討之. 二月, 甲戌, 燕主垂遣趙王麟將兵擊訥, 鎭北將軍蘭汗帥龍城之兵擊染干."

53 『資治通鑑』卷107「晉紀」29 孝武帝太元十六年六月條, 3399쪽, "六月, 甲辰, 燕趙王麟破賀訥於赤城, 禽之, 降其部落數萬. 燕主垂命麟歸訥部落, 徙染干於中山. 麟歸, 言於垂曰: '臣觀拓跋珪擧動, 終爲國患, 不若攝之還朝, 使其弟監國事.' 垂不從."

54 『晉書』卷113「苻堅載記」上, 2898-2899쪽, "堅旣平涼州, 又遣其安北將軍·幽州刺史苻洛爲北討大都督, 率幽州兵十萬討代王涉翼犍. 又遣後將軍俱難與鄧羌等率步騎二十萬東出和龍, 西出上郡, 與洛會於涉翼犍庭. 翼犍戰敗, 遁於弱水. 苻洛逐之, 勢窘迫, 退還陰山. 其子翼圭縛父請降, 洛等振旅而還, 封賞有差. 堅以翼犍荒俗, 未參仁義, 令入太學習禮. 以翼圭執父不孝, 遷之於蜀. 散其部落於漢郭邊故地, 立尉·監行事, 官僚領押, 課之治業營生, 三五取丁, 優復三年無稅租. 其渠帥歲終令朝獻, 出入行來爲之制限."

庫仁에게 동쪽을, 劉衛辰에게 서쪽을 다스리도록 하였다.[55] 같은 匈奴 單于의 후예였지만, 劉衛辰은 鐵弗部를 거느렸고 劉庫仁은 獨孤部를 거느렸다. 拓跋部가 해체된 상황에서 獨孤部는 鐵弗部와 함께 北邊과 漠南의 2대 세력이었다.『周書』「獨孤信傳」에 따르면, 이때 獨孤部는 36部를 거느렸다.[56] 淝水의 난 이후 前秦이 붕괴되는 과정에서 384년 前秦의 幽州刺史 王永이 劉庫仁에게 도움을 청하자 劉庫仁은 처형 公孫希에게 3,000騎를 주어 구원하게 하니 薊 남쪽에서 平規를 대파하였다.[57] 여기에서 알 수 있듯이 劉庫仁은 前秦이 붕괴되는 과정에서도 前秦에 충성하였다. 같은 해에 劉庫仁이 鄴에 주둔하며 慕容垂에 대항한 苻丕를 돕기 위해 雁門·上谷·代郡의 군대를 징발하여 繁時에 주둔하였다. 그러나 군사들이 난을 일으켜 劉庫仁을 살해하였다. 이에 劉庫仁의 아우 劉頭眷이 劉庫仁의 部衆을 거느렸다.[58] 劉頭眷은 385년 善無에서 賀蘭部를 격파하고 意親山에서 柔然을 격파하였다. 그러나 劉庫仁의 아들 劉顯이 劉頭眷을 살해하고 獨孤部를 지배하였

---

55 『魏書』卷2「太祖紀」, 19쪽, "堅軍旣還, 國衆離散. 堅使劉庫仁·劉衛辰分攝國事.";
   『魏書』卷23「劉庫仁傳」, 604-605쪽, "建國三十九年, 昭成暴崩, 太祖未立, 苻堅以庫仁爲陵江將軍·關內侯, 令與衛辰分國部衆而統之. 自河以西屬衛辰, 自河以東屬庫仁."

56 『周書』卷16「獨孤信傳」, 263쪽, "魏氏之初, 有三十六部, 其先伏留屯者, 爲部落大人, 與魏俱起."

57 『資治通鑑』卷105「晉紀」27 孝武帝太元九年八月條, 3333쪽, "秦幽州刺史王永求救於振威將軍劉庫仁, 庫仁遣其妻兄公孫希帥騎三千救之, 大破平規於薊南, 乘勝長驅, 進據唐城, 與慕容麟相持."

58 『資治通鑑』卷105「晉紀」27 孝武帝太元九年十月條, 3335쪽, "劉庫仁聞公孫希已破平規, 欲大擧兵以救長樂公丕, 發雁門·上谷·代郡兵, 屯繁時. 燕太子太保興句之子文·零陵公慕興虔之子常時在庫仁所, 知三郡兵不樂遠所, 因作亂, 夜, 攻庫仁, 殺之, 竊其駿馬奔燕. 公孫希之衆聞亂自潰, 希奔翟眞. 庫仁弟頭眷代領庫仁部衆."

다. 劉顯은 拓跋珪를 죽이려고 했으나 실패하였다.[59]『資治通鑑』의 기록을 보면 당시 獨孤部(劉氏)가 拓跋部나 賀蘭部보다 우세했음을 알 수 있다.『魏書』「太祖紀」登國元年三月條에 따르면, 登國元年(386) 三月 劉賢이 善無에서 남쪽의 馬邑으로 달아나고 劉奴眞이 휘하의 部를 거느리고 拓跋部에 항복하였다.[60] 같은 해 七月 劉賢의 아우 劉肺泥가 劉奴眞의 部落을 약탈했으나 拓跋部에 항복하였다.[61] 劉賢은 八月 아우 劉亢泥를 보내 拓跋珪의 경쟁자 窟咄을 영입하여 拓跋部에 대항하였다. 이때 拓跋珪의 측근 于桓 등이 이에 응하려 하였다가 누설되어 살해되었다. 이에 拓跋珪는 陰山을 넘어 賀蘭部로 도망갔다. 그리고 安同과 長孫賀를 보내 구원병을 청하였다.[62]『資治通鑑』「晉紀」29 孝武帝太元十二年夏四月條에서는 387년 당시 "劉顯의 땅이 넓고 병력

---

59 『資治通鑑』卷106「晉紀」28 孝武帝太元十年秋七月條, 3349-3350쪽, "鮮卑劉頭眷擊破賀蘭部於善無, 又破柔然於意辛山. 頭眷子羅辰言於頭眷曰: '比來行兵, 所向無敵. 然心腹之疾, 願早圖之!' 頭眷曰: '誰也?' 羅辰曰: '從兄顯, 忍人也, 必將爲亂.' 頭眷不聽. 顯, 庫仁之子也. 頃之, 顯果殺頭眷自立. 又將殺拓跋珪, 顯弟亢泥妻, 珪之姑也, 以告珪母賀氏. 顯築主梁六眷, 代王什翼犍之甥也, 亦使其部人穆崇·奚牧密告珪, 且以其愛妻·駿馬付崇曰: '事洩, 當以此自明.' 賀氏夜飮顯酒, 令醉, 使邽陰與舊臣長孫犍·元他·羅結輕騎亡去. 向晨, 賀氏故驚廐中群馬, 使顯起視之. 賀氏哭曰: '吾子適在此, 今皆不見, 汝等殺之邪?' 顯以故不急追. 珪遂奔賀蘭部, 依其舅賀訥, 訥驚喜曰: '復國之後, 當念老臣!' 珪笑曰: '誠如舅言, 不敢忘也.' 顯誘梁六眷洩其謀, 將囚之. 穆崇宣言曰: '六眷不顧恩義, 助顯爲逆, 我掠得其妻馬, 足以解忿.' 顯乃捨之."

60 『魏書』卷2「太祖紀」登國元年三月條, 20쪽, "三月, 劉顯自善無南走馬邑, 其族奴眞率所部來降."

61 『魏書』卷2「太祖紀」登國元年秋七月條, 21쪽, "劉顯弟肺泥率騎掠奴眞部落, 旣而率以來降."

62 위와 같음, "八月, 劉顯遣弟亢泥迎窟咄, 以兵隨之, 來逼南境. 於是諸部騷動, 人心顧望. 帝左右于桓等, 與諸部人謀爲逆以應之. 事泄, 誅造謀者五人, 餘悉不問. 帝慮內難, 乃北踰陰山, 幸賀蘭部, 阻山爲固. 遣行人安同·長孫賀使于慕容垂以徵師, 垂遣使朝貢, 并令其子賀騎帥步騎以隨同等."

이 강하여 北方에서 가장 뛰어났다"[63]라고 언급할 정도로 劉顯이 거느린 獨孤部의 세력이 강하였다. 拓跋珪는 張袞의 건의를 받아들여 後燕에게 군사를 빌려 獨孤部를 공격하려고 하였다.[64] 이에 後燕의 慕容楷가 같은 해 四月(387. 5-6) 劉顯을 공격하여 격파하고 劉顯의 部衆과 말, 소, 양 1,000만 마리를 획득하였다.[65] 이때 劉顯은 西燕으로 달아나고 後燕은 劉賢의 아우 劉可泥를 烏桓王에 임명한 후 8만여 落을 中山으로 옮겼다.[66] 後燕의 공격을 받은 獨孤部는 큰 타격을 입었다. 그리고 獨孤部가 지배하던 36部의 대부분을 後燕과 拓跋部에 빼앗겼을 것이다.

위에서 살펴본 것처럼 淝水의 난 이후 前秦이 붕괴되는 과정에서 북방에서 拓跋部와 함께 자웅을 겨루었던 賀蘭部와 獨孤部는 後燕의 공격을 받아 큰 타격을 받았고, 지배하에 있던 부족들도 後燕이나 拓跋部(北魏)에 빼앗기거나 흩어졌을 것이다. 따라서 賀蘭部와 獨孤部에 한정하는 한, 두 部는 拓跋部의 힘으로 강제로 部族(部落)이 해산된 것이 아니라 後燕이라는 외부 세력에 의해 약해졌고, 拓跋部는 약화된 집단을 어부지리로 얻었다. 賀蘭部가 수십 部, 獨孤部가 36部를

---

63 『資治通鑑』卷107「晉紀」29 孝武帝太元十二年夏四月條, 3378쪽, "劉顯地廣兵强, 雄於北方."

64 위와 같음, "劉顯地廣兵强, 雄於北方. 會其兄弟乖爭, 魏長史張袞言於魏王珪曰: '顯志在并呑, 今不乘其內潰而取之, 必爲後患. 然吾不能獨克, 請與燕共攻之.' 珪從之, 復遣安同乞師於燕.'"

65 『資治通鑑』卷107「晉紀」29 孝武帝太元十二年夏四月條, 3379쪽, "劉衛辰獻馬於燕, 劉顯掠之. 燕主垂怒, 遣太原王楷將兵助趙王麟擊顯, 大破之. 顯奔馬邑西山, 魏王引兵會麟擊顯於彌澤, 又破之. 顯奔西密, 麟悉收其部衆, 獲馬牛羊以千萬數."

66 『十六國春秋輯補』卷44「後燕錄」3, 349쪽, "會柔然獻馬於燕而[劉]顯掠之, 垂怒, 遣兵會魏擊顯, 大破之. 顯奔西燕. 垂立其弟爲烏桓王以撫其衆, 徙八萬餘落於中山.";『資治通鑑』卷107「晉紀」29 孝武帝太元十二年夏四月條, 3379쪽, "燕主垂立劉顯弟可泥爲烏桓王, 以撫其衆, 徙八千餘落於中山."

거느린 세력이었음을 고려하면, 後燕과 拓跋部의 공격을 받아 離散된 諸部는 두 部가 거느리고 있던 수십 部와 36部였다. 즉 賀蘭部와 獨孤部의 "離散諸部" 혹은 "散諸部落"은 部族聯合體의 解體와 개별 部族(部落)으로의 還元으로 해석해야 한다.

또 "그 君長과 大人은 모두 編戶와 같았다"라는 구절은 部族聯合體의 우두머리가 군주의 지위를 빼앗기고 일개 백성으로 전락했음을 뜻한다. 『周書』「賀蘭祥傳」에 따르면, 賀蘭祥의 선조 紇伏이 賀蘭莫何弗이 되었다고 하였다.[67] 賀蘭部의 君長들은 莫賀弗이란 칭호를 사용했음을 알 수 있다. 莫賀弗이 單于나 可汗(카간)과 동급의 군주 칭호인지는 알 수 없으나, 賀蘭部의 莫賀弗로 불리던 賀蘭部의 수장 賀訥은 부족연합체가 해체된 후 莫賀弗이라는 군주의 칭호를 사용하지 못하고 일개 백성으로 전락한 것이다.[68] 이는 『魏書』「太祖紀」天賜元年十一月條에서 구체적으로 살펴볼 수 있다.

"[天賜元年] 十一月(404. 12-405. 1)에 道武帝는 西宮으로 행차하여 朝臣을 대거 뽑아 각각 宗黨을 분별하여 才行에 따라 保擧하도록 하였다. 이에 따라 諸部의 子孫 가운데 失業하여 작위를 준 자가 2,000여 人에 달했다."[69]

위의 인용문에서 『魏書』「官氏志」에 기록된 登國년간의 '部族解散'

---

67 『周書』卷20「賀蘭祥傳」, 335쪽, "賀蘭祥字盛樂. 其先與魏俱起, 有紇伏者, 爲賀蘭莫何弗, 因以爲氏."

68 崔珍烈, 「北魏의 '部族解散' 再論」, 175쪽.

69 『魏書』卷2「太祖紀」天賜元年十一月條, 42쪽, "十有一月, 上幸西宮, 大選朝臣, 令各辨宗黨, 保擧才行, 諸部子孫失業賜爵者二千餘人."

이후에도 '諸部'가 존재했음을 알 수 있다. 따라서 登國년간(386-395)의 "散諸部落, 始同爲編民"의 '部落'은 部族(部落)聯合體의 해체였거나 해체 대상이 일부 부족에 한정되었음을 보여주는 증거이다.

또 위 인용문 후반부의 失業한 諸部의 자손은 單于 혹은 可汗 밑에서 관직을 맡던 部族(部落)聯合體의 군주를 지칭할 것이다. 匈奴의 경우 單于의 친족 子弟가 左賢王·右賢王·左奕蠡王·右奕蠡王·左於陸王·右於陸王·左漸尙王·右漸尙王·左朔方王·右朔方王·左獨鹿王·右獨鹿王·左顯祿王·右顯祿王·左安樂王·右安樂王 등의 관직을 역임하였다.[70] 또 五胡諸國에서 이민족 군주의 일족이 관직을 독점한 현상은 주지의 사실이며, 前趙·後趙·前燕·後燕·前秦·後秦 등의 정치체제를 '宗室的 軍事封建制'로 보기도 한다.[71] 北魏時代에도 君主氏族 남성들이 直勤이란 칭호를 사용하였다.[72] 이처럼 君主氏族은 여러 가지 칭호를 가지며 관직과 유목민의 일부를 소유하는 특권을 가졌다. 그런데 국가 단계인 部族(部落)聯合體가 붕괴하면서 이러한 특권을 상실하였다. 따라서 위의 인용문은 이와 같은 특권을 상실한 賀蘭·獨孤 등 部의 君主氏族에게 중국 제도인 爵位를 준 것으로 해석된다.[73] 賀訥에게는 爵位가 주어지지 않았지만 安遠將軍의 將軍

---

70 『晉書』卷97「北狄·匈奴傳」, 2550쪽, "其國號有左賢王·右賢王·左奕蠡王·右奕蠡王·左於陸王·右於陸王·左漸尙王·右漸尙王·左朔方王·右朔方王·左獨鹿王·右獨鹿王·左顯祿王·右顯祿王·左安樂王·右安樂王, 凡十六等, 皆用單于親子弟也. 其左賢王最貴, 唯太子得居之."

71 谷川道雄, 「慕容國家における君權と部族制」, 『隋唐帝國形成史論』, 東京: 筑摩書房, 1971(原載 「慕容國家の權力構造－とくに前燕を中心として」, 『名古屋大學文學部硏究論集』 29, 1963).

72 羅新, 「北魏直勤考」, 『歷史硏究』 2004-5, 2004, 24-38쪽.

73 崔珍烈, 「北魏의 '部族解散' 再論」, 175-176쪽.

號가 주어졌다.[74] 그러나 賀訥의 아우 賀盧는 遼西公[75]에, 賀訥의 從父弟 賀悅은 鉅鹿侯와 北新公[76]에 각각 봉해졌다. 이는『魏書』「太祖紀」天賜元年十一月條의 賜爵 기사와 일치한다. 따라서『魏書』「賀訥傳」의 '編戶'는 編戶齊民이 아니라 賀蘭部 部族聯合體의 君主氏族이 정치적 특권을 잃고 拓跋部(北魏)의 지배를 받은 백성으로 전락했다는 뜻으로 해석해야 한다.

일개 백성으로 전락했다고 하더라도 賀蘭部와 獨孤部는 피지배계층이 아니라 지배층의 지위를 유지하였다. 田餘慶은 賀蘭部와 獨孤部가 대대로 北魏의 외척이었기 때문에 母后와 外戚의 정치간섭을 없애기 위해 部落解散을 단행하였다고 주장하였다.[77] 그러나 賀蘭部와 獨孤部 출신 여성은 皇后는 아니더라도 明元帝와 太武帝, 景穆皇帝(太子 拓跋晃)의 후궁이 되었다.[78] 그리고 賀蘭氏와 獨孤氏는 胡人들을 조상의 官爵 高下에 따라 姓과 族으로 나누는 소위 定姓族 조치 때 최고 문벌인 八姓으로 규정되었다.[79] 따라서 賀蘭氏와 獨孤氏는 部族(部

---

74 『魏書』卷83上「外戚·賀訥傳」, 1812쪽, "訥從太祖平中原, 拜安遠將軍."

75 『魏書』卷83上「外戚·賀訥傳附弟盧傳」, 1813쪽, "訥弟盧, 亦從平中原, 以功賜爵遼西公."

76 『魏書』卷83上「外戚·賀訥傳附從父弟悅傳」, 1813쪽, "後平中原, 以功賜爵鉅鹿侯, 進爵北新公. 卒."

77 田餘慶,「北魏後宮子貴母死之制的形成和演變」(原載『國學研究』5, 北京: 北京大學出版社, 1998), 9-61쪽; 同氏,「賀蘭部落離散問題-北魏"離散部落"個案考察之一一」(原載『歷史研究』1997-2, 1997), 62-76쪽; 同氏,「獨孤部落離散問題」, 77-91쪽.

78 逯耀東,「拓跋氏與中原士族的婚姻關係」,『從平城到洛陽-拓跋魏文化轉變的歷程-』, 北京: 中華書局, 2006, 253-254쪽, 孝文帝以前拓跋氏后妃姓氏表.

79 『魏書』卷113「官氏志」3014, "太和十九年, 詔曰: '…… 其穆·陸·賀·劉·樓·于·嵇·尉八姓, 皆太祖已降, 勳著當世, 位盡王公; 灼然可知者, 且下司州·吏部勿充猥官, 一同四姓. ……'" 여기 제시된 姓은 漢姓 개칭 이후이고, 원래의 胡姓은 丘目陵·步六孤·賀蘭·獨孤·賀樓·勿忸于[万忸于]·紇奚·尉遲이다.

落) 단위에서 해체되어 編戶로 전락하여 정치적으로 몰락한 것이 아니라 道武帝 이후에도 北魏와 通婚하였으며 최고 門閥이 될 정도로 정치적·사회적 영향력을 여전히 유지하였다. 다만 수십 部, 즉 部族(部落)을 거느리던 部族(部落)聯合體의 수장의 지위를 잃고 北魏 拓跋部의 統治를 받는 집단으로 격하되었을 뿐이었다.[80]

3 領民酋長의 존재

序紀時代인 什翼犍(昭成帝) 시기에 拓跋部에 복속한 세력의 우두머리를 酋長 혹은 庶長으로 임명하고 南部와 北部에서 통할하도록 하였다.[81] 領民酋長은 序紀時代부터 北魏末까지 줄곧 존재하였다. 『隋書』「百官志」中 後齊官制에 北齊의 領民酋長과 領民庶長이 나열되었다.[82] 이에 따르면 第一領民酋長은 從3品, 第一不領民酋長은 4品, 第二領民酋長과 第一領民庶長은 從4品, 諸夷不領民酋長과 第一不領民庶長은 5品, 第三領民酋長과 第二領民庶長은 從5品, 第三不領民酋長, 第二不領民庶長은 6品, 第三領民庶長은 從6品, 第三不領民庶長은 7品에 해당하는 별정직이었다.[83] 北齊의 관제가 北魏의 관제를 따랐으

---

80 崔珍烈, 「北魏의 ‘部族解散’ 再論」, 176-177쪽.

81 『魏書』卷113「官氏志」職官條, 2971-2972쪽, "其諸方雜人來附者, 總謂之‘烏丸’, 各以多少稱酋·庶長, 分爲南北部, 復置二部大人以統攝之."

82 『隋書』에는 ‘領民’을 ‘領人’으로 표기했는데, 이는 唐太宗 李世民의 避諱 때문이다. 본문에서는 北魏와 北齊의 원래 명칭을 사용한다.

83 『隋書』卷27「百官志」中 後齊官制條, 770쪽, "流內比視官十三等. 第一領人酋長, 視從第三品. 第一不領人酋長, 視第四品. 第二領人酋長, 第一領人庶長, 視從第四品. 諸州大中正, 第二不領人酋長, 第一不領人庶長, 視第五品. 諸州中正, 畿郡邑中正, 第三領人酋長, 第二領人庶長, 視從第五品. 第三不領人酋長, 第二不領人庶長, 視第六品. 第三領人庶長, 視從第六品. 第三不領人庶長, 視第七品."

므로[84] 北魏時代에도 領民酋長과 領民庶長이 3등급으로 분류되었으며, 太和後職令 기준으로 從3品부터 7品 사이의 관직으로 대우되었다고 추정할 수 있을 것이다. 그런데 部落의 世酋였으며 俟萬斤이 역임한 第一品大酋長[85]이 주목된다. 第一品大酋長은 第一領民酋長과 비슷한 표현이기 때문에 領民酋長의 원래 명칭이 胡語(鮮卑語)였고 漢字로 轉寫되면서 표현이 달라졌을 가능성이 있다. 이를 시사하는 표현이 「劉玉墓誌」의 何渾地汗이다.

"大魏가 건국하고 恒代를 평정한 후, 曾祖 初萬頭가 大族의 아들로 관직에 임명해야 하므로 무리를 이끌고 통솔하여 땅에 따라 관직을 두니 何渾地汗에 임명되었다. 이때 이 칭호는 例에 따르면 州牧 다음 가는 관직이었다."[86]

위의 인용문에서 何渾地汗이 部落首領의 칭호임과 동시에 지방관의 성격을 지녔으며, 州刺史 다음의 등급임을 알 수 있다. 領民酋長 尒朱羽建이 秀容川 사방 300리의 땅을 하사받은 예[87]와 유사하다. 따라서 何渾地汗은 部落을 통솔한 部落首領에게 주어진 칭호이며, 領民酋長으로 번역되었을 가능성이 있다. 河北唐縣 賽思顚窟의 「庫狄太傳

---

84 『隋書』卷27「百官志」中 後齊條, 751쪽, "後齊制官, 多循後魏."
85 「獻文帝侯夫人墓誌」, 『漢魏南北朝墓誌彙編』, 42쪽, "祖俟萬斤, 第一品大酋長."
86 「劉玉墓誌」, 『漢魏南北朝墓誌彙編』, 212쪽, "大魏開建, 託定恒代, 以曾祖初萬頭, 大族之胄, 宜履名宦, 從駕之衆, 理須督率, 依地置官, 爲何渾地汗. 爾時此斑, 例亞州牧."
87 『魏書』卷74「尒朱榮傳」, 1643쪽, "尒朱榮, 字天寶, 北秀容人也. 其先居於尒朱川, 因爲氏焉. 常領部落, 世爲酋帥. 高祖羽健, 登國初爲領民酋長, 率契胡武士千七百人從駕平晉陽, 定中山. 論功拜散騎常侍. 以居秀容川, 詔割方三百里封之, 長爲世業. 太祖初以南秀容川原沃衍, 欲令居之, 羽健曰∶'臣家世奉國, 給侍左右. 北秀容旣在刬內, 差近京師, 豈以沃埇更遷遠地.' 太祖許之."

公石窟銘記」에서도 厙狄部의 우두머리를 部落國主, 大單于, 部落主 등으로 표기하였다. 또 北魏에 귀항한 후 厙狄部의 우두머리 越豆眷 은 第一領民酋長으로 임명되었고 세습되었다.[88] 즉 部族(部落)首領의 명칭이 다양했으며, 第一領民酋長은 部落主의 번역어일 가능성도 있 다. 嚴耕望도 北魏가 部落과 酋長의 제도를 유지하였으며, 部落이 거 주하는 지역에 酋長, 領民酋長, 第一領民酋長 등을 임명하였으며, 舊 俗에 따라 酋長을 汗으로 칭하고 자손이 세습하였다고 보았다. 또 領 民酋長 등은 휘하의 武士를 이끌고 四方을 征伐하거나 部落을 떠나 중앙관 혹은 지방관에 임명되었다.[89] 松下憲一도 領民酋長이 部族聯 合體가 해체된 후 분리된 각각의 부족장에게 주어진 칭호라고 보았 다.[90] 『魏書』에서 모든 部落首領에게 領民酋長의 직함이 주어졌는지는 발견할 수 없지만, 領民酋長의 존재가 部族(部落)이 유지되었다는 증 거라는 필자의 주장과 일치한다.

4 高車: 部族聯合體의 유지

『魏書』「高車傳」의 "分散諸部"[91]의 '部'는 部族聯合體로 해석해야 한 다. 아래에서 그 이유를 검토하려고 한다. 먼저 『魏書』「高車傳」의 部

---

88 孫綱, 「河北唐縣賽思顛窟」, 『文物春秋』 1998-1, 1998, 31원쪽-32원쪽, "然公先祖 出於北漠, 居□弱水, 子孫紹位, 郡若部落國主, 十有餘世, 大單于人也. 後移河西夏 州是也. 統酋百姓, 共赫連幷酋, 徑由六世. 公太祖越豆眷見赫連起□, 率領家宗諸 族萬有餘家, □彼移渡河北, 居□五原是也, □附大魏, 股肱萬代. 道武皇帝知太祖忠 誠, 賜部落主如故, 封王懷朔鎭, 子孫世襲第一領民酋長, 統領六世."(강조는 필자)
89 嚴耕望, 『中國地方行政制度史』, 837-848쪽.
90 松下憲一, 「領民酋長制と「部族解散」」, 29-50쪽.
91 『魏書』 卷103 「高車傳」, 2309쪽.

族解散 관련 기록을 살펴보자.

"太祖[道武帝] 시기에 諸部를 分散시켰지만, 오직 高車는 무리가 粗獷하여 使役을 맡길 수 없기 때문에 따로 部落을 유지할 수 있었다."[92]

위의 인용문에서 高車만이 "分散諸部"의 대상에서 벗어났음을 명시하였다. 위 인용문의 '部'와 '部落'은 部族(tribe)이 아니라 部族(部落)聯合體로 해석해야 한다. 그 근거는 다음과 같다.

먼저 高車가 여러 部나 部落으로 구성된 예가 보인다. 예컨대 泰常 3년(418) 護高車中郎將 薛繁이 高車와 丁零 十二部大人 등을 이끌고 柔然을 토벌하였다.[93] 여기에서 高車와 丁零에 최소 12개 部가 존재했음을 확인할 수 있다. 이 12개의 部는 部族(tribe)으로 해석하는 것이 자연스럽다. 또 文成帝 시기에 5部 高車의 존재가 확인된다.[94] 文成帝가 河西(현재의 오르도스)를 방문할 때 5部 高車를 만난 것으로 보아[95] 河西 일대에 거주했을 것이다. 이 5部 역시 部族으로 해석된다. 이 두 가지 예에서 高車는 여러 개의 부족으로 구성된 部族(部落)聯合體임을 확인할 수 있다.[96]

---

92 『魏書』卷103「高車傳」, 2309쪽, "太祖時, 分散諸部, 唯高車以類粗獷, 不任使役, 故得別爲部落."

93 『魏書』卷2「太宗紀」泰常三年春正月丁酉朔條, 58, "三年春正月丁酉朔, 帝自長川詔護高車中郎將薛繁率高車丁零十二部大人衆北略, 至弱水, 降者二千餘人, 獲牛馬二萬餘頭."

94 『魏書』卷103「高車傳」, 2309쪽, "高宗時, 五部高車合聚祭天, 衆至數萬. 大會, 走馬殺牲, 遊遶歌吟忻忻, 其俗稱自前世以來無盛於此. 會車駕臨幸, 莫不忻悅."

95 『資治通鑑』卷129「宋紀」孝武帝大明八年(464)秋七月條, 4068쪽, "壬寅, 魏主如河西. 高車五部相聚祭天, 衆至數萬. 魏主親往臨視之, 高車大喜."

96 崔珍烈,「北魏의 '部族解散' 再論」, 177-178쪽.

위에서 高車는 部族(部落)聯合體 상태로 北魏의 지배를 받는 존재였음을 살펴보았다. 그런데 史書와 墓誌, 碑文에 보이는 '部'는 부족 이외에 部族(部落)聯合體 혹은 國家의 뜻으로 사용되었다.

獻文帝 시기의 高車部人 乞伏保[97]와 孝文帝 시기의 敕勒部人 蛭拔寅[98]이 보인다. 또 「弔比干墓文」에 따르면 直閣 武衛中臣인 斛律慮의 출신은 "代郡" 혹은 "河南郡"처럼 郡名이 아닌 "高車部人"이라 표기되었다.[99] 『北齊書』 「斛律金傳」에 따르면 北魏末과 東魏時代에 활동한 斛律金을 "朔州勒勒部人"[100]이라고 표기하였다. 「斛律氏墓誌」에는 北齊 樂陵王의 부인 斛律氏(549-563)의 본적을 朔州部落이라고 표기하였다.[101] 斛律氏의 祖父가 斛律金이었으므로[102] 양자의 출신을 비교하면 朔州와 部落 사이에 '敕勒'이 삭제되었을 것이다. 高車人을 郡縣名의 본적표기가 아닌 高車部人 혹은 勒勒部人으로 칭하는 관행이 斛律金이 활동했던 北魏末부터 東魏·北齊 시기까지 지속되었음을 알수 있다. 이처럼 高車人(勒勒人 혹은 敕勒人)은 자신의 種族 혹은 집단의 명칭 소속이라는 "○○部人"이라 칭하였다. 이상의 예에서 보이는 '部人'은 部族의 구성원이라고 해석할 수 없다. 乞伏保와 斛律慮는 乞袁部와 斛律部 출신이기 때문에 '部'가 部族이라면 '乞袁部人'과 '斛律部人'이라고 표기되어야 하기 때문이다. 따라서 여기서 쓰인 '部'는 部族(部落)聯合體 혹은 國家로 해석된다. 이는 '部'가 呼盧訾와 울루스와

---

97 『魏書』 卷92 「乞伏保傳」, 1883쪽.
98 『魏書』 卷87 「節義·婁提蛭拔寅傳」, 1892쪽, "時有敕勒部人蛭拔寅兄地于, 坐盗食官馬, 依制命死. 拔寅自誣己殺, 兄又云實非弟殺, 兄弟爭死, 辭不能定. 高祖詔原之."
99 『金石萃編』 卷27 「孝文弔比干墓文」, 8앞쪽.
100 『北齊書』 卷17 「斛律金傳」, 219쪽, "斛律金, 字阿六敦, 朔州勒勒部人也."
101 「樂陵王妃斛律氏墓誌」, 『漢魏南北朝墓誌彙編』, 419-420쪽.
102 위의 글, 419쪽.

유사한 鮮卑語나 高車語의 단어 il 혹은 el의 번역어였고 하나의 단어가 유목민의 집단과 部族, 國家 등 다양한 뜻을 지녔기 때문이다. 이러한 단어를 漢字로 옮기면서 '部'로 지칭한 것이다.[103]

이상의 용례에서 高車人은 부족 조직이 유지되었을 뿐만 아니라 부족연합체의 형태로 존재했음을 알 수 있다. 뿐만 아니라 앞에서 살펴본 泰常 3년(418) 護高車中郎將 薛繁이 高車와 丁零 12部 大人 등을 이끌고 柔然을 토벌하게 한 기사[104]에서 12개 部를 통합하는 大人이 존재함을 알 수 있다. 따라서 高車는 北魏에 종속되었지만, 어느 정도 자율성이 보장된 半독립적인 존재였다. 이는 아래의 사례로 증명할 수 있다.

먼저 高車만의 祭天 행사가 존재하였다. 『魏書』 「高車傳」은 5部 高車의 祭天 행사가 존재했으며, 文成帝가 직접 5部 高車의 祭天에 참가하여 高車人들이 기뻐했음을 特記하였다.[105] 그런데 여러 집단이 지내는 祭天은 5部 高車의 祭天 이외에 두 가지 사례가 있다. 첫째, 序紀時代 神元帝 力微 시절 四月祭天 기사이다. 이때 白部大人을 제외한 諸部의 君長들이 모두 참여하였다. 神元帝 力微는 白部大人이 祭天에 참여하지 않았다는 죄로 살해하였다.[106] 이 祭天은 '拓跋部 部族(部落)聯合體'에 속한 諸部에서 강제적으로 참여해야 하는 행사이며 祭祀의 주재자는 拓跋部의 君主였음을 알 수 있다. 北魏皇帝들은 平

---

103 崔珍烈, 「北魏의 '部族解散' 再論」, 178-179쪽.
104 『魏書』 卷2 「太宗紀」 泰常三年春正月丁酉朔條, 58쪽.
105 『魏書』 卷103 「高車傳」, 2309쪽, "高宗時, 五部高車合聚祭天, 衆至數萬, 大會, 走馬殺牲, 遊遨歌吟忻忻, 其俗稱自前世以來無盛於此, 會車駕臨幸, 莫不忻悅."
106 『魏書』 卷1 「序紀」 神元帝條, 3쪽, "三十九年 遷於定襄之盛樂, 夏四月 祭天 諸部君長皆來助祭 唯白部大人觀望不至 於是徵而戮之 遠近肅然 莫不震懾."

城의 서쪽에서 祭天 행사를 주관하였다(소위 西郊祭天).[107] 여기서 祭天의 의미에 주목해보자. 중국의 天子처럼 유목군주 역시 자신이 하늘의 아들이라는 '天子'觀念은 匈奴·突厥·거란·몽골 등 遊牧國家에 공통적으로 보인다. 따라서 유목군주는 각 部의 조상신 제사는 막을 수 없겠지만, 하늘에 대한 제사는 독점해야 했다.[108] 유목군주가 독점하는 祭天은 자신의 권위와 신성함을 강조하는 자리였기 때문에 휘하 白部大人의 불참은 응징의 대상이 되었다. 그런데 高車 5개 部의 독자적인 祭天 행사를 개최하는 것은 北魏皇帝의 祭天 독점권 포기이며, 高車들의 정신적 혹은 정치적 자립성 인정으로 이해된다.[109]

다음으로 『魏書』 「官氏志」의 소위 太和 17년(493년) 반포된 官品令(약칭 太和前令)에 高車羽林郎將, 高車虎賁將처럼 앞에 '高車'字가 붙는 武官職이 많다. 이 때문에 高車人에게만 주어지는 별도의 관직이 존재한다고 보는 견해가 일반적이다.[110] 孝文帝 초기에 殿中尙書 胡莫寒이 西部敕勒 가운데 殿中武士를 선발하려고 했던 예[111]가 보이기 때문에 太和前令 이전에도 高車人들을 따로 뽑는 벼슬이 있었을 가능성도 있다.

이어서 高車의 각 部는 大人 혹은 莫弗이라 불리는 部落首領들이 통솔하였다. 高車의 首領을 莫弗이라 칭하며, 太武帝 시기에도 莫弗

---

107 康樂, 『從西郊到南郊―國家祭典與北魏政治―』, 臺北: 稻鄕出版社, 1995, 165-173쪽.
108 金浩東, 「北아시아 遊牧國家의 君主權」, 167-184쪽.
109 崔珍烈, 「北魏의 種族政策」, 71쪽; 同氏, 「北魏의 '部族解散' 再論」, 179-180쪽.
110 辛聖坤, 「北朝 兵戶制의 變遷과 丁兵制의 性格」, 『慶尙史學』 11, 1995, 59쪽; 高敏, 「北魏的兵戶制及其演變」, 302-303쪽.
111 『魏書』 卷19上 「汝陰王天賜傳」, 450, "高祖初, 殿中尙書胡莫寒簡西部敕勒豪富兼丁者爲殿中武士, 而大納財貨, 簡選不平. 衆怒, 殺莫寒及高平假鎭將奚陵, 於是諸部敕勒悉叛."

의 칭호와 권위가 어느 정도 인정되었다. 懷荒鎭에 속한 高車 莫弗들이 懷荒鎭將 陸俟를 교체해줄 것을 太武帝에게 청원하여 관철시킨 예[112]는 北魏皇帝가 高車莫弗들의 권위를 어느 정도 인정했음을 시사한다. 그리고 北魏가 高車의 部族(部落) 조직을 온존시키면서, 高車 諸部를 관리하는 기능을 鎭에 부여했음을 추정할 수 있다. 이는 高車의 거주지인 오르도스, 漠南 등지에 薄骨律鎭·高平鎭과 北鎭(六鎭을 포함한 平城 북의 諸鎭)에 河西·東部·中部·西部 救勒이 거주하는 사실과 부합한다.[113]

史書와 墓誌에도 部落을 지휘한 部落首領의 예가 발견된다. 叱列平은 代郡 西部 출신이며, 대대로 酋帥였고 第一領民酋長을 세습하였다.[114] 代 西部人인 叱列延慶도 대대로 西部에 소속된 部落酋帥였고 祖父 叱列鍮石은 太武帝 시기, 父 叱列億彌는 孝文帝 시기에 활동하였다.[115] 叱列伏龜도 代郡 西部人이며, 대대로 部落大人이었고 北魏初 이후 계속 第一領民酋長을 세습하였다.[116] 叱列平과 叱列延慶, 叱列伏

112 『魏書』卷40「陸俟傳」, 902쪽, "出爲平東將軍·懷荒鎭大將. 未期, 諸高車莫弗訟俟嚴急, 待下無恩, 還請前鎭將郎孤. 世祖詔許之, 徵俟還京. 旣至朝見, 言於世祖曰: 「陛下今以郎孤復鎭, 以臣愚量, 不過周年, 孤身必敗, 高車必叛.」世祖疑謂不實, 切責之, 以公歸第. 明年, 諸莫弗果殺郎孤而叛."

113 崔珍烈, 「北魏의 種族政策」, 72-73쪽; 同氏, 「北魏의 '部族解散' 再論」, 180-181쪽.

114 『北齊書』卷20「叱列平傳」, 278쪽, "叱列平, 字殺鬼, 代郡西部人也, 世爲酋帥. 平有容貌, 美鬚髥, 善騎射. 襲第一領民酋長, 臨陵伯. 孝昌末, 拔陵反叛, 茹茹餘衆入寇馬邑, 平以統軍屬, 有戰功, 補別將. 後牧子作亂, 劉胡崙·斛律可那律俱時構逆, 以平爲都督, 討定胡崙等."

115 『魏書』卷80「叱列延慶傳」, 1771쪽, "叱列延慶, 代西部人也, 世爲酋帥. 曾祖鍮石, 世祖末從駕至瓜步, 賜爵臨江伯. 父億彌, 襲祖爵, 高祖時越騎校尉."

116 『周書』卷20「叱列伏龜傳」, 341쪽, "叱列伏龜字摩頭陀, 代郡西部人也. 世爲部落大人. 魏初內附, 遂世爲第一領民酋長. 至龜, 容貌瓌偉, 腰帶十圍, 進止詳雅, 兼有武藝. 嗣父業, 復爲領民酋長."

龜의 예에서 高車에 속한 叱列氏는 平城의 西部에 속하였고, 자신의 部落을 옹유한 酋帥 혹은 領民酋長이었음을 알 수 있다. 또 斛律羌擧의 집안은 대대로 部落酋長이었고,[117] 斛律金도 領民酋長을 세습하였다.[118] 「斛律昭男墓誌」에 따르면, 그녀의 아버지 斛律可知陵은 第一領民酋長이었다.[119] 斛律氏도 여러 혈통에서 第一領民酋長을 배출하였다. 厙狄干의 曾祖 厙狄越豆眷은 善無의 臘汗山에 사방 100里의 땅을 받아 部落을 이끌고 이주하였다.[120] 河北唐縣 賽思顚窟의 「厙狄太傅公石窟銘記」에는 이보다 더 자세하게 厙狄干 일족의 역사를 기록하였다.

"그러나 公의 先祖는 北漠에서 나와서 □弱水에 居하였다. 子孫은 자리를 이어받았고, 지위는 部落國主였고, 10여 세대 동안 大單于였다. 후에 河西 夏州로 옮겼다 百姓들을 統酋하였고, 赫連이 酋帥를 병합한 것이 六世부터이다. 公의 太祖 越豆眷은 赫連이 일어나는 것을 보고, 家宗諸族 萬餘家를 率領하고, 黃河를 건너 북쪽으로 옮겼으며 五原으로 이주하였고, 大魏에 歸附하여, 萬代 동안 보필하였다. 道武皇帝는 太祖의 忠誠을 알고

---

117 『北齊書』卷20 「斛律羌擧傳」, 266쪽, "斛律羌擧, 太安人也. 世爲部落酋長. 父謹, 魏龍驤將軍·武川鎭將. 羌擧少驍果, 有膽力. 永安中, 從尒朱兆入洛, 有戰功, 深爲兆所愛遇, 恒從征伐. 高祖破兆, 方始歸誠. 高祖以其忠於所事, 亦加嗟賞."

118 『北齊書』卷17 「斛律金傳」, 219쪽, "斛律金, 字阿六敦, 朔州勑勒部人也. 高祖倍侯利, 以壯勇有名塞表, 道武時率戶內附, 賜爵孟都公. 祖幡地斤, 殿中尙書. 父大那瓌, 光祿大夫·第一領民酋長. 天平中, 金貴, 贈司空公."

119 「斛律昭男墓誌」, 『漢魏南北朝墓誌彙編』, 414쪽.

120 『北齊書』卷15 「厙狄干傳」, 197쪽, "厙狄干, 善無人也. 曾祖越豆眷, 魏道武時以功割善無之西臘汗山地方百里以處之, 後率部落北遷, 因家朔方. 干梗直少言, 有武藝. 魏正光初, 除掃逆黨, 授將軍, 宿衛於內. 以家在寒鄕, 不宜毒暑, 冬得入京師, 夏歸鄕里. 孝昌元年, 北邊擾亂, 奔雲中, 爲刺史費穆送于尒朱榮, 以軍主隨榮入洛."

전처럼 部落主의 직책을 주었고, 懷朔鎭의 우두머리로 봉하여 子孫들은 第一領民酋長을 世襲하고, 6세대 동안 部落을 統領하였다."[121]

위의 인용문에서 庫狄部는 北漠의 □弱水에서, 河西 夏州로 이주했다가 道武帝 초기에 赫連勃勃의 지배를 거부하고 黃河를 건너 五原에 거주하다가 懷朔鎭으로 이주하였음을 확인할 수 있다. 越豆眷부터 庫狄干까지 6세대 동안 第一領民酋長을 세습하였다는 기록에서 庫狄部는 부족(部落)이 해산되지 않았을 뿐만 아니라 우두머리는 第一領民酋長에 임명되어 部落民을 다스렸음을 확인할 수 있다.[122] 庫狄洛의 할아버지가 大酋長公, 아버지가 小酋長公이라는 「庫狄洛墓誌」[123]도 6세대에 걸쳐 第一領民酋長을 세습했다는 기록과 부합한다. 즉 庫狄(庫狄)氏는 대대로 酋長 가문이었음을 알 수 있다. 庫狄業(?-567)의 집안도 대대로 部落首領이었다.[124] 高車의 部族(部落)인 叱列·斛律·庫狄(庫狄) 등 部는 部族(部落) 조직을 유지하였고 部落酋長 혹은 領民酋長이 부족을 통치하였다. 이 세 部의 예에서 高車의 部族(部落)들은 해산되지 않고 조직이 유지되었을 뿐만 아니라 일부 氏族은 部落首領을 세습하였음을 확인할 수 있다.

---

121 孫綱, 「河北唐縣'賽思顚窟」, 31왼쪽-32왼쪽, "然公先祖出於北漠, 居□弱水. 子孫紹位, 郡若部落國主, 十有餘世, 大單于人也. 後移河西夏州是也. 統酋百姓, 共赫連幷酋, 徑由六世. 公太祖越豆眷見赫連起□, 率領家宗諸族萬有餘家, □彼移渡河北, 居□五原是也, □附大魏, 股肱萬代. 道武皇帝知太祖忠誠, 賜部落主如故, 封王懷朔鎭, 子孫世襲第一領民酋長, 統領六世."

122 다만 『北齊書』 「庫狄干傳」에서는 越豆眷과 庫狄干이 5세대이지만, 위의 인용문에서는 6세대였다고 하여 다소 차이가 있다.

123 「庫狄洛墓誌」, 『漢魏南北朝墓誌彙編』, 414-416쪽.

124 「庫狄業墓誌」, 『新出魏晉南北朝墓誌疏證』(羅新·葉煒, 北京: 中華書局, 2005), 187쪽, "君夏啓之胤, 世居莫北, 家傳酋長之官. ……"

北魏가 高車를 部族聯合體 상태로 놔두면서 지배한 이유는 『魏書』 「高車傳」에서 실마리를 찾을 수 있다. 『魏書』「高車傳」에 따르면, 전체를 통치하는 지배자도 없고, 평소 단결하지 못하였으며 전쟁 때에도 진영을 갖추어 전쟁하지 못한다고 기록하였다.[125] 또 효문제 시기 高車의 반란 당시(498년) 江陽王 繼가 주모자 등 몇 사람만 죽이고 회유하면 餘衆이 항복할 것이라고 하였고, 이 방법을 써서 반란은 쉽게 진압되었다.[126] 이러한 예는 高車가 쉽게 단결하지 못했음을 보여준다. 따라서 北魏는 高車 諸部의 정치적 독립성을 인정해주어도 高車가 세력을 결집하여 北魏에 대항할 실력을 갖추지 못했을 것을 알기 때문에 半獨立 상태로 두고 필요에 따라 그들을 이용하였다. 즉 高車는 해마다 北魏에 租稅가 아닌 貢物, 특히 가축을 바치고[127] 앞에서 언급한 것처럼 柔然 정벌이나 赫連夏 공격[128] 등 부정기적으로 部 전체가 동원되었다.[129] 이러한 北魏의 高車 통치방식은 '羈縻支配'에 가까울 것이다.[130]

---

125 『魏書』卷103「高車傳」, 2307쪽, "無都統大帥, 當種各有君長, 爲性粗猛, 黨類同心, 至於寇難, 翕然相依. 鬪無行陳, 頭別衝突, 乍出乍入, 不能堅戰."

126 『資治通鑑』卷141「齊紀」明帝永泰元年九月戊子條, 4432쪽, "魏江陽王繼上言:「高車頑昧, 避役遁逃, 若悉追戮, 恐遂擾亂. 請遣使, 鎭別推檢, 斬魁首一人, 自餘加以慰撫. 若悔悟從役者, 卽令赴軍.」詔從之. 於是叛者往往自歸. 繼先遣人慰喩樹者. 樹者亡入柔然, 尋自悔, 相帥出降. 魏主善之, 曰:「江陽可大任也.」"

127 『魏書』卷103「高車傳」, 2309쪽, "…… 至于巳尼陂, 高車諸部望軍而降者數十萬落, 獲馬牛羊亦百餘萬, 皆徙置漠南千里之地. 乘高車, 逐水草, 畜牧蕃息, 數年之後, 漸知粒食, 歲致獻貢, 由是國家馬及牛羊遂至于賤, 氈皮委積."

128 『魏書』卷28「古弼傳」, 690쪽, "赫連定自安定率步騎二萬來救, 與弼等相遇, 弼僞退以誘之. 世祖使高車救勒馳擊定, 斬首數千級."

129 窪添慶文,「北魏の地方軍(特に州軍)について」『西嶋定生博士還曆記念 東アジア史における國家と農民』. 東京: 山川出版社, 1984, 206쪽.

130 崔珍烈,「北魏의 種族政策」, 73-74쪽; 同氏,「北魏의 '部族解散' 再論」, 181쪽.

(1) 部 · 部落의 多重的 意味

1절에서는 「官氏志」에 보이는 諸部 · 諸姓 가운데 (5)에 속하는 부류는 대개 '部族(部落)解散'되었겠지만 (2)와 (3)에 속하는 부류 가운데 상당수는 부락조직을 유지하고 있었음을 추론하였다. 그런데 '分散諸部' · '離散諸部' · '散其部落' 등 '部族(部落)解散'의 기사 가운데 '部'와 '部落'이 혼용된 이유는 무엇일까? 여기에서 '部'와 '部落'의 용례를 살펴볼 필요가 있다.

먼저 『魏書』에 쓰인 部의 용례를 살펴보자. 한국고대사 학계에서는 『後漢書』 · 『三國志』 · 『隋書』 등에 쓰인 部의 용례를 분석하여 高句麗 部體制의 방증으로 이용한 연구가 있다. 이에 따르면 '部'는 鮮卑와 烏丸의 조직처럼 느슨한 조직체, 漢에 복속되어 다시 세분화된 집단, 정치권력에 의해 만들어진 파생적 집단, 중국인과 교섭한 종족집단의 일부 혹은 전부 등 그 용례가 다양하다고 한다.[131] 『魏書』에 표기된 '部'의 뜻도 여러 가지이다. 이를 유형화하면 아래와 같다.

첫째, '部'는 가장 광의적으로 '部族(部落)聯合體(confederacy of tribes)'를 지칭한다. 『魏書』 「賀訥傳」에 따르면, 序紀時代 賀蘭氏는 수십 개의 部를 거느린 군장이었다.[132] 그런데 이 賀蘭氏의 집단을 賀蘭部라

---

131 盧泰敦, 『고구려사 연구』, 사계절출판사, 1999, 100-105쪽.

132 『魏書』 卷83上 「外戚 · 賀訥傳」, 1812쪽, "賀訥, 代人, 太祖之元舅, 獻明后之兄也. 其先世爲君長, 四方附國者數十部." 그런데 賀染干 형제가 登國 4년(389) 諸部를 통솔하고 구원하러 가다가 北魏軍을 만나 패한 기록(『魏書』 卷2 「太祖紀」 登國四年條, 2223쪽, "四年春正月甲寅, 襲高車諸部落, 大破之. 二月癸巳, 至女水, 討叱突隣部, 大破之. 戊戌, 賀染干兄弟奉諸部來救, 與大軍相遇, 逆擊走之.")에서 登國년 간까지 '賀蘭部' 밑에 몇 개의 部가 복속했음을 알 수 있다.

표기하고 있다.[133] 이는 序紀時代나 道武帝 시기에도 마찬가지이다.[134] 여기서 '賀蘭部'는 賀蘭氏가 중심이 되어 수십 개의 部로 이루어진 '部族(部落)聯合體', 즉 '賀蘭部 聯合體'를 의미한다. 『魏書』「王建傳」에는 "諸國 정벌에 참여하여 20여 部를 攻破한" 공으로 노비와 雜畜을 하사받은 기록이 있다.[135] 여기에서 문맥상 "諸國"의 '國'은 部와 동일한 의미로 사용되었다.[136]

둘째, '部'는 '部族(部落)聯合體'를 구성하는 개별 집단, 즉 '部族(部落)'을 의미한다. 『周書』「侯莫陳崇傳」에서 侯莫陳部가 北魏의 別部라고 기록하였다.[137] 여기에서 別部 또한 北魏에 예속된 정치적 결합체, 즉 '部族(部落)'을 뜻한다. "分散諸部"와 "離散諸部"의 部는 이러한 部를 가리킨다. 그런데 賀蘭部를 제외하고 『魏書』太祖紀에 보이는 '部'는 登國 5년 叱奴部 토벌기사[138]나 紇奚部 등의 內屬기사[139]처럼 토벌의 대상이나 內屬 혹은 內附의 대상처럼 대개 北魏에 속하지 않는 部들을 가리키게 되었다.[140]

---

133 『魏書』卷1 「序紀」煬皇帝條, 10쪽, "時烈帝居於舅賀蘭部, 帝遣使求之……"

134 登國 5년(390) 道武帝와 劉衛辰의 아들 直力鞮의 賀蘭部 공격 기사가 대표적인 예가 될 것이다(『魏書』卷2 「太祖紀」登國五年條, 23쪽, "夏四月丙寅, 行幸意辛山, 與賀隣討賀蘭·紇突隣·紇奚諸部落, 大破之. 六月, 還幸牛川. 衛辰遣子直力鞮寇賀蘭部, 圍之. 賀訥等請降, 告困. 秋七月丙子, 帝引兵救之, 至羊山, 直力鞮退走.").

135 『魏書』卷30 「王建傳」, 709쪽, "從征伐諸國, 破二十餘部, 以功賜奴婢數十口, 雜畜數千."

136 崔珍烈, 「北魏의 種族政策」, 50-51쪽; 同氏, 「北魏의 '部族解散' 再論」, 161-162쪽.

137 『周書』卷16 「侯莫陳崇傳」, 268쪽, "其先, 魏之別部, 居庫斛眞水. 五世祖曰太骨都侯. 其後, 世爲渠帥."

138 『魏書』卷2 「太祖紀」登國五年九月壬申條, 23쪽, "討叱奴部於囊曲河, 大破之."

139 『魏書』卷2 「太祖紀」登國五年條, 23쪽, "十有一月, 紇奚部大人庫寒舉部內屬. 十有二月, 紇突隣大人屈地鞬舉部內屬."

140 崔珍烈, 「北魏의 種族政策」, 51쪽; 同氏, 「北魏의 '部族解散' 再論」, 162쪽.

셋째, 이러한 部('부족')와 '部族(部落)聯合體'를 두세 개로 나눈 인위적인 部, 즉 행정단위를 의미하는 部(이하 '行政 部로 지칭함)가 있다. 拓跋祿官이 國을 三部로 나누어 猗㐌·猗盧 등 일족과 분할 통치한 예가 대표적이다.[141] 道武帝 天興初에 畿內之田과 八部를 설치하였다.[142] 『魏書』「食貨志」에는 八部에 八部帥를 두었다고 기록하였지만, 「官氏志」에는 八部大夫를 설치하였다고 기록하였다. 이 부분을 살펴보자.

"[天興元年] 十二月, 八部大夫·散騎常侍·待詔 等 官을 설치하였다. 八部大夫는 皇城의 四方과 四維에 面마다 一人을 두었으니, 八座에 해당하며 八國常侍라 불렀다. 待詔는 左右에서 侍直하며 王命을 出入하였다."[143]

위의 인용문에서 八部大夫와 八國常侍는 동일한 관직이지만 명칭은 다르다. 여기에서 같은 내용을 서술하는데 앞의 문장에서는 '八部', 뒤에서는 '八國'이라 칭하였다. 즉 部는 國과 동의어로 사용되었다. 양자 모두 행정구역의 단위를 지칭하였다.[144]

'部'의 용례를 정리하면, '部'는 '部族(部落)聯合體' 혹은 國家, 하위

---

141 『魏書』卷1 「序紀」昭皇帝條, 5쪽, "分國爲三部: 帝自以一部居東, 在上谷北, 濡源之西, 東接宇文部; 以文帝之長子桓皇帝諱猗㐌統一部 居代郡之參合陂北; 以桓帝之弟穆皇帝諱猗盧統一部, 居定襄之盛樂故城."

142 『魏書』卷110 「食貨志」, 2850쪽, "天興初, 制定京邑, 東至代郡, 西及善無, 南極陰館, 北盡參合, 爲畿內之田; 其外四方四維置八部帥以監之, 勸課農耕, 量校收入, 以爲殿最."

143 『魏書』卷113 「官氏志」, 2972쪽, "[天興元年]十二月, 置八部大夫·散騎常侍·待詔等官. 其八部大夫於皇城四方四維面置一人, 以擬八座, 謂之八國常侍. 待詔待直左右, 出入王命."

144 崔珍烈, 「北魏의 種族政策」, 51쪽; 同氏, 「北魏의 '部族解散' 再論」, 162-163쪽.

집단인 '部族(部落)', 행정단위인 '行政 部' 등 다의적으로 사용된다. 그런데 '部落' 또한 다의적으로 사용된다. 『史記』「衛將軍驃騎列傳」에는 "邀濮을 토벌하고……"[145]라 하여 漢武帝가 郭去病의 공을 치하하는 구절이 있다. 그런데 『索隱』에는 邀濮이 匈奴의 部落 이름이라는 崔浩의 해석을 인용하면서 아래에 "邀濮王"이란 글자 때문에 國名으로 봐야 한다고 주석을 달았다.[146] 여기서 崔浩가 北魏前期에 활약한 인물임에 유의하자. "邀濮"은 匈奴의 部落 이름과 國名의 두 가지 해석이 가능하다. 앞에서 國이 部와 동일한 의미를 지니며, 즉 '部族(部落)聯合體'나 그 하위의 정치조직, 즉 부족, 양자 모두로 해석될 수 있음을 보았다. "邀濮"은 후자, 즉 부족을 뜻할 것이다. 그런데 최호가 이를 '部落'으로 본 것은 北魏 당시 部落이 部族의 의미로 사용되었음을 시사한다. 즉 이 점에서 部落은 部와 동일한 의미로 사용되었다. 『魏書』에서도 部族, 즉 部의 의미로 사용된 部落의 용례를 찾을 수 있다. 『魏書』「太祖紀」登國五年條에는 道武帝가 四月 賀蘭·紇突隣·紇奚 諸部落을 토벌한 기사가 있고, 이어서 六月에는 劉衛辰의 아들 直力鞮가 賀蘭部를 공격한 기사가 보인다.[147] 여기에서 전자에서는 賀蘭이 部落으로 표기되고 후자에서는 部로 표기되었다. 이는 部落이 部의 의미로 사용되었음을 뜻한다. 『魏書』「太祖紀」登國八年六月條 "破

---

145 『史記』卷111「衛將軍驃騎列傳」, 2929쪽, "元狩二年春, 以冠軍侯去病爲驃騎將軍, 將萬騎出隴西 有功. 天子曰:「驃騎將軍率戎士踰烏盩, 討邀濮, 涉狐奴, 歷五王國……」"

146 『史記』卷111「衛將軍驃騎列傳」注引『索隱』, 2930쪽, "崔浩云: '匈奴部落名'. 案: 下有'邀濮王', 是國名也."

147 『魏書』卷2「太祖紀」登國五年條, 23쪽, "夏四月丙寅, 行幸意辛山, 與賀隣討賀蘭·紇突隣·紇奚諸部落, 大破之. 六月, 還幸牛川. 衛辰遣子直力鞮寇賀蘭部, 圍之."

類拔部帥劉曜等 徙其**部落**(강조는 필자)"[148]이라는 구절에서도 部落이라는 단어가 部와 동일한 집단으로 사용되었다. 이와 아울러 部落은 北魏에 정복되거나 內附한 집단의 의미로 사용되었다. 이는 代題가 항복할 때 통솔한 집단을 "部落"으로 표현한 『魏書』「太祖紀」登國元年秋七月條의 기사에서도 보인다.[149] 이는 登國년간 '部'가 北魏에 복속하지 않은 집단을 의미하는 것과 대비된다.[150]

앞에서 '部'와 '部落'의 용례를 살펴보았다. 여기서 '部落'이 部族을 의미하는 部와 동일어로 사용된 용례에 주목하자. 이는 (6)의 "凡此四方**諸部** 歲時朝貢 登國初 太祖散**諸部落** 始同爲編民(강조는 필자)"에서 諸部와 諸部落이 동일위상을 가진 단어로 사용된 사실과 일치한다. 즉 (6)에서 部와 部落은 동일어로 사용되었다.[151] 이는 大人의 칭호에서도 확인된다. 본래 鮮卑나 烏桓의 사회구성은 "落 → 邑落 → 部"로 이루어지고, 그 수장은 각각 家長·小帥·大人이다.[152] 즉 大人은 部를 통할하기 때문에 "紇奚部大人"처럼[153] "○○部大人"으로 표현된다. 그러나 「官氏志」의 '定姓族詔'에서는 선조가 "部落"大人인 경우와 그렇지 않은 경우로 나누어 각각 일정 이상의 官爵에 올라야 姓이나

---

148 『魏書』卷2「太祖紀」登國八年六月條, 25쪽.

149 『魏書』卷2「太祖紀」登國元年秋七月條, 21쪽, "秋七月己酉, 車駕還盛樂. 代題復以部落來降, 旬有數日, 亡奔劉顯. 帝使其孫倍斤代領部落."

150 崔珍烈,「北魏의 種族政策」, 51-53쪽; 同氏,「北魏의 '部族解散' 再論」, 163-164쪽.

151 『魏書』卷103「高車傳」에서도 "太祖時, 分散諸部, 唯高車以類粗獷, 不任使役, 故得別爲部落."이라 하여 部와 部落이 동일어로 사용되었다(『魏書』卷103「高車傳」, 2309쪽).

152 金浩東,「북아시아 遊牧國家의 君主權」, 126-127쪽.

153 『魏書』卷2「太祖紀」登國五年十一月條, 23쪽, "十有一月, 紇奚部大人庫寒擧部內屬."

族으로 삼는 규정을 두었다.[154] 여기서 "部大人" 혹은 "諸部大人" 대신 "部落大人"으로 표기한 것도 部와 部落이 동일어로 사용되었기 때문이다. 그리고 "散諸部" 대신 "散諸部落"이라 표현한 것은 앞에서 살펴본 정복이나 內附 등 北魏에 편입된 部들을 "部落"으로 칭하는 용례와도 부합한다. 그런데 『魏書』에서 部와 部落을 혼용하면서도 部는 北魏에 복속하지 않는 집단, 部落은 복속된 집단으로 구별하여 사용되었다. 이는 '行政 部'를 뜻하는 部와 구별할 필요성 때문일 것이다. '序紀時代'에도 "東部未耐婁大人"[155]이라고 표기하여 部를 이중으로 사용하는 것을 피하였다. 즉 "東部未耐婁大人"은 '拓跋部 部族(部落) 聯合體'가 조직적으로 편제한 '行政 部'인 東部에 속한 未耐婁部의 大人이라는 뜻이다. 登國七年(392)에 보이는 "西部泣黎大人"[156] 역시 西部에 속한 泣黎部의 大人이란 의미이다. 따라서 '部族'을 의미하는 部를 部落으로 바꿔 쓸 필요가 있었다.[157]

참고로 '部'나 '部落'은 당시 鮮卑를 비롯한 유목민 언어의 어떤 단어를 번역했을 가능성이 있다. 烏其拉圖는 1929년 山西省 楡林縣에서 출토된 南匈奴의 官印에 주목하였다. "漢匈奴呼盧訾尸逐印"[158]이

---

154 『魏書』卷113「官氏志」, 3014쪽, "太和十九年, 詔曰:「 …… 原出朔土, 舊爲部落大人, 而自皇始已來, 有三世官在給事已上, 及州刺史·鎭大將, 及品登王公者爲姓. 若本非大人, 而皇始已來, 職官三世尙書已上, 及品登王公而中間不降官緖, 亦爲姓. 諸部落大人之後, 而皇始已來官不及前列, 而有三世爲中散·監已上, 外爲太守·子都, 品登子男者爲族. 若本非大人, 而皇始已來, 三世有令已上, 外爲副將·子都·太守, 品登侯已上者, 亦爲族. ……」"

155 『魏書』卷1「序紀」昭皇帝條, 6쪽, "四年, 東部未耐婁大人倍斤入居遼東."

156 『魏書』卷2「太祖紀」登國七年三月甲子條, 25쪽, "西部泣黎大人茂鮮叛走, 遣南部大人長孫嵩追討, 大破之(강조는 필자)."

157 崔珍烈, 「北魏의 種族政策」, 53-54쪽.

158 『金文分域編』卷11「山西省河曲縣出土」, 13아래쪽; 烏其拉圖, 「部分匈奴語詞之復原考釋-再探匈奴人語言所屬-」, 『內蒙古大學學報(人文社會科學版)』31-4, 1999,

라 새겨진 南匈奴 官印에서 '呼盧訾'는 『蒙古秘史』의 兀魯思, 즉 울루스(ulus)와 같다고 보았다. 위 官印의 '呼盧訾'는 國의 뜻이며 匈奴는 國號였다. 즉 "漢匈奴呼盧訾尸逐印"은 "漢에 속하는 匈奴國 尸逐의 印"이라는 뜻이다. 左大且渠와 呼盧訾王이 각각 萬騎를 이끌고 匈奴의 南塞에서 사냥을 하다 함께 만나 漢의 변경을 침입하는 『漢書』「匈奴傳」의 기사[159]에 보이는 "呼盧訾王"은 "部衆의 王"으로 해석할 수 있다. 이는 몽골어의 습관적인 汎稱이며 軍事 · 行政 · 部落의 장관은 모두 "呼盧訾王"으로 칭해졌다. 이 기사에서 左大且渠와 함께 出兵한 呼盧訾王은 右大且渠로 해석된다. 또 『漢書』「匈奴傳」에도 '呼盧訾'라는 단어가 등장한다.

"單于가 이를 듣고 화를 내며 '전의 單于가 받았던 漢 宣帝의 恩은 갚지 못하였다. 현재의 天子는 宣帝의 子孫이 아닌데 어떻게 즉위했는가?'라고 말하였다. 그리고 左骨都侯 · 右伊秩訾王呼盧訾, 左賢王 樂에게 兵을 거느리고 雲中郡의 益壽塞로 침입하여 吏民을 대거 살해하게 하였다."[160]

위 인용문에서 "呼盧訾"는 人名처럼 보이지만, 실제로는 部衆의 뜻이다. 따라서 해당 부분은 "左骨都侯와 右伊秩訾의 部衆, 左賢王 樂

52쪽.

159 『漢書』卷94下 「匈奴傳」, 3787-3788쪽, "虛閭權渠單于立, 以右大將女爲大閼氏, 而黜前單于所幸顓渠閼氏. 顓渠閼氏父左大且渠怨望. 是時匈奴不能爲邊寇, 於是漢罷外城, 以休百姓. 單于聞之喜, 召貴人謀, 欲與漢和親. 左大且渠心害其事, 曰: '前漢使來, 兵隨其後, 今亦效漢發兵, 先使使者入.' 乃自請與呼盧訾王各將萬騎南旁塞獵, 相逢俱入."

160 『漢書』卷94下 「匈奴傳」, 3823쪽, "單于聞之, 怒曰: '先單于受漢宣帝恩, 不可負也. 今天子非宣帝子孫, 何以得立?' 遣左骨都侯 · 右伊秩訾王呼盧訾及左賢王樂將兵入雲中益壽塞, 大殺吏民."

이 지휘하는 兵을 雲中郡의 益壽塞로 보내 침입하여 吏民을 대거 살
해하였다"라고 해석할 수 있다.[161] 烏其拉圖의 주장 가운데 위의 인용
문에 보이는 '呼盧訾'를 部衆으로 해석한 것은 어색하지만, '呼盧訾'가
몽골어의 울루스(ulus)와 동일하다는 발상은 동의할 수 있다.[162]

突厥과 위구르에서 사용한 일(il) 혹은 엘(el)은 氏族, 部族, 分封地,
帝國 등 다양한 의미로 사용되었다. 이 개념은 토지보다 사람(인구)에
초점을 맞춘 표현이었다.[163] 이 점에서 몽골의 울루스의 개념과 동일
하다. 몽골어 울루스는 人民 · 屬民 · 采領 · 屬領 · 國家 등 여러 가지
뜻으로 사용되었다. 그리고 몽골제국 전체를 지칭하는 카안의 울루스
뿐만 아니라 그 안에 있던 칭기즈 칸 일족의 집단도 울루스라고 불렸
다. 이처럼 울루스는 重層的 構造를 지니며 多義的이었다. 또 페르시
아어와 아랍어 사료를 『元史』 등과 비교하면 울루스는 한문사료에서
'部'로 번역되었다. 즉 울루스의 번역어인 '部' 역시 다양한 층차의 집
단을 지칭하는 용어로 사용되었다.[164]

위에서 살펴본 것처럼 匈奴의 '呼盧訾', 突厥과 위구르의 일(il) 혹은
엘(el), 몽골의 울루스(ulus)는 사람이란 뜻부터 사람이 모인 집단인 氏
族 · 部族 · 國家 등 다양한 뜻으로 사용되었다. 특히 匈奴의 '呼盧訾'
와 몽골의 울루스(ulus)가 동일한 단어라는 烏其拉圖의 주장은 鮮卑
語를 사용하는 北魏에도 적용될 수 있을 것이다.[165]

---

161 烏其拉圖, 「部分匈奴語詞之復原考釋」, 52-53쪽.

162 崔珍烈, 「北魏의 '部族解散' 再論」, 164-165쪽.

163 護雅夫, 「突厥の國家と社會」, 『古代トルコ民族史研究』 I, 東京: 山川出版社, 1967,
111쪽; 丁載勳, 「古代遊牧國家의 社會構造」, 『韓國古代史講座』 3, 가락국사적개발
연구원, 2003; 同氏, 『위구르 유목제국사 744-840』, 문학과지성사, 2005, 40쪽 주) 2.

164 金浩東, 「몽골제국과 "大元"」, 『역사학보』 192, 2006, 234-239쪽.

165 崔珍烈, 「北魏의 '部族解散' 再論」, 165쪽.

拓跋氏가 사용한 언어가 투르크어 계통이라는 주장도 있지만,[166] 匈奴語 및 몽골어와 계승관계에 있다고 보는 것이 일반적이다.[167] 따라서 匈奴語 '呼盧訾' 혹은 몽골어의 울루스(ulus)와 음과 뜻이 유사한 鮮卑語가 존재했고, 이 단어가 漢文에서 '部'나 '部落'으로 번역되었을 가능성을 상정할 수 있다. '呼盧訾'와 울루스(ulus)가 백성, 집단, 국가 등 다양한 뜻을 가지고 있었던 것처럼 이 鮮卑語 단어도 多層的 의미를 지니고 있어서 '部'와 '部落'이 여러 뜻을 지녔을 것이다.[168]

이러한 필자의 추론에 동의할 수 없다는 비판이 가능하다. (그러나) 鮮卑語에 '呼盧訾' 혹은 울루스(ulus)와 비슷한 음의 단어가 없다고 하더라도 앞에서 살펴본 것처럼 匈奴의 '呼盧訾', 突厥과 위구르의 일(il) 혹은 엘(el), 몽골의 울루스(ulus)처럼 사람부터 국가까지 다양한 뜻을 가지고 있었기 때문에 이에 대응하는 鮮卑語의 단어도 다양한 뜻을 지녔고, 이것이 '部'나 '部落'으로 번역되었다고 봐야 한다. 따라서 '部'와 '部落'이 다양한 뜻을 지니게 되었을 것이다.[169]

위에서 살펴본 것처럼 部와 部落은 여러 가지 뜻으로 사용되었다. 이를 바탕으로 『魏書』에 보이는 '부족해산' 기사, 즉 "登國初, 太祖散諸部落, 始同爲編民"[170] 이외에도 『魏書』「賀訥傳」의 "離散諸部, 分土

---

166 Boodberg, "The Language of the T'o-Pa Wei," *Harvard Journal of Asiatic Studies*, Vol. 1. No. 2, 1936, 170쪽 및 172-175쪽 참조.

167 烏其拉圖, 「部分匈奴語詞之復原考釋」, 56-58쪽; 朱學淵, 「鮮卑民族及其語言」(上), 『滿語硏究』 2000-1(總第30期), 2000; 亦鄰眞, 「中國北方民族與蒙古族族源」, 『亦鄰眞蒙古學文集』, 呼和浩特: 內蒙古人民出版社, 2001; 烏其拉圖, 《南齊書》中部分拓跋鮮卑語名詞的復原考釋」, 『內蒙古社會科學(漢文版)』 23-6, 2002 참조.

168 崔珍烈, 「北魏의 '部族解散' 再論」, 166-167쪽.

169 위의 글, 167쪽.

170 『魏書』 卷113 「官氏志」, 3014쪽, "登國初, 太祖散諸部落, 始同爲編民."

定居, 不聽遷徙, 其君長大人皆同編戶"[171]와 高車傳의 "分散諸部"[172] 기사를 여러 가지 경우로 해석할 수 있다.

먼저 가장 보수적으로 '部'와 '部落'을 기존처럼 部族(tribe)으로 해석한다면 세 기사에 쓰인 '部族(部落)解散' 그 자체를 부정할 수는 없을 것이다. 그러나 앞에서 살펴본 것처럼 部落首領이 다수 존재함을 볼 때, 胡三省의 견해처럼 登國初 '部族(部落)解散'된 집단은 賀蘭·紇鄰·紇奚 등의 部로 한정하여 '部族(部落)解散'의 효과는 제한적으로 보는 것이 합리적일 것이다. 물론 414년 大寧으로 遷徙하여 計口受田의 대상이 된 越勤과 倍泥 部落[173]처럼 사안에 따라 중국적 의미의 '編戶齊民'化한 種族들도 있고, 費也頭 등 牧戶로 전락한 種族들도 있을 것이다.[174] 이런 부류는 '部族(部落)解散'과 '編戶化'로 볼 수 있다. 그러나 이러한 '編戶化' 혹은 農耕生産의 대상이 된 胡族集團의 수는 많지 않았을 것이며, 鮮卑 등 胡族이 농경에 종사했을 가능성은 적고, 오히려 '部族(部落)解散' 이후에도 胡族的 習俗이 여전히 유지되었을 것이다. 이는 漢化 혹은 "胡族의 農耕民化·定住民化"라는 '部族(部落)解散'像은 허구임을 보여준다.[175] 오히려 『魏書』 등에 산견되는 領民酋長·酋帥 등 部落首領과 그 집단은 '部族(部落)解散'에서 제외된 것으로 봐

---

171 『魏書』卷83上「外戚·賀訥傳」, 1812쪽.

172 『魏書』卷103「高車傳」, 2309쪽.

173 『魏書』卷2「太宗紀」永興五年秋七月條, 53쪽, "奚斤等破越勤倍泥部落於跋那山西, 獲馬五萬匹, 牛二十萬頭, 徙二萬餘家於大寧, 計口受田."

174 唐長孺, 「拓跋國家的建立及其封建化」, 208-216쪽.

175 김탁민, 「北魏 太和 이전의 胡族의 編制와 經濟的 基盤-均田制와 三長制의 理解를 위한 田制-」, 『歷史學報』124, 1989, 79-90쪽; 何德章, 「"陰山却霜"之俗解」, 『魏晉南北朝隋唐史資料』12, 武漢: 武漢出版社, 1993, 102-116쪽; 何德章, 「北魏初年的漢化制度與天賜二年的倒退」, 『中國史研究』, 2001-2(K 22 2001-6), 17-26쪽; 古賀昭岑, 「北魏の部族解散について」, 64위쪽-68아래쪽.

야 할 것이다. 北魏 全時期에 걸쳐 北魏에 內附한 胡·漢 각 種族 집단들 역시 마찬가지이다.[176] 柔然·高車·鮮卑·匈奴·羌 등의 집단(部혹은 部落)은 柔然 '部族(部落)聯合體'나 赫連夏·後秦·北涼 등과 정치적 마찰을 빚어 귀부하였을 것이므로 北魏가 이들 部 혹은 部落을 강제적으로 離散하려 한다면, 기동력을 지닌 이들 집단은 다른 곳으로 달아날 것이다. 따라서 北魏는 部 혹은 部落 조직의 유지를 허용하면서 貢納이나 유사시 병력 징발 등을 요구하는 선에서 타협했을 가능성이 많다.[177] 北魏 영토로 새로 편입된 華北과 蠻·氐·巴 등의 거주지에서도 土着豪族 혹은 部落首領을 현지 지방관으로 임용하는 관례가 北魏에 존재하는 사실[178]을 고려하면, 北魏가 항복한 집단을 반드시 해체하지는 않았음을 알 수 있다. 이는 대부분의 部族(部落)에 해당하지만, 일부 집단, 즉 賀蘭部와 獨孤部, 高車部의 '部'는 部族(tribe)이라기보다 部族(部落)聯合體에 가깝다. 이는 다음 항에서 살펴본다.

(2) 北魏의 無姓 현상과 部族名의 姓

중국인은 세계 다른 지역보다 姓氏를 일찍 사용하였다. 이미 先秦時代에 王이나 諸侯, 卿·大夫·士는 姓과 함께 氏를 사용하였다. 이후 漢代에는 編戶齊民支配體制를 확립하기 위해 국가에서 일반 農民들에게 姓, 특히 單姓(1字 姓)을 사용하도록 강제하였다.[179] 반면 匈奴와 烏丸·鮮卑 등 유목민 사회에서는 대부분 姓 혹은 氏가 존재하지

---

176 〈표 2〉道武帝 이후 北魏에 歸附한 집단 참조.

177 崔珍烈, 「北魏의 華北支配와 그 性格」, 7. 특히 7-8쪽의 주) 31과 32 참조.

178 嚴耕望, 『中國地方行政制度史』, 863-864쪽.

179 李成珪, 「尹灣簡牘에 反映된 地域性-漢帝國의 一元的 統治를 制弱하는 地域傳統의 一端-」, 『中國古代史研究』 13, 2005, 69-72쪽.

않았다.[180] 중국 주변에서 姓을 사용한 민족이나 집단이 적었던 사실
은 唐代 중국인들도 이미 알고 있었다. 武則天(則天武后)이 氏族에 대
해 묻자 張說은 夷狄에게는 姓이 없었다고 응답하였다.[181] 張說의 대
답을 보면 唐代 중국인들은 주변 이민족들에게 姓이 없었던 사실을
알고 있었다.[182]

　姓氏를 칭하는 관습에 익숙했던 중국인들은 姓氏가 없던 주변 외
국인들을 이름과 함께 姓을 붙여서 표기하려고 하였다. 중국인들은
姓이 없었던 이민족들을 어떻게 姓을 만들어 붙였을까? 『潛夫論』「志
氏姓」에 따르면 본래 漢人들은 諡號·國名·爵名·官名·字·사물·
거처 등에서 氏의 명칭을 취하였다.[183] 이 가운데 漢人들은 외국인들

180　『史記』卷110「匈奴列傳」, 2879쪽, "其俗有名不諱, 而無姓字.";『後漢書』卷90「烏
　　桓鮮卑列傳」, 2979쪽, "氏姓無常, 以大人健者名字爲姓.";『三國志』卷30「魏書」烏
　　丸傳 注引『魏書』, 832쪽, "氏姓無常, 以大人健者名字爲姓."

181　『新唐書』卷125「張說傳」, 4404쪽, "[武]后嘗問: '諸儒言氏族皆本炎·黃之裔, 則上
　　古乃無百姓乎? 若爲朕言之.' [張]說曰: '古未有姓, 若夷狄然. ……'"

182　崔珍烈,「北魏의 '部族解散' 再論」, 167-168쪽; 同氏,『발해 국호 연구─당조가 인정
　　한 발해의 고구려 계승 묵인과 부인─』, 서강대학교출판부, 2015, 277-278쪽.

183　『潛夫論』(王符 著, 汪繼培 箋, 彭鐸 校正,『潛夫論箋校正』, 北京: 中華書局, 1997)
　　卷9「志氏姓」, 401쪽, "故或傳本姓, 或氏號邑諡, 或氏於國, 或氏於爵, 或氏於官,
　　或氏於字, 或氏於事, 或氏於居, 或氏於志."『魏書』「官氏志」와『新唐書』「張說傳」에
　　서도 비슷한 구절이 보인다(『魏書』卷113「官氏志」, 3005쪽, "自古天子立德, 因生
　　以賜姓, 胙之土而命之氏; 諸侯則以家與諡, 官有世功, 則有宦族, 邑亦如之. 姓則表
　　其所由生, 氏則記族所由出, 其大略然也. 至於或自所居, 或以國號, 或用官爵, 或用
　　事物, 雖緣時不同, 俱其義矣.";『新唐書』卷125「張說傳」, 4404쪽, "[武]后嘗問:「諸
　　儒言氏族皆本炎·黃之裔, 則上古乃無百姓乎? 若爲朕言之.」[張]說曰:「古未有姓,
　　若夷狄然. 自炎帝之姜·黃帝之姬, 始因所生地而爲之姓. 其後天子建德, 因生以賜
　　姓, 黃帝二十五子, 而得姓者十四. 德同者姓同, 德異者姓殊. 其後或以官, 或以國,
　　或以王父之字, 始爲賜族, 久乃爲姓. 降唐·虞, 抵戰國, 姓族漸廣. 周衰, 列國旣滅,
　　其民各以舊國爲之氏, 下及兩漢, 人皆有姓. 故姓之以國者, 韓·陳·許·鄭·魯·
　　衛·趙·魏爲多.」).

의 출신 지역이나 집단의 명칭을 취해 해당 외국인들의 姓氏로 표기하였다.

먼저 해당 외국인의 출신 國名을 姓으로 사용하였다. 唐代「夫人康氏墓誌」를 살펴보자.

"夫人은 康國 大首領의 딸이다. 本國[의 國名을] 氏로 삼았다."[184]

墓誌의 標題에 이 여성의 姓을 康氏라고 표기하였다. '康'은 康國(Samarkand)의 '康'을 취한 것이므로 본국의 國名 가운데 한 글자를 취한 것임을 알 수 있다. 米繼芬의 墓誌에서 "公의 이름은 繼芬이고 字도 繼芬이다. 그의 선조는 西域의 米國 사람이다"[185]라고 기록하였다. 여기에서 米繼芬의 姓인 '米'가 선조의 故國이었던 米國(Maimargh)에서 따왔음을 알 수 있다. 何文哲 역시 何國王 죠의 5代孫이라고 기록하였다.[186] 姓과 선조의 출신 국가에 '何'字가 사용되므로 何文哲의 姓은 何國(Koshania)에서 따왔음을 알 수 있다. 李元光은 본래의 姓이 安이었고 선조가 安息王의 후손이었다.[187] 여기에서도 李元光의 원래 姓인 安姓이 安息國에서 따왔음을 보여준다. 여기에서 米·安·何 등氏는 昭武九姓[188]에 속하였다. 康氏의 모국 康國은 昭武九姓에 속하지

---

184 「□州□□□夫人康氏墓誌」,『唐代墓誌彙編續集』(周紹良·趙超 主編, 上海: 上海古籍出版社, 2007), 353쪽, "夫人康國大首領之女也. 以本國爲氏, ……"

185 「米繼芬墓誌」,『唐代墓誌彙編續集』, 796쪽, "公諱繼芬, 字繼芬, 其先西域米國人也."

186 「何文哲墓誌」,『唐代墓誌彙編續集』, 893-894쪽, "公諱文哲, 字子洪, 世爲寧武人焉. …… 公本何國王죠之五代孫, 前祖以永徽初款塞來質, 附於王庭."

187 「李元光墓誌」,『唐代墓誌彙編續集』, 353쪽, "公本安姓, 諱元光, 其先安息王之胄也." 李元光은『舊唐書』에는 李元諒으로 표기되었다(『舊唐書』卷144「李元諒傳」, 3916쪽, "李元諒, 本駱元光, 姓安氏, 其先安息人也.").

188 『新唐書』卷221下「西域下·康傳」, 6243쪽, "始居祁連北昭武城, 爲突厥所破, 稍南

않지만 昭武九姓과 함께 중앙아시아 오아시스 국가의 하나였다. 또 阿羅憾이라는 이름을 가진 사람의 墓誌 標題에는 '波斯君丘'라고 표기되었다. 보통 墓誌에는 死者를 "姓+君", "姓+府君", "姓+公"으로 칭하였으므로, '波斯'가 姓이고 '丘'는 衍字로 추정된다. 즉 阿羅憾의 姓이 波斯였다. 墓誌의 원문에서도 阿羅憾이 波斯國 사람임을 기록하였다.[189] 波斯는 페르시아의 음차인데, 阿羅憾은 선조의 나라인 페르시아의 漢字 표기를 姓으로 삼은 것이다. 여기에서는 唐代의 예만 살펴보았지만, 漢代부터 南北朝時代까지 西域, 즉 중앙아시아 일대의 사람들을 호칭할 때 중국인들은 주로 國名의 글자를 따서 姓처럼 표기하였다.[190]

유목민들이 國名이나 부족명(部名)을 姓氏로 사용한 예도 史書에 산견된다. 먼저 北周를 세운 宇文氏의 예이다.

"그 후손을 普回라고 하였다. 普回는 사냥하다가 玉璽 三紐를 얻었다. 玉璽의 문자를 보니 皇帝璽라고 하였다. 普回는 마음으로 기이하게 여기고 하늘에서 [자신에게] 준 것이라고 생각했다. 鮮卑의 풍속에 하늘을 '宇',

---

依嶺, 卽有其地, 枝庶分王, 曰安, 曰曹, 曰石, 曰米, 曰何, 曰火尋, 曰戊地, 曰史, 世謂九姓, 皆氏昭武."

189 「波斯阿羅憾墓誌」,『唐代墓誌彙編』, 1116쪽, "君諱阿羅憾, 族望波斯國人也."

190 최진열,『발해 국호 연구』, 287-290쪽. 張慶捷은 중국 주변 이민족 가운데 國名을 氏로 호칭했던 예가 많았음을 지적하였다. 예컨대 '茹茹', '康', '安', '史' 등의 姓氏는 茹茹國, 康國, 安國, 史國에서 유래되었다고 한다(張慶捷,「北魏破多羅氏壁畫墓所見文字考述」,『歷史硏究』2007-1, 2007, 177쪽). 福島惠와 齊藤達也도 동일한 결론을 내렸다(福島惠,「唐代ソグド姓墓誌の基礎的考察」,『學習院史學』43, 2005, 135-162쪽; 齊藤達也,「安息國·安國とソグド人」,『國際仏敎大學院大學硏究紀要』11, 2007, 1-32쪽; 同氏,「北朝·隋唐史料に見えるソグド姓の成立について」,『史學雜誌』118-12, 2009, 2106-2131쪽).

君主를 '文'이라 칭했기 때문에 宇文國이라 하였고, 아울러 이를 氏로 삼았다."[191]

위의 인용문에서 宇文의 뜻과 유래를 설명하고 있다. 밑줄 친 부분을 보면 宇文氏는 國名에서 氏名, 즉 姓氏로 취했음을 알 수 있다. 이처럼 國名에서 氏名, 즉 姓氏로 삼았던 예는 若干氏에게서 발견된다. 『周書』「若干惠傳」의 冒頭를 살펴보자.

"若干惠의 字는 惠保이며, 代郡 武川 사람이다. 若干惠의 선조는 魏氏와 함께 흥기하였으며 國을 姓으로 삼았다."[192]

위의 인용문에서 '若干'이 본래 國名이었으며, 若干氏는 國名을 姓으로 삼았음을 명시하였다. 여기서 魏氏는 北魏를 지칭하며, 문맥상 北魏를 세운 拓跋部를 지칭한다. 『周書』「賀蘭祥傳」에도 비슷한 구절이 있다.

"賀蘭祥의 字는 盛樂이다. 賀蘭祥의 선조는 魏와 함께 흥기하였다. 紇伏이란 자가 賀蘭莫何弗이 된 후 賀蘭을 氏로 삼았다."[193]

위의 인용문에서는 賀蘭祥의 선조 紇伏이 賀蘭莫何弗이 되어 자신

191 『周書』卷1「文帝紀」上, 1쪽, "其後曰普回, 因狩得玉璽三紐, 有文曰皇帝璽, 普回心異之, 以爲天授. 其俗謂天曰宇, 謂君曰文, 因號宇文國, 幷以爲氏焉."
192 『周書』卷17「若干惠傳」, 280쪽, "若干惠字惠保, 代郡武川人也. 其先與魏氏俱起, 以國爲姓."
193 『周書』卷20「賀蘭祥傳」, 335쪽, "賀蘭祥字盛樂. 其先與魏俱起, 有紇伏者, 爲賀蘭莫何弗, 因以爲氏."

이 지배한 賀蘭을 氏로 삼았다고 기록하였다. 여기서는 '賀蘭'의 의미가 명확하지 않다. 1965년 陝西省 咸陽市 周陵鄕 賀家村에서 발견된 「賀蘭祥墓誌」[194]에서는 이를 구체적으로 설명하였다.

"公의 諱는 祥이며, 字는 盛樂이고 河南 洛陽縣 사람이다. 魏氏가 南遷할 때 36國이 있었는데 賀蘭國은 네 번째였다."[195]

위의 인용문을 보면 『周書』「賀蘭祥傳」에 보이는 '賀蘭莫何弗'의 '賀蘭'은 國名임을 알 수 있다. 다음은 「尉遲運墓誌」를 살펴보자.

"[尉遲氏의] 始祖 吐利는 尉遲國에 봉해졌다. 君은 魏 聖武[帝]를 따라 南遷하였으며 國 이름을 氏로 명명하였다."[196]

위의 인용문에 따르면 尉遲氏의 선조 吐利는 尉遲國에 봉해졌고, 封國 혹은 國名인 '尉遲'를 氏로 삼았다고 하였다. 이처럼 앞에서 열거한 宇文氏·若干氏·賀蘭氏·尉遲氏는 國名에서 姓 혹은 氏의 명칭을 취했음을 확인할 수 있었다. 이들은 공통적으로 몽골 고원 등지에서 활동했던 유목민의 후예였다. 따라서 유목민들은 대부분 자신의 國名에서 姓氏의 명칭을 따왔음을 확인할 수 있다. 그런데 일반적으로 宇文氏는 宇文部, 賀蘭氏는 賀蘭部, 尉遲氏는 尉遲部로 불렸다. 즉 중국

---

194 劉曉華, 「北周賀蘭祥墓誌及其相關門題」, 『咸陽師範學院學報』 16-5, 2001; 「賀蘭祥墓誌」, 『新出魏晉南北朝墓誌疏證』, 247-248쪽.

195 「賀蘭祥墓誌」, 245쪽, "公諱祥, 字盛樂, 河南洛陽人. 魏氏南遷, 有卅六國, 賀蘭國第四焉."

196 「尉遲運墓誌」, 『新出魏晉南北朝墓誌疏證』, 304쪽, "始祖吐利, 封尉遲國. 君從魏聖武南遷, 因以國命氏."

의 史書에서는 유목민의 집단을 표기할 때 國과 部를 혼용하였다. 즉 "國=部=氏"였다. 예컨대 『周書』 「尉遲迴傳」의 冒頭를 살펴보자.

"尉遲迴의 字는 薄居羅이며, 代人이다. 尉遲迴의 선조는 魏[拓跋部]의 別種이며 尉遲部라 호칭하였고, 이를 姓으로 삼았다."[197]

위의 인용문에서는 尉遲迴의 선조가 尉遲部에서 姓을 취했다고 기록하였지만, 「尉遲運墓誌」에서는 '尉遲國'에서 氏의 명칭을 따왔다고 서술하였다.[198] 先秦時代에는 姓과 氏는 구분되었지만, 漢代 이후 양자는 혼용되었고 심지어 '姓氏'처럼 한 단어로 사용되었다. 즉 氏와 姓이 동일하였다. 이 두 기록에서 尉遲國과 尉遲部가 동일하므로 國은 部의 뜻으로 사용되었다. 이는 중국인들이 유목민들의 집단을 지칭하는 울루스, 엘(일) 등 단어를 때에 따라 國 또는 部로 달리 번역했기 때문이다.[199]

다음으로 部, 즉 부족의 명칭을 姓으로 쓰는 경우를 살펴보자. 『舊唐書』 「哥舒翰傳」의 기사를 보자.

"哥舒翰은 突騎施의 首領 哥舒部落의 후예이다. 蕃人들은 대개 部落의 명칭을 姓으로 稱하였기 때문에 [部落의 명칭인] 哥舒를 氏로 삼았다."[200]

---

197 『周書』 卷21 「尉遲迴傳」, 349쪽, "尉遲迴字薄居羅, 代人也. 其先, 魏之別種, 號尉遲部, 因而姓焉."
198 「尉遲運墓誌」, 304쪽, "始祖吐利, 封尉遲國. 君從魏聖武南遷, 因以國命氏."
199 崔珍烈, 「北魏의 '部族解散' 再論」, 160-167쪽; 同氏, 「발해 국호 연구」, 281-284쪽.
200 『舊唐書』 卷104 「哥舒翰傳」, 3211쪽, "哥舒翰, 突騎施首領哥舒部落之裔也. 蕃人多以部落稱姓, 因以爲氏."

위 인용문의 밑줄 친 부분에서 알 수 있듯이, 蕃人, 즉 唐에 귀부하거나 복속했던 이민족들은 部 혹은 部落의 명칭을 姓으로 쓰는 관례가 있었다. 唐後期의 名將이었던 渾瑊 역시 본래 鐵勒 九姓의 하나인 渾部 출신이었다는 기록[201]으로 보아 渾瑊의 姓인 '渾' 역시 渾部에서 따왔음을 알 수 있다. 이 밖에 石洪의 선조는 姓이 烏石蘭이었으나 烏石蘭의 '石'字를 따서 石氏라고 칭했다.[202] 이 역시 부족명 가운데 한 글자를 따서 중국식 姓으로 표기한 예이다.[203]

『魏書』「官氏志」에 따르면, 이미 序紀時代인 安帝 시기에 諸部에 99姓이 있었고, 獻帝 시기에는 拓跋部를 7개로 나누어 兄弟들이 맡아 다스리면서 氏를 나누었으며, 他國을 겸병했을 때 각각 本部가 있었고 部中의 別族이 內姓이 되었다.[204] 이 기록을 보면 北魏의 유목민들에게도 姓이 있었던 것처럼 보인다. 그러나 南朝 劉宋의 張暢이 北魏使臣의 姓을 묻자 北魏使臣은 자신은 鮮卑人이기 때문에 姓이 없다고 답하였다.[205] 이 『宋書』「張暢傳」의 기록을 보면 北魏時代에도 일부 胡族支配層에게는 漢族의 姓에 해당하는 개념이나 단어가 없었음을 알 수 있다. 『魏書』를 편찬한 魏收가 姓氏처럼 기록했을 뿐이다. 『魏書』를 보면 胡族支配層이 姓을 사용한 것처럼 표기된 기록이 많지만, 姓을 표기하지 않은 예도 있다.

예컨대 「太武帝東巡碑」에는 武衛將軍 昌黎公 丘眷, 前軍將軍 浮陽

---

201 『新唐書』 卷155 「渾瑊傳」, 4891쪽, "渾瑊, 本鐵勒九姓之渾部也."
202 『新唐書』 卷171 「烏重胤傳附石洪傳」, 5188, "石洪者, 字濬川, 其先姓烏石蘭, 後獨以石爲氏."
203 崔珍烈, 「北魏의 '部族解散' 再論」, 168-171쪽; 同氏, 『발해 국호 연구』, 284-285쪽.
204 『魏書』 卷113 「官氏志」, 3005쪽, "初, 安帝統國, 諸部有九十九姓. 至獻帝時, 七分國人, 使諸兄弟各攝領之, 乃分其氏. 自後兼幷他國, 各有本部, 部中別族, 爲內姓焉."
205 『宋書』 卷59 「張暢傳」, 1600쪽, "[張暢因問虜使姓, 答云:「我是鮮卑, 無姓. ……」."

侯 阿齊, 中堅將軍 藍田侯 代田, 射聲校尉 安武子 □元興, 次飛督 安熹子 李蓋 등 姓名을 알 수 있는 隨行官員 5인이 보인다.[206] 丘眷은 元丘, 阿齊는 元齊, 代田은 豆代田으로 비정되며, □元興은 韓茂이며 李蓋는 外戚 李惠의 아버지이다.[207] 이에 따르면 '□元興'의 누락된 글자는 '韓'임을 알 수 있다. 5인 가운데 □元興과 李蓋는 漢人이고, 모두 姓을 가지고 있는 반면 丘眷·阿齊·代田은 胡人이며 姓을 표기하지 않는다. 물론 宗室의 성원인 경우 姓을 생략하는 예가 있지만, 豆代田은 北魏의 宗室이 아니었기 때문에 胡人 3인의 이름 앞에 姓을 쓰지 않은 것은 원래 姓이 없었기 때문일 것이다.[208]

또 和平 2년(461)에 만든 〈文成帝南巡碑〉에서는 呂河一西, 尉遲其地, 斛骨乙莫干, 乙旃惠也拔, 代伏云右子尼, 乙旃阿奴, 蓋婁太拔, 杜利幡乃婁, 是婁勅万斯, 尉遲查亦干, 若干若周, 吐難子如劌, 一佛阿伏眞, 賀若盤大羅, 賀若貸別, 步六孤龍成, 賀賴去本, 素和莫各豆, 乙旃伏洛汗, 伊樓諾, 挾庫仁眞, 叱羅騏, 吐伏盧大引, 步六孤羅, 乙旃俟俟, 直懃 何良, 茹茹常友, 素和勅俟伏, 獨孤侯尼須, 素和其奴, 比子乙得, 拔拔俟俟頭, 袁紇尉斛, 宜懃 渴侯, 熱阿久仁, 直懃 郁豆眷, 豆連求周, 慕容白曜, 斛律諾斗拔, 斛律頯拔, 素和匹于堤, 素和使若須, 蓋婁內亦干, 越勤右以斤, 慕容男吳都, 胡翼以吉智, 胡比他紇, 拔烈蘭眞樹, 出大汗僖德, 莫那婁愛仁, 斛骨呈羯, 斛律莫烈, 其連受洛拔, 拔烈蘭黃頭, 斛律羽都居, 万忸于忿提, 直懃 苟黃, 直懃 烏地延, 斛律出六拔, 獨孤去頹, 達奚屈居陵, 達奚高勾, 契胡庫力延, 黃毛萬言眞, 直懃 烏

206 본문에서 인용한 「太武帝東巡碑」의 원문은 羅新, 「跋北魏太武帝東巡碑」, 『北大史學』 11, 北京: 北京大學出版社, 2005, 179쪽에서 재인용하였다.

207 羅新, 「跋北魏太武帝東巡碑」, 180-182쪽.

208 崔珍烈, 「北魏의 '部族解散' 再論」, 171-172쪽.

地干, 直懃 解愁, 和稽乞魚提, 獨孤他突, 素和具文, 步六孤步斗官, 直懃 他莫行, 拔烈蘭步愛, 獨孤乙以愛, 茹茹命以斤, 斛律西嫍, 直懃 斛盧, 勑煩阿六敦, 叱羅吳提, 斛律伏和眞, 袁紇退賀拔, 侯莫陳烏狐, 契胡烏已, 折枋俠提, 素和斛提, 怡吳提, 直懃 阿各拔, 直懃 來豆眷, 叱干幡引, 丘目陵吳提, 王右右引, 泣利俘但, 侯文出六于, 獨孤平城 등의 姓名을 확인할 수 있다.[209] 이 姓名에서 2字 이상의 胡姓을 발견할 수 있다.[210]

여기에서 '直懃 何良' 등 이름 앞에 붙은 '直懃'은 '直勤'이라고 표기되며 북위황제의 일족인 拓跋氏[元氏] 혹은 禿髮氏[源氏] 남성에게 붙였던 칭호였다.[211] '直勤' 이외에 尉遲 · 蓋樓 · 乙旃 · 若干 · 吐難[土難] · 一佛[乙弗] · 越勤[越勒] · 賀若 · 步六孤 · 賀賴[賀蘭] · 素和 · 伊樓 · 叱羅 · 吐伏盧 · 獨孤 · 拔拔 · 慕容 · 拔烈蘭[拔列] · 出大汗 · 莫那婁 · 其連 · 万忸于 · 達奚 · 和稽 · 茹茹[普陋茹] · 侯莫陳 · 叱干 · 丘目陵 · 侯文[宇文] 등 『魏書』 「官氏志」에 보이는 姓이 많다. 『宋書』 「張暢傳」에서 姓이 없다는 鮮卑人의 말이 사실이라면 姓처럼 보이는 명칭은 중국식 姓이 아니라 部族(部落)의 명칭이었을 것이다.[212]

필자는 이 가운데 '越勤右以斤'[213]에 주목하였다. 주지하듯이, '越勤右以斤'의 '越勤'은 『魏書』 本紀에 보인다. 越勤氏는 天興 5年(402) 내

---

209 山西省考古硏究所 · 靈丘縣文物局, 「山西靈丘北魏文成帝《南巡碑》」, 『文物』1997-12, 1997, 72오른쪽-78왼쪽.

210 崔珍烈, 「北魏의 '部族解散' 再論」, 172쪽; 同氏, 『발해 국호 연구』, 279-280쪽.

211 Boodberg, Peter A., "The Language of the T'o-Pa Wei," 172쪽; 羅新, 「北魏直勤考」, 24-38쪽.

212 崔珍烈, 「北魏의 '部族解散' 再論」, 173쪽.

213 山西省考古硏究所 · 靈丘縣文物局, 「山西靈丘北魏文成帝《南巡碑》」, 74오른쪽.

속하였으나,[214] 永興 4년(413) 다시 토벌되었고, 이듬해 大寧으로 遷徙되어 計口受田의 대상이 되었다.[215] 여기에서 '計口受田'은 일반적으로 部族(部落) 해산과 越勤氏의 編戶化와 農耕化로 해석된다. 그러나 「文成帝南巡碑」에서 越勤右以斤이란 인물이 확인되기 때문에 '計口受田'과 部落解散을 동일화할 수 없다. 왜냐하면 漢代에는 編戶齊民支配體制를 운영하면서 국가에서 일반 農民들에게 姓, 특히 單姓을 강제적으로 부여했던 것처럼,[216] 越勤部를 해산하고 部人을 編民으로 편제했다. 소속 部人들에게 越勤部의 정체성을 없애기 위해 다른 姓氏를 부여했을 것이다. 그러나 「文成帝南巡碑」에 보이는 越勤右以斤의 존재는 越勤部가 部落解散된 것이 아니라 여전히 部族(部落)의 정체성과 部族(部落)의 명칭을 유지했음을 보여주는 증거이다.[217]

越勤部뿐 아니라 「文成帝南巡碑」, 나아가 『魏書』 「官氏志」에 보이는 북방 유목민들의 部氏가 胡姓의 漢姓 改稱과 '定姓族' 조치까지, 혹은 北魏 멸망 이후까지 존재했던 사실에 주목하자. 만약 道武帝나 그 이후의 皇帝들이 유목민들의 部落을 해산시켰다면 왜 옛 部族(部落)의 명칭을 그대로 남겨두었겠는가? 部族(部落)解散의 주요 목적이 유목민 집단을 없애고 유목민들에 대한 통제력을 강화하려는 것이었다면, 기존의 部族(部落) 명칭을 그대로 이름 앞에 사용토록 한 조치는 납득하기 어렵다. 또 北魏가 '部族(部落)解散' 이후 胡族을 編民化했다면 국가에서 강제적으로 姓을 부여했을 것이다. 胡族에게 姓을 줌으로써

---

214 『魏書』 卷2 「太祖紀」 天興五年十二月辛亥條, 40쪽, "越勤莫弗率其部萬餘家內屬, 居五原之北."
215 『魏書』 卷2 「太宗紀」 永興五年秋七月條, 53쪽, "奚斤等破越勤倍泥部落於跋邪山西, 獲馬五萬匹, 牛二十萬頭, 徙二萬餘家於大寧, 計口受田."
216 李成珪, 「尹灣簡牘에 反映된 地域性」, 69-72쪽.
217 崔珍烈, 「北魏의 '部族解散' 再論」, 173-174쪽.

전에 속했던 부족과의 연관성을 단절시킬 수 있기 때문이다.[218]

이와 달리 「文成帝南巡碑」와 『魏書』 「官氏志」에서 확인할 수 있듯이, 胡人들이 사용한 '姓'은 국가에서 編戶化 혹은 編民化를 위해 강제적으로 준 姓이 아니며, 胡人들은 본래 姓이 없었기 때문에 자신의 집단, 즉 부족의 명칭을 姓으로 사용했음을 시사한다. 이처럼 胡人들에게 '姓'이 없었고, 部落(부족)의 명칭을 姓으로 사용했음은 北魏의 胡人들이 '部族(部落)解散'되지 않았다는 명백한 증거일 것이다.[219]

2. 分土定居와 胡人 部落의 배치

部族(部落)解散을 부정하는 선행연구에 따르면, 北魏는 여러 部族(部落)에게 일정한 땅을 나누어준 후 이주시킨 조치를 '分土定居'라고 한다.[220] 古賀昭岑은 北魏初 부족들의 分土定居 대상 지역은 京畿와 京畿(八國)이며, 部族(部落)이 목축하면서 발생할 수 있는 部族(部落)에게 목축의 범위를 정하여 정해진 목축지로부터 밖으로 나오는 것을 금지한 조치로 해석했다.[221] 分土定居의 대상이 된 部族(部落)은 北魏朝廷의 조치에 따라 다른 지역으로 옮겨질 수 있었다. 예컨대 厙狄干의 曾祖 厙狄越豆眷은 善無의 臘汙山에 사방 100里의 땅을 받아 部

---

218 위의 글, 174쪽.

219 위와 같음.

220 古賀昭岑, 「北魏の部族解散について」, 68아래쪽-70위쪽; 勝畑冬實, 「拓跋珪の「部族解散」と初期北魏政權の性格」, 144아래쪽-145위쪽; 太田稔, 「拓跋珪の「部族解散政策について」 『集刊東洋學』 89, 2002; 松下憲一, 「領民酋長制と「部族解散」」, 37-42쪽.

221 古賀昭岑, 「北魏の部族解散について」, 70위쪽-70아래쪽.

落을 이끌고 이주하였고, 이후 朔方으로 이주하였다.[222] 越勤部는 天興 5년(402) 五原의 북쪽으로 이주되었다가[223] 永興 5년(414) 大寧으로 옮겨졌다.[224] 秀容川 사방 300리의 땅을 하사받았던 尒朱羽建은 道武帝가 南秀容으로 옮기려고 하자 이를 거부하여 관철시켰다.[225] 이 기사에서 일부 부락수령들은 이주를 거부할 수 있었음을 알 수 있다.

北魏皇帝의 입장에서 보면 分土定居는 部落首領들에게 땅, 즉 목초지를 정해 거주시키는 정책이었지만, 해당 部落首領들에게는 食邑 혹은 封地로 간주되었다. 예컨대「庫狄太傅公石窟銘記」에는 第一領民酋長을 세습한 越豆眷의 후손 厙(庫)狄干은 懷朔鎭 이주를 "封王懷朔鎭(懷朔鎭의 王으로 봉해졌다)"이라고 기록하였다.[226] 永安 2년(529) 작성된 尒朱紹와 尒朱襲의 墓誌에는 尒朱氏가 "封居秀容(秀容에 봉해져 거주하였다)"이라고 기록하였다.[227] 두 사례에서 部落首領들은 자기 부족(부락)이 거주하는 지역을 北魏皇帝로부터 하사받아 자신이 다스리는 땅, 즉 封土 혹은 食邑으로 간주했음을 확인할 수 있다.

이상으로 分土定居의 개념을 살펴보았다. 이 절에서는 北魏가 실시

---

222 『北齊書』卷15「厙狄干傳」, 197쪽.

223 『魏書』卷2「太祖紀」天興五年十二月辛亥條, 40쪽, "越勤莫弗率其部萬餘家內屬, 居五原之北."

224 『魏書』卷2「太宗紀」永興五年秋七月條, 53쪽, "奚斤等破越勤倍泥部落於跋那山西, 獲馬五萬匹, 牛二十萬頭, 徙二萬餘家於大寧, 計口受田."

225 『魏書』卷74「尒朱榮傳」, 1643쪽, "太祖初以南秀容川原沃衍, 欲令居之, 羽健曰: '臣家世奉國, 給侍左右. 北秀容旣在劃內, 差近京師, 豈以沃堉更遷遠地.' 太祖許之."

226 孫綱,「河北唐縣賽思顚窟」, 31원쪽-32원쪽, "道武皇帝知太祖忠誠, 賜部落主如故, 封王懷朔鎭, 子孫世襲第一領民酋長, 統領六世."

227 「尒朱紹墓誌」,『漢魏南北朝墓誌彙編』, 262쪽, "其先出自周王虢叔之後, 因爲郭氏, 封居秀容, 酋望之胤, 遂爲尒朱."；「尒朱襲墓誌」,『漢魏南北朝墓誌彙編』, 265쪽, "其先出自周王虢叔之後, 因爲郭氏, 封居秀容, 酋望之胤, 遂爲尒朱."

한 分土定居의 지역적 분포를 살펴본다.

1 漠南과 北邊 六鎭 일대

후연의 중산성 점령 이후에도 部族(部落)을 유지했던 厙狄部와 宥連部는 塞南으로 이주되었다.[228] 漠南 지역에 高車의 部族이 거주하였다. 太武帝는 神麚 2년(429) 柔然을 親征하여 柔然과 高車를 격파하고 柔然 30여만 인과 高車 수십만 인을 사로잡았다.[229] 그리고 이들을 漠南, 구체적으로 동쪽의 濡源에서 서쪽으로 五原과 陰山에 이르는 3,000리에 분산 거주케 하고 長孫翰·安原·劉潔·古弼 등을 보내

---

228 『魏書』卷29 「奚斤傳」, 697쪽, "從征高車諸部, 大破之. 又破厙狄·宥連部, 徙其別部諸落於塞南."

229 『魏書』卷4上 「世祖紀」上 神麚二年(429)條, 75쪽, "[夏四月]庚寅, 車駕北伐, 以太尉·北平王長孫嵩, 衛尉·廣陵公樓伏連留守京師, 從東道與長孫翰等期會於賊庭. 五月丁未, 次于沙漠, 舍輜重, 輕騎兼馬, 至栗水, 蠕蠕震怖, 焚燒廬舍, 絶跡西走. 事具蠕蠕傳. 八月, 帝以東部高車屯巳尼陂, 詔左僕射安原率騎萬餘討之. 事具蠕蠕傳.";『魏書』卷103 「蠕蠕傳」, 2293쪽, "[神麚]二年四月, 世祖練兵于南郊, 將襲大檀. 公卿大臣皆不願行, 術士張淵·徐辯以天文設止世祖, 世祖從崔浩計而行. 會江南使還, 稱劉義隆欲犯河南, 謂行人曰: '汝疾還告魏主, 歸我河南地, 卽當罷兵, 不然盡我將士之力.' 世祖聞而大笑, 告公卿曰: '龜鱉小豎, 自救不暇, 何能爲也. 就使能來,, 若不先滅蠕蠕 便是坐待寇至, 腹背受敵, 非上策以. 吾行決矣.' 於是車駕出東道向黑山, 平陽王長孫翰從西道向大娥山, 同會賊庭. 五月, 次于沙漠南, 舍輜重輕襲之, 至栗水, 大檀衆西奔. 弟匹黎先典東落, 將赴大檀, 遇翰軍 翰縱騎擊之, 殺其大人數百. 大檀聞之震怖, 將其族黨, 焚燒廬舍, 絶跡西走, 莫知所至. 於是國落四散, 竄伏山谷, 畜産布野, 無人收視. 世祖緣栗水西行, 過漢將竇憲故壘. 六月, 車駕次於兔園水, 去平城三千七百里. 分軍搜討, 東至瀚海, 西接張掖水, 北渡燕然山, 東西五千餘里, 南北三千里. 高車諸部殺大檀種類, 前後歸降三十餘萬, 俘獲首虜及戎馬百餘萬匹. 八月, 世祖聞東部高車屯巳尼陂, 人畜甚衆, 去官軍千餘里. 遂遣左僕射安原等往討之. 暨巳尼陂, 高車諸部望軍降者數十萬."

鎭撫하게 하였다.[230] 高車(敕勒)의 반란 기록을 보면, 河西와 統萬·高
平·上邽 3鎭,[231] 沃野鎭과 統萬鎭(夏州),[232] 連川,[233] 雲中,[234] 柔玄鎭,[235]
懷荒鎭,[236] 度河鎭,[237] 京畿(恒州 內部)[238] 등지에 高車(敕勒)가 거주했
음을 확인할 수 있다. 앞에서 살펴본 것처럼 高車는 部族(部落)조직을
유지하며 살았다.

六鎭 일대에 部族(部落)을 거느리고 살았던 인물을 구체적으로 살
펴보자. 먼저 懷朔鎭이다. 領民酋長 大那壞는 아들 斛律金의 출신이
朔州敕勒部人[239]이었으므로 朔州에 거주하였다. 「斛律氏墓誌」에는 北

---

230 『魏書』卷4上「世祖紀」上 神麚二年(429)冬十月條, 75쪽, "振旅凱旋于京師, 告於宗
廟. 列置新民於漠南, 東至濡源, 西暨五原·陰山, 竟三千里. 詔司徒平陽王長孫翰·
尙書令劉潔, 左僕射安原·侍中古弼鎭撫之."

231 『魏書』卷41「源賀傳」, 921-922쪽, "是歲, 河西敕勒叛, 遣賀率衆討之, 降二千餘落,
倍道兼行, 追賊黨郁朱于等至枹罕, 大破之, 斬首五千餘級, 虜男女萬餘口·雜畜三
萬餘頭. 復追統萬·高平·上邽三鎭叛敕勒至于金城, 斬首三千級."

232 『魏書』卷7上「高祖紀」上 延興元年十月丁亥條, 135쪽, "冬十月丁亥 沃野·統萬二
鎭敕勒叛. 詔太尉·隴西王源賀追擊, 至枹罕, 滅之, 斬首三萬餘級; 徙其遺迸於
冀·定·相三州爲營戶."

233 『魏書』卷7上「高祖紀」上 延興二年三月條, 136-137쪽, "連川敕勒謀叛, 徙配靑·
徐·齊克四州爲營戶."

234 『魏書』卷4上「世祖紀」上 神麚三年三月癸卯條, 75쪽, "癸卯, 雲中·河西敕勒千餘
家叛. 尙書令劉潔追滅之."

235 『魏書』卷7上「高祖紀」上 延興三年十二月壬子條, 140쪽, "蠕蠕犯邊, 柔玄鎭二部敕
勒叛應之."

236 『魏書』卷40「陸俟傳」, 902쪽, "出爲平東將軍·懷荒鎭大將. 未期, 諸高車莫弗訟俟
嚴急 待下無恩, 還請前鎭將郎孤. 世祖詔許之, 徵俟還京. 旣至朝見, 言於世祖曰:
「陛下今以郎孤復鎭, 以臣愚量, 不過周年, 孤身必敗, 高車必叛.」"

237 『魏書』卷38「王慧龍傳附寶興傳」, 877쪽, "盧遐妻, 時官賜度河鎭高車滑骨."

238 『北齊書』卷19「高市貴傳」, 254쪽, "孝昌初, 恒州內部勅勒劉崙等聚衆反, 市貴爲都
督, 率衆討崙, 一戰破之."

239 『北齊書』卷17「斛律金傳」, 219쪽, "斛律金, 字阿六敦, 朔州勅勒部人也. 高祖倍侯
利, 以壯勇有名塞表, 道武時率戶內附, 賜爵孟都公. 祖幡地斤, 殿中尙書. 父大那

齊 樂陵王의 부인 斛律氏(549-563)의 본적은 朔州部落이었다.[240] 北魏末‧東魏北齊 朔州는 北魏平城時代 京畿의 서부에 설치된 朔州(후에 雲州로 바뀜)[241]가 아니라 懷朔鎭이었다.[242] 따라서 倍侯利 시기부터 領民酋長을 세습한 高車 斛律部는 懷朔鎭에 거주했음을 알 수 있다. 대대로 部落酋長을 배출한 斛律羌擧의 본적인 太安郡(朔州 大安郡)[243]도 懷朔鎭이었다. 万俟普는 太平郡 출신인데, 万俟部는 匈奴의 別種이었고, 第二領民酋長에 임명되었다.[244] 太平郡(朔州 太平郡)도 北魏後期 懷朔鎭이었다. 匈奴 單于의 후예이자 세습 酋長을 배출한 破六韓常의 본직인 附化郡[245] 역시 懷朔鎭이었다. 아버지 步大汗居가 領民別將을 역임해 部落首領으로 추정되는 步大汗薩의 본적 太安郡 狄那縣[246]도

瓌, 光祿大夫‧第一領民酋長. 天平中, 金貴, 贈司空公."

240 「樂陵王妃斛律氏墓誌」, 『漢魏南北朝墓誌彙編』, 419-420쪽.

241 『魏書』卷106上「地形志」2上 雲州條細注, 2500쪽, "舊置朔州, 後陷, 永熙中改, 寄治幷州界."

242 『魏書』卷106上「地形志」2上 朔州條細注, 2498쪽, "本漢五原郡, 延和二年置爲鎭, 後改爲懷朔, 孝昌中改爲州. 後陷, 今寄治幷州界."

243 『北齊書』卷20「斛律羌擧傳」, 266쪽, "斛律羌擧, 太安人也. 世爲部落酋長. 父謹, 魏龍驤將軍‧武川鎭將. 羌擧少驍果, 有膽力. 永安中, 從尒朱兆入洛, 有戰功, 深爲兆所愛遇, 恒從征伐. 高祖破兆, 方始歸誠. 高祖以其忠於所事, 亦加嗟賞."

244 『北齊書』卷27「万俟普傳」, 375쪽, "万俟普, 字普撥, 太平人, 其先匈奴之別種也. 雄果有武力. 正光中, 破六韓拔陵構逆, 授普太尉. 率部下降魏, 授後將軍, 第二領民酋長. 高祖起義, 普遠通誠款, 高祖甚嘉之. 斛斯椿逼帝西出, 授司空‧秦州刺史, 據覆鞍城. 高祖平夏州, 普乃率其部落來奔, 高祖躬自迎接, 授普河西公. 累遷太尉‧朔州刺史, 卒."

245 『北齊書』卷27「破六韓常傳」, 378쪽, "破六韓常, 字保年, 附化人, 匈奴單于之裔也. 右谷蠡王潘六奚沒於魏, 其子孫以潘六奚爲氏, 後人訛誤, 以爲破六韓. 世領部落, 其父孔雀, 世襲酋長. 孔雀少驍勇. 時宗人拔陵爲亂, 以孔雀爲大都督‧司徒‧平南王. 孔雀率部下一萬人降於尒朱榮, 詔加平北將軍‧第一領民酋長, 卒."

246 『北齊書』卷20「步大汗薩傳」, 278-279쪽, "步大汗薩, 太安狄那人也. 曾祖榮, 仕魏歷金門‧化正二郡太守. 父居, 龍驤將軍‧領民別將. 正光末, 六鎭反亂, 薩乃將家

懷朔鎭이었다. 대대로 渠帥였던 可朱渾元의 曾祖 可朱渾護野肱은 懷朔鎭將이 되었다가 懷朔鎭에 거주하게 되었다.[247] 道武帝 시기 夏에서 北魏로 귀부한 庫狄部의 第一領民酋長 越豆眷은 懷朔鎭에 거주하였고, 그의 자손들은 대대로 第一領民酋長을 세습하였다.[248] 요컨대 万俟·破六韓·斛律·步大汗·可朱渾 등 東魏北齊에 가담한 部族(部落)은 懷朔鎭에 거주하였다.

다음으로 武川鎭 일대이다. 선조가 領民酋長을 영입하던 獨孤信의 祖父 獨孤俟尼는 雲中에서 武川鎭으로 이주하였다.[249] 侯莫陳氏는 원래 庫斛眞水에 거주했던 渠帥 가문이었는데 侯莫陳允 시기에 武川鎭으로 이주하였다.[250] 武川鎭에는 獨孤部와 侯莫陳部가 있었음을 알수 있다.

避難南下, 奔尒朱榮於秀容. 後從榮入洛, 以軍功除揚武軍帳內統軍, 賜爵江夏子. 從平葛榮, 累前後功, 加鎭南將軍. 榮死後, 從尒朱兆入洛, 補帳內大都督, 從兆拒戰於韓陵. 兆敗, 薩以所部降. 高祖以爲第三領民酋長, 累遷秦州鎭城都督·北雍州刺史."

247 『北齊書』卷27「可朱渾元傳」, 376쪽, "可朱渾元, 字道元. 自云遼東人, 世爲渠帥, 魏時擁衆內附. 曾祖護野肱終於懷朔鎭將, 遂家焉. 元寬仁有武略, 少與高祖相知. 北邊擾亂, 遂將家屬赴定州, 値鮮于修禮作亂, 元擁衆屬焉. 葛榮幷修禮, 復以元爲梁王. 遂奔尒朱榮, 以爲別將, 隷天光征關中, 以功爲渭州刺史."

248 孫綱,「河北唐縣「賽思顚窟」, 31쪽-32쪽, "公太祖越豆眷見赫連起□, 率領家宗諸族萬有餘家, □彼移渡河北, 居□五原是也, □附大魏, 股肱萬代. 道武皇帝知太祖忠誠, 賜部落主如故, 封王懷朔鎭, 子孫世襲第一領民酋長, 統領六世."

249 『周書』卷16「獨孤信傳」, 263쪽, "獨孤信, 雲中人也, 本名如願. 魏氏之初, 有三十六部, 其先伏留屯者, 爲部落大人, 與魏俱起. 祖俟尼, 和平中, 以良家子自雲中鎭武川, 因家焉. 父庫者, 爲領民酋長, 少雄豪有節義, 北州咸敬服之."

250 『周書』卷16「侯莫陳崇傳」, 268쪽, "侯莫陳崇字尙樂, 代郡武川人. 其先, 魏之別部, 居庫斛眞水. 五世祖曰太骨都侯. 其後, 世爲渠帥. 祖允, 以良家子鎭武川, 因家焉. 父興, 殿中將軍·羽林監."

2 平城과 京畿 일대

1절에서 살펴본 것처럼 京畿 일대에 部族(部落)이 존재하였다. 越勤部는 天興 5년(402) 五原의 북쪽으로 이주했고[251] 永興 4년(413) 跋那山에서 奚斤의 공격을 받은 후[252] 永興 5년(414) 大寧으로 이주되었다.[253] 尉遲部는 天興 6년(403) 雲中에 入居하였다.[254] 선조가 部落을 거느렸던 羅結은 太武帝 시기 大寧 東川의 땅을 하사받았다.[255] 또 道武帝 시기 賀蘭·紇突隣·紇奚 部帥들이 陰館에서 반란을 일으킨 것을 보면,[256] 일시적으로 이 세 部의 전부 혹은 일부는 平城의 남쪽인 陰館에 거주했음을 알 수 있다.

이 밖에 본적에서 여러 部落首領이 京畿에 거주했음을 추론할 수

---

251 『魏書』卷2「太祖紀」天興五年十二月辛亥條, 40쪽, "越勤莫弗率其部萬餘家內屬, 居五原之北."

252 『魏書』卷2「太宗紀」永興四年夏四月乙卯條, 53쪽, "乙卯, 車駕西巡, 詔前軍奚斤等先行, 討越勤部於跋那山."

253 『魏書』卷2「太宗紀」永興五年秋七月條, 53쪽, "奚斤等破越勤倍泥部落於跋那山西, 獲馬五萬匹, 牛二十萬頭, 徙二萬餘家於大寧, 計口受田."

254 『魏書』卷2「太祖紀」天興六年春正月辛未條, 40쪽, "六年春正月辛未, 朔方尉遲部別帥率萬餘家內屬, 入居雲中."

255 『魏書』卷44「羅結傳」987쪽, "羅結, 代人也, 其先世領部落, 爲國附臣. 劉顯之謀逆也, 太祖去之. 結翼衛鑾輿, 從幸賀蘭部. 後以功賜爵屈蛇侯. 太宗時, 除持節·散騎常侍·寧南將軍·河內鎭將. 世祖初, 遷侍中·外都大官, 總三十六曹事. 年一百七歲, 精爽不衰. 世祖以其忠愨, 甚見信待, 監典後宮, 出入臥內, 因除長信卿. 年一百一十, 詔聽歸老, 賜大寧東川以爲居業, 幷爲築城, 卽號曰羅侯城, 至今猶存."

256 『魏書』卷28「庚業延傳」684쪽, "官軍之驚於栢肆也, 賀蘭部帥付力眷·紇突隣部帥匿物尼·紇奚部帥叱奴根等聞之, 聚黨反於陰館. 南安公元順討之, 不克, 死者數千人. 太祖聞之, 詔岳率萬騎, 還討叱奴根等, 殄之, 百姓乃安. 離石胡帥呼延鐵·西河胡帥張崇等不樂內徙, 聚黨反叛. 岳率騎三千, 討破之, 斬鐵擒崇, 搜山窮討, 散其餘黨."

있다. 北魏時代 대대로 部落을 거느렸거나 渠帥 혹은 第一領民酋長였던 和跋(素和氏),[257] 樓伏連,[258] 萬安國,[259] 乙瓌(乙弗氏),[260] 薛野䐗,[261] 封敕文,[262] 侯莫陳相,[263] 竇熾(紇豆陵氏)[264] 등의 집단의 본적이 代인 것으로 보아, 平城과 그 주변 지역(北魏前期 京畿)에 거주했을 것이다. 高琳 일족의 本籍은 기록되지 않았으나, 5世祖 高宗이 北魏에 귀순한 후第一領民酋長에 임명되었다.[265] 北魏初 中山城을 점령한 후 平城 일대로 옮긴 집단 가운데 '高麗', 즉 高句麗人이 있었기 때문에 高琳의 선조들도 京畿 일대에 거주한 部落首領이었을 것이다. 孝昌初 恒州 內

---

257 『魏書』卷28 「和跋傳」, 681쪽, "和跋, 代人也, 世領部落, 爲國附臣." 「大周故左衛翊衛和君墓誌」에서도 和氏의 선조는 白部大人을 세습했고, "及大魏初基, 將有南□, 遂統其部落而爲附臣."이라고 하여 北魏初 素和氏가 여전히 部落을 통령했음을 보여준다(「大周故左衛翊衛和君墓誌」, 『唐代墓誌彙編』, 983쪽, "其先大單于□□竄跋襲爵爲白部大人, 及大魏初基, 將有南□, 遂統其部落而爲附臣. 太和中, 有詔諸複姓聽從夏音, 遂改爲和氏.").

258 『魏書』卷30 「樓伏連傳」, 717쪽, "樓伏連, 代人也. 世爲酋帥, 伏連忠厚有器量, 年十三, 襲父位, 領部落."

259 『魏書』卷34 「萬安國傳」, 804쪽, "萬安國, 代人也. 祖眞, 世爲酋帥, 恒率部民從世祖征伐, 以功除平西將軍・敦煌公, 轉驍騎大將軍・儀同三司."

260 『魏書』卷44 「乙瓌傳」, 991쪽, "乙瓌, 代人也. 其先世統部落."

261 『魏書』卷44 「薛野䐗傳」, 995쪽, "薛野䐗, 代人也. 父達頭, 自姚萇時率部落歸國."

262 『魏書』卷51 「封敕文傳」, 1134쪽, "封敕文, 代人也. 祖豆, 皇始初領衆三萬東征幽州, 平定三郡, 拜幽州刺史."

263 『北齊書』卷19 「侯莫陳相傳」, 259쪽, "侯莫陳相, 代人也. 祖伏頹, 魏第一領民酋長. 父斛古提, 朔州刺史・白水郡."

264 『周書』卷30 「竇熾傳」, 517쪽, "竇熾字光成, 扶風平陵人也. 漢大鴻臚章十一世孫. 章子統, 靈帝時, 爲鴈門太守, 避竇武之難, 亡奔匈奴, 遂爲部落大人. 後魏南徙, 子孫因家於代, 賜姓紇豆陵氏. 累世仕魏, 皆至大官. 父略, 平遠將軍, 以熾著勳, 贈少保・柱國大將軍・建昌公."

265 『周書』卷29 「高琳傳」, 495쪽, "高琳字季珉, 其先高句麗人也. 六世祖欽, 爲質於慕容庿, 遂仕於燕. 五世祖宗, 率衆歸魏, 拜第一領民酋長, 賜姓羽眞氏. 祖明・父遷仕魏, 咸亦顯達."

部勅勒 劉崙[266]과 西部鐵勒酋長 乇列河[267]도 恒州, 즉 北魏前期 平城 일대에 거주했던 敕勒 部族(部落)의 우두머리였을 것이다. 비슷한 시기 墓誌에서도 京畿 일대에 거주했던 部落首領 일족이 발견된다. 예컨대 대대로 部落의 世酋였으며 侯萬斤이 第一品大酋長을 역임한[268] 獻文帝 侯夫人(451-503)의 집안은 본래 朔州 출신이었다. 北魏洛陽時代 朔州는 北魏前期 京畿를 三分한 서쪽 지역이었으므로, 侯骨[喉骨]氏 역시 京畿에 거주했음을 알 수 있다. 庫狄(厙狄)□(이름 누락)의 부인 尉氏(509-559)의 尉氏(尉遲氏)가 漠表의 世酋였다고 기록하였다.[269] 그녀의 본적이 恒州 代郡 平城縣[270]이라고 밝혔으므로 尉遲氏 역시 平城 일대에 거주한 部落首領 집안이었다. 奚智(435-507)의 선조는 僕膽可汗의 후예였으며, 대대로 部衆을 分領하였고,[271] 曾祖 鳥洛頭가 大人大莫弗을 역임했으므로[272] 대대로 平城 일대에 살던 部落首領 가문

266 『北齊書』卷19 「高市貴傳」, 254쪽, "高市貴, 善無人也. 少有武用. 孝昌初, 恒州內部衆勒劉崙等聚衆反, 市貴爲都督, 率衆討崙, 一戰破之. 累遷撫軍將軍·諫議大夫. 及尒朱榮立魏莊帝, 市貴預翼戴之勳. 遷衛將軍·光祿大夫·秀容大都督·第一領民酋長, 賜爵上洛縣伯. 尒朱榮擊葛榮於滏口, 以市貴爲前鋒都督. 榮平, 除使持節·汾州刺史, 尋爲晉州刺史. 紇豆陵步藩之侵亂幷州也, 高祖破之, 市貴亦從行有功, 除驃騎大將軍·儀同三司, 封常山郡公, 邑一千五百戶."

267 『周書』卷15 「于謹傳」, 244쪽, "於是西部鐵勒酋長乇列河等, 領三萬餘戶並款附, 相率南遷. 廣陽王欲與謹至折敷嶺迎接之."

268 「獻文帝侯夫人墓誌」, 42쪽.

269 「尉孃孃墓誌」, 407쪽, "發顓頊之遐源, 資有夏之苗裔. 開基命爵, 世酋漠表. 安西將軍東徐州刺史尉天生之女也."

270 위와 같음, "郡君字孃孃, 恒州代郡平城人也."

271 「奚智墓誌」, 50쪽, "始與大魏同先, 僕膽可汗之後裔中古遷移, 分領部衆, 遂因所居, 改爲達奚氏焉. 逮皇業徒嵩, 更新道制, 勅姓奚氏."

272 위와 같음, "君故大人大莫弗鳥洛頭之曾孫, 內行羽眞散騎常侍鎭西將軍雲中鎭大將內亦干之孫, 兗州治中衛將軍府長史步洛汗之子."

출신이었을 것이다.[273] 河陰縣 中練里 출신 奚眞(464?-523?)의 선조가 部民을 통솔하였고,[274] 高祖 奚烏籌가 大人[275]이었던 것으로 보아 대대로 部落首領이었을 것이다. 奚眞의 본적은 河南郡 河陰縣 中練里이지만, 이는 洛陽遷都 이후의 본적 개칭 이후의 본적이고, 본래 平城 일대에 살았을 것이다.

3 呂梁山 · 汾水 유역(현재의 山西省 중부와 서부)

北魏平城時代 남부 肆州(汾水 상류)에는 領民酋長 尒朱氏가 거느린 稽胡 부락이 있었다. 尒朱川에 거주했던 尒朱羽建은 領民酋長에 임명된 후 後燕의 수도 中山城을 점령하는 공을 세워 秀容川 사방 300里의 땅을 하사받았다.[276] 永安 2년(529) 씌어진 尒朱紹와 尒朱襲의 墓誌에는 尒朱氏가 秀容에 봉해져 거주하였다고 기록하였다.[277] 이를 '封居'로 표기한 것으로 보아 食邑의 分封과 유사한 성격이 있었을 것이다.

---

273 奚智의 할아버지 이름 內亦干과 아버지 이름 步洛汗에 '干'과 '汗'이 있는데, 이는 유목민의 군주 칸(khan)의 音譯이라고 추정된다. 이름에 칸이 붙은 것으로 보아 內亦干과 步洛汗은 일정 규모의 집단(部落)을 거느린 우두머리였을 것이다.

274 「奚眞墓誌」, 『漢魏南北朝墓誌彙編』, 142쪽, "其先蓋肇侯軒轅, 作蕃幽都, 分柯皇魏, 世庇瓊蔭, 綿弈部民, 代匡王政. 可謂芬桂千齡, 松茂百世者矣."

275 위와 같음, "君故大人大莫弗烏洛頭之曾孫."

276 『魏書』卷74 「尒朱榮傳」, 1643쪽, "尒朱榮, 字天寶, 北秀容人也. 其先居於尒朱川, 因爲氏焉. 常領部落, 世爲酋帥. 高祖羽健, 登國初爲領民酋長, 率契胡武士千七百人從駕平晉陽, 定中山. 論功拜散騎常侍. 以居秀容川, 詔割方三百里封之, 長爲世業. 太祖初以南秀容川原沃衍, 欲令居之, 羽健曰: '臣家世奉國, 給侍左右. 北秀容旣在劃內, 差近京師, 豈以沃壤更遷遠地.' 太祖許之."

277 「尒朱紹墓誌」, 262쪽, "其先出自周王虢叔之後, 因爲郭氏, 封居秀容, 酋望之胤, 遂爲尒朱.";「尒朱襲墓誌」, 265쪽, "其先出自周王虢叔之後, 因爲郭氏, 封居秀容, 酋望之胤, 遂爲尒朱."

京畿 남쪽, 즉 현재의 山西省 중부와 남부인 黃河와 汾水 사이의 지역, 당시 행정구역으로는 汾州(吐京鎭), 晉州, 幷州, 肆州 일대에 山胡라 불리는 유목민 집단이 있었다. 山胡는 稽胡[278] 혹은 汾胡·河西胡·離石胡·西河胡·吐京胡·五城郡胡 등으로 불리며 屠各·盧水胡·稽胡·鐵弗·支胡·匈奴·西域胡 등 각종 雜胡의 총칭이다.[279] 혹은 離石, 吐京 등 지역 이름 뒤에 '胡'字를 붙이기도 하였다.『周書』「稽胡傳」에서 알 수 있듯이 稽胡는 匈奴의 후예였다.[280] 山胡 劉蠡升[281] 을 稽胡로 칭한 것으로 보아[282] 양자는 동일하였다. 따라서 山胡에 劉蠡升과 같은 劉氏(鮮卑 單于 屠各種이 개칭한 漢姓), 呼延鐵과 같은 呼延氏[283] 등 匈奴人이 일부 포함되었다.

呂梁山과 黃河 사이의 지역에는 前期에 吐京鎭·離石鎭 등의 鎭이,

---

278 稽胡 명칭의 등장은 瀧川正博,「北周における「稽胡」の創設」,『史觀』160, 2009 참조.

279 唐長孺,「魏晉雜胡考」,『魏晋南北朝史論叢』, 北京: 三聯書店, 1955, 439-444쪽; 同氏,「北魏末期의 山胡勅勒起義」, 60-61쪽; 周一良,「北朝의 民族問題與民族政策」, 188-190쪽 및 192-194쪽.

280 『周書』卷49「異域上·稽胡傳」, 896-897, "稽胡一曰步落稽, 蓋匈奴別種, 劉元海五部之苗裔也. 或云山戎赤狄之後. 自離石以西, 安定以東, 方七八百里, 居山谷間, 種落繁熾. 其俗土著, 亦知種田. 地少桑蠶, 多麻布."

281 『魏書』卷69「裴延儁傳附良傳」, 1531, "時有五城郡山胡馮宜都·賀悅回成等以妖妄惑衆, 假稱帝號, 服素衣, 持白傘白幡, 率諸逆衆, 於雲臺郊抗拒王師. 融等與戰敗績, 賊乘勝圍城. 良率將士出戰, 大破之, 於陣斬回成, 復誘導諸胡令斬送宜都首. 又山胡劉蠡升自云聖術, 胡人信之, 咸相影附, 旬日之間, 逆徒還振."

282 『周書』卷49「異域上 稽胡傳」, 897쪽, "魏孝昌中, 有劉蠡升者, 居雲陽谷, 自稱天子, 立年號, 署百官. 屬魏氏政亂, 力不能討. 蠡升遂分遣部衆, 抄掠居民, 汾·晉之間, 畧無寧歲."

283 『魏書』卷28「庾業延傳」, 684쪽, "官軍之驚於栢肆也, 賀蘭部帥附力眷·紇突隣部帥匿物尼·紇奚部帥叱奴根等聞之, 聚黨反於陰館. 南安公元順討之, 不克, 死者數千人. 太祖聞之, 詔岳率萬騎, 還討叱奴根等, 殄之, 百姓乃安. 離石胡帥呼延鐵·西河胡帥張崇等不樂內徙, 聚黨反叛. 岳率騎三千, 討破之, 斬鐵擒崇, 搜山窮討, 散其餘黨."

後期에 汾州가 설치되었다. 그러나 山胡의 지역에 州郡이 설치되었다
고 해도 山胡가 編戶化하였다고 볼 수 없다. "郡縣에 나누어 통할되
고 編戶의 신분이었지만 徭賦가 가벼워 齊民과 달랐던"『周書』「契胡
傳」의 예에서 알 수 있듯이[284] 이들은 형식적으로 編戶로 郡縣支配를
받은 것처럼 보이지만, 部落首領이 관리하는 羈縻 지배하에 놓였음
을 알 수 있다.[285] 山胡 가운데 北魏 황실과의 通婚이나 部落首領 자
신 혹은 子弟가 近侍官으로 임용한 예가 史書에는 보이지 않는다. 山
胡 세력이 北魏 정계에서 차지하는 비중이 낮아 누락되었을 것이다.
北魏는 高車와 마찬가지로 北魏에 반항하지 않는 이상 山胡의 部落
組織을 용인하며 部落首領을 통한 간접통치에 만족했을 것이다. 그
러나 幷州 胡酋 卜田의 반란을 진압한 예[286]처럼 통치에 불복하는 세
력은 무력으로 진압하였다. 또 山胡는 北魏에 대해 고정된 의무를 지
니지는 않았지만 병사나 戍兵 등으로 징발되는 예도 있었다.[287] 요컨

---

284 『周書』 卷49 「異域上·稽胡傳」, 897쪽, "雖分統郡縣 列於編戶 然輕其徭賦 有異齊
民."

285 唐長孺, 「北魏末期的山胡敕勒起義」, 63쪽. 『水經注』에 의하면 離石諸胡를 방어하
기 위해 만든 六壁이 離石鎭으로 개칭되었고, 孝文帝 시기 西河郡으로 바뀌었다
(『水經·文水注』(段熙仲 點校, 陳橋驛 復校, 『水經注疏』, 南京: 江蘇古籍出版社,
1989) 卷6 「文水出大陵縣西山文谷」條, 597-598쪽, "文水又東南流, 與勝水合. 水出
西狐岐之山, 東逕六壁城南, 魏朝舊置六壁于其下, 防離石諸胡, 因爲大鎭. 太和中,
罷鎭置西河郡焉."). 西河郡의 설치는 郡縣支配의 관철보다 여전히 離石胡의 방어
를 위한 군사기지의 성격이 짙다. 北魏 전 시기 吐京胡·離石胡·山胡 토벌 기사
가 『魏書』에 散見되는데 이는 北魏의 이 지역지배가 불안정하고 늘 긴장상태가 유
지되었음을 의미하며, 吐京郡·西河郡 등은 이들을 방어하는 전기의 鎭의 성격을
여전히 지니고 있었음을 추정해볼 수 있다.

286 『魏書』 卷4上 「世祖紀」上 神麚元年夏六月丁酉條, 72쪽, "幷州胡酋卜田謀反伏誅,
餘衆不安. 詔淮南公王倍斤鎭慮虒, 撫慰之."

287 唐長孺, 「北魏末期的山胡敕勒起義」, 63쪽; 周一良, 「北朝的民族問題與民族政策」,
190-191쪽.

대 山胡 역시 北魏에 형식상 복속되었지만, 일정한 자치를 누리는 집단으로 볼 수 있다.

선행연구에 따르면, 護軍은 기본적으로 黃河와 汾水 河谷 사이에 원래 匈奴와 北魏의 山胡·離石胡·西河胡 등 匈奴 후예가 활약한 지역에 설치되었다. 明元帝 시기에 黃河와 汾水 河谷 지역의 일부 護軍은 鎭戌로 바뀌었다. 鎭戌制의 보편적인 확대에 따라 이민족들은 兵籍에 포함되어 鎭戌의 통제를 받는 兵戶가 되었다.[288]

4 河西(오르도스) 지역

오르도스(河套) 지방에도 部族(部落)이 존재하고 이를 거느린 우두머리가 존재하였다. 예컨대 北魏時代부터 隋末까지 扶風 竇氏를 사칭한 紇豆陵氏의 部落은 河西(오르도스)에 있었다.[289] 李和의 선조는 隴西郡 狄道縣 출신이며 후에 朔方으로 徙居하였으나 父 李僧養이 夏州酋長에 임명되었다.[290] 夏州酋長의 직함으로 보아 李僧養·李和는 夏州의 部族(部落)을 통치하는 胡人 혹은 胡化된 漢人이었을 것이다. 『金石萃編』「焦延昌造像碑」에 따르면, 焦故曹는 第一領□酋長에 임명되었다. 「焦延昌造像碑」는 大統 5년(539)에 만들어진 것으로 추정되는데, 焦延昌의 할아버지 焦故曹가 활동했던 시기를 역산하면 509년 전후로 추정된다. 즉 北魏後期 宣武帝 시기에도 河西(오르도스) 지역에 領民酋長

---

288 何德章, 「北魏太和中州郡制改革考釋」, 『武漢大學學報(哲學社會科學版)』1995-3(總第218期), 1995, 30쪽.

289 石見淸裕, 「唐の建國と匈奴の費也頭」, 『史學雜誌』91-10, 1982(石見淸裕, 「唐の北方問題と國際秩序」, 東京: 汲古書院, 1998에 再錄), 1586-1609쪽.

290 『周書』卷29「李和傳」, 497쪽, "李和本名慶和, 其先隴西狄道人也. 後徙居朔方. 父僧養, 以累世雄豪, 善於統御, 爲夏州酋長."

이 존재했음을 알 수 있다.[291] 선행연구에 따르면, 4-5세기 河西 지역에는 三交五部鮮卑 등 諸鮮卑, 朔方烏桓, 匈奴系統인 屠各, 南匈奴의 후예인 鐵弗部 세력(赫連氏), 曹龍, 龜玆 출신의 諸胡, 氐·羌과 河西 敕勒, 즉 河西에 안치된 敕勒諸部 등 각종 胡族들이 거주하였다.[292]

河西와 統萬·高平·上邽는 神䴥 2년(429) 柔然과 高車를 분산시켜 거주하게 한 五原과 陰山보다 서쪽에 위치한 지역이었다. 즉 高車는 漠南과 오르도스(河西), 黃河 상류의 高平과 上邽 등 넓은 지역에 분포하였다. 柔然도 앞에서 살펴본 동쪽의 濡源과 서쪽의 五原·陰山 사이의 지역뿐만 아니라 高平鎭과 薄骨律 2鎭에 거주하였다.[293] 이 지역들도 高車의 거주지역과 대체로 일치한다.

5 關隴·河西回廊 지역

오르도스 남쪽의 關隴 지역에 여러 種族들이 살았으며, 특히 氐·羌이 部族(部落)을 유지하였다.[294] 太平眞君 6년(445) 蓋吳의 난이 발생했을 때 蓋吳가 部族(部落)을 통령하였고("其部落帥"), "安定諸夷酋"가 蓋吳에 호응하고 杏城守將을 살해하였다.[295] 이 기사에서 關隴 일대의

---

291 唐長孺,「北魏末期的山胡敕勒起義」, 78쪽 및 79쪽 주) 1.

292 白翠琴,『魏晉南北朝民族史』, 363-364쪽; 前田正名,『平城の歷史地理學的研究』, 300-308쪽.

293 『魏書』卷58「楊播傳附椿傳」, 1286쪽, "初, 顯祖世有蠕蠕萬餘戶降附, 居於高平·薄骨律二鎭, 太和之末, 叛走略盡, 唯有一千餘家."

294 馬長壽는 關中 지역의 造像記와 비석을 분석하여 北朝時代 關中의 부족들은 조직을 유지했음을 고증하였다(馬長壽,『碑銘所見前秦至隋初的關中部族』, 桂林: 廣西師範大學出版社, 2006(原載 北京: 中華書局, 1985), 38-49쪽).

295 『魏書』卷4下「世祖紀」下 太平眞君六年十一月條, 99쪽, "蓋吳遣其部落帥白廣平西掠新平 安定諸夷酋皆聚衆應之 殺杏城守將."

여러 種族이 部落組織을 유지하였고, 추장이 거느렸음을 알 수 있다. 즉 이 지역에 部族(部落)解散이 되지 않은 집단들이 많았다. 嚴耕望은 「建義元年白水郡白水縣造像記」에 羌人 東部統酋와 西部統酋, 羌人 部落의 酋長이 존재함을 밝혔다.[296]

「賀婁悅墓誌」에 따르면, 賀婁悅 가문은 대대로 北蕃의 우두머리가 된 部族(部落)首領 가문이었다.[297] 賀婁悅의 본적은 高陸 阿陽인데, 高陸은 馮翊郡의 屬縣, 阿陽은 略陽郡의 屬縣이었다. 本籍은 당시 행정구역에 맞지 않지만, 馮翊郡과 略陽郡 일대에서 활동한 部族(部落)이었음을 알 수 있다. 선행연구에 따르면, 賀婁는 鮮卑의 部族(部落)인 賀樓의 異譯이며, 賀樓氏 가운데 일부가 關右 일대에 있었을 것으로 추정되며, 關隴의 賀婁氏는 본래 北魏에 속한 집단이 아니라 十六國時代 關隴의 五胡諸國, 특히 乞伏鮮卑集團이었을 가능성이 많다고 한다.[298] 乞伏氏가 세운 西秦은 夏(赫連夏)에 망했고, 夏는 北魏에 망했기 때문에 이 주장을 받아들이면 賀樓氏 部落은 北魏의 지배를 받은 이후에도 部族(部落)조직을 유지했음을 알 수 있다. 宇文猛(497-565)의 祖와 父는 民酋였다.[299] 宇文猛의 집안은 顓頊의 후예로 가탁[300]하였고, 北周時代 宇文氏로 賜姓되었다.[301] 따라서 宇文猛은 원래부터 宇文氏는 아니었고 平高 지역에 사는 집단의 일원이었고 본적인 平高(涇

---

296 嚴耕望, 『中國地方行政制度史』 上編中卷 魏晉南北朝地方行政制度, 840쪽.

297 「賀婁悅墓誌」, 『新出魏晉南北朝墓誌疏證』, 170쪽, "君世君北蕃, 酋督相繼, 接青英豪, 踵武承賢."

298 위와 같음, 171쪽.

299 「宇文猛墓誌」, "唯祖唯父, 世爲民酋."(釋讀文은 耿志强·陳曉樺, 「北周宇文猛墓志考釋」, 『西夏硏究』 2013-2, 2013, 91오른쪽-92왼쪽에서 인용. 아래의 묘지명도 같다.)

300 「宇文猛墓誌」, "其先帝顓頊之苗裔. 長瀾不竭, 世濟其眞, 備詳典冊, 可略言也."

301 「宇文猛墓誌」, "寶歷歸周, 以公先朝勛(勳), 賜姓宇文氏."

州 平涼郡)의 部族(部落)을 통치하는 酋長이었을 것이다. 본적이 涇州 平涼郡 陰槃縣 武都里인 員標의 曾祖 員暖吨은 後趙 鎭西將軍 五部 都統 平昌伯이었다.[302] 葉煒와 羅新은 '五部都統'의 관명으로 보아 員 氏는 內入胡族이며, 동쪽 陰槃縣으로 이주한 部族(部落)의 酋長이라 고 추정하였다.[303] 「王僧墓誌」에 따르면, 孝明帝 시기 王僧(478-535)은 白水太守가 되어 白水郡의 酋渠를 招慰하였다.[304] 여기서 보이는 白水 郡의 酋渠는 羌 혹은 氐의 部落首領이었을 것이다. 요컨대 關隴 지역 에 중심지인 長安에서 먼 외곽지역인 馮翊郡의 高陸縣, 平涼郡의 平 高縣과 陰槃縣, 白水郡 일대에 部落首領들이 존재했다.

關隴의 서쪽인 河西回廊 일대에도 여러 유목민 집단이 거주했을 것이다. 北魏가 北涼을 정복할 때 北涼의 수도 姑臧城 밖에 四部鮮 卑 3만여 落이 있었다. 四部鮮卑는 4개의 部(部落)로 구성된 鮮卑임 을 뜻하며, 源賀는 이들을 招慰하여 北涼에서 北魏로 투항하도록 하 였다.[305] 이들은 北魏에 강제로 정복된 것이 아니라 회유에 의해 항복 했기 때문에 北涼 멸망 이후 部落이 해산되지 않았을 것이며, 아마도 원주지인 河西回廊에 살았을 것이다. 焉耆胡 車伊洛 역시 部落帥였고

---

302 「員標墓誌」, 『新出魏晉南北朝墓誌疏證』, 55쪽.

303 「員標墓誌」, 56쪽.

304 「王僧墓誌」, 『漢魏南北朝墓誌彙編』, 318쪽, "俄遷白水太守, 招慰酋渠, 令塞外無塵, 撫孤矜寡." 이 앞 문장에 "正光中, 除淸州高陽令. 未及下車而芳風亟聞, 不俟期月 而民知且格. 雖魯恭之在中牟, 密子之治善甫, 無以過也."라고 하여 王僧이 正光년 간 高陽令에 임명되었으므로, 王僧이 白水太守에 임명된 것은 正光年間 말기이거 나 孝昌년간 초기였을 것이다. 모두 孝明帝 시기에 해당한다.

305 『魏書』 卷41 「源賀傳」, 919쪽, "源賀, 自署河西王禿髮傉檀之子也. …… 世祖征涼 州, 以賀爲鄕導. 詔問攻戰之計, 賀對曰: '姑臧城外有四部鮮卑, 各爲之援. 然皆是 臣祖父舊民, 臣願軍前宣國威信, 示其禍福, 必相率歸降. 外援旣服, 然後攻其孤城, 拔之如反掌耳.' 世祖曰: '善.' 於是遣賀率精騎歷諸部招慰, 下三萬餘落, 獲雜畜十餘 萬頭. 及圍姑臧, 由是無外慮, 故得專力攻之."

沮渠無諱 등과 싸우다가 北魏에 투항하였다. 車伊洛은 部衆 2,000여 人을 거느리고 高昌을 정벌하기도 하였다. 따라서 車伊洛도 部族(部 落)을 거느리고 河西回廊 혹은 西域 일대에 거주했을 것이다.[306]

6 남쪽 변경

남부 변경지역도 상황은 마찬가지였다. 上洛 일대는 北魏前期 太 武帝 시기 北魏의 영역으로 편입되었으며, 전기에 荊州, 후기에 洛州 로 불렸던 지역인데 巴人이 다수 거주하였다.[307] 적어도 太武帝 말년 부터 4대에 걸쳐 本縣令을 세습한 上洛泉氏의 사례[308]에서 알 수 있듯 이 巴酋들이 太守와 縣令이 되어 巴人들을 다스렸다. 서남부, 즉 四 川 북부와 陝西 서남부에 위치한 氐와 獠의 首領들 역시 본적지 지방 관에 임용되었다. 北魏가 獠를 통치하기 위해 巴州와 隆城鎭을 설치

---

306 『魏書』卷30「車伊洛傳」, 723쪽, "車伊洛, 焉耆胡也. 世爲東境部落帥, 恒修職貢. 世祖錄其誠款, 延和中授伊洛平西將軍, 封前部王, 賜絹一百匹, 綿一百斤, 繡衣一 具, 金帶靴帽. 伊洛大悅, 規欲歸闕. 沮渠無諱斷路, 伊洛與無諱連戰, 破之. 時無諱 卒, 其弟天周奪無諱子乾壽兵, 規領部曲. 伊洛前後遣使招喩, 乾壽等率戶五百餘家 來奔, 伊洛送之京師. 又招喩李寶弟欽等五十餘人, 送詣敦煌. 伊洛又率部衆二千餘 人伐高昌, 討破焉耆東關七城, 虜獲男女二百人, 駝千頭, 馬千匹. 以金一百斤奉獻."
307 周一良,「北朝的民族問題與民族政策」, 216쪽.
308 『周書』卷44「泉企傳」에 의하면 泉企의 曾祖 泉景言과 아버지 安志는 宜陽太守[本 州他郡]를 역임하였고 4대에 걸쳐 本縣令을 세습하였다(『周書』卷44「泉企傳」, 785 쪽, "泉企字思道, 上洛豐陽人也. 世雄商洛. 曾祖景言, 魏建節將軍, 假宜陽郡守, 世襲本縣令, 封丹水侯. 父安志 復爲建節將軍·宜陽郡守, 領本縣令, 降爵爲伯."). 宣武帝 시기 泉企가 10세였다는 사실에서 적어도 太武帝 말년부터 泉企 일가는 縣令을 세습하고 2대에 걸쳐 宜陽太守를 역임하였다. 太延 4년(438) 上洛 巴泉單 등의 內附 기사가 보이는데(『魏書』卷4上「世祖紀」上 太延四年十二月條, 88쪽, "上 洛巴泉單等相率內附."), 巴泉單과 泉企는 친족이었을 가능성도 있다.

하고 巴酋 嚴始欣을 刺史로 임명하여 獠 20만 戶를 통할하게 하고 租
布를 징수한 사례가 대표적이다.[309] 仇池氏는 仇池國을 세운 후 氏羌
을 20部護軍으로 나누고 護軍은 각각 鎭戍를 두어 통치하였다.[310] 仇
池가 北魏에 복속된 이후에도 "武都 · 陰平五部氏民"[311]이라 하여 氏는
여전히 部를 유지하였다. 部의 존재는 이들을 통할하는 首領 역시 존
재함을 의미할 것이다. 孝文帝 초기 任城王 雲이 지방정부에 반항하
던 梁州氏帥 楊仲顯 · 楊卜 · 符叱盤에게 循城鎭副將 · 廣業太守 · 固道
鎭副將의 벼슬을 주고 나머지 首帥에게도 각각 벼슬을 준 후에야 仇
池 지역의 민심을 얻어 평화롭게 되었다는 예[312]는 北魏가 氏帥들에게
본적지 太守나 鎭副將으로 삼아 이들을 매개로 일반 氏人을 통치했
음을 보여준다.[313]

南北朝時代 접경지대에 다수의 廩君蠻이 거주하였고, 이들이 南
北朝의 대립에 깊이 관여하고 양자의 회유의 대상이 되었다.[314] 『魏

---

309 『魏書』卷101「獠傳」, 2250쪽, "其後朝廷以梁益二州控攝險遠, 乃立巴州以統諸獠,
　　後以巴酋嚴始欣爲刺史. 又立隆城鎭, 所綰獠二十萬戶, 彼謂北獠, 歲輸租布, 又與
　　外人交通貿易."
310 『魏書』卷101「氏傳」, 2228-2229쪽, "分諸氏羌爲二十部護軍, 各爲鎭戍, 不置郡
　　縣."
311 『魏書』卷51「皮豹子傳」, 1130쪽, "義隆以文德爲武都王, 給兵二千人守葭蘆城, 招
　　誘氏羌, 於是武都 · 陰平五部氏民叛應文德."
312 『魏書』卷19中「任城王雲傳」, 463쪽, "梁州氏帥楊仲顯 · 婆羅 · 楊卜兄弟及符叱盤
　　等, 自以居邊地險世爲山狡. 澄至州, 量彼風俗, 誘導懷附. 表送婆羅, 授仲顯循城鎭
　　副將, 楊卜廣業太守, 叱盤固道鎭副將, 自餘首帥, 各隨才而用之. 款附者賞, 違命加
　　誅, 於是仇池帖然, 西南款順."
313 이상 北魏 남쪽 변경지방의 蠻 · 氏 · 巴 등 種族 정책의 양상과 배경은 최진열, 「北
　　魏의 華北支配와 그 性格」, 24-26쪽 참조.
314 章冠英, 「兩晉南北朝時期民族大變動中的廩君蠻」, 『歷史硏究』 1957-2, 1957(谷口
　　房男, 「南北朝時代の蠻酋」, 『魏晉南北朝隋唐時代史の基本問題』, 東京: 汲古書院,
　　1997, 117쪽에서 재인용).

書ㆍ「蠻傳」을 살펴보면 明元帝 泰常 8년(423) 이후 蠻酋들이 部落ㆍ部曲ㆍ民戶 등을 통솔하고 北魏에 귀부하였다. 北魏는 歸降한 蠻酋에게 현 거주지 刺史나 太守의 직함을 주어 部衆을 통치하게 하는 간접 통치방식을 취하였다.[315] 趙猛(419-488)이 荊州에서 근무할 때 酋渠들을 잘 위무했다는 「趙猛墓誌」의 기록[316]을 믿을 수 있다면, 荊州 일대에 異種族 部族(部落)과 部族(部落)首領(酋渠)이 존재했음을 확인할 수 있다. 『魏書』列傳에 光城蠻酋 田益宗의 예가 보인다. 그는 太和 19년 (495) 都督光城弋陽汝南新蔡宋安五郡諸軍事 南司州刺史 光城縣開國伯의 官爵과 함께 소속 郡縣의 守宰를 임용할 권한을 부여받아[317] 사실상 '소영주'로 군림하였다. 北魏는 田益宗으로 대표되는 蠻酋의 自治를 허용하고, 南朝의 공격을 막는 방패막이 역할을 기대하였다. 宣武帝 景明初 田益宗은 梁軍을 격파하고 2城을 획득했고,[318] 中山王 英의 梁 정벌전에 참여하여 적의 糧運을 끊고 적장을 생포하는 등 큰 전

---

315 崔珍烈, 「北魏의 華北支配와 그 性格」, 58쪽 〈표 6〉 諸蠻 歸附者ㆍ歸附糊口 및 州郡縣 편제 참조. 『魏書』「蠻傳」에서는 田益宗이 통솔한 4,000여 戶를 '部曲'이라 하였지만, 本紀에서는 '部落' 4,000여 戶로 표기되었다(『魏書』卷7下「高祖紀」下 太和十七年四月條, 171쪽, "蕭賾征虜將軍ㆍ直閣將軍ㆍ蠻酋田益宗率部落四千餘戶內屬.").

316 「趙猛墓誌」, 『新出魏晉南北朝墓誌疏證』, 106쪽, "于時荊州偏垂, 地岨關洛, 以君德望具瞻, 擢爲日揚將軍. 君善撫酋渠, 大著恩信, 器核不施, 凶心自屛."

317 『魏書』卷61「田益宗傳」, 1370쪽, "田益宗, 光城蠻也. …… 世爲四山蠻帥, 受制於蕭賾. 太和十七年, 遣使張超奉表歸款. 十九年, 拜員外散騎常侍ㆍ都督光城弋陽汝南新蔡宋安五郡諸軍事ㆍ冠軍將軍ㆍ南司州刺史; 光城縣開國伯, 食蠻邑一千戶; 所統守宰, 任其銓置."

318 『魏書』卷61「田益宗傳」, 1370-1371쪽, "景明初, 蕭衍遣軍主吳子陽率衆寇三關. 益宗遣光城太守梅興之步騎四千, 進至陰山關南八十餘里, 據長風城, 逆擊子陽, 大破之, 斬獲千餘級. 蕭衍建寧太守黃天賜築城赤亭, 復遣其將黃公賞屯於湶城, 與長風相持. 益宗命安蠻太守梅景秀爲之掎角擊討, 破天賜等, 斬首數百, 獲其二城."

과를 올렸다.[319] 豫州에서 白早生이 반란을 일으켜 郢州와 豫州 이남에서 義陽을 제외한 지역이 모두 적에게 점령당했을 때, 田益宗은 梁武帝의 회유에 넘어가지 않고 北魏를 지지하는 등 당시의 安危가 田益宗에 달려 있으며 郢州와 豫州를 평정하는 데 田益宗의 힘이 컸다는 당시의 평가[320]는 北魏의 蠻地 지배와 南邊 방어에 田益宗의 영향력이 컸음을 보여준다. 蠻人들은 승진보다 변방의 半獨立的인 지배자로 남는 것을 원하였고 중앙이나 타지로의 전출을 싫어하였다. 예컨대 후에 田益宗을 內地인 濟州刺史로 전출시키자, 이에 반발한 田益宗의 아들 魯生 · 魯賢 등은 배반하고 梁軍을 끌어들였으나 패하여 梁으로 도망가고 田益宗이 東豫州를 떠나게 되었다.[321] 田益宗의 長子 隨興 역시 平原太守에 임명되었으나 南邊에 머무르고 싶어 하여 결국 현재의 거주지에 속하는 弋陽 · 汝南二郡太守에 임명되었다.[322] 田益宗 일가의 사례에서 살펴본 것처럼 蠻酋들은 部落 · 部曲 · 民戶

---

319 『魏書』卷61「田益宗傳」, 1371쪽, "世宗納之, 遣鎭南元英攻義陽. 益宗遣其息魯生領步騎八千, 斷賊粮運, 幷焚其釣城積聚. 衍戍主趙文擧率衆拒戰, 魯生破之, 獲文擧及小將胡建興 · 古皓 · 莊元仲等, 斬五千餘級, 溺死千五百人, 倉米運舟焚燒蕩盡. 後賊寧朔將軍楊僧遠率衆二千, 寇逼蒙籠, 益宗命魯生與戍主奇道顯逆擊破之, 追奔十里, 俘斬千餘."

320 『魏書』卷61「田益宗傳」, 1372쪽, "時自樂口已南, 郢豫二州諸城皆沒於賊, 唯有義陽而已. …… 當時安危, 在益宗去就, 而益宗守節不移, 郢豫克平, 益宗之力也."

321 『魏書』卷61「田益宗傳」, 1373쪽, "世宗慮其不受代, 遣後將軍李世哲與桃符率衆襲之, 出其不意, 奄入廣陵. 益宗子魯生 · 魯賢等奔於關南, 招引賊兵, 襲逐諸戍, 光城已南皆爲賊所保. 世哲討擊破之, 復置郡戍, 而以益宗還. 授征南將軍 · 金紫光祿大夫, 加散騎常侍, 改封曲陽縣開國伯.";『魏書』卷79「劉桃符傳」, 1757쪽, "東豫州刺史田益宗居鄙貪穢, 世宗頻詔桃符爲使慰喩之. 桃符還, 具稱益宗既老耄, 而諸子非理處物. 世宗後欲代之, 恐其背叛, 拜桃符征虜將軍 · 豫州刺史, 與後軍將軍李世哲領衆襲益宗. 語在益宗傳, 桃符善恤蠻左, 爲民吏所懷."

322 『魏書』卷61「田益宗傳附隨興傳」, 1374쪽, "益宗長子隨興, 冠軍將軍 · 平原太守. 隨興情貪邊官, 不願內地, 改授弋陽 · 汝南二郡太守."

등의 지배권을 인정받고 현지에 머물러 '小王國'의 지배자가 되는 것에 만족하였다. 따라서 北魏는 이들이 거느린 집단에 외형적으로 州郡縣을 설치하고 蠻酋를 지방장관에 임명하는 통치방식을 택하게 된 것이다.

7 黃河 중류의 河東과 弘農

關隴의 동쪽인 河東에도 部族(部落)組織이 있었다. 『魏書』「薛辯傳」의 기사를 살펴보자.

"薛辯의 字는 允白이다. 그의 선조는 蜀에서 河東郡의 汾陰縣으로 옮겨져서 정착하게 되었다. 祖 陶는 薛祖·薛落 等과 함께 部衆을 分統하였으므로 세상에서는 三薛이라고 불렀다. 父 强은 다시 대신 部落을 거느렸다. 祖 薛陶와 薛落의 子孫이 微劣하자 薛强은 마침내 三營을 모두 거느렸다. 綏撫를 잘하며 民이 모여들었으며, 後趙의 石虎와 前秦의 苻堅을 거쳐 늘 黃河에 의지하여 스스로 지켰다. 後秦 姚興에 벼슬하여 鎭東將軍에 임명되었고 朝廷으로 들어가 尚書에 임명되었다. 薛强이 죽은 후 薛辯은 그 營을 물려받아 통솔하였으며, 後秦의 尚書郎, 建威將軍, 河北太守를 역임하였다. 薛辯이 점차 교만해지니, 民心을 잃었다. 東晉의 將軍 劉裕가 後秦의 姚泓을 평정하자 薛辯은 營을 가지고 劉裕에게 항복하였다. 이에 東晉의 司馬德宗은 그를 寧朔將軍 平陽太守에 임명하였다. 劉裕가 長安을 잃자(정확히 말하면 그의 아들 劉義眞이 夏의 赫連勃勃에게 關中을 빼앗김, 필자주), 薛辯은 北魏에 歸國하였다. 河際에서 공을 세우니, 太宗[明元帝]은 平西將軍 雍州刺史에 임명하고 汾陰侯의 작위를 하사하였다."[323]

위의 인용문에서 薛陶·薛祖·薛落이 나누어 거느렸던 部衆은 部落 혹은 營으로 표기되었다. 즉 河東汾陰 薛氏는 十六國時代부터 北魏初까지 3대에 걸쳐 部落을 거느렸다. 여기에서 河東에도 部落을 거느린 部落首領의 존재를 확인할 수 있다. 薛辯은 北魏 明元帝 시기 雍州刺史에 임명되었는데, 雍州는 당시 夏의 영토였으므로 河東에 설치된 僑州였을 것이다. 즉 薛辯은 자신의 部落을 거느림과 동시에 본적지 刺史에 임명되었다. 薛辯의 아들 薛謹이 본적지인 河東太守에 임명되었다.[324]

「劉玉墓誌」에 따르면, 關隴 지역의 동쪽 끝에 위치한 弘農郡 胡城縣 출신 劉玉(450-527)의 선조는 李陵의 후예라고 기록하였다.[325] 劉玉의 曾祖 初萬頭, 祖 可洛侯의 이름이 중국식 이름이 아니라 胡語의 音譯인 것으로 보면, 실제로는 弘農郡 胡城縣에 정착한 胡人이었을 것이다.[326] 「劉玉墓誌」는 北魏 건국 이후 劉玉의 曾祖 初萬頭가 무리를 이끌고 何渾地汗에 임명되었는데, 何渾地汗은 州牧에 버금가는 직책

---

323 『魏書』卷42「薛辯傳」, 941쪽, "薛辯, 字允白. 其先自蜀徙於河東之汾陰, 因家焉. 祖陶, 與薛祖·薛落等分統部衆, 故世號三薛. 父强, 復代領部落, 而祖·落子孫微劣, 强遂總攝三營. 善綏撫 爲民所歸, 歷石虎·苻堅, 常憑河自固. 仕姚興爲鎭東將軍, 入爲尚書. 强卒, 辯復襲統其營, 爲興尚書郎·建威將軍·河北太守. 辯稍驕傲, 頗失民心. 劉裕平姚泓, 辯擧營降裕, 司馬德宗拜爲寧朔將軍·平陽太守. 及裕失長安, 辯來歸國, 仍立功於河際, 太宗授平西將軍·雍州刺史, 賜爵汾陰侯."

324 『魏書』卷42「薛辯傳附謹傳」, 941-942쪽, "辯來歸國, 密使報謹, 遂自彭城來奔. 朝廷嘉之, 授河東太守. 後襲爵平西將軍·汾陰侯. …… 謹所治與屈丐連接, 結士抗敵, 甚有威惠. 始光中, 世祖詔奚斤討赫連昌, 敕謹領偏師前鋒鄕導. 旣克蒲坂, 世祖以新舊之民幷爲一郡, 謹仍爲太守, 遷秦州刺史·將軍如故."

325 「劉玉墓誌」, 212쪽, "周秦大漢, 幷班名位. 遠祖司徒寬之苗. 其中易世, 擧一足明. 値漢中譏凶奴之患, 李陵出討, 軍勢不利, 遂沒虜廷. 先人祖宗, 便習其俗, 婚姻官帶, 與之錯雜."

326 嚴耕望, 『中國地方行政制度史』上編中卷 魏晉南北朝地方行政制度, 840-841쪽.

이라고 서술하였다.[327] 「劉玉墓誌」의 기록을 믿는다면, 何渾地汗이 部落首領의 칭호이며, 郡太守나 州刺史에 해당하는 직책임을 알 수 있다. 즉 初萬頭는 郡 혹은 州의 호구에 해당하는 다량의 部衆을 이끌고 있었음을 알 수 있다. 劉玉의 姓인 '劉'는 匈奴의 單于 가문이 사용했던 姓임을 고려하면, 劉玉의 집안은 弘農郡 胡城縣 일대에 거주했던 匈奴系 집단의 우두머리였을 것이다.

요컨대 北魏는 漠南, 京畿(北魏前期 수도 平城 일대), 幷州·肆州·汾州, 오르도스, 關隴, 河西回廊, 남쪽 변방의 蠻·巴·獠·氐 거주지에도 部族(部落)과 部落首領이 존재하였다. 지역적으로 보면 黃河 중하류와 關隴의 핵심인 長安(京兆郡) 일대를 제외하면 北魏 영토의 상당수 지역에 部族(部落)과 部落首領이 존재하였다. 北魏는 이들을 우두머리로 삼아 이들을 매개로 部族(部落)을 통치하였다. 首領에게는 領民酋長 등의 칭호를 부여하기도 했지만, 대개 현지의 刺史·太守·縣令으로 삼아 그 지역의 통치를 일임하였다.[328]

3. 巡幸과 胡人 統治

1 京畿·漠南·陰山 巡幸과 統治活動

北魏 道武帝는 주변의 유목부족을 정복하면서 영토를 확대하고 인

---

327 「劉玉墓誌」, 212쪽.
328 이 밖에도 河東(지금의 山西省 서남부)의 薛氏 등 蜀의 首領들도 지방관을 세습하고 部落을 統領하였다. 그리고 盧水胡 酋帥 郝溫이 杏城鎭將이 된 사례도 있다(周一良,「北朝的民族問題與民族政策」, 199쪽 및 220쪽).

구를 늘렸다. 그 주요 대상은 高車(敕勒, 丁零이라고도 함)[329]였다. 道武帝는 登國 4년(389) 高車를 공격하여 吐突隣部를,[330] 登國 5년(390) 高車 袁紇部[331]와 豆陳部[332]를 각각 大破하였다. 天興 2년(399) 高車雜種 30여 部를 공격하여 7만여 口와 말 30여만 필, 소와 양 140만여 마리를 노획하였다. 이어 7部를 격파하고 2만여 口와 말 5만여 匹, 소와 양 20만여 마리를 빼앗았다. 그리고 이들을 이끌고 돌아와 鹿苑을 만들었다.[333] 天興 3년(400) 高車 900여 落이 內屬하였고,[334] 天興 4년(401) 高車 別部 3,000여 落이 內附하였다.[335] 이들은 京畿·陰山·漠南 일대에 배치되었다.

北魏皇帝들의 巡幸地 가운데 北魏前期 京畿의 북부와 서부, 河西·陰山·漠南 지역은 주로 유목민들이 목축하며 살고 있었던 곳이다.[336]

---

329 『魏書』「高車傳」에 따르면, 高車는 敕勒 혹은 丁零으로도 불렸다(『魏書』卷103「高車傳」, 2307쪽, "高車, 蓋古赤狄之餘種也, 初號爲狄歷, 北方以爲敕勒, 諸夏以爲高車·丁零.").

330 『魏書』卷2「太祖紀」登國四年條, 22-23쪽, "四年春正月甲寅, 襲高車諸部落, 大破之. 二月癸巳, 至女水, 討吐突隣部, 大破之."

331 『魏書』卷2「太祖紀」登國五年春三月甲申條, 23쪽, "帝西征, 次鹿渾海, 襲高車袁紇部, 大破之 虜獲生口·馬牛羊二十餘萬."

332 『魏書』卷2「太祖紀」登國五年條, 23쪽, "冬十月 遷雲中, 討高車豆陳部於狼山, 破之. 十有一月, 紇奚部大人庫寒擧部內屬. 十有二月, 紇突隣大人屈地鞬擧部內屬."

333 『魏書』卷2「太祖紀」天興二年二月丁亥朔條, 34-35쪽, "二月丁亥朔, 諸軍同會, 破高車雜種三十餘部, 獲七萬餘口, 馬三十餘萬匹, 牛羊百四十餘萬. 驃騎大將軍·衛王儀督三萬騎別從西北絕漠千餘里, 破其遺迸七部, 獲二萬餘口, 馬五萬餘匹, 牛羊二十餘萬頭, 高車二十餘萬乘, 并服玩諸物. 還次牛川及薄山, 並刻石記功, 班賜從臣各有差. 庚戌, 征虜將軍庚岳破張超於勃海. 超走平原, 爲其黨所殺. 以所獲高車衆起鹿苑, 南因臺陰, 北距長城, 東包白登, 屬之西山, 廣輪數十里, 鑿渠引武川水注之苑中, 疏爲三溝, 分流宮城內外. 又穿鴻雁池."

334 『魏書』卷2「太祖紀」天興三年十一月條, 37쪽, "十有一月, 高車別帥敕力犍, 率九百餘落內屬."

335 『魏書』卷2「太祖紀」天興四年春正月條, 38쪽, "高車別帥率其部三千餘落內附."

『魏書』本紀의 巡幸 기사를 보면 北魏皇帝들은 이 지역을 巡幸하면서 사냥을 즐겼지만, 특정 유목민 部落을 방문하기도 하였다. 예컨대, 明元帝는 永興 4년(412) 北部의 諸落을 巡幸하며 繒帛을 하사하였고,[337] 다음 해 大室 서남의 諸部落을 巡幸하여 渠帥들에게 繒帛을 하사하였다.[338] 太武帝도 太平眞君元年(440) 五月 北部를 行幸하였다.[339] 永興 4년과 5년의 기사에서 北魏皇帝는 생산과 수취를 독점하는 비단을 胡人들에게 분배하여 이들을 경제적으로 통제하고 충성심을 유지하였음을 알 수 있다.[340] 또 永興 5년(413) 巡幸 기사에서 '渠帥'의 존재가 주목된다. 渠帥들은 유목민을 통솔했던 部落首領들이다. 明元帝는 繒帛을 하사하여 경제적 이익을 나눠주며 渠帥들의 환심을 사서 충성심을 이끌어낼 필요가 있었을 것이다. 泰常 6년 十月(421. 11-12)부터 다음 해 二月(422. 3-4)까지 代·雲中·屋竇城 등을 순행한 明元帝는 泰常 7년 正月(422. 2-3) 屋竇城에서 巡幸을 수행한 사람들에게 사흘 동안 잔치를 베풀어주었으며, 蕃渠帥에게 繒帛을 하사하였다.[341]

이처럼 巡幸 도중 部落 首領이나 일반 胡人들을 만나 비단 등을 하사하거나 잔치를 열어주었던 조치가 유목민들의 복속을 이끌어내는 데 기여하였다.[342] 文成帝가 和平 5년(464) 河西에 순행하여 高車 5部

---

336 崔珍烈,「北魏의 華北支配와 그 性格」, 6쪽 〈지도 2〉 참조.

337 『魏書』 卷3「太宗紀」 永興四年秋七月庚寅條, 52쪽, "西巡, 幸北部諸落, 賜以繒帛."

338 『魏書』 卷3「太宗紀」 永興五年秋七月丙戌條, 53쪽, "車駕自大室西南巡諸部落, 賜其渠帥繒帛各有差."

339 『魏書』 卷4上「世祖紀」下 太平眞君元年(440)五月條, 93쪽, "辛卯, 行幸北部. …… 丙辰, 車駕還宮."

340 崔珍烈,「北魏의 華北支配와 그 性格」, 7쪽.

341 『魏書』 卷3「太宗紀」 泰常七年春正月甲辰朔條, 61쪽, "自雲中西行, 幸屋竇城, 賜從者大酺三日·蕃渠帥繒帛各有差."

342 太武帝가 巡幸 중 막 복속한 高車의 渠帥 수백 인을 불러 주연을 베풀어주었던 자

의 祭天을 친히 지켜보자 高車가 좋아했다는 일화가 대표적인 예이
다. 이 당시 五部가 모여 함께 祭天 행사를 거행하였고, 참석자가 數
萬에 달하여 가장 성대했다고 한다.[343] 사료에는 文成帝가 祭天 행사
를 지켜보았다고만 기록했지만, 그들과 어울려 祭天과 그 이후 벌어
진 잔치에 참석했고, 이는 北魏의 주체인 鮮卑人과 高車人들의 결속
을 다지는 데 기여했을 것이다.[344]

　北魏皇帝들은 巡幸 중 胡人들에게 비단 등을 하사하거나 함께 사
냥하면서 이들과의 결속을 다지기도 했지만,[345] 늘 유화책만을 쓴 것

리에서 崔浩의 공적을 치하했던 일화(『魏書』 卷33 「崔浩傳」, 819쪽, "又召新降高車
渠帥數百人, 賜酒食於前. 世祖指浩以示之, 曰 「汝曹視此人, 尫纖懦弱, 手不能彎
弓持矛, 其胸中所懷, 乃踰於甲兵. 朕始時雖有征討之意, 而慮不自決, 前後克捷, 皆
此人導吾令至此也.」")에서 北魏皇帝들은 새로 정복된 유목민을 위무하기 위해 巡
幸 중 유목민 首領에게 연회를 베풀어주어 그들의 복종을 이끌어내려 했다. 즉 연
회는 복종을 이끌어내기 위한 통치행위였음을 알 수 있다.

343　『魏書』 卷103 「高車傳」, 2309쪽, "高宗時, 五部高車合聚祭天, 衆至數萬. 大會, 走
馬殺牲, 遊遶歌吟忻忻, 其俗稱自前世以來無盛於此. 會車駕臨幸, 莫不忻悅." 『資
治通鑑』은 이때의 일이 大明 8년, 즉 和平 5년(464) 七月 壬寅日의 일로 보았다(『資
治通鑑』 卷129 「宋紀」 孝武帝大明八年(464)秋七月條, 4068쪽, "壬寅 魏主如河西.
高車五部相聚祭天, 衆至數萬. 魏主親往臨視之, 高車大喜."). 『魏書』 本紀는 단순
히 河西로 순행갔다고만 기록하였다(『魏書』 卷4 「高宗紀」 和平五年(464)條, 122쪽,
"[秋七月]壬寅, 行幸河西. 九月辛丑, 車駕還宮.").

344　최진열, 『북위황제 순행과 호한사회』, 144-145쪽.

345　선행연구에 의하면 거란·몽골·淸 등 이민족 왕조에서 사냥이 지배와 복속을 확
인하는 정치적 의미를 지녔음을 확인할 수 있다(박원길, 『몽골의 문화와 자연지
리』, 민속원, 1999, 97-102쪽; 黃鳳岐, 『契丹史研究』, 赤峰: 內蒙古科學技術出版
社, 1999, 116-117쪽; 周良霄, 「皇帝與皇權」, 上海: 上海古籍出版社, 1999, 100쪽;
송미령, 「康熙帝의 淸帝國 구상과 滿洲族의 정체성」, 『歷史學報』 196, 2007, 142-
151쪽; 마크 C. 엘리엇 지음, 이훈·김선민 옮김, 『만주족의 청제국』, 푸른역사,
2009, 276-285쪽). 또 隋煬帝는 大業 3년(607) 榆林에서 突厥의 啓民可汗과 西
域·東夷의 君長들의 조공을 받고 함께 사냥하였다. 지배층뿐만 아니라 四夷百姓
까지 참여하는 집단 사냥이었다(『隋書』 卷8 「禮儀志」3, 167-168쪽, "隋制, 大射祭

은 아니었다. 필요에 따라 胡人들을 진압하는 정책도 사용하였다. 예컨대 太武帝는 延和 3년 七月 壬午日(434. 9. 10) 美稷과 隰城에 행차하여 西河郡에서 山胡 白龍의 토벌을 諸軍에 명령하였고 九月 戊子日(11. 15) 白龍 등을 죽이고 山胡를 평정하였다.[346] 적진을 살피다가 적의 복병을 만나 죽을 뻔한 일화를 기록한『魏書』「陳建傳」[347]에 따르면, 太武帝는 단순히 후방에 있었던 것이 아니라 직접 전방에서 군대를 지휘했음을 알 수 있다.『魏書』「世祖紀」의 기사를 보면 太武帝는 西河郡의 治所인 隰城으로 순행하다가 山胡의 반란에 직면하여 山胡를 토

射侯於射所. 用少牢. 軍人每年孟秋閱戎具, 仲冬敎戰法. 及大業三年, 煬帝在楡林, 突厥啓民及西域·東胡君長, 並來朝貢. 帝欲誇以甲兵之盛, 乃命有司, 陳冬狩之禮. 詔虞部量拔延山南北周二百里, 並立表記. 前狩二日, 兵部建旗於表所. 五里一旗, 分爲四十軍, 軍萬人, 騎五千匹. 前一日, 諸將各帥其軍, 集於旗下. 鳴鼓, 後至者斬. 詔四十道使, 並揚旗建節, 分申佃令, 卽留軍所監獵.";『隋書』卷8「禮儀志」3, 168쪽, "布圍, 圍闕南面, 方行而前. 帝服紫苎褶·黑介幘, 乘聞囊車, 其飾如木輅, 重輞漫輪, 虯龍繞轂, 漢東京園簿所謂獵車者也. 駕六黑螭, 太常陳鼓笳鐃簫角於帝左右, 各百二十. 百官戎服騎從. 鼓行入圍. 諸將並鼓行赴圍. 乃設驅逆騎千有二百. 闈囊停軔, 有司斂大綏, 王公已下, 皆整弓矢, 陳於駕前. 有司又斂小綏, 乃驅獸出, 過於帝前. 初驅過, 有司整御弓矢以前, 待詔. 再驅過, 備身將軍奉進弓矢. 三驅過, 帝乃從禽, 鼓吹皆振, 左而射之. 每驅必三獸以上. 帝發, 抗大綏, 次王公發, 則抗小綏. 次諸將發射之, 無鼓, 驅逆之騎乃止. 然後三軍四夷百姓皆獵. 凡射獸, 自左膘而射之, 達于右腢, 爲上等. 達右耳本, 爲次等. 自左髀達于右髃爲下等. 羣獸相從, 不得盡殺. 已傷之獸, 不得重射. 又逆向人者, 不射其面. 出表者不逐之. 佃將止, 虞部建旗於圍內. 從駕之鼓及諸軍鼓俱振, 卒徒皆譟. 諸獲禽者, 獻於旗所, 致其左耳. 大獸公之, 以供宗廟, 使歸, 薦臘于京師, 小獸私之.").『隋書』「禮儀志」의 기록에서 隋煬帝는 집단 사냥을 통해 양자 간의 우의를 다지고 주변 이민족들의 복속을 확인하는 절차로 생각하였음을 확인할 수 있다. 이는 北魏에서도 적용될 수 있을 것이다. 바꿔 말하면 北魏皇帝들이 高車人 등 피정복민과 함께 사냥한 행위는 양자 간의 주종관계를 집단 사냥을 통해 확인한 것으로 해석할 수 있다.

346 『魏書』卷4上「世祖紀」 延和三年(434)條, 84쪽, "[秋七月]壬午, 行幸美稷, 遂至隰城. 命諸軍討山胡白龍于西河. 九月戊子, 克之, 斬白龍及其將帥, 屠其城."
347 『北史』卷25「陳建」, 916쪽;『魏書』卷34補「陳建傳」, 802쪽.

벌했을 가능성과 山胡에 대한 내부정보를 사전에 입수하고 반란을 일으킬 가능성이 있자 토벌할 목적으로 직접 西河郡으로 향했을 것이다. 『魏書』「世祖紀」에서는 동기를 알 수 있는 기록을 제시하지 않았지만, 결과를 놓고 보면 후자의 가능성이 크다. 또 太武帝는 太平眞君 6년 正月 辛亥日(446. 2. 13) 定州에 행차한 후 二月(446. 3-4) 上黨에 행차하여 泫氏에서 連理樹를 구경하였다.[348] 그리고 吐京에 이르러 叛胡를 토벌한 후 遷徙하였으며, 三月 庚申日(446. 4. 18) 還宮하였다.[349] 太平眞君 6년(445) 34일간의 河北巡幸 전체 일정을 살펴보면 吐京의 叛胡 토벌은 巡幸 도중 발생한 돌발사건이라는 느낌이 강하다.[350]

孝文帝는 太和 21년 正月 乙巳日(497. 3. 6)부터 六月 庚申日(7. 19)까지 136일 동안 太原 · 平城 · 永固陵 · 雲中金陵 · 離石 · 蒲坂 · 長安 일대를 巡幸하였다. 그런데 孝文帝가 三月 辛卯日(4. 21) 金陵을 배알하고 乙未日(4. 25) 南巡하여 己酉日(5. 9) 離石에 이르렀을 때 叛胡가 자수하여 자신의 죄를 인정하자 이들을 사면하였다. 이후 孝文帝는 汾州의 老人들에게 官爵을 하사하는 조치를 취한 후 平陽으로 향했다.[351] 太和 21년 孝文帝의 巡幸 여정 전체에서 살펴보면 離石을 방

---

348 連理樹는 連理木이라고도 하는데 흰사슴 · 黃龍 · 甘露 · 알곡과 함께 5가지 祥瑞에 속하며 天子의 善政을 상징하고 황권의 정당성을 승인하는 符命으로 활용되었다. 北魏 · 東魏 · 北齊時代 連理樹의 출현 기사가 『魏書』와 『北史』에 빈출한다(강희정, 「南北朝時代 佛敎美術의 漢族 傳統」, 『美術史學硏究』 238 · 239, 2003, 35-56쪽; 同氏, 「龍樹, 龍華樹, 連理木」, 『中國史硏究』 35, 2005, 110쪽).

349 『魏書』 卷4下 「世祖紀」下 太平眞君六年條, 98쪽, "六年春正月辛亥, 車駕行幸定州, 引見長老, 存問之. 詔兼員外散騎常侍宋愔使劉義隆. 二月, 遂西幸上黨, 觀連理樹於泫氏. 西至吐京, 討徙叛胡 出配郡縣. 三月庚申 車駕還宮."

350 최진열, 『북위황제 순행과 호한사회』, 146-147쪽.

351 『魏書』 卷7下 「高祖紀」下 太和二十一年(497)條, 181쪽, "[春正月]乙巳, 車駕北巡. 二月壬戌, 次於太原. 親見高年, 問所不便. 乙丑, 詔幷州士人年六十已上, 假以郡守. 先是, 定州民王金鉤訛言惑衆, 自稱應王. 丙寅, 州郡捕斬之. 癸酉, 車駕至平城.

문한 것은 孝文帝가 太原에서 長安으로 가는 도중 발생한 것이며, 처음부터 叛胡 토벌을 계획한 것이 아니었다. 孝文帝는 太原에서 離石胡의 동향을 전해 듣고 汾水 중하류의 平陽으로 바로 간 것이 아니라 汾水 서쪽의 離石胡를 방문하였다. 이때 離石의 叛胡는 孝文帝에게 항복하여 謝罪하자 孝文帝가 이를 받아들였다.[352]

이상의 세 사례 가운데 太平眞君 6년의 太武帝 河北巡幸과 太和 21년의 孝文帝 巡幸에서 巡幸 도중 叛胡를 토벌 혹은 安撫하였다. 이처럼 北魏皇帝들은 巡幸 도중 각종 胡族들의 반란을 진압하거나, 혹은 진압하기 위해 親征하였다.

延和 3년(434), 太平眞君 6년(446), 太和 21년(497) 巡幸에서 太武帝와 孝文帝가 친히 반란 토벌 혹은 安撫에 나선 것과 달리 太平眞君 6년 九月(445. 10-11) 발생한 蓋吳의 난 당시에는 太武帝는 親征과 후방의 督軍을 병행하였다. 太武帝는 蓋吳의 난을 진압하기 앞서 官馬 수천 필을 훔쳐 汾曲에서 蓋吳의 봉기에 호응한 薛永宗[353]을 토벌하기 위해 東雍州(현재 山西省 서남부)로 행차하여 薛永宗의 난을 진압한 후 汾陰을 거쳐 長安에 이르렀다.[354] 杏城 盧水胡 蓋吳의 봉기는 漢人·屠各·

甲戌, 謁永固陵. 癸未, 行幸雲中. 三月庚寅, 車駕至自雲中. 辛卯, 謁金陵. 乙未, 車駕南巡. 己酉, 次離石. 叛胡歸罪, 宥之. 甲寅, 詔汾州民百年以上假縣令, 九十以上賜爵三級, 八十以上賜爵二級, 七十以上賜爵一級. 丙辰, 車駕次平陽, 遣使者以太牢祭唐堯."

352 최진열, 『북위황제 순행과 호한사회』, 147-148쪽.

353 『魏書』卷4下「世祖紀」下 太平眞君六年(445)十一月條, 99-100쪽, "河東蜀薛永宗聚黨盜官馬數千匹, 驅三千餘人入汾曲, 西通蓋吳, 受其位號. 秦州刺史·金城公周鹿觀率衆討之, 不克而還. 庚午, 詔殿中尙書·扶風公元處眞, 尙書·平陽公慕容嵩二萬騎討薛永宗."; 『魏書』卷42「薛辯傳附初古拔傳」, 942쪽, "眞君中, 蓋吳擾動關右, 薛永宗屯據河側, 世祖親討之."

354 『魏書』卷4下「世祖紀」下 太平眞君七年(446)條, 100쪽, "[太平眞君]七年春正月戊辰, 車駕次東雍州. 庚午, 圍薛永宗營壘. 永宗出戰, 大敗, 六軍乘之, 永宗衆潰. 永

氏·羌 등 關隴의 '夷漢' 各 種族이 참여하였으며, 서쪽으로 金城·天水·略陽, 동쪽으로 河東, 남쪽으로 長安 등지에 이를 정도로 대규모 반란이었다.[355] 게다가 蓋吳의 배후에는 劉宋이 있었다. 關隴 지역의 지배권을 두고 448년 仇池氏 楊文德을 토벌하여 劉宋의 영향력을 완전히 차단할 때까지 北魏와 劉宋의 대치는 지속되었다.[356] 蓋吳의 난 전후 關隴 지역의 상황을 살펴보면 太武帝가 關隴까지 친히 방문한 이유는 사태의 심각성을 깨달았기 때문이다. 薛永宗의 난을 토벌할 때와 달리 太武帝는 長安과 陳倉 등에 행차하여 토벌군을 응원하였다.[357]

앞에서 巡幸 중의 胡族 진압조치 유형 두 가지, 즉 ① 叛胡 토벌 혹은 安撫, ② 親征과 督軍의 병행을 살펴보았다. 이 밖에 후방에서 督軍한 예도 보인다. 예컨대 明元帝는 巡幸 중 跋邪山에 있는 越勤部를 토벌하기로 결정하고 奚斤 등을 파견하였고 자신은 이를 후방에서 지원하였다. 明元帝는 越勤部의 사람들과 가축을 平城 동북쪽의 白登山에 모아놓고 숫자를 파악하였으며, 일부는 巡幸과 정벌에 참여한 將士들에게 나눠주고, 일부는 大寧으로 옮겨 農具를 지급하고 땅을 지급하여 농경에 종사케 하였다.[358] 유목 혹은 목축생활을 했을 越勤

宗男女無少長赴汾水死. 辛未, 車駕南幸汾陰. 庚辰, 帝臨戲水. 蓋吳退走北地. 二月丙戌, 幸長安, 存問父老."

355 白翠琴, 『魏晉南北朝民族史』, 成都: 四川民族出版社, 1996, 217쪽.

356 勝畑冬實, 「北魏の郊甸と'畿上塞圍'」, 40위쪽-41아래쪽.

357 이하 蓋吳의 난의 일정은 『魏書』 卷4下 「世祖紀」 太平眞君六年·七年條(99-101쪽) 참조. 蓋吳의 봉기는 太平眞君 6년(445) 九月 발생했으나 이때 太武帝는 陰山 巡幸 중이었다. 같은 해 十月 長安鎭副將 元紇이 반란을 토벌하다 살해당하고 秦州 일대를 蓋吳 일당에게 빼앗기자 사태의 심각성을 깨달은 太武帝는 十一月 辛未日 (12. 30) 還宮한 후 군대를 정돈하여 11월 癸未日에 토벌에 나섰다. 太平眞君 7년 (446) 長安·雍城 일대를 巡幸한 太武帝는 李潤鎭 羌의 반란을 진압한 것을 제외하고 永昌王 仁과 高涼王 那에게 토벌을 맡기고 四月 甲申日 平城으로 돌아왔다.

358 『魏書』 卷3 「太宗紀」 永興五年(413)條, 53쪽, "[夏四月]乙卯, 車駕西巡, 詔前軍奚斤

部에게 생소한 농경에 강제로 종사하게 한 조치는 사실상 징벌로 볼 수 있을 것이다. 게다가 計口受田은 '口', 즉 개개인을 파악하여 授田하는 방식이므로 計口受田의 대상이 된 胡族들은 유목민 部落에서 석출되어 생소한 '編戶齊民'으로 전락되어 '部族(部落)解散'한 것이나 다름없을 것이다.[359] 따라서 明元帝의 越勤部 토벌과 大寧 天賜, 計口受田은 胡人들을 다루는 가혹한 '채찍'으로 기능했음을 알 수 있다.[360]

요컨대 北魏皇帝들은 胡地 巡幸 중 당근과 채찍을 골고루 사용하며 胡人들을 위무하거나 진압하였다. 北魏末 六鎭의 난이 발발했을 초기에 제대로 대응하지 못하여 사실상 멸망의 위기에 처했던 점과 비교하면 北魏皇帝들은 胡地 巡幸을 통해 北魏를 전복할 수 있는 잠재력을 지닌 胡人들을 안무하거나 제거하는 데 힘썼다. 史書에는 구체적인 활동이 기록되지 않았지만, 胡地인 河西 · 陰山 · 漠南 등지로의 잦은 巡幸도 胡人들을 순찰하면서 그들을 지배하에 두려는 목적이 있었다고 추측할 수 있다. 다음 항에서는 胡地 가운데 巡幸과 河西 통치의 관계를 살펴보자.

2 河西 巡幸과 胡人 統治

『魏書』에 보이는 河西는 平城과 盛樂을 기준으로 黃河의 서쪽이란

等先行, 討越勤部於跋那山. …… 六月, 西幸五原, 校獵于骨羅山, 獲獸十萬. …… 秋七月己巳, 還幸薄山. 帝登觀太祖遊幸刻石頌德之處, 乃於其旁起石壇而薦饗焉. 賜從者大酺於山下. 奚斤等破越勤倍泥部落於跋那山西, 獲馬五萬匹, 牛二十萬頭, 徙二萬餘家於大寧, 計口受田. 八月癸卯, 車駕還宮. …… 甲寅, 帝臨白登, 觀降民, 數軍實. 辛未, 賜征還將士牛 · 馬 · 奴婢各有差. 置新民於大寧川, 給農器, 計口受田."

359 崔珍烈, 「北魏의 種族政策」, 42-43쪽.

360 최진열, 『북위황제 순행과 호한사회』, 148-150쪽.

뜻이며, 지금의 오르도스 지역을 지칭한다.[361] 그런데 源賀가 河西敕勒의 반란을 진압할 때, 이들을 枹罕(현재 甘肅省 남부)까지 추격했고 다시 統萬·高平·上邽 3鎭의 敕勒을 金城(현재 甘肅省 남부)까지 추격했던 기사를 보면,[362] 統萬·高平·上邽 3鎭도 河西 지역에 속했던 것 같다.[363] 또 太平眞君 9년(448) 薄骨律鎭將이었던 刁雍의 上表에 "臣의 鎭(薄骨律鎭을 지칭)이 다스리는 河西("臣鎭所綰河西")"라는 표현이 보이는데,[364] 이는 당시 薄骨律鎭도 河西의 범주에 속함을 시사한다. 아래 지도에서 당시 河西, 즉 오르도스 일대의 주요 州·鎭을 표시하였다.[365]

---

361 『魏書』에 언급된 河西는 平城의 서쪽인 오르도스 지역과 河西回廊을 모두 뜻하기 때문에 河西의 위치를 단정할 수 없다는 견해가 있다(康樂, 『從西郊到南郊』, 부록 「北魏的 '河西'」, 283-288쪽). 그러나 北魏時代 오르도스 지방을 河西로 보는 견해가 유력하다. 오르도스를 河西로 보는 견해는 前田正名, 『平城の歷史地理學的硏究』, 297쪽 및 321-322쪽의 주) 30; 李幷成, 「〈魏書·食貨志〉"河西"地望考辨」, 李幷成·李春元, 『瓜沙史地硏究』, 蘭州: 甘肅文化出版社, 1996, 74-84쪽(侯甬堅, 「北魏時期鄂爾多斯高原的自然-人文景觀」, 『歷史地理學探索』, 北京: 中國社會科學出版社, 2004, 432쪽에서 재인용) 참조. 王天順은 北魏時代 오르도스 지방[河套]을 河西로 명명하지는 않았지만, 서술지역의 특징을 살펴보면 河西 지역임을 알 수 있다(王天順, 『河套史』, 北京: 人民出版社, 2006, 231-235쪽).

362 『魏書』 卷41 「源賀傳」, 921-922쪽, "是歲, 河西敕勒叛, 遣[源]賀率衆討之, 降二千餘落, 倍道兼行, 追賊黨郁朱于等至枹罕, 大破之, 斬首五千餘級, 虜男女萬餘口·雜畜三萬餘頭, 復追統萬·高平·上邽三鎭叛敕勒至于金城 斬首三千級." 문맥상 '統萬·高平·上邽三鎭叛敕勒'은 河西敕勒에 포함된다.

363 統萬鎭(夏州)은 본래 赫連夏의 수도 統萬을 점령한 후 세운 鎭이며, 河西의 중앙부에 있다. 따라서 統萬鎭이 河西에 속하므로, 高平鎭과 上邽鎭도 河西에 포함된다고 볼 수 있다.

364 『魏書』 卷38 「刁雍傳」, 868-869쪽, "九年 雍表曰「…… 臣鎭所綰河西, 爰在邊表, 常懼不虞. ……」"

365 최진열, 『북위황제 순행과 호한사회』, 150-151쪽.

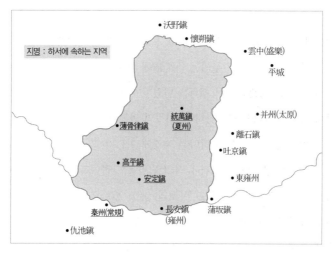

지명 : 하서에 속하는 지역

沃野鎮
懷朔鎮
雲中(盛樂)
平城
统萬鎮
(夏州)
薄骨律鎮
并州(太原)
離石鎮
吐京鎮
高平鎮
安定鎮
東雍州
秦州(常規)
長安鎮
(雍州)
蒲坂鎮
仇池鎮

〈지도 4〉 北魏 河西 지도[366]

孝文帝 延興 3년(473) 長孫觀이 吐谷渾拾寅을 토벌하였는데, 이때 河西 7鎮의 군대를 지휘하였다.[367] 여기에서 河西 7鎮은 吐谷渾과의 지리적 분포로 보아 위에서 거론한 統萬·高平·上邽·薄骨律鎮 4鎮을 포함한다. 이 가운데 上邽鎮은 秦州의 治所이기도 하므로, 일부 지역은 關隴 지역과 중복된다. 바꿔 말하면 北魏時代 河西는 오르도스를 중심으로 關隴 지역의 일부도 포함하는 개념이다. 용례에 따라 지리적 범위는 달라지곤 한다. 이처럼 河西와 關隴 지역의 경계선이 모호하다는 사실은 두 지역이 밀접한 관계가 있다는 뜻이다. 太武帝 시기부터 仇池鎮將을 역임했던 皮豹子의 上表에서 양자의 군사적 교류를 살펴볼 수 있다.

---

366 최진열,『북위황제 순행과 호한사회』, 152쪽, 지도 20 북위 하서 지도.

367 『魏書』卷7上「高祖紀」下 延興三年(473)條, 139쪽, "夏四月戊申, 詔假司空·上黨 王長孫觀等討吐谷渾拾寅."; 『魏書』卷25「長孫道生傳附觀傳」, 646쪽, "以征西大將 軍·假司空·督河西七鎮諸軍, 討吐谷渾."

"皮豹子는 表를 올려 '……(전략)…… 臣이 거느리는 무리는 본래 많지 않습니다. 그래서 民兵을 기다리고 오로지 요새의 확고함을 믿을 뿐입니다. 統萬·安定 二鎭의 무리는 仇池鎭에 파견된 지 3-4년이 지났고, 長安에서 온 兵은 服役其間이 期月을 넘겼지만 아직 이들을 대신해 服役할 兵들이 아직 도착하지 않았습니다. 이들의 의복과 식량이 모두 다하고, 얼굴과 몸이 거칠고 파리하여 막다른 지경에 이르니 집 생각이 절실하여 도망이 끊이지 않았습니다. 그런데 적의 침입을 당하니 攻戰에 임하지 않습니다. ……(중략)…… 원컨대 高平[鎭의] 突騎 2,000과 軍糧 1개월분을 보내시어 속히 仇池로 오게 하시옵소서. 그러면 장차 가히 逆民을 억누르고 賊虜에 대처할 수 있습니다. 그러면서 長安·上邽·安定[鎭의] 戌兵이 臣의 鎭에 이르기를 기다리면 가히 仇池鎭의 안전을 도모할 수 있습니다. 食糧은 民의 생명입니다. 비록 金城湯池라고 해도 軍糧이 없으면 지킬 수 없습니다. 仇池鎭에는 본래 모아둔 식량이 없습니다. 올해 식량을 얻지 못하면 만약 高平 [突]騎가 온다고 해도 가히 臣의 鎭을 구원할 수 있을지 알 수 없습니다. 청컨대 秦州民을 보내어 祁山에 도착하게 하십시오. 臣이 몸소 나가 맞아들이겠습니다'라고 청하였다. 이에 太武帝는 조서를 내려 高平鎭將 苟莫于에게 突騎 2,000을 거느리고 仇池鎭으로 가게 하니 이에 蕭道成 등은 물러갔다."[368] (강조는 필자)

---

[368] 『魏書』卷51 「皮豹子傳」, 1131-1132쪽, "豹子表曰 '…… 臣所領之衆, 本自不多, 唯仰民兵, 專恃防固. 其統萬·安定二鎭之衆, 從戎以來, 經三四歲, 長安之兵, 役過期月, 未有代期, 衣糧俱盡, 形顏枯悴, 窘切戀家, 逃亡不已, 旣臨寇難, 不任攻戰. …… 願遣高平突騎二千, 賷糧一月, 速赴仇池. 且可抑折逆民, 支對賊虜. 須長□(安)·上邽·安定戌兵至, 可得自全. 糧者, 民之命也, 雖有金城湯池, 無糧不守. 仇池本無儲積, 今歲不收, 苦高平騎至, 不知云何以得供援. 請遣秦州之民, 送軍祁山, 臣隨迎致.' 詔高平鎭將苟莫于率突騎二千以赴之, 道成等乃退."

皮豹子의 上表는 453년 이후로 추정된다. 위의 인용문에서 우선 仇池鎭에 統萬 · 安定 · 長安鎭의 병사들이 있었으며 이들은 "期月", 즉 만 1년의 戌役 임기가 있음을 알 수 있다. 그리고 長安 · 上邽 · 安定鎭의 戌兵이 仇池鎭에 파견 나오기로 예정되어 있다. 즉 仇池鎭에는 적어도 統萬 · 安定 · 長安 · 上邽 4鎭의 병사 혹은 戌兵이 定期的으로 파견되었음을 알 수 있다. 혹자는 후자를 임기 1년의 戌兵으로 지칭하며 統萬과 安定 2鎭의 병사와 長安에서 온 병사와 구별하고 있으나,[369] 仇池鎭에 올 예정인 戌兵이 長安 · 上邽 · 安定鎭 출신으로 양자에 長安鎭과 安定鎭이 겹치므로 統萬鎭과 安定鎭의 군사를 戌兵이 아니라고 단정할 수는 없다. 이 사료는 戌兵이 징집되어 지정된 목적지로 배치되는 徵發 · 配分 시스템이 關隴 지역에 존재함을 잘 보여준다. 그 다음 皮豹子는 高平鎭의 突騎를 요청하였고 실제로 이들이 仇池鎭으로 구원 나오고 있다. 유사시 근처의 鎭에서 구원병을 청하여 방어에 임하는 체제가 마련되어 있음을 알 수 있다.[370]

요컨대 仇池鎭(현재 甘肅省 남부)에는 統萬 · 安定 · 長安 · 上邽 · 高平 5鎭의 군인들이 복무하였다. 이 가운데 統萬鎭은 河西의 대표적인 지역이고, 安定鎭(現在 陝西省 중서부 涇川縣 일대)과 高平鎭(현재 寧夏回族自治區)도 河西에 포함된다. 河西 지역인 統萬鎭 · 高平鎭 · 安定鎭이 關隴 지역에 속하며 당시 南朝와의 국경지대인 仇池鎭에 군대를 파견했던 점은 河西와 關隴이 군사적으로 밀접한 관계였음을 시사한다.

이보다 약 6년 앞선 太平眞君 7년(447년) 刁雍의 上表에 의하면, 太武帝가 高平 · 安定 · 統萬 · 薄骨律 4鎭에 수레 5,000승을 동원하여 모

---

369 佐川英治, 「北魏の編戸制と徵兵制度」, 8-9쪽.
370 최진열, 『북위황제 순행과 호한사회』, 151-154쪽.

두 50만 석의 屯穀을 沃野鎭으로 운송할 것을 명령하였으나 비용과 시간이 많이 들자 刁雍은 薄骨律鎭에서 배 200척을 이용하여 沃野鎭과 가까운 곳까지 운송할 것을 대안으로 제시하였다.[371] 여기서 河西에 속하는 高平·安定·統萬·薄骨律 4鎭은 塞外·漠南인 沃野鎭에 곡물을 제공하는 역할을 맡았음을 알 수 있다.[372]

위의 두 기사에서 알 수 있듯이 河西는 關隴과 塞外·漠南 지역과 군사적·경제적으로 밀접한 인적·물적 교류를 행했던 지역이었다. 바꿔 말하면 이 지역은 위 두 지역을 통치하기 위해 장악해야 할 지정학적 요충지였다. 또 河西는 여러 種族들의 雜居地域이었다. 한 연구에 의하면 4-5세기 河西 지역에 三交五部鮮卑 등 鮮卑, 朔方烏桓, 匈奴系統인 屠各, 南匈奴의 후예인 鐵弗部 세력(赫連氏), 曹龍, 龜玆 출신의 諸胡, 氐·羌과 河西敕勒, 즉 河西에 안치된 敕勒諸部 등 각종 胡族들이 거주하였다.[373] 이는 河西 지역의 통치를 위해 잡다한 胡族들의 이해관계와 반목을 조정할 필요가 있었음을 뜻한다. 따라서 北魏皇帝들이 河西 지역을 자주 巡幸했던 것은 河西 지역의 전략적 중요성과 함께 통치하기 어려운 지역이었기 때문이다.[374]

물론 胡族들이 雜居한 지역이란 이유만으로 河西를 難治의 지역으로 간주할 수 없다. 그렇다면 河西의 중요성을 다른 각도에서 살펴볼 필요가 있다. 마침 拓跋部와 자웅을 겨루었던 鐵弗部(훗날 赫連夏)가 주목된다. 본래 河西, 즉 오르도스에는 劉虎부터 劉衛辰까지 鐵弗

---

371 『魏書』卷38「刁雍傳」, 868쪽.
372 최진열, 『북위황제 순행과 호한사회』, 155쪽.
373 白翠琴, 『魏晉南北朝民族史』, 363-364쪽; 前田正名, 『平城の歷史地理學的研究』, 300-308쪽.
374 최진열, 『북위황제 순행과 호한사회』, 155-156쪽.

部가 웅거하며 拓跋部의 代國과 陝北·山西의 黃土高原의 패권을 두
고 겨루었다.[375] 두 세력은 결국 登國 6년(391) 道武帝가 劉衛辰의 아
들 直力鞮가 지휘하는 군대를 격파하고, 승세를 타서 五原 金津에서
黃河를 건너 劉衛辰部를 습격하여 劉衛辰의 수도 悅跋城을 점령하면
서 北魏의 승리로 끝났다. 『魏書』 「太祖紀」에 따르면, 道武帝는 黃河
이남, 즉 오르도스의 諸部를 평정하였으며, 珍寶와 名馬 30만여 匹,
牛羊 400만여 마리 등의 畜産을 전리품으로 획득하고 이를 大臣들에
게 班賜하였다. 그리고 劉衛辰의 子弟宗黨 5,000여 인을 나이에 상관
없이 모두 죽였다.[376] 이후 오르도스 지방이 北魏의 지배하에 놓였을
것 같지만, 실제 상황은 달랐다. 道武帝의 도륙에서 가까스로 살아남
은 赫連勃勃은 叱干阿利의 도움으로 목숨을 구한 후 沒奕于와 薛干
部 등을 병합하며 세력을 확장하였고, 다시 오르도스 지방을 지배하
게 되었다. 赫連勃勃은 이어 後秦의 영토를 잠식하였고, 결국 後秦을
멸망시킨 東晉으로부터 關中을 빼앗아 關中과 오르도스를 지배하여

---

375 朴漢濟, 「五胡赫連夏國의 도시 統萬城의 選址와 그 구조——胡族國家의 都城經營
方式—」, 『東洋史學硏究』 69, 2000, 77-83쪽.

376 『魏書』 卷2 「太祖紀」 登國六年(391)條, 24쪽, "十有一月戊辰, 還幸紐垤川. 戊寅,
[劉]衛辰遣子直力鞮寇南部. 己卯, 車駕出討. 壬午 大破直力鞮軍於鐵歧山南, 獲
其器械輜重, 牛羊二十餘萬. 戊子, 自五原金津南渡河. 辛卯, 次其所居悅跋城, [劉]
衛辰父子奔遁. 壬辰, 詔諸將追之, 擒直力鞮. 十有二月, 獲[劉]衛辰尸, 斬以徇, 遂
滅之. …… 收[劉]衛辰子弟宗黨無少長五千餘人, 盡殺之."; 『魏書』 卷95 「鐵弗劉虎
傳附衛辰傳」, 2055쪽, "登國中, [劉]衛辰遣子直力鞮寇南部, 其衆八九萬, 太祖軍
五六千人, 爲其所圍. 太祖乃以車爲方營, 並戰並前, 大破之於鐵歧山南, 直力鞮單
騎而走, 獲牛羊二十餘萬. 乘勝追之, 自五原金津南渡, 逕入其國, 居民駭亂, 部落奔
潰, 遂至衛辰所居悅跋城. [劉]衛辰父子驚遁, 乃分遣諸將輕騎追之. 陳留公元虔南
至白鹽池, 虜衛辰家屬; 將軍伊謂至木根山, 擒直力鞮, 盡幷其衆. [劉]衛辰單騎遁
走, 爲其部下所殺, 傳首行宮, 獲馬牛羊四百餘萬頭."

北魏와 華北을 中分하였다.[377] 재기에 성공하여 오르도스 지방을 다시 지배했던 赫連勃勃을 상기하면 登國 6년(391) 悅跋城의 점령 이후 黃河 이남의 諸部가 北魏의 지배하에 들어왔다는 『魏書』「太祖紀」의 기사가 일시적이었음을 알 수 있다. 즉 北魏는 劉衛辰部의 人力과 가축, 珍寶 등 전리품을 획득했지만, 河西, 즉 오르도스 지방을 계속 지배하지 못하고, 赫連勃勃에게 빼앗겼던 것이다.[378]

비록 赫連勃勃에게 오르도스 지방의 대부분을 빼앗기긴 했지만 黃河 만곡부의 북부 일부는 北魏가 여전히 지배하였다(이하 '협의의 河西'로 지칭).[379] 그러나 이 '협의의 河西' 지역은 明元帝 泰常 2년(417) 이후 赫連勃勃의 공격을 받기도 했으며,[380] 明元帝 시기 河西胡 張外 등이 반란을 일으키기도 하였다.[381] 또 神瑞 2년(415) 河西飢胡 劉虎가 上黨郡(현재 山西省 동남부 長治市 일대)에서 반란을 일으켜 남쪽인 河內郡(현재 河南省 黃河 이북지역)까지 공격했던 일도 있었다.[382] 河西胡가 上

---

377 이하 赫連勃勃 치하 赫連夏의 발전과정은 朴漢濟, 「五胡赫連夏國의 도시 統萬城의 選址와 그 구조」, 81-85쪽 참조.

378 최진열, 『북위황제 순행과 호한사회』, 156-157쪽.

379 〈지도 17〉의 北魏前期 京畿 지역을 보면 黃河 만곡부의 동북부 일부가 北魏의 京畿에 포함되어 있음을 알 수 있다. 郭沫若이 主編한 「中國史稿地圖集」에 그려진 [赫連]夏의 영역을 보면 黃河 만곡부의 북쪽 일부가 夏의 영토에서 제외되었다(郭沫若 主編, 「中國史稿地圖集」 上冊, 北京: 中國地圖出版社, 1996, 62쪽).

380 『魏書』 卷30 「丘堆傳」, 719쪽, "赫連屈子遣三千騎寇河西, [丘]堆自幷州與游擊將軍王洛生擊走之." 「丘堆傳」 전후 구절을 살펴보면 이는 泰常 2년(417) 이후의 일이다. 『魏書』에서는 赫連勃勃을 '赫連屈丐'라 卑稱하였다.

381 『魏書』 卷28 「劉潔傳」, 686-687쪽, "河西胡張外·建興王紹等聚黨爲逆, [劉]潔與永安侯魏勤率衆三千人 屯于西河以鎮撫之."

382 『魏書』 卷33 「公孫表傳」, 783쪽, "河西飢胡劉虎聚結流民, 反於上黨, 南寇河內. 詔表討虎, 又令表與姚興洛陽戍將結期, 使備河南岸, 然後進軍討之. 時胡內自疑阻, 更相殺害, 表以其有解散之勢, 遂不與戍將相聞, 率衆討之. 法令不整, 爲胡所敗, 軍人大被傷殺."

黨郡으로 이동한 것은 北魏가 '협의의 河西' 지역을 제대로 통제하거나 장악하지 못했기 때문일 것이다. 始光 4년(427) 赫連夏의 都城 統萬城을 점령하고 平涼으로 달아나 저항하던 赫連定이 神廳 4년(431) 吐谷渾에게 사로잡히고,[383] 다음 해 吐谷渾이 赫連定을 北魏에 넘겨주어[384] 赫連夏가 망한 다음에 北魏의 河西 통치가 본격적인 궤도에 올랐다고 볼 수 있다. 이 기간 太武帝는 神廳元年(428) 四月과 十一月, 神廳 2년(429) 十一月, 神廳 4년(431) 七月 4차례 河西에 행차하여 주로 사냥했다고 기록되었다.[385] 그러나 당시 상황을 보면 赫連夏의 잔여세력인 赫連定을 견제하려는 의도가 강했던 것 같다. 이와 아울러 河西巡幸은 前涼·吐谷渾 등 주변국에 대한 무력시위의 역할도 수행하였다. 神廳 4년(431) 七月 河西 巡幸 때에는 沮渠蒙遜이 아들 沮渠安周를 보내 入侍토록 하였고, 吐谷渾慕璝는 사신을 파견해 赫連定을 北魏로 압송할 것을 청하였다. 北涼과 吐谷渾이 北魏에 아들이나 사신을 파견하고 저자세를 보인 것은 太武帝의 河西巡幸에 이 두 나라가 위협을 느꼈기 때문일 것이다.[386]

---

383 『魏書』卷4上 「世祖紀」上 神廳四年(431)六月條, 78쪽, "赫連定北襲沮渠蒙遜, 爲吐谷渾慕璝所執."

384 『魏書』卷4上 「世祖紀」上 延和元年(432)三月壬申條, 80쪽, "西秦王吐谷渾慕璝, 送赫連定於京師."

385 『魏書』卷4上 「世祖紀」上 神廳元年(428)夏四月條, 74쪽, "壬子, 西巡. 戊午, 田于河西.";『魏書』卷4上 「世祖紀」上, 神廳元年(428)夏十一月條, 74쪽, "行幸河西, 大校獵. 十有二月甲申, 車駕還宮.";『魏書』卷4上 「世祖紀」上, 神廳二年(429)夏十一月條, 74쪽, "西巡狩, 田于河西, 至祚山而還.";『魏書』卷4上 「世祖紀」上, 神廳四年(431)條, 79쪽, "秋七月己酉, 行幸河西, 起承華宮. 八月乙酉, 沮渠蒙遜遣子安周入侍. 吐谷渾慕璝遣使奉表, 請送赫連定. 己丑, 以慕璝爲大將軍·西秦王."

386 河西, 즉 오르도스 지역은 北涼의 영토인 河西回廊 지역과 吐谷渾의 영토인 靑海와 가까운 지역이었다. 따라서 太武帝의 河西巡幸이 이들에게는 무력시위처럼 느껴졌을 가능성도 있다.

이처럼 河西, 즉 오르도스를 지배했던 赫連夏 세력이 소멸한 후 北魏의 河西 통치는 외형상 공고해졌다고 볼 수 있다. 그러나 延和 3년(434) 太武帝가 河西로 巡幸할 때 赫連夏의 前君主 赫連昌이 탈출하다 河西候將에게 살해당한 사건을 보면,[387] 상황은 달랐다. 太武帝에게 융숭한 대접을 받던 赫連昌이 탈출하려고 했던 이유는 亡國 赫連夏를 다시 再建할 마음을 가졌기 때문이다. 그의 아버지 赫連勃勃도 단신으로 도망쳐 결국 再起에 성공했던 경험이 있다. 赫連昌이 재기할 수 있다고 판단했다면, 赫連昌이 탈출한 뒤 그의 휘하에 모일 세력이 있어야 할 것이다. 赫連昌이 柔然으로 도망가려는 생각이 아니었다면, 河西에서 재기를 도모하려 했을 것이다.[388]

실제로 河西 지역에서 반란이 간헐적으로 일어났다. 太平眞君 8년(447) 吐京胡의 반란 때 汾水와 黃河 사이에 거주하던 山胡 曹僕渾 등이 黃河를 건너 河西로 진입하여 朔方諸胡를 회유하였다. 얼마 후 安定鎭에서 군대를 이끌고 온 高涼王 元那가 元提 등과 연합하여 曹僕渾을 참하여 반란을 진정시킬 수 있었다.[389] 이외에도 『魏書』本紀에는 없지만 列傳에서 河西 지역에서 발생한 반란의 예를 살펴볼 수 있다. 『魏書』 「李洪之傳」에 의하면 河西羌胡가 部落을 거느리고 반란을 일으키자 獻文帝가 親征하며 李洪之를 먼저 보내 토벌하게 하였다.[390]

---

387 『魏書』卷4上「世祖紀」上 延和三年(434)條, 83쪽, "三月甲寅, 行幸河西. 閏月甲戌, 秦王赫連昌叛走. 丙子, 河西候將格殺之. 驗其謀反, 群弟皆伏誅. 己卯, 車駕還宮."
388 최진열, 『북위황제 순행과 호한사회』, 157~159쪽.
389 『魏書』卷4下「世祖紀」下 太平眞君八年(447)條, 101쪽, "春正月, 吐京胡阻險爲盜. 詔征東將軍武昌王提. 征南將軍淮南王他討之 不下. 山胡曹僕渾等渡河西, 保山以自固, 招引朔方諸胡. 提等引軍討[曹]僕渾. 二月己卯, 高涼王那等自安定討平朔方胡, 因與提等合軍, 共攻[曹]僕渾, 斬之, 其衆赴險死者以萬數."
390 『魏書』卷89「酷吏 · 李洪之傳」, 1919쪽, "河西羌胡領部落反叛. 顯祖親征, 命[李]洪之與侍中 · 東郡王陸定總統諸軍. 輿駕至幷州, 詔[李]洪之爲河西都將討山胡. 皆保

源賀 역시 獻文帝 시기 河西敕勒이 반란을 일으키자 枹罕과 金城(모두 현재 甘肅省 남부)까지 추격하여 반란을 진압하였다.[391] 또 延興 2년 (472)에는 河西의 費也頭가 반란을 일으키자 薄骨律鎭將이 이를 격파하기도 하였다.[392]

위의 내용을 정리하면 河西 지역은 關隴 지역과 塞外 · 漠南의 가운데에 위치하여 이들 지역과 인적 · 물적 교류가 활발하였으며, 關隴 지역과 塞外 · 漠南을 지배하기 위해 반드시 장악해야 하는 지역이었다. 그러나 이 지역은 北魏 拓跋部의 숙적 鐵弗部와 그 후예인 赫連氏의 지배를 받았던 곳이었기 때문에 反北魏 성향이 강하였다. 따라서 北魏가 軍事的 성격이 강한 鎭을 설치하여 소수민족을 軍政統治하는 방식[393]만으로 河西 지역을 지배할 수는 없었다. 즉 '채찍'뿐만 아니라 '당근'도 필요했다. 따라서 北魏皇帝들은 河西에 행차하며 河西 諸胡를 慰撫하면서 이 지역의 胡人들을 장악 · 통치하려 하였다. 현존 기록으로는 北魏皇帝들이 河西에 行幸하여 주로 했던 활동은 사냥이었다. 앞에서 살펴본 것처럼 사냥은 胡族 지배층과 피정복자의 주종관계와 결속력을 강화하는 정치적 기능이 있었으므로 단순한 오락만이 아니라 중요한 정치적 행위였을 것이다.[394]

險拒戰. [李]洪之築壘於石樓南白鷄原以對之. 諸將悉欲進攻, [李]洪之乃開以大信, 聽其復業, 胡人遂降."

391 『魏書』卷41「源賀傳」, 921-922쪽, "是歲, 河西敕勒叛, 遣[源]賀率衆討之, 降二千餘落, 倍道兼行, 追賊薰郁朱于等至枹罕, 大破之, 斬首五千餘級, 虜男女萬餘口 · 雜畜三萬餘頭. 復追統萬 · 高平 · 上邽三鎭叛敕勒至于金城 斬首三千級."

392 『魏書』卷7上「高祖紀」上 延興二年(472)八月辛酉條, 137쪽, "河西費也頭反, 薄骨律鎭將擊走之."

393 周一良,「北朝的民族問題與民族政策」,『周一良集』第壹卷魏晉南北朝史論, 瀋陽: 遼寧敎育出版社, 1998, 173-221쪽.

394 최진열,『북위황제 순행과 호한사회』, 159-161쪽.

이 밖에 文成帝가 高車의 祭天 행사에 참가했던 예가 주목된다. 왜냐하면 高車人의 祭天 행사[395]는 다른 胡族들이 누리지 못한 특권이었다.『魏書』를 보면 여러 집단이 지내는 祭天은 5部 高車의 祭天 이외에 두 가지 사례가 있다. 첫째, '序紀時代' 神元帝 力微 시절 四月祭天 기사이다. 이때 白部大人을 제외한 諸部의 君長들이 모두 참여하였다. 神元帝 力微는 白部大人이 祭天에 참여하지 않았다는 죄를 물어 白部大人을 살해하였다.[396] 이 祭天은 '拓跋部 部族聯合體'에 속한 諸部에서 강제적으로 참여해야 하는 행사이며 祭祀의 주재자는 拓跋部의 君主였음을 알 수 있다. 道武帝 이후 北魏皇帝는 平城의 서쪽에서 祭天 행사를 주관하였다.[397] 여기서 祭天의 의미에 주목해보자. 중국의 天子처럼 유목군주 역시 자신이 하늘의 아들이라는 '天子'觀念은 匈奴 · 突厥 · 거란 · 몽골 등 遊牧國家에 공통적으로 보인다. 따라서 유목군주는 각 部의 조상신 제사는 막을 수 없었겠지만, 하늘에 대한 제사는 독점해야 했다.[398] 유목군주가 독점하는 祭天은 자신의 권위와 신성함을 강조하는 자리였기 때문에 휘하 白部大人의 불참은 응징의 대상이 되는 것이다. 그런데 高車 5개 部가 따로 祭天 행사를 개최하는 것은 北魏皇帝의 祭天 독점권 포기로 해석된다. 이는 高車들의 정신적 혹은 정치적 자립성을 인정하는 것으로 파악해야 할 것이다. 이처럼 半자립적인 집단인 高車人들의 주요 거주지 중의 하나가 바로 河西였다. 그렇다면 文成帝의 祭天 행사 참여는 高車人들의 민

---

395 『魏書』卷103「高車傳」, 2309쪽;『資治通鑑』卷129「宋紀」孝武帝大明八年(464)秋七月條, 4068쪽.

396 『魏書』卷1「序紀」神元帝條, 3쪽, "三十九年, 遷於定襄之盛樂. 夏四月, 祭天, 諸部君長皆來助祭, 唯白部大人觀望不至, 於是徵而戮之, 遠近肅然, 莫不震懾."

397 康樂,『從西郊到南郊』, 165-173쪽.

398 金浩東,「北아시아 遊牧國家의 君主權」, 167-184쪽.

심을 얻고 北魏의 주체인 鮮卑人과 高車人들의 결속을 다지는 정치적 기능을 발휘했을 것이다. 즉 河西巡幸에서 河西의 주요 거주자인 救勒, 즉 高車人들을 유화책을 통해 지배하에 둔다면 北魏의 河西 統治는 보다 용이했을 것이다.[399]

北魏皇帝들은 太武帝-獻文帝 시기 河西 지역에 총 22회 巡幸하였다.[400] 이 가운데 河西 체류기간을 알 수 있는 巡幸은 20회이다. 河西에 체류한 전체기간은 1,121일이고, 연평균 약 56-57일을 河西에 머물렀다. 平城과 河西를 오가는 기간까지 포함하면 83-84일이 河西巡幸에 소요되었다. 즉 이 시기 北魏皇帝들은 2-3개월을 河西에서 체류하였다. 이처럼 장기간 체류는 河西에 거주하는 高車 등 다양한 胡人들을 慰撫하고 복종시키는 데 충분한 시간이었을 것이다. 皇帝와 隨行官員, 일반 병사들 및 가족들이 수행했다면 巡幸 수행집단의 규모는 컸음을 짐작할 수 있다.[401] 이러한 대규모 집단이 河西에 장기체류하면 河西에 사는 胡族들은 위압감을 느끼거나 반란의 의도를 분쇄하는 효과가 발생했을 것이다. 따라서 北魏皇帝들의 河西 장기체류 자체가 河西 지역의 통치에 심리적인 영향을 미쳤다고 유추할 수 있다. 앞에서 언급한 몇 건의 반란기록을 제외하면 北魏皇帝들이 巡幸했던 太武帝-獻文帝 시기 河西 지역은 평온했다. 이는 胡族들의 慰撫를 지향했던 北魏皇帝들의 河西巡幸이 성공적이었음을 뜻한다.[402]

---

399 최진열, 『북위황제 순행과 호한사회』, 161-162쪽.

400 위와 같음, 〈부록 표 1〉北魏時代 巡幸表 참조.

401 비록 親征의 예이기는 하지만, 『南齊書』「魏虜傳」에 의하면 太和 19년(495) 孝文帝의 親征을 따라온 군대가 30여만 人이었다(『南齊書』卷57「魏虜傳」, 994쪽, "牛車及驢駱駝載軍資妓女, 三十許萬人.").

402 최진열, 『북위황제 순행과 호한사회』, 162-163쪽.

3章

北魏平城時代 華北統治: 段階的 地方統治 過程

北魏가 河北을 점령하고 바로 이 지역을 통치한 것은 아니었다. 필자는 北魏가 漢人이 거주하는 華北 지역을 단계적으로 統治하였음을 고증하였다. 즉 北魏는 "行臺 혹은 鎭 설치 → 徙民 → 土着勢力의 포섭 → 稅役 징수체제로의 편입 → 皇帝의 巡幸을 통한 안정적인 지배의 표방"의 5단계의 과정을 거치며 地方統治를 강화하였음을 입증하였다.[1] 그러나 지면 관계상 華北 지역의 개별 지역에 대한 구체적인 분석은 생략하였다. 北魏는 華北 지방을 한꺼번에 정복한 것이 아니라 皇帝별로 점진적으로 영토를 확장했기 때문에[2] 각 지역의 정복과정과 정치적 상황을 고려해야 한다. 본장에서는 기존의 연구성과를 바탕으로 개별 지역의 상황을 상세히 설명하고자 한다.

본장에서는 주로 漢人들이 거주한 華北 지역의 統治方式을 段階的

---

1 崔珍烈, 「北魏의 地域支配方式과 그 性格」, 116-149쪽.

2 崔珍烈, 「北魏의 華北支配와 그 性格」, 3쪽 및 4쪽의 〈지도 1〉 北魏의 강역 확장도 참조.

지방통치라는 관점에서 검토한다. 1절에서는 北魏의 河北 점령과정을 後燕과의 전쟁을 중심으로 살펴본다. 2절에서는 北魏의 핵심 경제지역인 河北 지역을 통치하는 과정을 분석한다. 3절에서는 關隴·河南·靑齊·淮北 支配 양상을 각각 정복과정과 통치과정으로 나누어 살펴본다. 4절에서는 2절과 3절에서 검토한 華北의 각 지방통치 과정의 공통점을 중심으로 北魏의 華北 통치를 정리한다.

1. 北魏의 河北 점령: 後燕과의 전쟁

淝水의 전쟁 이후 前秦이 분열되자 拓跋珪는 우여곡절 끝에 登國元年(386) 代王으로 즉위하였다.[3] 그러나 拓跋珪는 주변에 拓跋部의 수장 자리를 다투는 숙부 拓跋窟咄, 獨孤部의 劉顯, 숙적 鐵弗部의 劉衛辰의 숙적들이 있었다. 拓跋珪는 後燕의 군사적 도움을 받아 이 숙적들을 격파하였다. 拓跋珪는 登國元年(386) 十月 慕容垂의 아들 慕容麟의 도움을 받아 高柳(현재의 山西省 陽高縣 서북쪽)에서 窟咄을 大破하고 그 部衆을 합쳤다.[4] 登國 2년(387) 六月 慕容麟의 원조 아래

---

3 『魏書』卷2「太祖紀」登國元年春正月戊申條, 20쪽, "登國元年春正月戊申, 帝卽代王位, 郊天, 建元, 大會於牛川."

4 『魏書』卷2「太祖紀」登國元年條, 21쪽, "初, 帝叔父窟咄爲苻堅徙于長安, 因隨慕容永, 永以爲新興太守. 八月, 劉顯遣弟亢泥迎窟咄, 以兵隨之, 來逼南境. 於是諸部騷動, 人心顧望. 帝左右于桓等, 與諸部人謀爲逆以應之. 事泄, 誅造謀者五人, 餘悉不問. 帝慮內難, 乃北踰陰山, 幸賀蘭部, 阻山爲固. 遣行人安同·長孫賀使于慕容垂以徵師, 垂遣使朝貢, 幷令其子賀驎帥步騎以隨同等. 冬十月, 賀驎軍未至而寇已前逼, 於是北部大人叔孫普洛等十三人及諸烏丸亡奔衛辰. 帝自弩山遷幸牛川, 屯于延水南, 出代谷, 會賀驎於高柳, 大破窟咄. 窟咄奔衛辰, 衛辰殺之, 帝悉收其衆."

拓跋珪는 馬邑(현재의 山西省 朔州市) 남쪽의 彌澤에서 劉顯을 격파하고 그 部를 합병하였다.[5] 窟咄과 劉顯의 양대 세력을 멸망시킨 후 拓跋珪의 세력은 더욱 강해졌다. 拓跋珪는 登國 6년 十一月(391. 12-392. 1) 劉衛辰의 아들 直力鞮를 사로잡고 十二月 劉衛辰을 참하고 子弟宗黨 5,000여 人을 죽였다.[6] 이로써 拓跋珪는 3대 숙적을 모두 제거하였다. 이후 登國년간(386-395) 拓跋珪는 高車와 蠕蠕 등 유목부락을 대파하고 代北과 주변 지역을 평정하였다. 이는 拓跋珪가 中原으로 진격하여 河北을 평정하는 기초가 되었다.[7] 게다가 幷州 지역을 지배하던 西燕이 後燕에게 394년 정복되었다.[8] 西燕은 北魏의 남쪽에 있었

---

5 『魏書』卷2「太祖紀」登國元年條, 21-22쪽, "夏五月, 遣行人安同徵兵於慕容垂, 垂使子賀驎率衆來會. 六月, 帝親征劉顯於馬邑南, 追至彌澤, 大破之, 顯南奔慕容永, 盡收其部落."

6 『魏書』卷2「太祖紀」登國六年條, 24쪽, "十有一月戊辰, 還幸紐垤川. 戊寅, 衛辰遣子直力鞮寇南部. 己卯, 車駕出討. 壬午, 大破直力鞮軍於鐵歧山南, 獲其器械輜重, 牛羊二十餘萬. 戊子, 自五原金津南渡河. 辛卯, 次其所居悅跋城, 衛辰父子奔遁. 壬辰, 詔諸將追之, 擒直力鞮. 十有二月, 獲衛辰尸, 斬以徇, 遂滅之. 語在衛辰傳. 衛辰少子屈丐, 亡奔薛干部. 車駕次于鹽池. 自河已南, 諸部悉平. 簿其珍寶畜產, 名馬三十餘萬匹, 牛羊四百餘萬頭. 班賜大臣各有差. 收衛辰子弟宗黨無少長五千餘人, 盡殺之."

7 王仁磊,「略論北魏道武帝平定河北策略的制定」, 34왼쪽-34오른쪽.

8 『資治通鑑』卷108「晉紀30 孝武帝太元十八年條, 3411쪽, "十一月, 垂發中山步騎七萬, 遣鎮西將軍丹楊王纘, 龍驤將軍張崇出井陘, 攻西燕武鄉公友於晉陽, 征東將軍平規攻鎮東將軍段平於沙亭. 西燕主永遣其尚書令刁雲·車騎將軍慕容鐘帥衆五萬守潞川. 友, 永之弟也. 十二月, 垂至鄴.";『資治通鑑』卷108「晉紀30 孝武帝太元十九年夏四月條, 3414쪽, "燕主垂頓軍鄴西南, 月餘不進. 西燕主永怪之, 以爲太行道寬, 疑垂欲詭道取之, 乃悉斂諸軍屯輒關, 杜太行口, 惟留臺壁一軍. 甲戌, 垂引大軍出滏口, 入天井關. 五月, 乙酉, 燕軍至臺壁, 永遣從兄太尉大逸豆歸救之, 平規擊破之, 小逸豆歸出戰, 遼西王農又擊破之, 斬勒馬駒, 禽王次多, 遂圍臺壁. 永召太行軍還, 自將精兵五萬以拒之. 刁雲·慕容鐘震怖, 帥衆降燕, 永誅其妻子. 己亥, 垂陳於臺壁南, 遣驍將軍慕容國伏千騎於澗下. 庚子, 與永合戰, 垂僞退, 永衆追之, 行數里, 國騎從澗中出, 斷其後, 諸軍四面俱進, 大破之, 斬首八千餘級, 永走歸長

기 때문에 西燕의 멸망 덕분에 北魏는 또다른 적이 사라지는 어부지리를 얻었다.

後燕의 慕容垂가 拓跋珪를 지원한 것은 拓跋珪의 세력이 拓跋窟咄, 獨孤部의 劉顯, 鐵弗部의 劉衛辰보다 약했기 때문이다. 慕容垂는 以夷制夷 전략으로 拓跋珪와 함께 拓跋窟咄과 獨孤部를 격파하였다. 그러나 拓跋珪는 慕容垂의 바람과 달리 後燕의 통제를 벗어났다. 拓跋珪는 登國 6年(391) 七月 壬申日 名馬를 요구하는 慕容垂의 요청을 거부하였다.[9] 이후 두 나라의 사이는 벌어졌다. 慕容垂는 拓跋部의 세력이 확대되자 이를 견제하기 위해 拓跋部와 싸우게 되었다. 拓跋珪가 395년 後燕의 附塞 諸部를 공격하자 後燕의 군주 慕容垂는 9만 8,000명을 보내 北魏를 공격하였다.[10] 拓跋珪는 部落과 畜産을 黃河 서쪽

子. 晉陽守將聞之, 棄城走. 丹楊王瓚等進取晉陽.";『資治通鑑』卷108「晉紀」30 孝武帝太元十九年六月條, 3415쪽, "燕主垂進軍圍長子. 西燕主永欲奔後秦, 侍中蘭英曰: '昔石虎伐龍都, 太祖堅守不去, 卒成大燕之基. 今垂七十老翁, 厭苦兵革, 終不能頓兵連歲以攻我也. 但當城守以疲之.' 永從之.";『資治通鑑』卷108「晉紀」30 孝武帝太元十九年八月條, 3416-3417쪽, "西燕主永困急, 遣其子常山公弘求救於雍州刺史郗恢, 並獻玉璽一紐. 恢上言: '垂若幷永, 爲患益深, 不如兩存之, 可以乘機雙斃.' 帝以爲然, 詔青・兗二州刺史王恭・豫州刺史庾楷救之. 楷, 亮之孫也. 永恐晉兵不出, 又遣其太子亮爲質; 平規追亮, 及於高都, 獲之. 永又告急於魏, 魏王珪遣陳留公虔・將軍庾岳帥騎五萬東渡河, 屯秀容, 以救之. 虔, 紇根之子也. 晉・魏兵皆未至, 大逸豆歸部將伐勤等開門內燕兵, 燕人執永, 斬之, 並斬其公卿大將刁雲・大逸豆歸等三十餘人, 得永所統八郡七萬餘戶及秦乘輿・服御・伎樂・珍寶甚衆.";『資治通鑑』卷108「晉紀」30 孝武帝太元十九年九月條, 3417쪽, "九月, 垂自長子如鄴."

9 『魏書』卷2「太祖紀」登國六年秋七月壬申條, 24쪽, "慕容垂止元魱而求名馬, 帝絶之."

10 『晉書』卷123「慕容垂載記」, 3089쪽, "遣其太子寶及農與慕容麟等率衆八萬伐魏, 慕容德・慕容紹以步騎一萬八千爲寶後繼.";『十六國春秋輯補』卷44「後燕錄」3, 352쪽;『資治通鑑』卷108「晉紀」30 孝武帝太元二十年春三月條, 3421쪽, "魏王珪叛燕, 侵逼附塞諸部. 五月, 甲戌, 燕主垂遣太子寶・遼西王農・趙王麟帥衆八萬, 自五原伐魏, 范陽王德・陳留王紹別將步騎萬八千爲後繼. 散騎常侍高湖諫曰: '魏與燕世爲昏姻, 彼有內難, 燕實存之, 其施德厚矣, 結好久矣. 間以求馬不獲而留其弟, 曲在於我,

1,000里 밖으로 철수시켰다.[11] 이후 拓跋珪는 參合陂에서 慕容寶의 後
燕軍을 격파하였다.[12] 이에 慕容垂는 親征하여 北魏(拓跋部)를 공격하
기로 결정하였다.[13] 慕容垂는 396년 親征에 나섰으나 拓跋珪는 싸움을
포기하고 도망갔다.[14] 慕容垂는 參合陂에 이르러 後燕 군사들의 시체
가 산처럼 쌓인 것을 보고 제사를 지냈다. 慕容垂는 분하여 피를 토하

奈何遽興兵擊之! 拓跋涉珪沉勇有謀, 幼歷艱難, 兵精馬强, 未易輕也. 皇太子富於
春秋, 志果氣銳, 今委之專征, 必小魏而易之, 萬一不如所欲, 傷威毀重, 願陛下深圖
之!' 言頗款切. 垂怒, 免湖官. 湖, 泰之子也."

11 『資治通鑑』 卷108 「晉紀 30 孝武帝太元二十年七月條, 3421-3422쪽, "魏張袞聞燕軍
將至, 言於魏王珪曰: '燕狃於滑臺 · 長子之捷, 竭國之資力以來, 有輕我之心. 宜羸形
以驕之, 乃可克也.' 珪從之, 悉徙部落畜産西渡河千餘里以避之. 燕軍至五原, 降魏
別部三萬餘家, 收穄田百餘萬斛, 置黑城, 進軍臨河, 造船爲濟具. 珪遣右司馬許謙乞
師於秦."

12 『資治通鑑』 卷108 「晉紀 30 孝武帝太元二十年十一月條, 3423-3424쪽, "魏軍晨夜兼
行, 乙酉, 暮, 至參合陂西. 燕軍在陂東, 營於蟠羊山南水上. 魏王珪夜部分諸將, 掩
覆燕軍, 士卒銜枚束馬口潛進. 丙戌, 日出, 魏軍登山, 下臨燕營. 燕軍將東引, 顧見
之, 士卒大驚擾亂. 珪縱兵擊之, 燕兵走赴水, 人馬相騰, 蹈壓溺死者以萬數. 略陽公
遵以兵邀其前, 燕兵四萬人, 一時放仗斂手就禽, 其遺迸去者不逾數千人, 太子寶
等皆單騎僅免. 殺燕右僕陳留悼王紹, 生禽魯陽王倭奴 · 桂林王道成 · 濟陰公尹國等
文武將吏數千人, 兵甲糧貨以巨萬計. 道成, 垂之弟子也."

13 『資治通鑑』 卷108 「晉紀 30 孝武帝太元二十年十一月條, 3425쪽, "燕太子寶恥於參
合之敗, 請更擊魏. 司徒德言於燕主垂曰: '虜以參合之捷, 有輕太子之心, 宜及陛下
神略以服之, 不然, 將爲後患.' 垂乃以淸河公會錄留臺事, 領幽州刺史, 代高陽王隆
鎭龍城; 以陽城王蘭汗爲北中郞將, 代長樂公盛鎭薊; 命隆 · 盛悉引其精兵還中山,
期以明年大擧擊魏."

14 『資治通鑑』 卷108 「晉紀 30 孝武帝太元二十一年條, 3426쪽, "三月, 庚子, 燕主垂留
范陽王德守中山, 引兵密發. 逾靑嶺, 經天門, 鑿山通道, 出魏不意, 直指雲中. 魏陳
留公虔帥部落三萬餘家鎭平城; 垂至獵嶺, 以遼西王農 · 高陽王隆爲前鋒以襲之. 是
時, 燕兵新敗, 皆畏魏, 惟龍城兵勇銳爭先. 虔素不設備, 閏月, 乙卯, 燕軍至平城, 虔
乃覺之, 帥麾下出戰, 敗死, 燕軍盡收其部落. 魏王珪震怖, 欲走, 諸部聞虔死, 皆有
貳心, 珪不知所適."

고 병에 걸렸고 後燕軍은 후퇴하다가[15] 上谷의 沮陽에서 죽었다.[16]

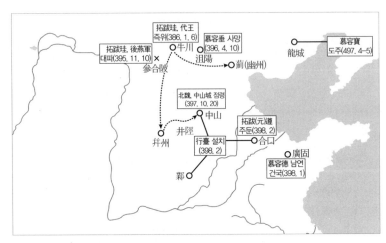

〈지도 5〉 北魏의 河北 정복

慕容垂 사후 太子 慕容寶가 즉위하였다. 北魏의 拓跋珪는 396년 步騎 40여만을 거느리고 後燕을 공격하였다.[17] 北魏軍이 常山을 점령하자 常山 동쪽의 지방관들이 달아나거나 도망가고 대부분의 郡縣은 北魏에 항복하였다. 오직 中山·鄴·信都만이 계속 저항하였다. 拓跋珪는 元儀에게 鄴을, 王建과 李栗에게 信都를 공격하게 한 후 자신은 後

---

15 위와 같음, "垂之過參合陂也, 見積骸如山, 爲之設祭, 軍士皆慟哭, 聲震山谷. 垂慙憤嘔血, 由是發疾, 乘馬輿而進, 頓平城西北三十里. 太子寶等聞之, 皆引還. 燕軍叛者告於魏云'垂已死, 輿屍在軍.' 魏王珪欲追之, 聞平城已沒, 乃引還阻山."

16 위와 같음, "垂在平城積十日, 疾轉篤, 乃築燕昌城而還. 夏, 四月, 癸未, 卒於上谷之沮陽, 秘不發喪. 丙申, 至中山; 戊戌, 發喪, 諡曰成武皇帝, 廟號世祖. 壬寅, 太子寶卽位, 大赦, 改元永康."

17 『資治通鑑』卷108「晉紀」30 孝武帝太元二十一年八月己亥條, 3430쪽, "八月, 己亥, 魏王珪大擧伐燕, 步騎四十餘萬, 南出馬邑, 逾句注, 旌旗二千餘里, 鼓行而進. 左將軍雁門李栗將五萬騎爲前驅, 別遣將國封眞等從東道出軍都, 襲燕幽州."

燕의 수도 中山으로 진격하였다.[18] 慕容寶는 拓跋珪가 信都로 진격한 틈을 타서 中山을 나와 步卒 12만과 騎兵 3만 7,000인을 거느리고 曲陽으로 나갔고 深澤에 주둔하였다. 慕容寶는 北魏軍을 공격했으나 패하였다.[19] 이때 慕容麟이 397년 慕容精을 동원해 慕容寶를 살해하려고 했으나 慕容精이 이를 거절하자 慕容麟이 慕容精을 살해하였다.[20] 반란

---

18 『資治通鑑』卷108「晉紀」30 孝武帝太元二十一年冬條, 3434쪽, "魏王珪進攻常山, 拔之, 獲太守苟延. 自常山以東, 守宰或走或降, 諸郡縣皆附於魏, 惟中山·鄴·信都三城爲燕守. 十一月, 珪命東平公儀將五萬騎攻鄴, 冠軍將軍王建·左將軍李栗攻信都. 戊午, 珪進軍中山; 己未, 攻之. 燕高陽王隆守南郭, 帥衆力戰, 自旦至晡, 殺傷數千人, 魏兵乃退. 珪謂諸將曰: '中山城固, 寶必不肯出戰. 急攻則傷士, 久圍則費糧, 不如先取鄴·信都, 然後圖之.' 丁卯, 珪引兵而南."

19 『晉書』卷124「慕容寶載記」, 3094-3095쪽, "魏攻中山不克, 進據博陵魯口, 諸將望風奔退, 郡縣悉降于魏. 寶聞魏有內難, 乃盡衆出距, 步卒十二萬, 騎三萬七千, 次于曲陽柏肆. 魏軍進至新梁. 寶憚魏師之銳, 乃遣戒北隆夜襲魏軍, 敗績而還. 魏軍方軌而至, 對營相持, 上下兇懼, 三軍奪氣. 農·麟勸寶還中山, 乃引歸, 魏軍追擊之, 寶·農等棄大軍, 率騎二萬奔還. 時大風雪, 凍死者相枕于道. 寶恐爲魏軍所及, 命去袍杖戎器, 寸刃無返."; 『十六國春秋輯補』卷45「前燕錄」4, 357쪽; 『資治通鑑』卷109「晉紀」31 安帝隆安元年正月條, 3438쪽, "燕主寶聞魏王珪攻信都, 出屯深澤, 遣趙王麟攻楊城, 殺守兵三百. 寶悉出珍寶及宮人募郡縣君盜以擊魏."; 『資治通鑑』卷109「晉紀」31 安帝隆安元年正月條, 3439-3440쪽, "二月, 己巳朔, 珪還屯楊城. 沒根兄子丑提爲幷州監軍, 聞其叔父降燕, 懼誅, 帥所部兵還國作亂. 珪欲北還, 遣其國相涉延求和於燕, 且請以其弟爲質. 寶聞魏有內難, 不許, 使宂從僕射蘭眞責珪負恩, 悉發其衆步卒十二萬·騎三萬七千屯於曲陽之柏肆, 營於滹沱水北以邀之. 丁丑, 魏軍至, 營於水南. 寶潛師夜濟, 募勇敢萬餘人襲魏營, 寶陳於營北以爲之援. 募兵因風縱火. 急擊魏軍, 魏軍大亂, 珪驚起, 棄營跣走; 燕將軍乞特眞帥百餘人至其帳下, 得珪衣靴. 旣而募兵無故自驚, 互相斫射. 珪於營外望見之, 乃擊鼓收衆, 左右及中軍將士引稍稍來集, 多布火炬於營外, 縱騎沖之. 募兵大敗, 還赴寶陳, 寶引兵復渡水北. 戊寅, 魏整衆而至, 與燕相持, 燕軍奪氣. 寶引還中山, 魏兵隨而擊之, 燕兵屢敗. 寶懼, 棄大軍, 帥騎二萬奔還. 時大風雪, 凍死者相枕. 寶恐爲魏軍所及, 命士卒皆棄袍仗·兵器數十萬, 寸刃不返. 燕之朝臣將卒降魏及爲魏所繫虜者甚衆. 先是, 張袞常爲魏王珪言燕秘書監崔逞之材, 珪得之, 甚喜, 以逞爲尙書, 使錄三十六曹, 任以政事."

20 『資治通鑑』卷109「晉紀」31 安帝隆安元年三月條, 3443쪽, "是夜, 麟以兵劫左衛將軍北地王精, 使帥禁兵弑寶. 精以義拒之, 麟怒, 殺精, 出奔西山, 依丁零餘衆. 於是

을 일으킨 慕容麟은 段平子의 말을 듣고 慕容會의 군대를 습격한 후 동쪽으로 龍城을 점거하려고 하였다. 慕容寶는 薊에서 慕容會를 만나 慕容祥에게 中山을 지키도록 하였다.[21] 慕容寶는 慕容麟이 慕容會의 군대를 빼앗아 먼저 龍城을 점거할 것을 두려워하여 慕容農을 불러 中山을 떠나 龍城으로 가려고 하였다.[22] 慕容寶는 太子 慕容策, 慕容農, 慕容隆, 慕容盛 등 1만여 騎를 거느리고 慕容會의 진영으로 갔다. 이때 王沈이 北魏에 항복하고 慕容惠와 韓範, 段宏, 劉起 등은 鄴으로 달아났다.[23] 慕容寶는 中山을 나가 慕容麟과 阽城에서 만났고,[24] 三月에 薊에 이르렀다.[25] 도중에 慕容會가 반란을 일으키자 慕容寶는 수백 騎를 거느리고 龍城으로 도망갔다. 이때 侍御郎 高雲이 慕容會의 반란을 평정하였다.[26]

한편 中山에 있던 慕容祥은 皇帝의 자리에 올랐다. 이때 慕容麟이

城中人情震駭."

21 『晉書』卷124「慕容寶載記」, 3095쪽, "初, 寶聞魏之來伐也, 使慕容會率幽幷之衆赴中山. 麟乃叛, 寶恐其逆奪會軍, 將遣兵迎之. 麟詩侍郎段平子自丁零奔還, 說麟召集丁零, 軍衆甚盛, 謀襲會軍, 東據龍城. 寶與其太子策及農·隆等萬餘騎迎會于薊, 以開封公慕容詳守中山. 會傾身誘納, 繕甲厲兵, 步騎萬, 列陣而進, 迎寶薊南. 寶分其兵給農·隆, 遣西河公庫辱官驥率衆三千助守中山."; 『十六國春秋輯補』卷45「後燕錄」4, 358쪽.

22 『資治通鑑』卷109「晉紀」31 安帝隆安元年三月條, 3443-3444쪽, "寶不知麟所之, 以淸河王會軍在近, 恐麟奪會軍, 先據龍城, 乃召隆及驃騎大將軍農, 謀去中山, 走保龍城. 隆曰「先帝櫛風沐雨以成中興之業, 崩未期年而天下大壞, 豈得不謂之孤負邪! 今外寇方盛而內難復起, 骨肉乘離, 百姓疑懼, 誠不可以拒敵; 北遷舊都, 亦事之宜. 然龍川地狹民貧, 若以中國之意取足其中, 復朝夕望有大功, 此必不可. 若節用愛民, 務農訓兵, 數年之中, 公私充實, 而趙·魏之間, 厭苦寇暴, 民思燕德, 庶幾返旆, 克復故業. 如其未能, 則憑險自固, 猶足以優遊養銳耳.」寶曰:「卿言盡理, 騰一從卿意耳.」

23 『資治通鑑』卷109「晉紀」31 安帝隆安元年三月條, 3445쪽, "壬子, 夜, 寶與太子策·遼西王農·高陽王隆·長樂王盛等萬餘騎出赴會軍, 河間王熙·勃海王朗·博陵王鑒皆幼, 不能出城, 隆還入迎之, 自爲鞁乘, 俱得免. 燕將王沈等隆降降魏, 樂浪王惠·中書侍郎韓范·員外郎段宏·太史令劉起等帥工伎三百奔鄴."

丁零을 이끌고 中山에 들어가 慕容祥과 親唐 300여 인을 살해하고 皇帝로 즉위하였다. 慕容麟은 中山을 빠져나와 新市를 거쳐 義臺에서 北魏軍에게 패한 후 鄴으로 도망갔다.[27] 北魏는 後燕의 내분을 이용

24 『資治通鑑』卷109「晉紀」31 安帝隆安元年三月條, 3446쪽, "燕主寶出中山, 與趙王麟遇於阽城, 麟不意寶至, 驚駭, 帥其衆奔蒲陰, 復出屯望都, 士人頗供給之. 慕容詳遣兵掩擊麟, 獲其妻子, 麟脫走入山."

25 위와 같음, "甲寅, 寶至薊, 殿中親近散亡略盡, 惟高陽王隆所領數百騎爲宿衛. 淸河王會帥騎卒二萬迎於薊南, 寶怪會容止怏怏有恨色, 密告隆及遼西王農. 農·隆俱曰: '會年少, 專任方面, 習驕所致, 豈有它也! 臣等當以禮責之.' 寶雖從之, 然猶詔解會兵以屬隆, 隆固辭; 乃減會兵分給農·隆. 又遣西可公庫辱官驥帥兵三千助守中山."

26 『晉書』卷124「慕容寶載記」, 3095-3096쪽, "會以策爲太子, 有恨色. 寶以告農·隆, 俱曰: '會一年少, 專任方事, 習驕所致, 豈有他也. 臣當以禮責之.' 幽平之士皆懷會威德, 不樂去之, 咸請曰: '淸河王天資神武, 權略過人, 臣等與之誓同生死, 感王恩澤, 皆勇氣自倍. 願陛下與皇太子·諸王止駕薊宮, 使王統臣等進解京師之圍, 然後奉迎車駕.' 寶左右皆害其勇略, 譖而不許, 衆咸有怨言. 左右勸寶殺會, 侍御史仇尼歸聞而告會曰: '左右密謀如是, 主上將從之. 大王所恃唯父母也, 父已異圖; 所杖者兵也, 兵已去手, 進退路窮, 恐無自全之理. 盍誅二王, 廢太子, 大王自處東宮, 兼領將相, 以匡社稷.' 會不從. 寶謂農·隆曰: '觀會爲變, 事當必然, 宜早殺之. 不爾, 恐成大禍.' 農曰: '寇賊內侮, 中州紛亂, 會鎭撫舊都, 安衆寧境, 及京師有難, 萬里星赴, 威名之重, 可以振服戎狄. 又逆跡未彰, 宜且隱忍. 今社稷之危若綴旒然, 復內相誅戮, 有損威望.' 寶曰: '會逆心已成, 而王等仁慈, 不欲去之, 恐一旦釁發, 必先害諸父, 然後及吾. 事敗之後, 當思朕言.' 農等固諫, 乃止. 會聞之彌懼, 奔于廣都黃楡谷. 會遣仇尼歸等率壯士二十餘人分襲農·隆, 隆是夜見殺, 農中重創. 旣而會歸于寶, 寶意在誅會, 誘而安之, 潛使左衛慕輿騰斬會, 不能傷. 會復奔其衆, 於是勒兵攻寶. 寶率數百騎馳如龍城, 會率衆追之, 遣使請誅左右佞臣, 幷求太子, 寶弗許. 會圍龍城, 侍御郞高雲夜率敢死士百餘人襲會, 敗之, 衆悉逃散, 單馬奔還中山, 乃踰圍而入, 爲慕容詳所殺.";『十六國春秋輯補』卷45「後燕錄」4, 358-359쪽;『資治通鑑』卷109「晉紀」31 安帝隆安元年三月條, 3448-3449쪽, "乙亥, 會遣仇尼歸攻龍城; 寶夜遣兵襲擊, 破之. 會遣使請誅左右佞臣, 幷求爲太子; 寶不許. 會盡收乘輿器服, 以後宮分給將帥, 署置百官, 自稱皇太子·錄尙書事, 引兵向龍城, 以討慕輿騰爲名; 丙子, 頓兵城下. 寶臨西門, 會乘馬遙與寶語, 寶責讓之. 會命軍士向寶大噪以耀威, 城中將士皆憤怒, 向暮出戰, 大破之, 會兵死傷太半, 走還營. 侍御郞高雲夜帥敢死士百餘人襲會軍, 會衆皆潰. 會將十餘騎奔中山, 開封公詳殺之. 寶殺會母及其三子."

27 『晉書』卷124「慕容寶載記」, 3096쪽, "詳僭稱尊號, 置百官, 改年號, 荒酒奢淫, 殺戮

하여 어부지리로 쉽게 中山을 점령하니 항복한 사람이 2만여 인에 달하였다.[28] 北魏는 397년 後燕의 수도 中山을 점령하고 398년 舊後燕 지역을 지배하고 山東의 방어와 치안유지를 위해 中山·鄴·合口(勃海)에 行臺 혹은 軍鎭을 설치하여 河北 통치의 거점으로 삼았다.[29]

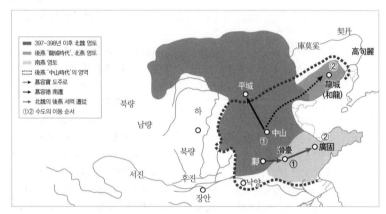

〈지도 6〉 北魏의 河北 점령과 後燕의 분열[30]

　　無度, 誅其王公以下五百餘人, 內外震局, 莫敢忤視. 城中大飢, 公卿餓死者數十人. 麟率丁零之衆入中山, 斬詳及其親黨三百餘人, 復僭稱尊號. 中山飢甚, 麟出據新市, 與魏師戰於義臺, 麟軍敗績. 魏師遂入中山, 麟乃奔鄴.";『十六國春秋輯補』卷45「後燕錄」4, 359-360쪽;『資治通鑑』卷109「晉紀」31 安帝隆安元年條, 3459쪽, "中山饑甚, 慕容麟帥二萬餘人出據新市, 甲子晦, 魏王珪進軍攻之. 太史令晁崇曰: '不吉. 昔紂以甲子亡, 謂之疾日, 兵家忌之.' 珪曰: '紂以甲子亡, 周武不以甲子興乎?' 崇無以對. 冬, 十月, 丙寅, 麟退阻泒水, 甲戌, 珪與麟戰於義臺, 大破之, 斬首九千餘級. 麟與數十騎馳取妻子入西山, 遂奔鄴."

28　『資治通鑑』卷109「晉紀」31 安帝隆安元年條, 3459쪽, "甲申, 魏克中山, 燕公卿·尙書·將吏·士卒降者二萬餘人. 張驤·李沈等先嘗降魏, 覆亡去; 珪入城, 皆赦之. 得燕璽綬, 圖書·府庫珍寶以萬數, 班賞群臣將士有差. 追諡弟觚爲秦愍王. 發慕容詳冢, 斬其屍; 收殺觚者高霸·程同, 皆夷五族, 以大刃剉之. 丁亥, 遣三萬騎就衛王儀, 將攻鄴."

29　崔珍烈,「16국 시대 요서(遼西)의 인구 증감과 전연(前燕)·후연(後燕)·북연(北燕)의 대응」, 209-215쪽.

한편 慕容德은 慕容寶가 즉위한 후 鄴에 주둔하였다.[31] 慕容寶가 龍城으로 도망가고 中山에 있었던 慕容祥이 즉위할 때 慕容德은 鄴에 주둔하였다. 慕容德은 皇帝로 즉위하려고 했으나 慕容達이 龍城에서 鄴으로 와서 慕容寶가 건재함을 알리자 포기하였다. 慕容寶는 慕容德을 丞相 冀州牧에 임명하였다.[32] 慕容德은 398년 鄴에서 滑臺로 옮겼다. 이때 4만 戶, 수레 2만 7,000승을 거느리고 갔다.[33] 滑臺에 수도를 정할 당시 慕容德은 10城, 수만 명의 무리를 거느렸다.[34] 慕容德은 399년 烏丸突騎와 三河의 猛士로 구성된 12만의 군대를 거느리고 滑臺를 출발하여 靑州로 진격하였고,[35] 靑州를 점령한 후 廣固를 수도로

30　위의 글, 210쪽, 〈지도 4〉 후연(後燕)의 영토와 분열.

31　『晉書』卷127「慕容德載記」, 3162쪽, "垂臨終, 敕其子寶以鄴城委德. 寶旣嗣位, 以德爲使持節·都督冀兗靑徐荊豫六州諸軍事·特進·車騎大將軍·冀州牧, 領南蠻校尉, 鎭鄴, 罷留臺, 以都督專總南夏."; 『十六國春秋輯補』卷58「南燕錄」1, 435쪽.

32　『晉書』卷127「慕容德載記」, 3163쪽, "時魏師入中山, 慕容寶出奔于薊, 慕容詳又僭號. 會劉藻自姚興而至, 興太史令高魯 遣其甥王景暉隨藻送玉璽一紐, 幷圖讖祕文, 曰:'有德者昌, 無德者亡. 德受天命, 柔而復剛.' 又有謠曰:'大風蓬勃揚塵埃, 八井三刀卒起來. 四海鼎沸中山頹, 惟有德人據三臺.' 於是德之羣臣議以慕容詳僭號中山, 魏師盛于冀州, 未審寶之存亡, 因勸德卽尊號. 德不從. 會慕容達自龍城奔鄴, 稱寶猶存, 羣議乃止. 尋而寶以德爲丞相, 領冀州牧, 承制南夏."; 『十六國春秋輯補』卷58「南燕錄」1, 436쪽.

33　『晉書』卷127「慕容德載記」, 3164쪽, "先是, 慕容和亦勸德南徙, 於是許之. 隆安二年, 乃率戶四萬·車二萬七千乘, 自鄴將徙于滑臺. 遇風, 船沒, 魏軍垂至, 衆懼, 議欲退保黎陽. 其夕流澌凍合, 是夜濟師, 旦, 魏師至而冰泮, 若有神焉. 遂改黎陽津爲天橋津. 及至滑臺, 景星見于尾箕. 漳水得白玉, 狀若璽. 於是德依燕元故事, 稱元年, 大赦境內殊死已下, 置百官. 以慕容麟爲司空·領尙書令, 慕容法爲中軍將軍, 慕輿拔爲尙書左僕射, 丁通爲尙書右僕射, 自餘封授各有差." 『十六國春秋輯補』에서는 4만 3,000戶라고 기록하였다(『十六國春秋輯補』卷58「南燕錄」1, 437쪽).

34　『晉書』卷127「慕容德載記」, 3165쪽, "時德始都滑臺, 介于晉魏之間, 地無十城, 衆不過數萬. 及鍾喪師, 反側之徒多歸于廣. 德乃留慕容和守滑臺, 親率衆討廣, 斬之."; 『十六國春秋輯補』卷59「南燕錄」2, 439쪽.

35　『晉書』卷127「慕容德載記」, 3167쪽, "鍾傳檄靑州諸郡曰:「…… 孤以不才, 忝荷先

정하여 南燕을 세웠다.[36]

요컨대 拓跋珪(道武帝)는 後燕의 慕容寶 즉위 이후 後燕을 공격하였고, 後燕 지배층의 분열을 이용하여 손쉽게 後燕 영토의 중앙부인 河北 지역을 점령할 수 있었다. 後燕 지배층의 일부는 慕容部의 발상지 遼西의 龍城으로 도망가 後燕의 명맥을 유지하였다. 나머지는 慕容德을 따라 黃河 이남으로 이동하여 南燕을 세웠다. 따라서 北魏는 〈지도 6〉에서 보는 것처럼 河北만을 지배하게 되었다.

2. 地方統治의 典型: 北魏의 河北統治

北魏는 後燕과의 전쟁에서 승리한 후 後燕의 수도 中山城과 黃河 이북의 땅을 점령하였다. 따라서 北魏의 河北 지배를 살펴보기에 앞서 河北 지역의 상황을 먼저 살펴볼 필요가 있다. 이 절에서는 먼저 舊後燕 치하 河北의 사회적·경제적 상황을 살펴보고 北魏의 대처 방법을 검토한다.

1 舊後燕 치하 河北의 상황

본래 396년 慕容垂의 뒤를 이어 즉위한 後燕의 慕容寶는 철저한 호구파악을 시도하였다.

驪, 都督元戎一十二萬, 皆烏丸突騎, 三河猛士, 奮劍與夕火爭光, 揮戈與秋月競色. ……";「十六國春秋輯補」卷59「南燕錄」2, 441쪽.

36 崔珍烈,「16국 시대 요서(遼西)의 인구 증감과 전연(前燕)·후연(後燕)·북연(北燕)의 대응」, 215-218쪽.

(가) "慕容垂의 遺令을 따라서 戶口를 校閱하고, 諸軍營을 파하여 郡縣에 分屬시켰으며, 士族의 舊籍을 정하여, 그들의 官儀를 밝혔다. 그러나 法과 政이 엄하니 上下가 德을 떠나고, 亂을 생각한 百姓이 10室 가운데 9室에 이르렀다."[37]

(나) "燕主 寶는 士族의 舊籍을 정하여 淸濁을 分辨하였고, 戶口를 校閱하였으며, 軍營의 封廕之戶를 없애어 모두 郡縣에 속하게 하였다. 이로 말미암아 士民이 탄식하고 원망하였으며, 처음으로 離心이 있었다."[38]

(가)는 『晉書』 「慕容寶載記」, (나)는 『資治通鑑』의 기사이다. 양자를 비교하면 『晉書』 「慕容寶載記」의 기록에 탈루가 있다. 예컨대 (가)에서 軍營을 없앴다고 기록하였지만, (나)의 기록을 보면 軍營이 陰庇한 戶口를 없앴다고 기록하였다. 문맥상 (가)의 구절보다 (나)의 구절이 더 상세하고 명확하다.

(가)와 (나)의 기사를 종합하면, 396년 慕容寶의 개혁은 軍營 등이 陰庇한 호구의 郡縣 歸屬과 이를 통한 정부가 장악한 戶口의 파악, 士族의 서열과 淸濁에 따른 관직 제수, 엄격한 법률 적용으로 요약할 수 있다. (가)에 따르면 이러한 개혁은 慕容垂의 유지를 따르려는 시도였다. 그러나 (가)에서는 百姓 10室 가운데 9室(90%)이 亂을 생각하였다고 기록하였고, (나)에서는 士民이 원망하여 처음으로 離心이 생겼다고 기록하였다. 여기서 慕容寶의 개혁은 지배층(士)뿐만 아니라

---

37 『晉書』 卷124 「慕容寶載記」, 3093쪽, "遵垂遺令, 校閱戶口, 罷諸軍營分屬郡縣, 定士族舊籍, 明其官儀, 而法峻政嚴, 上下離德, 百姓思亂者十室而九焉."

38 『資治通鑑』 卷108 「晉紀 30 孝武帝太元二十一年六月條, 3428쪽, "燕主寶定士族舊籍, 分辨淸濁, 校閱戶口, 罷軍營封廕之戶, 悉屬郡縣, 由是士民嗟怨, 始有離心."

일반 백성(民)에게도 환영받지 못했음을 알 수 있다.

北魏平城時代 河北의 치안을 어지럽힌 세력이 丁零이었다. 투르크계 유목민인 丁零은 十六國時代 초기부터 河北 지역에 들어왔다. 後趙 시대에 이미 中山丁零 翟鼠가 中山·常山 2郡을 공격하다가 代郡으로 공격한 적이 있었다.[39] 前秦 치하에서 丁零은 翟斌의 지휘 아래 洛陽의 서쪽인 新安과 澠池에 옮겨졌다.[40] 翟斌은 383년 淝水의 전투에 종군했으나 前秦이 패배하자 十二月 자립하였다. 그러나 384년 慕容垂에게 패하여 慕容垂의 지배를 받았다. 후에 翟斌 형제는 鄴을 지키던 苻丕와 내통하다가 後燕에 의해 제거되었다. 翟斌의 조카 翟眞의 아들 翟遼는 黎陽으로 달아나 386년 黎陽을 점령한 후 泰山·高平·譙·陳 등을 점령했다. 翟遼는 388년 魏天王으로 즉위하였다. 이 나라를 翟魏라고 부르지만, 16國에는 포함되지 않는다. 丁零이 세운 翟魏는 黃河 중류 이남의 滎陽·頓丘·歸鄕의 일부, 黎陽·陳留·濟陰·濮陽의 서쪽 등을 지배하였다. 翟魏는 이를 기반으로 後燕과 끊임없이 싸우며 後燕을 괴롭혔다.[41] 물론 翟魏는 남쪽의 東晉도 괴롭혔다. 翟魏는 386년부터 390년까지 譙郡(386년),[42] 陳郡·穎川郡(387

---

39 『晉書』卷104「石勒載記」上, 2725쪽, "時大蝗, 中山·常山尤甚. 中山丁零翟鼠叛勒, 攻中山·常山, 勒率騎討之, 獲其母妻而還. 鼠保于胥關, 遂奔代郡."

40 『晉書』卷113「苻堅載記」上, 2893쪽, "徙關東豪傑及諸雜夷十萬戶於關中, 處烏丸雜類於馮翊·北地, 丁零翟斌于新安, 徙陳留·東阿萬戶以實靑州.";『資治通鑑』卷103「晉紀」25 簡文帝咸安元年正月條, 3243쪽, "秦王堅徙關東豪傑及雜夷十五萬戶於關中, 處烏桓於馮翊·北地, 丁零翟斌於新安·澠池."

41 翟魏의 역사는 譚其驤,「翟魏始末」,『益世報』1942. 12. 17; 周偉洲,『敕勒與柔然』, 桂林: 廣西師範大學出版社, 2006, 21-25쪽; 三崎良章 저, 김영환 옮김,『五胡十六國─中國史上의 民族 大移動─』, 경인문화사, 2007, 101-102쪽 참조.

42 『晉書』卷9「孝武帝紀」太元十一年秋八月丁亥條, 235쪽, "翟遼寇譙, 龍驤將軍朱序擊走之."

년),[43] 洛陽(388년),[44] 滎陽(389년)[45]을 침입하였고, 洛口(387년),[46] 太山[47] 과 滑臺[48](390년)에서 東晉의 군대와 싸웠다. 그리고 東晉의 太山郡 (386년)[49]과 高平郡(387년)[50]의 투항을 받았다. 翟遼가 391년 죽고 翟釗 가 즉위하였다. 翟釗가 後燕의 영토인 鄴城을 공격하자 慕容垂는 慕 容農을 보내 격파하게 하였다.[51] 慕容垂는 392년 魯口에서 河間, 勃 海, 平原으로 이동하였다. 이때 翟釗가 翟都를 보내 館陶와 蘇康壘를 공격하였다. 이에 慕容垂는 남쪽으로 방향을 바꿔서 翟釗를 공격하였 다.[52] 慕容垂는 蘇康壘를 공격하였고 四月 翟都가 滑臺로 도망갔다. 翟釗는 西燕에 구원을 요청하였고 慕容永은 간언을 무시하고 翟釗의 구원 요청을 받아들였다.[53] 慕容垂가 黎陽에 주둔하여 郭釗를 격파하

---

43 『晉書』卷9「孝武帝紀」太元十二年三月戊午條, 236쪽, "翟遼遣子釗寇陳·潁, 朱序 擊走之."

44 『晉書』卷9「孝武帝紀」太元十三年秋九月條, 237쪽, "秋九月, 翟遼將翟發寇洛陽, 河南太守郭給距破之."

45 『晉書』卷9「孝武帝紀」太元十四年夏四月甲辰條, 237쪽, "翟遼寇滎陽, 執太守張卓."

46 『晉書』卷9「孝武帝紀」太元十二年冬十一月條, 236쪽, "冬十一月, 松滋太守王遐之 討翟遼于洛口, 敗之."

47 『晉書』卷9「孝武帝紀」太元十五年春正月乙亥條, 238쪽, "龍驤將軍劉牢之及翟遼· 張願戰于太山, 王師敗績."

48 『晉書』卷9「孝武帝紀」太元十五年八月己丑條, 238쪽, "龍驤將軍朱序攻翟遼于滑 臺, 大敗之, 張願來降."

49 『晉書』卷9「孝武帝紀」太元十一年春正月條, 235쪽, "太山太守張願以郡叛, 降於翟 遼."

50 『晉書』卷9「孝武帝紀」太元十二年夏四月己丑條, 236쪽, "高平人翟暢執太守徐含遠, 以郡降于翟遼."

51 『資治通鑑』卷107「晉紀」29 孝武帝太元十六年冬十月條, 3402쪽, "翟遼卒, 子釗代 立, 改元定鼎. 攻燕鄴城, 燕遼西王農擊卻之."

52 『資治通鑑』卷108「晉紀」30 孝武帝太元十七年條, 3404쪽, "二月, 壬寅, 燕主垂自魯 口如河間·渤海·平原. 翟釗遣其將翟都侵館陶, 屯蘇康壘. 三月, 垂引兵南擊釗."

53 『資治通鑑』卷108「晉紀」30 孝武帝太元十七年條, 3405쪽, "燕主垂進逼蘇康壘. 夏,

였다. 翟釗는 西燕의 수도 長子로 도망갔다. 翟釗는 모반을 꾀하다가 西燕의 군주 慕容永에게 주살되었다.[54] 後燕은 翟魏를 정복한 후 慕容宙를 兗豫二州刺史에 임명하여 滑臺에 주둔시켰다.[55] 『晉書』「慕容垂載記」에는 기록되지 않았으나, 後燕은 翟魏를 세운 丁零은 다른 지역으로 이주시켰을 것이다.

그런데 北魏가 河北을 점령한 후 丁零은 北魏에 자주 반기를 들었다. 趙郡에서 반란을 일으킨 後燕의 中山太守 仇儒는 이때 丁零을 끌어들여 常山 · 鉅鹿 · 廣平 諸郡에서 北魏에 반란을 일으키도록 부풀렸다.[56] 『魏

四月, 翟都南走滑臺. 翟釗求救於西燕, 西燕主永謀於群臣, 尙書渤海鮑遵曰: '使兩寇相弊, 吾承其後, 此卞莊子之策也.' 中書侍郎太原張騰曰: '垂强釗弱, 何弊之承! 不如速救之, 以成鼎足之勢. 今我引兵趨中山, 晝多疑兵, 夜多火炬, 垂必懼而自救. 我沖其前, 釗蹦其後, 此天授之機, 不可失也.' 永不從."

54 『資治通鑑』卷108「晉紀」30 孝武帝太元十七年條, 3405-3406쪽, "六月, 燕主垂軍黎陽, 臨河欲濟, 翟釗列兵南岸以拒之. 辛亥, 垂徙營就西津, 去黎陽西四十里, 爲牛皮船百餘艘, 僞列兵伏, 溯流而上. 釗亟引兵趣西津, 垂潛遣中壘將軍桂林王鎭等自黎陽津夜濟, 營於河南, 比明而營成. 釗聞之, 亟還, 攻鎭等營; 垂命鎭等堅壁勿戰. 釗兵往來疲喝, 攻營不能拔, 將引去; 鎭等引兵出戰. 驃騎將軍農自西津濟, 與鎭等夾擊, 大破之. 釗走還滑臺, 將妻子, 收遺衆, 北濟河, 登白鹿山, 憑險自守, 燕兵不得進. 農曰: '釗無糧, 不能久居山中.' 乃引兵還, 留騎候之, 釗果下山; 還兵掩擊, 盡獲其衆, 釗單騎奔長子. 西燕主永以釗爲車騎大將軍 · 兗州牧, 封東郡王. 歲餘, 釗謀反, 永殺之."

55 『資治通鑑』卷108「晉紀」30 孝武帝太元十七年六月條, 3406쪽, "初, 郝晷 · 崔逞及淸河崔宏 · 新興張卓 · 遼東夔騰 · 陽平路纂皆仕於秦, 避秦亂來奔, 詔以爲冀州諸郡, 各將部曲營於河南. 旣而受翟氏官爵, 翟氏敗, 皆降於燕, 燕主垂各隨其材而用之. 釗所統七郡三萬餘戶, 皆按堵如故. 以章武王宙爲兗 · 豫二州刺史, 鎭滑臺; 徙徐州民七千餘戶於黎陽, 以彭城王脫爲徐州刺史, 鎭黎陽. 脫, 垂之弟子也. 垂以崔廕爲宙司馬."

56 『魏書』卷26「長孫肥傳」, 652쪽, "時中山太守仇儒不樂內徙, 亡匿趙郡, 推羣盜趙准爲主. 妄造妖言云 '燕東傾, 趙當續, 欲知其名, 淮水不足.' 准喜而從之, 自號使持節 · 征西大將軍 · 靑冀二州牧 · 鉅鹿公, 儒爲長史, 聚黨二千餘人, 據關城, 連引丁零, 殺害長吏, 扇動常山 · 鉅鹿 · 廣平諸郡. 遣肥率三千騎討之, 破准於九門, 斬仇儒, 生擒准."

書』「太祖紀」에 따르면, 天興 2년(399) 발생한 사건이었다.[57] 天興 5년(402) 沙門 張翹가, 丁零 鮮于次가 常山君 行唐縣에서 무리를 모아 반란을 일으켰다.[58] 泰常 2년(417) 楡山丁零 翟蜀이 劉宋에 사신을 보냈다.[59] 이에 長孫嵩 등은 西山 丁零 翟蜀을 토벌하여 멸하였다.[60] 神𪊨 2년(429) 定州의 丁零 鮮于臺陽과 翟喬 등 2,000여 家가 반란을 일으켜 西山으로 들어갔다.[61] 太平眞君 8년(447) 沮渠牧犍이 모반하다 실패하여 죽자 定州丁零 3,000家를 京師로 옮겼다.[62] 太安 2년 二月 丁巳日(456. 2. 22) 丁零 數千家가 井陘山에 숨어 노략질을 하였다.[63] 이 밖에 정확한 연도를 알 수 없지만, 明元帝 시기에 幷州丁零이 趙郡·常山君 일대에서 노략질하였다.[64] 이 밖에 上黨丁零도 출몰하였다.[65] 또 『魏書』「陸眞傳」에 따르면 丁零 수천 家가 幷州·定州 일

---

57 『魏書』卷2「太祖紀」天興二年三月丙子條, 35쪽, "中山太守仇儒亡匿趙郡, 推羣盜趙淮爲主, 號使持節·征西大將軍·冀靑二州牧·鉅鹿公, 仇儒爲淮長史, 聚黨扇惑. 詔中領軍長孫肥討平之."

58 『魏書』卷2「太祖紀」天興五年二月癸丑條, 39쪽, "沙門張翹自號無上王, 與丁零鮮于次保聚黨常山之行唐."

59 『魏書』卷3「太宗紀」泰常二年條, 57쪽, "夏四月丁未, 楡山丁零翟蜀率營部遣使通劉裕."

60 『魏書』卷3「太宗紀」泰常二年十一月條, 58쪽, "司徒長孫嵩等諸軍至樂平. 詔嵩遣娥淸·周幾等與叔孫建討西山丁零翟蜀·洛支等, 悉滅餘黨而還."

61 『魏書』卷4上「世祖紀」上 神𪊨二年春正月條, 74쪽, "定州丁零鮮于臺陽·翟喬等二千餘家叛入西山, 劫掠郡縣, 州軍討之, 失利. 詔鎭南將軍·壽光侯叔孫建擊之."

62 『魏書』卷4下「世祖紀」下 太平眞君八年三月條, 102쪽, "三月, 河西王沮渠牧犍謀反, 伏誅. 徙定州丁零三千家於京師."

63 『魏書』卷5「高宗紀」太安二年二月丁巳條, 115쪽, "丁零數千家亡匿井陘山, 聚爲寇盜. 詔定州刺史許宗之·幷州刺史乞佛成龍討平之."

64 『魏書』卷53「李孝伯傳」, 1167쪽, "太祖時, 徵拜博士, 出爲趙郡太守, 令行禁止, 劫盜奔竄. 太宗嘉之. 幷州丁零, 數爲山東之害, 知曾能得百姓死力, 憚不入境."

65 『魏書』卷33「公孫表傳附軌傳」, 784쪽, "會上黨丁零叛, 軌討平之. 出爲虎牢鎭將."; 『魏書』卷28「莫題傳」, 683쪽, "車駕征姚興, 次於晉陽, 而上黨羣盜秦頗·丁零翟都

대를 노략질하였다.[66] 이상의 기록을 종합하면, 北魏平城時代 丁零은 并州와 定州, 특히 定州의 常山郡과 中山郡, 특히 西山 지역에서 노략질하였다. 『資治通鑑』 胡三省註에 따르면, "中山 西北 200里에 狼山이 있고 狼山에서 서쪽까지 남쪽으로 常山과 이어지며, 산과 골짜기가 매우 험했으니 後漢末 黑山賊 張燕과 五代 孫方簡 兄弟가 이 땅에 의지하여 웅거하였다."[67] 또 定州 中山郡과 常山郡에는 倒馬關과 井陘關이 있어서 并州와 冀州의 교통 요지에 위치하였고 西山은 더욱 險要하여 토벌을 피해 도망가기 쉬웠기 때문이다.[68] 十六國時代 丁零이 세운 翟魏가 黃河 이남에 있으며 後燕이 다루기 어려운 丁零이 河北의 중심지 定州와 并州 혹은 2州의 交界地에서 활동한 것은 後燕의 徙民 때문이었다. 그리고 丁零은 北魏와 後燕이 싸울 때 양자의 통제를 벗어나 文成帝 시기까지 반자립적인 존재가 되었다.

2 北魏의 河北 統治

397년 後燕의 수도 中山을 점령한 北魏는 天興元年(398) 北魏의 舊 後燕 지역을 지배하기 위해 다음과 같은 일련의 정책을 실시하였다. 첫째, 山東의 방어와 치안의 유지를 위해 中山 · 鄴 · 合口(勃海)에 行臺

等聚衆於壺關, 詔題帥衆三千以討之. 上黨太守捕頬, 斬之. 都走林慮. 詔題搜山窮討, 盡平之.";『魏書』卷33「公孫表傳附軌傳」, 784쪽, "會上黨丁零叛, 軌討平之. 出爲虎牢鎭將."

66 『魏書』卷30「陸眞傳」, 730쪽, "時丁零數千家寇竊并定, 眞與并州刺史乞伏成龍自樂平東入, 與定州刺史許崇之并力討滅."

67 『資治通鑑』卷109「晉紀31 安帝隆安元年條 胡註, 3443쪽, "中山西北二百里有狼山, 自狼山而西, 南連常山, 山谷深險, 漢末黑山張燕 · 五代孫方簡兄弟皆依阻其地. 丁零餘衆, 翟眞之黨也, 爲燕所敗, 退聚西山. 西山, 曲陽之西山也."

68 孫權,「北魏河北地區研究」, 4쪽.

혹은 軍鎭을 설치하여 河北 지배의 거점으로 삼으려 하였다. 둘째, 平城과 中山을 잇는 直道를 건설하여 平城과 河北의 교통을 원활히 하려 하였다. 셋째, 天興元年 정월과 12월 각각 山東六州民吏 · 徒何 · 高麗 · 雜夷 三十六萬 · 百工伎巧 10만여 口와 六州二十二郡의 守宰 · 豪傑 · 吏民 2,000家를 遷徙하여 河北의 토착세력 약화와 平城 지역의 充實을 도모하였다.[69]

그러나 北魏의 舊後燕 지역 통치는 처음부터 저항에 직면하였다. 1항에서 살펴본 것처럼, 慕容寶의 戶口 파악으로 민심이 이반하였지만, 北魏가 河北을 점령한 전후 河北 사람들은 北魏에 항복하지 않고 도리어 저항하였다. 예컨대 尹國의 반란과 廣川太守 賀盧의 冀州刺史 王輔 살해, 陽平 · 頓丘 諸郡 노략질 및 慕容德에의 투항, 博陵 · 勃海 · 章武의 '羣盜'의 반란, 後燕의 中山太守 仇儒의 소요 등이 발생하여 北魏의 舊後燕 統治는 용이하지 않았다.[70] 范陽盧氏 宗族 數千餘家를 이끌었던 盧溥의 봉기(398-403)[71]는 龍城으로 쫓겨난 後燕의 잔

---

69 『魏書』 卷2 「太祖紀」 天興元年春正月條, 31-32쪽, "乃置行臺, 以龍驤將軍日南公和跋爲尙書, 與左丞賈彝率郞吏及兵五千人鎭鄴. …… 東駕將北還, 發卒萬人治道直, 自望都鐵關鑿恒嶺至代五百餘里. 帝慮後山東有變, 乃置行臺於中山, 詔左丞相 · 守尙書令衛王儀鎭中山, 撫軍大將軍 · 略陽公元遵鎭勃海之合口. 右軍將軍尹國先督租于冀州, 聞帝將還, 謀反, 欲襲信都, 安南將軍長孫嵩執送, 斬之. 辛酉, 車駕發自中山, 至于望都堯山. 徙山東六州民吏及徒何 · 高麗雜夷三十六萬, 百工伎巧十萬餘口, 以充京師. 車駕次于恒山之陽. 博陵 · 勃海 · 章武羣盜並起, 略陽公元遵等討平之. 廣川太守賀盧殺冀州刺史王輔, 驅勒守兵, 抄掠陽平 · 頓丘諸郡, 遂南渡河, 奔慕容德." 이상 본문에서 인용주가 없는 경우는 이 사료를 중심으로 서술하였다.

70 李凭, 「論宗主督護」, 390쪽.

71 『魏書』 卷2 「太祖紀」 天興二年八月辛亥條, 36, "范陽人盧溥, 聚衆海濱, 稱使持節 · 征北大將軍 · 幽州刺史, 攻掠郡縣, 殺幽州刺史封沓干.";『魏書』 卷47 「盧玄傳附溥」 傳, 1063, "初, 玄從祖兄溥, 慕容寶之末, 總攝鄉部, 屯於海濱, 遂殺其鄉姻諸祖十餘人, 稱征北大將軍 · 幽州刺史, 攻掠郡縣. 天興中討禽之, 事在帝紀."

여세력과 관련되었다는 점에서 漢人豪族의 反北魏 성향을 보여준 대표적인 사례였다.[72]

게다가 北魏가 河北을 점령했을 무렵 華北에 西涼·北涼·南涼·西秦·夏·後秦·南燕·仇池 등이 새로 건국하였다. 또 後燕과 前秦의 잔존세력이 각각 遼西와 關隴에서 명맥을 유지하였다.[73]

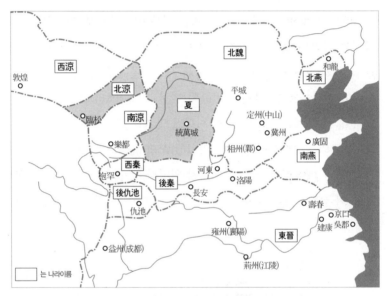

〈지도 7〉 道武帝·明元帝 시기 華北 지역

위의 〈지도 7〉에서 보듯이 北魏는 北燕·南燕·後秦·夏·北涼·柔然 등과 국경을 접하였다. 이 가운데 몽골 고원의 柔然과 오르도스의 夏가 北魏의 숙적이었으며, 後燕도 河北 수복을 노리고 있었다. 이후

---

72 陳爽, 『世家大族與北朝政治』, 81-90쪽.
73 前秦의 잔여세력은 後秦과 일진일퇴의 전쟁을 벌이다가 결국 後秦에 멸망되었다.

東晉의 劉裕가 後秦과 南燕을 정복한 東晉, 이후에는 劉宋과 국경선을 마주하게 되었다. 劉宋이 강력한 군대를 거느렸고, 北伐에 관심을 가졌기 때문에 北魏가 河北 통치에 전념할 수 없었다.

이러한 內憂外亂의 상황에서 河北의 漢人豪族을 회유하기 위해 慕容寶가 실시한 엄격한 戶籍 파악과 세금징수를 완화하여 豪族들의 불만을 누그러뜨릴 필요가 있었다. 北魏는 漢人豪族을 매개로 한 지방통치라는 회유책으로써 이 난관을 극복하려 하였다. 永興 5년(413) 이후 실시되었다고 하는 宗主督護制가 北魏와 地方豪族들의 갈등을 완화하고 地方豪族들을 北魏政權에 편입하는 데 기여함으로써 河北地域은 점차 안정을 되찾게 되었다.[74] 宗主督護制 이외에도 道武帝 시기 平棘[縣]令 李系와 趙郡太守 李曾의 예[75]처럼 漢人豪族의 본적지 지방관 임명도 이들을 北魏 지배체제에 포섭하는 방법의 하나였을 것이다.[76] 최근의 연구결과도 필자의 주장과 일치한다. 이에 따르면, 北魏는 새로 정복한 지역과 백성을 통치하기 위해 해당 지역 豪族에게

後燕은 지배층의 내분과 高句麗 廣開土大王의 공격을 받아 쇠퇴하였다(崔珍烈, 「후연(後燕) '용성시대(龍城時代)'의 정치적·경제적 자멸(自滅)—광개토대왕(廣開土大王) 후연 공략의 대외적 배경—」, 『동북아역사논총』 52, 2016, 1-54쪽). 그리고 馮跋이 慕容氏와 高雲을 살해하고 北燕을 세웠다.

74 李凭, 「論宗主督護」, 388-398쪽.

75 『魏書』 卷36 「李順傳」, 829쪽, "李順, 字德正, 趙郡平棘人也. 父系, …… 太祖定中原, 以系爲平棘令."; 『魏書』 卷53 「李孝伯傳」, 1167쪽, "父曾, …… 太祖時, 徵拜博士, 出爲趙郡太守."

76 孝文帝 시기 韓麒麟의 上表에 보이는 "自皇威開被, 并職從省, 守宰闕任, 不聽土人監督(『魏書』 卷60 「韓麒麟傳」, 1332쪽)"이란 구절은 靑齊 지역에서 太守와 縣令 직책에서 토착인을 제외한 것이 예외적인 상황임을 시사하고 있는데, 이는 역으로 北魏에서 원활한 지방통치를 위해 在地勢力의 本籍地 임용을 허용했다는 의미로 해석할 수 있다. 따라서 趙郡李氏 이외에도 河北 지역에 지방관의 본적지 임용현상이 다수 존재했을 것으로 추측할 수 있다.

해당 지역과 백성의 관리를 맡기는 조치를 취하였으며, 이는 지방관의 본적지 임명과 유사하다. 이는 新附者에 대한 의심을 없애고 北魏政權에 대한 충성과 일체감 형성을 위한 조치였다.[77] 漢代 이래 지방관의 본적지 회피제도가 원칙적으로 시행되어왔지만,[78] 北魏前期 이들의 본적지 임용이 허용된 배경에는 아직 北魏가 河北 지역을 직접 통치할 여건이 되지 않아 간접통치에 만족할 수밖에 없었고, 後燕時代 본적지 임용[79]의 관행을 계승했기 때문으로 보인다.

北魏의 河北 지방통치가 공고해지게 된 시기는 中山과 鄴에 세워진 行臺를 중심으로 한 거점통치에서 行臺의 폐지와 定州·相州의 설치[80] 등 郡縣支配의 지향에 착안하면 天興 3-4년(400-401)을 그 기점으로 볼 수 있다. 그러나 이 시기는 河北의 地方豪族 대부분이 아직 北魏에 적대적이었고 단순히 州를 설치했을 뿐 北魏의 지배력이 河北 전역에 미쳤다고 볼 수 없다.

明元帝는 한때 河北의 중심지 중 하나인 鄴으로 천도하려고 하였다.

"太宗[明元帝] 영흥(409-414)년간에 자주 수해와 가뭄이 있었다. 詔書를 내려 황제를 모시고 있지 않거나 수공업에 종사하지 않는 宮人들을 가려 뽑아 궁중에서 내보내 鰥民에게 하사하였다. 신서 2년(415) 또 작황이 좋지 않아 경기의 안에는 길에 굶어죽은 시체가 널려 있었다. 명원제는 기근 때문에 鄴으로 천도하려 하였으나, 博士 崔浩의 계책을 듣고 이에 [천

77 楊龍, 「論北魏後期地方長官本籍任用」, 78원쪽.
78 濱口重國, 「漢代に於ける地方官の任用と本籍地の關係」, 『秦漢隋唐史の研究』, 東京: 東京大學出版會, 1980, 791-801쪽; 李成珪, 「前漢 縣長吏의 任用方式」, 85-101쪽.
79 窪添慶文, 「魏晋南北朝における地方官の本籍地任用について」, 18쪽.
80 牟發松 著, 古賀昭岑 譯, 「北朝行臺の地方官化についての考察」, 138쪽.

도논의를] 중지했다. 이때 더욱 빈한한 자를 가려 뽑아 山東에 就食케 했
다. …… (중략) …… 이후 백성들이 모두 힘써 일했기 때문에 자주 풍년이
들었고, 가축이 점차 불어났다."[81]

위의 인용문에서 알 수 있듯이 平城·京畿 지역의 기근 때문에 鄴
천도를 고려하였으나 崔浩의 간언을 듣고 포기하였다. 대신 平城·京
畿 사람들을 山東(河北)으로 보내 就食하게 하여 자연재해를 모면하
려 하였다. 결국 풍년이 들자 경제적 이유 때문에 鄴으로 천도하려는
동기는 사라졌다.『魏書』「崔浩傳」에 崔浩가 鄴 천도를 반대했던 이유
를 구체적으로 나열하였다.

"[국가의 각종 나쁜] 사정이 드러나게 되면 백성들은 국가의 무능함을
알게 됩니다. 그리고 사방[의 국가]이 이를 듣고 [우리를] 輕侮하는 마음을
품게 되어 屈丐[赫連勃勃을 지칭]와 蠕蠕[柔然의 비칭]이 반드시 드러내놓
고 쳐들어오면 운중과 평성은 곧 위태하게 됩니다. 또 恒代의 千里之險이
가로막아 비록 구원하고자 해도 恒代까지 가기가 매우 어려우니 이렇게
되면 名과 實을 모두 잃게 됩니다."[82]

崔浩는 鄴으로 천도하면, 한인들이 지배민족인 胡人의 인구수가

<hr>

81 『魏書』卷110 「食貨志」, 2850쪽, "太宗永興中, 頻有水旱, 詔簡宮人非所當御及非執
作伎巧, 自餘出賜鰥民. 神瑞二年, 又不熟, 京畿之內, 路有行饉. 帝以飢將遷都於鄴,
用博士崔浩計乃止. 於是分簡尤貧者就食山東. …… 自是民皆力勤, 故歲數豐穰, 畜
牧滋息."

82 『魏書』卷35 「崔浩傳」, 808쪽, "…… 情見事露, 則百姓意沮. 四方聞之, 有輕侮之意,
屈丐·蠕蠕必提挈而來, 雲中·平城則有危殆之慮, 阻隔恒代千里之險, 雖欲救援,
赴之甚難, 如此則聲實俱損矣."

적은 것을 알고 북위를 경시할 것이며, 柔然과 夏가 이를 얕잡아보아
운중과 평성을 공격하여, 그 결과 두 지역을 지키기 어렵다는 것이다.
이는 당시 河北 통치가 공고하지 않기 때문이기도 하였다. 그리고 도
무제·명원제 시기 북쪽의 柔然, 서쪽의 夏, 동쪽의 北燕, 남쪽의 劉
宋 등 적대적인 강대국 사이에 포위되어 운신의 폭이 좁았기 때문이
다. 따라서 道武帝와 明元帝는 平城 일대를 벗어나면 그 힘의 공백을
틈타 柔然이나 夏가 공격할 가능성이 있었기 때문에 주로 平城과 漠
南 일대를 순행하고 河北 지역에 신경 쓸 수 없었다.[83]

 필자는 지방통치의 공고화의 척도를 租稅 수취와 인력동원의 가능
성, 그 가운데 특히 후자에서 찾고자 한다. 전쟁 등 거국적인 중대사
에 北魏가 租稅를 수취하여 운반하고 人力을 兵으로 동원할 수 있음
은 이미 국가가 개별 지역의 호구를 파악하고 강제적으로 人力을 동
원할 정도로 그 權力이 基層에 침투되었다고 볼 수 있기 때문이다. 이
미 明元帝 시기인 神瑞 2년(415)과 泰常 2년(417) '貲調' 징수에 관한
기사[84]나 泰常初 定州의 白澗·行唐의 백성들의 納稅 저항에 관한 기
사[85]는 明元帝 시기 北魏가 租稅를 징수할 수 있었지만, 일반민의 조
세저항이 강했음을 보여준다. 필자는 延和 3년 二月 戊寅日(434. 3.
10)의 詔書에 주목하였다.

---

83 최진열, 『북위황제 순행과 호한사회』, 165-166쪽.

84 『魏書』卷3「太宗紀」神瑞二年三月條, 55쪽, "詔曰:「刺史守宰, 率多違慢, 前後怠惰,
 數加督罰, 猶不悛改. 今年貲調懸違者, 謫出家財充之, 不聽徵發於民.」"

85 『魏書』卷30「周幾傳」, 726쪽, "泰常初, 白澗·行唐民數千家負嶮不供輸稅, 幾與安
 康子長孫道生宣示禍福, 逃民遂還."

"朕이 처음 즉위했을 때 羣[凶]이 [조정의 말을 듣지 않고] 제멋대로 하였으며 四方이 아직 [魏에] 복종하지 않고 각자 자기 영역에서 [皇帝라고] 僭稱하였다. 柔然은 漠北에서 제멋대로 날뛰었으며, 赫連氏[鐵弗]는 三秦에서 함부로 잔학한 짓을 하였다. 이를 걱정하느라 짐은 밥도 늦게 먹고 자는 것도 잊으며, 손뼉을 치거나 주먹을 불끈 쥐면서 이들을 제거하여 천하를 편안히 하기를 바랐다. 따라서 해마다 자주 전쟁이 있었다. 夏를 정벌하기 위해 "運輸之役"이 있어서 백성들은 고생하였고 농사지을 시기를 놓쳤으며 게다가 홍수와 가뭄을 만나 백성들의 貧富가 고르지 않게 되었다. 집집마다 넉넉하고 사람마다 풍족하지 않은 상태가 되었고 추위와 굶주림으로 스스로를 돌볼 수 없는 사람도 생겨나게 되었다. 짐은 매우 이를 걱정하였다. 지금 四方이 법도를 따르게 되고 전쟁이 그치고 점차 평안해졌으므로 마땅히 徭賦를 줄여서 백성들과 함께 휴식해야 할 것이다. 州郡縣에게 令을 내리노니, [백성들의] 貧富를 [조사하여 이를] 바로잡아 세 等級으로 나누어 富者는 租賦를 전과 같이 내도록 하고 中者는 2년 동안 면제하며 下窮者는 [租賦를] 3년 동안 면제하도록 하라."[86] (밑줄 강조는 필자)

위의 인용문에서 알 수 있듯이, 太武帝는 夏 정벌 당시 백성들을 "運輸之役"에 동원하였으며, 運輸之役으로 곤궁해진 백성들을 재산에 따라 세 등급으로 나누어 中·下 등급에 해당하는 사람들에게

---

86 『魏書』卷4上「世祖紀」上 延和三年二月戊寅條, 83쪽, "詔曰:「朕承統之始, 四方未賓, 所在逆僭. 蠕蠕陸梁於漠北, 鐵弗肆虐於三秦. 是以旰食忘寢, 抵掌扼腕, 期在掃淸逋殘, 寧濟萬宇. 故頻年屢征, 有事西北, 運輸之役, 百姓勤勞, 廢失農業, 遭離水旱, 致使生民貧富不均, 未得家給人足, 或有寒窮不能自贍者, 朕甚愍焉. 今四方順軌, 兵革漸寧, 宜寬徭賦, 與民休息. 其令州郡縣隱括貧富, 以爲三級, 其富者租賦如常, 中者復二年, 下窮者復三年. ……」"

租賦를 2년 혹은 3년 면제하는 조치를 취했다. 夏 정벌 이전 北魏의 영토는 陰山과 河北 일대에 국한되고 있었으므로 運輸之役에 동원된 民들은 幷州나 河北 출신이었을 것이다. 따라서 赫連夏를 정벌하기 시작한 始光 4년(427) 北魏는 이미 河北民에게 요역을 부과하고 이를 집행할 수 있을 정도로 河北 統治가 강화되었음을 알 수 있다. 그리고 백성들의 재산을 세 등급으로 나누어 등급에 따라 정상 부과 혹은 租賦 면제조치를 취한 것은 국가의 戶口 파악 능력도 상당한 궤도에 올랐음을 시사한다. 또 太平眞君 7년(446) 司州(平城 일대)·幽州·定州·冀州에서 10만 인을 동원하여 장성을 수축한 기사[87]는 幽州·定州·冀州에서 인력이 北邊까지 차출된 점 역시 徭役의 징발이 가능할 정도로 河北 統治가 공고화하였기 때문에 가능했을 것이다. 이후 獻文帝가 劉宋의 靑·冀·徐·兗·司 등 淮北 五州(北魏의 정복 후 劉宋의 淮北五州 가운데 冀州는 齊州로, 司州는 豫州로 개칭되었음)를 장악하기 위해 일으킨 劉宋과의 전쟁에서 이길 수 있었던 배경에는 山東, 즉 河北民을 運役에도 동원할 수 있었기 때문이었다.[88]

太武帝 시기 河北 統治의 공고화는 北魏皇帝의 河北巡幸 시기와도 일치한다.

---

87 『魏書』卷4下 「世祖紀」太平眞君七年條, 101쪽, "丙戌, 發司·幽·定·冀四州十萬人 築畿上塞圍, 起上谷, 西至于河, 廣袤皆千里."

88 『魏書』卷113 「食貨志」, 2852쪽, "劉彧淮北靑·冀·徐·兗·司五州告亂請降, 命將 率衆以援之. 旣臨其境, 靑冀懷貳, 進軍圍之, 數年乃拔. 山東之民咸勤於征戍轉運, 帝深以爲念."

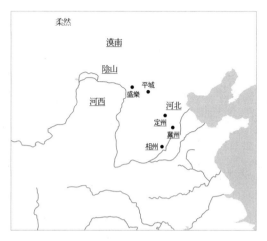

〈지도 8〉 太武帝 · 文成帝 시기의 순행 지역

 앞에서 明元帝 시기 기존의 巡幸 패턴과는 달리 京畿 4郡으로의 巡
幸이 빈번함을 서술하였다. 〈지도 8〉에서 알 수 있듯이 太武帝와 文
成帝는 11-2월 혹은 1-3월 사이 山東, 그 가운데 주로 中山 · 信都 · 鄴
등 定州와 冀州, 相州의 治所를 巡幸하였다.[89] 北魏皇帝들이 국가발
전이나 권위 유지에 중요하다고 생각되는 지역에 巡幸하는 사례가 많
았음을 고려하면,[90] 北魏皇帝의 河北巡幸은 河北 지역이 北魏의 통치
아래 확실히 들어왔기 때문에 가능했다고 볼 수 있다. 太武帝는 427
년부터 448년까지 幽州 · 中山[定州] · 冀州 · 鄴 등을 7차례, 文成帝는
453년부터 461년까지 5차례나 巡幸하였다.[91] 太武帝는 427년 中山으
로 行幸하여 부패한 守宰 10여 인을 파면하고 행차한 지역의 田租의

---

89 佐藤智水, 「北魏皇帝の行幸について」, 42위쪽.
90 前田正名, 『平城の歷史地理學的硏究』, 258-259쪽.
91 佐藤智水, 「北魏皇帝の行幸について」, 49-50쪽, 北魏皇帝行幸表 III-IV 참조. 左藤
   智水는 458년 信都와 鄴으로 巡幸한 기사를 누락하여 이를 보충하였다.

반을 감해주었다.[92] 文成帝는 461년 中山·鄴·信都 巡幸 중 巡幸 지역의 연장자들을 친히 만나보며 백성들의 疾苦를 살피고, 80세 이상 老人이 있는 집에는 한 명의 아들의 役을 면제하는 조치를 취하는 등[93] 皇帝로서의 權威와 恩德을 각인시켰다.[94] 이러한 北魏 황제들의 순행은 河北 통치가 본궤도에 올랐다는 자신감과 함께 河北의 지배자임을 백성들에게 과시하는 절차로 이해할 수 있다.[95] 이러한 과정 속에서 河北 지역은 北魏의 경제적 중심지가 되었다.

이러한 자신감이 바탕이 되어 河北 漢人을 적극적으로 등용하였다. 이는 徵士頌에서 확인할 수 있다. 선행연구에 따르면 高允의 徵士頌에 거론된 35인의 族望과 姓氏를 분석하면 지역 안배가 적용되었음을 발견할 수 있다. 이는 北魏가 漢人 지배층을 흡수하면서 관리 임용 등에 지리적인 분배 혹은 안배를 고려했음을 뜻한다.[96] 그러나 반론도 존재한다. 高允은 「徵士頌」에서 34인의 徵士(본인을 포함하면 35인)를 나열하였다. 이 가운데 范陽郡의 盧玄, 祖邁, 祖侃, 勃海郡의 高允, 高毗, 高

---

92 『魏書』 卷4上 「世祖紀」上 始光四年十二月己亥條, 73쪽, "行幸中山 守宰貪汚免者十數人. 癸卯 車駕還宮. 復所過田租之半."

93 『魏書』 卷5 「高宗紀」 和平二年二月條, 119쪽, "二月辛卯 行幸中山. 丙午 至于鄴 遂幸信都. 三月 劉駿遣使朝貢. 輿駕所過 皆親對高年 問民疾苦. 詔民年八十以上 一子不從役."

94 章義和·洪吉은 道武帝부터 太武帝까지 北魏初期 3명의 皇帝는 河北을 방문하며 黃帝·堯·舜·禹 등을 제사 지낸 행위를 정통성 확보로 이해하였다(章義和·洪吉, 「北魏諸帝巡行的歷史意義」, 42-43쪽). 孫權은 明元帝부터 北魏 皇帝들이 河北을 방문하여 河北 백성들의 민생과 疾苦, 지방통치에 관심을 가졌음을 지적하였다(孫權, 「北魏河北地區研究」, 13쪽). 이는 필자의 견해와 일치한다.

95 周一良, 「中山鄴信都三城」, 488쪽; 崔珍烈, 「北魏의 華北支配와 그 性格」, 12-19쪽; 崔珍烈, 「북위의 地域支配方式과 그 性格」, 120-121쪽; 최진열, 『북위황제 순행과 호한사회』, 167-713쪽.

96 賀次君, 「西晉以下北方宦族地望表」, 『禹貢』 3-5, 1935; 毛漢光, 「中古統治階層之社會基礎」, 『中國中古社會史論』, 上海: 上海書店出版社, 2002, 15-16쪽.

濟, 李欽, 博陵郡의 崔綽, 崔建, 許堪, 趙郡의 李詵, 李靈, 李遐, 呂季才, 中山郡의 劉策, 郎苗, 張綱, 長樂郡의 潘天符, 杜熙, 上谷郡의 張誕, 侯辯, 燕郡의 劉遐, 廣寧郡의 燕崇, 常陟, 常山郡의 許琛, 河間郡의 邢穎, 廣平郡의 游雅[97] 등이 河北 士人 27인이었다.[98] 이를 西晉時代 河南 門閥에 밀렸던 河北 士人들의 약진[99] 혹은 漢人豪族과 北魏의 합작[100]으로 해석하기도 한다. 漢人門閥을 천거한 徵士頌에 河北 출신이 77.1%에 달하는 것은 河北의 중요성을 고려한 인선으로 평가할 수 있다.

위에서 살펴본 河北 지역의 지방통치에서 北魏가 순차적으로 몇 가지 단계를 밟아가며 지방통치를 강화하려고 노력하였음을 발견할 수 있다. 즉 "徙民 → 行臺 혹은 鎭 설치 → 土着勢力의 포섭 → 稅役 징수체제로의 편입 → 皇帝의 巡幸을 통한 안정적인 지배의 표방" 등의 과정을 거치면서 北魏 國家權力의 지역침투가 강화되고 北魏의 지방통치가 공고해지는 경향을 보이고 있다.

3. 關隴·河南·靑齊·淮北 統治 양상

1 關隴 지역

(1) 關隴 점령: 夏 정복

北魏와 夏의 관계는 序紀時代, 즉 北魏가 拓跋部 部族聯合體(혹은

---

97 『魏書』卷48「高允傳」, 1078-1081쪽.
98 孫權, 「北魏河北地區硏究」, 23쪽.
99 唐長孺, 『魏晉南北朝隋唐史三論』, 武漢: 武漢大學出版社, 1998, 172쪽.
100 王仁磊, 「試論河北地區在北魏前期政局中的地位與影響」, 29-32쪽.

중국식으로 代國이라 함) 시대까지 거슬러 올라간다. 夏의 선조는 匈奴 右賢王 去卑의 손자이자 北部帥 劉猛의 從子인 劉虎로부터 시작된다. 그는 新興郡 慮虒 북쪽에 거주하였다. 劉虎는 鬱律(平文帝)과 西晉 幷 州刺史 劉琨의 연합군에게 패하였고, 什翼犍(昭成帝) 시기 拓跋部를 공격했다가 도리어 대패하였다.[101] 『晉書』「赫連勃勃載記」에 따르면 劉 虎(劉武)[102]는 猗盧에게 패하여 塞表 밖으로 나갔다고 한다.[103]

劉虎의 손자 劉衛辰은 前秦에 복속하였으나 拓跋部의 수장 什翼犍 의 공격을 받고 前秦의 땅으로 도망갔다. 이후 劉衛辰은 前秦軍의 향 도가 되어 前秦의 拓跋部(代國) 정복에 협력하였고 그 공으로 黃河 서 쪽(河西, 현재의 오르도스)의 유목민 집단을 통솔하게 되었다. 그리고 前秦의 苻堅으로부터 西單于에 임명되었다.[104] 이때 劉衛辰은 代來城

---

101 『魏書』卷95「鐵弗劉虎傳」, 2054쪽, "鐵弗劉虎, 南單于之苗裔, 左賢王去卑之孫, 北 部帥劉猛之從子, 居於新興慮虒之北. 北人謂胡父鮮卑母爲'鐵弗', 因以爲號. 猛死, 子副崙來奔. 虎父誥升爰代領部落. 誥升爰一名訓兜. 誥升爰死, 虎代焉. 虎一名烏路 孤. 始臣附於國, 自以衆落稍多, 擧兵外叛. 平文與晉幷州刺史劉琨共討之, 虎走據朔 方, 歸附劉聰, 聰以虎宗室, 拜安北將軍‧監鮮卑諸軍事‧丁零中郎將. 復渡河侵西 部, 平文逆擊, 大破之, 虎退走出塞. 昭成初, 虎又寇西部, 帝遣軍逆討, 又大破之. 虎 死, 子務桓代領部落, 遣使歸順."

102 唐初 편찬된 『晉書』에서 劉虎를 '劉武'로 표기했는데, 이는 唐高祖 李淵의 할아버지 李虎의 이름을 避諱하기 위해서이다.

103 『晉書』卷130「赫連勃勃載記」, 3201쪽, "赫連勃勃字屈子, 匈奴右賢王去卑之後, 劉 元海之族也. 曾祖武, 劉聰世以宗室封樓煩公, 拜安北將軍‧監鮮卑諸軍事‧丁零中 郎將, 雄據肆盧川, 爲代王猗盧所敗, 遂出塞表. 祖豹子招集種落, 復爲諸部之雄, 石 季龍遣使就拜平北將軍‧左賢王‧丁零單于."

104 『魏書』卷95「鐵弗劉虎傳」, 2055쪽, "堅自至朔方, 以衛辰爲夏陽公, 統其部落. 衛辰 以堅還復其國, 復附於堅, 雖於國貢使不絶, 而誠敬有乖. 帝討衛辰, 大破之, 收其部 落十六七焉. 衛辰奔苻堅, 堅送還朔方, 遣兵戍之. 昭成末, 衛辰導苻堅來寇南境, 王 師敗績. 堅遂分國民爲二部, 自河以西屬之衛辰, 自河以東屬之劉庫仁. 語在燕鳳傳. 堅後以衛辰爲西單于, 督攝河西雜類, 屯代來城."

에 주둔하였으며, 淝水의 전쟁 이후 前秦이 붕괴되자 朔方(오르도스) 지역을 점령하고 控弦之士 3만 8,000인을 거느렸다.[105]

拓跋珪(道武帝)가 拓跋部를 재건한 후 劉衛辰의 鐵弗部와 拓跋珪의 拓跋部는 서로 공격하여 자주 전쟁하였다. 결과는 후자의 승리였다. 劉衛辰은 登國 6년(391) 아들 直力鞮를 보내 북위의 南部를 공략했다. 이때 직력제가 이끄는 8-9만 명이 출정하여 道武帝의 5,000-6,000명을 포위했다. 拓跋珪(道武帝)는 수레로 方營을 만들고, 이를 방패 삼아 싸우면서 전진하여 鐵歧山에서 직력제의 군대를 격파했다. 拓跋珪(道武帝)는 승세를 이어 五原 金津에서 황하를 건너 劉衛辰部를 습격했고, 허를 찔린 劉衛辰은 수도 悅跋城을 버리고 도망가다 부하에게 살해되고 劉衛辰部는 망했다.[106] 拓跋珪(道武帝)는 劉衛辰 일족을 도살하고 黃河에 시체를 던졌으나 살아남은 赫連勃勃이 재기하여 오르도스 지역을 통치하였고 이후 東晉으로부터 關隴(옛 後秦의 땅)을 점령하여 華北의 서쪽을 지배하는 강국이 되었다.[107]

太武帝는 始光 3년(426) 赫連勃勃의 후계자 자리를 두고 계승분쟁이 발생하자 경무장 기병 1만 8,000명을 이끌고 夏의 수도 統萬城을

---

105 『晉書』卷130「赫連勃勃載記」, 3201쪽, "父衛辰 入居塞內, 苻堅以爲西單于, 督攝河西諸虜, 屯于代來城. 及堅國亂, 遂有朔方之地, 控弦之士三萬八千."
106 위와 같음, "後魏師伐之, 辰令其子力俟提距戰, 爲魏所敗. 魏人乘勝濟河, 克代來, 執辰殺之. 勃勃乃奔于叱干部.";『魏書』卷95「鐵弗劉虎傳附衛辰傳」, 2055-2056쪽, "登國中, 衛辰遣子直力鞮寇南部, 其衆八九萬, 太祖軍五六千人, 爲其所圍. 太祖乃以車爲方營, 並戰並前, 大破之於鐵岐山南, 直力鞮單騎而走, 獲牛羊二十餘萬. 乘勝追之, 自五原金津南渡, 逕入其國, 居民駭亂, 部落奔潰, 遂至衛辰所居悅跋城. 衛辰父子驚遁, 乃分遣諸將輕騎追之. 陳留公元虔南至白鹽池, 虜衛辰家屬; 將軍伊謂至木根山, 擒直力鞮, 盡并其衆. 衛辰單騎遁走, 爲其部下所殺, 傳首行宮, 獲馬牛羊四百餘萬頭. 先是, 河水赤如血, 衛辰惡之, 及衛辰之亡, 誅其族類, 並投之於河."
107 이하 赫連勃勃 시기 정치 상황은 朴漢濟,「五胡 赫連夏國의 都城 統萬城의 選址와 그 構造」, 73-124쪽 참조.

급습했다. 赫連昌이 몸소 출전하자 태무제도 말을 달려 싸웠으며, 결국 赫連昌은 패주하고 성 안으로 달아났다.[108] 다음 해인 始光 4년(427) 太武帝는 赫連昌의 아우 赫連定이 2만의 군사를 거느리고 長安으로 향하는 기회를 이용하여 夏의 수도 統萬城을 공격하였다.[109] 이때 그는 보병을 기다리자는 신하의 간언을 뿌리치고 경무장 기병 3만 명을 이끌고 統萬城으로 진군했다.[110] 統萬城을 지키던 赫連昌은 투항한 적군에게 북위의 군량이 거의 바닥났고 아직 보병이 도착하지 않았다는 정보를 입수하고 북위의 군대가 물러나는 듯한 움직임을 보이자 직접 앞장서서 공격했다. 이 전쟁에서 太武帝는 말에서 떨어졌고 적이 가까이 다가와서 위험한 상황에 처하게 되었지만, 재빨리 말에 올라 夏의 尙書 斛黎를 죽이고 적의 기병 10여 명을 죽였다. 太武帝는 流矢에

---

108 『魏書』卷95 「鐵弗劉虎傳附昌傳」, 2057쪽, "[赫連]昌, 字還國, 一名折, [赫連]屈丐之第三子也. 卽僭位, 改年永光. 世祖聞屈丐死, 諸子相攻, 關中大亂, 於是西伐. 乃以輕騎一萬八千濟河襲[赫連]昌. 時冬至之日, [赫連]昌方宴饗, 王師奄到, 上下驚擾. 車駕次於黑水, 去城三十餘里, [赫連]昌乃出戰. 世祖馳往擊之, [赫連]昌退走入城, 未及閉門, 軍士乘勝入其西宮, 焚其西門. 夜宿城北. 明日, 分軍四出, 略居民, 殺獲數萬, 生口牛馬十數萬, 徙萬餘家而還."

109 『魏書』卷4上 「世祖紀」上 始光四年條, 72-73쪽, "赫連昌遣其弟平原公定率衆二萬向長安. 帝聞之, 乃遣就郝山伐木, 大造攻具. …… 是月, 治兵講武, 分諸軍, 司徒長孫翰·廷尉長孫道生·宗正娥淸三萬騎爲前驅, 常山王素·太僕兵堆·將軍元太毗步兵三萬爲後繼, 南陽王伏眞·執金吾桓貸·將軍姚黃眉步兵三萬部攻城器械, 將軍賀多羅精騎三千爲前候. 五月, 車駕西討赫連昌."

110 『魏書』卷95 「鐵弗劉虎傳附昌傳」, 2058쪽, "後[赫連]昌遣弟[赫連]定與司空奚斤相持於長安, 世祖乘虛西伐, 濟君子津, 輕騎三萬, 倍道兼行. 羣臣咸諫曰:'統萬城堅, 非十日可拔, 今輕軍討之, 進不可克, 退無所資, 不若步軍攻具, 一時俱往.' 世祖曰:'夫用兵之術, 攻城最下, 不得已而用之. 如其攻具一時俱往, 賊必懼而堅守, 若攻不時拔, 則食盡兵疲, 外無所掠, 非上策也. 朕以輕騎至其城下, 彼先聞有步軍而徒見騎至, 必當心閑, 朕且羸師以誘之, 若得一戰, 擒之必矣. 所以然者, 軍士去家二千里, 復有黃河之難, 所謂置之死地而後生也. 以是決戰則有餘, 攻城則不足.' 遂行. 次于黑水, 分軍伏於深谷, 而以少衆至其城下."

손바닥을 맞았으나 아랑곳하지 않고 용기를 내 적을 몰아붙였다. 이에 赫連昌의 군대가 패배했으며, 赫連昌은 급한 나머지 통만성 안으로 들어가지 못하고 上邽로 도망갔다. 이에 북위군은 統萬城을 쉽게 점령할 수 있었다.[111]

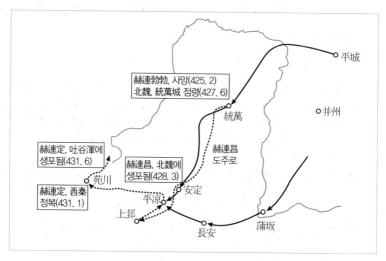

〈지도 9〉 北魏의 夏 정복 지도

111 『魏書』卷95「鐵弗劉虎傳附昌傳」, 2058-2059쪽, "[赫連]昌將狄子玉來降, 說: '[赫連]昌使人追其弟[赫連]定, [赫連]定曰: 『城旣堅峻, 未可攻拔, 待擒斤等, 然後徐往, 內外擊之, 何有不濟.』 [赫連]昌以爲然.' 世祖惡之, 退軍城北, 示[赫連]昌以弱. 遣永昌王健及娥淸等分騎五千, 西掠居民. 會軍士負罪, 亡入[赫連]昌城, 言官軍糧盡, 士卒食菜, 輜重在後, 步兵未至, 擊之爲便. [赫連]昌信其言, 引衆出城, 步騎三萬. 司徒長孫翰等言: '[赫連]昌步陳難陷, 宜避其鋒, 且待步兵, 一時奮擊.' 世祖曰: '不然. 遠來求賊, 恐其不出, 今避而不擊, 彼奮我弱, 非計也.' 遂收軍僞北, 引而疲之. [赫連]昌以爲退, 鼓譟而前, 舒陳爲翼. 行五六里, 世祖衝之, 賊陳不動, 稍復前行, 會有風起, 方術宦者趙倪勸世祖更待後日, 崔浩叱之. 世祖乃分騎爲左右以掎之. 世祖墜馬, 賊已逼接, 世祖騰馬, 刺殺其尙書斛黎, 又殺騎賊十餘人, 流矢中掌, 奮擊不輟. [赫連]昌軍大潰, 不及入城, 奔於上邽, 遂克其城."" 『북사』와 『위서』「盧魯元傳」에 따르면 이날 태무제는 적군을 추격하여 統萬城의 성문 안으로 진격했으나, 태무제의 목숨이

이때 夏의 군주 赫連昌과 동생 赫連定은 上邽로 도망갔다.[112] 다음
해인 神䴥元年(428) 二月 監軍侍御史 安頡이 이끄는 北魏軍이 赫連昌
을 사로잡았지만 赫連定은 平涼으로 달아나 계속 저항하였다.[113] 결
국 北魏軍은 神䴥 3년(430) 安定을 점령하였다.[114] 赫連定은 神䴥 4년
(431) 正月 西秦을 정복하고[115] 北涼의 沮渠蒙遜을 공격하기 위해 黃河
를 건너다가 吐谷渾의 공격을 받고 대패하여 생포되었다.[116] 이때 吐
谷渾은 赫連定을 北魏에 보냈다.[117]

위태로운 상황에 처하자 盧魯元의 도움으로 살아났다(『北史』 卷25 「盧魯元傳」, 915
쪽, "從征赫連昌, 太武親追擊, 入其城門, [盧]魯元隨帝出入. 是日微[盧]魯元, 幾至
危殆.";『魏書』 卷34補 「盧魯元傳」, 801쪽). 『위서』 열전 중 일부는 누락되어 『북사』
를 기초로 복원했다. 본서에서는 해당 부분을 인용할 때 『위서』와 원본에 해당하는
『북사』도 함께 인용한다.

112 『魏書』 卷4上 「世祖紀」上 始光四年五月條, 72-73쪽, "昌將庵下數百騎西南走, 奔上
邽, 諸軍乘勝追至城北, 死者萬餘人, 臨陣殺昌弟河南公滿及其兄子蒙遜. …… 昌弟
平原公定拒司空奚斤於長安城, 娥淸率騎五千討之, 西走上邽."

113 『魏書』 卷4上 「世祖紀」上 神䴥元年二月條, 73쪽, "二月, 改元. 赫連昌退屯平涼. 司
空奚斤進軍安定, 將軍丘堆爲昌所敗, 監軍侍御史安頡出戰, 擒昌. 昌餘衆立昌弟定
爲王, 走還平涼."

114 『魏書』 卷4上 「世祖紀」上 神䴥三年條, 77쪽, "十有一月乙酉, 車駕至平涼. 先是, 赫連
定將數萬人東禦於鄳城, 留其弟上谷公社于·廣陽公度洛孤城守. 帝至平涼, 登北原,
使赫連昌招諭之, 社于不降. 詔安西將軍古弼等擊安定, 攻平涼. 定聞之, 棄鄳城, 入
于安定, 自率步騎三萬從鶉觚原將救平涼, 與弼相遇, 弼擊之, 殺數千人, 乃還走. 詔
諸軍四面圍之. …… 丁酉, 定乏水, 引衆下原, 詔武衛將軍丘眷擊之, 定衆大潰, 死者
萬餘人. 定中重創, 單騎遁走. 獲定弟丹陽公烏視拔·武陵公禿骨及公侯百餘人. 是日,
諸將乘勝進軍, 遂取安定. 定從兄東平公乙升棄城奔長安, 劫掠數千家, 西奔上邽."

115 『魏書』 卷4上 「世祖紀」上 神䴥四年條, 78쪽, "是月, 乞伏慕末爲赫連定所滅."

116 『魏書』 卷4上 「世祖紀」上 神䴥四年六月條, 78쪽, "六月, 赫連定北襲沮渠蒙遜, 爲吐
谷渾慕璝所執."

117 『魏書』 卷4上 「世祖紀」上 延和元年條, 80쪽, "三月丁未, 追贈夫人賀氏爲皇后. 壬申,
西秦王吐谷渾慕璝, 送赫連定於京師.";『宋書』 卷96 「鮮卑吐谷渾傳」, 2372쪽, "是歲,
赫連定於長安爲索虜拓跋燾所攻, 擁秦戶口十餘萬西次罕幵, 欲向涼州, 慕璝距擊,
大破之, 生擒定. 燾遣使求, 慕璝以定與之."

(2) 關隴 통치과정

426년부터 431년까지 지속된 전쟁에서 승리한 北魏는 夏를 멸망시키고 오르도스와 關隴 지역을 통치하였다. 北魏는 夏를 정복하기 1년 전인 始光 3년(426) 統萬城의 生口·牛馬 10여만을 노획한 뒤 1만여 家를 遷徙하였다.[118] 始光 4년(427) 夏의 수도 統萬城을 점령한 후 포로들을 장수와 사병들에게 나눠주었다. 따라서 이때 대규모 遷徙 기록은 없지만, 포로가 된 夏의 피정복민들은 平城·京畿·漠南 등 北魏 군사들의 거주지로 옮겨졌을 것이다.

北魏는 統萬鎭과 長安鎭을 설치하여 각각 오르도스와 關隴 통치의 거점으로 삼았다. 그런데 關隴 지역은 後漢末 이후 氐族과 羌族이 漢族과 雜居하고 그들의 세력이 강하여 통치하기 쉽지 않았다. 後趙는 關隴 지역의 원활한 통치를 위해 氐族과 羌族을 關東으로 遷徙하여[119] 土着勢力의 약화를 도모하였다. 그러나 北魏는 關隴의 氐와 羌을 다른 지역으로 遷徙하지 않았다. 아마도 417년 後秦의 멸망 이후 姚泓의 부하 다수가 北魏에 투항하고 馮翊羌酋 黨道子·河西羌酋 不蒙娥·杏城羌酋 狄溫子 등이 이미 泰常 4-5년 사이(419-420) 北魏에 투항하여[120] 關隴 지역의 羌 세력이 약화하였다고 판단하였을 것이다. 또 北魏의 夏 토벌과정에서 지나친 약탈로 關隴 지역의 피해가 심해 토착세력이 크게 약화되었으리라는 판단이 작용했을 것이다. 神䴥 3년(430) 太武帝는 秦州와 雍州의 民에게 7년간의 租賦免除를 허용하

---

118 『魏書』卷95「鐵弗劉虎傳附昌傳」, 2057쪽, "明日, 分軍四出, 略居民, 殺獲數萬, 生口牛馬十餘萬, 徙萬餘家而還."

119 町田隆吉,「後趙政權下の氐族について~五胡諸政權の構造理解にむけて」,『史正』 7, 1979, 23아래쪽; 白翠琴,『魏晋南北朝民族史』, 260쪽.

120 周一良,「北朝的民族問題與民族政策」, 205쪽.

였다.[121] 이는 피정복민에 대한 배려라고 볼 수 있다. 그러나 赫連夏 정벌에 동원된 河北民의 2-3년의 租賦 면제와 비교하면 7년의 면제는 지나친 우대조치라는 생각이 든다. 『魏書』「尉眷傳」 등에는 統萬城을 잃고 上邽로 도망간 赫連昌을 추격한 北魏軍이 民間에서 "督租"하다가 赫連昌에게 패했음을 기록하고 있다.[122] 완곡하게 표현했을 뿐, 실제로는 "督租"가 아니라 약탈이었을 것이다. 統萬城 함락 후 서쪽으로 도망간 赫連昌과 赫連定은 西秦을 멸망시키고 3년 이상 北魏와 대치했다. 이때 北魏軍의 약탈 및 '현지조달'로 關隴 지역이 피폐해졌음을 쉽게 상상할 수 있다. 따라서 關隴 지역의 위협세력인 氐와 羌을 다른 지역으로 遷徙할 필요성을 느끼지 못했을 것이다.

北魏의 華北統一 이전 後秦과 夏·西秦·後涼·南涼·北涼 등 關隴과 河西 회랑에 있었던 胡族國家는 형식상 郡縣을 두었지만 실제 지방행정은 軍政·軍民合一의 軍鎭이 대신하였다.[123] 그리고 氐에게서 자주 보이는 護軍도 위의 국가들에 대부분 설치되었다.[124] 北魏는

---

121 『魏書』卷4上「世祖紀」上 神䴥三年十一月條, 77쪽, "己亥, 帝幸安定, 獲乞伏熾磐質子及連車旗, 簿其生口·財畜, 班賜將士各有差. 庚子, 帝自安定還臨平涼, 遂掘塹圍守之. 行幸紐城, 安慰初附, 赦秦雍之民, 賜復七年."

122 『魏書』卷26「尉古眞傳附眷傳」, 657쪽, "又從征赫連昌, 眷出南道, 擊昌於上邽. 士衆乏糧, 臨淮公丘堆等督租於郡縣, 爲昌所敗. 昌乘勝抄掠, 諸將患之. 眷與侍御史安頡陰謀設伏, 邀擊擒昌, 以功拜寧北將軍, 加散騎常侍, 進爵漁陽公."; 『魏書』卷30「安同傳附頡傳」, 715쪽, "宜城王奚斤, 自長安追擊赫連昌, 至于安定, 頡爲監軍侍御史. 斤以馬多疫死, 士衆乏糧, 乃深壘自固. 遣太僕丘堆等督租於民間, 爲昌所敗. 昌遂驕矜, 日來侵掠, 芻牧者不得出, 士卒患之."; 『魏書』卷30「丘堆傳」, 719쪽, "士馬乏糧, 堆與義兵將軍封禮督租於民間, 士卒暴掠, 爲昌所襲, 敗績."

123 高敏, 「十六國時期的軍鎭制度」, 『魏晉南北朝兵制研究』, 鄭州: 大象出版社, 1999, 256-266쪽; 牟發松, 「十六國時期地方行政機構的軍鎭化」, 『晉陽學刊』 1985-6, 18-23쪽.

124 高敏, 「十六國時期前秦·後秦的"護軍"制」, 『魏晉南北朝兵制研究』, 鄭州: 大象出版

護軍 등 기존조직을 그대로 유지하거나[125] 李潤鎮 · 安定鎮 · 雍城鎮 · 上邽鎮 등의 鎮으로 再編하였다. 北魏의 鎮이 遊牧民의 部落을 保持한 채 운영되었던 점을 상기하면[126] 關隴 지역의 非漢族은 기존의 護軍制度나 北魏의 鎮으로 편제되어 北魏의 軍政 통치를 받았을 것이다. 450년 太武帝의 南伐 당시 太武帝가 臧質에게 보낸 편지에서 氐와 羌을 南征軍에 징발한 사실을 확인할 수 있다.[127] 護軍制度의 유지나 鎮으로의 再編은 유사시 군대징발에 유용했을 것이다.

445년 杏城盧水胡 蓋吳의 봉기는 지금까지 北魏의 關隴 통치가 실패했음을 보여주는 사건이었다. 太平眞君 6년 九月(445. 10-11) 盧水胡 蓋吳가 杏城에서 봉기하였다. 蓋吳의 군대는 서쪽으로 新平郡을 공격하니 安定郡의 諸夷 酋長이 이에 호응하고 汧城守將을 살해하였다. 이어서 동쪽으로 李潤堡로 진격하고 北魏軍 3만여 인을 죽였으며 長安으로 진격하여 北魏 將軍 叔孫拔을 渭水 북쪽에서 격파하고 수급 3만여 급을 참하였다. 이에 河東蜀 薛永宗이 蓋吳에 호응하여 반란을 일으켰다. 蓋吳는 天台王을 자칭하고 百官을 임명하였다.[128] 이처럼

社, 1999, 221-224쪽; 同氏, 「十六國時期的軍鎮制度」, 267-272쪽.

125 太平眞君년간(440-443) 李洪之가 狄道護軍이 되었다는 기록에서(『魏書』卷89 「酷吏 · 李洪之傳」, 1918쪽, "眞君中, 爲狄道護軍, 賜爵安陽男.") 隴西 지역이 아직 '護軍'으로 통치됨을 알 수 있다. 이 護軍制度는 文成帝 太安 3년(457) 護軍을 太守로 바꿀 때까지 존재한다(『魏書』卷113 「官氏志」, 2975쪽, "太安三年五月, 以諸部護軍各爲太守.").

126 高敏, 「北魏的兵戶制及其演變」, 301-302쪽.

127 『宋書』卷74 「臧質傳」, 1912쪽, "燾與質書曰:「吾今所遣鬪兵, 盡非我國人, 城東北是丁零與胡, 南是三秦氐 · 羌. 設使丁零死者, 正可減常山 · 趙郡賊; 胡死, 正減幷州賊; 氐 · 羌死, 正減關中賊. 卿若殺丁零 · 胡, 無不利.」"

128 『魏書』卷4下「世祖紀」下 太平眞君六年九月條, 99-100쪽, "九月, 盧水胡蓋吳聚衆反於杏城. …… 蓋吳遣其部落帥白廣平西掠新平, 安定諸夷酋皆聚衆應之, 殺汧城守將. 吳遂進軍李閏堡, 分兵掠臨晉巴東. 將軍章直與戰, 大敗之, 兵溺死於河者三萬餘

漢人・屠各・氐・羌 등 關隴의 '夷漢' 여러 種族이 참여하였으며, 서쪽으로 金城・天水・略陽, 동쪽으로 河東, 남쪽으로 長安 등지에 이를 정도로 대규모 반란이었다.[129] 蓋吳는 劉宋 조정에 문서를 보내 劉宋의 원병을 청하였다.[130] 이처럼 蓋吳의 배후에 劉宋이 있었다. 關隴지역의 지배권을 두고 448년 仇池氏 楊文德을 토벌하여 劉宋의 영향력을 완전히 차단할 때까지 北魏와 劉宋의 대치는 지속되었다.[131] 이사건은 北魏의 秦地[關隴] 통치가 완전하지 않음을 보여주는 사건으로 太武帝에게 준 영향은 상당히 컸다. 太武帝는 蓋吳의 난 때 長安에 巡幸했다가 절에서 다수의 무기가 발견되자 승려들이 蓋吳와 연계되었을 것이라고 의심하여 長安의 사찰과 승려들을 탄압하는 등 廢佛

人. 吳又遣兵西掠至長安, 將軍叔孫拔與戰於渭北, 大破之, 斬首三萬餘級. …… 河東蜀薛永宗聚黨盜官馬數千匹, 驅三千餘人入汾曲, 西通蓋吳, 受其位號. 秦州刺史・金城公周鹿觀率衆討之, 不克而還. [十一月]庚午, 詔殿中尙書・扶風公元處眞, 尙書・平陽公慕容嵩二萬騎討薛永宗; 詔殿中尙書乙拔率五將三萬騎討蓋吳, 西平公寇提三將一萬騎討吳黨白廣平. 蓋吳自號天台王, 署置百官."

129 白翠琴, 『魏晉南北朝民族史』, 217쪽.

130 『宋書』卷95「索虜傳」, 2339-2341쪽, "先是, 虜中謠言: '滅虜者吳也.' 燾甚惡之. 二十三年, 北地瀘水人蓋吳, 年二十九, 於杏城天台擧兵反虜, 諸戎夷普並響應, 有衆十餘萬. 燾聞吳反, 惡其名, 累遣軍擊之, 輒敗. 吳上表歸順, 曰: 自靈祚南遷, 禍纏神土, 二京失統, 豺狼縱毒, 蒼元蹈犬噬之悲, 舊都哀荼蓼之痛. 臣以庸鄙, 杖義因機, 乘寇虜天亡之期, 藉二州思奮之憤, 故創迹天台, 爰曁咸・雍, 義風一鼓, 率土響同, 威聲旣張, 士卒効勇, 師不崇朝, 羣狡震裂, 殄逆鱗於函關, 掃凶迹於秦土, 非仰協宋靈, 俯仇羣願, 焉能若斯者哉. 今平城遺虐, 連兵大壇, 東西狼顧, 威形莫接, 長安孤危, 河・洛不戍, 平陽二蘖, 世連士宇, 擁率部落, 控弦五萬, 東屯潼塞, 任質軍門. 私署安西將軍常山白廣平練甲高平, 進師汧・隴. 北漠護軍結駟連騎, 提戈載驅. 胡蘭洛生等部曲數千, 擬擊僞鎭, 闔境顒顒, 仰望皇澤. 伏願陛下給一旅之衆, 北臨河・陝, 賜臣威儀, 兼給戎械, 進可以厭捍凶寇, 覆其巢窟, 退可以宣國威武, 鎭御舊京. 使中都有鳴鸞之響, 荒餘懷來蘇之德. 謹遣使人趙縮馳表丹誠. 燾遣軍屢敗, 乃自率大衆攻之. 吳又上表曰: …… 燾攻吳大小數十戰, 不能剋."

131 勝畑冬實,「北魏の郊甸と'畿上塞圍'」, 40위쪽-41아래쪽.

政策을 취하였다.[132] 이어서 長安城의 工巧 2,000家를 平城으로 遷徙하였다.[133] 아마도 이들은 무기를 제조할 수 있는 匠人일 것이다. 太武帝는 이들을 平城으로 이주시켜 關隴 지역의 경제적·군사적 약화를 도모하여 關隴統治를 강화하려 하였다.

北魏의 關隴 統治는 '民夷'로 축약되는[134] 多種族 雜居 지역을 어떻게 큰 분란 없이 효율적으로 통치하느냐가 주된 관심사가 될 것이다. 또 杏城鎭將 尉撥이 山民·上郡徒各·盧水胡를 民으로 編戶化한 조치처럼[135] 정부의 통제에서 벗어난 漢人과 각종 遊牧民을 編戶로 재편하는 작업이 필요했다. 이러한 작업의 구체적인 진행과정은 453년 이후 仇池鎭將 皮豹子의 上表에서 찾아볼 수 있다. 上表의 내용에서 확인할 수 있는 내용은 다음과 같다: ① 仇池鎭에 統萬·安定·長安鎭의 병사들이 주둔하고 있었으며 이들은 "期月", 즉 만 1년의 임기가 있음을 알 수 있다. ② 長安·上邽·安定鎭의 戍兵이 仇池鎭에 파견나오기로 예정되어 있다. ③ 皮豹子가 高平鎭의 突騎를 요청하여 실제로 이들이 仇池鎭으로 구원하기 위해 파견되고 있다. ④ 皮豹子는 秦州民을 祁山으로 보내달라고 요청하였다.[136] ①과 ②에서 仇池鎭에는 적어도 統萬·安定·長安·上邽 4鎭의 군사 혹은 戍兵이 定期的으로 파견되었음을 알 수 있다. 따라서 이 사료는 戍兵이 徵兵되어 지

---

132 王慶憲, 「拓跋燾鞏固北魏政權的內外政治措施」, 29왼쪽.

133 『魏書』卷4下「世祖紀」下 太平眞君七年三月條, 100쪽, "詔諸州坑沙門 毁諸佛像, 徙長安城工巧二千家於京師."

134 『魏書』卷24「崔玄伯傳附徽傳」, 624쪽, "樂安王範鎭長安, 世祖以範年少, 而三秦民夷, 悖險多變, 乃選忠淸舊德之士 與範俱鎭."

135 『魏書』卷30「尉撥傳」, 729쪽, "出爲杏城鎭將 在任九年 大收民和 山民一千餘家, 上郡徒各, 盧水胡八百餘落 盡附爲民."

136 『魏書』卷51「皮豹子傳」, 1131-1132쪽.

정된 목적지로 배치되는 徵發·配分 시스템이 關隴 지역에 존재했음을 보여준다. ③에서 高平鎭 역시 關隴 지역에 존재하는 鎭이므로 유사시 근처의 鎭에서 구원병을 청하여 방어에 임하는 체제가 있었음을 알 수 있다. ④는 전후 문맥으로 보아 秦州의 식량을 仇池로 운송할 것을 요청한 것으로 해석할 수 있다. 즉 關隴 지역의 식량을 棧道 연안의 秦州(治所는 上邽)에서 民을 징발하여 棧道를 통해 仇池로 운반하는 체계가 갖춰져 있음을 추측할 수 있다. 皮豹子의 上表를 통해 仇池鎭은 주변 鎭과 定期的인 戍兵을 교대하고 물자를 유통시키는 체계가 잘 갖춰져 있음을 알 수 있다. 이는 國家權力이 關隴 지역에 침투하여 이들 民을 조직적으로 편제하고 징발할 수 있었음을 보여준다. 따라서 文成帝 초기 北魏의 關隴 지역의 통치는 어느 정도 궤도에 올랐다고 볼 수 있다.[137]

　그러나 北魏의 關隴 統治는 불안하였다. 太武帝가 赫連夏를 완전히 멸한 후, 隴右騎卒을 동원하여 高句麗를 정벌하려 하자 隴土新民의 생활이 아직 안정되지 않았다는 이유로 劉潔이 반대하여 太武帝는 高句麗 정벌을 단념하였다.[138] 西晉末부터 北魏前期까지 漢中·巴蜀 혹은 襄陽 등지로 流民이 대거 流出하여[139] 關隴 지역의 인구가 감소하여 경제가 낙후되었을 것이다. 게다가 關隴 지역의 잦은 반란이 일어났다.[140] 安定 盧水胡 劉超 등이 반란을 일으키자 太武帝가 秦川은 매우 험하고 北魏의 權威가 확립되지 못하여 반란이 자주 일어나

---

137 崔珍烈, 「北魏의 地域支配方式과 그 性格」, 125쪽.
138 『魏書』卷28 「劉潔傳」, 688쪽, "世祖將發隴右騎卒東伐高麗. 潔進曰: '隴土新民, 始染大化, 宜賜優復以饒實之. 兵馬足食, 然後可用.' 世祖深納之."
139 葛劍雄, 『中國移民史』 第二卷, 福州: 福建人民出版社, 1997, 307-375쪽 및 566-567 쪽. 특히 표 10-1 참조.
140 佐川英治, 「北魏の編戸制と徵兵制度」, 18쪽의 표 참조.

輕兵을 투입하건 重兵을 파견하건 토벌하기 어려움을 토로하며 陸俟의 개인적인 능력에 모든 것을 맡기겠다고 말한 것[141]은 秦川, 즉 關隴일대의 통치가 용이하지 않음을 시사한다. 이는 北魏 전시기에 해당하며 北魏의 關隴 統治는 우세한 군사력으로 현상유지에 급급하였다. 524년 莫折大提의 봉기를 진압하지 못하자 결국 關隴 지역의 지배권을 상실했던 北魏 후기의 상황에서 알 수 있듯이 關隴은 北魏에게 늘 긴장과 주의를 요하는 지역이었다.

2 河南 지역

(1) 河南 점령: 南朝 宋(劉宋)과의 전쟁

河南, 즉 黃河 중류의 남쪽 지역은 前秦의 붕괴 이후 後秦의 영토였으나, 劉裕의 後秦 정벌 이후 東晉·劉宋으로 귀속되었다. 417년(泰常 2; 東晉 義熙 13) 東晉의 劉裕가 後秦을 정벌하자 北魏는 10만 騎를 黃河 이북 지방에 주둔시켜 東晉軍에 맞서게 하였다. 이때 東晉의 將軍 朱超石이 北魏軍을 대파하였다.[142] 『宋書』 「索虜傳」에 따르면, 北魏

---

141 『魏書』卷40 「陸俟傳」, 903쪽, "安定盧水劉超等聚黨萬餘以叛, 世祖以俟威恩被於關中, 詔以本官加都督秦雍諸軍事, 鎭長安. 世祖曰「秦川險絕, 奉化日近, 吏民未被恩德, 故頃年已來, 頻有叛動. 今超等恃險, 不順王命, 朕若以重兵與卿, 則超等必合而爲一, 據險拒戰, 未易攻也; 若以輕兵與卿, 則不制矣. 今使卿以方略定之.」"

142 『宋書』卷95 「索虜傳」, 1426쪽, "十三年, 高祖西伐長安, 嗣先娶姚興女, 乃遣十萬騎屯結河北以救之, 大爲高祖所破, 事在朱超石等傳."; 『宋書』卷48 「朱齡石傳」, 1425쪽, "義熙十二年北伐, 超石爲前鋒入河, 索虜托跋嗣, 姚興之壻也, 遣弟黃門郎鷟靑·冀州刺史安平公乙旃眷·襄州刺史托跋道生·靑州刺史阿薄干, 步騎十萬, 屯河北, 常有數千騎, 緣河隨大軍進止. 時軍人緣河南岸, 牽百丈, 河流迅急, 有漂渡北岸者, 輒爲虜所殺掠. 遣軍裁過岸, 虜便退走, 軍還, 卽復來束. 高祖乃遣白直隊主丁旿, 率七百人, 及車百乘, 於河北岸上, 去水百餘步, 爲却月陣, 兩頭抱河, 車置七伏士, 事畢, 使竪一白耗. 虜見數百人步牽車上, 不解其意, 並未動. 高祖先命超石[戒

가 黃河 연변에 10만 騎를 주둔시킨 것은 東晉軍이 關隴의 後秦을 정복하는 것을 막으려는 시도였다고 하지만, 東晉軍이 河北으로 진격할지 모른다는 두려움도 있었다. 이에 北魏는 東晉에 사신을 보냈고, 이는 劉宋 때에도 지속되었다. 그러나 明元帝는 劉宋 武帝(劉裕)가 죽었다는 소식을 듣고 외교관계를 단절[143]한 뒤에 劉宋을 공격하였다.

明元帝는 河南을 공략하기 전에 先攻城論과 先略地論을 두고 대신들과 회의를 열었다. 崔浩는 南人[劉宋]이 守城에 능하기 때문에 攻城이 어려우므로 군대를 나누어 淮北地域까지 略地하고 郡縣과 太守·縣令을 두어 통치하며 租穀을 거두는 것이 낫다고 주장하였다. 이렇게 되면 滑臺와 虎牢는 北魏 영역 안에 고립되어 劉宋의 구원이 끊어져 두 城의 宋軍은 黃河를 따라 동쪽으로 달아나거나 그렇지 않으면 두 城은 北魏의 "圍中之物"이 된다는 것이다. 그러나 奚斤과 公孫表가 "先圖其城"을 주장하였다.[144] 明元帝는 후자의 전략을 따랐다. 泰常 7년 九月(422. 10) 奚斤·周幾·公孫表를 보내 劉宋의 영토인 黃河

嚴二千人. 白耗旣擧, 超石馳往赴之, 幷齎大弩百張, 一車益二十人, 設彭排於轅上. 虜見營陣旣立, 乃進圍營, 超石先以軟弓小箭射虜, 虜以衆少兵弱, 四面俱至. 嗣又遣南平公托跋嵩三萬騎至, 遂肉薄攻營. 於是百弩俱發, 又選善射者叢箭射之, 虜衆旣多, 弩不能制. 超石初行, 別齎大鎚幷千餘張矟, 乃斷矟稍長三四尺, 以鎚鎚之, 一稍輒洞貫三四虜. 虜衆不能當, 一時奔潰, 臨陣斬阿薄干首, 虜退還半城. 超石率胡藩·劉榮祖等追之, 復爲虜所圍, 奮擊盡日, 殺虜千計, 虜乃退走."

143 『宋書』卷95「索虜傳」, 1426쪽, "於是遣使求和, 自是使命歲通. 高祖遣殿中將軍沈範·索季孫報使, 反命已至河, 未濟, 嗣聞高祖崩問, 追執範等, 絕和親. 太祖卽位, 方遣範等歸."

144 『魏書』卷35「崔浩傳」, 813-814쪽, "會聞劉裕死, 太宗欲取洛陽·虎牢·滑臺. …… 議於監國之前曰: '先攻城也? 先略地也?' 斤曰 '請先攻城.' 浩曰: '南人長於守城, 苻氏攻襄陽, 經年不拔. 金以大國之力攻其小城, 若不時克, 挫損軍勢, 敵得徐嚴而來. 我怠皮銳, 危道也. 不如分軍略地, 至淮爲限, 列置守宰, 收斂租穀. 滑臺·虎牢反在軍北, 絕望南救, 必沿河東走. 約或不然, 卽時圍中之物.' 公孫表請先圖其城."

이남 지역을 공격하게 하였다.[145] 남벌군이 滑臺를 점령하지 못하자
明元帝는 十月 甲戌(422. 11. 4) 親征을 결정하였다. 明元帝가 南巡을
떠날 때 北魏軍은 滑臺를 점령하였다. 十二月(422. 12-423. 1) 靑州·兗
州 諸郡을 공략하였다.[146] 明元帝는 泰常 8년 三月 乙丑日(423. 4. 23)
北魏軍이 전년에 점령한 陳留郡과 東郡[147]을 방문하였으며, 이후 黃河
를 건너 四月 丁卯日(423. 4. 26) 成皐城을 방문하고 北魏軍의 虎牢 공
격을 독려하였다. 이어 洛陽을 방문하였고 閏月 己未日(6. 18) 黃河를
건너 河內郡으로 돌아갔다.[148] 『宋書』「索虜傳」에서 明元帝의 督軍을

---

145 『魏書』卷3「太宗紀」泰常七年秋九月條, 62쪽, "秋九月, 詔假司空奚斤節, 都督前鋒
諸軍事, 爲晉兵大將軍·行揚州刺史, 交阯侯周幾爲宋兵將軍·交州刺史, 安固子公
孫表爲吳兵將軍·廣州刺史, 前鋒伐劉義符."

146 『魏書』卷3「太宗紀」泰常七年條, 62쪽, "冬十月甲戌, 車駕還宮, 復所過田租之半.
奚斤伐滑臺不克, 帝怒, 議親南討, 爲其聲援. 壬辰, 車駕南巡, 出自天門關, 踰恒嶺.
四方蕃附大人各率所部從者五萬餘人. …… 劉義符東郡太守王景度棄滑臺走. 詔成
皐侯元苟兒爲兗州刺史, 鎭滑臺. 十有二月, 遣壽光侯叔孫建等率衆自平原東渡, 徇
下靑·兗諸郡, 劉義符兗州刺史徐琰聞渡河, 棄守走, 叔孫建遂東入靑州. 司馬愛
之·秀之先聚黨濟東, 皆率衆來降."

147 『宋書』「索虜傳」에 따르면 전년 十月 陳留太守 嚴棱을 생포하고 王玉을 陳留太守에
임명하였다. 그리고 十一月 東郡의 치소 滑臺를 점령하였다(『宋書』卷95「索虜傳」,
1423-2324쪽, "會臺送軍資至, 棱往迎之, 而酸棗民王玉知棱南, 馳以告虜, 虜將滑稽
領千乘襲倉垣, 兵吏悉踰城散走, 陳留太守嚴棱爲虜所獲, 虜卽甩王玉爲陳留太守,
給兵守倉垣. 十一月, 虜悉力攻滑臺城, 城東北崩壞, 王景度出奔, 景度司馬陽瓚堅守
不動, 衆潰, 抗節不降, 爲虜所殺. 竇應明擊虜輜重於石濟, 破之, 殺賊五百餘人, 斬
其戌主□連內頭·張索兒等. 應明自石濟赴滑臺, 聞城已沒, 遂進屯尹卯, 竇霸馳就
翟廣. 虜旣剋滑臺, 幷力向廣等, 力不敵, 引退, 轉鬪而前, 二日一夜, 裁行十許里. 虜
步軍續至, 廣等矢盡力竭, 大敗, 廣·霸·談之等各單身迸還.").

148 『魏書』卷3「太宗紀」泰常七年條, 63쪽, "八年正月丙辰, 行幸鄴, 存恤民俗. 司空奚
斤旣平兗豫, 還圍虎牢, 劉義符守將毛德祖距守不下. 河東蜀薛定·薛輔率五千餘家
內屬. 蠕蠕犯塞. 二月戊辰, 築長城於長川之南, 起自赤城, 西至五原, 延袤二千餘
里, 備置戌衛. 三月乙巳, 帝田於鄴南韓陵山, 幸汲郡, 至于枋頭. 乙卯, 濟自靈昌津,
幸陳留·東郡. 乙丑, 濟河而北, 西之河內, 造浮橋於冶坂津. 夏四月丁卯, 幸成皐城,

다음과 같이 서술하였다.

> "嗣[明元帝]는 大衆을 이끌고 虎牢에 이르러 사흘을 머물렀고 스스
> 로 攻城을 독려하였으나 점령하지 못하자 군대를 돌려 洛陽으로 향하고
> 3,000人을 머무르게 하여 鄭兵將軍에게 덧붙여주었다. 洛陽에 머문 지 수
> 일 후에 黃河를 건너 북쪽으로 돌아갔다."[149]

위의 인용문을 보면 明元帝는 河南 점령을 자신하고 親征에 나섰
으나, 虎牢城 점령이 여의치 않자 親征을 포기하고 돌아갔음을 알 수
있다. 明元帝가 河內郡을 거쳐 太行山을 넘어 太原으로 향하는 사이
北魏軍은 虎牢를 점령하였다.[150] 이후 北魏軍은 虎牢를 지킬 군대를
남겨둔 채 북쪽으로 돌아갔다.[151] 北魏는 十一月 許昌城을 점령한 후
토착인 劉遠을 滎陽太守에 임명하였다. 이어서 汝陽을 포위하고 邵
陵縣을 점령한 후 2,000여 家를 殘害하고 男丁을 죽인 후 婦女 1만
2,000口를 끌고 갔다. 이어서 鍾離城을 훼손한 후 疆界를 세우고 돌
아갔다.[152]

觀虎牢. 而城內乏水, 懸縆汲河. 帝令連艦上施轒輼, 絶其汲路, 又穿地道以奪其井.
遂至洛陽, 觀石經. 蠻王梅安, 率渠帥數千人來貢方物. 閏月己未, 還幸河內, 北登太
行, 幸高都."

149 『宋書』 卷95 「索虜傳」, 1427쪽, "嗣率大衆至虎牢, 停三日, 自督攻城, 不能下, 回軍
向洛陽, 留三千人益鄭兵. 停洛數日, 渡河北歸."

150 『魏書』 卷3 「太宗紀」 泰常七年閏月條, 63쪽, "閏月己未, 還幸河內, 北登太行, 幸高
都. 虎牢潰, 獲劉義符冠軍將軍 · 司州刺史 · 觀陽伯毛德祖, 冠軍司馬 · 滎陽太守翟
廣, 建威將軍竇霸, 振武將軍姚勇錯, 振威將軍吳賓之, 司州別駕姜元興, 治中竇溫.
士衆大疫, 死者十二三. 辛酉, 帝還至晉陽. …… [五月]庚寅, 車駕至自南巡."

151 『宋書』 卷95 「索虜傳」, 1429쪽, "虜旣剋虎牢, 留兵居守, 餘衆悉北歸."

152 『宋書』 卷95 「索虜傳」, 1430쪽, "時宣威將軍 · 潁川太守李元德戍許昌, 仍除滎陽太
守, 督二郡軍事. 其年十一月, 虜遣軍幷招集亡命, 攻逼許昌城, 以土人劉遠爲滎陽太

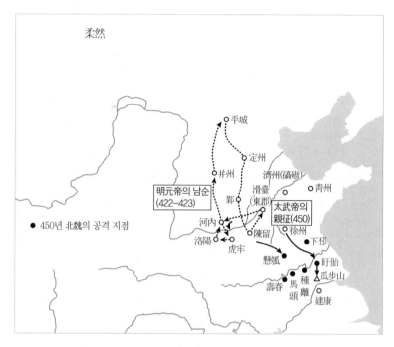

柔然

平城

定州

并州

濟州(磝磝)

滑臺
(東郡)

鄴

明元帝의 남순
(422-423)

靑州

● 450년 北魏의 공격 지점

河內

洛陽

虎牢

陳留

徐州

下邳

太武帝의
親征(450)

懸瓠

盱眙

瓜步山

壽春

馬頭

種離

建康

〈지도 10〉 明元帝의 南巡(422)과 太武帝의 劉宋 親征(450)

劉宋 文帝는 元嘉 7년(430) 右將軍 到彦之 등에게 북벌을 명령하였
다. 劉宋軍은, 北魏軍이 작전상 버리고 간 黃河 이남의 땅을 점령하였
다. 北魏의 大軍이 十一月 黃河를 건너 진격하니 到彦之는 패하여 후
퇴하였다. 北魏軍은 다시 洛陽·滑臺·虎牢 등을 점령하였다.[153] 太武

守. 李元德欲出戰, 兵仗少, 至夜, 悉排女牆散潰, 元德復奔還項城. 虜又圍汝陽, 太
守王公度將十餘騎突圍奔項城. 虜又破邵陵縣, 殘害二千餘家, 盡殺其男丁, 驅略婦
女一萬二千口. 劉粹遣將姚聳夫率軍助守項城, 又遣司馬徐瓊五百人繼之. 虜掘破許
昌城, 又毀壞鍾離城, 以立疆界而還."

153 『宋書』 卷95 「索虜傳」, 1431-1433쪽, "太祖踐阼, 便有志北略. 七年三月, 詔曰: ……
彦之進軍, 虜悉斂河南一戍歸河北. 太祖以前征虜司馬·南廣平太守尹沖爲督司雍幷
三州豫州之潁川兗州之陳留二郡諸軍事·奮威將軍·司州刺史, 戍虎牢. 十一月, 虜

帝는 太平眞君 11년(450) 劉宋을 親征하여 懸瓠까지 진격하였다. 『魏書』「世祖紀」에 따르면 永昌王 仁이 劉宋의 將軍 劉坦之·程天祚를 汝東에서 격파하고 劉坦之를 참하고 程天祚를 사로잡았으며, 이어서 四月 癸卯日(450. 5. 10) 還宮하였다.[154] 그런데 『宋書』「索虜傳」에 따르면, 元嘉 27년(450) 拓跋燾[太武帝]가 步騎 10만을 거느리고 汝南을 공격하였다. 從弟 永昌王 庫仁眞[『魏書』에는 '仁'으로 표기]이 步騎 1만여 인을 거느리고 汝陽에 주둔하였으나 劉宋軍에 패배하였다. 拓跋燾는 懸瓠城을 42일 동안 공격했으나 전사자가 많았고 결국 함락시키지 못하였다.[155] 양자의 기록을 대조하면, 太武帝는 劉宋 遠征에서 큰 피해를 내고 돌아왔으나 『魏書』는 이를 숨기고 太武帝가 승리한 후 돌아왔다고 과장하였다. 劉宋 文帝는 반격하여 劉宋軍이 濟州와 滑臺를 공격하였으며, 杜道儁은 兗州를 지켰다.[156] 『宋書』「索虜傳」에 따르면 建武府司

大衆南渡河, 彥之敗退, 洛陽·滑臺·虎牢諸城並爲虜所沒, 尹沖及司馬滎陽太守崔模抗節不降, 投塹死."

154 『魏書』卷4下「世祖紀」下 太平眞君十一年條, 104쪽, "二月甲午, 大蒐於梁川. 皇子眞薨. 是月, 大治宮室, 皇太子居于北宮. 車駕遂征懸瓠, 益遣使者安慰境外之民, 其不服者誅之. 永昌王仁大破劉義隆將劉坦之·程天祚於汝東, 斬坦之, 擒天祚. 四月癸卯, 輿駕還宮, 賜從者及留臺郎吏已上生口各有差."

155 『宋書』卷95 索虜傳」, 2344-2345쪽, "二十七年, 燾自率步騎十萬寇汝南. 初, 燾欲爲邊寇, 聲云獵於梁川. 太祖慮其侵犯淮·泗, 迺救邊戍: '小寇至, 則堅守拒之; 大衆來, 則拔民戶歸壽陽.' 諸戍偵候不明, 虜奄來入境, 宣威將軍陳南頓二郡太守鄭琨·綏遠將軍汝陽潁川二郡太守郭道隱並棄城奔走. 虜掠少淮西六郡, 殺戮甚多. 攻圍懸瓠城, 城內戰士不滿千人. …… 燾遣從弟永昌王庫仁眞步騎萬餘, 將所略六郡口, 北屯汝陽. …… 燾初聞汝陽敗, 又傳玼城有係軍, 大懼, 謂其衆曰: '但聞淮南遣軍, 乃復有奇兵出. 今年將墮人計中.' 卽燒攻具, 欲走. 會泰之死問續至, 乃停壽陽. 遣劉康祖救懸瓠, 燾亦遣任城公拒康祖, 與戰破之, 斬任城. 燾攻四十二日不拔, 死者甚多, 任城又死, 康祖救軍漸進, 乃委罪大將, 多所斬戮, 倍道奔走. …… 燾雖不剋懸瓠, 而虜掠甚多, 南師屢無功, 爲燾所輕侮."

156 『魏書』卷4下「世祖紀」下 太平眞君十一年秋七月條, 104쪽, "秋七月, 義隆遣其輔國

馬 申元吉이 北魏 濟州의 治所인 碻磝를 함락하자 北魏의 齊州刺史 王買德이 도망가고 奴婢 140口, 말 200여 匹, 驢騾 200, 羊 1,000여 頭, 氈 700領, 鹿細車 350乘, 地倉 42所, 粟 50여만 斛, 城內居民의 私儲 20만 斛, 虜田 300頃, 鐵 3만 斤, 大小鐵器 9,000여 口 등 전리 품을 획득하였다.[157] 반격에 나선 太武帝는 九月 辛卯日(450. 10. 25) 다시 親征에 나섰다. 이때 滑臺를 포위하던 王玄謨는 北魏軍의 진격 사실을 알고 달아나 劉宋軍이 붕괴되었다. 太武帝의 北魏軍은 다섯 갈래로 나누어 永昌王 仁은 洛陽에서 壽春으로, 長孫眞은 馬頭로, 楚王 建은 鍾離로, 高涼王 那는 靑州에서 下邳로 각각 진격하였고, 太武帝는 中道로 彭城과 盱眙를 거쳐 長江에 이르렀으며 瓜步山에 주둔하였다.[158] 『宋書』 「索虜傳」에 따르면, 劉宋 文帝는 北魏軍이 長江을 건

將軍蕭斌之率衆六萬寇濟州, 刺史王買得棄州走, 斌之遂入城, 仍使寧朔將軍王玄謨西攻滑臺. 詔枋頭鎮將·平南將軍·南康公杜道儁助于兗州."

[157] 『宋書』卷95 「索虜傳」, 2350쪽, "歷城建武府司馬申元吉率馬步□餘人向碻磝, 取泗濱口. 虜碻磝戍主·濟州刺史王買德憑城拒戰, 元吉破之, 買德棄城走, 獲奴婢一百四十口, 馬二百餘匹, 驢騾二百, 生羊各千餘頭, 氈七百領, 鹿細車三百五十乘, 地倉四十二所, 粟五十餘萬斛, 城內居民私儲又二十萬斛, 虜田五穀三百頃, 鐵三萬斤, 大小鐵器九千餘口, 餘器伏雜物稱此."

[158] 『魏書』卷4下 「世祖紀」下 太平眞君十一年條, 104-105쪽, "九月辛卯, 輿駕南伐. …… 冬十月癸亥, 車駕止枋頭. 詔殿中尙書長孫眞率騎五千自石濟渡, 備玄謨遁走. 乙丑, 車駕濟河, 玄謨大懼, 棄軍而走, 衆各潰散, 追躡斬首萬餘級, 器械山積. 帝遂至東平. 蕭斌之棄濟州, 退保歷城. 乃命諸將分道並進: 使征西大將軍永昌王仁自洛陽出壽春, 尙書長孫眞趨馬頭, 楚王建趨鍾離, 高涼王那自靑州趨下邳. 車駕自中道, 十有一月辛卯, 至于鄒山, 劉義隆魯郡太守崔邪利率屬城降. …… 壬子, 次于彭城, 遂趨盱眙. …… 十有二月丁卯, 車駕至淮. 詔刈葦蕫, 汎筏數萬而濟. 義隆盱眙守將臧質閉門拒守. 將軍胡崇之等率衆二萬援盱眙. 燕王譚大破之, 梟崇之等, 斬首萬餘級, 淮南皆降. 是月, 永昌王仁攻懸瓠, 拔之, 獲義隆守將趙淮, 送京師斬之. 過定項城及淮西, 大破義隆將劉康祖, 斬之, 幷虜將胡盛之·王羅漢等, 傳致行宮. 癸未, 車駕臨江, 起行宮於瓜步山. 永昌王仁自歷陽至於江西, 高涼王那自山陽至於廣陵, 諸軍皆同日臨江, 所過城邑, 莫不望塵奔潰, 其降者不可勝數."

너는 것을 막기 위해 橫江·白下·裨洲·新洲·貴洲·蒜山·北固·京陵·西津·練壁·譙山·博落·採石 등지에 군대를 배치하고 순라를 강화하였다. 또 太武帝의 목을 가져오는 자에게 食邑 8,000戶의 開國郡公, 布絹 각 5,000疋 등을 현상금으로 걸었고 독을 탄 葛酒를 빈 촌락에 두어 北魏軍이 마시도록 유혹하였다.[159] 이 조치에서 劉宋 文帝와 관리들이 느낀 공포감을 알 수 있다. 이때 두 나라 사이에서 혼담이 오갔다. 『魏書』「世祖紀」에서 劉義隆(劉宋 文帝)이 자기의 딸을 皇孫에게 바치며 和好를 요구하였으나, 전쟁 때문에 혼인을 하는 것은 예가 아니므로 화친은 받아들이고 혼인은 받아들이지 않았다고 하였다.[160] 반면 『宋書』「索虜傳」은 太武帝가 먼저 화친과 혼인을 청했다고 기록하였다. 특히 太武帝가 딸을 武陵王 駿(훗날 劉宋 孝武帝)에게 시

---

159 『宋書』卷95 「索虜傳」, 2351-2352쪽, "燾自彭城南出, 十二月, 於盱眙渡淮, 破胡崇之等軍. 留尙書韓元興數千人守盱眙, 自率大衆南向, 中書郎魯秀出廣陵, 高梁王阿斗埿出山陽, 永昌王於壽陽出橫江. 凡所經過, 莫不殘害. 燾至瓜步, 壞民屋宇, 及伐蒹葦, 於滁口造箄筏, 聲欲渡江. 太祖大具水軍, 爲防禦之備. 初, 領軍將軍劉遵考率軍向彭城, 至小澗, 虜已斷道, 召還, 與左軍將軍尹弘守橫江, 少府劉興祖守白下, 建威將軍·黃門侍郎蕭元邕守裨洲, 羽林左監孟宗嗣守新洲上, 建武將軍泰容守新洲下, 征北中兵參軍事向柳守貴洲, 司馬到元度守蒜山, 諮議參軍沈曇慶守北固, 尙書褚湛之先行京陵, 仍守西津, 徐州從事史蕭尙之守練壁, 征北參軍管法祖守譙山, 徐州從事武仲河守博落, 尙書左丞劉伯龍守採石, 尋遷建武將軍·淮南太守, 仍總守事. 遊邏上接于湖, 下至蔡洲, 陳艦列營, 周亘江畔, 自採石至于暨陽, 六七百里, 船艦蓋江, 旗甲星燭. 皇太子出戍石頭城, 前將軍徐湛之守石頭倉城, 都水使者樂詢·尙書水部郎劉淵之並以裝治失旨, 付建康. 乘輿數幸石頭及莫府山, 觀望形勢. 購能斬佛狸伐頭者, 封八千戶開國縣公, 賞布絹各萬匹, 金銀各百斤; 斬其子及弟·僞相·大軍主, 封四百戶開國縣侯, 布絹各五千疋; 自此以下各有差. 又募人齎治葛酒置空村中, 欲以毒虜, 竟不能傷."

160 『魏書』卷4下 「世祖紀」下 太平眞君十一年條, 105쪽, "[十二月]甲申, 義隆使獻百牢, 貢其方物, 又請進女於皇孫以求和好. 帝以師婚非禮, 許和而不許婚, 使散騎侍郎夏侯野報之. 詔皇孫爲書致馬通問焉."

집보낼 것을 요청했다고 기록하였다.[161] 두 史書의 기록이 엇갈려서 진위를 알기 어렵지만, 두 나라가 화의를 원한 것은 사실로 보인다.

太武帝는 正平元年(451) 長江 연안에서 잔치를 베풀고 상을 내린 후 회군하였고 降民 5만여 家를 近畿로 遷徙하였다.[162] 『宋書』「索虜傳」에서 太武帝가 회군하면서 劉宋의 盰眙城을 공격했으나 함락하지 못하고 돌아갔다고 기록하였다. 이때 拓跋燾(太武帝)는 南兗州·徐州·兗州·豫州·靑州·冀州 6州를 점령하고 많은 사람들을 죽였으나 北魏軍의 士馬, 즉 군인과 말이 절반 이상 죽거나 다쳐서 國人들이 근심하였다고 하였다.[163] 『宋書』「索虜傳」에서 北魏가 江淮 연안의 6州를 점령했다고 기록했지만, 北魏 太武帝가 회군한 후 대부분 지역은 다시 劉宋에 의해 회복되었다.

[161] 『宋書』卷95「索虜傳」, 2352쪽, "遣使餉太祖駱駝名馬, 求和請婚. 上遣奉朝請田奇餉以珍羞異味. 燾得黃甘, 卽噉之, 幷大進酃酒, 左右有耳語者, 疑食中有毒, 燾不答, 以手指天, 而以孫兒示奇曰: '至此非唯欲爲功名, 實是貪結姻援, 若能酬酢, 自今不復相犯秋毫.' 又求嫁女與世祖."

[162] 『魏書』卷4下「世祖紀」下 正平元年條, 105쪽, "正平元年春正月丙戌朔, 大會羣臣於江上, 班賞各有差, 文武受爵者二百餘人. 丁亥, 興駕北旋. …… 癸未, 次于魯口. 皇太子朝於行宮. 三月己亥, 車駕至自南伐, 飮至策勳, 告於宗廟. 以降民五萬餘家分置近畿. 賜留臺文武所獲軍資生口各有差."

[163] 『宋書』卷95「索虜傳」, 2352-2353쪽, "初, 太祖聞虜寇逆, 焚燒廣陵城府船乘, 使廣陵·南沛二郡太守劉懷之率人民一時渡江. 虜以海陵多陂澤, 不敢往. 山陽太守蕭僧珍亦歛居民及流奔百姓, 悉入城. 臺送糧仗給盰眙, 賊逼, 分留山陽. 又有數萬人攻具, 當往滑臺, 亦留付郡. 城內垂萬家, 戰士五千餘人. 有白米陂, 去郡數里, 僧珍逆下諸處水, 注令滿, 須賊至, 決以灌之. 虜旣至, 不敢停, 引去. 自廣陵還. 因攻盰眙, 盡銳攻城, 三十日不能剋, 乃燒攻具退走. 燾凡破南兗·徐·兗·豫·靑·冀六州, 殺略不可稱計, 而其士馬死傷過半, 國人並尤之."

(2) 河南 統治: 무관심의 邊境에서 內地로의 점진적인 전환

앞에서 北魏와 劉宋의 전쟁을 살펴보았다. 北魏가 비록 河南의 일부를 점령하긴 했지만 이는 교두보에 불과했고 劉宋軍이 收復을 노리고 있었기 때문에 河南은 늘 불안한 邊境이었다. 北魏는 河北처럼 河南 역시 점진적인 통치를 꾀하였다. 北魏는 河南占領 이전에 항복한 司馬休之 등 東晉宗室, 刁雍, 韓延之 등 反劉裕 망명객과 流民들을 河南에 배치하여[164] 이들에게 河南 개척과 劉宋軍 방어 임무를 부여하였다. 北魏는 明元帝 시기 劉宋과 전쟁을 하며 河南 일대에서 일진일퇴하면서 토착인들을 본적지 지방관에 임명하였다. 北魏는 劉宋軍의 정보를 알려준 陳留郡 酸棗縣 사람 王玉을 陳留太守에 임명하여 군대를 주어 倉垣에 주둔하게 하였다.[165] 北魏軍이 泰常 8년(423) 劉宋 潁川太守 李元德을 許昌에서 격파한 후 潁川郡 사람 庾龍을 潁川太守에 임명하여 기병 500인을 거느리고 民丁을 징발하여 성을 지키도록 하였다.[166] 이후 北魏軍이 다시 許昌을 공격하면서 土着人 劉遠을 榮

---

164 『魏書』卷3「太宗紀」泰常二年九月癸酉條, 57-58쪽, "司馬德宗平西將軍, 荊州刺史司馬休之 息譙王文思 章武王子司馬國璠, 司馬道賜 輔國將軍溫楷 竟陵內史魯軌 荊州治中韓延之, 殷約 平西參軍桓謐, 桓璲及桓温孫道子 勃海刁雍 陳郡袁式等數百人來降. 姚泓匈奴鎮將姚成都與弟和都舉鎮來降.";『魏書』卷3「太宗紀」泰常四年三月癸丑條, 59쪽, "司馬德文寧朔將軍, 平陽太守, 匈奴護軍薛辯及司馬楚之, 司馬順明, 司馬道恭 並遣使請降.";『魏書』卷37「司馬景之傳」, 860쪽, "景之兄準 字巨之. 以泰常末 率三千餘家歸國.";『宋書』卷95「索虜傳」, 1423쪽, "初, 亡命司馬楚之等常藏竄陳留郡界, 虜既南渡, 馳相要結, 驅扇疆場, 大爲民患. 德祖遣長社令王法政率五百人據邵陵, 將軍劉憐領二百騎至雍丘以防之. 楚之於白馬縣襲憐, 爲憐所破."

165 『宋書』卷95「索虜傳」, 1423쪽, "[毛]德祖遣長社令王法政率五百人據邵陵, 將軍劉憐領二百騎至雍丘以防之. 楚之於白馬縣襲憐, 爲憐所破. 會臺送軍資至, 憐往迎之, 而酸棗民王知憐南, 馳以告虜, 虜將滑稽領千乘襲倉垣, 兵吏悉踰城散走, 陳留太守嚴悽爲虜所獲, 虜即用王玉爲陳留太守, 給兵守倉垣."

166 『宋書』卷95「索虜傳」, 1426쪽, "嗣自鄴遣兵益虎牢, 增圍急攻, 鄭兵於虎牢率步騎

陽太守에 임명하였다.[167] 이와 함께 流民을 招集하여 편제하였다. 明元帝 末年 奚斤은 司馬楚之와 함께 온 戶民을 汝南·南陽·南頓·新蔡 4郡으로 편제하고 豫州에 편입하였다.[168] 刁雍은 黃河와 濟水 사이의 지역에서 流民 5,000여 人을 招集하여 활동하였다.[169] 그는 太武帝 초기 譙·梁·彭城·沛民 5,000여 家를 招集하여 27營으로 편성하고 濟陰에 주둔하였다. 延和 2년(433) 北魏는 外黃城에 徐州를 설치하고 刁雍이 招集한 流民을 譙·梁·彭城·沛 4郡 9縣으로 再編한 후 刁雍을 徐州刺史로 삼았다. 그는 太延 4년(438)까지 徐州刺史로 7년 이상 재임하며[170] 北魏의 남방 안전에 기여하였다. 韓延之는 虎牢鎭將에 임명되어 河南을 수비하는 임무를 맡았다.[171] 後秦이 망한 뒤 秦州·雍州 流民 1,000여 家의 行主였던 寇讚은 北魏에 귀순하여 魏郡太守를 역임하고 나서 南雍州刺史가 되어 河南·榮陽·河內로 달아난 秦·雍

三千, 攻潁川太守李元德於許昌, 車騎參軍王玄謨領千人, 助元德守, 與元德俱散敗. 虜卽用潁川人庾龍爲潁川太守, 領騎五百, 幷發民丁以戍城."

167 『宋書』卷95「索虜傳」, 1430쪽, "時宣威將軍·潁川太守李元德戍許昌, 仍除榮陽太守, 督二郡軍事. 其年十一月, 虜遣軍幷招集亡命, 攻逼許昌城, 以土人劉遠爲榮陽太守."

168 『魏書』卷37「司馬楚之傳」, 855쪽, "乃劉裕自立, 楚之規欲報復, 收衆據長社, 歸之者萬餘人. …… 於是假楚之使持節·征南將軍·荊州刺史. 奚斤旣平河南, 以楚之所率戶民分置汝南·南陽·南頓·新蔡四郡, 以益豫州."

169 『魏書』卷38「刁雍傳」, 865쪽, "泰常二年, 姚泓滅, 與司馬休之等歸國. 上表陳誠, 於南境自效. 太宗許之, 假雍建義將軍. 雍遂於河濟之間招集流散, 得五千餘人, 南阻大閼, 擾動徐兗, 建牙誓衆, 傳檄邊境."

170 『魏書』卷38「刁雍傳」, 866-867쪽, "雍遂鎭尹卯固. 又詔令南入, 以亂賊境. 雍攻克項城. 會有敕追令隨機立效, 雍於是招集譙·梁·彭·沛民五千餘家, 置二十七營 遷鎭濟陰. 延和二年, 立徐州於外黃城, 置譙·梁·彭·沛四郡九縣, 以雍爲平南將軍·徐州刺史, 賜爵東安侯. 在鎭七年, 太延四年, 徵還京師, 頻歲爲邊民所請. 世祖嘉之, 眞君二年復授使持節·侍中, 都督揚豫兗徐四州諸軍事·征南將軍·徐豫二州刺史."

171 『魏書』卷38「韓延之傳」, 880쪽, "泰常二年, 與司馬文思來入國, 以延之爲虎牢鎭將, 爵魯陽侯."

流民을 수습하여 僑郡[雍州之郡]을 세워 安置하였다. 후에 洛州와 豫州의 僑郡도 南雍州에 편입되었다.[172] 東晉宗室 司馬楚之는 太武帝 시기 琅邪王에 봉해졌고 潁川에 주둔하여 劉宋 文帝의 北伐軍을 방어하는 역할을 맡았다. 그는 汝潁 이남 지방의 인심을 얻어 그를 믿고 귀부하는 자도 있었다.[173] 王慧龍 역시 太武帝 시기 10년 동안 滎陽太守를 역임하며 歸附者 1만여 家를 招納하는 등 滎陽 지역의 안정에 힘썼다.[174]

이처럼 北魏가 東晉遺民을 받아들여 河南 일대에 安置하고 그들을 刺史·鎭將·太守 등으로 삼아 다스리게 한 것은 河南 일대의 안정을 꾀함과 동시에 일종의 "以漢制漢"을 의도했을 것이다. 그러나 明元帝·太武帝 시기 河南 경시 현상은 몇 가지 사례에서 발견된다. 劉宋 文帝가 450년 七月 寧朔將軍 王玄謨 등 20만 명을 동원하여 북벌할 때 太武帝는 무더운 여름임을 이유로 河南 일대의 군대를 모두 철수시켜 河南을 방기하였다. 그 후 十月에 얼어붙은 黃河를 넘어 반격하여 河南 일대를 수복하고 淮水 연안까지 밀고 내려갔다.[175] 이는 여름

---

172 『魏書』卷42「寇讚傳」, 946-947쪽, "姚泓滅, 秦雍人千有餘家推讚爲主, 歸順. …… 其後, 秦雍之民來奔河南·滎陽·河內者戶至萬數, 拜讚安遠將軍·南雍州刺史·軹縣侯, 治于洛陽, 立雍州之郡縣以撫之. 由是流民繦負自遠而至, 參倍於前. 賜讚爵河南公, 加安南將軍, 領護南蠻校尉, 仍刺史, 分洛豫二州之僑郡以益之."

173 『魏書』卷37「司馬楚之傳」, 855쪽, "時南藩諸將表劉義隆欲入爲寇, 以楚之爲使持節·安南大將軍, 封琅邪王, 屯潁川以拒之. 其長史臨邑子步還表曰: '楚之渡河, 百姓思舊, 義衆雲集, 汝潁以南, 望風翕然, 回首革面. 斯誠陛下應天順民, 聖德廣被之所致也.' 世祖大悅, 璽書勞勉, 賜前後部鼓吹."

174 『魏書』卷38「王慧龍傳」, 876쪽, "世祖賜以劍馬錢帛, 授龍驤將軍, 賜爵長社侯, 拜滎陽太守, 仍領長史. 在任十年, 農戰並修, 大著聲績. 招攜邊遠, 歸附者萬餘家, 號爲善政."

175 『魏書』卷4下「世祖紀」下 太平眞君十一年條, 104쪽;『宋書』卷95「索虜傳」, 2344-2345쪽.

이 遊牧民과 말 모두 활동하기 부적절한 계절이기 때문에 취해진 작전상의 후퇴이지만, 北魏에게는 河南은 放棄되어서 상관없는 邊境에 불과한 존재로 인식되었음을 보여준다. 앞에서는 北魏가 東晉降人과 河南의 토착인을 河南의 지방관으로 임명하고 流民를 招集하여 河南에 정착시킨 사례도 살펴보았는데, 河南民 혹은 流民을 河北으로 遷徙한 예도 자주 보인다. 明元帝 泰常 6년(423) 虎牢 · 滑臺 · 洛陽 三城民 500여 家의 河內 內徙[176]와 太武帝 시기 濟南 東平陵 지역민 6,000家의 河北 遷徙,[177] 445년 靑州 · 徐州民의 하북 이주,[178] 455년 金鄕 · 方與民 5,000과 濟南 東平陵民 6,000여 家의 河北遷徙[179]가 대표적인 예이다. 앞에서 살펴본 것처럼 明元帝 말기와 太武帝 초기 北魏가 河北 지역을 실질적으로 장악하기 시작했음을 고려하면, 河南民의 河北遷徙는 河北의 充實政策으로 이해할 수 있다. 이는 河南 輕視, 즉 하남이 아직까지 '프런티어(변경)'에 불과하다는 인식 때문일 것이다.

그렇다면 河南 지역이 언제 北魏의 內地化하였을까? 외형상 河南 六州, 즉 靑州 · 徐州 · 兗州 · 豫州 · 齊州 · 東徐州[180]에 戶당 絹 1필, 綿

---

176 『魏書』 卷37 「司馬叔璠傳附靈壽傳」, 861쪽, "劉義隆侵境, 詔靈壽招引義士, 得二千餘人, 從西平公安頡破虎牢 · 滑臺 · 洛陽三城, 徙五百餘家入河內."

177 『魏書』 卷40 「陸俟傳」, 902쪽, "世祖征蠕蠕, 破涼州, 常隨駕別督輜重. 又與高涼王那渡河南, 略地至濟南東平陵, 徙其民六千家於河北."

178 『魏書』 卷4下 「世祖紀」 太平眞君六年十一月辛未條, 100쪽, "辛未, 車駕還宮. 選六州兵勇猛者二萬人, 使永昌王仁 · 高涼王那分領, 爲二道, 各一萬騎, 南略淮泗以北, 徙靑徐之民以實河北."

179 『魏書』 卷4下 「世祖紀」 太平眞君七年條, 100쪽, "永昌王仁至高平, 擒劉義隆將王章, 略金鄕 · 方與, 遷其民五千家於河北. 高涼王那至濟南東平陵, 遷其民六千餘家於河北."

180 胡三省은 河南 6州를 靑州 · 徐州 · 兗州 · 豫州 · 齊州 · 東徐州라고 설명하였다(『資治通鑑』 卷133 「宋紀」 蒼梧王元徽元年秋七月條 胡注, 4175쪽, "河南六州, 靑 · 徐 · 兗 · 豫 · 齊 · 東徐也."). 본문에서는 胡三省의 주석에 따랐다.

1근, 租 30石에 부과한 延興 3년(473)[181] 河南 지역을 경제적으로 수취할 수 있을 정도로 통치력이 미쳤다고 볼 수 있을 것이다. 이는 같은 해 十一月 河南 7州에 使者를 파견하여 풍속·소송·감찰·빈민 구제·孝悌 현창 등을 수행하도록 한 기사에서 北魏皇帝들이 河南에 대한 관심이 점차 증가하고 있음을 알 수 있다. 佐川英治는 太武帝의 華北統一 이후 孝文帝의 洛陽遷都까지 徐州·靑州·齊州·光州·豫州 등 河南 지역에서 반란이 빈발하였으나, 바로 이 延興 3년(473)부터 治安安全과 勸農政策 등 河南 지방의 체제정비 노력이 보이기 시작함에 주목하였다. 그리고 獻文帝의 淮北幷合 이후 南邊統治를 강화하기 위해 戶를 징발대상으로 하는 運役에서 丁을 대상으로 하는 兵役으로 徭役 내용이 변화하고, "十丁取一"의 징발과 전보다 엄격한 戶口 조사를 통해 국가의 '個別人身支配'가 강화되었음을 지적하였다.[182] 靑齊 지역과 徐州·豫州 등 淮北 지역이 병합되어 河南이 邊境에서 內地로 지정학적 위치가 바뀐 점과 이후에도 河南 지역으로 使臣을 파견하거나[183] 河南 7州 戍兵을 徐州의 屯田에 동원하는 사례가 보이는 것[184]은 北魏의 河南 統治가 실질적으로 강화되었음을 뜻한다. 그리고 孝文帝의 洛陽遷都는 河南이 명실상부하게 邊境에서 內地로 진전되었기 때문에 가능했던 조치였다고 생각된다.

---

181 『魏書』卷7上「高祖紀」上 延興三年秋七月條, 139쪽, "秋七月, 詔河南六州之民, 戶收絹一匹, 綿一斤, 租三十石."
182 佐川英治, 「北魏の編戶制と徵兵制度」, 17-21쪽.
183 『魏書』卷7上「高祖紀」上 延興四年十一月條, 141쪽, "十有一月, 分遣侍臣循河南七州, 觀察風俗撫慰初附."
184 佐川英治, 「北魏の編戶制と徵兵制度」, 27-28쪽.

3 **靑齊 지역**

(1) 靑齊 점령 이전 靑齊 지역의 상황

靑齊 지역은 北魏의 영토가 되기 전까지 南燕·東晉·劉宋 등 여러 王朝의 지배를 받았던 지역이다.

중국의 역사지도를 살펴보면 後燕이 현재의 山東省(당시 靑州와 兗州 일대) 일대를 지배한 것으로 그렸다.[185] 그러나 『晉書』後燕 관련 기록을 보면 실제 상황은 다르다. 後燕의 慕容德과 慕容隆은 387년 溫詳의 군대를 격파하였다. 이에 溫詳의 무리 3만여 戶는 後燕에 항복하였다. 慕容垂는 慕容楷를 兗州刺史로 임명하여 東阿에 주둔하게 하였다.[186] 後燕은 같은 해 慕容德, 慕容紹, 張崇이 步騎 2만을 거느리고 張願을 공격하여 대파하였다. 後燕軍이 歷城으로 진군하니 靑州·兗州·徐州 3州의 郡縣과 壁壘 다수가 항복하였다. 慕容垂는 慕容紹를 靑州刺史에 임명하여 歷城에 주둔하게 하였다.[187] 그러나 後燕의

---

185 譚其驤 主編, 『中國歷史地圖集』第四卷 東晉十六國·南北朝時期, 北京: 地圖出版社, 1982, 13-14쪽; 郭沫若 主編, 『中國史稿地圖集』上冊, 61쪽.

186 『資治通鑑』卷107 「晉紀」29 孝武帝太元十二年十二月條, 3373-3374쪽, "燕主垂觀兵河上, 高陽王隆曰: '溫詳之徒, 皆白面儒生, 烏合爲群, 徒恃長河以自固, 若大軍濟河, 必望旗震壞, 不待戰也.' 垂從之. 戊午, 遣鎭北將軍蘭汗·護軍將軍平幼於碻磝西四十里濟河, 隆以大衆陳於北岸. 溫攀·溫楷果走趣城, 平幼追擊, 大破之. 詳夜將妻子奔彭城, 其衆三萬餘戶皆降於燕. 垂以太原王楷爲兗州刺史, 鎭東阿.";『晉書』卷9 「孝武帝紀」太元十二年春正月戊午條, 236쪽, "戊午, 慕容垂寇河東, 濟北太守溫詳奔彭城."

187 『資治通鑑』卷107 「晉紀」29 孝武帝太元十二年十二月條, 3376쪽, "二月, 遣范陽王德·陳留王紹·龍驤將軍張崇帥步騎二萬會隆擊願. 軍至斗城, 去甕口二十餘里, 解鞍頓息. 願引兵奄至, 燕人驚遽, 德軍退走, 隆勒兵不動. 願子龜出沖陳, 隆遣左右王末逆擊, 斬之. 隆徐進戰, 願兵乃退. 德行裡餘, 復速兵還, 與隆合, 謂隆: '賊氣方銳, 宜且緩之.' 隆曰: '願乘人不備, 宜得大捷; 而吾士卒皆以懸隔河津, 勢迫之故, 人思自

靑州刺史 慕容紹가 388년 平原太守 辟閭渾에게 쫓겨나 黃巾固를 지
켰다.[188] 이후 辟閭渾은 394년 慕容農에게 龍水에서 패하고 後燕軍이
臨淄를 점령할 때까지[189] 靑州 일대를 지배하였다. 심지어 慕容德이
399년 靑州를 공략하면서 齊郡太守 辟閭渾에게 항복의 편지를 보내
고 辟閭渾이 이를 거부한 사례[190]를 보면, 辟閭渾은 여전히 靑州의 일
부를 지배했음을 알 수 있다. 이처럼 이 기사를 보면 靑州의 대부분은
399년까지 後燕의 영토가 아니었다. 특히 辟閭渾은 388년부터 399년

戰, 故能卻之. 今賊不得利, 氣竭勢衰, 皆有進退之志, 不能齊奮, 宜亟待擊之.' 德曰:
'吾唯卿所爲耳.' 遂進, 戰於甕口, 大破之, 斬首七千八百級, 願脫身保三布口. 燕人進
軍歷城, 靑·兗·徐州郡縣繼壘多降. 垂以陳留王紹爲靑州刺史, 鎭歷城. 德等還師,
新柵人冬鸞執執涉途之. 垂誅涉父子, 餘悉原之."

188 『資治通鑑』卷107 「晉紀」29 孝武帝太元十三年二月條, 3382쪽, "燕靑州刺史陳留王
紹爲平原太守辟閭渾所逼, 退屯黃巾固. 燕主垂更以紹爲徐州刺史. 渾, 蔚之子也. 因
苻氏亂, 據齊地來降."

189 『資治通鑑』卷108 「晉紀」30 孝武帝太元十九年條, 3418쪽, "十一月, 燕遼西王農敗
辟閭渾於龍水, 遂入臨淄. 十二月, 燕主垂召農等還."

190 『晉書』卷127 「慕容德載記」, 3166-3167쪽, "德遣使喩齊郡太守辟閭渾, 渾不從. 遣慕
容鍾率步騎二萬擊之. 德進據琅邪, 徐兗之士附者十餘萬, 自琅邪而北, 迎者四萬餘
人. 德進寇莒城, 守將任安委城而遁, 以潘聰鎭莒城. 鍾檄靑州諸郡曰: 隆替有時,
義列昔經; 困難啓聖, 事彰中鐸. 是以宣王龍飛於危周, 光武鳳起於絶漢, 斯蓋曆數大
期, 帝王之興廢也. 自我永康多難, 長鯨逸網, 華夏四分, 黎元五裂. 逆賊辟閭渾父蔚,
昔同段龕阻亂淄川, 太宰東征, 勦絶凶命. 渾於覆巢之下, 蒙全卵之施, 曾微犬馬識養
之心, 復襲凶父樂禍之志, 盜據東秦, 遠附吳越, 割剝黎元, 委輸南海. 皇上應期, 大
命再集, 矜彼營丘, 暫阻王略, 故以七州之衆二十餘萬, 巡省岱宗, 問罪齊魯. 昔韓信
以神將伐齊, 有征無戰; 耿弇以偏軍討步, 克不移朔. 況以萬乘之師, 掃一隅之寇, 傾
山碎卵, 方之非易. 孤以不才, 忝荷先驅, 都督元戎一十二萬, 皆烏丸突騎, 三河猛士,
奮劍與夕火爭光, 揮戈與秋月競色. 以此攻城, 何城不克; 以此衆戰, 何敵不平! 昔竇
融以河西歸漢, 榮被於後裔; 彭寵盜逆漁陽, 身死於奴僕. 近則曹嶷跋扈, 見擒於後
趙; 段龕干紀, 取滅於前朝. 此非古今之吉凶, 已然之成敗乎? 渾若先迷後悟, 榮寵有
加. 如其敢抗王師, 敗滅必無遺燼. 稷下之雄, 岱北之士, 有能斬送渾者, 賞同佐命.
脫履機不發, 必玉石俱摧.' 渾聞德軍將至, 徙八千餘家入廣固. 諸郡皆承檄降于德.
渾懼, 將妻子奔于魏. 德遣射聲校尉劉綱追斬於莒城."

까지 12년 동안 靑州 일대에서 半獨立 세력으로 남아 있었다.

鄴에 주둔하던 慕容德은 滑臺를 거쳐 廣固로 남하하여 南燕을 세웠다.[191] 이때 慕容德을 따라 河北에서 유입된 流民이 靑齊의 지역 세력으로 성장하였다.[192] 따라서 南燕 정권은 慕容部와 河北 流民(河北大姓)이 결합하여 건국했다는 점에서 외래인이 세운 僑舊 정권이었다. 南燕의 지배 지역은 靑州 전체와 兗州·徐州의 일부였으나 幷州·幽州·徐州·靑州·兗州 5州 15郡을 설치하였다.[193] 수도 廣固에 燕都尹, 京兆太守, 濟南에 濟南尹을 두었다. 慕容德 통치 후기에 南燕에 步兵 37만, 車 1만 7,000乘, 鐵騎 5만 3,000, 합계 步騎 42만 3,000이 있었다.[194] 兵車에 부속된 甲卒을 포함하면 병력은 50만 이상이라고 추산하기도 한다.[195] 그러나 南燕은 義熙 6년(410) 東晉의 名將 劉裕의 공격을 받아 멸망되어[196] 2대 11년으로 단명한 국가였다.[197] 劉裕가 南燕을 멸한 후 鮮卑 王公 이하 3,000여 인을 죽이고 1만여 口를 군인들에

---

191 南燕에 대한 연구는 池培善, 「南燕與慕容德」, 『文史哲』 1993-3, 1993, 34왼쪽-34오른쪽; J. 霍爾姆格林, 謝萌珍 譯, 「論南燕政權的建立與滅亡」, 『國外社會科學』 1993-11, 1993, 47왼쪽-51오른쪽; 閻忠, 「南燕國考」, 『松遼學刊(社會科學版)』 1995-3, 1995; 李森, 「南燕史考論」, 『濰坊敎育學院學報』 2002-2, 2002; 史貴國, 「南燕國史硏究」, 山東師範大學碩士學位論文, 2012. 5. 15. 참조.

192 唐長孺, 「北魏的靑齊土民」, 『魏晋南北朝史論拾遺』, 北京: 中華書局, 1983, 99-100쪽.

193 이 가운데 幷州와 幽州는 南燕이 지배하지 않은 곳이기 때문에 僑州였다.

194 이 수치는 慕容德이 도성 廣固城 서쪽에서 講武할 때 참여한 군대의 수이다(『晉書』 卷127 「慕容德載記」, 3172쪽, "於是講武於城西, 步兵三十七萬, 車一萬七千乘, 鐵騎五萬三千, 周亘山澤, 旌旗彌漫, 鉦鼓之聲, 振動天地.";『十六國春秋輯補』 卷60 「南燕錄」3, 447쪽).

195 史貴國, 「南燕國史硏究」, 山東師範大學碩士學位論文, 2012. 5. 15, 25-27쪽 및 35쪽.

196 『晉書』 卷127 「安帝紀」 義熙六年六年春二月丁亥條, 261쪽, "六年春二月丁亥, 劉裕攻慕容超, 克之, 齊地悉平."

197 『晉書』 卷128 「慕容超載記」, 3175쪽, "德以安帝隆安四年僭位, 至超二世, 凡十一年, 以義熙六年滅."

게 상으로 주었다.[198] 이때 죽거나 奴婢가 된 1만 3,000여 인은 대부분 鮮卑人이었을 것이다. 劉裕는 이 지역의 안전과 南燕의 재기를 막기 위해 鮮卑人들을 완전히 제거했을 것이다.

鮮卑人을 대신하여 河北 출신 漢人 僑人들이 靑齊 지역의 중추 세력이 되었다. 南燕이 망한 후 河北豪族의 지위는 흔들리지 않았다. 東晉과 劉宋은 이들 무장 세력을 이용하여 靑齊 지역을 통치하였다. 靑齊 지역의 지배세력은 靑齊土着人이 아니라 慕容德을 따라 河北에서 南渡한 淸河崔氏 · 淸河房氏 · 淸河張氏 · 淸河傅氏 · 太原王氏 · 平原劉氏 · 平原高氏 등 河北의 僑人大姓이었다. 이들은 宗族 · 流民 등 다수의 蔭戶를 옹유하고 대토지를 소유하며 영구 免役의 특권을 누렸다. 그러나 南燕의 慕容德이 한탁의 건의대로 戶口調査를 실시하여 蔭戶를 색출하자 東晉降將 劉敬宣과 결탁하여 南燕의 전복을 기도하기도 하는 등 北魏末까지 靑齊 지역의 실질적인 지배자로 군림하였다. 이들은 劉宋 시기 이 지역의 太守와 軍府 · 州郡 屬官을 독점하며 劉宋의 皇位繼承 분쟁과 연계하여 각자 혼전을 벌이다가 北魏軍隊를 끌어들이게 되어 결국 北魏의 慕容白曜가 469년 靑齊를 점령하였다.[199]

(2) 北魏의 靑齊 統治

北魏는 靑齊 지역을 점령한 후, 中山城과 統萬城을 점령했을 때와 마찬가지로 北魏에 저항이 심했던 梁鄒와 歷城 2城民(河北僑人 포함)

---

198 『十六國春秋輯補』 卷62 「南燕錄」5, 455쪽, "[劉]裕改容謝之, 然猶殺鮮卑王公已下 三千餘人, 以男女萬餘口爲軍賞."

199 唐長孺, 「北魏的靑齊士民」, 92-104쪽.

을 469년 平城 주변으로 遷徙한 후 일부는 백관에게 분배하였다.[200] 나머지 靑齊 지역 民望은 下館에 徙民하여 平齊郡을 설치하고 梁鄒民을 懷寧縣으로, 歷城民을 歸安縣으로 편제하였으며 靑齊人 崔道固를 太守에, 劉休賓을 懷寧縣令에, 房崇吉을 歸安縣令에 임명하였다. 그러나 平齊郡의 토질은 척박하고 농사에 부적합하여 徙民된 靑齊人은 반란을 생각할 정도로 생활이 열악하였다.[201] 北魏는 靑齊 토착인 가운데 北魏軍에 협조한 房法壽의 일족을 지방관에 임명하였다. 즉 房法壽의 從父弟 房靈民을 淸河太守, 房思順을 濟南太守, 房靈悅을 平原太守, 房伯憐을 廣川太守, 房叔玉을 高陽太守, 房伯玉을 河間太守, 房思安을 樂陵太守, 房幼安을 高密太守에 각각 임명하여 현지의 민심을 수습하도록 하였다.[202]

北魏는 靑州 지역을 점령한 후 행정구역을 개편하였다. 劉宋은 濟南郡에 僑州인 冀州를 설치했는데, 皇興 3년(469) 齊州로 바꾸었다.[203]

---

200 『魏書』卷50 「慕容白曜傳」, 1119쪽, "後乃徙二城民望於下館, 朝廷置平齊郡, 懷寧·歸安二縣以居之. 自餘悉爲奴婢, 分賜百官."

201 『魏書』卷24 「崔玄伯傳附道固傳」, 630쪽, "乃徙靑齊士望共道固守城者數百家於桑乾, 立平齊郡於平城西北北新城, 以道固爲太守, 賜爵臨淄子, 加寧朔將軍. 尋徙治京城西南二百餘里舊陰館之西. 是時, 頻歲不登, 郡內飢弊, 道固雖在任積年, 撫慰未能周盡, 是以多有怨叛."; 『魏書』卷43 「劉休賓傳」, 966쪽, "歷城降, 白曜遣道固子景業與文曄至城下. 休賓知道固降, 乃出請命. 白曜送休賓及宿有名望者十餘人, 俱入代都爲客. 及立平齊郡, 乃以梁鄒民爲懷寧縣, 休賓爲縣令."; 『魏書』卷43 「房法壽傳附崇吉傳」, 975쪽, "及立平齊郡, 以歷城民爲歸安縣, 崇吉爲縣令."

202 『魏書』卷43 「房法壽傳」, 970쪽, "觀軍入城, 詔以法壽爲平遠將軍, 與韓麒麟對爲冀州刺史, 督上租糧. 以法壽從父弟靈民爲淸河太守, 思順爲濟南太守, 靈悅爲平原太守, 伯憐爲廣川太守, 叔玉爲高陽太守, 叔玉兄伯玉爲河間太守, 伯玉從父弟思安爲樂陵太守, 思安弟幼安爲高密太守, 以安初附."

203 『魏書』卷106中 「地形志」2中 齊州條細注, 2524쪽, "治歷城. 劉義隆置冀州, 皇興三年更名."

다음 해 皇興 4년(670) 東萊·長廣 2郡의 땅에 光州를 설치하였다.[204]
또 東莞郡 일대에 東徐州(후에 南靑州로 바꿈)가 설치되었다.[205] 齊郡·
樂陵·樂安·北海·高密 등 靑州의 중앙부는 여전히 靑州였지만, 靑
州는 靑州·齊州·光州·東徐州(南靑州) 4州로 분할되었다. 이에 靑州
를 靑齊 지역이라 부른다. 이는 靑齊 지역의 단합을 막기 위한 分割統
治였다. 靑州 서쪽의 兗州가 사실상 그대로 존재했던 것과 대비된다.
비록 泰常 8년(423) 본래 兗州에 속하는 濟北郡 碻磝城에 濟州를 설치
하였지만,[206] 北魏가 유일하게 지배했던 兗州의 郡이었던 濟北郡에 설
치하였고, 劉宋이 지배한 兗州와 별개였다.

北魏는 靑齊 지역에서 親北魏 세력이었던 房法壽 일족은 등용하였
지만, 河北과 兗州·河東 지역의 통치과정에서 보여준 토착세력과의
타협을 처음부터 거부하였다. 이는 민심의 이반으로 이어졌다.『魏書』
「韓麒麟傳」에서 이 문제를 언급하였다.

"이에 齊州刺史 韓麒麟은 新附한 靑齊士人이 벼슬길이 막혀 침체되어
있자 다음과 같은 표를 올렸다. '齊土가 스스로 僞方인 劉宋에 속한 지 오
랜 세월이 흘렀고 舊州의 府僚가 늘 數百이나 됩니다. 폐하의 위엄이 齊土
에 미친 후 地方官職이 일부는 합쳐지고 일부는 없어졌으며, 守宰의 자리
가 비어도 士人의 監督을 허용하지 않습니다. 살펴보건대 靑齊人[新人]이
아직 조정에 仕宦하지 못하고 州郡의 屬僚로 임용되는 자도 매우 적어 벼

---

204 『魏書』卷106中 「地形志」2中 光州條細注, 2530쪽, "治掖城. 皇興四年分靑州置, 延
　　興五年改爲鎭, 景明元年復."
205 『魏書』卷106中 「地形志」2中 南靑州條細注, 2549쪽, "治團城. 顯祖置, 爲東徐州, 太
　　和二十二年改."
206 『魏書』卷106中 「地形志」2中 濟州條細注, 2528쪽, "治濟北碻磝城. 泰常八年置."

슬길이 막힌 자가 많아 高官에게 청탁하기를 원하지만 그들은 靑齊人 仕宦의 進退를 가벼이 여깁니다. 臣의 어리석은 생각으로는 守宰의 자리가 비게 되면 마땅히 [靑齊의] 豪望을 추천하여 기용하고 吏員을 增置하여 賢哲한 인물을 널리 뽑는 것이 좋습니다. 그렇게 되면 華族은 영화를 입고, 良才가 벼슬하게 되어 [폐하의] 德을 흠모하고 그 땅에 편안히 살게 되어 많은 사람들이 번영할 것입니다.' 朝廷은 韓麒麟의 上奏 내용을 수용하여 실행하였다."[207]

齊州刺史 韓麒麟은 太和 11년(487)의 靑齊 지역의 열악한 상황을 서술하였다. 靑齊 지역의 문제는 靑齊 지역 사람들의 관리 임용로가 막히고 太守와 縣令의 자리를 土着人士로 채우지 않아 靑齊人의 官途가 막혔다는 점이다. 위의 인용문에는 언급되어 있지 않지만, 仕宦의 원천봉쇄로 靑齊土着勢力의 불만이 가중되었음을 짐작할 수 있다. 北魏 후기의 상황이지만 『洛陽伽藍記』에는 이 지역 사람들에 대한 중앙정부의 인식을 잘 보여주는 일화가 있다. 孝莊帝는 장인 李延寔을 靑州刺史로 임명하면서 靑州에는 벽돌을 품고 다니는 풍속[懷甎之俗]이 있어 다스리기 어려운 지역임을 강조하였다. "懷甎之俗"은 齊土의 土民은 風俗이 淺薄하고 榮利에 몰두하며 太守가 처음 부임할 때는 온갖 아양을 떨다가 퇴임하는 太守를 뒤에서 벽돌로 친다는 뜻이며, 집안에 靑州人이 없으면 家道가 나쁘더라도 걱정할 것이 없다고 하여

---

207 『魏書』卷60 「韓麒麟傳」, 1332쪽, "…… 麒麟以新附之人, 未階臺宦, 土人沉抑, 乃表曰: '齊土自屬僞方, 歷載久遠, 舊州府僚, 動有數百. 自皇威開被, 幷職從省, 守宰闕任, 不聽土人監督. 竊惟新人未階朝宦, 州郡局任甚少, 沉塞者多, 願言冠冕, 輕爲去就. 愚謂守宰有闕, 宜推用豪望, 增置吏員, 廣延賢哲. 則華族蒙榮, 良才獲敍, 懷德安土, 庶或在茲.' 朝議從之."

靑齊人을 비하하였다.[208] 이는 北魏가 靑齊 지역을 점령하기 전 靑齊 人들이 北魏와 劉宋 사이에서 歸附와 배반을 반복하여 신뢰를 상실했 기 때문이라 생각된다. 穎川郡 사람 荀濟도 靑齊 지역 인물들이 벽돌 을 품고 세력 있는 자를 흠모한다며 靑齊 출신 사람들을 낮게 평가하 였다.[209] 심지어 北齊時代의「韓裔墓誌」도 靑州 지역 사람들이 장사를 좋아하고 奸僞가 많이 생겨났다고 기록하였다.[210] 즉 靑州 사람들의 '奸僞'는 靑齊 지역이 北魏와 劉宋 사이에서 복속과 배반을 반복한 이 후 생긴 선입견이 韓裔가 죽었던 北齊 天統元年(565)까지 존재했음을 보여준다.

『資治通鑑』胡注에 따르면 473년과 474년 北魏 조정이 使者를 파견 한 하남 7州에 靑州와 齊州가 포함되었다.[211] 使者들의 업무가 風俗의

---

208 『洛陽伽藍記』卷2「城東」秦太上君寺條, 95쪽 "太傅李延實者, 莊帝舅也. 永安年中, 除靑州刺史. 臨去奉辭, 帝謂實曰:「懷甎之俗, 世號難治. 舅宜好用心, 副朝廷所委.」 …… 時黃門侍郎楊寬在帝側, 不曉懷甎之義, 私問舍人溫子昇. 子昇曰:「聞至尊兄彭 城王作靑州刺史, 問其俗, 賓客從至靑州者云: '齊土土民, 風俗淺薄, 虛論高談, 專在 榮利. 太守初欲入境, 皆以美其意, 及其代下還家, 以甎擊之.' 言其向背速於反掌. 是 以京師謠語云: '獄中無繫囚, 舍內無靑州, 假令家道惡, 中不懷愁.' 懷甎之義, 起在於 此也.」"

209 『洛陽伽藍記』卷2「城東」秦太上君寺條, 95-96쪽, "穎川荀濟風流名士, 高鑒妙識, 獨出當世. 淸河崔叔仁稱齊士大夫. 曰:「齊人外矯仁義, 內懷鄙吝, 輕同羽毛, 利等錐 刀. 好馳虛譽, 阿附成名. 威勢所在, 側肩競入, 求其榮利, 甜然濃於四方, 慕勢最甚.」 號齊士子爲慕勢諸郎. 臨淄官徒有在京邑, 聞懷博慕勢, 咸共恥之. 唯崔孝忠一人不 以爲意. 問其故, 孝忠曰:「營丘風俗, 太公餘化; 稷下儒林, 禮義所出. 今雖凌遲, 足 爲天下模楷. 荀濟人非許·郭不識東家, 雖復芬言自口, 未宜榮辱也.」"

210 「韓裔墓誌」『漢魏南北朝墓誌彙編』, 436쪽, "天統元年, 除特進使持節靑州諸軍事驃 騎大將軍靑州刺史. 地有十二之險, 俗承五家之法, 車擊轂於途, 人摩肩於市, 鬪鷄走 狗, 彈箏蹋鞠, 自成千邑, 奸僞叢生."

211 『資治通鑑』卷133「宋紀」蒼梧王元徽元年秋七月條 胡注, 4175쪽, "河南六州, 靑· 徐·兗·豫·齊·東徐也."

觀察과 新附 지역의 慰撫를 포함하고 있기 때문에[212] 487년까지 青齊 지역의 상황과 민심을 중앙에서 파악하지 못했을 것으로 생각되지 않고, 北魏 조정의 '反青齊' 정서는 青齊 지역에 대한 상대적인 무관심을 야기했을 것이다. 그런 상황에서 韓麒麟의 상주를 조정에서 용납한 이유는 무엇일까? 『魏書』 「劉旋之傳」에서 太和 중엽 孝文帝가 河南人士를 관료로 선발하였음을 언급하고 등용되지 못한 劉法鳳 형제가 南朝로 도망갔음을 기술하고 있다.[213] 이는 北魏 정권에 늦게 편입되어 소외된 河南人士를 효문제가 정책적으로 등용했음을 보여준다. 따라서 韓麒麟의 上奏대로 青齊 豪望을 青齊 지역의 太守나 縣令으로 임용할 길이 열렸고, 吏員을 증가시켜 青齊人士의 官途를 개방하였으며, 太和년간 徙民된 青齊民의 歸還을 허용하고 이들을 지방과 중앙 관직에 등용했던 사례[214]는 모두 孝文帝의 河南人士 등용과 관련 있을 것이다. 이러한 孝文帝의 정책은 獻文帝 시기 이후 계속 추진된 淮北 경략을 위해 淮北과 지리적으로 가까운 河南과 青齊 지역의 지지와 결속을 이끌어내야 할 필요성이 고려되었을 것이다.

---

212 『魏書』 卷7上 「高祖紀」上 延興三年十一月條, 139쪽, "十有一月戊寅, 詔以河南七州牧守多不奉法, 致新邦之民莫能上達, 遣使者觀風察獄, 黜陟幽明. 其有鰥寡孤獨貧不自存者, 復其雜徭, 年八十已上, 一子不從役; 力田孝悌, 才器有益於時, 信義著於鄉閭者, 具以名聞."; 『魏書』 卷7上 「高祖紀」上 延興四年十一月條, 141쪽, "十有一月, 分遣侍臣循河南七州, 觀察風俗撫慰初附."

213 『魏書』 卷43 「劉休賓傳附旋之傳」, 969쪽, "太和中, 高祖選盡物望, 河南人士, 才學之徒, 咸見申擢. 法鳳兄弟無可收用, 不蒙選授. 後俱奔南."

214 唐長孺, 「北魏的青齊士民」, 107-112쪽.

4 淮北 지역

北魏는 467년 劉宋 明帝와 晉安王 子勛의 皇位繼承 분쟁과정에서 劉宋의 徐州刺史 薛安都와 兗州刺史 畢衆敬이 항복하고[215] 呂梁의 전투 이후 淮北 4州와 豫州의 淮西 지역을 점령하였다. 淮北 일대는 十六國 시기 이후 流民의 流動이 심하고 南朝와 北朝의 국경지역이었기 때문에 北魏는 舊後燕·赫連夏·靑齊 지역처럼 점령 이후 대규모의 徙民이나 탄압조치를 취할 수 없었다. 따라서 北魏는 新民 혹은 流民을 招撫하는 유화책을 펴거나 일부 民을 內徙하는 정책을 취하였다. 徐州의 治所 彭城의 창고가 고갈되자 北魏는 劉宋軍이 버린 배를 이용하여 冀州·相州·濟州·兗州의 곡식을 淸河를 통해 徐州로 운반하여 서주 일대의 "新民"을 구제하고[216] 陸馛이 北魏 군사들이 노획하여 奴婢로 삼은 사람들을 풀어주자 민심이 안정되었던 예[217]가 대표적이다. 이는 劉宋이 淮北 지역을 상실하면서 대량의 인구가 淮水 이남으로 南遷하고 있기 때문에[218] 淮北民을 北魏의 수중에 두려는 노력이었다. 한편 陳·汝 지역을 略地한 후 항복한 7,000여 戶를 兗州와 豫州(당시 虎牢鎭) 남쪽으로 內徙하고 淮陽郡을 설치하고 李祥이 淮陽太守에 임명되어 流民 1만여 家를 초무하고 農桑을 勸課하여 백성들을 안정시

---

215 『魏書』 卷50 「慕容白曜傳」, 1117쪽, "劉彧徐州刺史薛安都·兗州刺史畢衆敬並以城內附, 詔鎭南大將軍尉元·鎭東將軍孔伯恭率師赴之."

216 『魏書』 卷50 「尉元傳」, 1110-1111쪽, "元表曰:'彭城倉廩虛罄, 人有飢色, 求運冀·相·濟·兗四州粟, 取張永所棄船九百舟輿, 沿淸運致艘, 可以濟救新民.' 顯祖從之, 又表分兵置戍, 進定靑冀."

217 『魏書』 卷40 「陸俟傳附馛傳」, 904쪽, "時劉彧司州刺史常珍奇以懸瓠內附, 而新民猶懷去就, 馛及銜旨撫慰, 諸有陷軍爲奴婢者, 馛及皆免之. 百姓皆悅, 民情乃定."

218 葛劍雄, 『中國移民史』 第2卷 先秦至魏晋南北朝時期, 332-333쪽.

켰던 사례[219]는 불안정한 淮北 지역에서 河南 지역으로 內徙한 사례
이다.

淮北 新民 혹은 流民의 安置를 통해 변경을 안정시키려는 北魏의
정책은 淮北 지역의 안정과 질서유지에 도움이 되었지만, 淮北 방어를
위한 경제적 기반을 제공하지는 못했던 것 같다. 『魏書』「薛虎子傳」에
太和 4년(480) 무렵 徐州의 상황을 다음과 같이 기술하고 있다.

"이때 州鎭의 戍兵은 資絹을 스스로 휴대하고 이를 公庫에 납입하지 않
고 사적으로 사용하도록 했는데, 늘 고달프고 굶주리며 추위에 떨고 있었
다. 薛虎子는 表를 올려 다음과 같이 말하였다: '……(전략)…… 살펴보건
대 鎭兵은 數萬 이하로 줄지 않으며 資糧之絹은 사람마다 12匹을 스스로
휴대하여 씀씀이가 균등하지 않아 교대하지 않으면 飢寒을 면하지 못합니
다. 官의 입장에서도 조금의 이익도 없고 개인을 이롭게 한다고 할 수 있
으나 마음대로 탕진하여 부족하게 되는 경우도 있습니다. 이는 소위 民을
받아들이는 법도로 公私가 서로 이로운 바가 아닙니다. 徐州의 주변지역
은 水陸의 토질이 비옥하고 淸水와 汴水가 통하고 흘러서 족히 洑를 채우
고 물댈 수 있습니다. 그 가운데 良田은 10만여 頃입니다. 만약 兵絹으로
牛를 사고 戍卒을 分減하여 그 牛의 數를 헤아리면 족히 1만 마리를 얻을
수 있습니다. 公田을 일으켜 경작하면 반드시 粟과 稻를 대량으로 얻을 수
있을 것입니다. 1년 동안 官食을 제공하고 兵을 반을 나누어 경작해도 나
머지 兵이 아직 많기 때문에 한편으로는 경작하고 다른 한편으로는 방어
해도 국경을 지키는 데 방해가 되지 않습니다. 1년 동안 屯田收入은 絹의

---

219 『魏書』 卷53 「李孝伯傳附祥傳」, 1174쪽, "時南土未賓, 世祖親駕, 遣尙書韓元興率衆
出靑州, 以祥爲軍司. 略地至于陳汝, 淮北之民詣軍降者七千餘戶, 遷之於兗豫之南,
置淮陽郡以撫之. 拜祥爲太守, 加綏遠將軍, 流民歸之者萬餘家, 勸課農桑, 百姓安業."

10배보다도 많습니다. 짧은 기간의 경작으로 족히 몇 년 동안의 식량을 충당할 수 있습니다. 이후 兵資는 오직 內庫에 넣게 하면 5년 후에는 穀帛이 모두 차고 넘칠 것입니다. 따라서 戌士는 豐飽之資를 가지고 국가도 呑敵之勢를 얻게 됩니다. ……(후략)……' 孝文帝는 이를 받아들였다."[220]

위의 사료에서 먼저 州鎮의 戌兵이 주목된다. 첫째, 佐川英治는 戌兵이 휴대하는 資絹 12匹은 나머지 11人의 人丁이 代役의 대가로 戌兵에게 지불하는 것으로 보고 "12丁 1蕃兵"[12丁兵]이 존재하며, 州의 戌兵은 1년마다 교대함을 추론하였다.[221] 둘째, 서주 良田 10여만 頃의 존재는 徐州가 "土曠人稀"한 상태임을 암시한다. 앞에서 살펴본 北魏의 新民과 流民 慰撫策에도 불구하고 徐州는 토지를 경작하여 군자금을 조달할 정도의 인구를 보유하고 있지 않음을 보여준다. 이는 彭城의 창고가 비었음을 토로한 『魏書』「尉元傳」의 기록과 부합한다. 또 和糴 대신 屯田을 선택한 것도 徐州가 토질이 비옥함에도 불구하고 이를 제대로 경작할 인력이 충분하지 못함을 방증한다. 이러한 상황에서 延興 3년(473년) 戶당 絹 1匹, 綿 1斤, 租 30石을 부담하

---

220 『魏書』卷44「薛野睹傳附虎子傳」, 996-997쪽, "時州鎮戌兵, 資絹自隨, 不入公庫, 任其私用, 常苦飢寒. 虎子上表曰: ' …… 竊惟在鎮之兵, 不減數萬, 資糧之絹, 人十二匹, 卽自隨身, 用度無準, 未及代下, 不免飢寒. 論之於公, 無毫釐之潤; 語其利私, 則橫費不足. 非所謂納民軌度, 公私相益也. 徐州左右, 水陸壤沃, 淸·汴通流, 足盈激灌. 其中良田十萬餘頃. 若以兵絹市牛, 分減戌卒, 計其牛數, 足得萬頭. 興力公田, 必當大獲粟稻. 一歲之中, 且給官食, 半兵耘植, 餘兵尙衆, 且耕且守, 不妨捍邊. 一年之收, 過於十倍之絹; 暫時之耕, 足充數載之食. 於後兵資, 唯須內庫, 五稔之後, 穀帛俱溢. 匪直戌士有豐飽之資, 於國有呑敵之勢. 昔杜預田宛葉以平吳, 充國耕西零以强漢. 臣雖識謝古人, 任當邊守, 庶竭塵露, 有增山海.' 高祖納之."
221 佐川英治,「北魏の編戶制と徵兵制度」, 5-7쪽.

는 지역[222]에 徐州도 속하지만,[223] "土曠人稀"의 상태에서 이러한 부담을 제대로 감당했을지는 의문이다. 결국 徐州는 南朝와의 접경이라는 지리적 조건으로 외지의 戍兵들이 公田을 경작하여 軍用을 충당하는 지역이 되었다.[224]

4. 華北 統治의 특징: 段階的 地方統治 過程

1 段階的 地方統治의 圖式

北魏平城時代 京畿·河北·河南·關隴·青齊·兗州·淮北 지역 등은 다소 예외는 있지만 北魏軍이 투입되어 점령한 후 "徙民 → 行臺 혹은 鎭 설치 → 土着勢力의 포섭 → 稅役 징수체제로의 편입 → 皇帝의 巡幸을 통한 안정적인 지배의 표방" 등의 과정을 거치면서 北魏 國家權力의 지역침투가 강화되고 北魏의 地方統治가 공고해지는 경향을 보이고 있다. 〈표 3〉은 이러한 과정을 정리한 것이다.

---

222 『魏書』卷七上 「高祖紀」上 延興三年秋七月條, 139쪽, "秋七月, 詔河南六州之民, 戸收絹一匹, 綿一斤, 租三十石."
223 『資治通鑑』卷133 「宋紀」蒼梧王元徽元年秋七月條 胡注, 4175쪽, "河南六州, 青·徐·兗·豫·齊·東徐也."
224 王明前, 「北魏邊疆經營與北鎭問題」, 『遼寧教育行政學院學報』 2013-4, 2013, 25왼쪽-25오른쪽.

구 분	河 南	關 隴	淮 北	克 州	靑 齊
점령 시기	422-423년 (②明元帝)	427-431년 (③太武帝)	466-467년 (⑤獻文帝)	466년 (⑤獻文帝)	469년 (⑤獻文帝)
徙民	423년 虎牢 등 三城民 5백여 家의 河內遷徙 (②明元帝)	• 427-431년(③太武帝) • 446년 長安 工巧 2천家 (③太武帝)	?	?	469년 平城 혹은 桑乾 (⑤獻文帝)
鎭의 설치	虎牢鎭, 洛城 鎭 등	長安鎭, 統萬 鎭, 高平鎭, 安定鎭 등	縣瓠鎭, 彭城鎭 등	瑕丘鎭	盤陽鎭, 東陽鎭 등
토착 세력의 포섭	423년 王玉, 庾龍, 劉遠 등 (② 明元帝)	韋閬 (③太武帝)	?	467-468년 및 474-491년 畢衆敬 부자 (⑤獻文帝- ⑥孝文帝)	487년 이후 韓麒麟의 상주로 靑齊豪望의 守宰 등 임용 (⑥ 孝文帝)
稅役 징수체계의 수립	473년 이후 (⑥孝文帝)	453년 전후 (④ 文成帝)	473년 이후(⑥孝文帝)		
皇帝의 순행	493-497년(⑥孝文帝)				

〈표 3〉을 보면 關隴과 關東 지역(河南·淮北·克州·靑齊)의 지방통치
과정은 다소 차이를 보이지만, 대개 5단계의 순서이다.

첫째, 北魏의 지방통치 확립은 明元帝 시기 京畿(平城 일대), 太武帝
시기 河北, 文成帝 시기 關隴, 孝文帝 시기 河南·靑齊·克州의 차례
로 이루어져 전체적으로 平城을 중심으로 동심원적으로 확대되는 모

---

225 崔珍烈, 「北魏의 華北支配와 그 性格」, 13쪽, 〈표 1〉北魏前期 각 지역의 지배과정
의 패턴.

습을 보인다. 다소 도식적이지만 이러한 地域支配의 공통적인 過程은 定住·農耕 지역에 생소하며 그 통치방법에 익숙하지 않은 북방 胡族이 華北 지역을 점령한 후 일정 기간 동안 거리를 두다가 정주지역에 익숙해지면 점차로 통치의 강도를 높이는 과정으로 해석할 수 있다. 그리고 지방통치가 지역별로 동심원적으로 확대되는 과정은 北魏의 정복순서와도 일치한다.

둘째, 北魏는 秦漢時代의 일원적인 郡縣支配, 즉 지방행정조직의 단일화나 十六國時代 현저해진 각 지역의 地域差를 극복한 일원적인 통치에 집착하지 않았다. 이는 北邊 胡族 거주지인 鎭·軍·戌를 관장하며 柔然의 방어를 담당하는 北部尙書와 南邊 漢人과 州郡의 소송·考課·選擧 등을 관장 담당하는 南部尙書의 존재에서도 확인된다.[226] 이는 胡族과 漢人의 二重支配構造였던 北魏의 京畿 통치방식이 확대된 형태였을 것이다. 明元帝 시기 幷州·定州, 雜胡·丁零을 순찰하러 安同과 賀護가 파견된 기사에서 알 수 있듯이[227] 北魏의 영역은 郡縣編制 지역과 鎭·護軍 설치지역 이외에 雜胡와 丁零 등 각종 행정제도에 포함되지 않고 명목상 北魏에 복속되었지만 半자립적인 種族도 존재함을 알 수 있다. 北魏는 이러한 地方統治의 地域差를 인정하고 강력한 군사력으로 외형상의 안정을 유지하였다.

셋째, 둘째와 관련하여 北魏는 다원적인 지방의 차이를 인정하면서 경제적 수취를 중시하였다. 『魏書』 「食貨志」에 이러한 원칙을 명시한 규정이 보인다.

---

226 陳琳國, 『魏晋南北朝政治制度硏究』, 106-107쪽; 嚴耕望, 「北魏尙書制度」, 386-387쪽.
227 『魏書』 卷30 「安同傳」, 713쪽, "又詔與肥如侯賀護持節循察幷定二州及諸山居雜胡·丁零, 宣詔撫慰, 問其疾苦, 糾擧守宰不法."

"太武帝가 즉위한 후 四海를 開拓하였다. 그러나 五方之民이 각자의 특성을 지니고 있기 때문에 교화시키려 하여도 그 습속을 바꾸지 못하고, 정치를 일원적으로 하려고 해도 그 지방의 특수성은 바꾸지 못한다. 方貢을 받아들여 倉廩에 채우고, 그 貨物을 거두어 庫藏을 충실히 한다."[228]

위의 인용문에서 통일적인 통치를 전 지역에 관철하기보다 경제적 수취에 중점을 두는 체제를 계속 유지하였음을 알 수 있다.[229] 선행연구에 따르면 北魏 平城時代 재정을 담당하는 기관으로 龍牧曹, 羽獵曹, 獵郎 등 近侍官이 국고, 즉 內庫를 통제하였고 재정을 담당한 倉部尙書・庫部尙書・駕部尙書도 內朝에 속한다고 한다. 즉 北魏皇帝가 近侍官과 재정 관련 尙書를 장악하여 재정을 직접 통제하였다. 近侍官은 각지에 지방을 考課하기 위해 파견되었다. 이는 唐代 경제담당 使職과 유사하다. 결론적으로 중앙정부의 재정권이 강하다고 한다.[230] 渡邊信一郎도 調外費가 地方財政經費로 설정되어 중앙정부가 地方經費를 통제하며 財政主權의 집중을 한층 강화했다고 보았다. 또 지방관의 재정운영은 調外費의 획정에 따라 법(律條)의 규제와 御史의 監査, "上奏를 통한 신청 → 尙書省의 審議・案奏 → 皇帝"의 과정을 통해 皇帝와 중앙정부가 통제하였다.[231] 北魏平城時代 재정문제에 대한 선행연

---

228 『魏書』卷113「食貨志」, 2850쪽, "世祖卽位, 開拓四海, 以五方之民各有其性, 故修其教不改其俗, 齊其政不易其宜, 納其方貢以充倉廩, 收其貨物以實庫藏."

229 崔珍烈,「北魏의 地域支配方式과 그 性格」, 127-128쪽.

230 史衛,「北魏平城時代的財政」, 首都師範大學碩士學位論文, 2001. 5, 14-19쪽.

231 渡邊信一郎,「北魏の財政構造―孝文帝・宣武帝期の經費構造を中心に―」, 『中國古代の財政と國家』, 東京: 汲古書院, 2010(原載「北魏の財政構造―孝文帝・宣武帝期の經費構造を中心に―」, 『北朝財政史の研究―『魏書』食貨志を中心に―』, 平成11年度~平成14年度科學研究費補助金 基礎研究 研究成果報告書, 2002), 304-305쪽 및 311쪽.

구는 모두 北魏가 재정통제를 통해 지방을 통치했음을 보여준다.

넷째, 河北을 제외한 河南·淮北·兗州·靑齊 지역은 2단계 鎭 설치와 4단계 稅役 징수체계의 확립, 皇帝의 巡幸 등의 성격 혹은 시기적 유사성을 보인다. 이들 지역에 설치된 鎭은 지방통치의 거점의 역할[232]과 南朝의 공격을 방어하는 군사기지의 성격이 강하였다. 이들 지역의 稅役體系의 확립은 동시에 이루어졌다. 즉 延興 3년(473) 河南 6州, 즉 靑州·徐州·兗州·豫州·齊州·東徐州(후기의 南靑州)[233]에 戶당 絹 1匹, 綿 1斤, 租 30石을 부과한 조치[234]를 租稅와 요역의 수취체계가 확립된 분기점으로 볼 수 있을 것이다. 絹 1匹, 綿 1斤, 租 30石은 1戶가 부담하기에는 지나치게 과중한 세액이었기 때문에 이 1戶를 30 혹은 50家의 合戶 혹은 共籍의 형태로 보는 것이 타당하다.[235] 이는 수취체제의 근간인 戶口 파악의 미비를 의미한다. 延興 3년(473)부터 治安安全과 勸農政策 등 河南 지방의 체제정비 노력과 아울러 각종 반란이 줄어들고 있으며, 丁의 징발과 보다 엄격한 戶口調査를 통해 河南·靑齊·淮北 등지의 통치는 강화되고 있었다.[236] 太和 8년(484) 河南 7州 戍兵을 徐州의 屯田에 동원한 사례[237]는 河南·淮北·

---

232 谷川道雄, 『隋唐帝國形成史論』, 131-132쪽. 鎭이 州郡의 治所에 설치되고 鎭將이 刺史나 太守를 겸한 예가 빈출한다. 이는 鎭이 지역지배의 거점으로 활용되었음을 뜻한다(周一良, 「北魏鎭戍制度考」, 251-257쪽).

233 『資治通鑑』 卷133 「宋紀」 蒼梧王元徽元年秋七月條 胡注, 4175쪽, "河南六州, 靑·徐·兗·豫·齊·東徐也."

234 『魏書』 卷7上 「高祖紀」上 延興三年秋七月條, 139쪽, "秋七月, 詔河南六州之民, 戶收絹一匹, 綿一斤, 租三十石."

235 唐長孺, 「北魏均田制中的幾個問題」, 『魏晉南北朝史論叢續編』, 北京: 三聯書店, 1959, 20-21쪽.

236 佐川英治, 「北魏の編戶制と徵兵制度」, 17-21쪽.

237 佐川英治는 『魏書』 卷7上 「高祖紀」 太和八年五月己卯條의 "詔賑賜河南七州戍兵"의 기사를 徐州刺史 薛虎子의 屯田上表와 관련지어 河南七州 戍兵이 徐州에 파견되었

兗州·靑齊 등 지역의 稅役 수취체계 확립의 지표로 볼 수 있다.

2 徙民政策의 지역적 차이

北魏는 어떤 지역을 정복할 때마다 徙民政策을 실시하였다. 그런데 徙民의 규모는 지역마다 다르다. 河北과 關隴은 각각 後燕과 夏의 영토였기 때문에 都城 등지의 피정복민을 대거 平城·京畿 일대로 遷徙하여 구세력의 재기를 막았다. 반면 劉宋의 영토였던 河南·靑齊·淮北 지역은 그럴 필요성이 없었다. 그 밖에 각 지역의 지역적 특색도 고려되었다.

河南 지역은 인구의 流動이 심한 지역으로 공식적인 徙民의 규모는 적었지만, 流民의 安置作業이 병행되었다. 後秦이 망한 뒤 秦州·雍州人 1,000여 家의 行主였던 寇讚이 北魏에 귀순하여 河南·滎陽·河內로 달아난 秦雍流民을 수습하여 僑郡[雍州之郡]을 세워 秦雍流民을 安置한 사례[238]가 대표적이다.

淮北 지역은 北魏의 淮北 점령과정에서 北魏軍의 약탈 등의 이유로 淮北 사람들이 淮水 이남으로 南遷하여 인구의 감소가 두드러졌다.[239] 따라서 徙民 대신 流民의 安置가 주된 현안이었다.[240] 孝文帝 초

음을 추론하였다(佐川英治, 「北魏の編戸制と徵兵制度」, 27-28쪽).

238 『魏書』卷42「寇讚傳」, 946-947쪽, "姚泓滅, 秦雍人千有餘家推讚爲主, 歸順. …… 其後, 秦雍之民來奔河南·滎陽·河內者戶至萬數, 拜讚安遠將軍·南雍州刺史·軹縣侯, 治于洛陽, 立雍州之郡縣以撫之. 由是流民繈負自遠而至, 參倍於前. 賜讚爵河南公, 加安南將軍, 領護南蠻校尉. 仍刺史, 分洛豫二州之僑郡以益之."

239 葛劍雄, 『中國移民史』第二卷, 332-333쪽.

240 예컨대 獻文帝 시기 徐州의 治所 彭城의 창고가 고갈되자 北魏는 劉宋軍이 버린 배를 이용하여 冀州·相州·濟州·兗州의 곡식을 淸河를 통해 徐州로 운반하여 서주 일대의 '新民'을 구제하기도 하였다(『魏書』卷50「尉元傳」, 1110-1111쪽, "元表

기 韋欣宗이 현 거주지인 彭城內史로 임용된 사례를 제외하고[241] 토착
세력의 지방관 본적지 임용이 보이지 않는 현상도 이와 관련 있을 것
이다. 이 밖에 淮北 지역을 지키기 위해 外地, 특히 河北에서 戍兵을
동원하였다.『魏書』「楊播傳附椿傳」에는 定州에 설치된 8軍에 1軍당
5,000人이 있었는데 中原이 안정되자 8軍의 군인이 南戍, 즉 남쪽으
로 수자리하러 갔다. 그래서 北魏後期에는 1軍에 군인 1,000여 인만
남았다.[242] 지리적 위치를 보면 南戍의 주요 대상은 淮北, 즉 徐州 일
대일 것이다. 孝文帝 초기에 尉元이 올린 上表를 보면, 天安년간(466-
467)부터 徐州刺史에 임명된 尉元 휘하의 徐州 戍兵 다수가 胡人이었
다. 尉元은 子都將 呼延籠達이 胡人을 규합하여 난동을 부리자 徐州
彭城의 胡軍을 南豫州로 보내고 南豫州의 徒民兵을 彭城에 배치하며
中州 鮮卑를 徐州에 주둔시킬 것을 제안하였고 이는 孝文帝의 재가를
받아 실행되었다.[243] 中州 鮮卑는『魏書』「楊椿傳」에 보이는 定州 8軍

日: '彭城倉廩虛罄, 人有飢色, 求運冀·相·濟·兗四州粟, 取張永所棄船九百艘, 沿
淸運致, 可以濟救新民.' 顯祖從之, 又表分兵置戍, 進定靑冀.").

241 『魏書』卷45「韋閬傳附欣宗傳」, 1011쪽, "時徐州刺史薛安道謀欲擁州內附, 道福參
贊其事. 以功除安遠將軍, 賜爵高密侯, 因此仍家於彭城. …… [道福]子欣宗, 以歸國
勳, 別賜爵杜縣侯. 高祖初, 拜彭城內史, 遷大將軍·宋王劉昶諮議參軍."

242 『魏書』卷58「楊播傳附椿傳」, 1287쪽, "自太祖平中山, 多置軍府, 以相威攝. 凡有八
軍, 軍各配兵五千, 食祿主帥軍各四十六人. 自中原稍定, 八軍之兵, 漸割南戍, 一軍
兵纔千餘, 然主帥如故, 費祿不少."

243 『魏書』卷50「尉元傳」, 1113-1114쪽, "元表曰:「臣以天安之初, 奉律總戎, 廓寧淮右,
海內旣平, 仍忝徐岳. 素餐尸祿, 積有年歲, 彼土安危, 竊所具悉. 每惟彭城水陸之要,
江南用兵, 莫不因之威陵諸夏. 夫國之大計, 豫備爲先. 且臣初克徐方, 靑齊未定, 從
河以南, 猶懷彼此. 時劉彧遣張永·沈攸之·陳顯達·蕭順之等前後數度, 規取彭城,
勢連靑兗. 唯以彭城旣固, 而永等摧屈. 今計彼戍兵, 多是胡人, 臣前鎭徐州之日, 胡
人子都將呼延籠達因於負罪, 便爾叛亂, 鳩引胡類, 一時扇動. 賴威靈退被, 罪人斯
戮. 又團城子都將胡人王敕勤負釁南叛, 每懼姦圖, 狡誘同黨. 愚誠所見, 宜以彭城胡
軍換取南豫州徒民之兵, 轉戍彭城; 又以中州鮮卑增實兵數. 於事爲宜. 詔曰: '公之

등 河北 등지에 주둔한 鮮卑 병사를 지칭할 것이다. 이 두 사례에서 淮北 지역은 定州를 포함한 河北 지역의 戍兵을 받아들여 南朝의 공격을 막았음을 알 수 있다.

靑齊 지역은 河南·淮北과는 달리 강제적인 대규모 徙民이 행해졌다. 北魏는 靑齊 지역을 정복한 후 北魏에 저항이 심했던 梁鄒와 歷城 2城民(河北僑人 포함)의 일부를 奴婢로 백관에게 분배하였다. 그리고 靑齊의 民望은 桑乾으로 옮겨서 平齊郡을 설치하고 崔道固 등을 太守와 縣令에 임명하였다.[244]

3 본적지 지방관 임명

北魏가 秦漢時代 郡縣支配를 제대로 지키지 않았음을 보여주는 실례가 본적지 지방관의 임명이다. 北魏는 土着豪族들을 본적지 지방관에 임명하였다.[245] 그런데 본적지 지방관의 세습 등이 심한 지역이 있다. 上洛과 河東(秦州), 兗州, 敦煌이 대표적인 예이다.

上洛 지역은 전기에는 荊州, 후기에는 洛州로 불렸던 지역이다. 『周書』「泉企傳」에 따르면 泉企의 曾祖 泉景言과 아버지 安志는 宜陽太守[本州他郡]를 역임하였고 4대에 걸쳐 本縣令을 세습하였다.[246] 宣武

所陳, 甚合事機.'」

244 이상 北魏의 靑齊 지역 점령과정과 사후처리는 唐長孺,「北魏的靑齊士民」, 92-106쪽 참조.

245 窪添慶文,「魏晉南北朝における地方官の本籍地任用について」,『魏晉南北朝官僚制研究』, 東京: 汲古書院, 2003(原載「魏晋南北朝における地方官の本籍地任用について (一)·(二)」,『史學雜誌』83-1·2, 1978).

246 『周書』卷44「泉企傳」, 785쪽, "泉企字思道, 上洛豐陽人也. 世雄商洛. 曾祖景言, 魏建節將軍, 假宜陽郡守, 世襲本縣令, 封丹水侯. 父安志, 復爲建節將軍·宜陽郡守, 領本縣令, 降爵爲伯."

帝 시기 泉企가 10세였다는 사실에서(후술함) 적어도 太武帝 말년부터 泉企 일가는 縣令을 세습하고 2대에 걸쳐 宜陽太守를 역임하였다. 泉氏뿐만 아니라 이 지역의 다른 토착세력도 본적지 縣令을 세습하며 토착세력으로 남아 있었을 것이다. 北魏는 上洛 지역이 험하고 폐쇄적인 지형이며 남쪽 변경이었기 때문에 토착인을 지방관으로 임명하는 간접통치에 만족했을 것이다.

河東薛氏는 蜀에서 河東郡 汾陰縣으로 이주하여 '蜀薛'로 불리며 薛陶·薛祖·薛落·薛强·薛辯이 部落을 統領하고, 薛廣·薛安道 부자가 同姓 3,000여 家를 통솔할 정도로 河東[247]의 강력한 토착세력이었고,[248] 十六國時代 여전히 토착세력으로 존재하였다. 赫連勃勃이 關中을 점령하자 薛辯이 北魏에 귀부하여 明元帝는 그를 河東이 治所인 雍州刺史에 임명하였다.[249] 明元帝 시기 北魏는 平城 주변의 遊牧 지역과 河北과 河南의 일부를 지배하고 있었기 때문에 河東은 夏를 견제하고 河南을 잇는 交通·군사의 요지였다. 이때 北魏는 아직 河北과 河南도 제대로 통치하지 못했고, 河東이 邊境에 속하는 지역이라 薛辯을 본적지 刺史로 임용하였다. 薛勤은 北魏의 將軍 奚斤의 鄕導가 되어 河東에서 長安으로 赫連昌을 공격하는 데 공을 세웠다.[250] 이

---

247 본문의 '河東'은 현재의 山西省 남부 지역, 즉 運城·臨汾·晉城 등 세 地區級市 지역에 해당한다. 秦漢時代에는 河東郡이었고 魏晉時代에 平陽郡과 河東郡으로 분리되었다. 北魏時代에는 더욱 세분되었다.

248 唐長孺, 「論北魏孝文帝定姓族」, 『魏晉南北朝史論拾遺』, 北京: 中華書局, 1983, 84-85쪽.

249 『魏書』 卷42 「薛辯傳」, 941쪽, "劉裕平姚泓, 辯擧營降裕, 司馬德宗拜爲寧朔將軍·平陽太守. 及裕失長安, 辯來歸國, 仍立功於河際, 太宗授平西將軍·雍州刺史, 賜爵汾陰侯."

250 『魏書』 卷42 「薛辯傳附謹傳」, 942쪽, "謹所治與屈丐連接, 結士抗敵, 甚有威惠. 始光中, 世祖詔奚斤, 討赫連昌, 敕謹領偏師前鋒鄕導."

처럼 太武帝 시기까지 河東薛氏는 夏를 공격 혹은 방어하는 첨병역
할을 담당하였다. 太武帝의 華北統一 이후 河東이 외형상 邊境에서
內地로 바뀌었지만 河東薛氏는 薛辯이 泰州刺史,[251] 薛壽仁이 秦州刺
史[252]를 역임하는 등 여전히 본적지[253] 刺史를 배출하였다. 薛勤이 河
東太守, 薛胤이 河北太守, 薛洪隆이 河東太守, 薛破胡가 河東太守를
역임하는 등 河東薛氏는 孝文帝 이전 본적지 太守를 다수 배출하였
다.[254] 河東裴氏도 裴雙碩이 聞喜縣令, 裴雙虎가 河東太守를 역임하는
등[255] 孝文帝 이전 본적지 太守와 縣令을 배출하였다. 요컨대 河東 지

---

251 위와 같음, "旣克蒲坂, 世祖以新舊之民幷爲一郡, 謹仍爲太守, 遷泰州刺史 · 將軍如
　　故."

252 『北齊書』卷20「薛脩義傳」, 275쪽, "薛脩義, 字公讓, 河東汾陰人也. …… 祖壽仁, 河
　　東河北二郡守 · 秦州刺史 · 汾陰公." 여기서 薛脩義가 天保 5년(554) 77세로 사망했
　　으므로 祖 薛壽仁의 활동연대는 太武帝-孝文帝 시기(447-477)로 추정된다.

253 兩漢의 河東郡은 西晉 시대 平陽郡과 河東郡으로 분리되었고, 西晉의 河東郡은 河
　　東 · 河北 · 正平 등 郡으로 분할되었다. 따라서 본고의 河東은 西晉 시대의 河東郡
　　에 해당하는 지역을 모두 포함한다. 窪添慶文 역시 河東裴氏의 본적 聞喜縣이 北
　　魏 시대 正平郡의 屬縣이며, 河東薛氏의 본적인 汾陰縣은 北鄕郡의 屬縣임을 지적
　　하면서, 이들 지역과 다른 河東太守를 본적지 임용으로 보는 등, 西晉 시대의 河東
　　을 광의의 본적지로 보는 필자의 시각과 유사하다(窪添慶文,「魏晋南北朝における
　　地方官の本籍地任用について」,『史學雜誌』83-1 · 2, 1974, 27-28쪽, 註) 4 참조).
　　참고로 五胡十六國 · 北魏 시기의 河東은 雍州, 東雍州, 秦州, 泰州 등으로 불렸다.

254 『魏書』卷42「薛辯傳附謹傳」, 941-942쪽, "謹將歸國, 密使報謹, 遂自彭城來奔. 朝
　　廷嘉之, 授河東太守. 後襲爵平西將軍 · 汾陰侯.";『魏書』卷42「薛辯傳附胤傳」, 943
　　쪽, "除立忠將軍 · 河北太守.";『魏書』卷42「薛辯傳附洪隆傳」, 944쪽, "[初古]拔弟
　　洪隆, 字菩提. 解褐楊平王國常侍, 稍遷河東太守.";『魏書』卷42「薛辯傳附破胡傳」,
　　944쪽, "洪隆弟破胡, 州治中別駕. 稍遷河東太守 · 征仇池都將." 이들의 생몰연대로
　　볼 때, 대개 孝文帝 이전 太守를 역임했을 것으로 추정된다.

255 『魏書』卷45「裴駿傳」, 1020쪽, "裴駿, 字神駒, 小名皮, 河東聞喜人. 父雙碩, 本縣
　　令. ……";『魏書』卷69「裴延儁傳」, 1528쪽, "裴延儁, 字平子, 河東聞喜人, 魏冀州
　　刺史徽之八世孫. 曾祖天明, 諮議參軍 · 幷州別駕. 祖雙虎, 河東太守." 裴雙碩은 太
　　武帝 이전 본적지 縣令을 역임하였고, 裴雙虎는 明元帝 혹은 太武帝 시기 본적지

역은 薛氏와 裴氏가 다수의 본적지 刺史·太守·縣令을 배출하여 여전히 이들의 세력하에 놓였음을 알 수 있다. 이는 北魏의 河東 통치는 河東薛氏와 裴氏 등을 매개로 한 간접통치였음을 시사한다.

畢衆敬은 東平 須昌人으로 무예에 능했으며 노략질을 業으로 삼은 지방 豪猾이었다. 그는 劉宋 孝武帝 시기 本州 他郡인 泰山郡의 太守가 되어 劉宋 시기 兗州의 土着勢力으로 존재하였다.[256] 466년 北魏로 귀부한 그는 皇興元年(467) 兗州刺史가 되었고, 그의 아들 畢元賓 역시 兗州刺史가 되었다.[257] 그런데 吳廷燮의 「元魏方鎭年表」에 의하면 畢衆敬은 皇興元年(467)부터 皇興 2년(468)까지, 延興 4년(474)부터 承明元年(476)까지 두 차례 각각 2년과 3년, 畢元賓은 太和元年(477)부터 太和 15년(491)까지 15년 동안 兗州刺史를 역임하였다.[258] 여기서 흥미로운 점을 발견할 수 있다. 먼저 畢衆敬이 겨우 2년을 채우지 못하고 다른 官職으로 전임된 것이다. 이는 北魏가 畢衆敬을 견제한 조치로 볼 수 있다. 그러나 474년 이후 그가 다시 兗州刺史가 되고, 아들 畢元賓이 이를 세습하여 畢衆敬 부자가 모두 18년간 兗州刺史를 독점하였다. 嚴耕望은 畢衆敬의 본적지 刺史任用을 두고 변방 新附지역이었기 때문에 本州著族을 임명한 것이라고 설명하였다.[259] 兗州

太守를 역임했을 것으로 추정된다.

256 『魏書』 卷61 「畢衆敬傳」, 1359쪽, "畢衆敬, 小名捺, 東平須昌人. 少好弓馬射獵, 交結輕果, 常於疆境盜掠爲業. 劉駿爲徐兗刺史, 辟爲部從事. 駿旣竊號, 歷其泰山太守·冗從僕射."

257 『魏書』 卷61 「畢衆敬傳」, 1360쪽, "皇興初, 就拜散騎常侍·寧南將軍·演奏刺史, 賜爵東平公. 與中書侍郎李琰對爲刺史."; 『魏書』 卷61 「畢衆敬傳附元賓傳」, 1361쪽, "及至京師, 俱爲上客, 賜爵須昌侯. 加平遠將軍. 後以元賓勳重, 拜使持節·平南將軍·兗州刺史, 假惛城公. 父子相代爲本州, 當世榮之."

258 吳廷燮, 「元魏方鎭年表」, 『二十五史補編』, 北京: 中華書局, 1955, 4537쪽.

259 嚴耕望, 『中國地方行政制度史』 上編, 卷中下册, 864쪽.

는 처음으로 北魏의 지배하에 놓였을 때는 토착세력을 통해 간접통치하는 변경이었지만, 畢元賓이 兗州刺史를 그만두는 太和 15년(491) 이후 시기는 北魏의 지배권이 서서히 확립된다고 볼 수 있을 것이다. 이후 東平 畢氏는 더 이상 兗州刺史를 배출하지 못한다. 그러나 畢衆敬이 兗州刺史 재직 시 田産을 督課하여 富를 축적하였고,[260] 이후 太山 羊氏와 兗州의 최고 門閥을 다툴 정도로 兗州의 대표적인 土着勢力으로 성장하였다.[261]

李寶는 西涼을 세운 李暠의 손자로 西涼이 沮渠蒙孫의 北涼에 망하자 姑臧으로 遷徙되었다가 후에 伊吾로 도망갔으며 北涼이 망하자 敦煌으로 가서 敦煌에 雄據하다가 太平眞君 3년(422) 4월과 10월 北魏에 사신을 보내어 귀부하였다.[262] 太武帝는 그를 使持節 侍中 都督西垂諸軍事 鎭西大將軍 開府儀同三司 領護西戎校尉 沙州牧 敦煌公에, 그의 동생 懷達을 敦煌太守에 임명하고 4品 이하 관직을 마음대로 임명할 수 있는 특권을 주었다. 太平眞君 5년(424) 入朝하여 北魏 조정에 머무르게 되고 外都大官, 并州刺史 등을 역임하였다.[263] 이상이『魏

---

260 『魏書』卷61「畢衆敬傳附元賓傳」, 1361쪽, "衆敬善持家業, 尤能督課田産, 大致儲積. 元賓爲政淸平, 善撫民物, 百姓愛樂之."

261 陳爽,『世家大族與北朝政治』, 157-158쪽.

262 『魏書』卷4下「世祖紀」下 太平眞君三年夏四月條, 94쪽, "李暠孫寶據敦煌, 遣使內附.";『魏書』卷4下「世祖紀」下 太平眞君三年冬十月丁酉條, 95쪽, "李寶遣使朝貢, 以寶爲鎭西大將軍·開府儀同三司·沙州牧, 封敦煌公."

263 『魏書』卷39「李寶傳」, 885쪽, "李寶, 字懷素, 小字衍孫, 隴西狄道人, 私署涼王暠之孫也. …… 伯父歆爲沮渠蒙孫所滅, 寶徙於姑臧, 歲餘, 隨舅唐契北奔伊吾, 臣於蠕蠕. 其遺民歸附者稍至二千. 寶傾身禮接, 甚得其心, 衆皆樂爲用, 每希報雪. 屬世祖遣將討沮渠無諱於敦煌, 無諱損城遁走. 寶自伊吾南歸敦煌 遂修繕城府, 規復先業. 遣弟懷達奉表歸誠. 世祖嘉其忠款, 拜懷達散騎常侍·敦煌太守, 別遣使授寶使持節·侍中·都督西垂諸軍事·鎭西大將軍·開府儀同三司·領護西戎校尉·沙州牧·敦煌公, 仍鎭敦煌, 四品以下聽承制假授. 眞君五年, 因入朝, 遂留京師, 拜外都大官.

書』「李寶傳」의 앞부분으로 北魏에 內附할 때까지의 과정을 간략히 적
은 것이다. 여기서 李寶 역시 薛辯이나 畢衆敬처럼 北魏에 歸附한 土
着勢力이라는 공통점을 가진다. 그 역시 할거지인 敦煌 지역의 沙州
牧에 임명되지만, 2년 후 平城으로 入朝하여 다른 관직을 제수받아
본적지와의 관계가 단절되었다. 이는 畢衆敬의 초기 과정과 유사하
다. 즉 北魏는 北魏에 歸附한 土着勢力에게 本籍地 혹은 現居地 지방
관으로 임명하지만, 곧이어 그를 平城으로 소환하여 다른 관직으로
전임되어 土着勢力과 단절되었다. 이는 北魏軍이 西域經營을 위해 鄯
善鎭을 설치하는 등[264] 北魏의 군사적 위협 때문에 가능했을 것이다.

위에서 歸附者의 지방관 본적지 임용 양상을 살펴본 것처럼 上洛과
河東 · 兗州 · 敦煌 네 지역은 본적지 임용자의 수, 임용기간에 각기 다
른 양상을 보인다. 즉 上洛은 泉氏처럼 世襲縣令의 지위를 획득하고
2代가 현지 太守를 역임하여 北魏末까지 토착세력으로 남아 있었으
며, 河東은 계속 河東 薛氏가 본적지 刺史를 배출하였다. 東平 畢氏
는 2대에 걸쳐 兗州刺史를 세습하지만 이후 兗州刺史를 배출하지 못
한다. 이에 비해 李寶는 沙州牧으로 임명된 지 3년 만에 다른 관직으
로 전임된다. 이러한 차이는 北魏가 해당 지역에 어느 정도로 영향력
을 행사했는가와 관련이 있을 것이다.

4 孝文帝의 全國巡幸과 地方統治

앞에서 巡幸地域의 변화과정에서 간단히 언급한 것처럼 孝文帝 시

轉鎭南將軍 · 幷州刺史."
[264] 唐長孺, 「南北朝基幹西域與南朝的陸道交通」, 『魏晉南北朝史論拾遺』, 北京: 中華書
局, 1983, 175-177쪽.

기 巡幸 지역은 극적인 변화를 겪었다. 承明元年(476)부터 孝文帝가 南伐을 감행했던 太和 17년(493)까지 孝文帝는 473년 獻文帝와 동행한 陰山·河西 순행, 481년 1-2월의 河北巡幸을 제외하면 주로 京畿 지역을 순행하였으며, 하루 일정이 대부분이었고, 각종 토목공사의 시찰, 유람과 장례·제사가 주목적이었다.[265] 이 가운데 太和 15년(491)과 16년(492) 京邑, 즉 京畿 일대를 巡幸하며 재판·소송에 관심을 가지게 된 것은 다소 특이하며[266] 孝文帝가 정치적 목적을 위해 巡幸한 계기로 평가할 수 있다.[267]

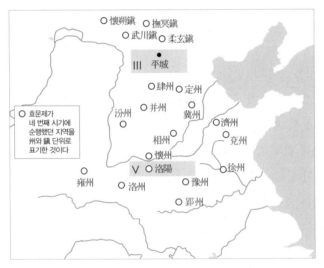

〈지도 11〉 洛陽遷都 이후 孝文帝의 순행 지역[268]

---

265 佐藤智水,「北魏皇帝の行幸について」, 41아래쪽; 洪吉,「北魏皇帝的巡幸」, 23-24쪽; 張金龍,『北魏政治史』6, 蘭州: 甘肅教育出版社, 2008, 112-113쪽 및 115쪽.

266 『魏書』卷7上「高祖紀」下 太和十五年(491)秋七月乙酉條, 168쪽, "車駕巡省京邑, 聽訟而還."; 『魏書』卷7上「高祖紀」下 太和十六年(492)條, 169쪽, "[二月]壬辰, 幸北部曹, 歷觀諸省, 巡省京邑, 聽理冤訟. …… 三月丁卯, 巡省京邑."

267 최진열,『북위황제 순행과 호한사회』, 174쪽.

268 위의 책, 85쪽, 지도 17 넷째-다섯째 시기 북위시대 순행 장소.

七月 乙丑日(493. 8. 14) 步騎 100여만을 이끌고 平城을 출발한 孝文
帝는 肆州 · 幷州 · 懷州 · 洛州를 지나면서 백성들을 친히 만나며 노
인과 鰥寡孤獨 등에게 爵位 · 衣食 · 粟帛을 제공하였으며, 인재를 천
거하도록 지시하였다.[269] 이후 洛陽에 도착한 孝文帝는 신하들에게
南伐과 洛陽遷都 중 하나를 택할 것을 강요하였으며, 最惡인 南齊 南
伐을 꺼려 한 대부분 신하들은 '次惡'인 洛陽遷都를 선택했다. 이처럼
孝文帝의 南伐이 洛陽遷都를 위한 핑계에 지나지 않았음은 주지의
사실이다.[270] 그러나 이미 平城에서 洛陽에 이르는 지역을 통과하며
전쟁과 무관하게 백성들에게 爵位와 각종 물자를 下賜하는 행동에서
孝文帝의 관심이 南伐보다 자신의 존재를 백성들에게 알리는 데 있었
음을 알 수 있다.[271]

洛陽遷都를 선언한 이후 孝文帝는 전국 각지를 돌아다녔다(〈지도
11〉 참조). 아래 〈표 4〉는 孝文帝의 全國巡幸 중 취한 조치를 정리한
것이다.

---

269 『魏書』卷7上 「高祖紀」下 太和十七年(493)條, 172-173쪽, "[八月]己丑, 車駕發京師,
南伐, 步騎百餘萬. …… 壬寅, 車駕至肆州, 民年七十已上, 賜爵一級. 路見眇跛者,
停駕親問, 賜衣食終身. 戊申, 幸幷州. 親見高年, 問所疾苦. [九月]戊辰, 濟河. 詔
洛 · 懷 · 幷 · 肆所過四州之民: 百年以上假縣令, 九十以上賜爵三級, 八十以上賜爵
二級, 七十以上賜爵一級; 鰥寡孤獨不能自存者, 粟人五斛, 帛二匹; 孝悌廉義 · 文武
應求者, 皆以名聞."
270 孝文帝의 洛陽遷都의 경과와 원인은 張金龍, 『北魏政治史研究』, 蘭州: 甘肅教育出
版社, 1996, 195-210쪽 참조.
271 최진열, 『북위황제 순행과 호한사회』, 174-175쪽.

〈표 4〉 孝文帝의 全國巡幸 중 취한 조치[272]

연도	순행지	巡幸 중의 조치						
		存問	음식賜與	賜爵	官職수여	粟帛賜與	인재등용	조세면제
493년	肆州	○	○	○	○	○	○	
	幷州	○			○	○	○	
	洛州				○	○	○	
	懷州				○	○	○	
494년	相州				○	○	○	
	兗州				○	○	○	
	豫州				○	○	○	
	朔州		○			○		
	懷朔鎮		○			○		
	武川鎮		○			○		
	撫冥鎮		○			○		
	柔玄鎮		○			○		
494년	冀州			○	○	○	○	
	定州			○	○	○	○	
	鄴州			○	○	○	○	○
	豫州			○	○	○	○	○
495년	豫州			○	○	○	○	○?
	徐州			○	○	○	○	○?
	兗州			○	○	○	○	
	濟州			○	○	○	○	
	東郡			○	○	○	○	
	滎陽			○	○	○	○	
	河南諸縣			○	○	○	○	
497년	幷州	○			○			
	肆州			○	○			
	雍州	○		○	○	○	○	
	司州·洛陽		○					

272 위의 글, 175-176쪽, 〈표 10〉 효문제의 전국순행 중 취한 조치.

〈표 4〉에서 494년 郢州는 孝文帝가 실제 거쳐간 지역이었는지『魏書』本紀의 기사로는 불투명하다. 그러나 나머지 지역은 모두 孝文帝가 巡幸한 지역이다. 孝文帝는 肆州·幷州·懷州·洛州·相州·兗州·豫州·冀州·定州·郢州·徐州·濟州·雍州 등지와 懷朔·武川·撫冥·柔玄 4鎭을 순행하였다. 北魏皇帝들이 자주 巡幸하던 河北(相州·冀州·定州)과 북변(懷朔·武川·撫冥·柔玄 4鎭) 이외에 黃河 이남(司州(洛州)·濟州·兗州), 淮水 유역(郢州·徐州·豫州), 關隴(雍州) 등이 巡幸 지역이었다. 이는 巡幸 지역이 사실상 北魏全國으로 확대되었음을 뜻한다. 〈표 4〉에서 알 수 있듯이, 孝文帝는 全國巡幸 중 백성들에게 爵位와 관직(太守·縣令)을 賜與하고 鰥寡孤獨에게 粟帛을 하사하였으며, 각지의 인재를 등용할 것임을 천명하였다. 北邊의 4鎭과 493년 肆州·幷州, 497년 幷州·雍州·司州의 예외가 있기는 하지만, 대개 백성들에게 취하는 조치가 비슷하다. 다만 수혜대상이 70세 이상의 老人이거나 鰥寡孤獨인 점을 보면 선언적인 의미가 강하다. 즉 孝文帝 시기 河北을 제외한 河南·淮北·關隴 등 華北 지역을 완전히 지배하게 되었음을 선언한 것이다.[273] 따라서 실제 수혜 여부보다 北魏皇帝가 華北地方의 백성들에게 德政을 베풀었음을 과시했다는 점 자체가 중요했을 것이다. 孝文帝는 백성들에게 시혜를 베풀면서 자신의 존재를 부각시키는 작업과 아울러 北魏의 祖先과 儒家의 聖人·山川 제사, 지방세력과 일반민의 신뢰와 지지 획득을 위한 정책을 실시하여[274] 胡·漢 민중의 마음을 사로잡았다.[275]

---

273 崔珍烈, 「北魏의 華北支配와 그 性格」, 12-19쪽; 崔珍烈, 「北魏의 地域支配方式과 그 性格」, 126-127쪽.
274 張金龍, 『北魏政治史研究』, 210-219쪽.
275 최진열, 『북위황제 순행과 호한사회』, 176-177쪽.

孝文帝가 全國巡幸을 통해 얻고자 했던 정치적 효과는 무엇일까? 孝文帝의 巡幸과 北魏後期 軍事的·經濟的 地域編制의 시각에서 보면, 필자는 孝文帝의 南齊征伐과 통일지향[276]이 결과적으로 洛陽遷都의 가장 큰 이유라고 생각한다. 바꿔 말하면 南齊征服을 통한 통일의 완성에는 남방경략을 위한 洛陽遷都와 이를 뒷받침할 軍事的·經濟的 地域編制 혹은 戰時體制가 필요했다. 이미 孝文帝 이전에도 450-451년 北魏와 劉宋의 대격전 중 太武帝가 劉宋遠征을 감행하여 北魏軍 사상 최남단인 長江 북쪽의 瓜步까지 진격하였다. 太武帝는 劉宋을 정복하려 하지 않고 화의와 통상을 요구하였고,[277] 정복했던 靑齊·淮北(劉宋 영토) 등지를 지배하려는 노력을 기울이지 않았다. 太武帝가 柔然을 정복시키기 위해 자주 遠征에 나서고 장기간 漠北·陰山 등지에 주둔했던 사실과 일회성에 그친 劉宋 遠征 과정을 비교하면, 太武帝의 관심지역은 주요 巡幸地인 북방의 유목지역(漠南·陰山·河西)과 河北에 국한되었음을 알 수 있다. 北魏가 黃河 이남 지역에 관심을 가지게 된 것은 靑齊와 淮北 지방이 北魏의 영토로 편입된 獻文帝 이후였다.[278] 孝文帝는 南齊를 정복하기 위해 水路·邸閣·牧場·屯田 등 각종 군사시설을 갖추고 이를 陸路와 운하망으로 연결하여 물자와 인력을 전방인 淮水 유역으로 효율적으로 수송하기 위해 국경과 가까워 지리적으로 병참기지의 역할을 수행해야 하는 河南과 淮北 지역의 협조가 필요하였다. 孝文帝는 河北만을 巡幸했던 이전의 皇帝

---

276 朴漢濟, 『中國中世胡漢體制研究』, 225-234쪽. 張金龍도 비슷한 견해를 제시하였다 (張金龍, 『北魏政治史研究』, 200-210쪽).

277 杜士鐸, 『北魏史』, 太原: 山西高校聯合出版社, 1992, 149-150쪽; 王慶憲, 「拓跋燾鞏固化魏政權的內外政策措施」, 32원쪽.

278 佐川英治, 「北魏の編戶制と徵兵制度」, 17-19쪽.

와는 달리 河南·淮北 일대를 巡幸하고 백성들에게 '시혜'를 베풀며, 그들의 皇帝임을 각인시켜 이들의 협조를 얻어내야 했을 것이다.[279]

漢化政策의 하나로 이해되는 廟號의 변경도 마찬가지로 해석할 수 있다. 본래 道武帝는 神元皇帝 力微는 始祖,[280] 平文帝 鬱律은 太祖,[281] 昭成帝 什翼犍은 高祖[282]라는 廟號를 추존하였다. 이는 北魏가 神元皇帝 力微 이후 계속된 遊牧國家임을 표방한 것이다. 그러나 孝文帝는 太和 14년(490) 明堂과 太廟를 만들며 平文帝 대신 烈祖 道武帝를 太祖로 추존하도록 명하였다.[283] 昭成帝의 廟號 高祖를 삭제하였다는 기록은 없지만, 孝文帝의 廟號가 高祖이기 때문에 이때 변경되었을 것이다. 『魏書』「高祖紀」에 따르면, 이 조치는 太和 15년(491) 七月 실행되었다.[284] 道武帝의 廟號를 太祖로 바꾼 것은 北魏가 神元皇帝 혹은 平文帝 이후 陰山과 漠南 일대를 지배하던 遊牧國家의 후예가 아니라 道武帝 이후 華北 지방을 지배하던 中原王朝임을 표방한

---

279 崔珍烈, 「北魏의 華北支配와 그 性格」, 19쪽; 同氏, 「北魏의 地域支配方式과 그 性格」, 126-127쪽; 同氏, 『북위황제 순행과 호한사회』, 177-178쪽.

280 『魏書』卷1「序紀」始祖神元皇帝條, 5쪽, "始祖尋崩. 凡饗國五十八年, 年一百四歲. 太祖卽位, 尊爲始祖."

281 『魏書』卷1「序紀」平文帝條, 10쪽, "桓帝后以帝得衆心, 恐不利於己子, 害帝, 遂崩, 大人死者數十人. 天興初, 尊曰太祖."

282 『魏書』卷1「序紀」昭成帝條, 16쪽, "十二月, 至雲中, 旬有二日, 帝崩, 時年五十七. 太祖卽位, 尊曰高祖."

283 『魏書』卷181「禮志」1, 2747-2748쪽, "[太和十四年(490)]四月 經始明堂, 改營太廟. 詔曰:「祖有功, 宗有德, 自非功德厚者, 不得擅祖宗之名, 居二祧之廟. 仰惟先朝舊事, 牷駁不同, 難以取準. 今將述遵先志, 具詳禮典, 宜制祖宗之號, 定將來之法. 烈祖有創基之功, 世祖有開拓之德, 宜爲祖宗, 百世不遷. 而遠祖平文功未多於昭成, 然廟號爲太祖; 道武建業之勳, 高於平文, 廟號爲烈祖, 比功校德, 以爲未允. 朕今奉尊道武爲太祖, 與顯祖爲二祧, 餘者以次而遷.」"

284 『魏書』卷7下「高祖紀」太和十五年秋七月條, 168쪽, "己卯, 詔議祖宗, 以道武爲太祖."

것이다.[285] 이는 漢人豪族들이 北魏에 벼슬하고 지지하기 위한 명분을 제공했을 것이다.[286]

　그러나 무엇보다 漢人豪族들의 지지와 협력을 얻는 방법은 인사정책, 즉 이들을 官僚로 등용하여 지배층에 포섭하는 정책이었을 것이다. 河北의 豪族들은 北魏初부터 北魏에 벼슬하였지만, 나중에 편입된 다른 지역, 특히 靑齊 지역은 北魏朝廷의 불신 때문에 벼슬길이 막혔다가 487년 무렵 齊州刺史 韓麒麟의 주청 이후에야 土着人들도 靑齊 지역의 太守와 縣令으로 임명되고 중앙정계로 진출할 수 있었다.[287] 이는 太和 중엽 黃河 이남의 人士를 등용하기 시작한 정책과 관련 있을 것이다. 李彪는 河表, 즉 河南 7州 인사를 등용할 것을 건의하였다.[288] 이 건의는 실행되었다. 이는 그동안 소외된 黃河 이남 지역 漢人豪族들을 적극적으로 체제 안으로 포섭하려는 孝文帝의 노력으로 볼 수 있다. 〈표 4〉에서 각 지역을 순행하며 인재천거와 등용을 공포한 것도 같은 맥락이다. 요컨대 孝文帝의 洛陽遷都와 漢化政策, 全國巡幸은 모두 南齊征伐을 위해 漢人들의 민심을 얻기 위한 수단이었다.[289]

---

285 崔珍烈, 「雲崗石窟 曇曜五窟 五帝의 재해석−廟號와 國號로 본 北魏의 정체성−」, 『中央아시아硏究』 10, 2005, 1-19쪽 참조.

286 최진열, 『북위황제 순행과 호한사회』, 178-179쪽.

287 『魏書』 卷60 「韓麒麟傳」, 1332쪽, "…… [韓]麒麟以新附之人, 未階臺宦, 士人沉抑, 乃表曰, '齊土自屬僞方, 歷載久遠, 舊州府僚, 動有數百. 自皇威旣被, 幷職從省, 守宰闕任, 不聽土人監督. 竊惟新人未階朝宦, 州郡局任甚少, 沉塞者多, 願言冠冕, 輕爲去就. 愚謂守宰有闕, 宜推用豪望, 增置吏員, 廣延賢哲. 則華族蒙榮, 良才獲敍, 懷德安士, 庶或在茲.' 朝議從之."

288 『魏書』 卷62 「李彪傳」, 1385-1386쪽, "其三曰: …… 臣謂宜於河表七州人中, 擢其門才, 引令赴闕 依中州官比, 隨能序之. 一可以廣聖朝均新舊之義, 二可以懷江漢歸有道之情."

289 崔珍烈, 「北魏의 華北支配와 그 性格」, 18-19쪽; 同氏, 「北魏의 地域支配方式과 그 性格」, 124-125쪽; 同氏, 『북위황제 순행과 호한사회』, 179-180쪽.

| 小結 |

1부에서 北魏前期(北魏平城時代) 지방통치를 검토하였다.

1장에서 먼저 京畿 통치를 검토하였다. 道武帝는 後燕의 수도 中山城을 점령한 후 돌아와 平城을 수도로 정하고 궁전과 성곽을 건축하였다. 평성 주변에는 鹿苑과 野馬苑 이외에 虎圈·灅南宮苑圍·北苑·西苑·東苑, 山北苑 등의 원유, 각종 魚池가 건설되었다. 이는 北魏皇帝가 목축과 식량생산에 관심을 두었기 때문이며, 北魏 지배층이 아직 목축생활을 버리지 않고 여전히 유지했기 때문이기도 하다. 京畿의 북쪽과 서쪽은 胡人이 거주하였고 이들을 통치하기 위해 '行政部'가 설치되었다. 반면 京畿의 동쪽과 남쪽에는 주로 漢人들이 거주하였으며 郡縣이 설치되었다. 北魏는 피정복민을 수도 平城과 주변 지역(京畿)에 강제 이주시켰는데, 대부분 胡人은 북쪽·서쪽, 漢人은 동쪽·남쪽에 배치되었다. 이와 같은 胡·漢 병존과 분리 거주·통치는 北魏平城時代 地方統治의 기본 원칙이 되었다. 또 北魏가 京畿 지역의 漢人을 통치하는 노하우는 河北을 비롯한 漢人이 거주하는 漢

地(華北) 地方統治에도 적용되었다.

2장에서는 胡人과 胡地 統治를 살펴보았다. 道武帝 시기 부족(부락)이 해체되었다는 통설과는 달리 北魏平城時代 유목민(胡人)의 부족들이 해체되지 않았음을 『魏書』「官氏志」 복속기사와 실제 복속시기의 불일치, 部와 部落의 多重的 의미, 유목민(胡人) 부락을 거느린 領民酋長의 존재, 부족연합체를 유지한 高車의 존재, 胡人의 無姓 현상과 部族의 명칭을 姓으로 표기한 관행 등으로 나누어 논증하였다. 또 賀蘭部와 獨孤部는 부족이 해체된 것이 아니라 부족연합체가 해체되고 개별 부족으로 나뉘었음을 살펴보았다. 胡人 部族(部落)들은 京畿의 동쪽·북쪽, 漠南, 河西(오르도스), 陰山 일대, 呂梁山 汾水 유역, 關隴 지역, 黃河 중류의 河東과 弘農, 남쪽 변경 등에 분포하였다. 北魏皇帝들은 이들을 통치하기 위해 이들이 거주하는 胡地(京畿 동쪽·북쪽, 漠南, 오르도스, 陰山)를 집중적으로 巡幸하였다. 그리고 이들과 함께 사냥하고 제사를 지내며 일체감과 충성심을 확보하였고 이들에게 비단을 비롯한 물자를 분배하며 권위를 과시하였다.

3장에서는 北魏前期 漢人이 거주하는 華北 統治의 과정을 검토하였다. 北魏平城時代 華北 지방통치는 "行臺 혹은 鎭 설치 → 徙民 → 土着勢力의 포섭 → 稅役 징수체제로의 편입 → 皇帝의 巡幸을 통한 안정적인 지배의 표방"의 5단계 과정으로 요약된다. 또 明元帝 시기 京畿(平城 일대), 太武帝 시기 河北, 文成帝 시기 關隴, 孝文帝 시기 河南·靑齊·兗州의 순서로 平城을 중심으로 지방통치의 파장이 동심원적으로 확대되었다. 이러한 단계적 지방통치 과정은 定住·農耕 지역에 생소하며 그 지배방법에 익숙하지 않은 북방 胡人이 華北 지역을 점령한 후 일정 기간 과도기를 거쳐 정주지역에 익숙해진 후 점차로 통치의 강도를 높이는 과정이었다.

2부

北魏洛陽時代 地方統治

4章

孝文帝의 地方改革과 北魏洛陽時代 地方統治

孝文帝의 '漢化政策' 때문에 지방행정제도의 개편 등도 '漢化政策'
의 관점에서 해석하는 것이 학계의 일반적인 견해이다. 필자는 이를
비판하며 지방통치인 漢化政策이 뿌리내렸다면, 秦漢時代 郡縣支配
體制의 원리가 제대로 관철되어야 했겠지만 실제로는 그렇지 못했음
을 논증하였다. 예컨대 孝文帝 시기 北部尙書·南部尙書의 胡漢分治
體制의 폐지, 鎭의 州 改置와 州郡縣으로의 단일화 등 지방행정개혁
이후에도 胡漢分治의 鎭과 護軍, 領民酋長이 존재하였고, 남쪽 변경
의 僑州郡縣도 여전히 남아 있었을 뿐만 아니라 郡縣支配의 기본원리
인 지방장관과 封爵者의 본적지 회피원칙도 잘 지켜지지 않았다.[1] 4장
에서는 필자의 선행연구에서 간과한 백성들의 궁전 방문과 直訴를 추
가하고 최근 연구성과를 보강하여 北魏洛陽時代 지방통치의 성격을
살펴보고자 한다.

---

[1] 崔珍烈, 「北魏의 地域支配方式과 그 性格」, 128-137쪽.

4장에서는 北魏後期(北魏洛陽時代) 지방통치의 양상을 검토한다. 1절에서 孝文帝 시기 지방행정개편 양상을 살펴본다. 이를 위해 배경지식으로 北魏平城時代 胡漢分治 양상을 설명한 후 胡人 통치를 위해 설치된 鎭과 護軍이 州郡縣으로 개편되는 과정을 검토한다. 2절에서 北魏洛陽時代 지방통치의 양상을 京畿(司州), 關東(黃河 중하류), 남쪽 변경, 關隴, 북쪽 변경으로 나누어 살펴본다. 3절에서 秦漢時代 郡縣支配 원리가 '漢化政策'인 州郡縣 편제에 불구하고 정착되지 못한 과정을 僑郡縣·鎭·戍·護軍·部落組織의 병존, 지역민의 詣闕·直訴와 上書, 본적지 회피제의 파괴 등으로 나누어 설명한다.

1. 地方行政體制 改編

1 北魏前期 胡漢分治

16國時代 이민족을 통치하는 군사조직 겸 지방행정조직인 鎭과 護軍이 北魏時代에도 존재하였다. 平城 서·북 지역, 漢人 지역, 鮮卑와 기타 피정복 소수민족 지역에 鎭을 두어 통치하였다. 각 鎭의 통할범위가 넓고 여러 州 兼督하기도 하여 鎭將의 권한은 자사보다 높았다. 護軍은 郡이나 縣級 행정구역으로 역시 피정복 이민족을 통제하는 기구였다.[2] 『魏書』 「官氏志」에 따르면, 護軍은 太安 3년(457)에 郡으로 편제되었다.[3]

---

2 嚴耕望, 『中國地方行政制度史』 上編中卷, 794쪽.

3 『魏書』 卷113, 「官氏志」, 2975쪽, "太安三年五月, 以諸部護軍各爲太守."

北魏前期 胡漢分治는 지리적으로도 구분된다. 嚴耕望에 따르면, 北魏前期 강역은 平城을 중심으로 仇池-渭北의 上邽-離石-太原-平城 -和龍을 잇는 선을 중심으로 서북과 동남의 두 부분으로 나뉜다. 동남은 漢人 거주지역이며, 州郡縣 제도로 통치하였다. 서북은 鮮卑, 漢人, 기타 피정복민 잡거지역으로 軍鎮制度로 통치하였다. 北魏前期 漢地(漢人 거주지역)를 관장하는 南部尙書와 胡地(이민족 거주지역)를 관장하는 北部尙書가 있었다. 平城을 중심으로 南部尙書는 동남 州郡을, 北部尙書는 서북 軍鎮을 관할·관장한 것으로 추정하기도 한다.[4]

軍鎮, 즉 鎮의 연원은 16국 시대까지 거슬러 올라가지만 北魏時代에 증가하였다. 특히 太武帝는 영토확장과 함께 보편적으로 鎮을 설치하였다. 따라서 北魏의 주요 大鎮은 이때 거의 설치되었다. 北魏는 軍鎮制度를 이민족 통치에 사용하였다. 平城 서·북 지역, 漢人 지역, 鮮卑와 기타 피정복 소수민족 지역 모두 軍鎮으로 통치하였다.[5] 각 鎮의 통할범위가 넓고 여러 州 兼督하기도 하여 鎮將의 권한은 자사보다 높았다.[6] 北魏前期 鎮의 분포는 〈지도 12〉에서 살펴볼 수 있다.

이 밖에 北魏 전 시대에 존재했던 領民酋長이 있었다. 嚴耕望의 선행연구에 따르면, 領民酋長制의 특징은 다음과 같다. ① 種族에 대해 말하면, 高車에 한정되는 것이 아니라 鮮卑와 기타 諸族도 部落酋長의

4　『南齊書』 卷57 「魏虜傳」에 따르면, 南部尙書는 南邊의 州郡, 北部尙書는 北邊의 州郡을 관장했다는 기록이 있다(『南齊書』 卷57 「魏虜傳」, 985쪽, "…… 南部尙書知南邊州郡, 北部尙書知北邊州郡."). 이 기록을 바탕으로 嚴耕望은 南部尙書와 北部尙書가 각각 漢地(漢人 거주지역)와 胡地(非漢族 이민족 거주지역)를 관장했다고 해석하였다(嚴耕望, 『中國地方行政制度史』 上編中卷, 419-420쪽).

5　周一良, 「北魏鎮戍制度考」, 251-257쪽.

6　嚴耕望, 『中國地方行政制度史』 上編中卷 魏晉南北朝地方行政制度, 794쪽.

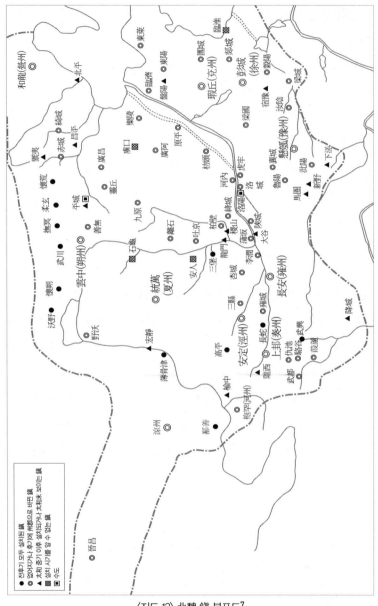

〈지도 12〉 北魏 鎭 분포도[7]

---

7 위의 글, 798쪽의 지도를 필자가 편집하였다.

舊制를 유지하였다. ② 高車에 설치한 六鎭 이외에 京畿와 가까운 代郡 西部와 善無, 秀容, 서남과 동북 지역에도 部落을 두었고 酋長이 있었다. ③ 部落이 거주하는 지역에 拜封하였고 舊俗에 따라 酋長을 汗으로 칭하고 자손이 세습하였다. 이후 酋長, 領民酋長, 第一領民酋長이라 불렸지만 세습은 여전하였다. ④ 소위 第一領民酋長의 '第一'은 '第一品'의 약칭이며 第一等의 뜻이며, 九品官의 第一品은 아니다. ⑤ 汗 혹은 酋長은 토지를 할양받았으나 규모는 달랐다. ⑥ 封內 部落은 추장의 통치를 받았으며, 많으면 1만 家에 달했다. 家마다 武士 1인을 내어 추장이 통솔하였다. ⑦ 汗 혹은 酋長의 封地의 면적과 部落의 수에 따라 일부 領民酋長의 지위는 州刺史에 버금갔다. ⑧ 酋長은 휘하의 武士를 이끌고 四方을 征伐하거나 部落을 떠나 중앙관 혹은 지방관으로 出任하였다. ⑨ 孝文帝의 洛陽遷都 이후 部落酋長은 원칙적으로 洛陽에 거주해야 했으나 계절별로 部落을 왕래할 수 있었다.[8] 領民酋長과 그가 통솔한 部落은 州郡縣에 속하지 않았으며, 胡漢分治의 한 형태였다.

2 孝文帝 시기의 地方行政體制 改編

北魏는 단계적인 지방통치 과정을 통해 稅役 수취가 가능할 정도의 지방통치는 달성하였지만, 流民 문제와 戶口 파악의 未備 등의 문제가 남아 있었다. 北魏는 文成帝 이후 流民의 귀향이나 은닉호구의 색출에 노력을 기울였다. 孝文帝 시기 流民의 원적지 귀환, 均田制와

---

8 위의 글, 837-848쪽.

三長制 실시를 통해 호구파악이 제고되고 수취체제가 정비되었다.[9]

太武帝 시기 이후 보편적으로 각지에 설치된 鎭은 太和 11년(487)부터 洛陽遷都(494년)까지 六鎭 등 北邊의 鎭과 서북의 薄骨律鎭·高平鎭을 제외하고 州로 개칭되었다.[10] 구체적으로 살펴보면, 天興 4년(401)에는 8州(司州(平城), 幷州(晉陽), 冀州(信都), 幽州(合口), 相州(鄴), 定州(盧奴), 豫州(野王), 兗州(滑臺))가 있었으나, 泰常 2년(417)에 7州로 줄어들었다. 이후 太武帝의 華北統一과 함께 州·鎭의 수가 증가하였다. 太平眞君元年(440) 實州 15개(司州(平城), 兗州(滑臺), 濟州(碻磝), 豫州(虎牢), 洛州(洛陽), 荊州(商), 東秦州(蒲城), 雍州(長安), 涇州(臨涇), 秦州(上邽), 相州(鄴), 定州, 冀州, 幽州(薊), 幷州), 僑州 3개(南秦州·益州·交州), 鎭 20개에 달하였다. 이후 太和 3년(479) 州의 수는 24개였다.[11] 이후 太和 18년(494) 57州, 孝明帝 神龜 2년(519) 68州로 증가하였다.[12]

太和 10년(486) 州郡의 分置는 州郡制度 개혁의 시작이며, 三長의 설치 및 均田制 실시와 밀접한 관계가 있다. 『南齊書』「魏虜傳」에는 "造戶籍"과 "分置州郡"이 함께 기록되었다.[13] 『魏書』에 따르면, 太和 9년 十月 丁未日(485. 11. 6) 均田令을 반포하였고,[14] 太和 10년 二月 甲

9　李成珪, 「中國帝國의 分裂과 統一―後漢解體 이후 隋·唐統一의 形成過程을 중심으로―」, 閔賢九·李成珪 등 編, 『歷史上의 分裂과 再統一』(上), 一潮閣, 1992, 183-188쪽.

10　嚴耕望, 『中國地方行政制度史』上編中卷, 794쪽.

11　何德章, 「北魏太和中州郡制改革考釋」, 27쪽.

12　嚴耕望, 『中國地方行政制度史』上編中卷, 427-429쪽.

13　『南齊書』卷57「魏虜傳」, 1001-1002쪽, "三年, 初令鄰里黨各置一長, 五家爲鄰, 五鄰爲里, 五里爲黨. 四年, 造戶籍. 分置州郡, ……."

14　『魏書』卷7上「高祖紀」上 太和九年冬十月丁未條, 156쪽, "冬十月丁未, 詔曰:「朕承乾在位, 十有五年. 每覽先王之典, 經綸百氏, 儲畜旣積, 黎元永安. 爰暨季葉, 斯道陵替, 富强者幷兼山澤, 貧弱者望絶一廛, 致令地有遺利, 民無餘財, 或爭畝畔以亡身, 或因飢饉以棄業, 而欲天下太平, 百姓豐足, 安可得哉? 今遣使者, 循行州郡, 與

戊日(486. 4. 2) 三長을 설치하고 戶籍을 정하였다.[15] 戶籍의 편제와 均田은 州郡 행정체계 아래 가능하며, 반면 軍鎭은 불가능하였다. 따라서 반드시 軍鎭을 州郡으로 고쳐야 三長의 설치와 戶籍의 編定, 均田의 실시를 할 수 있다.[16] 이 견해에 따르면 軍鎭의 州郡 개칭과 戶籍의 편제, 均田制와 三長制 실시는 밀접한 관계가 있다.

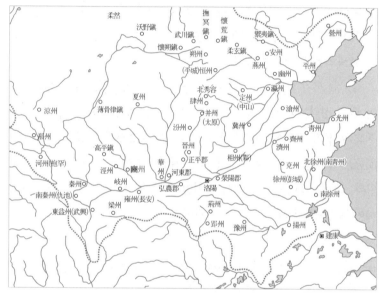

〈지도 13〉 北魏後期 주요 州郡 분포도[17]

牧守均給天下之田, 還受以生死爲斷, 勸課農桑, 興富民之本.」

15 『魏書』卷7下「高祖紀」下 太和十年二月戊戌條, 161쪽, "二月甲戌, 初立黨 · 里 · 隣三長, 定民戶籍."

16 何德章, 「北魏太和中州郡制改革考釋」, 29-30쪽.

17 谷川道雄의 『隋唐帝國形成史論』(東京: 筑摩書房, 1971) 지도를 필자가 편집하였다.

『南齊書』「魏虜傳」에 따르면, 太和 10년(486) 州郡 설치 이후 黃河 이남에는 雍州·涼州·秦州·沙州·涇州·華州·岐州·河州·西華州·寧州·陝州·洛州·荊州·郢州·北豫州·東荊州·南豫州·西兗州·東兗州·南徐州·東徐州·靑州·齊州·濟州 등 25州(한 州 누락됨), 黃河 이남에는 相州·懷州·(秦)[汾]州·東雍州·肆州·定州·瀛州·朔州·幷州·冀州·幽州·平州·司州 등 13州가 있었다.[18] 이 당시 모두 38州가 있었으며 六鎭 등 鎭은 제외한 숫자였다. 선행연구에 따르면, 北魏 太和 10년(486) "分置州郡"에 河南에는 25州라고 하였지만 실제로 24州라고 한다.[19]

孝文帝 시기 軍鎭의 州 開置와 더불어 韓顯宗의 건의대로 僑州郡縣이 대폭 정리되었다.[20] 또 胡漢分治의 상징인 北部尙書와 南部尙書도 孝文帝 후기 폐지되었다.[21] 孝文帝의 지방행정개혁은 다원적이며 胡漢分治의 지방행정체계가 일원적인 지방행정체계로 바뀐 것처럼 보인다. 그러나 다음의 3절에서 확인할 수 있듯이, 北邊의 六鎭을 비롯하여 변경지역에 鎭과 護軍은 여전히 남아 있었다.

---

18 『南齊書』卷57「魏虜傳」, 1001-1002쪽, "三年, 初令鄰里黨各置一長, 五家爲隣, 五隣爲里, 五里爲黨. 四年, 造戶籍. 分置州郡, 雍州·涼州·秦州·沙州·涇州·華州·岐州·河州·西華州·寧州·陝州·洛州·荊州·郢州·北豫州·東荊州·南豫州·西兗州·東兗州·南徐州·東徐州·靑州·齊州·濟州二十五州在河南; 復, 子顯所載者魏太和初之疆域, 其時亦不當有光州矣. (湘)[相]州·懷州·(秦)[汾]州·東雍州·肆州·定州·瀛州·朔州·幷州·冀州·幽州·平州·司州十三州在河北. 凡分魏·晉舊司·豫·靑·兗·冀·幷·幽·秦·雍·涼十州地, 及宋所失淮北爲三十八州矣."

19 何德章,「北魏太和中州郡制改革考釋」, 27쪽.

20 『魏書』卷60「韓麒麟傳附顯宗傳」, 1341쪽, "又曰:「自南僞相承, 竊有淮北, 欲擅中華之稱, 且以招誘邊民, 故僑置中州郡縣. 自皇風南被, 仍而不改, 凡有重名, 其數甚衆. 疑惑書記, 錯亂區宇, 非所以疆域物土, 必也正名之謂也. 愚以爲可依地理舊名, 一皆釐革. 小者幷合, 大者分置. 及中州郡縣 昔以戶少幷省, 今人口旣多, 亦可復舊.」"

21 嚴耕望,「北魏尙書制度」, 390-392쪽.

2. 北魏洛陽時代 地方統治 양상

3장에서 살펴본 것처럼 北魏前期 北魏의 華北 통치는 단계적인 地方統治 과정을 통한 地方統治의 공고화와 胡·漢分治에서 중국식 郡縣編制로의 일원화라는 추세로 정리할 수 있다. 본장에서는 北魏後期 각 지역의 통치 양상을 살펴봄과 아울러 일원적인 州郡縣 편제의 의미를 살펴본다.

1 京畿(司州) 지역

(1) 지방행정조직 개편과 洛陽 건설

孝文帝는 洛陽遷都 선언 이후 행정구역 개편과 洛陽城·궁전 등 건축이라는 두 가지를 동시에 진행하였다.

먼저 전자를 살펴보면, 孝文帝는 洛陽 일대의 北豫州·陝州·(西)兗州·東雍州·泰州·懷州 등을 병합하여 京畿인 司州를 설치하였다. 洛陽을 지키기 위해 동쪽의 滎陽郡에 東中郞將府, 남쪽의 魯陽郡에 南中郞將府, 서쪽의 恒農郡에 西中郞將府, 북쪽의 河內郡에 北中郞將府를 설치하여 洛陽 방어 임무를 맡겼다.[22] 그리고 司州民 12명을 1組로 하여 4년 동안 公私 力役에 종사하게 하였다.[23]

다음으로 洛陽城과 궁전의 건축이다. 漢魏 洛陽城은 西晉末·十六國時代의 전란으로 파괴되었다. 孝文帝의 洛陽遷都는 갑자기 결정

---

22 濱口重國,「正光四年の交に於ける後魏の兵制に就いて」,『秦漢隋唐史の研究』, 東京: 東京大學出版會, 1980, 97-102쪽.

23 『魏書』卷7下「高祖紀」下 太和二十年冬十月戊戌條, 180쪽, "冬十月戊戌 以代遷之士皆爲羽林, 虎賁; 司州之民 十二夫調一吏 爲四年更卒 歲開番假 以供公私力役."

되었기 때문에 洛陽遷都 선포 이후 비로소 都城 洛陽 건설이라는 토목공사가 시작되었다. 기록상 제일 먼저 완성된 것은 太和 19년 八月 丁巳日(495. 9. 25) 완성된 金墉宮이다.[24] 『資治通鑑』에 따르면, 이때 國子·太學·四門小學을 洛陽에 세웠다.[25] 이어서 6년 후인 景明 2년 (501) 司州牧 廣陽王 元嘉가 洛陽城에 323坊을 축조하자고 건의하여 宣武帝가 畿內의 夫 5만 人을 동원하여 40일 만에 축조하였다.[26] 이는 洛陽의 坊이 遷都한 지 7년 후에 완성된 것이다.[27] 坊은 城內의 구획인 것으로 보아 洛陽城의 성벽은 그 전에 축조되었을 것이다. 다음 해인 梁 天監元年, 즉 景明 3년(502) 洛陽宮이 완성되었다.[28] 胡三省註에 따르면 南齊 武帝 永明 11년(493) 만들기 시작한 洛陽의 宮室이 景明 3년(502) 비로소 완성되었다고 한다.[29] 이는 洛陽의 宮室이 10년 만에 완성되었음을 뜻한다.

이 밖에 『水經注』에는 曹魏時代 건설한 千金塢이 보인다. 이 千金塢은 西晉末 張方이 洛陽으로 진격할 때 파괴되었다. 그 후 北魏 孝文帝 太和년간 다시 수리하였다.[30] 「楊播墓志」에 따르면, 낙양천도 계획

---

24 『魏書』卷7下「高祖紀」下 太和十九年八月丁巳條, 178쪽, "金墉宮成."

25 『資治通鑑』卷140「齊紀」6 明帝建武二年八月丁巳條, 4389쪽, "魏金墉宮成, 立國子·太學·四門小學於洛陽."

26 『魏書』卷8「世宗紀」景明二年條, 194쪽, "九月丁酉, 發畿內夫五萬人築京師三百二十三坊, 四旬而罷.";『資治通鑑』卷144「齊紀」10 和帝中興元年條, 4498쪽, "魏司州牧廣陽王嘉請築洛陽三百二十三坊, 各方三百步, 曰: '雖有暫勞, 姦盜永息.' 丁酉, 詔發畿內夫五萬人築之, 四旬而罷."

27 劉淑芬,「六朝的城市與社會」, 臺北: 臺灣學生書局, 1992, 418쪽.

28 『資治通鑑』卷145「梁紀」1 武帝天監元年條, 4527쪽, "魏洛陽宮室始成."

29 위와 같음, "齊武帝永明十一年魏始營洛陽, 至是宮室乃成."

30 『水經注』卷16 穀水·"穀水又逕河南王城北"條, 1379-1382쪽, "穀水又東流, 逕乾祭門北, 子朝之亂, 晉所開也. 河南十二縣境簿曰: 河南縣城東十五里有千金塢. 洛陽記曰: 千金塢舊堰穀水, 魏時更修此堰, 謂之千金塢. 積石爲塢, 而開溝渠五所, 謂

에 간여한 楊播는 太和 17년(493) 千金堨을 만들어 洛陽에 洛水와 瀍水를 끌어들여 관개하도록 하였다.[31] 이는 洛陽遷都 이후 바로 황폐한 洛陽 주변의 농사를 위해 관개시설을 확충했음을 알 수 있다.

(2) 京畿(司州) 지역 통치

孝文帝의 洛陽遷都가 中原 지방의 공고한 통치를 위함이라는 설도 있지만,[32] 『魏書』에 보이는 北魏後期 京畿 지역에 관한 기사는 北魏 조정이 京畿 지방마저 제대로 장악하지 못하는 모습을 기록하였다. 宣武帝 시기 甄琛은 首都 洛陽에 寇盜와 劫害가 끊이지 않는 등 치안이 불안함을 지적하면서 羽林을 洛陽治安에 이용할 것을 건의하였다.[33] 羽林軍을 동원할 정도로 치안이 불안했고, 北魏의 京畿 통치가 원활

之五龍渠. 渠上立堨, 堨之東首立一石人, 石人腹上刻勒云: 太和五年二月八日庚戌, 造築此堨, 更開溝渠, 此水衝渠, 止其水, 助其堅也, 必經年歷世, 是故部立石人以記之, 云爾. 蓋魏明帝修王‧張故績也. 堨是都水使者陳協所修也. 語林曰: 陳協數進阮步兵酒, 後晉文王欲修九龍堰, 阮擧協, 文王用之. 掘地得古承水銅龍六枚, 堰遂成. 水歷堨東注, 謂之千金渠. 逮於晉世, 大水暴注, 溝瀆洩壞, 又廣功焉. 石人東脅下文云: 太始七年六月二十三日, 大水迸瀑, 出常流上三丈, 蕩壞二堨. 五龍洩水, 南注瀉下, 加歲久嚙, 每湷卽壞, 歷載捐棄大功, 故爲今遏. 更於西開泄, 名曰代龍渠. 地形正平, 誠得瀉朱瀉世泄理, 千金不與水勢激爭, 無緣當壞, 由其卑下, 水得逾上嚙故也. 今增高千金於舊一丈四尺, 五龍自然必歷世無患. 若五龍歲久複壞, 可轉於西, 更開二碣. 二渠合用二十三萬五千六百九十八功, 以其年十月二十三日起作, 功重人少, 到八年四月二十日畢, 代龍渠卽九龍渠也. 後張方入洛, 破千金堨, 京師水碓皆涸. 永嘉初, 汝陰太守李矩‧汝南太守袁孚修之, 以利漕運, 公私賴之. 水積年, 渠堨頹毀, 石砌殆盡, 遺基見存. 朝廷太和中修複故堨."

31 「楊播墓誌」, 『漢魏南北朝墓誌彙編』, 86쪽, "車駕至洛陽, 定鼎於郊鄽, 高祖初建遷都之始, 君參密謀焉. 又脩成千金堨, 引瀍‧洛二水以灌京師."

32 張金龍, 『北魏政治史硏究』, 207-208쪽. 洛陽遷都의 원인에 관한 여러 學說은 張金龍, 『北魏政治史硏究』, 198-210쪽 참조.

33 朴漢濟, 『北魏 洛陽社會와 胡漢體制』, 136-137쪽.

하지 않았음을 보여준다. 이는 北魏가 京畿 지역 土着豪族들의 발호를 제대로 저지하지 못한 점에서도 확인된다. 河東郡과 河北郡이 鹽池를 자기 郡 관할하에 두기 위해 郡 경계 설정문제를 두고 분쟁을 일으켰는데, 이는 관민 모두의 이권이 걸린 문제였다. 이는 결국 동향인인 柳崇(河東 解縣)의 중재로 겨우 분란이 그쳤다.[34] 이 사례는 河東 지역 豪族이 鹽池의 이권을 장악하고 있으며,[35] 北魏 조정은 河東 지역의 유력 豪族인 柳崇의 힘을 빌려 河東 지역의 분규를 수습할 수 있었음을 보여준다. 滎陽 지방도 土豪가 발호하였다. 宣武帝 시기 滎陽鄭氏의 횡포가 심하여 滎陽 지역이 '難治'라는 평가가 있을 정도[36]로 滎陽鄭氏 및 이와 결탁한 무리들이 滎陽 지역에 橫行하였다. 그러나 北魏는 京畿의 토착호족들을 탄압하는 대신 오히려 그들을 현지 太守나 縣令으로 삼아 통치하는 정책을 취하였다. 司州의 滎陽·河東 일대 太守의 본적지 임용이 대표적인 사례이다. 河東 지방은 前期부터 계속 河東 薛氏·裴氏·柳氏가 河東·河北·正平 등 西晉 시대 河東郡에 속하는 지역의 太守와 縣令을 독점하였다.[37] 滎陽郡에서는 孝文

---

34 『魏書』卷45「柳崇傳」, 1029쪽, "于時河東·河北二郡爭境, 其間有鹽池之饒, 虞坂之便, 守宰及民皆恐外割. 公私朋競, 紛囂臺府. 高祖乃遣崇檢斷, 民官息訟."

35 孝明帝 말년 河東豪族 薛氏가 鹽池를 점거하고 반란을 일으키는 사례나(『魏書』卷25「長孫道生傳附冀歸傳」, 648쪽, "時薛鳳賢反於正平, 薛脩義屯聚河東, 分據鹽池, 攻圍蒲坂, 東西連結, 以應寶寅. 稚乃據河東.") 薛善이 鹽池都將을 역임하여 富를 축적한 기사(『周書』卷35「薛善傳」, 623쪽, "善少爲司空府參軍事, 遷儻城郡守, 轉鹽池都將. 魏孝武西遷, 東魏改河東爲泰州, 以善爲別駕. 善家素富, 僮僕數百人.")는 河東薛氏가 특히 鹽池 관련 이권에 깊숙이 개입했음을 시사한다.

36 『魏書』卷88「良吏·宋世景傳」, 1902쪽, "尋加伏波將軍, 行滎陽太守. 鄭氏豪橫, 號爲難治. 濟州刺史鄭尙弟遠慶先爲苑陵令, 多所受納, 百姓患之."

37 窪添慶文,「魏晉南北朝における地方官の本籍地任用について」, 33-41쪽. 34쪽. 本籍地 지방관을 다수 배출한 姓氏表에 의하면 河東薛氏는 20회, 河東裴氏는 9회, 河東柳氏는 3회 본적지 지방관을 배출하였다. 前期 河東薛氏의 본적지 임용 6회를

帝 이후 鄭穎考와 鄭仲明이 滎陽太守를, 鄭遠慶이 苑陵令을 역임하였다.[38] 특히 洛陽遷都 이후 滎陽鄭氏의 부상은 北魏後期 京畿 통치와도 관계가 있다. 滎陽鄭氏는 16國·北魏前期 宗族과 지방무장세력을 배경으로 滎陽과 河洛 일대에서 영향력을 행사하던 '鄕豪'에 불과하였고, 高官을 배출하지도 못했다. 이들이 최고문벌로 등장하게 된 계기는 李沖 등 隴西李氏와의 결탁 및 孝文帝의 통혼정책이었다.[39] 北魏는 滎陽鄭氏를 제거하는 것보다 그들과 타협하여 그들의 영향력을 이용하여 京畿 지역 통치에 활용하는 정책을 취했다. 孝文帝가 논란 끝에 河東薛氏를 郡姓에 넣어 河東土族으로 공인한 조치[40] 역시 河東薛氏의 세력을 이용해 河東 지역의 통치를 원활히 하려는 의도 때문이었을 것이다.

요컨대 北魏가 京畿 지역에서 토착세력을 용인하고 土豪들의 발호에 속수무책이며 本籍地 지방관의 임용을 허용하는 양상은 일반적으

제외하면 대부분은 北魏後期로 추정된다.

38 『魏書』卷56「鄭羲傳附穎考傳」, 1249쪽, "子穎考, 太和中, 復爲滎陽太守.";『魏書』卷56「鄭羲傳附仲明傳」, 1249쪽, "祖育弟仲明. …… 除滎陽太守.";『魏書』卷88「良吏·宋世景傳」, 1902쪽, "濟州刺史鄭尙弟遠慶先爲苑陵令, 多所受納, 百姓患之." 苑陵縣은 滎陽郡의 屬縣이므로 鄭遠慶은 本郡他縣의 縣令을 역임한 것이다.

39 陳爽, 『世家大族與北朝政治』, 135-148쪽; 窪添慶文, 「北魏における滎陽鄭氏」, 『お茶の水史學』51, 2008, 185-186쪽. 495년 '定代人姓族詔'나『新唐書』柳沖傳에 실린 柳芳의 氏族論에 의하면 門閥의 기준은 官爵의 高下였다. 따라서 滎陽鄭氏가 최고문벌이 된 것은 官爵이 아니라 北魏 황실과의 통혼 때문이었다고 한다(陳爽, 『世家大族與北朝政治』, 135-148쪽). 반면 窪添慶文은 滎陽鄭氏의 부상을 隴西李氏 李沖 일가와의 통혼 때문으로 보았다(窪添慶文, 「北魏における滎陽鄭氏」, 『お茶の水史學』51, 2008, 185-186쪽).

40 唐長孺, 「論北魏孝文帝定姓族」, 84-86쪽. 唐長孺·陳寅恪 등 중국학자들은 河東薛氏를 蜀의 소수민족으로 보고 있는 데 비해 李啓明은 유서 깊은 漢人士族이라고 주장하였다(李啓明, 「關中의「郡姓」－河東薛氏의 성립－」, 70-74쪽 참조).

로 중국왕조가 추진했던 京畿 강화책, 즉 强幹弱枝 정책과는 다르다. 이러한 北魏後期 京畿 통치의 현실을 염두에 두면 北魏의 洛陽遷都를 통해 中原支配를 공고히 하려 했다는 설명은 다소 설득력이 부족하다. 오히려 孝文帝의 졸속 천도[41]와 천도 이후 南齊와의 전쟁을 시작하여 京畿 지역의 경영에 소홀했기 때문에[42] 北魏後期 京畿 통치가 허술했다고 볼 수 있다.

2 關東(黃河 중하류) 지역

洛陽 동부의 河北·兗州·靑齊 지역 등 洛陽과 함께 關東으로 불리는 지역을 살펴보자. 河北 지역은 "河北數州, 國之基本", "國之資儲, 唯借河北"[43]이라 일컬어질 정도로 北魏의 가장 중요한 經濟的 기반이었다. 그래서 北魏前期 黃河 이남의 民戶를 河北으로 遷徙하는 河北充實策이 자주 시행되었고, 均田制와 三長制 실시 당시 특히 이들 지역의 戶籍 정비에 노력을 기울였다.[44] 張幸이 招納한 河東民 1,000여 家를 冀州로 옮겨 30년 후인 孝文帝 시기 冀州가 民戶가 가장 많은 大州가 되었던 사례[45]와 연간 絹 30만 匹의 冀州와 定州의

---

41 朴漢濟, 「魏晉南北朝時代 각 왕조의 首都 선정과 그 의미−洛陽과 鄴都−」, 『歷史學報』 168, 2000, 141-142쪽. 朴漢濟 敎授는 孝文帝의 洛陽遷都를 통일군주와 정통성 문제에 대한 초조함과 집착 때문으로 설명하고 있다.

42 이는 洛陽의 城坊이 遷都한 지 7년 후인 宣武帝 景明 2년(501)에야 건설되었던 점에서도(劉淑芬, 『六朝的城市與社會』, 418쪽) 확인된다.

43 『魏書』 卷15 「常山王遵傳附暉傳」, 380쪽.

44 朴漢濟, 「胡族의 中原統治構造와 北魏 均田制」, 『魏晉隋唐史硏究』 8, 2001, 22쪽.

45 『魏書』 卷64 「張彝傳」, 1433쪽, "初, 彝曾祖幸, 所招引河東民爲州裁千餘家, 後相依合, 至於罷入冀州, 積三十年, 析別有數萬戶, 故高祖比校天下民戶, 最爲大州."

稅收[46]는 경제적으로 발전한 河北 지역 상황을 시사한다.

兗州와 靑齊 지역의 상황을 알려주는 사료는 거의 남아 있지 않지만, 北魏後期 군대의 징발 지역을 보면 冀州·相州·定州 河北 지역과 兗州·濟州 등 소위 '關東' 지역의 잦은 징발 횟수가 두드러진다.[47] 北魏後期 곡물창고인 邸閣 8所 가운데[48] 河北 지역의 漳涯와 靑齊 지역의 濟州에 각각 邸閣이 존재하였다. 이는 이들 지역이 邸閣이라는 창고를 둘 정도로 北魏의 경제적 수취가 원활했던 지역이었음을 보여준다. 이처럼 北魏는 關東, 그 가운데 특히 河北의 경제력에 의존하여 국가를 운영하고 南朝와의 전쟁을 수행하였다.

본래 平城時代 河北의 백성은 일반적으로 兵役을 부담하지 않았다. 神䴥 4년(431) 南境에 홍수가 나자 尙書令 劉潔이 太武帝에게 上書하여 "郡國의 民(漢人)은 전쟁에 참전하지 않지만 열심히 農桑에 힘써 軍國 재정에 이바지하니, 진실로 經世의 大本이며, 府庫의 資입니다"[49]라고 하였다. 이 구절에서 알 수 있듯이, 胡人 위주의 北魏軍이 전쟁을 담당하였고 漢人은 생산을 맡아 보조적인 역할에 머물렀다. 그러나 洛陽時代 漢人의 兵役 부담이 빈번해져서 임시적 징발이 常規的인 징발로 바뀌었다.[50] 北魏와 南朝의 전쟁 가운데 攻城戰을 위해 步兵이 필요하였고 步兵의 비중이 커졌으며 漢人의 징병으로 이어졌

---

46 朴漢濟, 「魏晉南北朝時代 각 왕조의 首都 선정과 그 의미」, 139쪽.

47 崔珍烈, 「北魏의 華北支配와 그 性格」, 47쪽, 〈표 5〉 효문제 이후 南征에 동원된 지역 참조.

48 『魏書』 卷113 「食貨志」, 2858쪽, "有司又請於水運之次, 隨便置倉, 乃於小平·石門·白馬津·漳涯·黑水·濟州·陳郡·大梁凡八所, 各立邸閣, 每軍國有須, 應機漕引."

49 『魏書』 卷28 「劉潔傳」, 496쪽, "郡國之民, 雖不征討, 服勤農桑, 以供軍國, 實經世之大本, 府庫之所資."

50 孫權, 「北魏河北地區研究」, 9쪽.

다.[51] 예컨대 太和 21년 六月 壬戌日(497. 7. 21) 冀·定·瀛·相·濟 5
州에 명령을 내려 卒 20만을 징발하여 南齊 정벌에 동원하였다.[52] 正
始 3년 七月 己丑日(506. 8. 30) 定·冀·瀛·相·幷·肆 6州 10만 人
을 南邊으로 보냈다.[53] 梁의 將領 張囂가 夷陵戍를 공격하자 冀·定·
瀛·相·幷·濟 6州 2만 人과 馬 1,500匹을 징발하여 仲秋에 淮南에
모이도록 하였다. 그리고 壽陽에 주둔하던 3만 군인과 함께 梁의 공
격에 대처하도록 하였다.[54]

전쟁 이외에 평상시에도 河北 州郡兵도 대량 징집되어 南邊 지역에
戍兵으로 파견되었다. 『魏書』「范紹傳」에는 宣武帝 시기 河北 田兵의
징발을 아래와 같이 서술하였다.

"그해 겨울 洛陽으로 돌아왔는데 조정에서 南討의 계책이 있어서 河北
여러 州 田兵 2만 5,000人을 징발하여 淮水 연안의 戍兵과 합한 5만여 人
에게 대규모 屯田을 시작하였다. 八座는 范紹를 西道六州營田大使에 임명

---

51 何玆全,「府兵制前的北朝兵制」,『讀史集』, 上海: 上海人民出版社, 1982, 321-322쪽.
52 『魏書』卷7下「高祖紀」下 太和二十一年六月壬戌條, 182쪽, "壬戌, 詔冀·定·瀛·
   相·濟五州發卒二十萬, 將以南討. 癸亥, 司空穆亮遜位. 丁卯, 部分六師, 以定行留."
53 『魏書』卷8「世宗紀」正始三年秋七月己丑條, 203쪽, "己丑, 詔發定·冀·瀛·相·
   幷·肆六州十萬人以濟南軍."
54 『魏書』卷19中「任城王雲傳附澄傳」, 471-472쪽, "蕭衍將張囂之寇陷夷陵戍, 澄遣輔
   國將軍成興步騎赴討, 大破之, 復夷陵, 囂之遁走. 又遣長風戍主奇道顯攻蕭衍陰山
   戍, 破之, 斬其戍主龍驤將軍·都亭侯梅興祖. 仍引攻白臺戍, 又破之, 斬其寧朔將
   軍·關內侯吳道爽. 澄表曰: '蕭衍頻斷東關, 欲令巢湖氾溢, 湖周回四百餘里, 東關合
   江之際, 廣不過數十步, 若賊計得成, 大湖傾注者, 則淮南諸戍必同晉陽之事矣. 又吳
   楚便水, 且灌且掠, 淮南之地, 將非國有. 壽陽去江五百餘里, 衆庶惶惶, 並懼水害.
   脫乘民之願, 攻敵之虛, 豫勒諸州, 纂集士馬, 首秋大集, 則南讀可爲飮馬之津, 霍嶺
   必成徒倚之觀, 事貴應機, 經略須早. 縱混一不可必果, 江西自是無虞. 若猶豫緩圖,
   不加除討, 關塞旣成, 襄陵方及, 平原民戍定爲魚矣.' 詔發冀·定·瀛·相·幷·濟六
   州二萬人, 馬一千五百匹, 令仲秋之中畢會淮南, 幷壽陽先兵三萬, 委澄經略."

하고 步兵校尉를 加官할 것을 주청하였다. 范紹는 勸課에 노력하였고, 여러 해 동안 자주 군량을 많이 획득하였다."[55]

위의 인용문은 宣武帝 시기인 504년 남방 정벌을 위해 淮水 연안에서 屯田을 실시하는 상황을 묘사하였다. 즉 北魏는 河北 여러 州 田兵 2만 5,000인과 淮水의 戍兵 2만 5,000인을 합해 屯田을 실시하고 范紹를 西道六州營田大使로 임명하여 屯田을 감독하게 하였다. 이때 河北에서 屯田의 경작을 위해 田兵 2만 5,000인이 차출되었음이 주목된다. 淮水와 가까운 黃河 이남이나 靑齊 지역이 아닌 河北에서 田兵이 징발된 것은 黃河 이남 지역의 피폐와 함께 河北에 田兵으로 징발할 정도로 인구가 많았기 때문일 것이다. 李韶는 孝明帝 초 冀州刺史를 역임하였다.[56] 李韶가 죽은 후에 荊州에 戍兵으로 파견되었다가 돌아오던 冀州의 군인 1,000여 人이 李韶의 무덤을 지나며 배알하였다.[57] 여기에서 冀州의 군인들이 荊州에 파병되었음을 알 수 있다. 두 예에서 河北의 백성들은 淮水와 漢水 일대의 광범한 南邊 지역에 田兵이나 수비병으로 차출되었음을 확인할 수 있다.[58]

이 밖에 河北에 주둔하던 胡人 위주의 군사들도 남쪽으로 이동했던 예가 『魏書』「楊播傳附椿傳」에 보인다.

---

55 『魏書』 卷79 「范紹傳」, 1756쪽, "其年冬, 使還都, 値朝廷有南討之計, 發河北數州田兵二萬五千人, 通緣淮戍兵合五萬餘人, 廣開屯田. 八座奏紹爲西道六州營田大使, 加步兵校尉. 紹勤於勸課, 頻歲大獲."

56 『魏書』 卷39 「李寶傳附韶傳」, 887쪽, "出爲冀州刺史, 淸簡愛民, 甚收名譽, 政績之美, 聲冠當時."

57 위와 같음, "旣葬之後, 有冀州兵千餘人戍於荊州, 還經韶墓, 相率培冢, 數日方歸. 其遺愛如此."

58 孫權, 「北魏河北地區研究」, 9-10쪽.

"太祖[太武帝]가 中山을 평정한 후, 대부분 軍府를 설치하여, 서로 威攝하였다. [定州에는] 모두 8軍이 있었고 軍은 각각 兵 5,000人을 배정했으며, 食祿主帥는 軍마다 46人이었다. 中原이 점차 안정된 후 8軍의 兵은 점차 南戍로 나뉘어 파견되었기 때문에 1軍의 兵은 겨우 1,000여 인에 불과했지만, 主帥는 전과 같았으니, 祿에 소모되는 비용이 적지 않았다."[59]

위의 인용문은 宣武帝 시기 定州 주둔군의 상황이다. 北魏初 5,000명으로 구성된 1軍이 北魏後期 宣武帝 시기에 1,000여 인으로 줄어들었다. 4,000여 인은 '南戍'에 배당되었다고 하는데, 당시 상황을 보면 南朝 南齊 · 梁과의 전쟁에 동원되었을 것이다. 河北에 거주하는 漢人들뿐만 아니라 胡人들도 南邊에 배치되었다.

이처럼 南朝와의 전쟁에 河北의 백성들이 동원되고 河北의 물자를 운송함에 따라 河北의 경제력이 소모되었다. 게다가 冀州刺史 元暉[60]와 定州刺史 河間王 元琛[61] 등의 가렴주구가 심했고 河北 각 州에 佛教寺院이 세워져 종교에 경제력이 낭비되었다.[62] 河北이 피폐해지면서

---

59 『魏書』卷58「楊播傳附椿傳」, 1287쪽, "自太祖平中山, 多置軍府, 以相威攝. 凡有八軍, 軍各配兵五千, 食祿主帥軍各四十六人. 自中原稍定, 八軍之兵, 漸割南戍, 一軍兵纔千餘, 然主帥如故, 費祿不少."

60 『魏書』卷4215「昭成子孫 · 常山王遵傳附暉傳」, 379쪽, "遷吏部尙書, 納貨用官, 皆有定價, 大郡二千匹, 次郡一千匹, 下郡五百匹, 其餘受職各有差, 天下號曰「市曹」. 出爲冀州刺史, 下州之日, 連車載物, 發信都, 至湯陰間, 首尾相繼, 道路不斷. 其車少脂角, 卽於道上所逢之牛, 生截取角以充其用. 暉檢括丁戶, 聽其歸首, 出調絹五萬匹. 然聚斂無極, 百姓患之."

61 『魏書』卷20「文成五王 · 河間王若傳附琛傳」, 529쪽, "世宗時, 拜定州刺史. 琛妃, 世宗舅女, 高皇后妹. 琛憑恃內外, 多所受納, 貪惏之極. 及還鎭, 靈太后詔曰: '琛在定州, 惟不將中山宮來, 自餘無所不致, 何可更復敍用.' 由是遂廢于家."

62 孫權, 「北魏河北地區硏究」, 30쪽.

北魏末 六鎭의 난이 평정된 후 六鎭降戶를 河北에 安置하려고 하였으나 실패하여 杜洛周·葛榮·鮮于仲禮의 난으로 확대되었다.

3 남쪽 변경지역

北魏의 남쪽 국경은 대체로 淮水 유역과 秦嶺山脈을 잇는 지역이었으나 北魏後期, 특히 宣武帝 시기 揚州 등 淮南·江北 지역과 巴蜀의 북부 지역까지 확대되었다. 南邊에는 漢人 이외에도 蠻·巴·氐·獠 등이 분포하였다. 北魏는 각 種族들을 郡縣으로 編制하는 작업을 지속적으로 실시하였다. 예컨대 『魏書』 「蠻傳」을 살펴보면 蠻人은 明元帝 泰常 8년(423) 이후 北魏에 귀부하여 北魏 전시기 모두 8만여 落·1만 家·15만 9,700戶와 7郡 31縣을 획득하였고, 이를 州郡縣으로 편제하였다. 巴蜀 북부의 獠 역시 巴州와 隆城鎭으로 편제되었으며, 巴酋 嚴始欣이 刺史가 되어 獠 20만 戶를 통할하고 北魏에 租布를 바쳤다.[63] 巴州로 편제된 獠에게 일반 編民에게 징수하는 租賦가 아니라 이민족에게 징수하는 租布를 징수한 사실은 이들이 郡縣支配를 받는 漢人編戶와 다름을 보여준다.[64]

---

63 『魏書』 卷101 「獠傳」, 2250쪽, "其後朝廷以梁益二州控攝險遠 乃立巴州以統諸獠 後以巴酋嚴始欣爲刺史. 又立隆城鎭 所綰獠二十萬戶 彼謂北獠 歲輸租布 又與外人交通貿易."

64 河北의 武邑郡과 淮北의 汝陽郡에서 租賦 징수와 관련된 사례가 보이는 것은(『魏書』 卷79 「劉道斌傳」, 1757-1758쪽, "出爲武邑太守. 時冀州新經元愉逆亂之後, 加以連年災儉, 道斌頻爲表請, 蠲其租賦, 百姓賴之."; 『魏書』 卷45 「辛紹先傳附穆傳」, 1028쪽, "轉汝陽太守, 値水澇民飢, 上表請輕租賦. 帝從之, 遂敕汝陽一郡, 聽以小絹爲調.") 일반 郡縣 지역의 조세가 '租賦'라는 명칭으로 불리고 있음을 보여준다. 漢人과 雜居하는 獠는 租賦를 냈으나, 深山에 사는 獠는 여전히 編戶가 되지는 않았다는 『魏書』 「獠傳」의 기사(『魏書』 卷101 「獠傳」, 2249쪽, "與夏人參居者頗輸租

南邊은 南朝의 邊民 회유정책으로 邊民의 반란과 남북조의 交戰이 발생하는 등 불안정하였으며,[65] 각종 種族이 잡거했기 때문에 北魏는 漢人·蠻酋·巴酋·氐帥 등을 현지의 지방관으로 임용하여 이들을 매개로 통치하고 南朝의 공격을 막는 방패막이 역할을 기대하였다. 宣武帝 시기 梁과의 전쟁에서 활약하였으며, 郢州와 豫州의 방어에 공헌한 光城蠻 田益宗과 孝明帝 시기 郢州 방어에 공헌한 田朴特은 현지의 刺史로 임용되어 北魏 南邊 방어와 對梁戰爭에서 공헌하였다.[66] 西魏 宇文泰가 上洛 일대의 豪族을 東魏나 梁 공격에 이용한 사례[67]를 참조하면 4대에 걸쳐 本縣令을 세습한 上洛泉氏[68] 역시 국경의 방어와 南伐에 활용하기 위해 우대되었을 것이다. 이처럼 지방의 유력

賦, 在深山者仍不爲編戶.")는 編戶가 된 獠는 漢人과 똑같이 租賦를 부담했고, 編戶가 안 된 獠는 租布 등 가벼운 세금을 냈음을 보여준다.

65 朴漢濟, 「南北朝時代의 南北關係-交易과 交聘을 中心으로-」, 『韓國學論叢』 4, 1981, 168쪽 및 172-173쪽.

66 『魏書』卷61「田益宗傳」, 1372쪽, "時自樂口已南, 郢豫二州諸城皆沒於賊, 唯有義陽而已. 蕭衍招益宗以車騎大將軍·開府·儀同三司·五千戶郡公. 當時安危, 在益宗去就, 而益宗守節不移. 郢豫克平, 益宗之力也.";『魏書』卷45「裴駿傳附詢傳」, 1022쪽, "出爲平南將軍·郢州刺史. 詢以凡司戊主蠻酋田朴特地居要險, 衆踰數萬, 足爲邊捍, 遂表朴特爲西郢州刺史. 朝議許之. 蕭衍遣將李國興寇邊, 時四方多事, 朝廷未遑外略, 緣境城戍, 多爲國興所陷. …… 朴特自國興來寇, 便與詢掎角, 爲表裏聲援, 郢州獲全, 朴特頗有力焉."

67 周一良, 「北朝的民族問題與民族政策」, 217-218쪽.

68 『周書』卷44「泉企傳」, 785쪽, "泉企字思道, 上洛豐陽人也. 世雄商洛. 曾祖景言, 魏建節將軍, 假宜陽郡守, 世襲本縣令, 封丹水侯. 父安志, 復爲建節將軍·宜陽郡守, 領本縣令, 降爵爲伯." 그런데 宣武帝 시기 泉企가 10세였다는 사실에서(『周書』卷44「泉企傳」, 785쪽, "年十二, 鄕人皇平·陳合等三百餘人詣州請企爲縣令. 州爲申上, 時吏部尙書郭祚以企年少, 未堪宰民, 請別選遣, 終此一限, 令企代之. 魏宣武帝詔曰:'企向成立, 且爲本鄕所樂, 何爲捨此世襲, 更求一限.' 遂依所請, 企雖童幼, 而好學恬靜, 百姓安之.") 적어도 太武帝 말년부터 泉企 일가는 縣令을 세습하고 2대에 걸쳐 宜陽太守를 역임하였음을 알 수 있다.

자를 지방관에 임명하고 상당한 자치를 부여하며 南邊의 漢人·蠻·巴·氐 등을 통치했던 양상은 南朝와 대치한 상황에서 나온 산물로 생각된다.

北魏洛陽時代 南邊 지방통치의 특징은 軍政合一의 지방행정조직과 僑郡縣의 정리가 제대로 행해지지 못했다는 점이다(후술함). 宣武帝 이후 北魏後期 남변의 영토가 확장되었지만 南朝의 계속된 공격을 방어하고 南進政策의 교두보로 삼기 위해 鎭戍와 같은 군사조직이 南邊 각지에서 효과적이었을 것이다. 그리고 邊民 회유작업 때문에 編戶作業과 郡縣 편제를 제대로 시행할 수 없었을 것이다. 따라서 北魏前期 각 種族統治에 鎭이 유용한 기제였던 것처럼 蠻·獠·氐 역시 郡縣支配보다 기존의 護軍이나 鎭戍 등 군사의 조직을 통해 통치하는 방식이 효과적이었을 것이다.

4 關隴 지역

關隴 지역은 이미 太武帝 시기에 蓋吳의 난이 발생하는 등 치안이 불안한 지역이었다. 따라서 北魏는 이 지역에 鎭戍를 설치하여 방어시설을 만들었다. 예컨대 和平 3년(462)에 長蛇戍를 축조하고 이곳에 流民을 옮겨 隴의 도적 침입을 막았다.[69] "夷夏",[70] "羌魏兩民之交"[71]라는 표현에서 알 수 있듯이 여러 種族들이 雜居하는 지역이었다. 그러

---

69 『水經注』卷17 渭水·"又東過上邽縣"條, 1501-1502쪽, "渭水又東南, 出石門, 度小隴山, 逕南由縣南, 東與楚水合, 世所謂長蛇水也. 水出汧縣之數歷山, 南流逕長蛇戍東, 魏和平三年築, 徙諸流民以遏隴寇."
70 『魏書』卷39「李寶傳附韶傳」, 887쪽.
71 『魏書』卷19下「安定王休傳附爕傳」, 518쪽.

나 각 種族들을 編民化하는 작업은 용이하지 않으며 오히려 이들의 반발을 초래할 가능성이 있었다.

이는 太和 중기 秦州의 상황에서 확인할 수 있다. 羌·氐가 상당수를 차지하는 秦州 사람들이 租稅의 課輸를 거부하고, 長吏를 살해하는 등 난동을 부리자 秦州의 太守와 縣令은 부임지에 가지 못하고 秦州 치소에서 머물러 郡縣을 遙領하였다. 신임 秦州刺史 劉藻가 豪橫을 주륙하니 羌·氐가 그를 두려워하여 복종하게 되고서야 비로소 守宰가 처음으로 임지에 가게 되었다.[72] 이 사례는 氐·羌 다수 지역의 통치가 용이하지 않았음을 보여준다. 『南齊書』「魏虜傳」에 따르면, 北地郡 사람 支酉가 長安城 북쪽 西山에서 봉기를 일으키고 南齊의 梁州刺史 陰智伯에게 사신을 보냈다. 이에 南齊의 陰智伯은 軍主 席德仁과 張弘林을 보내 支酉의 반란을 돕도록 하였다.[73] 이는 南齊가 北魏의 關隴 지역 반란을 사주하거나 후원하였음을 시사한다. 涇州人 陳瞻의 봉기[74]뿐만 아니라 太和 20년(496) 仇池의 반란,[75] 正始 3

---

72 『魏書』卷69「劉藻傳」, 1550쪽, "秦人恃嶮, 率多粗暴, 或拒課輸, 或害長吏, 自前守宰, 率皆依州遙領, 不入郡縣. 藻開示恩信, 誅戮豪橫, 羌氐憚之, 守宰於是始得居其舊所."

73 『南齊書』卷57「魏虜傳」, 992쪽, "北地人支酉, 聚數千人, 於長安城北西山起義. 遣使告梁州刺史陰智伯. 秦州人王度人起義應酉, 攻獲僞刺史劉藻, 秦·雍間七州民皆響震, 衆至十萬, 各自保壁, 望朝廷救其兵. 宏遣弟僞河南王幹·尚書盧陽烏擊秦·雍義軍, 幹大敗. 酉迎戰, 進至咸陽北濁谷, 圍僞司空長洛王繆老生, 合戰, 又大破之, 老生走還長安. 梁州刺史陰智伯遣軍主席德仁·張弘林等數千人應接酉等, 進向長安, 所至皆靡."

74 『魏書』卷19上「濟陰王小新成傳附麗傳」, 449쪽, "時秦州屠各王法智推州主簿呂苟兒爲主, 號建明元年, 置立百官, 攻逼州郡. 涇州人陳瞻亦聚衆自稱王, 號聖明元年. 詔以麗爲使持節·都督·秦州刺史, 與別駕楊椿討之. 苟兒率衆十餘萬屯孤山, 別據諸險, 圍逼州城."

75 「皇甫驎墓誌」에 따르면, 太和 20년(496) 仇池에서 반란이 일어나자 皇甫驎이 사자

년(506) 秦州와 涇州의 반란[76]이 일어나는 등 이 지역에서 반란이 자주 일어났다. 北魏는 이러한 반란을 진압하며 關隴 지역을 겨우 통치하였다.

關中은 秦漢時代 대규모 灌漑를 통해 농경지를 확대하여 경제적 富를 축적했던 지방이었다. 그러나 6세기 무렵 成國渠와 白渠의 물이 고갈되어 제 기능을 발휘하지 못한 것은 洛陽에 도읍한 北魏가 秦漢帝國의 경제적 기반이었던 關中經營에 관심을 보이지 않았기 때문이라는 지적이 있다.[77] 長安에 도읍을 정한 西魏가 大統 16년(550) 富平堰을 쌓아 涇水와 渭水를 끌어들여 關中의 灌漑事業을 추진한 사실[78]을 참조하면 이 해석은 설득력이 있다. 關中 지역이 洛陽 등 關東 지역에 대하여 대개 지형적 · 군사적으로 유리한 위치를 점하고 있기 때문에[79] 洛陽을 수도로 정한 北魏로서는 關隴 지역의 경제적 우세가 반드시 유리한 것만은 아니었던 것이다. 이는 〈표 5〉에서 살펴볼 수 있다.

로 파견하여 慰勞케 하니, 數萬이 항복했다고 한다(「皇甫驎墓誌」, 『漢魏南北朝墓誌彙編』, 81쪽, "太和卄年中, 仇池不靖, 扇逼涇隴. 君望著西垂, 勘能厭服, 旨召爲中書博士加議郎, 馳驛慰勞, 陳示禍福. 兜頑盡悟, 面縛歸降, 動有數萬.").

76 「皇甫驎墓誌」, 81쪽, "正始三年, 秦涇叛逆, 大軍征討. 都督楊公以君權略多端, 深達軍要, 表君爲都長史, 特稟高算."

77 鶴間和幸, 「漢代皇帝陵 · 陵邑 · 成國渠調査記 — 陵墓 · 陵邑空間と灌漑區の關係 —」, 『古代文化』 41-3, 1991, 17오른쪽-18왼쪽.

78 『周書』 卷20 「賀蘭祥傳」, 337쪽, "十六年, 拜大將軍. 太祖以涇渭灌漑之處, 渠堰廢毁, 乃命祥修造富平堰, 開渠引水, 東注於洛. 功用旣畢, 民獲其利."

79 朴漢濟, 「魏晉南北朝時代 각 왕조의 首都선정과 그 의미 — 洛陽과 鄴都 —」, 135-136쪽; 周一良, 「讀《鄴中記》」, 591-592쪽.

<表 5> 前漢부터 唐代까지 關中과 河南의 戶口 비교[80]

시 기	關中[81]	河南[82]	關中 : 河南
前漢 元始 2년(2)	647,180戶	276,444戶	2.34 : 1
	2,434,360口	1,740,279口	1.40 : 1
後漢 永和 5년(140)	107,741戶	208,486戶	0.52 : 1
	523,860口	1,010,827口	0.52 : 1
西晉 280년대	94,000戶	148,400戶	0.63 : 1
隋 大業 5년(609)	492,294戶	363,194戶	1.36 : 1
唐 天寶元年(742)	538,499戶	271,440戶	1.98 : 1
	3,098,219口	1,550,973口	2.00 : 1

〈표 5〉는 漢代부터 隋唐時代까지 長安과 洛陽 일대의 戶口를 비교한 것이다. 長安에 수도를 둔 前漢과 隋唐 시대에는 關中의 戶口가 河南의 그것보다 1.36 또는 2.34배가 많았으나, 洛陽에 수도를 둔 後漢과 西晉 시대에는 오히려 關中의 戶口가 洛陽의 그것의 절반에 불과하였다. 『魏書』「食貨志」에는 西魏의 영역인 關中 지역의 戶口가 누락되어 關中과 洛陽 일대의 인구비율을 알 수 없으나, 洛陽에 수도를 정한 後漢과 西晉 시대의 추세와 대체로 부합된다고 추정할 수 있다. 洛陽에 수도를 정한 왕조에서 關中의 戶口가 상대적으로 격감하는 현상은 이들 왕조가 關中의 개발을 방치하거나 약화시키는 정책을 취했음을 뜻한다.[83]

---

80 崔珍烈, 「北魏의 華北支配와 그 性格」, 27쪽, 〈표 2〉 前漢부터 唐代까지 關中과 河南의 戶口 비교.
81 關中은 漢代의 三輔에 해당하는 西晉의 雍州, 隋唐의 京兆府 주변으로 정의한다.
82 河南은 漢代·西晉의 河南郡(河南尹), 隋의 東都, 唐의 河南府 주변으로 정의한다.
83 崔珍烈, 「北魏의 華北支配와 그 性格」, 27-28쪽.

北邊 지역은 오르도스와 肆州·汾州·幷州(지금의 山西 중·북부), 平城과 六鎭 지역 등이다. 이 지역은 농경과 목축이 병존하지만 목축이 우세한 지역[84]이며 鮮卑·敕勒·山胡·稽胡·契胡·屠各 등의 雜居 지역이기도 했다. 이곳에는 領民酋長·酋帥 등이 일부 部落을 統領하고 있었다.[85] 道武帝 시기 尒朱羽健이 契胡 무사 1,700인을 이끌고 후연 정벌에 참여했던 사례[86]나 尒朱新興이 전쟁 때마다 말이나 식량을 바쳤던 사례[87]에서 알 수 있듯이 이들 胡族은 北魏 군사력의 주력을 이루었고 官界에도 진출하였다.[88] 北魏前期 수도 平城은 이들 세력의 중심이었다.[89] 그러나 孝文帝의 洛陽遷都 이후 그 지위는 변화하게 되었다.

---

84 恒州·燕州·朔州·幷州·肆州·汾州·夏州·高平鎭 등에는 牧場이 散在하였다(朱大渭,「北魏的國營畜牧業經濟」,『六朝史論』, 北京: 中華書局, 1998, 347-348쪽).

85 嚴耕望,『中國地方行政制度史』上編卷中, 847쪽.

86 『魏書』卷74「尒朱榮傳」, 1643쪽, "高祖羽健, 登國初爲領民酋長, 率契胡武士千七百人從駕平晉陽, 定中山."

87 『魏書』卷74「尒朱榮傳」, 1644쪽, "父新興, …… 朝廷每有征討, 輒獻私馬, 兼備資糧, 助裨軍用."

88 山西省 靈丘縣에서 발견된 文成帝 南巡碑 수행원의 姓氏와 種族 분석에 의하면 (부록의 〈표 7〉文成帝 南巡碑 수행원의 姓氏와 種族 분석, 59-60쪽 참조), 약 70여 개 胡姓과 漢姓 가운데 胡姓 33개가 『魏書』官氏志에 보인다. 拔拔(長孫)·達奚(奚)·乙旃(叔孫) 등 帝室十姓과 丘目陵(穆)·步六狐(陸)·賀賴(賀)·獨孤(劉)·莫那婁(樓)·勿[万]忸于(于)·尉遲(尉) 등 八姓(鮮卑貴族)과 기타 鮮卑·高車·柔然 및 漢族 등 다양한 種族이 확인된다. 그러나 대다수는 각종 胡族들이었고 漢人은 소수로 추정된다. 이는 北魏前期 지배층의 인적 구성 추세를 반영하고 있다고 봐도 좋을 것이다.

89 拓跋氏를 정점으로 한 北魏 지배층을 '代人集團'으로 칭한다. 代人集團의 개념과 인적 구성 및 범위 등은 康樂,『從西郊到南郊-國家祭典與北魏政治-』, 臺北, 稻鄕出版社, 1995, 第一篇 代人集團 참조.

洛陽遷都 이후 北魏前期의 중심지였던 平城과 인근 지역의 행정구역 설정에 관한 문제가 논의되었을 때, 韓顯宗은 洛陽遷都 직후 代京에 尹을 설치할 것을 주장하였다.[90] 그의 주장은 平城에 陪都 혹은 副都 의 기능을 부여하거나 兩都體制를 구상한 것으로 보이지만, 孝文帝는 이를 묵살하였다. 北魏前期의 首都가 위치한 恒州가 洛陽遷都 이후 州의 등급이 上州에서 中州로 하락한 사실[91]에서 알 수 있듯이 洛陽遷 都 이후 前期의 京畿 지역과 북쪽의 六鎭 지역은 정치적으로 소외되 었다. 이러한 정치적 소외를 무마하고 北邊을 安撫하기 위해 중앙의 高官이 使臣으로 파견되었다. 宣武帝는 景明元年(500) 侍中 楊播를 파 견하여 北鎭을 巡撫하고 賑恤케 하였다.[92] 尙書左僕射 源懷가 503년 "使持節 侍中 行臺" 자격으로 北邊 六鎭, 恒州‧燕州‧朔州를 巡行하 며 궁핍한 자들의 賑給, 風俗 관찰‧지방관 고과 등을 담당하였다.[93] 宣武帝는 正始 3년(506) 사자를 북변에 파견하여 北邊酋庶를 慰撫하게 하였다.[94] 孝明帝 초기인 正光元年(520)에도 尙書 長孫稚가 北藩 巡撫 를 위해 파견되었다.[95] 이처럼 尙書左僕射‧尙書‧侍中 및 行臺 등 3品

90 『魏書』卷60「韓麒麟傳附顯宗傳」, 1340쪽, "又曰: 「昔周王爲犬戎所逐, 東遷河洛, 鎬 京猶稱『宗周」, 以存本也. 光武雖曰中興, 實自創革, 西京尙置京尹, 亦不廢舊. ……
況北代宗廟在焉, 山陵託焉, 王業所基, 聖躬所載, 其爲神鄕福地, 實亦遠矣. 今便同 之郡國, 臣竊不安. 愚謂代京宜建畿置尹, 一如故事, 崇本重舊, 以光萬葉.」"
91 窪添慶文, 「北魏の州の等級について」, 25아래쪽-26아래쪽.
92 『魏書』卷8「世宗紀」景明元年五月甲寅條, 192쪽, "以北鎭大飢, 遣兼侍中楊播巡撫 賑恤."
93 『魏書』卷41「源賀傳附懷傳」, 926쪽, "又詔爲使持節, 加侍中‧行臺, 巡行北邊六鎭‧ 恒燕朔三州, 賑給貧乏, 兼探風俗, 考論殿最, 事之得失, 皆先決後聞. 自京師遷洛, 邊朔遙遠, 加連年旱儉, 百姓困弊. 懷銜命巡撫, 存恤有方, 便宜運轉, 有無通濟."
94 『魏書』卷8「世宗紀」正始三年夏四月甲辰條, 202쪽, "甲辰, 詔遣使者巡慰北邊酋庶."
95 『魏書』卷9「肅宗紀」正光元年夏四月丙辰條, 230쪽, "詔尙書長孫稚巡撫北藩, 觀察 風俗."

이상의 高官이 北邊에 파견된 것은 아직까지 北魏皇帝들이 이 지역에 주의를 기울이고 있음을 보여준다. 그러나 孝明帝 말기 北魏朝廷은 각종 권력투쟁 등으로 六鎭 등 北邊에 대한 주의를 소홀히 하였다. 더욱이 北鎭 지역의 계속된 흉년과 柔然의 약탈, 鎭將과 屬官들의 수탈로 鎭民의 생활은 점점 궁핍해졌다. 이러한 요인이 복합적으로 작용하여 524년 六鎭의 봉기가 발발하였다고 설명된다.[96]

이상으로 北魏洛陽時代 지방통치의 양상을 권역별로 살펴보았다. 京畿 지역에서는 토착호족들의 발호와 본적지 지방관 임용 등 일반적인 중국왕조의 强幹弱枝의 양상과는 다른 모습이 보인다. 南邊은 南朝와의 접경이었기 때문에 蠻酋 등 토착세력을 현지 지방관으로 임용하고 이들을 방패막이로 이용하였다. 또 南朝와의 전쟁에 대비한 軍政合一의 행정체계가 이루어졌다. 北邊 지역은 領民酋長과 酋帥 등이 존재하며 일부는 部落을 統領하였다. 이러한 양상은 北魏洛陽時代 지방통치의 다양화를 반영하고 있다고 생각된다.

3. 北魏後期 郡縣支配原理의 變容

1 僑郡縣 · 鎭 · 戍 · 護軍 部落 조직의 병존

孝文帝 중기 鎭을 州郡으로 바꾸었다. 이는 외형상 秦漢 이래 郡縣 조직으로의 일원화처럼 보인다. 그러나 北魏後期 실제의 상황은 달랐다.

---

96 楊耀坤,「北魏末年北鎭暴動分析」, 68-70쪽.

靑齊 지역은 流民의 流動이 심한 지역으로 五胡十六國 말기 河北
豪族들이 黃河를 南渡하여 이 지역의 지배세력으로 자리 잡았다.[97] 兗
州·靑州·齊州 등지에 僑郡縣名이 다수 나타나는 것은 외형상 이들
의 본적지가 현지에서 그대로 통용되었음을 보여준다. 그러면 僑郡
縣名을 분석해보자.[98] 齊州는 實郡인 濟南郡과 5개의 僑郡으로 구성
되어 있는데, 皇興 3년(469) 劉宋의 冀州(僑州)의 이름만 바꾼 사실[99]에
서 원래는 濟南郡에 설치된 僑州였음을 알 수 있다. 소속 僑郡은 대개
僑縣을 거느리지만, 太原郡·平原郡처럼 實縣을 거느리는 예도 있다
[僑郡實縣]. 兗州에는 僑郡[僑郡僑縣]이 東陽平郡만이 있었고, 魯郡에는
僑縣이 있다[實郡僑縣]. 靑州에는 僑郡이 4개 있으며, 齊郡에는 僑縣이
존재했다. 濟州와 南靑州[東徐州]·光州에는 僑郡縣이 없다. 그런데
『魏書』「元誕傳」에 의하면 景明 3년(502) 무렵 僑州인 齊州의 戶數는 7
만 戶[100]로 東魏 武定년간 齊州의 戶口인 7만 7,391戶, 26만 7,662口[101]
와 비교하면 큰 차이를 보이지 않는다. 武定년간 僑郡縣이 있는 靑州
가 7만 9,753戶, 濟州[武定년간에는 僑郡縣 존재]가 5만 3,212戶, 兗州가
8만 8,032戶[102]로 僑郡縣의 통할 여부와 상관없이 州의 戶數는 거의
비슷하다. 이 4州 소속 郡의 戶당 平均口數는 州 平均口數와 큰 차이

---

97 唐長孺,「北魏的靑齊士民」, 92-104쪽.

98 이하 靑齊 지역의 僑州郡縣名은 최진열,「北魏의 華北支配와 그 성격」, 부록의 〈표
   8〉 海垈六州의 僑州郡縣(61-62쪽) 참조.

99 『魏書』卷106中「地形志」中 齊州條, 2524쪽, "治歷城. 劉義隆置冀州. 皇興三年更名."

100 『魏書』卷19上「濟陰王小新成傳附誕傳」, 448쪽, "誕旣襲爵, 除齊州刺史. …… 誕曰:
   「齊州七萬戶, 吾王來, 一家未得三十錢, 何得言貪?.」"

101 梁方仲,『中國歷代戶口·田地·田賦統計』, 上海: 上海人民出版社, 1980, 58쪽, 甲表
   19. 東魏各州戶口數·平均戶口數及各州戶口數的比重.

102 위의 책, 57-58쪽, 甲表 19. 東魏各州戶口數·平均戶口數及各州戶口數的比重.

를 보이지 않는다.[103] 이는 戶口 누락이 심한 南朝의 僑州郡縣[104]과 달리 4州의 僑州郡縣은 일반 郡縣처럼 國家權力이 정상적으로 작동하여 戶口 파악이 제대로 이루어졌음을 보여준다. 戶口 파악은 靑齊 지역민의 戶籍에서도 확인할 수 있다. 孝明帝 시기 "齊州魏郡民" 房伯和, "齊州淸河民" 崔畜, "齊州廣川民" 劉鈞, "東淸河人" 房須의 반란이 靑齊 지역에서 발생하였는데,[105] 이들의 本籍에서 靑齊 지역 僑郡縣名이 보인다. 淸河房氏로 추정되는 房伯和와 房須가 "齊州魏郡民"과 "東淸河人"으로, 平原劉氏로 추정되는 劉鈞이 廣川民으로, 淸河 東武城人으로 추정되는 崔畜이 淸河[縣]民으로 표기된 것은 僑郡縣名을 띤 현 거주지의 戶籍으로 등재되었음을 시사한다. 淸河崔氏인 崔光의 본적이 "東淸河郡 鄃縣"[106]인 점 역시 이와 상통한다. 이와 같은 戶口와 戶籍 파악의 양상은 靑齊 지역의 僑州郡縣은 南朝의 僑州郡縣과는 달리 戶口 파악과 戶籍 편성이 철저했음을 보여준다. 현재 이들 지역에서 租稅의 수취나 요역의 징발을 보여주는 구체적인 사례가 없어 이들 僑州郡縣이 조세와 요역을 부담하는 지역이 되었는지 단정할 수 없다. 그러나 劉宋 통치시기와 비교하면 北魏洛陽時代 靑齊 지역에서

---

103 위의 책, 63-64쪽, 甲表 20. 東魏各州郡戶口數及每縣平均戶數和每戶平均口數. 濟州의 南淸河郡은 州의 每戶平均口數와 큰 격차를 보이고 있지만(南淸河郡이 1.38, 州 平均이 2.53), 南淸河郡은 北魏 후기 濟州 소속 郡이 아니었다(勞榦, 「北魏州郡志略」, 207-208쪽).

104 東晉·南朝의 僑州郡縣은 대개 戶籍에서 누락되어[白籍] 조세와 요역징발에서 제외되는 것이 보통이었다. 이를 막기 위해 東晉·南朝 시대 9차례 土斷을 실시하여 僑民을 현 거주지에 落籍하는 조치를 취하였다(朴漢濟, 「東晉·南朝史와 僑民-'僑舊體制'의 形成과 그 展開-」『東洋史學硏究』 53, 1996, 33-49쪽).

105 唐長孺, 「北魏的靑齊士民」, 116-119쪽의 靑齊民 반란 사례 참조. 唐長孺는 이들이 河北 출신의 大姓 세력이라고 보았다.

106 『魏書』卷67 「崔光傳」, 1487쪽, "東淸河鄃人也. 祖曠, 從慕容德南渡河, 居靑州之時水."

는 三長制 실시 등으로 戶口 파악이 철저했음이 확실하다.[107] 바꿔 말하면 靑齊 지역의 僑州郡縣은 南朝의 僑州郡縣과 實州郡縣의 중간에 위치하거나 實土에 가까운 형태로 존재했을 것으로 생각된다.[108]

南邊 지역은 多種族 거주지역과 南朝와의 접경이라는 특징이 軍政合一의 지방행정조직과 僑州郡縣의 존재에 반영되었다. 첫째, 南邊 각지에 散在하는 戍의 존재이다. 荊州·揚州·徐州·益州 등 南邊의 州는 郡縣뿐만 아니라 統軍과 戍主 등을 統領했다는 기사[109]는 宣武帝 시기 徐州가 다수의 戍를 통할하고[110] 孝明帝 시기 東豫州가 9戍 13郡으로 편제된 사례[111]와 부합하며, 南邊의 州가 郡縣뿐만 아니라 戍를 통할하고 있음을 보여준다. 그런데 譙郡太守 帶渦陽戍主 鄭季明,[112] 許昌縣令 兼絣麻戍主 陳平玉[113]의 사례처럼 戍主[114]가 太守나 縣令을 겸임하는 軍政合一 현상이 빈번하였다. 州郡縣의 장관과 長史, 司馬, 戍主와 戍副가 質子를 수도에 두고 있어야 한다는 규정이 있는

107 周一良, 「從北魏幾郡的戶口變化看三長制的作用」, 『周一良集』 第一卷(魏晉南北朝史論), 458-463쪽. 周一良은 靑齊·淮北 지역의 戶口 증가의 요인을 三長制 이외에도 均田制, 租調制 등이 복합적으로 작용한 것으로 보았다.

108 崔珍烈, 「北魏의 華北支配와 그 性格」, 30-31쪽.

109 『魏書』 卷69 「袁翻傳」, 1539쪽, "愚謂自今已後, 荊·揚·徐·豫·梁·益諸蕃, 及所統郡縣·府佐·統軍至于戍主, 皆令朝臣王公已下各擧所知, 必選其才, 不拘階級."

110 周一良, 「北魏鎭戍制度續考」, 269쪽.

111 『魏書』 卷78 「張普惠傳」, 1746쪽, "出除左將軍·東豫州刺史. 淮南九戍·十三郡, 猶因蕭衍前弊, 別郡異縣之民錯雜居止. 普惠乃依次括比, 省減郡縣, 上表陳狀. 詔許之."

112 『魏書』 卷56 「鄭羲傳附季明傳」, 1250쪽, "季亮弟季明, 釋褐太學博士. 正光中, 譙郡太守, 帶渦陽戍主."

113 『魏書』 卷66 「李崇傳」, 1470쪽, "許昌縣令兼絣麻戍主陳平玉南引衍軍, 以戍歸之."

114 戍主에 관해서는 宮川尙志, 「南北朝の軍主·隊主·戍主等について」, 『六朝史硏究』 政治·社會篇, 東京: 日本學術振興會, 1956, 577-580쪽 참조.

것을 보면[115] 戍主는 太守나 縣令의 겸직 여부와 상관없이 지방장관으로 간주되었음을 알 수 있다.[116] 바꿔 말하면 州의 戍 통할, 戍主의 太守·縣令 겸직 등의 현상은 北魏의 南邊 지배방식이 郡縣 조직보다 鎭·戍 등 군사조직을 통한 통치방식이며 軍政合一의 성격을 지니고 있었음을 알 수 있다. 邊外 小縣은 領戶가 百戶를 넘지 않고, 令長은 將軍이 겸한다는 宣武帝 시기 甄琛의 지적[117]은 北魏洛陽時代 南邊의 상황을 정확히 반영하고 있다. 둘째, 僑郡縣의 존재이다. 僑郡縣의 존재와 郡縣名의 중복현상은 南邊 각지에서 살펴볼 수 있다. 徐州에 北濟陰郡과 南濟陰郡, 豫州와 東豫州·揚州에 汝南·新蔡·潁川·陳郡 등 郡과 新蔡·汝陽·新息 등 縣의 명칭이 중복되고, 司州의 襄城·平陽 등 郡名이 보이는 등 郡縣 명칭이 중복되는 것은 기존 南朝 지역의 僑人의 戶口 은닉을 용인하고 僑郡縣을 인정했음을 보여준다. 즉 西晉 시대 일개 郡보다 작은 東豫州 소속 汝南郡·新蔡郡·東新蔡郡 등이 豫州 소속 郡縣名과 중복되는 현상은 이들 郡縣이 僑郡縣임을 뜻한다. 荊州에도 東恒農郡·恒農郡·襄城郡과 槐里·邯鄲 등 僑郡縣이 보이고, 南鄕·舞陰 등 縣이 중복된다. 이는 南朝의 僑州郡縣을 북위가 새로운 행정구역으로 재편하지 못하고 그대로 방치했음을 시사한다.[118]

---

115 『魏書』卷9 「肅宗紀」 孝昌二年閏月條, 245쪽, "衍將元樹逼壽春, 揚州刺史李憲力屈, 以城降之. 初留州·郡·縣及長史·司馬·戍主副質子於京師."

116 北魏時代 長史와 司馬 역시 太守를 겸임하는 사례가 다수 존재한다(嚴耕望, 『中國地方行政制度史』上編卷中, 562-566쪽). 따라서 長史와 司馬 역시 지방관으로 간주되었다고 볼 수 있다.

117 『魏書』卷68 「甄琛傳」, 1514쪽, "遷河南尹, 加平南將軍·黃門·中正如故. [甄]琛表曰:「…… 邊外小縣, 所領不過百戶, 而令長皆以將軍居之. ……」"

118 崔珍烈, 「北魏의 華北支配와 그 性格」, 32-33쪽. 이상 僑州郡縣 등의 대조작업은 勞榦의 「北魏州郡志略」, 205-207쪽; 231-232쪽; 229-237쪽 참조.

北邊 지역에는 외형상 六鎭·薄骨律鎭·高平鎭 등 鎭 조직과 恒州 등 郡縣 조직이 병존하였다. 그러나 형식상 州鎭에 편제되어도 半자립한 種族들이 존재한다. 예컨대 宣武帝 시기 封琳이 汾州山胡를 위로하러 使者로 파견된 사례[119]는 山胡의 일부가 北魏洛陽時代까지 여전히 郡縣으로 편제되지 않고 명목상 복속된 상태임을 시사한다. 또 郡縣에 나누어 통할된 編戶의 신분이었지만 徭賦가 가벼워 齊民과 달랐던 稽胡[120] 역시 명목상 北魏에 복속되었을 것이다. 이처럼 北邊에는 외형상 郡縣 조직에 속하였지만 編戶齊民과 다른 胡族이 다수 존재하였다. 北魏平城時代의 司州 지역은 郡縣 지역과 胡族 거주지역으로 나뉘었으나 孝文帝 시기 司州 전 지역이 郡縣으로 편제되었고,[121] 洛陽遷都 이후 前期 京畿 지역[司州]은 恒州·朔州·燕州로 분할되었다. 그런데 前期부터 領民酋長이 代郡·馬邑·善無·雲中(後期의 朔州)과 懷朔鎭에 여전히 존재하여[122] 恒州 등 郡縣 지역에도 編戶化하지 않은 胡人이 여전히 部落 조직을 유지하였음을 알 수 있다. 또 北魏末 杜洛周의 반란 당시 幽州의 북쪽 安州의 石離·冗城·斛鹽 三戍와 戍兵 등 2만여 落의 존재[123]는 安州가 郡縣과 함께 戍로 편제되었

---

119 『魏書』 卷32 「封懿傳附軌傳」, 765쪽, "假通直散騎常侍, 慰勞汾州山胡."

120 『周書』 卷49 「異域上·稽胡傳」, 897쪽, "雖分統郡縣, 列於編戶, 然輕其徭賦, 有異齊民."

121 嚴耕望, 『中國地方行政制度史』 上編卷中, 424-425쪽.

122 領民酋長에 관한 연구는 佐久間吉也, 「北朝の領民酋長制に就いて」, 『福島大學學藝部論集』 1, 1950; 嚴耕望, 『中國地方行政制度史』 上編卷中, 847쪽; 周一良, 「領民酋長與六州都督」, 『周一良集』 第一卷(魏晉南北朝史論), 瀋陽: 遼陽敎育出版社, 1998; 松下憲一, 「領民酋長制と『部族解散』」, 『北魏胡族體制論』, 札幌: 北海道大學出版會, 2007; 俞鹿年, 「北魏前期的地方職官·領民酋長」, 『北魏職官制度考』, 北京: 社會科學文獻出版社, 2008; 同氏, 「北魏後期的地方職官·領民酋長」, 『北魏職官制度考』, 北京: 社會科學文獻出版社, 2008 참조.

123 『魏書』 卷82 「常景傳」, 1804쪽, "景遣府錄事參軍裴智成發范陽三長之兵以守白山閭

으며, 戶 대신 落[124]이 사용된 것으로 보아 胡族의 기층조직은 여전히 유지되었음을 알 수 있다. 郡縣編制와 함께 領民酋長과 部族(部落) 조직의 존재, 그리고 洛陽時代 宣武帝 시기 恒州 平城鎭의 존재[125]는 이 지역의 郡縣編制가 漢人의 郡縣編制와 달랐음을 보여준다. 懷朔鎭의 領民酋長 이외에도 高平鎭에도 高平酋長 胡琛의 존재가 확인된다.[126] 이는 鎭이 몇 개의 胡族部落을 統領하는 구조였음을 시사한다.[127]

앞에서 靑齊 지역과 南邊, 北邊의 郡縣 편제의 실상을 살펴보았다. 대체로 郡縣 편제가 비교적 철저했던 河北 지역과 僑州郡縣과 實州郡縣의 중간 단계 혹은 후자에 가까운 靑齊 지역, 각종 種族의 半자립성과 鎭戍 등 軍政合一 조직을 통한 지배, 僑州郡縣의 인정과 戶口 파악의 방기, 군사조직(鎭戍)의 지방행정조직화 등의 현상이 보이는 南邊 지역, 胡族의 編戶化가 지체되고 각종 '酋帥'와 部落 조직이 상존한 北邊 등의 郡縣 편제의 실제 양상은 北魏洛陽時代에도 여전히 다양화의 경향을 보인다고 볼 수 있다. 즉 六鎭 등 북변 지역을 제외하면 외형적으로 州郡縣이라는 일원적인 조직으로 편제되었지만, 여전히 다양한 양상이 표출되고 있다. 이는 각 지역의 특수한 상황이 반영된 결과라고 볼 수 있다. 또는 北魏가 '郡縣支配' 자체에 집착하지 않기 때문이기도 할 것이다. 이는 백성들의 "詣闕" 허용, 본적지 회

都督元譚據居庸下口. 俄而安州石離·冗城·斛鹽三戍兵反, 結洛周, 有衆二萬餘落, 自松岍赴賊."

124 鮮卑·烏桓의 '落'의 규모에 관하여 2-3戶로 구성되었다는 설과 단일 가구에 불과하다는 설이 있다(金浩東, 「北아시아 遊牧國家의 君主權」, 126-127쪽).

125 周一良, 「北魏鎭戍制度考」, 251-256쪽.

126 『魏書』卷9「肅宗紀」正光五年夏四月條, 235쪽, "高平酋長胡琛反, 自稱高平王, 攻鎭以應拔陵."

127 崔珍烈, 「北魏의 華北支配와 그 性格」, 33-34쪽.

피제의 파괴 등 황제지배체제 혹은 郡縣支配 원리의 파괴에서 확인된다. 이는 다음 항에서 살펴보자.

2 지역민의 詣闕·直訴와 上書

(1) 明元帝-孝文帝 시기 지역민의 지방관 고발 장려 정책

백성들이 대궐로 찾아가 상소하는 것을 허용한 조치는 北魏의 독특한 지방통치원리의 하나이다. 본래 백성들이 皇帝에게 직접 문서를 올려 자신의 요구사항을 전하는 것은 금지되었다. 그러나 北魏時代에는 달랐다. 北魏의 2대 明元帝부터 6대 孝文帝까지 역대 皇帝들은 백성들이 궁궐을 방문하여 지방관의 비리를 고발하는 것을 장려하였다. 뿐만 아니라 지방에서 천거한 인재들에게 해당 지방관에 대해 묻기도 하였다. 아래에서 이러한 기록을 검토해보자.

먼저 『魏書』「太宗紀」神瑞元年十一月壬午條의 기록이다.

"使者에게 諸州를 巡行하여 守宰의 資財를 校閱하고 自家가 지닌 資財가 아니면 모두 장물로 기록하도록 조서를 내려 명령하였다. 조서를 내려 守宰가 法을 따르지 않으면, 民이 대궐을 방문하여 守宰의 불법행위를 고하는 것을 허용하도록 하였다."[128]

위의 인용문에서 알 수 있듯이, 北魏平城時代 神瑞元年(414) 지방관을 견제하기 위해 백성들이 지방관의 불법을 중앙정부에 직접 고발

---

[128] 『魏書』卷3「太宗紀」神瑞元年十一月壬午條, 54쪽, "詔使者巡行諸州, 校閱守宰資財, 非自家所齎, 悉簿爲贓. 詔守宰不如法, 聽民詣闕告言之."

할 수 있도록 하였다. 앞에 大使들이 太守와 縣令(守宰)의 횡령을 조사하도록 한 조치와 연결해보면, 백성들이 "詣闕"하여 지방관의 불법 행위를 알릴 수 있도록 한 조치는 大使 파견과 함께 지방관을 견제하기 위한 조치였음을 알 수 있다. 明元帝의 아들인 太武帝 시기인 太延 3년 五月 己丑日(437. 7. 3)에도 비슷한 詔書가 반포되었다.

"夏五月 己丑日(437. 7. 3) 다음과 같은 조서를 내렸다: '지금 寇逆이 다 없어지니 天下가 점차 편안하게 되었다. 근년 이래 여러 차례 有司에게 惠政을 베풀고 백성들과 더불어 편안히 지내도록 명령을 내렸다. 그러나 內外 羣官과 牧守令長은 맡은 일을 걱정하거나 부지런히 행하지 않고 非法을 糾察하지도 않는다. 도리어 公을 廢하고 私를 취하여 서로 隱置하며, 부정한 재화를 받고 관리로 임명하고 정치는 대충 처리하며 소홀히 한다. 무릇 法이 통용되지 않으면, 위로부터 범하게 되니 天下 吏民에게 명령을 내려 守令이 법을 지키지 않는 행위를 발견하면 고발하도록 하라.'"[129]

神瑞元年(414)의 조치가 위의 인용문처럼 太延 3년(437) 되풀이되는 것을 보면 지방관의 범법행위와 뇌물수수가 여전히 그치지 않았음을 알 수 있다. 北魏는 大使를 파견하여 지방관의 가렴주구와 불법행위를 적발하는 것으로도 부족하여 백성들의 고발을 장려하였다. 이는 孝文帝 시기에도 지속되었다.

---

129 『魏書』卷4上「世祖紀」上 太延三年夏五月己丑條, 88쪽, "夏五月己丑, 詔曰: '方今寇逆消殄, 天下漸晏. 比年以來, 屢詔有司, 班宣惠政, 與民寧息. 而內外羣官及牧守令長, 不能憂勤所司, 糾察非法, 廢公帶私, 更相隱置, 濁貨爲官, 政存苟且. 夫法之不用, 自上犯之, 其令天下吏民, 得擧告守令不如法者.'"

"[延興 3년]六月 甲子日(473. 7. 29) 다음과 같은 詔書를 내렸다: '작년 縣에서 추천한 民秀 2人에게 守宰의 治狀을 물어 善惡의 진술을 들은 후 장차 賞罰을 더하려고 했다. 그러나 賞을 받을 사람은 얼마 안 되는 반면 罪를 받아야 할 사람은 많다. 法을 제멋대로 어기고 생명을 상하게 하였으니 참으로 참을 수 없다. 현재 특별히 죄를 용서하고 법적인 처벌을 해제하는 은혜를 베푼다. 民에게 비리를 고발당한 자는 특별히 그 죄를 용서하고 貸하게 한다.'"[130]

위의 인용문은 『魏書』「高祖紀」上 延興三年六月甲子條의 詔書이다. 인용문 마지막 부분의 원문 "盡可貸之"는 『北史』에서는 "盡可代之"[131]라고 하였다. 戴衛紅은 '貸'가 赦免의 뜻이라고 해석하였다.[132] 마지막 문장을 對句로 보면 이 해석이 옳을 수 있으나, 처벌하지 않는다는 말을 두 번 쓰는 것이 어색하므로 代贖 혹은 면직으로 해석하는 것이 적절해 보인다.

이 조서에서 孝文帝 혹은 馮太后는 지방관의 범법행위를 지방에서 추천한 人才들에게 직접 물어서 파악했음을 알 수 있다. 그런데 상을 줄 수 있는 지방관이 적고 벌을 줘야 할 지방관이 많았기 때문에 결국 처벌을 포기하였다. 또 太和 7년(483)에도 使者·秀才·孝廉·計掾 등에게 해당 지역 지방관의 비리를 물어보았으나, 대답이 부실하자 중

---

130 『魏書』卷7上 「高祖紀」上 延興三年六月甲子條, 139쪽, "六月甲子, 詔曰:「往年縣召民秀二人, 問以守宰治狀, 善惡具聞, 將加賞罰. 而賞者未幾, 罪者衆多. 肆法傷生, 情所未忍. 今特垂寬恕之恩, 申以解網之惠. 諸爲民所列者, 特原其罪, 盡可貸之.」"

131 『北史』卷3 「魏本紀」3 高祖孝文帝三年六月甲子條, 90쪽, "六月甲子, 詔曰:「往年縣召秀才二人, 問守宰善惡, 而賞者未幾, 罪者衆多, 肆法傷生, 情所未忍. 諸爲人所列者, 特原其罪, 盡可代之.」"

132 戴衛紅, 「北魏考課制度與大使巡行·吏民告發」, 236쪽.

형을 내리겠다는 詔書를 내렸다.[133] 이는 孝文帝 초기까지 지방관의 불법행위와 지나친 苛斂誅求가 심했음을 뜻한다. 이러한 지방관의 苛斂誅求는 俸祿制가 실시되지 않았기 때문으로 이해된다. 北魏는 太和 8년(484)에야 비로소 俸祿制를 반포하였다.[134] 明元帝 · 太武帝 · 孝文帝 세 차례에 걸쳐 백성들에게 지방관의 비리를 알리도록 한 조치는 지방관의 가렴주구가 그치지 않았기 때문에 이를 견제하기 위한 조치였음을 알 수 있다. 太和 8년 六月 丁卯日(484. 8. 4) 俸祿制 실시 詔書 가운데 "罷諸商人, 以簡民事"라는 구절을 보면, 당시 商人이 지방재정에 관여하거나 지방관과 결탁했음을 추측할 수 있다.

　다음 항에서 이러한 詔書처럼 백성들이 직접 궁궐을 방문하여 지방관의 비리를 고발했는지 구체적인 사례를 살펴본다.

(2) 北魏平城時代 지역민의 詣闕 · 直訴와 上書

　『魏書』를 보면 지방의 백성들은 궁궐을 방문하여 지방관의 비리를 고발하거나 선정을 칭송한 기사가 자주 보인다. 예컨대 明元帝 시기 幽州刺史에 임명된 尉諾이 幽州에서 선정을 베풀었다. 太武帝 시기 薊縣 사람 張廣達 등 200여 인이 平城의 궁궐을 찾아가 尉諾을 幽州

---

133 『魏書』卷7上「高祖紀」上 太和七年條, 152쪽, "七年春正月庚申, 詔曰: '朕每思知百姓之所疾苦, 以增修寬政, 而明不燭遠, 實有缺焉. 故具問守宰苛虐之狀於州郡使者 · 秀孝 · 計掾, 而對多不實, 甚乖朕虛求之意. 宜案以大辟, 明罔上必誅. 然情猶未忍, 可恕罪聽歸. 申下天下, 使知後犯無恕.'"

134 『魏書』卷7上「高祖紀」上 太和八年六月丁卯條, 153-154쪽, "六月丁卯, 詔曰: '置官班祿, 行之尙矣. 周禮有食祿之典, 二漢著受俸之秩. 逮于魏晉, 莫不聿稽往憲, 以經綸治道. 自中原喪亂, 玆制中絶, 先朝因循, 未遑釐改. 朕永鑒四方, 求民之瘼, 夙興昧旦, 至於憂勤. 故憲章舊典, 始班俸祿. 罷諸商人, 以簡民事. 戶增調三匹 · 穀二斛九斗, 以爲官司之祿. 均預調爲二匹之賦, 卽兼商用. 雖有一時之煩, 終克永逸之益. 祿行之後, 贓滿一匹者死. 變法改度, 宜爲更始. 其大赦天下, 與之惟新.'"

刺史로 임명해줄 것을 요구하자 太武帝는 그를 다시 幽州刺史에 임명
하였다.[135] 徐州刺史 刁雍도 徐州에서 7년 동안 치적을 쌓고 太延 4년
(438) 平城으로 돌아갈 때, 邊民들의 청이 있자 다시 徐州刺史에 임명
되었다.[136]

文成帝 시기 幷州 4郡의 100여 人이 "詣闕"하여 幷州刺史 孫小의
政化를 찬양한 사례도 있었다.[137] 文成帝 시기 相州刺史 李訢은 처음
에 善政을 베풀어 백성들의 칭송을 받았으나, 治績이 좋자 교만해져
서 백성들의 재물이나 商胡의 珍寶를 받았다. 兵民이 이 사실을 알리
자 결국 獻文帝에게 처벌을 받을 뻔하였으나 겨우 살아났다.[138]

獻文帝 시기 元庫汗은 궁궐을 방문한 秦州 父老 등 1,000여 人의
청원을 맞아들여 秦州刺史에 임명되기도 하였다.[139] 같은 시기 相州

---

135 『魏書』卷26「尉古眞傳附弟諾傳」, 656쪽, "太宗初, 爲幽州刺史, 加東統將軍, 進爵
爲侯. 長孫道生之討馮跋也, 諾與驍騎將軍延普率師次遼西. 轉寧東將軍, 進爵武陵
公. 諾之在州, 有惠政, 民吏追思之. 世祖時, 薊人張廣達等二百餘人詣闕請之, 復除
安東將軍·幽州刺史, 改邑遼西公."

136 『魏書』卷38「刁雍傳」, 866-867쪽, "會有救追令隨機立效, 雍於是招集譙·梁·彭·
沛民五千餘家, 置二十七營, 遷鎭濟陰. 延和二年, 立徐州於外黃城, 置譙·梁·彭·
沛四郡九縣, 以雍爲平南將軍·徐州刺史, 賜爵東安侯. 在鎭七年, 太延四年, 徵還京
師, 頻歲爲邊民所請. 世祖嘉之, 眞君二年復授使持節·侍中·都督揚豫兗徐四州諸
軍事·征南將軍·徐豫二州刺史."

137 『魏書』卷94「閹官·孫小傳」, 2018쪽, "出爲冠軍將軍·幷州刺史, 進爵中都侯, 州內
四郡百餘人詣闕頌其政化."

138 『魏書』卷46「李訢傳」, 1040-1041쪽, "高宗卽位, 訢以舊恩親寵, 遷儀曹尙書, 領中祕
書, 賜爵扶風公, 加安東將軍, 贈其母孫氏爲容城君. …… 出爲使持節·安南將軍·
相州刺史. 爲政淸簡, 明於折獄, 姦盜止息, 百姓稱之. …… 以訢治爲諸州之最, 加賜
衣服. 自是遂有驕矜自得之志, 乃受納民財及商胡珍寶. 兵民告言, 尙書李敷與訢少長
相好, 每左右之. 或有勸以奏聞, 敷不許. 顯祖聞訢罪狀, 檻車徵訢, 拷劾抵罪. 時敷
兄弟將見疏斥, 有司諷訢以中旨嫌敷兄弟之意, 令訢告列敷等隱罪, 可得自全."

139 『魏書』卷15「昭成子孫·遼西公意烈傳附庫汗傳」, 384-385쪽, "顯祖卽位, 復造高宗
廟, 拜殿中給事, 進爵爲公. 庫汗明於斷決, 每奉使察行州鎭, 折獄以情, 所歷皆稱

民 孫誨 等 500여 人이 薛虎子의 공덕을 칭송하며 유임을 청하자 薛虎子는 다시 枋頭鎭將에 임명되었다.[140]

洛陽遷都 이전의 孝文帝 초기에도 이러한 사례는 『魏書』에 자주 보인다. 예컨대 安樂王 元長樂은 承明元年 이후 定州에서 豪右들을 탄압하고 범법 행위를 저지르자 백성들이 궁전에 가서 그의 과실을 고하였다. 이에 孝文帝는 元長樂에게 杖 30을 때렸다.[141] 또 馮太后 臨朝稱制 시기 雍州刺史 任城王 元雲이 소송을 제대로 처리하고 豪强을 억눌렀으며 羣盜를 그치게 하니 雍州民 1,000여 人이 그의 치적을 칭송하였다. 이에 馮太后는 元雲에게 帛 1,000匹을 하사하였다.[142] 「皇甫驎墓誌」에 따르면, 延興년간 涇州 夷民 1만여 家가 수도를 방문해 皇甫驎을 統酋로 삼아달라고 간청하였다.[143] 비록 조정에서 반대하였지만, 이 기사는 백성들이 자신들의 요구 사항을 조정에 요구하였음을 실증하는 사례이다. 또 陝城鎭將에 임명된 崔寬이 임기가 끝나 수도 平城으로 돌아가자 鎭民 300여 人이 궁궐을 방문하여 崔寬의 善政을

之. 秦州父老詣闕乞庫汗爲刺史者前後千餘人, 朝廷許之. 未及遣, 遇病卒.”

140 『魏書』卷44「薛野賭傳附子虎子傳」, 996쪽, “相州民孫誨等五百餘人, 稱虎子在鎭之日, 土境淸晏, 訴乞虎子. 乃復除枋頭鎭將, 卽日之任. 至鎭, 數州之地, 姦徒屛跡. 顯祖璽書慰喩.”

141 『魏書』卷20「文成五王·安樂王長樂傳」, 525쪽, “承明元年拜太尉, 出爲定州刺史. 鞭撻豪右, 頓辱衣冠, 多不奉法, 爲人所患. 百姓詣闕訟其過. 高祖罰杖三十.”

142 『魏書』卷19中「景穆十二王·任城王雲傳」, 462쪽, “出爲冀州刺史, 仍本將軍. 雲留心政事, 甚得下情, 於是合州請戶輸絹五尺·粟五升以報雲恩. 高祖嘉之, 遷使持節·都督陝西諸軍事·征南大將軍·長安鎭都大將·雍州刺史. 雲廉謹自修, 留心庶獄, 挫抑豪强, 羣盜息止. 州民頌之者千有餘人. 文明太后嘉之, 賜帛千匹. 太和五年, 薨於州.”

143 「魏故涇雍二州別駕安西平西二府長史新平安定淸水武始四郡太守皇甫驎君墓誌」, 『漢魏南北朝墓誌彙編』, 81쪽, “延興中, 涇土夷民一萬餘家, 詣京申訴, 請君爲統酋. 然戎華理隔, 本不相豫, 朝議不可.”

보고하였다.[144] 吐京 胡民들은 吐京太守 劉升이 임기 만료로 임지를 떠나자 汾州刺史 穆羆를 방문하여 유임을 청하였다. 穆羆의 선정에 감동한 州民 李軌와 郭及祖 等 700여 人은 궁궐을 방문하여 穆羆의 恩德을 칭송하였다.[145] 齊州刺史 元平原이 선정을 베풀자 州民 韓凝之 등 1,000여 人은 궁궐을 방문하여 元平原의 선정을 칭송하였다.[146]

(3) 北魏洛陽時代 지역민의 詣闕·直訴와 上書

漢人王朝의 郡縣支配體制를 받아들여 제도를 바꾸었고 소위 洛陽遷都를 감행하였으며, '漢化政策'을 추진한 孝文帝 이후, 즉 北魏洛陽時代에도 지역민의 詣闕·直訴와 上書 현상이 있었다.

孝文帝 시기의 사건이지만 洛陽遷都 이후의 일화에서도 마찬가지

---

144 『魏書』卷24「崔玄伯傳附族人崔寬傳」, 625쪽, "寬後襲爵武陵公·鎭西將軍, 拜陝城鎭將. 二崤地嶮, 民多寇劫. 寬性滑稽, 誘接豪右·宿盜魁帥, 與相交結, 傾衿待遇, 不逆微細. 是以能得民庶忻心, 莫不感其意氣. 時官無祿力, 唯取給於民. 寬善撫納, 招致禮遺, 大有受取, 而與之者無恨. 又弘農出漆蠟竹木之饒, 路與南通, 販貿來往. 家產豐富, 而百姓樂之. 諸鎭之中, 號爲能政. 及解鎭還京, 民多追戀, 詣闕上章者三百餘人. 書奏, 高祖嘉之. 延興二年卒, 年六十三, 遺命薄葬, 斂以時服."

145 『魏書』卷27「穆崇傳附羆傳」, 666쪽, "轉征東將軍·吐京鎭將. 羆賞善罰惡, 深自克勵. 時西河胡叛, 羆欲討之, 而離石都將郭羊頭拒違不從. 羆遂上表自劾, 以威不攝下, 請就刑戮. 高祖乃免洛頭官. 山胡劉什婆寇掠郡縣, 羆討滅之. 自是部內肅然, 莫不敬憚. 後改吐京鎭爲汾州, 仍以羆爲刺史. 前吐京太守劉升, 在郡甚有威惠, 限滿還都, 胡民八百餘人詣羆請之. 前定陽令吳平仁亦有恩信, 戶增數倍. 羆以吏民懷之, 並爲表請. 高祖皆從焉. 羆既頻薦升等, 所部守令, 咸自砥礪, 威化大行, 百姓安之. 州民李軌·郭及祖等七百餘人, 詣闕頌羆恩德."

146 『魏書』卷16「道武七王·河南王曜傳附平原傳」, 396쪽, "拜假節·都督齊克二州諸軍事·鎭南將軍·齊州刺史, 善於懷撫, 邊民歸附者千有餘家. 高祖時, 妖賊司馬小君, 自稱晉後, 聚黨三千餘人, 屯聚平陵, 號平聖君. 攻破郡縣, 殺害長吏. 平原身自討擊, 殺七人, 擒小君, 送京師斬之. 又有妖人劉擧, 自稱天子, 扇惑百姓, 復討斬之. 時歲穀不登, 齊民飢饉, 平原以私米三千餘斛爲粥, 以全民命. 北州戍卒一千餘人, 還者皆給路糧. 百姓咸稱詠之. 州民韓凝之等千餘人, 詣闕頌之, 高祖覽而嘉歎."

로 백성들이 지방관을 고소하거나 칭송하여 해당 지방관이 상벌을 받은 예도 있었다. 예컨대 冀州 백성 蘇僧瓘 等 3,000人이 咸陽王 元禧의 치적을 칭송하며 冀州에 유임할 것을 청하였다. 이에 咸陽王 元禧는 司州牧에 임명되었다.[147] 齊州 사람 孟僧이 洛陽에 가서 高遵을 고소한 사례도 있었다.[148] 또 鄧宗慶은 涇州 民의 제소로 심문을 받았으나 큰 처벌을 받지 않았다.[149]

孝文帝의 손자 孝明帝 시기에도 백성들이 詣闕하여 直訴하는 예가 자주 보인다. 예컨대 孝明帝 시기 蠻民이 대궐에 가서 酈道元의 虐政을 고소하자 결국 酈道元이 免官되었다.[150] 또 吏民이 "詣闕"하여 太守 韋崇의 유임을 청하여 3년 더 머물러 있었다.[151] 元法壽는 安州에

---

147 『魏書』卷21上「獻文六王·咸陽王禧傳」, 535쪽, "有司奏冀州人蘇僧瓘等三千人, 稱禧淸明有惠政, 請世胙冀州. 詔曰: '利建雖古, 未必合宜; 經野由君, 理非下請. 邑采之封, 自有別式.' 入除司州牧·都督司豫荊郢洛東荊六州諸軍事, 開府如故, 賜帛二千匹·粟五千斛."

148 『魏書』卷89「酷吏·高遵傳」, 1921쪽, "遵性不廉淸, 在中書時, 每假歸山東, 必借備騾馬, 將從百餘. 屯逼民家求絲縑, 不滿意則詬罵不去, 強相徵求. 旬月之間, 縑布千數. 邦邑苦之. 遵旣臨州, 本意未弭, 選召僚吏, 多所取納. 又其妻明氏家在齊州, 母弟舅甥共相憑屬, 爭求貨利, 嚴暴非理, 殺害甚多. 貪酷之響, 帝頗聞之. 及車駕幸鄴, 遵自州來朝, 會有赦宥. 遵臨還state, 請辭帝於行宮, 引見詰讓之. 遵自陳無負, 帝厲聲曰: '若無遵都赦, 必無 高遵矣! 又卿非惟貪綝, 又屢於刑法, 謂何如濟陰王, 猶不免於法. 卿何人, 而爲此行! 自今宜自謹約.' 還州, 仍不悛革. 齊州人孟僧振至洛訟遵. 詔廷尉少卿劉述窮鞫, 皆如所訴. 先是, 沙門道登過遵, 遵以道登寵於高祖, 多奉以貨, 深託仗之. 道登屢因言次申啓救遵, 帝不省納, 遂詔述賜遵死. 時遵子元榮詣洛訟冤, 猶恃道登, 不時還赴. 道登知事deck, 方乃遣之. 遵恨其妻, 不與訣, 別處沐浴, 引椒而死."

149 『魏書』卷24「鄧淵傳附宗慶傳」, 636쪽, "宗慶在南部積年, 多所敷奏, 州鎭憚之, 號爲稱職. 進爵南陽公, 除安南將軍·涇州刺史, 徙越郡公. 宗慶在州, 爲民所訟, 雖訊鞫獲情, 上下大不相得. 轉徐州刺史, 仍本將軍. 未幾, 坐妻韓巫蠱, 伏誅."

150 『魏書』卷89「酷吏·酈道元傳」, 1925쪽, "累遷輔國將軍·東荊州刺史. 威猛爲治, 蠻民詣闕訟其刻峻, 坐免官."

151 『魏書』卷45「韋閬傳附崇傳」, 1012쪽, "出爲鄉郡太守, 更滿應代, 吏民詣闕乞留, 復

서 선정을 베풀자 吏人이 궁궐을 방문하여 元法壽의 유임을 청하였
다. 이에 孝明帝가 다시 安州刺史로 복귀시켰다.[152] 이상의 예를 종합
하면, 孝明帝 시기의 詣闕과 直訴는 北魏 후기에도 백성들의 "詣闕"이
허용되었음을 보여준다. 즉 중국의 황제지배체제의 금기 사항이 胡俗
이 만연한 北魏平城時代(北魏前期)뿐만 아니라 중국식 군현지배체제
를 확대한 北魏洛陽時代(北魏後期)에도 지속되었음을 확인할 수 있다.
또 백성들의 "詣闕"이 지방관의 虐政의 고소에 한정되지 않고, 지방관
의 유임요청, 선정 찬양 등 각종 청원으로 확대되었음을 확인할 수 있
다. 王東洋은 백성들이 "詣闕"하여 지방관의 송덕비를 설치하거나 사
당을 만들어달라고 청한 사례를 18개 발굴하였다. 이 가운데 梁이 9
개, 陳이 4개, 東魏北齊가 4개, 西魏北周가 1개로 南朝가 압도적으로
많다. 그러나 모두 梁武帝 天監년간(502-519) 이후 발생하였다. 그리고
北魏처럼 지방관의 비리 고발이나 치적 칭송 등의 현상도 있었다.[153]
시기상 北魏가 明元帝 神瑞元年(414) 처음 공식화한 것에 비하면 약
100년 늦은 것이다. 따라서 백성들이 詣闕하여 지방관의 비리를 直訴
하거나 칭송하는 관례는 郡縣支配體制 원리와도 다르고 南朝로부터
영향을 받은 것도 아니었다. 이러한 北魏의 관례를 반드시 胡族的 제
도 혹은 통치방식이라고 단정할 수 없지만, 北魏에서 처음으로 공식
적으로 도입되었고 시행되었음은 분명하다.

延三年. 在郡九年, 轉司徒諮議."

152 『魏書』卷16「道武七王·陽平王熙傳附法壽傳」, 394쪽, "出除龍驤將軍·安州刺史.
    法壽先令所親微服入境, 觀察風俗, 下車便大行賞罰, 於是境內肅然. 更滿還朝, 吏人
    詣闕訴乞, 肅宗嘉之, 詔復州任."

153 王東洋,「民衆對官員的評價機制與考課制度」,『魏晉南北朝考課制度研究』, 北京: 社
    會科學文獻出版社, 2009, 327-338쪽 및 328-329쪽의 魏晉南北朝民衆詣闕請爲在
    任地方官立碑表.

직접 궁궐을 찾아가지는 않았지만, 「元廞墓誌」에 따르면, 上黨 黑黎의 무리가 연명하여 上黨郡이 險要한 곳이므로 별도의 州를 설치해 줄 것을 公府에 요청했고 아울러 元廞을 새로 설치될 州의 刺史로 임명해줄 것을 요구하였다. 이때 皇帝가 명령을 내리고 조정에서 윤허하려고 하였으나 "便爲胡氏所破" 때문에 이들의 요구가 받아들여지지 않았다.[154] 元廞이 528년까지 생존했음을 고려하면, "便爲胡氏所破"가 河陰의 변 초기 尒朱榮의 胡太后 살해를 지칭한다면 上黨郡 사람 黑黎 등의 새 州 설치 요구는 孝明帝 말기의 사건이었을 것이다. 黑黎의 官名이 없는 것으로 보아 州 설치를 청원한 사람들은 官吏가 아닌 일반 백성들일 것이다. 일반 백성들이 朝廷에 새 지방행정구역 설치를 요구하고 北魏朝廷이 이를 검토했다는 사실은 皇帝支配體制의 특성상 이례적인 사실이다.

3 본적지 회피제의 파괴

(1) 지방관의 본적지 임용

北魏前期 지방관의 本籍地 임용은 지방통치가 강화되기 이전 과도기적 현상으로 土着勢力과의 타협책이었음을 설명하였다. 그렇다면 외형상 華北統治가 공고해진 孝文帝의 '漢化'改革 이후 지방관의 本籍地回避로 복귀해야 할 것 같지만, 실제로는 孝文帝 이후 지방관의

---

154 「元廞墓誌」, 「漢魏南北朝墓誌彙編」, 241쪽, "時上黨黑黎千有餘衆, 携手連名, 言事公府, 云: 長子舊城, 險要攸在, 求置一州, 永固玆守. 以君皇胄懿重, 操執端謹, 六事淵塞, 三正明爽, 必能代厥神工, 爲民良主. 帝旣下命, 衆議又允, 便爲胡氏所破, 請事中罷."

본적지 임용이 증가하는 현상을 보인다.[155] 앞에서 언급한 사례들은 巴人 거주지인 巴州와 上洛(上洛泉氏), 諸蠻 등 변방 혹은 이민족 거주 지역의 사례이므로 新附 지역의 간접지배 혹은 羈縻 지배로 평가절하 할 수도 있다. 北魏의 지방관의 본적지 임용을 구체적으로 살펴보기 위해 〈표 6〉에 北魏 시기 본적지 지방관 임용을 지역별로 정리하였다.

〈표 6〉 北魏 지역별 지방관의 본적지 임용[156]

州	임용 횟수	본적지 지방관 배출 가문	州	임용 횟수	본적지 지방관 배출 가문
肆州	4	尒朱氏(4)	幽州	13	范陽盧氏(10) 北平陽氏(3)
幷州	5	太原王氏(5)	定州	10	趙郡李氏(10) 中山 甄氏(2)
華州	4	弘農楊氏(4)	冀州	13	渤海封氏(9) 渤海高氏(4)
雍州	6	馮翊田氏(3) 京兆韋氏(3)	相州	18	淸河崔氏(7) 淸河房氏(4) 頓丘李氏(4) 陽平路氏(3)
涇州	4	安定皇甫氏(4)	司州	38	河東薛氏(20) 河東裴氏(9) 滎陽鄭氏(6) 河東柳氏(3)
岐州	4	武功蘇氏(4?)	齊州	4	淸河崔氏(2) 淸河房氏(2)
秦州	3	天水趙氏(3)	兗州	10	東平畢氏(6) 泰山羊氏(4)
洛州	9	上洛泉氏(9)	徐州	4	彭城劉氏(4)

【凡例】 1. 1회의 본적지 지방관을 임용한 姓氏는 제외하였다.

〈표 6〉에는 北周와 北齊 시기의 기록도 일부 포함되고 2회 이하 본적지 지방관 임용 사례는 누락되었으며, 平城時代와 洛陽時代의 구별

---

155 窪添慶文, 「魏晉南北朝における地方官の本籍地任用について」, 20-22쪽.
156 崔珍烈, 「北魏의 華北支配와 그 性格」, 35쪽, 〈표 3〉 北魏 지역별 지방관의 본적지 임용.

이 없지만,[157] 北魏 시기 본적지 지방관임용의 추세를 반영하고 있다고 보아도 무방하다. 〈표 6〉을 보면 幽州·定州·冀州·相州 등 河北 지역과 北魏後期 京畿(司州) 등 漢人이 다수 거주하며 北魏의 핵심 지배지역에서도 本籍地 刺史·太守·縣令 임용이 빈번함을 알 수 있다. 따라서 北魏後期 지방관의 본적지 임용은 단순한 변경지역의 통치를 위한 일시적인 조치가 아니라 內地를 포함한 전국적인 현상이었다.[158]

이 밖에 耿世明은 郡功曹 督護本縣令에 임명되었다.[159] 耿氏 일족의 本籍이 定州 鉅鹿郡 曲陽縣[160]이었기 때문에 耿世明은 曲陽縣令을 督護하였음을 알 수 있다. '督護'가 官名이 아니었지만, 문맥상 耿世明은 鉅鹿郡의 功曹로 근무하며 曲陽縣의 사무를 겸임하였다. 郡太守 屬吏의 경우 해당 지역 출신을 임명하지만, 자기 본적지인 縣의 사무를 관장하는 것은 본적지 지방관 임명과 동일한 효과가 있었을 것이다.

중국학자 楊龍의 연구도 필자의 견해와 동일하다. 그는 北魏後期 漢族士人의 本州 出任과 郡 장관의 사례가 대거 증가하였음을 지적하였다. 그의 집계에 따르면, 北魏後期 漢族士人의 本籍 임용은 本州刺史가 12회, 本州郡太守는 18회 등 모두 29회였다.[161] 이는 필자가 작성한 〈표 6〉의 지방관 본적지 횟수보다 적지만, 北魏前期보다 후기에 본적지 지방관의 횟수가 증가했다는 추세는 동일하다. 또 幽州·定

---

157 〈표 6〉의 사례 가운데 대부분은 孝文帝 이후의 사례이므로 北魏後期의 상황을 반영하고 있다고 볼 수 있다.

158 崔珍烈, 「北魏의 華北支配와 그 性格」, 35-36쪽.

159 「耿壽姬墓誌」, 『漢魏南北朝墓誌彙編』, 102쪽, "父弟息世明, 郡功曹, 督護本縣令."

160 위와 같음, "嬪諱壽姬, 定州鉅鹿曲陽人也."

161 楊龍, 「論北魏後期地方長官本籍任用」, 78원쪽-79원쪽 및 78-79쪽의 北魏後期漢族 士人出任本籍地州郡長官表.

州·冀州·殷州·相州 등 河北 지역의 본적지 지방관 임용이 빈출하고, 范陽盧氏·淸河崔氏·博陵崔氏·趙郡李氏 등 일류 門閥과 北平陽氏·廣平游氏 등 그다음 문벌이 다수를 차지하였다. 北魏는 河北 지역의 안정된 통치를 위해 漢族高門士族과 地方豪强勢力이 강한 河北의 漢族士人들을 본적지 지방관에 임명하였다. 北魏後期 漢人豪族들은 본적지 지방관 임명을 錦衣還鄉으로 간주하였고, 門閥을 인정받았다는 의미로 받아들였으며, 고향에서의 영향력 확대의 기회로 여겼다.[162]

(2) 本籍地 封號

지방관의 본적지 임용회피와 마찬가지로 爵位 역시 本籍地를 食邑으로 삼지 않는 것이 보통의 관례였다. 漢代 諸王이나 列侯가 자기의 封國 안에서 私田 침탈, 곡물과 錢의 대여를 통한 고리대 등 일반민의 경제적 이익을 침해하는 사례가 빈출하였다.[163] 被封者의 本籍地에 封國을 설정할 경우 이러한 경제적 침탈이 더욱 심해질 것임은 당연하다. 따라서 本籍地 封國의 회피 역시 郡縣支配 유지를 위한 제도임은 납득할 수 있다. 그런데 北魏時期 本籍地 爵位의 賜與는 被封者와 鄕村과의 유대를 이용한 국가의 鄕村支配策으로 해석되며, 대개 食邑이 없는 散爵이 주어진다[虛封]. 孝文帝 시기 爵制改革으로 封爵은 郡縣名 뒤에 "開國+爵位" 혹은 "食邑□□戶"가 첨가되는 實封과 그렇지

---

162 楊龍, 「論北魏後期地方長官本籍任用」, 80원쪽-81원쪽.

163 李成珪, 「前漢列侯의 性格-郡縣支配下에서 封建制의 一變貌-」, 『東亞文化』 14, 1977, 203-205쪽; 柳春藩, 「關于漢代食封制度的性質問題」, 『秦漢魏晉經濟制度研究』, 哈爾濱: 黑龍江人民出版社, 1993, 229-230쪽.

338   2部 北魏洛陽時代 地方統治

않은 虛封으로 구분되었다.[164] 따라서 本籍地 虛封은 파격이긴 하지만 實封을 피하여 郡縣支配 원리의 유지를 위해 절충한 제도로 이해할 수 있다. 그러나 〈표 7〉에서 볼 수 있듯이 孝文帝 爵制改革 이후 本籍地 實封 현상이 나타났다.

〈표 7〉 孝文 · 宣武 · 孝明 三朝 本籍地 實封[165]

시 기		被封者	본적지	封號	비고
孝文帝	?	薛達	河東郡 汾陰縣	河東郡開國侯	本 郡
	?	傅永	淸河郡	貝丘縣開國男	本郡 他縣
	495년	田益宗	光城郡	光城縣開國伯	本郡 本縣
宣武帝		張烈	淸河郡 東武城縣	淸河縣開國子	本郡 他縣
孝明帝	?	韋朏	京兆 杜陵縣	杜縣 開國子	本郡 本縣
	526년	王溫*	趙郡 欒城縣 陽平郡 武陽縣	欒城縣開國侯 武陽縣開國侯	本郡 本縣 本郡 本縣
	526년	封津	渤海郡 蓚縣	東光縣開國子	本郡 他縣
	?	董紹	新蔡郡 鮦陽縣	新蔡縣開國男	本郡 他縣

【凡例】 1. 食邑 戶數는 생략하였다. 2. 王溫은 후에 本籍을 陽平郡 武陽縣으로 改籍하였다.

〈표 7〉에서 孝文帝와 宣武帝 시기 本籍地 實封의 출현은 孝文帝의 爵制改革이 초기부터 제대로 시행되지 않았음을 보여준다. 本籍地 刺史이면서 蠻邑을 식읍으로 받은 田益宗을 제외한 나머지 3人은 河東 薛氏 · 淸河傅氏 · 淸河張氏 등 豪族 출신이며 그들의 封地는 河東과

---

164 川本芳昭, 「封爵制度」, 『魏晋南北朝時代の民族問題』, 東京: 汲古書院, 1998, 258-262쪽.
165 崔珍烈, 「北魏의 華北支配와 그 性格」, 36쪽, 〈표 4〉 孝文 · 宣武 · 孝明 三朝 本籍地 實封.

淸河 등 郡縣支配가 상대적으로 철저한 黃河 연변에 위치하였다. 北
魏末 이후 北朝에서 本籍地 實封 현상이 빈출하는 현상을 볼 때, 孝
明帝 시기의 사례는 시기적으로 北魏末의 말기적 현상으로 간주할 수
있다. 대체로 孝文帝 當代부터 爵制에서도 본적지 회피가 파괴되는
추세가 계속되었다.[166] 이처럼 北魏後期 本籍地 實封 역시 郡縣支配의
기본 원칙인 회피제의 파괴현상으로 이해할 수 있다.[167]

북위 후기 본적지 봉호의 증가는 族望 중시 관념 혹은 門閥과 밀접
한 관련이 있었다. 이 시기 漢人官僚와 豪族들은 본적지 지방관으로
임명되고 본적지의 中正에 임명하는 등 자신의 鄕里를 중시하였다.
여기에 본적지 봉호는 漢族士人의 鄕里 관념 중시를 반영하였으며,
그들과 鄕里社會의 관계를 심화시켰다는 정치적 효과가 있었다.[168]

4. 餘論

앞에서 살펴본 군현지배원리의 파괴가 胡族的인 전통에서 비롯된
것인지[169] 분열시대의 산물인지 단정하기 어렵다. 그러나 北魏가 중국

---

166 다만 河東郡開國侯 薛達이 洛陽遷都 이후 河東이 京畿(司州)로 편입되자 華陰縣侯
로 改封된 사례(『魏書』 卷61 「薛安都傳附達傳」, 1354쪽, "子達, 字宗胤, 襲, 例降爲
侯. 及開建五等, 以安都著勳先朝, 封達河東郡開國侯, 食邑八百戶. 後以河東畿甸,
改封華陰縣侯.") 등을 볼 때, 北魏後期 京畿 지역 封國 회피원칙은 지켜졌다고 볼
수 있다. 그러나 河陰의 變 이후 尒朱兆가 潁川郡開國公에 봉해져서(『魏書』 卷63
「尒朱兆傳」, 1661쪽, "尋除使持節·車騎將軍·武衛將軍·左光祿大夫·都督·潁川
郡開國公, 食邑千二百戶.") 京畿 지역 封國 회피원칙마저 파괴되고 있다.
167 崔珍烈, 「北魏의 華北支配와 그 性格」, 36-37쪽.
168 楊龍, 「論北魏後期地方長官本籍任用」, 80오른쪽.
169 匈奴·突厥 등 대개의 유목국가는 기존의 부족체제와 종속된 집단의 부족장과 씨

의 '郡縣支配' 방식을 수용하면서도 여기에 지나치게 얽매이지 않았음은 분명하다. 이는 戶籍 편성 및 戶口 파악의 일원화 不在에서도 찾아볼 수 있다. 流民의 落籍이 철저했던 河北과 僑民의 本籍地名을 허용하고 現居住地에 落籍했던 靑齊 지역, 僑州郡縣이 용인된 南邊 各地 등은 지역에 따라 戶籍 편성과 戶口 파악의 양상이 달랐음을 보여준다. 孝明帝 초기 冀州의 諸胡에게 戶籍과 籍貫이 없어 租稅 징수 및 編戶化 작업을 실행하지 못했던 사례[170]는 북변뿐만 아니라 '腹心' 지역인 河北 등지에서도 胡人의 編戶化가 크게 진행되지 않았음을 시사한다. 그리고 北魏後期 여전히 존재했던 牧戶·伎作戶·屯戶·樂戶·驛戶 등 '雜戶'의 존재[171]는 北魏의 호구파악 및 호구편제가 일원적인 秦漢的 郡縣 지배하의 그것과 달랐음을 보여준다.[172]

北魏後期 지방통치는 지방통치 방식의 다양화로 요약할 수 있다. 특히 北魏는 州郡縣 編制地域에 단일한 郡縣支配를 관철할 수 없었고, 郡縣支配 원리의 일부도 지키지 않았다. 이는 北魏가 중국의 군현 지배방식을 유연하게 수용했음을 의미한다. 정주민의 郡縣支配 경험이 없던 北魏가 華北 지역을 통치하게 되었을 때 北魏의 胡族 지배층

족장 등 수령들의 지배권을 인정하고 그들에게 관직을 주어 지배체제에 편입시키고, 유목군주의 일족과 인척들이 이들을 관리하는 지배구조를 취하였다(金浩東, 「古代遊牧國家의 構造」, 272-275쪽). 따라서 지방관의 본적지 임용은 기본적인 집단과 그 수령의 지배권을 보장하는 유목국가의 지배원리가 정주지역에서도 계속 통용되는 것으로도 해석할 수 있다.

170 周一良, 「領民酋長與六州都督」, 225쪽.

171 辛聖坤, 「南北朝時期 官私隸屬民에 관한 硏究」, 서울大學校 大學院 東洋史學科 文學博士學位論文, 1995. 8, 108-128쪽.

172 朴漢濟 敎授는 이러한 隸屬民戶를 胡族國家의 할당생산을 위한 分業體制로 파악하였다(朴漢濟, 「胡族의 中原統治構造와 北魏 均田制」, 5-8쪽; 同氏, 「北魏의 對民政策과 均田制」, 『東亞文化』 39, 2001, 159-168쪽).

에게도 고도로 발달한 郡縣支配體制의 수용이 용이하지 않았을 것이다.[173] 따라서 北魏로서는 軍·政一體의 鎮·護軍 등 胡族的인 조직을 개편하여 통치하는 방식이 가장 쉬운 통치방법이었을 것이다.[174] 이후 본격적으로 華北을 통치하면서 중국의 군현 지배방식의 채용이 불가피하였지만, 北魏洛陽時代 지방통치의 양상을 볼 때 胡人支配層에 맞게 선택적으로 수용되었을 것이다. 외형상 일원적인 州郡縣 편제와 현실 상황의 불일치는 이러한 면에서 설명할 수 있을 것이다. 그렇다면 체계적이지 못하고 다양성을 용인했던 北魏後期 지방통치 방식은 다른 측면을 통해 강화되었을 것이라고 상정해볼 수 있다. 이는 5장에서 자세히 다룬다.

---

173 李成珪 敎授는 高句麗·百濟·新羅·倭 등 중국의 주변국들이 고도로 발달한 秦漢시대의 郡縣支配體制가 아니라 魏晉南北朝의 형해화한 郡縣支配體制, 즉 軍·政分離 및 分權的인 지역지배 방식을 수용하여 자기나라의 사정에 맞게 운용하였음을 지적하였다(李成珪, 「中國의 分裂體制模式과 東아시아 諸國」, 『韓國古代史論叢』 8, 1996, 267-300쪽). 정주지역의 지배경험이 없던 北魏 역시 비슷한 상황이었을 것이다.
174 北魏前期 官制 등의 제정에 鄧淵·崔宏 등 漢人 관료들이 참여했음에도 불구하고, 胡族的이며, 『周禮』에 의탁한 조악한 官制(『魏書』 卷113 「官氏志」, 2973-2974쪽, "初帝欲法古純質 每於制定官號 多不依周漢舊名 或取諸身 或取諸物 或以民事 皆擬遠古雲鳥之義.")가 계속 유지된 北魏 制度史의 흐름은 北魏前期에 鮮卑人이 고도로 발달한 중국의 제도를 수용할 여건이 되지 않았음을 보여준다. 그리고 중국식 官制의 도입은 孝文帝 시기에야 이루어졌다(川本芳昭, 『魏晉南北朝時代의 民族問題』, 187-302쪽의 각종 制度·文物 개혁 참고). 北魏前期 胡族的인 [軍]鎮과 護軍制度의 수용 및 점진적인 폐지과정 역시 이러한 제도사의 흐름에서 해석할 수 있다.

5章

北魏洛陽時代 戰時動員體制와 地方統制

필자는 北魏後期 물자유통과 병력 배치과정을 통해 北魏洛陽時代 수취체제가 南朝 齊·梁과 전쟁하기 위한 戰時動員體制를 운영하기 위해 편제되었음을 지적한 바 있다.[1] 5장에서 北魏洛陽時代 물자유통과 군대배치를 이해하기 위해 배경지식으로 필자의 선행연구에서 언급하지 못했던 北魏平城時代의 물자유통과 군대배치를 추가하여 北魏時代 물자유통과 군대배치, 戰時動員體制를 살펴보려고 한다.

5장에서 北魏洛陽時代 지역편제와 물자유통을 戰時動員體制라는 관점에서 살펴본다. 1절에서는 北魏洛陽時代 군대의 지방배치를 군사지리적 관점에서 설명한다. 2절에서는 北魏洛陽時代 경제지리를 수로와 창고, 물자의 유통 등을 검토하여 전시동원체제의 특징을 가졌음을 논증한다.

---

1 崔珍烈, 「北魏의 地域支配方式과 그 性格」, 139-144쪽.

1. 군대의 지역배치와 동원 시스템

1 北魏平城時代 군대의 권역별 동원과 치중 수송 시스템

北魏 초기 柔然·後燕·後秦·赫連夏·劉宋 등 강적들로 포위된 상황에서 北魏의 군사원정은 결코 쉽지 않았다. 북쪽의 柔然이 北魏의 허점을 이용해 공격할 가능성이 상존했기 때문이다. 따라서 매해 가을과 겨울 군대를 셋으로 나누어 北邊에 주둔하여 柔然을 방어하였고,[2] 특히 皇帝가 친정할 때에는 太子나 장군들을 漠南에 주둔시켜 柔然의 침입에 대비하였다. 예컨대 泰常 7년(422) 明元帝의 南伐 때 太子 燾가 安定王 彌 등과 함께 塞上에 주둔하여 柔然을 대비하였다.[3] 太延 5년(439) 太武帝의 北涼征伐 당시 長樂王 稽敬 등이 漠南에 주둔하여 柔然을 방어하게 하였다.[4] 太平眞君 11년(450)에도 劉宋과의 전쟁 당시 太子 晃에게 漠南에 주둔하도록 하였다.[5] 北魏는 이러한 불리한 상황을 극복하고 柔然을 압도했으며, 華北을 통일하고 南朝와의 전쟁에서 우위를 점하였다.

이처럼 北魏가 군사적으로 주변 국가를 압도할 수 있었던 것은 遊

---

2 『魏書』卷41「源賀傳」, 922쪽, "是時, 每歲秋冬, 遣軍三道並出, 以備北寇, 至春中乃班師."

3 『魏書』卷3「太宗紀」泰常七年條, 62쪽, "奚斤伐滑臺不克, 帝怒, 議親南討, 爲其聲援. 壬辰, 車駕南巡, 出自天門關, 踰恒嶺. …… 十有一月, 泰平王親統六軍出鎭塞上, 安定王彌與北新公安同居守."

4 『魏書』卷4上「世祖紀」上 太延五年六月甲辰條, 89쪽, "車駕西討沮渠牧犍, 侍中·宜都王穆壽輔皇太子決留臺事; 大將軍·長樂王稽敬, 輔國大將軍·建寧王崇二萬人屯漠南, 以備蠕蠕."

5 『魏書』卷4下「世祖紀」下 太平眞君十一年九月條, 104쪽, "辛卯, 興駕南伐. 癸巳, 皇太子北伐, 屯于漠南, 吳王余留守京都."

牧民으로 구성된 강력한 군대가 뒷받침되었기 때문이다. 北魏는 昭成帝 什翼犍 시기 이후 친위군을 편성한 이래 拓跋部民은 무조건적으로 친위군에 편성되어 宿衛를 담당하였다. 高車 역시 일부는 친위군으로 편성되었다.[6] 北魏는 정규군뿐만 아니라 軍事遠征 때 각 部落의 군대를 동원하였다. 泰常 7年(422) 四方의 蕃附大人 가운데 部落兵을 이끌고 明元帝의 南討에 참여한 자들이 5만여 人에 달했다는 기사[7]에서 京畿의 畿內와 甸服 등지에 分土定居한 遊牧民에게 군사원정의 의무가 있었음을 알 수 있다. 예컨대 陸幹부터 陸突까지 3대가 部落을 거느렸으며 陸突이 道武帝 시기 部民을 이끌고 정벌전에 참여했고[8] 尒朱羽健이 道武帝 시기 領民酋長이 되어 契胡 무사 1,700人을 이끌고 後燕 정벌에 참여했다.[9] 이처럼 遊牧民들은 部落 조직을 유지한 채 牧畜에 종사하며 尒朱新興이 전쟁 시 말이나 資糧을 바쳐 軍用에 충당케 한 사례[10]에서 알 수 있듯이 유사시 從軍뿐만 아니라 말 등을 국가에 제공할 의무를 지녔다. 용맹한 遊牧民을 유사시 군대로 동원하는 능력이 北魏軍의 전투력 향상에 도움이 되었음은 부인할 수 없다.

北魏가 점령지에 鎭을 설치하고 鎭將이 지휘하는 군대를 주둔시켜

---

6 高敏, 「北魏的兵戶制及其演變」, 302-303쪽.

7 『魏書』 卷3 「太宗紀」 泰常七年冬十月甲戌條, 62쪽, "奚斤伐滑臺不克, 帝怒, 議親南討, 爲其聲援. 壬辰, 車駕南巡, 出自天門關, 踰恒嶺. 四方蕃附大人各率所部從者五萬餘人."

8 『魏書』 卷40 「陸俟傳」, 901쪽, "陸俟, 代人也. 曾祖幹, 祖引, 世領部落. 父突, 太祖時率部民隨從征伐, 數有戰功, 拜厲威將軍‧離石鎭將."

9 『魏書』 卷74 「尒朱榮傳」, 1643쪽, "尒朱榮, 字天寶, 北秀容人也. 其先居於尒朱川, 因爲氏焉. 常領部落, 世爲酋帥. 高祖羽健, 登國初爲領民酋長, 率契胡武士千七百人從駕平晉陽, 定中山."

10 『魏書』 卷74 「尒朱榮傳」, 1644쪽, "父新興, 太和中, 繼爲酋長. …… 朝廷每有征討, 輒獻私馬, 兼備資糧, 助裨軍用."

일정 지역을 방어하게 하였다. 北魏는 피정복민도 鎭의 군대로 편입
하였고, 이들을 유사시 전쟁에 투입하는 체제를 갖추었다.[11] 軍民・軍
政 합일의 軍鎭 설치는 단순히 군사적 목적 이외에 피정복민 통치에
도 효율적이었음을 시사한다.[12] 鎭에는 北魏의 파견군과 피정복민 이
외에 遷徙된 '이민족'도 있었다. 예컨대 太平眞君 5년(444) 北部民의
반란을 진압한 후 다수를 冀州・相州・定州로 분산 이주하여 營戶로
삼은 사례에서 알 수 있듯이 반란을 일으킨 遊牧民을 六鎭 등 북변이
나 華北 각지로 보내 營戶로 삼은 예도 『魏書』에 散見된다.[13] 北魏는
정복된 이민족 역시 軍事遠征에 동원하였다.

北魏平城時代 각지에 설치된 鎭의 상황을 개별적인 사례를 통해
살펴보자.

『魏書』「楊椿傳」에 보이는 定州軍府의 상황은 다음과 같다: 道武帝
시기 定州에는 8軍이 주둔하였다. 1軍은 5,000명이고 직업장교, 즉 食
祿主帥 46人이 있었다. 그러나 점차 南戍로 차출되어 北魏 후기에는
1軍에 1,000여 인이 남게 되었으며 4軍으로 축소되었다. 그리고 定州
에는 宗子稻田과 屯兵 800戶가 있었으며, 해마다 夫 3,000人을 징발
하여 수레 300대 분량의 풀을 마련하였다. 楊椿은 屯兵에게 田課, 輸
送만 담당하게 하고 다른 요역을 없앨 것을 주장하였다.[14] 여기서 定

11 周一良,「北朝的民族問題與民族政策」, 174-220쪽.
12 高敏,「十六國時期的軍鎭制度」 및 牟發松,「十六國時期地方行政機構的軍鎭化」 참조.
13 辛聖坤,「北朝 兵戶制의 變遷과 丁兵制의 性格」, 66-67쪽.
14 『魏書』卷58「楊播傳附椿傳」, 1287쪽, "自太祖平中山, 多置軍府, 以相威攝. 凡有八
軍, 軍各配兵五千, 食祿主帥各四十六人. 自中原稍定, 八軍之兵, 漸割南戍, 一軍
兵糸羃千餘, 然主帥如故, 費祿不少. 椿表罷四軍, 減其帥百八十四人. 州有宗子稻
田, 屯兵八百戶, 年常發夫三千, 草三百車, 修補畦堰. 椿以屯兵惟輸此田課, 更無徭
役, 及至閑月, 卽應修治, 不容復勞百姓, 椿亦表罷. 朝廷從之."

州軍府의 宗子稻田과 屯兵 800戶의 존재가 주목된다. 古賀昭岑은 宗子稻田과 屯兵 800戶는 宗士隊에 부속하는 토지와 일종의 佃戶로 파악하였다.[15] 이는 州에서 매년 夫 3,000人을 동원하여 수레 300대 분량의 풀을 준비시키는 다음 구절을 염두에 두면 설득력이 있다. 풀이 말이나 소의 사료라면, 이는 騎兵을 위한 조치라고 생각된다. 즉 定州軍府는 宗士隊 등 軍人에게 별도의 토지를 지급하고, 騎兵 등을 위해 馬草를 준비하였다. 北魏軍은 식량이나 기타 전쟁물자를 定住民에게 공급받고 전투력 유지에 힘쓸 수 있었다.

濟州城의 규모는 元嘉 27년(451) 宋軍이 北魏의 濟州城을 점령한 후 기록한 戰利品 목록에서 파악할 수 있다. 이에 따르면 濟州城에는 奴婢 140口, 馬 200여 匹, 驢騾累 200마리, 소와 羊이 각각 1,000여 마리, 氈 700領, 麤細車 350乘, 地倉 42所, 粟 50여만 斛, 城內居民이 보유한 곡물 20만 斛, 虜田五穀 300頃, 鐵 3만 斤, 大小鐵器 9,000여 口, 기타 器仗雜物이 있었다.[16] 이 목록에서 虜田五穀 300頃이 주목된다. 古賀昭岑은 이를 '國人', 즉 北魏의 鮮卑軍士에게 할당된 토지로 보았다.[17] 馬·驢·騾·牛·羊·氈·麤細車는 濟州의 北魏軍이 遊牧民生活을 어느 정도 유지하고 있었음을 보여준다. 또 地倉 42所와 粟 50여만 斛은 濟州城에 대규모 곡물창고가 있었음을 뜻한다. 이는 北

---

15 古賀昭岑, 「北魏の部族解散について」, 74아래쪽.

16 『宋書』 卷95 「索虜傳」, 2350쪽, "歷城建武府司馬申元吉率馬步□餘人向磝磝取泗瀆口. 虜磝磝戍主·濟州刺史王買德憑城拒戰, 元吉破之, 買德棄城走, 獲奴婢一百四十口, 馬二百餘匹, 驢騾累二百, 牛羊各千餘頭, 氈七百領, 麤細車三百五十乘, 地倉四十二所, 粟五十餘萬斛, 城內居民私儲又二十萬斛, 虜田五穀三百頃, 鐵三萬斤, 大小鐵器九千餘口, 餘器仗雜物稱此."

17 古賀昭岑, 「北魏の部族解散について」, 74위쪽. 앞에서 살펴본 定州軍府의 宗子稻田의 존재를 염두에 두면, 古賀昭岑의 주장은 타당하다고 생각한다.

魏後期에도 계속되어 濟州의 碻磝(濟州의 治所)가 邸閣, 즉 대규모 곡물창고 8개 가운데 하나였다. 鐵 3만 斤과 大小鐵器 9,000여 口, 기타 器仗雜物의 존재는 대량의 무기 및 무기에 필요한 물자를 비축하고 있었음을 뜻한다. 요컨대 北魏는 濟州 등 州 治所에 설치된 軍鎭에 대량의 전쟁물자를 비축하여 군사적 거점으로 삼았다. 그리고 遊牧民 군사들은 원래의 습속을 유지한 채 생활하였을 것이다.

徐州는 獻文帝 시기 北魏의 영토가 된 후 宣武帝 시기 淮南[揚州]을 점령할 때까지 남방 경략의 거점이었다. 太和 4년(480) 徐州刺史 薛虎子의 주청으로 屯田을 실시하여 河北 등지의 戍兵에게 10여만 頃을 경작하게 하여 轉運의 불리함을 극복하려 하였다. 尉元은 孝文帝 초 徐州 戍兵의 다수가 胡人이며 子都將이 胡人을 규합하여 난동을 부려서 徐州 彭城의 胡軍을 南豫州[洛陽 천도 후 豫州로 개칭]로 보내고 南豫州의 徙民兵을 팽성으로 근무지를 바꾸며 中州 鮮卑를 서주에 증원할 것을 요청하였다.[18] 尉元이 말하는 戍兵은 延興 2년(472) 반란을 일으켜 靑·徐·齊·兗 4州로 옮겨져 營戶가 된 連川 敕勒[19]이거나 定州 등 河北의 軍府에서 南邊으로 파견 나온 군대일 것이다. 즉 屯田을 경작한 戍兵과는 성격이 다를 것이다. 北魏後期 高句麗人 高琳의 부모 역시 徐州에 거주했음이 확인되므로[20] 徐州軍이 다수의 胡人으로 구

---

18 『魏書』卷50「尉元傳」, 1113-1114쪽, "元表曰「…… 今計彼戍兵, 多是胡人, 臣前鎭徐州之日, 胡人子都將呼延籠達因於負罪, 便爾叛亂, 鳩引胡類, 一時扇動. 賴威靈遐被, 罪人斯戮. 又團城子都將胡人王敕懃負釁南叛, 每懼姦圖, 狡誘同黨. 愚誠所見, 宜以彭城胡軍換取南豫州徙民之兵, 轉戍彭城; 又以中州鮮卑增實兵數, 於事爲宜.」"

19 『魏書』卷7上「高祖紀」上 延興二年三月條, 136-137쪽, "連川敕勒謀叛, 徙配靑·徐·齊兗四州爲營戶."

20 『周書』卷29「高琳傳」에 의하면 高琳의 어머니가 泗水가에서 빛나는 돌을 보고 가져오는 꿈을 꾸었는데(『周書』卷29「高琳傳」, 495쪽, "高琳字季珉, 其先高句麗人也. …… 五世祖宗, 率衆歸魏, 拜第一領民酋長, 賜姓羽眞氏. 祖明·父遷仕魏, 咸亦顯

성되었음은 의심할 여지가 없다.

太武帝 시기 仇池鎭은 "期月", 즉 만 1년의 戍役 임기의 統萬·安定·長安鎭의 병사들이 파견되었으며, 長安·上邽·安定鎭의 戍兵이 仇池鎭에 파견 나오기로 예정되어 있다.[21] 즉 仇池鎭에 적어도 統萬·安定·長安·上邽 4鎭의 병사 혹은 戍兵이 定期的으로 파견되었음을 알 수 있다. 또 關隴 지역의 식량을 秦州(治所는 上邽)民을 징발하여 棧道를 통해 仇池로 운반하는 등 仇池鎭을 중심으로 關隴 지역의 군사 및 식량 징발 및 운송체제가 갖추어져 있었다. 유사시에는 高平鎭의 突騎 파견처럼 인근의 鎭에서 군대를 파견하여 仇池氏의 반란이나 南朝의 공격에 대응하는 협조체제가 이루어졌다.

마지막으로 長社戍에 대해 살펴보자. 豫州에 속하는 長社戍에 600-700人의 북위 군대[戍虜]가 존재하며, 최소 "300騎"가 있었다.[22] 이들은 대개 騎兵일 가능성이 높다.

이상으로 定州·濟州·徐州·仇池鎭·長社戍 등 軍府·鎭戍 등의 규모와 군대 상황을 살펴보았다. 이 개별 사례를 통해 北魏平城時代의 軍鎭의 상황을 정리해보자. 仇池鎭을 제외한 네 개 軍府·鎭戍의 예에서 군대는 주로 遊牧民 騎兵을 중심으로 편성되었고, 이들의 토지를 경작하는 屯戶가 존재하며 이들은 遊牧民 습속을 유지하고 있었을 것이다. 北魏初期 定州軍府처럼 4만 명의 군대가 주둔하는 대규모 軍府부터 600-700인이 주둔하는 조그만 戍까지 규모는 다양하였

達. 琳母嘗祓禊泗濱, 遇見一石, 光彩朗潤, 遂持以歸."), 泗水는 徐州 境內를 흐르는 강이므로 高琳의 부모가 泗水, 즉 徐州(彭城)에 살았다는 증거가 된다.

21 『魏書』 卷51 「皮豹子傳」, 1131-1132쪽.

22 『宋書』 卷74 「魯爽傳」, 1923쪽, "長社戍虜有六七百人, 爽謠之日: '南更有軍, 可遣三百騎往界上參聽.' 騎去, 爽率腹心夜擊餘虜, 盡殺之, 馳入虎牢."

다. 濟州에 막대한 물자가 저장되어 있는 것처럼 정치적·군사적 요지, 예컨대 徐州와 豫州 등지도 대량의 물자를 저장하여 군대 유지나 南來降人에게 지불하는 비용으로 사용했을 것이다.

北魏는 軍鎭과 각 州의 軍府 등 군사적 거점을 바탕으로 외적의 방어·공격뿐만 아니라 지방 반란을 평정하였다. 窪添慶文의 연구에 따르면, 道武帝 시기에 中央軍이 각종 군사활동에 참여하였고, 지방에 중앙군이 주둔하는 체제였다. 道武帝·明元帝 시기에 중앙군이 직접 토벌하는 사례가 많고, 太武帝 이후 지방 반란은 1州 단위의 군대가 평정하거나, 여러 州의 군대가 공조하여 토벌하는 사례가 다수 보인다.[23] 關隴과 西南部 仇池 지역 사이의 군대와 물자의 교환에서 볼 수 있는 것처럼 지방에 주둔한 군대 상호 간 공조체제의 형성은 반란이나 방어에 유리하였을 것이다. 北魏는 郡縣 조직을 통한 행정력이 아니라 지방 주둔군의 유기적인 공조체제를 바탕으로 한 강력한 무력으로 영토를 지배하였다.

北魏는 공성전과 방어를 위해 遊牧民 騎兵을 보완할 步兵이 필요하였다. 이미 代國 시대인 穆帝 猗盧 시절 步騎로 편성된 군대를 동원하였지만,[24] 太武帝 시기가 되어야 본격적으로 정주농경 지역 공격을 위한 攻城 기계의 사용과 步兵의 동원이 진행되었다. 427년 赫連昌을 공격하기 전에 陰山에서 伐木하여 攻具를 대규모로 제작하였고[25] 步

---

23 窪添慶文, 「北魏の地方軍(特に州軍)について」, 『西嶋定生博士還曆記念 東アジア史における國家と農民』, 東京: 山川出版社, 1984, 197-204쪽.

24 『魏書』 卷1 「序紀」 穆帝猗盧條, 7-8쪽, "劉琨又遣使乞師救洛陽, 帝遣步騎二萬助之, 晉太傅東海王司馬越辟以洛中飢饉, 師乃還."

25 『魏書』 卷3 「太宗紀」 始光四年春正月條, 72쪽, "赫連昌遣其弟平原公定率衆二萬向長安. 帝聞之, 乃遣就陰山伐木, 大造攻具."

兵 6만과 攻城器械를 동원하여[26] 統萬城을 공격하였다. 그리고 백성들은 "運輸之役"에 동원되었다. 太武帝는 南人, 즉 南來降人에게 군대 지휘를 맡기지 않던 道武帝 이후의 원칙을 깨고 漢人들도 武將으로 기용하였다. 예컨대 司馬楚之 부자를 北邊의 雲中鎭將, 刁雍을 서북의 薄骨律鎭將, 王慧龍을 南邊의 虎牢鎭都副將으로 임용하였다.[27]

漢人武將들은 邊境에 거주하여 北魏의 방패막이 역할을 수행하였다. 예컨대 430년 유송과의 전쟁에 대비하여 漢人 司馬楚之를 安南大將軍 琅邪王으로 삼아 潁川에 주둔하게 하고, 漢人外戚 杜超를 假節 都督冀定相三州諸軍事 行征南大將軍 太宰로 삼아 鄴에 주둔하게 하며 諸軍을 지휘하게 하였다.[28] 이는 漢人의 방어능력을 고려했기 때문이다. 같은 해 司馬楚之는 劉宋軍을 長社에서 격파하여[29] 기대에 부응하였다. 이후 漢人을 攻城戰 등 南朝와의 전쟁에 武將으로 등용하는 사례가 빈출한다. 司馬楚之는 431년 安詰과 함께 劉宋의 군사적 요지인 滑臺를 점령하고 劉宋의 장수 朱脩之 등을 생포하였다.[30] 466년 獻

26 『魏書』卷4上「世祖紀」上 始光四年夏四月條, 72쪽, "是月, 治兵講武, 分諸軍, 司徒長孫翰 · 廷尉長孫道生 · 宗正娥淸三萬騎爲前驅, 常山王素 · 太僕兵堆 · 將軍元太毗步兵三萬爲後繼, 南陽王伏眞 · 執金吾桓貸 · 將軍姚黃眉步兵三萬部攻城器械, 將軍賀多羅精騎三千爲前候. 五月, 車駕西討赫連昌."

27 周一良,「北魏用人兼容幷包」『周一良集』第貳卷 魏晉南北朝史札記, 瀋陽: 遼寧敎育出版社, 1998, 555-557쪽.

28 『魏書』卷4上「世祖紀」上 神䴥三年條, 76쪽, "六月, 詔平南大將軍 · 假丹陽王太毗屯于河上, 以司馬楚之爲安南大將軍 · 琅邪王, 屯潁川. …… [秋七月]庚子, 詔大鴻臚卿杜超假節 · 都督冀定相三州諸軍事 · 行征南大將軍 · 太宰, 進爵爲王, 鎭鄴, 爲諸軍節度."

29 『魏書』卷4上「世祖紀」上 神䴥三年十一月辛酉條, 78쪽, "琅邪王司馬楚之破劉義隆將於長社."

30 『魏書』卷4上「世祖紀」上 神䴥四年二月辛酉條, 78쪽, "安詰 · 司馬楚之平滑臺, 擒義隆將朱脩之 · 李元德及東郡太守申謨."

文帝의 河南·淮北 경략에 主將은 鮮卑人 尉元과 元石이, 副將에는 漢人 孔伯恭과 張窮奇가 임명되어 出征하였고,[31] 494년 孝文帝의 南伐에 劉宋宗室 劉昶과 漢人 劉藻 등이 참전하였다.[32] 500년 淮南의 壽春 공략에 王肅이 출전하여 적군을 大破하였고,[33] 516년 蕭寶寅이 梁軍을 淮北에서 大破하였다.[34] 514년 高肇의 巴蜀 공격 당시 휘하 傅竪眼·羊祉·奚康生·甄琛 4명의 武將[35] 가운데 奚康生을 제외한 3人이 漢人武將이었다. 이처럼 太武帝 시기 이후 漢人武將의 임용은 華北 지역의 풍토에 익숙하지 못한 遊牧民 군대의 취약성과 攻城과 방어에 능한 漢人의 장점 때문이었다. 獻文帝 시기 淮北 지역을 점령하면서 南朝와 본격적인 軍事的 대치 및 전쟁이 빈발함에 따라 戍兵 등을 징발하여 일반민에게도 '병역의무'가 부과되었다.[36] 이 '병역의무'는 순수한 軍役이라기보다 요역 혹은 요역성 兵役의 성격이 강하였다.[37]

---

31 『魏書』卷6「顯祖紀」天安元年九月己酉條, 127쪽, "劉彧徐州刺史薛安都以彭城內屬, 彧將張永·沈攸之擊安都. 詔北部尙書尉元爲鎭南大將軍·都督諸軍事, 鎭東將軍·城陽公孔伯恭爲副, 出東道救彭城; 殿中尙書·鎭西大將軍·西河公元石都督荊·豫·南雍州諸軍事, 給事中·京兆侯張窮奇爲副, 出西道救懸瓠."

32 『魏書』卷7下「高祖紀」下 太和十八年十二月辛丑朔條, 175-176쪽, "遣行征南將軍薛眞度督四將出襄陽, 大將軍劉昶出義陽, 徐州刺史元衍出鍾離, 平南將軍劉藻出南鄭."

33 『魏書』卷8「世宗紀」景明元年夏四月丙申條, 192쪽, "彭城王勰·車騎將軍王肅大破之, 斬首萬數."

34 『魏書』卷9「肅宗紀」熙平元年二月記事條, 233쪽, "鎭東蕭寶寅大破衍將於淮北."

35 『魏書』卷8「世宗紀」延昌三年十一月辛亥條, 214-215쪽, "詔司徒高肇爲大將軍·平蜀大都督, 步騎十萬西伐. 益州刺史傅竪眼出巴北, 平南將軍羊祉出涪城, 安西將軍奚康生出綿竹, 撫軍將軍甄琛出劍閣."

36 佐川英治, 「北魏の編戶制と徵兵制度」, 9-22쪽.

37 辛聖坤·唐長孺·西野正彬·佐川英治 등은 논지에 다소간 차이는 있지만 북위의 兵役이 요역이거나 요역성 兵役이었다는 사실에 동의하고 있다(辛聖坤, 「北朝 兵戶制의 變遷과 丁兵制의 性格」; 唐長孺, 「讀史釋詞·北魏的兵」; 西野正彬, 「北魏の軍制と南邊」, 『北陸史學』 25, 1976; 佐川英治, 「北魏の編戶制と徵兵制度」 참조).

2 北魏洛陽時代 지방군 징발과 남변 주둔·통제

獻文帝 이후 定住 지역을 통치하고 정복하기 위해 漢人을 武將 혹은 兵으로 동원하는 사례는 점증하였다. 漢地의 水土에 익숙하지 않은 遊牧軍隊보다 南朝와의 전쟁에서 중요한 역할을 할 것이다. 그러나 羽林·虎賁이 중심이 된 北魏의 騎兵은 여전히 北魏軍의 핵심이었다. 北魏가 南朝와의 전쟁에서 우위를 점하려면 서로 다른 두 군대를 전술적으로 적절히 이용해야 했다. 〈표 8〉과 범례의 사료는 孝文帝 이후 南朝와의 전쟁에 동원된 지역과 군사의 來源을 잘 보여주고 있다.

〈표 8〉 효문제 이후 南征에 동원된 지역[38]

	군대 동원의 개요	秦州	雍州	洛州	涇州	荊州	郢州	幷州	肆州	司州	豫州	徐州	兗州	濟州	齊州	青州	南青州	光州	相州	冀州	定州	瀛州
1	孝文帝 시기 南齊軍 방어									○	○	○	○									
2	秦, 雍州兵 징발하여 낙양에서 閱兵	?	?																			
3	495년 하남 六州軍 동원			○		○					○	○				○	○					
4	刺史 직함으로 從軍				?																	
5	497년 南伐 5州 20만 동원													○					○	○	○	○
6	荊州에 파견된 군대					○	○			○		○										
7	孝文帝 시기 咸陽王禧의 통솔군			○						○		○	○						○	○		
8	503년 6州 軍馬 징발							○						○						○	○	○

---

38 崔珍烈, 「北魏의 華北支配와 그 性格」, 47쪽, 〈표 5〉 효문제 이후 南征에 동원된 지역.

군대 동원의 개요	秦州	雍州	洛州	涇州	荊州	郢州	幷州	肆州	司州	豫州	徐州	兗州	濟州	齊州	青州	南靑州	光州	相州	冀州	定州	瀛州
9 504-505년 淮南으로 징발							○						○					○	○	○	○
10 506년 하북 6州 징발							○	○										○	○	○	○
11 511년 南齊와의 전쟁																		○	○	○	○
12 孝明帝 시기 梁軍 방어											○	○	○				○	○	○		
동원 횟수 총계	1?	1?	1	1?	3	1	3	1	3	1	4	3	4	1	1	1	2	7	7	5	5

【凡例】 ○는 동원 지역을 나타낸다.
　　　?는 군대를 실제로 동원했는지 불확실한 경우를 나타낸다.

〈표 8〉에서 군대의 징발 지역을 보면 冀州·相州·定州 등 經濟의 핵심인 河北 지역과 兗州·濟州, 幷州의 징발 횟수가 많다. 河北은 이미 太武帝 시기부터 北魏의 內地가 되어 각종 전쟁에 人力과 물자를 제공하는 지역이었다. 濟州에는 北魏前期 이미 50만 石의 곡물을 비축하였으며, 후기에는 邸閣이라는 대규모 곡물창고가 있어[39] 洪水(桓公瀆)와 泗水를 통해 徐州 등 남변으로 漕運할 수 있었다. 兗州는 南邊과 지리적으로 가깝고, 泗水가 있어서 漕運이 가능한 지역이었다. 따라서 北魏後期의 南征에는 經濟的 선진지역과 漕運이 가능한 지역에 대한 의존도가 높았음을 알 수 있다. 사례 1은 孝文帝 시기 秦州와 雍州의 兵을 징발하기 위해 파견된 관리들이 기한을 어기자 처벌할 것을 주장하는 내용이다.[40] 사례 2는 涇州刺史가 南伐에 참전했음을

---

39 『魏書』 卷113 「食貨志」, 2858쪽, "有司又請於水運之次, 隨便置倉, 乃於小平·石門·白馬津·漳涯·黑水·濟州·陳郡·大梁凡八所, 各立邸閣, 每軍國有須, 應機漕引."
40 『魏書』 卷27 「穆崇傳附亮傳」, 668쪽, "時蕭賾遣將陳顯達攻陷醴陽, 加亮使持節, 征

기록하였다.[41] 「高道悅墓誌」에서도 秦州와 雍州에서 군사를 징집했던 기록이 확인된다.[42] 사례 12에서도 秦隴이 평정되어 高車·白眼·羌·蜀을 동원할 수 있었다고 기록하였다.[43] 이러한 예를 분석하면, 關隴 지역의 군인과 백성들이 징발되었지만, 그 수는 河北 지역에 비해 많지는 않았을 것이다.

유사시 동원되는 군대 이외에 南邊에 장기 주둔하는 병사들도 있었다. 南邊에 주둔한 군대는 城民 혹은 城人이라 칭하는데 대개 胡兵, 徙民, 범죄자 출신 등 피지배민족이 중심이 되었다. 그리고 이들을 통솔하기 위해 羽林의 주둔이 필요하였다.[44] 앞에서 살펴본 것처럼 소규모 소요는 있었지만, 六鎭 등 北邊과는 달리 北魏末 대규모 반란이 없었던 이유는 北魏가 이 지역에 대규모 군대를 주둔했기 때문일 것이다.

北魏는 건국 초부터 효율적인 軍糧 조달과 거리가 멀었다. 道武帝 시기 後燕과의 전쟁 때에도 中山을 포위한 후 軍糧이 부족하여 河間에 就穀하고[45] 백성들이 곡식을 숨기자 崔逞이 柑을 식량 대용으로 사

南大將軍, 都督懷·洛·南·北豫·徐·兗六州諸軍事以討之. 顯達遁走, 乃還. 尋遷 司空, 參議律令. 例降爵爲公."

41 『魏書』卷62「高道悅傳」, 1399쪽, "車駕南征, 徵兵秦雍, 大期秋季閱集洛陽. 道悅以 使者治書御史薛聰·侍御主文中散元志等, 稽違期會, 奏擧其罪."

42 「君諱道悅(高道悅)墓誌」, 『漢魏南北朝墓誌彙編』, 104쪽, "荊揚未賓, 豹尾翾路, 星遣 飛駟, 征兵秦雍, 限期季秋, 閱集洛陽. 而兵使褰違, 稽犯軍律, 憲省機要, 理膺繩究."

43 『魏書』卷79「鹿悆傳」, 1764쪽, "須臾天曉, 綜軍主范勗·景儁·司馬楊暃等競問北朝 士馬多少. 悆云: '秦隴旣平, 三方靜晏, 今有高車·白眼·羌·蜀五十萬, 齊王·李陳 留·崔延伯·李叔仁等分爲三道 徑越江西; 安樂王鑒·李神領冀·相·齊·濟·青·光 羽林十萬, 直向琅邪南出.' 諸人相謂曰: '詎非華辭也?' 悆曰: '可驗崇朝, 何華之有!'"

44 西野正彬, 「北魏の軍制と南邊」, 3아래쪽-8아래쪽.

45 『魏書』卷26「長孫肥傳」, 652쪽, "時以士馬少糧, 遂罷中山之圍, 就穀河間."

용할 수 있다고 하여 柑을 그해의 租로 징수하는[46] 미봉책을 취하였다. 太武帝 시기 赫連昌을 공격하던 군대가 식량이 부족하여 민간 약탈에 의존하다가 赫連昌의 패배로 곤혹을 치른 일도 있었다.[47] 이는 北魏軍이 전투에는 강하지만, 民을 조직화하여 군수물자를 징수하고 운반하는 조달능력이 부족했음을 보여준다. 국경선이 점차 남쪽으로 옮겨짐에 따라 人力과 물자의 중심지 河北에서 南邊으로의 수송이 어렵게 되었다. 『魏書』「食貨志」는 邸閣 8所를 설치한 기사 앞에 江淮 경략으로 中州의 邊鎭 轉運이 실시되었으나 백성들의 고초가 심해져서 轉運 대신 番戍之兵을 이용한 屯田과 和糴으로 이를 대체하여[48] 곡물 수송의 어려움을 극복하려 하였다고 기록하였다. 그리고 宣武帝는 和糴과 屯田을 감독하기 위해 荊郢和糴大使와 西道六州營田大使 등을 파견하였다. 이 시기 和糴은 荊州와 郢州 등 남부지역, 屯田은 徐州, 豫州와 東荊州, 赭陽·舞陰 2郡[荊州 屬郡], 義陽[郢州] 일대에서 실시되었다.[49] 이는 모두 南邊 지역으로 河北 지역과 먼 지역이므로 東州 지역의 轉輸가 곤란했음을 지적하는 崔光의 말은 과장이 아님을 알 수 있다.

佐川英治는 北魏가 孝文帝 延興년간 "十丁取一"징발과 戶口調査를 바탕으로 일반민의 役을 運役에서 丁을 대상으로 하는 兵役으로

---

46 『魏書』卷32「崔逞傳」, 758쪽, "太祖攻中山未克, 六軍乏糧, 民多匿穀, 問羣臣以取粟方略. 逞曰: '取柑可以助糧. 故飛鴞食柑而改音, 詩稱其事.' 太祖雖銜其侮慢, 然兵旣須食, 乃聽以柑當租."

47 『魏書』卷30「丘堆傳」, 719쪽, "士馬乏糧, 堆與義兵將軍封禮督租於民間, 士卒暴掠, 爲昌所襲, 敗績."

48 『魏書』卷113「食貨志」, 2858쪽, "自徐揚內附之後, 仍世經略江淮, 於是轉運中州, 以實邊鎭, 百姓疲於道路. 乃令番戍之兵, 營起屯田, 又收內郡兵資與民和糴, 積爲邊備."

49 崔珍烈, 「北朝時代 使職의 출현과 그 의의」, 93-96쪽.

전환하였으며, 이는 국가의 개별 인신지배의 강화와 丁을 기본으로 한 收取體制로의 전환을 의미한다고 주장하였다. 三長制는 이러한 배경으로 실시되었으며, 編戶制를 바탕으로 한 徵兵制는 戍兵의 屯田 개발이 주목적이었음을 지적하였다.[50] 그의 주장은 타당하다고 생각된다. 첫째, 이는 앞에서 살펴본 定州·濟州·徐州·長社戍의 예에서 알 수 있듯이 각 州의 軍府나 鎭·戍는 遊牧民 출신의 騎兵이 존재하며 濟州城의 예처럼 유목생활을 어느 정도 保持하였다. 따라서 遊牧民 騎兵이 屯田에 종사할 가능성은 작다. 古賀昭岑은 '國人', 즉 北魏의 遊牧民軍士는 할당받은 토지를 屯戶에게 경작시키고 자신은 목축에 종사했다고 설명하고 있다.[51] 둘째, 『魏書』에서 冀州와 定州의 戍兵이 荊州로 교대로 파견되는 사례가 보인다.[52] 冀州·定州와 荊州의 거리를 생각하면, 이는 국가의 조직적인 징발과 동원이 아니면 불가능하다. 셋째, 『魏書』「食貨志」를 분석하면, 北魏前期는 平城과 京畿 일대가 중심이 되었지만, 獻文帝 이후 남방 經略과 관계되는 기사가 散見된다. 이는 洛陽 시대 주된 관심이 京畿의 집중과 개발이라기보다 南邊으로의 물자 조달에 더욱 고심했던 흔적이 보인다. 和糴과 屯田, 그리고 南邊과 가까운 지역에 邸閣을 설치하고 漕運의 편의를 꾀한 정책에서 확인된다.

요컨대 北魏는 獻文帝 이후 淮北·江淮 지역의 경략에 힘을 쏟으며, 다수의 군대와 물자를 南邊에 투입하였다. 攻城戰과 방어전에 사용할 漢人武將 및 군대의 확충은 기후와 水土에 약한 遊牧軍隊를 보충하며 騎兵과 步兵을 이용한 전투가 가능해진다는 점에서 필수적이

---

50 佐川英治, 「北魏の編戶制と徵兵制度」, 19-27쪽.

51 古賀昭岑, 「北魏の部族解散について」, 73아래쪽-75위쪽.

52 西野正彬, 「北魏の軍制と南邊」, 12아래쪽.

었다. 이러한 노력으로 北魏는 南朝와의 전쟁에서 우위를 점할 수 있었다. 그러나 南朝의 위협이 일상화되어 많은 군대를 남변에 장기적으로 주둔하면서 이들의 물자보급이 현안으로 대두하였다. 河北 등지에서 淮水 유역으로의 轉運이 어려워지자 農民을 戍兵으로 징집하여 南邊의 屯田 개발을 맡기게 되었고, 이를 위해 編戶制와 徵兵制가 실시되었다. 이는 人力과 물자 조달지역인 東州, 즉 河北과 靑齊·兗州 일대[대체로 지금의 山東省 일대] 등의 內地化가 철저해졌음을 의미한다. 이는 이미 〈표 8〉의 분석과도 일치한다. 그리고 宣武帝 시기 南邊의 和糴과 屯田을 감독하기 위해 중앙에서 和糴大使와 營田大使가 파견되는 등 중앙의 통제도 이전보다 강화되었다. 즉 北魏의 남방 경략을 위해 編戶制를 강화하고 다수의 군대와 사신을 파견하여 南邊 통제를 강화하였다. 僑州郡縣의 인정이라는 南朝'新民'과의 타협, 불철저한 행정체계에도 불구하고 북위의 남부와 동남부 지방통치가 가능한 원인은 전쟁동원을 위한 收取體制의 강화에 있었다.

2. 北魏洛陽時代 經濟的 地域編制: 戰時動員體制와 地方統制

北魏平城時代 平城 일대와 河北의 물자유통(〈지도 14〉 ①),[53] 平城 일대와 河西를 잇는 遊牧 지역(〈지도 14〉 ②),[54] 河北諸州와 徐州 등 南邊 사이의 轉輸(〈지도 14〉 ③),[55] 薄骨律·高平·安定·統萬 4鎭에서 沃

---

53 直道 혹은 靈丘道를 통한 物流의 이동이나 平城에서 河北 지역으로의 就食이 이를 방증한다.

54 太武帝 이후 北魏皇帝는 平城과 河西를 정기적으로 순행하는데, 이는 河西의 우수한 牧草地 및 河西牧場의 관리와 관련 있다.

野鎭으로의 곡물 수송(〈지도 14〉 ④),[56] 關隴諸州와 仇池 등 西南 지역의
戍兵과 군수물자 교환(〈지도 14〉 ⑤)[57] 등 물자유통권이 있었다. 이러
한 대략적인 物流 유통구역을 보면 다른 中國王朝처럼 强幹弱枝와 京

55 『魏書』卷110「食貨志」, 2852쪽, "顯祖即位, 親行儉素, 率先公卿, 思所以賑益黎庶.
至天安·皇興間, 歲頻大旱, 絹匹千錢. 劉彧准北青·冀·徐·兗·司五州告亂請降,
命將率衆以援之. 旣臨其境, 青冀懷貳, 進軍圍之, 數年乃拔. 山東之民咸勤於征戍轉
運, 帝深以爲念. 遂因民貧富, 爲租輸三等九品之制. 千里內納粟, 千里外納米; 上三
品戶入京師, 中三品入他州要倉, 下三品入本州."

56 太平眞君 7년(447) 刁雍은 上表를 올려 薄骨律鎭에서 沃野鎭까지 陸運 대신 水運
으로 곡물을 운송할 것을 청하였다(『魏書』卷38「刁雍傳」, 868쪽). 太武帝는 高平·
安定·統萬·薄骨律 4鎭에 수레 5,000승을 동원하여 모두 50만 石의 屯穀을 옥야
진으로 운송할 것을 명령하였다(『魏書』卷38「刁雍傳」, 868-869쪽, "詔曰: '知欲造船
運穀, 一冬卽成, 大省民力, 旣不費牛, 又不廢田, 甚善. 非但一運, 自可永以爲式. 今
別下統萬鎭出兵以供運穀, 卿鎭可出百兵爲船工, 豈可專廢千人?雖遣船匠, 猶須卿
指授, 未可專任也. 諸有益國利民如此者, 續復以聞.'"). 이는 高平·安定·統萬·薄
骨律 4鎭이 자체 소비하는 군량 이외에 50만 石의 잉여곡물이 존재함을 시사한다.
2년 전인 太平眞君 5년(444) 薄骨律鎭將 刁雍이 新渠 40里를 개착하고 舊渠 80里
를 수리하여 官私田 4만여 頃을 개간하였다(『魏書』卷38「刁雍傳」, 867-868쪽, "五
年, 以本將軍爲薄骨律鎭將. 至鎭, 表曰: 「…… 夫欲育民豐國, 事須大田. 此土乏雨,
正以引河爲用. 觀舊渠堰, 乃是上古所制, 非近代也. 富平西南三十里, 有艾山, 南北
二十六里, 東西四十五里, 鑿以通河, 似禹舊迹. 其兩岸漑田大渠, 廣十餘步, 山南
引水入此渠中. 計昔爲之, 高於水不過一丈. 河水激急, 沙土漂流, 今日此渠高於河水
二丈三尺, 又河水浸射, 往往崩頹. 渠漑高懸, 水不得上. 雖復諸處案舊引水, 水亦難
求. 今艾山北, 河中有洲渚, 水分爲二. 西河小狹, 水廣百四十步. 臣今求入來年正月,
於河西高渠之北八里·分河之下五里, 平地鑿渠, 廣十五步, 深五尺, 築其兩岸, 令高
一丈. 北行四十里, 還入古高渠, 卽循高渠而北, 復八十里, 合百二十里, 大有良田.
計用四千人, 四十日功, 渠得成訖. 所欲鑿新渠口, 河下五尺, 水不得入. 今求從小河
東南岸斜斷到西北岸, 計長二百七十步, 廣十步, 高二丈, 絶斷小河. 二十日功, 計得
成畢, 合計用功六十日. 小河之水, 盡入新渠, 水則充足, 漑官私田四萬餘頃. 一旬之
間, 則水一遍, 水凡四漑, 穀得成實. 官課常充, 民亦豐贍.」詔曰: '卿憂國愛民, 知欲
更引河水, 勸課大田. 宜便興立, 以克就爲功, 何必限其日數也. 有可以便國利民者,
動靜以聞.'"). 따라서 薄骨律鎭이 50만 石의 대부분을 부담했을 가능성이 있다.

57 『魏書』卷51「皮豹子傳」, 1131-1132쪽.

畿 중심 정책을 취한 北魏平城時代[58] 京畿 일대로 전국의 물자를 집중시키지 못하고 일부 지역만의 수취에 그친 인상을 받는다. 그리고 明元帝 시기 혹은 洛陽遷都 이전 기근으로 京畿 일대의 食糧不足이 심각한 현안이 되었던 점을 고려하면 平城 일대로의 食糧供給은 원활하지 못했던 것으로 생각된다. 이는 平城 일대와 河北 지역 사이에 太行山脈이 있어 교통이 불편하다는 점도 간과할 수 없다. 孝文帝의 洛陽遷都의 원인을 기존의 학자들은 漢化政策의 추진, 中原 지역 통제의

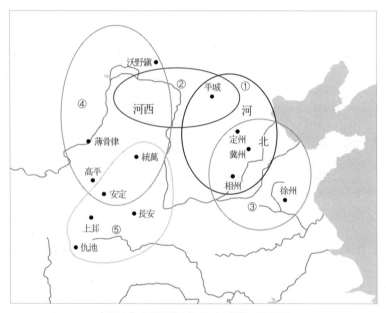

〈지도 14〉 北魏平城時代 물자·戍邊 교류 권역

---

58 前田正名은 北魏가 정복지의 각종 주민을 京畿 지방으로 이주하여 京畿 지역의 인구가 증가하여 최대 100만 내외의 인구가 平城 일대에 거주하였음을 지적하였다(前田正名, 『平城の歷史地理學的研究』, 第二章 3節 四世紀後半期より五世紀にいたる平城·桑乾河流域の住民構造 참조). 이러한 京畿 강화책은 이미 秦漢時代에도 보인다.

강화, 統一事業의 달성과 함께 平城 일대 만연한 식량부족현상 해결을 제시하고 있다. 실제로 孝文帝가 전국을 순행하며 漕運問題에 관심을 기울인 사례가 『魏書』에 자주 보인다.[59]

北魏平城時代 平城의 기근 및 식량부족, 이를 해결하기 위해 행해진 洛陽遷都를 이해하면 北魏洛陽時代는 洛陽으로의 물자유통을 집중해야 할 것임을 짐작하기 어렵지 않다. 『洛陽伽藍記』「城東」明懸尼寺條에 따르면 洛陽城의 동쪽에 전국의 조세(貢賦)를 모아 저장하는 租場이 있었다.[60] 이 租場은 洛陽이 北魏의 물자 집산지임을 상징한다. 현재 史書와 墓誌 등에서 특히 河東 지역과 洛陽을 잇는 교통로와 관련된 자료가 보인다.

『宋史』「河渠志」5 河北諸水條에 따르면, 宣武帝는 正始 2년(505) 都水校尉 元淸에게 명령하여 平坑水와 黃河를 잇는 永豐渠를 만들었다.[61] 이 永豐渠는 元代의 解州 安邑縣에서 白家場에 이르는데, 현재의 夏縣 王峪口에서 시작하여 伍姓湖를 거쳐 서쪽의 永濟縣 서쪽 蒲州 부근까지 이어져 黃河와 이어졌다.[62] 張穆의 『魏延昌地形志』에 따르면, 永豐渠는 河北郡 河北縣에 있었으므로[63] 北魏後期 河北郡 河北

---

59 張金龍, 『北魏政治史硏究』, 198-200쪽 및 206-207쪽.

60 『洛陽伽藍記』 卷2 「城東」 明懸尼寺條, 73쪽, "寺東有中朝時常滿倉, 高祖令爲租場, 天下貢賦所聚蓄也."

61 『宋史』 卷95 「河渠志」5 河北諸水條, 2366쪽, "仁宗天聖四年閏五月, 陝西轉運使王博文等言: '準敕相度開治解州安邑縣至白家場永豐渠, 行舟運鹽, 經久不至勞民. 按此渠自後魏正始二年, 都水校尉元淸引平坑水西入黃河以運鹽, 故號永豐渠. 周‧齊之間, 渠遂廢絶. 隋大業中, 都水監姚暹決堰濬渠, 自陝郊西入解縣, 民賴其利. 及唐末至五代亂離, 迄今湮沒, 水甚淺涸, 舟檝不行.' 詔三司相度以聞."

62 李三謨‧李竹林, 「北魏至北周時期的河東鹽業經濟活動」, 『鹽業史硏究』 2007-2, 2007, 25오른쪽-26왼쪽.

63 『魏延昌地形志』(張穆 原著, 安介生 輯校, 濟南: 齊魯書社, 2011) 卷3 「司州」下 河北郡河北縣條, 274-275쪽.

縣에서 河東郡 蒲坂縣으로 이어지는 운하였다. 永豊渠가 河東 지역의 소금을 다른 지역으로 운반하는 데 이용되었고 그 목적지에는 洛陽도 포함되었을 것이다. 永豊渠가 黃河와 만나는 蒲坂縣에서 洛陽으로 가기 위해 三門峽을 통과해야 했다. 「宇文善墓誌」에 따르면, 宇文善(?-526)은 神龜 3년(520) 이전 三門都將에 임명되어 黃河의 치수 문제에 공을 세웠다. 「宇文善墓誌」에서는 이를 아래와 같이 서술하였다.

> "이때 三門都將이 되어 黃河의 治水를 맡았는데, 곧 크게 성공하여 이익이 碣石과 底柱에 미쳤고, 거듭 뛰어난 공로를 드러냈으니 위로는 禹의 공적을 본받았고 아래로는 백성들의 근심을 제거하였다. ……(중략)…… 또 三門都將으로서 運漕를 통하게 한 功을 인정받아 곧이어 後將軍 太中太子大夫에 임명되었다."[64]

위의 인용문에서 '底柱'는 砥柱山, 즉 현재의 河南省 三門峽市 북쪽에 있으며, '碣石'은 黃河 지류의 발원지이고,[65] 太行山의 支脈이었을 것이다. 위의 인용문에서 宇文善이 黃河 치수를 감독한 시간은 언급되지 않았지만, 延昌元年(512)부터 神龜 3년(520) 사이로 추정된다. 宇文善의 치수 공사를 孝明帝 熙平 2년(517) 九月 冀·瀛·滄 3州의 홍수와 자연재해 때문으로 추정하기도 한다.[66] 그러나 冀·瀛·滄 3州가

---

64 「宇文善墓誌」. "及爲將治河, 乃大成, 利涉碣石·底柱, 重顯奇功, 上摸禹績, 下除民患. …… 又以三門將通運漕之功, 尋遷後將軍·太中太子大夫."(吳之湖, 「北魏《宇文善墓誌》」, 『洛陽師範學院學報』 34-6, 2015, 28오른쪽-29오른쪽에서 인용)

65 '碣石'은 長城의 동쪽 끝인 碣石山과 이름은 같지만, 『山海經』 卷3 「北山經」에 黃河 지류의 발원지로 기록하였다(『山海經』 卷3 「北山經」, "又北五百里, 曰碣石之山. 繩水出焉, 而東流注于河, 其中多蒲夷之魚. 其上有玉, 其下多靑碧.").

66 吳之湖, 「北魏《宇文善墓誌》」, 28왼쪽.

洛陽 동쪽의 黃河 하류에 위치한 데 비해 三門과 底柱는 洛陽 서쪽의 黃河 중류에 위치하므로 양자의 관계가 직접적으로 있다고 보기 어렵다.

『魏書』「食貨志」에서는 三門都將 薛欽이 汾·華 2州와 恒農·河北·河東·正平·平陽 5郡의 陸運을 水運으로 바꾸자고 上疏하여 조정에서 논의한 기사가 있다. 조정 대신인 錄尙書 高陽王 雍과 尙書僕射 李崇 등이 찬성하는 上奏를 올려 薛欽의 제안을 따르라는 詔書가 내려졌다. 그러나 제대로 실행되지 못했다고 기록하였다.[67] 薛欽이 언급한 2州와 5郡 가운데 洛陽 서쪽의 恒農(弘農)을 제외한 2州와 4郡은 黃河 이북에 위치하였다. 일부 고고학자들은 현재의 山西省 平陸·夏縣·垣曲의 黃河를 따라 총 길이 5km의 棧道를 발견하였다.[68] 이 棧道는 2州와 5郡에서 黃河를 따라 洛陽의 小平津·河陰 등 나루터로 이어졌을 것이다. 즉 2州와 5郡은 수레를 이용하여 棧道로 洛陽 북쪽의 나루터까지 간 다음 배로 黃河를 건너 물자를 洛陽으로 옮겼을 것이다. 그러나 棧道로 물자를 옮기는 것이 위험하고 비용이 많이 들었기 때문에 水運을 주장한 것이다. 이런 상황에서 宇文善의 黃河 治水성공으로 漕運이 가능해졌다고 볼 수 있을 것이다. 黃河 上流인 西河郡에 나무가 많아서 洛陽의 朝貴들이 第宅을 만들기 위해 西河內史에게 목재를 요구했다는 『周書』「王羆傳」의 기사를 보면,[69] 黃河 상류에

---

67 『魏書』卷110「食貨志」, 2858-2860쪽.

68 張慶捷,「黃河古棧道的新發現與初步研究」,『民族匯聚與文明互動: 北朝社會的考古學觀察』, 北京: 商務印書館, 2010, 543-558쪽.

69 『周書』卷18「王羆傳」, 291쪽, 還, 授右將軍·西河內史. 辭不拜. 時人謂之曰: 「西河大邦 俸祿殷厚, 何高致辭?」羆曰: 「京洛材木, 盡出西河, 朝貴營第宅者, 皆有求假. 如其私辦, 卽力所不堪, 若科發民間, 又違法憲. 以此辭耳.」이 일화의 구체적인 시간은 알 수 없으나, 이 기사 앞에 "魏太和中, 除殿中將軍. 先是南岐·東益氐羌反

서 洛陽까지 나무를 黃河에 떠내려가게 하여 운송했을 것이다. 나무를 강으로 운송할 경우 뗏목으로 엮어서 운송했음을 고려하면, 당시 黃河 상류의 西河郡 등지에서 三門峽을 통해 洛陽까지 水運이 가능했음을 증명한다. 요컨대 宇文善의 治水는 黃河 상류와 洛陽 사이의 水運에 공헌했을 것이다.

宣武帝 延昌元年(512) 三月과 六月 각각 80만 石과 太倉의 50만 石을 풀어 饑民을 구제하였다.[70] 이는 洛陽과 인근 지역에 적어도 130만 石 이상의 곡물이 비축되어 있음을 시사하며, 太和 12년(488) 州郡의 常調 2/9와 중앙관청의 잉여액을 창고에 저장하여 물가조절과 구휼에 대비하도록 한 정책[71]이 성공적이었음을 보여준다. 또 대규모 곡물을 저장하기 위해 小平·石門·白馬津·漳涯·黑水·濟州·陳郡·大梁 등지에 邸閣이 설치되었다. 이 邸閣은 아래의 〈지도 15〉에서 볼 수 있듯이 黃河 유역과 각종 渠를 통해 洛陽과 연결되는 수운망은 洛陽으로의 물자유통 집중 현상을 보여준다.

〈지도 15〉에서 운하와 邸閣이 洛陽 중심으로 배치된 것처럼 보인다. 그러나 邸閣의 설치가 隋唐 시대 長安과 洛陽 주변에 설치된 일련의 곡물창고처럼 首都로 物流를 집중하기 위한 것이었다고만 보기 어렵다. 『魏書』「食貨志」의 기록을 보자.

叛, 王師戰不利, 乃令騰領羽林五千鎭梁州, 討平諸賊."라는 구절이 있어서 이 사건이 孝文帝 혹은 그 이후인 北魏後期, 즉 洛陽時代의 상황임을 알 수 있다.

70 『魏書』卷8「世宗紀」延昌元年三月甲午條, 211쪽, "甲午 州郡十一大水 詔開倉賑恤, 以京師穀貴 出倉粟八十萬石以賑貧者.";『魏書』卷8「世宗紀」延昌元年六月庚辰條, 212쪽, "庚辰 詔出太倉粟五十萬石 以賑京師及州郡饑民."

71 『魏書』卷113「食貨志」, 2856-2857쪽, "十二年, 詔羣臣求安民之術. 有司上言: '請析州郡常調九分之二, 京都度支歲用之餘, 各立官司, 豐年糴貯於倉, 時儉則加私之一, 糶之於民. 如此, 民必力田以買絹, 積財以取粟. 官, 年登則常積, 歲凶則直給……'"

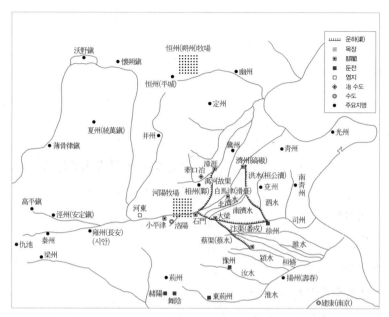

〈지도 15〉北魏後期 邸閣·屯田·목장·水路 등 분포도[72]

"徐州와 揚州가 內附한 후 계속 江淮 지역을 經略하였다. 이때 中州에서 [軍糧을] 轉運하여 邊鎮으로 수송하였는데, [수송의 부담을 맡은] 백성들의 피해가 심하였다. 이에 番戍之兵에게 屯田을 경영하고 또 內郡의 兵資를 거두어 民과 和糴하여 곡물을 축적하여 이를 邊備로 삼도록 했다. 有司가 水運이 편리한 곳에 형편에 따라 倉을 설치할 것을 청하였다. 이에 小平·石門·白馬津·漳涯·黑水·濟州·陳郡·大梁 모두 8所에 각각 邸閣을 세웠다. 軍國의 수요가 있을 때마다 때에 따라 漕運하도록 하였다. 이후 費·役이 줄어들었다."[73]

---

72 崔珍烈, 『북위황제 순행과 호한사회』, 321쪽, 지도 23 북위 후기 저각·둔전·목장·수로 등 분포도.

73 『魏書』卷113「食貨志」, 2858쪽, "自徐揚內附之後, 仍世經略江淮, 於是轉運中州, 以

위의 인용문에 따르면, 屯田·和糴과 함께 邸閣 설치가 邊備 확충에 있음을 알 수 있다. 이 기록을 〈지도 15〉의 운하·邸閣 배치와 비교해보자.

〈지도 15〉를 자세히 살펴보면 위치를 알 수 없는 黑水와 洛陽 근교 小平津을 제외하면 6개의 邸閣이 물길로 다른 邸閣과 이어져 있다. 相州에 있는 漳涯의 邸閣은 禹河舊渠와 白渠를 통해 石門의 邸閣과 연결된다. 石門의 邸閣은 다시 蔡渠(蔡水)를 통해 大梁과 陳郡의 邸閣에 이어진다. 그리고 陳郡의 邸閣은 潁水와 淮水를 따라 南邊으로 이어진다. 大梁의 邸閣은 汴渠(汴水)를 통해 徐州의 치소 彭城으로 연결될 뿐만 아니라 睢水를 통해 淮水와 이어진다. 濟州 磧磝의 邸閣은 桓公瀆(洪水)과 泗水를 통해 彭城으로 연결된다. 이를 실제 사례를 통해 검증해보자. 『魏書』 「成淹傳」은 孝文帝가 徐州에서 배를 타고 泗水를 통해 黃河로 들어간 뒤 黃河를 거슬러 올라가 洛陽으로 가려 하였고, 일행이 磧磝에 머물렀을 때 成淹은 黃河의 물살이 급하여 위험하다고 간언하였던 일을 서술하고 있다.[74] 여기서 孝文帝 일행의 還都 경로를 추적하면 "徐州 → 泗水 → 磧磝 → 洛陽"이 되어 〈지도 15〉의 상황과 부합한다. 그리고 黃河 하류에서 상류로 배를 타고 가는 것이 위험하다면 黃河 하류 濟州 磧磝의 邸閣은 中流의 洛陽보다 徐州와의 水運을 염두에 두고 설치했다고 볼 수 있다. 鹿悆는 일찍이 徐州

實邊鎭, 百姓疲於道路. 乃令番戍之兵, 營起屯田, 又收內郡兵資與民和糴, 積爲邊備. 有司又請於水運之次, 隨便置倉, 乃於小平·石門·白馬津·漳涯·黑水·濟州·陳郡·大梁凡八所, 各立邸閣, 每軍國有須, 應機漕引. 自此費役微省."

74 『魏書』卷79 「成淹傳」, 1754쪽, "高祖幸徐州, 敕淹與閭龍駒等主舟檝, 將汎泗入河, 泝流還洛. 軍次磧磝, 淹以黃河浚急, 慮有傾危, 乃上疏陳諫. 高祖敕淹曰:「朕以恒代無運漕之路, 故京邑民貧. 今移都伊洛, 欲通運四方, 而黃河急浚, 人皆難涉. …….」"

를 방문하였는데 말이 병에 걸리자 배를 타고 大梁에 이르렀다.[75] 이
는 徐州와 大梁의 水運交通이 활발했음을 보여준다. 이 또한 〈지도
15〉를 통한 필자의 추정과 부합한다. 宣武帝 시기 崔亮은 汴渠와 蔡
渠를 수리하여 邊運을 통하게 하도록 하여 그 결과 公私가 도움을 받
았다.[76] 이 일화에서 汴渠와 蔡渠의 수리로 公私가 도움을 받았다는
기록은 鹿悆의 사례에서 확인할 수 있다. 그리고 汴渠와 蔡渠의 목적
이 "邊運"이었음을 명확히 밝히고 있다. 이는 〈지도 15〉를 통해 北魏
後期 邸閣의 배치는 首都 洛陽으로의 物流集中과 아울러 南邊 지역으
로의 轉運도 중시되었다는 필자의 추론을 뒷받침하는 증거이다.[77]

　騎兵의 전투력을 유지하기 위한 조치로 '河陽牧場'이 주목된다. 孝
文帝는 洛陽遷都 이후 宇文福에게 명하여 말을 사육할 장소를 조사
하라는 조치를 내렸고, 宇文福은 石濟 以西와 河內 以東 사이 黃河南
北 1,000里를 牧地로 정하였다. 이 牧地는 黃河 이북에 위치하여 '河
陽牧場', 北齊 시대에는 馬場으로 불렸다.[78] 孝文帝는 河陽에 牧場을
만들어 戎馬 10만 匹을 常備하여 京師의 軍警을 위해 사용하도록 했
다. 그런데 河陽牧場의 말은 北魏의 최대 牧畜地域인 河西牧場에서
중계지인 幷州牧場으로 옮긴 후 점차 남쪽으로 옮겨 水土에 익숙해진
후 河陽牧場으로 옮긴 것이다.[79] 또 羽林·虎賁 등 군사들의 훈련장,

---

75 『魏書』卷79「鹿悆傳」, 1761쪽, "嘗詣徐州, 馬疫, 附船而至大梁."

76 『魏書』卷66「崔亮傳」, 1477쪽, "又議修汴蔡二渠, 以通邊運, 公私賴焉."

77 崔珍烈,「北魏의 華北支配와 그 性格」, 45-46쪽.

78 『魏書』卷44「宇文福傳」, 1000쪽, "還, 除都牧給事. 十七年, 車駕南討, 假冠軍將
軍·後軍將軍. 時仍遷洛, 敕福檢行牧馬之所. 福規石濟以西·河內以東, 拒黃河南
北千里爲牧地. 事尋施行, 今之馬場是也. 及從代移雜畜於牧所, 福善於將養, 並無損
耗, 高祖嘉之."

79 『魏書』卷113「食貨志」, 2857쪽, "世祖之平統萬, 定秦隴, 以河西水草善, 乃以爲牧
地. 畜産滋息, 馬至二百餘萬匹, 橐駝將半之, 牛羊則無數. 高祖卽位之後, 復以河陽

전쟁에 필요한 馬匹의 공급 등 중요한 역할을 한 河陽牧場은 北魏後期 南邊攻略을 위한 대규모 군사기지의 역할을 담당했다.[80] 뿐만 아니라 河陽牧場은 군용 戎馬뿐만 아니라 北魏皇室과 다수 관료생활에 필요한 우유·고기·모피 등을 공급하였고, 사냥터로도 사용되어 胡人支配層이 胡俗, 특히 초원의 음식문화와 말타기, 사냥 능력을 유지하여 일방적인 '漢化'를 막는 데 기여하였다.[81]

北魏洛陽時代 경제적 지역편제를 알 수 있는 사례를 구체적으로 살펴보자. 宣武帝 正始元年(504) 崔光은 "義陽에 주둔한 군사는 한여름인데도 돌아오지 못하고 荊蠻이 狡猾하여 征人이 그곳에 계속 머무르며, 東州에서 轉輸에 동원된 사람들은 가는 사람은 많지만 돌아오는 사람은 없다"고 하여 백성들의 고초를 서술하였다.[82] 여기서 새 점령지인 郢州(義陽)에 주둔한 군사가 되돌아오지 못하는 상황은 앞에서 언급한 것처럼 范紹가 營田大使가 되어 이 지역에서 屯田하는 상황을 가리킨다. 荊蠻에 파견된 征人은 冀州와 定州에서 荊州로 파견된 戍兵[83]과 유사한 성격을 지녔을 것이다. 東州는 洛陽 동쪽, 즉 河北과 山東省 전역, 河南省 동부 등지를 지칭하며, 이 지역 사람들은 아마도 南邊에 파견되었을 것이다. 바꿔 말하면 崔光의 答表는 당시

為牧場, 恒置戎馬十萬匹, 以擬京師軍警之備. 每歲自河西徙牧於幷州, 以漸南轉, 欲其習水土而無死傷也, 而河西之牧彌滋矣. 正光以後, 天下喪亂, 遂爲羣寇所盜掠焉."

80 崔珍烈, 「北魏의 華北支配와 그 성격」, 48-50쪽.

81 崔珍烈, 「효문제의 '한화' 정책과 낙양 호인사회-북위 후기 호속 유지 현상과 그 배경-」, 한울아카데미, 2016, 306-308쪽.

82 『魏書』 卷67 「崔光傳」, 1489쪽, "光表答曰: 「今或有自賤而貴, 關預政事, 殆亦前代君房之匹比者. 南境死亡千計, 白骨橫野, 存有酷恨之痛, 歿爲怨傷之魂. 義陽屯師, 盛夏未返; 荊蠻狡猾, 征人淹次. 東州轉輸, 往多無還; 百姓困窮, 絞縊以殞. 北方霜降, 蠶婦輟事. 羣生憔悴, 莫甚於今.」"

83 西野正彬, 「北魏の軍制と南邊」, 12아래쪽.

河北과 海垈 지역 백성들이 轉運과 戍兵으로 남변에 파견되었음을 보여준다. 盧昶은 511년 荊揚二州의 屯戍는 쉬지 못하며 鍾離와 義陽에 군대가 계속 파견되고 荊蠻은 통제가 안 되며 汝潁 지역의 모든 戶가 전쟁에 참가하고 河冀之境은 계속하여 丁들이 轉運에 동원되고 있음을 지적하며 宣武帝의 南征을 비판하였다.[84] 南邊인 "汝潁之地"뿐만 아니라 南邊에서 먼 "河冀之境"도 轉運에 동원되는 상황은 당시 南朝와의 전쟁이 총력전의 양상이었음을 시사한다. 「王溫墓誌」에 따르면, 王溫이 延昌 4년(515) 이후 別道統軍에 임명되어 步騎 5,000을 통솔하고 河北 6州의 식량을 운반하는 데 기여하였다.[85] 이는 崔光과 盧昶의 상소와 비판 이후에도 河北 지역의 물자가 南邊에서 발생하는 전쟁을 위해 운송되었음을 보여준다. 이때 군량미뿐만 아니라 河北의 백성들도 운반에 동원되어 南邊으로 갔을 것이다.

北魏洛陽時代의 經濟的 지역편제는 南征과 南邊防禦를 위한 人力과 물자 조달체제였다. 이는 孝文帝와 그 후계자가 統一을 이루기 위한 전략적 산물이었다. 그러나 北魏의 經濟的 地域編制圈域은 크게 關東과 關西로 구분되고, 北魏는 주요 전장인 淮水 유역에 北魏 全域의 人力과 물자를 동원한 것이 아니라 關東 지역만을 동원하는 한계를 보여주었다. 그리고 군대와 물자가 南邊으로 집중하는 현상은 바꿔 말하면 북쪽 지역의 상대적 소외를 의미한다. 柔然을 방어하

---

84 『魏書』卷47「盧玄傳附昶傳」, 1056쪽, "然自比年以來, 兵革屢動. 荊揚二州, 屯戍不息; 鍾離·義陽, 師旅相繼. 兼荊蠻凶狡, 王師薄伐, 暴露原野, 經秋淹夏. 汝潁之地, 率戶從戎; 河冀之境, 連丁轉運."

85 「王溫墓誌」, 『新出魏晉南北朝墓誌疏證』, 134쪽, "延昌四年, 轉長水校尉. 時僞梁賊帥祖悅, 竊據硤石, 尚書僕射崔亮, 充元帥討之. 亮知公文武兼濟, 機幹兩有, 啓公爲假節·征虜將軍·別道統軍, 領步騎五千, 專據蜒城, 外捍湛僧十萬之衆, 內援河北六州之糧, 終始克濟, 公之力也."

는 北邊과 部落 조직을 유지하며 牧畜에 종사하는 遊牧民 거주지역, 그리고 北魏의 經濟先進 지역인 河北 지방에 이상이 생기면 北魏는 결정적 타격을 입게 된다. 이는 北魏末 北魏의 붕괴과정에서 현실화되었다.

北魏末 尒朱氏政權과 '兩都體制'

尒朱榮은 河陰의 변을 일으켜 胡太后를 비롯한 北魏 지배층 2,000
여 인을 살해하여 北魏末 정국 혼란의 원인을 제공했다는 비난을 받
았다. 그러나 東魏北齊의 지배층이 된 懷朔鎭 집단과 西魏北周의 지
배층이 된 武川鎭 군벌의 원형이 尒朱榮 政權이었기 때문에 尒朱榮과
尒朱氏政權에 대한 관심과 재평가가 진행되고 있다.[1] 필자는 六鎭의

---

1 李啓明, 「北魏末의 亂政과 叛亂-尒朱氏政權을 중심으로-」, 『全南史學』9, 1995,
 283-329쪽; 洪濤, 「尒朱榮述論」, 『中央民族大學學報(社會科學版)』1998-2, 1998;
 小島典子, 「北魏末期の尒朱榮」, 317위쪽-326아래쪽; 蘇小華, 「試論尒朱氏集團的
 興亡」, 太原: 『晉陽學刊』2005-3, 2005(K22 魏晉南北朝隋唐史 2005-5, 2005); 李
 文才・王婷琳, 「尒朱氏興衰的政治與文化考察」, 『南京曉莊學院學報』2007-4, 2007;
 鄭建民, 「尒朱集團和北魏末期的政局」, 2008屆研究生碩士學位論文, 2008. 4; 長部
 悅弘 著, 王冬艶 譯, 「北魏尒朱氏軍閥集團考」, 中國魏晉南北朝史學會・武漢大學中
 國三至九世紀研究所 編, 『魏晉南北朝史研究: 回顧與探索-中國魏晉南北朝史學會
 第九屆年會論文集-』, 武漢: 湖北敎育出版社, 2009; 王連龍, 「新見北齊《尒朱世邕墓
 誌》及其相關問題研究」, 『華夏考古』2014-4, 2014, 116왼쪽-122오른쪽; 黎鏡明, 「北
 魏尒朱家族專制研究」, 陝西師範大學碩士學位論文, 2015. 5; 최진열, 「北魏末 '尒朱
 榮政權'의 출현과 그 영향-六鎭의 난 과대 평가와 尒朱榮政權의 재평가를 중심으

난 자료를 검토하면서 선행연구와 개설서에서 간과한 두 가지 사실을 발견하였다. 첫째, 六鎭의 난은 北魏가 원인제공자인 柔然의 군사력을 빌려 단기간에 진압하여 그 자체로는 큰 영향이 없었다. 둘째, 六鎭의 난 이후 동쪽의 營州부터 서쪽의 關隴 지역까지 반란이 동시다발적으로 일어나는 가운데 契胡酋長 尒朱榮이 '반란'을 일으키고 유목민 세력을 흡수하고 半독립적인 세력을 구축했다. 후자의 경우 『魏書』의 은폐 사실을 간과하지 않으면 尒朱榮의 '반란'을 알아채기 어렵다. 六鎭 降戸들이 일으킨 杜洛周·鮮于仲禮·葛榮의 난과 이들에 밀린 河北 流民이 일으킨 邢杲의 난 등을 진압한 사람이 바로 尒朱榮이었다. 尒朱榮과 孝莊帝의 권력투쟁, 尒朱榮 사후 尒朱兆·尒朱仲遠 등의 발호와 가렴주구 등 '亂政'에 초점을 맞추면 尒朱氏를 타도하고 권력을 장악한 高歡의 東魏北齊와 尒朱氏에 호의적이었지만 高歡에 적대적인 宇文泰의 西魏北周만을 강조하게 된다. 그러나 지방통치의 관점에서 보면, 尒朱榮은 河北의 六鎭 降戸의 난(杜洛周·鮮于仲禮·葛榮의 난)과 靑齊 지역의 邢杲의 난, 關隴의 万俟醜奴의 난 등을 평정하여 北魏의 붕괴를 막았을 뿐만 아니라 오히려 政局 안정에 기여하였다. 또 尒朱榮이 北魏末 혼란을 수습했고, 洛陽에 거주한 胡人들 대신 六鎭·平城 일대의 胡人들을 중용하여 결과적으로 東魏北齊와 西魏北周時代 지배층 교체에 공헌한 점을 강조할 필요가 있다. 東魏北齊의 兩都體制의 원형도 尒朱榮과 尒朱氏政權에서 유래되었음이 간과되었다. 6장에서는 기존에 잘 알려지지 않았던 尒朱榮 및 尒朱氏政權의 功過를 중심으로 北魏末 지역 통치의 붕괴와 수습 과정을 살펴본다.

로-」, 『대동문화연구』 102, 2018, 185-246쪽.

먼저 1절에서는 六鎭의 난을 검토한다. 이 과정에서 尒朱榮이 부상하고 권력을 장악하는 과정을 2절에서 살펴본다. 3절에서는 尒朱氏政權의 이원적 지배와 이들이 창시한 '兩都體制'가 東魏北齊로 계승된 과정을 분석한다.

1. 六鎭의 난과 洛陽 朝廷의 대응 실패

1 六鎭의 난과 柔然의 반란 평정

지방통치와 지정학적 관점에서 살펴보면, 孝文帝가 洛陽遷都로 수도를 남쪽으로 옮긴 이후 北邊의 이민족 통제가 약화될 가능성이 있었다. 따라서 洛陽遷都 이후 北魏皇帝들은 사자를 파견하여 北邊의 안정과 통제에 신경을 썼다. 예컨대 宣武帝는 景明元年(500) 侍中 楊播를 파견하여 北鎭을 巡撫하고 賑恤하도록 명령하였다.[2] 尙書左僕射 源懷가 503년 "使持節 侍中 行臺"의 자격으로 北邊 六鎭, 恒州·燕州·朔州를 巡行하며 궁핍한 자들의 賑給, 風俗 관찰·지방관 고과 등을 담당하였다.[3] 宣武帝는 正始 3년(506)에도 사자를 북변에 파견하여 北邊酋庶를 慰撫하게 하였다.[4] 史書 이외에 墓誌에서도 北邊 지역에 사신으로 파견된 예가 보인다. 元鷙는 延昌년간(512-515) 사신으로

---

2 『魏書』卷8「世宗紀」景明元年五月甲寅條, 192쪽, "以北鎭大飢, 遣兼侍中楊播巡撫賑恤."

3 『魏書』卷41「源賀傳附懷傳」, 926쪽, "又詔爲使持節, 加侍中·行臺, 巡行北邊六鎭·恒燕朔三州, 賑給貧乏, 兼採風俗, 考論殿最, 事之得失, 皆先決後聞. 自京師遷洛, 邊朔遙遠, 加連年旱儉, 百姓困弊. 懷銜命巡撫, 存恤有方, 便宜運轉, 有無通濟."

4 『魏書』卷8「世宗紀」正始三年夏四月甲辰條, 202쪽, "甲辰, 詔遣使者巡慰北邊酋庶."

파견되어 6州 1鎭을 방문하여 酋長을 慰勞하였고 熙平元年(516) 散騎
常侍 撫巡六鎭大使에 임명되었다.[5] 元昭도 北箱大使에 임명되어 州鎭
을 巡省하였다.[6] 孝明帝 초기인 正光元年(520)에도 尙書 長孫稚가 北
藩 巡撫를 위해 파견되었다.[7] 이처럼 尙書左僕射・尙書・侍中 및 行臺
등 3品 이상의 高官이 北邊에 파견된 것은 正光元年(520)까지 北魏皇
帝들이 이 지역에 관심을 가졌음을 보여준다. 그러나 孝明帝 말기 北
魏朝廷은 각종 권력투쟁 등으로 六鎭 등 北邊에 대한 주의를 소홀히
하였다. 더욱이 北鎭 지역의 계속된 흉년과 柔然의 약탈, 그리고 鎭將
과 屬官들의 수탈로 鎭民의 생활은 점점 궁핍해졌다. 이러한 요인이
복합적으로 작용하여 524년 六鎭의 봉기가 발발하였다고 설명된다.[8]

그러나 여러 사료를 종합하면, 對柔然 외교정책 실패가 六鎭의 난
의 직접적인 원인이었다. 柔然의 豆崙이 죽은 후 즉위한 醜奴가 암살
되고 아우 阿那瓌가 즉위하였지만 俟利發 示發이 阿那瓌를 내쫓고
可汗의 자리에 오르자 阿那瓌는 正光元年 九月 壬辰日(520. 10. 18) 北
魏에 항복하였다.[9] 孝明帝는 十月(520. 10-11)에 顯陽殿에 阿那瓌 일

---

5 「元鷙墓誌」,『漢魏南北朝墓誌彙編』, 342쪽, "延昌中, 拜左軍將軍, 直閣如故. 奉敕使
詣六州一鎭慰勞酋長而還. …… 熙平元年, 除散騎常侍, 撫巡六鎭大使."
6 「元昭墓誌」,『漢魏南北朝墓誌彙編』, 144쪽, "以翁忠果夙彰, 威惠早著, 服內屈翁北
箱大使. 哭請懇懃, 泣盡繼血, 辭不獲免, 割哀從權. 詔以本官持節兼散騎常侍北箱行
臺, 巡省州鎭."
7 『魏書』卷9「肅宗紀」正光元年夏四月丙辰條, 230쪽, "詔尙書長孫稚巡撫北藩, 觀察
風俗."
8 楊耀坤,「北魏末年北鎭暴動分析」, 68-70쪽.
9 『魏書』卷9「肅宗紀」正光元年九月壬辰條, 231쪽, "九月壬辰, 蠕蠕主阿那瓌來奔.";
『魏書』卷103「蠕蠕傳」, 2298쪽, "正光初, 醜奴母遣莫何去汾李具列等絞殺地萬, 醜奴
怒, 欲誅具列等. 又阿至羅侵醜奴, 醜奴擊之, 軍敗. 還, 爲母與其大臣所殺, 立醜奴弟
阿那瓌. 立經十日, 其族兄俟力發示發率衆數萬以伐阿那瓌, 阿那瓌戰敗, 將弟乙居
伐輕騎南走歸國. 阿那瓌母候呂陵氏及其二弟尋爲示發所殺, 而阿那瓌未之知也."

족을 불러 위로하는 의식을 거행하였다.[10] 유목국가의 군주가 항복하고 중국 皇帝의 수도에 와서 조회한 것은 前漢 宣帝 시기 匈奴의 呼韓邪單于의 入朝 이후 드문 일이었다. 北魏는 비록 이민족 왕조였지만, 이전에 복속시키지 못했던 柔然의 可汗이 수도 洛陽에 와서 北魏 皇帝에 무릎을 꿇은 모습에 우쭐하였다. 北魏는 같은 해 十一月 己亥日(521. 1. 19) 阿那瓌를 朔方郡開國公 蠕蠕王에 봉하였다.[11] 이어서 示發이 婆羅門에게 토벌되자 阿那瓌를 보내 柔然의 可汗으로 옹립하려

---

10 『魏書』卷103「蠕蠕傳」, 2298-2300쪽, "十月, 肅宗臨顯陽殿, 引從五品以上清官·皇宗·藩國使客等列於殿庭, 王公以下及阿那瓌等入, 就庭中北面. 位定, 謁者引王公以下升殿, 阿那瓌位於藩王之下, 又引將命之官及 阿那瓌弟幷二叔位於羣官之下. 遣中書舍人曹道宣詔勞問, 阿那瓌啓云: '陛下優隆, 命臣弟叔等升殿預會, 但臣有從兄, 在北之日, 官高於二叔, 乞命升殿.' 詔聽之, 乃位於阿那瓌弟之下, 二叔之上. 宴將罷, 阿那瓌執啓立於座後, 詔遣舍人常景問所欲言, 阿那瓌求詣殿前, 詔引之. 阿那瓌再拜跪曰: '臣先世源由, 出於大魏.' 詔曰: '朕已具之.' 阿那瓌起而言曰: '臣之先, 逐草放牧, 遂居漠北.' 詔曰: '卿言未盡, 可具陳之.' 阿那瓌又言曰: '臣先祖以來, 世居北土, 雖復隔越山津, 而乃心慕化; 未能時宣者, 正以高車悖逆, 臣國擾攘, 不暇遣使以宣遠誠. 自頃年以前, 漸定高車. 及臣兄爲主, 故遣鞏顧禮等使來大魏, 實欲虔修藩禮, 是以曹道芝北使之日, 臣與主兄卽遣大臣五人拜受詔命. 臣兄弟本心未及上徹. 但高車從而侵暴, 中有姦臣, 因亂作逆, 殺臣兄, 立臣爲主. 裁過旬日, 臣以陛下恩慈如天, 是故倉卒輕身投國, 歸命陛下.' 詔曰: '具卿所陳, 理猶未盡, 可更言之.' 阿那瓌再拜受詔, 起而言曰: '臣以家難, 輕來投闕, 老母在彼, 萬里分張, 本國臣民, 皆已逃散. 陛下隆恩, 有過天地, 求乞兵馬, 還向本國, 誅翦叛逆, 收集亡散. 陛下慈念, 賜借兵馬, 老母若在, 得生相見, 以申母子之恩; 如其死也, 卽得報讎, 以雪大耻. 臣當統臨餘人, 奉事陛下, 四時之貢, 不敢闕絶. 陛下聖顏難覿, 敢有披陳, 但所欲言者口不能盡言, 別有辭啓, 謹以仰呈, 願垂昭覽.' 仍以啓付舍人常景, 具以奏聞. 尋封阿那瓌朔方郡公·蠕蠕王, 賜以衣冕, 加之軺蓋, 祿從·儀衛, 同于戚藩."

11 『魏書』卷9「肅宗紀」正光元年十一月己亥條, 231쪽, "十有一月己亥, 詔曰: '蠕蠕世雄朔方, 擅制漠裔, 隣通上國, 百有餘載. 自神鼎南底, 累紀于茲, 虔貢雖違, 邊燧靜息, 憑心象魏, 潛款彌純. 今其主阿那瓌屬離時難, 邦分親析, 萬里遠馳, 庇命有道. 悲同申·伍, 忠孝足矜. 方存興滅之師, 以隆繼絶之舉, 宜且優以賓禮, 期之立功, 疏爵胙土, 大啓河岳, 可封朔方郡開國公·蠕蠕王, 食邑一千戶, 錫以衣冕, 加以軺車, 祿恤儀衛, 同乎戚蕃.'"

고 했으나 신하들의 의견이 엇갈려 실행되지 않았다.[12] 당시 권력자인 領軍將軍 元叉가 阿那瓌로부터 금 100근을 받고 阿那瓌가 漠北으로 돌아가는 데 동의하였고 孝明帝의 詔書로 허가하였다.[13] 正光 2년 十月(521. 11-12) 北魏 朝廷은 柔然 집단을 둘로 나누어 柔然의 阿那瓌를

---

12 『魏書』卷103「蠕蠕傳」, 2300-2301쪽, "阿那瓌來奔之後, 其從父兄俟力發婆羅門率數萬人入討示發, 破之. 示發走奔地豆于, 爲其所殺. 推婆羅門爲主, 號彌偶可社句可汗, 魏言安靜也. 時安北將軍·懷朔鎭將楊鈞表: '傳聞彼人已立主, 是阿那瓌同堂兄弟. 夷人獸心, 已相君長, 恐未肯以殺兄之人, 郊迎其弟. 輕往虛反, 徒損國威, 自非廣加兵衆, 無以送其入北.' 二月, 肅宗詔舊經蠕蠕使者牒云具仁, 往喩婆羅門迎阿那瓌復藩之意. 婆羅門殊自驕慢, 無遜避之心, 責具仁禮敬, 具仁執節不屈. 婆羅門遣大官莫何去汾·俟斤丘升頭六人將兵二千隨具仁迎阿那瓌. 五月, 具仁還鎭, 論彼事勢. 阿那瓌慮不敢入, 表求還京. 會婆羅門爲高車所逐, 率十部落詣涼州歸降, 於是蠕蠕數萬相率迎阿那瓌. 七月, 阿那瓌啓云: '投化蠕蠕元退社·渾河旃等二人以今月二十六日到鎭, 云國土大亂, 姓姓別住, 迭相抄掠, 當此北人鵠望待拯. 今乞依前恩, 賜給精兵一萬, 還令督率送臣磧北, 撫或荒人, 脫蒙所請, 事必克濟.' 詔付尙書·門下博議. 八月, 詔兼散騎常侍王遵業馳驛宣旨慰阿那瓌, 幷申賜賚."

13 『魏書』卷9「肅宗紀」正光元年十二月壬子條, 231쪽, "十有二月壬子, 詔曰: '蠕蠕王阿那瓌, 遭離寇禍, 遠來投庇, 邦分衆析, 猶無定主, 而永懷北風, 思還綏集. 啓訴情切, 良用愍然. 夫存亡恤敗, 自古通典. 可差國使及彼前後三介, 與阿那瓌相隨; 幷敕懷朔都督, 簡銳騎二千, 躬自率護, 送達境首, 令觀機招納. 若彼候迎, 宜錫筐篚車馬之屬, 務使優隆, 禮餞而返; 如不容受, 任聽還闕. 其行裝資遣, 付尙書量給.'"; 『魏書』卷103「蠕蠕傳」, 2300쪽, "十二月, 肅宗以阿那瓌國無定主, 思還綏集, 啓請切至, 詔議之. 時朝臣意有同異, 或言聽還, 或言不可. 領軍元叉爲宰相, 阿那瓌私以金百斤貨之, 遂歸北. 二年正月, 阿那瓌等五十四人請辭, 肅宗臨西堂, 引見阿那瓌及其伯叔兄弟五人, 升階賜坐, 遣中書舍人穆弼宣勞. 阿那瓌等拜辭, 詔賜阿那瓌細明光人馬鎧二具, 鐵人馬鎧六具; 露絲銀纏槊二張幷白眊, 赤漆槊十張幷白眊, 黑漆槊十張幷幡; 露絲弓二張幷箭, 朱漆柘弓六張幷箭, 黑漆弓十張幷箭; 赤漆盾六幡幷刀, 黑漆盾六幡幷刀; 赤漆鼓角二十具; 五色錦被二領, 黃紬被褥三十具; 私府繡袍一領幷帽, 內者緋納襖一領; 緋袍二十領幷帽, 內者雜綵千段; 緋納小口袴褶一具, 內中宛具; 紫納大口袴褶一具, 內中宛具; 百子帳十八具, 黃布幕六張; 新乾飯一百石, 麥麨八石, 榛麨五石, 銅烏鎗四枚, 柔鐵烏鎗二枚, 各受二斛; 黑漆竹槽四枚, 各受二升; 婢二口; 父草馬五百匹, 駝百二十頭, 字牛一百頭, 羊五千口; 朱畫盤器十合; 粟二十萬石. 至鎭給之. 詔侍中崔光·黃門元纂郭外勞遣."

西吐若奚泉, 婆羅門을 西海郡에 두어 柔然을 양분하도록 하였다.[14] 西吐若奚泉에 주둔한 阿那瓌가 正光 3년(522) 田種을 이유로 粟을 요구하였다. 北魏 조정이 이를 묵살한 상황에서 阿那瓌는 正光 4년(523) 대규모 기근이 발생하자 北魏의 변경을 침입하여 노략질하였다. 元孚가 문제 해결을 위해 사신으로 파견되었으나 阿那瓌는 元孚를 억류하고 良口 2,000과 公私 驛馬 및 牛羊 수십만 마리를 빼앗아 도망갔다. 李崇이 10만을 거느리고 塞外 3,000여 里까지 추격했으나 놓쳤다.[15] 이때 柔然의 약탈에 시달린 懷荒 鎭民은 鎭將 于景에게 식량을 달라고 요청하였으나 거절당하자 于景 부부를 가두고 반란을 일으켰

---

14 『魏書』卷103 「蠕蠕傳」, 2301-2302쪽, "九月, 蠕蠕後主俟匿伐來奔懷朔鎭, 阿那瓌兄也, 列稱規望乞軍, 幷請阿那瓌. 十月, 錄尙書事高陽王雍·尙書令李崇·侍中侯剛·尙書左僕射元欽·侍中元乂·侍中安豐王延明·吏部尙書元脩義·尙書李彦·給事黃門侍郎元纂·給事黃門侍郎張烈·給事黃門侍郎盧同等奏曰: '竊聞漢立南·北單于, 晉有東·西之稱, 皆所以相維禦難, 爲國藩籬. 今臣等參議以爲懷朔鎭北土名無結山吐若奚泉, 敦煌北西海郡即漢晉舊障, 二處寬平, 原野彌沃. 阿那瓌宜置西吐若奚泉, 婆羅門宜置西海郡, 各令總率部落, 收離聚散. 其爵號及資給所須, 唯恩裁處. 彼臣下之官, 任其舊俗. 阿那瓌所居, 旣是境外, 宜少優遇, 以示威刑. 請沃野·懷朔·武川鎭各差二百人, 令當鎭軍主監率, 給其糧仗, 送至前所, 仍於彼爲其造構, 功就聽還. 諸於北來, 在婆羅門前投化者, 令州鎭上佐準程給糧, 送詣懷朔阿那瓌, 鎭與使人量給食廩. 在京館者任其去留. 阿那瓌草創, 先無儲積, 請給朔州麻子乾飯二千斛, 官駝運送. 婆羅門居於西海, 旣是境內, 資衛不得同之. 阿那瓌等新造藩屛, 宜各遣使持節馳驛先詣慰喩, 幷委經略. 肅宗從之.'

15 『魏書』卷9 「肅宗紀」正光四年條, 234쪽, "[二月己卯] 以蠕蠕主阿那瓌率衆犯塞, 遣尙書左丞元孚兼尙書, 爲北道行臺, 持節喻之. 夏四月, 阿那瓌執元孚, 驅掠畜牧北遁. 甲申, 詔驃騎大將軍·尙書令李崇, 中軍將軍·兼尙書右僕射元纂率騎十萬討蠕蠕, 出塞三千餘里, 不及而還.";『魏書』卷103 「蠕蠕傳」, 2302쪽, "三年十二月, 阿那瓌上表乞粟以爲田種, 詔給萬石. 四年, 阿那瓌衆大飢, 入塞寇抄, 肅宗詔尙書左丞元孚兼行臺尙書持節喩之. 孚見阿那瓌, 爲其所執, 以孚自隨, 驅掠良口二千, 公私驛馬牛羊數十萬北遁, 謝孚放還. 詔驃騎大將軍·尙書令李崇等率騎十萬討之, 出塞三千餘里, 至瀚海, 不及而還."

다.[16] 『資治通鑑』에 따르면 梁武帝 普通 4년, 즉 正光 4년(523)의 일이
다.[17] 다음 해에 반란은 六鎭 전체로 퍼졌다.[18]

平城時代와 달리 洛陽에서 파견한 군대가 이미 도망 중인 유목민
집단을 쫓아 北邊까지 가기 위해 많은 시간이 소요되기 때문에 阿那
瓌의 도망은 성공하였다. 이 사건은 北邊에서 일이 생기면 洛陽의 朝
廷이 신속하게 대처할 수 없음을 입증하였다. 그리고 北魏에 복속된
북방의 遊牧民에게는 北魏政府의 권위가 크게 실추한 것으로 받아들
여졌을 것이다. 이 사건은 六鎭의 난에 대한 소극적인 대처와 함께 北
魏末 정국을 혼란으로 몰아갔다.

柔然의 阿那瓌의 약탈을 제대로 대처하지 못하여 懷荒鎭에서 鎭民
의 난이 발생한 다음 해인 正光 5년 三月(524. 4-5) 沃野鎭의 鎭民 破
落汗拔陵(破六韓拔陵)이 반란을 일으켜 鎭將을 살해하고 眞王이라 자
칭하였다.[19] 秦州 城民 薛珍과 劉慶, 杜超 등은 같은 달 秦州刺史 李
彦을 생포하고 莫折太提를 우두머리로 옹립하고 李彦을 살해하였
다.[20] 秦王을 자칭한 莫折太提가 죽자 아들 莫折念生이 즉위하여 天

---

16 『魏書』卷31「于栗磾傳附景傳」, 747쪽, "寧朔將軍·高平鎭將. 坐貪殘受納, 爲御史
中尉王顯所彈, 會赦免. 忠薨後, 景爲武衛將軍. 謀廢元叉, 又黜爲征虜將軍·懷荒鎭
將. 及蠕蠕主阿那瓌叛亂, 鎭民固請糧廩, 而景不給. 鎭民不勝其忿, 遂反叛. 執縛景
及其妻, 拘守別室, 皆去其衣服, 令景著皮裘, 妻著故絳襖. 其被毀辱如此. 月餘, 乃
殺之."
17 『資治通鑑』卷149「梁紀」5 武帝普通四年條, 4674-4675쪽, "武衛將軍于景, 忠之弟
也, 謀廢叉, 又黜爲懷荒鎭將. 及柔然入寇, 鎭民請糧, 景不肯給, 鎭民不勝忿, 遂反,
執景, 殺之. 未幾, 沃野鎭民破六韓拔陵聚衆反, 殺鎭將, 改元眞王, 諸鎭華·夷之民
往往響應, 拔陵引兵南侵, 遣別帥衛可孤圍武川鎭, 又攻懷朔鎭."
18 최진열, 「北魏末 '尒朱榮政權'의 출현과 그 영향」, 190-192쪽.
19 『魏書』卷9「肅宗紀」正光五年三月條, 235쪽, "三月, 沃野鎭人破落汗拔陵聚衆反, 殺
鎭將, 號眞王元年. 詔臨淮王彧爲鎭軍將軍, 假征北將軍, 都督北征諸軍事以討之."
20 『魏書』卷39「李寶傳附彦傳」, 889쪽, "出爲撫軍將軍·秦州刺史. 是時, 破落汗拔陵

子를 자칭하고 天建이라는 연호를 칭하였으며 百官을 설치하였다.[21]

四月(524. 5-6) 高平鎭 酋長 胡琛이 반란을 일으키고 高平王을 자칭하였으며, 高平鎭을 공격하여 破落汗拔陵에 호응하였다.[22] 胡琛은 十月(524. 11-12) 장수 宿勤明達을 보내어 關州·夏州·北華州 3州를 공격하였다.[23] "破落汗拔陵 등이 北鎭에서 반란을 일으키자, 二夏·關·涼[州]에서 蜂起가 일어났다"[24]라는 구절은 破落汗拔陵의 반란이 순식간에 北鎭과 河西(二夏), 關隴(關州), 하서회랑(涼州)까지 퍼졌음을 보여준다.[25]

北魏의 北邊에서 시작해 오르도스, 關隴까지 확대된 반란 가운데 破落汗拔陵의 난이 파급력이 가장 컸다. 破落汗拔陵은 正光 5년 五月(524. 6-7) 臨淮王 元彧과 五原에서 싸워 이겼다. 이에 北魏 朝廷은 李崇과 廣陽王 元淵을 보냈다.[26] 그러나 李崇의 군대도 破落汗拔陵에 패

等反於北鎭, 二夏·關·涼所在蜂起. 而彦刑政過猛, 爲下所怨, 城民薛珍·劉慶·杜超等因四方離叛, 遂潛結逆謀. 正光五年六月, 突入州門, 擒彦於內齋, 囚於西府, 推其黨莫折大提爲帥, 遂害彦."

21 『魏書』卷9「肅宗紀」正光五年六月條, 236쪽, "六月, 秦州城人莫折太提據城反, 自稱秦王, 殺刺史李彦. 詔雍州刺史元志討之. 南秦州城人孫掩·張長命·韓祖香據城反, 殺刺史崔遊以應太提. 太提遣城人卜朝襲克高平, 殺鎭將赫連略·行臺高元榮. 太提尋死, 子念生代立, 僭稱天子, 號年天建, 置立百官."

22 『魏書』卷9「肅宗紀」正光五年三月條, 235쪽, "夏四月, 高平酋長胡琛反, 自稱高平王, 攻鎭以應拔陵. 別將盧祖遷擊破之, 琛北遁."

23 『魏書』卷9「肅宗紀」正光五年冬十月條, 238쪽, "胡琛遣其將宿勤明達寇關·夏·北華三州. 壬午, 詔都督北海王顥率諸將討之."

24 『魏書』卷39「李寶傳附彦傳」, 889쪽, "出爲撫軍將軍·秦州刺史. 是時, 破落汗拔陵等反於北鎭, 二夏·關·涼所在蜂起."

25 최진열, 「北魏末 '尒朱榮政權'의 출현과 그 영향」, 193쪽.

26 『魏書』卷9「肅宗紀」正光五年三月條, 235-236쪽, "五月, 臨淮王彧敗於五原, 削除官爵. 壬申, 詔尙書令李崇爲大都督, 率廣陽王淵等北討."

하여 平城으로 돌아왔다.[27] 孝昌元年(525) 破落汗拔陵의 別帥 王也不盧 등이 懷朔鎭을 함락하였다.[28] 破落汗拔陵 등 六鎭의 반란을 진압하지 못하던 北魏 조정은 같은 해 柔然의 阿那瓌에게 牒云具仁을 보내 물자를 하사하며 토벌을 부탁하였다. 이에 阿那瓌는 10만의 군대를 거느리고 武川鎭부터 沃野鎭까지 진격하여 여러 차례 승리하였다. 孝明帝는 馮儁을 사신으로 보내 노고를 치하하고 물자를 차등 있게 하사하였다.[29] 『魏書』「肅宗紀」에 따르면 六月 癸未日(525. 7. 15) 柔然 카간 阿那瓌가 破落汗拔陵을 대파하고 장수 孔雀 등을 죽였다.[30] 이때 于昕은 柔然에 사신으로 파견되어 阿那瓌와 함께 破洛汗聽明과 出六斤 등을 사로잡았다.[31] 이로써 破落汗拔陵이 일으킨 반란은 진압되었다. 이것이 소위 六鎭의 난의 실상이다. 六鎭의 난 자체는 北魏가 자력으로 진압할 능력이 없자 六鎭의 난을 일으킨 원인 제공자의 하나인 柔然의 무력을 빌려 단기간에 진압하였다. 즉 하나의 해프닝에 불과하였다.[32]

기존에는 北邊 鎭民의 지위하락과 푸대접 등 소위 階級 모순, 民

---

27 『魏書』卷9「肅宗紀」正光五年七月戊午條, 236쪽, "都督崔暹失利于白道, 大都督李崇率衆還平城, 坐長史祖瑩截沒軍資, 免除官爵."

28 『魏書』卷9「肅宗紀」孝昌元年三月條, 240쪽, "是月, 破落汗拔陵別帥王也不盧等攻陷懷朔鎭."

29 『魏書』卷103「蠕蠕傳」, 2302쪽, "是歲, 沃野鎭人破六韓拔陵反, 諸鎭相應. 孝昌元年春, 阿那瓌率衆討之, 詔遣牒云具仁齎雜物勞賜阿那瓌, 阿那瓌拜受詔命, 勒衆十萬, 從武川鎭西向沃野, 頻戰克捷. 四月, 肅宗又遣兼通直散騎常侍 · 中書舍人馮儁使阿那瓌, 宣勞班賜有差."

30 『魏書』卷9「肅宗紀」孝昌元年六月癸未條, 241쪽, "蠕蠕主阿那瓌率衆大破拔陵, 斬其將孔雀等."

31 『魏書』卷31「于栗磾傳附昕傳」, 747쪽, "孝昌中, 使蠕蠕, 與阿那瓌擒逆賊破洛汗聽明 · 出六斤等."

32 최진열, 「北魏末 '尒朱榮政權'의 출현과 그 영향」, 193쪽.

族 모순, 柔然의 잦은 침입, 鎭將의 貪汚와 救恤 거부, 기근 등 다양한 각도에서 正光 5년(524) 沃野鎭人 破六韓拔陵의 난 등 六鎭의 난의 원인을 설명하였다.[33] 그러나 北魏前期에도 六鎭 및 京畿 주변 지역에서 各種 遊牧民의 반란이 끊임없이 일어났다. 그때마다 北魏는 강력한 군사력을 바탕으로 이를 신속히 진압하였다. 반면 洛陽朝廷은 柔然 阿那瓌의 도망과 六鎭의 난에 신속히 대처하지 못하였다. 앞서 高車의 반란이 발생하자 孝文帝가 宇文福에게 토벌하도록 했지만 실패한 사례에서 볼 수 있듯이 이는 洛陽遷都 이후 戰時動員體制의 가장 큰 약점이었다. 그러나 당시 高車의 반란 때 江陽王 繼의 계책으로 큰 사고 없이 수습할 수 있었다. 六鎭 반란의 초기 진압에 실패한 北魏는 525년 물자 하사를 미끼로 구워삶아 柔然 阿那瓌의 도움으로 破六韓 拔陵의 난을 진압하였다.[34] 六鎭의 난 당시 六鎭과 恒州·朔州·燕州 등 북방 지역 사람들의 동향을 검토하면, 懷朔鎭의 高車 酋帥 斛律 金, 斛律平, 匈奴 酋帥 破六韓孔雀, 万俟普·万俟洛 부자, 鮮卑 酋帥 可朱渾元, 高歡, 尉景, 段榮, 蔡儁, 武川鎭의 念賢, 侯淵 등 반란에 참여한 세력도 있었지만, 懷朔鎭의 竇泰, 孫騰, 厙狄干, 厙狄迴洛, 步大 汗薩, 侯景, 武川鎭의 賀拔允, 賀拔勝, 賀拔岳, 寇洛, 若干惠, 侯莫陳

---

33 杜士鐸, 『北魏史』, 376-378쪽; 楊耀坤, 「北魏末年北鎭暴動分析」, 68-70쪽; 姚波, 「六鎭問題與北魏的滅亡」, 149오른쪽. 반면 薛海波는 種族 혹은 계급 갈등이 아니라 六鎭 지역의 경제 문제를 六鎭의 난의 원인으로 보았다(薛海波, 「論北魏六鎭經濟與六鎭暴動的原因」, 1왼쪽-9오른쪽). 한편 谷川道雄은 六鎭의 난의 목적을 門閥主義의 극복으로 파악하고 북방민족과 漢人의 융화로 향하는 시발점으로 보았다(谷川道雄, 「北魏末の內亂と城民」, 『隋唐帝國形成史論』, 東京: 筑摩書房, 1971, 177-217쪽).

34 『資治通鑑』 卷150 「梁紀」 武帝普通六年條, 4695쪽, "柔然王阿那瓌爲魏討破六韓拔陵, 魏遣牒云具仁齎雜物勞賜之. 阿那瓌勒衆十萬, 自武川西向沃野, 屢破拔陵兵. 夏四月, 魏主復遣中書舍人馮儁勞賜阿那瓌. 阿那瓌部落浸强, 自稱敕連豆兵頭伐可汗."

崇, 侯莫陳順, 劉朗, 沃野鎭의 常善, 懷荒鎭의 徐顯秀 등 六鎭의 난에 참여하지 않았거나[35] 반란군 진압에 앞장선 인물들도 있었다.[36]

먼저 잠시 破六韓拔陵의 반란에 가담했다가 후에 北魏에 항복한 사람들을 살펴보자. 懷朔鎭 출신인 万俟普는 破六韓拔陵의 반란 때 太尉에 임명되었으나, 곧이어 北魏에 항복하여 後將軍 第二領民酋長에 임명되었다.[37] 동향인 破六韓孔雀도 破六韓拔陵에게 大都督 司徒 平南王에 임명되었으나 부하 1만 人을 거느리고 尒朱榮에게 항복하였고 平北將軍 第一領民酋長에 임명되었다.[38] 懷朔鎭의 高車 酋長 斛律金은 懷朔鎭軍主에 임명된 후 破六韓拔陵에 항복했다가 破六韓拔陵이 패할 것이라고 생각하고 1만 戶를 거느리고 雲州(이전의 朔州)에 항복하여 第二領民酋長에 임명되었다.[39] 賀拔勝은 懷朔鎭將 楊鈞에 의해 統軍에 임명되었고 반란군의 포로가 되었다가 興珍·念賢·乙弗庫根·尉遲眞檀 등을 규합하여 衛可孤를 살해하였다.[40] 이때 賀拔勝

---

35 薛海波,「論北魏末期尒朱榮軍事集團中的六鎭豪强酋帥」,『東北師大學報(哲學社會科學版)』2013-6(總第266期), 2013, 101오른쪽.

36 최진열,「北魏末 '尒朱榮政權'의 출현과 그 영향」, 194-195쪽.

37 『北齊書』卷27「万俟普傳」, 375쪽,"万俟普, 字普撥, 太平人, 其先匈奴之別種也. 雄果有武力. 正光中, 破六韓拔陵構逆, 授普太尉. 率部下降魏, 授後將軍, 第二領民酋長."

38 『北齊書』卷27「破六韓常傳」, 378쪽, "破六韓常, 字保年, 附化人, 匈奴單于之裔也. …… 世領部落, 其父孔雀, 世襲酋長. 孔雀少驍勇. 時宗人拔陵爲亂, 以孔雀爲大都督·司徒·平南王. 孔雀率部下一萬人降於尒朱榮, 詔加平北將軍·第一領民酋長, 卒."

39 『北齊書』卷17「斛律金傳」, 219쪽,"斛律金, 字阿六敦, 朔州勑勒部人也. …… 正光末, 破六韓拔陵構逆, 金擁衆屬焉, 陵假金王號. 金度陵終敗滅, 乃統所部萬戶詣雲州請降, 卽授第二領民酋長."

40 『周書』卷14「賀拔勝傳」, 215-216쪽,"賀拔勝字破胡, 神武尖山人也. …… 魏正光末, 沃野鎭人破六汗拔陵反, 南侵城邑. 懷朔鎭將楊鈞聞度拔名, 召補統軍, 配以一旅. 其賊僞署王衛可孤徒黨尤盛, 旣圍武川, 又攻懷朔. 勝少有志操, 善騎射, 北邊莫不推其膽略. 時亦爲軍主, 從度拔鎭守. 旣圍經年, 而外援不至, 勝乃慷慨白楊鈞曰: '城圍蹙迫, 事等倒懸, 請告急於大軍, 乞師爲援.' 鈞許之. 乃募勇敢少年十餘騎, 夜伺隙潰

의 형제 賀拔允・賀拔岳과 獨孤信도 참여하였다.[41] 요컨대 懷朔鎭 출신인 万俟普・破六韓孔雀・斛律金, 賀拔勝 부자 등은 한때 破六韓拔陵에게 속했지만, 곧 이탈하여 北魏에 항복하였다.[42]

또 六鎭의 난 당시 반란군에 맞서 싸운 六鎭 출신들도 있었다. 예컨대 高歡의 아버지 高樹生은 大都督에 임명되어 北魏軍으로 참전하였다.[43] 賀拔勝은 懷朔鎭將 楊鈞에 의해 統軍에 임명되어 반란군과 맞서 싸웠다.[44] 第一領民酋長 叱列平은 破六韓拔陵이 반란을 일으키고 柔然(茹茹)이 馬邑을 침입하자 統軍이 되어 北魏軍에 종군하여 戰功을 세워 別將에 임명되었다. 후에 都督에 임명되어 劉胡崙・斛律可那律을 토벌하였다.[45] 代郡 西部 출신인 第一領民酋長 叱列伏龜는 廣陽王

圍而出, 賊追及之. 勝曰: '我賀拔破胡也.' 賊不敢逼. 至朔州, 自臨淮王元彧曰: '懷朔被圍, 旦夕淪陷, 士女延首, 企望官軍. 大王帝室藩維, 與國休戚, 受任征討, 理宜唯敵是求, 今乃頓兵不進, 猶豫不決. 懷朔若陷, 則武川隨亦危矣. 逆賊因兹, 銳氣百倍, 雖有韓・白之勇, 良・平之謀, 亦不能爲大王用也.' 或以勝辭義懇至, 許以出師, 還令報命. 勝復突圍而入, 賊追之, 射殺數人. 至城下, 大呼曰: '賀拔破胡與官軍至矣.' 城中乃開門納之. 鈞復遣勝出覘武川, 而武川已陷, 勝乃馳還. 懷朔亦潰, 勝父子遂爲賊所虜. 後隨度拔與德皇帝合謀, 率州里豪傑輿珍・念賢・乙弗庫根・尉遲眞檀等, 招集義勇, 襲殺可孤. 朝廷嘉之, 未及封賞, 會度拔與鐵勒戰沒." 神武郡 尖山縣은 본래 懷朔鎭이었다.

41 『魏書』卷80 「賀拔勝傳附岳傳」, 1782쪽, "勝弟岳, 字阿斗泥. 初爲太學生, 長以弓馬爲事. 與父兄赴援懷朔, 賊王衛可壞在城西二百餘步, 岳乘城射之, 箭中壞臂, 賊衆大駭. 後歸恒州, 廣陽王深以爲帳內軍主, 表爲強弩將軍."; 『北齊書』卷19 「賀拔允傳」, 245쪽, "賀拔允, 字可泥, 神武尖山人也. 祖爾頭, 父度拔, 俱見魏史. 允便弓馬, 頗有膽略, 與弟岳殺賊帥衛可肱, 仍奔魏."; 『周書』卷16 「獨孤信傳」, 263쪽, "信美容儀, 善騎射. 正光末, 與賀拔度等同斬衛可孤, 由是知名."

42 최진열, 「北魏末 '尒朱榮政權'의 출현과 그 영향」, 194-195쪽.

43 『魏書』卷32 「高湖傳附高樹生傳」, 752쪽, "孝昌初, 北州大亂, 詔發衆軍, 廣開募賞. 以樹生有威略, 授以大都督, 令率勁勇, 鎭捍舊蕃. 二年卒, 時年五十五."

44 『周書』卷14 「賀拔勝傳」, 215-216쪽.

45 『北齊書』卷20 「叱列平傳」, 278쪽, "叱列平, 字殺鬼, 代郡西部人也. 世爲酋帥. 平有

元淵(元深)의 밑에서 寧朔將軍이 되어 종군하였고, 후에 善無郡守에 임명되었다.[46] 閻進·閻慶 부자는 盛樂을 지켜 공을 세워 閻進은 盛樂郡守, 閻慶은 別將에 임명되었다. 閻慶은 후에 輕車將軍 給事中으로 승진하였다.[47] 普樂郡 출신인 劉豐은 破六韓拔陵의 반란 당시 守城의 공을 세워 普樂太守에 임명되었다.[48] 오르도스의 夏州 출신인 宇文貴는 破六韓拔陵의 군대가 夏州를 공격할 때 統軍에 임명되어 夏州刺史 源子雍과 함께 夏州를 지켰다.[49] 이상으로 六鎭과 北魏前期의 京畿인 恒州 등지에서 破六韓拔陵이 일으킨 반란에 대항한 사례를 살펴보았다. 唐長孺의 고증에 따르면, 필자가 지적한 六鎭 일대뿐만 아니라 高平鎭·薄骨律鎭·夏州, 汾州·晉州 등지의 山胡 등지의 반란, 河東의 반란 등에도 해당 지역의 토착세력들이 반란 진압에 참여하였다.[50] 이러한 사례는 六鎭의 난 및 北魏 北邊 각지의 반란이 "漢化된 洛陽의 胡人 지배계급과 지배계급에서 탈락한 소외된 六鎭(北鎭) 세력"의 대

<hr>

容貌, 美鬚髯, 善騎射. 襲第一領民酋長, 臨江伯. 孝昌末, 拔陵反叛, 茹茹餘衆入寇馬邑, 不以統軍屬, 有戰功, 補別將. 後牧子作亂, 劉胡崙·斛律可那律可那律俱時構逆, 以平爲都督, 討定胡崙等."

46 『周書』卷20「叱列伏龜傳」, 341쪽, "叱列伏龜字摩頭陁, 代郡西部人也. 世爲部落大人. 魏初入附, 遂世爲第一領民酋長. 至龜, 容貌瓌偉, 腰帶十圍, 進止詳雅, 兼有武藝. 嗣父業, 復爲領民酋長. 魏正光五年, 廣陽王深北征, 請龜爲寧朔將軍, 委以帳內兵事. 尋除善無郡守."

47 『周書』卷20「閻慶傳」, 342쪽, "父進, 有謀略, 勇冠當時. …… 進率衆拒守, 縣歷三載, 晝夜交戰, 未嘗休息, 以少擊衆, 城竟獲全. 以功拜盛樂郡守. 慶幼聰敏, 重然諾, 風儀端肅, 望之儼然. 及衛可孤侵逼盛樂, 慶隨父固守, 頗有力焉. 拜別將, 稍遷輕車將軍, 加給事中."

48 『北齊書』卷27「劉豐傳」, 377쪽, "劉豐, 字豐生, 普樂人也. 有雄姿壯氣, 果毅絶人, 有口辯, 好說兵事. 破六韓拔陵之亂, 豐以守城之功, 除普樂太守."

49 『周書』卷19「宇文貴傳」, 311쪽, "宇文貴字永貴, 其先昌黎大棘人也. 徙居夏州. …… 正光末, 破六汗拔陵圍夏州, 刺史源子雍嬰城固守, 以貴爲統軍救之."

결구도가 아니었음을 보여준다. 도리어 六鎭(北鎭) 일대의 領民酋長이
나 기득권층은 洛陽의 北魏 朝廷과 이해가 일치했기 때문에 반란 진
압에 참여했음을 확인할 수 있다.[51]

마지막으로 六鎭 출신들이 벼슬에서 불이익을 받았다는 주장도 재
검토를 요한다. 高車人 斛律平은 景明(500-503)初 殿中將軍(第8品上)으
로 벼슬을 시작하여 襄威將軍(從第6品上)으로 승진하였다.[52] 懷朔鎭 출
신 賀拔岳은 六鎭의 난 전에 太學生이었다.[53] 동향 사람인 斛律謹은
龍驤將軍(從第3品) 武川鎭將을 역임하였다.[54] 역시 동향인 厙狄干은 正
光初에 將軍에 임명되었고 洛陽에 宿衛하였다.[55] 叱列延慶은 正光末
直後에 임명되었다.[56] 高歡의 아버지인 高樹生은 六鎭의 난 당시 鎭遠
將軍(第4品下) 北征都督에 임명되어 출전하였다.[57] 「高樹生墓誌」에 따
르면, 高樹生의 祖母는 遼東慕容氏, 母는 陳留郡君 河南叔孫氏,[58] 아

---

50 唐長孺, 「試論魏末北鎭鎭民暴動的性質」, 40-51쪽; 唐長孺, 「北魏末期的山胡勅勒起
    義」, 62-99쪽.

51 최진열, 「北魏末 '尒朱榮政權'의 출현과 그 영향」, 196-198쪽.

52 『北齊書』卷17 「斛律金傳附平傳」, 228쪽, "魏景明中, 釋褐殿中將軍, 遷襄威將軍."

53 『魏書』卷80 「賀拔勝傳附岳傳」, 1782쪽, "勝弟岳, 字阿斗泥. 初爲太學生, 長以弓馬
    爲事. 與父兄赴援懷朔, 賊王衛可瓌在城西二百餘步, 岳乘城射之, 箭中瓌臂, 賊衆
    大駭."

54 『北齊書』卷20 「斛律羌擧傳」, 266쪽, "父謹, 魏龍驤將軍・武川鎭將."

55 『北齊書』卷15 「厙狄干傳」, 197쪽, "魏正光初, 除掃逆黨, 授將軍, 宿衛於內. ……
    孝昌元年, 北邊擾亂, 奔雲中, 爲刺史費穆送于尒朱榮. 以軍主隨榮入洛."

56 『魏書』卷80 「叱列延慶傳」, 1771쪽, "延慶少便弓馬, 有膽力. 正光末, 除直後, 隸大
    都督李崇北伐."

57 王連龍, 「北魏高樹生及妻韓期姬墓誌考」, 『文物』2014-2, 2014, 81왼쪽, "及孝昌在
    運, 天步多阻. 王室如, 國家若綴. 役車未休, 權烽詎已. 愿言良將, 夢想幽人. 乃以王
    爲鎭遠將軍・北征都督."

58 위의 글, 80왼쪽-80오른쪽, "祖諱湖, 燕散騎常侍・征虜將軍・燕郡太守, 歸國爲涼
    州鎭將, 河東侯. 祖親遼東慕容氏, 父度, 燕司徒公, 樂良(浪)王. 父諱謐, 使持節・侍

내 韓期姬(?-533)는 昌黎郡 출신이었다.[59] 이 가운데 慕容氏는 前燕·後燕 皇室이고, 叔孫氏는 北魏의 帝室十姓의 하나이다. 高樹生의 관직에 과장이 있을 수 있으나, 高歡 조상의 혼맥을 보면, 적어도 懷朔鎭에 거주한 高歡 일가는 帝室十姓(叔孫氏)과 결혼할 수 있었으므로, 중상층 門閥에 해당한다고 볼 수 있다. 이는 六鎭 출신들이 洛陽에 거주하는 門閥 胡人들과 교류가 없었다는 통설과 다르다. 唐長孺도 高車(敕勒)에 한정했지만, 領民酋長은 지위를 세습하고 그 子弟 혹은 部落의 豪富 子弟는 殿中武士, 羽林監, 羽林, 虎賁, 將軍 등에 임명되어 일부는 洛陽에서 宿衛하였고 지방 屬吏에 임명되기도 했음을 지적하였다. 즉 이들이 洛陽의 胡人支配層이나 漢人官僚처럼 특권을 향유하였다는 것이다.[60] 따라서 六鎭의 난을 승진에서 누락되고 門閥이 떨어진 胡化된 胡人과 洛陽의 漢化된 胡人 사이의 갈등 혹은 대결 구도로 보기 어렵다.[61]

中·驃騎大將軍·太尉公, 都督青·徐·齊·濟·兗五州諸軍事·青州刺史, 謐曰武貞. 母陳留郡君河南叔孫氏, 父崇, 給事中. 長息歡, 使持節·侍中·大丞相·都督中外諸軍事·勃海王. 妻代郡婁氏, 父內干, 使持節·都督恒·雲·朔·燕·顯五州諸軍事·驃騎大將軍·恒州刺史, 司徒公. 次息永寶, 驃騎大將軍·開府儀同三司·左光祿大夫·南趙郡開國公. 妻華陽郡公主河南元氏, 父廣平武穆王."

59 위의 글, 82원쪽, "夫人期姬, 昌黎昌黎人."

60 唐長孺, 「北魏末期的山胡敕勒起義」, 73-80쪽.

61 六鎭은 아니지만, 六鎭의 남쪽 雲州(朔州) 盛樂郡 출신 閻進은 正光년간 龍驤將軍에 임명되었다(『周書』卷20 「閻慶傳」, 342쪽, "曾祖善, 仕魏, 歷龍驤將軍·雲州鎭將, 因家于雲州之盛樂郡. …… 父進, 有謀畧, 勇冠當時. 正光中, 拜龍驤將軍."). 이는 六鎭과 北魏前期 京畿 지역 사람들이 인사상 차별을 받지 않았음을 보여준다(최진열, 「北魏末 '尒朱榮政權'의 출현과 그 영향」, 198-199쪽).

2 六鎮 降戶 安置의 실패: 杜洛周·鮮于脩禮·葛榮의 난

비록 柔然의 힘을 빌려 난을 진압했다고 하더라도 降戶들을 잘 처리했으면 六鎭의 난은 하나의 해프닝으로 끝났을 것이다. 元淵(元深)은 恒州 북변에 따로 군현을 설치하여 降戶 20만 人을 안치할 것을 주장하였지만, 朝廷은 黃門[侍]郞 楊昱을 北邊에 보내 六鎭民을 冀州·定州·瀛州로 보내 就食하도록 하였다. 元淵(元深)은 이 조치에 대해 "이들이 乞活이 되어 禍亂이 이로부터 발생할 것이다"라고 예언하였다.[62] 결국 元淵(元深)의 예언대로 六鎭의 降戶는 河北 일대에서 杜洛周·鮮于仲禮·葛榮 등의 난을 촉발하여 더욱 수습할 수 없게 되었다.

여기서 元淵(元深)의 제안과 北魏朝廷의 조치를 분석해보자. 먼저 六鎭의 난 때 항복한 降戶들을 임시적으로 安置할 대상 지역인 河北의 경제적 상황이다. 河北은 北魏의 經濟的 선진지역이었고 北魏의 남방경략의 人力과 물자를 제공하는 중요한 지역이었다.[63] 그러나 宣武帝 중기 이후 이미 각종 재해와 기근으로 민심이 흉흉하였으며, 이는 終末論과 연계되어 延昌 4년(515) 大乘敎의 난 등 佛敎反亂과 각종 民亂이 발생하였다.[64] 이는 孝明帝 시기에도 계속되어 해마다 기근

---

62 『魏書』卷18「元深傳」, 431쪽, "及李崇徵還, 深專總戎政. 拔陵避蠕蠕, 南移渡河. 先是, 別將李叔仁以拔陵來逼, 請求迎援, 深赴之, 前後降附二十萬人. 深與行臺元纂表求恒州北別立郡縣, 安置降戶, 隨宜賑賚, 息其亂心. 不從, 詔遣黃門郎楊昱分散之於冀·定·瀛三州就食. 深謂纂曰: '此輩復爲乞活矣, 禍亂當由此作.' 旣而鮮于脩禮叛於定州, 杜洛周反於幽州, 其餘降戶, 猶在恒州, 遂欲推深爲主." 원래 이름은 '淵'인데 당고조의 이름을 피휘하여 '深'으로 표기되었다. 본문에서는 양자를 병기한다.

63 周一良, 「中山鄴信都三城」『周一良集』第貳卷 魏晉南北朝史札記, 瀋陽: 遼寧教育出版社, 1988, 487-488쪽.

64 左藤智水, 「北魏末の大乘の亂と災害」『岡山大學文學部紀要』14, 1990, 89위쪽-98 아래쪽.

이 계속되어 流民이 발생하고 사망자가 속출하는 등 戶口가 감소하였다.[65] 宣武帝가 延昌元年(512) 가뭄으로 곤란을 겪은 河北民을 北邊의 燕州와 恒州로 就食하도록 하고, 饑民에게 六鎭으로 就食하도록 하였다.[66] 이는 곡창지역인 河北 지역의 형편이 좋지 않기 때문에 농업이 부진하고 목축이 성한 恒州와 燕州(北魏前期의 京畿에 속한 지역)로 就食하러 보냈음을 뜻한다. 이러한 사정을 고려하면 元淵(元深)은 당시 河北의 경제적 상황이 六鎭饑民 20여만 人의 식량을 부담할 수 없었음을 알고 있었을 것이다.[67] 元淵(元深)은 六鎭降戶가 乞活이 될 것이라고 예언하였고 적중하였다.[68] 요컨대 北魏朝廷은 六鎭 降戶들을 河北 3州로 就食하는 정책을 취하였지만, 就食 담당 관리의 선발과 해당 지역의 경제적 사정을 고려하지 않는 등 부주의한 조치를 취했기 때문에 최악의 결과를 초래했다. 杜洛周·葛榮·鮮于脩禮 등 六鎭降戶가 北邊과 河北 각지에서 일으킨 반란은 北魏에 치명타를 가하였다.

이어서 河北 지역의 군대배치와 치안 상황이다. 앞에서 河北의 경제적 상황이 20여만의 饑民을 수용하기에 부적절하였음을 추론하였다. 그렇다고 해도 河北諸州의 군대가 이들의 반란을 격파했으면 별 문제가 없었을 것이다. 그러나 당시 河北의 군대배치 상황은 그렇지

---

65 『魏書』卷15「常山王遵傳附暉傳」, 380쪽, "暉又上書論政要: 「······ 三曰: 國之資儲, 唯藉河北. 飢饉積年, 戶口逃散, 生長姦詐, 因生隱藏, 出縮老小, 妄注死失.」"

66 『魏書』卷8「世宗紀」延昌元年夏四月條, 212쪽, "戊辰, 以旱, 詔尙書與羣司鞫理獄訟, 詔河北民就穀燕恒二州. 辛未, 詔饑民就穀六鎭."

67 杜士鐸 역시 당시 河北의 상황의 어려움을 지적하였다. 그러나 就食할 곳이 없다는 표현은 구체적인 근거를 제시하지 않았기 때문에 다소 과장되었다고 생각한다 (杜士鐸, 『北魏史』, 384쪽).

68 乞活에 대해서는 市來弘志, 「乞活と後趙專權」, 中國古代史硏究會 編, 『中國古代史硏究』7, 東京: 硏文出版, 1997; 周一良, 「乞活考-西晉東晉間流民史之一項-」, 『周一良集』第一卷(魏晉南北朝史論), 瀋陽: 遼陽敎育出版社, 1998 참조.

못하였다. 後燕을 멸한 후 5,000명이 1軍인 모두 8軍 4만 명을 中山에 주둔시켰으나, 영토의 확대에 따라 점차 南邊으로 배치되어 宣武帝 시기에 4軍으로 축소되었고 1軍은 겨우 1,000여 명에 지나지 않았다.[69] 즉 모두 4軍, 4,000여 명이 宣武帝 시기 定州에 주둔하였다. 산술적으로 계산하면 河北의 5州(相州·冀州·定州·瀛州·幽州)에 최대[70] 2만 명의 군대가 주둔할 뿐이었다. 이처럼 河北에 주둔한 군대 수가 적었음을 시사하는 예가 있다. 예컨대 초기에 杜洛周를 토벌하기 위해 파견된 常景이 幽州 일대의 三長은 모두 "豪門多丁者"로 임명했기 때문에 임시로 이들을 兵으로 징발해야 한다고 주청하여 재가를 받았다.[71] 또 常景은 錄事參軍 裴智成을 보내어 范陽郡 三長의 兵을 징발하였다.[72] 이 두 가지 예에서 河北에 소수의 군대가 주둔했음을 방증한다. 그리고 杜洛周가 燕州에서 幽州 등으로 남하하고(525년 八月-526년 六月), 鮮于仲禮와 葛榮이 定州에서 잇달아 난을 일으켰기 때문에(526년 八月) 두 전선에서 발생한 난의 진압과 州의 수비를 동시에 수행하는 일

---

69 『魏書』卷58「楊播傳附椿傳」, 1287쪽, "自太祖平中山, 多置軍府, 以相威攝. 凡有八軍, 軍各配兵五千, 食祿主帥軍各四十六人. 自中原稍定, 八軍之兵, 漸割南戍, 一軍兵纔千餘, 然主帥如故, 費祿不少. 椿表罷四軍, 減其帥百八十四人."

70 定州는 河北의 重鎭이자 河北에서 北魏前期 수도 平城으로 가는 교통의 요지였기 때문에 8軍 4만 명이 주둔했을 것이다. 定州보다 군사적 가치가 떨어지는 다른 州에는 定州보다 적은 수의 군대가 주둔했을 것이다. 그러나 정확한 군인 수를 알 수 있기 때문에 定州에 주둔한 4軍 4,000명의 군인과 동일한 수의 군인이 다른 4州에도 있다고 가정하였다. 이는 최대치에 해당한다.

71 『魏書』卷82「常景傳」, 1804쪽, "杜洛周反於燕州, 仍以景兼尙書爲行臺, 與幽州都督·平北將軍元譚以禦之. 景表求勒幽州諸縣悉入古城, 山路有通賊之處, 權發兵夫, 隨宜置戍, 以爲防遏. 又以頃來差兵, 不盡强壯, 今之三長, 皆是豪門多丁爲之, 今求權發爲兵. 肅宗皆從之."

72 위와 같음, "景遣府錄事參軍裴智成發范陽三長之兵以守白山閭 都督元譚據居庸下口. 俄而安州石離·冗城·斛鹽三戍兵反, 結洛周, 有衆二萬餘落, 自松岍赴賊."

은 용이하지 않았을 것이다. 따라서 邢杲의 예에서 알 수 있듯이 정부
군과 별도로 河北豪族들은 宗族·部曲 등을 거느리고 鄕村에서 杜洛
周와 葛榮의 군대를 방어하였다. 그러나 정부군이 패하고 이들의 남
하가 계속되자 河北豪族들은 피난하였다. 당시 胡太后는 豪右를 守
令으로 삼아 流民들을 慰撫하게 하였다.[73]

六鎭降戶의 叛亂은 杜洛周로부터 시작되었다. 孝昌元年(525) 柔玄
鎭의 鎭人 杜洛周가 上谷에서 반란을 일으키며 계속되었다. 杜洛周는
郡縣을 함락하고 燕州를 포위하였다.[74] 杜洛周는 다음 해인 孝昌 2년
正月(526. 1-2) 軍都에서 都督 元譚의 군대를 격파하고,[75] 四月 丁未日
薊城 북쪽에서 都督 李琚의 군대를 격파한 후[76] 五月 戊申日(526. 6. 6)
燕州를 점령하였다.[77] 이어서 七月 丙午日(526. 8. 2) 幽州를 공격하였
으나 실패하였지만, 恒州는 점령하였다.[78] 이어서 十一月 戊戌日에 幽

---

73 『魏書』卷14「元天穆傳」, 355쪽, "初, 杜洛周·鮮于脩禮爲寇, 瀛冀諸州人多避亂南
向. 幽州前北平府主簿河間邢杲, 擁率部曲, 屯據鄚城, 以拒洛周·葛榮, 垂將三載.
及廣陽王深等敗後, 杲南渡居靑州北海界. 靈太后詔流人所在皆置命屬郡縣, 選豪右
爲守令以撫鎭之.";『魏書』卷66「崔亮傳附光韶傳」, 1482쪽, "時陽平路回寓居齊土,
與杲潛相影響, 引賊入郭.";『魏書』卷72「陽尼傳附弼傳」, 1602쪽, "屬洛周陷城, 弼
遂率宗親南渡河, 居於靑州."

74 『魏書』卷9「肅宗紀」孝昌元年秋八月癸酉條, 241쪽, "柔玄鎭人杜洛周率衆反於上
谷, 號年眞王, 攻沒郡縣, 南圍燕州."

75 『魏書』卷9「肅宗紀」孝昌二年春正月條, 243쪽, "是月, 都督元譚次於軍都, 爲洛周
所敗."

76 『魏書』卷9「肅宗紀」孝昌二年夏四月丁未條, 243쪽, "丁未, 都督李琚次於薊城之北,
又爲洛周所敗. 琚戰沒."

77 『魏書』卷9「肅宗紀」孝昌二年五月戊申條, 243쪽, "戊申, 燕州刺史崔秉率衆棄城南
走中山."

78 『魏書』卷9「肅宗紀」孝昌二年秋七月條, 244쪽, "秋七月丙午, 杜洛周遣其別帥曹紇
眞寇掠幽州. 行臺常景遣都督于榮邀于粟園, 大破之, 斬紇眞, 獲三十餘級, 牛驢二萬
餘頭. 戊申, 恒州陷, 行臺元纂奔冀州."

390   2部 北魏洛陽時代 地方統治

州를 점령한 후 刺史 王延年과 行臺 常景을 생포하였다.[79] 杜洛周는 武泰元年 正月 乙丑日(528. 2. 12) 定州와 瀛州를 점령하였다.[80] 그러나 같은 해 二月(528. 3-4) 葛榮에게 병합되었다.[81]

五原의 降戶 鮮于脩禮도 孝昌 2년 正月(526. 1-2) 피난지인 定州에서 반란을 일으켜 연호를 魯興元年이라 칭하였다.[82] 같은 해 八月(526. 8-9) 賊帥 元洪業이 鮮于脩禮를 참하고 항복하였으나 葛榮에게 살해되었다.[83] 葛榮은 九月 廣陽王 元淵 등의 군대를 격파하였고 天子를 자칭하였으며, 국호를 齊, 연호를 廣安으로 칭하였다.[84] 이후 孝昌 3년 正月 辛巳日(527. 3. 5) 殷州,[85] 十一月 己丑日(528. 1. 7) 冀州[86]를 각각 점령하였다. 武泰元年 二月(528. 3-4) 杜洛周의 세력을 합병하였으며[87] 三月 癸未日(528. 4. 6) 滄州를 함락하였다.[88] 葛榮은 六月(528. 7)

---

79 『魏書』卷9「肅宗紀」孝昌二年十一月戊戌條, 245쪽, "冬十有一月戊戌, 杜洛周攻陷幽州, 執刺史王延年及行臺常景."

80 『魏書』卷9「肅宗紀」武泰元年春正月乙丑條, 248쪽, "乙丑, 定州爲杜洛周所陷, 執刺史楊津. 瀛州刺史元寧以城降於洛周."

81 『魏書』卷9「肅宗紀」武泰元年二月條, 249쪽, "是月, 杜洛周爲葛榮所幷."

82 『魏書』卷9「肅宗紀」孝昌二年春正月條, 243쪽, "五原降戶鮮于脩禮反於定州, 號魯興元年. 詔左光祿大夫長孫稚爲使持節·假驃騎將軍·大都督·北討諸軍事, 與都督河間王琛率將討之."

83 『魏書』卷9「肅宗紀」孝昌二年八月癸巳條, 244-245쪽, "癸巳, 賊帥元洪業斬鮮于脩禮, 請降, 爲賊黨葛榮所殺."

84 『魏書』卷9「肅宗紀」孝昌二年九月條, 245쪽, "九月辛亥, 葛榮敗都督廣陽王淵·章武王融於博野白牛邏, 融歿於陣. 榮自稱天子, 號曰齊國, 年稱廣安. 甲申, 常景又破洛周, 斬其武川王賀拔文興·別帥侯莫陳升, 生擒男女四百口, 牛驢五千餘頭."

85 『魏書』卷9「肅宗紀」孝昌三年春正月條, 246쪽, "辛巳, 葛榮陷殷州, 刺史崔楷固節死之, 遂東圍冀州."

86 『魏書』卷9「肅宗紀」孝昌三年十一月己丑條, 247쪽, "十有一月己丑, 葛榮攻陷冀州, 執刺史元孚, 逐出居民, 凍死者十六七."

87 『魏書』卷9「肅宗紀」武泰元年二月條, 249쪽, "是月, 杜洛周爲葛榮所幷."

88 『魏書』卷9「肅宗紀」武泰元年三月癸未條, 249쪽, "三月癸未, 葛榮攻陷滄州, 執刺史

기근 때문에 남쪽으로 진격하였다. 이에 元天穆이 大都督이 되어 葛榮의 군대를 토벌하였다.[89] 元天穆의 北魏軍에 밀린 葛榮 군대는 相州 북쪽으로 후퇴하였다.[90] 葛榮은 永安元年(528) 군대를 이끌고 相州를 포위했으나 九月 壬申日(528. 10. 16) 柱國大將軍 尒朱榮의 7만 기병에게 滏口에서 패하여 생포되었다. 이에 冀·定·滄·瀛·殷 5州가 평정되었다.[91]

六鎭에서 쫓겨난 六鎭民들이 河北 각지에서 일으킨 반란은 河北의 漢人들에게도 영향을 주었다. 杜洛周·鮮于脩禮·葛榮의 난 때 靑州·齊州·濟州·徐州·兗州·光州 등 黃河 이남으로 밀려난 河北豪族들은 두 방향의 行態를 보이게 된다. 邢杲처럼 靑齊 지역의 토착인과 반목·충돌하고, 河北流民의 난(혹은 邢杲의 난)에 참여하여 "土客" 상호 간의 처절한 보복전을 전개하였다. 그렇지 않은 이들은 河北 지방의 평화와 자기들의 이익을 보장해줄 지도자를 찾기를 원했다. 이들은 北魏皇帝 孝莊帝에 기대를 걸었으나, 그가 尒朱榮에게 살해된 후 劉靈助에 귀부하였고, 최후로는 高歡政權에 참여하여 北齊를 세웠

薛慶之, 居民死者十八九."

89 『魏書』卷10 「孝莊紀」武泰元年六月條, 258쪽, "是月, 葛榮飢, 使其僕射任褒率軍三萬餘乘南寇, 至沁水. 癸卯, 以高昌王世子光爲平西將軍·瓜州刺史, 襲爵泰臨縣開國伯·高昌王. 太尉公·上黨王天穆爲大都督·東北道諸軍事, 率都督宗正珍孫·奚毅·賀拔勝·尒朱陽都等討任褒. 帝以寇難未夷, 避正殿, 責躬撤膳. 又班募格, 收集忠勇. 其有直言正諫之士·敢決徇義之夫·陳國家利害之謀·赴君親危難之節者, 集華林園, 面論事."

90 『魏書』卷10 「孝莊紀」武泰元年六月條, 259쪽, "是月, 葛榮衆退屯相州之北."

91 『魏書』卷10 「孝莊紀」永安元年九月條, 260쪽, "是月, 葛榮率衆圍相州. 九月乙丑, 詔太尉公·上黨王天穆討葛榮, 次於朝歌之南. 己巳, 以征東將軍·齊州刺史元欣爲沛郡王. 壬申, 柱國大將軍尒朱榮率騎七萬討葛榮於滏口, 破擒之, 餘衆悉降. 冀·定·滄·瀛·殷五州平. 乙亥, 以平葛榮, 大赦天下, 改爲永安元年."

다. 靑齊 지역의 土民들도 반란을 일으키고 "城民"들과 반목하였다.[92] 결과적으로 杜洛周·鮮于仲禮·葛榮 등 六鎭降戶들이 河北에서 일으킨 난은 경제 선진지역인 河北 지역에 타격을 주었을 뿐만 아니라 北魏의 지지기반인 河北豪族들의 이반을 가져왔고, 이들은 北魏의 존속보다 새로운 정권 수립을 희구하였다. 이러한 발단은 六鎭의 난 이후 미숙한 처리과정과 그것이 초래한 河北의 혼란 → 河北流民의 南渡 → 靑齊 지역의 土客葛藤 및 河北流民의 난 → 靑齊土民의 반란 등으로 연쇄반응을 일으켰다. 이는 北魏의 군사적 기반인 六鎭과 경제적 기반인 河北을 모두 잃어버리는 최악의 결과를 낳았다.

2. 尒朱榮의 부상과 권력 장악

1 尒朱榮의 '반란'과 자립

이처럼 北魏가 阿那瓌에 농락당하여 도주를 막지 못한 해인 正光 5년(524) 이후 각지의 이민족들은 北魏의 통제를 벗어나 자립하거나 반란을 일으켰다. 北秀容의 契胡 部落首領 尒朱榮이 北魏末 정국에 가장 영향을 끼쳤다. 契胡는 羯胡라고도 하며, 北齊의 사실상 창업자 高歡이 "國人"으로 칭할 정도로 東魏-北齊 군사력의 근간이 되었다.[93] 尒朱榮의 高祖 尒朱羽健은 登國(386-396)初 領民酋長이 되어 契胡 武

---

92 唐長孺, 「北魏的靑齊士民」, 115-116쪽; 陳爽, 『世家大族與北朝政治』, 170-181쪽; 薛海波, 「論北魏末年的邢杲暴動」, 『齊魯學刊』 2011-5(總第224期), 2011, 55왼쪽-58 오른쪽.

93 周一良, 「北朝的民族問題與民族政策」, 199-203쪽.

士 1,700人을 이끌고 後燕 평정에 공을 세웠으며, 秀容川 사방 300里를 牧地로 하사받았다.[94] 그의 아버지 尒朱新興은 牛·羊·駝·馬를 色으로 무리를 분류하고 골짜기로 그 수를 헤아릴 정도로 대량의 가축을 가진 부자였다. 또 洛陽遷都 이후 겨울에는 洛陽에서, 여름에는 北秀容의 部落에서 생활하는 雁臣의 특권을 보장받았다.[95] 이러한 가계를 보면 尒朱榮 집안은 北魏에 仕宦한 北秀容 일대의 유력한 遊牧民 酋長 가문이었다. 그러나 524년 무렵 尒朱榮은 北魏의 통제를 벗어나 자립을 기도하였다.[96]

懷荒鎭 鎭民들의 鎭將 于景 부부 살해, 沃野鎭人 破落汗拔陵(破六韓拔陵)과 高平鎭 酋長 胡琛, 秦州城人 莫折念生 등의 난에 가려졌지만, 현재의 山西省 중부인 肆州와 오르도스 일대에서도 유목민들의 반란이 일어났다. 『魏書』「肅宗紀」에는 正光 5년 八月 丁酉日(524. 10. 2) 南秀容 牧子 于乞眞이 반란을 일으켜서 太僕卿 陸延이 살해되었다고 기록하였다.[97] 『魏書』「尒朱榮傳」에는 이때의 상황을 아래와 같이 기록하였다.

"秀容 內附胡民 乞扶莫于는 郡을 攻破하고 太守를 살해하였다. 南秀容 牧子 萬子乞眞은 반란을 일으켜서 太僕卿 陸延을 죽였다. 幷州 牧子 素和

---

94 『魏書』卷74「尒朱榮傳」, 1643쪽, "高祖羽健, 登國初爲領民酋長, 率契胡武士千七百人從駕平晉陽, 定中山. 論功拜散騎常侍, 以居秀容川, 詔割方三百里封之, 長爲世業."

95 『魏書』卷74「尒朱榮傳」, 1644쪽, "父新興, 太和中, 繼爲酋長. 家世豪擅, 財貨豐贏. …… 自是之後, 日覺滋盛, 牛羊駝馬, 色別爲羣, 谷量而已. 朝廷每有征討, 輒獻私馬, 兼備資糧, 助裨軍用. 高祖嘉之, 除右將軍, 光祿大夫. 及遷洛後, 特聽冬朝京師, 夏歸部落. 每入朝, 諸王公朝貴競以珍玩遺之, 新興亦報以名馬."

96 최진열, 「北魏末'尒朱榮政權'의 출현과 그 영향」, 211쪽.

97 『魏書』卷9「肅宗紀」正光五年八月丁酉條, 237쪽, "丁酉, 南秀容牧子于乞眞反, 殺太僕卿陸延. 別將尒朱榮討平之."

婆崙嶮은 역모를 일으켰다. 尒朱榮은 전후에 모두 토벌하여 평정하였다. 直閤將軍 冠軍將軍으로 승진되었고 여전히 別將의 직책을 유지하였다. 內附叛胡 乞, 步落堅胡 劉阿如가 瓜肆에서 난을 일으키고, 敕勒 北列步若[叱列步若]이 沃陽에서 반란을 일으키자 尒朱榮은 이들을 토멸하였다. 이 공으로 安平縣開國侯, 食邑一千戶에 봉해졌다. 이어서 通直散騎常侍에 加官되었다. 敕勒 斛律洛陽이 桑乾의 서쪽에서 역모를 일으켜서 費也頭 牧子와 각축을 벌이자, 尒朱榮은 기병을 이끌고 斛律洛陽을 深井에서 격파하고 費也頭 牧子를 河西로 내쫓았다."[98]

위의 인용문에서 알 수 있듯이, 524년과 525년 사이 秀容 內附胡民 乞扶莫于, 南秀容牧子 萬子乞眞, 幷州牧子 素和婆崙嶮, 內附叛胡 乞, 步落堅胡 劉阿如, 敕勒 北列步若[叱列步若],[99] 敕勒 斛律洛陽, 費也頭 牧子 등이 반란을 일으켰다. 山胡 劉蠡升은 孝昌元年(525) 雲陽谷을 근거로 天子를 차칭하고 年號를 세우고 百官을 두었다.[100] 이 밖에 紇豆陵步蕃과 紇豆陵伊利, 万俟受洛干 등이 河西(오르도스)에서 자립하였다.[101] 요컨대 현재의 山西省 中·北部 지역에 해당하는 恒州·肆

---

98 『魏書』卷74「尒朱榮傳」, 1645쪽, "秀容內附胡民乞扶莫于破郡, 殺太守; 南秀容牧子萬子乞眞反叛, 殺太僕卿陸延; 幷州牧子素和婆崙嶮作逆, 榮並前後討平之. 遷直閤將軍·冠軍將軍, 仍別將. 內附叛胡乞·步落堅胡劉阿如等作亂瓜肆, 敕勒北列步若反於沃陽, 榮滅之. 以功封安平縣開國侯 食邑一千戶. 尋加通直散騎常侍. 敕勒斛律洛陽作逆桑乾西, 與費也頭牧子迭相掎角, 榮率騎破洛陽於深井, 逐牧子於河西."

99 唐長孺에 따르면 '北列'은 '叱列'의 誤記이다(唐長孺, 「北魏末期的山胡敕勒起義」, 94쪽). 본문에서는 唐長孺의 견해를 참조하였다.

100 『魏書』卷9「肅宗紀」孝昌元年十二月壬午條, 242쪽, "山胡劉蠡升反, 自稱天子, 置官僚."; 『周書』卷49「異域上·稽胡傳」, 897쪽, "魏孝昌中, 有劉蠡升者, 居雲陽谷, 自稱天子, 立年號 署百官. 屬魏氏政亂, 力不能討. 蠡升遂分遣部衆, 抄掠居民, 汾·晉之間, 署無寧歲. 齊神武遷鄴後, 始密圖之."

101 孝莊帝가 建明元年(530) 尒朱榮을 살해한 후, 河西 출신 紇豆陵步蕃에게 尒朱氏의

州·并州·汾州·晉州뿐만 아니라 河西(오르도스) 지방의 유목민들이
반란을 일으켰다.[102]

　介朱榮이 유목민들의 반란을 진압할 때 介朱榮은 지방관에 임명되
거나 조정에 명령을 받고 이들의 반란을 진압한 것은 아니었다. 조정
에서는 여러 官爵을 주었지만, 고향인 北秀容 일대의 지방관으로도
임명되지 않았다. 介朱榮의 벼슬인 直閤將軍은 皇帝와 궁전을 宿衛
하는 직책이었지만, 전후 문맥을 보면 介朱榮은 洛陽에 있지 않았다.
반란이 일어났던 八月은 洛陽에 입조해야 하는 겨울이 아니었기 때
문에 그는 고향인 秀容에 머물렀을 것이다. 『資治通鑑』에서는 介朱榮
이 乞伏莫于(인용문에서는 乞扶莫于)와 南秀容 牧子 萬于乞眞을 토벌할
때 그의 벼슬을 秀容酋長이라고 기록하였다.[103] '秀容酋長'의 '秀容'은
介朱榮 일족이 살던 곳이며, '酋長'은 介朱榮 일족이 세습하던 第一領
民酋長을 지칭하였다. 따라서 介朱榮은 領民酋長의 자격으로 반란을

　　본거지인 秀容을 습격하라는 조서를 내렸다(『魏書』卷75「介朱兆傳」, 1663쪽, "初,
　　榮旣死, 莊帝詔河西人紇豆陵步蕃等令襲秀容. …… 旣分兵別營, 乃引兵南出, 以避
　　步蕃之銳. 步蕃至於樂平郡, 王與兆還討破之, 斬步蕃於秀容之石鼓山, 其衆退走.").
　　紇豆陵步蕃은 官爵이 없는 것으로 보아 역시 北魏末 河西 지역에서 사실상 자립한
　　유력한 遊牧民 酋長이었을 것이다. 이는 費也頭帥 紇豆陵伊利가 万俟受洛干 等과
　　함께 河西를 점유하고 介朱氏에 불복했다는 기사(『魏書』卷75「介朱天光傳」, 1676
　　쪽, "時費也頭帥紇豆陵伊利·万俟受洛干等據有河西, 未有所附. 天光以齊獻武王起
　　兵信都, 內懷憂恐, 不復北事伊利等, 但微遣備之而已.")에서도 확인된다.

102 최진열, 「北魏末 '介朱榮政權'의 출현과 그 영향」, 211-213쪽.

103 『資治通鑑』卷150「梁紀 6 武帝普通五年條, 4684쪽, "秀容人乞伏莫于聚衆攻郡, 殺
　　太守; 丁酉, 南秀容牧子萬于乞眞殺太僕卿陸延, 秀容酋長介朱榮討平之. 榮, 羽健之
　　玄孫也. 其祖代勤, 嘗出獵, 部民射虎, 誤中其髀, 代勤拔箭, 不復推問, 所部莫不感
　　悅. 官至肆州刺史, 賜爵梁郡公, 年九十餘而卒; 子新興立. 新興時, 畜牧尤蕃息, 牛
　　羊駝馬, 色別爲群, 彌漫川谷, 不可勝數. 魏每出師, 新興輒獻馬及資糧以助軍, 高祖
　　嘉之. 新興老, 請傳爵於子榮, 魏朝許之. 榮神機明決, 御衆嚴整."

평정한 것이다. 인용문 후반부에 보이는 斛律洛陽을 토벌할 때 尒朱榮의 벼슬은 游擊將軍(第4品上)이었다.[104] 이처럼 尒朱榮은 北魏 朝廷의 명령과 상관없이 恒州·肆州·幷州 일대의 유목민 집단의 반란을 진압하며 세력을 확대하였다. 『魏書』는 이들이 반란을 일으켜 尒朱榮이 진압하였다고 기록하였으나, 사실은 尒朱榮이 肆州 秀容 일대의 遊牧民을 병합하여 세력을 성장하였다고 해석된다. 이는 尒朱榮의 肆州 점령에서도 드러난다.

"이때 尒朱榮은 무리를 이끌고 肆州에 이르렀는데, 刺史 尉慶賓이 그를 두려워하고 싫어하여 성문을 닫고 받아들이지 않았다. 尒朱榮은 노하여 공격하여 점령하였다. 그리고 從叔 尒朱羽生을 肆州刺史에 임명한 후 尉慶賓을 秀容에 억류하였다. 이후 尒朱榮의 兵威는 점점 강성하였지만, 朝廷은 잘못을 묻지 못하였다. 도리어 尒朱榮에게 鎭北將軍을 제수하였다."[105]

尒朱榮이 肆州城에 도착하고 肆州刺史 尉慶賓이 성문을 닫았던 상황을 보면, 尒朱榮이 肆州의 治所에 간 이유는 肆州의 점령에 있었음을 알 수 있다. 魏收가 尒朱文暢에게 뇌물을 받고 尒朱榮의 열전을 왜곡했다고 기록했지만,[106] 이 부분은 사실대로 쓴 것이다. 尒朱榮은

---

104 『資治通鑑』卷151 「梁紀」7 武帝普通七年條, 4711쪽, "魏西部敕勒斛律洛陽反於桑乾西, 與費也頭牧子相連結. 三月, 甲寅, 游擊將軍尒朱榮擊破洛陽於深井, 牧子於河西."

105 『魏書』卷74 「尒朱榮傳」, 1645쪽, "時榮率衆至肆州, 刺史尉慶賓畏惡之, 閉城不納. 榮怒, 攻拔之, 乃署其從叔羽生爲刺史, 執慶賓於秀容. 自是榮兵威漸盛, 朝廷亦不能罪責也. 尋除鎭北將軍."

106 『北齊書』卷48 「外戚·尒朱文暢」, 667쪽, "文略嘗大遺魏收金, 請爲其父作佳傳, 收論尒朱榮比韋·彭·伊·霍, 蓋由是也."

尉慶賓이 성문을 닫고 자신과 군사들을 성문 안으로 받아들이지 않자 무례를 이유로 肆州城을 점령하였다. 그리고 조정의 허락 없이 일족을 刺史에 임명하였다. 州刺史의 임명권은 皇帝와 조정에 있었으므로, 일개 武將 尒朱榮의 州刺史 임명은 월권이었다. 北魏 朝廷은 이를 알면서도 그의 군사력이 강했기 때문에 죄를 물을 수 없었고 도리어 尒朱榮을 鎭北將軍으로 승진시켰다. 그런데 『資治通鑑』은 위 인용문의 원문 "朝廷亦不能罪責也(朝廷 역시 그에게 죄를 물어 책망하지 못했다)"라는 구절 대신 "魏朝不能制(魏朝는 능히 제어할 수 없었다)"[107]라고 기록하여 통제불능인 尒朱榮이 사실상 자립했음을 묵인한 것이다. 胡三省 역시 "이때 尒朱榮은 이미 無魏之心이 있었다"[108]라 하여 北魏의 지배에서 벗어나 자립할 마음을 가지고 있음을 지적하였다. 즉 526년 尒朱榮은 사실상 肆州를 중심으로 현재의 山西省 북부와 중부를 통치하며 독립한 것이다. 史書에는 尒朱榮이 幷州를 점령했다는 기록이 없으나, 『魏書』「尒朱天光傳」에는 幷州를 점령했음을 시사하는 기록이 있다.

  "孝昌末 尒朱榮은 무리를 이끌고 남쪽으로 이동하려고 하여 尒朱天光과 비밀히 의논하였다. 이미 幷州와 肆州에 웅거하고 있었고 여전히 尒朱天光을 都將에 임명하여 肆州 兵馬를 總統하도록 하였다."[109] (강조는 필자)

---

107 『資治通鑑』卷151「梁紀」武帝普通七年八月條, 4715쪽, "魏安北將軍·都督恒朔討虜諸軍事尒朱榮過肆州, 肆州刺史尉慶賓忌之, 據城不出. 榮怒, 擧兵襲肆州, 執慶賓, 還秀容, 署其從叔羽生爲刺史. 朝廷亦不能罪責也."

108 『資治通鑑』卷151「梁紀」武帝普通七年八月條 胡注, 4715쪽, "此時尒朱榮已有無魏之心矣."

109 『魏書』卷75「尒朱天光傳」, 1673쪽, "孝昌末, 榮將擁衆南轉, 與天光密議. 旣據幷肆, 仍以天光爲都將, 總統肆州兵馬."

위의 인용문의 밑줄친 부분을 보면, 늦어도 孝昌년간(525-527) 말년에 尒朱榮이 幷州와 肆州를 지배했음을 알 수 있다. 그리고 尒朱天光에게 肆州의 兵馬를 거느리도록 했던 것을 보면 尒朱榮은 肆州가 아닌 幷州에 거주했을 것이다. 528년(梁武帝 大通2, 北魏 孝昌4) 尒朱榮의 직함이 幷·肆·汾·廣·恆·雲六州討虜大都督이었다.[110] '恆·雲'은 恒州와 雲州인데, 후자는 朔州를 改名한 州였다. 吳廷燮의 「元魏方鎭年表」에 따르면, 恒州와 雲州(朔州)에 孝昌 3년과 4년(武泰元年) 사이 刺史로 부임한 인물이 없다.[111] 이때 尒朱榮이 恒州와 雲州(朔州)를 통치했을 가능성이 크다. 尒朱榮이 沃陽에서 北列步若[叱列步若]을, 桑乾에서 斛律洛陽을 격파했는데,[112] 沃陽은 恒州 善無郡의 縣이고[113] 桑乾은 恒州의 縣이었다.[114] 이는 尒朱榮이 恒州 일대에 군사를 이끌고 진출했음을 보여주며, 이미 이때 이 지역을 군사적으로 영향력을 행사했으며 사실상 지배했을 것이다. 따라서 6州는 尒朱榮이 통치하는 지역이거나, 최소한 군사적으로 영향이 미치는 지역이었을 것이다.[115]

尒朱榮이 肆州를 중심으로 세력을 확대하고 있을 때 河北에서는 杜洛周와 鮮于脩禮, 葛榮이 세력을 확장하였다. 尒朱榮은 葛榮이 鄴

---

110 『資治通鑑』 卷152 「梁紀」8 武帝大通二年條, 4737쪽, "是時, 車騎將軍·儀同三司· 幷·肆·汾·廣·恆·雲六州討虜大都督尒朱榮兵勢強盛, 魏朝憚之." 다만 이 벼슬이 北魏 조정이 하사한 벼슬인지, 尒朱榮의 자칭인지는 불분명하다.

111 吳廷燮, 「元魏方鎭年表」, 『二十五史補編』 3, 北京: 中華書局, 1955, 4572가운데쪽 및 4574가운데쪽.

112 『魏書』 卷74 「尒朱榮傳」, 1645쪽.

113 『魏書』 卷106上 「地形志」2上 恒州·善無郡條, 2497쪽.

114 『魏書』 卷112上 「靈徵志」上 地震條의 기록에서 桑乾이 恒州에 속했음을 명시하였다 (『魏書』 卷112上 「靈徵志」上 地震條, 2897쪽, "延昌元年四月庚辰, 京師及幷·朔· 相·冀·定·瀛六州地震. 恒州之繁畤·桑乾·靈丘, 肆州之秀容·雁門地震陷裂, 山崩泉湧, 殺五千三百一十人, 傷者二千七百二十二人, 牛馬雜畜死傷者三千餘.").

115 최진열, 「北魏末 '尒朱榮政權'의 출현과 그 영향」, 213-215쪽.

城으로 진격하자 部曲을 정비하고 義勇을 김募하여 북쪽으로 馬邑과 동쪽으로 井陘을 막았다.[116] 이때 尒朱榮은 신임하던 賀拔勝에게 보병과 기병 5,000명을 주어 井陘을 지키게 하였다.[117] 이는 葛榮의 세력이 자신의 영역인 肆州 일대로 진입하는 것을 막으려는 조치였다. 동시에 井陘에 군대를 주둔시킴으로써 井陘 서쪽, 즉 太行山 서쪽이 자신의 세력권에 속했음을 과시하였다.

다음 항에서 六鎭의 난 이후 北魏가 각종 반란과 尒朱榮의 대두 등에 속수무책으로 당할 수밖에 없었던 이유를 살펴보자.

2 尒朱氏集團의 세력 확대와 그 배경

(1) 北邊 雁臣 집단의 붕괴

선행연구에서 간과했지만, 六鎭의 난 때문에 六鎭과 北魏前期의 京畿(恒州·朔州·燕州), 河西(오르도스) 일대에 거주하며 洛陽에 벼슬하고 宿衛를 맡았던 雁臣[118]들의 동향에 주목할 필요가 있다. 먼저 『魏書』 「元暉傳」의 기록을 살펴보자.

"예전에 高祖[孝文帝]가 洛陽으로 遷都했으나 벼슬하던 舊貴들이 모두 移徙를 어려워하였다. 高祖는 여러 무리들의 뜻에 맞추고자 하였기 때문

---

116 『魏書』 卷74 「尒朱榮傳」, 1645-1646쪽, "榮以山東賊盛, 慮其西逸, 乃遣兵固守滏口以防之. …… 於是榮遂嚴勒部曲, 廣召義勇, 北捍馬邑, 東塞井陘."

117 『周書』 卷14 「賀拔勝傳」, 215쪽, "勝委質事榮, 時杜洛周阻兵幽·定, 葛榮據有冀·瀛. 榮謂勝曰: '井陘險要, 我之東門. 意欲屈君鎭之, 未知君意如何?' 勝曰: '少逢兵亂, 險阻備嘗, 每思効力, 以報(已)[己]知. 今蒙驅使, 實所願也.' 榮乃表勝爲鎭遠將軍·別將, 領步騎五千鎭井陘."

118 雁臣 문제는 吉田愛, 「北魏雁臣考」, 『史滴』 27, 2005, 81-117쪽 참조.

에 드디어 겨울에 남쪽[洛陽을 지칭]에 居하고 여름이 되면 북쪽[자신들의 원주지]으로 돌아가 居하도록 허락하였다."[119]

위의 인용문에 따르면, '舊貴'라 불리는 胡人支配層은 여름에 자신의 거주지에서 생활하고 겨울에만 洛陽의 朝廷에서 근무하였다. 이를 雁臣이라고 한다.[120] 위의 인용문에서 胡人支配層 전부가 '雁臣' 생활을 했다고 해석할 수는 없지만, 위의 인용문과『洛陽伽藍記』,『魏書』와『北齊書』등의 기록을 보면 당시 '雁臣' 생활을 하는 胡人들이 많았음을 알 수 있다.[121]

『洛陽伽藍記』에도 가을에 洛陽에 와서 入侍하다가 봄에 자신의 거주지로 돌아가는 北夷의 酋長 일족을 雁臣이라 불렀다.[122] '北夷'의 범위는 명확하지 않지만, 당시 '雁臣' 생활을 하는 胡人들이 많았음을 알 수 있다. 이에 해당하는 인물의 예가 史書에서 확인된다. 北秀容 契胡이며 대대로 領民酋長을 역임했던 尒朱新興은 겨울에 洛陽에 머물고 여름에 部落으로 돌아가는 특권을 얻었다. 그는 散騎常侍 平北將軍 秀容第一領民酋長으로 임명되었으며, 실제로 매해 입조했기 때문에[123] 겨울에 洛陽에서 宿衛生活을 했을 것이다. 그의 아들 尒朱榮

---

119 『魏書』卷15「常山王遵傳附暉傳」, 378-379쪽, "初, 高祖遷洛, 而在位舊貴皆難於移徙, 時欲和合衆情, 遂許冬則居南, 夏便居北."
120 『洛陽伽藍記』卷3「城南」龍華寺條, 160쪽, "北夷酋長遣子入侍者, 常秋來春去, 避中國之熱, 時人謂之鴈臣."
121 崔珍烈,「北魏後期 洛陽거주 胡人들의 생활과 문화—孝文帝의 '漢化政策'의 재검토—」,『中國古中世史研究』24, 2010, 386쪽; 최진열,『효문제의 '한화' 정책과 낙양 호인사회』, 328-329쪽; 최진열,「北魏末 '尒朱榮政權'의 출현과 그 영향」, 211-213쪽.
122 『洛陽伽藍記』卷3「城南」龍華寺條, 160쪽, "北夷酋長遣子入侍者, 常秋來春去, 避中國之熱, 時人謂之鴈臣."
123 『魏書』卷74「尒朱榮傳」, 1644쪽, "父新興, 太和中, 繼爲酋長. …… 及遷洛後, 特聽

은 直寢 游擊將軍으로 임명되고,[124] 尒朱榮의 아들 尒朱菩提 역시 孝明帝 말기에 直閤將軍이 되었다.[125] 直閤將軍과 直寢은 皇帝, 또는 궁전을 宿衛하는 직책이었으므로[126] 尒朱榮 부자도 尒朱新興처럼 洛陽과 北秀容을 오가며 생활했을 것이다.[127] 懷朔鎭에 거주했던 厙狄干은 孝明帝 正光初 공을 세워 洛陽에서 宿衛하였고, 더위 때문에 겨울에 洛陽에 入侍하고 여름에 고향으로 돌아가는 생활을 하였다.[128] 救勒人 斛律金도 六鎭의 난 이후 破六韓拔陵으로부터 北魏로 귀순하여 第二領民酋長에 임명된 후 가을에 洛陽에 入朝하고 봄에 部落으로 돌아가는 雁臣 생활을 하였다.[129]

또 雁臣 생활을 했을 것으로 추정되는 예가 史書에 보인다. 『魏書』「王世弼傳」에는 直閤 元羅가 定州 中山郡을 지나가는 장면이 기록되었다.[130] 반면 「元羅傳」에는 이에 관한 기사가 없다. 그런데 元羅의 叔父인 元羅侯가 洛陽遷都 이후에도 燕州 昌平郡에 거주했던 점이 주목

　　　冬朝京師, 夏歸部落. 每入朝, 諸王公朝貴競以珍玩遺之, 新興亦報以名馬."
124 위와 같음, "榮襲爵後, 除直寢・游擊將軍."
125 『魏書』卷74 「尒朱榮傳附菩提傳」, 1656쪽, "肅宗末, 拜羽林監. 尋轉直閤將軍."
126 張金龍, 「北魏後期的直閤將軍與'直衛'諸職」, 濟南: 『文史哲』1999-1(K 22 1999-3), 1999, 29-34쪽.
127 崔珍烈, 「北魏後期 洛陽거주 胡人들의 생활과 문화」, 386쪽; 同氏, 『효문제의 '한화' 정책과 낙양 호인사회」, 329쪽.
128 『北史』卷54 「厙狄干傳」, 1956쪽, "厙狄干, 善無人也. …… 魏正光初, 除掃逆黨, 授將軍, 宿衛於內. 以家在寒鄉, 不宜毒暑, 冬得入京師, 夏歸鄉里."
129 『北史』卷54 「斛律金傳」, 1965쪽, "斛律金字阿六敦, 朔州敕勒部人也. …… 金度陵終敗, 乃統所部叛陵, 詣雲州. 魏除爲第二領人酋長, 秋朝京師, 春還部落, 號曰雁臣. 仍稍引南出黃瓜堆, 爲杜洛周所破."
130 『魏書』卷71 「王世弼傳」, 1588쪽, "轉勃海相, 尋遷中山內史, 加平北將軍. 直閤元羅, 領軍又弟也, 曾行過中山, ……"

된다.[131] 이 기사에서 元羅가 지방 감찰을 위해 파견되었다는 기록이 없으므로 元羅가 洛陽에서 叔父인 元羅侯의 집에 가기 위해 中山을 경유한 것으로 볼 수 있다. 즉 江陽王 元繼 형제는 洛陽 이외에도 昌平郡에 집이 있었다고 볼 수 있다. 또 元羅侯의 아들 元景遵이 直寢에 임명되었다.[132] 대개 直閤[將軍]·直寢·直齋·直後 등 '直衛'는 部落首領이나 유력자의 子弟들이 주로 임명되었으므로[133] 元景遵이 아버지인 元羅侯와 같이 살았고 尒朱新興과 尒朱榮, 尒朱榮과 尒朱菩提처럼 父子 가운데 元羅侯는 昌平에 살고 元景遵이 洛陽과 昌平을 오가며 생활했을 것이다. 洛陽遷都 이후 領軍府를 장악했던 于氏 일족인 于景의 本籍은 「于景墓誌」에 의하면 河南郡 洛陽縣이었다. 그러나 그는 河南郡을 관할하던 司州가 아닌 恒州大中正을 역임하였다.[134] 일족인 于忠과 于昕 역시 각각 宣武帝 시기와 孝明帝 시기 恒州大中正을 겸임하였다.[135] 北魏後期 恒州는 北魏前期의 司州, 즉 北魏前期 수도 平城 일대를 지칭한다. 따라서 于氏가 비록 河南洛陽人을 자칭하고 있었지만, 國家權力은 洛陽遷都 이전의 거주지인 代, 즉 平城도 本籍으로 간주했기 때문에 본적지 州의 인사권을 관장한 恒州大中正으로

---

131 『魏書』卷16 「京兆王黎傳附羅侯傳」, 409쪽, "繼弟羅侯, 遷洛之際, 以墳陵在北, 遂家於燕州之昌平郡, 內豐資産, 唯以意得爲適, 不入京師."

132 위와 같음, "子景遵, 直寢, 太常丞."

133 崔珍烈, 「北魏後期 친위부대의 정치개입과 그 배경-領軍府의 구조·인적구성·정치개입방식을 중심으로-」, 『역사문화연구』30, 2008, 289-295쪽.

134 「于景墓誌」, 『漢魏南北朝墓誌彙編』, 196쪽, "君諱景, 字百年, 河南洛陽人也. 至永平中, 除寧朔將軍直寢恒州大中正 從班例也."

135 『魏書』卷31 「于栗磾傳附忠傳」, 742쪽, "世宗旣而悔之, 復授衛尉卿, 領左衛將軍·恒州大中正.";『魏書』卷31 「于栗磾傳附昕傳」, 747쪽, "子昕, …… 轉輔國將軍·北中郎將·恒州大中正."

임명한 것이다.[136] 二重本籍이 가능하려면 于氏가 洛陽뿐만 아니라 恒州, 즉 平城 일대에도 집 혹은 部族(部落)이 있었어야 할 것이다. 그렇다면 于氏도 恒州와 洛陽을 오가며 宿衛하거나 벼슬했을 것이다. 이는 侯剛 일가의 예에서 더욱 뚜렷이 드러난다. 『魏書』에 河南洛陽人으로 기록된 侯剛은 恒州大中正을 역임하였다.[137] 侯剛은 上谷에 侯氏가 많았던 점을 이용해 上谷으로 집을 옮겼으며 아들 侯祥을 燕州刺史에 임명하도록 청탁하여 이를 관철시켰다. 侯祥은 후에 燕州大中正을 겸임하였다.[138] 侯剛이 恒州에 살았는지는 기록에 나타나 있지 않지만, 上谷으로 집을 옮긴 점은 『魏書』의 기록에 분명히 나타나 있다. 이는 실제로 侯剛 부자의 집이 恒州에 있었다가 후에 上谷으로 옮겼음을 시사한다. 즉 侯剛은 平城 혹은 上谷과 洛陽에 모두 집을 가지고 있

---

136 中正 혹은 大中正은 해당 州郡의 官吏들 가운데 선임하여 鄕里의 인재를 9品으로 평가하여 추천하는 제도였다(唐長孺, 「九品中正制度試釋」, 『魏晉南北朝史論叢』, 北京: 三聯書店, 1955; 李則芬, 「九品中正制度」, 『中國歷史論文集(上)』(從先秦到南北朝), 臺北: 黎明出版, 1998; 宮崎市定 지음, 임대희 등 옮김, 『구품관인법의 연구』, 소나무, 2002(原載 宮崎市定, 「中正と科擧」, 『九品官人法の研究－科擧前史－』, 京都: 同朋舍, 1977(初版 1956)), 18-465쪽; 堀敏一, 「九品中正制度の成立をめぐって－魏晉の貴族制社會にかんする一考察－」, 『唐末五代變革期の政治と經濟』, 東京: 汲古書院, 2002; 熊德基, 「九品中正制考實」, 中國社會科學院歷史研究所 編, 『古史文存(秦漢魏晉南北朝卷)』, 北京: 社會科學文獻出版社, 2004; 張旭華, 「北魏中央與地方中正組織的分張及其意義」, 『九品中正制略論稿』, 鄭州: 中州古籍出版社, 2004; 張旭華, 「九品中正制性質芻議」, 中國魏晉南北朝史學會·武漢大學中國三至九世紀研究所 編, 『魏晉南北朝史研究: 回顧與探索－中國魏晉南北朝史學會第九屆年會論文集－』, 武漢: 湖北敎育出版社, 2009; 張旭華, 「北魏時期的中央與地方中正組織」, 『九品中正制研究』, 北京: 中華書局, 2015). 따라서 中正·大中正은 本籍地 출신자만이 임명되었다.

137 『魏書』卷93 「恩倖·侯剛傳」, 2004쪽, "侯剛, 字乾之, 河南洛陽人, 其先代人也. …… 俄爲侍中·撫軍將軍·恒州大中正."

138 『魏書』卷93 「恩倖·侯剛傳附祥傳」, 2006쪽, "剛以上谷先有侯氏, 於是始家焉. 正光中, 又請以詳爲燕州刺史, 將軍如故, 欲爲家世之基. 尋進後將軍. (正光)五年 拜司徒左長史, 領嘗藥典御·燕州大中正."

었고 이 때문에 二重本籍이 가능했을 것이다. 바꿔 말하면 于忠 일가와 侯剛 일가는 '雁臣' 생활을 했다는 기록이 없지만, 洛陽과 平城 일대에 집이 있었고, 이를 계절별로 오가며 생활했을 것이다.[139]

이어서 叱列延慶의 예이다.

"叱列延慶은 代 西部 사람이며 대대로 酋帥이다. 曾祖 鍮石은 世祖[太武帝] 말년에 太武帝를 따라 瓜步까지 종군했으며, 臨江伯으로 賜爵되었다. 父 億彌는 祖의 爵을 세습하였으며, 高祖[孝文帝] 때 越騎校尉를 역임하였다. 延慶은 젊어서 弓馬에 능하였으며 膽力이 있었다. 正光(520-525)년간 말 直後에 임명되었으며 大都督 李崇 휘하에서 北伐에 종군하였다. 후에 尒朱榮을 따라 洛陽에 들어갔으며 尒朱榮을 따라 相州에서 葛榮을 토벌하였다."[140]

위의 인용문에서 叱列延慶을 "代西部人"이라고 표기했다. 叱列延慶처럼 "代西部人"으로 표기된 叱列平은 字가 殺鬼이다.[141] 『資治通鑑』에 등장하는 西部高車 叱列殺鬼[142]와 동일인이다. 따라서 代 西部는 西部高車와 동일어임을 알 수 있다. 西部高車는 漠南에 거주하였다. 漠南에 거주한 叱列延慶은 正光(520-525)년간 直後에 임명되었다.

---

139 崔珍烈, 「北魏後期 洛陽거주 胡人들의 생활과 문화」, 387-388쪽.
140 『魏書』卷80 「叱列延慶傳」, 1771쪽, "叱列延慶, 代西部人也, 世爲酋帥. 曾祖鍮石, 世祖末從駕至瓜步, 賜爵臨江伯. 父億彌, 襲祖爵, 高祖時越騎校尉. 延慶少便弓馬, 有膽力. 正光末, 除直後, 隷大都督李崇北伐. 後隨尒朱榮入洛, 仍從榮討葛榮於相州."
141 『北齊書』卷20 「叱列平傳」, 278쪽, "叱列平, 字殺鬼, 代郡西部人也, 世爲酋帥."
142 『資治通鑑』卷152 「梁紀」8 武帝大通二年條 4741쪽, "榮又遣數十人拔刀向行宮, 帝與無上王劭・始平王子正俱出帳外. 榮先遣幷州人郭羅刹・西部高車叱列殺鬼侍帝側, 詐言防衛, 抱帝入帳, 餘人卽殺劭及子正, 又遣數十人遷帝於河橋, 置之慕."

直後는 直閤[將軍]·直寢·直齋와 함께 '直衛'로 불리며 皇帝의 측근에서 호위하는 역할을 맡았던 宿衛 將領이다.[143] 따라서 直後에 임명된 叱列延慶은 수도 洛陽에서 宿衛해야 했다. 위의 인용문에서 자세히 언급하지 않았으나, 叱列延慶이 尒朱榮의 부하가 된 것을 보면, 叱列延慶은 六鎭의 난 당시 자신의 고향인 漠南 일대에 있었을 것이다. 즉 叱列延慶도 계절에 따라 漠南과 洛陽을 오가는 雁臣 생활을 했다고 해석하는 것이 자연스럽다.

이 밖에 獨孤信 일족도 雁臣으로 추정된다. 아래 인용문은 『周書』 「獨孤信傳」의 첫 부분이다.

"獨孤信은 雲中 사람이며, 本名은 如願이다. 魏氏[北魏] 初에 三十六部가 있었다. 獨孤信의 선조 伏留屯이 部落大人이 되어 魏와 함께 흥기하였다. 祖 俟尼는 [文成帝] 和平년간에 良家子로써 雲中에서 武川으로 옮겨 주둔하여 武川鎭에 대대로 살게 되었다. 父 庫者는 領民酋長이었는데, 젊어서 雄豪하고 節義가 있어서 北州에서는 모두 그를 敬服하였다."[144]

위의 인용문에서 獨孤信의 선조는 본래 雲中에 거주하다가 文成帝 和平년간에 武川鎭으로 이주하여 정착하였다. 그런데 獨孤信의 墓誌에는 獨孤信의 본적을 河南郡 洛陽縣[145]으로 기록하여 위의 인용문인 『周書』 「獨孤信傳」의 기록과 다르다. 獨孤信의 아들 獨孤藏의 墓誌

---

143 張金龍, 「北魏後期的直閤將軍與"直衛"諸職」, 29-34쪽.
144 『周書』 卷16 「獨孤信傳」, 263쪽, "獨孤信, 雲中人也, 本名如願. 魏氏之初, 有三十六部, 其先伏留屯者, 爲部落大人, 與魏俱起. 祖俟尼, 和平中, 以良家子自雲中鎭武川, 因家焉. 父庫者, 爲領民酋長, 少雄豪有節義, 北州咸敬服之."
145 「周故柱國大將軍雍州刺史河內戾公(獨孤信)墓誌」, 『漢魏南北朝墓誌彙編』, 480쪽.

에도 본적을 朔州라고 적었다.[146] 주지하듯이 雲中은 洛陽遷都 이전에 京畿 지방을 지칭하는 司州의 서쪽 지역이었으나 洛陽遷都 이후 司州는 朔州·恒州·燕州로 분할되었다. 北魏前期 수도 平城과 그 인근 지역은 恒州로, 盛樂과 雲中 지역은 朔州로 편제되었다. 따라서 獨孤藏의 墓誌에서 獨孤藏의 본적을 朔州라고 지칭한 것은 본적을 雲中이라고 기록한『周書』「獨孤信傳」과 일치한다. 그런데 獨孤信·獨孤藏 부자의 墓誌에서 본적을 각각 다르게 표기한 이유는 무엇일까? 獨孤信의 또 다른 아들이자 獨孤藏과 형제인 獨孤羅의 墓誌에서 그 단초를 찾을 수 있다. 「獨孤羅墓誌」를 살펴보자.

"公의 諱는 羅이고 字는 羅仁이며 雲內 盛樂人이다. 후에 河南의 洛陽縣에 居하였다."[147]

獨孤羅의 墓誌에는 獨孤信 일족의 본적이 본래 雲內, 즉 雲中의 盛樂이었다가 후에 河南의 洛陽縣으로 바뀌었다고 기록한 것이다. 원문에는 河南 洛陽縣 앞에 "居"字가 있다. "居"는 孝文帝가 洛陽遷都 이후 代遷戶의 본적을 代人에서 河南洛陽人으로 바꾸게 한 조치와 관련 있다. 獨孤信과 獨孤藏, 獨孤羅 세 사람의 墓誌의 본적 기록을 종합하면 獨孤信의 선조는 洛陽遷都 이후 잠시 河南 洛陽으로 이주했다가 다시 武川鎭으로 돌아갔다고 보는 것이 정합적인 이해일 것이다. 獨孤信의 葬地는 알 수 없으나 長安에서 사망했고, 獨孤藏은 長安 大司馬坊의 저택에서 사망한 후 涇陽縣 胡瀆川에 묻혔으며,[148] 獨

---

146 「獨孤藏墓誌」,『新出魏晉南北朝墓誌疏證』, 295쪽.
147 위의 글, 474쪽, "公諱羅, 字羅仁, 雲內盛樂人, 後居河南之洛陽縣."
148 「獨孤藏墓誌」, 296쪽, "以宣政元年八月四日, 薨于長安大司馬坊第, 春秋卅五. ……

孤羅는 雍州涇陽縣 洪瀆原 奉賢鄉 靜民里에 매장되었다.[149] 즉 獨孤
信 일가는 西魏·北周·隋의 수도 長安에서 활동하였고, 대부분 長安
부근의 涇陽縣에 묻혔다. 北周의 영토가 된 河南 洛陽縣에 무덤을 만
들지 않고 長安 근처에 무덤을 만든 것은 본적지로 표기된 河南 洛陽
縣에 애착이 없었음을 보여준다. 獨孤信의 父 庫者의 직함인 領民酋
長은 雁臣 생활을 했던 尒朱榮 일가와 斛律金,『洛陽伽藍記』의 北夷
酋長을 연상시킨다. 즉 獨孤信의 선조들은 『魏書』卷15 「元暉傳」의 기
록처럼 洛陽과 거주지인 武川鎭을 오가는 雁臣이었다.[150]

獨孤信 일가처럼 실제 北魏末 洛陽에 거주하지 않고 北邊에 거주했
지만 河南 洛陽을 본적으로 표기한 胡人들이 빈출한다. 「賀蘭祥墓誌」
를 살펴보자.

"公의 諱는 祥이고, 字는 盛樂이며, 河南 洛陽 사람이다. 魏氏가 南遷할
때 36國이 있었는데, 賀蘭國은 그 가운데 네 번째였다."[151]

위의 인용문에 따르면, 賀蘭祥은 본적을 河南 洛陽縣이라 표기하
였다. 그런데『周書』「賀蘭祥傳」의 기록은 다르다.

即以其年十月卄日, 歲次戊戌窆于涇陽縣結瀆川."
149 「獨孤羅墓誌」, 475쪽, "春秋六十有六, 以十九年二月六日寢疾, 薨于位. …… 粤卄年
歲次庚申二月庚申朔十四日癸酉, 厝于雍州涇陽縣洪瀆原奉賢鄉靜民里."
150 崔珍烈,『효문제의 '한화' 정책과 낙양 호인사회』, 329-331쪽.
151 「賀蘭祥墓誌」, 245쪽, "公諱祥, 字盛樂, 河南洛陽人. 魏氏南遷, 有卅六國, 賀蘭國第
四焉."

"賀蘭祥의 字는 盛樂이다. 그의 선조는 魏와 함께 일어났으며 紇伏이 賀蘭莫何弗이 되어 이를 氏로 삼았다. 그 후 良家子로서 武川에 주둔하는 사람이 있어 그곳에서 살게 되었다. 父 初眞은 젊어서 이름이 알려졌고 鄕閭의 중시를 받았다. 初眞은 太祖 姊 建安長公主와 결혼하였다. 保定 2년 太傅 柱國 常山郡公으로 追贈되었다."[152]

『周書』「賀蘭祥傳」에서는 賀蘭祥의 선조가 武川으로 이주했다고 기록하였다. 賀蘭祥의 父 賀蘭初眞은 鄕閭의 존경을 받았고 太祖, 즉 宇文泰의 누이 建安長公主와 결혼하였다. 宇文泰도 武川鎭에 거주했기 때문에 賀蘭初眞이 武川鎭에서 활동했음을 알 수 있다. 賀蘭祥은 宇文泰가 入關할 때 宇文護와 함께 晉陽에 있다가 宇文泰가 보낸 사신을 따라 宇文泰의 진영으로 가서 활동하였다. 奉朝請으로 잠깐 洛陽의 朝廷에서 근무한 것을 제외하면 대부분 宇文泰의 부하로 활동하였다.[153] 西魏 이전 賀蘭祥의 활동을 검토하면 奉朝請으로 근무했던 것을 제외하면 洛陽과의 관련성은 거의 없다.

또 「賀蘭祥墓誌」에는 賀蘭祥이 洪突原에 묻혔다고 기록하였다.[154] 「賀蘭祥墓誌」는 1965년 陝西省 咸陽市 周陵鄕 賀家村에서 발견되었기 때문에[155] 賀蘭祥의 무덤이 있던 洪突原은 長安의 서북, 즉 關中에

---

152 『周書』卷20「賀蘭祥傳」, 335쪽, "賀蘭祥字盛樂. 其先與魏俱起, 有紇伏者, 爲賀蘭莫何弗, 因以爲氏. 其後有以良家子鎭武川者, 遂家焉. 父初眞, 少知名, 爲鄕閭所重. 尙太祖姊建安長公主. 保定二年, 追贈太傅·柱國·常山郡公."

153 『周書』卷20「賀蘭祥傳」, 335쪽, "祥年十一而孤, 居喪合禮. 長於舅氏, 特爲太祖所愛. 雖在戎旅, 常博延儒士, 教以書傳. 太祖初入關, 祥與晉公護俱在晉陽, 後乃遣使迎致之, 語在護傳. 年十七, 解褐奉朝請, 加威烈將軍. 祥少有膽氣, 志在立功. 尋擢補都督, 恆在帳下. 從平侯莫陳悅, 又迎魏孝武. 以前後功, 封撫夷縣伯, 邑五百戶."

154 「賀蘭祥墓誌」, 247쪽.

155 劉曉華,「北周賀蘭祥墓誌及其相關問題」,『咸陽師範學院學報』16-5, 2001;「賀蘭祥

속했음을 알 수 있다. 獨孤信 일가처럼 賀蘭祥 가문 역시 河南 洛陽
縣을 본적으로 표기했지만 실제로는 대대로 武川鎭에서 거주했음을
확인할 수 있다. 이 역시 「賀蘭祥墓誌」의 본적은 代人을 河南 洛陽縣
으로 바꾸라는 孝文帝의 本籍 改稱 조치를 형식적으로 따른 것임을
알 수 있다. 賀蘭祥의 가문은 獨孤信 집안처럼 領民酋長을 역임하지
못했지만, 본적을 河南 洛陽縣으로 둔 채 武川鎭과 洛陽을 왕래하는
雁臣이었을 것이다.[156]

墓誌에 본적을 河南郡 洛陽縣이라 표기한 尉遲運[157]은 大成元年
(579) 임지인 秦州에서 사망하고 咸陽郡 涇陽縣 洪瀆鄕 永貴里에 묻혔
다.[158] 尉遲運의 父 尉遲綱[159]은 尉遲迥의 아우였고,[160] 尉遲迥은 代人
이었다.[161] 원래 代에서 거주했던 尉遲運 가문 역시 長安 근처 咸陽郡
涇陽縣에 묻혔음에도 불구하고 尉遲運이 아무 연고가 없었던 河南
洛陽縣을 본적으로 표기한 것도 獨孤信·賀蘭祥 일가처럼 형식적·행
정적인 표기이다.[162]

尉遲運의 妻 賀拔毗沙(542-599)도 墓誌에 본적을 河南 洛陽縣으로
기록했으나 그의 父는 賀拔勝이었다.[163]『周書』「賀拔勝傳」에는 賀拔勝

　　墓誌」, 247-248쪽.
156 崔珍烈,『효문제의 '한화' 정책과 낙양 호인사회』, 331-333쪽.
157「尉遲運墓誌」, 304쪽, "公諱運, 字烏戈撥, 河南洛陽人."
158 위의 글, 305쪽, "大成元年二月廿四日遘疾薨于秦州, 春秋卅有一. …… 其年十月
　　十四日, 反葬于咸陽郡涇陽縣洪瀆鄕永貴里."
159 위의 글, 304쪽, "父尉遲綱; 使持節, 太傅, 柱國大將軍, 大司空 吳公."
160『周書』卷20「尉遲綱傳」, 339쪽, "尉遲綱字婆羅, 蜀國公迥之弟也."
161『周書』卷21「尉遲迥傳」, 349쪽, "尉遲迥字薄居羅, 代人也. 其先, 魏之別種, 號尉遲
　　部, 因而姓焉. 父俟兜, 性弘裕, 有鑒識, 尙太祖姊昌樂大長公主, 生迥及綱. 俟兜病
　　且卒, 呼二子, 撫其首曰: '汝等並有貴相, 但恨吾不見爾, 各宜勉之.'"
162 崔珍烈,『효문제의 '한화' 정책과 낙양 호인사회』, 333쪽.
163「賀拔毗沙墓誌」,『新出魏晉南北朝墓誌疏證』, 491쪽, "夫人諱毗沙, 河南洛陽人也.

의 본적과 北魏末 활동을 아래와 같이 기록하였다.

"賀拔勝은 字가 破胡이며, 神武[郡] 尖山[縣] 사람이다. 그의 선조는
魏氏와 함께 陰山에서 나왔다. 如回가 魏初 大莫弗이 되었다. ……(중
략)…… 父 度拔은 성격이 果毅하였고, 武川軍主가 되었다. 魏 正光末에
沃野鎭人 破六汗拔陵이 반란을 일으켜 남쪽으로 城邑을 침입하였다. 懷朔
鎭將 楊鈞이 度拔의 명성을 듣고 統軍으로 임명하여 一旅의 군사를 주었
다. 그 賊 衛可孤의 徒黨이 더욱 盛하여 武川鎭을 포위한 데 이어 懷朔鎭
을 공격하였다. 賀拔勝은 젊어서 志操가 있었고 騎射에 능하였기 때문에
北邊에서 그의 膽略을 추천하지 않는 사람이 없었다. 이때 또 軍主가 되어
度拔을 따라 鎭守하였다."[164]

위의 기록에서 神武軍 尖山縣은 『魏書』 「地形志」에 따르면 北魏末
懷朔鎭이었다. 懷朔鎭은 후에 朔州 神武郡 등으로 바뀌었다. 위의 인
용문을 보면 賀拔勝과 그의 父 賀拔度拔은 六鎭의 난 때 沃野鎭人 破
六韓拔陵 일당인 衛可孤와 武川鎭과 懷朔鎭 일대에서 싸웠다. 그럼에
도 불구하고 賀拔勝의 딸 賀拔毗沙가 본적을 河南 洛陽縣으로 표기
하였다. 그런데 賀拔毗沙는 開皇 19년(599) 七月 一日 저택에서 죽었
고 仁壽元年 十月 二十三日(601. 11. 23)에 雍州 涇陽縣 奉賢鄕 靜民里

…… 父勝, 太師 · 太宰 · 瑯邪獻公."

164 『周書』 卷14 「賀拔勝傳」, 215-216쪽, "賀拔勝字破胡, 神武尖山人也. 其先與魏氏同
出陰山. 有如回者, 魏初爲大莫弗. …… 父度拔, 性果毅, 爲武川軍主. 魏正光末, 沃
野鎭人破六汗拔陵反, 南侵城邑. 懷朔鎭將楊鈞聞度拔名, 召補統軍, 配以一旅. 其賊
僞署王衛可孤徒黨尤盛, 旣圍武川, 又攻懷朔. 勝少有志操, 善騎射, 北邊莫不推其膽
略. 時亦爲軍主, 從度拔鎭守."

에 묻혔다.[165] 賀拔毗沙 역시 연고가 없는 河南 洛陽縣을 본적으로 표기했지만 長安과 남편 임지에서 활동하였고 집에서 죽었으며 長安 부근의 涇陽縣에 묻혔다. 賀拔毗沙의 친정인 賀拔氏 역시 孝文帝의 代人 본적 改稱 이후 형식적으로 본적을 河南 洛陽縣으로 표기하여 賀拔毗沙의 墓誌에도 표기되었지만 실제로 武川鎭에서 활동하였다. 따라서 賀拔毗沙·賀拔勝 가문도 洛陽과 武川鎭을 오가는 雁臣에 포함될 가능성이 있었다.[166]

위에서 살펴본 獨孤信·賀蘭祥·尉遲運·賀拔勝 일족은 西魏北周에서 활동했으며 武川鎭과 懷朔鎭이 고향이었다. 이처럼 洛陽과 별다른 연고가 없음에도 불구하고 이들 가족의 墓誌에는 본적을 河南 洛陽縣으로 기록하였다. 이는 孝文帝가 代人, 즉 胡人의 본적을 代에서 河南 洛陽縣으로 바꾸라는 조치 이후 실제로 武川鎭과 懷朔鎭에 살았지만, 낙양에도 집이 있었을 것이다. 領民酋長을 역임했던 尒朱新興이 洛陽과 고향 北秀容을 오가는 雁臣 생활을 했던 것처럼 領民酋長인 獨孤信의 父 獨孤庫者도 洛陽과 武川鎭을 왕래하는 생활을 했을 것이다. 賀蘭祥·尉遲運·賀拔勝 일족도 마찬가지 상황이었을 것이다.[167]

雁臣 생활을 하는 사람들의 거주지를 살펴보면, 肆州(尒朱榮 일가), 恒州(厙狄干, 于烈·于忠), 燕州(元羅侯, 侯剛), 武川鎭(獨孤信, 賀蘭祥), 懷朔鎭(賀拔勝) 등 남쪽으로는 肆州부터 북쪽으로 六鎭까지 넓은 지역에 분포하였다. 이들 가운데 厙狄干은 六鎭의 난 때 직접 피해를 입었다.

---

165 「賀拔毗沙墓誌」, 491쪽, "開皇十九年七月一日, 薨于第, 春秋五十八. 粤以仁壽元年歲次辛酉十月辛亥朔卄三日癸酉, 合葬于雍州涇陽縣奉賢鄕靜民里."

166 崔珍烈, 『효문제의 '한화' 정책과 낙양 호인사회』, 333-334쪽.

167 위의 글, 334쪽; 최진열, 「北魏末 '尒朱榮政權'의 출현과 그 영향」, 202쪽.

厙狄干의 예를 살펴보자.

"厙狄干은 善無 사람이다. 曾祖 越豆眷은 魏 道武[帝] 시기에 功으로써 善無의 서쪽 臘汙山을 나누어 地方 100里의 땅에 거처하게 하였다. 후에 部落을 이끌고 北遷하여 朔方에 뿌리내렸다. [厙狄]干은 정직하고 말이 적었으며 武藝가 뛰어났다. 魏 正光 初에 逆黨을 除掃하여, 將軍에 제수되었으며, [殿]內에서 宿衛하였다. 집이 寒鄉에 있었기 때문에 毒暑에 적응하지 못하여 겨울에는 京師에 들어가고, 여름에는 鄉里로 돌아갔다. <u>孝昌元年(525) 北邊이 擾亂하자 雲中으로 달아났고, 刺史 費穆에 의해 尒朱榮에게 보내졌다.</u> 軍主에 임명되어 尒朱榮을 따라 洛陽으로 들어갔다."[168]

위의 인용문에 따르면, 厙狄干은 본래 善無의 서쪽 臘汙山에서 살다가 후에 朔方으로 이주되었다. 河北唐縣 賽思顚窟의 「厙狄太傅公石窟銘記」에 따르면, 朔方은 懷朔鎭이었다.[169] 그런데 厙狄干은 六鎭의 난 이전에 正光년간(520-525) 初에 반란군 토벌에 공을 세워 將軍에 임명되고 洛陽에서 宿衛하였다. 이때 洛陽에만 거주한 것이 아니라 여름과 가을에 자기의 고향인 朔方 일대에서 거주하고 겨울과 봄에 洛陽에서 근무하였다. 즉 厙狄干은 尒朱榮 일족과 함께 대표적인 雁臣이었다. 밑줄 친 부분에서 알 수 있듯이, 厙狄干은 孝昌元年(525) 六鎭의 난이 발생하자 난을 피해 朔州(후에 雲州로 바꿈)의 雲中으로 피

---

168 『北史』卷54 「厙狄干傳」, 1956쪽, "厙狄干, 善無人也. 曾祖越豆眷, 魏道武時以功割善無之西臘汙山地方百里以處之, 後率部落北遷, 因家朔方. 干鯁直少言, 有武藝. 魏正光初, 除掃逆黨, 授將軍, 宿衛於內. 以家在寒鄉, 不宜毒暑, 冬得入京師, 夏歸鄉里. 孝昌元年, 北邊擾亂, 奔雲中, 爲刺史費穆送于尒朱榮. 以軍主隨榮入洛."; 『北齊書』卷15 「厙狄干傳」, 197쪽.
169 孫綱, 「河北唐縣賽思顚窟」, 31왼쪽-32왼쪽.

난하였다. 이때 朔州刺史 費穆이 厙狄干을 尒朱榮에게 보냈다. 여기에서 무예에 출중한 厙狄干은 六鎭의 난 당시 洛陽에서 宿衛한 것이 아니라 자신의 고향에서 거주하고 있었음을 확인할 수 있다. 아마도 고향에 머물러도 되는 여름이었기 때문일 것이다. 고향에 거주하던 厙狄干은 六鎭의 난에 대응하지 못하자 피난을 갔고 결국 尒朱榮의 부하가 된 것이다.[170]

西部高車로 漠南에 거주한 叱列延慶은 正光(520-525)년간 直後에 임명되었다. 直後(從第6品에 해당[171])는 皇帝를 지근에서 호위하는 宿衛 將領이었다.[172] 直後 叱列延慶은 수도 洛陽에서 宿衛를 해야 했고 大都督 李崇의 군대에 배속되어 阿那瓌 추격에 종군하였다. 그런데 叱列延慶은 尒朱榮의 부하가 되어 洛陽에 입성하였다.[173] 그 사이의 기록이 없지만 당시 상황을 보면 叱列延慶은 厙狄干처럼 六鎭의 난 당시 자신의 고향인 漠南 일대에 있었을 것이다. 史書에는 명확히 기록되지 않았지만, 尒朱榮의 부하가 되었다는 기록에서 叱列延慶은 六鎭의 난을 피해 남쪽의 肆州로 피난 갔을 것이다.[174]

필자가 雁臣으로 추정했던 獨孤信(504-557)[175]을 살펴보자. 獨孤信

---

170 최진열, 「北魏末 '尒朱榮政權'의 출현과 그 영향」, 202-203쪽.
171 『魏書』 「官氏志」에는 直後의 품계가 기록되지 않았지만, 『隋書』 「百官志」에 기록된 北齊 官制에 따르면, 北齊 시대에는 從第六品이었다(『隋書』 卷27 「百官志」中 後齊 官制條, 767-768쪽). 北齊의 制度가 北魏의 것을 그대로 이어받았기 때문에 北魏 後期 直後가 從第六品의 대우를 받았다고 추론해도 대과 없을 것이다.
172 張金龍, 「北魏後期의 直閤將軍與 "直衛" 諸職」, 29-34쪽.
173 『魏書』 卷80 「叱列延慶傳」, 1771쪽, "叱列延慶, 代西部人也, 世爲酋帥. …… 正光末, 除直後, 隷大都督李崇北伐. 後隨尒朱榮入洛, 仍從榮討葛榮於相州."
174 최진열, 「北魏末 '尒朱榮政權'의 출현과 그 영향」, 203-204쪽.
175 「獨孤信墓誌」, 『漢魏南北朝墓誌彙編』, 480쪽.

의 아버지 獨孤庫者는 領民酋長이었다.[176] 『周書』와 「獨孤信墓誌」에는 獨孤庫者의 활동이 기록되어 있지 않다. 六鎭의 난이 일어났던 正光 5년(524)과 孝昌元年(525)에 獨孤信은 21-22세였다. 獨孤信은 賀拔度 등과 함께 衛可孤를 죽였으나, 후에 난을 피해 中山(定州)으로 피난하였고, 葛榮의 부하가 되었다.[177] 雲中 일대에 있었던 獨孤信 역시 난을 피해 내지로 이주하였다.

이처럼 雁臣 가운데 대부분이 六鎭의 난 때 난을 피해 다른 곳으로 옮겼고 고향의 터전을 잃어버렸다. 거의 유일한 예외는 尒朱榮이었다. 雁臣뿐만 아니라 六鎭과 恒州·朔州·燕州 일대의 胡·漢 사람들도 六鎭의 난 때문에 큰 피해를 입었다. 이는 다음 목에서 살펴보자.

(2) 六鎭 유목민의 尒朱榮 歸附

1목에서 살펴본 것처럼 漠南과 六鎭, 燕州 일대에 살고 있었던 일부 武將들은 洛陽에 宿衛하는 雁臣이었으나, 六鎭의 난 당시 살해되거나(元羅侯) 피난 가서 尒朱榮에 귀부하였다(庫狄干, 叱列延慶). 雁臣여부는 알 수 없으나, 六鎭과 恒州 일대에 거주하던 사람들도 난을 피해 尒朱榮에게 귀부하였다.

『資治通鑑』「梁紀」6 武帝普通五年條에서는 524년(梁 普通5, 北魏 正光5)의 상황을 아래와 같이 기술하였다.

---

176 『周書』卷16 「獨孤信傳」, 263쪽, "獨孤信, 雲中人也, 本名如願. …… 父庫者, 爲領民酋長, 少雄豪有節義, 北州咸敬服之."

177 위와 같음, "信美容儀, 善騎射. 正光末, 與賀拔度等同斬衛可孤, 由是知名. 以北邊喪亂, 避地中山, 爲葛榮所獲."

"이때 四方에서 兵이 일어나자, 尒朱榮은 몰래 큰 뜻을 지녔고, 畜牧과 資財를 흩어서 驍勇을 招合하고 豪桀을 結納하였다. 이때 侯景·司馬子如·賈顯度와 五原 출신의 段榮, 太安 출신의 竇泰는 모두 尒朱榮에게 와서 그에게 의탁하였다."[178]

　위의 인용문에서 언급된 侯景·司馬子如·賈顯度·段榮·竇泰는 후에 東魏北齊의 개국공신이 되었다. 다음 해인 525년(梁 普通6, 北魏 孝昌2)에는 雲州刺史(朔州刺史) 費穆[179]과 敕勒酋長 斛律金,[180] 526년(梁 普通7, 北魏 孝昌3) 賀拔允·賀拔勝·賀拔岳 형제,[181] 528년(梁 大通2, 北魏 孝昌4) 高歡·段榮·尉景·蔡儁[182]이 尒朱榮에게 투항하여 등용되었다. 尒朱榮은 이들을 幷州·肆州·汾州 境內에 安置하였다.[183]

　위에서 언급하지 않은 인물들의 투항을 구체적으로 살펴보자.

178 『資治通鑑』 卷150 「梁紀」6 武帝普通五年條, 4684쪽, "時四方兵起, 榮陰有大志, 散其畜牧資財, 招合驍勇, 結納豪桀, 於是侯景·司馬子如·賈顯度及五原段榮·太安竇泰皆往依之."
179 『資治通鑑』 卷150 「梁紀」6 武帝普通六年條, 4704쪽, "雲州刺史費穆, 招撫離散, 四面拒敵. 時北境州鎭皆沒, 唯雲中一城獨存. 道路阻絶, 援軍不至, 糧仗俱盡, 穆棄城南奔尒朱榮於秀容, 旣而詣闕請罪, 詔原之."
180 『資治通鑑』 卷150 「梁紀」6 武帝普通六年條, 4709쪽, "初, 敕勒酋長斛律金事懷朔鎭將楊鈞爲軍主, 行兵用匈奴法, 望塵知馬步多少, 嗅地知軍遠近. 及破六韓拔陵反, 金擁衆歸之, 拔陵署金爲王. 旣而知拔陵終無所成, 乃詣雲州降, 仍稍引其衆南出黃瓜堆, 爲杜洛周所破, 脫身歸尒朱榮, 榮以爲別將."
181 『資治通鑑』 卷151 「梁紀」7 武帝普通七年條, 4715쪽, "初, 賀拔允及弟勝·岳從元纂在恆州, 平城之陷也, 允兄弟相失; 岳奔尒朱榮, 勝奔肆州. 榮克肆州, 得勝, 大喜曰: '得卿兄弟, 天下不足平也!' 以爲別將, 軍中大事多與之謀."
182 『資治通鑑』 卷152 「梁紀」8 武帝太通二年條, 4737쪽, "高歡·段榮·尉景·蔡儁先在杜洛周黨中, 欲圖洛周不果, 逃奔葛榮, 又亡歸尒朱榮. …… 榮大悅, 語自日中至夜半乃出, 自是每參軍謀."
183 毛漢光, 「北魏東魏北齊之核心集團與核心區」, 86쪽.

이름	본적 혹은 고향	투항 전후 활동
高歡	懷朔鎭	杜洛周에 속했다가 후에 尒朱榮에게 귀항.[185]
斛斯椿	河西	河西의 반란으로 牧民이 불안하자 가족들을 이끌고 尒朱榮에게 투항.[186]
樊子鵠	代郡 平城縣	옛 荊州 蠻酋 樊子鵠은 北鎭에 난이 일어나자 幷州로 도망갔고 尒朱榮에게 등용되어 都督府倉曹參軍에 임명됨.[187]
賀拔岳	懷朔鎭 혹은 武川鎭[188]	恒州로 피난 갔다가 廣陽王 元淵에게 帳內軍主로 발탁되었다가 恒州가 함락되자 尒朱榮에게 투항.[189]

---

184 최진열, 「北魏末 '尒朱榮政權'의 출현과 그 영향」, 217-218쪽, 〈표 2〉北魏末 北邊 人士의 尒朱榮 투항.

185 『北史』卷6「齊本紀上上·高祖神武帝紀」, 210쪽, "孝昌元年, 柔玄鎭人杜洛周反於上谷, 神武乃與同志從之. 醜其行事, 私與尉景·段榮·蔡儁圖之, 不果而逃, 爲其騎所追. 文襄及魏永熙后皆幼, 武明后於牛上抱負之. 文襄屢落牛, 神武彎弓將射之以決去, 后呼榮求救, 賴榮透下取之以免. 遂奔葛榮, 又亡歸尒朱榮於秀容."

186 『魏書』卷80「斛斯椿傳」, 1772쪽, "斛斯椿, 字法壽, 廣牧富昌人也. 父敦, 肅宗時爲左牧令. 時河西賊起, 牧民不安, 椿乃將家投尒朱榮, 榮以椿兼其都督府鎧曹參軍. 從榮征伐有功, 表授厲威將軍. 稍遷中散大夫, 署外兵事. 椿性佞巧, 甚得榮心, 軍之密謀, 頗亦關預."

187 『魏書』卷80「樊子鵠傳」, 1777쪽, "樊子鵠, 代郡平城人. 其先荊州蠻酋, 被遷於代. 父興, 平城鎭長史, 歸義侯. 普泰中, 子鵠貴盛, 乃贈征虜將軍·荊州刺史. 子鵠値北鎭擾亂, 南至幷州, 尒朱榮引爲都督府倉曹參軍. 孝昌三年冬, 榮使子鵠詣京師. 靈太后見之, 問榮兵勢, 子鵠應對稱旨, 太后嘉之. 除直齋, 封南和縣絅開國子, 邑三百戶, 令還赴榮. 榮以爲行臺郎中, 行上黨郡."

188 『魏書』와 『周書』「賀拔勝傳」에 따르면 賀拔勝 일가의 本籍은 神武郡 尖山縣이다(『周書』卷14「賀拔勝傳」, 215쪽, "賀拔勝字破胡, 神武尖山人也."). 이곳은 懷朔鎭을 郡縣으로 편제한 곳이다. 따라서 이 본적이 맞다면 賀拔勝 일족은 懷朔鎭 출신이다. 그런데 賀拔爾頭가 武川鎭에 거주했다고 기록하였기 때문에 이후 武川鎭에서 거주하였고, 賀拔度拔은 武川鎭의 軍主에 임명되었다(『周書』卷14「賀拔勝傳」, 215쪽, "祖爾頭, 驍勇絶倫, 以良家子鎭武川, 因家焉. 獻文時, 茹茹數爲寇, 北邊患之. 爾頭將遊騎深入覘候, 前後以八十數, 悉知虜之倚伏. 後雖有寇至, 不能爲害. 以功賜爵龍城侯. 父度拔, 性果毅, 爲武川軍主.").

189 『魏書』卷80「賀拔勝傳附岳傳」, 1782쪽, "勝弟岳, 字阿斗泥. 初爲太學生, 長以弓馬

이름	본적 혹은 고향	투항 전후 활동
侯莫陳悅	河西	牧子들이 난을 일으키자 尒朱榮에게 귀부.[190]
侯淵	懷朔鎭 (神武郡 尖山縣)	侯淵은 六鎭의 飢亂이 발생하자 杜洛周에 속했다가 念賢과 함께 尒朱榮에게 귀부.[191]
念賢	武川鎭[192]	
竇泰		아버지와 형이 六鎭의 난 당시 破六韓拔陵과 싸우다 죽자 단신으로 尒朱榮에 의탁.[193]
尉景	恒州 善無郡	北魏末 杜洛周에 속했다가 高歡과 함께 尒朱榮에 투항.[194]

為事. 與父兄赴援懷朔, 賊王衛可瓌在城西二百餘步, 岳乘城射之, 箭中瓌臂, 賊衆大駭. 後歸恒州, 廣陽王淵以爲帳內軍主, 表爲強弩將軍. 州陷, 投尒朱榮, 榮以爲別將, 進爲都督."

190 『魏書』 卷80 「侯莫陳悅傳」, 1784쪽, "侯莫陳悅, 代郡人也. 父婆羅門, 爲駞牛都尉, 故悅長於河西. 好田獵, 便騎射. 會牧子逆亂, 遂歸尒朱榮, 榮引爲都督府長流參軍, 稍遷大都督.";『周書』 卷14 「賀拔勝傳附侯莫陳悅傳」, 221쪽, "侯莫陳悅, 少隨父爲駞牛都尉. 長於西, 好田獵, 便騎射. 會牧子作亂, 遂歸尒朱榮. 榮引爲府長流參軍, 稍遷大都督."

191 『魏書』 卷80 「侯淵傳」, 1786쪽, "侯淵, 神武尖山人也. 機警有膽略. 肅宗末年, 六鎭飢亂, 淵隨杜洛周南寇. 後與妻兄念賢背洛周歸尒朱榮. 路中遇寇, 身披苦褐, 榮賜其衣帽, 厚待之, 以淵爲中軍副都督. 常從征伐, 屢有戰功."

192 『北史』 卷49 「念賢傳」, 1805쪽, "念賢字蓋盧, 金城枹罕人也. 父求就, 以大家子戍武川鎭, 仍家焉."

193 『北齊書』 卷15 「竇泰傳」, 193쪽, "竇泰, 字世寧, 大安捍殊人也. 本出淸河觀津冑, 祖羅, 魏統萬鎭將, 因居北邊. 父樂, 魏破六韓拔陵爲賊, 與鎭將楊鈞固守, 遇害. 泰貴, 追贈司徒. 初, 泰母夢風雷暴起, 若有雨狀, 出庭觀之, 見電光奪目, 駛雨霑灑, 寤而驚汗, 遂有娠. 期而不產, 大懼. 有巫曰: '渡河湔裙, 產子必易.' 便向水所, 忽見一人, 曰: '當生貴子, 可徙而南.' 泰母從之, 俄而生泰. 及長, 善騎射, 有勇略. 泰父兄戰歿於鎭, 泰身負骸骨歸尒朱榮."

194 『北齊書』 卷15 「尉景傳」, 194쪽, "尉景, 字士眞, 善無人也. 秦·漢置尉候官, 其先有居此職者, 因以氏焉. 景性溫厚, 頗有俠氣. 魏孝昌中, 北鎭反, 景與神武入杜洛周中, 仍共歸尒朱榮. 以軍功封博野縣伯. 後從神武起兵信都. 韓陵之戰, 唯景所統失利. 神武入洛, 留景鎭鄴. 尋進封爲公."

이름	본적 혹은 고향	투항 전후 활동
段榮	五原郡	六鎮의 난이 발생하자 鄕里의 사람들과 남쪽의 平城으로 피난. 이때 高歡과 함께 杜洛周를 암살하려다가 실패하자 尒朱榮에게 투항.[195]
斛律金	朔州 勅勒部人[196]	六鎮의 난 때 破六韓拔陵에 속했다가 朔州(雲州)에 항복하여 第二領民酋長에 임명됨. 후에 杜洛周의 군대와 싸우다가 패하여 部衆이 分散되자 형 斛律平과 함께 도망가 尒朱榮에게 의탁.[197]
慕容紹宗	代	六鎮의 난 때 가족들을 이끌고 尒朱榮에 귀의.[198]
步大汗薩	懷朔鎮	六鎮의 난 때 가족들을 이끌고 尒朱榮에 귀의.[199]

195 『北齊書』卷16 「段榮傳」, 207쪽, "段榮, 字子茂, 姑臧武威人也. 祖信, 仕沮渠氏, 後入魏, 以豪族徙北邊, 仍家於五原郡. 父連, 安北府司馬. 榮少好曆術, 專意星象. 正光初, 語人曰: '易云『觀於天文以察時變』, 又曰『天垂象, 見吉凶』. 今觀玄象, 察人事, 不及十年, 當有亂矣.' 或問曰: '起於何處, 當可避乎?' 榮曰: '搆亂之源, 此地爲始, 恐天下因此橫流, 無所避也.' 未幾, 果如言. 榮遇亂, 與鄕舊攜妻子, 南趣平城. 屬杜洛周爲亂, 榮與高祖謀誅之, 事不捷, 共奔尒朱榮."

196 『北齊書』卷17 「斛律金傳」, 219쪽, "斛律金, 字阿六敦, 朔州勅勒部人也. 高祖倍侯利, 以壯勇有名塞表, 道武時率戶內附, 賜爵曷都公. 祖幡地斤, 殿中尙書. 父大那瓌, 光祿大夫・第一領民酋長. 天平中, 金貴, 贈司空公."

197 위와 같음, "金性敦直, 善騎射, 行兵用匈奴法, 望塵識馬步多少, 嗅地知軍度遠近. 初爲軍主, 與懷朔鎭將楊鈞送茹茹主阿那瓌還北. 瓌見金射獵, 深歎其工. 後瓌入寇高陸, 金拒擊破之. 正光末, 破六韓拔陵構逆, 金擁衆屬焉, 陵假金王號. 金度陵終敗滅, 乃統所部萬戶詣雲州請降, 卽授第二領民酋長. 稍引南出黃瓜堆, 爲杜洛周所破, 部衆分散, 金與兄平二人脫身歸尒朱榮."

198 『北齊書』卷20 「慕容紹宗傳」, 272쪽, "慕容紹宗, 慕容晃第四子太原王恪後也. 曾祖騰, 歸魏, 遂居於代. 祖都, 岐州刺史. 父遠, 恒州刺史. 紹宗容貌恢毅, 少言語, 深沉有膽略. 尒朱榮卽其從舅子也. 値北邊撓亂, 紹宗攜家屬詣晉陽以歸榮, 榮深待之."

199 『北齊書』卷20 「步大汗薩傳」, 278-279쪽, "步大汗薩, 太安狄那人也. 曾祖榮, 仕魏歷金門・化正二郡太守. 父居, 龍驤將軍・領民別將. 正光末, 六鎭反亂, 薩乃將家避難南下, 奔尒朱榮於秀容."

이름	본적 혹은 고향	투항 전후 활동
破六韓孔雀	懷朔鎭 (朔州 附化郡)	破六韓拔陵에게 平南王으로 봉해졌으나, 부하 1만 인을 거느리고 尒朱榮에 항복하여 平北將軍 第一領民酋長에 임명됨.[200]
寇洛	武川鎭	北邊에서 반란이 일어나자 鄕親을 거느리고 幷州와 肆州로 피난간 후 尒朱榮의 부하가 됨.[201]

〈표 9〉에서 알 수 있듯이, 河西 출신 斛斯椿과 侯莫陳悅, 代郡 平城縣 출신의 樊子鵠과 慕容紹宗, 善無郡 출신의 尉景, 懷朔鎭(朔州 大安郡) 출신의 高歡과 竇泰, 斛律金‧斛律平 형제, 步大汗薩, 破六韓孔雀, 侯淵, 念賢, 五原郡 출신의 段榮, 武川鎭 출신 寇洛 등은 모두 六鎭의 난 때 고향을 떠나 尒朱榮에게 투항하였다. 이들은 모두 무예와 지략이 있었고 北魏末 武將으로 활동하였을 뿐만 아니라 東魏北齊(侯景, 司馬子如, 賈顯度, 高歡, 尉景, 蔡儁, 慕容紹宗, 竇泰, 斛律金‧斛律平 형제, 步大汗薩, 破六韓孔雀, 段榮)와 西魏北周(寇洛)의 공신이자 핵심 지배층이 되었다.[202] 이들이 六鎭과 恒州‧朔州(雲州) 일대를 떠나 洛陽의 朝廷이 아닌[203] 肆州 北秀容의 尒朱榮에게 투항한 것은 洛陽 朝

---

200 『北齊書』卷27 「破六韓常傳」, 378쪽, “破六韓常, 字保年, 附化人, 匈奴單于之裔也. 右谷蠡王潘六奚沒於魏, 其子孫以潘六奚爲氏, 後人訛誤, 以爲破六韓. 世領部落, 其父孔雀, 世襲酋長. 孔雀少驍勇. 時宗人拔陵爲亂, 以孔雀爲大都督‧司徒‧平南王. 孔雀率部下一萬人降於尒朱榮, 詔加平北將軍‧第一領民酋長, 卒.”

201 『周書』卷15 「寇洛傳」, 237쪽, “寇洛, 上谷昌平人也. 累世爲將吏. 父延壽, 和平中, 以良家子鎭武川, 因家焉. 洛性明辨, 不拘小節. 正光末, 以北邊賊起, 遂率鄕親避地於幷‧肆, 因從尒朱榮征討.”

202 朱大渭, 「代北豪强酋帥崛起述論」, 『六朝史論』, 北京: 中華書局, 1998, 223쪽.

203 史寧이 六鎭의 난 때 洛陽의 朝廷에 귀의하였다(『周書』卷28 「史寧傳」, 465쪽, “史寧字永和, 建康(袁)[表]氏人也. 曾祖豫, 仕沮渠氏爲臨松令. 魏平涼州, 祖灌隨例遷於撫寧鎭, 因家焉. 父遵, 初爲征虜府鎧曹參軍. 屬杜洛周構逆, 六鎭自相屠陷, 遵遂率鄕里二千家奔恆州. 其後恆州爲賊所敗, 遵復歸洛陽.”).

廷에는 군사적 손실이었다. 六鎭의 난이 발생하자 상당수는 破落汗
拔陵(破六韓拔陵)과 杜洛周, 葛榮의 반란에 참전하였고, 일부분은 尒
朱榮에게 투항하였다. 따라서 北魏는 六鎭과 北魏前期 京畿(恒州·朔
州(雲州)·燕州), 河西(오르도스) 일대에 거주하는 胡·漢의 兵源을 활용
할 수 없었다. 이는 六鎭의 난 이후 北魏가 군사적으로 무력할 수밖
에 없었던 이유이다. 이들이 北魏의 주력부대 혹은 領軍將軍이 지휘
하는 중앙군에 편성되었기 때문이다. 반대로 이들을 확보한 尒朱榮
은 병력과 세력을 확대할 수 있었다. 『洛陽伽藍記』에 따르면 尒朱榮
의 部落은 8,000여 家이고 수만 필의 말을 소유하였다.[204] 『北史』에 따
르면, 尒朱榮이 소유한 말이 12개 골짜기에 들어찼고 색깔별로 무리
를 나눌 정도로 많았다.[205] 尒朱榮은 正光 5년(524)과 孝昌元年(525) 肆
州와 恒州 일대의 유목민 반란을 평정하고 자기 세력으로 흡수하였
다. 여기에 六鎭의 난을 피해 피난 온 胡·漢 인재를 받아들였기 때문
에 尒朱榮의 세력은 더욱 강해질 수밖에 없었다. 특히 破六韓孔雀은
부하 1만 인을 거느리고 尒朱榮에게 항복하였다.[206] 이들은 尒朱榮政
權의 군사력 확충에 기여했을 것이다.[207]

---

204 『洛陽伽藍記』卷1「城內」永寧寺條, 5쪽.
205 『北史』卷6「齊本紀上上·高祖神武帝紀」, 211쪽, "神武曰:「聞公有馬十二谷, 色別爲
羣, 將此竟何用也?」;『北齊書』卷1「神武紀」上, 3쪽.
206 『北齊書』卷27「破六韓常傳」, 378쪽, "時宗人拔陵爲亂, 以孔雀爲大都督·司徒·平
南王. 孔雀率部下一萬人降於尒朱榮, 詔加平北將軍·第一領民酋長, 卒."
207 최진열, 「北魏末 '尒朱榮政權'의 출현과 그 영향」, 218-219쪽.

尒朱榮이 권력을 장악하고 葛榮의 난을 평정한 후 尒朱榮은 葛榮 치하에 있었던 宇文泰,[208] 張保洛,[209] 可朱渾元,[210] 趙貴,[211] 獨孤信[212] 등 六鎭 출신을 부하로 흡수하였다. 이들 가운데 宇文泰, 趙貴, 獨孤信, 叱羅協, 楊忠은 西魏北周의 開國功臣이었다. 이때 尒朱榮은 葛榮의 무리 20여만 인을 幷州와 肆州 일대로 이주시켰다.[213] 따라서 尒朱榮은 무예가 뛰어난 北邊의 유목민 또는 기마민들을 병합하여 세력이 더 커졌다.[214]

(3) 洛陽 주둔 군대의 격감: 北魏軍의 반란과 梁軍 토벌 동원

破六韓拔陵이 일으킨 반란 이후 北魏 각지에서 반란이 일어났다. 北魏 조정은 군대를 보내 반란을 평정하려고 하였다. 아래 〈표 10〉은

---

208 『周書』 卷1 「文帝紀」上, 2쪽, "太祖知其無成, 與諸兄謀欲逃避, 計未行, 會尒爾朱榮 擒葛榮, 定河北, 太祖隨例遷晉陽. 榮以太祖兄弟雄傑, 懼或異己, 遂託以他罪, 誅太 祖第三兄洛生, 復欲害太祖. 太祖自理家冤, 辭旨慷慨, 榮感而免之, 益加敬待."

209 『北齊書』 卷19 「張保洛傳」, 257쪽, "魏孝昌中, 北鎭擾亂, 保洛亦隨衆南下. 葛榮僭 逆, 以保洛爲領左右. 榮敗, 仍爲尒朱榮統軍, 累遷揚烈將軍 · 奉車都尉. 後隸高祖 爲都督, 從討步蕃."

210 『北齊書』 卷27 「可朱渾元傳」, 376쪽, "北邊擾亂, 遂將家屬赴定州, 值鮮于修禮作亂, 元擁衆屬焉. 葛榮幷修禮, 復以元爲梁王, 遂奔尒朱榮, 以爲別將, 隸天光征關中, 以 功爲渭州刺史."

211 『周書』 卷16 「趙貴傳」, 261쪽, "魏孝昌中, 天下兵起, 貴率鄕里避難南遷. 屬葛榮陷 中山, 遂被拘逼. 榮敗, 尒朱榮以貴爲別將, 從討元顥有功, 賜爵燕樂縣子, 授伏波將 軍 · 武貴中郎將."

212 『周書』 卷16 「獨孤信傳」, 263쪽, "正光末, 與賀拔度等同斬衛可孤, 由是知名. 以北邊 喪亂, 避地中山, 爲葛榮所獲."

213 『周書』 卷1 「文帝紀」上, 2쪽, "太祖知其無成, 與諸兄謀欲逃避, 計未行, 會尒朱榮擒 葛榮, 定河北, 太祖隨例遷晉陽."; 『北史』 卷6 「齊本紀上 · 高祖神武帝紀」, 213쪽, "葛 榮衆流入幷 · 肆者二十餘萬, 爲契胡陵暴, 皆不聊生, 大小二十六反, 誅夷者半, 猶草 竊不止."

214 최진열, 「北魏末 '尒朱榮政權'의 출현과 그 영향」, 219-220쪽.

北魏軍이 각 지역에 파견된 예를 정리한 것이다.

<표 10> 524-528년 北魏軍의 반란 토벌과 梁軍 방어 동원[215]

날짜	北魏軍 동원 내용	北魏軍 수
正光 5년(524) 七月 甲寅	元脩義가 西道行臺에 임명되어 서쪽 반란 토벌[216]	
正光 5년(524) 八月 戊戌	莫折念生의 부하 竇雙이 盤頭郡을 공격하자 東益州刺史 魏子建이 竇念祖를 보내 격파[217]	
正光 5년(524) 九月 壬申	西道行臺大都督 蕭寶夤과 征西將軍 崔延伯, 北海王 元顥 등이 莫折念生 토벌[218]	5만[219]
正光 5년(524) 九月	揚州刺史 長孫稚와 河間王 元琛, 安樂王 元鑒이 壽春에 침입한 梁軍 공격[220]	
正光 5년(524) 十二月 壬辰	江陽王 元繼의 토벌전 참여 征東將軍 章武王 元戎이 汾州의 山胡 토벌 東益州刺史 魏子建이 南秦 氐民 평정[221]	

215 위와 같음, <표 1> 524-528년 北魏軍의 반란 토벌과 梁軍 방어 동원.

216 『魏書』 卷9 「肅宗紀」 正光五年七月甲寅條, 236쪽, "秋七月甲寅, 詔吏部尙書元脩義 兼尙書僕射, 爲西道行臺, 率諸將西討."

217 『魏書』 卷9 「肅宗紀」 正光五年八月戊戌條, 237쪽, "戊戌, 莫折念生遣都督竇雙攻盤 頭郡. 東益州刺史魏子建遣將竇念祖討之, 斬雙, 擒斬千餘人."

218 『魏書』 卷9 「肅宗紀」 正光五年九月壬申條, 237쪽, "九月壬申, 詔尙書左僕射·齊王 蕭寶夤爲西道行臺大都督, 率征西將軍·都督崔延伯, 又詔復撫軍將軍·北海王顥官 爵, 爲都督, 並率諸將西討. 乙亥, 帝幸明堂, 餞寶夤等."

219 『資治通鑑』 卷150 「梁紀」6 武帝普通六年正月條, 4691쪽, "莫折天生軍於黑水, 兵勢 甚盛. 魏以岐州刺史崔延伯爲征西將軍·西道都督, 帥衆五萬討之."

220 『魏書』 卷9 「肅宗紀」 正光五年九月條, 237쪽, "是月, 蕭衍遣將裴邃·虞鴻襲據壽春 外城, 刺史長孫稚擊走之, 邃退屯黎漿. 詔河間王琛總衆援之. 衍又遣將寇淮陽, 詔祕 書監·安樂王鑒率衆討之."

221 『魏書』 卷9 「肅宗紀」 正光五年十二月壬辰條, 237쪽, "十有二月壬辰, 詔太傅·京兆 王繼爲太師·大將軍, 率諸將討之. …… 汾州正平·平陽山胡叛逆. 詔復征東將軍章 武王融封爵, 爲大都督, 率衆討之. 山南行臺東益州刺史魏子建招降南秦氐民, 復六

날짜	北魏軍 동원 내용	北魏軍 수
孝昌元年(525) 正月 庚申	安樂王 元鑒, 都督 李憲, 東道行臺 安豊王 元延明이 徐州刺史 元法僧 반란 평정[222]	
孝昌元年(525) 正月 癸亥	蕭寶夤과 崔延伯이 黑水에서 莫折念生의 군대 격파[223]	
孝昌元年(525) 二月 壬辰	東益州刺史 魏子建이 莫折念生 군대 격파[224]	
孝昌元年(525) 二月 壬辰	梁州刺史 傅竪眼이 梁軍 격파 青州刺史 安樂王 元鑒이 齊州 清河郡과 廣川郡의 반란 토벌[225]	
孝昌元年(525) 夏四月	益州刺史 邴虯와 行臺 魏子建이 군대를 보내 梁軍 공격[226]	

郡十二戍, 又斬賊王韓祖香. 南秦賊王張長命畏逼, 乃告降於蕭寶夤."

222 『魏書』卷9「肅宗紀」孝昌元年春正月庚申條, 238-239쪽, "孝昌元年春正月庚申, 徐
州刺史元法僧據城反, 害行臺高諒, 自稱宋王, 號年天啓, 遣其子景仲歸於蕭衍. 衍遣
其將胡龍牙·成景儁·元略等率衆赴彭城. 詔祕書監安樂王元鑒回師以討之, 鑒於彭城
南擊元略, 大破之, 盡俘其衆, 旣而不備, 爲法僧所敗. 衍遣其豫章王綜入守彭城, 法
僧擁其僚屬·守令·兵戍及郭邑士女萬餘口南入. 詔鎭軍將軍·臨淮王彧, 尙書李憲
爲都督, 衛將軍·國子祭酒·安豊王延明爲東道行臺, 復儀同三司李崇官爵, 爲東道
大都督, 俱討徐州. 崇以疾不行."

223 『魏書』卷9「肅宗紀」孝昌元年春正月癸亥條, 239쪽, "癸亥, 蕭寶夤·崔延伯大破秦
賊於黑水, 斬獲數萬, 天生退走入隴西, 涇·岐及隴東悉平."

224 『魏書』卷9「肅宗紀」孝昌元年二月壬辰條, 239쪽, "壬辰, 莫折念生遣都督楊鮓·梁下
辯·姜齊等攻仇池郡城, 行臺·東益州刺史魏子建遣將盛遷擊破之, 斬下辯·齊等首."

225 『魏書』卷9「肅宗紀」孝昌元年二月壬辰條, 240쪽, "蕭衍遣其北梁州長史錫休儒·司
馬魚和·上庸太守姜平洛等入寇直城, 梁州刺史傅竪眼遣息敬紹率衆拒擊, 大破之,
擒斬三千餘人; 休儒等走還魏興. 是月, 齊州清河民崔畜殺太守董遵, 廣川民傅堆執
太守劉莽反. 青州刺史·安樂王鑒討平之."

226 『魏書』卷9「肅宗紀」孝昌元年夏四月條, 240쪽, "夏四月, 蕭衍益州刺史蕭淵猷遣將
樊文熾·蕭世澄等率衆圍小劍戍. 益州刺史邴虯遣子子達·行臺魏子建遣別將淳于
誕拒擊之."

날짜	北魏軍 동원 내용	北魏軍 수
孝昌元年(525) 四月 壬辰	征西將軍 崔延伯이 莫折念生 군대와 싸우다 대패, 전사[227]	甲卒 12만, 鐵馬 8,000匹[228]
孝昌元年(525) 五月 戊辰	淳于誕이 梁軍 격파[229]	
孝昌元年(525) 五月	安豊王 元延明과 臨淮王 元郁이 彭城에서 梁軍 공격[230]	2만
孝昌元年(525) 八月 戊子	行臺 魏子建이 莫折念生의 군대 격파[231]	
孝昌元年(525) 九月 丙辰	幽州刺史 常景과 征虜將軍 元譚이 杜洛周 토벌에 참여[232]	
孝昌元年(525) 十二月	征虜將軍 裴衍과 恒農太守 王罷가 荊州에 침입한 梁軍 공격하기 위해 出征[233]	1만

---

[227] 『魏書』卷9「肅宗紀」孝昌元年四月壬辰條, 240쪽, "壬辰, 征西將軍·都督崔延伯大敗於涇川, 戰歿."

[228] 『魏書』卷73「崔延伯傳」, 1638쪽, "於時万俟醜奴·宿勤明達等寇掠涇川. 先是, 盧祖遷·伊瓫生數將等皆以元志前行之始, 同時發雍, 從六陌道將取高平. 志敗, 仍停涇部. 延伯既破秦賊, 乃與寶夤率衆會於安定, 甲卒十二萬, 鐵馬八千匹, 軍威甚盛."

[229] 『魏書』卷9「肅宗紀」孝昌元年五月戊辰條, 241쪽, "五月戊辰, 淳于誕等大破蕭衍軍, 俘斬萬計, 擒蕭世澄等十一將, 文熾僅以身免, 走成都."

[230] 『資治通鑑』卷150「梁紀」6 武帝普通六年五月條, 4701쪽, "及在彭城, 魏安豊王延明·臨淮王彧將兵二萬逼彭城, 勝負久未決. 上慮綜敗沒, 敕綜引軍還. 綜恐南歸不復得至北邊, 乃密遣人送降款於彧; 魏人皆不之信, 彧募人入綜軍驗其虛實, 無敢行者."

[231] 『魏書』卷9「肅宗紀」孝昌元年八月戊子條, 241쪽, "戊子, 莫折念生遣都督杜黑兒·杜光等攻仇池郡. 行臺魏子建遣將成遷擊破之, 斬杜光首."

[232] 『魏書』卷9「肅宗紀」孝昌元年九月丙辰條, 241쪽, "丙辰, 詔左將軍·幽州刺史常景爲行臺, 征虜將軍元譚爲都督, 以討洛周."

[233] 『資治通鑑』卷150「梁紀」6 武帝普通六年條, 4706-4707쪽, "魏方有事西北, 二荊·西郢群蠻皆反, 斷三鴉路, 殺都督, 寇掠, 北至襄城. 汝水有冉氏·向氏·田氏, 種落最盛, 其餘大者萬家, 小者千室, 各稱王侯, 屯據險要, 道路不通. 十二月, 壬午, 魏主下

날짜	北魏軍 동원 내용	北魏軍 수
孝昌元年(525) 十二月	臨淮王 元郁이 魯陽蠻 토벌[234]	
孝昌 2년(526) 正月	都督 元譚이 杜洛周의 군대와 싸워 패함 大都督 長孫稚와 都督 河間王 元琛이 鮮于脩禮의 반란군 공격[235]	
孝昌 2년(526) 正月	蕭寶夤의 北魏軍이 涇川에서 대패, 1만여 인 수습. 雍州刺史 楊椿이 楊侃을 보내 毛鴻賓 등 토벌[236]	蕭寶夤이 1만 여 인 수습, 7,000여 人을 召募(楊椿), 楊侃이 3,000 인 지휘
孝昌 2년(526) 四月	癸亥日 都督 李琚가 薊城 북쪽에서 杜洛周의 군대에 패배. 北討都督 河間王 元琛과 長孫稚가 패하고 귀환[237]	

詔曰: '朕將親御六師, 掃蕩逋穢, 今先討荊蠻, 疆理南服.' 時群蠻引梁將曹義宗等圍魏荊州, 魏都督崔暹將兵數萬救之, 至魯陽, 不敢進. 魏更以臨淮王彧爲征南大將軍, 將兵討魯陽蠻, 司空長史辛雄爲行臺左丞, 東趣葉城. 別遣征虜將軍裴衍·恒農太守京兆王罷將兵一萬, 自武關出遑三鴉路, 以救荊州.''

234 『魏書』卷9「肅宗紀」孝昌元年十二月條, 242쪽, "是月, 以臨淮王彧爲征南大將軍, 率衆討魯陽蠻."

235 『魏書』卷9「肅宗紀」孝昌二年春正月庚戌條, 243쪽, "…… 是月, 都督元譚次於軍都, 爲洛周所敗. 五原降戶鮮于脩禮反於定州, 號魯興元年. 詔左光祿大夫長孫稚爲使持節·假驃騎將軍·大都督·北討諸軍事, 與都督河間王琛率衆討之."

236 『資治通鑑』卷151「梁紀」7 武帝大通元年正月條, 4720쪽, "魏蕭寶寅出兵累年, 將士疲弊. 秦賊擊之, 寶寅大敗於涇州, 收散兵萬餘人, 屯逍遙園. 東秦州刺史潘義淵以汧城降賊. 莫折念生進逼岐州, 城人執刺史魏蘭根應之. 關州刺史畢祖暉戰沒, 行臺辛深棄城走, 北海王顥軍亦阬. 賊帥胡引祖據北華州, 叱干麒麟據關州以應天生, 關中大擾. 雍州刺史楊椿募兵得七千餘人, 帥以拒守, 詔加椿侍中兼尚書右僕射, 爲行臺, 節度關西諸將. 北地功曹毛鴻賓引賊抄掠渭北, 雍州錄事參軍楊侃將兵三千掩擊之; 鴻賓懼, 請討賊自效, 遂擒送宿勤鳥過仁."

237 『魏書』卷9「肅宗紀」孝昌二年四月條, 243쪽, "癸巳, 以侍中·車騎大將軍·城陽王徽爲儀同三司. 朔州城人鮮于阿胡·厙狄豐樂據城反. 丁未, 都督李琚次於薊城之北, 又爲洛周所敗, 琚戰沒. 戊申, 以驃騎大將軍·開府·齊王寶夤爲儀同三司. 北討都

날짜	北魏軍 동원 내용	北魏軍 수
孝昌 2년(526) 六月 己巳	都督 長孫稚가 陳雙熾의 반란 토벌[238]	
孝昌 2년(526) 七月 丙午	行臺 常景이 杜洛周의 군대 격파[239]	
孝昌 2년(526) 七月 戊申	行臺 元纂이 恒州를 잃고 冀州로 달아남[240]	
孝昌 2년(526) 九月 辛亥	廣陽王 元淵과 章武王 元融이 博野에서 葛榮의 군대에 패함[241]	
孝昌 2년(526) 九月 甲申	常景이 杜洛周 군대 격파, 就德興이 平州刺史 王買奴 살해, 平州 함락[242]	
孝昌 2년(526) 九月	蕭寶夤이 崔士和를 보내 秦州를 지키게 함[243]	
孝昌 2년(526) 九月	元昭가 渦陽을 구하기 위해 출병[244]	5만

督河間王琛·長孫稚失利奔還, 詔免琛·稚官爵."

238 『魏書』 卷9 「肅宗紀」 孝昌二年六月己巳條, 244쪽, "六月己巳, 曲赦齊州. 絳蜀陳雙熾聚衆反, 自號始建王. 曲赦平陽·建興·正平三郡. 詔假鎭西將軍·都督長孫稚討雙熾, 平之."

239 『魏書』 卷9 「肅宗紀」 孝昌二年七月條, 244쪽, "秋七月丙午, 杜洛周遣其別帥曹紇眞寇掠幽州. 行臺常景遣都督于榮逆于粟園, 大破之, 斬紇眞, 獲三十餘級, 牛驢二萬餘頭."

240 『魏書』 卷9 「肅宗紀」 孝昌二年七月戊申條, 244쪽, "戊申, 恒州陷, 行臺元纂奔冀州."

241 『魏書』 卷9 「肅宗紀」 孝昌二年九月條, 245쪽, "九月辛亥, 葛榮敗都督廣陽王淵·章武王融於博野白牛邏, 融歿於陣. …… 甲申, 常景又破杜洛周, 斬其武川王賀拔文興·別帥侯莫陳升, 生擒男女四百口, 牛驢五千餘頭. 就德興攻陷平州, 殺刺史王買奴."

242 위와 같음, "九月辛亥, 葛榮敗都督廣陽王淵·章武王融於博野白牛邏, 融歿於陣. …… 甲申, 常景又破杜洛周, 斬其武川王賀拔文興·別帥侯莫陳升, 生擒男女四百口, 牛驢五千餘頭. 就德興攻陷平州, 殺刺史王買奴."

243 위와 같음, "是月, 莫折天生請降, 蕭寶夤使行臺左丞崔士和入據秦州. 天生復叛, 送士和於胡琛, 殺之."

244 『資治通鑑』 卷151 「梁紀」7 武帝大通元年九月條, 4727쪽, "魏又遣將軍元昭等衆五萬

날짜	北魏軍 동원 내용	北魏軍 수
孝昌 2년(526) 十一月 戊戌	幽州刺史 王延年과 行臺 常景이 杜洛周의 군대에 패해 생포됨[245]	
孝昌 3년(527) 正月 甲戌	徐州의 군대가 반란 평정[246]	
孝昌 3년(527) 正月 辛巳	殷州刺史 崔楷固가 전사하고 葛榮이 殷州 점령[247]	
孝昌 3년(527) 正月 辛巳	冀州刺史 魏蘭根이 城人에게 생포됨. 北海王 元顥, 顗州刺史 畢祖暉와 行臺 羊深이 도망감.[248]	
孝昌 3년(527) 正月 辛卯	都督 元暐가 梁軍 막기 위해 출정[249]	
孝昌 3년(527) 正月	淸酒와 南靑州의 군대가 梁軍의 침입 방어[250]	
孝昌 3년(527) 二月 庚申	都督 李叔仁이 東郡 반란 토벌[251]	

救渦陽, 前軍至駝澗, 去渦陽四十里."

245 『魏書』卷9「肅宗紀」孝昌二年十一月戊戌條, 245쪽, "冬十有一月戊戌, 杜洛周攻陷幽州, 執刺史王延年及行臺常景."

246 『魏書』卷9「肅宗紀」孝昌三年春正月甲戌條, 245쪽, "徐州民任道棱聚衆反, 襲據蕭城以叛. 州軍討平之."

247 『魏書』卷9「肅宗紀」孝昌三年正月辛巳條, 246쪽, "辛巳, 葛榮陷殷州, 刺史崔楷固節死之, 遂東圍冀州."

248 위와 같음, "高平虜賊逼岐州, 城人執刺史魏蘭根, 以城應之. 顗州刺史畢祖暉 · 行臺羊深並奔退, 祖暉於陣歿. 北海王顥尋亦敗走."

249 『魏書』卷9「肅宗紀」孝昌三年正月辛卯條, 246쪽, "辛卯, 蕭衍將湛僧珍圍東豫州, 詔散騎常侍元暐爲都督以討之走."

250 『魏書』卷9「肅宗紀」孝昌三年正月條, 246쪽, "是月, 衍又遣將彭群 · 王辯等率衆數萬逼琅邪, 詔靑州 · 南靑二州討之走."

251 『魏書』卷9「肅宗紀」孝昌三年二月庚申條, 246쪽, "庚申, 東郡民趙顯德反, 殺太守裴烟, 自號都督, 立其兄子爲太守, 詔都督李叔仁討之."

날짜	北魏軍 동원 내용	北魏軍 수
孝昌 3년(527) 二月	崔孝芬이 침입하는 梁軍을 彭城에서 공격[252]	
孝昌 3년(527) 三月 甲子	北魏軍, 潼關 수복[253]	
孝昌 3년(527) 三月 戊辰	大都督 源子雍이 葛榮 토벌[254]	
孝昌 3년(527) 四月	別將 元斌이 東郡 토벌[255]	
孝昌 3년(527) 六月	都督 李叔仁이 劉鈞 토벌[256]	
孝昌 3년(527) 七月	彭城王 元劭와 南青州刺史 胡平이 梁軍 격파[257]	
孝昌 3년(527) 八月	都督 源子邕・李軌・裴衍이 鄴 공격, 元鑒을 참하고 相州 평정. 源子雍 등에게 葛榮 평정하게 함[258]	
孝昌 3년(527) 十月 甲寅	雍州刺史 蕭寶夤이 반란을 일으키자 尙書右僕射 長孫稚가 토벌을 명령 받음[259]	

---

252 『魏書』卷9「肅宗紀」孝昌三年二月條, 246쪽, "是月, 蕭衍將成景儁寇彭城, 詔員外
　常侍崔孝芬爲行臺, 率將擊走之."
253 『魏書』卷9「肅宗紀」孝昌三年三月甲子條, 246-247쪽, "三月甲子, 詔將西討, 中外戒
　嚴. 虜賊走, 復潼關. 戊辰, 詔將回駕北討, 詔金紫光祿大夫源子邕爲大都督, 討葛榮."
254 『魏書』卷9「肅宗紀」孝昌三年三月戊辰條, 247쪽, "戊辰, 詔將回駕北討, 詔金紫光
　祿大夫源子邕爲大都督, 討葛榮."
255 『魏書』卷9「肅宗紀」孝昌三年夏四月條, 247쪽, "夏四月, 別將元斌之討東郡, 斬顯德."
256 『魏書』卷9「肅宗紀」孝昌三年六月條, 247쪽, "是月, 詔都督李叔仁討劉鈞, 平之."
257 『魏書』卷9「肅宗紀」孝昌三年七月條, 247쪽, "是月, 青州刺史・彭城王劭, 南青州刺
　史胡平, 遣將斬蕭衍將彭羣首, 俘獲二千餘人."
258 『魏書』卷9「肅宗紀」孝昌三年八月條, 247쪽, "八月, 都督源子邕・李軌・裴衍攻鄴.
　丁未, 斬鑒, 相州平. 仍令子邕等討葛榮."
259 『魏書』卷9「肅宗紀」孝昌三年十月甲寅條, 247쪽, "甲寅, 雍州刺史蕭寶夤據州反, 自
　號曰齊, 年稱隆緒. 詔尙書右僕射長孫稚討之."

날짜	北魏軍 동원 내용	北魏軍 수
孝昌 3년(527) 十一月 己丑	冀州刺史 元孚가 葛榮의 군대에 생포됨[260]	
孝昌 3년(527) 十二月 戊申	源子邕과 裴衍이 葛榮의 군대와 陽平 東北 漳水曲에서 싸워 패해 전사[261]	
武泰元年(528) 正月	長孫稚가 潼關 함락. 雍州城人 侯終德이 蕭寶夤 공격, 蕭寶夤은 渭水를 건너 도망, 雍州 평정[262]	
武泰元年(528) 二月	武衛將軍 李神軌가 鞏縣의 반란 토벌[263]	

〈표 10〉은 524-528년, 즉 孝明帝의 암살과 尒朱榮의 洛陽 진격 이전 北魏軍의 반란 토벌과 梁軍 방어에 동원된 51개 기사를 정리한 것이다. 일부는 해당 지역의 行臺나 刺史 등 지방관이 반란을 진압하거나 梁軍을 막았다. 동원된 군사의 수를 알 수 있는 전투는 莫折念生 평정 기사에서 주로 보인다. 正光 5년 九月 壬申日(524. 11. 6) 西道行臺大都督 蕭寶夤과 征西將軍 崔延伯, 北海王 元顥 등이 莫折念生을 토벌할 때 5만이 출정하였다.[264] 다음 해인 孝昌元年 四月 壬辰日(525. 5. 25) 崔延伯이 莫折念生과 싸워 패하고 전사한 전투 이전 北魏軍이 甲卒 12만, 鐵馬 8,000匹이 참전하였다.[265] 孝昌元年 五月 安豊王 元

260 『魏書』 卷9 「肅宗紀」 孝昌三年十一月己丑條, 247쪽, "十有一月己丑, 葛榮攻陷冀州, 執刺史元孚, 逐出居民, 凍死者十六七."

261 『魏書』 卷9 「肅宗紀」 孝昌三年十二月戊申條, 247쪽, "十有二月戊申, 都督源子邕·裴衍與葛榮戰, 敗於陽平東北漳水曲, 並戰歿."

262 『魏書』 卷9 「肅宗紀」 武泰元年春正月條, 248쪽, "丙子, 長孫稚平潼關. 丁丑, 雍州城人侯終德相率攻寶夤, 寶夤攜南陽公主及子, 與百餘騎渡渭而走, 雍州平."

263 『魏書』 卷9 「肅宗紀」 武泰元年二月條, 248쪽, "群盜燒劫鞏縣以西, 關口以東, 公路澗以南. 詔武衛將軍李神軌爲都督, 討平之."

264 『資治通鑑』 卷150 「梁紀」6 武帝普通六年正月條, 4691쪽, "莫折天生軍於黑水, 兵勢甚盛. 魏以岐州刺史崔延伯爲征西將軍·西道都督, 帥衆五萬討之."

延明과 臨淮王 元郁이 彭城에서 梁軍을 공격할 때 2만 인,[266] 孝昌元年 十二月(526. 12-526. 1) 征虜將軍 裴衍과 恒農太守 王羆가 荊州에 침입한 梁軍을 공격할 때 1만 인,[267] 孝昌 2년 九月(526.9-10) 元昭가 渦陽을 구하기 위해 5만 인[268]이 각각 출정하였다. 각각의 전쟁에 참전한 北魏軍의 총수와 洛陽의 中軍 혹은 친위부대 수가 기록되지 않았기 때문에 전체 수효를 알 수 없지만, 莫折念生을 토벌하기 위해 최소 5만 인, 최대 12-13만 인이 동원되었고, 梁軍의 공격을 막기 위해 1-5만 인 이상이 간헐적으로 남쪽으로 出兵하였다.[269]

위에서 참전한 北魏軍의 수 가운데 蕭寶夤과 崔延伯이 이끄는 중앙의 군대가 5만 인이었는데, 이는 太和 19년(495) 선발한 羽林 · 虎賁 15만 인[270]의 1/3에 해당한다. 北魏後期 領軍將軍이 羽林 · 虎賁을 포함한 약 20만 명의 宿衛兵을 통솔했다는 주장[271]을 받아들이면, 1/4에 해당한다. 이 병력만으로도 洛陽을 지키는 군대의 수가 감소했음을 알 수 있다. 따라서 숫자가 밝혀지지 않은 친위부대 혹은 중앙군

---

265 『魏書』卷73 「崔延伯傳」, 1638쪽, "於時万俟醜奴 · 宿勤明達等寇掠涇川. 先是, 盧祖遷 · 伊瓮生數將等皆以元志前行之始, 同時發雍, 從六陌道將取高平. 志敗, 仍停涇部. 延伯旣破秦賊, 乃與寶夤率衆會於安定, 甲卒十二萬, 鐵馬八千匹, 軍威甚盛."

266 『資治通鑑』卷150 「梁紀」6 武帝普通六年五月條, 4701쪽, "及在彭城, 魏安豐王延明 · 臨淮王彧將兵二萬逼彭城, 勝負久未決."

267 『資治通鑑』卷150 「梁紀」6 武帝普通六年條, 4706-4707쪽, "時群蠻引梁將曹義宗等圍魏荊州, 魏都督崔暹將兵數萬救之, 至魯陽, 不敢進. 魏更以臨淮王彧爲征南大將軍, 將兵討魯陽蠻, 司空長史辛雄爲行臺左丞, 東趣葉城. 別遣征虜將軍裴衍 · 恒農太守京兆王羆將兵一萬, 自武關出通三鵶路, 以救荊州."

268 『資治通鑑』卷151 「梁紀」7 武帝大通元年九月條, 4727쪽, "魏又遣將軍元昭等衆五萬救渦陽, 前軍至駝澗, 去渦陽四十里."

269 최진열, 「北魏末 '尒朱榮政權'의 출현과 그 영향」, 208-209쪽.

270 『魏書』卷7下 「高祖紀」下 太和十九年八月乙巳條, 178쪽, "詔選天下武勇之士十五萬人爲羽林 · 虎賁, 以充宿衛."

271 辛聖坤, 「北朝 兵戶制의 變遷과 丁兵制의 性格」, 『慶尙史學』11, 1995, 58쪽.

을 포함하면 당시 尒朱榮의 洛陽 진격 당시 이를 막기 위해 동원할 수 있는 군대의 수는 많지 않았을 것이다. 胡太后가 섹스파트너 徐紇의 말을 듣고 李神軌와 鄭季明에게 河橋에 주둔하여 尒朱榮의 군대를 막도록 명령하였다. 이때 北魏軍의 수가 5,000인이었다.[272] 이때 洛陽으로 진격한 尒朱榮의 군대 숫자는 기록되지 않았지만, 尒朱榮의 部落이 8,000여 家, 말 수만 필이 있었다는 기록이 참조된다.[273] 또 鐵馬 5,000을 보유하였고, 控弦之士의 수가 1만에 달하였다.[274] 이 1만인은 尒朱榮이 거느린 契胡 군인수로 추정되며, 尒朱榮이 포섭한 北邊과 六鎭 胡人을 포함하면 그 수는 더 많았을 것이다. 당시 尒朱榮 군대의 수를 控弦之士 1만이라고 하더라도 河橋에 주둔한 李神軌 등의 5,000인보다 배가 많았다. 요컨대 北魏 朝廷은 關隴의 莫折念生, 河北의 杜洛周·鮮于仲禮·葛榮 등의 반란을 토벌하고 南邊을 침입하는 梁軍을 토벌하기 위해 친위부대를 포함한 洛陽에 주둔한 중앙군을

---

272 『洛陽伽藍記』 卷1 「城內」 永寧寺條, 6쪽, "榮三軍皓素, 揚旌南出. 太后聞榮舉兵, 召王公議之. 時胡氏專寵, 皇宗怨望,《假》八(入)議者莫肯致言. 唯黃門侍郞徐統(紇)曰: '尒朱榮馬邑小胡, 人才凡鄙, 不度德量力, 長戟指闕, 所謂窮轍拒輪, 積薪候燎. 今宿衛文武, 足得一戰. 但守河橋, 觀其意趣. 榮懸軍千里, 兵老師弊. 以逸待勞, 破之必矣.' 后然統(紇)言, 卽遣都督李神軌·鄭季明等領衆五千鎭河橋. 四月十一日, 榮過河內至高頭驛. 高頭驛, 長樂王從雷陂北渡赴榮軍所, 神軌·季明等見長樂王往, 遂開門降."

273 『洛陽伽藍記』 卷1 「城內」 永寧寺條, 5쪽, "建義元年, 太原王尒朱榮總士馬於此寺. 榮字天寶, 北地秀容人也. 世爲第一領民酋長·博陵郡公. 部落八千餘家, 有馬數萬匹, 富等天府."

274 『洛陽伽藍記』에는 尒朱榮이 洛陽으로 진격하기 이전 尒朱榮과 元天穆의 대화가 기록되어 있다. 尒朱榮의 말에서 당시 鐵馬 5,000을 보유하였고, 元天穆의 말에서 尒朱榮이 동원할 수 있는 控弦之士 수가 1만이었음을 알 수 있다(『洛陽伽藍記』 卷1 「城內」 永寧寺條, 5-6쪽, "榮謂幷州刺史元天穆曰: 「皇帝晏駕, 春秋十九. 海內士庶, 猶日幼君. 況今奉未言之兒以臨天下, 而望昇平, 其可得乎? 吾世荷國恩, 不能坐看成敗. 今欲以鐵馬五千, 赴哀山陵, 兼問侍臣帝崩之由. 君竟謂如何?」 穆曰: 「明公世跨幷·肆, 雄才傑出. 部落之民, 控弦一萬, 若能行廢立之事, 伊·霍復見今日.」").

다수 각지에 파견했을 것이다.[275] 그 결과 洛陽에 남아 있는 군대의 수가 많지 않았고, 尒朱榮의 군대가 洛陽으로 진격했을 때 대항하기 위해 겨우 5,000인의 군대가 출정하였다. 낙양을 지키는 군사수가 적은 상황 때문에 尒朱榮이 감히 洛陽으로 진격할 마음을 먹게 되었다.[276]

3 尒朱榮의 권력 장악과 내란 평정

(1) 胡太后 · 孝明帝 母子의 권력투쟁과 尒朱榮의 권력 장악

尒朱榮은 각종 유목민과 六鎭 사람들을 병합하여 세력을 확대하였다. 이에 高歡은 尒朱榮에게 孝明帝의 무능과 胡太后의 淫亂, 총신의 농단 등으로 정치가 제대로 행해지지 않음을 지적하며 鄭儼과 徐紇을 토벌하여 皇帝 측근을 제거하면 霸業을 이룰 수 있다고 말하고 洛陽 朝廷을 공격할 것을 권하였다.[277] 尒朱榮은 정예 기병 3,000을 보내 당시 葛榮이 공격하고 있는 相州를 구하도록 하겠다고 上書하였다. 그러나 胡太后는 尒朱榮의 의도를 의심하고 거부하였다. 尒朱榮

---

275 北魏後期 羽林 · 虎賁이 壽春 · 彭城 · 益州 · 荊州 등지에 주둔하거나 각종 전쟁에 참전한 예가 보인다(高敏, 「北魏的兵戶制及其演變」, 『魏晉南北朝兵制研究』, 鄭州: 大象出版社, 1999, 303-304쪽). 따라서 이때 北魏의 羽林 · 虎賁 등 친위부대가 반란토벌에 참전했다고 볼 수 있을 것이다.

276 최진열, 「北魏末 '尒朱榮政權'의 출현과 그 영향」, 209-210쪽.

277 『北史』 卷6 「齊本紀上 · 高祖神武帝紀」, 211쪽, "先是劉貴事[尒朱]榮, 盛言神武美, 至是始得見. 以憔悴故, 未之奇也. [劉]貴乃爲神武更衣, 復求見焉. 因隨[尒朱]榮之廐, 廐有惡馬, [尒朱]榮命剪之, 神武乃不加羈絆而剪, 竟不蹄齧. 已而起曰: '御惡人亦如此馬矣.' [尒朱]榮逐坐神武於牀下, 屛左右而訪時事. 神武曰: '聞公有馬十二谷, 色別爲羣, 將此竟何用也?' [尒朱]榮曰: '但言爾意.' 神武曰: '方今天子愚弱, 太后淫亂, 孽寵擅命, 朝政不行. 以明公雄武, 乘時奮發, 討鄭儼 · 徐紇而淸帝側, 霸業可擧鞭而成. 此賀六渾之意也.' [尒朱]榮大悅, 語自日中至夜半乃出. 自是每參軍謀."; 『北齊書』 卷1 「神武紀」上, 3쪽.

은 다시 上書하고 군대를 보내 馬邑과 井陘을 막았다.[278]

이때 洛陽에서는 胡太后와 孝明帝 母子가 권력투쟁을 벌였다. 胡太后는 正光元年(520)에 清河王 元懌이 살해되고 元叉에게 권력을 빼앗기고 유폐되었으나 孝昌元年(525) 元叉를 제거하고 권력을 되찾았다.[279] 이후 胡太后는 鄭儼[280]과 李神軌[281] 등을 섹스파트너로 삼아 쾌

<hr>

278 『資治通鑑』卷152「梁紀8 武帝大通二年條, 4738쪽, "榮上書以'山東群盜方熾, 冀·定覆沒, 官軍屢敗, 請遣精騎三千東援相州.' 太后疑之, 報以'念生梟斃, 寶寅就擒, 醜奴請降, 關·隴已定. 費穆大破群蠻, 絳蜀漸平. 又, 北海王顥帥衆二萬出鎮相州, 不須出兵.' 榮復上書, 以爲'賊勢雖衰, 官軍屢敗, 人情危怯, 恐實難用. 若不更思方略, 無以萬全. 臣愚以蠕蠕主阿那瓌荷國厚恩未應忘報, 宜遣發兵東趣下口以躡其背, 北海之軍嚴加警備以當其前, 臣麾下雖少, 輒盡力命自井陘以北, 滏口以西, 分據險要, 攻其肘腋. 葛榮雖幷洛周, 威恩未著, 人類差異, 形勢可分.' 遂勒兵召集義勇, 北捍馬邑, 東塞井陘. 徐紇說太后以鐵券閒榮左右, 榮開而恨之."

279 『魏書』卷9「肅宗紀」孝昌元年夏四月辛卯條, 240쪽, "辛卯, 皇太后復臨朝攝政, 引羣臣面陳得失. 詔曰:「朕以寡昧, 夙承天歷, 茫若涉海, 罔知所濟, 實憑宗社降祐之靈, 庶勉幼志, 以康世道. 而神龜之末, 權臣擅命, 元叉·劉騰陰相影響, 遂使皇太后幽隔後宮, 太傅·清河王無辜致害, 相州刺史·中山王熙橫被夷滅, 右衛將軍奚康生仍見誅翦. 從此已後, 無所畏忌, 恣諸侵求, 任所與奪. 無君之心, 積習稍久; 不臣之迹, 緣事彌彰. 蔽耳目之明, 專生殺之柄, 天下爲之不康, 四郊由茲多壘. 此而可忍, 孰不可懷! 雖屢經赦宥, 未容致之于法, 猶宜辨正, 以謝朝野. 騰身旣往, 可追削爵位. 叉之罪狀, 誠合徽纆, 但以宗枝舅戚, 特加全貸, 可除名爲民.」"

280 『北史』卷13「后妃上·魏·宣武靈皇后胡氏傳」, 505쪽, "鄭儼汙亂宮掖, 勢傾海內, 李神軌·徐紇並見親待, 一二年中, 位總禁要. 手握王爵, 輕重在心, 宣淫於朝, 爲四方之所穢.";『魏書』卷13「皇后·宣武靈皇后胡氏傳」, 339쪽;『魏書』卷93「恩倖·鄭儼傳」, 2007쪽, "鄭儼, 字季然, 滎陽人. 容貌壯麗. 初爲司徒胡國珍行參軍, 因緣爲靈太后所幸, 時人未之知也. 遷員外散騎侍郎·直後. 靈太后廢, 蕭寶夤西征, 以[鄭]儼爲開府屬. 孝昌初, 太后反政, [鄭]儼請使還朝, 復見寵待. 拜諫議大夫·中書舍人, 領嘗食典御. 晝夜禁中, 寵愛尤甚. [鄭]儼每休沐, 太后常遣閹童隨侍, [鄭]儼畏其妻, 唯得言家事而已."

281 『魏書』卷66「李崇傳附神軌傳」, 1475쪽, "孝昌中, 爲靈太后寵遇, 勢傾朝野, 時云見幸帷幄, 與鄭儼爲雙, 時人莫能明也.";『北史』卷43「李崇傳附神軌傳」, 1600쪽, "世哲弟神軌, 小名青肫, 受父爵陳留侯. 累出征伐, 頗有將領之氣. 孝昌中, 靈太后淫縱, 分遣腹心媼姬出外, 陰求悅人. [李]神軌爲使者所薦, 寵遇勢傾朝野, 時云見幸帷幄,

락에 탐닉하였고 鄭儼과 李神軌는 胡太后의 총애를 업고 권력을 행사하였다.[282] 胡太后와 鄭儼·李神軌는 性愛를 즐김과 동시에 孝明帝 대신 국정을 농단하였다. 따라서 당시 19세의 孝明帝의 親政을 막으려고 하였다. 당시 상황은 아래의 인용문에서 확인할 수 있다.

"[胡]太后는 스스로 행실을 닦지 못하여 宗室의 미움을 받을까 두려워하여 이때 안으로 朋黨을 만들고 [皇帝의] 耳目을 가리고 막았으며, 肅宗[孝明帝]이 친히 총애하는 신하들은 太后가 대개 일을 꾸며 害를 입혔다. 蜜多道人이 있었는데 '胡語'에 능하여 肅宗[孝明帝]이 左右에 두었다. 太后는 蜜多道人이 [胡太后에 대한] 동정을 전할까 두려워하여 [孝昌 4년][283] 3월 3일(528. 4. 7) [洛陽] 城南의 大巷에서 그를 살해하였다. 그리고 현상금을 걸어 살해범을 잡으려[는 시늉을 하였다.][284] 또 禁中에서 領左右 谷會와 鴻臚少卿 紹達[谷士恢][285]을 죽였는데, 모두 [孝明]帝가 총애하던 자들이었다."[286]

　　與鄭儼爲雙."

282　崔珍烈, 「北魏洛陽時代 胡太后의 胡化와 그 배경」, 『人文學研究』 25, 2016, 146-151쪽; 崔珍烈, 「胡太后의 臨朝稱制와 권력기반－文·武 官僚集團과 측근집단의 분석을 중심으로－」, 『대동문화연구』 99, 2017, 175-180쪽.

283　이 구절과 동일한 구절이 『資治通鑑』 梁武帝大通二年條에 실려 있다(『資治通鑑』 卷152 「梁紀」 武帝大通二年二月條, 4737쪽). 大通 2년은 孝昌 4년 혹은 武泰元年 등에 해당하는데 서기로는 528년이다.

284　원문은 '方懸賞募賊'인데, 문맥상 부자연스럽다. 『資治通鑑』에는 '懸賞購賊'이라 하였는데(『資治通鑑』 卷152 「梁紀」 武帝大通二年二月條, 4737쪽), 이 구절이 문맥상 자연스럽다. 본문에서는 『資治通鑑』의 구절에 따라 번역하였다.

285　『魏書』 「谷渾傳附士恢傳」에 따르면 紹達은 谷士恢의 字이다(『魏書』 卷33 「谷渾傳附士恢傳」, 782쪽, "纂弟士恢, 字紹達.").

286　『北史』 卷13 「后妃上·魏·宣武靈皇后胡氏傳」, 505쪽, "有蜜多道人, 能胡語, 帝置於左右. 太后慮其傳致消息, 三月三日, 於城南大巷中殺之, 方懸賞募賊. 又於禁中殺領左右·鴻臚少卿谷會·紹達, 並帝所親也."

위의 인용문에서 알 수 있듯이 胡太后는 孝明帝가 총애하는 蜜多 道人, 領左右 谷會와 鴻臚少卿 紹達 등 총신들을 제거하였고, 이 때 문에 양자의 사이가 벌어졌다. 『魏書』「天象志」에서는 이때의 상황을 다음과 같이 서술하였다.

"그 후에 太后가 淫亂하고 어리석었기 때문에, 天下가 크게 무너졌다. 上[孝明帝를 지칭]이 성인이 될 나이였고, 佞臣들을 주살하려고 하였다. 이 때문에 鄭儼 등이 두려워하여 마침내 太后를 설득하여 帝를 독살하였 다. 尒朱氏가 幷州에서 흥하였고 결국 齊室之運을 열었으니, 卜洛之業은 드디어 丘墟가 되었다."[287]

위의 인용문에서 서술한 것처럼 孝明帝는 胡太后의 총신이자 섹스 파트너 鄭儼과 徐紇을 싫어하였으나, 제거할 수 없게 되자 尒朱榮에 게 密詔를 내려 洛陽으로 오도록 하여 胡太后를 위협하려고 하였다. 이에 尒朱榮은 高歡을 선봉으로 삼아 上黨郡까지 진격하였다. 孝明 帝는 다시 조서를 내려 진격을 그치도록 하였다. 이때 鄭儼과 徐紇은 자신들에게 화가 미칠 것을 두려워하여 胡太后와 모의하여 孝明帝를 독살하고 皇女를 皇帝로 옹립하였다.[288] 당시 孝明帝가 갑자기 죽어

---

287 『魏書』卷105之4「天象志」1之4 星變下, 2439-2440쪽, "其後太后淫昏, 天下大壞, 上 春秋方壯, 誅諸佞臣. 由是鄭儼等竦懼, 遂說太后鴆帝. 旣而尒朱氏興于幷州, 終啓 齊室之運, 卜洛之業遂丘墟矣."

288 『資治通鑑』卷152「梁紀」8 武帝大通二年條, 4738쪽, "魏肅宗亦惡儼·紇等, 逼於太后, 不能去, 密詔榮舉兵內向, 欲以脅太后. 榮以高歡爲前鋒, 行至上黨, 帝復以私詔止之. 儼·紇恐禍及己, 陰與太后謀酖帝, 癸丑, 帝暴殂. 甲寅, 太后立皇女爲帝, 大赦. 旣而 下詔稱: '潘充華本實生女. 故臨洮王寶暉世子釗, 體自高祖, 宜膺大寶.' 百官文武加二 階, 宿衛加三階.' 乙卯, 釗卽位. 釗始生三歲, 太后欲久專政, 故貪其幼而立之."

서 인심이 불안하자 皇女를 太子로 속였으나, 인심이 안정되자 皇女
가 潘嬪의 딸임을 밝히고 臨洮王의 아들 元釗를 옹립하였다.[289] 尒朱
榮은 계속 남쪽으로 진격하였다.[290]

河陰의 變을 일으키기 전 尒朱榮은 獻文帝의 子孫들의 像을 鑄造
하고 유일하게 長樂王 子攸의 像이 이루어지자 그를 皇帝로 옹립하였
다.[291] 孝莊帝(元子攸)는 尒朱榮을 使持節 侍中 都督中外諸軍事 大将軍
開府 兼尚書令 領軍將軍 領左右에 임명하고 太原王에 봉하여 食邑 2
만 戶를 하사하였다.[292] 이후 黄河를 건너고 河陰에서 胡太后와 幼主,
無上王 元劭, 始平王 元子正, 丞相 高陽王 元雍, 司空 元欽, 여러 宗室
諸王과 公卿 이하 2,000여 인을 살해하였다.[293] 『資治通鑑』에 따르면,
尒朱榮은 朝士들에게 禪文을 쓰도록 협박하였고 군사들에게 "元氏
는 이미 滅亡하였고, 尒朱氏가 흥하였다"라고 말하게 하니 모두 萬歲

---

289 『北史』卷13「后妃上·魏·宣武靈皇后胡氏傳」, 505쪽, "鄭儼慮禍, 乃與太后計, 因潘
嬪生女, 妄言皇子, 便大赦, 改年爲武泰元年, 復숑行鴆毒. 其年二月, 明帝暴崩, 乃
奉潘嬪女, 言太子卽位. 經數日, 見人心已安, 始言潘嬪本實生女, 今宜更擇嗣君, 遂
立臨洮王子釗爲主, 年始二·三歲, 天下愕然."

290 『魏書』卷9「肅宗紀」武泰元年二月條, 249쪽, "乙卯, 幼主卽位, 儀同三司·大都督尒
朱榮抗表請入奔赴, 勒兵而南."

291 『魏書』卷74「尒朱榮傳」, 1647쪽, "猶疑所立, 乃以銅鑄高祖及咸陽王禧等六王子孫
像, 成者當奉爲主, 惟莊帝獨就. 師次河內, 重遣王相密來奉迎, 帝與兄彭城王劭·弟
始平王子正於高渚潛渡以赴之."

292 위와 같음, "十一日, 榮奉帝爲主, 詔以榮爲使持節·侍中·都督中外諸軍事·大將
軍·開府·兼尚書令·領軍將軍·領左右, 太原王, 食邑二萬戶."

293 『魏書』卷10「孝莊紀」, 255-256쪽, "夏四月丙申, 帝與兄弟夜北渡河; 丁酉, 會榮於
河陽. 戊戌, 南濟河, 卽帝位. 以兄彭城王劭爲無上王, 弟霸城公子正爲始平王. 以榮
爲使持節·侍中·都督中外諸軍事·大將軍·尚書令·領軍將軍·領左右, 封太原王.
己亥, 百僚相率, 有司奉璽紱, 備法駕, 奉迎於河梁. 庚子, 車駕巡河, 西至陶渚. 榮以
兵權在己, 遂有異志, 乃害靈太后及幼主, 次害無上王劭·始平王子正, 又害丞相高陽
王雍·司空公元欽·儀同三司元恒芝·儀同三司東平王略·廣平王悌·常山王昭·北
平王超·任城王彝·趙郡王毓·中山王叔仁·齊郡王溫, 公卿已下二千餘人."

를 외쳤다. 그리고 수십 인을 보내 幷州人 郭羅刹과 西部高車 叱列殺
鬼에게 명령하여 孝莊帝를 帳內에 구금하고 孝莊帝의 형 無上王 劭와
동생 始平王 子正을 죽였다.[294] 그리고 자신이 황제가 되기 위해 金像
을 만들었으나 실패하자 포기하고 孝莊帝를 이끌고 진격하였다.[295] 이
는 尒朱榮이 사실상 北魏를 멸하고 찬탈할 뜻을 품었음을 보여준다.

　尒朱榮은 武泰元年 七月 乙丑日(528. 8. 10) 柱國大將軍 錄尙書事
에 임명되었고,[296] 葛榮의 난을 진압한 후 大丞相 都督河北畿外諸軍事
에 임명되고 식읍 1만 戶를 더 받았다.[297] 이어서 永安 2년(529) 天柱大
將軍에 임명되었다.[298] 尒朱榮은 인사권을 장악하고 皇帝의 허가 없
이 관리들을 임명하는 등 전횡이 심해졌다. 尒朱榮이 北人들을 河南

---

294 『資治通鑑』 卷152 「梁紀」 武帝大通二年三月條, 4742-4743쪽, "有朝士百餘人後至,
　　榮復以胡騎圍之, 令曰: '有能爲禪文者免死.' 侍御史趙元則出應募, 遂使爲之. 榮又
　　令其軍士言, '元氏旣滅, 尒朱氏興.' 皆稱萬歲. 榮又遣數十人拔刀向行宮, 帝與無上
　　王劭 · 始平王子正俱出帳外. 榮先遣幷州人郭羅刹 · 西部高車叱列殺鬼侍帝側, 詐言
　　防衛, 抱帝入帳, 餘人卽殺劭及子正, 又遣數十人遷帝於河橋, 置之幕下."
295 『魏書』 卷74 「尒朱榮傳」, 1648쪽, "榮旣有異圖, 遂鑄金爲己像, 數四不成. 時幽州人
　　劉靈助善卜占, 爲榮所信, 言天時人事必不可爾. 榮亦精神恍惚, 不自支持, 久而方
　　悟, 遂便愧悔. 於是獻武王 · 榮外兵參軍司馬子如等切諫, 陳不可之理. 榮曰: '忿誤若
　　是, 惟當以死謝朝廷, 今日安危之機, 計將何出?' 獻武王等曰: '未若還奉長樂, 以安
　　天下.' 於是還奉莊帝. 十四日, 輿駕入宮."
296 『魏書』 卷10 「孝莊紀」 武泰元年秋七月條, 259쪽, "乙丑, 加大將軍尒朱榮柱國大將
　　軍 · 錄尙書事."
297 『魏書』 卷74 「尒朱榮傳」, 1650쪽, "詔曰: '功格天地, 錫命之位必崇; 道濟生民, 褒賞
　　之名宜大. 是以有莘贊亳, 不次之號爰歸; 渭叟翼周, 殊世之班載集. 況導源積石, 襲
　　構崐山, 門踵英猷, 弼成鴻業, 抗高天之摧柱, 振厚地之絶維, 德冠五侯, 勳高九伯者
　　哉! 太原王榮代荷蕃寵, 世載忠烈, 入匡頹運, 出剿元兇, 使積年之霧倏焉滌蕩, 數載
　　之塵一朝淸謐. 燕恒旣泰, 趙魏蘇蘇, 比績況功, 古今莫二, 若不式稽舊典, 增是禮數,
　　將何以昭德報功, 遠明國範? 可大丞相 · 都督河北畿外諸軍事, 增邑一萬戶, 通前三
　　萬, 餘官悉如故.'"
298 『魏書』 卷10 「孝莊紀」 永安二年秋七月條, 263쪽, "壬申, 以柱國大將軍 · 太原王尒朱
　　榮爲天柱大將軍, 加前後部羽葆 · 鼓吹."

의 州刺史에 임명하려고 하였으나 孝莊帝가 거부하자 양자의 감정이
더욱 악화되었다.[299] 이에 孝莊帝는 530년 尒朱榮의 암살을 모의하였
다. 양자의 긴장이 지속된 상태에서 永安 3년 九月 辛卯日(530. 10. 25)
尒朱榮이 입조하자 신하들은 變이 있을까 걱정했고 孝莊帝도 尒朱榮
을 싫어했다. 이에 孝莊帝는 戊戌日(530. 11. 1) 尒朱榮이 비무장 상태
에서 궁전에 들어오자 복병을 두었다가 尒朱榮과 尒朱榮의 아들 尒
朱菩提, 尒朱榮의 정치적 파트너인 上黨王 元天穆을 살해하였다.[300]

(2) 尒朱榮의 내란 평정

北魏 朝廷의 입장에서 보면, 尒朱榮은 河陰의 변 당시 胡太后와

---

299 『魏書』 卷74 「尒朱榮傳」, 1654쪽, "榮身雖居外, 恒遙制朝廷, 廣布親戚, 列爲左右,
伺察動靜, 小大必知. 或有僥倖求官者, 皆詣榮承候, 得其啓請, 無不遂之. 曾關補定
州曲陽縣令, 吏部尙書李神儁以階懸不奉, 別更擬人. 榮聞大怒, 卽遣其所補者往奪
其任. 榮使入京, 雖復微蔑, 朝貴見之莫不傾靡; 及至闕下, 未得通奏, 恃榮威勢, 至
乃忿怒. 榮曾啓北人爲河南諸州, 莊帝未許, 天穆入見, 面啓曰: '天柱旣有大功, 若請
普代天下官屬, 恐陛下亦不得違之, 如何啓數人爲州, 便停不用!' 帝正色曰: '天柱若
不爲人臣, 朕亦須代; 如其猶存臣節, 無代天下百官理. 此事復何足論.' 榮聞所啓不
允, 大爲恚恨, 曰: '天子由誰得立? 今乃不用我語.' 莊帝外迫於榮, 恒怏怏不悅, 兼懲
榮河陰之事, 恐終難保. 又城陽王徽 · 侍中李彧等欲擅威權, 懼榮害之, 復相間構, 日
月滋甚, 於是莊帝密有圖榮之意."

300 『魏書』 卷10 「孝莊紀」 永安三年九月辛卯條, 265쪽, "九月辛卯, 天柱大將軍尒朱榮 ·
上黨王天穆自晉陽來朝. 戊戌, 帝殺榮 · 天穆於明光殿, 及榮子儀同三司菩提.";『魏
書』 卷74 「尒朱榮傳」, 1654-1655쪽, "三年九月, 榮啓將入朝. 朝士慮其有變, 莊帝又
畏惡之. 榮從弟世隆與榮書, 勸其不來, 榮妻北鄕郡長公主亦勸不行, 榮並不從. 帝旣
圖榮, 榮至入見, 卽欲害之, 以天穆在幷, 恐爲後患, 故隱忍未發. 榮之入洛, 有人告
榮, 云帝欲圖之. 榮卽具奏, 帝曰: '外人告云亦言王欲害我, 我豈信之?' 於是榮不自
疑, 每入謁帝, 從人不過數十, 又皆挺身不持兵仗. 及天穆至, 帝伏兵於明光殿東廊,
引榮及榮長子菩提 · 天穆等俱入. 坐定, 光祿少卿魯安 · 典御李侃晞等抽刀而至, 榮
窘迫, 起投御坐. 帝先橫刀膝下, 遂手刃之, 安等亂斫, 榮與天穆 · 菩提同時俱死. 榮
時年三十八. 於是內外喜叫, 聲滿京城. 旣而大赦."

2,000여 명의 관리를 죽이고 北魏 洛陽 朝廷의 기존질서를 해체하였으며, 皇帝權을 넘본 역적이었다. 그러나 尒朱榮을 단순히 왕조의 찬탈을 기도했던 역적으로만 자리매김할 수 없다. 尒朱榮은 六鎭의 난 이후 발생한 北魏의 각종 내란을 평정하였다. 즉 尒朱榮은 九月 壬申日(528. 10. 16) 7만 기병을 이끌고 滏口에서 葛榮의 군대를 대파하고 葛榮을 생포하였고,[301] 梁의 지원을 받아 洛陽을 점령했던 北海王 元顥를 쳐부수고 洛陽을 수복했을 뿐만 아니라 靑齊 일대에서 일어난 邢杲의 난을 진압했으며,[302] 葛榮의 잔당 韓樓와 万俟醜奴, 蕭寶寅의

---

301 『魏書』 卷10 「孝莊紀」 永安元年九月條, 260쪽, "是月, 葛榮率衆圍相州. 九月乙丑, 詔太尉公·上黨王天穆討葛榮, 次於朝歌之南. 己巳, 以征東將軍·齊州刺史元欣爲沛郡王. 壬申, 柱國大將軍尒朱榮率騎七萬討葛榮於滏口, 破擒之, 餘衆悉降. 冀·定·滄·瀛·殷五州平. 乙亥, 以平葛榮, 大赦天下, 改爲永安元年."; 『魏書』 卷74 「尒朱榮傳」, 1649-1650쪽, "時葛榮將向京師, 衆號百萬. 相州刺史李神軌閉門自守. 賊鋒已過汲郡, 所在村塢悉被殘略. 榮啓求討之. 九月, 乃率精騎七千, 馬皆有副, 倍道兼行, 東出滏口. 葛榮爲賊旣久, 橫行河北, 時衆寡非敵, 議者謂無制賊之理. 葛榮聞之, 喜見於色, 乃令其衆曰: '此易與耳. 諸人俱辦長繩, 至便縛取.' 葛榮自鄴以北列陳數十里, 箕張而進. 榮潛軍山谷爲奇兵, 分督將上三人爲一處, 處有數百騎, 令所在揚塵鼓譟, 使賊不測多少. 又以人馬逼戰, 刀不如棒, 密勒軍士馬上各齎神棒一枚, 置於馬側. 至於戰時, 不聽斬級, 以棒棒之而已, 慮廢騰逐也. 乃分命壯勇所當衝突, 號令嚴明, 戰士同奮. 榮身自陷陳, 出於賊後, 表裏合擊, 大破之. 於陳擒葛榮, 餘衆悉降. 榮以賊徒旣衆, 若卽分割, 恐其疑懼, 或更結聚, 乃普告勒各從所樂, 親屬相隨, 任所居止. 於是羣情喜悅, 登卽四散, 數十萬衆一朝散盡. 待出百里之外, 乃始分道押領, 隨便安置, 咸得其宜. 擢其渠帥, 量力授用, 新附者咸安. 時人服其處分機速. 乃檻車送葛榮赴闕."

302 『魏書』 卷74 「尒朱榮傳」, 1651-1652쪽, "建義初, 北海王元顥南奔蕭衍, 衍乃立爲魏主, 資以兵將. 時邢杲寇亂三齊, 與顥應接. 朝廷以顥孤弱, 不以爲慮. 永安二年春, 詔大將軍元穆先平齊地, 然後回師征顥. 顥以大軍未還, 乘虛徑進, 旣陷梁國, 鼓行而西, 滎陽·虎牢並皆不守. 五月, 車駕出幸河北, 事出不虞, 天下改望. 榮聞之, 卽時馳傳朝行宮於上黨之長子, 行其部分. 輿駕於是南轅, 榮爲前驅, 旬日之間, 兵馬大集, 資糧器仗, 繼踵而至. 天穆旣平邢杲, 亦渡河以會車駕. 顥都督宗正珍孫·河內太守元襲固守不降, 榮攻而克之, 斬珍孫·元襲以徇. 帝幸河內城, 榮與顥相持於河上, 顥

반란을 모두 평정하였다. 『魏書』에서는 "이때 天下의 大難, 모두 없어졌다"[303]라고 기록하였다. 魏收가 썼던 『魏書』「尒朱榮傳」의 史臣曰에서도 葛榮의 체포와 北海王 元顥와 邢杲, 韓樓의 주살, 万俟醜奴와 蕭寶夤의 효수 등을 업적으로 열거하였다. 이후 胡太后와 少帝(幼帝)의 살해, 河陰의 변 당시 대량 학살을 지적하였지만, 尒朱榮을 商(殷)의 霸主 豕韋와 大彭, 명재상 伊尹, 前漢의 외척이자 재상 霍光에 견주었다.[304] 반면 『北史』「尒朱榮傳附文略傳」과 「魏收傳」에서는 魏收가 尒朱文略에게 뇌물을 받고 尒朱榮의 列傳을 잘 지어주었고 豕韋·大彭·伊尹·霍光에 견주어 높이 평가했음을 지적하였다.[305] 그러나 『北

令都督安豐王延明緣河據守. 榮旣未有舟船, 不得卽渡, 議欲還北, 更圖後擧. 黃門郎楊侃·高道穆等並謂大軍若還, 失天下之望, 固執以爲不可. 語在侃等傳. 屬馬渚諸楊云有小船數艘, 求爲鄉導, 榮乃令都督尒朱兆等率精騎夜濟, 登岸奮擊. 顥子領軍將軍冠受率馬步五千拒戰, 兆大破之, 臨陳擒冠受. 延明聞冠受見擒, 遂自逃散, 顥便率麾下南奔. 事在其傳."

303 『魏書』卷74「尒朱榮傳」, 1653쪽, "先是, 葛榮枝黨韓婁仍據幽平二州, 榮遣都督侯淵討斬之. 時賊帥万俟醜奴·蕭寶夤擾衆關涇, 兇勢日盛. 榮遣其從子天光爲雍州刺史, 令率都督賀拔岳·侯莫陳悅等總衆入關討之. 天光旣至雍州, 以衆少不敵, 逡巡未集. 榮大怒, 遣其騎兵參軍劉貴馳驛詣軍, 加天光杖罰. 天光等大懼, 乃進討, 連破之, 擒醜奴·寶夤, 並檻車送闕. 天光又擒王慶雲·万俟道樂, 關西悉平. 於是天下大難, 便以盡矣."

304 『魏書』卷74「尒朱榮傳」史臣曰, 1657쪽, "尒朱榮緣將帥之列, 藉部衆之用, 屬肅宗暴崩, 民怨神怒, 遂有匡頹拯弊之志, 援主逐惡之圖, 蓋天啓之也. 於時, 上下離心, 文武解體, 咸企忠義之聲, 俱聽桓文之擧. 勞不汗馬, 朝野靡然, 扶翼懿親, 宗祐有主, 祀魏配天, 不殞舊物. 及夫擒葛榮, 誅元顥, 戮邢杲, 翦韓婁, 醜奴·寶夤咸梟馬市. 此諸魁者, 或據象魏, 或僭號令, 人謂秉皇符, 身各謀帝業, 非徒鼠竊狗盜, 一城一聚而已. 苟非榮之致力, 克夷大難, 則不知幾人稱帝, 幾人稱王也. 然則榮之功烈, 亦已茂乎. 而始則希覬非望, 睥睨宸極; 終乃靈后·少帝沉流不反. 河陰之下, 衣冠塗地. 此其所以得罪人神, 而終爲夷戮也. 向使榮無姦忍之失, 修德義之風, 則彭·韋·伊·霍夫何足數. 至於末迹見猜, 地逼貽斃, 斯則讒間致說於韓王也."

305 『北史』卷48「尒朱榮傳附文略傳」, 1764쪽, "文略嘗大遺魏收金, 請爲父作佳傳, 收論榮比韋·彭·伊·霍, 蓋由是也.";『北史』卷56「魏收傳」, 2031쪽, "尒朱榮於魏爲賊,

史』「尒朱榮傳」의 論日에서도 尒朱榮을 긍정적으로 평가하였다.

"魏는 宣武[帝] 이후 政道가 매우 이그러졌다. 明皇[孝明帝]이 어리니
女主가 南面하였으며, 처음에는 于忠이 전횡을 하였고 이어서 元乂의 권
력이 重하였다. 官에 居한 者는 마음대로 백성의 재물을 탐내어 함부로 거
두어들였고, 권세에 편승한 者는 능멸하며 행한 포악한 짓이 극에 달했으
니 이때 四海가 시끄러웠으며, 반란의 조짐이 있었다. 靈后[胡太后]의 反
政 이후 조정에서 음란함을 조장했고 정권이 뒤집혀 망할 조짐은 이때에
도달한 것이다. 尒朱榮은 將帥의 반열에서 시작하여 部衆의 威에 의지하
였고, 이때 天下가 暴虐하여 人神이 원망하고 몹시 성을 내게 되었으나,
드디어 쇠망을 바로잡고 弊에서 구할 뜻을 지니고 임금을 도와 惡을 내쫓
은 功이 있었다. 葛榮을 사로잡고, [北海王] 元顥를 주살하였으며, 邢杲
를 육시하고 韓婁를 베었으며, [万俟]醜奴와 [蕭]寶夤은 모두 馬市에서 효
수하였다. 그런즉 [尒朱]榮의 功은 세차고 또 많았다. 처음에는 분수에 넘
치는 자리를 바라고 천자의 지위를 엿보았고, 결국 靈后와 少帝는 흐르는
물에 빠져서 돌아오지 못했으며, 河陰之下에서 衣冠이 진흙처럼 땅에 어
지러이 흩어졌다. 이것은 人神에게 죄를 얻은 이유이다. 말기에 이르러 흉
폭함과 잔인함을 행하니, 地逼 또한 이미 제거된 것이다."[306]

収以高氏出自尒朱, 且納榮子金, 故減其惡而增其善, 論云: '若修德義之風, 則韋·
彭·伊·霍, 夫何足數.'

306 『北史』卷48「尒朱榮傳」, 論日, 1776쪽, "魏自宣武之後, 政道頗虧. 及明皇幼沖, 女
主南面, 始則于忠專恣, 繼以元乂權重, 居官者肆其聚斂, 乘勢者極其陵暴, 於是四海
囂然, 已有羣飛之漸, 逮於靈后反政, 宣淫於朝, 傾覆之徵, 於此至矣. 尒朱榮緣將帥
之列, 藉部衆之威, 屬天下暴虐, 人神怨憤, 遂有匡頹丞弊之志, 援主逐惡之功. 及夫
禽葛榮, 誅元顥, 戮邢杲, 揃韓婁, 醜奴·寶夤, 咸梟馬市, 然則榮之功烈, 亦已茂矣.
而始則希覬非望, 睥睨宸極, 終乃靈后·少帝, 沈流不反, 河陰之下, 衣冠塗地, 其所
以得罪人神者焉. 至於末跡凶忍, 地逼亦已除矣."

위의 인용문은 『魏書』「尒朱榮傳」 史臣曰과 대개 비슷하다. 『北史』 「尒朱榮傳」의 論曰에서 宣武帝 사후 어린 孝明帝가 즉위하고 胡太后가 臨朝稱制를 하였으며, 于忠과 元叉가 전횡을 일삼고 관리들이 부패하면서 쇠망의 조짐이 있었다고 지적하였다. 이러한 상황에서 尒朱榮은 葛榮·元顥·邢杲·韓樓·万俟醜奴·蕭寶夤 등이 일으킨 北魏末 내란을 평정하여 北魏를 六鎭의 난 이전의 안정된 상황으로 되돌려놓았음을 긍정하였다. 胡太后와 조정대신 수천 인을 죽이고 孝莊帝의 형제를 죽이는 등 尒朱榮은 北魏皇室에는 재앙과 같은 존재였으나, 그들이 수습하지 못한 혼란을 바로 尒朱榮이 수습했음을 잊어서는 안 된다.

4 尒朱榮 사후의 尒朱氏政權

尒朱榮이 살해된 후 尒朱世隆과 尒朱榮의 아내 鄕郡長公主가 西陽門을 불지르고 洛陽城에서 탈출하여 河陰에 주둔하였다. 그리고 九月 己亥日(530. 11. 2)에 北中城을 점령하고 洛陽을 위협하였다.[307] 이때 高都에 있던 尒朱世隆과 晉陽에 있던 尒朱兆, 徐州에 있던 尒朱仲遠이 군대를 거느리고 洛陽으로 진격하였다. 이보다 앞서 尒朱世隆과 尒朱兆는 長廣王 元曄(節閔帝)을 황제로 옹립하였다.[308] 尒朱氏 일당은 十二月 甲辰日(531. 1. 6) 洛陽을 점령한 후 孝莊帝를 생포하였다. 그리고 孝

---

[307] 『魏書』 卷10 「孝莊紀」 永安三年九月辛卯條, 265쪽, "遣武衛將軍奚毅·前燕州刺史崔淵率兵鎭北中. 是夜, 僕射尒朱世隆·榮妻鄕郡長公主, 率榮部曲焚西陽門, 出屯河陰. 己亥, 攻河橋, 擒毅等於途, 害之, 據北中城, 南逼京邑."

[308] 『魏書』 卷10 「孝莊紀」 永安三年冬十月條, 267쪽, "壬申, 尒朱世隆停建興之高都, 尒朱兆自晉陽來會之, 共推太原太守·行幷州刺史長廣王曄爲主, 大赦所部, 號年建明, 普汎四級. 徐州刺史尒朱仲遠反, 率衆向京師."

莊帝를 晉陽으로 데려가 甲子日(531. 1. 26) 三級佛寺에서 죽였다.[309]

이어서 長廣王 元曄 대신 廣陵王 元恭을 옹립한 尒朱氏 일족은 권력을 나눠 가졌다. 驃騎大將軍 開府儀同三司 徐州刺史 彭城王 尒朱仲遠과 驃騎大將軍 開府儀同三司 雍州刺史 隴西王 尒朱天光은 모두 大將軍에, 柱國大將軍 幷州刺史 潁川王 尒朱兆는 天柱大將軍에, 侍中 太府 驃騎大將軍 開府儀同三司 尙書令 樂平王 尒朱世隆은 太保에 임명되었다.[310] 尒朱榮이라는 구심점을 잃어버린 尒朱氏 일족은 한 사람을 중심으로 뭉치지 못하고 尒朱天光 · 尒朱仲遠 · 尒朱兆 · 尒朱世

---

309 『魏書』卷10「孝莊紀」永安三年十二月壬寅朔條, 268쪽, "十有二月壬寅朔, 尒朱兆寇丹谷, 都督崔伯鳳戰歿, 都督羊文義 · 史五龍降state, 大都督源子恭奔退. 甲辰, 尒朱兆 · 尒朱度律自富平津上, 率騎涉渡, 以襲京城. 事出倉卒, 禁衛不守. 帝出雲龍門. 兆逼帝幸永寧佛寺, 殺皇子, 幷殺司徒公 · 臨淮王彧, 左僕射 · 范陽王誨. 戊申, 元曄大赦天下. 尒朱度律自鎭京師. 甲寅, 尒朱兆遷帝於晉陽; 甲子, 崩於城內三級佛寺, 時年二十四. 幷害陳留王寬.";『魏書』卷75「尒朱兆傳」, 1662쪽, "及尒朱榮死也, 兆自汾州率騎據晉陽. 元曄立, 授兆大將軍, 爵爲王. 兆與世隆等定謀攻洛, 兆遂率衆南出. 進逼太行, 大都督源子恭于都督史仵龍 · 楊隆降兆, 子恭退走. 兆輕兵倍道從河梁西涉渡, 掩襲京邑. 先是, 河邊人夢神謂己曰: '尒朱家欲渡河, 用爾作滬波津令, 爲之縮水脈.' 月餘, 夢者死. 及兆至, 有行人自言知水淺處, 以草往往表揷而導道焉. 忽失其所在. 兆遂策馬涉渡. 是日, 暴風鼓怒, 黃塵漲天, 騎叩宮門, 宿衛乃覺. 彎弓欲射, 袍撥弦, 矢不得發, 一時散走. 帝步出雲龍門外, 爲兆騎所縶, 幽於永寧佛寺. 兆撲殺皇子, 汙辱妃嬪, 縱兵虜掠. 停洛旬餘, 先令衛送莊帝於晉陽. 兆後於河梁監閱財貨, 遂害帝於三級寺."

310 『魏書』卷11「廢出三帝紀 · 前廢帝」普泰元年條, 275쪽, "三月癸酉, 封長廣王曄爲東海王. 詔太師 · 驃騎大將軍 · 靑州刺史 · 魯郡王肅還爲太師; 特進 · 車騎大將軍 · 沛郡王欣爲太傅 · 司州牧, 改封淮陽王; 驃騎大將軍 · 開府儀同三司 · 徐州刺史 · 彭城王尒朱仲遠, 驃騎大將軍 · 儀同三司 · 雍州刺史 · 隴西王尒朱天光, 幷爲大將軍; 柱國大將軍 · 幷州刺史 · 潁川王尒朱兆爲天柱大將軍; 驃騎大將軍 · 儀同三司 · 左衛將軍 · 大都督 · 晉州刺史 · 平陽郡開國公齊獻武王封勃海王, 增邑五百戶; 特進 · 車騎大將軍 · 淸河王亶爲儀同三司; 侍中 · 太傅 · 驃騎大將軍 · 開府儀同三司 · 尙書令 · 樂平王尒朱世隆爲太保; 開府 · 前司徒公長孫稚爲太尉公 · 錄尙書事; 侍中 · 驃騎大將軍 · 開府儀同三司 · 趙郡王諶爲司空公. 稚固辭, 尋除驃騎大將軍 · 開府儀同三司."

隆이 권력과 영토를 分占하였다. 즉 尒朱天光이 關右, 尒朱仲遠이 大梁, 尒朱兆가 幷州, 尒朱世隆이 洛陽에 주둔하고[311] 각각 隴右(關右)와 동남, 幷州, 洛陽 朝廷을 지배하였다.[312] 그러나 이들은 권력을 분점하였지만 서로 시기하여 협력하지 못하였다. 尒朱兆와 尒朱仲遠·尒朱度律이 화합하지 못했고,[313] 尒朱兆와 尒朱世隆은 한때 군대를 동원하여 서로 싸우려고 하였다.[314] 尒朱兆와 尒朱仲遠이 高歡과의 전쟁에서 패하자 尒朱天光에게 구원을 요청했으나 尒朱天光은 이를 거부하였고, 마지못해 참전한 후 高歡의 군대에 패해 사로잡혀 죽었다.[315] 尒朱世隆은 尒朱天光 등이 韓陵에서 패하자 河橋에 주둔하여 尒朱天光을 구원하려는 尒朱彦伯의 말을 듣지 않았다.[316]

이들은 권력을 분점하고 부패와 전횡을 일삼았다. 大梁에 주둔하며 동남 지역을 '사실상' 지배한 尒朱仲遠은 부자들을 모반으로 무고하고 재산을 적몰하였으며, 아름다운 諸將의 婦女와 간통하였고, 滎

311 『魏書』 卷75 「尒朱彦伯傳附仲遠傳」, 1667쪽, "時天光控關右, 仲遠在大梁, 兆據幷州, 世隆居京邑, 各自專恣, 權强莫比焉."

312 『魏書』 卷75 「尒朱度律傳」, 史臣曰, 1677쪽, "史臣曰: 尒朱兆之在晉陽, 天光之據隴右, 仲遠鎭捍東南, 世隆專秉朝政, 于時立君廢主易於弈棊, 慶賞威刑咸出於己."

313 『魏書』 卷75 「尒朱兆傳」, 1664쪽, "兆與仲遠·度律遂相疑阻, 久而不和."

314 『魏書』 卷75 「尒朱彦伯傳」, 1665쪽, "廢帝旣立, 尒朱兆 以己不預謀, 大爲忿恚, 將攻世隆. 詔令華山王鷙兼尙書僕射·北道大使慰喩兆, 兆猶不釋. 世隆復遣彦伯自往喩之, 兆乃止."

315 『魏書』 卷75 「尒朱天光傳」, 1676-1677쪽, "於時獻武王義軍轉盛, 尒朱兆·仲遠等旣經敗退, 世隆累使徵天光, 天光不從. 後令斛斯椿苦要天光云: '非王無以能定, 豈可坐看宗家之滅也.' 天光不得已而東下, 與仲遠等敗於韓陵. 斛斯椿等先還, 於河梁拒之. 天光旣不得渡, 西北走, 遇雨不可前進, 乃執獲之, 與度律送於獻武王. 王致於洛, 斬於都市."

316 『魏書』 卷75 「尒朱彦伯傳」, 1665쪽, "天光等敗於韓陵, 彦伯欲領兵屯河橋以爲聲勢, 世隆不從."

陽 동쪽의 輸稅는 洛陽 朝廷에 보내지 않고 자신의 군대 유지 비용으로 사용하였다.[317] 尒朱世隆은 尙書省을 장악하고 인사와 생사여탈을 마음대로 정하며 청탁과 뇌물을 받고 관직을 남발하였다.[318] 尒朱度律과 尒朱天光도 부패와 폭정으로 유명하였다.[319] 『魏書』에서는 "尒朱世隆 형제가 각각 强兵을 거느리고 四海에서 백성들의 재물을 빼앗았으니 그 暴虐이 극에 달했다"[320]라고 서술할 정도였다. 『魏書』 史臣曰에서 尒朱兆·尒朱世隆·尒朱仲遠·尒朱天光 등 尒朱氏政權의 말로를 다음과 같이 서술하였다.

"尒朱兆는 晉陽에 있었고, 尒朱天光은 隴右에 웅거하였으며, 尒朱仲遠은 東南을 鎭捍하고, 尒朱世隆은 朝政을 독점하였다. 이때 君을 세우고 主를 廢하는 것은 弈棊를 두기보다 쉬웠고, 慶賞과 威刑은 모두 자기들에

---

317 『魏書』 卷75 「尒朱彦伯傳附仲遠傳」, 1667쪽, "仲遠天性貪暴, 大宗富族, 誣之以反, 殄其家口, 簿籍財物, 皆以入己, 丈夫死者投之河流, 如此者不可勝數. 諸將婦有美色者, 莫不被其淫亂. 自滎陽以東, 輸稅悉入其軍, 不送京師. 時天光控關右, 仲遠在大梁, 兆據幷州, 世隆居京邑, 各自專恣, 權強莫比焉. 所在並以貪虐爲事, 於是四方解體. 又加太宰, 解大行臺. 仲遠專恣尤劇, 方之彦伯·世隆最爲無禮, 東南牧守下至民俗, 比之豺狼, 特爲患苦."

318 『魏書』 卷75 「尒朱彦伯傳附世隆傳」, 1669쪽, "初, 世隆之爲僕射, 自憂不了, 乃取尙書文簿在家省閱. 性聰解, 積十餘日, 然後視事. 又畏尒朱榮威, 深自克勉, 留心几案, 傍接賓客, 遂有解了之名. 榮死之後, 無所顧憚. 及爲尙書令, 常使尙書郎宋遊道·邢昕在其宅廳視事, 東西別坐, 受納訴訟, 稱命施行. 其專恣如此. 旣總朝政, 生殺自由, 公行淫佚, 無復畏避, 信任羣小, 隨其與奪. 又欲收軍人之意, 加汎除授, 皆以將軍而兼散職, 督將兵吏無虛號者. 自此五等大夫, 遂致猥濫, 又無員限, 天下賤之."

319 『魏書』 卷75 「尒朱度律傳」, 1672쪽, "度律雖在軍戎, 聚斂無厭, 所至之處, 爲百姓患毒."; 『魏書』 卷75 「尒朱天光傳」, 1677쪽, "尒朱專恣, 分裂天下, 各據一方. 天光有定關西之功, 差不酷暴, 比之兆與仲遠爲不同."

320 『魏書』 卷75 「尒朱彦伯傳附仲遠傳」, 1669쪽, "世隆兄弟羣從, 各擁強兵, 割剝四海, 極其暴虐."

게서 나왔다. 만약 德을 베풀고 義를 행하며, 公을 걱정하고 私를 잊으며,
脣齒가 서로 의지하는 것처럼 同心으로 協力하였으면, 磐石같이 공고한
권력이 유지되어 도모할 수 없었을 것이다. 그러나 그들은 庸才였기 때문
에, 志와 識은 멀리 보지 못했으며, 다투는 것은 오직 權勢였고, 좋아하는
것은 오직 財와 色이었으니, 비유하건대 욕심은 무척 컸고 豺狼보다 심하
였다. 이에 天下가 失望하고 사람들은 원망하고 몹시 성냈으며 드디어 勁
敵으로 하여금 조용히 그 틈을 보도록 하고 心腹은 안에서 사이가 멀어지
고 형체와 그림자가 밖에서 합쳤을 뿐이다. 廣阿의 전투 이후 잎이 떨어지
고 얼음이 깨졌으며, 韓陵의 전쟁으로 산산이 부서졌다.″[321]

위의 인용문에서 알 수 있듯이 尒朱氏政權은 강한 무력을 믿고 권
력을 행사하고 서로 뭉치지 못하였다. 결국 廣阿와 韓陵에서 패한 후
권력을 高歡에게 넘겨주었다. 尒朱氏政權의 실정과 포악은 민심 이반
을 초래하였다. 范陽郡 출신 盧文偉[322]와 高乾, 劉靈助, 封隆之[323] 등

---

[321] 『魏書』 卷75 「尒朱度律傳」, 史臣曰, 1677쪽, "尒朱兆之在晉陽, 天光之據隴右, 仲遠
鎭捍東南, 世隆專秉朝政, 于時立君廢主異於弈棋, 慶賞威刑咸出於己. 若使布德行
義, 憂公忘私, 脣齒相依, 同心協力, 則磐石之固, 未可圖也. 然是庸才, 志識無遠, 所
爭唯權勢, 所好惟財色, 譬諸溪壑, 有甚豺狼, 天下失望, 人懷怨憤, 遂令勁敵得容覘
間, 心腹內阻, 形影外合. 是以廣阿之役, 葉落冰離; 韓陵之戰, 土崩瓦解."

[322] 『北齊書』 卷22 「盧文偉傳」, 319쪽, "洛周敗, 復入葛榮, 榮敗, 歸家. 時韓樓據薊城,
文偉率鄕閭屯守范陽, 與樓相抗. 乃以文偉行范陽郡事. 防守二年, 與士卒同勞苦, 分
散家財, 拯救貧乏, 莫不人人感說. 尒朱榮遣將侯深討樓, 平之, 文偉以功封大夏縣
男, 邑二百戶, 除范陽太守. 深乃留鎭范陽. 及榮誅, 文偉知深難信, 乃誘之出獵, 閉
門拒之. 深失據, 遂赴中山."

[323] 『資治通鑑』 卷155 「梁紀」11 武帝中大通三年條, 4801-4802쪽, "幽·安·營·幷四州
行臺劉靈助, 自謂方術可以動人, 又推算知尒朱氏將衰, 乃起兵自稱燕王·開府儀同
三司·大行臺, 聲言爲敬宗復讎, 且妄述圖讖, 云'劉氏當王'. 由是幽·瀛·滄·冀之
民多從之, 從者夜擧火爲號, 不擧火者諸村共屠之. 引兵南至博陵之安國城. ……

河北豪族들이 尒朱氏政權에 반기를 들었다.[324] 결국 高歡이 六鎭 집단과 河北의 漢人豪族勢力을 결집하여 尒朱氏를 멸망시키고 覇權을 잡았다. 이는 尒朱兆 등 尒朱氏 토벌이라는 명분이 河北豪族들에게 큰 호소력을 지녔기 때문이다.[325]

5 尒朱榮과 尒朱氏政權 평가

尒朱榮政權은 尒朱榮이 일으킨 河陰의 변과 孝莊帝의 尒朱榮 살해, 尒朱兆의 孝莊帝 생포와 살해, 괴뢰 황제의 옹립 등으로 부정적인 이미지가 강하다. 그러나 尒朱榮의 부하들이 후에 西魏北周와 東魏北齊를 세우는 핵심 지배층이 되었다는 점[326]에서 北朝後期에 끼친 영향이 컸다. 따라서 東魏北齊와 西魏北周 시대에는 尒朱榮을 긍정적으로 묘사하였다. 이러한 평가를 墓誌銘에서 확인해보자. 먼저 「竇泰墓誌」의 구절을 보자.

"이때 靈后가 臨朝하여 政은 權孽에게 옮겨졌으며, 闟惡의 酒는 虛가

尒朱兆遣監軍孫白鷂至冀州, 託言調發民馬, 欲俟高乾兄弟送馬而收之. 乾等知之, 與前河內太守封隆之等合謀, 潛部勒壯士, 襲據信都, 殺白鷂, 執刺史元嶷. 乾等欲推其父翼行州事, 翼曰: '和集鄕里, 我不如封皮', 乃奉隆之行州事, 爲敬宗擧哀, 將士皆縞素, 升壇誓衆, 移檄州郡, 共討尒朱氏, 仍受劉靈助節度. 隆之, 磨奴之族孫也."

324 梁燕妮, 「北魏末年渤海封氏的動向」, 『滄桑』2011-3, 2011, 83오른쪽-84왼쪽.

325 徐美莉, 「論高歡及其時代」, 中國魏晉南北朝史學會 大同平城北朝硏究會, 『北朝硏究』2, 北京: 北京燕山出版社, 2001, 108-110쪽.

326 李啓明, 「北魏末의 亂政과 叛亂-尒朱氏政權을 중심으로-」, 『全南史學』9, 1995; 朱大渭, 「代北豪强酋帥崛起述論」, 223쪽; 小島典子, 「北魏末期의 尒朱榮」, 『史窓』58, 2001, 321아래쪽-322위쪽; 毛漢光, 「北魏東魏北齊之核心集團與核心區」, 『中國中古政治史論』, 上海: 上海書店出版社, 2002.

되고 神福의 觴은 禍가 되니, 四海가 슬퍼하고 三靈이 분노하고 한탄하였다. 天柱大將軍 尒朱榮은 汾川에서 군대를 일으켜, 君側을 問罪하였다. 이 때 竇泰는 寧遠將軍 虎賁中郞將 前鋒都督에 임명되었다."[327]

위의 인용문에서 胡太后의 실정이 비유적으로 묘사되었고 尒朱榮의 洛陽 점령을 황제의 측근을 問罪하는 의거로 서술하였다. 특히 尒朱榮을 天柱大將軍이라 칭하였다. 「張瓊墓誌」에서 天柱大將軍이 元師를 일으켜 凶丑을 掃滅하였다고 기록하였다.[328] 尒朱榮에 우호적인 서술은 尒朱天柱, 즉 尒朱榮의 행동을 '勤王'으로 기술한 「徐顯秀墓誌」에서도 확인된다.[329] 또 尒朱榮에 협력하여 현달한 元鷙의 墓誌에는 永安 2년(529) 孝莊帝의 巡幸(몽진)을 따라갈 때 尒朱榮을 '天柱大將軍'이라고 표기하였다.[330] 元肅은 尒朱榮에 가담하여 참모 역할을 하였고 魯郡王에 봉해졌다.[331] 「元肅墓誌」에서도 尒朱榮을 '天柱大將軍'이라 표기하여 尊稱하였다. 「侯莫陳道生墓誌」에서 尒朱榮을 '天柱尒朱榮'으로 표기하였다.[332] 侯莫陳道生은 尒朱榮 휘하에서 北海王 元顥를

---

327 「竇泰墓誌」, 『漢魏南北朝墓誌彙編』, 395쪽, "屬靈后臨朝, 政移權蘗, 鬪惡之酒爲虛, 神福之觴成禍, 四海痛心, 三靈憤惋. 天柱大將軍尒朱榮鞠旅汾川, 問罪君側. 爲寧遠將軍虎賁中郞將前鋒都督."

328 劉東昇, 「東魏張瓊墓誌考釋」, 政協大同市委員會·山西大同大學, 『2018中國大同·北魏文化論壇論文集』, 2018. 8, 227쪽, "天柱大將軍唱擧元師, 掃滅凶丑."

329 「徐顯秀墓誌」, 『新出魏晉南北朝墓誌疏證』, 209쪽, "旣而北服塵飛 中原雲擾, 尒朱天柱, 始輯勤王, 宿挹英異, 厚相招結, 簒糧杖劍, 遂參麾鼓."

330 「元鷙墓誌」, 『漢魏南北朝墓誌彙編』, 343쪽, "王永安二年隨駕北巡, 卽達建州, 遂與天柱大將軍尒朱榮重出河陽. 行幸建州, 詔書拜車騎大將軍·儀同三司·中軍大都督, 改封華山郡王, 食邑一千戶, 通前合一千八百戶, 護軍領軍如故."

331 「元肅墓誌」, 『漢魏南北朝墓誌彙編』, 303쪽, "故天柱大將軍尒朱榮建義旗於晉陽. 公預參遠略, 及扶危翼. 聖特加班賞, 除散騎常侍, 封魯郡王, 邑千室."

332 『庾子山集注』(庾信 撰, 倪璠 注, 許逸民 點校, 北京: 中華書局, 1980) 卷15 「周驃騎大

토벌하였다. 侯莫陳道生은 賀拔勝을 따라 關中에 들어왔고,[333] 후에 宇文泰의 심복으로 활약하였다.[334] 侯莫陳道生의 官歷을 보면 西魏北周의 지배층에 속하는데, 그는 尒朱榮을 '天柱大將軍'으로 표기하여 尒朱榮의 밑에서 從軍한 것을 명예롭게 생각하였다. 侯莫陳道生과 元淑, 元鷙은 尒朱榮 밑에서 일하여 현달하였기 때문에 尒朱榮을 높이 평가하였다.

高歡에 타도된 尒朱兆와 尒朱天光도 墓誌에 언급되었다. 「叱羅協墓誌」에서도 尒朱天柱, 즉 尒朱兆에게 司馬로 등용한 사실을 특기하였다.[335] 이처럼 北朝後期 당시에 尒朱兆를 긍정적으로 평가하는 분위기가 있었음을 알 수 있다.[336] 또 西魏에서 활동한 王士良은 北魏末柱國大將軍潁川尒朱公參軍事로 벼슬을 시작하였다.[337] 여기에서 尒朱兆를 柱國大將軍 潁川王이란 官爵으로 표기한 것은 尒朱兆를 尊稱한 표현이다. 北齊에서 활동한 □季和의 墓誌에서도 尒朱兆를 '尒朱潁川王'으로 표기하였다.[338] 尒朱兆를 '潁川王'으로 칭한 것도 尒朱兆에 대한 尊稱의 표현이다. 다음은 尒朱天光에 대한 표기이다. 紇干弘(田弘)은 永安년간 子都督에 임명되어 隴西王의 지휘를 받았다.[339] 이는 『周

將軍開府侯莫陳道生墓誌銘」, 947쪽, "魏正光五年, 任統軍, 隸天柱尒朱榮征北海王."
333 위와 같음, "永安三年, 隨太師賀拔勝入關."
334 위와 같음, "太祖文皇帝奄有關河, 令行天下, 以君幹略, 委之爪牙."
335 「叱羅協墓誌」, 『新出魏晉南北朝墓誌疏證』, 269-273쪽. 會田大輔는 '尒朱天柱'를 尒朱兆라고 고증하였다(會田大輔, 「北周「叱羅協墓誌」に關する一考察–宇文護時代再考の手がかりとして–」 『文學硏究論集』 23, 2005, 130쪽).
336 최진열, 「北魏末 '尒朱榮政權'의 출현과 그 영향」, 239-241쪽.
337 「王士良墓誌」, 『新出魏晉南北朝墓誌疏證』, 345쪽.
338 「□季和墓誌」, 『墨香閣藏北朝墓誌』(葉煒·劉秀峰 主編, 上海: 上海古籍出版社, 2016), 142쪽, "尒朱潁川王搠旅陳師, 先聲後室. 君其攝進, 首啓戎行, 補前鋒大都督."
339 『庚子山集注』 卷14 「周柱國大將軍紇干弘神道碑」, 836쪽, "魏永安中, 任子都督, 翻

書』「田弘傳」에도 기록되었는데,[340] 양자를 대조하면 隴西王은 尒朱天光이다. 「紇干弘(田弘)墓誌」에 이름이 아닌 隴西王이란 爵名으로 표기한 것은 尒朱天光에 대한 우대이다. 「慕容寧(豆盧寧)墓誌」에서도 尒朱天光을 太宰로 표기하였다.[341] 당시 北魏 官制에서 太宰는 上公과 三公보다 높았다. 따라서 尒朱天光을 '太宰'로 표기한 것은 그에 대한 尊稱이었다.

물론 尒朱榮과 尒朱兆·尒朱天光 등에 대한 존칭만 존재하는 것은 아니다. 「任祥墓誌」에는 永安 3년 尒朱榮의 살해를 '元凶抚本'이라 표기하였고, 高歡의 尒朱氏 타도를 "丞相高王應期□義"라고 표기하였다.[342] 즉 尒朱榮을 元凶이라고 매도한 반면 高歡은 '丞相 高王'으로 존칭되었다. 이는 任祥이 東魏北齊에서 高官으로 승진하며 영달한 것과 밀접한 관련이 있다. 이처럼 墓誌 주인의 정치적 이해관계에 따라 尒朱榮과 尒朱兆·尒朱天光에 대한 평가가 달라졌지만 특히 西魏北周 지배층이 尒朱榮과 尒朱天光 등을 높게 평가했음을 확인할 수 있다. 이 또한 西魏北周의 지배층이 尒朱天光의 부하였던 점과 무관하지 않다.

原州城, 受隴西王節度. 於是洛邑亂離, 當塗危逼, 禮樂征伐, 不出於天子, 擧賢誅暴實在於强臣, 太祖文皇帝始創覇功, 初勤王室, 秣馬蒐乘, 誓衆太原, 公仗劍轘門, 粗謀當世."

340 『周書』卷27「田弘傳」, 449쪽, "魏永安中, 陷於万俟醜奴. 尒朱天光入關, 弘自原州歸順, 授都督."

341 『庾子山集注』卷14「周柱國楚國公岐州刺史慕容公神道碑」, 897쪽, "永安元年, 太宰尒朱天光, 魏室元輔, 握兵淮右, 抗權江南, 公時任別將, 便從征伐. 自是長城硤石, 必先行陣, 秦南隴西, 每當矢石. 摧堅乘勝, 莫不前驅; 策勳行賞, 常居第一."

342 「任祥墓誌」, 『新見北朝墓誌集釋』(王連龍, 北京: 中國書籍出版社, 2012), 87쪽, "永安至末, 元凶抚本, 丞相高王應期□義, 乃以公爲黃門侍郎."

3. 尒朱氏政權의 이원적 지배와 '兩都體制'

尒朱榮은 河陰의 변 이전에 使持節 侍中 都督中外諸軍事 大將軍 開府 兼尚書令 領軍將軍 領左右에 임명되고 太原王에 봉해졌다.[343] 都督中外諸軍事는 중앙과 지방의 軍事를 총괄하였고, 尚書令은 행정을 총괄하는 벼슬이었다. 領軍將軍과 領左右는 皇帝의 친위부대를 관리하는 벼슬이었고, 侍中은 皇帝의 측근이었으며, 북위 후기에는 권력을 장악하였다. 이로써 尒朱榮은 대권을 장악하였다.

처음에 尒朱榮은 河陰의 변을 일으키고 洛陽으로 입성한 후 太原 (晉陽) 遷都를 계획하였다. 이에 尒朱榮은 孝莊帝에게 太原(晉陽) 遷都를 권했다. 孝莊帝가 都官尚書 元諶에게 太原(晉陽) 遷都에 관해 자문을 구하니 元諶은 완강히 반대하였다. 며칠 후에 尒朱榮이 孝莊帝와 함께 洛陽 宮闕의 壯麗함을 보고 감탄하며 太原(晉陽) 遷都를 포기하였다.[344] 『資治通鑑』에 따르면, 이 일화는 梁 大通 2년(528), 즉 孝莊帝가 즉위한 직후의 일이다. 尒朱榮은 河陰의 변 때 조정의 관리들을 많이 죽여서 감히 洛陽城에 들어갈 엄두를 내지 못하였고 이에 북으로 돌아가기 위해 遷都를 논의했지만 武衛將軍 汎禮가 반대하였다.

---

343 『魏書』卷74「尒朱榮傳」, 1647-1648쪽, "十一日, 榮奉帝爲主, 詔以榮爲使持節·侍中·都督中外諸軍事·大將軍·開府·兼尚書令·領軍將軍·領左右, 太原王, 食邑二萬戶."

344 『北史』卷19「獻文六王·趙郡王幹傳附諶傳」, 696쪽, "諶兄諶, 字興伯, 性平和, 位都官尚書. 尒朱榮之入洛陽, 啓莊帝欲遷都晉陽. 帝以問諶, 爭之以爲不可. 榮怒曰: '何關君而固執也! 且河陰之役, 君應之.' 諶曰: '天下事天下論之, 何以河陰之酷而恐元諶! 宗室戚屬, 位居常伯, 生旣無益, 死復何損! 正使今日碎首流腸, 亦無所懼.' 榮大怒, 欲罪諶. 其從弟世隆固諫, 乃止. 見者莫不震悚, 諶顔色自若. 後數日, 帝與榮見宮闕壯麗, 列樹成行, 乃歎曰: '臣一昨愚志, 有遷京之意, 今見皇居壯觀, 亦何用去河洛而就晉陽. 臣熟思元尚書言, 深不可奪.' 是以遷都議因罷."

河陰의 변으로 민심이 불안하자 尒朱榮은 河陰의 변 때 죽은 관리들에게 관직을 추증하였다. 그리고 민심이 안정된 후 다시 太原(晉陽) 遷都를 논의했지만 元謐이 반대했다. 결국 孝莊帝와 함께 높은 곳에 올라 洛陽 궁전을 돌아본 후 遷都를 단념했다.[345] 『北史』와 『資治通鑑』에서는 元謐의 반대와 洛陽 宮闕의 壯麗함 때문에 尒朱榮이 太原(晉陽) 遷都를 단념했다고 기록하였지만, 실제로는 北魏 지배층의 반대와 洛陽과 같은 대도시 건설 비용 때문에 포기했을 것이다.[346]

太原(晉陽) 遷都를 단념한 후 尒朱榮은 太原(晉陽)에 머물러 洛陽 朝廷을 원격 조정(遙制)하는 방식을 택하였다. 尒朱榮은 武泰元年(527) 五月 丁巳朔[347] 北道大行臺에 임명되었다. 이어서 辛酉日에 太原으로 돌아갔다.[348] 이후 尒朱榮은 柱國大將軍 錄尙書事,[349] 大丞相,[350] 天柱

---

345 『資治通鑑』 卷152 「梁紀」8 武帝太通二年條, 4744쪽, "榮所從胡騎殺朝士旣多, 不敢入洛城, 卽欲向北爲遷都之計. 榮狐疑甚久, 武衛將軍汎禮固諫. 辛丑, 榮奉帝入城, 帝御太極殿, 下詔大赦, 改元建義. 從王原王將士, 普加五階, 在京文官二階, 武官三階, 百姓復租役三年. 時不官蕩盡, 存者皆竄匿不出. 唯散騎常侍山偉一人拜赦於闕下. 洛中士民草草, 人懷異慮, 或云榮欲縱兵大掠, 或云欲遷都晉陽; 富者棄宅, 貧者襁負, 率皆逃竄, 什不存一二, 直衛空虛, 官守曠廢. 榮乃上書, 稱: '大兵交際, 難可齊壹, 諸王朝貴, 橫死者衆, 臣今粉軀不足塞咎, 乞追贈亡者, 微申私責. 無上王請追尊爲無上皇帝, 自餘死於河陰者, 王贈三司, 三品贈令·僕, 五品贈刺史, 七品已下白民贈郡鎭; 死者無後聽繼, 卽授封爵. 又遣使者循城勞問.' 詔從之. 於是朝士稍出, 人心粗安. 封無上之子韶爲彭城王. 榮猶執遷都之議, 帝亦不能違; 都官尙書元謐爭之, 以爲不可. 榮怒曰: '何關君事, 而固執也!' 且河陰之事, 君應知之.' 謐曰: '天下事當與天下論之, 柰何以河陰之酷而恐元謐! 謐, 國之宗室, 位居常伯, 生旣無益, 死復何損, 正使今日碎首流腸, 亦無所懼!' 榮大怒, 欲抵謐罪, 尒朱世隆固諫, 乃止. 見者莫不震悚, 謐顏色自若. 後數日, 帝與榮登高, 見宮闕壯麗, 列樹成行, 乃歎曰: '臣昨愚闇, 有北遷之意, 今見皇居之盛, 熟思元尙書言, 深不可奪. 由是罷遷都之議.'"
346 최진열, 「北魏末 '尒朱榮政權'의 출현과 그 영향」, 225-226쪽.
347 陳垣의 『二十史朔閏表』에 따르면, 이 해 五月 첫날은 丁巳日이 아니라 癸亥日이었다.
348 『魏書』 卷10 「孝莊紀」 武泰元年五月條, 257쪽, "五月丁巳朔, 加大將軍尒朱榮北道大行臺. 以尙書右僕射元羅爲東道大使, 征東將軍·光祿勳元欣副之, 巡方黜陟, 先行

大將軍[351]에 임명되었다. 尒朱榮은 太原(晉陽)에 머무르며 大丞相府와 都督中外諸軍事府, 각종 大將軍과 錄尙書, 大行臺 등의 府(관청)를 太原에 두고 洛陽의 朝廷을 원격 통제하였다. 선행연구에 따르면, 찬탈자가 별도로 두었던 覇府는 東魏 시대에 처음 등장하였지만,[352] 尒朱榮이 太原에 둔 여러 權府도 覇府로 간주해야 한다.[353]

『魏書』「尒朱榮傳」에서는 당시 尒朱榮의 통치방식을 아래와 같이 기술하였다.

"尒朱榮은 몸은 비록 바깥에 있지만 늘 朝廷을 遙制하여 親戚을 널리 배치하고 左右로 두어 動靜을 伺察하니 크고 작은 동정을 반드시 알았다."[354]

친척을 널리 배치했다는 기록은 『魏書』의 尒朱氏 列傳에서 검증이

後聞. 辛酉, 大將軍尒朱榮還晉陽, 帝餞於邙陰."

349 『魏書』卷10「孝莊紀」武泰元年秋七月條, 259쪽, "乙丑, 加大將軍尒朱榮柱國大將軍 · 錄尙書事."

350 『魏書』卷74「尒朱榮傳」, 1650쪽, "詔曰: 功格天地, 錫命之位必崇; 道濟生民, 褒賞之名宜大. 是以莘贊毫, 不次之號爰歸; 渭叟翼周, 殊世之班載集. 況導源積石, 襲構崐山, 門踵英猷, 弼成鴻業, 抗高天之摧柱, 振厚地之絕維, 德冠五侯, 勳高九伯者哉! 太原王榮代荷蕃寵, 世載忠烈, 入匡頹運, 出剗元兇, 使積年之霧倏焉滌蕩, 數載之塵一朝淸謐. 燕恒旣泰, 趙魏還蘇, 比績況功, 古今莫二, 若不式稽舊典, 增是禮數, 將何以昭德報功, 遠明國範? 可大丞相 · 都督河北畿外諸軍事, 增邑一萬戶, 通前三萬, 餘官悉如故.'"

351 『魏書』卷10「孝莊紀」永安二年秋七月條, 263쪽, "壬申, 以柱國大將軍 · 太原王尒朱榮爲天柱大將軍, 加前後部羽葆 · 鼓吹."

352 金翰奎, 「東魏 高氏의 覇府와 晉陽」, 96쪽 및 102쪽.

353 최진열, 「北魏末 '尒朱政權'의 출현과 그 영향」, 227-228쪽.

354 『魏書』卷74「尒朱榮傳」, 1654쪽, "榮身雖居外, 恒遙制朝廷, 廣布親戚, 列爲左右, 伺察動靜, 小大必知."

가능하다. 尒朱榮은 尒朱世隆을 侍中 領軍將軍 左衛將軍 領左右에 임명하였고, 이어서 車騎將軍 兼領軍將軍 左光祿大夫 兼尚書右僕射에 임명하였다.[355] 領軍將軍과 左衛將軍, 領左右는 皇帝를 宿衛하는 領軍府의 고위 將領이었고 侍中은 皇帝의 측근이었다. 따라서 尒朱榮은 尒朱世隆에게 孝莊帝의 지근에서 보필함과 동시에 감시의 역할을 맡겼음을 알 수 있다. 尒朱兆도 建興太守를 거쳐 武衛將軍에 임명되었다.[356] 尒朱仲遠은 孝莊帝 즉위 후 直寢 寧遠將軍 步兵校尉에 임명되었다.[357] 直寢은 直衛에 속하며 皇帝의 宿衛를 맡았던 將領이었다. 領軍府는 北魏後期에 宿衛뿐만 아니라 정치에 간섭하며 영향력을 행사했기 때문에,[358] 尒朱榮은 領軍將軍과 左衛將軍 등 領軍府의 주요 將領에 尒朱氏 일족을 임명하여 孝莊帝를 견제한 것이다. 또 尒朱榮은 京畿大都督을 신설하고 측근을 임명하였다. 이 또한 洛陽 조정을 감시하는 것이 주요 목적이었다.[359] 尒朱世隆의 아우 尒朱世承 역시 左衛將軍과 侍中, 領御史中尉에 임명되었다.[360] 이는 尒朱世隆처럼

---

355 『魏書』 卷75 「尒朱彦伯傳附世隆傳」, 1668쪽, "莊帝卽位, 乃特除侍中·領軍將軍·左衛將軍·領左右·肆州大中正, 封樂平郡開國公, 食邑一千二百戶. 又除車騎將軍·兼領軍, 俄授左光祿大夫·兼尚書右僕射, 尋卽眞."

356 『魏書』 卷75 「尒朱兆傳」, 1661쪽, "及孝莊卽阼, 特除中軍將軍·金紫光祿大夫, 又假驍騎將軍·建興太守. 尋除使持節·車騎將軍·武衛將軍·左光祿大夫·都督·潁川郡開國公, 食邑千二百戶."

357 『魏書』 卷75 「尒朱彦伯傳附仲遠傳」, 1666쪽, "及孝莊卽阼, 除直寢·寧遠將軍·步兵校尉."

358 崔珍烈, 「北魏後期 친위부대의 정치개입과 그 배경」, 279-310쪽.

359 濱口重國, 「東魏の兵制」, 『秦漢隋唐史の研究』 上卷, 東京: 東京大學出版會, 1980, 154쪽.

360 『魏書』 卷75 「尒朱彦伯傳附世承傳」, 1671쪽, "世隆弟世承. 莊帝初, 爲寧朔將軍·步兵校尉, 欒城縣開國伯. 又特除撫軍將軍·金紫光祿大夫·左衛將軍. 尋加侍中, 領御史中尉."

皇帝를 측근에서 호위함과 동시에 감시하는 역할을 맡은 것이다. 尒朱世隆이 임명된 尙書右僕射와 尒朱世承이 임명된 御史中尉는 각각 행정을 총괄하는 尙書省과 관리를 감찰하는 御史臺의 우두머리였다. 따라서 이들은 관료기구를 통제할 수 있는 관직을 맡아서 洛陽 朝廷을 더욱 통제하였다. 그리고 尒朱榮은 자신이 거주하는 太原(晉陽)과 洛陽을 잇는 建興郡(建州)에 일족인 尒朱兆[361]와 尒朱仲遠[362]을 배치하였다. 이는 유사시 太原에서 洛陽으로 진격할 때 교통의 요지를 반대파가 막아서 진격을 저지시키려는 것을 막으려는 포석이었다. 혹은 洛陽의 朝廷이 尒朱榮을 공격할 때 막는 전초기지를 장악한 것으로도 해석할 수 있다.[363]

尒朱榮이 洛陽이 아닌 太原에 머물러 洛陽 朝廷을 원격통치하는 방식을 택한 이유는 太原의 군사적 · 경제적 · 지정학적 측면에서 살펴볼 수 있다. 毛漢光의 연구에 따르면, 孝文帝의 洛陽遷都 이후 두 개의 중심지가 존재했다. 즉 수도 洛陽은 정치의 중심지였고 雲代와 幷州 지역은 군사적 중심지였다는 것이다.[364] 이 지역은 尒朱榮의 고향인 北秀容이 포함되었다. 尒朱榮은 葛榮을 토벌한 후 葛榮의 무리 20여만을 幷州와 肆州로 이주시켰다.[365] 2절 2항에서 살펴본 것처럼 肆州를 지배할 당시 六鎭과 恒州 · 朔州 일대의 胡 · 漢 인사가 尒朱榮에

---

361 『魏書』卷75「尒朱兆傳」, 1661쪽, "及孝莊卽阼, 特除中軍將軍 · 金紫光祿大夫, 又假驃騎將軍 · 建興太守."

362 『魏書』卷75「尒朱彦伯傳附仲遠傳」, 1666쪽, "尋特除平北將軍 · 建興太守, 頓丘縣開國侯, 邑五百戶. 後加散騎常侍. 及改郡立州, 遷使持節 · 車騎將軍 · 建州刺史."

363 최진열, 「北魏末 '尒朱榮政權'의 출현과 그 영향」, 228-229쪽.

364 毛漢光, 「北魏東魏北齊之核心集團與核心區」, 69-70쪽.

365 『周書』卷1「文帝紀」上, 2쪽, "太祖知其無成, 與諸兄謀欲逃避, 計未行, 會尒朱榮擒葛榮, 定河北, 太祖遂歸晉陽."; 『北史』卷6「齊本紀上 · 高祖神武帝紀」, 213쪽, "葛榮衆流入幷 · 肆者二十餘萬, 爲契胡陵暴, 皆不聊生, 大小二十六反, 誅夷者半, 猶草竊不止."

게 귀부했기 때문에 당시 肆州와 幷州는 무예가 뛰어난 北邊 출신들이 거주했다. 따라서 이 지역은 東魏北齊 시대처럼 騎射에 뛰어난 六鎭과 北邊 출신의 유목민과 목축민이 집중적으로 거주하는 尒朱氏政權의 핵심 지역이었다. 선행연구에 따르면, 北魏·東魏는 전후 幷州·肆州·汾州에 恒州·燕州·雲州·朔州·蔚州·顯州 6州를 僑置하였고 六州 鮮卑軍士를 거주시켰다.[366] 이 가운데 懷荒鎭·禦夷鎭을 改稱한 蔚州가 幷州 鄔縣 界에,[367] 顯州가 汾州 六壁城[368]에 설치되었다. 尒朱榮 시기는 아직 6州가 모두 설치되지 않았지만, 1/3에 해당하는 2州의 僑州가 설치되어 六鎭 인사의 일부를 통제할 수 있었다. 『魏書』「尒朱兆傳」에서는 尒朱榮 사후의 일이지만, 尒朱兆가 晉州刺史 高歡에게 3州 6鎭의 사람을 나누어 高歡에게 統領하도록 했다는 기사가 있다.[369] 여기에서 尒朱氏政權은 六鎭民을 위한 僑州를 설치하지 않았지만, 尒朱氏政權이 北邊의 3州 6鎭 사람들을 통제하고 유사시에 군인으로 동원했음을 알 수 있다.

다음으로 太原 일대는 농업과 목축의 점이지대였고 유목민들이 싫어하는 더위를 피할 수 있으며 목축이 가능한 지역이었다.[370] 따라서 목축에 종사하는 尒朱榮의 契胡뿐만 아니라 六鎭과 恒州·朔州 일대의 목축민들이 목축생활을 영위하기에 적합한 땅이었다.

---

366 王仲犖, 「東西魏北齊北周僑置六州考略」, 『北周地理志』, 北京: 中華書局 1980[2007 重印]; 毛漢光, 「北魏東魏北齊之核心集團與核心區」, 86-87쪽.

367 『魏書』 卷106上 「地形志」2上 蔚州條 細注, 2500쪽, "永安中改懷荒·禦夷二鎭置, 寄治幷州鄔縣界."

368 『魏書』 卷106上 「地形志」2上 顯州條 細注, 2501쪽, "永安中置, 治汾州六壁城."

369 『魏書』 卷75 「尒朱兆傳」, 1663쪽, "令人頻徵獻武王於晉州, 乃分三州六鎭之人, 令王統領."

370 楊純淵, 『山西歷史經濟地理』, 太原: 山西人民出版社, 1993, 19쪽; 崔彦華, 「"鄴-晉陽"兩都體制與東魏北齊政治」, 244윈쪽.

지리적으로 太原은 四塞의 지역이었다. 동쪽에는 太行山과 常山, 서쪽에는 蒙山, 남쪽에는 霍泰山과 高壁嶺, 북쪽으로 東陘關과 西陘關에 막혀 있어서 四塞이라고 불렸다.[371] 이는 高歡이 大丞相府를 太原에 설치한 배경이 되었다.[372] 이처럼 太原은 山西의 가운데에 위치하며 사면에 모두 屛護가 있었으며 동쪽으로 사면에 응접할 수 있어 사방을 통제할 수 있었다.[373]

위에서 살펴본 것처럼 太原은 尒朱氏政權에 군사적 · 경제적 · 지리적으로 중요한 지역이었기 때문에 尒朱榮은 太原에 머물러 洛陽 朝廷을 원격조종하였다. 그러나 尒朱榮이 孝莊帝에 암살된 후 사정이 바뀌었다. 汾州刺史였던 尒朱兆가 尒朱榮 사후 騎兵을 거느리고 尒朱世隆과 함께 洛陽을 공격하여 孝莊帝를 생포하고 太原에 유폐한 후 죽였다.[374] 이후 尒朱天光이 關右, 尒朱仲遠이 大梁, 尒朱兆가 幷州,

---

371 『資治通鑑』卷155「梁紀」11 武帝中大通四年七月壬寅胡註條, 4826쪽, "太原郡之地, 東阻太行 · 常山, 西有蒙山, 南有霍太山 · 高壁嶺, 北阨東陘 · 西陘關, 故亦以爲四塞之地.";『讀史方輿紀要』(顧祖禹 撰, 賀次君 · 施和金 點校, 北京: 中華書局, 2005) 卷40「山西」2 太原府條, 1806쪽, "拓跋世衰, 尒朱榮用并 · 肆之衆, 攘竊魏權, 芟滅群盜, 及高歡破尒朱兆, 以晉陽四塞, 建大丞相府而居之. 胡氏曰: 太原東阻太行 · 常山, 西有蒙山, 南有霍太山 · 高壁嶺, 北扼東陘 · 西陘關, 是以謂之四塞也. 及宇文侵齊, 議者皆以晉陽爲高歡創業之地, 宜從河北直指太原, 傾其巢穴, 便可一擧而定. 周主用其策, 而高齊果覆."

372 『資治通鑑』卷155「梁紀」11 武帝中大通四年七月壬寅條, 4826쪽, "壬寅, 魏丞相歡引兵入滏口, 大都督庫狄干入井陘, 擊尒朱兆. 庚戌, 魏主使驃騎大將軍 · 儀同三司高隆之帥步騎十萬會丞相歡于太原, 因以隆之爲丞相軍司. 歡軍於武鄕, 尒朱兆大掠晉陽, 北走秀容. 幷州平. 歡以晉陽四塞, 乃建大丞相府而居之(胡註: 自此至于高齊建國, 遂以晉陽爲陪都)."

373 崔彦華,「"鄴-晉陽"兩都體制與東魏北齊政治」, 243오른쪽.

374 『魏書』卷75「尒朱兆傳」, 1662쪽, "莊帝還宮, 論功除散騎常侍 · 車騎大將軍 · 儀同三司, 增邑八百戶. 爲汾州刺史, 復增邑一千戶. 尋加侍中 · 驃騎大將軍, 又增邑五百戶. 及尒朱榮死也, 兆自汾州率騎據晉陽. 元曄立, 授兆大將軍, 爵爲王. 兆與世隆等定謀

尒朱世隆이 洛陽에 주둔하고[375] 각각 隴右(關右)와 동남, 并州, 洛陽 朝廷을 통제하였다.[376] 太原에 주둔한 尒朱兆가 使持節 侍中 都督中 外諸軍事 柱國大將軍 領軍將軍 領左右 并州刺史 兼錄尙書事 大行臺 에 임명되어 다른 尒朱氏 일족보다 높은 벼슬을 받았다. 이후 天柱大 將軍에 임명되었으나, 尒朱榮을 고려하여 거절하였다.[377] 여기에서 都 督中外諸軍事와 柱國大將軍, 領軍將軍, 領左右, 錄尙書事는 尒朱榮 의 벼슬과 같고, 大行臺는 尒朱榮의 北道大行臺보다 한 단계 높았다. 따라서 관직만 놓고 보면 尒朱兆가 다른 3인의 尒朱氏(尒朱天光 · 尒朱 仲遠 · 尒朱世隆)보다 우위에 있었고, 따라서 太原의 정치적 · 군사적 지 위도 중요해졌을 것이다. 尒朱榮 사후 尒朱氏政權은 4인 체제로 운영 되었지만 尒朱兆는 군사력의 근원인 契胡와 3州 6鎭의 北邊 사람들 을 장악하여 太原은 여전히 군사적 중심지였다.

尒朱氏政權을 타도한 高歡도 太原에 大丞相府를 두고[378] 洛陽의 孝

攻洛, 兆遂率衆南出. 進達太行, 大都督源子恭下都督史仵龍開壘降兆. 子恭退走. 兆 輕兵倍道從河梁西涉渡, 掩襲京邑. 先是, 河邊人夢神謂曰: '尒朱家欲渡河, 用爾 作澾波津令, 爲之縮水脉.' 月餘, 夢者死. 及兆至, 有行人自言知水淺處, 以草往往表 插而導道焉. 忽失其所在. 兆遂策馬涉渡. 是日, 暴風鼓怒, 黃塵漲天, 騎叩宮門, 宿 衛乃覺. 彎弓欲射, 袍撥弦, 矢不得發, 一時散走. 帝步出雲龍門外, 爲兆騎所繫, 幽 於永寧佛寺. 兆撲殺皇子, 汙辱妃嬪, 縱兵虜掠. 停洛旬餘, 先令衛送莊帝於晉陽. 兆 後於河梁監閱財貨, 遂害帝於三級寺."

375 『魏書』卷75「尒朱彦伯傳附仲遠傳」, 1667쪽, "時天光控關右, 仲遠在大梁, 兆據并 州, 世隆居京邑, 各自專恣, 權强莫比焉."

376 『魏書』卷75「尒朱度律傳」, 史臣曰, 1677쪽, "史臣曰: 尒朱兆之在晉陽, 天光之據隴 右, 仲遠鎭捍東南, 世隆專秉朝政, 于時立君廢主易於弈棊, 慶賞威刑咸出於己."

377 『魏書』卷75「尒朱兆傳」, 1663-1664쪽, "及前廢帝立, 授兆使持節 · 侍中 · 都督中外 諸軍事 · 柱國大將軍 · 領軍將軍 · 領左右 · 并州刺史 · 兼錄尙書事 · 大行臺. 又以兆 爲天柱大將軍, 兆謂人曰: '此是叔父終官, 我何敢受.' 遂固辭不拜. 尋加都督十州諸 軍事, 世襲并州刺史."

378 『資治通鑑』卷155「梁紀」11 武帝中大通四年七月壬寅條, 4826쪽, "壬寅, 魏丞相歡引

武帝 조정과 鄴의 孝靜帝 정권을 遙制하였다.[379] 그리고 尒朱榮이 尒朱氏 일족을 친위부대인 領軍府와 尙書省의 高官에 임명하여 洛陽 조정을 통제하고 감시시켰던 관례를 본받았다. 이와 관련된 기록이 『資治通鑑』「梁紀」14 武帝大同十年條에 보인다.

"丞相 歡이 대부분 晉陽에 있었다. 孫騰·司馬子如·高岳·高隆之는 모두 歡의 親黨이었으므로 朝政을 맡기니, 鄴中에서는 그들을 四貴라고 불렀다."[380]

위의 인용문을 보면 高歡은 대부분 太原(晉陽)에 머물렀지만, 신임하는 孫騰·司馬子如·高岳·高隆之를 鄴에 잔류시켜 孝靜帝의 朝廷을 감시하고 통제하였다. 尒朱榮의 조치와 다른 점이 있다면, 尒朱榮이 일족을 洛陽 조정에 보낸 데 비해, 高歡은 高氏와 異姓 부하를 절반씩 배치했다는 점이다.

太原에 장기 주둔하는 관행은 高歡의 아들 高洋이 北齊를 세우고 즉위한 이후에도 바뀌지 않았다. 형식상 수도는 鄴이었지만, 수도 鄴과 太原에 각각 尙書省을 두었다. 이를 鄴省과 幷省이라 하였다.[381]

兵入滏口, 大都督庫狄干入井陘, 擊尒朱兆. 庚戌, 魏主使驃騎大將軍·儀同三司高隆之帥步騎十萬會丞相歡于太原, 因以隆之爲丞相軍司. 歡軍於武鄉, 尒朱兆大掠晉陽, 北走秀容. 幷州平. 歡以晉陽四塞, 乃建大丞相府而居之(胡註: 自此至于高齊建國, 遂以晉陽爲陪都)."

379 『北齊書』卷18「司馬子如傳」, 242쪽, "史臣曰: 高祖以晉陽戎馬之地, 霸圖攸屬, 治兵訓旅, 遙制朝權, 京臺機務, 情寄深遠."

380 『資治通鑑』卷158「梁紀」14 武帝大同十年條, 4921쪽, "丞相歡多在晉陽, 孫騰·司馬子如·高岳·高隆之, 皆歡之親黨也, 委以朝政, 鄴中謂之四貴, 其權勢熏灼中外, 率多專恣驕貪. 歡欲損奪其權, 故以澄爲大將軍·領中書監, 移門下機事總歸中書, 文武賞罰皆禀於澄."

北齊의 皇帝들은 別都,[382] 陪都,[383] 下都[384]로 불린 太原에 더 오래 머물렀다. 또 文宣帝부터 마지막 後主까지 5명의 皇帝 가운데 개국군주 文宣帝(高洋)를 제외한 廢帝(高殷)와 孝昭帝(高演), 武成帝(高湛), 後主(高緯)가 太原에서 즉위하였다. 이처럼 東魏北齊 시대 太原은 실질적인 수도였고 정치 중심의 소재지였다.[385]

東魏北齊뿐만 아니라 西魏北周도 兩都體制를 운영하였다. 谷川道雄은 東魏北齊의 鄴-太原(晉陽)과 西魏北周의 長安-華州(同州)의 二元體制를 兩都體制로 명명하기도 한다.[386] 西魏의 宇文泰는 東魏의 방어와 진격에 편한 華州(同州)에 丞相府와 大冢宰府, 中外府(都督中外諸軍事府)를 두고 長安의 西魏 朝廷을 遙制하였다. 宇文泰 사후 권력을 장

---

381 두 개의 尙書省의 兩立은 蒙元帝國의 中書省과 行中書省처럼 특수한 현상으로 평가하기도 한다(嚴耀中, 「北齊政治與尙書幷省」, 『上海師範大學學報(哲社版)』 1990-4, 1990, 36쪽). 鄴省과 幷省의 지위에 대해 周一良과 陳琳國은 兩省의 지위는 비슷하지만 幷省이 鄴省과 같은 것이 아니라고 보았으나(周一良, 「北齊書札記·各立一省條」, 408쪽; 陳琳國, 『魏晉南北朝政治制度研究』, 138쪽), 嚴耀中은 幷省이 우위에 있었다고 보았다(嚴耀中, 「北齊政治與尙書幷省」, 38쪽). 그리고 鄴이 아닌 晉陽은 실질적인 수도였고 정치 중심의 소재지였다고 평가되기도 한다(朴漢濟, 「東魏~北齊時代의 胡漢體制의 展開」, 162쪽; 崔彦華, 「晉陽在東魏北齊時的覇府和別都地位」, 22왼쪽; 同氏, 「'鄴-晉陽'兩都體制與東魏北齊政治」, 245왼쪽).

382 『周書』 卷40 「宇文神擧傳」, 715쪽, "及高祖東伐, 詔神擧從軍. 幷州平, 卽授幷州刺史, 加上開府儀同大將軍. 州旣齊氏 別都, 控帶要重."

383 『資治通鑑』 卷155 「梁紀」 11 武帝中大通四年七月壬寅條, 4826쪽, "歡以晉陽四塞, 乃建大丞相府而居之(胡註: 自此至于高齊建國, 遂以晉陽爲陪都)."

384 『太平御覽』(石家莊: 河北敎育出版社, 1994) 卷155 「州郡部」 1 敍京都上, 312쪽, "東魏禪北齊, 高洋以鄴爲上都, 晉陽爲下都."

385 王振芳, 「論太原在東魏北齊時期的戰略地位」, 『山西大學學報(哲學社會科學版)』 1991-14, 1991, 55쪽; 朴漢濟, 「東魏~北齊時代의 胡漢體制의 展開」, 168쪽; 崔彦華, 「'鄴-晉陽'兩都體制與東魏北齊政治」, 『社會科學戰線』 2010-7, 2010, 244오른쪽-245왼쪽.

386 谷川道雄, 「兩魏齊周時代の覇府と王都」, 『(增補)隋唐帝國形成史論』, 東京: 筑摩書房, 1998.

악한 宇文護는 西魏 恭帝로부터 선양을 강요하여 宇文泰의 아들 宇文覺을 즉위시켰다(孝閔帝). 이후 武帝가 宇文護를 제거하고 同州의 中外府를 없앤 이후 兩都體制는 해체되었다.[387]

　尒朱氏政權은 5년(528-532) 만에 망한 단명한 정권이었다. 그러나 尒朱氏政權은 太原의 覇府와 洛陽의 朝廷이 병존하는 兩都體制를 만들었고, 이는 高歡이 계승하여 東魏北齊의 兩都體制로 이어졌다. 그리고 西魏北周에도 兩都體制가 존재하였다. 외형상 尒朱氏政權과 東魏北齊, 西魏北周는 이민족이 君主氏族이거나 지배층의 주류이므로 兩都體制는 이민족 왕조의 산물로 볼 수 있다. 16국 시대에 복수의 수도를 둔 예들이 산견된다. 예컨대 石勒은 331년 洛陽을 南都로 삼고 洛陽에 行臺治書侍御史를 설치하였다.[388] 石勒은 石弘을 후계자로 삼으면서[389] 수도 襄國과 洛陽 중간에 위치한 鄴에 鄴宮을 만들고 아들 石弘에게 鎭守하게 하였다. 그리고 車騎將軍 소속 54營을 石弘이 지휘하도록 하였다.[390] 자신의 후계자를 수도가 아닌 곳에 거주하게 하고 군대를 지휘하게 한 것은 또 다른 정치적·군사적 중심지를 만든 것이다. 前燕은 옛 수도 龍城에 留臺를 두었다. 慕容儁은 中原 정복이 진행 중인 352년 薊에서 황제로 즉위하고 옛 수도 龍都(龍城)에

---

387 崔珍烈,「西魏北周 華州(同州)의 政治·軍事的 지위와 역할」, 233-238쪽.

388 『晉書』卷105「石勒載記」下, 2748-2749쪽, "勒以成周土中, 漢晉舊京, 復欲有移都之意, 乃命洛陽爲南都, 置行臺治書御史于洛陽.";『資治通鑑』卷94「晉紀」16 成帝咸和六年九月條, 2979쪽, "九月, 趙主勒復營鄴宮; 以洛陽爲南都, 置行臺."

389 『晉書』卷105「石勒載記」下, 2739쪽, "先是, 勒世子興死, 至是, 立子弘爲世子, 領中領軍."

390 『晉書』卷105「石勒載記」下, 2743쪽, "勒旣將營鄴宮, 又欲以其世子弘爲鎭, 密與程遐謀之. 石季龍自以勳效之重, 伏鄴爲基 雅無去意. …… 勒以弘鎭鄴, 配禁兵萬人, 車騎所統五十四營悉配之, 以驍騎領門臣祭酒王陽專統六夷以輔之."

留臺를 설치하였다.[391] 龍城에 설치된 留臺는 龍都라 불렀다.[392] '都'라는 표현으로 보아 前燕은 薊, 후에 鄴으로 천도한 이후에도 龍城을 수도로 예우했던 것 같은 느낌을 준다. 만약 前燕이 龍都(龍城)를 법적인 수도로 간주했다면 2개의 수도, 즉 兩都體制를 유지한 셈이다. 夏도 關中을 점령한 후 長安에 南臺를 설치하고 太子 赫連璝를 大將軍 雍州牧 錄南臺尙書事에 임명하여 주둔하게 하였다.[393] 赫連勃勃은 수도 統萬城에 있으면서 太子 혹은 후계자를 關中의 중심지 長安의 南臺에 주둔하여 2개의 정치적·군사적 중심지를 운영하였다. 이는 北魏의 전신인 代도 마찬가지였다. 拓跋猗盧는 313년 盛樂에 城을 쌓고 北都로 삼았으며 故平城을 수리하여 南都로 삼았다.[394] 後燕도 389년 龍城에 留臺를 설치하고 慕容隆을 錄留臺尙書事에 임명하였다.[395] 이어서 391년 薊에 行臺를 설치하고 慕容盛을 錄行臺尙書事에 임명하였다.[396] 요컨대 後趙, 前燕, 夏, 後燕, 代(北魏의 전신)는 2개의 수도

---

391 『資治通鑑』 卷99 「晉紀」21 穆帝永和八年十一月戊辰條, 3131쪽, "戊辰, 儁卽皇帝位, 大赦. …… 改司州爲中州, 建留臺於龍都, 以玄菟太守乙逸爲尙書, 專委留務."

392 『資治通鑑』 卷99 「晉紀」21 穆帝永和八年十一月戊辰條 胡註, 3131쪽, "燕初都龍城, 時遷于薊, 故建留臺於龍城, 謂之龍都."

393 『晉書』 卷130 「赫連勃勃載記」, 3210쪽, "乃于長安置南臺, 以璝領大將軍·雍州牧·錄南臺尙書事.";『十六國春秋輯補』 卷16 「夏錄」2, 475쪽.

394 『魏書』 卷1 「序紀」 穆皇帝六年, 8쪽, "六年, 城盛樂以爲北都, 修故平城以爲南都. 帝登平城西山, 觀望地勢, 乃更南百里, 於灅水之陽黃瓜堆築新平城, 晉人謂之小平城, 使長子六脩鎭之, 統領南部."

395 『晉書』 卷123 「慕容垂載記」, 3087쪽, "建留臺于龍城, 以高陽王慕容隆錄留臺尙書事.";『十六國春秋輯補』 卷44 「後燕錄」3, 350쪽, "遼西王農在龍城五年, 庶務脩擧, 表請代還. 垂乃召農還, 爲侍中司隸校尉, 而以高陽王隆代之. 農建留臺龍城, 使隆錄留臺尙書事. 隆因農舊規, 修而廣之, 邊碻遂安."

396 『資治通鑑』 卷107 「晉紀」29 孝武帝太元十六年春正月條, 3398쪽, "春, 正月, 燕置行臺於薊, 加長樂公盛錄行臺尙書事."

혹은 수도에 맞먹는 留臺를 두었다.[397]

　16국·北朝時代 '兩都體制'는 몇 가지 유형으로 나눌 수 있다. 첫째, 太子 혹은 후계자를 배려한 제2수도의 설치이다. 이는 後趙와 夏에 해당된다. 後趙와 夏는 太子 혹은 후계자를 제2의 수도(後趙의 南都, 夏의 南臺)에 두어 太子·혹은 후계자에게 정치적으로 힘을 실어주었다. 代의 경우 拓跋猗盧의 장자 拓跋六脩에게 北都가 아닌 新平城에 거주하게 했지만,[398] 나라를 南部와 北部로 나누고 南部를 다스리게 한 것은 後趙나 夏와 유사하다. 둘째, 太原의 尒朱氏政權과 洛陽의 北魏朝廷, 高歡 부자의 覇府 太原과 東魏 孝靜帝의 鄴 조정, 宇文泰·宇文護의 同州 覇府와 西魏北周의 朝廷 소재지 장안처럼 찬탈예정자의 覇府와 유명무실한 왕조의 수도가 병존하는 경우이다. 셋째, 前燕과 後燕은 옛 수도를 존중하기 위해 留臺를 설치하였다. 이는 中都(燕京)에 천도한 후 옛 수도에 上京會寧府를 두었던 金과 北京遷都 이후 瀋陽(奉天)에 盛京을 두었던 淸과 유사하다. 넷째, 형식적인 수도는 있지만, 皇帝가 수도가 아닌 곳에 장기 거주하는 경우이다. 北齊의 경우 수도는 鄴이지만, 皇帝는 太原(晉陽)에 주로 거주하였고, 두 곳에 모두 尙書省이 설치되었다.

　둘째 유형에 속하는 찬탈자의 覇府와 왕조의 수도가 공존하는 유형이 尒朱氏政權과 西魏北周, 東魏北齊에 보이기 때문에 이민족의 영향으로 해석할 수 있다. 그러나 '兩都體制'의 첫 번째 사례는 曹操에

---

397 崔珍烈, 「16국 시대 요서(遼西)의 인구 증감과 전연(前燕)·후연(後燕)·북연(北燕)의 대응」, 183-185쪽.

398 『魏書』卷1「序紀」穆皇帝條, 8쪽, "六年, 城盛樂以爲北都, 修故平城以爲南都. 帝登平城西山, 觀望地勢, 乃更南百里, 於灅水之陽黃瓜堆築新平城, 晉人謂之小平城, 使長子六脩鎭之, 統領南部."

게서 찾을 수 있다. 曹操는 建安元年(196) 獻帝를 맞이하여 수도를 許로 옮겼다.[399] 袁紹 사후 袁紹의 아들들이 서로 싸우는 틈을 타서 建安 9년(204) 鄴을 점령하고[400] 다음 해 冀州를 평정하였다.[401] 이후 烏丸의 蹋頓에게 도망간 袁熙·袁尚 형제를 추격하여 烏丸을 격파하고 建安 13년(208) 春正月 鄴으로 돌아오자 漢은 三公官을 없애고 丞相과 御史大夫를 설치하였으며, 曹操를 丞相으로 임명하였다. 이후 曹操는 鄴에 머물렀다.[402] 馬超 등 關中 諸將을 정복하고 鄴으로 돌아온 建安 17년(212) 조회 때 이름을 부르지 않고 칼을 차고 궁전에 들어갈

399 『三國志』卷1「魏書」1「武帝紀」, 建安元年條, 13쪽, "建安元年春正月, 太祖軍臨武平, 袁術所置陳相袁嗣降. 太祖將迎天子, 諸將或疑, 荀彧·程昱勸之, 乃遣曹洪將兵西迎, 衛將軍董承與袁術將萇奴拒險, 洪不得進. 汝南·潁川黃巾何儀·劉辟·黃邵·何曼等, 衆各數萬, 初應袁術, 又附孫堅. 二月, 太祖進軍討破之, 斬辟·邵等, 儀及其衆皆降. 天子拜太祖建德將軍, 夏六月, 遷鎭東將軍, 封費亭侯. 秋七月, 楊奉·韓暹以天子還洛陽, 奉別屯梁. 太祖遂至洛陽, 衛京都, 暹遁走. 天子假太祖節鉞, 錄尙書事. 洛陽殘破, 董昭等勸太祖都許. 九月, 車駕出轘轅而東, 以太祖爲大將軍, 封武平侯. 自天子西遷, 朝廷日亂, 至是宗廟社稷制度始立."

400 『三國志』卷1「魏書」1「武帝紀」, 建安九年春正月條, 25쪽, "九年春正月, 濟河, 遏淇水入白溝以通糧道. 二月, 尙復攻譚, 留蘇由·審配守鄴. 公進軍到洹水, 由降. 旣至, 攻鄴, 爲土山·地道. 武安長尹楷屯毛城, 通上黨糧道. 夏四月, 留曹洪攻鄴, 公自將擊楷, 破之而還. 尙將沮鵠守邯鄲, 又擊拔之. 易陽令韓範·涉長梁岐擧縣降, 賜爵關內侯. 五月, 毁土山·地道, 作圍壍, 決漳水灌城; 城中餓死者過半. 秋七月, 尙還救鄴, 諸將皆以爲'此歸師, 人自爲戰, 不如避之'. 公曰: '尙從大道來, 當避之; 若循西山來者, 此成禽耳.' 尙果循西山來, 臨滏水爲營. 夜遣兵犯圍, 公逆擊破走之, 遂圍其營. 未合, 尙懼, [遣]故豫州刺史陰夔及陳琳乞降, 公不許, 爲圍益急. 尙夜遁, 保祁山, 追擊之. 其將馬延·張顗等臨陳降, 衆大潰, 尙走中山. 盡獲其輜重, 得尙印綬節鉞, 使尙降人示其家. 城中崩沮. 八月, 審配兄子榮夜開所守城東門內兵. 配逆戰, 敗, 生禽配, 斬之, 鄴定."

401 『三國志』卷1「魏書」1「武帝紀」, 建安十年春正月條, 27쪽, "十年春正月, 攻譚, 破之, 斬譚, 誅其妻子, 冀州平."

402 『三國志』卷1「魏書」1「武帝紀」, 建安十三年春正月條, 30쪽, "十三年春正月, 公還鄴, 作玄武池以肄舟師. 漢罷三公官, 置丞相·御史大夫. 夏六月, 以公爲丞相."

수 있는 특권을 獻帝로부터 받았다.[403] 曹操는 建安 18년(213) 孫權을
공격하고 돌아온 후 鄴으로 돌아왔다.[404] 같은 해 五月에 冀州의 河
東·河內·魏郡·趙國·中山·常山·鉅鹿·安平·甘陵·平原 10郡을
식읍으로 하고 魏公에 봉해졌으며 전처럼 丞相 冀州牧의 자리를 유
지하고 九錫을 받았다.[405] 이어서 七月에 鄴에 魏의 社稷과 宗廟를 세
우고, 十一月에 尙書·侍中·六卿을 두었다.[406] 『三國志』에는 尙書·
侍中·六卿 설치의 주체를 기록하지 않았으나, 『資治通鑑』에서는 "魏
는 처음에 尙書·侍中·六卿을 설치하였다(魏初置尙書·侍中·六卿)"라
고 하여 尙書·侍中·六卿이 魏公 휘하의 벼슬임을 알 수 있다. 이때
荀攸가 尙書令, 涼茂가 僕射, 毛玠·崔琰·常林·徐奕·何夔가 尙
書, 王粲·杜襲·衛覬·和洽이 侍中, 鍾繇가 大理, 王脩가 大司農, 袁
渙이 郎中令 行御史大夫事, 陳羣이 御史中丞에 임명되었다.[407] 建安

---

403 『三國志』 卷1 「魏書」1 「武帝紀」, 建安十七年春正月條, 36쪽, "十七年春正月, 公還鄴.
　　 天子命公贊拜不名, 入朝不趨, 劍履上殿, 如蕭何故事."

404 『三國志』 卷1 「魏書」1 「武帝紀」, 建安十八年春正月條, 37쪽, "十八年春正月, 進軍濡
　　 須口, 攻破權江西營, 獲權都督公孫陽, 乃引軍還. 詔書幷十四州, 復爲九州. 夏四月,
　　 至鄴."

405 『三國志』 卷1 「魏書」1 「武帝紀」, 建安十八年五月丙申條, 38-39쪽, "五月丙申, 天子
　　 使御史大夫郗慮持節策命公爲魏公曰:「…… 今以冀州之河東·河內·魏郡·趙國·
　　 中山·常山·鉅鹿·安平·甘陵·平原凡十郡, 封君爲魏公. 錫君玄土, 苴以白茅; 爰
　　 契爾龜, 用建冢社. 昔在周室, 畢公·毛公入爲卿佐, 周·邵師保出爲二伯, 外內之
　　 任, 君實宜之, 其以丞相領冀州牧 如故. 又加君九錫, 其敬聽朕命.」"

406 『三國志』 卷1 「魏書」1 「武帝紀」, 建安十八年條, 42쪽, "秋七月, 始建魏社稷宗廟. 天
　　 子聘公三女爲貴人, 少者待年于國. 九月, 作金虎臺, 鑿渠引漳水入白溝以通河. 冬十
　　 月, 分魏郡爲東西部, 置都尉. 十一月, 初置尙書·侍中·六卿."

407 『資治通鑑』 卷66 「漢紀」58 獻帝建安十八年條, 2123쪽, "冬, 十一月, 魏初置尙書·
　　 侍中·六卿; 以荀攸爲尙書令, 涼茂爲僕射, 毛玠·崔琰·常林·徐奕·何夔爲尙書,
　　 王粲·杜襲·衛覬·和洽爲侍中, 鍾繇爲大理, 王脩爲大司農, 袁渙爲郎中令, 行御
　　 史大夫事, 陳群爲御史中丞."

21년(216) 二月 張魯를 정복한 후 鄴으로 돌아왔고 五月에 魏王에 임명되었으며, 八月에 大理 鍾繇가 相國에 임명되었다.[408] 『資治通鑑』에 따르면, 임명의 주체는 魏였다.[409] 이후 曹操는 劉備와 싸우고 돌아오다가 建安 25년(220) 洛陽에서 죽었다.[410] 이상의 기록에서 알 수 있듯이, 曹操는 袁紹의 땅을 점령한 후 鄴에 머물렀고 丞相 冀州牧이 된후 魏公, 魏王으로 승진하였다. 그리고 이후의 전투를 지휘할 때 鄴에서 출발하였고 鄴으로 회군하였다. 따라서 建安 13년(208) 丞相이된 후 鄴에 거주하며 許(許昌)에 있는 獻帝와 공존하였다. 魏公에 봉해진 후 尙書 · 侍中 · 六卿으로 구성된 魏公國의 조정을 鄴에 두었다. 魏王이 된 후에는 魏王國에 相國을 두었다. 이처럼 鄴은 새왕조인 魏의 수도 역할을 하였다. 曹操의 아들 曹丕가 220년 後漢 獻帝로부터 皇帝의 자리를 물려받은 후[411] 洛陽宮을 만들고 洛陽으로 行幸하였

---

408 『三國志』卷1「魏書」1「武帝紀」, 建安二十一年春二月條, 47쪽, "二十一年春二月, 公還鄴. 三月壬寅, 公親耕籍田. 夏五月, 天子進公爵爲魏王. 代郡烏丸行單于普富盧與其侯王來朝. 天子命王女爲公主, 食湯沐邑. 秋七月, 匈奴南單于呼廚泉將其名王來朝, 待以客禮, 遂留魏, 使右賢王去卑監其國. 八月, 以大理鍾繇爲相國."

409 『資治通鑑』卷67「漢紀」59 獻帝建安二十一年條, 2147쪽, "八月, 魏以大理鍾繇爲相國."

410 『三國志』卷1「魏書」1「武帝紀」, 建安二十五年春二月條, 53쪽, "二十五年春正月, 至洛陽. 權擊斬羽, 傳其首. 庚子, 王崩于洛陽, 年六十六."

411 『三國志』卷2「魏書」2「文帝紀」, 延康元年冬十月條, 62쪽, "漢帝以衆望在魏, 乃召羣公卿士, 告祠高廟. 使兼御史大夫張音持節奉璽綬禪位. 册日: '咨爾魏王: 昔者帝堯禪位於虞舜, 舜亦以命禹, 天命不于常, 惟歸有德. 漢道陵遲, 世失其序, 降及朕躬, 大亂玆昏, 羣兇肆逆, 宇內顚覆. 賴武王神武, 拯玆難於四方, 惟淸區夏, 以保綏我宗廟, 豈予一人獲乂, 俾九服實受其賜. 今王欽承前緖, 光于乃德, 恢文武之大業, 昭爾考之弘烈. 皇靈降瑞, 人神告徵, 誕惟亮采, 師錫朕命, 僉日爾度克協于虞舜, 用率我唐典, 敬遜爾位. 於戲! 天之曆數在爾躬, 允執其中, 天祿永終; 君其祗順大禮, 饗玆萬國, 以肅承天命.' 乃爲壇於繁陽. 庚午, 王升壇卽阼, 百官陪位. 事訖, 降壇, 視燎成禮而反. 改延康爲黃初, 大赦."

다.[412] 그리고 수도를 洛陽으로 정함으로써 魏國의 수도 鄴과 後漢의 수도 許(許昌)의 '兩都體制'는 끝났다.

이처럼 尒朱氏政權의 兩都體制, 즉 찬탈자 혹은 찬탈예정자의 覇府와 유명무실한 왕조의 수도가 병존하는 二元體制는 최초의 사례도 아니었고 이민족의 전유물도 아니었다. 그러나 太原이 이민족 세력의 중심지가 된 것은 尒朱氏政權이 처음이었다. 東魏北齊 시대 太原은 사실상의 수도였고 정치·군사적 중심지였고 唐과 後唐·後晉·後漢의 왕조 창업의 모태였다. 隋의 太原留守 李淵은 太原에서 군대를 일으켜 隋 大興城을 점령하고 唐을 세웠다. 五代 後唐은 後梁을 세운 朱全忠과 자웅을 겨룬 河東節度使 李克用의 아들 晉王 李存勖이 세웠고, 太原을 중심으로 영토를 확장하고 後梁의 수도 開封을 점령하여 華北을 통일하였다. 後唐의 河東節度使 石敬瑭과 後晉의 河東節度使 劉知遠도 太原에서 기병하여 각각 後晉과 後漢을 세웠다. 五代의 세 왕조 後唐·後晉·後漢은 沙陀突厥이 세웠고, 唐의 건국자 李淵은 胡化된 漢人이라고 하지만 실제로 이민족 출신이라는 의혹도 있다. 이처럼 중국 내지에 이주한 이민족이 太原을 중심으로 華北 지역을 지배하는 최초의 모델은 바로 尒朱氏政權이었다. 이 점에서 尒朱氏政權이 이민족 왕조의 중국통치에 끼친 영향이 크다.

---

412 『三國志』卷2 「魏書」2 「文帝紀」, 延康元年冬十月條, 76쪽, "黃初元年十一月癸酉, 以河內之山陽邑萬戶奉漢帝爲山陽公, 行漢正朔, 以天子之禮郊祭, 上書不稱臣, 京都有事于太廟, 致胙; 封公之四子爲列侯, 追尊皇祖太王曰太皇帝, 考武王曰武皇帝, 尊王太后曰皇太后. 賜男子爵人一級, 爲父後及孝悌力田人二級. 以漢諸侯王爲崇德侯, 列侯爲關中侯. 以潁陰之繁陽亭爲繁昌縣. 封爵增位各有差. 改相國爲司徒, 御史大夫爲司空, 奉常爲太常, 郎中令爲光祿勳, 大理爲廷尉, 大農爲大司農. 郡國縣邑, 多所改易. 更授匈奴南單于呼廚泉魏璽綬, 賜靑蓋車·乘輿·寶劍·玉玦. 十二月, 初營洛陽宮, 戊午幸洛陽."

| 小結 |

　孝文帝는 洛陽遷都를 추진하였다. 이후 멸망할 때까지 北魏洛陽時代로 파악하기도 한다. 孝文帝는 洛陽遷都 이전부터 胡漢分治의 지방행정기구를 없앴다. 鎭의 州郡 改置, 僑州郡縣 정리, 南部尙書와 北部尙書의 二重體系 폐지 등 孝文帝의 지방행정개혁은 州郡縣이라는 일원적인 중국식 지방행정체계로 전환하는 추세를 반영하였다. 그러나 北魏後期 지방통치의 양상을 살펴보면 北魏後期에도 여전히 다양한 양상을 나타낸다. 지방관의 본적지 임용과 豪族의 발호 등이 현저한 北魏의 京畿 통치는 다른 왕조들이 채용한 强幹弱枝策과 거리가 멀다. 이는 孝文帝의 洛陽遷都가 단기간에 졸속으로 이루어졌고, 洛陽遷都 이후 南伐로 京畿 지역에 관심을 기울일 여력이 없었기 때문일 것이다. 河北과 靑齊·兗州 등 關東 지역은 北魏後期 南朝와의 전쟁에 인력과 물자를 제공하는 北魏의 핵심지역이 되었다. 반면 淮水와 秦嶺 일대의 南邊 지역은 南朝와의 접경 지역이었기 때문에 僑州郡縣의 허용, 소수민족·土着勢力의 지방관 임용, 鎭·戍 등 軍政合

一의 지방행정조직 등을 해소할 수 없었다. 關隴 지역에서는 羌 등 소수민족의 編戶化가 지체되고 불안정한 통치가 계속되고 있었다. 關隴 지역은 지형이나 군사적인 측면에서 關東 지역을 압도할 수 있는 잠재력을 지니고 있었다. 따라서 北魏는 대규모 關中 開發을 방치하고 지방행정구역을 세분화하여 關隴 지역을 견제하는 정책을 취하였다. 北邊 지역은 鎭과 州가 혼합된 지역으로, 胡族들은 漢族的인 編戶齊民으로 편제되지 않고 酋帥와 部落 조직 역시 해체되지 않고 존재하였다. 胡族部落을 統領하는 酋帥들은 北魏의 군사력의 근간이 되었지만 한편으로 北魏末 尒朱榮처럼 胡族의 자립 혹은 반란을 야기하였다.

이처럼 北魏洛陽時代에도 지방통치는 여전히 다양한 형태를 보이고 있으며, 州郡縣 편제지역을 郡縣支配가 관철된 지역으로 동일시할 수 없을 것이다. 이는 北魏의 胡族 지배층이 '郡縣支配' 자체에 집착하지 않았기 때문이기도 할 것이다. 그렇다면 孝文帝의 행정조직의 일원화는 胡·漢의 구별을 해소하려는 정치적 의도로도 볼 수 있을 것 같다. 그리고 이는 백성들의 "詣闕" 허용, 본적지 회피제의 파괴 등 郡縣支配 원리의 파괴 역시 北魏의 胡族 지배층이 郡縣支配 방식을 유연하게 수용하였음을 알 수 있다. 중국의 郡縣支配 방식을 접해보지 못한 北魏의 胡族 지배층이 魏晉南北朝 이전의 郡縣支配 방식을 그대로 따르기는 무리였기 때문에 이러한 선택적 수용현상이 나타났을 것이다.

北魏洛陽時代 黃河 연변과 수로에 위치한 邸閣은 『魏書』「食貨志」에서 볼 수 있듯이 屯田·和糴과 함께 남변 경략을 위한 수단이었다. 河北과 兗州·濟州 등 關東 지역이 北魏後期 南征에 동원된 횟수가 증가한다. 이는 北魏가 河北 등 關東 지역의 경제력에 의존하고 있음

을 뜻한다. 〈지도 15〉의 邸閣과 이를 연결하는 水路 역시 關東 지역과 南邊, 특히 江淮 지역의 유기적 연결을 보여주고 있다. 이처럼 北魏洛陽時代 南朝와의 전쟁에 총력을 기울이고 關東 지역의 인력과 물자를 동원하기 위해 특히 徭役 징발체계의 정비가 필요하였다. 北魏는 전쟁이 발생할 때마다 丁을 징발하여 임시적으로 運役에 동원하였으나, 北魏洛陽時代에 運役 대신 河北의 農民을 戍兵으로 징발하여 南邊의 屯田 개발을 실시하였다. 戍兵의 징발은 編戶作業과 '徵兵制'의 실시로 가능해졌다. 이는 人力과 물자 조달지역인 河北과 靑齊·兗州 등 關東 지역의 지방통치가 철저해졌고, 결과적으로 南邊에 대규모 군대를 주둔하면서 南邊 통제가 강화되었음을 뜻한다. 따라서 전시동원체제는 關東과 남변 등지의 지역지배의 강화에 영향을 주었다고 할 수 있다. 그리고 전시동원체제를 뒷받침하기 위해 만들어진 北魏後期 河陽牧場은 胡族들의 생활에 필요한 우유·肉·皮 등을 공급하고 狩獵生活을 가능케 하여 胡族들의 漢化를 지연하는 역할을 하였을 것이다. 뿐만 아니라 洛陽 북쪽에 위치한 河陽牧場은 平城의 鹿苑처럼 宮室의 後苑으로 볼 수 있으며, 이는 胡族的인 遺制로 해석할 수 있다.

洛陽遷都 이후 柔然과 六鎭 등 北邊 지역, 山西-오르도스-하서의 遊牧 지역은 지정학적으로 통제가 약해지고 관심이 줄어들게 되어 있다. 이는 柔然이 재기할 수 있는 기회를 제공하였고, 北魏는 전기와는 달리 柔然에 소극적으로 대처하였다. 阿那瓌가 523년 北邊을 침입하자 北魏朝廷은 그를 慰喩하기 위해 사신을 파견하였으나 阿那瓌는 도리어 사신을 사로잡고 北魏의 가축을 빼앗아 달아났다. 北魏 조정은 10만의 騎兵을 보냈으나 阿那瓌를 놓치고 말았다. 군대를 편성하여 洛陽에서 北邊까지 가기 위해 많은 시간이 소요되기 때문에 충분히 그 결과를 예상할 수 있었던 이 사건은 北邊에서 사건이 발생하

면 洛陽 조정이 신속하게 대처할 수 없다는 약점을 노출시켰고, 이는 北魏에 복속된 북방의 遊牧民에게는 北魏 정부의 권위가 크게 실추한 것으로 받아들여졌다. 이는 다음 해 六鎭의 난과 각지 遊牧民의 자립화 경향에서 드러난다.

이 사건 이후 524년 破六韓拔陵의 난 등 소위 六鎭의 난이 발생하고 각종 遊牧民들이 이반하였다. 특히 北秀容의 契胡酋長인 尒朱榮은 주변의 遊牧民을 토벌하여 세력을 확장하였으며, 肆州를 점령하고 六鎭의 난 이후 그에게 귀부한 代北豪強酋帥와 遊牧民을 규합하여 세력을 크게 확장하여 사실상 자립하였다. 尒朱榮은 孝明帝와 胡太后의 권력투쟁에 개입하여 결국 胡太后와 朝臣을 살육하고[河陰의 變], 孝莊帝를 세웠다. 그러나 尒朱榮은 孝莊帝의 형제를 살해하는 등 전횡을 일삼았고, 찬탈을 계획할 정도로 권세를 누렸으나 孝莊帝에게 암살되었다. 孝莊帝는 곧 尒朱氏의 반격을 받아 살해되고 尒朱天光이 關右, 尒朱仲遠이 大梁, 尒朱兆가 幷州, 尒朱世隆이 洛陽에 포진하여 尒朱氏가 北魏를 사실상 瓜分하였다. 이처럼 北魏의 兵源이었던 遊牧民의 이반과 이를 결집한 尒朱氏의 등장은 사실상 '洛陽體制'의 종언을 고하는 것이었다. 당시 政局을 이끈 주도세력이었으며, 北齊가 反尒朱氏 세력, 北周가 親尒朱氏 세력이 결집했음을 고려한다면 尒朱氏의 흥망은 北魏末과 北朝後期 중요한 사건이었다.

3部

東魏北齊時代 地方統治

7章

東魏北齊의 軍事的·經濟的 地域 分擔

東魏北齊의 지방통치에 대한 연구는 필자의 연구가 거의 유일하
다. 필자는『魏書』「地形志」의 호구파악과 누락 지역 기사에 주목하여
東魏北齊의 영토는 호구파악이 잘 된 黃河 중하류 지역과 軍人의 공
급원이고 戶口 파악이 누락된 晉陽 주변 지역, 새로 정복되어 호구파
악이 유보되고 輕稅의 혜택을 받았던 淮南·江北 지역으로 나뉘었음
을 논증하였다. 東魏北齊의 경제적 다원화 현상은 목축과 농경의 이
원화, 징세 지역의 다원화, 화폐 통용의 지역적 편차 등에서 설명하였
다.[1] 이 밖에 東魏 시대 孝靜帝와 朝廷이 있는 鄴 이외에 高歡의 覇府
가 있는 太原(晉陽), 侯景이 주둔한 河南·潁川 등 세 지역 블록이 있
었음을 지적한 연구가 있다.[2] 그러나 이 연구는 尙書省의 지방출장기
관인 行臺의 역할을 과대평가하고 侯景의 지위를 지나치게 높게 평가

---

1   崔珍烈,「東魏北齊의 華北 지배와 그 한계」,『東洋史學研究』125, 2013, 83-136쪽.
2   前島佳孝,「西魏·北周·隋初における領域統治體制の諸相」, 25쪽.

하였으며 구체적인 논증은 생략하였다. 7장에서는 필자의 선행연구
와 兩都體制[3] 연구성과를 정리하여 東魏北齊 시대 권역별 역할분담
과정을 분석한다.

7장에서는 東魏北齊의 지방통치를 지역 분담의 시야에서 경제적
중심지와 군사적 중심지로 나누어 검토한다. 1절에서는 戶口 파악 지
역과 누락 지역으로 나눈 『魏書』「地形志」 기록을 바탕으로 東魏北齊
시대 지역 분담체계의 전체상을 검토한다. 2절에서는 경제적 중심지
인 黃河 중하류 지역의 상황을 살펴본다. 3절에서는 군사와 목축의
중심지인 太原과 北邊 지역의 鮮卑人 배치 양상과 太原 주변의 목축
으로 나누어 검토한다. 4절에서는 東魏北齊 시대 胡·漢 군인의 지역
분담과 방어체계를 분석한다.

1. 東魏北齊의 地域 分擔體系

『魏書』「地形志」는 北魏時代가 아닌 東魏 孝靜帝 武定년간(543-550)

---

3   金翰奎, 「東魏 高氏의 覇府와 晉陽」, 『古代東亞細亞幕府體制研究』, 서울: 一潮閣,
    1997; 王振芳, 「論太原在東魏北齊時期的戰略地位」, 『山西大學學報(哲學社會科學
    版)』1991-14, 1991; 康玉慶·勒生禾, 「試論古都晉陽的戰略地位」, 『中國古都研究』
    12, 太原: 山西人民出版社, 1998; 崔彦華, 「晉陽在東魏北齊時的覇府和別都地位」,
    『晉陽學刊』2004-3, 2004; 陶賢都, 「高歡父子覇府述論」, 青島: 『青島大學師範學院
    學報』2006-1, 2006(K22 魏晉南北朝隋唐史 2006-4, 2006); 李書吉·崔彦華, 「北齊
    陪都晉陽與歐亞大陸經濟文化交流」, 『中國經濟史研究』2009-2, 2009; 崔彦華, 「"鄴
    -晉陽"兩都體制與東魏北齊政治」, 『社會科學戰線』2010-7, 2010; 岡田和一郞, 「北齊
    國家論序說-孝文體制と代體制-」, 『九州大學東洋史論集』39, 2011, 31-64쪽; 張慶
    捷, 「絲綢之路與北朝晉陽」, 中國魏晉南北朝史學會·山西大學歷史文化學院 編, 『中
    國魏晉南北朝史學會第十屆年會暨國際學術研討會論文集』, 太原: 北岳文藝出版社,
    2012.

의 행정구역과 戶口를 기재하였다. 이는 永安末 전란으로 관청의 문서와 장부가 흩어졌기 때문이다.[4] 따라서 『魏書』「地形志」는 北魏時代가 아닌 東魏 시대의 행정구역과 戶口를 파악하는 1차 사료이다. 그런데 『魏書』「地形志」를 통람하면 동일한 州郡縣 명칭이 중복되었으며, 일부 州郡縣은 戶數조차 기록되지 않았다. 먼저 杭州 이하 10州를 살펴보자.

"恒州부터 아래의 10州는 永安년간 이후 禁旅가 나오는 곳이므로 戶口의 수는 알 수 없다."[5]

『魏書』「地形志」를 보면 恒州 이하 10州는 恒州·朔州·雲州·蔚州·顯州·廓州·武州·西夏州·寧州·靈州였다.[6] 위의 인용문에서 恒州 등 10州가 禁旅의 배출지역이기 때문에 戶口의 수를 밝히지 않는다는 점이 주목된다. 禁旅는 禁軍, 즉 皇帝의 호위부대를 지칭한다. 따라서 恒州 등 10州의 주민들은 禁軍을 비롯한 軍人으로 편제되고 戶口 파악에서 제외되었음을 알 수 있다. 이 경우 軍役을 제외한 租稅와 요역의 부과에서 면제되었을 것이다.[7]

또 『魏書』「地形志」中에도 戶口 누락의 기사가 보인다.

---

4 『魏書』卷106上「地形志」上, 2455쪽, "永安末年, 胡賊入洛, 官司文簿, 散棄者多, 往時編戶, 全無追訪. 今錄武定之世以爲志焉. 州郡創改, 隨而注之, 不知則闕."

5 『魏書』卷106上「地形志」上, 2504쪽, "前自恒州已下十州, 永安已後, 禁旅所出, 戶口之數, 並不得知."

6 『魏書』卷106上「地形志」上, 2497-2504쪽.

7 高敏, 「東魏·北齊與西魏·北周時期的兵制試探」, 『魏晉南北朝兵制研究』, 鄭州: 大象出版社, 1999, 325쪽.

"前件에서 陽州 已下 23州는 모두 緣邊의 新附한 州로 險遠한 곳에 居하였다. 따라서 郡縣의 戶口는 이때에 누락되었다."[8]

위 인용문에서 陽州 이하 23州, 즉 陽州・南司州・楚州・合州・霍州・睢州・南定州・西楚州・蔡州・西淮州・譙州・揚州・淮州・仁州・光州・南朔州・南建州・南郢州・沙州・北江州・湘州・汴州・財州 등의 戶口가 누락되었다.[9] 譚其驤이 主編한 『中國歷史地圖集』第四册 東晉十六國・南北朝時期 東魏 강역도에는 東魏의 남쪽 경계선이 淮水 이북에 설정되었지만, 陽州 이하 23州의 위치를 梁의 강역에서 검색해보면 대부분 淮水 이남에 있었다. 『隋書』「食貨志」에도 侯景이 梁에서 반란을 일으킬 때 高澄이 行臺 辛術을 보내 淮南을 차지했다고 기록하였다.[10] 그리고 北齊時代에는 長江 북쪽 지역을 점유하였다.[11]

위에서 언급되지 않은 지역들은 州郡縣에서 戶口를 파악하여 朝廷에 보고하고 租稅와 요역을 징수・징발하는 지역이었다. 이 지역들을 東魏北齊의 지도로 표시하면 〈지도 16〉과 같다.

〈지도 16〉을 보면 汾水를 따라 서남-동북 방향의 선을 그으면 그 서북쪽(〈지도 16〉의 ②부분)은 東魏의 군사를 배출하여 戶口가 누락된 지역이며, 그 동남쪽(〈지도 16〉의 ①부분)은 戶口가 파악된 지역이다.

---

8 『魏書』卷106上「地形志」中, 2593쪽, "前件自陽州已下二十三州並緣邊新附, 地居險遠, 故郡縣戶口有時而闕."

9 『魏書』卷106上「地形志」中, 2567-2593쪽.

10 『隋書』卷24「食貨志」, 676쪽, "及文襄嗣業, 侯景北叛, 河南之地, 困於兵革. 尋而侯景亂梁, 乃命行臺辛術, 略有淮南之地."

11 이 밖에 『魏書』「地形志」下에 기록된 關隴 지역의 雍州 이하 州郡縣의 戶口는 기록되지 않았다(『魏書』卷106下「地形志」下, 2607-2643쪽). 이 지역은 西魏北周의 영토였기 때문에 본고에서는 논하지 않는다.

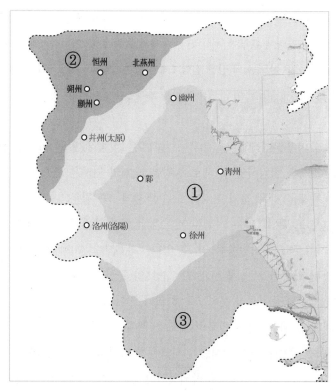

〈지도 16〉 東魏北齊時代 戶口 파악 지역과 그렇지 못한 지역 구분[12]

또 淮水의 북쪽과 남쪽의 ③지역도 ①지역처럼 東魏 武定년간 戶口
파악에서 누락되었다. 그러나 戶口의 누락이 ①지역처럼 租稅와 繇役
의 면제를 뜻하는 것은 아니었다. ③지역의 상황을 보여주는 기록이
『隋書』「食貨志」에 보인다.

---

12 崔珍烈,「東魏北齊의 華北 지배와 그 한계」, 87쪽, 〈지도 1〉 東魏北齊時代 戶口 파
    악 지역과 그렇지 못한 지역 구분을 필자 편집.

"文襄[高澄]이 뒤를 이었을 때 侯景이 배반하여 河南之地를 거점으로 삼았다. 따라서 兵革에 困하였다. 이에 侯景이 梁을 어지럽히자, 行臺 辛術에게 명하여 淮南의 땅을 점령하게 하였다. 淮南은 새로 附屬한 州郡이었기 때문에 羈縻하며 가볍게 세금을 부과했을 뿐이었다."[13]

위의 인용문에 따르면, 高澄(文襄[帝])은 梁末 侯景의 반란을 틈타 淮南 지역을 점령하였다. 새로 점령한 淮南의 州郡은 北齊 朝廷의 강력한 통제를 받은 것이 아니라 느슨한 형태, 즉 원문의 '羈縻'로 통치되었다. 또 "輕稅"라고 기록된 것처럼 北齊의 다른 內地와 다른 租稅 징수체계로 운영되었음을 알 수 있다. 『北齊書』「循吏・蘇瓊傳」의 淮南 관련 기록을 보면 東魏北齊는 淮禁의 규정을 만들어 淮北의 商人들이 淮南에 들어오지 못하도록 하였다.[14] 이는 東魏北齊가 淮南 지역을 河北・河南과 다른 별도의 제도나 관행이 통용되는 지역으로 구별하였음을 보여준다.[15] 이처럼 ③지역은 ②지역처럼 농경지역이었고 東魏 武定년간에는 戶口가 누락되었지만, 점차로 戶口 파악을 통해 輕稅나마 징수하는 지역으로 바뀌었다. 반면 ③지역은 군사들을 징집했기 때문에 일반 民戶와 다른 軍籍에 편입되었고 조세와 요역 부담에서 면제되었다. 또 ②지역은 舊六鎭 출신 六州鮮卑와 高車人 등 유목민 혹은 騎馬民이 살았기 때문에 목축이 성하였다.[16]

위의 내용을 정리하면, 東魏北齊는 黃河 중하류의 농경지역인 ①지

---

13 『隋書』卷24「食貨志」, 676쪽, "及文襄嗣業, 侯景背叛, 河南之地, 困於兵革. 尋而侯景亂梁, 乃命行臺辛術, 略有淮南之地. 其新附州郡, 羈縻輕稅而已."

14 『北齊書』卷46「循吏・蘇瓊傳」, 639쪽.

15 崔珍烈, 「東魏北齊의 華北 지배와 그 한계」, 94쪽.

16 위의 글, 94-97쪽 및 121-125쪽.

역과 농경지역이지만 ①지역보다 적은 세금이 징수되는 ③지역, 東魏
北齊의 軍人을 배출하며 목축이 발전한 ②지역으로 나뉜다. 이는 東
魏北齊 시대 지역별로 농경과 목축, 생산과 전쟁을 담당하는 지역별
분업이 있었음을 보여준다. 이러한 胡漢分治는 東魏의 실제적인 지배
자 高歡이 鮮卑人과 華人(漢人)에게 한 말에서도 확인된다.

> "高歡은 軍士들에게 號令할 때마다 늘 丞相屬 張華原에게 명령을 전달
> 하게 하였다. 高歡은 鮮卑人에게 '漢民은 너희들의 종이다. 夫는 너희들을
> 위해 밭을 갈고, 婦는 너희들을 위해 길쌈한다. 그리고 너희들에게 粟帛
> 을 납부하여 너희들이 따뜻하고 배부르게 지낼 수 있는 것이다. 그런데 왜
> 너희들은 그들을 능멸하느냐?'라고 말하였다. 그는 夏人(漢人)에게 '鮮卑
> 人은 너희들의 客이다. 一斛의 粟과 一匹의 絹을 얻어 너희를 위하여 적을
> 격퇴시켜주어 너희들을 편안하게 지켜준다. 너희들은 왜 그들을 질시하느
> 냐?'라고 말하였다."[17]

위의 인용문에서 알 수 있듯이 高歡은 군인의 추축인 胡人(鮮卑人)
과 생산활동에 종사하는 漢人들을 각각의 영역에서 분리하여 통치함
으로써 胡人(鮮卑人)과 漢人이 충돌하는 것을 막으려고 하였다.[18] 鮮
卑人이 주로 ②지역과 ①지역의 서북 지역에 살았고, 夏人(漢人)이 주
로 ①과 ③ 지역에 살았음을 고려하면 생산과 전쟁이라는 胡·漢 역

---

17 『資治通鑑』卷157 「梁紀」武帝大同三年九月條, 4882쪽, "歡每號令軍士, 常令丞相屬
代郡張華原宣旨, 其語鮮卑則曰:「漢民是汝奴, 夫爲汝耕, 婦爲汝織, 輸汝粟帛, 令汝
溫飽, 汝何爲陵之?」其語夏人則曰:「鮮卑是汝作客, 得汝一斛粟·一匹絹, 爲汝擊賊,
令汝安寧, 汝何爲疾之?」"
18 崔珍烈, 「東魏北齊의 軍事 중심 太原의 전략적 限界」, 250-251쪽.

할분담과 〈지도 16〉에서 볼 수 있듯이 東魏北齊의 地域的 分擔은 일치한다.

東魏北齊의 지역적 분담은 농경과 목축의 경제적 분화가 서로 다른 화폐 통용 지역에서도 확인된다. 『隋書』「食貨志」에는 東魏 시대 화폐 사용의 상황을 다음과 같이 서술하였다.

"齊神武의 霸政 초에 魏를 이어받아 여전히 永安五銖를 사용하였다. 鄴으로 천도한 이후에 百姓들이 銅錢을 私鑄하니, 體制는 점차 차이가 생겼고 드디어 각자 그 특징으로 이름을 지었다. 雍州에는 靑赤, 梁州에는 生厚·緊錢·吉錢, 河陽에는 生澀·天柱·赤牽의 이름의 銅錢이 있었다. 冀州의 북쪽에는 錢이 모두 통용되지 않았고 交貿하는 者는 모두 絹布를 사용하였다. 神武帝는 이에 境內의 銅과 錢을 거두어 여전히 舊文에 따라 다시 주조하여 四境에 유통시켰다. 오래지 않아 점차 銅錢이 작고 얇아졌으며 奸僞가 다투어 일어났다."[19]

위의 인용문을 보면 東魏時代 화폐 사용의 문란함과 私鑄 현상을 확인할 수 있다. 당시 東魏의 영토에서 冀州 이북 지역에 銅錢이 통용되지 않고 絹布가 화폐의 역할을 했다는 구절이 주목된다. 이는 이미 北魏時代부터 존재하던 상황이었다.[20] 『魏書』「食貨志」에는 "河北의

---

19 『隋書』卷24「食貨志」, 690-691쪽, "齊神武霸政之初, 承魏猶用永安五銖. 遷鄴已後, 百姓私鑄, 體制漸別, 遂各以爲名. 有雍州靑赤, 梁州生厚·緊錢·吉錢, 河陽生澀·天柱·赤牽之稱. 冀州之北, 錢皆不行, 交貿者皆以絹布. 神武帝乃收境內之銅及錢, 仍依舊文更鑄, 流之四境. 未幾之間, 漸複細薄, 奸僞競起."

20 北魏後期 곡물과 비단, 布, 심지어 가축인 牛馬羊도 화폐(실물화폐)의 상태로 사용되었다(史衛, 「北魏貨幣使用硏究」, 『許昌學院學報』23-1, 2004, 42오른쪽-43오른쪽).

諸州에서는 예전에 錢貨가 적었기 때문에 여전히 他物로써 交易하였고 錢은 대개 市에 들어가지 않았다"[21]라고 하여 河北 諸州에서 화폐가 사용되지 않았음을 기록하였다. 이를 東魏 시대와 비교하면 東魏 시대 河北에 화폐가 통용되기 시작했음을 알 수 있다. 그러나 北魏나 東魏의 모든 지역에 화폐가 통용된 것은 아니고 絹布가 일부 지역에서 화폐처럼 통용되었던 경향은 동일하였다.[22]

다음으로 北魏 孝明帝 시기 尚書令 任城王 元澄의 상소문을 검토해보자.

"太和五銖가 비록 京邑의 肆에서 이로웠지만 徐州와 揚州의 市에는 들어가지 않습니다. 土貨는 이미 달라서 貿鬻 또한 다르니 荊州와 郢州의 邦에 편리한 土貨가 兗州와 豫州의 域에서 막혔습니다."[23]

任城王 元澄은 北魏의 영토인 洛陽, 徐州·揚州, 荊州·郢州, 兗州·豫州가 다른 화폐권역임을 시인하였다. 北魏 영토와 인민, 제도의 대부분을 계승한 東魏 역시 北魏처럼 다른 화폐권역을 계승했을 것이다. 이는 『隋書』 「食貨志」의 기록에서 확인된다.

"文宣[帝]이 禪讓을 받은 후에 永安之錢을 없애고, 常平五銖로 改鑄하였다. 무게는 그 文과 같았다. 그 錢은 매우 貴하였고 매우 정교하게 만들

---

21 『魏書』 卷110 「食貨志」, 2864쪽, "而河北諸州, 舊少錢貨, 猶以他物交易, 錢略不入市也."

22 崔珍烈, 「東魏北齊의 華北 지배와 그 한계」, 97-98쪽.

23 『魏書』 卷110 「食貨志」, 2864쪽, "太和五銖, 雖利於京邑之肆, 而不入徐揚之市. 土貨既殊, 貿鬻亦異, 便於荊郢之邦者, 則礙於兗豫之域."

었다. 乾明·皇建년간 사이에 왕왕 백성들이 私鑄하였다. 鄴中에서 사용하는 錢에는 赤熟·靑熟·細眉·赤生의 차이가 있었다. 河南에서 사용하는 화폐는 靑薄鉛錫의 구별이 있었다. 靑州·齊州·徐州·兗州·梁州·豫州에서는 동전의 종류가 각각 달랐다. 武平년간 이후에는 私鑄가 점차 심해졌고 혹은 生鐵을 銅과 섞어 썼다. 齊가 망할 때까지 결코 禁할 수 없었다."[24]

위의 인용문을 보면 北齊를 세운 후 文宣帝는 永安五銖 대신 常平五銖를 만들고 무게는 五銖로 정하였다. 그러나 乾明·皇建년간 사이에 私鑄가 횡행하였고 결국 河北 지역과 靑州·齊州·徐州·兗州·梁州·豫州의 화폐가 달라지는 상황이 발생하였다. 이는 北魏後期의 상황과 유사하다. 즉 東魏北齊 시대에도 北魏後期(洛陽時代)처럼 화폐가 전국에 통용된 것이 아니라 지역에 따라 달랐다.[25] 이는 南朝 梁初의 상황과 비슷하다. 이때 南朝에서는 수도 建康(揚州)과 三吳·荊州·郢州·江州·湘州·梁州·益州 등 長江 유역의 州郡에서 錢을 사용하였고, 나머지 州郡에서는 穀帛을 화폐로 사용하여 交易하였다. 그리고 交州와 廣州 지역에서는 金과 銀을 화폐로 사용하였다.[26] 이처럼 지역마다 다른 화폐를 사용하는 현상은 北魏와 東魏北齊뿐만 아니라 南朝

---

24 『隋書』卷24 「食貨志」, 691쪽, "文宣受禪, 除永安之錢, 改鑄常平五銖, 重如其文. 其錢甚貴, 且制造甚精. 至乾明·皇建之間, 往往私鑄. 鄴中用錢, 有赤熟·靑熟·細眉·赤生之異. 河南所用, 有靑薄鉛錫之別. 靑·齊·徐·兗·梁·豫州, 輩類各殊. 武平已後, 私鑄轉甚, 或以生鐵和銅. 至於齊亡, 卒不能禁."

25 崔珍烈, 「東魏北齊의 華北 지배와 그 한계」, 98-99쪽.

26 『隋書』卷24 「食貨志」, 689쪽, "梁初, 唯京師及三吳·荊·郢·江·湘·梁·益用錢. 其餘州郡, 則雜以穀帛交易. 交·廣之域, 全以金銀爲貨."

에서도 확인되며, 사실상 전근대시대 중국에서 일반적인 현상이었다.[27]

2. 경제적 중심지: 황하 중하류 지역

본 절에서는 1절에서 살펴본 〈지도 16〉의 ①지역을 살펴본다. 戶口가 파악된 ①지역은 비옥한 황하 중하류와 淮水 유역을 포함하였다. 그러나 ①부분과 다른 지역과의 경계선에 가까운 州郡縣일수록 戶口數는 줄어들었다. 즉 黃河 중하류 연안지역은 인구가 조밀하였고 주변이나 변경으로 갈수록 인구가 적었거나 戶口 누락이 심하였다.

黃河 중하류 지역 가운데 河北은 北魏後期부터 "河北數州, 國之基本", "國之資儲, 唯借河北"[28]이라 불리던 경제선진 지역이었다. 北魏末 각종 내란과 전쟁의 혼란을 수습한 東魏는 內亂으로 피폐해진 河北 지역의 경제력을 회복시켜야 했다. 이를 위해 치안을 유지하고 流散한 人口를 다시 편제하여 통치기반을 강화할 필요가 있었고 조세와 요역을 부과하는 戶口를 늘리는 括戶政策은 軍事的·經濟的으로 중요했다. 따라서 檢戶使 혹은 括戶大使 등의 '戶籍大使'가 戶口 파악을 위해 각지에 파견되었다. 高子儒는 梁·北豫·西兗 三州檢戶使가 되어 지금의 河南省 동부와 山東省 서부 지역의 戶口 파악을 맡았다.[29] 또 高歡은 武定 2년(544) 孫騰과 高隆之를 括戶大使로 임명하여 지방의 諸州에 파견하여 호구조사를 실시하였다. 그 결과 逃戶 60여만 戶

---

27 岡本隆司 編, 『中國經濟史』, 名古屋: 名古屋大學出版會, 2013, 214-216쪽.

28 『魏書』 卷15 「常山王遵傳附暉傳」, 380쪽.

29 『魏書』 卷77 「高崇傳附子儒傳」, 1713쪽, "時四方多有流民, 子儒爲梁州·北豫·西兗 三州檢戶使, 所獲甚多."

를 새로 확보하였다.[30] 『北齊書』「孫騰傳」에 따르면 孫騰은 靑州에서 括戶하였고,[31] 高隆之는 河北括戶大使가 되었다.[32] 여기에서 靑州와 河北, 즉 黃河 중하류가 주요 括戶 지역이었음을 알 수 있다.[33] 이 밖에 高歡은 興和 2년(540) 西魏의 降民을 河北으로 遷徙하여[34] 인구증가를 꾀하였다. 요컨대 括戶와 遷徙는 조세와 요역 부과를 위한 인구를 확보하려는 정책이었다.[35]

高歡은 東魏의 경제적 선진지역인 河北의 엄밀한 戶口 파악을 위해 天平년간 冀州를 방문하여 河北 6州의 文籍을 조사하였다.[36] 선행연구에 따르면, 高歡의 노력에도 불구하고 경제 선진지역인 黃河 중하류 지역의 호구파악은 제대로 진행되지 않았다고 한다.[37] 이는 『隋書』

---

30 『資治通鑑』卷158「梁紀」武帝大同十年冬十月丁巳條, 4924쪽, "東魏以喪亂之後, 戶口失實, 徭賦不均. 冬十月丁巳, 以太保孫騰・大司徒高隆之爲括戶大使. 分行諸州. 得無籍之戶六十餘萬. 僑居者皆勒還本屬.";『魏書』卷12「孝靜紀」武定二年冬十月丁巳條, 307쪽, "冬十月丁巳, 太保孫騰・大司馬高隆之各爲括戶大使, 凡獲逃戶六十餘萬.";『隋書』卷24「食貨志」, 676쪽, "是時法網寬弛, 百姓多離舊居, 關於徭賦. 神武乃命孫騰・高隆之分括無籍之戶, 得六十餘萬. 於是僑居者各勒還本屬, 是後租調之入有加焉."

31 『北齊書』卷18「孫騰傳」, 234-235쪽, "武定中, 使於靑州, 括浮逃戶口, 遷太保."

32 『北齊書』卷18「高隆之傳」, 237쪽, "武定中, 爲河北括戶大使."

33 崔珍烈,「北朝時代 使職의 출현과 그 의의」, 92쪽.

34 『魏書』卷12「孝靜紀」興和二年夏五月己酉條, 304쪽, "夏五月己酉, 西魏行臺宮延和・陝州刺史宮元慶率戶內屬, 置之河北. 新附賑廩各有差."

35 崔珍烈,「東魏北齊의 華北 지배와 그 한계」, 88-89쪽.

36 『北齊書』卷43「李稚廉傳」, 571-572쪽, "高祖行經冀州, 總合河北六州文籍, 商校戶口增損. 高祖親自部分, 多在馬上, 徵責文簿, 指景取備, 事緒非一. 稚廉每應機立成, 恒先期會, 莫不雅合深旨, 爲諸州准的."

37 관리들의 가렴주구와 지배층・地方豪族의 대토지소유 현상이 戶口 파악 부진의 주요 원인으로 지적된다(周仁文,「東魏北齊貪汚現象的普遍性及其原因探析」,『湖南工業職業技術學院學報』9-2, 2009; 薛海波,「東魏北齊國家的權力結構與豪族大土地所有制」,『河南科技大學學報(社會科學版)』27-5, 2009).

에서 확인된다. 먼저 『隋書』「食貨志」의 기사를 살펴보자.

"舊制에는 결혼하지 않은 사람은 床의 租調 절반을 납부하도록 규정하
니, 陽翟 1郡은 戶가 數萬에 이르렀지만, 籍에는 無妻인 사람들이 많았다.
有司가 이를 적발하였으나, 帝[文宣帝]는 이를 生事로 여겼으니 이로 말미
암아 奸欺가 더욱 심해졌다. 戶口의 租調는 10에 6-7은 없었다."[38]

결혼하지 않으면 一牀의 1/2에 해당하는 租調를 내는 "舊制"의 규
정을 악용하여 數萬戶를 가진 陽翟郡에서 無妻者로 등록한 백성들이
租調를 탈루하였다. 文宣帝가 이를 알고도 조세 탈루를 엄격하게 처
벌하지 않자 租調 탈루 현상이 더욱 심해져서 戶調의 60-70%가 걷히
지 않았다. 이러한 상황은 隋初까지 지속되었다. 隋初 曹州와 齊州의
예를 살펴보자.

"高祖[隋文帝]가 禪讓을 받은 후 曹州刺史에 임명되었다. 曹土의 舊
俗은 民들이 대부분 나쁘게도 戶口의 정보를 숨겼으니, 戶口의 簿帳은
늘 부실하였다. 乞伏慧는 부임한 후 按察하여 戶 數萬을 얻었다. ……(중
략)…… 1년 이후 齊州刺史로 옮겼고, 隱戶 數千戶를 얻었다."[39]

인용문의 曹土 舊俗은 문맥상 東魏北齊 시대의 관행, 특히 戶口 탈
루와 부정직한 신고를 가리킨다. 乞伏慧는 隋初에 曹州와 齊州에서

---

38 『隋書』卷24「食貨志」, 676쪽, "舊制, 未娶者輸半床租調, 陽翟一郡, 戶至數萬, 籍多
無妻. 有司劾之, 帝以爲生事, 由是奸欺尤甚. 戶口租調, 十亡六七."

39 『隋書』卷55「乞伏慧傳」, 1378쪽, "高祖受禪, 拜曹州刺史. 曹土舊俗, 民多姦隱, 戶
口簿帳恒不以實. 慧下車按察, 得戶數萬. …… 歲餘, 轉齊州刺史, 得隱戶數千."

누락된 戶口를 파악하는 데 성공하였다. 隋初 滄州에서도 비슷한 사례가 있었다.

"부임하지 않은 상황에서 滄州刺史에 임명되었다. 이때 山東은 齊의 弊를 이어받아 戶口 簿籍類는 부실하였다. 令狐熙는 백성들을 曉諭하고 스스로 歸首하도록 명령하니, 歸首者가 1만 戶에 이르렀다."[40]

인용문의 "山東承齊之弊" 역시 東魏北齊 시대 戶口 파악의 부실을 지칭한다. 曹州와 齊州(黃河 이남), 滄州(黃河 이북)는 본래 北齊의 영토였으므로 北齊政府는 戶口計帳의 관리가 北周와 달리 비교적 허술하였다.[41]

위에서 살펴본 선행연구에 따르면, 東魏北齊는 경제 선진지역인 黃河 중하류 지역이 경제적 기반이었지만 文宣帝의 무관심, 탐관오리, 토착세력의 저항 등으로 호구파악이 제대로 진행되지 않았다. 게다가 文宣帝가 天保 2년 九月 壬申日(551. 10. 16) 伎作戶·屯戶·牧戶와 雜色役隸之徒를 白戶로 편제하도록 명령하였다.[42] 白戶는 일반 民戶로 해석되며 戶口를 늘리기 위한 조치로 풀이된다. 그렇지만 실제로 北齊가 망할 때까지 隸戶 혹은 雜戶가 여전히 존재하였다. 雜戶는 北齊가 멸망한 후 北周 武帝에 의해 해방되어 百姓(平民)이 되었다.[43] 隸

---

40 『隋書』卷56「令狐熙傳」, 1385쪽, "會蜀王秀出鎭於蜀, 綱紀之選, 咸屬正人, 以熙爲益州總管長史. 未之官, 拜滄州刺史. 時山東承齊之弊, 戶口簿籍類不以實. 熙曉諭之, 令自歸首, 至者一萬戶. 在職數年, 風敎大洽, 稱爲良二千石."

41 張文華·蘇小華, 「西魏北周的財政與政治」, 207원쪽.

42 『北齊書』卷4「文宣紀」天保二年九月壬申條, 55쪽, "九月壬申, 詔免諸伎作·屯·牧·雜色役隸之徒爲白戶."

43 『隋書』卷25「刑法志」, 709쪽, "魏武入關, 隸戶皆在東魏, 後齊因之, 仍供廝役. 建德

戶 혹은 雜戶는 北魏時代에도 호구에서 누락되었기 때문에[44] 이들은
東魏北齊의 戶口 탈루에 큰 영향을 주었다. 그럼에도 불구하고 577
년 北齊 멸망 당시 戶口는 330만 2,528戶, 2,000만 6,886口였다.[45] 關
東을 지배했고 淮南을 제외하면 北齊와 면적이 대략 비슷한[46] 前燕이
370년 망했을 당시 戶數가 245만 8,969戶, 998만 7,935口였다.[47] 北
齊가 파악한 戶口數가 많았음을 알 수 있다. 게다가 이 戶數는 동서
분열되기 직전인 孝莊帝 시기(528-530)의 337만 5,368戶[48]와 비슷하다.
孝莊帝 말의 혼란과 戶口 누락을 고려해도 아직 華北 전 지역을 지배
했음을 고려하면 北齊의 戶數와 戶口 파악 능력을 과소평가할 수 없

六年, 齊平後, 帝欲施輕典於新國, 乃詔凡諸雜戶, 悉放爲百姓. 自是無復雜戶."

44 『魏書』卷94「閹官·仇洛齊傳」, 2013-2014쪽, "魏初禁網疏闊, 民戶隱匿漏脫者多.
東州旣平, 綾羅戶民樂葵因是請採漏戶, 供爲綸綿. 自後逃戶占爲細繭羅縠者非一.
於是雜·營戶帥遍布天下, 不屬守宰, 發賦輕易, 民多私附, 戶口錯亂, 不可檢括. 洛
齊奏議罷之, 一屬郡縣."

45 『周書』卷6「武帝紀」下 建德六年條, 101쪽, "齊諸行臺州鎮悉降. 關東平. 合州
五十五, 郡一百六十二, 縣三百八十五, 戶三百三十萬二千五百二十八, 口二千萬
六千(六)[八]百八十六."

46 〈지도 16〉에서 알 수 있듯이, 실제 戶口 파악 지역의 면적은 東魏北齊가 前燕보다
좁았다.

47 『晉書』卷113「苻堅載記」上, 2893쪽, "堅遂攻鄴, 陷之. 慕容暐出奔高陽, 堅將郭慶
執而送之. 堅入鄴宮, 閱其名籍, 凡郡百五十七, 縣一千五百七十九, 戶二百四十五
萬八千九百六十九, 口九百九十八萬七千九百三十五. 諸州郡牧守及六夷渠帥盡降於
堅. 郭慶窮追餘燼, 慕容評奔於高句麗, 慶追至遼海, 句麗縛評送之. 堅散暐宮人珍寶
以賜將士, 論功封賞各有差. 以王猛爲使持節·都督關東六州諸軍事·車騎大將軍·
開府儀同三司·冀州牧, 鎮鄴, 以郭慶爲持節·都督幽州諸軍事·揚武將軍·幽州刺
史, 鎮薊."

48 『通典·食貨典』(杜佑 撰, 王文錦·王永興·劉俊文·徐庭雲·謝方 點校, 北京: 中華
書局, 1988) 卷7「食貨·歷代盛衰戶口條」, 146-147쪽, "及尒朱之亂, 政移臣下, 或
廢或立, 甚於弈棋, 遂分爲東西二國, 皆權臣擅命, 戰爭不息, 人戶流離, 官司文簿,
又多散棄. 今按舊史, 戶三百三十七萬五千三百六十八."

다. 심지어 北齊를 정복하여 華北을 통일한 北周의 戶口가 靜帝 大象
년간(579-580) 359만 戶와 900만 9,604口였다.[49] 면적이 비슷한 前燕
이나 華北을 통일한 北魏末 · 北周時代의 戶數와 비교해도 北齊의 戶
口는 호구파악의 누락에도 불구하고 적은 숫자는 아니었다. 또 北齊
의 戶口는 納稅 가능한 戶口이며, 軍戶(약 50여만 戶), 逃戶(최소 10여
만), 불교사원의 僧尼와 사원에 依附한 逃戶(30여만 戶) 등 누락한 인
구를 포함하면 北齊 멸망 당시 北齊 境內의 실제 戶數는 400만에 달
한다고 추산하기도 한다.[50] 따라서 北齊의 호구파악과 징세행정에 잘
못과 비리가 있었다고 기술한『隋書』「食貨志」의 기록이 약간 과장되
었고 北齊의 호구파악과 경제적 수취는 상당히 원활하게 진행되었다
고 봐야 한다. 幷州와 그 주변에 주둔한 胡人들이 軍人이었기 때문에
戶口가 누락되었으므로,[51] 330만 2,528戶, 2,000만 6,886口의 대부분
은 黃河 중하류에 주로 거주했을 것이다. 따라서 東魏北齊의 黃河 중
하류 지역 수취체제는 정상적으로 작동되었을 것이다.[52] 天保 6년(555)
六月 夫 180만 人을 징발하여 幽州 北夏口에서 恒州까지 900여 里(약
450㎞)의 長城을 쌓았다.[53] 幽州와 恒州에서 가까운 곳은 黃河 중하
류, 특히 河北 지역이었으므로, 주로 이 지역에서 夫, 즉 성인 남성들
이 동원되었을 것이다. 또 성인 남성 180만을 동원한 것은 철저한 戶

---

49 『通典 · 食貨典』卷7「食貨 · 歷代盛衰戶口條」, 146-147쪽, "按大象中, 有戶三百五十
　　九萬, 口九百萬九千六百四."

50 鄭顯文, 「北齊戶口考」, 『中國社會經濟史研究』1993-1, 1993, 1-4쪽.

51 『魏書』卷106上「地形志」上, 2504쪽, "前自恒州已下十州, 永安以後, 禁旅所出, 戶口
　　之數, 並不得知."

52 崔珍烈, 「東魏北齊의 華北 지배와 그 한계」, 112-114쪽.

53 『北齊書』卷4「文宣紀」天保六年條, 61쪽, "是年, 發夫一百八十萬人築長城, 自幽州
　　北夏口至恒州九百餘里."

口 파악과 요역 징발체계 없이는 불가능하다.

東魏北齊 시대 黃河 중하류 지역의 경제력을 엿볼 수 있는 사례는 隋初 漕運 기록에서 추측할 수 있다. 『隋書』「食貨志」에는 이를 시사하는 기사가 있다.

"諸州의 調物은 매해 黃河 이남은 潼關, 黃河 이북은 蒲坂에서 京師에 도달하니 서로 길에서 서로 이어졌으며 밤낮으로 수개월 동안 끊이지 않았다."[54]

이 기사는 開皇 3년(583)과 9년(589) 사이의 기사에 배치되었다. 이는 隋初의 상황이지만, 北周가 北齊를 평정한 이후 舊北齊 지역의 調物을 黃河 이남은 潼關, 黃河 이북은 蒲坂을 통해 長安으로 운송했다고 추정할 수 있다. 潼關은 洛陽과 長安 사이에 있던 지역이었다. 따라서 洛陽은 黃河 이남의 諸州에서 長安으로 운송되는 물자가 통과하는 지역이었다. 開皇 3년(583) 隋 朝廷은 京師, 즉 長安의 창고가 비어 있고 홍수와 가뭄에 대비한다는 명목으로 蒲·陝·虢·熊·伊·洛·鄭·懷·邵·衛·汴·許·汝 黃河 연변의 13州에 米를 운반할 運米丁을 모집하였다. 그리고 衛州에 黎陽倉, 洛州에 河陽倉, 陝州에 常平倉, 華州에 廣通倉을 설치하였고 關東과 汾·晉의 粟을 京師로 운반하였다. 또 洛陽에서 陝州의 常平倉으로 40石을 운반할 사람을 모집하였다.[55] 다음 해인 開皇 4년(584) 수도 大興城에서 潼關에 이르는

---

54 『隋書』卷24「食貨志」, 681-682쪽, "諸州調物, 每歲河南自潼關, 河北自蒲坂, 達于京師, 相屬於路, 晝夜不絕者數月."

55 『隋書』卷24「食貨志」, 683쪽, "開皇三年, 朝廷以京師倉廩尙虛, 議爲水旱之備, 於是詔於蒲·陝·虢·熊·伊·洛·鄭·懷·邵·衛·汴·許·汝等水次十三州, 置募運米

300여 리에 廣通渠를 개착하였다.[56] 이처럼 開皇 3-4년(583-584) 山東
에서 關中으로 곡물을 운반하기 위해 運米丁을 모집하고 중간 거점에
창고를 세운 것은 隋初 關中에서 생산되는 식량만으로는 자급자족하
기 어려웠기 때문이다. 또 지리적인 분포를 보면 洛州와 陝州, 華州는
長安(大興城)으로 가는 길목에 있었다. 따라서 洛州, 즉 洛陽의 河陽倉
설치는 山東 諸州의 식량을 일단 洛陽에 저장한 다음 陝州의 常平倉
과 華州의 廣通倉으로 운반하여 최종적으로 大興城으로 운반하는 漕
運體系의 정점이었다. 이는 關中만의 농업생산만으로 長安(大興城)에
있는 朝廷의 수요를 감당하기 어려웠음을 시사한다. 開皇 3-4년(583-
584)은 北齊가 망한 지 7-8년밖에 지나지 않은 때였다. 隋初에 關中의
곡물로 자급자족하지 못하여 山東, 즉 東魏北齊 시대 선진경제지역인
黃河 중하류 지역의 곡물을 수입해야 했다. 이는 최소한 北齊時代에
도 黃河 중하류 지역이 곡창지대였음을 보여준다.

3. 군사와 목축의 중심지: 太原과 北邊

본 절에서는 1절에서 살펴본 〈지도 16〉의 ②부분의 지역을 살펴본
다. ②지역은 東魏北齊의 군사력의 핵심인 六鎭鮮卑가 거주하는 지역
이었으며 목축이 성한 지역이었다. 이를 각각 1항과 2항에서 살펴본다.

丁. 又於衛州置黎陽倉, 洛州置河陽倉, 陝州置常平倉, 華州置廣通倉, 轉相灌注. 漕
關東及汾·晉之粟, 以給京師. 又遣倉部侍郎韋瓚, 向蒲·陝以東, 募人能於洛陽運米
四十石, 經砥柱之險, 達于常平者, 免其征戍. 其後以渭水多沙, 流有深淺, 漕者苦之."
56 『隋書』 卷24 「食貨志」, 684쪽, "於是命宇文愷率水工鑿渠, 引渭水, 自大興城東至潼
關, 三百餘里, 名曰廣通渠. 轉運通利, 關內賴之. 諸州水旱凶饑之處, 亦便開倉賑給."

1 太原과 六州鮮卑

선행연구에 따르면, 北魏·東魏는 전후 幷州·肆州·汾州에 六州를 僑置하였고 六州 鮮卑軍士들의 호구를 등록하였다. 六州는 恒州(秀容郡城에 寄治; 현재의 山西省 原平縣), 燕州(현재의 山西省 壽陽縣에 寄治), 雲州(현재의 山西省 文水縣에 寄治), 朔州(현재의 山西省 介休縣에 寄治), 蔚州(幷州 鄔縣에 寄治; 현재의 山西省 平遙縣), 顯州(汾州 六壁城에 寄治; 현재의 山西省 孝義縣)였다.[57] 이 가운데 燕州를 제외한 5州가『魏書』「地形志」의 恒州 이하 10州와 일치한다. 高琛은 東魏 高歡 집정시기에 幷肆汾大行臺僕射에 임명되고 六州九酋長大都督을 겸하였다.[58] 이 6州는 幷州·肆州·汾州에 설치한 恒州·燕州·雲州·朔州·蔚州·顯州를 지칭하며, 9酋長은 領民酋長을 지칭한다. 따라서 高琛은 領六州九酋長大都督이 되어 옛 六鎭 지역의 鮮卑軍士들을 지휘하였다.[59] 代郡 平城縣 출신인 尉橺는 第一領民酋長에 임명되어 顯州刺史의 임무를 대행하였다.[60] 이 기사에서도 領民酋長이 僑置(寄治)한 6州와 통속 관계가 있음을 확인할 수 있다. □憘는 武平 2년(571) 사망하기 훨씬 전에 北肆州六州都督 儀同三司에 임명되었다.[61] 北肆州는 史書에 보이지 않지만, 肆州 북쪽에 임시로 설치한 州였을 것으로 추정된다. □

---

57 王仲犖,「東西魏北齊北周僑置六州考略」, 1149-1152쪽; 王振芳,「論太原在東魏北齊時期的戰略地位」,『山西大學學報(哲學社會科學版)』1991-14, 1991, 53쪽.

58 『北齊書』卷13「趙郡王琛傳」, 169쪽, "及斛斯椿等釁結, 高祖將謀內討, 以晉陽根本, 召琛留掌後事, 以爲幷·肆·汾大行臺僕射, 領六州九酋長大都督, 其相府政事琛悉決之."

59 毛漢光,「北魏東魏北齊之核心集團與核心區」, 96-97쪽.

60 「尉橺暨妻王金姬墓誌」,『墨香閣藏北朝墓誌』, 118쪽, "尋授第一領民酋長·行顯州事."

61 「□憘墓誌」,『晉陽古刻選·北朝墓誌卷』(太原市三晉文化研究會 編, 太原: 山西人民出版社, 2008(影印本)) 下卷, 344쪽.

憶가 임명된 北肆州六州都督의 직함을 보면, 肆州 북쪽에 六州鮮卑가 거주했음을 추정할 수 있다. 이 밖에 『隋書』「乞伏慧傳」에는 乞伏慧가 馬邑에 살던 鮮卑人이라고 기록하였다.[62] 馬邑은 太原 이북에 있었으므로 당시 馬邑에 鮮卑人이 거주했음을 알 수 있다.[63]

墓誌에서도 太原과 그 주변에 鮮卑를 비롯한 유목민들이 거주했던 흔적을 찾을 수 있다. 예컨대 韓裔는 天保元年(550) 이후 三角領民正都督과 新城正都督에 임명되었다.[64] 三角領民正都督의 '三角'은 『元和郡縣圖志』에 따르면 晉陽 서북쪽 19里에 있었으며, 徒人城이라고도 불렸다.[65] 殷憲의 고증에 따르면, 新城正都督도 領民正都督과 동일하며, 新城은 당시 吐京郡(현재의 山西省 隰縣 西南 70里)에 속하였다.[66] 尉標가 임명된 新城大都督도 舊六鎭民들을 관할하는 관직이었을 것이다.[67]

庫狄洛은 北齊 文宣帝 시기에 離石大都督과 岢嵐領民都督, 黑水領民都督을 역임하였다.[68] 離石은 北魏時代의 汾州 離石鎭, 東魏北齊시대의 西汾州 懷政郡이었다. 岢嵐은 北朔州 廣安郡(招遠)의 屬縣이며, 현재의 山西省 북부 忻州 嵐縣에 해당한다.[69] 黑水는 현재의 山西

---

62 『隋書』卷55「乞伏慧傳」, 1377쪽, "乞伏慧, 字令和, 馬邑鮮卑人也."

63 崔珍烈, 「東魏北齊의 華北 지배와 그 한계」, 89-90쪽.

64 「韓裔墓誌」, 『漢魏南北朝墓誌彙編』, 436쪽, "天保元年, 除開府儀同三司, 別封康城縣開國子. 使持節涼州諸軍事涼州刺史, 遷三角領民正都督, 又遷新城正都督, 除使持節建州諸軍本將軍建州刺史."

65 『元和郡縣圖志』(李吉甫 撰, 賀次君 點校, 北京: 中華書局, 1983) 卷13「河東道」2 河東節度使·太原府·晉陽縣條, 365쪽, "三角城, 在縣西北十九里, 一名徒人城.",

66 殷憲, 「北齊《張謨墓誌》與北新城」, 『晉陽學刊』2012-2, 2012, 17왼쪽-17오른쪽.

67 「尉標暨妻王金姬墓誌」, 118쪽.

68 「庫狄洛墓誌」, 『漢魏南北朝墓誌彙編』, 415쪽, "高祖受禪, 以王佐命元勳. 啓弼王室, 除開府儀同三司, 別封東燕縣開國子·領兼中□, 除使持節都督建州諸軍事·建州刺史, 轉離石大都督·岢嵐領民都督·黑水領民都督."

69 『北周地理志』(王仲犖, 北京: 中華書局 1980[2007重印]) 卷9「河北」上 北朔州·廣安

省 壽陽縣 남쪽의 白馬河,[70] 혹은 山西省 臨汾市 북쪽의 澇水,[71] 山西省 翼城縣 북쪽을 흐르는 澮水의 지류[72]로 비정된다.[73] 어떤 경우이건 太原 주변이며 현재의 山西省 중부에 해당한다. 狄湛은 天保 6년(555) 原仇領民副都督, 天保 10년(559) 白馬領民都督에 임명되었다.[74] 原仇는 『元和郡縣圖志』에 따르면, 太原府 盂縣에 있는 原仇山 혹은 縣城의 本名인 原仇城으로 추정된다. 隋文帝 開皇 16년(596)에는 縣名으로 사용되었다.[75] 현재의 山西省 盂縣에 해당된다. 白馬는 原仇와 같이 盂縣에 속한 白馬山,[76] 혹은 北魏末 · 東魏 晉州의 治所 白馬城,[77] 汾州 五城郡 平昌縣의 白馬谷[78] 중의 하나일 것이다. 張彥은 北防迂城鎮民 都督에 임명되었는데, 迂城이 胡界에 임하고 남쪽으로 漠關을 바라보는 지역에 위치했다.[79] 따라서 迂城은 柔然 · 突厥 등 이민족과의 북

郡 · 岢嵐縣條, 890-893쪽.

70 『水經 · 洞過水注』, "洞過水出沾縣北山"條, 601-602쪽, "黑水西出山, 三源合舍, 同歸一川, 東流南屈, 徑受陽縣故城東. 其水又西南入洞過水."

71 『水經 · 汾水注』, "西南過高梁邑西"條, 548-549쪽, "黑水出黑山, 西徑楊城南, 又西与巢山水會. …… 亂流遙北徑高梁城北, 西流入于汾水."

72 『水經 · 澮水注』, "澮水出河東絳縣東, 澮交東高山"條, 566쪽, "(黑)水導源東北黑水谷, 西南流徑翼城北, 右引北川水, 水出平川, 南流注之, 亂流西南入澮水."

73 史爲樂 主編, 『中國歷史地名大辭典』, 北京: 中國社會科學出版社, 2005 참조.

74 「狄湛墓誌」, 『新出魏晉南北朝墓誌疏證』, 172-173쪽, "至[天保]六年, 除原仇領民副都督. …… 十年, 除白馬領民都督."

75 『元和郡縣圖志』卷13 「河東道」2 河東節度使 · 太原府 · 晉陽縣條, 375쪽, "隋開皇十六年分石艾縣置原仇縣, 屬遼州. …… 原仇山, 在縣北三十里. 出人參 · 鐵羅. 縣取此山爲名. …… 縣城, 本名原仇城, 亦名仇由城."

76 위와 같음, "白馬山, 在縣東北六十里."

77 『魏書』卷106上 「地形志」上, 晉州條細注, 2477쪽, "孝昌中置唐州, 建義元年改. 治白馬城."

78 『魏書』卷106上 「地形志」上, 汾州 · 五城郡 · 平昌縣條細注, 2484쪽, "世祖名刑軍, 太和二十一年改. 有白馬谷."

79 「張彥墓誌」, 『墨香閣藏北朝墓誌』, 136쪽, "遷北防迂城鎮民都督, 部臨胡界, 南望漠關."

쪽 접경지대에 위치했음을 알 수 있다. 당시 領民都督은 領民酋長처럼 鮮卑·敕勒·匈奴·契胡 등 非漢族 이민족을 지휘하였음을 고려하면,[80] 領民都督, 領民正都督, 領民副都督, 鎭民都督 앞에 붙은 지명인 三角·離石·岢嵐·黑水·原仇·白馬·迂城이 太原 혹은 그 주변 지역에 비정되므로(현재의 山西省 중북부) 대체로 ②지역에 해당된다. 이 지명의 분포에서 舊六鎭 출신의 鮮卑人이나 高車人 등 유목민이 太原 주변 지역에 거주했음을 확인할 수 있다.[81]

『北齊書』「孫搴傳」에는 이러한 僑置 지역의 民을 軍士로 편제했던 기록이 보인다.

  "이때 燕·恒·雲·朔·顯·蔚·2夏州·高平·平涼 民의 호구를 대거 조사하여 軍士로 삼았다. 이때 逃隱者는 본인뿐만 아니라 主人·三長·守令도 大辟의 罪로 판결하여 그 家를 沒入하도록 하였다. 이때 획득한 군사가 매우 많았다. 이는 孫搴의 계책 덕분이었다."[82]

위의 인용문에서 東魏 시대 燕·恒·雲·朔·顯·蔚·2夏州·高平·平涼의 民을 군사로 삼았음을 알 수 있다. 燕·恒·雲·朔·顯·蔚 6州는 太原 부근에 僑置된 지역이었지만, 2夏·高平·平涼은 당시

---

80 周一良, 「領民酋長與六州都督」, 『周一良集』第一卷(魏晉南北朝史論), 瀋陽: 遼陽教育出版社, 1998, 239-246쪽.

81 崔珍烈, 「東魏北齊의 華北 지배와 그 한계」, 91-92쪽; 崔珍烈, 「북조 장성 축조와 그 배경」, 홍승현·송진·최진열·허인욱·이성제, 『중국 역대 장성의 연구』(동북아역사재단 기획연구 62), 동북아역사재단, 2014, 269-271쪽.

82 『北齊書』卷24 「孫搴傳」, 342쪽, "時又大括燕·恒·雲·朔·顯·蔚·二夏州·高平·平涼之民以爲軍士, 逃隱者身及主人·三長·守令罪以大辟, 沒入其家, 於是所獲甚衆, 搴之計也."

東魏의 영토가 아니었다. 高歡은 天平 3년(536) 厙狄干 등 萬騎를 거느리고 西魏의 夏州를 공격하여 刺史 費也頭 斛拔俄彌突을 사로잡고 部落 5,000戶를 데리고 돌아왔다.[83] 그러나 夏州刺史로 임명된 張瓊은 宇文泰의 공격을 받아 夏州를 빼앗겼다.[84] 따라서 東魏가 夏州를 점령한 것은 天平 3년(536) 무렵으로 그 기간이 매우 짧았다. 西夏州도 이때 잠시 점령한 것으로 보인다.[85] 高平과 平涼은 黃河 상류에 있던 지역으로 넓은 의미로 오르도스를 포함하는 河西에 속한다. 高平과 平涼의 民은 아마도 天平元年(534)[86]이나 天平 3년(536)[87] 高歡이 河西의 費也頭를 정복하고 끌려온 사람들로 추정된다. 6州에 속한 사람들은 太原 주변에 거주하였고,[88] 高平과 平涼의 民도 6州의 僑民과 비슷한 지역에 거주했을 것이다. 즉 太原의 북쪽과 남쪽 주변 지역에는 軍士들의 병력공급지였다. 이는 北齊末까지 지속되었다. 北齊 멸망 당시 北朔州는 重鎮이었고 勇士가 많이 모여 있었다.[89] 天保 9년(558) 朔州 刺史에 임명된 斛律光은 1만 騎를 이끌고 北周의 曹迴公과 싸웠다.[90]

---

83 『北史』卷6「齊本紀上·高祖神武帝紀」, 225쪽, "[天平]三年正月甲子, 神武帥厙狄干 等萬騎襲西魏夏州. 身不火食, 四日而至, 縛稍爲梯, 夜入其城, 擒其刺史費也頭斛 拔俄彌突, 因而用之. 留都督張瓊以鎭守, 遷其部落五千戶以歸";『北齊書』卷2「神武 紀」下, 18쪽.

84 『北齊書』卷20「張瓊傳」, 265쪽, "天平中, 高祖襲克夏州, 以爲慰勞大使, 仍留鎭之. 尋爲周文帝所陷, 卒."

85 『魏書』에서는 高歡이 天平 3년 西魏의 西夏州를 점령했다고 기록하였다(『魏書』卷 12「孝靜紀」天平三年春正月戊申條, 300쪽, "齊獻武王襲寶炬西夏州, 克之.").

86 『北史』卷6「齊本紀上·高祖神武帝紀」, 219쪽.

87 『北史』卷6「齊本紀上·高祖神武帝紀」, 225쪽;『北齊書』卷2「神武紀」下, 18쪽.

88 毛漢光, 「北魏東魏北齊之核心集團與核心區」, 96-97쪽.

89 『北史』卷52「齊宗室諸王下·文宣諸子·范陽王紹義傳」, 1884쪽, "周武帝克幷州, 以 封輔相爲北朔州總管. 此地齊之重鎭, 諸勇士多聚焉."

90 『北齊書』卷17「斛律金傳附光傳」, 223쪽, "除朔州刺史. 十年, 除特進·開府儀同三

이는 朔州에 騎兵 1만이 주둔하였고 이를 지탱할 戰馬를 사육했음을
보여준다. 이 두 사례에서 晉陽 북쪽의 朔州와 北朔州에 다수의 군대
가 주둔했음을 알 수 있다. 이들은 朔州·北朔州나 晉陽 주변에 僑置
되었던 6州 출신의 군사들이었을 것이다.[91]

2 太原 주변의 목축

太原은 漢代와 唐代 농업과 목축의 점이지대였다. 그러나 魏晉南
北朝時代 기후가 1-3℃ 하강했기 때문에[92] 농경과 목축의 경계선이 汾
水와 太原을 잇는 선보다 남쪽으로 옮겨졌을 것으로 추정된다.[93] 이미
北魏時代에 漠南·河西·畿內의 3대 목장뿐만 아니라[94] 幷州·肆州·
汾州·夏州 등지에도 소규모 목장 혹은 牧地가 있었다.[95] 肆州 北秀
容에 거주했던 尒朱榮이 소유한 말을 12개 골짜기에 색깔별로 나누
어 기를 정도로 많았다.[96] 洛陽遷都 이후 河西의 목장에서 기른 戎馬

　　司. 二月, 率騎一萬討周開府曹迴公, 斬之. 栢谷城主儀同薛禹生棄城奔遁, 遂取文侯
　　鎭, 立戍置柵而還."
91　崔珍烈, 「東魏北齊의 軍事 중심 太原의 전략적 限界」, 251-253쪽; 同氏, 「東魏北齊
　　의 華北 지배와 그 한계」, 92-94쪽.
92　張丕遠 主編, 『中國歷史氣候變化』, 濟南: 山東科學技術出版社, 1996; 竺可楨, 「中國
　　近五千年來氣候變遷」, 葛劍雄·華林甫 編, 『歷史地理硏究』, 武漢: 湖北敎育出版社,
　　2002, 61쪽(原載 『考古學報』 1972-1, 1972); 布雷特·辛斯基 編, 「氣候變遷和中國
　　歷史」, 『中國歷史地理論叢』 2003-2, 2003, 59쪽; 徐勝一, 「北魏孝文帝遷都洛陽與氣
　　候變化之硏究」, 『臺灣師大地理硏究報告』 38, 2003, 1-12쪽; 劉昭民 지음, 박기수·
　　차경애 옮김, 『기후의 반역』, 성균관대학교출판부, 2005, 59-62쪽 및 134-146쪽;
　　吳宏岐, 『西安歷史地理硏究』, 西安: 西安地圖出版社, 2006, 99-104쪽.
93　崔珍烈, 『북위황제 순행과 호한사회』, 410-414쪽.
94　朱大渭, 「北魏的國營畜牧業經濟」, 342쪽.
95　黎虎, 「北魏前期的狩獵經濟」, 150-153쪽.

는 幷州로 옮겨 기르다가 말이 풍토에 익숙해지면 洛陽 부근의 河陽牧場으로 옮기도록 하였다.[97] 이처럼 幷州의 소재지인 太原과 북쪽의 肆州, 남쪽의 汾州는 北魏後期까지 戰馬의 생산지로 유명하였다.[98]

北齊時代에도 太原에서 戰馬를 길렀던 증거가 발견된다. 『北齊書』「斛律金傳附光傳」의 관련 기사를 보자.

"帝[後主]가 [穆]提婆에게 晉陽의 田을 하사하려고 하자, [斛律]光은 朝廷에서 '이 田은 神武帝 이후 늘 禾를 심어 馬 數千匹을 먹여서 적의 침입에 대비하도록 하였습니다. 그런데 지금 [穆]提婆에게 하사한다면 軍務가 없는 것이 아닙니까?'라고 말하였다."[99]

이 인용문에서 穆提婆에게 주려고 한 田에 禾를 심어 말 수천 필을 먹였다는 斛律光의 말이 주목된다. 즉 戰馬가 야생풀이 아닌 禾를 먹었음을 알 수 있다. 後主 때 和士開를 제거하는 琅邪王 高儼의 반란에 가담했다 죽은 厙狄伏連[100]의 집에서 말에게 豆를 사료로 지급했

---

96 『北史』 卷6 「齊本紀上上 · 高祖神武帝紀」, 211쪽, "神武曰: 「聞公有馬十二谷, 色別爲羣, 將此竟何用也?」"; 『北齊書』 卷1 「神武紀」 上, 3쪽.

97 『魏書』 卷113 「食貨志」, 2857쪽, "世祖之平統萬, 定秦隴, 以河西水草善, 乃以爲牧地. 畜産滋息, 馬至二百餘萬匹, 橐駝將半之, 牛羊則無數. 高祖即位之後, 復以河陽爲牧場, 恒置戎馬十萬匹, 以擬京師軍警之備. 每歲自河西徒牧於幷州, 以漸南轉, 欲其習水土而無死傷也, 而河西之牧彌滋矣. 正光以後, 天下喪亂, 遂爲羣寇所盜掠焉."

98 崔珍烈, 「東魏北齊의 華北 지배와 그 한계」, 95쪽; 崔珍烈, 「북조 장성 축조와 그 배경」, 271-272쪽.

99 『北齊書』 卷17 「斛律金傳附光傳」, 225쪽, "帝賜提婆晉陽之田, 光言於朝曰: 「此田, 神武帝以來常種禾, 飼馬數千匹, 以擬寇難, 今賜提婆, 無乃闕軍務也?」"

100 『北史』 卷8 「齊本紀下 · 後主紀」 武平元年七月條, 293쪽, "秋七月庚午, 太保 · 琅邪王儼矯詔殺錄尙書事和士開於南臺, 即日誅領軍大將軍厙狄伏連 · 書侍御史王子宣等, 尙書右僕射馮子琮賜死殿中. …… 庚午, 殺太保 · 琅邪王儼."; 『北齊書』 卷8 「後

다.[101] 또 北魏後期 太僕卿이 관할하는 種牧田[102]이 鄴 주변 馬場의 田
地에 속하였다.[103] '種牧田'이란 표현을 보아 北魏後期나 北齊時代 馬
場에서도 말이나 가축에게 곡물의 줄기를 사료로 먹였을 것이다. 『五
曹算經』에는 말 한 마리당 粟 5升 3合을 지급하는 계산 문제가 있
다.[104] 『五曹算經』은 北周時代에 편찬되었지만, 北魏와 東魏北齊에도
적용되었다고 보아도 좋을 것이다.[105] 이 계산 문제에서 당시 말에게
粟을 먹었음을 확인할 수 있다. 이러한 방증 사료를 바탕으로 太原에
서도 재배한 작물을 사료로 戰馬를 사육했음을 볼 수 있다.[106]

主紀」, 104쪽.

101 『北齊書』 卷20 「慕容儼傳附厙狄伏連傳」, 283쪽, "伏連家口有百數, 盛夏之日, 料以
倉米二升, 不給鹽菜, 常有饑色. 冬至之日, 親表稱賀, 其妻爲設豆餅. 伏連聞此 豆
因何而得, 妻對向於食馬豆中分減充用. 伏連大怒, 典馬·掌食之人並加杖罰. 積年
賜物, 藏在別庫, 遺侍婢一人專掌管籥. 每入庫檢閱, 必語妻子云: '此是官物, 不得輒
用.' 至是簿錄, 並歸天府."

102 『魏書』 卷58 「楊播傳附椿傳」, 1286-1287쪽, "在州, 爲廷尉奏椿前爲太僕卿日, 招引
細人, 盜種牧田三百四十頃, 依律處刑五歲."

103 周一良, 「馬場」, 『周一良集』, 第貳卷魏晉南北朝史札記, 瀋陽: 遼寧敎育出版社,
1998, 565-566쪽.

104 『五曹算經』(甄鸞 撰, 郭書春·劉鈍 交點, 『算經十書』(二), 瀋陽: 遼寧敎育出版社,
1998) 卷2 「兵曹」, 6쪽, "今有馬六千二百四十三匹, 匹給粟五升三合. 問計幾何? 答
曰: 三百三十斛八斗七升九合."

105 史衛, 「北魏貨幣使用硏究」, 42원쪽.

106 唐代에도 말들에게 먹일 芻秣을 재배하거나 田이 배정되었던 예가 보인다. 예컨대
唐代 唐太宗·高宗 시기 長安의 서쪽 岐州·隴州·涇州 등지 千里에 八坊을 설치
하고 1,230頃의 八坊之田을 말에게 제공할 芻秣를 재배하는 데 사용하였다(『新唐
書』 卷50 「兵志」, 1337쪽, "自貞觀至麟德四十年間, 馬七十萬六千, 置八坊岐·隴·
涇·寧間, 地廣千里, 一日保樂, 二日甘露, 三日南普閏, 四日北普閏, 五日岐陽, 六日
太平, 七日宜祿, 八日安定. 八坊之田, 千二百三十頃, 募民耕之, 以給芻秣. 八坊之
馬爲四十八監, 而馬多地狹不能容, 又析八監列布河西豐曠之野."). 憲宗 元和 14년
(819) 襄州(襄陽)에 臨漢監을 설치하여 馬 3,200필을 길렀으며, 田 400頃이 소요되
었다(『新唐書』 卷50 「兵志」, 1339쪽, "[元和]十四年, 置臨漢監於襄州, 牧馬三千二百,

太原 북쪽에서도 말을 길렀던 예가 발견된다. 河淸 3년(564) 突厥이 침입하자 白建은 代州와 忻州의 말 1만 匹을 五臺山 北栢谷으로 숨 겼다.[107] 당시 代州와 忻州에서 최소 1만 匹의 말을 길렀음을 알 수 있 다. 代州와 忻州는 太原 북쪽에 위치한 州였다. 忻州는 北魏後期 肆 州였으며 尒朱榮의 목축지가 있었던 北秀容 일대에 설치된 州였다. 이는 忻州(肆州)가 北齊時代까지 목축이 흥한 지역이었음을 보여준다. 또 東魏의 실력자 高歡이 天平元年(534) 費也頭의 우두머리 紇豆陵伊 利를 河西에서 격파하고 費也頭 무리를 河東, 즉 黃河 동쪽으로 옮겼 다.[108] 이들을 옮긴 '河東'의 위치를 구체적으로 기록하지 않았지만, 대 체로 현재의 山西省에 해당하는 黃河와 汾水 유역으로 추정된다. 費 也頭는 본래 목축에 종사했던 유목민 집단이었으므로[109] 이들은 黃河 동쪽으로 옮겨진 이후에도 목축에 종사했을 것이다.[110]

東魏北齊는 군사력의 핵심인 六鎭鮮卑를 보호하기 위해 長城을 쌓 았다.

費田四百頃.”). 淸代 大凌河牧場 등의 목축을 살펴보면 粟의 줄기와 黃豆를 가축의 사료로 사용하였다(王穎超, 「淸代馬政對遼西走廊民俗文化的影響」, 中央民族大學 碩士學位論文, 2005. 5, 12쪽). 따라서 太原(晉陽) 일대는 농경과 목축이 모두 가능 한 지역이었으므로, 농경지에서 나온 농산물의 부산물로 가축의 사료로 사용하는 예가 많았을 것이다.

107 『北齊書』卷40「白建傳」, 532-533쪽, “河淸三年, 突厥入境, 代·忻二牧悉是細馬, 合 數萬匹, 在五臺山北栢谷中避賊. 賊退後, 勅建就彼檢校, 續使人詣建聞領馬, 送定 州付民養飼. 建以馬久不得食, 瘦弱, 遠送恐多死損, 遂違勅以便宜從事, 隨近散付軍 人. 啓知, 勅許焉. 戎乘無損, 建有力焉.”

108 『北史』卷6「齊本紀上·高祖神武帝紀」, 219쪽, “天平元年正月壬辰, 神武西伐費也頭 虜紇豆陵伊利於河西, 滅之, 遷其部落於河東.”; 『北齊書』卷2「神武紀」下, 13쪽.

109 石見淸裕, 「唐の建國と匈奴の費也頭」, 1586-1609쪽.

110 崔珍烈, 「東魏北齊의 華北 지배와 그 한계」, 95-97쪽; 同氏, 「북조 장성 축조와 그 배경」, 274쪽.

<표 11> 東魏北齊의 長城 축조

축조 연대		축조 기사(지명)	현재의 지명
東魏	武定元年 十一月 (543. 12-544. 1)	馬陵戍(서쪽)-土隥(동쪽) 일대[111]	土隥(土墱寨)은 山西省 嶂縣의 西北.[112] 山西省 馬陵戍는 靜樂縣 북쪽.[113] 山西省 太原市 북쪽에서 지금의 山西省 靜樂縣 북쪽까지 약 300里에 달함.[114]
	武定 3년 (545)	幽·安·定 3州 북쪽[115]	
北齊	天保 3년 十月 (552. 11-12)	黃櫨嶺에서 북쪽으로 社干戍까지 400여 里(36戍)[116]	山西省 離石縣-呂梁山脈-山西省 朔州市 서쪽, 남북 길이 약 200km[117]
	天保 5년 (554)	幽州北夏口에서 恒州까지 900여 里[118]	현재 北京市 延慶縣居庸關에서 山西省 大同市 서북쪽 達速嶺(450km)[119]
	天保 7년 (556)	西河의 總秦戍(서쪽)-바다(동쪽) 동서 3,000여 里[120]	

111 『魏書』卷12「孝靜紀」武定元年條, 306쪽, "是月, 齊獻武王召夫五萬於肆州北山築城, 西自馬陵戍, 東至土隥. 四十日罷." 『北齊書』卷1「神武紀」下와『北史』卷6「神武紀」, 『魏書』卷12「孝靜紀」는 모두 八月의 일로 기록하였다. 『資治通鑑』卷158「梁紀」大同九年條에는 十一月의 기사로 기록하였다. 당연히 근거가 있을 것이다. 『九域志』와 『資治通鑑』은 隥을 "墱"으로 기록하였다.

112 『讀史方輿紀要』卷40「山西」2 太原府·靜樂縣·土墱寨條, 1861쪽, "土墱在縣西北."

113 『讀史方輿紀要』卷40「山西」2 太原府·靜樂縣·馬陵戍條, 1835쪽, "在縣北."

114 劉金柱, 『萬里長城』, 哈爾濱: 黑龍江科學技術出版社, 1985; 朱大渭, 「北朝歷史建置長城及其軍事戰略地位」, 270-271쪽.

115 『北齊書』卷2「神武紀」下 武定三年十月丁卯條, 22쪽, "十月丁卯, 神武上言, 幽·安·定三州北接奚·蠕蠕, 請於險要修立城戍以防之, 躬自臨履, 莫不嚴固."

116 『北齊書』卷4「文宣紀」天保三年條, 56쪽.

117 朱大渭, 「北朝歷史建置長城及其軍事戰略地位」, 271-272쪽; 劉金柱, 『萬里長城』.

118 『北齊書』卷4「文宣紀」天保六年條, 61쪽.

119 朱大渭, 「北朝歷史建置長城及其軍事戰略地位」, 272-273쪽; 劉金柱, 『萬里長城』.

120 『北齊書』卷4「文宣紀」天保七年十二月條, 63쪽, "先是, 自西河總秦戍築長城東至於海, 前後所築東西凡三千餘里, 率十里一戍, 其要害置州鎭, 凡二十五所."

축조 연대	축조 기사(지명)	현재의 지명
北齊	天保 8년 十二月 (558. 1-2)	庫洛拔에서 동쪽으로 塢紇戍에 이르는 400여 里[121]	烏紇戍는 山西省 靈丘縣 平刑關 동 북쪽, 庫洛拔은 山西省 大同과 右玉縣 혹은 山西省 偏關과 朔州市 사이의 땅[122]
	河淸 2년 三月 (563. 4-5)	軹關 서쪽에 勳掌城을 쌓고 200里의 長城을 축조[123]	
	河淸 3년 (564)	庫堆戍 동쪽에서 바다까지 산과 골짜기를 따라 2,000여 里[124]	北京市 북쪽(軍都關)-河北省 遷安縣-遼寧省 朝陽市-현재의 錦州市 해안. 城과 障을 쌓고 戍邏를 세움[125]

요컨대 東魏北齊는 武定元年(543)부터 河淸 2년(563)까지 20년 동안 長城을 7회 수축하였다. 북부 변경 恒州 서부 達速嶺에서 동쪽 山海關까지, 여기에 내지의 長城을 포함하면 총 길이는 3,800里에 달하였다.[126]

〈표 11〉과 〈지도 17〉에서 알 수 있듯이, 河淸 2년(563) 三月 쌓은 軹關 서쪽의 勳掌城과 주변 200里의 長城[127]을 제외하면 대부분 太原 북쪽에 있었다. 東魏北齊가 北邊에 여러 차례에 걸쳐 長城을 쌓은 것은 군사적 중심지이자 北齊 皇帝가 거주하는 太原과 그 주변 지역을 보호하기 위함이었다. 구체적으로 말하면, 東魏北齊는 그들의 주요 병력원과 이를 지탱하는 목축경제를 보호하기 위해서도 太原 북쪽에 長城을 설치할 필요가 있었다.[128]

---

121 『北齊書』 卷4 「文宣紀」 天保八年十二月條, 64쪽.
122 朱大渭, 「北朝歷史建置長城及其軍事戰略地位」, 275쪽; 劉金柱, 『萬里長城』.
123 『北齊書』 卷17 「斛律金傳附子光傳」, 223쪽.
124 『北齊書』 卷17 「斛律金傳附羨傳」, 227쪽.
125 朱大渭, 「北朝歷史建置長城及其軍事戰略地位」, 276쪽; 劉金柱, 『萬里長城』.
126 朱大渭, 「北朝歷史建置長城及其軍事戰略地位」, 276쪽.
127 『北齊書』 卷17 「斛律金傳附子光傳」, 223쪽.
128 崔珍烈, 「북조 장성 축조와 그 배경」, 275-276쪽.

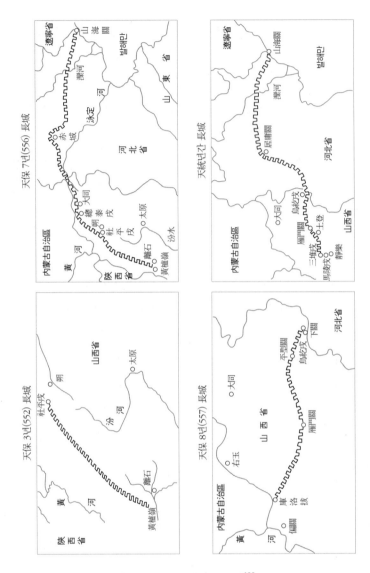

〈지도 17〉 東魏北齊 북변 長城[129]

---

129 劉金柱, 『萬里長城』, 圖 2-11 北齊長城示意圖(一)·(三)·(四)·(六); 崔珍烈, 「북조
  장성 축조와 그 배경」, 169-172쪽, 〈지도 3〉·〈지도 5〉·〈지도 6〉·〈지도 8〉.

4. 胡·漢 軍人의 地域分擔과 防禦體系

3절에서 살펴본 것처럼 朔州·北朔州나 太原 주변에 僑置되었던 6
州에 거주했던 舊六鎭 출신이 대부분인 鮮卑·高車 등 북방 유목민들
이 東魏北齊 군사력의 주력이었다. 高歡과 高澄의 뒤를 이어 北齊를
세운 文宣帝는 北齊의 군사를 새로 충원하였다.

"文宣[帝]이 禪讓을 받아 새로 만들어지거나 바뀐 제도가 많았다. 內徙
한 六坊 사람들은 더욱 훈련을 시켰고 한 사람이 반드시 100人과 싸워 이
길 수 있도록 하여 그가 陣에 臨하게 하여 반드시 죽을 각오로 싸운 이후
군인으로 뽑았으니, 百保鮮卑라고 한다. 또 勇力이 絶倫한 華人을 뽑아
勇士라 칭하고, 邊要한 곳을 방어하도록 하였다."[130]

『資治通鑑』의 胡三省註에 따르면 '六坊'은 六軍인 宿衛 군사를 六坊
으로 나누어 생긴 명칭이라고 한다.[131] 또 '百保'는 그 용맹함이 한 사
람이 100人을 감당할 것을 믿을 수 있기 때문에 생긴 명칭이며 東魏
北齊의 衛士는 모두 鮮卑人으로 충당했다고 한다.[132] 위의 인용문에
따르면, 鮮卑人을 최정예부대로 훈련시키고 전쟁에 투입했던 반면,
漢人軍事들은 변방의 요지를 지키도록 하였다. 즉 漢人(華人) 군인들

---

130 『隋書』卷24「食貨志」, 676쪽, "及文宣受禪, 多所創革. 六坊之內徙者, 更加簡練, 每
　　一人必當百人, 任其臨陣必死, 然後取之, 謂之百保鮮卑. 又簡華人之勇力絶倫者, 謂
　　之勇士, 以備邊要."
131 『資治通鑑』卷163「梁紀」19 簡文帝大寶元年條 胡註, 5051쪽, "魏·齊之間, 六軍宿
　　衛之士, 分爲六坊."
132 위와 같음, "百保, 言其勇可保一人當百人也. 高氏以鮮卑創業, 當時號爲健鬪, 故衛
　　士皆用鮮卑, 猶今北人謂勇士爲覇都魯也."

은 邊境의 일선에서 防守를 담당한 것이다.[133]

王仲犖의 고증에 따르면 北齊는 淪陷되지 않은 雲代 지역에 北邊六州, 즉 北朔州(治所는 馬邑城[山西省 朔縣]), 北燕州(治所는 懷戎[河北省 涿鹿縣]), 北蔚州(治所는 靈丘[山西省 靈丘縣]), 北恒州(治所는 平城[山西省 大同市]), 北顯州(治所는 石城[山西省 原平縣]), 北靈州(治所는 武州城[山西省 繁峙縣])를 僑置하였다.[134] 『北齊書』 卷12 「文宣四王 · 范陽王紹義傳」에서 北朔州의 전략적 지위를 "이 땅은 齊의 重鎭으로 勇士들이 다수 모여 있는 곳이다"[135]라고 기록하였다. 이 6州는 太原 부근에 설치한 6州와는 달리 북쪽 변방에 위치하였다. 이 6州의 僑置는 유목민 혹은 騎馬民의 목축뿐만 아니라 북쪽의 柔然과 突厥의 침입을 대비한 배치로 볼 수 있다.[136]

東魏北齊는 북쪽 변경의 방어를 위해 長城과 방어 요새를 설치하였다. 高歡은 東魏 武定元年(543)에 5만 명을 동원하여 肆州 北山에 城을 쌓았다. 이 城은 서쪽의 馬陵戍에서 동쪽으로 土隥에 이르렀다.[137] 武定 3년(545)에는 奚 · 蠕蠕(柔然)과의 접경 지역인 幽州 · 安州 · 定州에 城戍를 설치하여 방어하도록 하였다.[138] 文宣帝는 天保 3

---

133 崔珍烈, 「東魏北齊의 軍事 중심 太原의 전략적 限界」, 253쪽; 同氏, 「북조 장성 축조와 그 배경」, 259-260쪽.

134 王仲犖, 「東西魏北齊北周僑置六州考略」, 1152-1153쪽.

135 『北齊書』 卷12 「文宣四王 · 范陽王紹義傳」, 156쪽, "周武帝克幷州, 以封輔相爲北朔州總管. 此地齊之重鎭, 諸勇士多聚焉."

136 崔珍烈, 「東魏北齊의 軍事 중심 太原의 전략적 限界」, 254쪽.

137 『魏書』 卷12 「孝靜紀」 武定元年八月條, 306쪽, "是月, 齊獻武王召夫五萬於肆州北山築城, 西自馬陵戍, 東至土隥. 四十日罷."; 『資治通鑑』 卷158 「梁紀」 大同九年條, 4919쪽, "丞相歡築長城於肆州北山, 西自馬陵, 東至土墱, 四十日罷."

138 『北史』 卷6 「齊本紀上 · 高祖神武帝紀」, 229쪽, "[武定三年]十月丁卯, 神武上言, 幽 · 安 · 定三州北接奚 · 蠕蠕, 請於險要修立城戍以防之. 躬自臨履, 莫不嚴固."; 『北齊書』 卷2 「神武紀」下, 22쪽.

년 十月 乙未日(552. 11. 2) 黃櫨嶺에 이르러 북쪽으로 社干戍까지 400여 里에 걸쳐 長城을 쌓고 36戍를 설치하였다.[139] 또 文宣帝는 天保 5년 十二月 庚申日(555. 1. 16) 北巡하여 達速嶺에 이르러 山川의 險要한 곳을 살펴본 후 長城 축조를 계획하였다.[140] 그리고 天保 6년 六月(555. 7-8) 夫 180만 人을 징발하여 幽州 北夏口에서 恒州까지 900여 里(450㎞)의 長城을 쌓았다.[141] 『北齊書』「文宣紀」天保七年十二月條의 기록에 따르면 天保 7년(556)까지 西河의 總秦戍에서 동쪽으로 바다에 이르기까지 동서 3,000여 里에 달하는 長城을 쌓고 10里마다 1戍를 설치하고 요해처에 25所의 州鎭을 설치하였다.[142] 文宣帝는 天保 8년 十二月(558. 1-2) 長城 안에 庫洛拔에서 동쪽으로 塢紇戍에 이르는 400여 里의 또 다른 長城을 쌓았다.[143] 이 밖에 斛律羨은 天統元年(565) 庫堆戍에서 동쪽으로 바다까지의 지형지물을 이용하여 산을 깎아 城을 쌓거나 골짜기를 막아 障을 설치하여 모두 戍邏 50여 所를 두었다.[144] 위에서 살펴본 長城의 위치는 晉陽 북쪽이나 북쪽 邊境이

139 『北齊書』卷4「文宣紀」天保三年條, 56쪽, "冬十月乙未, 至黃櫨嶺, 仍起長城, 北至社干戍四百餘里, 立三十六戍.";『資治通鑑』卷164「梁紀」20 元帝承聖元年條, 5092쪽, "冬, 十月, 齊主自晉陽如離石, 自黃櫨嶺起長城, 北至社平戍, 四百餘里, 置三十六戍."

140 『北齊書』卷4「文宣紀」天保五年條, 59쪽, "十二月庚申, 帝北巡至達速嶺, 覽山川險要, 將起長城."

141 『北齊書』卷4「文宣紀」天保六年條, 61쪽, "是年, 發夫一百八十萬人築長城, 自幽州北夏口至恒州九百餘里."

142 『北齊書』卷4「文宣紀」天保七年十二月條, 63쪽, "先是, 自西河總秦戍築長城東至於海, 前後所築東西凡三千餘里, 率十里一戍, 其要害置州鎭, 凡二十五所."

143 『北齊書』卷4「文宣紀」天保八年十二月條, 64쪽, "是年, 於長城內築重城, 自庫洛拔而東至於塢紇戍, 凡四百餘里."

144 『北齊書』卷17「斛律金傳附羨傳」, 227쪽, "河淸三年, 轉使持節, 都督幽·安·平·南·北營·東燕六州諸軍事, 幽州刺史. 其年秋, 突厥衆十餘萬來寇州境, 羨總率諸

었기 때문에 북방의 유목국가 柔然이나 突厥을 막으려는 의도였음을 알 수 있다.[145]

東魏北齊는 북방뿐만 아니라 서쪽의 西魏北周를 방어하기 위해 여러 차례 방어시설을 만들었다. 文宣帝는 天保 5년 八月(554. 9-10) 常山王 演, 上黨王 渙, 淸河王 岳, 平原王 段韶 등에게 명하여 洛陽 서남쪽에 伐惡城·新城·嚴城·河南城을 축조하였다.[146] 斛律光은 天保 10년(559) 北周의 開府 曹迴公을 격파하고 栢谷城과 文侯鎭을 점령한 후 戍와 柵을 설치하였다.[147] 斛律光은 北周와의 접경 지역에도 戍와 柵을 설치한 것이다. 王峻은 皇建년간(560) 洛陽 서쪽에 長塹 300里를 만들고 城戍를 두어 간첩을 막았다.[148] 또 武成帝는 河淸 2년 三月 乙丑日(563. 4. 9) 斛律光이 5營의 군사를 동원해 軹關에 戍를 축조하도록 명령하였다.[149] 『北齊書』 「斛律金傳附光傳」에 따르면, 三月이 아닌 四月에 斛律光이 步騎 2만 명을 동원하여 軹關 서쪽에 勳掌城을 쌓고

將禦之. 突厥望見軍威甚整, 遂不敢戰, 卽遣使求歡. 慮其有詐, 且喩之曰: "爾輩此行, 本非朝貢, 見機始變, 未是宿心. 若有實誠, 宜速歸巢穴, 別遣使來." 於是退走. 天統元年夏五月, 突厥木汗遣使請朝獻, 羨始以聞, 自是朝貢歲時不絶, 羨有力焉. 詔加行臺僕射. 羨以北虜屢犯邊, 須備不虞, 自庫堆戍東拒於海, 隨山屈曲二千餘里, 其間二百里中凡有險要, 或斬山築城, 或斷谷起障, 並置立戍邏五十餘所."

145 崔珍烈, 「東魏北齊의 軍事 중심 太原의 전략적 限界」, 254-255쪽; 同氏, 「북조 장성 축조와 그 배경」, 260-262쪽.

146 『北齊書』 卷4 「文宣紀」 天保五年八月條, 59쪽, "是月, 詔常山王演·上黨王渙·淸河王岳·平原王段韶等率衆於洛陽西南築伐惡城·新城·嚴城·河南城."

147 『北齊書』 卷17 「斛律金傳附光傳」, 223쪽, "[天保]十年, 除特進·開府儀同三司. 二月, 率騎一萬討周開府曹迴公, 斬之. 栢谷城主儀同薛禹生棄城奔遁, 遂取文侯鎭, 立戍置柵而還."

148 『北齊書』 卷25 「王峻傳」, 364쪽, "皇建中, 詔於洛州西界掘長塹三百里, 置城戍以防間諜."

149 『北史』 卷7 「齊本紀中·世祖武成帝紀」 河淸二年三月乙丑條, 283쪽, "三月乙丑, 詔司空斛律光督五營軍士築戍於軹關."; 『北齊書』 卷7 「武成帝紀」, 91쪽.

200里의 長城을 축조하고 13戌를 설치하였다.[150] 이처럼 洛陽과 栢谷 城과 文侯鎭 일대에 설치한 城·戌·柵은 西魏北周의 공격을 막기 위 한 방어시설이었다. 河淸 2년(563) 軹關 일대에 長城과 城·戌를 쌓은 것도 北周의 공격을 막기 위한 대비책처럼 보인다. 지도에서 軹關과 勳掌城, 長城의 위치를 보면 黃河와 그 지류인 沁水 일대에 있었다. 이는 北周의 군대가 黃河를 따라 鄴으로 진격하는 것을 막기 위한 전 략일 것이다.[151]

이러한 長城과 각종 방어시설인 戌와 州鎭 등에는 六鎭鮮卑뿐만 아니라 漢人 군인들도 수비와 함께 屯田에 종사하였다. 『隋書』卷24 「食貨志」의 기록을 보자.

"廢帝 乾明中(560)에 尙書左丞 蘇珍芝는 石鱉 等 屯을 만들 것을 주장 하였다. 그 결과 해마다 數萬石을 수확하였다. 이후 淮南의 軍防은 糧廩 이 充足해졌다. 孝昭帝 皇建中(560)에 平州刺史 嵇曄의 建議로 幽州 督亢 舊陂를 열어 長城 左右營屯을 설치하여 해마다 稻粟 數十萬石을 얻었으 니, 北境은 식량이 풍족하였다. 또 河內에 懷義 等 屯을 두어 河南의 비용 을 공급하였다. 이후 점차 轉輸의 수고로움이 없어졌다."[152]

위의 인용문을 보면 560년에 屯田을 설치한 淮南은 陳, 幽州 일대

---

150 『北齊書』卷17 「斛律金傳附光傳」, 223쪽, "河淸二年四月, 光率步騎二萬築勳掌城於 軹關西, 仍築長城二百里, 置十三戌."

151 崔珍烈, 「북조 장성 축조와 그 배경」, 262-263쪽.

152 『隋書』卷24 「食貨志」, 676-677쪽, "廢帝乾明中, 尙書左丞蘇珍芝議修石鱉等屯, 歲 收數萬石. 自是淮南軍防, 糧廩充足. 孝昭皇建中, 平州刺史嵇曄建議, 開幽州督亢舊 陂, 長城左右營屯, 歲收稻粟數十萬石, 北境得以周贍. 又於河內置懷義等屯, 以給河 南之費. 自是稍止轉輸之勞."

는 突厥, 河內는 北周와 각각 接境 지대였다. 즉 北齊初 북쪽(幽州)과
서쪽(河內), 남쪽(淮南) 변경에 屯田을 설치한 것은 운송비를 줄이고 식
량을 자급자족하기 위한 방법이었음을 알 수 있다. 北齊는 변방의 屯
田 경영을 감독하기 위해 都使와 子使를 설치하였다.[153] 幽州刺史 斛
律羨은 高梁水를 끌어들여 관개시설을 만들었고 변경에 곡식을 저축
하여 漕運의 비용을 줄였다.[154] 이 기사에서도 북쪽 변경의 방어와 屯
田이 병행되었음을 확인할 수 있다. 이처럼 변경의 防守와 병행하여
屯田을 경작한 군인들은 대부분 농경에 익숙한 漢人이었을 것이다.
즉 漢人 軍人들은 변방의 방어와 함께 屯田 경작을 통한 식량생산에
종사하였다.[155]

위에서 士兵으로 복무한 漢人들이 변방의 防守에 동원되었음을 살
펴보았다. 이어서 漢人武將들을 살펴보자. 漢人官僚를 변방에 파견한
것은 東魏 시대부터였다. 東魏의 동북 변경인 燕州·幽州·營州·安
州의 刺史는 河北의 豪族 范陽盧氏와 渤海高氏, 鮮卑武人이었다. 남
쪽 변경의 刺史는 漢人官僚가 가장 많고 그 다음은 尒朱氏 將領, 그
다음은 高歡의 심복이었다. 양자를 종합하면 東魏의 남쪽과 북쪽 변
경에는 漢人을 刺史로 삼았다. 刺史는 군사지휘권을 장악했으므로 이
들이 방어를 담당한 것이다.[156] 예컨대 堯雄이 東魏 孝靜帝 興和 3년
(541) 司·冀·瀛·定·齊·青·膠·兗·殷·滄 10州의 士卒 10만을

---

153 『隋書』 卷24 「食貨志」, 678쪽, "緣邊城守之地, 堪墾食者, 皆營屯田, 署都使子使以統
   之. 一子使當田五十頃, 歲終考其所入, 以論褒貶."
154 『北齊書』 卷17 「斛律金傳附羨傳」, 227쪽, "又導高梁水北合易京, 東會於潞, 因以灌
   田, 邊儲歲積, 轉漕用省, 公私獲利焉."
155 崔珍烈, 「東魏北齊의 軍事 중심 太原의 전략적 限界」, 255-256쪽.
156 蘇小華, 「東魏北齊重北輕南的原因及其影響」, 『社會科學評論』 2009-4, 2009, 82쪽.

이끌고 南邊 지역을 순찰하며 험요한 곳을 나눠 지켰다.[157] 堯雄은 이미 東魏 시대부터 남쪽 변경을 지킨 대표적인 漢人武將이었다.[158]

北齊時代에는 이러한 배치에 약간의 변화가 생겼다. 즉 宗室 혹은 鮮卑武人이 幽州와 營州의 지방관이 되었다. 이 지역은 突厥·奚·契丹과 인접하였고 奚와 契丹은 불시에 침입하였으므로 重兵을 두어 防守해야 했다. 이러한 상황 때문에 무예에 능한 北齊宗室과 鮮卑 武將이 임명되었다. 반면 北齊時代 三徐州와 淮州·南譙州·揚州·合州·涇州·秦州 등 남쪽 변경은 淮南에 위치하여 陳과 인접하였으며 刺史는 辛術[159]과 張亮[160] 등 대개 漢族文官이 刺史를 역임하였다.[161] 이들은 군대를 지휘하며 남쪽 변경의 방어를 맡았다. 北齊는 사실상 수도인 太原이 북쪽과 서쪽의 강적이 있는 상황에서 북방과 서방의 방어를 중시하고 남방의 방어를 경시하였다.[162] 이는 太原의 지리적·전략적 위치와 밀접한 관계가 있다.[163]

---

157 『北齊書』卷20 「堯雄傳」, 269쪽, "雄雖武將, 而性質寬厚, 治民頗有誠信, 爲政去煩碎, 擧大綱而已. 撫養兵民, 得其力用, 在邊十年, 屢有功績, 豫人於今懷之. 又愛人物, 多所施與, 賓客往來, 禮遺甚厚, 亦以此見稱. 興和三年, 徵還京師, 尋領司·冀·瀛·定·齊·靑·膠·兗·殷·滄十州士卒十萬人, 巡行西南, 分守險要."

158 崔珍烈, 「東魏北齊의 軍事 중심 太原의 전략적 限界」, 256쪽.

159 『北齊書』卷38 「辛術傳」, 501쪽, "武定八年, 侯景叛, 除東南道行臺尙書, 封江夏縣男, 與高岳等破侯景, 擒蕭明. 遷東徐州刺史, 爲淮南經略使."

160 『北齊書』卷25 「張亮傳」, 361쪽, "屬侯景叛, 除平南將軍·梁州刺史. 尋加都督揚·潁等十一州諸軍事, 兼行臺殿中尙書, 轉都督二豫·揚·潁等八州軍事·征西大將軍·豫州刺史·尙書右僕射·西南道行臺. 攻梁江夏·潁陽等七城皆下之."

161 蘇小華, 「東魏北齊重北輕南的原因及其影響」, 84-86쪽.

162 李萬生, 「論東魏北齊的積極進取」, 22왼쪽-26오른쪽; 蘇小華, 「東魏北齊重北輕南的原因及其影響」, 85-87쪽.

163 崔珍烈, 「東魏北齊의 軍事 중심 太原의 전략적 限界」, 256-257쪽.

8章

東魏北齊의 地方統治

　東魏北齊의 地方統治에 대한 연구는 太原(晉陽)의 정치적 · 경제적 지위[1]와 霸府의 지위,[2] 鄴,[3] 鄴과 晉陽의 兩都體制,[4] 東魏北齊의 군사

1　王振芳,「論太原在東魏北齊時期的戰略地位」,『山西大學學報(哲學社會科學版)』 1991-14, 1991; 康玉慶 · 勒生禾,「試論古都晉陽的戰略地位」,『中國古都研究』 12, 太原: 山西人民出版社, 1998; 崔彦華,「晉陽在東魏北齊時的霸府和別都地位」,『晉陽 學刊』 2004-3, 2004; 陶賢都,「高歡父子霸府述論」, 青島:『青島大學師範學院學報』 2006-1, 2006(K22 魏晉南北朝隋唐史 2006-4, 2006); 李書吉 · 崔彦華,「北齊陪都 晉陽與歐亞大陸經濟文化交流」,『中國經濟史研究』 2009-2, 2009; 張慶捷,「絲綢之 路與北朝晉陽」, 中國魏晉南北朝史學會 · 山西大學歷史文化學院 編,『中國魏晉南北 朝史學會第十屆年會暨國際學術研討會論文集』, 太原: 北岳文藝出版社, 2012; 金翰 奎,「東魏 高氏의 霸府와 晉陽」,『古代東亞細亞幕府體制研究』, 서울: 一潮閣, 1997.

2　金翰奎,「東魏 高氏의 霸府와 晉陽」,『古代東亞細亞幕府體制研究』, 서울: 一潮閣, 1997.

3　劉志玲,「縱論魏晉北朝鄴城的中心地位」,『邯鄲學院學報』 18-4, 2008; 牛潤珍,「東 魏北齊鄴京里坊制度考」,『晉陽學刊』 2009-6, 2009; 佐川英治,「曹魏 · 後趙 · 東魏北 齊鄴城」, 佐川英治 · 陳力 · 小尾夫,『漢魏晉南北朝都城復元圖의 研究』, 平成22～平 成25年度科學研究費補助金基盤研究(B)研究成果報告書(最新の考古調査および禮 制研究の成果を用いた中國古代都城史の新研究), 2014. 3.

적 중심지(太原과 그 주변 지역)에 거주하는 胡人(鮮卑人) 집단 분석,[5] 북방의 중시와 남방의 경시 경향,[6] 현재의 山西省 서남부에 해당하는 河東의 地方豪族[7]과 河東 지역의 군사적 쟁탈,[8] 東魏北齊와 西魏北周의 河南 쟁탈[9] 등에 대한 연구로 나뉜다. 이 가운데 필자의 華北支配 연구[10]만이 東魏北齊의 지방통치를 거시적인 시각에서 다루었다. 8장에서는 필자의 선행연구를 중심으로 東魏北齊 지방통치의 양상을 살펴본다.

8장에서는 東魏北齊의 지방통치를 검토한다. 1절에서는 東魏北齊의 독특한 鄴-太原(晉陽)의 兩都體制를 공식적인 수도 鄴과 실질적인 수도 太原(晉陽)으로 나누어 설명한다. 2절에서는 지역별 통치 양상을 太原 주변의 군사 핵심지역, 黃河 중하류의 경제 선진지역, 西魏北周 接境 지역인 河南, 兩淮·江北으로 나누어 검토한다.

---

4 崔彦華, 「"鄴-晉陽"兩都體制與東魏北齊政治」, 『社會科學戰線』 2010-7, 2010; 岡田和一郎, 「北齊國家論序說-孝文體制と代體制-」, 『九州大學東洋史論集』 39, 2011, 31-64쪽.

5 毛漢光, 「北魏東魏北齊之核心集團與核心區」, 『中國中古政治史論』, 上海: 上海書店出版社, 2002(原載 『中央研究院歷史研究所集刊』 57-2, 1985), 29-104쪽; 嚴耀中, 「北齊政治與省書并省」, 『上海師範大學學報(哲社版)』 1990-4, 1990, 38쪽.

6 李萬生, 「論東魏北齊的積極進取-兼論東魏北齊歷史的一種分期法-」, 『史學月刊』 2003-1, 2003; 蘇小華, 「東魏北齊重北輕南的原因及其影響」, 『社會科學評論』 2009-4, 2009.

7 毛漢光, 「晉隋之際河東地區與河東大族」, 『中國中古政治史論』, 上海: 上海書店出版社, 2002(原載 『臺灣大學文史哲學報』 35).

8 毛漢光, 「北朝東西政權之河東爭奪戰」, 『中國中古政治史論』, 上海: 上海書店出版社, 2002(原載 『臺灣大學文史哲學報』 35).

9 李萬生, 「河南之地與三國之爭」, 『侯景之亂與北朝政局』, 北京: 中國社會科學出版社, 2003; 朱葉俊, 「兩魏周齊河南之爭」, 南京大學碩士學位論文, 2011. 4, 1-76쪽.

10 崔珍烈, 「東魏北齊의 華北 지배와 그 한계」, 『東洋史學研究』 125, 2013, 83-136쪽.

1. 鄴-太原(晉陽)의 兩都體制

1 공식적인 수도 鄴

北魏末 河北에서 杜洛周와 葛榮이 난을 일으키자 河北 지역은 혼란에 빠졌지만, 이들의 반란은 尒朱榮에 의해 평정되었다. 그러나 이때 封隆之와 高翼 부자로 대표되는 河北 豪族들은 尒朱榮에 반기를 들었고 孝莊帝를 지지하였다. 高乾과 高昂 형제는 冀州를 습격하여 점령하고 封隆之를 우두머리로 추대하였다.[11] 尒朱兆로부터 독립하기 위해 高歡이 太原에서 滏口로 나가자 封隆之는 冀州를 高歡에게 바쳤다. 이때 高歡은 식량을 비롯한 경제적 원조가 절실히 필요하였고 河北大族의 원조를 받아야 했다.[12] 이때 渤海高氏·趙郡李氏·范陽盧氏·淸河崔氏·弘農楊氏·鉅鹿魏氏·博陵崔氏 등 河北豪族들이 高歡을 지지하였고 협력하였다.[13] 따라서 東魏의 실질적인 지배자 高歡은 河北豪族의 도움을 받아 河北을 지배해야 했고 협력의 대가로 이들을 중용하였다.[14]

---

11 『北史』卷31「高祐傳附乾傳」, 1141쪽, "及尒朱氏旣弒害, 遣其監軍孫白雞率百餘騎至冀州. 託言括馬, 其實欲因乾兄弟送馬收之. 乾旣宿有報復之心, 而白雞忽至, 知欲見圖. 將先發, 以告前河內太守封隆之. 隆之父先爲尒朱榮所殺, 聞之喜曰: '國恥家怨, 痛入骨髓, 乘機而發, 今正其時. 謹聞命矣.' 二月, 乾與昂潛勒壯士, 夜襲州城, 執刺史元嶷, 射白雞殺之. 於葛榮殿爲莊帝擧哀, 素服, 乾升壇誓衆, 詞氣激揚, 涕泗交集, 將士莫不感憤. 欲奉次同爲主. 次同曰: '和鄕里, 我不及封皮.' 乃推隆之爲大都督, 行州事. 隆之欲逃, 昂勃然作色, 拔刀將斫隆之, 隆之懼, 乃受命. 北受幽州刺史劉靈助節度, 俄而靈助被尒朱氏禽."

12 梁燕妮, 「北魏末年渤海封氏的動向」, 83왼쪽-84오른쪽.

13 黃壽成, 「漢士族與東魏北齊政權」, 『靑島大學師範學院學報』 28-1, 2011, 84쪽.

14 위의 글, 86-97쪽.

高歡에 의해 옹립된 孝武帝는 高歡의 꼭두각시가 되기를 거부하였고 지지세력을 중용하는 등 皇帝權 강화를 추진하였다. 太原에서 洛陽의 北魏朝廷을 통제(遙制)하던 高歡은 孝武帝를 쉽게 감시하기 위해 수도를 洛陽에서 太原으로 옮기려고 하였다. 이에 저항한 孝武帝는 高歡과 싸우려고 했으나 여의치 않자 534년 宇文泰가 점거한 關中으로 달아났다.[15]

이후 高歡에 의해 옹립된 孝靜帝는 天平元年(534) 鄴으로 천도하였다. 당시 洛陽에서 鄴으로 옮긴 戶는 40만에 달하였다.[16] 이때 遷都된 관리는 3년, 일반 백성은 5년 면제하였다.[17] 이때 貧民에게 粟 130만 石을 주어 구제하였다.[18] 孝靜帝는 十一月 庚寅日(534. 12. 3)에 鄴에 도착하여 魏郡·林慮·廣平·陽丘·黎陽·東濮陽·淸河·廣宗 등 郡을 司州로 삼고 鄴 舊人을 서쪽 100里 밖으로 옮겼으며 그 자리에 洛陽에서 이주한 사람들이 거주하도록 하였다.[19] 이어서 鄴으로 이주

---

15 崔彦華, 「"鄴-晉陽"兩都體制與東魏北齊政治」, 242왼쪽-242오른쪽.

16 『北史』卷6「齊本紀上·高祖神武帝紀」, 224쪽, "神武以孝武旣西, 恐逼崤陝, 洛陽復在河外, 接近梁境, 如向晉陽, 形勢不能相接, 依議遷鄴, 護軍祖瑩贊焉. 詔下三日, 車駕便發, 戶四十萬, 狼狽就道"; 『北齊書』卷2「神武紀」下, 18쪽. 周一良은 40만 戶가 200만 人(1戶=5口)으로 추산되는데, 200만 人이 洛陽의 인구로 보기에 너무 많기 때문에 40만은 인구수로 봐야 한다고 주장하였다(周一良, 「北齊書札記·戶四十萬條」, 404-405쪽).

17 『魏書』卷12「孝靜紀」天平元年十月丙子條, 298쪽, "丙子, 車駕北遷于鄴. 詔齊獻武王留後部分. 改司州爲洛州, 以衛大將軍·尙書令元弼爲驃騎大將軍·儀同三司·洛州刺史, 鎭洛陽. 詔從遷之戶, 百官給復三年, 安居人五年."

18 『隋書』卷24「食貨志」, 675쪽, "天平元年, 遷都於鄴, 出粟一百三十萬石, 以振貧人."

19 『魏書』卷12「孝靜紀」天平元年十一月庚寅條, 298쪽, "庚寅, 車駕至鄴, 居北城相州之廨. 改相州刺史爲司州牧, 魏郡太守爲魏尹, 徙鄴舊人西徑百里以居新遷之人, 分鄴置臨漳縣, 以魏郡·林慮·廣平·陽丘·汲郡·黎陽·東濮陽·淸河·廣宗等郡爲皇畿."

한 代遷戶와 漢人官僚들에게 公田을 차등지급하였다. 즉 諸坊의 밖과 30里 안 사이의 땅을 公田으로 삼아 執事官 1品 이하부터 羽林·虎賁까지, 30里 밖의 畿郡은 華人, 즉 漢人官僚들에게 第一品부터 羽林·虎賁까지 차등으로 지급하였다.[20] 天平년간 초에 당시 民田을 지급했던 『北齊書』「高隆之傳」의 기록[21]에 따르면, 東魏는 관리들뿐만 아니라 鄴으로 이주한 일반 백성들에게도 토지를 分給하였다.[22]

이어서 東魏는 鄴 주변의 磠石橋에 東中郞將府, 蒲泉에 西中郞將府, 濟北에 南中郞將府, 洛水에 北中郞將府 등 四中郞將을 설치하였다.[23] 이는 鄴을 지키기 위해 鄴 주변 요지에 군대를 배치한 것이다. 그리고 興和元年 九月 甲子日(539. 10. 11) 畿內 民夫 10만을 동원하여 40일 동안 鄴城을 축성하도록 하였다.[24] 이때 高隆之가 營構大將에 임명되어 鄴 축조를 총괄하였다. 高隆之는 南城(25里)을 쌓고 長隄를 축조하여 궁전 혹은 城의 침수를 막도록 하였다. 또 渠를 개착하여 성곽 주위에 흐르도록 하였고 碾磑(맷돌)를 만들도록 하였다.[25] 이

---

20 『隋書』卷24「食貨志」, 677쪽, "京城四面, 諸坊之外三十里內爲公田. 受公田者, 三縣代遷戶·執事官一品已下, 逮於羽林武賁, 各有差. 其外畿郡, 華人官第一品已下, 羽林武賁已上, 各有差."

21 『北齊書』卷18「高隆之傳」, 236쪽, "天平初, 丁母艱解任, 尋詔起爲幷州刺史, 入爲尙書右僕射. 時初給民田, 貴勢皆占良美, 貧弱咸受瘠薄. 隆之啓高祖, 悉更反易, 乃得均平."

22 崔珍烈,「東魏北齊의 華北 지배와 그 한계」, 107-109쪽.

23 『魏書』卷12「孝靜紀」天平元年十二月丙子條, 298쪽, "初置四中郞將, 於磠石橋置東中, 蒲泉置西中, 濟北置南中, 洛水置北."

24 『魏書』卷12「孝靜紀」興和元年九月甲子條, 303쪽, "九月甲子, 發畿內民夫十萬人城鄴城, 四十日罷."

25 『北齊書』卷18「高隆之傳」, 236쪽, "又領營構大將, 京邑制造, 莫不由之. 增築南城, 周迴二十五里. 以漳水近於帝城, 起長隄以防汎溢之患. 又鑿渠引漳水周流城郭, 造治水碾磑, 並有利於時."

때 辛術은 高隆之와 함께 鄴都의 宮室 축조 작업에 참여하였다.[26] 같은 해 十一月 癸亥日(539. 12. 13)에 鄴 新宮이 완공되어 天下에 大赦하고 연호를 바꾸었을 뿐만 아니라 築城에 동원된 인부들에게 1년간의 租稅와 요역 면제 혜택을 주었다.[27] 孝靜帝가 다음 해인 興和 2년(540) 완성된 新宮으로 옮기고 百官에게 1階를 하사하였다.[28] 이 新宮은 南城에 위치하였다. 南城에는 궁전 이외에 일반인의 거주지가 있었다. 『歷代宅京記』에 따르면, 일반 백성들이 南城 400여 坊에 거주하였다.[29] 後漢末 이후 궁전이 있었던 北城에는 武庫가 있었다.[30] 興和 3년(541) 5만 人을 징발하여 漳濱堰을 축조하였는데, 35일이 걸렸다.[31] 漳濱堰의 축조는 鄴城의 수해를 막음과 동시에 치수 사업을 통해 鄴 주변의 농지 개간을 확대하려는 의도로 보인다.

北齊 건국 후에도 鄴에 여러 건축물을 만들었다. 文宣帝는 丁匠 30여만을 동원하여 鄴에 三臺를 착공하였고 天保 9년 八月(558. 8-9) 완

---

26 『北齊書』卷38「辛術傳」, 501쪽, "解褐司空冑曹參軍, 與僕射高隆之共典營構鄴都宮室, 術有思理, 百工克濟."

27 『魏書』卷12「孝靜紀」興和元年冬十一月癸亥條, 303-304쪽, "冬十有一月癸亥, 以新宮成, 大赦天下, 改元. 八十以上賜綾帽及杖, 七十以上賜帛, 及有疾廢者賜粟帛. 築城之夫, 給復一年."; 『北齊書』卷4「文宣紀」天保九年十一月條, 65쪽, "十一月甲午, 帝至自晉陽, 登三臺, 御乾象殿, 朝讌羣臣, 並命賦詩. 以新宮成, 丁酉, 大赦, 內外文武普汎一大階."

28 『魏書』卷12「孝靜紀」興和二年正月丁丑條, 304쪽, "丁丑, 徙御新宮, 大赦, 內外百官普進一階, 營構主將別優一階."

29 『歷代宅京記』(顧炎武 著, 北京: 中華書局, 1984) 卷4, "南城自興和遷都之後, 四民輻輳, 里閭闐溢, 蓋有四百餘坊."

30 『北史』卷52「齊宗室諸王下·武成諸子·琅邪王儼傳」, 1890쪽, "以北城有武庫, 欲移儼於外, 然後奪其兵權."

31 『魏書』卷12「孝靜紀」興和三年十月己巳條, 305쪽, "己巳, 發夫五萬人築漳濱堰, 三十五日罷."

성하였으며, 銅雀臺를 金鳳臺, 金獸臺를 聖應臺, 冰井臺를 崇光臺로 이름을 바꾸었다.[32] 같은 해 文宣帝는 十一月 甲午日(558. 11. 30) 太原(晉陽)에서 鄴으로 온 후 三臺에 오르고 乾象殿에서 신하들과 잔치를 베풀었다. 新宮이 완성되자 丁酉日(558. 12. 3)에 사면을 내리고 관리들에게 大階 1개를 승급시켰다.[33] 後主는 天統년간(565-569) 東宮을 훼손하고, 修文·偃武·隆基嬪嬙 諸院, 玳瑁樓. 遊豫園의 池·館·三山·構臺, 佛寺를 만들었다.[34]

위에서 鄴 천도와 鄴城 건설 과정을 살펴보았다. 주지하듯이 東魏北齊는 鄴과 太原(晉陽)의 兩都體制를 운영하였다. 尙書省 역시 鄴과 太原에 모두 두었으며 각각 京省과 并省이라 불렀다.[35] 太原에 定居한 高歡은 四貴라고 불린 孫騰·高岳·高隆之·司馬子如를 鄴에 상주시켜 朝政을 총괄하도록 하였다.[36] 慕容紹宗은 高隆之와 함께 府庫

---

32 『北齊書』卷4「文宣紀」天保九年八月條, 65쪽, "先是, 發丁匠三十餘萬營三臺於鄴下, 因其舊基而高博之, 大起宮室及遊豫園. 至是, 三臺成, 改銅爵曰金鳳, 金獸曰聖應, 氷井曰崇光."

33 『北齊書』卷4「文宣紀」天保九年十一月條, 65쪽, "十一月甲午, 帝至自晉陽, 登三臺, 御乾象殿, 朝讌羣臣, 並命賦詩. 以新宮成, 丁酉, 大赦, 內外文武普汎一大階."

34 『隋書』卷24「食貨志」, 678-679쪽, "至天統中, 又毁東宮, 造修文·偃武·隆基嬪嬙諸院, 起玳瑁樓. 又於遊豫園穿池, 周以列館, 中起三山, 構臺, 以象滄海, 並大修佛寺, 勞役鉅萬計. 財用不給, 乃減朝士之祿, 斷諸曹禀膳及九州軍人常賜以供之. 武平之後, 權幸並進, 賜與無限, 加之旱蝗, 國用轉屈, 乃料境內六等富人, 調令出錢. 而給事黃門侍郎顏之推奏請立關市邸店之稅, 開府鄧長顒贊成之, 後主大悅. 於是以其所入, 以供御府聲色之費, 軍國之用不豫焉. 未幾而亡."

35 『北齊書』卷42「崔劼傳」, 558쪽, "皇建中, 入爲祕書監·齊州大中正, 轉鴻臚卿, 遷并省度支尙書, 俄授京省, 尋轉五兵尙書, 監國史, 在臺閣之中, 見稱簡正."

36 『北齊書』卷13「淸河王岳傳」, 174쪽, "時尒朱兆猶據并州, 高祖將討之, 令岳留鎭京師, 遷驃騎大將軍·儀同三司. 天平二年, 除侍中·六州軍事都督, 尋加開府. 岳辟引時賢, 以爲僚屬, 論者以爲美. 尋除監典書, 復爲侍學, 除使持節·六州大都督·冀州大中正. 俄拜京畿大都督, 其六州事悉詣京畿. 時高祖統務晉陽, 岳與侍中孫騰等在

의 圖籍을 관장하였다.[37] 이처럼 高歡의 부하들이 권력을 장악하자 孝靜帝는 명목상의 皇帝로 전락하였다. 이에 相府(丞相府)가 있는 太原이 軍國政務의 중심이 되고[38] 鄴 朝廷을 遙制하여[39] 鄴은 정치적 중심지에서 밀려났다. 鄴이 공식적인 수도였기 때문에 皇宮과 鄴城을 지키는 군대를 주둔시켰고 이 군대를 지휘하는 京畿大都督이 설치되었다. 永安년간(528-530) 이후 설치된 京畿大都督은 天平 4년(537) 六州都督을 없애고 京畿大都督에 속하게 하여 권력이 강화되었다. 京畿大都督이 관할하는 관청을 京畿府라고 불렀으며 兵馬를 관장하였다.[40] 東魏 17년 동안 高歡의 從父弟 淸河王 高岳, 高澄, 高洋이 京畿大都督을 맡았고 領軍將軍은 万俟洛·婁昭·可朱渾道元·薛孤延이 임명되었다.[41] 이는 鄴의 무력을 高氏 일족과 高歡의 신임하는 부하들이 장악했음을 보여준다.[42]

또 高歡은 河北 지역 지방관의 인선에도 주의를 기울였다. 鄴城 주변의 冀州·定州·滄州·瀛州·相州 刺史에 高歡의 종친인 高岳·高

　　京師輔政.";『北齊書』卷18「孫騰傳」, 235쪽, "及高祖置之魏朝, 寄以心腹, 遂志 氣驕盈, 與奪由己, 求納財賄, 不知紀極, 生官死贈, 非貨不行, 篚藏銀器, 盜爲家物, 親狎小人, 專爲聚斂. 在鄴, 與高岳·高隆之·司馬子如號爲四貴, 非法專恣, 騰爲甚焉."

37　『北齊書』卷20「慕容紹宗傳」, 273쪽, "天平初, 遷都鄴, 庶事未周, 乃令紹宗與高隆之共知府庫圖籍諸事."

38　『北史』卷6「齊本紀上·高祖神武帝紀」, 224쪽, "神武以孝武旣西, 恐逼崤陝, 洛陽復在河外, 接近梁境, 如向晉陽, 形勢不能相接, 依議遷鄴. 護軍祖瑩贊焉. 詔下三日, 車駕便發, 戶四十萬, 狼狽就道. 神武留洛陽部分, 事畢還晉陽. 自是軍國政務, 皆歸相府.";『北齊書』卷2「神武紀」下, 18쪽.

39　『北齊書』卷18「司馬子如傳」, 242쪽, "高祖以晉陽戎馬之地, 霸圖攸屬, 治兵訓旅, 遙制朝權, 京臺機務, 情寄深遠."

40　『周書』卷36「王士良傳」, 638쪽, "東魏徙鄴之後, 置京畿府, 專典兵馬."

41　朴漢濟, 「東魏~北齊時代의 胡漢體制의 展開」, 177-179쪽.

42　崔珍烈, 「東魏北齊의 華北 지배와 그 한계」, 110쪽.

琛·高愼, 高歡의 친척 尉景·斛律金·婁昭·段榮, 高歡의 심복막료 司馬子如·孫騰 등이 임명되었다.[43] 이는 高歡이 신임하는 부하들을 河北 지역의 刺史로 임명하여 太原에서 鄴과 河北을 원격으로 통치했음을 보여준다.[44]

北齊 건국 이후 鄴은 여전히 北齊의 수도였지만, 北齊 皇帝들은 주로 太原(晉陽)에 머물렀다. 北齊時代에 여전히 太原(晉陽) 중시 현상이 지속되었지만, 鄴은 여전히 명목상의 수도였다. 東魏 시대에는 수도 鄴의 지방장관을 魏尹이라 불렀으나,[45] 北齊 건국 이후 淸都尹으로 바꾸었다.[46] 『列子』에 따르면, 淸都는 天帝가 거주하는 곳이었는데,[47] 北齊는 이를 都城의 명칭으로 사용하였다.[48] 鄴과 주변 縣을 관할하는 京畿의 명칭을 皇帝가 거주하는 곳이라고 명명한 것은 鄴이 皇帝의 수도였음을 대외적으로 선언한 것이다. 또 행정의 최고 관청인 尙書省은 鄴과 太原(晉陽)에 동시에 설치되었는데, 鄴의 尙書省은 京省이라 불렸다.[49] 그리고 東魏 시대처럼 鄴에 군대를 관장하는 領軍府와 京畿府가 여전히 설치되었다. 武衛將軍과 武衛大將軍은 鄴과 太原(晉陽)에 모두 배치하였다.[50] 이에 따라 친위부대 혹은 중앙군이 晉

43 蘇小華, 「東魏北齊重北輕南的原因及其影響」, 82쪽.

44 崔珍烈, 「東魏北齊의 華北 지배와 그 한계」, 110-111쪽.

45 『魏書』 卷106上 「地形志」2上 司州·魏尹條, 2456쪽, "故魏郡, 漢高祖置, 二漢屬冀州, 晉屬司州, 天興中屬相州. 天平初改爲尹."

46 『元和郡縣圖志』 卷16 河北道1 相州條, 451쪽, "至東魏孝靜帝又都鄴城, 高齊受禪, 仍都於鄴, 改魏尹爲淸都尹. 周武帝平齊, 複改爲相州."

47 『列子』 卷3 「周穆王篇」, "王實以爲淸都·紫微·鈞天·廣樂, 帝之所居."

48 『北齊地理志』(施和金, 北京: 中華書局, 2008) 卷1 司州·淸都尹條, 3쪽.

49 『北齊書』 卷42 「崔劼傳」, 558쪽, "皇建中, 入爲祕書監·齊州大中正, 轉鴻臚卿, 遷幷省度支尙書, 俄授京省, 尋轉五兵尙書, 監national史, 在臺閣之中, 見稱簡正."

50 張金龍, 「東魏北齊左右衛府制度考論」, 『蘭州大學學報(社會科學版)』 32-2, 2004, 3 왼쪽-3오른쪽.

陽兵과 京畿兵으로 양분되었다고 보기도 한다.[51] 이처럼 太原의 皇帝들은 부재 중인 수도 鄴을 통제하기 위한 여러 가지 견제 조치를 취하였다.

2 실질적인 수도 太原(晉陽)

(1) 東西魏 분열과 太原의 전략적 위치 변화

東魏北齊가 鄴과 晉陽(太原)의 兩都體制로 운영되었음은 주지의 사실이다. 東魏北齊의 공식적인 수도는 鄴都였지만 晉陽은 別都,[52] 陪都,[53] 下都[54]로 지칭되었다. 또 수도 鄴의 尙書省, 즉 京省 혹은 鄴省과 별도로 晉陽에는 '幷省'[55]이라 불리는 尙書省을 두었다. 鄴省과 幷省, 즉 두 개의 尙書省의 兩立은 蒙元帝國의 中書省과 行中書省처럼 특수한 현상이었다.[56]

太原(晉陽)에 대한 관심과 중시는 高歡·高澄과 北齊 皇帝들의 활동에서 확인된다. 그들은 太原과 鄴都 사이를 왕래하였다. 東魏 天平

---

51 朴漢濟, 「東魏~北齊時代의 胡漢體制의 展開」, 181-184쪽.

52 『周書』卷40「宇文神擧傳」, 715쪽, "及高祖東伐, 詔神擧從軍. 幷州平, 卽授幷州刺史, 加上開府儀同大將軍. 魏旣齊氏 別都, 控帶要重."

53 『資治通鑑』卷155「梁紀」11 武帝中大通四年七月壬寅條, 4826쪽, "歡以晉陽四塞, 乃建大丞相府而居之(胡註: 自此至于高齊建國, 遂以晉陽爲陪都)."

54 『太平御覽』卷155「州郡部」1 敍京都上, 312쪽, "東魏禪北齊, 高洋以鄴爲上都, 晉陽爲下都."

55 『資治通鑑』卷167「陳紀」1 武帝永定元年胡註條, 5163쪽, "自高歡居陽, 幷州有行臺尙書令·僕等官. 及齊顯祖受魏禪, 遂以幷州行臺爲幷省, 位任亞於鄴省."

56 嚴耀中, 「北齊政治與尙書幷省」, 36쪽. 周一良과 陳琳國은 兩省의 지위는 비슷하지만 幷省이 鄴省과 같은 것이 아니라고 보았으나(周一良, 「北齊書札記·各立一省條」, 408쪽; 陳琳國, 『魏晉南北朝政治制度硏究』, 138쪽), 嚴耀中은 幷省이 우위에 있었다고 보았다(嚴耀中, 「北齊政治與尙書幷省」, 38쪽).

元年(534)부터 北齊 承光元年(577)의 43년 사이에 高歡·高澄과 北齊 皇帝들은 37회 왕래하였다.[57] 이들이 太原에 머무른 기간이 약 29년, 鄴都에 머물렀던 기간이 14년으로 太原에 있던 기간이 鄴都에 있던 기간의 배이다. 文宣帝를 제외한 廢帝(高殷)와 孝昭帝(高演), 武成帝(高湛), 後主(高緯)는 모두 太原에서 즉위하였고, 만약 계승자가 太原에 없을 때는 太原으로 달려가 즉위하였다.[58] 따라서 高歡·高澄과 北齊 皇帝들의 입장에서 보면 太原은 실질적인 수도였고 정치 중심의 소재지였다고 평가되기도 한다.[59]

이미 東魏 시대 高歡은 武定 3년 正月 丁未日(545. 2. 24) 太原(晉陽)에 晉陽宮을 만들었다.[60] 이후 文宣帝는 大明宮을 건설했는데,[61] 높

---

[57] 『隋書』「百官志」長秋寺條에 晉陽宮과 함께 中山宮이 언급되었다(『隋書』卷27「百官志」中, 後齊官制·長秋寺條, 757쪽, "長秋寺, 掌諸宮閤. 卿·中尹各一人, 並用宦者. 丞二人. 亦有功曹·五官·主簿·錄事員. 領中黃門·掖庭·晉陽宮·中山宮·園池·中宮僕·奚官等署令·丞. 又有暴室局丞. 其中黃門, 又有冗從僕射及博士四人. 掖庭·晉陽·中山, 各有宮教博士二人. 中山署, 又別有麵豆局丞. 園池署, 又別有桑園部丞. 中宮僕署, 又別有乘黃局教尉·細馬車都督·車府部丞. 奚官署, 又別有染局丞."). 中山에 宮을 설치한 것으로 보아 東魏의 高歡·高澄과 北齊 皇帝들은 太原(晉陽)에서 中山(定州)를 거쳐 鄴으로 갔을 것이다. 즉 中山은 太原(晉陽)과 鄴의 중간 기착지였기 때문에 宮을 두었을 것이다.

[58] 毛漢光,「北魏東魏北齊之核心集團與核心區」, 97-98쪽; 朴漢濟,「東魏~北齊時代의 胡漢體制의 展開」, 162쪽; 崔彦華,「"鄴-晉陽"兩都體制與東魏北齊政治」, 244오른쪽-245왼쪽.

[59] 崔彦華,「"鄴-晉陽"兩都體制與東魏北齊政治」, 245왼쪽; 朴漢濟,「東魏~北齊時代의 胡漢體制의 展開」, 161-170쪽; 崔珍烈,「東魏北齊의 軍事 중심 太原의 전략적 限界」, 258쪽.

[60] 『魏書』卷12「孝靜紀」武定三年正月丁未條, 308쪽, "丁未, 齊獻武王請於幷州置晉陽宮, 以處配沒之口.";『北史』卷6「齊本紀上·高祖神武帝紀」, 229쪽, "[武定]三年正月甲午, 開府儀同三司尒朱文暢·開府司馬任胄·都督鄭仲禮·中府主簿李世林·前開府參軍房子遠等謀賊神武, 因十五日夜打族, 懷刃而入. 其黨薛季孝以告, 並伏誅. 丁未, 神武請於幷州置晉陽宮, 以處配口.";『北齊書』卷2「神武紀」下, 22쪽.

이가 4丈, 주위 4里였다.[62] 이 밖에 十二院은 鄴의 궁전보다 壯麗하였다.[63] 太原에 東魏의 실질적인 지배자와 北齊 皇帝가 거주함에 따라 黃河 하류 지역에서 물자를 수송하였다. 東魏 시대 倉曹參軍 祖珽이 山東의 課輸를 착복했다는 기사[64]에서 당시 山東, 즉 黃河 하류의 물자가 太原으로 운반되었음을 알 수 있다. 또 高歡은 幷州 일대에 서리 때문에 흉년이 들자 山東의 鄉租를 운반하도록 명령하였다.[65]

高歡은 尒朱兆를 비롯한 尒朱氏를 제거한 후 尒朱榮처럼 "戎馬之地" 太原에서 洛陽의 北魏朝廷을 통제하였다.[66] 高歡은 孝武帝에게 鄴 천도를 권했지만[67] 孝武帝는 반대하였다.[68] 高歡은 孝武帝가 친위 세력을 확대하여 자신을 제거하려는 움직임을 간파하고 孝武帝를 洛陽보다 가까운 太原으로 옮겨 통제하기 위해 遷都를 강행하였다. 그

---

61 『元和郡縣圖志』卷13 河東道2 太原府條, 365-366쪽, "晉陽故宮, 一名大明宮, 在州城內, 今名大明城是也. 昔智伯攻趙襄子, 襄子謂張孟談曰: '無箭奈何?' 對曰: '臣聞, 董安於, 簡主之才臣也, 理晉陽, 公宮之垣, 皆以荻蒿苫牆之, 蒿至於丈.' 於是發而試之, 其堅則楛又勁不能過也. 公曰: '矢足矣, 吾銅少.' 對曰: '臣聞, 董安於之理晉陽, 公宮之室, 皆以煉銅爲柱質, 請發而用之, 則有餘銅矣.' 高齊文宣帝又於城中置大明宮."

62 『元和郡縣圖志』卷13 河東道2 太原府條, 365쪽, "姚最《序行記》曰「晉陽宮西南有小城, 內有殿, 號大明宮」, 卽此也. 城高四丈, 周回四里."

63 『北史』卷8「幼主紀」, 301쪽, "又於晉陽起十二院, 壯麗逾於鄴下."

64 『北史』卷47「祖瑩傳附珽傳」, 1736-1737쪽, "珽性疏率, 不能廉愼守道. 倉曹雖云州局, 及受山東課輸, 由此大有受納, 豐於財產."

65 『北齊書』卷22「盧文偉傳附勇傳」, 322쪽, "高祖署勇丞相主簿. 屬山西霜儉, 運山東鄉租輸, 皆令載實, 違者治罪, 令勇典其事."

66 『北齊書』卷18「司馬子如傳」, 242쪽, "高祖以晉陽戎馬之地, 霸圖攸屬, 治兵訓旅, 遙制朝權, 京臺機務, 情寄深遠."

67 『北齊書』卷2「神武紀」下, 16쪽, "初, 神武自京師將北, 以爲洛陽久經喪亂, 王氣衰盡, 雖有山河之固, 土地褊狹, 不如鄴, 請遷都."

68 위와 같음, "魏帝曰「高祖定鼎河洛, 爲永永之基, 經營制度, 至世宗乃畢. 王旣功在社稷, 宜遵太和舊事.」"

러나 孝武帝는 高歡과 대항하려고 계획하였으나 高歡의 공격을 받자, 우군이라 여긴 宇文泰가 있는 關中으로 달아났다. 이에 高歡은 孝靜帝를 세우고 鄴城으로 천도하였다.[69] 결국 北魏는 關中의 西魏와 鄴의 東魏로 양분되었다. 그런데 四塞,[70] 즉 방어에 유리한 太原은 도리어 西魏北周의 공격에 취약한 곳이 되었다. 東魏北齊의 실질적인 중심지 太原과 西魏北周의 수도 長安 사이가 거대한 평지로 연결되어 진격하기 편했기 때문이다.[71]

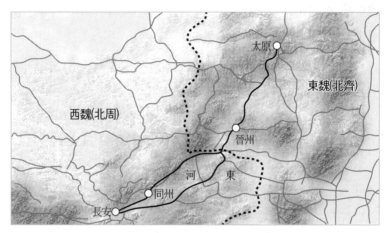

〈지도 18〉 晉陽(太原)과 長安의 지형[72]

---

69 崔彦華, 「"鄴-晉陽"兩都體制與東魏北齊政治」, 242왼쪽-242오른쪽.

70 『北史』卷6 「齊本紀上·高祖神武帝紀」, 217쪽; 『北齊書』卷1 「神武紀」上, 9쪽.

71 崔珍烈, 「東魏北齊의 軍事 중심 太原의 전략적 限界」, 258쪽.

72 위의 글, 259쪽, 〈지도 1〉 晉陽(太原)과 長安의 지형.

〈지도 18〉에서 알 수 있듯이 東魏北齊의 사실상 수도인 太原과 西魏北周의 수도인 長安 사이의 지역은 평탄한 地勢이다. 전반적으로 汾水의 상류로 갈수록 고도가 높아지기는 하지만 汾水가 太原으로 향하는 교통로이기 때문에 방어에 유리한 지형은 없다. 따라서 西魏의 宇文泰가 高歡으로부터 독립한 이후 長安과 晉陽 사이의 지역은 한번 勝勢를 타면 破竹之勢로 상대국의 수도까지 순조롭게 진격할 수 있었다. 따라서 晉陽과 長安 사이의 지역은 서로의 급소를 겨냥할 수 있는 전략상 요충지였다. 宇文泰와 宇文護가 同州에 주둔하여[73] 東魏軍이 汾水를 따라 河東을 거쳐 黃河를 건너 關中으로 진격하는 것을 미리 막으려고 하였다.[74]

東魏 天平 4년(536)부터 武定 7년(549)까지 東魏와 西魏 사이에 小關·沙苑·河橋·邙山·玉壁·長社 등 6회의 大戰이 평균적으로 2년에 한 번 발생했다. 高歡은 太原에서 출병하여 싸웠다.[75] 東魏北齊는 洛陽과 그 인근 지역뿐 아니라 河東을 차지하기 위해 싸웠다.[76]

위에서 살펴본 것처럼 東魏北齊와 西魏北周가 동서로 對峙한 상황에서 汾水 상류에 위치한 東魏北齊의 '실질적인 수도' 太原과 西魏北周의 수도 長安이 평지에 위치했기 때문에 두 나라의 전쟁은 이 지역을 중심으로 진행되었다. 따라서 東魏北齊는 太原 이남 汾水 하류의 방어에 관심을 가지지 않을 수 없었다. 文宣帝는 天保元年(550) 皇帝로 즉위한 후 相國府를 폐지하였지만 騎兵曹와 外兵曹를 省으로 승

---

73 西魏北周의 長安과 華州(同州) 兩都體制는 谷川道雄, 「兩魏齊周時代の覇府と王都」, 『(增補)隋唐帝國形成史論』(東京: 筑摩書房, 1998) 참조.

74 崔珍烈, 「東魏北齊의 軍事 중심 太原의 전략적 限界」, 259쪽.

75 崔彦華, 「"鄴-晉陽"兩都體制與東魏北齊政治」, 244원쪽.

76 毛漢光, 「北朝東西政權之河東爭奪戰」, 148-187쪽.

격하여 機密을 관장하게 하였다.[77] 北齊가 北魏의 제도를 이어받았음
은 주지의 사실이다. 그런데 外兵曹는 北魏時代에 五兵尙書 밑에 左
外兵曹와 右外兵曹로 나뉘었다.[78] 따라서 騎兵曹와 外兵曹를 尙書에
귀속시키지 않았다는 『北齊書』의 기록은 당시 尙書制度에 부합한다.
즉 高歡이 권력을 장악한 후 五兵尙書에 속한 外兵曹와 騎兵曹가 相
國府에 속했지만, 高歡의 아들 文宣帝(高洋)가 즉위한 이후에도 2曹는
여전히 尙書에 복귀하지 않았다. 騎兵省과 外兵省은 幷省과 함께 晉
陽이 실질적인 수도 역할을 했다는 증거로 제시된다.[79] 7장에서 살펴
본 것처럼 太原의 주변에는 東魏北齊의 정예부대를 형성한 六州鮮卑
가 주둔 혹은 거주했기 때문에 太原에 있는 騎兵省과 外兵省이 군사
작전과 명령의 전달에 효율적이었을 것이다. 이와 함께 太原이 북쪽
의 柔然, 突厥, 서남쪽의 西魏北周의 공격에 대비하기 위해서도 필요
했다. 특히 太原이 서남쪽의 국경과 가까웠기 때문에 군사 문제에 민
감하였다. 따라서 太原의 騎兵省과 外兵省은 西魏北周가 거점인 河東
으로부터 汾水를 따라 太原까지 진격하는 것을 신속하게 대응하기 위

---

77 『北齊書』 卷4 「文宣紀」 天保元年十月條, 54쪽, "壬辰, 罷相國府, 留騎兵·外兵曹,
各立一省, 別掌機密."; 『北齊書』 卷40 「唐邕傳」, 532쪽, "齊朝因高祖作相, 丞相府外
兵曹·騎兵曹分掌兵馬. 及天保受禪, 諸司監咸歸尙書, 唯此二曹不廢, 令唐邕白建
主治, 謂之外兵省·騎兵省. 其後邕·建位望轉隆, 各爲省主, 令中書舍人分判二省
事, 故世稱唐·白云."

78 『隋書』 卷27 「百官志」 中 後齊條, 751쪽, "後齊制官, 多循後魏, ……"; 左同, 752-753
쪽, "其六尙書, 分統列曹. 吏部統吏部·考功·主爵三曹. 殿中統殿中·儀曹·三公·
駕部四曹. 祠部統祠部·主客·虞曹·屯田·起部五曹. 祠部, 無尙書則右僕射攝. 五
兵統左中兵·右中兵·左外兵·右外兵·都兵五曹. 都官統都官·二千石·比部·水
部·膳部五曹. 度支統度支·倉部·左戶·右戶·金部·庫部六曹. 凡二十八曹."

79 朴漢濟, 「東魏～北齊時代의 胡漢體制의 展開」, 162쪽; 毛漢光, 「北朝東西政權之河東
爭奪戰」, 98쪽; 崔彦華, 「"鄴-晉陽"兩都體制與東魏北齊政治」, 244왼쪽-244오른쪽.

해서도 필요하였다. 이는 河東의 상실 이후 두드러졌다.[80]

(2) 河東의 상실로 인한 太原의 안보 취약

河東은 본래 東魏의 영토였다. 그러나 西魏의 宇文泰는 537년(東魏 天平 4년＝西魏 大統 3년) 東魏의 高歡과 沙苑에서 싸워 이긴 후[81] 賀拔勝과 李弼에게 河東의 蒲坂으로 진격하게 하였고 결국 西魏는 汾·絳(河東 지역)을 점령하였다.[82] 汾水 하류에 교두보를 마련한 이후 北周 明帝 2년(558) 河東郡에 蒲州, 河北郡에 虞州, 正平郡에 絳州, 邵郡郡에 邵州를 설치하였다.[83] 北周 武帝 保定初에 玉壁에 勳州를 설치하였다.[84]

河東의 중요성은 東魏의 河東 상실 이후 高歡의 대처에서 확인할 수 있다. 『北史』「薛脩義傳」에 高歡과 薛脩義, 斛律金의 대화가 실려 있다.

"沙苑의 패배 이후 秦·南汾·東雍 3州人을 幷州로 옮겼다. 또 晉州를 버리고 家屬을 英雄城으로 보내려고 하였다. 薛脩義는 '만약 晉州가 敗하

---

80 崔珍烈,「東魏北齊의 軍事 중심 太原의 전략적 限界」, 259-260쪽.

81 『魏書』卷12「孝靜紀」天平四年十月條, 301-302쪽, "壬辰, 齊獻武王西討, 至沙苑, 不克而還. 己酉, 寶炬行臺宮景壽·都督楊白駒寇洛州, 大都督韓延大破之. 寶炬又遣其子大行臺元季海·大都督獨孤如願逼洛州, 刺史廣陽王湛棄城退還, 季海·如願遂據金墉. 潁州長史賀若微執刺史田迅西叛, 引寶炬都督梁回據城. 寶炬又遣其大都督趙繼宗·右丞韋孝寬等攻陷豫州."

82 『周書』卷2「文帝紀」下 條, 40쪽, "遣左僕射·馮翊王元季海爲行臺, 與開府獨孤信率步騎二萬向洛陽; 洛州刺史李顯趨荊州; 賀拔勝·李弼渡河圍蒲坂. 牙門將高子信開門納勝軍, 東魏將薛崇禮棄城走, 勝等追獲之. 太祖進軍蒲坂, 略定汾·絳."

83 『周書』卷4「明帝紀」明帝二年春正月丁巳條, 54쪽, "丁巳, 雍州置十二郡. 又於河東置蒲州, 河北置虞州, 弘農置陝州, 正平置絳州, 宜陽置熊州, 邵郡置邵州."

84 『周書』卷31「韋孝寬傳」, 538쪽, "保定初, 以孝寬立勳玉壁, 遂於玉壁置勳州, 仍授勳州刺史."

면, 定州[幷州의 오기] 또한 지킬 수 없습니다'라고 간언하였다. 神武[高歡]는 '너희들은 모두 나를 믿고 앞에서는 我城인 幷州城을 듣지 않고 나에게 향할 곳이 없도록 하는구나'라고 화내서 말하였다. 薛脩義는 '만약 晉州를 지키지 못하면 죽음을 청하겠습니다'라고 대답하였다. 斛律金은 '돌아와 漢小兒의 수비를 믿고 家口를 거두어 인질로 삼을 수 있다면 兵馬에 관여할 필요가 없습니다'라고 말하였다. 그 말을 좇아 薛脩義를 行晉州事로 삼았다. 西魏의 儀同 長孫子彦이 晉州城을 포위하여 공격하자 薛脩義는 門을 열고 伏甲을 두어 기다렸다. 長孫子彦은 虛實을 헤아리지 못하고 돌아갔다. 神武는 薛脩義를 가상하게 여겨 晉州刺史에 배수하였다."[85]

위의 인용문에서 秦州(泰州의 誤記), 南汾州, 東雍州 3州는 河東에 설치된 州였다. 高歡은 沙苑의 전투 패배 이후 西魏의 공격에 대비하여 미리 3州의 民을 자신의 근거지 幷州(太原)로 옮겼다. 薛脩義는 東魏가 河東을 상실하고 晉州를 방기하려는 高歡의 정책에 반대하며 晉州를 지키지 못하면 幷州가 위태롭다고 주장하였다. 이는 西魏北周가 河東으로부터 晉州를 돌파하면 東魏北齊의 실질적인 수도 太原(幷州)이 위태로워짐을 인식한 전략이었다.[86]

盧叔武는 孝昭帝가 즉위한 후(560) 北周와 싸우는 전략을 제시하며 平陽에 重鎭을 세울 것을 주장하였다. 『北齊書』「盧叔武傳」에는 孝

---

85 『北史』卷53「薛脩義傳」, 1918-1919쪽, "及沙苑之敗, 徙秦·南汾·東雍三州人於幷州, 又欲棄晉, 以遣家屬向英雄城. 脩義諫曰: '若晉州敗, 定州亦不可保.' 神武怒曰: '爾輩皆負我, 前不聽我城幷州城, 使我無所趣.' 脩義曰: '若失守, 則請誅.' 斛律金曰: '還仰漢小兒守, 收家口爲質, 勿與兵馬.' 神武從之, 以脩義行晉州事. 及西魏儀同長孫子彦圍逼城下, 脩義開門伏甲待之, 子彦不測虛實, 於是遁去. 神武嘉之, 就拜晉州刺史."

86 崔珍烈, 「東魏北齊의 軍事 중심 太原의 전략적 限界」, 261-262쪽.

昭帝 사후 제대로 실현되지 못하였다고 기록하였다.[87] 그러나 北齊 武成帝 시기에 平陽, 즉 晉州에 晉州行臺가 설치되었다. 『元和郡縣圖志』 「河東道」 1 河中府·晉州條에는 "高齊 武成帝는 이곳에 行臺를 설치하였다. 周武帝가 齊를 멸한 후 晉州總管을 설치하였다"[88]라고 하였다. 晉州行臺는 南汾州·東雍州·建州 등을 포함하였고 河陽道行臺와 함께 北齊 行省이 만든 强弓의 정면에 해당하며 나아가면 汾水를 따라 내려가고 潼關을 돌파하여 長安으로 진격할 수 있었다.[89] 반대로 물러나면 남쪽으로 河陽을 지키고 북쪽으로 平陽을 방어하여 北周軍을 막을 수 있었다.[90] 北齊는 晉州에 일부 정예부대를 주둔시켰다. 『北史』 「唐邕傳」에도 이를 시사하는 기록이 있다.

"[唐邕은] 또 河陽과 晉州는 周와 국경을 맞닿은 곳이므로 河陽·懷州·永橋·義寧·烏藉에 각각 六州 軍人과 가족을 이주시켜 軍府를 세워 安置

---

87 『北齊書』卷42 「盧叔武傳」, 559-560쪽, "肅宗卽位, 召爲太子中庶子, 加銀靑光祿大夫. 問以世事, 叔武勸討關西, 畫地陳兵勢曰: '人衆敵者當任智謀, 智謀鈞者當任勢力, 故强者所以制弱, 富者所以兼貧. 今大齊之比關西, 强弱不同, 貧富有異, 而戎馬不息, 未能吞幷, 此失於不用强富也. 輕兵野戰, 勝負難必, 是胡騎之法, 非深謀遠算萬全之術也. 宜立重鎭於平陽, 與彼蒲州相對, 深溝高壘, 運糧積甲, 築城戍以屬之. 彼若閉關不出, 則取其黃河以東, 長安窮蹙, 自然困死. 如彼出兵, 非十萬以上, 不爲我敵, 所供糧食, 皆出關內. 我兵士相代, 年別一番, 穀食豐饒, 運送不絶. 彼來求戰, 我不應之, 彼若退軍, 卽乘其弊. 自長安以西, 民疏城遠, 敵兵來往, 實有艱難, 與我相持, 農作且廢, 不過三年, 彼自破矣.' 帝深納之. 又願自居平陽, 成此謀略. 上令元文遙與叔武參謀, 撰平西策一卷. 未幾帝崩, 事遂寢."
88 『元和郡縣圖志』卷12 「河東道」 1 河中府·晉州條, 336쪽, "高齊武成帝于此置行臺, 周武帝滅齊, 立晉州總管."
89 東魏北齊는 성공하지 못하였지만 唐을 세운 李淵이 太原에서 起兵하여 隋의 수도 大興城(長安)을 단기간에 점령하였다.
90 牟發松, 「東魏北齊的地方行臺」, 104쪽.

하여 機急한 필요에 대비해야 한다고 주청하였다. 帝는 이를 따랐다."[91]

위의 인용문에서 알 수 있듯이 北齊의 서쪽 변방이며 河陽行臺와 晉州行臺의 치소인 河陽과 晉州에 東魏北齊의 주력인 六州軍人을 주둔시켰다. 太原 주변에 거주한 北齊의 정예부대를 지칭한다. 이는 太原 방어를 고려한 배치였다.[92]

晉州의 방어가 강고하다고 생각했기 때문에 西魏北周는 먼저 洛陽을 점령하고, 洛陽에서 동쪽으로 진격하여 鄴都를 점령하는 전략을 취하였다. 그러나 네 차례 전쟁에서 이기지 못하였다.[93] 이러한 상황에서 北周의 趙㷿은 河東에서 太原으로 진격하는 전략을 제안하였다.

"武帝가 軹·洛으로 出兵하여 齊의 河南之地를 점령하려고 하였다. 趙㷿은 '河南 洛陽은 四面에서 敵을 만날 수 있으므로, 얻을 수는 있으나 지킬 수 없습니다. 청컨대 河北으로부터 곧바로 太原으로 진격하면 그 巢穴을 뒤집을 수 있으니, 一擧에 평정할 수 있습니다'라고 간언하였다. 武帝는 받아들이지 않았고, 군대는 결국 功을 세우지 못하였다."[94]

趙㷿은 점령해도 지키기 어려운 洛陽보다 黃河 이북, 즉 河東 지역에서 공격하여 太原으로 향하는 전략을 간언하였다. 위의 인용문에서

---

91 『北史』卷55「唐邕傳」, 2002쪽, "又奏河陽·晉州, 與周連境, 請於河陽·懷州·永橋·義寧·烏藉各徙六州軍人幷家, 立軍府安置, 以備機急之用. 帝並從之."

92 崔珍烈,「東魏北齊의 軍事 中心 太原의 전략적 限界」, 262-263쪽.

93 毛漢光,「北朝東西政權之河東爭奪戰」, 181-184쪽.

94 『隋書』卷46「趙㷿傳」, 1250쪽, "武帝出兵軹·洛, 欲收齊河南之地. 㷿諫曰: '河南洛陽, 四面受敵, 縱得之, 不可以守. 請從河北, 直指太原, 傾其巢穴, 可一擧以定.' 帝不納, 師竟無功."

는 武帝가 趙煚의 제안을 듣지 않아 성과를 얻지 못하였다. 建德 4년 (575)의 실패 이후 武帝는 결국 河東을 거쳐 太原(幷州)으로 진격하는 것이 北齊를 멸망시키는 지름길임을 깨닫게 되었다.[95] 따라서 武帝는 建德 5년(576) 晉州를 공격하여 함락하였다.[96]

北齊가 망할 때의 상황을 살펴보면 北周와 北齊가 晉州에서 싸워 北周가 승리하자 北齊의 멸망은 이미 결정되었다.[97] 이는 太原과 그 주변에 北齊의 정예부대가 포진하였고, 이들이 패하자 다른 지역의 군대를 차출하여 대항하기 어려웠기 때문이다. 北周가 北齊를 멸망시킨 과정을 보면 長安에서 河東을 거쳐 北齊의 陪都이자 군사적 중심지 幷州로 진격한 전략이 성공하였다. 〈지도 18〉에서 살펴본 것처럼 長安-河東-汾水-太原(幷州)이 평지로 이어진 거대한 분지였기 때문에 河東은 長安과 太原 사이에서 방어와 진격의 거점이었음을 확인할 수 있다. 그리고 北齊의 주력이 太原에 집중했던 것은 北周의 공격에 유리했지만, 반면에 北周의 공격을 받아 한 번에 붕괴될 경우 대치할 병력이 부족하다는 점에서 군사적으로 취약하였다. 이는 北齊가 멸망할 때 그대로 드러났다. 이러한 취약성이 있었지만, 北齊 군사력의 근간인 六州鮮卑가 太原 주변에 있었기 때문에 北齊皇帝들은 太原을 버리고 鄴에 定住할 수 없었다.[98]

---

95 毛漢光, 「北朝東西政權之河東爭奪戰」, 183-184쪽.
96 『周書』 卷6 「武帝紀」 下 建德五年冬十月條, 95-96쪽.
97 『北史』 卷8 「齊本紀下 · 後主紀」 武平七年二月辛酉條, 297-298쪽; 『北齊書』 卷8 「後主紀」, 109-110쪽.
98 崔珍烈, 「東魏北齊의 軍事 중심 太原의 전략적 限界」, 263-264쪽.

2. 지역별 통치 양상의 相異

1 太原 주변의 군사 핵심지역

太原과 그 주변은 六鎭 출신과 각종 유목민 혹은 騎馬民이 모인 지역이었다. 이들은 목축생활을 하며 東魏北齊의 소위 六州鮮卑라 불리는 군대를 형성하였다. 그리고 이들 군사력을 지휘한 鮮卑勳貴의 거주지이자 제2의 고향이었다.[99] 太原과 그 주변에 강력한 군사력의 원천인 소위 六鎭鮮卑가 있었기 때문에 東魏의 高歡·高澄과 北齊 皇帝들은 太原에 장기 주둔하며 이들을 통제해야 했다.[100] 東魏의 高歡·高澄과 北齊의 皇帝들은 山東 지역에서 물자를 운송하여[101] 太原 궁정과 幷省, 군대의 財政支出을 충당하였다.[102]

太原이 위치한 幷州와 肆州 일대 주변에는 山胡·費也頭 등 각종 유목민들이 있었다. 이들은 東魏北齊의 지배를 받지 않았다. 東魏初에 河西의 費也頭가 자립하여 介朱氏에 대항하였고,[103] 汾水 일대의 山胡의 劉蠡升 등도 北魏 孝明帝 시기에 독립하였다.[104] 특히 山胡는

---

99 谷川道雄, 「兩魏齊周時代の覇府と王都」, 400쪽.

100 毛漢光, 「北魏東魏北齊之核心集團與核心區」, 117쪽.

101 『北史』 卷47 「祖瑩傳附珽傳」, 1736-1737쪽, "珽性疏率, 不能廉愼守道. 倉曹雖云州局, 及受山東課輸, 由此大有受納, 豐於財産." 盧勇은 幷州 일대에 흉년이 들자 山東의 鄕租를 운반하였다(『北齊書』 卷22 「盧文偉傳附勇傳」, 322쪽, "高祖署勇丞相主簿. 屬山西霜儉, 運山東鄕租輸, 皆令載實, 違者治罪, 令勇典其事. 琅邪公主虛僦千餘車, 勇繩劾之."). 흉년이라는 특수한 상황이지만 山東 지역의 물자를 幷州(晉陽) 일대로 수송했던 것은 晉陽이 정치적으로 중요했기 때문이다.

102 崔珍烈, 「東魏北齊의 華北 지배와 그 한계」, 100-101쪽.

103 『魏書』 卷75 「介朱天光傳」, 1676쪽, "時費也頭帥紇豆陵伊利·万俟受洛干等據有河西, 未有所附. 天光以齊獻武王起兵信都, 內懷憂恐, 不復北事伊利等, 但微遣備之而已."

104 『魏書』 卷69 「裴延儁傳附良傳」, 1531쪽, "又山胡劉蠡升自云聖術, 胡人信之, 咸相影附, 旬日之間, 逆徒還振."

呂梁山과 汾水 서쪽에 거주하여 東魏 覇府[105]인 太原과 가까운 곳에 있었다. 게다가 몽골 고원에서는 柔然을 정복한 突厥이 건재하였다. 高歡은 尒朱兆를 격파한 후 太原이 사방으로 막혔다는 이점 때문에 太原에 大丞相府를 세우고 定居하였지만,[106] 費也頭·山胡·柔然 등 주변의 유목민 세력과 싸우며 생존해야 했다.[107]

먼저 高歡은 河西(오르도스)의 費也頭 세력을 제거하기 위해 여러 차례 군대를 일으켰다. 高歡은 天平元年(534)에 費也頭의 우두머리 紇豆陵伊利를 河西에서 공격하여 멸한 후 費也頭 무리를 河東, 즉 黃河 동쪽의 지역으로 이주시켰다.[108] 高歡은 2년 후인 天平 3년(536) 庫狄干 등 1만 騎를 거느리고 西魏의 夏州를 공격하여 刺史 費也頭 斛拔俄彌突을 사로잡고 部落 5,000戶를 데리고 돌아왔다. 이때 西魏 靈州刺史 曹泥와 涼州刺史 劉豐이 5,000戶를 데리고 항복하였다.[109] 高歡은 天平元年(534)과 天平 3년(536) 두 차례 親征의 승리로 河西의 費也

105 北朝 시대의 幕府 가운데 東魏 시대에만 覇府라 칭하였다(金翰奎,「東魏 高氏의 覇府와 晉陽」, 96쪽).

106 『北史』卷6「齊本紀上·高祖神武帝紀」, 217쪽, "[永熙元年]七月壬寅, 神武帥師北伐尒朱兆. 封隆之言, 侍中斛斯椿·賀拔勝·賈顯智等往事尒朱, 普皆反噬, 今在京師寵任, 必構禍隙. 神武深以爲然. 乃歸天光·度律於京師, 斬之. 遂自滏口入. 尒朱兆大掠晉陽, 北保秀容, 幷州平. 神武以晉陽四塞, 乃建大丞相府而定居焉."; 『北齊書』卷1「神武紀」上, 9쪽.

107 崔珍烈,「東魏北齊의 華北 지배와 그 한계」, 101쪽.

108 『北史』卷6「齊本紀上·高祖神武帝紀」, 219쪽; 『北齊書』卷2「神武紀」下, 13쪽.

109 『北史』卷6「齊本紀上·高祖神武帝紀」, 225쪽, "三年正月甲子, 神武帥庫狄干等萬騎襲西魏夏州. 身不火食, 四日而至, 縛稍爲梯, 夜入其城, 擒其刺史費也頭斛拔俄彌突, 因而用之. 留都督張瓊以鎭守, 還其部落五千戶以歸. 西魏靈州刺史曹泥與其壻涼州刺史劉豐遣使請內屬. 周文圍泥, 水灌其城, 不沒者四尺. 神武命阿至羅發騎三萬, 逕度靈州, 繞出西軍後, 獲馬五十匹, 西師乃退. 神武率騎迎泥·豐生, 拔其遺戶五千以歸, 復泥官爵."; 『北齊書』卷2「神武紀」下, 18쪽.

頭 인력을 확보하고 일부 西魏 降附 세력을 東魏의 영토 안으로 데려올 수 있었다.[110]

다음은 山胡이다. 山胡는 北朝時代 屠各·盧水胡·稽胡·鐵弗·支胡·匈奴·西域胡 등 각종 雜胡의 총칭이다.[111] 이들 대부분은 北魏에 복속하였지만, 일부는 독립하였다. 宣武帝 시기에 封琳이 汾州 山胡를 위로하러 사자로 파견된 기사를 보면[112] 일부 山胡는 北魏의 州郡 혹은 鎭에 편제되지 않고 독립적으로 활동했음을 알 수 있다. 복속된 山胡도 六鎭의 난이 발생했던 孝明帝 말기를 전후로 반란을 일으켰다.[113] 특히 山胡 劉蠡升이 孝昌初 天子를 자칭하고 연호를 神嘉라 하였고 雲陽谷에 거주하였다. 西土에서 劉蠡升의 침입을 자주 당해 '胡荒'이라 부를 정도였다.[114] 高歡은 天平 2년(535) 劉蠡升을 공격하여 大

---

110 崔珍烈, 「東魏北齊의 華北 지배와 그 한계」, 101-102쪽.

111 唐長孺, 「魏晉雜胡考」, 『魏晉南北朝史論叢』, 北京: 三聯書店, 1955; 周一良, 「北朝
　　的民族問題與民族政策」, 『魏晉南北朝史論集』, 北京: 中華書局, 1965.

112 『魏書』 卷32 「封懿傳附琳傳」, 765쪽, "假通直散騎常侍, 慰勞汾州山胡."

113 『魏書』 卷69 「裴延儁傳」, 1529-1530쪽, "時汾州山胡憑險寇竊, 正平·平陽二郡尤被
　　其害, 以延儁兼尙書爲西北道行臺, 節度討胡諸軍.";『魏書』 卷69 「裴延儁傳附慶孫
　　傳」, 1532쪽, "正光末, 汾州吐京羣胡薛悉公·馬牒騰並自立爲王, 聚黨作逆, 衆至數
　　萬. 詔慶孫爲募人別將, 招率鄉豪, 得戰士數千人以討之. 胡賊屢來逆戰, 慶孫身先
　　士卒, 每摧其鋒, 遂深入至雲臺郊. 諸賊更相連結, 大戰郊西, 自旦及夕, 慶孫身自突
　　陳, 斬賊王郭康兒.]賊衆大潰.";『魏書』 卷80 「樊子鵠傳」, 1777쪽, "建義初, 拜平北
　　將軍·晉州刺史, 封永安縣開國伯, 食邑千戶, 又兼尙書行臺. 治有威信, 山胡率服.
　　元顥入洛, 薛脩義及降蜀陳雙熾等受顥處分, 率衆攻州城. 子鵠出與戰, 大破之, 又破
　　脩義等於土門.";『魏書』 卷69 「裴延儁傳附良傳」, 1531쪽, "時有五城郡山胡馮宜都·
　　賀悅回成等以妖妄惑衆, 假稱帝號, 服素衣, 持白傘白幡, 率諸逆衆, 於雲臺郊抗拒王
　　師. 融等與戰敗績, 賊乘勝圍城. 良率將士出戰, 大破之, 於陣斬回成, 復誘導諸胡令
　　斬送宜都首. 又山胡劉蠡升自云聖術, 胡人信之, 咸相影附, 旬日之間, 逆徒還振."

114 『北史』 卷6 「齊本紀上·高祖神武帝紀」, 224쪽, "初, 孝昌中, 山胡劉蠡升自稱天子,
　　年號神嘉, 居雲陽谷, 西土歲被其寇, 謂之胡荒.";『北齊書』 卷2 「神武紀」下, 18쪽.

破하였다.[115] 그러나 劉蠡升 세력을 완전히 복속시키지 못하자 高歡은 딸을 劉蠡升의 太子와 결혼시키며 山胡의 경계가 느슨한 틈을 타서 山胡를 기습하였다. 劉蠡升의 北部王이 劉蠡升을 죽여 그의 목을 보냈다. 劉蠡升의 무리가 南海王을 군주로 세우자 高歡은 다시 공격하여 劉蠡升 일족과 公卿 400여 人, 胡·魏 5만 戶를 획득하였다.[116] 그러나 劉蠡升 집단을 평정했다고 해서 山胡가 완전히 평정된 것은 아니었다. 高歡은 天平 3년(536) 汾州胡 王迢觸과 曹貳龍의 반란을 평정하였다.[117] 이는 東魏에 복속되지 않은 山胡가 있었음을 뜻한다. 高歡이 天平 4년(537)에 沙苑에서 패하자[118] 晉州民 柴覽이 반란을 일으켰다. 이때 秀容의 5,000戶가 반란을 일으켜 山胡에 내응하였지만, 高市貴가 이 반란을 평정하였다.[119] 高歡의 아들 高澄은 武定 2년(544)

---

115 『北史』卷6「齊本紀上·高祖神武帝紀」, 224쪽, "[天平二年]壬戌, 神武襲擊劉蠡升, 大破之."; 『北齊書』卷2「神武紀」下, 18쪽.

116 『北史』卷6「齊本紀上·高祖神武帝紀」, 224쪽, "[天平二年]三月, 神武欲以女妻蠡升太子, 候其不設備, 辛酉, 潛師襲之. 其北部王斬蠡升首以送, 其衆復立其子南海王. 神武進擊之, 又獲南海王, 及其弟西海王·北海王·皇后·公卿已下四百餘人, 胡·魏五萬戶."; 『北齊書』卷2「神武紀」下, 18쪽. 『魏書』「孝靜紀」에서는 2萬餘戶를 생포했다고 기록하였다(『魏書』卷12「孝靜紀」天平二年三月辛酉條, 299쪽, "三月辛酉, 以司徒高盛爲太尉, 以司空高昂爲司徒, 濟陰王暉業爲司空. 齊獻武王討平山胡劉蠡升, 斬之. 其子南海王復僭帝號, 獻武王進擊, 破擒之, 及其弟西海王·皇后·夫人已下四百人, 幷逋逃之人二萬餘戶.").

117 『北史』卷6「齊本紀上·高祖神武帝紀」, 225쪽, "[天平三年]九月辛亥, 汾州胡王迢觸·曹貳龍聚衆反, 署立百官, 年號平都, 神武討平之."; 『北齊書』卷2「神武紀」下, 19쪽.

118 『魏書』卷12「孝靜紀」天平四年十月條, 301-302쪽, "壬辰, 齊獻武王西討, 至沙苑, 不克而還. 己酉, 寶炬行臺宮景壽·都督楊白駒寇洛州, 大都督韓延大破之. 寶炬又遣其子大行臺元季海·大都督獨孤如願逼洛州, 刺史廣陽王湛棄城退還, 季海·如願遂據金墉. 潁州長史賀若微執刺史田迅西叛, 引寶炬都督梁回據城. 寶炬又遣其都督趙繼宗·右丞韋孝寬等攻陷豫州."

119 『北齊書』卷19「高市貴傳」, 254쪽, "高祖沙苑失利, 晉州行事封祖業棄城而還, 州民

高歡을 따라 山胡를 격파하여 1만여 戶를 생포하여 諸州에 分配하였다.[120] 高澄의 아우 高洋(文宣帝)은 天保 4년(553)에 山胡가 離石을 포위하자 山胡를 親征하였다. 그러나 山胡가 도망가자 三堆戍를 순시한 후 사냥하고 돌아왔다.[121] 文宣帝는 다음 해인 天保 5년(554) 山胡를 親征하여 數萬을 참하고 雜畜 10여만 頭를 획득하였다. 石樓는 北魏時代에 능히 이르지 못하던 곳이었다. 이러한 지역을 北齊가 평정하자 石樓 원근의 山胡가 복속하였다.[122] 이후 山胡에 대한 기록이 보이지 않는 것으로 보아 山胡는 文宣帝 天保 5년(554)에야 비로소 北齊에 복속했다고 볼 수 있다. 즉 山胡는 高歡이 권력을 잡았던 530년대부터 20여 년 이상 東魏北齊의 지배에 저항한 것이다. 太原과 가까운 곳에 거주했던 山胡를 격파하고 복속시키기 위해 高歡·高澄·文宣帝(高洋)는 친히 군사를 이끌고 나아가 싸워야 했다.[123]

柴覽聚衆作逆. 高祖命市貴討覽, 覽奔柴壁, 市貴破斬之. 是時, 東雍·南汾二州境多羣賊, 聚爲盜, 因市貴平覽, 皆散歸復業. 後秀容人五千戶叛應山胡, 復以市貴爲行臺, 統諸軍討平之."

120 『魏書』卷12 「孝靜紀」 武定二年十一月壬寅條, 307쪽, "壬寅, 齊文襄王從獻武王討山胡, 破之, 俘獲一萬餘戶, 分配諸州.";『北齊書』卷17 「斛律金傳」, 220쪽, "三年, 高祖出軍襲山胡, 分爲二道. 以金爲南道軍司, 由黃櫨嶺出. 高祖自出北道, 度赤谼嶺, 會金於烏突戍, 合擊破之."『北齊書』「斛律金傳」의 校勘記에 따르면 "三年"은 武定 2년의 誤記였다. 즉 斛律金은 高歡·高澄과 함께 山胡 토벌에 종군하였다.

121 『北齊書』卷4 「文宣紀」 天保四年春正月丙子條, 57쪽, "四年春正月丙子, 山胡圍離石, 戊寅, 帝討之, 未至, 胡已逃竄, 因巡三堆戍, 大狩而歸."

122 『北齊書』卷4 「文宣紀」 天保五年春正月癸巳條, 58쪽, "五年春正月癸巳, 帝討山胡, 從離石道. 遣太師·咸陽王斛律金從顯州道, 常山王演從晉州道, 掎角夾攻, 大破之, 斬首數萬, 獲雜畜十餘萬, 逐平石樓. 石樓絕險, 自魏世所不能至. 於是遠近山胡莫不慴服."

123 崔珍烈, 「東魏北齊의 華北 지배와 그 한계」, 102-104쪽.

몽골고원의 柔然도 東魏北齊의 변경을 공격하거나 권력다툼에서 패한 집단이 東魏北齊에 항복하러 왔다. 高歡은 元象 2년(539) 阿至羅의 別部의 항복을 받으러 직접 武州塞를 나갔으나 보지 못하고 사냥하고 돌아왔다.[124] 突厥의 공격을 받은 柔然이 남쪽으로 도망쳤다. 이에 文宣帝는 天保 4년 十二月 癸亥日(554. 1. 24)에 太原에서 突厥 親征에 나서며 柔然을 받아들여 柔然의 餘衆을 馬邑川에 安置하였다. 이때 文宣帝는 柔然을 추격한 突厥을 공격하여 朔州까지 추격했는데, 突厥이 항복을 청하자 허락하고 돌아왔다.[125] 文宣帝는 다음 해인 天保 5년(554) 柔然 菴羅辰을 親征하여 대파하였다.[126] 같은 해 四月(554. 5-6) 柔然이 肆州를 공격하자 文宣帝가 太原에서 親征하여 恒州 黃瓜堆에 이르렀지만 柔然은 도망갔다. 文宣帝는 1,000여 騎를 거느리고 있다가 柔然 別部 수만에게 포위되었지만, 이를 물리치고 추격하여 菴羅辰의 처자와 生口 3만여 人을 사로잡았다.[127] 文宣帝는 같은 해 五月과 六月 두 차례 柔然을 親征하여 격파하였다.[128] 文宣帝는 天保

---

124 『北史』卷6「齊本紀上・高祖神武帝紀」, 227쪽, "[元象]二年十二月, 阿至羅別部遣使請降, 神武帥衆迎之, 出武州塞, 不見, 大獵而還.";『北齊書』卷2「神武紀」下, 21쪽.

125 『北齊書』卷4「文宣紀」天保四年十二月條, 58쪽, "十二月己未, 突厥復攻茹茹, 茹茹擧國南奔. 癸亥, 帝自晉陽北討突厥, 迎納茹茹. 乃廢其主庫提, 立阿那瓌子菴羅辰爲主, 置之馬邑川, 給其稟餼繒帛. 親追突厥於朔州, 突厥請降, 許之而還. 於是貢獻相繼."

126 『北齊書』卷4「文宣紀」天保五年三月條, 58쪽, "三月, 茹茹菴羅辰叛, 帝親討, 大破之, 辰父子北遁."

127 『北齊書』卷4「文宣紀」天保五年夏四月條, 58쪽, "夏四月, 茹茹寇肆州, 丁巳, 帝自晉陽討之, 至恒州黃瓜堆, 虜騎走. 時大軍已還, 帝率麾下千餘騎, 遇茹茹別部數萬, 四面圍逼, 帝神色自若, 指畫形勢, 虜衆披靡, 遂縱兵潰 圍而出. 虜乃退走, 追擊之, 伏尸二十里, 獲菴羅辰妻子及生口三萬餘人."

128 『北齊書』卷4「文宣紀」天保五年條, 58쪽, "[五月]丁未, 北討茹茹, 大破之. 六月, 茹茹率部衆東徙, 將南侵. 帝率輕騎於金山下邀擊之, 茹茹聞而遠遁."

6년(555) 柔然을 親征하여 塞를 나가 庫狄谷으로 진격하였다.[129] 文宣帝는 같은 해 七月에 輕騎 5,000을 이끌고 柔然을 추격하여 懷朔鎭에서 柔然을 대파하였다. 또 沃野鎭에서 俟利 藹焉力婁阿帝와 吐頭發郁久閭狀延 등을 사로잡고 2만여 口, 牛羊 수십만 頭를 획득하였다. 이때 俟利 郁久閭李家提가 部人 수백을 이끌고 항복하였다.[130] 이상의 내용을 정리하면 文宣帝는 北齊의 北境으로 침입한 柔然을 親征하여 격파하고 사람과 牛羊 등 가축을 노획하였다. 이는 北齊 군사력의 근간인 騎兵의 兵源을 확보한다는 점에서 중요한 의의가 있었다.[131]

文宣帝는 柔然뿐만 아니라 庫莫奚와 契丹을 공격하는 데 앞장섰다. 文宣帝는 天保 3년(552) 代郡에서 庫莫奚를 親征하여 대파하고 雜畜 10여만을 획득하여 將士들에게 차등 분배하고 奚人을 山東으로 옮겼다.[132] 또 文成帝는 天保 4년(553) 契丹이 침입하자 冀州·定州·幽州·安州를 거쳐 契丹을 토벌하였다.[133] 文宣帝는 十月 癸卯日(553. 11. 5) 陽師水에 이르러 契丹을 습격하여 격파한 후 10만여 口를 노획

---

129 『北齊書』卷4「文宣紀」天保六年夏六月丁卯條, 60쪽, "丁卯, 帝如晉陽. 壬申, 親討茹茹. 甲戌, 諸軍大會於祁連池. 乙亥, 出塞, 至庫狄谷, 百餘里內無水泉, 六軍渴乏, 俄而大雨."

130 『北齊書』卷4「文宣紀」天保六年秋七月條, 60쪽, "秋七月己卯, 帝頓白道, 留輜重, 親率輕騎五千追茹茹. 壬午, 及於懷朔鎭. 帝躬當矢石, 頻大破之, 遂至沃野, 獲其俟利藹焉力婁阿帝·吐頭發郁久閭狀延等, 並口二萬餘, 牛羊數十萬頭. 茹茹俟利郁久閭李家提率部人數百降."

131 崔珍烈, 「東魏北齊의 華北 지배와 그 한계」, 104-105쪽.

132 『北齊書』卷4「文宣紀」天保三年春正月丙申條, 56쪽, "三年春正月丙申, 帝親討庫莫奚於代郡, 大破之, 獲雜畜十餘萬, 分賚將士各有差. 以奚口付山東爲民."; 『北齊書』卷17「斛律金傳附光傳」, 223쪽, "天保三年, 從征出塞, 光先驅破敵, 多斬首虜, 並獲雜畜."

133 『北齊書』卷4「文宣紀」天保四年九月條, 57쪽, "九月, 契丹犯塞. 壬午, 帝北巡冀·定·幽·安, 仍北討契丹."

하고 雜畜 수십만 마리를 노획하였다.[134] 또 文宣帝의 아우 孝昭帝는 즉위한 皇建元年(560) 庫莫奚를 親征하여 격파하고 牛馬를 획득하여 晉陽宮에 편입시켰다.[135] 이때 慕連猛은 皇建 2년(561) 肅宗(孝昭帝)을 따라 奚를 격파하고 말 2,000匹과 牛羊 3만 頭를 획득하였다.[136] 文宣帝와 孝昭帝는 庫莫奚와 契丹을 공격하여 유목민과 가축을 사로잡아 北齊 境內로 遷徙하였다. 武成帝도 河淸 3년(564) 斛律光을 보내 突厥을 공격하여 말 1,000여 匹을 획득하였다.[137]

위에서 살펴본 것처럼 高歡·高澄·文宣帝·孝昭帝는 費也頭·山胡·柔然·庫莫奚·契丹·突厥 등 유목집단을 격파하고 유목민과 가축을 사로잡은 후 北齊 境內로 遷徙하였다. 이들은 騎射에 능했기 때문에 東魏北齊 騎兵의 병력 자원을 늘릴 수 있었다. 東魏의 집정자와 北齊 皇帝들은 太原 주변의 山胡부터 국경 밖의 柔然·庫莫奚·契丹·突厥 등 유목민 집단에 관심을 가졌고 親征했다. 이때 太原은 유목민 집단을 공격하는 출발점이었다.[138] 따라서 太原을 "戎馬之地"라

---

134 『北齊書』 卷4 「文宣紀」 天保四年條, 57쪽, "冬十月丁酉, 帝至平州, 遂從西道趣長塹, 詔司徒潘相樂率精騎五千自東道趣靑山. 辛丑, 至白狼城. 壬寅, 經昌黎城, 復詔安德王韓軌率精騎四千東趣, 斷契丹走路. 癸卯, 至陽師水, 倍道兼行, 掩襲契丹. 甲辰, 帝親踰山嶺, 爲士卒先, 指麾奮擊, 大破之, 虜獲十萬餘口·雜畜數十萬頭. 樂又於靑山大破契丹別部. 所虜生口皆分置諸州. 是行也, 帝露頭袒膊, 晝夜不息, 行千餘里, 唯食肉飮水, 壯氣彌厲. 丁未, 至營州. 丁巳, 登碣石山, 臨滄海."

135 『北史』 卷7 「齊本紀中·孝昭帝紀」 皇建元年十一月條, 264쪽, "是月, 帝親戎北討庫莫奚, 出長城, 虜奔逋, 分兵致討, 大獲牛馬, 括總入晉陽宮."; 『北齊書』 卷6 「孝昭帝紀」, 82쪽.

136 『北齊書』 卷41 「慕連猛傳」, 541쪽, "[皇建]二年, 除領左右大將軍, 從肅宗討奚賊, 大捷, 獲馬二千疋, 牛羊三萬頭."

137 『北齊書』 卷17 「斛律金傳附光傳」, 223쪽, "[河淸三年]四月, 率騎北討突厥, 獲馬千餘匹."

138 崔珍烈, 「東魏北齊의 華北 지배와 그 한계」, 105-106쪽.

고 기록한 것은 虛言이 아니었다. 東魏·北齊 군주가 太原을 거점으로 삼은 이상 유목민 혹은 胡族들에게 주로 관심을 가질 수밖에 없었다.[139]

또 高歡·高澄·文宣帝는 太原을 거점으로 북방을 巡幸하였다. 예컨대 高歡은 興和 3년(541) 北境을 巡幸하고 사신을 보내 蠕蠕(柔然)과 通和하였다.[140] 高澄도 武定 4년 六月(546. 7-8) 北邊의 城戍를 순시하였다.[141] 文宣帝는 天保 3년(552) 北邊을 방문하여 黃櫨嶺에 이르러 長城 축조를 명령하였다. 이때 長城은 북으로 社干戍(『資治通鑑』에는 社平戍라고 표기)까지 400여 里에 이르렀고 36戍를 세웠다.[142] 文宣帝는 天保 5년(554) 文宣帝가 達速嶺까지 北巡하여 山川의 險要를 관찰하고 長城 축조를 계획하였다.[143]

2 黃河 중하류의 경제 선진지역

7장 2절에서 살펴본 것처럼 東魏北齊의 경제적 핵심지역은 黃河 중하류 지역이었다. 東魏北齊는 이 지역에 농경에 필요한 인력을 확보

---

139 崔珍烈, 「東魏北齊의 華北 지배와 그 한계」, 106-107쪽.

140 『北史』 卷6 「齊本紀上·高祖神武帝紀」, 227쪽, "[興和]三年五月, 神武巡北境, 使使與蠕蠕通和.";『北齊書』 卷2 「神武紀」下, 21쪽.

141 『北史』 卷6 「齊本紀上·世宗文襄帝紀」, 234쪽, "[武定四年]六月, 文襄巡北邊城戍, 振賜各有差.";『北齊書』 卷3 「文襄紀」, 37쪽.

142 『北齊書』 卷4 「文宣紀」 天保三年條, 56쪽, "冬十月乙未, 至黃櫨嶺, 仍起長城, 北至社干戍四百餘里, 立三十六戍.";『資治通鑑』 卷164 「梁紀」20 元帝承聖元年條, 5092쪽, "冬, 十月, 齊主自晉陽如離石, 自黃櫨嶺起長城, 北至社平戍, 四百餘里, 置三十六戍."

143 『北齊書』 卷4 「文宣紀」 天保五年十二月庚申條, 59쪽, "十二月庚申, 帝北巡至達速嶺, 覽山川險要, 將起長城."

할 수 있는 정책을 취하였다. 먼저 戶口의 파악이다. 東魏 시대부터 정부에서는 檢戶使·括戶大使 등으로 불린 '戶籍大使'를 파견하여[144] 은닉 호구의 파악과 세원 확보에 노력하였다.[145] 이러한 호구파악은 성공을 거두었다.

"(1) 이때 法網이 寬弛하여 百姓의 대부분은 舊居를 떠났고 徭賦가 비었다. (2) 神武[高歡]는 이에 孫騰과 高隆之에게 나누어 無籍之戶를 括戶하게 하여 60여만 戶를 얻었다. (3) 이에 僑居者들도 각각 本屬으로 돌아가도록 하니 이후 租調의 수입이 이전보다 늘었다."[146]

위의 인용문은 『隋書』「食貨志」의 기록이다. (2)에서 알 수 있듯이 孫騰과 高隆之 등 관리들의 노력 덕분에 60여만 戶가 늘어났다. 또 (1)에서 北魏末·東魏 시대 租稅 징수는 原籍主義, 즉 본적에 등록된 사람들에게만 세금을 거두고 고향을 떠난 사람들에게 거두지 못하는 관행이 있었음을 알 수 있다. 따라서 (3) 부분과 같은 정책을 병행하였다. 즉 僑居者를 本屬, 즉 고향으로 돌아가게 하여 본적지에 등

---

144 『魏書』卷12「孝靜紀」武定二年冬十月丁巳條, 307쪽, "冬十月丁巳, 太保孫騰·大司馬高隆之各爲括戶大使, 凡獲逃戶六十餘萬.";『魏書』卷77「高崇傳附子儒傳」, 1713쪽, "時四方多有流民, 子儒爲梁州·北豫·西兗三州檢戶使, 所獲甚多.";『隋書』卷24「食貨志」, 676쪽, "是時法網寬弛, 百姓多離舊居, 闕於徭賦, 神武乃命孫騰·高隆之分括無籍之戶, 得六十餘萬. 於是僑居者各勒還本屬, 是後租調之入有加焉.";『北齊書』卷18「孫騰傳」, 234-235쪽, "武定中, 使於靑州, 括浮逃戶口, 遷太保.";『北齊書』卷18「高隆之傳」, 237쪽, "武定中, 爲河北括戶大使."

145 崔珍烈,「北朝時代 使職의 출현과 그 의의」, 92쪽.

146 『隋書』卷24「食貨志」, 676쪽, "是時法網寬弛, 百姓多離舊居, 闕於徭賦, 神武乃命孫騰·高隆之分括無籍之戶, 得六十餘萬. 於是僑居者各勒還本屬, 是後租調之入有加焉."

록된 戶數가 늘어나서 稅源이 확대되고 이들에게 거두는 租調 수입이 증가하였다. 그리고 流民 혹은 다른 지역 농민들을 고향으로 복귀시킨 대민 통제와 행정력이 가능했음을 알 수 있다.

다음으로 다른 지역의 사람들을 이 지역으로 이주시켰다. 예컨대 高歡은 興和 2년(540) 西魏의 降民을 河北으로 遷徙하여[147] 인구증가를 꾀하였다. 文宣帝는 天保 3년(552) 代郡에서 庫莫奚를 親征하여 대파하고 雜畜 10여만을 획득하여 將士들에게 차등 분배하였다. 이와 아울러 奚人을 山東(黃河 중하류)으로 이주시켰다.[148] 이로써 黃河 중하류 지역의 인구를 늘릴 수 있었다. 그리고 河北 지역의 인구와 토지의 불균형을 해결하기 위해 토지가 적고 인구가 많은 지역[狹鄕]의 사람들을 寬鄕으로 이주하는 樂遷 정책을 실시하였다. 예컨대 天保 8년 (557) 冀州·定州·瀛州의 無田之人을 幽州 范陽의 寬鄕으로 이주시켰다.[149]

이러한 노력으로 증가한 호구수는 『魏書』「地形志」의 기록을 통해 알 수 있다.

---

147 『魏書』卷12「孝靜紀」興和二年夏五月己酉條, 304쪽, "夏五月己酉, 西魏行臺宮延和·陝州刺史宮元慶率戶內屬, 置之河北. 新附賑廩各有差."
148 『北齊書』卷4「文宣紀」天保三年春正月丙申條, 56쪽, "三年春正月丙申, 帝親討庫莫奚於代郡, 大破之, 獲雜畜十餘萬, 分賚將士各有差. 以奚口付山東爲民."
149 『隋書』卷24「食貨志」, 676쪽, "天保八年, 議徙冀·定·瀛無田之人, 謂之樂遷, 於幽州范陽寬鄕以處之."

〈표 12〉黃河 중하류 지역의 戶口[150]

州		戶數(戶)	口數(口)	州	戶數(戶)	口數(口)
河北 지역	司州	371,674	1,430,335	兗州	88,032	266,791
	定州	177,500	834,211	青州	79,753	206,593
	冀州	125,646	496,602	齊州	77,391	267,662
	瀛州	105,149	451,542	濟州	53,212	134,602
	殷州	77,942	356,976	光州	45,776	160,949
	滄州	71,803	251,879	徐州	40,812	107,837
	幽州	39,580	140,936	西兗州	37,407	103,894
	南營州	1,813	9,036	南兗州	37,130	115,539
	東燕州	1,766	6,319	膠州	26,562	60,382
	총계	972,873	3,977,836	南青州	15,024	45,322
총계		1,488,753	5,487,532	北徐州	14,781	40,125

〈표 12〉에서 黃河 중하류 지역 21州의 戶數와 口數를 정리하였다. 黃河를 중심으로 河北과 黃河 이남 지역으로 나누었다. 이 지역 전체의 戶數는 148만 8,753戶, 口數는 548만 7,532口이다. 이는 전체 戶口인 200만 7,966戶와 759만 1,654口의 74.1%와 72.3%에 해당한다. 이 가운데 河北 지역의 戶數는 97만 2,873戶, 口數는 397만 7,836口로 각각 전체 호구수의 48.5%와 52.4%에 해당한다. 즉 河北의 9州는 東魏 시대 전체 호구의 약 절반을 차지하였다. 9州 가운데 南營州와 東燕州가 僑州였기 때문에 실제로는 河北 7州가 당시 호구의 절반을 차지한 것이다.

---

150 梁方仲, 『中國歷代戶口·田地·田賦統計』, 57-58쪽, 甲表19. 東魏各州戶口數·平均戶口數及各州戶口數的比重.

東魏北齊는 전체 호구의 약 70%를 차지하는 黃河 중하류 지역에 勸農 정책을 실시하였다. 이는 『隋書』「食貨志」에 구체적으로 기록되었다.

"해마다 春月에 각각 鄕土의 早晩에 따라 백성들에게 農桑을 課한다. 봄부터 가을까지 男 15세 이상은 모두 田畝를 준다. 桑蠶의 달에는 婦女 15세 이상 모두 蠶桑에 종사하도록 하였다. 孟冬(十月)에 刺史는 邦敎의 優劣을 청취하고 심사하며, 殿最의 科品을 定한다. 人力이 있고 牛가 없기도 하고 牛는 있으나 人力이 없는 경우도 있는데, 서로 편한 대로 하도록 하고 모두 경작하도록 하였다. 땅에는 남은 利가 없도록 하고 백성에게는 遊手가 없도록 한다."[151]

위의 인용문에서 알 수 있듯이 東魏北齊는 성인 남성[男]에게는 농경을, 婦女는 養蠶에 종사하도록 하였다. 그리고 이를 감독하고 성과를 평가하도록 하였다. 이는 마지막 문장에서 보듯이 노는 땅과 인력을 없애고 모두 농경과 양잠에 종사시키려는 조치였다. 北魏 平城時代 均田制를 실시할 때 비단과 麻布 납부 지역이 구분되었다. 이 가운데 비단과 絲 납부 지역은 司·冀·雍·華·定·相·泰·洛·豫·懷·兗·陝·徐·靑·齊·濟·南豫·東兗·東徐 등 19州였다.[152] 北魏前期와 東魏北齊 시대 州의 명칭이 바뀌었지만, 이 19州 가운데 冀州·定

---

151 『隋書』 卷24 「食貨志」, 678쪽, "每歲春月, 各依鄕土早晩, 課人農桑. 自春及秋, 男十五已上, 皆布田畝. 桑蠶之月, 婦女十五已上, 皆營蠶桑. 孟冬, 刺史聽審邦敎之優劣, 定殿最之科品. 人有人力無牛, 或有牛無力者, 須令相便, 皆得納種, 使地無遺利, 人無遊手焉."
152 『魏書』 卷110 「食貨志」, 2852쪽, "其司·冀·雍·華·定·相·泰·洛·豫·懷·兗·陝·徐·靑·齊·濟·南豫·東兗·東徐十九州, 貢綿絹及絲."

州·相州·兗州·徐州·靑州·齊州·濟州·東兗州 9州가 비단·絲 납부 지역이었다. 東魏北齊 시대의 司州,[153] 定州, 冀州 瀛州,[154] 殷州,[155] 滄州,[156] 兗州, 徐州, 靑州, 齊州, 濟州, 光州,[157] 西兗州,[158] 南靑州,[159] 膠州[160] 등 15州가 비단·絲 납부 지역이었다. 이는 이 지역 21州의 3/4에 해당한다.

北齊는 器物의 제작을 담당하는 太府寺 밑에 定州紬綾局, 司染署 의 京坊局과 信都局 등을 두었다.[161] 관청의 명칭에서 定州에서 비단

---

153 東魏北齊의 司州는 北魏前期의 相州를 확대 개편한 것이다(『魏書』卷106上 「地形志」2上 司州條 細注, 2456쪽, "治鄴城, 魏武帝國於此. 太祖天興四年置相州. 天平元年遷都改.").

154 瀛州는 定州와 冀州를 분할하여 설치되었다(『魏書』卷106上 「地形志」2上 瀛州條 細注, 2469쪽, "太和十一年分定州河間·高陽, 冀州章武·浮陽置, 治趙都軍城.").

155 殷州는 定州와 相州를 분할하여 설치되었다(『魏書』卷56 「崔辯傳附楷傳」, 1255쪽, "未幾, 分定相二州四郡置殷州, 以楷爲刺史, 加後將軍.";『魏書』卷106上 「地形志」2上 殷州條 細注, 2470쪽, "殷州孝昌二年分定·相二州置, 治廣阿.").

156 滄州는 瀛州와 冀州를 분할하여 설치되었다(『魏書』卷106上 「地形志」2上 滄州條 細注, 2472쪽, "熙平二年分瀛·冀二州置, 治饒安城.").

157 光州는 靑州를 분할하여 설치했다가 鎭으로 바뀌었다가 景明元年 다시 설치되었다(『魏書』卷106中 光州條 細注, 2530쪽, "治掖城. 皇興四年分靑州置, 延興五年改爲鎭, 景明元年復.").

158 西兗州는 孝昌 3년에 설치되었다(『魏書』卷106中 西兗州條 細注, 2540쪽, "孝昌三年置, 治定陶城, 後徙左城"). 『中國歷史地圖集』을 비교하면 兗州의 濟陰郡 등 지역을 분할하여 설치되었다.

159 南靑州는 北魏前期 東徐州였다(『魏書』卷106中 南靑州條 細注, 2549쪽, "治團城. 顯祖置, 爲東徐州, 太和二十二年改.").

160 膠州는 永安 2년에 설치되었다(『魏書』卷106中 膠州條 細注, 2545쪽, "永安二年置. 治東武陵"). 『中國歷史地圖集』을 보면 南靑州와 光州를 분할하여 설치되었다.

161 『隋書』卷27 「百官志」中, 後齊官制·都水臺條, 757쪽, "太府寺, 掌金帛府庫, 營造器物. 統左·中·右三尙方, 左藏·司染·諸冶東西道署·黃藏·右藏·細作·左校·甄官等署令. 丞. 左尙方, 又別領別局·樂器·器作三局丞. 中尙方, 又別領別局·涇州絲局·雍州絲局·定州紬綾局四局丞. 右尙方, 又別領別局丞. 司染署, 又別領京坊·河東·信都三局丞. 諸冶東道, 又別領滏口·武安·白間三局丞. 諸冶西道, 又別領晉

의 생산을, 수도 鄴(京坊局)과 冀州(信都局)에서 염색을 맡았음을 알 수 있다. 또 東平郡 須昌縣 출신 畢衆敬[162]의 자손 畢義雲은 집에 工匠을 두어 방직기 10여 機를 두어 비단을 짰고, 아울러 金銀 器物도 제작하였다.[163] 東平郡 須昌縣은 兗州에 속하였고 앞에서 언급한 비단 생산과 납부 지역에 해당하였다. 畢義雲이 비단 제조 방직기 10여 기를 둘 정도로 兗州 일대에 비단 제조업이 발달했음을 알 수 있다. 또「元悰墓誌」에 따르면, 元悰이 靑州에서 죽었을 때 工女가 기계를 멈추고 商人들이 市를 罷하였다.[164] 여기에서 당시 靑州의 治所에 工女와 商人이 일을 그만둔 것이 특별히 기록될 정도로 많았음을 알 수 있다. 靑州도 비단 생산과 납부 지역에 속했기 때문에 이 工女는 織機를 이용해 비단을 짰을 것이다.[165]

東魏는 재정수입 확보를 위해 소금 생산에도 관심을 기울였다. 『魏書』「食貨志」에 따르면 東魏는 滄州에 竈 1,484所, 瀛州에 竈 452所,

---

陽冶・泉部・大邱・原仇四局丞, 甄官署, 又別領石窟丞."

162 『北史』卷39「畢衆敬傳」, 1425쪽, "畢衆敬, 小名奈, 東平須昌人也."
163 『北齊書』卷47「酷吏・畢義雲傳」, 658쪽, "又坐私藏工匠, 家有十餘機織錦, 並造金銀器物."
164 「元悰墓誌」, 『漢魏南北朝墓誌彙編』, 353쪽, "至止未幾, 構疾彌留, 以興和四年十一月廿日薨. 工女停機, 商人罷市, 設祭滿道, 制服成群."
165 『唐六典』卷3「尙書戶部」河南道條細注를 보면 兗州와 靑州에서 비단 제품을 土産物로 바쳤다. 이는 兗州와 靑州가 唐代에도 비단 생산지였음을 보여준다. 이 밖에 東魏北齊 黃河 이남의 여러 지역에서 비단이 생산되었다(『唐六典』(李林甫 等撰, 陳仲夫 點校, 北境: 中華書局, 1992(2005重印) 卷3「尙書戶部」河南道條細注, 66쪽, "鄭・汴・許・陳・亳・宋・曹・濮・鄆・徐等州絹, 汝州紬・絁, 陝・穎・徐三州紬・絁, 仙・滑二州方紋綾, 豫州雞翹綾・雙絲綾・蓍草・棋子, 潁州綿, 兗州鏡花綾, 齊州絲葛, 淄・兗・齊等州防風, 靑州仙文綾, 鄭州麻黃, 許州蘆心席, 登州水蔥席, 陝州栝蔞根・柏子人, 曹州蚍床子, 濟州阿膠, 泗州貨布, 沂・兗等州紫石英, 萊・登・密等州牛黃, 登州文石器・海砂, 密州布, 海州楚布, 萊州石器, 河南府瓷器."

幽州에 竈 180所, 靑州에 竈 546所를 설치하여 해안에서 소금을 만들도록 하였다. 또 내륙인 司州 廣平郡의 屬縣인 邯鄲[166]에 竈 4所를 설치하였다. 해마다 합계 20만 9,702斛 4升의 소금을 생산하여 軍國의 비용에 충당하게 하였다.[167] 『隋書』 「食貨志」에서도 滄州·瀛州·幽州·靑州의 해안에 鹽官을 설치하여 소금을 만들어 팔아 결제대금을 錢으로 받아 軍國의 비용을 충당했다고 기록하였다.[168] 이는 隋代에도 東魏 시대처럼 해안의 州에서 소금을 만들고 판매하여 수입을 올렸음을 뜻한다. 두 기록을 종합하면 東魏는 해안가인 滄州·瀛州·幽州·靑州 4州와 내륙인 邯鄲縣에 鹽官을 설치하여 소금의 생산과 판매에 관여하여 財政收入을 늘렸다. 이러한 상황은 北齊時代에도 지속되었다.[169]

黃河 중하류 지역은 지리적으로 東魏北齊의 가운데에 위치하였다. 게다가 경제력을 갖춘 지역이었기 때문에 전쟁 비용 등으로 다른 지역으로 물자를 운송해야 했다. 東魏北齊는 戶를 9等으로 나누어 富者는 錢을 稅로 거두고 貧者는 요역에 동원하였다. 이러한 錢과 인력을 바탕으로 東魏北齊는 북쪽의 長城 축조와 南朝 陳과의 전쟁을 감당할 수 있었다.[170] 지리적 거리를 감안하면, 長城 축조에는 河北 諸州,

---

166 『魏書』 卷106上 「地形志」2上 司州·廣平郡條, 2457쪽, "邯鄲(細注: 二漢屬趙國, 晉屬, 後 屬魏. 眞君六年屬)."

167 『魏書』 卷110 「食貨志」, 2863쪽, "自遷鄴後, 於滄·瀛·幽·靑四州之境, 傍海煮鹽. 滄州置竈一千四百八十四, 瀛州置竈四百五十二, 幽州置竈一百八十, 靑州置竈五百四十六, 又於邯鄲置竈四, 計終歲合收鹽二十萬九千七百二斛四升. 軍國所資, 得以周贍矣."

168 『隋書』 卷24 「食貨志」, 675-676쪽, "於滄·瀛·幽·靑四州之境, 傍海置鹽官, 以煮鹽. 每歲收錢, 軍國之資, 得以周贍."

169 崔珍烈, 「東魏北齊의 華北 지배와 그 한계」, 89쪽.

170 『隋書』 卷24 「食貨志」, 676쪽, "始立九等之戶, 富者稅其錢, 貧者役其力. 北興長城之

黄河 이남 지역은 南朝 陳과의 전쟁에 각각 동원했을 것이다. 東魏北齊는 물자 운송과 인력 동원의 어려움 때문에 현지 조달, 즉 屯田을 실시하였다. 따라서 孝昭帝 皇建년간 幽州 督亢 舊陂를 수리하고 長城 左右營屯을 두어 해마다 稻粟 수십만 石을 거두어 북쪽 변경에 보급하게 하였다.[171]

이와 함께 이 지역을 효과적으로 지배하기 위해 유능한 지방관을 파견하였다. 그 결과 許惇이 陽平郡에서,[172] 路去病이 수도 鄴이 위치한 魏郡에서,[173] 袁聿脩가 信州에서,[174] 封延之가 青州에서,[175] 高建이 滄州에서,[176] 元子邃가 東徐州에서,[177] 石信이 濟州에서[178] 각각 선정을

役, 南有金陵之戰."

171 『隋書』卷24「食貨志」, 677쪽, "孝昭皇建中, 平州刺史稽曄建議, 開幽州督亢舊陂, 長城左右營屯, 歲收稻粟數十萬石, 北境得以周贍."

172 『北齊書』卷43「許惇傳」, 574쪽, "當時遷都鄴, 陽平卽是畿郡, 軍國責辦, 賦斂無准, 又勳貴屬請, 朝夕徵求, 惇並御之以道, 上下無怨. 治爲天下第一, 特加賞異, 圖形於闕, 詔頒天下."

173 『北齊書』卷46「循吏·路去病傳」, 646쪽, "京城下有鄴·臨漳·成安三縣, 輦轂之下, 舊號難治, 重以政亂時難, 綱維不立, 功臣內戚, 請囑百端. 去病消息事宜, 以理抗答, 勢要之徒, 雖廝養小人莫不憚其風格, 亦不至嫌恨. 自遷鄴以還, 三縣令治術, 去病獨爲稱首."

174 『北齊書』卷42「袁聿脩傳」, 565쪽, "出除信州刺史, 卽其本鄕也, 時人榮之. 爲政清靖, 不言而治, 長吏以下, 爰逮鰥寡孤幼, 皆得其歡心. 武平初, 御史普出過詣諸州, 梁·鄭·兗·豫疆境連接, 州之四面, 悉有擧劾, 御史竟不到信州, 其見知如此."

175 「封延之墓誌」, 『漢魏南北朝墓誌彙編』, 343쪽, "天平之始, 袞州刺史樊子鵠據州反噬. 蛙鳴沫泗, 蠅飛宋魯. 民未忘禍, 從亂如歸. 至乃竹鳳絲成, 毛面蝟起, 楊桴擧斧, 頑抗王師. 公受命忘身, 椎鋒衛國, 旬月之間, 剗殄兇醜, 乃除使持節散騎常侍驃騎大將軍青州刺史. 於時侯淵叛換, 據有全齊, 擇肉四履, 庖廚百姓, 公龍旗雲動, 蛇鼓雷賁. 地綱前張, 天羅後設. 曾未浹辰, 逆淵受首. 遂乃褰帷問苦, 下車布政. 百城於茲跡, 萬里復見陽春. 更滿遼鄕, 屬大軍西討, 仍行晉州事. 及秦賊蟻集洛陽, 黑泰遊凍河渚. 大丞相發赫斯之怒, 命虎豹之師. 星陣風驅, 月章電駕, 文馬犀車, 事屬後拒. 軍次河內, 復以公行懷州事."

176 「高建墓誌」, 『漢魏南北朝墓誌彙編』, 400쪽, "又救行滄州事. 請租一年, 民歌賴得, 決

베풀고 치적을 올렸다. 그리고 토착세력을 본적지 지방관에 임명하여
土着豪族의 지지를 얻어내려고 하였다. 封子繪는 大寧 2년(562) 行冀州
事에 임명되었다. 「封子繪墓誌」에 따르면, 封子繪 가문 3대가 冀州刺
史에 임명되었고 "露錦還鄉"이라고 기록될 정도로 영광으로 생각하
였다.[179] 盧蘭의 祖 盧興宗은 范陽太守에 임명되었는데, 이를 "衣錦舊
鄕"으로 표기하였다.[180]

3 河南: 西魏北周 接境 지역

黃河 중하류 지역 가운데 바로 西魏北周와 東魏北齊의 接境 지역
이 洛陽과 汝潁 지역이었다. 이 지역은 河南 혹은 좁은 의미의 中原이
라 불린다. 淸代 史家 顧祖禹는 河南의 정치적 중요성을 아래와 같이
서술하였다.

"河南은 옛날에 四戰之地라고 칭해졌다. 天下를 취하려고 할 때, 河南
은 반드시 다투어야 하는 곳이었다."[181]

囚三縣, 帝歎無憂."
177 「元子邃墓誌」, 『漢魏南北朝墓誌彙編』, 402쪽, "又自安東府佐遷東徐州刺史. 亟歷名
   官, 遂昇方岳. 旗行邰皁, 善宣條, 變俗移風, 畏威懷惠."
178 「石信墓誌」, 『漢魏南北朝墓誌彙編』, 412쪽, "復除濟州行事. 廉平致治, 德義成俗."
179 「封子繪墓誌」, 『漢魏南北朝墓誌彙編』, 424쪽, "大寧二年, 除都官尙書, 尋行冀州事.
   先日, 司空太保二公並臨冀部. 至是公復行焉. 三葉本岳, 世論歸美. 公開襜望境, 露
   錦還鄕, 竹馬盈途, 壺漿塞路."
180 「盧蘭墓誌」, 『漢魏南北朝墓誌彙編』, 491-492쪽, "太妃諱蘭, 幽州范陽涿縣人也.
   …… 祖興宗, 范陽太守. 父延集, 幽州主簿. 戶陳平之邑, 卽以建侯; 淮侌韓信之家,
   仍爲開國. 衣錦舊鄕, 此之榮矣."
181 『讀史方輿紀要』卷46「河南」河南方輿紀要序, 2083쪽, "河南, 古所稱四戰之地也.
   當取天下之日, 河南有所必爭."

위의 인용문에서 알 수 있듯이, 분열의 시대 河南은 반드시 차지하려고 하는 四戰之地였다. 東魏가 鄴으로 천도한 후 이 지역은 역시 西魏·梁과 인접하여 전란이 가장 빈번한 전쟁터였다.[182] 華北의 중심 河南을 점령하면, 북쪽으로 冀州·幷州, 남쪽으로 荊襄, 서쪽으로 關中, 동쪽으로 靑州·徐州를 공격할 수 있었다.[183] 이는 반대로 생각하면, 河南은 사방에서 공격받기 쉬운 지역이란 뜻이다. 孝武帝의 西遷 이후 北魏가 東魏와 西魏로 분열된 후, 洛陽은 西魏와 가깝고 四戰之地이며 방어할 험한 지형이 없었기 때문에 東魏는 洛陽을 수도로 정할 수 없었다.[184]

"神武[高歡]는 孝武[帝]가 이미 서쪽의 長安으로 간 후 崤·陝을 압박하고 洛陽이 다시 河外에 있고 梁의 국경과 가깝고 이웃하기 때문에 만약 晉陽으로 가면, 形勢가 서로 接할 수 없음을 두려워하였다. 이에 鄴 遷都를 논의하였는데, 護軍 祖瑩이 찬성하였다."[185]

위의 인용문에서 알 수 있듯이 太原(晉陽)에 늘 주둔하는 高歡은 洛陽이 西魏 및 梁과 가까운 지역이었기 때문에 유사시에 太原에서 구원 가서 수도 洛陽을 지키지 못할 것을 두려워하였다. 이에 수도를 西魏 및 梁과 먼 내지의 鄴으로 천도하였다.

東魏는 洛陽遷都 이후 洛陽을 방어하는 重鎭인 河陽에 河陽三城,

---

182 蘇小華, 「東魏北齊重北輕南的原因及其影響」, 82-83쪽; 朱葉俊, 「兩魏周齊河南之爭」, 南京大學碩士學位論文, 2011. 4, 11-32쪽.

183 朱葉俊, 「兩魏周齊河南之爭」, 9쪽.

184 崔珍烈, 「東魏北齊의 華北 지배와 그 한계」, 114쪽.

185 『北齊書』卷2 「神武紀」下 天平元年九月庚寅條, 18쪽, "神武以孝武旣西, 恐逼崤·陝, 洛陽復在河外, 接近梁境, 如向晉陽, 形勢不能相接, 乃議遷鄴, 護軍祖瑩贊焉."

즉 中潬城과 河陽南城과 河陽北城을 쌓았고 河陽行臺에 大軍을 주둔시켰다. 河陽行臺는 다음 해 北周 武帝가 晉州를 공격할 때 甲士 3만이 주둔하였고 9州 30鎭을 관할[186]한 重鎭이었다. 河橋와 河陽三城은 洛陽을 지키는 관문이었을 뿐만 아니라 河南에서 軍事重鎭이며 실질적인 수도인 太原(晉陽)이나 형식상 수도 鄴으로 향하는 교통의 요지에 있었다. 東魏北齊는 河陽行臺의 지휘 아래 중요한 군사와 교통의 요지인 河橋와 河陽三城을 洛陽의 金墉城과 迴洛城, 河陰城 등과 결합하고 서로 응원하는 방어체계를 만들어 洛陽과 河南을 방어하였다.[187]

孝武帝가 高歡과 대립하다가 宇文泰가 있던 長安으로 西遷한 이후 洛陽과 그 주변 지역에 있던 사람들이 西魏에 호응하였다. 元洪威가 穎州에서 반란을 일으키자 穎州民 趙繼宗은 穎川太守 邵招를 살해하고 元洪威에 호응하였다. 堯雄이 趙繼宗을 쫓아내자 城人들은 王長을 刺史로 추대하고 西魏를 끌어들였지만 堯雄과 侯景에게 진압되었다.[188] 또 天平(534-537)년간 末에 穎川人 張儉이 西魏와 통모하여 반란을 일으켰다.[189] 『北齊書』에는 이러한 반란을 평정했다는 기록만 있

---

186 『周書』 卷30 「于翼傳」에는 北周의 北齊 정복 당시 于翼에게 항복한 北齊의 獨孤永業이 河南의 9州 30鎭을 거느렸다는 기록이 나온다(『周書』 卷30 「于翼傳」, 525쪽, "其年, 大軍復東討, 翼自陜入九曲, 攻拔造澗等諸城, 逕到洛陽. 齊洛州刺史獨孤永業開門出降, 河南九州三十鎭, 一時俱下.").

187 朱葉俊, 「兩魏周齊河南之爭」, 44-45쪽 및 75쪽.

188 『北齊書』 卷20 「堯雄傳」, 268쪽, "魏武帝入關, 雄爲大都督, 隨高昂破賀拔勝於穰城. 周旋征討三荊, 仍除二豫·揚·郢四州都督, 豫州刺史. 元洪威據穎州叛, 民趙繼宗殺穎川太守邵招, 據樂口, 自稱豫州刺史, 北應洪威. 雄率衆討之, 繼宗敗走. 民因雄之出, 遂推城人王長爲刺史, 據州引西魏. 雄復與行臺侯景討平之."

189 『北齊書』 卷20 「斛律羌擧傳」, 266쪽, "天平末, 穎川人張儉聚衆反叛, 西通關右, 羌擧隨都督侯景·高昂等討破之."

지만, 『周書』에서는 西魏北周로 넘어온 사람들의 기록이 산견된다. 東魏北齊의 영토인 梁郡 下邑縣 사람인 李彦은 534년 孝武帝를 따라 入關하였다.[190] 東魏에서 벼슬한 高賓은 大統 6년(540) 가족을 버리고 西魏로 귀순하였다.[191] 西魏로 귀순한 李延孫은 특히 孝武帝 西遷 이후 西魏로 망명한 廣陵王 元欣, 長孫熾, 潁川王 元斌之, 安昌王 元子均, 建寧·江夏·隴東 諸王 등 北魏 皇室과 관료들과 그 가족들을 西魏로 갈 수 있도록 군대를 보내 호위하였다. 이를 두려워한 高歡이 慕容紹宗을 보내 李延孫을 공격했지만 李延孫은 東魏의 군대를 격파하였다.[192]

李延孫은 洛陽으로 흘러들어 가는 지류인 伊水 유역의 伊川 사람이었다. 李延孫의 父 李長壽는 孝昌년간 防蠻都督이 되어 蠻을 방어하였다.[193] 李長壽는 534년 孝武帝의 西遷 이후 東魏에 대항하였고,[194]

---

190 『周書』卷37「李彦傳」, 665쪽, "李彦字彦士, 梁郡下邑人也. …… 從魏孝武入關, 兼著作佐郎, 修起居注."

191 『周書』卷37「高賓傳」, 670쪽, "仕東魏, 歷官至龍驤將軍·諫議大夫·立義都督. 同列有忌其能者, 譖之於齊神武. 賓懼及於難, 大統六年, 乃棄家屬, 間行歸闕. 太祖嘉之, 授安東將軍·銀靑光祿大夫."

192 『周書』卷43「李延孫傳」, 774쪽, "自魏孝武西遷之後, 朝士流亡. 廣陵王欣·錄尙書長孫稚·潁川王斌之·安昌王子均及建寧·江夏·隴東諸王並百官等攜持妻子來投延孫者, 延孫卽率衆衛送, 並贈以珍玩, 咸達關中. 齊神武深患之, 遣行臺慕容紹宗等數道攻之. 延孫獎勵所部出戰, 遂大破之, 臨陣斬其揚州刺史薛喜."

193 『周書』卷43「李延孫傳」, 773쪽, "李延孫, 伊川人也. 祖伯扶, 魏太和末, 從征懸瓠有功, 爲汝南郡守. 父長壽, 性雄豪, 有武藝. 少與蠻酋結托, 屢相招引, 侵滅關南. 孝昌中, 朝議恐其爲亂, 乃以長壽爲防蠻都督, 給其鼓節, 以慰其意. 長壽冀因此遂得任用, 亦盡其智力, 防遏羣蠻. 伊川左右, 寇盜爲之稍息."

194 元亨의 아버지 元季海가 東西魏 분열 때 西魏로 가자 元亨은 禁錮되었다. 元亨의 어머니 李氏는 大豪 李長壽와 결탁하여 西魏로 귀순하였다(『隋書』卷54「元亨傳」, 1365쪽, "元亨, 字德良, 一名孝才, 河南洛陽人也. 父季海, 魏司徒·馮翊王. 遇周·齊分隔, 季海遂仕長安. 亨時年數歲, 與母李氏在洛陽. 齊神武帝以亨父在關西, 禁錮

西魏로부터 潁川郡守, 廣州刺史의 벼슬을 받았으나 결국 東魏의 무장 侯景에게 패해 전사하였다.[195] 李延孫은 荊州刺史 賀拔勝에게 都督으로 임명되어 荊州 지배에 공헌하였고,[196] 이어서 京南行臺 節度河南諸軍事 廣州刺史에 임명되어[197] 西魏의 동쪽 변경에서 활동하였다. 韓雄도 大統初 친척 60여 인과 함께 洛水 서쪽에서 거병하였다. 韓雄은 河南行臺 楊琚와 함께 東魏에 대항하였고 東魏의 서쪽 변경지역을 노략질하였다. 이후 東魏 洛州刺史 韓賢에게 항복하는 척하다가 韓賢을 습격하려고 했으나 누설되어 도망갔다.[198] 韓雄은 다시 鄕里로 돌아가 무리를 모아 洛州를 공격하여 함락하였고, 東魏의 侯景의 군대를 격파하였다.[199] 洛陽 서쪽의 宜陽 사람인 陳忻은 孝武帝 西遷 이

　之. 其母則魏司空李沖之女也, 素有智謀, 遂詐稱凍餒, 請就食於滎陽, 齊人以其去關西尙遠, 老婦弱子, 不以爲疑, 遂許之. 李氏陰托大豪李長壽, 攜亨及孤侄八人, 潛行草間, 得至長安.").

195 『周書』卷43「李延孫傳」, 773쪽, "及魏孝武西遷, 長壽率勵義士拒東魏. 孝武嘉之, 復授潁川郡守, 遷廣州刺史. 東魏遣行臺侯景率兵攻之, 長壽衆少, 城陷, 遂遇害."

196 『周書』卷43「李延孫傳」, 774쪽, "賀拔勝爲荊州刺史, 表延孫爲都督, 肅淸鴉路, 頗有功力焉."

197 위와 같음, "乃授延孫京南行臺·節度河南諸軍事·廣州刺史."

198 『周書』卷43「韓雄傳」, 776쪽, "大統初, 遂與其屬六十餘人於洛西擧兵, 數日間, 衆至千人. 與河南行臺楊琚共爲掎角, 每抄掠東魏, 所向克獲. 徒衆日盛, 州縣不能御之. 東魏洛州刺史韓賢以狀聞, 鄴乃遣其軍司慕容紹宗率兵與賢合勢討雄. 戰數十合, 雄兵略盡, 兄及妻子皆爲賢所獲, 將以爲戮. 乃遣人告雄曰: '若雄至, 皆免之.' 雄與其所親謀曰: '奮不顧身以立功名者, 本望上申忠義, 下榮親戚. 今若忍而不赴, 人謂我何. 旣免之後, 更思其計, 未晩晩也.' 於是, 遂詣賢軍, 卽隨賢還洛. 乃潛引賢黨, 謀欲襲之. 事洩, 遁免."; 『周書』卷43「陳忻傳」, 777-778쪽, "陳忻字永怡, 宜陽人也. 少驍勇, 有氣俠, 姿貌魁岸, 同類咸敬憚之. 魏孝武西遷之後, 忻乃於辟惡山招集勇敢少年數十人, 寇掠東魏, 仍密遣使歸附."

199 『周書』卷43「韓雄傳」, 776쪽, "遣雄還鄕里, 更圖進取. 雄乃招集義衆, 進逼洛州. 東魏洛州刺史元湛委州奔河陽, 其長史孟彥擧城款附. 俄而領軍獨孤信大軍繼至, 雄遂從信入洛陽. 時東魏將侯景等圍蓼塢, 雄擊走之."

후 용감한 少年 수십 인을 모아 東魏를 노략질한 후 西魏에 항복하였다.[200] 陳忻은 大統 16년(550) 北齊의 東方老를 격파하였다. 이때 東魏가 매년 병사를 파견하여 宜陽에 곡식을 보내자 陳忻은 수송 중인 식량을 중간에 가로채어 東魏에 타격을 가하였다.[201] 高陸郡 河陽縣에 거주했던 段榮[202]은 大統初 宗人을 모아 都督 趙業과 함께 西中郎將 慕容顯和를 죽이고 西魏에 항복하였다.[203]

특히 大統 3년(537)은 東魏에서 西魏로 대거 망명한 사람들이 많았던 해이다. 이 해에 西魏의 宇文泰가 沙苑에서 東魏軍을 대파하였다.[204] 宇文泰는 패주하는 東魏軍을 공격하며 洛陽까지 진격하였다. 河東郡 출신 裴果는 東魏가 沙苑에서 패하자 宗黨을 이끌고 西魏에 항복하였다.[205] 孝武帝 西遷 때 鄴에서 고향(河內郡)으로 돌아갔던 司

---

200 『周書』 卷43 「陳忻傳」, 777-778쪽, "陳忻字永怡, 宜陽人也. 少驍勇, 有氣俠, 姿貌魁岸, 同類咸敬憚之. 魏孝武西遷之後, 忻乃於辟惡山招集勇敢少年數十人, 寇掠東魏, 仍密遣使歸附."

201 『周書』 卷43 「陳忻傳」, 778쪽, "十六年, 進車騎大將軍·儀同三司·散騎常侍. 與齊將東方老戰於石泉, 破之, 俘獲甚衆. 時東魏每歲遣兵送米饋宜陽, 忻輒與諸軍邀擊之, 每多克獲."

202 『周書』 卷36 「段永傳」, 636쪽, "段永字永賓, 其先遼西石城人, 晉幽州刺史匹磾之後也. 曾祖悢, 仕魏, 黃龍鎭將, 因徙高陸之河陽焉."

203 『周書』 卷36 「段永傳」, 637쪽, "帝西遷, 永時不及從. 大統初, 乃結宗人, 潛謀歸款. 密與都督趙業等襲斬西中郎將慕容顯和, 傳首京師."

204 『周書』 卷2 「文帝紀」下 大統三年冬十月條, 24쪽, "癸巳旦, 候騎告齊神武軍且至. 太祖召諸將謀之. 李弼曰: '彼衆我寡, 不可平地置陣. 此東十里有渭曲, 可先據以待之.' 遂進軍至渭曲, 背水東西爲陣. 李弼爲右拒, 趙貴爲左拒. 命將士皆偃戈於葭蘆中, 聞鼓聲而起. 申時, 齊神武至, 望太祖軍少, 競馳而進, 不爲行列, 總萃於左軍. 兵將交, 太祖鳴鼓, 士皆奮起. 于謹等六軍與之合戰, 李弼等率鐵騎橫擊之, 絶其軍爲二隊, 大破之, 斬六千餘級, 臨陣降者二萬餘人. 齊神武夜遁, 追至河上, 復大克獲. 前後虜其卒七萬, 留其甲士二萬, 餘悉縱歸."

205 『周書』 卷36 「裴果傳」, 647쪽, "及齊神武敗於沙苑, 果乃率其宗黨歸闕. 太祖嘉之, 賜田宅·奴婢·牛馬·衣服·什物等."

馬裔[206]는 大統 3년(537) 西魏軍이 弘農을 점령하자 溫縣에서 西魏에 항복하였다.[207] 5년 후인 大統 8년(542) 司馬裔의 同鄉인 河內 4,000 여 家가 歸附하였다. 司馬裔는 河內郡守를 겸임하며 流民을 安集하였다.[208] 이때 獨孤信이 洛陽을 점령하자 東魏 賀若統이 潁川을 바치고 항복하였다. 東魏 堯雄·趙育·是雲寶 등이 2만을 거느리고 공격하자 宇文貴는 洛陽에서 步騎 2,000을 거느리고 구원하고 東魏軍을 격파 하였다.[209] 洛陽 동쪽의 滎陽郡 사람인 鄭偉는 친족을 설득하여 鄭榮 業과 함께 州里를 규합하여 陳留에서 기병하였다. 그리고 梁州를 점 령하고 刺史 鹿永吉과 令狐德, 陳留太守 趙季和를 생포하여 西魏軍 에 항복하였다. 이 영향으로 梁·陳 일대의 지역이 西魏에 항복하였 다.[210] 潁川에 거주했던 崔彦穆[211]은 孝武帝 西遷 때 따라가지 않았으

---

206 『周書』卷36「司馬裔傳」, 645쪽, "及魏孝武西遷, 裔時在鄴, 潛歸鄉里, 志在立功."
207 『周書』卷36「司馬裔傳」, 645쪽, "大統三年, 大軍復弘農, 乃於溫城起義, 遣使送款."
208 위와 같음, "頃之, 河內有四千餘家歸附, 並裔之鄉舊, 乃授前將軍·太中大夫, 領河 內郡守, 令安集流民."
209 『周書』卷19「宇文貴傳」, 312쪽, "三年, 進車騎大將軍·儀同三司. 與獨孤信入洛陽. 東魏潁州(刺)[長]史賀若統據潁川來降, 東魏遣其將堯雄·趙育·是雲寶率衆二萬攻 潁. 貴自洛陽率步騎二千救之, 軍次陽翟. …… 明旦合戰, 俘斬甚多. 祥軍既敗, 是雲 寶亦降. 師還."
210 『周書』卷36「鄭偉傳」, 634쪽, "大統三年, 河內公獨孤信既復洛陽, 偉乃謂其親族曰: '今嗣主中興鼎業, 據有崤·函. 河內公親董衆軍, 克復瀍·洛, 率土之內, 孰不延首望 風. 況吾等世荷朝恩, 家傳忠義, 誠宜以此時效臣子之節, 成富貴之資. 豈可碌碌爲懦 夫之事也!' 於是與宗人榮業, 糾合州里, 建義於陳留. 信宿間, 衆有萬餘人. 遂攻拔梁 州, 擒東魏刺史鹿永吉及鎮城令狐德, 並獨陳留郡守趙季和. 乃率衆來附. 因是梁· 陳之間, 相次降款."
211 『周書』卷36「崔彦穆傳」, 640쪽, "崔彦穆字彦穆, 淸河東武城人也, 魏司空·安陽侯 林之九世孫. 曾祖頤, 魏平東府諮議. 祖蔚, 遭從兄司徒浩之難, 南奔江左. 仕宋爲給 事黃門侍郎, 汝南·義陽二郡守. 延興初, 復歸於魏, 拜潁川郡守, 因家焉. 後終於郢 州刺史. 父稚, 篤志經史, 不以世事嬰心."

나 大統 3년(537) 형 崔彦珍과 함께 成皐에서 기병하여 滎陽을 점령한
후 東魏의 군수 蘇淑을 사로잡고 東魏의 刺史 李景遺를 죽였다.[212] 汝
潁 지역에 거주했던 劉志[213]는 永熙 3년(534) 孝武帝 西遷 때 長安으로
가지 않았지만 長安에 표를 올려 내응하였다.[214] 그러던 중 大統 3년
(537) 獨孤信이 洛陽을 점령할 때 廣州를 들어 西魏에 항복하였다.[215]
이때 趙肅도 宗人을 이끌고 西魏軍의 향도가 되어 특히 糧儲를 감독
하여 軍用이 부족하지 않게 하였다. 宇文泰는 군량 보급을 잘한 趙
肅을 洛陽主人이라고 칭찬하였다.[216] 또 柳虯는 陽城에, 裴諏는 潁川
에 은거하다가 大統 3년(537) 獨孤信에 辟召되어 西魏에서 벼슬하였
다.[217]

　　이후에도 東魏의 서쪽 변경에서 도망친 사람들이 속출하였다. 寇
儁은 大統 2년(536) 東魏로부터 洛州刺史로 임명되었으나 西魏로 투
항하려고 하였다. 결국 大統 5년(539) 가족과 친척 400여 口를 이끌고

---

212 위와 같음, "魏孝武西遷, 彦穆時不得從. 大統三年, 乃與兄彦珍於成皐舉義, 因攻拔
　　滎陽, 擒東魏郡守蘇淑. 仍與鄕郡王元洪威攻潁川, 斬其刺史李景(道)[遺]."
213 『周書』卷36「裴果傳附劉志傳」, 648-649쪽, "志, 弘農華陰人, 本名思, 漢太尉寬之
　　十世孫也. 高祖隆, 宋武帝平姚泓, 以宗室首望, 召拜馮翊郡守. 後屬赫連氏入寇, 避
　　地河洛, 因家於汝潁. 祖善, 魏(大)[天]安中, 擧秀才, 拜中書博士. 後至弘農郡守 · 北
　　雍州刺史. 父瑰, 汝南郡守, 贈徐州刺史."
214 『周書』卷36「裴果傳附劉志傳」, 649쪽, "三年, 齊神武擧兵入洛, 魏孝武西遷. 志據
　　城不從東魏, 潛遣間使, 奉表長安."
215 위와 같음, "大統三年, 太祖遣領軍將軍獨孤信復洛陽. 志糾合義徒, 擧廣州歸國. 拜
　　大丞相府墨曹參軍, 封華陰縣男, 邑二百戶."
216 『周書』卷37「趙肅」, 663쪽, "大統三年, 獨孤信東討, 肅率宗人爲鄕導. 授司州治
　　中, 轉別駕. 監督糧儲, 軍用不匱. 太祖聞之, 謂人曰: '趙肅可謂洛陽主人也.'"
217 『周書』卷38「柳虯傳」, 680쪽, "大統三年, 馮翊王元季海 · 領軍獨孤信鎭洛陽. 於時
　　舊京荒廢, 人物罕極, 唯有虯在陽城, 裴諏在潁川. 信等乃俱征之, 以虯爲行臺郎中,
　　諏爲都督府屬, 並掌文翰."

西魏에 항복하였다.[218]

이처럼 서쪽 변방에 살던 사람들이 西魏로 도망가거나 항복한 가장 큰 이유는 孝武帝의 西遷 이후 西魏가 정통성을 지녔다고 생각했기 때문이다. 또 東魏가 西魏軍의 공격에 대항하지 못한 현실적인 이유도 있었다. 따라서 불안정한 河南 지역을 통치하기 위해 高歡은 興和 4년(542) 심복인 侯景을 河南行臺에 임명하였고[219] 武定 4년(546) 河南大行臺로 승진시켰다.[220] 河南大行臺 侯景은 10만의 군대를 지휘하였고,[221] 최소 6州,[222] 최대 10州 이상[223] 통할하였다.[224] 그러나 侯景은 武定 5년(547) 高歡 사후 후계자인 高澄과 불화하여 반란을 일으키고 실패하여 梁에 항복하였다.[225] 이후 西魏의 王思政이 武定 5년(547) 正

---

218 『周書』卷37「寇儁傳」, 658-659쪽, "大統二年, 東魏授儁洛州刺史, 儁因此乃謀歸關. 五年, 將家及親屬四百餘口入關, 拜秘書監."

219 『魏書』卷12「孝靜紀」興和四年秋八月庚戌條, 305쪽, "秋八月庚戌, 以開府儀同三司 · 吏部尚書侯景爲兼尚書僕射 · 河南行臺, 隨機討防."

220 『魏書』卷12「孝靜紀」武定四年六月庚子條, 308쪽, "六月庚子, 以司徒侯景爲河南大行臺, 應機討防."

221 『南史』卷80「賊臣 · 侯景傳」, 1993-1994쪽, "歡乃止. 後爲河南道大行臺, 位司徒. 又言於歡曰: '恨不得泰. 請兵三萬, 橫行天下; 要須濟江縛取蕭衍老公, 以作太平寺主.' 歡壯其言, 使擁兵十萬, 專制河南, 伏任若己之半體."

222 『周書』卷2「文帝紀」下 大統十三年正月條, 30쪽, "與其河南大行臺侯景有隙, 景不自安, 遣使請擧河南六州來附."

223 『梁書』卷56「侯景傳」, 834-835쪽, "懼讒畏戮, 拒而不返, 遂觀兵汝 · 潁, 擁斾周 · 韓. 乃與豫州刺史高成 · 廣州刺史暴顯 · 潁州刺史司馬世雲 · 荊州刺史郎椿 · 襄州刺史李密 · 兗州刺史邢子才 · 南兗州刺史石長宣 · 齊州刺史許季良 · 東豫州刺史丘元征 · 洛州刺史可朱渾願 · 揚州刺史樂恂 · 北荊州刺史梅季昌 · 北揚州刺史元神和等, 皆河南牧伯, 大州帥長, 各陰結私圖, 剋相影澄, 秣馬潛戈, 待時卽發. 函谷以東, 瑕丘以西, 咸願歸誠聖朝, 息肩有道, 勠力同心, 死無二志. 惟有靑 · 徐數州, 僅須折簡, 一驛走來, 不勞經略."

224 嚴耕望, 『中國地方行政制度史』上編中卷, 810쪽.

225 『魏書』卷12「孝靜紀」武定五年條, 309쪽, "辛亥, 司徒侯景反, 潁州刺史司馬世雲以

月 潁川을 점령하여[226] 東魏를 괴롭혔다.[227] 高歡의 아들 高澄이 武定 7년(549) 五月 潁川을 공격하여 王思政과 皇甫僧顯 등 戰士 1만여 인을 생포하고 潁川을 함락하였다.[228] 이후 간헐적인 西魏北周의 공격을 제외하면 河南 일대는 안정되었다.[229]

河南 이외의 南邊에서도 지방관들이 치안을 유지하고 선정을 했던 기록이 史書에 산견된다. 李諡은 襄州刺史가 되어 10여 년 동안 통치하여 변방을 안정시켰다. 그러나 侯景의 난 때 侯景에게 사로잡혔다가 侯景이 패하자 조정에 귀의하였다.[230] 李愍은 太昌년간 이후 南荊

城應之. 景入據潁城, 誘執豫州刺史高元成·襄州刺史李密·廣州刺史暴顯等. 遣司空韓軌, 驃騎大將軍·儀同三司賀拔勝·可朱渾道元, 左衛將軍劉豐等帥衆討之. 景乃遣使降於寶炬, 請師救援. 寶炬遣其將李景和·王思政帥騎赴之. 思政等入據潁川, 景乃出走豫州. 乙丑, 蕭衍遣使朝貢. 二月, 侯景復背寶炬, 歸於蕭衍.";『北史』卷6 「齊本紀上·世宗文襄帝紀」, 233쪽, "[武定]五年正月丙午, 神武崩, 祕不發喪. 辛亥, 司徒侯景據河南反, 潁州刺史司馬世雲以城應之. 景誘執豫州刺史高元成·襄州刺史李密·廣州刺史暴顯等. 遣司空韓軌率衆討之. 四月壬申, 文襄朝于鄴. 六月己巳, 韓軌等自潁州班師. 丁丑, 文襄還晉陽, 乃發喪, 告喩文武, 陳神武遺志."

226 『魏書』卷12「孝靜紀」武定五年正月辛亥條, 309쪽, "辛亥, 司徒侯景反, 潁州刺史司馬世雲以城應之. 景入據潁城, 誘執豫州刺史高元成·襄州刺史李密·廣州刺史暴顯等. 遣司空韓軌, 驃騎大將軍·儀同三司賀拔勝·可朱渾道元, 左衛將軍劉豐等帥衆討之. 景乃遣使降於寶炬, 請師救援. 寶炬遣其將李景和·王思政帥騎赴之. 思政等入據潁川, 景乃出走豫州."

227 『周書』卷18「王思政傳」의 史臣曰에서는 王思政이 潁川에 주둔하며 잘 지켰음을 묘사하였다(『周書』卷18「王思政傳」史臣曰, 297쪽, "王思政驅馳有事之秋, 慷慨功名之際. 及乎策名霸府, 作鎮潁川, 設縈帶之險, 修守禦之術, 以一城之衆, 抗傾國之師, 率疲乏之兵, 當勁勇之卒, 猶能亟摧大敵, 屢建奇功.").

228 『魏書』卷12「孝靜紀」武定七年條, 311쪽, "五月, 齊文襄王帥衆自鄴赴潁川. 六月丙申, 克潁州, 擒寶炬大將軍·尙書左僕射·東道大行臺·太原郡開國公王思政, 潁州刺史皇甫僧顯等, 及戰士一萬餘人, 男女數萬口. 齊文襄王逐如洛州."

229 崔珍烈,「東魏北齊의 華北 지배와 그 한계」, 115-121쪽.

230 『北齊書』卷22「李元忠傳附密傳」, 316쪽, "又除襄州刺史, 在州十餘年, 甚得安邊之術, 威信 聞於外境. 高祖頻降手書勞問, 並賜口馬. 侯景外叛, 誘密執之, 授以官爵.

州刺史가 되어 南荊州에서 선정을 베풀었고 蠻左를 굴복시켰을 뿐만
아니라 梁 南司州刺史 任思祖와 隨郡太守 桓和 등 馬步 3萬과 邊蠻의
군대를 격파하였다. 또 南荊州에 陂渠를 만들어 稻田 1,000여 頃을
灌漑하는 등 치적을 쌓았다.[231] 霍州刺史 魏愷도 남쪽의 霍州에서 선
정을 베푸니 邊民이 복종하였다.[232] 高湛은 天平初 襄城의 반란을 평
정하니 蠻左가 귀부하였다.[233] 또 徐徹은 中川郡에서,[234] 封子繪가 鄭
州에서,[235] 韓裔는 建州에서,[236] 吳遷이 襄城郡에서[237] 각각 선정을 베
풀었다. 마지막으로 獨孤永業은 北齊 廢帝 乾明初(560) 河陽行臺左丞
洛州刺史가 되어 鎮을 설치하여 北周가 糧道를 끊으려는 전략을 막았

景敗歸朝, 朝廷以密從景非元心, 不之罪也."

231 『北齊書』卷22「李元忠傳附愍傳」, 318쪽, "太昌初, 除太守卿. 後出爲南荊州刺史·
當州大都督. 此州自孝昌以來, 舊路斷絶, 前後刺史皆從間道始得達州. 愍勒部曲數
千人, 徑向懸瓠, 從比陽復舊道, 且戰且前三百餘里, 所經之處, 卽立郵亭, 蠻左大服.
梁遣其南司州刺史任思祖·隨郡太守桓和等率馬步三萬, 兼發邊蠻, 圍逼下溠戍. 愍
躬自討擊, 破之. 詔加車騎將軍. 愍於州內開立陂渠, 漑稻千餘頃, 公私賴之."

232 『北齊書』卷23「魏蘭根傳附愷傳」, 332쪽, "數日, 除霍州刺史. 在職有治方, 爲邊民悅
服."

233 「高湛墓誌」, 『漢魏南北朝墓誌彙編』, 332쪽, "天平之始, 襄城阻命, 君文武兩兼, 忠義
舊發, 還城斬將, 蠻左同歸."

234 「徐徹墓誌」, 『漢魏南北朝墓誌彙編』, 405쪽, "遷征東將軍昌陽縣絪開國男, 俄除北趙郡
太守, 除東雍州別駕, 除中川太守持節假衛將軍當郡都督. 布衣蔬食, 乘二馬以之官;
勸民務農, 養五雞而作畜."

235 「封子繪墓誌」, 424쪽, "九年, 遷鄭州諸軍事鄭州刺史. 所在樹政宣風, 德音潛被, 民
歌來暮, 物有去思."

236 『元和郡縣圖志』卷13「河東道」2 太原府·晉陽縣條, 365쪽, "三角城, 在縣西北十九
里, 一名徒人城."

237 「吳遷墓誌」, 『漢魏南北朝墓誌彙編』, 447쪽, "天平之季, 凶醜亂合, 伊維霧起, 舉斧縱
橫. 公蒙除廣州長史, 帶襄城太守. 汝潁載淸, 蠻夷斂服, 遐迩慕義, 繈負來賓. 天平
三年, 吳楚不恭, 侵淫王室. 公從師薄伐, 掠定淮楊, 又北過寑芒, 狄人不敢南望. 遊
入龍帷, 有補過之美."

으며, 선정을 베풀어 변방에서 위엄과 신망이 있었다. 獨孤永業은 河淸 3년(564) 北周가 洛州를 공격하자 刺史 段思文을 도와 金塘城을 지켰다. 그러나 獨孤永業은 斛律光과 사이가 나빠 太僕卿으로 전임되었다. 이후 河南의 西境이 불안하자 다시 河陽道行臺僕射 洛州刺史가 되어 민심수습에 나섰으나 577년 北周軍의 공격을 받고 항복하였다.[238]

4 兩淮 · 江北: 점진적인 통치와 朝廷의 경시

(1) 北齊 남진정책의 성공과 실패

北魏洛陽時代 北魏와 南齊 · 梁은 淮南 일대를 주고 일진일퇴를 거듭하였다. 梁은 北魏末 혼란기를 틈타 北伐하였고 한때 洛陽을 점령하고 北海王 元顥를 옹립하기도 하였다. 東魏 시대에 전세가 역전되어 東魏가 공세를 취하였다. 계기는 侯景의 난이었다. 梁 武帝는 高歡 사후 高澄에 반기를 든 侯景을 돕기 위해 군대를 파견하였다. 武

238 『北齊書』 卷41 「獨孤永業傳」, 544-545쪽, "乾明初, 出爲河陽行臺右丞, 遷洛州刺史, 又轉左丞, 刺史如故, 加散騎常侍. 宜陽深在敵境, 周人於黑澗築城戍以斷糧道, 永業亦築鎭以抗之. 治邊甚有威信, 遷行臺尙書. 至河淸三年, 周人寇洛州, 永業恐刺史段思文不能自固, 馳入金塘助守. 周人爲土山地道, 曉夕攻戰, 經三旬, 大軍至, 寇乃退. 永業久在河南, 善於招撫, 歸降者萬計. 選其二百人爲爪牙, 每先鋒以寡敵衆, 周人憚之. 加儀同三司, 賞賜甚厚. 性鯁直, 不交權勢. 斛律光求二婢弗得, 毁之於朝廷. 河淸末, 徵爲太僕卿, 以乞伏貴和代之, 於是西境蹙弱, 河洛人情騷動. 武平三年, 遣永業取斛律豐洛, 因以爲北道行臺僕射 · 幽州刺史. 尋徵爲領軍將軍. 河洛民庶, 多思永業, 朝廷又以疆場不安, 除永業河陽道行臺僕射 · 洛州刺史. 周武帝親攻金塘, 永業出兵禦之, 問曰: '是何達官, 作何行動?' 周人曰: '至尊自來, 主人何不出看客.' 永業曰: '客行忽速, 是故不出.' 乃通夜辦馬槽二千. 周人聞之, 以爲大軍將至, 乃解圍去. 永業進位開府, 封臨川王. 有甲士三萬, 初聞晉州敗, 請出兵北討, 奏寢不報, 永業慨憤. 又聞幷州亦陷, 爲周將常山公所逼, 乃使其子須達告降於周. 周武授永業上柱國."

定 5년(547) 梁軍이 徐州를 공격하자 東南道行臺 慕容紹宗과 高岳, 潘相樂(潘樂)이 梁軍을 대파하고 蕭淵明과 장수 200여 인을 사로잡고 5만 명을 참하였다.[239] 이어서 다음 해인 武定 6년(548) 春正月 己亥日에 高岳 등은 侯景을 渦陽에서 대파하고 5만여 人을 참하거나 사로잡았다.[240] 高澄은 行臺尚書 辛術을 보내 江淮之北을 공략하게 하여 23州를 점령하였다.[241] 『魏書』「孝靜紀」에 따르면, 武定 7년 春正月 戊辰日(549. 2. 24) 梁의 蕭正表가 鍾離를 바치고 來屬하였다. 三月 丁卯日(549. 4. 23) 侯景이 建業(建康)을 점령하자 蕭衍의 조카 蕭祇와 蕭退가 항복하였고 梁의 江北 郡國이 모두 東魏에 내속하였다.[242] 北齊 文宣帝 天保 5년(554) 西魏가 梁을 공격하자 文宣帝는 淸河王 高岳, 潘相樂, 段韶 등을 보내 梁 元帝를 구하게 하였으나 도착하기 전에 梁 元帝가 西魏의 將軍 于謹에게 살해되었다.[243] 天保 6년 春正月 壬寅日(555. 2. 27)에 高岳의 北齊軍이 長江을 넘어 夏首를 점령하였다. 文宣

---

239 『魏書』卷12「孝靜紀」武定五年條, 310쪽, "[九月]辛酉, 蕭衍遣其兄子貞陽侯淵明帥衆寇徐州, 堰泗水於寒山, 灌彭城, 以應侯景. 冬十月乙酉, 以尚書左僕射慕容紹宗爲東南道行臺, 與驃騎大將軍·儀同三司·大都督高岳, 潘相樂討淵明. 十有一月, 大破之, 擒淵明及其二子瑀·道, 將帥二百餘人, 俘斬五萬級, 凍乏赴水死者不可勝數."

240 『魏書』卷12「孝靜紀」武定六年春正月己亥條, 310쪽, "六年春正月己亥, 大都督高岳等於渦陽大破侯景, 俘斬五萬餘人, 其餘溺死於渦水, 水爲之不流. 景走淮南."

241 『北史』卷6「齊本紀」上 世宗文襄帝 武定六年條, 235쪽, "先是, 文襄遣行臺尚書辛術率諸將略江淮之北, 至是, 凡所獲二十三州."

242 『魏書』卷12「孝靜紀」武定七年春正月戊辰條, 311쪽, "七年春正月戊辰, 蕭衍弟子北徐州刺史·封山侯蕭正表以鍾離內屬, 封蘭陵郡開國公·吳郡王. 三月丁卯, 侯景克建業, 還以蕭衍爲主. 衍弟子北兗州刺史·定襄侯蕭祇, 相譚侯蕭退來降. 衍江北郡國皆內屬."

243 『北齊書』卷4「文宣紀」天保五年條, 59쪽, "冬十月, 西魏伐梁元帝於江陵. 詔淸河王岳·河東王潘相樂·平原王段韶等率衆救之, 未至而江陵陷, 梁元帝爲西魏將于謹所殺."

帝는 蕭淵明(蕭明)²⁴⁴을 梁主로 옹립하여 江南으로 보냈다.²⁴⁵ 北齊軍은 梁軍을 격파하고 王僧辯·陳覇先이 옹립한 蕭方智를 끌어내리고 蕭淵明을 梁主로 세웠다. 그러나 얼마 후 陳覇先이 王僧辯을 죽이고 蕭淵明을 폐하고 다시 蕭方智를 옹립하였다.²⁴⁶

　北齊軍은 이후 梁·陳에 밀리기 시작하였다. 紹泰元年 十二月 丙辰日(556. 1. 7) 梁將 侯安都가 江寧에서 北齊의 군대를 격파하였다.²⁴⁷ 太平元年 三月 戊戌日(556. 4. 22) 北齊의 蕭軌가 梁山에서 陳覇先의 군대에 대패하고 蕪湖로 후퇴하였다.²⁴⁸ 四月 壬申日(556. 5. 22) 梁의 侯安都는 歷陽에서 司馬恭이 이끄는 北齊軍을 격파하고 1만 인을 사

---

244 『魏書』에서는 蕭淵明이라 표기하였으나 『北齊書』와 『梁書』 등은 蕭明으로 표기하였다. 이는 唐高祖 李淵의 이름을 避諱한 것이다.

245 『北齊書』 卷4 「文宣紀」 天保六年春正月壬寅條, 59쪽, "六年春正月壬寅, 淸河王岳以衆軍渡江, 剋夏首. 送梁郢州刺史陸法和. 詔以梁散騎常侍·貞陽侯蕭明爲梁主, 遣尙書左僕射·上黨王渙率衆送之."

246 『北齊書』 卷4 「文宣紀」 天保六年冬十月條, 61쪽, "冬十月, 梁將陳覇先襲王僧辯, 殺之, 廢蕭明, 復立蕭方智爲主.";『北齊書』 卷33 「蕭明傳」, 443쪽, "天保六年, 梁元爲西魏所滅, 顯祖詔立明爲梁主, 前所獲梁將湛海珍等皆聽從明歸, 令上黨王渙率衆以送. 是時梁太尉王僧辯·司空陳覇先在建鄴, 推晉安王方智爲丞相. 顯祖賜僧辯·霸先璽書, 僧辯未奉詔. 上黨王進軍, 明又與僧辯書, 往復再三, 陳禍福, 僧辯初不納. 旣而上黨王破東關, 斬裴之橫, 江表危懼. 僧辯乃啓上黨求納明, 遣舟艦迎接. 王饗梁朝將士, 及與歃明刑牲歃血, 載書而盟. 於是梁輿東度, 齊師北反. 侍中裴英起衛送明入建鄴, 遂稱尊號, 改承聖四年爲天成元年, 大赦天下, 宇文黑獺·賊督等不在赦例. 以方智爲太子, 授王僧辯大司馬. 明上表遣第二息章馳到京都, 拜謝宮闕. 冬, 霸先襲殺僧辯, 復立方智, 以明爲太傅·建安王. 霸先奉表朝廷, 云僧辯郤含謀簒逆, 故誅之. 方智請稱臣, 永爲藩國, 齊遣行臺司馬恭及梁人盟於歷陽. 明年, 詔徵明. 霸先猶稱藩, 將遣使送明, 會明疽發背死."

247 『梁書』 卷6 「敬帝紀」 紹泰元年條, 145쪽, "丙辰, 遣猛烈將軍侯安都水軍於江寧邀之, 賊衆大潰, 嗣徽·約等奔于江西."

248 『梁書』 卷6 「敬帝紀」 太平元年三月條, 146쪽, "戊戌, 齊遣大將蕭軌出柵口, 向梁山, 司空陳覇先軍主黃叢逆擊, 大破之, 軌退保蕪湖, 遣周文育·侯安都衆軍, 據梁山拒之."

로잡았다.[249] 이어서 侯安都는 北齊의 北兗州刺史 杜方慶과 徐嗣徽·
弟嗣宗, 徐嗣彦·蕭軌·東方老·王敬寶·李希光·裴英起·劉歸義 등
南伐에서 공을 세운 北齊의 용장들을 죽였다.[250] 『隋書』「食貨志」에 따
르면, 北齊가 梁과의 전쟁에서 패한 후 수십만의 士馬가 죽었을 정
도로 피해가 컸다.[251] 北齊는 치명타를 입고 수세에 몰릴 수밖에 없었
다.[252] 그렇다고 해도 北齊는 여전히 長江 이북의 땅을 점령하였다.

(2) 東魏北齊의 행정구역 개편

淮水 주변의 陽州·南司州·楚州·合州·霍州·睢州·南定州·西
楚州·蔡州·西淮州·譙州·揚州·淮州·仁州·光州·南朔州·南建
州·南郢州·沙州·北江州·湘州·汴州·財州 등 23州의 淮南 지역은
東魏 시대 호구가 누락된 지역이었다.[253] 그리고 高澄(文襄帝)이 梁末
侯景의 반란을 틈타 淮南 지역을 점령하였다. 淮南 지역은 僑州郡縣
과 실제 郡縣이 섞인 복잡한 지역이었다. 먼저 東魏北齊의 淮南 정복
이전 南朝의 淮南 상황을 살펴보자.

南齊는 淮水 남북 연안지역에 南兗州·北徐州·豫州·南豫州 4州
를 두었지만, 梁은 이를 세분화하였다. 『梁書』「武帝紀」에 따르면, 天
監 3년 南義陽에 司州를,[254] 天監 6년 豫州를 나누어 霍州,[255] 普通 4

---

249 『梁書』卷6「敬帝紀」太平元年夏四月條, 146쪽, "夏四月丁巳, 司空陳霸先表詣梁山撫
   巡將帥. 壬申, 侯安都輕兵襲齊行臺司馬恭於歷陽, 大破之, 俘獲萬計."
250 『梁書』卷6「敬帝紀」太平元年六月乙卯條, 146쪽, "乙卯, 司空陳霸先 授衆軍節度,
   與齊軍交戰, 大破之, 斬齊北兗州刺史杜方慶及徐嗣徽·弟嗣宗, 生擒徐嗣彦·蕭
   軌·東方老·王敬寶·李希光·裴英起·劉歸義等, 皆誅之."
251 『隋書』卷24「食貨志」, 676쪽, "其後南征諸將, 頻歲陷沒, 士馬死者以數十萬計."
252 崔珍烈,「東魏北齊의 華北 지배와 그 한계」, 123-127쪽.
253 『魏書』卷106上「地形志」中, 2567-2593쪽.
254 『梁書』卷2「武帝紀」中 天監三年八月條, 41쪽, "八月, 魏陷司州, 詔以南義陽置司州."

년 霍州를 나누어 義州,[256] 普通 7년 壽陽에 豫州, 合肥에 南豫州,[257] 大通 2년 義陽에 北司州,[258] 中大通 5년에 下邳에 武州,[259] 大同 6년 安州,[260] 太清元年 合州·淮州·殷州·南合州를 각각 설치하였다.[261] 『梁書』에서 兩淮 지역에 새로 설치하거나 옮겨서 설치한 州를 계산하면 12州였다. 그러나 『魏書』「地形志」와 『隋書』「地理志」의 해당 지역을 검토하면 梁은 義州,[262] 司州(東魏의 南司州),[263] 北徐州(東魏의 楚州),[264] 合州,[265] 霍州,[266] 潼州(東魏의 睢州),[267] 南定州,[268] 西楚州,[269] 西淮州,[270]

---

255 『梁書』卷2 「武帝紀」中 天監六年夏十二月乙丑條, 46쪽, "乙丑, 魏淮陽鎭都軍主常邕和以城內屬. 分豫州置霍州."

256 『梁書』卷3 「武帝紀」下 普通四年六月乙丑條, 67쪽, "六月乙丑, 分益州置信州, 分交州置愛州, 分廣州置成州·南定州·合州·建州, 分霍州置義州."

257 『梁書』卷3 「武帝紀」下 普通七年十一月丁亥條, 71쪽, "丁亥, 放魏揚州刺史李憲還北. 以壽陽置豫州, 合肥改爲南豫州."

258 『梁書』卷3 「武帝紀」下 大通二年夏四月辛丑條, 72쪽, "夏四月辛丑, 魏郢州刺史元顯達以義陽內附. 置北司州."

259 『梁書』卷3 「武帝紀」下 中大通五年秋七月辛卯條, 77쪽, "秋七月辛卯, 改下邳爲武州."

260 『梁書』卷3 「武帝紀」下 大同六年九月條, 85쪽, "九月, 移安州置定遠郡, 受北徐州都督, 定遠郡改屬安州."

261 『梁書』卷3 「武帝紀」下 太清元年秋七月甲子條, 92쪽, "甲子, 詔曰:「二豫分置, 其來久矣. 今汝·潁剋定, 可依前代故事, 以懸瓠爲豫州, 壽春爲南豫, 改合肥爲合州, 北廣陵爲淮州, 項城爲殷州, 合州爲南合州.」"

262 『魏書』卷106中 「地形志」中 義州條, 2560쪽, "蕭衍置, 武定七年內屬."

263 『魏書』卷106中 「地形志」中 南司州條, 2568쪽, "劉彧置司州, 正始元年改爲郢州, 孝昌三年陷, 蕭衍又改爲司州, 武定七年復, 改置."

264 『魏書』卷106中 「地形志」中 楚州條, 2569쪽, "蕭衍置北徐州, 武定七年改."

265 『魏書』卷106中 「地形志」中 合州條, 2571쪽, "蕭衍置, 魏因之."

266 『魏書』卷106中 「地形志」中 霍州條, 2573쪽, "蕭衍置, 魏因之."

267 『魏書』卷106中 「地形志」中 睢州條, 2576쪽, "蕭衍置潼州, 武定六年平, 改置."

268 『魏書』卷106中 「地形志」中 南定州條, 2577쪽, "蕭衍置, 魏因之."

269 『魏書』卷106中 「地形志」中 西楚州條, 2578쪽, "蕭衍置, 魏因之."

270 『魏書』卷106中 「地形志」中 西淮州條, 2580쪽, "蕭衍置, 魏因之."

譙州,[271] 淮州,[272] 仁州,[273] 光州,[274] 南朔州,[275] 南建州,[276] 南郢州,[277] 沙州,[278] 北江州,[279] 湘州,[280] 汴州[281] 秦州,[282] 涇州,[283] 安豐州,[284] 豫州(東魏는 晉州, 北齊는 江州로 개칭)[285] 등 24州를 신설하였다. 이후 東魏가 陽州[286]와 財州[287]를 새로 설치하였다. 여기에 北魏時代 설치했던 揚州[288]를 다시 설치한 것을 포함하면, 東魏 시대 淮水 연안(兩淮) 지역에 27州가 있었다. 北齊 시대에는 潼州,[289] 和州,[290] 衡州,[291] 濬州,[292] 南司

---

271 『魏書』卷106中「地形志」中 譙州條, 2580쪽, "蕭衍置, 魏因之."

272 『魏書』卷106中「地形志」中 淮州條, 2583쪽, "蕭衍置, 魏因之."

273 『魏書』卷106中「地形志」中 仁州條, 2584쪽, "蕭衍置, 魏因之."

274 『魏書』卷106中「地形志」中 光州條, 2585쪽, "蕭衍置, 魏因之."

275 『魏書』卷106中「地形志」中 南朔州條, 2586쪽, "蕭衍置, 魏因之."

276 『魏書』卷106中「地形志」中 南建州條, 2587쪽, "蕭衍置, 魏因之."

277 『魏書』卷106中「地形志」中 南郢州條, 2589쪽, "蕭衍置, 魏因之."

278 『魏書』卷106中「地形志」中 沙州條, 2590쪽, "蕭衍置, 魏因之."

279 『魏書』卷106中「地形志」中 北江州條, 2590쪽, "蕭衍置, 魏因之."

280 『魏書』卷106中「地形志」中 湘州條, 2592쪽, "蕭衍置, 魏因之."

281 『魏書』卷106中「地形志」中 汴州條, 2593쪽, "蕭衍置, 魏因之."

282 『北齊地理志』卷5 淮南地區·秦州條, 553쪽.

283 『資治通鑑』卷173「陳紀」7 宣帝 太建十一年條胡註, 5402쪽, "考異曰: 陳紀「九郡」作「九州」, 蓋字誤. 五代志: 江都永福縣, 舊曰沛; 梁置涇城·東陽二郡及涇州, 陳廢州, 幷二郡爲沛郡. 全淑縣, 梁置北譙郡. 南梁郡, 自宋志有之, 不知其實土所在; 梁天監二年, 馮道根以南梁太守戍阜陵, 蓋自是爲實土."

284 『北齊地理志』卷5 淮南地區·安豐州條, 607쪽.

285 『北齊地理志』卷5 淮南地區·豫州條, 680쪽.

286 『魏書』卷106中「地形志」中 陽州條, 2567쪽, "天平初置, 尋陷, 武定初復."

287 『魏書』卷106中「地形志」中 陽州條, 2593쪽, "武定八年置."

288 『魏書』卷106中「地形志」中 揚州條, 2581쪽, "晉亂, 置豫州, 劉裕·蕭道成並同之. 景明中改, 孝昌中陷, 武定中復."

289 『隋書』卷31「地理志」下 徐州·下邳郡·夏丘縣條細注, 872쪽, "後齊置, 並置夏丘郡, 尋立潼州. 後周改州爲宋州, 縣曰晉陵."

290 『隋書』卷31「地理志」下 揚州·歷陽郡條細注, 876쪽, "後齊立和州."

291 『隋書』卷31「地理志」下 荊州·永安郡條細注, 893쪽, "後齊置衡州, 陳廢, 後周又置,

州,[293] 巴州,[294] 羅州[295] 7州를 새로 설치하였고, 湘州,[296] 義州(義州는 2개로 한 개는 존속),[297] 沙州[298] 3州는 폐지되었다. 따라서 北齊時代 이 지역에는 31州가 있었다.

또 東晉南朝의 僑州郡縣은 淮南, 江南, 漢水 유역과 益州 지역의 네 지역에 분포하였다. 이 가운데 淮南 지역에는 關東, 즉 黃河 중하류 지역의 流民들이 몰려들었다. 淮南의 僑州郡縣은 東晉初, 특히 成帝 咸和 4년(329)[299]과 劉宋 明帝 泰始년간(465-471)에 대거 설치되었다.[300] 東魏北齊는 일부 僑州를 바꾸었지만, 대부분 東晉南朝의 僑郡縣을 그대로 두었다. 이는 北齊를 정복한 北周時代에도 계속되었고, 隋初에 僑郡縣이 정리되었다.[301] 이 밖에 陳留 · 安豊 · 陽平 · 東莞 · 新昌 · 南譙州 · 北沛郡 · 新蔡縣 · 濟陰 · 秦郡 · 宋安郡 등이 없어졌다.[302]

<hr />

開皇五年改曰黃州."

292 『隋書』卷31 「地理志」下 荊州 · 永安郡 · 黃陂縣條細注, 893쪽, "後齊置澥州, 陳廢之."

293 위와 같음, "後齊置南司州. 後周改曰黃州, 置總管府, 又有安昌郡. 開皇初府廢."

294 위와 같음, "又後齊置巴州, 陳廢. 後周置, 曰弋州, 統西陽 · 弋陽 · 邊城三郡."

295 『北齊地理志』卷5 淮南地區 · 羅州條, 678쪽.

296 『北齊地理志』卷5 淮南地區 · 湘州條, 668-669쪽.

297 『北齊地理志』卷5 淮南地區 · 沙州條, 647쪽.

298 『北齊地理志』卷5 淮南地區 · 沙州條, 649쪽.

299 『宋書』卷35 「州郡志」1 南徐州條, 1038쪽, "南徐州刺史, 晉永嘉大亂, 幽 · 冀 · 青 · 幷 · 兗州及徐州之淮北流民, 相率過淮, 亦有過江在晉陵郡界者. 晉成帝咸和四年, 司空郗鑒又徙流民之在淮南者於晉陵諸縣, 其徙過江南及留在江北者, 並立僑郡縣以司牧之."

300 陳乾康, 「論東晉南朝的僑州郡縣」, 『四川師範大學學報(社會科學版)』22-2, 1995, 101-102쪽.

301 『隋書』卷31 「地理志」下 揚州 · 淮南郡條, 874쪽, "壽春舊有淮南 · 梁郡 · 北譙 · 汝陰等郡, 開皇初並廢, 幷廢蒙縣入焉."

302 陳乾康, 「論東晉南朝的僑州郡縣」, 106쪽.

위에서 南朝 梁의 淮水 일대 행정구역과 僑州郡縣이 東魏北齊 시대
에 어떻게 바뀌었는지 살펴보았다. 東魏北齊는 일부 州郡縣의 이름을
바꾸기는 했지만, 梁이 만든 행정구역을 그대로 유지하였고 僑州郡縣
을 방치하였다. 東魏北齊는 다른 지역처럼 淮南의 州郡縣을 관할하기
위해 行臺를 설치하였다. 壽陽에 치소를 둔 揚州에는 揚州行臺가 설
치되어 淮南의 동쪽 지역을 관할하였다. 또 豫州行臺는 淮北의 豫州
등 州郡뿐만 아니라 淮南 동쪽을 관할하였다.[303]

(3) 점진적인 淮南 統治: 淮禁 · 輕稅에서 경제교류 · 重稅로의 전환

北齊의 淮南 統治는 『北齊書』「盧潛傳」에서 살펴볼 수 있다.

> "顯祖[文宣帝 高洋]는 처음 淮南을 평정하고 [淮南의 民에게] 10년의 優
> 復을 주었다. [優復의 특혜기간인] 10년이 지난 후 後主 天統(565-569) ·
> 武平(570-576)년간에 세금의 징수가 가혹해졌다. 또 高元海가 執政하면
> 서 漁獵을 금지시키니 人家에는 재물이 없었다. 商胡는 官을 의지하여 利
> 息을 요구하고 宦者 陳德信은 자의적으로 淮南 富家에 돈을 빌려주었다고
> 문서를 위조한 후에 州縣에 원금과 이자의 징수를 독촉하였다. 또 突厥의
> 말 數千 疋을 揚州 管內에 보내 土豪에게 비싼 값으로 사도록 하였다. 판
> 매대금이 들어온 후에 곧 江 · 淮 사이 지역의 말을 징발하여 모두 官廐로
> 보냈다. 이 때문에 百姓들은 騷擾하였고 이를 갈며 원망하였다. 盧潛이 淮
> 南 지역을 撫慰하고 權略을 행한 이후 겨우 안정되었다."[304]

---

303 嚴耕望, 『中國地方行政制度史』上編中卷, 814-815쪽.
304 『北齊書』卷42「盧潛傳」, 555-556쪽, "顯祖初平淮南, 給十年優復. 年滿之後, 逮天
統 · 武平中, 徵稅煩雜. 又高元海執政, 斷漁獵, 人家無以自資. 諸商胡負官責息者,
宦者陳德信縱其妄注淮南富家, 令州縣徵責. 又勅送突厥馬數千疋於揚州管內, 令土

위의 인용문에 따르면 北齊는 文宣帝 시기에 淮南을 점령하고 10년의 優復을 주었다고 하였다. 이는 10년 동안 租稅와 徭役의 면제이며, 『隋書』「食貨志」에서 언급한 '輕稅'[305]를 연상시킨다. 그런데 『資治通鑑』에는 이와 상반된 자료가 있다. 즉 北齊의 租稅 부과가 무거워 江北의 백성들이 北齊에 속하기를 원하지 않았고, 토착세력은 梁의 將軍 王僧辯과 내통하여 梁의 군대를 끌어들이려고 하였다.[306] 이 기사는 『北齊書』, 『隋書』의 優復 혹은 輕稅와 상반된다. 이 세 자료를 정합적으로 해석하면, 北齊는 처음에 淮南·江北 지역에 內地와 동일한 세금과 요역을 부과하려고 하였으나, 토착세력의 반발로 10년간 면제 혜택을 주어 이 지역의 민심을 수람하는 정책으로 바뀌었을 것이다. 즉 北齊는 淮南 지역을 신중하게 통치하였다. 위의 인용문에서 살펴본 것처럼 경제적 수취에 민감한 淮南 사람들을 달래기 위해 淮南에 주둔한 군사들의 식량을 자급자족할 수 있는 방식을 취하였다. 北齊는 尙書左丞 蘇珍芝의 건의로 廢帝 乾明년간(560)에 石鼈 등 屯田을 설치하여 해마다 數萬石의 곡식을 생산하여 淮南의 軍防에 糧廩을 공급할 수 있었다.[307]

그런데 위의 인용문에서 확인할 수 있는 것처럼, 租稅와 요역의 경

豪貴買之. 錢直始入, 便出勅括江·淮間馬, 並送官廐. 由是百姓騷擾, 切齒嗟怨, 潛隨事撫慰, 兼行權略, 故得寧靖."

305 『隋書』卷24「食貨志」, 676쪽.

306 『資治通鑑』卷164「梁紀」20 元帝承聖元年條, 5091쪽, "齊政煩賦重, 江北之民不樂屬齊, 其豪傑數請兵於王僧辯, 僧辯以與齊通好, 皆不許. 秋, 七月, 廣陵僑人朱盛等潛聚黨數千人, 謀襲殺齊刺史溫仲邑, 遣使求援於陳霸先, 云已克其外城. 霸先使告僧辯, 僧辯曰:'人之情偽, 未易可測, 若審克外城, 亦須應援, 如其不爾, 無煩進軍.'使未報, 霸先已濟江, 僧辯乃命武州刺史杜崱等助之. 會盛等謀泄, 霸先因進軍圍廣陵."

307 『隋書』卷24「食貨志」, 676-677쪽, "廢帝乾明中, 尙書左丞蘇珍芝議修石鼈等屯, 歲收數萬石. 自是淮南軍防, 糧廩充足."

감 혜택을 누린 백성들은 後主 天統(565-569)·武平(570-576)년간의 가혹한 징세와 高元海의 漁獵 금지, 商胡와 宦官 陳德信의 빚 독촉, 突厥 말의 强買와 징발 등으로 경제적으로 곤궁해졌다. 위의 인용문에서는 구체적으로 기록되지 않았지만, 盧潛은 이러한 가혹한 징세와 빚 독촉 등을 금지하여 民生을 안정시킬 수 있었을 것이다.[308] 비슷한 시기인 武平 3년(572) 豫州道行臺尙書令에 임명된 元景安도 盧潛처럼 淮南 서쪽, 淮水 상류와 長江 중류 사이의 지역을 안정시켰다. 豫州道行臺 관할지역은 漢人(華)이 적고 生蠻이 많았다. 元景安은 生蠻의 초무와 編戶化 작업을 벌였다. 그 결과 武平(570-576)末까지 租賦를 바치는 生蠻이 數萬 戶에 이르렀다.[309]

또 위의 인용문에서 淮南 지역이 北齊의 다른 지역과 조세와 요역 부과의 측면에서 달리 취급을 받았음을 알 수 있다. 이는『北齊書』「循吏·蘇瓊傳」의 기사에서 확인된다.

"舊制는 淮禁을 규정하여 상인들이 淮水를 건너지 못하도록 하였다. 淮南에 흉년이 들자 淮北에서 쌀을 사서 [淮南으로 보내도록 하였다]. 후에 淮北 사람들이 기근에 빠지자 다시 淮南에서 곡식을 사서 [淮北으로] 통하게 하니 드디어 商人들이 왕래하게 되었다. 이에 淮北과 淮南 지역이 어려움에서 구제되고 水陸의 이익은 河北에 통하게 되었다."[310]

---

308 崔珍烈,「東魏北齊의 華北 지배와 그 한계」, 122-125쪽.
309 『北齊書』卷41「元景安傳」, 543쪽, "天統初, 判幷省尙書右僕射, 尋出爲徐州刺史. 四年, 除豫州道行臺僕射·豫州刺史, 加開府儀同三司. 武平三年, 進授行臺尙書令, 刺史如故, 封歷陽郡王. 景安之在邊州, 鄰接他境, 綏和邊鄙, 不相侵暴, 人物安之. 又管內蠻多華少, 景安被以威恩, 咸得寧輯, 比至武平末, 招慰生蠻輸租賦者數萬戶."
310 『北齊書』卷46「循吏·蘇瓊傳」, 639쪽, "舊制以淮禁不聽商販輒度. 淮南歲儉, 啓聽淮北取糴. 後淮北人饑, 復請通糴淮南, 遂得商估往還, 彼此兼濟, 水陸之利, 通於河北."

위의 기사는 文宣帝 이후의 일로 추정된다. 위의 인용문의 淮禁은 문맥상 당시 淮北과 淮南의 물자 이동을 금지하는 내용임을 알 수 있다. 『魏書』「官氏志」의 太和後職令에 監淮海津都尉(從第九品上)라는 관직이 있다.[311] 명칭으로 보아 監淮海津都尉는 淮水 일대의 水運과 河上交通을 통제하는 관직으로 보인다. 이는 이미 北魏時代부터 淮水 일대와 기타 지역의 사람의 왕래와 물자교류를 통제했음을 시사한다. 北齊時代에는 監淮海津都尉라는 관직이 없었지만, 諸關津尉(從第9品上)[312]가 있었다. 關津尉 앞에 '諸'字가 붙은 것을 보면 北齊의 關과 津마다 설치된 관직임을 알 수 있다. 따라서 淮水 일대의 關과 津에도 關津尉가 배치되어 淮北과 淮南의 왕래를 관장하였고 津橋를 관장하는 都水臺의 감독을 받았을 것이다.[313]

위의 인용문에서 淮南을 점령한 東魏時代부터 北齊時代까지 新附 지역인 淮南 지역과 기존 東魏北齊 지역의 경제적 교류를 차단했음을 알 수 있다. 南朝時代 淮北 지역의 상업이 번성하여 淮北에 大市가 100여 소, 小市가 10여 소나 있었다.[314] 따라서 淮北과 淮南의 왕래 금지는 淮北 지역 최소 110여 소의 시장과 교역에 큰 타격을 주었을 것이다. 즉 北齊의 朝廷은 淮南을 河北·河南·淮北과 다른 경제권으로 인식했음을 보여준다.[315] 그러나 淮南과 淮北이 기근에 빠지자 北齊

---

311 『魏書』卷113「官氏志」, 3003쪽.

312 『隋書』卷27「百官志」中, 後齊官制, 770쪽.

313 『隋書』「百官志」에 따르면 北齊의 都水臺는 津·橋를 관리하였다(『隋書』卷27「百官志」中, 後齊官制·都水臺條, 755쪽, "都水臺, 管諸津橋. 使者二人, 參事十人. 又領都尉·合昌·坊城等三局. 尉皆分司諸津橋.").

314 『隋書』卷24「食貨志」, 689쪽, "淮水北有大市百餘, 小市十餘所. 大市備置官司, 稅斂旣重, 時甚苦之."

315 崔珍烈, 「東魏北齊의 華北 지배와 그 한계」, 122쪽.

는 이전처럼 교역 차단을 고집할 수 없었다. 이에 교역을 허용하니 商人들이 상대방 지역에서 곡물을 구매하여 기근이 든 지역에 공급하여 기근과 곡물 부족 문제가 해결되었다. 이후 商人들이 淮南을 왕래하기 시작한 후 河北 지역과도 왕래하여 교역권이 넓어졌다. 北齊는 淮南과 北魏의 다른 지역의 교역을 허용하여 淮南 지역의 경제적 통합을 추진하였다.

東魏北齊는 淮水 연안지역의 지방관에 주로 漢人官僚를 임명하였다.[316] 「張瓊墓誌」에 따르면, 張瓊은 大都督에 淮楚, 즉 淮水 일대에 주둔하여 방어에 매진하니 吳人, 즉 梁이 북쪽의 北魏 영토, 즉 淮水 일대를 넘보지 못했다.[317] 辛術은 武定 8년(550) 侯景이 반란을 일으키자 東南道行臺尙書에 임명되어 高岳 등과 함께 侯景을 토벌하고 蕭明(蕭淵明)을 생포하였다. 이후 東徐州刺史 淮南經略使에 임명되어[318] 淮南 지역의 安撫와 통치에 기여하였다. 張亮도 侯景의 반란

---

316 漢人官僚들이 淮南에 임명된 것은 본문에서 설명한 것처럼 東魏北齊 지배층이 黃河 이남 지역을 경시하여 주력인 鮮卑·高車系 胡人武將과 胡人 군인보다 漢人 武將과 漢人 군대를 주둔시키는 것을 선호했기 때문이다(蘇小華, 「東魏北齊重北輕南的原因及其影響」, 82쪽). 이 밖에 西魏北周의 漢人 武將들이 騎兵을 이용한 野戰보다 城의 수비와 攻城戰에 능하여 점차 두각을 나타냈음을 고려하면(陳長琦·易澤陽, 「韋孝寬與玉壁之戰」, 37원쪽-40오른쪽; 蘇小華, 「西魏北周軍隊構成的變化及其對北朝軍事的影響」, 『雲南民族大學學報(哲學社會科學版)』 25-2, 2008, 107원쪽-111오른쪽), 東魏北齊도 같은 이유로 漢人官僚들을 淮南에 파견했을 것이다. 즉 漢人官僚들이 방어전에 능하여 江南의 梁 정복에 실패한 이후 남쪽 변방의 현상유지를 원하는 東魏北齊 지배층의 이해와도 부합했을 것이다. 마지막으로 胡人보다 漢人들이 행정사무에 밝은 것도 새로 東魏北齊의 영토에 편입되어 민심수습이 필요한 당시 상황에서 漢人官僚들이 淮南에 배치되었던 이유였을 것이다.

317 劉東昇, 「東魏張瓊墓誌考釋」, 政協大同市委員會·山西大同大學, 『2018中國大同·北魏文化論壇論文集』, 2018. 8, 228쪽, "伏被東南, 有事淮楚. 詔公爲大都督, 公星言火邁, 吳人振惧, 不敢北視. 于時大明奄翳, 氣雰竟馳."

318 『北齊書』 卷38 「辛術傳」, 501쪽, "武定八年, 侯景叛, 除東南道行臺尙書, 封江夏縣

당시 梁州刺史를 거쳐 都督揚潁等十一州諸軍事 兼行臺殿中尚書, 都督二豫揚潁等八州軍事 征西大將軍 豫州刺史 尚書右僕射 西南道行臺에 임명되었고, 梁의 江夏·潁陽 7城을 점령하였다.[319] 또 文宣帝 天保년간(550-560) 三徐州의 刺史는 대개 漢人官僚가 역임하였다. 그리고 淮南에 위치한 淮州·南譙州·揚州·合州·涇州·秦州의 刺史는 역시 漢人官僚가 맡았다.[320] 漢人官僚들은 淮南 일대에서 선정을 베풀었다. 辛術은 淮水 일대 지방관 처벌에 관여하며 淮南 지방관계의 기강을 세웠다.[321] 盧潛도 淮南에서 선정을 베풀어 邊俗之和를 얻었다는 평가를 받았고,[322] 淮南에서 13년 동안 정적을 쌓아 적국인 陳 사람들에게도 경계의 대상이 되었다.[323] 앞에서 살펴본 것처럼 循吏로 평가된 蘇瓊은 淮南의 기근을 없애고 교역의 편의를 도모하는 데 기여하였다.[324] 조상이 胡人(禿髮氏)이었던 源彪[325]는 皇建 2년(561) 廣陵郡 북쪽

男, 與高岳等破侯景, 擒蕭明. 遷東徐州刺史, 爲淮南經略使."

[319] 『北齊書』卷25「張亮傳」, 361쪽, "屬侯景叛, 除平南將軍·梁州刺史. 尋加都督揚·潁等十一州諸軍事, 兼行臺殿中尚書, 轉都督二豫·揚·潁等八州軍事·征西大將軍·豫州刺史·尚書右僕射·西南道行臺. 攻梁江夏·潁陽等七城皆下之."

[320] 蘇小華, 「東魏北齊重北輕南的原因及其影響」, 84-86쪽.

[321] 『北齊書』卷38「辛術傳」, 501-502쪽, "東徐州刺史郭志殺郡守. 文宣聞之, 勅術自今所統十餘州地諸有犯法者, 刺史先啓聽報, 以下先斷後表聞. 齊代行臺兼總人事, 自術始也. 安州刺史·臨清太守·盱眙蘄城二鎮將犯法, 術皆案奏殺之. 睢州刺史及所部郡守俱犯大辟, 朝廷以其奴婢百口及資財盡賜術, 三辭不見許, 術乃送詣所司, 不復以聞."

[322] 『北齊書』卷42「盧潛傳」, 555쪽, "肅宗作相, 以潛爲揚州道行臺左丞. 先是梁將王琳爲陳兵所敗, 擁其主蕭莊歸壽陽, 朝廷以琳爲揚州刺史, 勅潛與琳爲南討經略. 琳部曲義故多在揚州, 與陳寇鄰接. 潛輯諧內外, 甚得邊俗之和."

[323] 위와 같음, "潛在淮南十三年, 任總軍民, 大樹風績, 甚爲陳人所憚."

[324] 『北齊書』卷46「循吏·蘇瓊傳」, 639쪽.

[325] 『北齊書』에서는 源彪가 源彪의 字인 文宗으로 대신 표기되었다. 이는 唐의 선조였던 李虎의 避諱로 보인다.

에 있었던 涇州刺史가 되어 변경지역을 잘 다스렸다.[326] 皇建 2년(561)
이후 源彪는 涇州에서 선정을 쌓은 점을 참작하여 秦州刺史 宋嵩이
죽은 후 秦州刺史에 임명되었다.[327]

(4) 淮南 경시와 소극적인 지방통치

淮南에 파견된 지방관들이 선정을 베풀어도 南朝 陳과 접경하고 陳
의 공격을 받는 지역이었기 때문에 민심이 늘 불안하였다. 蕭軌가 패
해 淮水 연안의 민심이 불안하자 合州刺史 封繪가 城의 방어를 준비
하고 무기를 수리하여 준비하니 민심이 안정되었던 예를 보면,[328] 淮
南과 기타 南邊 지역에서 최고의 선정은 南朝 陳의 공격을 방어하고
지역을 안정시키는 것이었다. 그러나 東魏北齊는 북쪽의 突厥, 서쪽
의 西魏北周, 남쪽의 南朝 陳의 삼면 포위망에 둘러싸여 상대적으로
군사적 중요성이 덜하다고 여긴 淮水 일대의 南邊 지역에 보다 주의
를 기울일 수 없었다. 예컨대 侯景의 난을 평정하고 淮南을 정복한 공
을 세운 高岳・潘樂・段韶 같은 용맹한 將軍들은 장기간 남방에 머무
르게 하지 못하였고 곧 북쪽으로 회군하였다. 반면 漢人官僚들이 行
臺를 맡아 淮南과 河南 지역의 방어를 맡았다. 이는 東魏北齊의 현상

---

326 『北齊書』卷43「源彪傳」, 577쪽, "皇建二年, 拜涇州刺史. 文宗以恩信待物, 甚得邊境
之和, 爲隣人所欽服, 前政被抄掠者, 多得放還."

327 위와 같음, "屬秦州刺史宋嵩卒, 朝廷以州在邊垂, 以文宗往莅涇州, 頗著聲績, 除秦
州刺史, 乘傳之府, 特給後部鼓吹." 『中國歷史地圖集』에는 秦州가 없으나 江北의 秦
郡 일대가 北齊의 秦州였을 것으로 추정된다.

328 『北齊書』卷21「封隆之傳附繪傳」, 305쪽, "[天保]七年, 改授合州刺史. 到州未幾, 値
蕭軌・裴英起等江東敗沒, 行臺司馬恭發歷陽, 徑還壽春, 疆場大駭. 兼在州器械, 隨
軍略盡, 城隍樓雉, 虧壞者多. 子繪乃修造城隍樓雉, 繕治軍器, 守禦所須畢備, 人情
漸安."

유지 전략과 배치로 이해된다.[329]

그러나 東魏北齊가 소극적인 정책을 취한 이유는 梁·陳과의 전쟁에서 패하며 수세에 몰렸기 때문이다. 北齊가 蕭退·蕭明·蕭莊을 梁主로 삼아 괴뢰정권을 세워 東魏 시대 南進政策을 여전히 유지하였다. 그러나 天保 6년(555) 이후 北齊의 군대는 長江 연안에서 패하였다. 南朝 將領 侯安都가 紹泰元年(555) 十月 江寧에서 北齊의 군대를 격파하였다. 陳霸先은 太平元年(556) 三月부터 六月까지 전후 梁山과 歷陽 등지에서 北齊 군대를 대파하였다. 이후 北齊는 치명타를 입고 수세에 몰릴 수밖에 없었다. 반면 승승장구한 陳軍은 天嘉元年(560) 二月과 三月에 博望과 魯山에서 北齊軍隊를 격파하였다. 이후 破竹之勢였던 北齊의 세력이 위축되고 陳의 공세로 수세에 몰렸다.[330]

北齊가 陳에 수세에 몰린 이유는 외교적인 문제도 있었다. 선행연구에 따르면 精騎를 파견하여 남하하지 못한 원인은 북방민족의 위협과 北周 때문이다.[331] 이처럼 東魏北齊가 淮南과 기타 南邊 지역에서 攻勢에서 守勢로 전환하자 민심도 불안하여 제대로 이 지역을 통치하기 어려웠을 것이다. 太建 5년(569) 북벌에 나선 吳明徹의 陳軍은 北齊의 大峴城을 점령한 것을 시작으로 淮南·江北 지역을 공략하였고 壽陽(壽春)을 점령하였다.[332]

이때 北齊의 皇帝와 寵臣들은 淮南을 경시하는 태도를 취하였다. 北齊의 마지막 군주 後主의 恩倖 韓鳳과 穆提婆가 壽陽(壽春)을 陳軍

---

329 蘇小華, 「東魏北齊重北輕南的原因及其影響」, 84-86쪽; 崔珍烈, 「東魏北齊의 軍事 중심 太原의 전략적 限界」, 256-257쪽.

330 李萬生, 「論東魏北齊的積極進取」, 22오른쪽-23왼쪽; 崔珍烈, 「東魏北齊의 華北 지배와 그 한계」, 123-127쪽.

331 蘇小華, 「東魏北齊重北輕南的原因及其影響」, 84-86쪽.

332 『陳書』 卷5 「宣帝紀」 太建五年條, 84-85쪽.

에 빼앗긴 후 보여준 태도를 살펴보자.

"壽陽이 陷沒되자 [韓]鳳과 穆提婆는 패했다는 소식을 들었지만, 握槊을 그만두지 않고 '그 家의 物은 그를 따라가는구나'라고 말하였다. 후에 帝[後主]가 黎陽에 河를 임하는 곳에 城戍를 쌓도록 하였다. 그리고 '급할 때에 이곳을 지키면 龜玆國子가 될 수 있다. 다시 人生이 위탁되는 것처럼 불쌍히 여기지만 오직 쾌락을 즐기니 어찌 근심이 있을 것인가?'라고 말하였다. 君臣이 이처럼 화답하고 응하였다."[333]

위의 인용문의 태도는 『隋書』 「五行志」上에서도 보인다.

"武平년간에 陳人이 彭城을 공격하자 後主의 말에 걱정과 두려움이 있었다. 侍中 韓長鸞은 '만약 河南을 잃어버리면 여전히 龜玆國子가 될 수 있습니다. 淮南은 오늘 적에게 빼앗겼으니 어찌 많은 근심이 있겠습니까? 人生이 어찌 때가 있겠습니까? 단지 즐거움을 누릴 뿐이니 걱정하지 마십시오'라고 진언하였다. 帝[後主]는 매우 기뻐하여 드디어 酒色에 탐닉하였고 天下의 일을 근심하지 않았다. 오래지 않아 周에게 멸망되었다."[334]

위의 인용문에서 알 수 있듯이 北齊의 後主는 淮南의 상실에도 불구하고 경각심을 갖지 않고 대책을 수립하지 않으며 酒色에 탐닉하여

---

333 『北齊書』 卷50 「恩倖·韓鳳傳」, 692쪽, "壽陽陷沒, 鳳與穆提婆聞告敗, 握槊不輟, 曰: '他家物, 從他去.' 後帝使於黎陽臨河築城戍, 曰: '急時且守此作龜玆國子, 更可憐人生如寄, 唯當行樂, 何因愁爲?' 君臣應和若此."
334 『隋書』 卷22 「五行志」上, 633쪽, "武平中, 陳人寇彭城, 後主發言憂懼, 侍中韓長鸞進曰: '縱失河南, 猶得爲龜玆國子. 淮南今沒, 何足多慮. 人生幾何時, 但爲樂, 不須憂也.' 帝甚悅, 遂耽荒酒色, 不以天下爲虞. 未幾, 爲周所滅."

결국 北周 武帝의 공격을 받고 망하였다.[335] 이처럼 淮南에 대한 경시
는 北齊가 망한 원인의 하나였다.[336]

335 楊翠微는 北齊의 멸망을 陳과 北周 양국의 연합 진공 때문이었다고 보았다(楊翠
微, 「周武帝滅齊統一北方可能性探析」, 『求是學刊』 1998-3, 1998, 85쪽).
336 崔珍烈, 「東魏北齊의 華北 지배와 그 한계」, 127-128쪽.

3部는 東魏北齊의 地方統治를 다루었다.

7章에서는 東魏北齊의 지역별 분담체계를 분석하였다. 東魏北齊의 영토는 호구파악이 잘 된 黃河 중하류 지역과 軍人의 공급원이고 戶口 파악이 누락된 晉陽 주변 지역, 새로 정복되어 호구파악이 유보되고 輕稅의 혜택을 받았던 淮南·江北 지역으로 나뉜다. 東魏北齊의 경제적 다원화 현상은 목축과 농경의 이원화, 징세 지역의 다원화, 화폐 통용의 지역적 편차 등에서 확인할 수 있다.

8章에서는 東魏北齊의 지방통치를 개별 지역 분석을 통해 살펴보았다. 東魏北齊의 공식적인 수도는 鄴이었지만, 실제 수도는 太原(晉陽)이었다. 東魏의 실력자 高歡·高澄 부자와 北齊 皇帝들은 太原(晉陽)에 장기 주둔하며 太原 주변 유목민 山胡 등을 복속시키고 柔然·庫莫奚·契丹·突厥 등 유목민 집단의 복속과 평정에 관심을 기울였다. 그들이 太原을 거점으로 삼은 이상 유목민 혹은 胡族들에게 주로 관심을 가질 수밖에 없었다.

東魏의 河東 상실은 北齊 멸망의 전략적 원인이 되었다. 東魏北齊가 西魏北周에 인구, 경제, 군사력에서 우세했지만, 537년 沙苑의 전투에서 패하자 그 여파로 西魏에 河東을 빼앗겼다. 河東은 중요한 소금 생산지였으므로, 東魏北齊는 河東 상실 이후 새로운 소금 생산지를 발굴하여 새로운 재정수입을 확보해야 하는 부담이 가중되었다. 河東의 상실은 '실질적인 수도' 太原의 안전에도 영향을 주었다.

黃河 중하류 지역은 東魏北齊의 경제적 선진지역이었다. 『隋書』「地理志」는 東魏北齊의 호구 탈루가 심하다고 기술하였다. 그러나 東魏와 北齊의 戶口가 비슷한 영토를 지녔던 前燕이나 華北 전체를 통일했던 北魏, 北周보다 많았거나 필적했던 점을 보면 東魏北齊는 黃河 중하류 지역에서 세금과 노동력을 징발할 수 있을 정도로 안정적으로 지배했다. 다만 西魏와의 국경지역이었던 洛陽과 潁川 등지는 西魏와의 전쟁이 빈번하였고 西魏北周로 도망가는 地方豪族과 이민족, 백성들이 많았다. 東魏北齊는 군대를 주둔시켜 이를 막으려고 하였지만, 쉽지 않았다.

東魏는 侯景의 반란 이후 梁의 혼란을 틈타 淮南·江北 지역을 정복하고 민심수습을 위해 10년 동안 조세와 요역을 면제하였다. 이후 北齊는 이 지역에서 세금을 징수하려고 하였으나 민심의 불안으로 조세와 요역 수취를 미뤘다. 北齊는 이 지역에 선정을 베푸는 지방관을 파견하여 지방민의 민심을 얻으려고 하였다. 그러나 北齊의 南伐軍이 陳霸先에게 패한 이후 陳의 공격을 받아 수세에 몰렸지만, 상대적으로 강한 北周에 신경을 쓰느라 淮南 지역에 관심을 기울일 수 없었다. 이런 상황에서 北周와 陳의 협공을 받아 北齊는 망하였다.

4부

西魏北周時代 地方統治

9章

西魏北周 地方統治 總論

　北魏의 孝武帝가 高歡과의 권력투쟁에서 패한 후 수도 洛陽에서 宇文泰의 본거지인 長安으로 피난한 후 西魏의 역사가 시작되었다. 孝武帝는 얼마 후 宇文泰에 의해 살해되었으나, 孝武帝의 西遷은 西魏의 정통성 주장의 근거가 되었다. 西魏가 외형상 北魏를 계승한 것처럼 보일지는 모르지만 六官制度, 總管 등 제도와 지명 改稱을 보면 北魏時代와 완전히 다르다. 이는 北魏의 제도를 그대로 계승한 東魏北齊와 비교된다.

　본장에서는 10장과 11장에서 살펴볼 西魏北周의 지방통치를 검토하기에 앞서 지방통치를 위한 장치 혹은 개별 지역연구로 다루기 어려운 주제를 다룬다. 1절에서는 北魏時代와 달라진 지방행정제도와 吏治를 살펴본다. 2절에서는 西魏北周가 土着豪族을 활용하여 지방을 통치하는 과정을 검토하고 지방관의 본적지 임용 현상을 아울러 분석한다. 3절에서는 西魏北周의 지배를 받았던 氐·羌·蠻·稽胡의 통치 양상을 검토한다.

1. 지방행정조직과 법률 정비

西魏의 사실상 지배자인 宇文泰는 北魏의 지방행정제도를 그대로 유지하지 않고 지방행정구역이나 지명을 바꾸었다. 西魏文帝 大統 3년(537) 北魏末 설치되었던 行臺를 없애고[1] 北周 孝閔帝元年(557)에는 太守를 郡守로 이름을 바꾸었다.[2] 이는 宇文泰의 이름을 避諱하기 위한 조치였다. 明帝 武成元年(559)에는 여러 州의 군대를 관장하던 都督諸州軍事를 總管으로 바꾸었다.[3] 行臺의 폐지와 太守 · 都督의 改名 조치를 보면 西魏北周는 北魏와의 제도적 단절을 꾀한 것처럼 보인다. 이는 北魏의 제도를 그대로 계승한 東魏北齊와 상반된다.

지방행정구역과 지방관명의 改名뿐만 아니라 北魏時代 州名도 바꾸었다. 특히 西魏廢帝三年(554)에 東雍州를 華州로, 華州를 同州로 바꾸는 등 46州와 106郡, 230縣의 명칭을 바꾸었고 1개의 州를 신설하였다.[4] 『周書』 本紀를 보면 이후에도 州의 설치와 폐지에 대한 기록이 빈출하였다. 새로 설치한 州는 몇 가지 유형이 있었다. 첫째, 郡을

1　『周書』 卷2 「文帝紀」下 大統三年夏六月條, 22쪽, "太祖請罷行臺, 帝復申前命, 太祖受錄尙書事, 餘固讓, 乃止."

2　『周書』 卷3 「孝閔帝紀」 孝閔帝元年九月庚申條, 49쪽, "改太守爲郡守."

3　『周書』 卷4 「明帝紀」 武成元年春正月己酉條, 56쪽, "初改都督諸州軍事爲總管."

4　『周書』 卷2 「文帝紀」下 魏廢帝三年春正月條, 34쪽, "又改置州郡及縣: 改東雍爲華州, 北雍爲宜州, 南雍爲蔡州, 華州爲同州, 北華爲鄜州, 東秦爲隴州, 南秦爲成州, 北秦爲交州, 東荊爲淮州, 南荊爲昌州, 東夏爲延州, 南夏爲長州, 東梁爲金州, 南梁爲隆州, 北梁爲靜州, 陽都爲汾州, 南汾爲勳州, 汾州爲丹州, 南豳爲寧州, 南岐爲鳳州, 南洛爲上州, 南廣爲淯州, 南襄爲湖州, 西涼爲甘州, 西郢爲鴻州, 西益爲利州, 東巴爲集州, 北應爲輔州, 恆州爲均州, 沙州爲深州, 寧州爲麓州, 義州爲巖州, 新州爲溫州, 江州爲沔州, 西安爲鹽州, 安州爲始州, 并州爲隨州, 肆州爲塘州, 冀州爲順州, 淮州爲純州, 揚州爲穎州, 司州爲憲州, 南平爲昇州, 南郢爲歸州, 靑州爲眉州, 凡改州四十六, 置州一, 改郡一百六, 改縣二百三十."

州로 승격시킨 예이다. 예컨대 孝閔帝元年(557) 武康郡을 資州로, 遂寧郡을 逐州로 바꾸었다.[5] 明帝二年(558) 河東(蒲州), 河北(虞州), 弘農(陝州), 正平(絳州), 宜陽(熊州), 邵郡(邵州)에 州를 설치하였다.[6] 같은 해 廣業郡과 脩城郡에도 각각 康州와 文州를 설치하였다.[7] 둘째, 변경에 州를 설치한 유형이다. 北周 武帝 保定元年(561) 羌人과의 接境 지역인 洮陽에 설치한 洮州[8]와 다음 해 伏流城에 설치된 和州,[9] 保定 3년(563) 乞銀城에 설치한 銀州,[10] 越嶲 점령 후 설치된 西寧州[11] 등이다. 셋째, 防이나 주요 군사시설에도 州를 설치하였다. 예컨대 北周 武帝 建德 6년(577) 河州 雞鳴防에 旭州, 甘松防에 芳州, 廣州防에 弘州를 각각 설치하였다.[12] 東魏北齊 공격의 교두보가 되었던 河東 지역의 玉壁에 保定初에 勳州가 설치되었다.[13] 넷째, 주변의 이민족이나 小國을 정복한 후 州로 바꾸었다. 예컨대 保定 3년(563) 米遷國을 遷州로 바

5　『周書』卷3「孝閔帝紀」孝閔帝元年春正月丙寅條, 47쪽, "丙寅, 於劍南陵井置陵州, 武康郡置資州, 逐寧郡置逐州."

6　『周書』卷4「明帝紀」明帝二年春正月丁巳條, 54쪽, "又於河東置蒲州, 河北置虞州, 弘農置陝州, 正平置絳州, 宜陽置熊州, 邵郡置邵州."

7　『周書』卷4「明帝紀」明帝二年三月甲午條, 55쪽, "以廣業·脩城二郡置康州, 葭蘆郡置文州."

8　『周書』卷5「武帝紀」上 保定元年二月己卯條, 64쪽, "二月己卯, 遣大使巡察天下. 於洮陽置洮州."

9　『周書』卷5「武帝紀」上 保定二年夏四月己未條, 66쪽, "己未, 於伏流城置和州."

10　『周書』卷5「武帝紀」上 保定三年春正月壬辰條, 68쪽, "壬辰, 於乞銀城置銀州."

11　『周書』卷5「武帝紀」上 天和五年十二月癸巳條, 78쪽, "十二月癸巳, 大將軍鄭恪率師平越嶲, 置西寧州."

12　『周書』卷6「武帝紀」下 建德六年六月癸亥條, 103쪽, "癸亥, 於河州雞鳴防置旭州, 甘松防置芳州, 廣州防置弘州."

13　『周書』卷31「韋孝寬傳」, 538쪽, "保定初, 以孝寬立勳玉壁, 遂於玉壁置勳州, 仍授勳州刺史."

꾸었고[14] 宕昌羌의 지역에 宕州를 설치하였다.[15]

여러 가지 이유로 州를 신설하면서 州의 수가 많아져 州와 郡의 수
가 비슷해지고 임명해야 하는 지방관의 수가 늘어났다. 이에 武帝는
天和 2년(567) 江漢 지역의 동남 諸州를 통폐합하였다. 예컨대 穎州·
歸州·滇州·均州를 唐州에, 油州를 純州에, 鴻州를 淮州에, 洞州를
湖州에, 睢州를 襄州에, 憲州를 昌州에 합병하였다.[16] 江漢 지역뿐만
아니라 關隴 지역의 지방행정구역도 정리하였다. 예컨대 武帝는 天和
4년(569) 隴州를 없앴다.[17] 建德 2년(573) 雍州에 소속된 8郡을 없애어
京兆·馮翊·扶風·咸陽 4郡에 합병하였다.[18] 또 武帝는 北齊를 정복
한 후 舊北齊의 州郡縣을 많이 없앴다. 이러한 노력으로 北周가 망하
기 1년 전인 大象 2년(580) 州는 211개, 郡은 508개, 縣은 1,124개로
줄어들었다.[19]

선행연구에 따르면, 三國 曹魏 이후 여러 州의 군사를 관할·지휘
하기 위해 都督諸軍事를 설치했다. 이에 따라 고정적인 都督區가 존
재했으며 州 위의 실질적인 지방행정구역으로 작용했다.[20] 西魏北周의

---

14 『周書』卷5「武帝紀」上 保定二年三年春正月辛未條, 68쪽, "三年春正月辛未, 改米遷
　國爲遷州."

15 『周書』卷5「武帝紀」上 天和元年春正月丁未條, 72쪽, "丁未, 於宕昌置宕州."

16 『周書』卷5「武帝紀」上 天和二年夏四月乙巳條, 74쪽, "夏四月乙巳, 省東南諸州: 以
　穎州·歸州·滇州·均州入唐州, 油州入純州, 鴻州入淮州, 洞州入湖州, 睢州入襄
　州, 憲州入昌州."

17 『周書』卷5「武帝紀」上 天和四年十二月壬午條, 77쪽, "十二月壬午, 罷隴州."

18 『周書』卷5「武帝紀」上 建德二年二月條, 82쪽, "省雍州內八郡, 幷入京兆·馮翊·扶
　風·咸陽等郡."

19 『隋書』卷29「地理志」上, 807쪽, "及於東夏削平, 多有省廢. 大象二年, 通計州
　二百一十一, 郡五百八, 縣一千一百二十四."

20 嚴耕望, 『中國地方行政制度史』上編中卷, 臺北: 臺灣商務印書館, 1963; 越智重明,
　「魏晉時代の四征將軍と都督」, 『史淵』117, 1980; 陳仲安·王素, 『漢唐職官制度硏

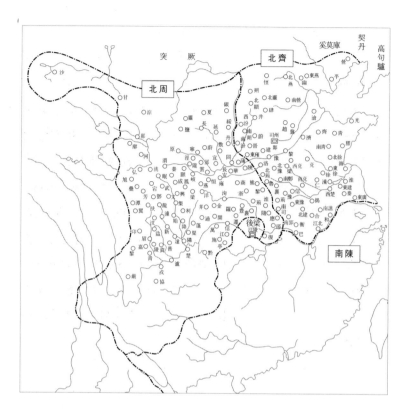

〈지도 19〉 華北統一 이전 北周 州 분포 지도

究』, 北京: 中華書局, 1993, 二章二節 都督區劃的形成及其演變; 張金龍, 「北朝都督制的演變與禁衛武官都督的形成」, 中國魏晉南北朝史學會 大同平城北朝研究會 編, 『北朝研究』1, 北京: 北京燕山出版社, 1999; 小尾孟夫, 『六朝都督制研究』, 廣島: 溪水社, 2001; 山口正晃, 「都督制の成立」, 『東洋史研究』60-2, 2001; 窪添慶文, 「北魏の都督－軍事面からみた中央と地方－」, 『魏晉南北朝官僚制研究』, 東京: 汲古書院, 2003(原載 「北魏的都督－從軍事面看中央與地方－」, 『中華民國史專題論文集第五屆討論會』, 臺北: 國史館, 2000); 張鶴泉, 「北魏都督諸州軍事制度試探」, 殷憲 主編, 『北朝史研究: 中國魏晉南北朝史國際學術研討會論文集』, 北京: 商務印書館, 2004; 胡阿祥, 「東晉南朝籍都督區」, 『六朝政區』, 南京: 南京出版社, 2008; 俞鹿年, 『北魏職官制度考』, 北京: 社會科學文獻出版社, 2008.

總管은 都督諸軍事를 改名하였기 때문에 總管區도 都督區처럼 고정된 관할구역을 가지고 있었다고 한다.[21] 그러나 北周는 정치적인 이해관계 때문에 總管區가 변동되기도 하였다. 예컨대 保定 5년(565) 武帝는 동생 衛國公 宇文直을 襄州總管에 임명하고 荊州·安州·江陵 等 總管을 襄州總管의 지휘를 받도록 하여 襄州總管區를 확장[22]했다가 建德元年에는 襄州總管에게서 荊州·安州·江陵 總管을 분리하였다.[23] 또 北齊를 멸망시킨 建德 6년(577) 蒲州, 陝州, 涇州, 寧州 4州 總管을 없앴다.[24] 蒲州와 陝州는 北齊와의 接境이었으므로 北齊 멸망 후 군사적 필요성이 없어졌기 때문에 없앤 것이다. 尉遲迥이 楊堅에 대항하여 반란을 일으켰던 靜帝 大象 2년(580) 相州·靑州·荊州·金州·晉州·梁州 六州總管을 없앴다.[25] 이 6州總管은 舊北齊 지역에 설치된 總管이었으므로 山東 지역의 군사력을 약화시키려는 목적이 있었다.

---

21 嚴耕望, 『中國地方行政制度史』 上編中卷, 臺北: 臺灣商務印書館, 1963; 越智重明, 「魏晉時代の四征將軍と都督」, 『史淵』 117, 1980; 陳仲安·王素, 『漢唐職官制度研究』, 北京: 中華書局, 1993; 張焯, 「北朝的總管制─兼論周隋府兵軍府的建置」, 大同: 『北朝研究』 總第3期, 1990.

22 『周書』 卷5 「武帝紀」 上 保定五年春正月庚子條, 71쪽, "庚子, 令荊州·安州·江陵等總管並隸襄州總管府, 以柱國·大司空·衛國公直爲襄州總管."

23 『周書』 卷5 「武帝紀」 上 建德元年夏四月甲戌條, 80쪽, "夏四月甲戌, 以代國公達·滕國公迫並爲柱國. 詔荊州·安州·江陵等總管停隸襄州."

24 『周書』 卷6 「武帝紀」 下 建德六年夏四月乙卯條, 102쪽, "乙卯, 廢蒲·陝·涇·寧四州總管."

25 『周書』 卷8 「靜帝紀」 大象二年八月庚辰條, 134쪽, "廢相·靑·荊·金·晉·梁六州總管."

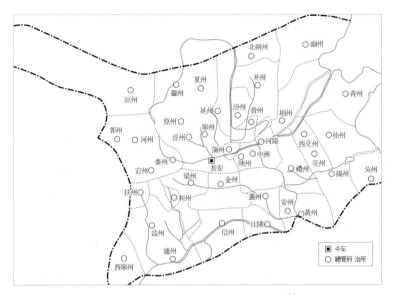

〈지도 20〉 華北統一 이후 北周의 總管區 지도[26]

　北周는 점차로 總管府와 州郡縣을 없애 지방행정의 효율성을 제고
시켰고 이와 관련된 지방관리를 줄여 비용을 줄였다. 이와 함께 總管
과 刺史, 行兵者에게만 持節을 하사하였다.[27] 이는 總管과 刺史 이외
의 지방관의 兵權을 회수하는 조치였다.

　西魏北周는 지방행정제도를 개혁함과 동시에 법률과 제도를 정비
하였다. 宇文泰는 大統元年(535) 西魏文帝의 허락을 받는 형식을 취해

26　嚴耕望, 『中國地方行政制度史』上編中卷, 504쪽의 지도 수정.

27　『周書』卷7「宣帝紀」大象元年二月乙亥條, 118쪽, "丙子, 初令授總管刺史及行兵者, 加持節, 餘悉罷之.";『周書』卷24「盧辯傳」, 407쪽, "周制: 封郡縣五等爵者, 皆加開國; 授柱國大將軍 · 開府 · 儀同者, 並加使持節 · 大都督; 其開府又加[驃騎大將軍 · 侍中; 其儀同又加]車騎大將軍 · 散騎常侍; 其授總管刺史, 則加使持節 · 諸軍事, 以此爲常. …… 大象元年, 詔總管刺史及行兵者, 加持節, 余悉罷之. 建德四年, 增置上柱國大將軍, 改儀同三司爲儀同大將軍."

부국강병과 백성들에게 도움이 되는 내용을 담은 24條의 新制를 반포하였다.[28] 大統 7년(541) 12條制를 반포하였고,[29] 大統 10년(544) 中興永式을 제정하여 반포하였다.[30] 北周 武帝 保定 3년(563) 新律을 반포하였고[31] 建德 6년(577) 盜를 엄격히 처벌하는 내용을 담은 刑書要制를 제정하였다.[32] 이러한 법률 이외에 宇文泰는 蘇綽에게 개혁방안을 담은 六條詔書를 반포하여 시행하도록 하였다.[33] 특히 百司가 六條詔書를 숙지하고 암기하도록 하였고 지방관은 六條와 計帳에 능통한 사람을 임용하였다.[34] 이처럼 六條詔書는 지방행정에 큰 영향을 주었다. 蘇綽의 6條 가운데 "先治心", "盡地利", "擢賢良", "卹獄訟", "均賦役" 등 5條는 지방관들이 집행해야 하는 것이었다. 즉 蘇綽의 조치는 지방관의 자질을 향상시켰고 행정효율과 수준을 높였으며, 百姓의 賦役負擔의 균형을 맞추었다. 또 지방관의 부패를 막기 위한 엄격한 조치를 취하였다. 戶籍制度를 엄격히 관리하고 賦役의 회피를 막았을

---

28 『周書』 卷2 「文帝紀」下 大統元年三月條, 21쪽, "三月, 太祖以戎役屢興, 民吏勞弊, 乃命所司甚酌今古, 參考變通, 可以益國利民便時適治者, 爲二十四條新制, 奏魏帝行之."

29 『周書』 卷2 「文帝紀」下 大統七年冬十一月條, 26쪽, "冬十一月, 太祖奏行十二條制, 恐百官不勉於職事, 又下令申明之."

30 『周書』 卷2 「文帝紀」下 大統十年秋七月條, 28쪽, "秋七月, 魏帝以太祖前後所上二十四條及十二條新制, 方爲中興永式, 乃命尙書蘇綽更損益之, 總爲五卷, 班於天下. 於是搜簡賢才, 以爲牧守令長, 皆依新制而遣焉. 數年之間, 百姓便之."

31 『周書』 卷5 「武帝紀」上 保定三年二月庚子條, 68쪽, "二月庚子, 初頒新律."

32 『周書』 卷6 「武帝紀」下 建德六年條, 105쪽, "初行刑書要制. 持杖羣彊盜一匹以上, 不持杖羣彊盜五匹以上, 監臨主掌自盜二十匹以上, 小盜及詐僞請官物三十匹以上, 正長隱五戶及十丁以上·隱地三頃以上者, 至死. 刑書所不載者, 自依律科."

33 『周書』 卷23 「蘇綽傳」, 382-391쪽.

34 『周書』 卷23 「蘇綽傳」, 391쪽, "又令百司習誦之. 其牧守令長, 非通六條及計帳者, 不得居官."

뿐만 아니라 公文程式과 計帳을 엄격히 관리하여 관리의 부정을 방지하였다. 이후 賦役이 비교적 重하였으나 고르고 공정하여 백성들이 기꺼이 받아들였다. 이러한 戶籍制度와 賦役의 개혁을 통해 재정수입을 증대시켰다. 이러한 정책은 西魏北周의 중앙집권화와 원활한 지방통치에 크게 기여하였다.[35]

2. 지방관의 본적지 임용과 土着豪族

1 지방관의 본적지 임용과 錦衣還鄕

중국 역대 중앙정부의 강력한 지방통치를 가능하게 한 郡縣支配體制의 기본 원리 가운데 하나는 지방관의 본적지 회피제도였다. 秦漢時代 郡太守·郡丞, 縣令·縣丞·縣尉 등의 주요 지방관에 해당 지역 사람을 임명하지 않는 본적지 회피원칙을 관철하였다.[36] 그러나 南北朝時代에는 이 원칙이 파괴되어 본적지 출신 지방관 임명 현상이 만연하였다.[37] 北魏時代에도 이러한 현상은 지속되었다.[38] 北魏 조정은 田益宗, 田朴特, 泉企 가족 등 남쪽 변경의 蠻·巴氐·氐 등 이민족

35 張文華·蘇小華, 「西魏北周的財政與政治」, 206왼쪽-206오른쪽.

36 嚴耕望, 『中國地方行政制度史·秦漢地方行政制度』, 上海: 上海古籍出版社, 2007, 345-350쪽; 濱口重國, 「漢代に於ける地方官の任用と本籍地の關係」, 791-801쪽; 李成珪, 「前漢 縣長吏의 任用方式」, 85-101쪽.

37 窪添慶文, 「魏晋南北朝における地方官の本籍地任用について」, 『魏晋南北朝官僚制研究』, 東京: 汲古書院, 2003; 小尾孟夫, 「南朝における地方支配と豪族─地方長官の本籍地任用問題について─」 『東方學』 42, 1971, 32-48쪽.

38 최진열, 「北魏의 地域支配方式과 그 性格」, 119쪽 및 131-132쪽; 楊龍, 「論北魏後期地方長官本籍任用」, 78왼쪽-80왼쪽.

과 土着豪族을 지방관에 임명하였다.[39] 또 尒朱榮을 비롯한 鮮卑·敕
勒·山胡·稽胡·契胡·屠各 등의 우두머리를 領民酋長에 임명하여
部落을 統領하게 하였다.[40] 이 역시 지방관의 본적지 임명과 유사한
현상이었다.[41] 그런데 지방관의 본적지 임명에 대한 인식 변화가 주목
된다. 예컨대 北魏 후기 「李璧墓誌」에는 본적지 지방관의 임명을 "衣
錦游鄕, 物情影附"[42]라고 기록하였다. "衣錦游鄕"은 錦衣還鄕과 동의
어이며, 당시 사람들이 지방관의 본적지 임명을 영예로 여겼음을 보
여준다.[43] 또 北魏後期 지방관의 본적지 임명은 해당 지역의 지배를
안정시키는 긍정적 효과도 있었다.[44]

이러한 지방관의 본적지 임명과 이를 영광으로 여기는 시대적 분위
기는 西魏北周時代에도 지속되었다.

---

39 周一良, 「北朝的民族問題與民族政策」, 217-218쪽; 최진열, 「北魏의 地域支配方式
과 그 性格」, 131-132쪽; 魯西奇, 「西魏北周時代"山南"籍"方隅豪族"」, 『中國史研究』
2009-1, 2009.

40 嚴耕望, 『中國地方行政制度史』 上編卷中, 847쪽.

41 魯西奇, 「西魏北周時代"山南"籍"方隅豪族"」, 『中國史研究』 2009-1, 2009.

42 「李璧墓誌」, 『漢魏南北朝墓誌彙編』, 66-69쪽, "高陽王親同魯衛, 義齊分陝, 出鎭冀
岳, 作牧趙燕, 除皇子別駕, 兼護淸河勃海長樂三郡, 衣錦游鄕, 物情影附."

43 『魏書』 卷43 「房法壽傳附士達傳」에는 房士達이 北魏 宣武帝 永安末에 본적지인 濟
南太守에 임명되자 당시 사람들이 영광으로 여겼다고 기록하였다(『魏書』 卷43 「房
法壽傳附士達傳」, 976쪽, "永安末, 轉濟南太守. 士達不入京師, 而頻爲本州郡, 時人
榮之."). 『魏書』 列傳에는 지방관의 본적지 임명을 영예로 여긴 사례가 산견된다.

44 楊龍, 「論北魏後期地方長官本籍任用」, 82왼쪽.

〈표 13〉 西魏北周 지방관의 본적지 임명표

이름	본적	임명 시기	본적지 지방관명	비고
馮遷[45]	弘農郡		陝州刺史	
蘇椿[46]	武功郡		武功郡守	
赫連達[47]	盛樂(雲州)		雲州刺史	雲州는 僑州
田弘[48]	高平		原州刺史	
李和[49]	朔方(夏州)[50]	西魏 大統년간	夏州刺史	
劉雄[51]	臨洮郡 子城縣		子城令(本縣令) 河州刺史	
柳敏[52]	河東郡 解縣	北周初	河東郡守	
薛善[53]	河東郡 汾陰縣		河東郡守	
司馬裔[54]	河內郡 溫縣	大統 6년	河內郡守	河內郡은 僑郡 (당시 東魏 영토)
蘇亮[55]	武功郡	大統 14년 혹은 그 이후	岐州刺史	

---

45 『周書』卷11「晉蕩公護傳附馮遷傳」, 181쪽.

46 『周書』卷23「蘇綽傳附椿傳」, 396쪽.

47 『周書』卷27「赫連達傳」, 440쪽.

48 『周書』卷27「田弘傳」, 449쪽; 「田弘墓誌」, 『新出魏晉南北朝墓誌疏證』, 274쪽.

49 『周書』卷29「李和傳」, 498쪽.

50 『周書』卷29「李和傳」에는 李和의 선조가 隴西郡 狄道縣이 본적이었지만, 후에 朔方으로 徙居했다고 기록하였다. 그리고 아버지 李僧養이 夏州酋長으로 임명된 것으로 보아 朔方을 본적으로 볼 수 있다. 이 기록에 따라 朔方(夏州)을 李和의 본적으로 보았다(『周書』卷29「李和傳」, 497쪽, "李和本名慶和, 其先隴西狄道人也. 後徙居朔方. 父僧養, 以累世雄豪, 善於統御, 爲夏州酋長.").

51 『周書』卷29「劉雄傳」, 504쪽.

52 『周書』卷32「柳敏傳」, 561쪽.

53 『周書』卷35「薛善傳」, 624쪽.

54 『周書』卷36「司馬裔傳」, 645쪽.

55 『周書』卷38「蘇亮傳」, 678쪽.

이름	본적	임명 시기	본적지 지방관명	비고
陳忻[56]	宜陽郡	大統 9년 大統 15년	行宜陽郡事 宜陽郡守	
泉企[57]	上洛郡 豐陽縣	西魏初	洛州刺史 當州都督	
泉仲遵[58]	上洛郡 豐陽縣		洛州刺史	
陽雄[59]	上洛郡 邑陽縣	西魏	邑陽郡守	世襲邑陽郡守
田安興[60]	馮翊郡 下邽縣		馮翊郡守	
田長樂[61]	馮翊郡 下邽縣		馮翊郡守	
田式[62]	馮翊郡 下邽縣		馮翊郡守	

〈표 13〉을 보면 西魏北周時代 본적지 임명자는 17인이다.

〈표 13〉에서 먼저 설명할 필요가 있는 것은 僑州郡縣의 지방관이다. 예컨대 盛樂 출신인 赫連達이 刺史로 임명된 雲州[63]는 당시 西魏의 영토가 아니었다. 王仲犖의 고증에 따르면 雲州는 본래 東魏北齊의 영토였지만, 西魏의 岐州 岐山郡 周城縣 혹은 寧州 趙興郡(趙興城) 彭陽縣의 豐城에 僑置되었다.[64] 河內郡 溫縣 사람인 司馬裔가 임명된 河內郡守[65]도 당시 西魏가 河內 지역을 지배하지 못했기 때문에 僑郡, 즉 형식적인 임명이었다. 그러나 司馬裔를 西魏의 영토가 아닌 본

---

56 『周書』卷43「陳忻傳」, 778쪽.

57 『周書』卷44「泉企傳」, 786 .

58 『周書』卷44「泉企傳附仲遵傳」, 788쪽.

59 『周書』卷44「陽雄傳」, 797쪽.

60 『隋書』卷74「酷吏 · 田式傳」, 1693쪽.

61 위와 같음.

62 위와 같음.

63 『周書』卷27「赫連達傳」, 440쪽, "以達勳望兼隆, 乃除雲州刺史, 卽本州也."

64 王仲犖,「東西魏北齊北周僑置六州考略」, 1154-1155쪽.

65 『周書』卷36「司馬裔傳」, 645쪽, "六年, 授河內郡守."

적지 河內郡守에 임명한 조치는 東魏 치하 河內郡의 백성을 招撫하는데 도움이 되었다. 大統 8년(542) 河內 4,000여 家가 귀부하자 司馬裔는 河內郡守를 겸임하며 流民을 安集하였다.[66] 赫連達과 司馬裔의 僑州郡縣을 제외하면 나머지는 순수한 본적지 지방관을 임명한 것이다.

다음으로 〈표 13〉을 보면 弘農(陝州), 夏州, 河東, 洛州 등 당시 北邊이나 東魏北齊와의 接境에 임명된 지방관이 많다. 선행연구에 따르면 河東 지역은 裴氏·薛氏·柳氏·敬氏 등 토착세력의 향배와 지지가 지방통치의 중요한 요소였다.[67] 行宜陽郡事와 宜陽郡守에 임명된 陳忻은 여러 차례 東魏軍의 침입을 물리쳤고 수송 중인 東魏軍의 식량을 중간에 가로채는 등 東魏軍에 타격을 가하였다.[68] 泉仲遵은 西魏의 王雄과 함께 上津·魏興 정벌에 참여하였고 流民을 安置하였으며 고향을 비롯한 西魏의 동남부 변경을 안정시키는 데 기여하였다.[69]

---

66 『周書』卷36「司馬裔傳」, 645쪽, "頃之, 河內有四千餘家歸附, 並裔之鄕舊, 乃授前將軍·太中大夫, 領河內郡守, 令安集流民."

67 毛漢光,「北朝東西政權之河東爭奪戰」, 148-185쪽.

68 『周書』卷43「陳忻傳」, 778쪽, "九年, 與李遠迎高仲密, 仍從戰邙山. 及大軍西還, 復與韓雄等依山合勢, 破東魏三城, 斬其金門郡守方台洛. 增邑六百戶. 尋行宜陽郡事. 東魏復遣劉益生爲金門郡守, 忻又斬之. 除鎭遠將軍·魏郡守. 俄授使持節·平東將軍·顯州刺史. 太祖以忻威著敵境, 仍留靜邊, 弗令之任. 十年, 侯景築九曲城, 忻率衆邀之, 擒其宜陽郡守趙嵩·金門郡守樂敬賓. 十三年, 從李遠平九曲城, 授帥都督. 東魏將爾朱渾願率精騎三千來向宜(城)[陽], 忻與諸將輕兵邀之, 願遂退走. 十五年, 除宜陽郡守, 加大都督·撫軍將軍. 十六年, 進車騎大將軍·儀同三司·散騎常侍. 與齊將東方老戰於石泉, 破之, 俘獲甚衆. 時東魏每歲遣兵送米饋宜陽, 忻輒與諸軍邀擊之, 每多克獲."

69 『周書』卷44「泉企傳附仲遵傳」, 789쪽, "大將軍王雄南征上津·魏興, 仲遵率所部兵從雄討平之. 遂於上津置南洛州, 以仲遵爲刺史. 仲遵留情撫接, 百姓安之, 流民歸附者, 相繼而至. 初, 蠻帥杜淸和自稱巴州刺史, 以州入附. 朝廷因其所據授之, 仍隸東梁州都督. 淸和以仲遵善於撫御, 請隸仲遵. 朝議以山川非便, 弗之許也. 淸和遂結安康酋帥黃衆寶等, 舉兵共圍東梁州. 復遣王雄討平之. 改巴州爲洵州, 隸於仲遵. 先

본적지인 原州刺史로 임명된 田弘의 墓誌를 살펴보자.

"公의 諱는 弘이며, 字는 廣略이고, 原州 長城郡 長城縣 사람이다. ……
(중략)…… 大統 14년(548) 持節 都督原州諸軍事 原州刺史에 제수되었다.
비록 衣錦이라 하니 실제로는 治兵이었다."[70]

위의 인용문에서 '衣錦'은 錦衣還鄉을 지칭하며, 본적지인 原州刺史
로 임명된 것을 영예롭게 묘사한 단어였다. 그런데 田弘이 본적지 刺
史로 임명된 이유를 '治兵', 즉 군사 문제였다고 적은 대목이 주목된다.
北魏末 高平鎮을 改稱[71]한 原州는 북방의 유목민을 막는 군사 重鎮이
었다. 이를 고려하면 田弘의 묘지명에 '治兵'을 언급한 것은 田弘이 柔
然과 突厥을 막는 중책을 맡았음을 시사한다. 이처럼 西魏北周는 해당
지역에 영향력을 행사하는 土着豪族을 본적지 지방관으로 임명하여
東魏北齊를 방어하는 역할을 맡겼다.

그런데 蘇椿과 蘇亮이 임명된 武功郡과 岐州(모두 長安의 서쪽), 田
安興·田長樂·田式이 임명된 馮翊郡(長安의 동북쪽)은 변경이라기보
다 關中 평원에 위치한 內地였다. 西魏北周의 영토에서 경제적 선진
지역에도 본적지 지방관을 임명한 것은 河北 지역에 본적지 지방관을
다수 임명한 北魏洛陽時代의 관행[72]과 상통한다. 즉 西魏北周의 본적

是, 東梁州刺史劉孟良在職貪婪, 民多背叛. 仲遵以廉簡處之, 羣蠻率服."

70 「田弘墓誌」, 274쪽, "公諱弘, 字廣略, 原州長城郡長城縣人也. …… 大統十四年, 授
持節·都督原州諸軍事·原州刺史. 雖爲衣錦, 實曰治兵."

71 『魏書』卷106下「地形志」2下, 原州條細注, 2622쪽, "原州: 太延二年置鎮, 正光五年
改置, 并置郡縣. 治高平城."

72 최진열, 「北魏의 地域支配方式과 그 性格」, 131-132쪽. 楊龍, 「論北魏後期地方長官
本籍任用」, 80원쪽.

지 지방관 임명은 변경뿐만 아니라 內地에도 실시하였다.

본적지 지방관 임명을 영광으로 여겼던 北魏時代의 분위기는 西魏 北周에서도 지속되었다. 이를 확인할 수 있는 대표적인 구절이『周書』 「劉雄傳」에 보인다.

"高祖[武帝]는 일찍이 조용히 劉雄에게 '古人이 말하기를, 「富貴하고 故 鄕에 돌아가지 않음은 비단옷을 입고 밤에 돌아다니는 것과 같다」라고 한 다. 지금 卿을 本州[刺史]에 임명하고 싶은데 어떤가?'라고 말하였다. 劉雄 은 머리를 조아리고 공손하게 사례하였다. 이에 조서를 내려 劉雄을 河州 刺史에 임명하였다. 劉雄은 이전에 이미 本縣令(子城令)에 임명되었던지라 다시 이 관직을 받으니 鄕里에서는 이를 영예로 여겼다."[73]

北周 武帝가 劉雄에게 금의환향 고사를 인용하며 本州의 지방관, 즉 河州刺史 임명 의사를 직접 물어보았다. 이는 당시 皇帝도 郡縣支 配體制의 기본원리를 파괴한 지방관의 본적지 임명에 대해 거리낌이 없었고 관리들과 鄕里의 일반인들도 본적지 지방관 임명을 영광으로 여겼음을 보여준다. 劉雄 이외에도 본적지의 刺史나 郡守로 임명된 田弘,[74] 蘇亮,[75] 泉仲遵[76] 등의 列傳에서도 이를 영광으로 여긴 기록을

---

73 『周書』卷29「劉雄傳」, 504쪽, "高祖嘗從容謂雄曰: '古人云: '富貴不歸故鄕, 猶衣錦 夜遊.' 今以卿爲本州, 何如?' 雄稽首拜謝. 於是詔以雄爲河州刺史. 雄先已爲本縣令, 復有此授, 鄕里榮之."

74 『周書』卷27「田弘傳」, 449쪽, "尋授原州刺史. 以弘勳望兼至, 故以衣錦榮之."

75 『周書』卷38「蘇亮傳」, 678쪽, "十四年, 除秘書監·車騎大將軍·儀同三司, 尋拜大 行臺尙書, 出爲岐州刺史. 朝廷以其作牧本州, 特給路車·鼓吹, 先還其宅, 並給騎士 三千. 列羽儀, 游鄕黨, 經過故人, 歡飮旬日, 然後入州. 世以爲榮."

확인할 수 있다.

지방관의 본적지 회피가 郡縣支配體制의 기본적인 원리였던 이유는 본적지 지방관에 임명할 경우 土着勢力과의 유착이나 小王國의 王처럼 군림하며 중앙정부의 명령을 제대로 듣지 않을 가능성이 많았기 때문이다. 따라서 본적지 지방관을 임명할 때 해당 지역의 통치 문제도 신경 써야 했다. 本郡인 馮翊太守에 임명되었던 田式은 연고자들의 청탁을 받지 않았다.[77] 이는 西魏北周時代 법률 제정과 蘇綽의 六條詔書 등의 개혁조치를 통해 지방관들의 부패를 막는 장치를 마련하였고, 이것이 제대로 실행되었기 때문에 가능했을 것이다.

西魏北周는 漢人 土着豪族뿐만 아니라 이민족의 우두머리도 본적지 지방관에 임명하였다. 이는 3절에서 구체적으로 살펴본다.

2 지방관 본적지 임용의 배경: 土着豪族의 鄕兵 의존과 체제포섭

본적지 지방관들을 통제할 장치를 만들었다고 해도 郡縣支配體制의 기본원리까지 어기며 본적지 지방관을 임명했던 배경은 關隴集團의 형성과 西魏北周의 군사력의 種族 변화 때문이었다.

宇文泰는 大統 9년(543)에 邙山에서 패배한 이후 대대적인 개혁조치를 취하였다. 舊六鎭 출신을 포함한 胡人(鮮卑人)의 본적을 河南에서 京兆로 바꾸게 하고[78] 恭帝元年(554)에 諸將을 36國과 99姓의 후예

---

76 『周書』卷44「泉企傳附仲遵傳」, 788쪽, "及爲本州, 頗得嘉譽."

77 『隋書』卷74「酷吏·田式傳」, 1693쪽, "後數載, 拜渭南太守, 政尙嚴猛, 吏人重足而立, 無敢違法者. 遷本郡太守, 親故屛跡, 請托不行."

78 『周書』卷4「明帝紀」明帝二年三月庚申條, 55쪽, "庚申, 詔曰: '三十六國, 九十九姓, 自魏氏南徙, 皆稱河南之民. 今周室旣都關中, 宜改稱京兆人.'"

로 분식하고 군인들도 장수들의 姓을 따르도록 하였다.[79] 이처럼 宇文泰가 將士의 郡望과 姓氏를 바꾸어 山東人과 關內人, 漢人과 鮮卑人을 하나로 묶어 지역과 種族을 통합한 지배집단, 즉 關隴集團을 만들었다.[80] 따라서 關隴 출신의 토착세력을 체제 안으로 적극적으로 포섭할 필요가 있었다.

宇文泰의 西魏軍은 大統 9년(543)에 邙山에서 高歡의 東魏軍에게 대패하였다. 『周書』에는 이때 패배한 군사의 수를 기록하지 않았지만, 당시의 주력이었던 武川鎭을 비롯한 舊六鎭 군사의 피해가 심하였다. 그래서 關隴豪右를 召募하여 군사수를 증가시키는 정책을 취하였다.[81] 여기에서 關隴豪右는 주로 關隴 지역의 漢人豪族이 대부분일 것이다. 즉 西魏 宇文泰 정권은 舊六鎭이 주력인 군대를 유지할 수 없었기 때문에 漢人豪族의 협력이 필요하였다. 따라서 西魏는 漢人豪族들의 私兵을 병력으로 충원하거나 참전시켰다. 『周書』「郭彦傳」에 따르

---

79 『周書』卷2「文帝紀」下 魏恭帝元年條, 36쪽, "魏氏之初, 統國三十六, 大姓九十九, 後多絕滅. 至是, 以諸將功高者爲三十六國後, 次功者爲九十九姓後, 所統軍人, 亦改從其姓."; 『資治通鑑』卷165「梁紀」21 元帝承聖三年正月條, 5110쪽, "魏初統國三十六, 大姓九十九, 後多滅絕. 泰乃以諸將功高者爲三十六姓, 次者爲九十九姓, 所將士卒亦改從其姓."

80 陳寅恪,「宇文氏之府兵及關隴集團(附鄉兵)」, 萬繩楠 整理, 『陳寅恪魏晉南北朝史講演錄』, 北京: 黃山書社, 1987, 308-316쪽.

81 『周書』卷2「文帝紀」下 大統九年三月條, 28쪽, "三月, 齊神武至河北. 太祖還軍瀍上以引之. 齊神武果度河, 據邙山爲陣, 不進者數日. 太祖留輜重於瀍曲, 士皆銜枚, 夜登邙山. 未明, 擊之, 齊神武單騎爲賀拔勝所逐, 僅而獲免. 太祖率右軍若干惠等大破齊神武軍, 悉虜其步卒. 趙貴等五將軍居左, 戰不利. 齊神武軍復合, 太祖又不利, 夜乃引還. 旣入關, 屯渭上. 齊神武進至陝, 開府達奚武等率軍禦之, 乃退. 太祖以邙山之戰, 諸將失律, 上表請自貶. 魏帝報曰: '公膺期作宰, 義高匡合, 仗鉞專征, 擧無遺算. 朕所以垂拱九載, 實資元輔之力, 俾九服寧謐, 誠賴翊贊之功. 今大寇未殄, 而以諸將失律, 便欲自貶, 深虧體國之誠. 宜抑此謙光, 恤予一人.' 於是廣募關隴豪右, 以增軍旅."

면 西魏는 大統 12년(546) 當州(본적지의 州) 首望을 뽑아 鄕兵을 거느리도록 하였다. 이에 郭彦(馮翊 출신)은 帥都督에 임명되었다.[82] 또 大統 14년(548) 州鄕帥를 설치하고 鄕望을 얻은 인물을 임명하였다. 이에 蘇椿은 鄕兵을 지휘하였다.[83] 郭彦과 蘇椿 이외에 柳敏,[84] 王悅,[85] 司馬裔,[86] 韋瑱,[87] 李穆,[88] 田式,[89] 宋忻,[90] 令狐整[91] 등도 鄕兵을 지휘하였다. 이들은 대부분 帥都督에 임명되어 鄕兵을 지휘했다는 공통점이 있다. 이 鄕兵이 大統 12·3-15·6년경의 사료 중에 가장 빈번히 나오는 것에 주목하여 이 시기에 鄕兵 통합이 행해졌다고 보기도 한

---

82 『周書』卷37「郭彦傳」, 666쪽, "大統十二年, 初選當州首望, 統領鄕兵, 除帥都督·持節·平東將軍."

83 『周書』卷23「蘇綽傳附椿傳」, 395쪽, "四年, 出爲武都郡守. 改授西夏州長史, 除帥都督, 行弘農郡事. 椿當官強濟, 特爲太祖所知. 十四年, 置當州鄕帥, 自非鄕望允當衆心, 不得預焉. 乃令驛追椿領鄕兵."

84 『周書』卷32「柳敏傳」, 560-561쪽, "遷禮部郎中, 封武城縣子, 加帥都督, 領本鄕兵."

85 『周書』卷33「王悅傳」, 578-579쪽, "王悅字衆喜, 京兆藍田人也. 少有氣干, 爲州里所稱. 魏永安中, 尒朱天光西討, 引悅爲其府騎兵參軍, 除石安令. 太祖初定關·隴, 悅率募鄕里從軍, 屢有戰功. ……大統元年, 除平東將軍·相府刑獄參軍, 封藍田縣伯, 邑六百戶. 四年, 東魏將侯景攻圍洛陽, 太祖赴援. 悅又率鄕里千餘人, 從軍至洛陽. 將戰之夕, 悅罄其行資, 市牛饗戰士. 乃戰, 悅所部盡力, 斬獲居多."

86 『周書』卷36「司馬裔傳」, 645쪽, "魏廢帝元年, 徵裔, 令以本兵鎭漢中."

87 『周書』卷39「韋瑱傳」, 694쪽, "大統八年, 齊神武侵汾·絳, 瑱從太祖御之. 軍還, 令瑱以本官鎭蒲津關, 帶中潭城主. 尋除蒲州總管府長史. 頃之, 征拜鴻臚卿. 以望族, 兼領鄕兵, 加帥都督."

88 『隋書』卷37「李穆傳」, 1115쪽, "永熙末, 奉迎魏武帝, 授都督, 封永平縣子, 邑三百戶. 又領鄕兵, 累以軍功進爵爲伯."

89 『隋書』卷74「酷吏·田式傳」, 1693쪽, "式性剛果, 多武藝, 拳勇絕人. 周明帝時, 年十八, 授都督, 領鄕兵."

90 「宋忻及妻韋胡磨墓誌」, 『新出魏晉南北朝墓誌疏證』, 391쪽, "周太祖啓業三分, 經綸草昧, 委以爪牙, 召爲直寢, 授平東將軍·左銀青光祿·帥都督, 卽領本鄕兵."

91 『周書』卷36「令狐整傳」, 643쪽, "整以國難未寧, 常願擧宗效力. 遂率鄕親二千餘人入朝, 隨軍征討. 整善於撫馭, 躬同豐約, 是以人衆並忘羈旅, 盡其力用."

다.[92] 廢帝 3년(554) 隆州人 開府 李光賜가 鹽亭縣에서 반란을 일으켜 隆州를 공격하였다.[93] 여기에서 토착인 李光賜는 開府에 임명되어 본적지에 주둔했음을 확인할 수 있다. 이처럼 地方豪族들에게 鄕兵을 지휘하게 하고 군대에 편입시키기 위해 그들의 지지를 얻을 필요가 있었고, 따라서 地方豪族들에게 지방관의 본적지 임명이라는 양보책을 제시할 수밖에 없었을 것이다.

3. 氐·羌·蠻·稽胡의 통치

尒朱天光과 賀拔岳이 關隴에 주둔했던 北魏末에 이미 關隴 지역에 匈奴(北朝時代에는 稽胡라 불림), 氐, 羌, 屠各, 鮮卑 등 다양한 種族이 漢人들과 잡거하였다.[94] 이후 西魏北周는 梁의 巴蜀과 江漢 지역, 北齊의 영토를 병합하면서 氐·羌,[95] 蠻,[96] 獠,[97] 高車·鮮卑 등 이 지역

---

92 菊池英夫, 「北朝軍制に於ける所謂鄕兵について」, 『重松先生古稀記念九州大學東洋史論叢』, 1957.

93 『周書』 卷19 「宇文貴傳」, 313쪽, "三年, 詔貴代尉遲逈鎭蜀. 時隆州人開府李光賜反於鹽亭, 與其黨帛玉成·寇食堂·譙淹·蒲皓·馬術等攻圍隆州. 州人李祏亦聚衆反, 開府張遁擧兵應之. 貴乃命開府叱奴興救隆州, 又令開府成亞擊祏及遁. 勢蹙遂降, 執送京師."

94 毛漢光, 「西魏府兵史論」, 『中國中古政治史論』, 227-235쪽.

95 隋代의 漢陽·臨洮·宕昌·武都·同昌·河池·順政·義城·平武·汶山 등지에서 漢人이 氐羌과 雜居하였다(『隋書』 卷29 「地理志」 上, 829-830쪽, "漢陽·臨洮·宕昌·武都·同昌·河池·順政·義城·平武·汶山, 皆連雜氐羌. 人尤勁悍, 性多質直. 皆務於農事, 工習獵射, 於書計非其長矣."). 『周書』에는 이 지역의 氐羌 반란 기사가 빈출하였다.

96 江漢 지역에는 南朝時代부터 蠻이 활동하였다(川本芳昭, 「蠻漢抗爭と融合の軌跡」, 『魏晉南北朝時代の民族問題』, 東京: 汲古書院, 1998; 同氏, 「六朝における蠻の漢

에 사는 다양한 種族들을 통치하게 되었다. 따라서 다양한 種族을 통치하는 것이 西魏北周의 당면과제 중 하나였다. 아래에서 西魏北周의 多種族 통치방식을 살펴보자.

化について」, 『魏晉南北朝時代の民族問題』, 東京: 汲古書院, 1998(原載 「六朝期における蠻の漢化について」, 『史淵』 118, 1981); 同氏, 「六朝における蠻の理解についての一考察-山越·蠻漢融合の問題を中心としてみた-」, 『魏晉南北朝時代の民族問題』, 東京: 汲古書院, 1998(原載 「六朝における蠻の理解についての一考察-山越·蠻漢融合の問題を中心としてみた-」, 『史學雜誌』 95-8, 1986); 同氏, 「蠻の門題を中心としてみた六朝期段階における各地域の狀況について」, 『魏晉南北朝時代の民族問題』, 東京: 汲古書院, 1998(原載 「蠻の門題を中心としてみた六朝期段階における各地域の狀況について(その二)」, 『九州大學東洋史論集』 23, 1995). 『南齊書』 「蠻傳」에는 南齊의 荊州·相州·雍州·郢州·司州 등 長江 중류와 淮南 일대에 거주했다고 밝혔다(『南齊書』 卷58 「蠻傳」, 1007쪽, "蠻, 種類繁多, 言語不一, 咸依山谷, 布荊·湘·雍·郢·司等五州界. 宋世封西陽蠻梅蟲生爲高山侯, 田治生爲威山侯, 梅加羊爲扞山侯."). 이 지역은 西魏가 江陵을 점령하고 梁元帝를 죽인 이후 西魏北周의 영토가 되었다. 『隋書』 「地理志」에도 蠻左가 언급되는 것으로 보아(『隋書』 卷31 「地理志」下, 897쪽, "南郡·夷陵·竟陵·沔陽·沅陵·淸江·襄陽·春陵·漢東·安陸·永安·義陽·九江·江夏諸郡, 多雜蠻左, 其與夏人雜居者, 則與諸華不別. 其僻處山穀者, 則言語不通, 嗜好居處全異, 頗與巴·渝同俗. 諸蠻本其所出, 承盤瓠之後, 故服章多以班布爲飾. 其相呼以蠻, 則爲深忌.") 北周時代와 隋代에도 이들이 활동했음을 알 수 있다.

97 獠는 十六國 成漢 時代에 出山하여 巴西·渠川·廣漢·陽安·資中 일대로 퍼져 나가 郡縣을 攻破하여 益州의 큰 근심이 되었다(『魏書』 卷101 「獠傳」, 2249쪽, "建國中, 李勢在蜀, 諸獠始出巴西·渠川·廣漢·陽安·資中, 攻破郡縣, 爲益州大患. 勢內外受敵, 所以亡也. 自桓溫破蜀之後, 力不能制, 又蜀人東流, 山險之地多空, 獠遂挾山傍谷. 與夏人參居者頗輸租賦, 在深山者仍不爲編戶. 蕭衍梁益二州歲歲伐獠以自裨潤, 公私頗藉爲利."). 이후 獠는 北魏時代에도 다스리기 어려웠다. 北魏末 巴州를 세우고 巴酋 嚴始欣을 刺史로 삼았다. 또 隆城鎭을 세워 獠 20萬戶를 관할하게 하였다(『魏書』 卷101 「獠傳」, 2250쪽, "其後朝廷以梁益二州控攝險遠, 乃立巴州以統諸獠, 後以巴酋嚴始欣爲刺史. 又立隆城鎭, 所綰獠二十萬戶, 彼謂北獠, 歲輸租布, 又與外人交通貿易."). 『隋書』 「地理志」에는 漢中 일대에 獠戶가 거주한다고 하였다(『隋書』 卷29 「地理志」上, 829쪽, "漢中之人, 質樸無文, 不甚趨利. 性嗜口腹, 多事田漁, 雖蓬室柴門, 食必兼肉, 好祀鬼神, 尤多忌諱, 家人有死, 輒離其故宅. 崇重道敎, 猶有張魯之風焉. 每至五月十五日, 必以酒食相饋, 賓旅聚會, 有甚於三元.

西魏北周는 먼저 이민족의 우두머리를 지방관에 임명하여 체제 안
에 포섭하였다. 예컨대 岷州刺史 赤水蕃王 梁仚定이 大統 7년(541) 반
란을 일으켰다.[98] '赤水蕃王'이라는 직함에서 그가 소수민족 우두머리
였음을 시사한다. 즉 梁仚定은 西魏의 관리가 되어 巴蜀 지역의 岷州
刺史에 임명되었다. 大統 7년(541) 반란을 일으켰던 稽胡帥 劉平伏은
夏州刺史의 직함을 지녔다.[99] 이는 西魏가 이민족의 우두머리를 포섭
하여 현지의 지방관으로 임명했음을 보여준다.

西魏北周는 이민족의 우두머리를 將領으로 임명하고 일반인도 군인
으로 편제하였다. 馬長壽는 關中의 造像記에서 鮮卑 · 匈奴 · 羌 등 이
민족들이 都督 등 將領에 임명되었음을 발견하였다.[100] 毛漢光은 이를
근거로 大統 9년(543) 이전 鮮卑 · 匈奴 · 羌 등 이민족이 西魏의 군대로
편입되었을 것으로 보았다. 특히 大統 9년(543) 關隴豪右의 廣募[101]에

傍南山雜有獠戶, 富室者頗參夏人爲婚, 衣服居處言語, 殆與華不別."). 이는 獠가 隋
代까지 존재했음을 보여준다.

98 『周書』卷16「獨孤信傳」, 266쪽, "七年, 岷州刺史 · 赤水蕃王梁仚定擧兵反, 詔信討
之. 仚定尋爲其部下所殺. 而仚定子弟, 仍收其餘衆. 信乃勒兵向萬年, 頓三交口. 賊
並力拒守, 信因詭道趣稠松嶺. 賊不虞信兵之至, 望風奔潰. 乘勝逐北, 逕至城下, 賊
並出降."

99 『周書』卷2「文帝紀」下 大統七年春三月條, 26쪽, "七年春三月, 稽胡帥 · 夏州刺史劉
平伏據上郡叛, 遣開府于謹討平之."

100 馬長壽, 『碑銘所見的前秦至隋初的關中部族』, 北京: 中華書局, 1985, 55-65쪽 및
70-80쪽.

101 『周書』卷2「文帝紀」下 大統九年三月條, 28쪽, "三月, 齊神武至河北. 太祖還軍瀍上
以引之. 齊神武果度河, 據邙山爲陣, 不進者數日. 太祖留輜重於瀍曲, 士皆銜枚, 夜
登邙山. 未明, 擊之, 齊神武單騎爲賀拔勝所逐, 僅而獲免. 太祖率右軍若干惠等大破
齊神武軍, 悉虜其步卒. 趙貴等五將軍居左, 戰不利. 齊神武軍復合, 太祖又不利, 夜

氐·羌의 部落이 西魏軍에 편제되었을 것으로 추론하였다.[102] 保定 4년(564) 北周가 突厥과 연합하여 北齊를 공격했을 때 24軍, 左右廂 散隸, 秦隴巴蜀之兵, 諸蕃國之衆 등 20만을 동원하였다.[103] 『資治通鑑』에는 "二十四軍及左右廂散隸秦·隴·巴·蜀之兵幷羌·胡內附者, 凡二十萬人"[104]이라고 기록하였다. 胡三省의 주석에 의하면 24軍은 6柱國과 12大將軍이 거느린 關中 諸府兵이고, 左右廂은 禁衛兵이었으며 『周書』의 기록과 달리 秦·隴·巴·蜀之兵이 左右廂에 散隸되었다.[105] 巴蜀을 지역명이 아닌 이민족인 巴人과 蜀人으로 본다면 宇文護가 지휘한 군대에 이민족이 편입되었음을 알 수 있다. 巴蜀을 지역 명칭

乃引還. 旣入關, 屯渭上. 齊神武進至陝, 開府達奚武等率軍禦之, 乃退. 太祖以邙山之戰, 諸將失律, 上表請自貶. 魏帝報曰: '公膺期作宰, 義高匡合, 仗鉞專征, 擧無遺算. 朕所以垂拱九載, 實資元輔之力, 俾九服寧謐, 誠賴翊贊之功. 今大寇未殄, 而以諸將失律, 便欲自貶, 深虧體國之誠, 宜抑此謙光, 恤予一人.' 於是廣募關隴豪右, 以增軍旅."

102 毛漢光,「西魏府兵史論」, 233-242쪽.

103 『周書』卷11「晉蕩公護傳」, 174쪽, "是年也, 突厥復率衆赴期. 護以齊氏初送國親, 未欲卽事征討, 復慮失信蕃夷, 更生邊患. 不得已, 遂請東征. 九月, 詔曰: '神若軒皇, 尙雲三戰; 聖如姬武, 且日一戎. 弧矢之威, 干戈之用, 帝王大器, 誰能去兵. 太祖丕受天明, 造我周室, 日月所照, 罔不率從. 高氏乘釁跋扈, 竊有幷·冀, 世濟其惡, 腥穢彰聞. 皇天震怒, 假手突厥, 驅略汾晉, 掃地無遺. 季孟勢窮, 伯珪日蹙, 坐待滅亡, 鑒之愚智. 故突厥班師, 仍屯彼境, 更集諸部, 傾國齊至, 星流電擊, 數道俱進, 期在仲冬, 同會幷·鄴. 大塚宰晉公, 朕之懿昆, 任隆伊·呂, 平一宇宙, 惟公是屬. 朕當親執斧鉞, 廟庭祇受. 有司宜勒衆軍, 量程赴集, 進止遲速, 委公處分.' 於是徵二十四軍及左右廂散隸·及秦隴巴蜀之兵·諸蕃國之衆二十萬人."

104 『資治通鑑』卷169「陳紀」3 文帝天嘉五年九月條, 5245쪽, "晉公護新得其母, 未欲伐齊; 恐負突厥約, 更生邊患, 不得已, 徵二十四軍及左右廂散隸秦·隴·巴·蜀之兵幷羌·胡內附者, 凡二十萬人."

105 『資治通鑑』卷169「陳紀」3 文帝天嘉五年九月條胡註, 5245쪽, "二十四軍, 六柱國及十二大將軍所統關中諸府兵也. 安定公泰相魏, 左右各十二軍, 並屬相府. 左右廂, 禁衛兵也, 兼有秦·隴·巴·蜀之兵, 散隸於左右廂者."

으로 본다고 해도『周書』「晉蕩公護傳」의 諸蕃國之衆이『資治通鑑』에 "羌·胡內附者"라고 기록한 것에서 알 수 있듯이 羌과 胡로 지칭된 다양한 유목민 집단이 北周軍에 편입되었음이 확인된다.『北齊書』「段榮傳附詔傳」에서도 이때 北周軍에 羌夷가 晉陽 공격에 동원되었음[106]을 확인할 수 있다.

이처럼 다양한 種族을 西魏北周의 군대에 편입한 것은 西魏 宇文泰 정권이 入關한 군대의 수가 적었기 때문이다. 趙昶도 大統 15년 (549) 安夷郡守가 되어 長蛇鎭將을 겸하여 氐人을 복종시켜 1,000여 인을 종군시켰다.[107] 이 1,000여 人의 氐人은 長蛇鎭 일대를 방어하는 역할을 맡았을 것이다. 北周末 王謙이 蜀에서 거병할 때 沙氐 출신 上柱國 楊永安이 참여하였다.[108] 이는 沙氐가 北周軍에 편제되었음을 보여준다.

西魏北周가 이민족을 軍人으로 편제한 관행은 唐代까지 계속 이어졌고 제도화되었을 것이다.『唐六典』「尙書戶部」戶部郎中條의 이민족 조세 징수 기록에 따르면, 嶺南(현재의 廣東省과 廣西省 일대)의 羈縻州와 夷獠之戶에게도 다른 稅率과 稅目이 있었음을 기록하였다. 또 征伐과 鎭守에 차출되는 諸州와 高句麗人, 百濟人은 모두 課와 役을 면제하였다.[109]『唐六典』「尙書兵部」兵部郎中條에서도 唐의 수도 長安

---

106 『北齊書』卷16「段榮傳附詔傳」, 210쪽, "十二月, 周武帝遣將率羌夷與突厥合衆逼晉陽, 世祖自鄴倍道兼行赴救."

107 『周書』卷33「趙昶傳」, 577쪽, "十五年, 拜安夷郡守, 帶長蛇鎭將. 氐族荒獷, 世號難治, 昶威懷以禮, 莫不悅服. 期歲之後, 樂從軍者千餘人. 加受帥都督. 時屬軍機, 科發切急, 氐情難之, 復相率謀叛. 昶又潛遣誘說, 離間其情, 因其攜貳, 遂輕往臨之. 羣氐不知所爲, 咸來見昶. 乃收其首逆者二十餘人斬之, 餘衆遂定."

108 『隋書』卷53「達奚長儒傳」, 1350쪽, "高祖作相, 王謙擧兵於蜀, 沙氐上柱國楊永安扇動利·興·武·文·沙·龍等六州以應謙, 詔長儒擊破之."

109 『唐六典』卷3「尙書戶部」戶部郎中條, 77쪽, "凡嶺南諸州稅米者, 上戶一石二斗, 次

서쪽에 위치한 秦州·成州·岷州·渭州·河州·蘭州 등 6州에 高句麗
兵과 羌兵이 있었음을 기록하였다.[110] 原注에는 "모두 해당 州의 上佐
1人에게 統押을 전문적으로 담당하게 하여 매년 두 차례 敎練을 실시
하여 部伍를 관장하게 하였다. 만약 警急한 일이 있으면 명령을 내려
달려가 구원하도록 하였다. 諸州 城傍의 子弟들은 또한 늘 군사훈련
을 받았고 매년 가을에 本軍에 모였고 봄이면 흩어졌다"[111]라고 기록
하였다. '諸州城傍'은 '營州城傍' 高句麗人 王思禮[112]의 표기방식과 같
다. 즉 王思禮는 長安 서쪽 6州의 高句麗兵처럼 營州 부근에서 살면
서 군사훈련을 받다가 營州 本軍에 합류해야 하는 별동부대에 속했
다.[113] 唐代 이민족을 武將과 軍人으로 편제하여 대외정복과 방어에
활용했음은 이미 선행연구를 통해 밝혀졌다.[114] 선행연구에서는 唐代
정복된 突厥·高句麗·百濟 등 遺民들이 蕃將과 蕃兵으로 편제되었
음을 밝히는 데 초점을 맞추었다. 이들뿐만 아니라 唐 영토 안에 거주
했던 이민족들, 즉 위에서 살펴본 氐·羌 등 이민족들도 唐兵으로 편

戶八斗, 下戶六斗. 若夷獠之戶, 皆從半輸. 輕稅諸州·高麗·百濟應差征鎮者, 並令
免課役."
110 『唐六典』卷5 「尙書兵部」 兵部郎中條, 157쪽, "秦成岷渭河蘭六州, 有高麗羌兵."
111 위와 같음, "原注: 皆令當州上佐一人專知統押, 每年兩度敎練, 使知部伍, 如有警急,
卽令赴援. 諸州城旁子弟, 亦常令敎習, 每年秋集本軍, 春則放散."
112 『舊唐書』卷110 王思禮傳, 3312쪽, "王思禮, 營州城傍高麗人也."
113 崔珍烈, 「唐人들이 인정한 高句麗人의 正體性－唐代 墓誌銘에 보이는 高句麗의 別
稱(朝鮮·三韓·扶餘) 分析을 중심으로－」, 『동북아역사논총』 24, 2009, 231-232쪽.
114 章羣, 『唐代蕃將硏究』, 臺北: 聯經, 1990; 章羣, 「關於乾陵石人像問題」, 『唐代蕃將
硏究續編』, 臺北: 聯經, 1990; 馬馳, 「蕃將與武則天政權」, 『許昌師專學報:社科版』
1991-4, 1991; 張國剛, 「唐代的蕃部與蕃兵」, 『唐代政治制度硏究論集』, 臺北: 文津
出版社, 1995, 97-102쪽; 李鴻賓, 「朔方軍與胡兵蕃將」, 『唐朝朔方軍硏究』, 長春: 吉
林人民出版社, 2000; 陳寅恪, 「論唐代之蕃將與府兵」, 『金明館叢稿初編』, 北京: 三
聯書店, 2001; 崔珍烈, 「唐人들이 인정한 高句麗人의 正體性」, 231-233쪽.

제되었다. 이처럼 피지배 이민족을 군인으로 편제하던 관행과 제도는
이미 西魏北周에서 비롯되었을 것이다.

2 編戶 편제와 조세 · 요역 징수

西魏北周 이전에는 蠻 · 獠 · 稽胡 등 이민족에게 漢人編戶와 다른
조세체계를 유지하였다. 『後漢書』 「南蠻傳」에 따르면 蠻은 布 1匹 혹
은 2丈(小口)이라는 賨布를 납부하였다.[115] 巴中과 南郡 일대의 蠻夷는
巴氏가 대대로 君長이 되었으며, 君長은 해마다 賦 2,016錢, 3년마다
義賦 1만 8,000錢을 납부하였고, 그 民戶는 幏布 8丈 2尺 雞羽 30鍭
를 바쳤다.[116] 板楯蠻 가운데 渠帥 羅 · 朴 · 督 · 鄂 · 度 · 夕 · 龔 7姓은
租賦를 내지 않았고, 나머지 戶는 해마다 口당 40錢의 賨錢을 납부하
였다.[117] 巴蜀과 南郡 · 武陵郡 일대의 蠻夷들은 지역마다 다른 액수의
賨布 혹은 賨錢을 납부하였다. 그러나 중국 역대 왕조는 법적으로 蠻
夷들에게 요역은 부과하지 않았지만 지방에서는 달리 대응하였다. 이
는 夷道의 남자 毋憂의 재판기록(첫 번째 「奏讞書」 1-7簡)을 통해 알 수
있다. 사건의 개요는 다음과 같다: 夷道尉는 蠻夷인 毋憂에게 都隊府
에 주둔하여 수비하라고 명하였으나, 毋憂는 이를 거부하고 도망갔

---

115 『後漢書』 卷86 「南蠻」, 2831쪽, "漢興, 改爲武陵. 黔中故城在今辰州沅陵縣西. 歲令
大人輸布一匹, 小口二丈, 是謂賨布."

116 『後漢書』 卷86 「南蠻列傳」, 2841쪽, "及秦惠王幷巴中, 以巴氏爲蠻夷君長, 世尙秦女,
其民爵比不更, 有罪得以爵除. 其君長歲出賦二千一十六錢, 三歲一出義賦千八百錢.
其民戶出幏布八丈二尺, 雞羽三十鍭. 漢興, 南郡太守靳彊請一依秦時故事."

117 『後漢書』 卷86 「南蠻列傳」, 2842쪽, "至高祖爲漢王, 發夷人還伐三秦. 秦地旣定, 乃
遣還巴中, 復其渠帥羅 · 朴 · 督 · 鄂 · 度 · 夕 · 龔七姓, 不輸租賦, 餘戶乃歲入賨錢,
口四十."

다. 毋憂는 蠻夷 大男子가 매해 바치는 56錢의 實錢은 徭賦를 대신하기 때문에 수비병으로 복무하는 것은 부당하다고 주장하였다. 이에 대해 夷道尉 窯는 南郡尉가 令에 따라 복무할 것을 명하였고, 蠻夷律에 令으로 수비병으로 주둔하여 복무하는 조항을 令으로 삼지 말라는 규정도 없다. 또 비록 이러한 명령이 부당하다고 해도 夷道尉가 이미 파견했으므로 毋憂는 곧 屯卒의 신분이므로 병사의 진지 이탈이라는 죄로 요참형으로 처벌해야 한다고 주장하였고, 결국 夷道尉의 주장대로 판결되었다.[118] 毋憂의 말에서 알 수 있듯이 南郡 夷道의 蠻夷의 君長이나 大男子가 해마다 實錢을 바치고 사실상 요역을 면제받았고 이들의 생활은 蠻夷律에 따르며 살았다. 위의 사건에서 蠻夷는 徭役을 면제받았지만, 이 徭役에 軍役이 포함되는지는 명확히 규정되어 있지 않았기 때문에 이 판례에 따라 南郡의 都尉와 道尉 등의 재량에 따라 軍役에 징발할 수 있었다. 毋憂에게 불리하게 판결된 이 재판은 요역 부과와 관련하여 지방정부와 蠻夷들 사이에 갈등을 야기했을 것이다. 『宋書』「夷蠻・蠻・荊雍州蠻傳」을 보면 『後漢書』「南蠻傳」의 稅額과 다르긴 하지만 南朝 劉宋 시대 蠻은 戶마다 數斛을 납부하고 다른 雜調가 없었다. 따라서 劉宋 民의 賦役이 심하여 蠻으로 도망간 貧民들이

---

118 『張家山漢墓竹簡』(張家山二四七號漢墓竹簡整理小組, 北京: 文物出版社, 2001) 「奏讞書」 1-7簡, 213쪽, "十一年八月甲申朔己丑, 夷道介丞嘉敢讞(讞)之, 六月戊子發弩九詣男子毋憂, 告爲都尉屯, 已受致書, 行未到, 去亡. 毋憂曰: 變(蠻)夷大男子歲出五十六錢以當繇(徭)賦, 不當爲屯, 尉窯遣毋憂爲屯, 行未到, 去亡, 它如九. 窯曰: 南郡尉發屯有令, 變(蠻)夷律不曰勿令爲屯, 卽遣之, 不智(知)亡故, 它如毋憂. 詰毋憂, 律變(蠻)夷男子歲出實錢, 以當繇(徭)賦, 非曰勿令爲屯也, 及雖不當爲屯, 窯已遣, 毋憂卽屯卒, 已去亡, 何解? 毋憂曰: 有君長 歲出實錢, 以當繇(徭)賦, 卽復也, 存吏, 毋解. 問 如辭. 鞫之: 毋憂變(蠻)已大男子, 歲出實錢, 以當繇(徭)賦, 窯遣爲屯, 去亡, 得, 皆審. 疑毋憂罪, 它縣論, 敢讞(讞)之, 謁報. 署獄史曹發. 吏當: 毋憂當要(腰)斬, 或曰不當論. 廷報: 當要(腰)斬."

많았다. 이 시기에도 蠻은 徭役을 부담하지 않았다.[119]

巴蜀에 있었던 獠는 漢人과 사는 경우 租賦를 부담했지만, 깊은 산에 사는 獠는 編戶가 되지 않았다.[120] 즉 후자는 租賦를 부담하지 않았다. 離石 서쪽과 安定 동쪽에 살았던 稽胡는 郡縣에 속하고 편호로 편입되었지만 徭賦가 가벼워 北周의 齊民과 달랐다.[121] 즉 稽胡도 西魏北周의 編戶와 다른 세금을 납부하였다. 이 밖에 氐·羌·巴氐의 조세 부담에 대한 기록은 없지만, 아래의 예들을 살펴보면 이들과 비슷한 상황이었을 것으로 추정된다.

그런데 西魏北周는 전쟁 때나 평상시에 여러 이민족들로부터 세금을 징수하려고 하였다. 예컨대 廢帝二年(553) 西魏가 蜀을 정벌할 때 達奚寔은 行南岐州事가 되어 군량 보급을 책임졌다. 이때 山氐가 부역을 바치지 않았으나 達奚寔이 설득하자 氐人이 賦稅를 바쳤고, 이

---

119 『宋書』 卷97 「夷蠻·蠻·荊雍州蠻傳」, 2396쪽, "荊·雍州蠻, 槃瓠之後也. 分建種落, 布在諸郡縣. 荊州置南蠻, 雍州置寧蠻校尉以領之. 世祖初, 罷南蠻幷大府, 而寧蠻如故. 蠻民順附者, 一戶輸穀數斛, 其餘無雜調, 而宋民賦役嚴苦, 貧者不復堪命, 多逃亡入蠻. 蠻無徭役, 強者又不供官稅, 結黨連羣, 動有數百千人, 州郡力弱, 則起爲盜賊, 種類稍多, 戶口不可知也."

120 『魏書』 卷101 「獠傳」, 2249쪽, "建國中, 李勢在蜀, 諸獠始出巴西·渠川·廣漢·陽安·資中, 攻破郡縣, 爲益州大患. 勢內外受敵, 所以亡也. 自桓溫破蜀之後, 力不能制, 又蜀人東流, 山險之地多空, 獠遂挾山傍谷, 與夏人參居者頗輸租賦, 在深山者仍不爲編戶. 蕭衍梁益二州歲歲伐獠以自裨潤, 公私頗藉爲利."

121 『周書』 卷49 「異域上·稽胡傳」, 896-897쪽, "稽胡一曰步落稽, 蓋匈奴別種, 劉元海五部之苗裔也. 或云山戎赤狄之後. 自離石以西, 安定以東, 方七八百里, 居山谷間, 種落繁熾. 其俗土著, 亦知種田. 地少桑蠶, 多麻布. 其丈夫衣服及死亡殯葬, 與中夏畧同. 婦人則多貫蜃貝以爲耳及頸飾. 又與華民錯居, 其渠帥頗識文字. 然語類夷狄, 因譯乃通. 蹲踞無禮, 貪而忍害. 俗好淫穢, 處女尤甚. 將嫁之夕, 方與淫者敍離, 夫氏聞之, 以多爲貴. 旣嫁之後, 頗亦防閑, 有犯姦者, 隨事懲罰. 又兄弟死, 皆納其妻. 雖分統郡縣, 列於編戶, 然輕其徭賦, 有異齊民. 山谷阻深者, 又未盡役屬. 而凶悍恃險, 數爲寇亂."

를 西魏軍에 공급하였다.[122] 利州總管 趙剛은 北周 孝閔帝 시기 沙州氏를 토벌하였다. 이후 方州의 生獠를 招納하고 賦役을 징수하였다.[123] 北周初 澧州刺史 郭彦은 澧州(豊州)의 蠻左가 대부분 賦稅를 내지 않고 농업에 종사하지 않는 상황에서 농경을 장려하고 백성들도 농업에 힘쓰니 백성들의 집에 남은 식량이 있고 망명자도 賦役을 부담하였다.[124] 이 亡命之徒 중에는 蠻左도 포함되었을 것이다. 明帝初 岷州刺史에 임명된 元定은 羌豪를 회유하였다. 이에 羌人들이 山谷에서 나와 賦를 징수할 수 있었다.[125] 李遷哲이 黔陽蠻 田烏度 등을 평정하자 諸蠻은 李遷哲을 畏威하여 각자 糧餼를 보냈다. 그리고 諸蠻 1,000여 家가 蠻夷 子弟를 인질로 보냈다. 李遷哲은 白帝城 밖에 城을 쌓고 이들을 이곳에 두었다. 이후 침입과 노략질이 잦아들었고 軍糧도 풍족하게 되었다.[126] 전후 문맥을 보면 信州에 군량이 풍부해진 것은 諸蠻들이 보낸 糧餼 때문이었을 것이다. 이러한 예를 보면 西魏北周의 지방관들은 氐·羌·獠로부터 세금을 징수하였다. 그러나 이는 국지적인 현상이었다. 北周 武帝시기 조정에서 蠻夷를 징발하려

---

122 『周書』卷29「達奚寔傳」, 503쪽, "魏廢帝二年, 除中外府司馬. 大軍伐蜀, 以寔行南岐州事, 兼都軍糧. 先是, 山氏生獷, 不供賦役, 歷世羈縻, 莫能制御. 寔導之以政, 氐人感悅, 並從賦稅. 於是大軍糧餼, 咸取給焉."

123 『周書』卷33「趙剛傳」, 574-575쪽, "孝閔帝踐阼, 進爵浮陽郡公. 出爲利州總管·利沙方渠四州諸軍事. 沙州氏恃險逆命, 剛再討服之. 方州生獠自此始從賦役."

124 『周書』卷37「郭彦傳」, 667쪽, "孝閔帝踐阼, 出爲澧州刺史. 蠻左生梗, 未遵朝憲. 至於賦稅, 違命者多. 聚散無恆, 不營農業. 彦勸以耕稼, 禁共遊獵, 民皆務本, 家有餘糧. 亡命之徒, 咸從賦役."

125 『周書』卷34「元定傳」, 589쪽, "世宗初, 拜岷州刺史. 威恩兼濟, 甚得羌豪之情. 先時生羌據險不賓者, 至是並出山谷, 從徵賦焉. 及定代還, 羌豪等感戀之."

126 『周書』卷44「李遷哲傳」, 791-792쪽, "黔陽蠻田烏度·田都唐等每抄掠江中, 爲百姓患. 遷哲隨機出討, 殺獲甚多. 由是諸蠻畏威, 各送糧餼. 又遣子弟入質者, 千有餘家. 遷哲乃於白帝城外築城以處之. 並置四鎭, 以靜峽路. 自此寇抄頗息, 軍糧贍給焉."

하자 李禮成은 蠻夷가 동요하면 난이 일어난다며 간언하였고 武帝는 이를 수용하였다.[127] 이 일화에서 北周 武帝 시기에도 蠻夷로부터 세금이나 요역 동원이 일반화되지 않았음을 알 수 있다.

그렇다고 해도 西魏北周의 지방관들은 해당 지역의 이민족들을 귀부시키고 編戶로 편제하는 작업을 진행하였다. 예컨대 梁昕은 大統12년(546) 이후 東荊州에서 선정을 베푸니 蠻夷가 이를 기뻐하여 流民이 계속 歸附하였다.[128] 전후 문맥을 보면 이 流民 가운데 蠻夷가 대부분이었을 것이다. 湖州刺史 薛愼은 蠻左의 豪帥를 감화시켜 諸蠻을 감복시켰다. 이에 1,000여 戶가 귀부하였다.[129] 隆州總管 陸騰은 保定2년(562) 鐵山 獠를 토벌하고 3,000人을 사로잡고 항부자 3만 戶를 招納하였다.[130] 王長述은 北周初 廣州에서 선정을 베푸니 귀부한 蠻이 3만여 戶에 달했다.[131] 宣政 2년(579) 稽胡 반란 토벌에 참여한 高熲이 虞慶則을 石州總管에 임명하자 虞慶則은 선정을 베풀었고 이에 稽胡

---

127 『隋書』卷50「李禮成傳」, 1316쪽, "時朝廷有所徵發, 禮成度以蠻夷不可擾, 擾必爲亂, 上表固諫, 周武帝從之."

128 『周書』卷39「梁昕傳」, 694쪽, "十二年, 除河南郡守, 鎭大塢. 尋又移鎭閣韓, 式遏邊壘, 甚著誠信. 遷東荊州刺史. 昕撫以仁惠, 蠻夷悅之, 流民歸附者, 相繼而至."

129 『周書』卷35「薛善傳附愼傳」, 625쪽, "保定初, 出爲湖州刺史. 州界旣雜蠻左, 恆以劫掠爲務. 愼乃集諸豪帥, 具宣朝旨, 仍令首領每月一參, 或須言事者, 不限時節. 愼每引見, 必殷勤勸誡, 及賜酒食. 一年之間, 翕然從化. 諸蠻乃相謂曰: '今日始知刺史眞民父母也.' 莫不欣悅. 自是襁負而至者, 千有餘戶."

130 『周書』卷28「陸騰傳」, 471쪽, "保定元年, 遷隆州總管, 領刺史. 二年, 資州盤石民反, 殺郡守, 據險自守, 州軍不能制. 騰率軍討擊, 盡破斬之. 而蠻·獠兵及所在蜂起, 山路險阻, 難得掩襲. 騰遂量山川形勢, 隨便開道. 蠻獠畏威, 承風請服. 所開之路, 多得古銘, 並是諸葛亮·桓溫舊道. 是年, 鐵山獠抄斷內江路, 使驛不通. 騰乃進軍討之. 欲至鐵山, 乃僞還師. 賊不以爲虞, 遂不守備. 騰出其不意擊之, 應時奔潰. 一日下其三城, 斬其魁帥, 俘獲三千人, 招納降附者三萬戶."

131 『隋書』卷54「王長述傳」, 1361쪽, "尋授司憲大夫, 出拜廣州刺史. 甚有威惠, 吏人懷之, 在任數年, 蠻夷歸之者三萬餘戶."

8,000여 戶가 귀부하였다.[132] 또 李輝는 梁州總管에 임명되어 渠州와
蓬州(巴東)의 生獠를 귀부시켰다.[133] 郭彦은 純州의 蠻左를 鎭撫하였
다.[134] 陽雄은 洵州에서 賨·渝를 위무하였다. 陽雄은 여러 부임지에
서 위무에 힘써 백성들을 安輯하였다.[135] 陽雄의 부임지에는 賨·渝·
蠻 등 이민족도 거주하였으므로 이들도 安輯의 대상이 되었을 것이
다. 秦州總管 尉遲運은 秦州總管區가 華戎, 즉 漢人과 胡人 절반, 풍
속이 다른 상황에서 胡人을 받아들였다.[136]

　西魏北周의 지방관들은 이민족의 풍속교화에도 힘썼다. 예컨대 李
虎가 부임한 上州는 蠻左가 잡거하는 지역이었다. 李虎는 德·刑을
병행하여 풍속을 교화하였다.[137] 풍속교화의 대상에는 蠻左도 당연히
포함되었을 것이다. 湖州刺史 薛愼은 결혼 후에 부모와 별거하는 蠻

---

132 『隋書』卷40「虞慶則傳」, 1174쪽, "時稽胡數爲反叛. 越王盛·內史下大夫高頴討平
　　之. 將班師, 頴與盛謀議. 須文武幹略者鎭遏之. 表請慶則, 於是卽拜石州總管. 甚有威
　　惠, 境內淸肅, 稽胡慕義而歸者八千餘戶."

133 『周書』卷15「李弼傳附輝傳」, 241쪽, "天和六年, 進位柱國. 建德元年, 出爲總管梁洋
　　等十州諸軍事·梁州刺史. 時渠·蓬二州生獠, 積年侵暴, 輝至州綏撫, 並來歸附."

134 『周書』卷37「郭彦傳」, 668쪽, "屬純州刺史樊捨卒, 其地旣東接陳境, 俗兼蠻左, 初
　　喪州將, 境內騷然. 朝議以彦威信著於東南, 便令鎭撫. 彦至, 吏人畏而愛之."

135 『周書』卷44「陽雄傳」, 797쪽, "除洵州刺史. 俗雜賨·渝, 民多輕猾. 雄威惠相濟, 夷
　　夏安之. 蠻帥文子榮竊據荊州之汶陽郡, 又侵陷南郡之當陽·臨沮等數縣. 詔遣開
　　府賀若敦·潘招等討平之. 卽以其地置平州, 以雄爲刺史. 進爵玉城縣公, 增邑通前
　　一千六百戶, 加驃騎大將軍·開府儀同三司. 時寇亂之後, 戶多逃散, 雄在所懇撫, 民
　　並安輯."

136 「尉遲運墓誌」, 305쪽, "俄授秦·渭·成·康·文·武六州諸軍事, 秦州總管. 此州華
　　戎相半, 風俗不一, 雖異空桐之武, 頗有强梁之氣. 公濟寬持猛, 遠服邇安, 開懷納胡,
　　擧袖化狄, 千里聞風, 百城解印."

137 「李虎墓誌」, 『新出魏晉南北朝墓誌疏證』, 510쪽, "尋遷授開府, 并封順政縣開國公,
　　上州諸軍事, 上州刺史. 此地營樔嶮岨, 蠻左雜居, 漢蜀交川, 民政矗獷. 公乃德刑并
　　設, 風敎始行, 威□俱申, 大揚流俗."

의 풍속을 바꾸어 자녀들이 부모를 봉양하도록 하였다. 그리고 이를 朝廷에 보고하니 朝廷에서는 蠻左의 賦役을 면제하였다. 이때 교화가 크게 행해지니 蠻左의 풍속이 바뀌어 華俗과 같아졌다.[138] 延州刺史 (延州總管) 李和는 總管區 안에 거주하는 稽胡에게 農桑을 권하고 夷俗을 변하게 하였다.[139]

3 氐·羌·蠻·稽胡의 잦은 반란과 진압

『周書』列傳에서는 이민족 통치를 위해 파견된 지방관들이 선정을 베풀었다고 기록하였다. 그럼에도 불구하고 稽胡·氐·羌·蠻 등 이민족들은 西魏北周에서 자주 반란을 일으켰다.

〈표 14〉는 『周書』, 『隋書』, 각종 墓誌에서 西魏北周時代의 이민족 氐·羌·蠻·稽胡·宕昌羌 등의 반란을 정리한 것이다. 宕昌羌은 독립국이었으므로 『周書』의 宕昌羌 반란 기사는 제외하였다.

〈표 14〉를 보면 西魏北周時代에 氐·羌·蠻·稽胡·獠 등의 반란이 최소 62회 일어났다. 蠻이 19회, 稽胡가 15회, 氐가 11회, 羌이 9회,

---

138 『周書』 卷35 「薛善傳附愼傳」, 625쪽, "蠻俗, 婚娶之後, 父母雖在, 卽與別居. 愼謂守令曰: '牧守令長是化民者也, 豈有其子娶妻, 便與父母離析. 非唯民俗之失, 亦是牧守之罪.' 愼乃親自誘導, 示以孝慈, 並遣守令各喩所部. 有數戶蠻, 別居數年, 遂還侍養, 及行得果膳, 歸奉父母. 愼感其從善之速, 具以狀聞. 有詔蠲其賦役. 於是風化大行, 有同華俗."

139 「李和墓誌」, 『新出魏晉南北朝墓誌疏證』, 326쪽, "出爲延綏丹銀四州·大寧·安民·姚襄·招遠·平獨·朔方·武安·金明·洛陽·源啓渝十防諸軍事·延州刺史, 總管之內, 編雜稽胡, 狼子難馴, 梟音靡革, 每窺蕃政, 有數邊境. 公未及下車, 仁聲已暢, 傾陬盡落, 偃草從風. 實倉廩而息干戈, 勸農桑而變夷俗. 就遷柱國, 餘如故. 建德六年, 羣稽復動, 天子以公舊惪在民, 遺風被物, 率衆三萬, 所至皆平."

種族	반란 시기	반란 장소	반란자 및 기타
羌	西魏 大統 4년(538)	涇州 일대	莫折後熾의 반란[140]
氐	西魏 大統 4년(538)	武都	南岐州氐 苻安壽의 武都 공격[141]
羌	西魏 大統 4년(538)	秦州	濁水羌의 반란[142]
稽胡	西魏 大統 6년(540)	白額?	李弼의 토벌[143]
稽胡	西魏 大統 7년(541)	夏州	稽胡帥 劉平伏의 난[144]
叛胡	西魏 大統 9-15년(543-549)	汾州	汾州 叛胡 토벌[145]
氐	西魏 大統 9년(543)	南由	清水氐 李鼠仁과 氐 梁道顯의 반란[146]

---

[140] 『周書』 卷25 「李賢傳」, 415-416쪽, "四年, 莫折後熾連結賊黨, 所在寇掠. 賢率鄕兵與行涇州事史寧討之. 後熾列陣以待. 賢謂寧曰: '賊聚結歲久, 徒衆甚多, 數州之人, 皆爲其用. 我若總一陣並力擊之, 彼旣同惡相濟, 理必總萃於我. 其勢不分, 衆寡莫敵. 我便救尾, 無以制之. 今若令諸軍分爲數隊, 多設旗鼓, 掎角而前, 以脅諸柵. 公別統精兵, 直指後熾, 按甲而待, 莫與交鋒. 後熾欲前, 則憚公之銳. 諸柵欲出, 則懼我疑兵. 令其進不得戰, 退不得走, 以候我懈, 擊之必破. 後熾一敗, 則衆柵不攻自拔矣.' 寧不從. 屢戰頻北. 賢乃率數百騎徑掩後熾營, 收其妻子·僮隸五百餘人, 並輜重等. 屬後熾與寧戰勝, 方欲追奔, 忽聞賢至, 乃棄寧與賢接戰. 賢手斬十餘級, 生獲六人, 賊遂大敗. 後熾單騎遁走."

[141] 『周書』 卷19 「侯莫陳順傳」, 308쪽, "南岐州氐苻安壽自號太白王, 攻破武都, 州郡騷動. 復以順爲大都督, 往討之. 而賊屯兵要險, 軍不得進. 順乃設反間, 離其腹心; 立信賞, 誘其徒屬. 安壽知勢窮迫, 遂率部落一千家, 赴軍款附."

[142] 『周書』 卷49 「異域上·宕昌羌傳」, 893쪽, "是歲, 秦州濁水羌反, 州軍討平之."

[143] 『周書』 卷27 「宇文測傳附深傳」, 456쪽, "六年, 別監李弼軍討白額稽胡, 並有戰功."

[144] 『周書』 卷2 「文帝紀」下 大統七年春三月條, 26쪽, "七年春三月, 稽胡帥·夏州刺史劉平伏據上郡叛, 遣開府于謹討平之."

[145] 『周書』 卷33 「趙昶傳」, 577쪽, "先是, 汾州胡叛, 再遣昶慰勞之, 皆知其虛實. 及大軍往討, 昶爲先驅, 遂破之."

[146] 『周書』 卷49 「氐傳」, 895쪽, "九年, 清水氐酋李鼠仁據險作亂, 氐帥梁道顯叛攻南由, 太祖遣典籤趙昶諭論之, 鼠仁等相繼歸附.";『周書』 卷33 「趙昶傳」, 577쪽, "大統九年, 大軍失律於邙山, 清水氐酋李鼠仁自軍逃還, 憑險作亂. 隴右大都督獨孤信頻遣

種族	반란 시기	반란 장소	반란자 및 기타
蠻	西魏 大統 9년(543) 이후	潁川	蠻帥 田柱淸의 반란[147]
蠻	西魏 大統 11년(545) 이후	沔曲	沔曲 諸蠻의 반란[148]
蠻	西魏 大統 11년(545)	唐州	權景宣의 唐州蠻 田魯嘉 평정[149]
蠻	西魏 大統 12년(546)	潁川	郭賢의 蠻酋 魯和 토벌[150]
羌	西魏 大統 13년(547) 이전	黃河와 渭水 사이 지역, 河州 일대	王德의 羌 반란 평정[151]
稽胡	西魏 大統 14년(548)[152]	未詳	李弼의 평정[153]

軍擊之, 不克. 太祖將討之, 欲先遣觀其勢. 顧問誰可爲. 左右莫對. 昶曰: '此小豎爾,
以公威, 孰不聽命.' 太祖壯之, 遂令昶使焉. 昶見鼠仁, 喩以禍福, 羣兇聚議, 或從或
否. 其逆命者, 復將加刃於昶. 而昶神色自若, 志氣彌厲. 鼠仁感悟, 遂相率降. 氐梁
道顯叛, 攻南由. 太祖復遣昶慰諭之, 道顯等皆卽款附."

147 『周書』卷19「楊忠傳」, 316쪽, "及東魏圍潁川, 蠻帥(日)[田]柱淸據險爲亂, 忠率兵討
平之."

148 『周書』卷19「楊忠傳」, 317쪽, "及于謹伐江陵, 忠爲前軍, 屯江津, 遏其走路. 梁人束
刃於象鼻以戰, 忠射之, 二象反走. 及江陵平, 朝廷立蕭詧爲梁(王)[主], 令忠鎭穰城
以爲掎角之勢. 別討沔曲諸蠻, 皆克之."

149 『周書』卷28「權景宣傳」, 479쪽, "唐州蠻田魯嘉自號豫州伯, 引致齊兵, 大爲民患. 景
宣又破之, 獲魯嘉, 以其地爲郡."

150 『周書』卷28「權景宣傳附郭賢傳」, 481쪽, "及潁川被圍, 東魏遣蠻酋魯和扇動羣蠻,
規斷口路. 和乃遣其從弟與和爲漢廣郡守, 率其部曲, 侵擾州境. 賢密簡士馬, 輕往
掩襲, 大破之, 遂擒魯和. 旣而潁川陷, 權景宣等並拔軍西還, 自雒陽以東, 皆附東魏.
[東魏]將彭樂因之, 遂來攻逼. 賢撫循將士, 咸爲盡其力用, 樂不能克, 乃引軍退. 而
東魏又以土民韋默兒爲義州刺史, 鎭父城以逼賢. 賢又率軍攻默兒, 擒之."

151 『周書』卷17「王德傳」, 286쪽, "先是河·渭間種羌屢叛, 以德有威名, 爲夷民所附, 除
河州刺史. 德綏撫有方, 羣羌率服."

152 『周書』卷15「李弼傳附標傳」에는 大統 14년이 아니라 13년으로 기록하였다(『周書』
卷15「李弼傳附標傳」, 243쪽, "十三年, 拜車騎大將軍·儀同三司. 又從弼討稽胡, 標
功居多, 除幽州刺史, 增邑三百戶.").

153 『周書』卷15「李弼傳」, 240쪽, "十四年, 北稽胡反, 弼討平之."

種族	반란 시기	반란 장소	반란자 및 기타
氐	西魏 大統 14년(548)	未詳	盤頭氏의 반란[154]
氐	西魏 大統 15년(549)	南秦州	南秦州의 氐 반란[155]
氐	西魏 大統 15년(549)	安夷郡, 長蛇鎭	趙昶의 安夷氐 반란 평정[156]
獠	西魏 大統 15년(549) 이후	宕昌	趙昶과 史寧의 宕昌羌과 獠 격파[157]
羌	西魏 大統 16년(550)	岷州	傍乞鐵(忽)[匆]과 鄭五醜 等의 反叛[158]
羌	西魏 大統 17년(551)	宕昌(渠株川)	羌酋 傍乞鐵匆 등 반란[159]
稽胡	西魏 大統년간	雲州(僑州)	楊忠과 李遠의 黑水稽胡 토벌[160]

---

154 『周書』卷23「蘇綽傳附椿傳」, 396쪽, "其年, 破盤頭氏有功, 除散騎常侍, 加大都督."

155 『周書』卷33「趙昶傳」, 577쪽, "朝廷嘉之, 除大都督, 行南秦州事. 時氏帥蓋鬧等反, 昶復討擒之."

156 『周書』卷49「異域上·氐傳」, 895쪽, "十五年, 安夷氏復叛, 趙昶時爲郡守, 收其首逆者二十餘人斬之, 餘衆乃定.";『周書』卷33「趙昶傳」, 577쪽, "十五年, 拜安夷郡守, 帶長蛇鎭將. 氐族荒獷, 世號難治, 昶威懷以禮, 莫不悅服. 期歲之後, 樂從軍者千餘人. 加授帥都督. 時屬軍機, 科發切急, 氐情難之, 復相率謀叛. 昶又潛遣誘說, 離間其情, 因其攜貳, 遂輕往臨之. 羣氐不知所爲, 咸來見昶. 乃收其首逆者二十餘人斬之, 餘衆遂定."

157 『周書』卷33「趙昶傳」, 577쪽, "進撫軍將軍, 加通直散騎常侍, 又與史寧破宕昌羌·獠二十餘萬."

158 『周書』卷19「豆盧寧傳」, 309쪽, "十六年, 拜大將軍. 羌帥傍乞鐵(忽)[匆]及鄭五醜等反叛, 寧率衆討平之.";『周書』卷37「郭彥傳」, 667쪽, "是時, 岷州羌酋傍乞鐵匆與鄭五醜等寇擾西服. 彥從大將軍宇文貴討平之."

159 『周書』卷19「宇文貴傳」, 313쪽, "十六年, 遷中外府左長史, 進位大將軍. 宕昌王梁彌定爲宗人獠甘所逐, 來奔. 又有羌酋傍乞鐵匆因梁仚定反後, 據有渠株川, 擁種類數千家, 與渭州民鄭五醜扇惑諸羌同反, 憑險置柵者十餘所. 太祖令貴與豆盧寧·史寧討之. 貴等擒斬鐵匆及五醜. 史寧又別擊獠甘, 破之, 乃納彌定."

160 『周書』卷19「楊忠傳」, 315쪽, "又與李遠破黑水稽胡, 並與怡峰解玉壁圍, 轉洛州刺史. 邙山之戰, 先登陷陳."

種族	반란 시기	반란 장소	반란자 및 기타
羌과 氐	西魏 廢帝二年(553) 이후	西平, 鳳州	西平 羌과 鳳州 氐 반란[161]
氐	西魏 廢帝二年(553)	興州	興州氐(楊辟邪)의 반란[162]
羌	西魏 恭帝初	武陵·潭水 2郡	趙昶의 潭水羌 평정[163]
蠻	西魏 恭帝二年(555)	信州	賀若敦과 田弘의 信州蠻 평정[164]
羌	西魏 恭帝二年(555)	未詳	羌 東念姐 部落 반란[165]
氐	西魏 恭帝三年(556)	武興, 固道	武興氐와 固道氐의 반란[166]
獠	西魏 恭帝三年(556)	陵州	陵州 木籠獠 토벌[167]
蠻	西魏 恭帝三年(556)	沮漳(仁州)	荊州 蠻帥 文子榮의 반란[168]

---

161 『周書』卷27「田弘傳」, 449-450쪽, "又討西平叛羌及鳳州叛氐等, 並破之."

162 『周書』卷19「宇文貴傳」, 313쪽, "二年, 授大都督·興西蓋等六州諸軍事·興州刺史. 先是興州氐反, 自貴至州, 人情稍定. 貴表請於梁州置屯田, 數州豐足."

163 『周書』卷33「趙昶傳」, 577-578쪽, "魏恭帝初, 加驃騎大將軍·開府儀同三司. 潭水 羌叛, 殺武陵·潭水二郡守. 昶率儀同駱天釜等騎步五千討平之."

164 『周書』卷27「田弘傳」, 450쪽, "信州羣蠻反, 又詔弘與賀若敦等平之."; 『周書』卷28 「賀若敦傳」, 475쪽, "尋出爲金州都督·七州諸軍事·金州刺史. 向白彪又與蠻帥向五 子等聚衆爲寇, 圍逼信州. 詔敦與開府田弘赴救, 未至而城已陷. 進與白彪等戰, 破 之, 俘斬二千人. 仍進軍追討, 遂平信州."

165 『周書』卷15「于謹傳附寔傳」, 251쪽, "魏恭帝二年, 羌東念姐率部落反, 結連吐谷渾, 每爲邊患. 遣大將軍豆盧寧討之, 踰時不克. 又令寔往, 遂破之."

166 『周書』卷19「豆盧寧傳」, 309-310쪽, "三年, 武興氐及固(查)[道]氐魏大王等, 相應反 叛, 寧復討平之."

167 『周書』卷28「陸騰傳」, 471쪽, "魏恭帝三年, 拜驃騎大將軍·開府儀同三司, 轉江州 刺史, 爵上庸縣公, 邑二千戶. 陵州木籠獠恃險麤獷, 每行抄劫, 詔騰討之. 獠既因山 爲城, 攻之未可拔. 騰遂於城下多設聲樂及諸雜伎, 示無戰心. 諸賊果棄其兵仗, 或 攜妻子臨城觀樂. 騰知其無備, 密令衆軍俱上, 諸賊惶懼, 不知所爲. 遂縱兵討擊, 盡 破之, 斬首一萬級, 俘獲五千人."

168 『周書』卷28「賀若敦傳」, 475쪽, "是歲, 荊州蠻帥文子榮自號仁州刺史, 擁逼土人, 據 沮漳爲逆. 復令敦與開府潘招討之, 擒子榮, 並虜其衆."

種族	반란 시기	반란 장소	반란자 및 기타
蠻	西魏 恭帝三年(556)	黔陽	黔陽蠻 田烏度 등의 반란[169]
蠻左	北周孝閔帝元年(557년)	信州	信州의 蠻左 반란[170]
氐	北周孝閔帝元年(557년)	沙州氐	沙州氐의 반란[171]
蠻	北周明帝 武成元年(559)	文州	豆盧永恩의 文州蠻 반란 평정[172]
氐	北周明帝 武成 2년(560)	文州	高琳의 文州氐 토벌[173]
稽胡	北周明帝 武成 2년(560)	河東郡	韓果의 토벌[174]
稽胡	北周明帝 武成初	同州·延州	郝阿保·劉桑德 등의 반란[175]

---

[169] 『周書』 卷44「李遷哲傳」, 791-792쪽, "黔陽蠻田烏度·田都唐等每抄掠江中, 爲百姓患. 遷哲隨機出討, 殺獲甚多. 由是諸蠻畏威, 各送糧餼. 又遣子弟入質者, 千有余家. 遷哲乃於白帝城外築城以處之. 並置四鎭, 以靜峽路. 自此寇抄頓息, 軍糧贍給焉."

[170] 『周書』 卷33「趙剛傳」, 574-575쪽, "孝閔帝踐阼, 進爵浮陽郡公. 出爲利州總管·利沙方渠四州諸軍事. 沙州氐恃險逆命, 剛再討服之. 方州生獠自此始從賦役. 剛以僞信州濱江負阻, 遠連殊俗, 蠻左強獷, 歷世不賓, 乃表請討之. 詔剛率利沙等十四州兵, 兼督儀同十人·馬步一萬往經略焉. 仍加授渠州刺史. 剛初至, 渠帥憚其軍威, 相次降款. 後以剛師出踰年, 士卒疲弊, 尋復亡叛. 後遂以無功而還. 又與所部儀同尹才失和, 被徵赴闕. 遇疾, 卒於路."

[171] 『周書』 卷33「趙剛傳」, 574-575쪽, "孝閔帝踐阼, 進爵浮陽郡公. 出爲利州總管·利沙方渠四州諸軍事. 沙州氐恃險逆命, 剛再討服之."

[172] 『周書』 卷19「豆盧寧傳附永恩傳」, 310-311쪽, "武成元年, 遷都督利沙文三州諸軍事·利州刺史. 時文州蠻叛, 永恩率兵擊破之."

[173] 『周書』 卷29「高琳傳」, 497쪽, "武成初, 從賀蘭祥征吐谷渾, 以勳別封一子許昌縣公, 邑一千戶, 除延州刺史. 又從柱國豆盧寧討稽胡郝阿保·劉桑德等, 破之. 二年, 文州氐酋反, 詔琳率兵討平之."

[174] 『周書』 卷27「韓果傳」, 442쪽, "武成二年, 又率軍破稽胡, 大獲生口. 賜奴婢一百口, 除寧州刺史."

[175] 『周書』 卷19「豆盧寧傳」, 310쪽, "武成初, 出爲同州刺史. 復督諸軍討稽胡郝阿保·劉桑德等, 破之.";『周書』 卷29「高琳傳」, 497쪽, "武成初, 從賀蘭祥征吐谷渾, 以勳別封一子許昌縣公, 邑一千戶, 除延州刺史. 又從柱國豆盧寧討稽胡郝阿保·劉桑德等, 破之. 二年, 文州氐酋反, 詔琳率兵討平之."

種族	반란 시기	반란 장소	반란자 및 기타
稽胡	北周明帝 武成初	未詳	李標와 豆盧寧의 토벌[176]
蠻	北周明帝初	鄀州	蠻酋 蒲微의 반란[177]
氐	北周明帝初	興州	興州人 段吒와 氐酋 姜多 반란[178]
夷 (와 夏)	北周明帝 시기	陵州·眉州·戎州· 江州·資州·邛州· 新州·遂州 8州	陸騰의 토벌[179]
獠	北周武帝 保定 2년(562)	鐵山(隆州 일대)	蠻獠의 항거, 鐵山 獠 반란[180]
稽胡	北周武帝 天和元年(566)	丹州, 綏州, 銀州	達奚震의 토벌[181]
蠻	北周武帝 天和初	信州	信州蠻·蜑의 반란[182]

---

176 『周書』卷15 「李弼傳附標傳」, 243쪽, "武成初, 又從豆盧寧征稽胡, 大獲而還."

177 『周書』卷44 「李遷哲傳」, 792쪽, "世宗初, 授都督信臨等七州諸軍事·信州刺史. 時
蠻酋蒲微爲鄀州刺史, 舉兵反. 遷哲將討之, 諸將以途路阻遠, 並不欲行. 遷哲怒曰:
'蒲微蕞爾之賊, 勢何能爲. 擒獲之略, 已在吾度中矣. 諸君見此小寇, 便有憚心, 後遇
大敵, 將何以戰!' 遂率兵七千人進擊之, 拔其五城, 虜獲二千餘口."

178 『周書』卷33 「趙昶傳」, 578쪽, "興州人段吒及氐酋姜多等反, 攻沒郡縣, 昶討斬之."

179 『周書』卷28 「陸騰傳」, 471쪽, "世宗初, 陵·眉·戎·江·資·邛·新·遂八州夷夏及
合州民張瑜兄弟並反, 衆數萬人, 攻破郡縣. 騰率兵討之."

180 『周書』卷28 「陸騰傳」, 471쪽, "而蠻·獠兵及所在蜂起, 山路險阻, 難得掩襲. 騰遂
量山川形勢, 隨便開道. 蠻獠畏威, 承風請服. 所開之路, 多得古銘, 並是諸葛亮·桓
溫舊道. 是年, 鐵山獠抄斷內江路, 使驛不通. 騰乃進軍討之. 欲至鐵山, 乃僞還師.
賊不以爲虞, 遂不守備. 騰出其不意擊之, 應時奔潰. 一日下其三城, 斬其魁帥, 俘獲
三千人, 招納降附者三萬戶."

181 『周書』卷19 「達奚武傳附震傳」, 307쪽, "天和元年, 進位大將軍, 率衆征稽胡, 破
之."; 『隋書』卷49 「異域上·稽胡傳」, 898쪽, "其後丹州·綏州·銀州等部內諸胡, 與
蒲川別帥郝三郎等又頻年逆命. 復詔達奚震·辛威·于寔等前後窮討, 散其種落."

182 『周書』卷28 「陸騰傳」, 472쪽, "天和初, 信州蠻·蜑據江峽反叛, 連結二千餘里, 自稱
王侯, 殺刺史守令等. 又詔騰率軍討之."

種族	반란 시기	반란 장소	반란자 및 기타
蠻	北周武帝 天和初	信陵·秭歸	趙熲의 蠻酋 向天王 격파[183]
蠻	北周武帝 天和初	信州	信州蠻 冉令賢 등의 반란[184]
蠻	北周武帝 天和初	長江 중류 이남	蠻酋 鄭南鄉의 반란[185]
獠	北周武帝 天和 2년(567)[186]	梁州	梁州 生獠 반란[187]
蠻	北周武帝 天和 2년(567)	洛州	蠻酋 向武陵과 向天玉 등의 반란[188]
稽胡	北周武帝 天和 2년(567)	銀州	白郁久同, 喬是羅, 喬三勿同 등의 반란[189]

[183] 『隋書』 卷46 「趙熲傳」, 1249쪽, "蠻酋向天王聚衆作亂, 以兵攻信陵·秭歸. 熲勒所部五百人, 出其不意, 襲擊破之, 二郡獲全."

[184] 『周書』 卷36 「司馬裔傳」, 646쪽, "天和初, 信州蠻酋冉令賢等反, 連結二千餘里. 裔隨上庸公陸騰討之. 裔自開州道入, 先遣使宣示禍福. 蠻酋冉三公等三十餘城皆來降附. 進次雙城, 蠻酋向寶勝等率其種落, 據險自固. 向天王之徒, 爲其外援. 裔晝夜攻圍, 腹背受敵. 自春至秋, 五十餘戰. 寶勝糧仗俱竭, 力屈乃降. 時尙有籠東一城未下, 尋亦拔之. 又獲賊帥冉西梨·向天王等. 出師再期, 羣蠻率服."

[185] 『隋書』 卷46 「趙熲傳」, 1249-1250쪽, "時周人於江南岸置安蜀城以禦陳, 屬霖雨數旬, 城頹者百餘步. 蠻酋鄭南鄉叛, 引陳將吳明徹欲掩安蜀. 議者皆觀熲益修守禦, 熲曰: '不然, 吾自有以安之.' 乃遣使說誘江外生蠻向武陽, 令乘虛掩襲所居, 獲其南鄉父母妻子. 南鄉聞之, 其黨各散, 陳兵遂退."

[186] 『周書』 卷49 「異域上·獠傳」에는 天和 3년의 일로 기록되었다(『周書』 卷49 「異域上·獠傳」, 891쪽, "天和三年, 梁州恆陵獠叛, 總管長史趙文表討之.").

[187] 『周書』 卷33 「趙文表傳」, 582쪽, "所管地名恆陵者, 方數百里, 並生獠所居, 恃其險固, 常懷不軌. 文表率衆討平之. 遷蓬州刺史, 政尙仁恕, 夷獠懷之."

[188] 「李和墓誌」, 326쪽, "天和二年, 總率洛遷金上四州士卒, 納糧于秭歸·信陵二城, 而蠻酋向武陵·向天玉等恃險憑山, 舊爲民害. 公因玆輝武, 示以威懷, 羣蠻凶懼, 相繼降款."

[189] 『周書』 卷49 「異域上·氐傳」, 898쪽, "天和二年, 延州總管宇文盛率衆城銀州, 稽胡白郁久同·喬是羅等欲邀襲盛軍, 盛竝討斬之, 又破其別帥喬三勿同等."

種族	반란 시기	반란 장소	반란자 및 기타
稽胡	北周武帝 天和 5년(570)	綏州 북변	喬白郎, 喬素勿同의 반란[190]
蠻	北周武帝 天和 6년(571)	未詳	蠻渠 冉祖喜와 冉龍驤의 반란[191]
稽胡	北周武帝 建德 6년(577)	延州總管 管内	建德 6년 稽胡 반란[192]
延安 叛胡	北齊 멸망(577) 후	延安(延州)	宇文慶의 토벌[193]
叛胡	北周武帝 시기	龍泉·文城	侯莫陳穎과 宇文迪의 龍泉· 文城 叛胡 격파.[194]

---

190 『周書』卷49「異域上·稽胡傳」, 898쪽, "五年, 開府劉雄出綏州, 巡檢北邊, 川路稽胡 帥喬白郎·喬素勿同等度河逆戰, 雄復破之."

191 『周書』卷49「異域上傳」, 890쪽, "天和六年, 蠻渠冉祖喜·冉龍驤又反, 詔大將軍趙 閻討平之. 自此羣蠻慴息, 不復爲寇矣.";『周書』卷49「異域上·蠻傳」, 890쪽, "天和 六年, 蠻渠冉祖喜·冉龍驤又反, 詔大將軍趙閻討平之."

192 『周書』卷6「武帝紀」下 建德六年十一月條, 104쪽, "是月, 稽胡反, 遣齊王憲率軍討 平之.";『周書』卷13「滕聞王迪傳」, 204쪽, "六年, 爲行軍總管, 與齊王憲征稽胡. 迪 破其渠帥穆友等, 斬首八千級.";『周書』卷49「異域上·稽胡傳」, 898-899쪽, "六年, 高祖定東夏, 將討之, 議欲窮其巢穴. 齊王憲以爲種類旣多, 又山谷阻絶, 王師一擧, 未可盡除. 且當剪其魁首, 餘加慰撫. 高祖然之, 乃以憲爲行軍元帥, 督行軍總管趙王 招·譙王儉·滕王迪等討之. 憲軍次馬邑, 乃分道俱進. 沒鐸遣其黨天柱守河東, 又 遣其大帥穆支據河西, 規欲分守險要, 掎角憲軍. 憲命譙王儉攻天柱, 滕王迪擊穆支, 並破之, 斬首萬餘級. 趙王招又擒沒鐸, 餘衆盡降.";「李和墓誌」, 326쪽, "出爲延綏 丹銀四州·大寧·安民·姚襄·招遠·平朔·朔方·武安·金明·洛陽·源啓淪十防 諸軍事·延州刺史. 總管之内, 編雜稽胡, 狼子難馴, 梟音靡革, 每窺蓄政, 有斁邊境. 公未及下車, 仁聲已暢, 傾陬盡落, 偃草從風. 實倉廩而息干戈, 勸農桑而變夷俗. 就 遷柱國, 餘如故. 建德六年, 羣稽復動, 天子以公舊懷在民, 遺風被物, 率衆三萬, 所 至皆平."

193 『隋書』卷50「宇文慶傳」, 1314쪽, "尋以行軍總管擊延安反胡, 平之, 拜延州總管."

194 『隋書』卷55「侯莫陳穎傳」, 1381쪽, "周武帝時, 從滕王迪擊龍泉·文城叛胡, 與柱國 豆盧勣各帥兵分路而進. 穎懸軍五百餘里, 破其三柵."

種族	반란 시기	반란 장소	반란자 및 기타
蠻	北周武帝 시기	龍州	龍州蠻 任公忻과 李國立 등의 난[195]
羌	北周武帝 초	渭源(渭州)	渭源 燒當羌의 난[196]
稽胡	北周 宣政元年(578)	未詳	宇文神擧의 토벌[197]
稽胡	北周 宣政元年(578)	汾州	汾州稽胡帥 劉受羅千의 난[198]
稽胡	北周 宣政元年(578)	汾州	汾州稽胡帥 劉受邏千의 반란[199]
稽胡	北周 宣政 2년(579)	未詳	高頴의 토벌[200]
蠻	北周靜帝 大象 2년(580)	북으로 商洛, 남으로 江淮, 동서 2,000여 리	巴蠻 蘭雒州 등의 반란[201]
夷獠	北周靜帝 시기(579-581)	信州總管 管內	王長述의 夷獠 토벌[202]
蠻	北周靜帝 시기(579-581)	桐柏山(安州 일대)	桐柏山蠻의 반란[203]

---

195 『隋書』卷55「和洪傳」, 1380쪽, "時龍州蠻任公忻・李國立等聚衆爲亂, 刺史獨孤善不能禦. 朝議以洪有武略, 代善爲刺史. 月餘, 擒公忻・國立, 皆斬首梟之, 餘黨悉平."

196 『隋書』卷39「豆盧勣傳」, 1155쪽, "會武帝嗣位, 拜邛州刺史. 未之官, 渭源燒當羌因飢饉作亂, 以勣有才略, 轉渭州刺史. 甚有惠政, 華夷悅服, 德澤流行, 大致祥瑞."

197 『周書』卷40「宇文神擧傳」, 715쪽, "屬稽胡反叛, 入寇西河. 神擧又率衆與越王盛討平. 時突厥與稽胡連和, 遣騎赴救. 神擧以奇兵擊之, 突厥敗走, 稽胡於是款服."

198 『周書』卷49「異域上・稽胡傳」, 899쪽, "宣政元年, 汾州稽胡帥劉受羅千復反, 越王盛督諸軍討擒之. 自是寇盜頗息."

199 『周書』卷7「宣帝紀」宣政元年九月庚戌條, 117쪽, "汾州稽胡帥劉受邏千擧兵反, 詔上柱國・越王盛爲行軍元帥, 率衆討平之."

200 『隋書』卷40「虞慶則傳」, 1174쪽, "時稽胡數爲反叛, 越王盛・內史下大夫高頴討平之. 將班師, 頴與盛謀, 須文武幹略者鎭遏之. 表請慶則, 於是卽拜石州總管. 甚有威惠, 境內淸肅, 稽胡慕義而歸者八千餘戶."

201 『隋書』卷40「王誼傳」, 1168-1169쪽, "于時北至商洛, 南拒江淮, 東西二千餘里, 巴蠻多叛, 共推渠帥蘭雒州爲主. 雒州自號河南王, 以附消難, 北連尉迥. 誼率行軍總管李威・馮暉・李遠等分討之, 旬月皆平."

202 『隋書』卷54「王長述傳」, 1361쪽, "及高祖爲丞相, 授信州總管, 部內夷・獠猶有未賓, 長述討平之, 進位上大將軍."

203 『隋書』卷39「元景山傳」, 1153쪽, "拜安州總管, 進位柱國, 前後賜帛二千匹. 時桐柏

獠가 5회, 기타 4회이다. 이 가운데 叛胡를 稽胡로 본다면 稽胡의 반란 횟수는 19회로 늘어난다. 蠻은 長江과 淮水 사이의 지역에 살며 험한 地勢를 믿고 南朝諸國과 西魏北周의 지배에 순응하지 않았다. 특히 三峽을 점거하고 水路를 막아 西魏北周와 자주 충돌하였다.[204] 信州에서 蠻과 獠의 반란이 6회나 일어난 것도 이 때문이다. 史書에서는 대부분 반란의 원인을 기록하지 않고 결과인 반란과 진압과정을 적었기 때문에 西魏北周 치하 이민족들의 반란 원인을 파악하기 어렵다. 租賦와 요역 부과에 대한 갈등, 지방관의 가혹한 수탈, 漢人과의 種族葛藤, 稽胡의 경우 변경 약탈 등을 원인으로 想定해볼 수 있다.

蠻과 稽胡의 반란이 일어난 지역은 주로 氐·羌·獠가 분포한 巴蜀의 산악지역과 蠻의 거주지인 江漢 등 옛 梁의 영토, 稽胡의 거주지인 오르도스, 關隴 북부의 지역이었다. 西魏北周의 핵심 지역이 아니라 변경지역이었다.

이 반란은 대부분 평정되었지만, 이처럼 반란이 자주 발생했다는 것은 西魏北周의 이민족 통치가 쉽지 않았음을 보여준다.『周書』「異域上·獠傳」에서 밝히고 있듯이, 獠는 험한 지형과 숲을 믿고 치고 빠지기 전략을 구사하여 토벌하기 힘들었다. 따라서 諸夷 가운데 道義로 招懷하기 어려웠다.[205] 다만 蠻과 稽胡는 北周의 적극적인 토벌로

山蠻相聚爲亂, 景山復擊平之."

204 『周書』卷49「異域上·蠻傳」, 887쪽, "蠻者, 盤瓠之後. 族類(番)[蕃]衍, 散處江·淮之間, 汝·豫之郡. 憑險作梗, 世爲寇亂. 逮魏人失馭, 其暴滋甚. 有冉氏·向氏·田氏者, 陬落尤盛. 餘則大者萬家, 小者千戶. 更相崇樹, 僭稱王侯, 屯據三峽, 斷遏水路, 荊·蜀行人, 至有假道者."

205 『周書』卷49「異域上·獠傳」, 892쪽, "建德初, 李暉爲梁州總管, 諸獠亦竝從附. 然其種類滋蔓, 保據巖壑, 依林走險, 若履平地, 雖屢加兵, 弗可窮討. 性又無知, 殆同禽獸, 諸夷之中, 最難以道義招懷者也."

위축되어 반란이 줄어들었다.[206]

---

206 『周書』卷49「異域上·蠻傳」, 890쪽, "天和六年, 蠻渠冉祖喜·冉龍驤又反, 詔大將
軍趙誾討平之. 自此羣蠻慴息, 不復爲寇矣.";『周書』卷49「異域上·稽胡傳」, 899쪽,
"宣政元年, 汾州稽胡帥劉受羅千復反, 越王盛督諸軍討擒之. 自是寇盜頗息."

10章

西魏 本土 地方統治

武川鎭 집단의 영수 賀拔岳이 侯莫陳悅에게 살해된 후 宇文泰가
平涼으로 갔을 때 于謹은 다음과 같이 조언하였다.

　"[賀拔]岳이 害를 당하자 太祖[宇文泰]는 平涼으로 갔다. [于]謹은 太祖
에게 '魏 天子는 세력을 잃고 쇠퇴하였고 權臣은 전횡을 저질렀으며, 羣盜
가 벌떼처럼 일어나고 黔首는 소란스럽습니다. 明公은 세상을 초월하는
姿에 의지하고 세상을 구제할 略을 품었으니, 四方 遠近이 모두 마음을 귀
부할 것입니다. 원컨대 일찍 좋은 계책을 세워 무리들의 願望을 충족시켜
야 합니다'라고 말하였다. 太祖는 '무엇 때문에 그렇게 말하는가?'라고 물
었다. [于]謹은 '關右는 秦漢의 舊都이며 옛날에는 天府라 일컬어졌습니
다. 將士는 驍勇하고 농토는 비옥할 뿐만 아니라 서쪽에는 巴蜀의 풍요가
있고 북쪽으로는 羊馬의 이익이 있습니다. 지금 그 要害에 의지하고 英雄
을 招集하며 士卒을 기르고 농사를 권하면서 족히 時變을 지켜볼 수 있습
니다. 天子는 洛陽에서 羣兇을 내쫓으려고 하니 明公의 懇誠을 갖춰 말하

고 時事의 利害를 헤아린 후, 關右로 遷都할 것을 권하면 天子는 반드시 가상히 여겨 西遷할 것입니다. 그런 후 天子를 끼고 諸侯에게 명령을 내리고 王命을 받들어 暴亂을 토벌하면, 桓[公]과 文[公] 패업을 이룰 수 있으니 천년에 한 번 있는 기회입니다'라고 대답해 말했다."[1]

于謹이 宇文泰에게 關右, 즉 關隴 지역의 이점으로 將士들의 용맹(將士驍勇)과 關中의 비옥한 농토, 巴蜀의 경제력, 북방의 羊馬의 이익 네 가지를 제시하였다. 여기에 다음 문장의 '要害', 즉 關隴의 험한 地勢를 포함하면 다섯 가지이다. 于謹은 關隴을 지킨 후 기회를 살피면 天子, 즉 孝武帝가 長安으로 西遷할 것이라고 말했다. 이는 훗날 그대로 실현되었다. 이처럼 關隴 지역은 西魏北周의 중요한 근거지였다. 그러나 자료의 부족으로 선행연구는 적다. 前島佳孝는 西魏北周가 몇 개의 권역으로 나뉘었다며 지역 블록의 존재와 領域統治를 거론하였다. 그에 따르면 關隴 지역은 長安-華州(同州)의 수도권과 秦州의 두 지역으로 나뉘었다.[2] 이 밖에 兩都體制의 한 축이었던 同州의 정치적·군사적 지위와 역할에 주목한 연구[3]와 北朝後期 河東의 지정학적 위치에 주목한 연구,[4] 「延壽公碑」에는 總管府 屬僚, 지방 僧官, 지방 유력세력의 姓名을 분석하여 西魏가 토착세력을 이용하여 河東

1 『周書』卷15「于謹傳」, 246쪽, "及岳被害, 太祖赴平涼. 謹乃言於太祖曰: '魏祚陵遲, 權臣擅命, 羣盜蜂起, 黔首嗷然. 明公仗超世之姿, 懷濟時之略, 四方遠近, 咸所歸心. 願早建良圖, 以副衆望.' 太祖曰: '何以言之?' 謹對曰: '關右, 秦漢舊都, 古稱天府, 將士驍勇, 厥壤膏腴, 西有巴蜀之饒, 北有羊馬之利. 今若據其要害, 招集英雄, 養卒勸農, 足觀時變. 且天子在洛, 逼迫羣兇, 若陳明公之懇誠, 算時事之利害, 請都關右, 帝必嘉而西遷. 然後挾天子而令諸侯, 奉王命以討暴亂, 桓·文之業, 千載一時也.'"
2 前島佳孝,「西魏·北周·隋初における領域統治體制の諸相」, 25-26쪽 및 28-29쪽.
3 崔珍烈,「西魏北周 華州(同州)의 政治·軍事的 지위와 역할」, 232-261쪽.
4 毛漢光,「北朝東西政權之河東爭奪戰」, 154-173쪽.

의 일부인 勳州를 지배하는 과정을 다룬 연구[5] 등 개별 지역에 관한 연구가 있다.

10장에서는 史書와 墓誌 자료를 분석하여 關隴 지역을 비롯한 西魏의 본토에 해당하는 關隴 지역, 河東, 河隴, 河西回廊, 오르도스 지역, 商洛 지역의 지배과정을 다룬다. 1절에서 농업과 사민정책을 중심으로 關隴 지역의 통치 양상을 살펴본다. 2절에서 華州(同州)가 중앙과 關隴 지역에서 차지하는 위상과 역할을 검토한다. 3절에서 秦州를 중심으로 關中의 서쪽에 위치한 隴右 통치를 조망한다. 4절에서 西魏가 東魏로부터 빼앗은 河東 지역의 지배과정을 분석한다. 5절에서 변경지역인 河隴, 河西回廊, 오르도스 지역, 商洛 지역의 상황과 통치 양상을 살펴본다.

1. 關隴 지배 총론

1 수리시설 확충과 勸農 정책

『周書』와 『隋書』 「食貨志」에 關隴 지역에 대한 기록이 상당히 적은 편이라 西魏北周時代 關中 통치의 양상을 자세히 알기 어렵다. 『隋書』 「地理志」의 關隴 기사를 보면 關中平原의 북쪽인 安定 · 北地 · 上郡 · 隴西 · 天水 · 金城 지역은 농사와 목축에 종사하고 平涼 · 朔方 · 鹽川 · 靈武 · 楡林 · 五原 지역과 河西回廊의 諸郡의 民은 武節을 중시

---

5   會田大輔, 「北周の地方統治に關する一考察—「延壽公碑」を中心として—」, 『文學部 · 文學研究科學術研究發表會論集』, 2009, 21-35쪽.

하는 尙武的 습속이 있었다.[6] 이는 隋代의 상황이지만, 關隴의 북쪽에 목축이 성하고 尙武的 습속이 있었던 것은 于謹의 말과 비교적 일치한다.

西魏北周의 발전과정은 『隋書』 「地理志」上에 잘 요약되었다.

> "周氏는 처음에 關中을 소유하여 모든 법률과 제도를 처음 만들었다. 드디어 兵을 훈련하고 戰을 가르쳤으며, 곡식의 저장에 힘쓰고 농사를 권하였다. 남쪽으로 江漢을 소탕하고, 서쪽으로 巴蜀을 겸병하였으니, 능히 소수[寡]로써 다수[衆]를 격파하고, 強鄰을 평정할 수 있었다."[7]

強鄰은 東魏北齊를 지칭한다. 위의 인용문에 따르면, 西魏北周는 秦漢時代의 耕戰體制를 연상시키는 군사훈련과 勸農을 병행하고 江漢 지역과 巴蜀을 점령하여 인구의 부족한 상황에서 인구가 많고 경제적으로 부유한 東魏北齊를 물리칠 수 있었다. 여기에서 勸農 정책이 주목된다.

西魏北周는 關中 평원을 개발하기 위해 수리시설을 확충하였다. 大統 13년(547) 正月 白渠(渠首는 현재의 陝西省 涇陽縣 서북쪽)를 개착하여

---

6 『隋書』 卷29 「地理志」上, 819쪽, "京兆王都所在, 俗具五方, 人物混淆, 華戎雜錯. 去農從商, 爭朝夕之利, 遊手爲事, 競錐刀之末. 貴者崇侈靡, 賤者薄仁義, 豪強者縱橫, 貧寠者窘蹙. 枹鼓屢驚, 盜賊不禁, 此乃古今之所同焉. 自京城至於外郡, 得馮翊·扶風, 是漢之三輔. 其風大抵與京師不異. 安定·北地·上郡·隴西·天水·金城, 於古爲六郡之地, 其人性猶質直. 然尙儉約, 習仁義, 勤於稼穡, 多畜牧, 無復寇盜矣. 雕陰·延安·弘化, 連接山胡, 性多木強, 皆女淫而婦貞, 蓋俗然也. 平涼·朔方·鹽川·靈武·楡林·五原, 地接邊荒, 多尙武節, 亦習俗然焉. 河西諸郡, 其風頗同, 並有金方之氣矣."

7 『隋書』 卷29 「地理志」上, 807쪽, "周氏初有關中, 百度草創, 遂乃訓兵敎戰, 務穀勸農, 南淸江漢, 西兼巴蜀, 卒能以寡擊衆, 戡定強鄰."

田土에 灌漑하였다.[8] 같은 해 武功縣 서쪽에 六門堰을 설치하였다.[9] 大統 16년(550) 富平堰을 축조하고 渠를 열어 물을 끌어들여 동쪽의 洛水에 흐르게 하여 關中 평원을 개간하게 되어 백성들이 이익을 얻었다.[10] 武帝 保定 2년 正月(562. 2-3) 同州에 龍首渠를 개착하여 灌漑하였다.[11] 鄭國渠와 白渠는 秦漢時代의 규모에 미치지는 못하였지만 關中 농업경제 발전에 영향을 주었다. 龍首渠는 鄭國渠와 白渠처럼 關中 농업을 촉진하였다.[12]

治水 사업과 함께 西魏北周는 勸農政策을 실시하였다. 蘇綽의 六條詔書는 西魏北周의 개혁방안을 담았다. 이는 先治心, 敦敎化, 盡地利, 擢賢良, 卹獄訟, 均賦役의 여섯 조항으로 구성되었다. 이 가운데 盡地利[13]는 勸農政策이었고, 均賦役[14]은 농민 보호를 지향한다는 점

8   『北史』卷5「魏本紀」西魏文帝十三年春正月條, 180쪽, "十三年春正月, 開白渠以漑田.";『讀史輿紀要』卷52「陝西」1 涇水條, "大歷十三年, 敕毁白渠支流碾以漑田. 杜佑曰: 秦漢時, 鄭渠漑田四萬頃, 白渠漑田四千五百頃. 唐永徽中, 兩渠灌浸, 不過萬頃."

9   『長安志』(宋敏求 撰, 北京: 中華書局, 1991) 卷7 六門堰條, 引「十道志」, "在武功. 十道志曰: 西魏文帝大統十三年置, 六斗門節水, 因名之."

10 『周書』卷20「賀蘭祥傳」, 337쪽, "十六年, 拜大將軍. 太祖以涇渭漑灌之處, 渠堰廢毁, 乃命祥修造富平堰, 開渠引水, 東注於洛. 功旣畢, 民獲其利."

11 『隋書』卷24「食貨志」, 680쪽, "武帝保定二年正月, 初於蒲州開河渠, 同州開龍首渠, 以廣漑灌."

12 史念海, 『河山集』, 北京: 三聯書店, 1963, 197쪽; 趙文潤·陳鼎中, 「西魏北周時期的關中農業」, 『陝西師大學報(哲學社會科學版)』2-1, 1993, 73쪽.

13 『周書』卷23「蘇綽傳」, 385쪽, "夫百畝之田, 必春耕之, 夏種之, 秋收之, 然後冬食之. 此三時者, 農之要也. 若失其一時, 則穀不可得而食. 故先王之戒曰: '一夫不耕, 天下必有受其饑者; 一婦不織, 天下必有受其寒者.' 若此三時不務省事, 而令民廢農者, 是則絶民之命, 驅以就死然. 單劣之戶, 及無牛之家, 勸合有無相通, 使得兼濟. 三農之隙, 及陰雨之暇, 又當敎民種桑·植果, 藝其菜蔬, 脩其園圃, 畜育雞豚, 以備生生之資, 以供養老之具."

14 『周書』卷23「蘇綽傳」, 390-391쪽, "聖人之大寶曰位. 何以守位曰仁, 何以聚人曰財.

에서 넓은 의미의 勸農政策이다. 北周 武帝는 建德元年 三月 癸亥日 (572. 4. 19) 자연재해가 발생하자 正調 이외에 징발하지 못하게 하였다.[15] 이는 자연재해로 피해를 본 농민들의 부담을 줄여주려는 배려였다. 같은 해 五月 壬戌日(572. 6. 18)에 가뭄 때문에 자신과 신하들의 잘못을 질책하는 詔書를 남겼고, 신하들이 자신의 잘못을 고백하자 그날 밤 비가 내렸다.[16] 이 일화 역시 北周 武帝가 농업에 관심을 기울였음을 보여준다. 北周 武帝는 建德 4년 正月 壬申日(575. 2. 1)에도 勸農을 권하는 詔書를 반포하였다.[17]

중앙정부의 勸農 정책은 關隴 지역에서도 잘 실행되었다. 예컨대

明先王必以財聚人, 以仁守位. 國而無財, 位不可守. 是故(五)三[五]以來, 皆有征稅之法. 雖輕重不同, 而濟用一也. 今逆寇未平, 軍用資廣, 雖未遑減省, 以卹民瘼, 然令平均, 使下無賈. 夫平均者, 不捨豪彊而徵貧弱, 不縱姦巧而困愚拙, 此之謂均也. 故聖人曰: '蓋均無貧.' 然財貨之生, 其功不易. 織紝紡績, 起於有漸, 非旬日之間, 所可造次. 必須勸課, 使預營理. 絹鄕先事織紝, 麻土早脩紡績. 先時而備, 至時而輸, 故王賦獲供, 下民無困. 如其不預勸戒, 臨時迫切, 復恐稽緩, 以爲己過, 捶扑交至, 取辦目前. 富商大賈, 緣茲射利, 有者從之貴買, 無者與之擧息. 輸稅之民, 於是弊矣. 租稅之時, 雖有大式, 至於斟酌貧富, 差次先後, 皆事起於正長, 而繫之於守令. 若斟酌得所, 則政和而民悅; 若檢理無方, 則吏姦而民怨. 又差發徭役, 多不存意. 致令貧弱者或重徭而遠戍, 富彊者或輕使而近防. 守令用懷如此, 不存卹民之心, 皆王之罪人也.'"

15 『周書』卷5「武帝紀」上 建德元年三月癸亥條, 80쪽, "詔曰: '民亦勞止, 則星動於天; 作事不時, 則石言於國. 故知爲政欲靜, 靜在寧民; 爲治欲安, 安在息役. 頃興造無度, 徵發不已. 加以頻歲師旅, 農畝廢業. 去秋災蝗, 年穀不登, 民有散亡, 家空杼軸. 朕每旦恭己, 夕惕兢懷. 自今正調以外, 無妄徵役. 庶時殷俗阜, 稱朕意焉.'"

16 『周書』卷5「武帝紀」上 建德元年五月壬戌條, 80쪽, "壬戌, 帝以大旱, 集百官於庭, 詔之曰: '盛農之節, 亢陽不雨, 氣序愆度, 蓋不徒然. 豈朕德薄, 刑賞乖中歟? 將公卿大臣或非其人歟? 宜盡直言, 無得有隱.' 公卿各引咎自責. 其夜澍雨."

17 『周書』卷6「武帝紀」下 建德四年春正月壬申條, 91쪽, "壬申, 詔曰: '今陽和布氣, 品物資始, 敬受民時, 義兼敦勸. 詩不云乎: 『弗躬弗親, 庶民弗信.』刺史守令, 宜親勸農, 百司分番, 躬自率導. 事非機要, 並停至秋. 鰥寡孤獨不能自存者, 所在量加賑卹. 逋租懸調, 兵役殘功, 並宜蠲免.'"

秦州刺史 獨孤信은 大統 6년(540) 부임하여 백성들에게 耕桑을 권하여 수년 후에 公私가 부유해졌다.[18] 竇熾는 廢帝元年(552) 原州刺史에 임명되어 친히 壟畝을 순시하여 백성들에게 耕桑을 권하였다. 竇熾는 10년 동안 재임하며 政績이 많았다.[19] 建忠郡守 鄭術은 四民이 생업에 잘 종사할 수 있도록 선정을 베풀었다.[20] 宜州刺史 陸逞은 刺史의 이 취임식에 鹵簿를 갖추는 것이 농번기 백성들에게 부담이 된다고 하여 없앨 것을 奏請하였다.[21] 이는 농민들의 부담을 줄여준다는 점에서 농사에 도움이 되는 조치였다.

이러한 勸農 정책을 실시했음에도 불구하고 蘇綽이 屯田을 설치하여 재정수입을 늘리는 정책을 건의한 것을 보면[22] 關中 지역의 농업생산이 크게 증가한 것은 아닌 것 같다. 關中에 기근이 들어 민간의 곡식을 취해 軍費를 공급하였으나 백성들이 이에 응하지 않았다는 『周書』「王羆傳」의 기사[23]는 西魏北周의 식량 수급과 저장이 여의치 않았

---

18 『周書』卷16「獨孤信傳」, 265-266쪽, "尋除隴右十州大都督·秦州刺史. 先是, 守宰闇弱, 政令乖方, 民有冤訟, 歷年不能斷決. 及信在州, 事無壅滯. 示以禮教, 勸以耕桑, 數年之中, 公私富實. 流民願附者數萬家."

19 『周書』卷30「竇熾傳」, 519쪽, "魏廢帝元年, 除大都督·原州刺史. 熾抑挫豪右, 申理幽滯, 每親巡壟畝, 勸民耕桑. 在州十載, 甚有政績."

20 「鄭術墓誌」, 『新出魏晉南北朝墓誌疏證』, 262쪽, "始建忠畿地, 密爾王城, 豪族近臣, 號爲難牧. 以君器稱瑚璉, 獨步當時, 內徵還除建忠郡守. 百姓來蘇, 四民樂業, 比迹張王, 連聲杜邵. 然而東郡父老, 猶望耿純; 幷部兒童, 還思郭伋."

21 『周書』卷32「陸通傳附逞傳」, 560쪽, "又以疾不堪劇任, 乃除宜州刺史. 故事, 刺史奉辭, 例備鹵簿. 逞以時屬農要, 奏請停之. 武帝深嘉焉, 詔遂其所請, 以彰雅操. 逞在州有惠政, 吏人稱之."

22 『周書』卷23「蘇綽傳」, 382쪽 및 391쪽, "始制文案程式, 朱出墨入, 及計帳·戶籍之法. …… 太祖方欲革易時政, 務弘彊國富民之道, 故綽得盡其智能, 贊成其事. 減官員, 置二長, 幷置屯田以資軍國. 又爲六條詔書, 奏施行之. …… 太祖甚重之, 常置諸座右. 又令百司習誦之. 其牧守令長, 非通六條及計帳者, 不得居官."

23 『周書』卷18「王羆傳」, 292쪽, "時關中大饑, 徵稅民間穀食, 以供軍費. 或隱匿者, 令

음을 보여준다. 王思政이 大統 8년(542) 弘農에 주둔하며 성곽을 수리하고 田農에 힘써 弘農의 방어를 충실히 하였다.[24] 弘農이 長安의 서쪽 관문이었기 때문에 弘農에서 곡식을 스스로 준비해야 한다는 것은 關中 지역으로부터의 곡물 수송이 원활하지 못했기 때문일 것이다. 이는 西魏 宇文泰 집정시기에 東魏와의 전쟁에서 패하는 원인이 되었다. 이는 薛琡의 지적[25]에서도 확인된다. 또 西魏가 廢帝二年(553) 蜀을 정벌할 때 達奚寔은 行南岐州事가 되어 군량 보급을 책임졌다. 山氏가 부역을 바치지 않았으나 達奚寔이 설득하자 氏人이 賦稅를 바쳤다. 達奚寔은 이를 西魏軍에 공급하였다.[26] 선행연구에 따르면, 西魏北周는 東魏北齊와의 전쟁에서 식량부족 문제로 고생하였다. 이는 關中의 농업생산 부진과 식량 수송의 부족, 즉 총체적으로 西魏의 재정부족 때문이었다. 따라서 西魏軍은 식량을 현지에서 조달하는 정책을 취하였다.[27]

遞相告, 多被旁 棰, 以是人有逃散. 唯黯信著於人, 莫有隱者, 得粟不少諸州, 而無怨讟."

24 『周書』卷18「王思政傳」, 295쪽, "覆命思政鎭弘農. 於是修城郭, 起樓櫓, 營田農, 積芻秣, 凡可以守禦者, 皆具焉. 弘農之有備, 自思政始也."

25 『北齊書』卷26「薛琡傳」, 370-371쪽, "天平初, 高祖引爲丞相長史. 琡宿有能名, 深被禮遇, 軍國之事, 多所聞知. 琡亦推誠盡節, 屢進忠讜. 高祖大擧西伐, 將度蒲津. 琡諫曰: '西賊連年饑饉, 無可食啗, 故冒死來入陜州, 欲取倉粟. 今高司徒已圍陜城, 粟不得出. 但置兵諸道, 勿與野戰, 比及來年麥秋, 人民盡應餓死, 寶炬・黑獺, 自然歸降. 願王無渡河也.' 侯景亦曰: '今者之擧, 兵衆極大, 萬一不捷, 卒難收斂. 不如分爲二軍, 相繼而進, 前軍若勝, 後軍合力, 前軍若敗, 後軍承之.' 高祖皆不納, 遂有沙苑之敗."

26 『周書』卷29「達奚寔傳」, 503쪽, "魏廢帝二年, 除中外府司馬. 大軍伐蜀, 以寔行南岐州事, 兼都軍糧. 先是, 山氏生獷, 不供賦役, 歷世羈縻, 莫能制御. 寔導之以政, 氏人感悅, 並從賦稅. 於是大軍糧餼, 咸取給焉."

27 張文華・蘇小華, 「西魏北周的財政與政治」, 205왼쪽-205오른쪽.

2 戸口의 증대와 徙民政策

西魏北周는 농업생산량 향상을 위해 수리시설을 확충하고 勸農 정책을 폈을 뿐만 아니라 關隴 지역의 인구를 늘리는 정책을 취하였다. 먼저 西魏北周는 關隴 지역의 인구를 늘리기 위해 流民과 亡命者 등을 招納하여 胡賊에 등록시켜 인구를 늘리려고 하였다. 예컨대 秦州刺史 獨孤信은 大統 6년(540) 禮敎로 다스리고, 農桑을 권장하였다. 이에 公私가 부유해졌고 附籍을 원한 流民이 數萬 家에 달했다.[28] 大統 5년(539) 이후 岐州에 부임한 鄭孝穆은 岐州에서 선정을 베풀어 부임 때 管內의 戸가 3,000에 불과했으나 수년 안에 4만여 家로 증가하였다.[29] 王雅도 明帝 시기(557-560)에 汾州(關隴 북쪽)에서 선정을 베풀어 백성들의 칭송을 받았고, 이에 700여 家가 귀부하였다.[30]

인구증가는 지방관청의 엄격한 戸口 파악과 함께 백성들의 자발적인 귀부와 신고, 附籍을 동반해야 했다. 關隴 지역은 수도 長安이 있는 지역이었기 때문에 유능한 지방관을 파견하였고 이들은 선정을 베풀었다. 예컨대 韋孝寬은 수도 長安이 위치한 雍州,[31] 獨孤信은 大統

---

28 『周書』卷16「獨孤信傳」, 265-266쪽, "尋除隴右十州大都督·秦州刺史. 先是, 守宰闇弱, 政令乖方, 民有冤訟, 歷年不能斷決. 及信在州, 事無壅滯. 示以禮敎, 勸以耕桑, 數年之中, 公私富實. 流民願附者數萬家."

29 『周書』卷35「鄭孝穆傳」, 610쪽, "大統五年, 行武功郡事, 遷使持節·本將軍, 行岐州刺史·當州都督. 在任未幾, 有能名. 就加通直散騎常侍. 王羆時爲雍州刺史, 欽其善政, 遺使貽書, 盛相稱述. 先是, 所部百姓, 久遭離亂, 饑饉相仍, 逃散殆盡. 孝穆下車之日, 戸止三千. 留情綏撫, 遠近咸至, 數年之內, 有四萬家. 每歲考績, 爲天下最."

30 『周書』卷29「王雅傳」, 502쪽, "世宗初, 除汾州刺史. 厲精爲治, 人庶悅而附之, 自遠至者七百餘家."

31 「韋孝寬墓誌」, 『新出魏晉南北朝墓誌疏證』, 314쪽, "又爲雍州刺史, 宣條布政, 導惠齊祀, 變六輔之風, 正五方之俗, 遷使持節·大將軍."

6년(540) 이후 秦州[32]와 隴右,[33] 鄭孝穆은 大統 5년(539) 이후 岐州,[34] 閻慶은 寧州,[35] 李賢은 大統 8년(542) 原州,[36] 尉遲運은 保定 4년(564) 隴州,[37] 陸逞이 宜州,[38] 楊紹는 大統 4년(538) 이후 鄜城郡,[39] 長孫熾는 建德년간(572-578) 雍州倉城縣과 藍田縣,[40] 鄭術은 建忠郡,[41] 王德은 涇州 平涼郡[42]에서 각각 선정을 베풀었다. 尉遲運은 秦州總管區에

---

32 『周書』卷16「獨孤信傳」, 265-266쪽, "尋除隴右十州大都督·秦州刺史. 先是, 守宰 闇弱, 政令乖方, 民有冤訟, 歷年不能斷決. 及信在州, 事無壅滯. 示以禮敎, 勸以耕 桑, 數年之中, 公私富實. 流民願附者數萬家."

33 『周書』卷16「獨孤信傳」, 267쪽, "信風度弘雅, 有奇謀大略. 太祖初啓霸業, 唯有關中 之地, 以隴右形勝, 故委信鎭之. 旣爲百姓所懷, 聲振鄰國."

34 『周書』卷35「鄭孝穆傳」, 610쪽, "大統五年, 行武功郡事, 遷使持節·本將軍, 行岐州 刺史·當州都督. 在任未幾, 有能名. 就加通直散騎常侍. 王罷時爲雍州刺史, 欽其善 政, 遣使貽書, 盛相稱述. 先是, 所部百姓, 久遭離亂, 饑饉相仍, 逃散殆盡. 孝穆下 車之日, 戶止三千. 留情綏撫, 遠近咸至, 數年之內, 有四萬家. 每歲考績, 爲天下最."

35 『周書』卷20「閻慶傳」, 343쪽, "就拜大將軍, 進爵大安郡公, 邑戶如舊. 入爲小司空, 除雲州刺史, 轉寧州刺史. 慶性寬和, 不苛察, 百姓悅之."

36 『周書』卷25「李賢傳」, 416쪽, "八年, 授原州刺史. 賢雖少從戎旅, 而頗閑政事, 撫導 鄉里, 甚得民和."

37 『周書』卷40「尉遲運傳」, 709쪽, "四年, 出爲隴州刺史. 地帶汧·渭, 民俗難治. 運垂 情撫納, 甚得時譽."

38 『周書』卷32「陸通傳附逞傳」, 560쪽, "又以疾不堪劇任, 乃除宜州刺史. 故事, 刺史奉 辭, 例備鹵簿, 逞以時屬農要, 奏請停之. 武帝深嘉焉, 詔遂其所請, 以彰雅操. 逞在 州有惠政, 吏人稱之."

39 『周書』卷29「楊紹傳」, 500쪽, "四年, 出爲鄜城郡守. 紹性恕直, 兼有威惠, 百姓安 之."

40 『隋書』卷51「長孫覽傳附熾傳」, 1328쪽, "建德二年, 授雍州倉城令, 尋轉藍田令. 頻 宰二邑, 考績連最, 遷崤郡守."

41 「鄭術墓誌」, 262쪽, "始建忠畿地, 密邇王城, 豪族近臣, 號爲難牧. 以君器稱瑚璉, 獨 步當時, 內徵還除建忠郡守. 百姓來蘇, 四民樂業, 比迹張王, 連聲杜邵. 然而東郡父 老, 猶望耿純; 幷部兒童, 還思郭伋."

42 『周書』卷17「王德傳」, 285쪽, "加征西將軍·金紫光祿大夫·平涼郡守. 德雖不知書, 至於斷決處分, 良吏無以過也. 涇州所部五郡, 而德常爲最."

서,[43] 韓襃는 北雍州에서,[44] 樂運은 建德 2년(573) 萬年縣丞이 되어[45] 각각 豪右를 억압하고 법률을 엄격히 적용하여 치안을 유지하였다.

다음으로 西魏北周는 정복한 지역이나 반란을 평정한 지역의 지배층이나 民을 關中 일대로 遷徙하여 인구증가를 도모하였다. 永熙 3년(534) 李虎·李弼·趙貴가 曹泥를 토벌한 후 항복한 靈州의 戶數를 咸陽으로 遷徙하였다.[46] 西魏軍이 大統 9년(543) 邙山에서 패하자 淸水氏 李鼠仁이 군에서 이탈했다가 다시 항복하였다. 또 氏 梁道顯의 반란 때 趙昹이 설득하러 파견되었다. 東秦州刺史 魏光은 氏 豪帥 40여 인과 部落을 華州로 遷徙하였다.[47] 獨孤信은 大統 12년(546) 涼州刺史 宇文中和의 반란을 평정한 후 涼州民 6,000여 家(戶)를 長安으로 遷徙

---

43 「尉遲運墓誌」, 305쪽, "俄授秦·渭·成·康·文·武六州諸軍事, 秦州總管. 此州華戎相半, 風俗不一, 雖異空桐之武, 頗有强梁之氣. 公濟寬持猛, 遠服邇安, 開懷納胡, 擧袖化狄, 千里聞風, 百城解印."

44 『周書』卷37 「韓襃傳」, 661쪽, "出爲北雍州刺史, 加衛大將軍. 州帶北山, 多有盜賊. 襃密訪之, 並豪右所爲也, 而陽不之知, 厚加禮遇. 謂之曰: '刺史起自書生, 安知督盜, 所賴卿等共分其憂耳.' 乃悉詔桀黠少年素爲鄕里患者, 署爲主帥, 分其地界. 有盜發而不獲者, 以故縱論. 於是諸被署者, 莫不惶懼. 皆首伏曰: '前盜發者, 並某等爲之.' 所有徒侶, 皆列其姓名. 或亡命隱匿者, 亦悉言其所在. 襃乃取盜名簿藏之. 因大牓州門曰: '自知行盜者, 可急來首, 卽除其罪. 盡今月不首者, 顯戮其身, 籍沒妻子, 以賞前首者.' 旬日之間, 諸盜咸悉首盡. 襃取名簿勘之, 一無差異. 並原其罪, 許以自新. 由是羣盜屛息."

45 『周書』卷40 「樂運傳」, 721쪽, "建德二年, 除萬年縣丞. 抑挫豪右, 號稱强直."

46 『周書』卷1 「文帝紀」上 永熙三年八月條, 13쪽, "十一月, 遣儀同李虎與李弼·趙貴等討曹泥於靈州, 虎引河灌之. 明年, 泥降, 遷其豪帥於咸陽."

47 『周書』卷33 「趙昹傳」, 577쪽, "大統九年, 大軍失律於邙山, 淸水氏酋李鼠仁自軍逃還, 憑險作亂. 隴右大都督獨孤信頻遣軍擊之, 不克. 太祖將討之, 欲先遣觀其勢. 顧問誰可爲. 左右莫對. 昹曰: '此小豎爾, 以公威, 孰不聽命.' 太祖壯之, 遂令昹使焉. 昹見鼠仁, 喩以禍福, 羣兇聚議, 或從或否. 其逆命者, 復將加刃於昹. 而昹神色自若, 志氣彌厲. 鼠仁感悟, 遂相率降. 氏梁道顯叛, 攻南由. 太祖復遣昹慰諭之, 道顯等皆卽款附. 東秦州刺史魏光因徙其豪帥四十餘人並部落於華州, 太祖卽以昹爲都督領之."

하였다.[48] 達奚武가 大統 17년(551) 劍北(漢川)으로 진격할 때 항복한 梁의 梁州刺史 蕭循이 男女 3만 口를 이끌고 西魏의 수도 長安으로 入朝하였다.[49] 西魏 廢帝二年 二月(553. 3) 東梁州 평정 이후 戶를 雍州로 遷徙하였다.[50] 이처럼 반란에 참여한 民戶를 關中으로 옮겨 다시 반란을 일으키지 못하도록 하였다. 이들은 關中 지역의 농경 등에 종사하는 노동력이 되었을 것이다.

이러한 정복 후 遷徙 정책은 梁의 수도 江陵을 점령한 후에도 지속되었다. 西魏 恭帝元年 西魏軍은 梁의 수도 江陵을 함락하고 百官과 士民을 잡아 돌아왔다. 『周書』에 따르면 이때 奴婢가 된 사람이 10여 만이었고, 200여 家만이 奴婢가 되는 것을 면하였다.[51] 그런데 『梁書』에 奴婢가 되어 長安으로 끌려간 백성이 數萬 口였다고 기록하였다.[52]

---

48 『周書』卷2「文帝紀」下 大統十二年夏五月條, 30쪽, "夏五月, 獨孤信平涼州, 擒仲和, 遷其民六千餘家於長安."; 『周書』卷16「獨孤信傳」, 266쪽, "十二年, 涼州刺史宇文仲和據州不受代, 太祖令信率開府怡峰討之. 仲和嬰城固守, 信夜令諸將以沖梯攻其東北, 信親帥壯士襲其西南, 値明克之. 擒仲和, 虜其民六千戶, 送於長安."

49 『周書』卷19「達奚武傳」, 304쪽, "十七年, 詔武率兵三萬, 經略漢川. 梁將楊賢以武興降, 梁深以白馬降, 武分兵守其城. 梁梁州刺史 · 宜豐侯蕭循固守南鄭, 武圍之數旬, 循乃請服. 武爲解圍. 會梁武陵王蕭紀遣其將楊干運等將兵萬餘人救循, 循於是更據城不出. 恐援軍之至, 表里受敵, 乃簡精騎三千, 逆擊干運於白馬, 大破之. 干運退走. 武乃陳蜀軍俘級於城下. 循知援軍被破, 乃降, 率所部男女三萬口入朝, 自劍以北悉平."

50 『周書』卷2「文帝紀」下 魏廢帝二年二月條, 33쪽, "二月, 東梁州平, 遷其豪帥於雍州."

51 『周書』卷2「文帝紀」下 魏恭帝元年十一月條, 36쪽, "十一月癸未, 師濟於漢. 中山公護與楊忠率銳騎先屯其城下, 據江津以備其逸. 丙申, 謹至江陵, 列營圍守. 辛亥, 進攻城, 其日克之. 擒梁元帝, 殺之, 幷虜其百官及士民以歸. 沒爲奴婢者十餘萬, 其免者二百餘家."

52 『梁書』卷5「元帝紀」承聖三年條, 135쪽, "[十一月]辛亥, 魏軍大攻, 世祖出枇杷門, 親臨陣督戰. 胡僧祐中流矢薨. 六軍敗績. 反者斬西門關以納魏師, 城陷于西魏. 世祖見執, 如蕭詧營. 又遷還城內. …… [十二月]辛未, 西魏害世祖, 遂崩焉, 時年四十七. 太子元良 · 始安王方略皆見害. 乃選百姓男女數萬口, 分爲奴婢, 驅入長安; 小弱者

西魏軍의 약탈과 파괴,[53] 數萬 口의 長安 遷徙로 江陵에 세워진 後梁은 附庸國으로 전락하고 쇠락하였다.

이러한 정복과 遷徙는 北齊의 정복과정에서도 보인다. 北周 武帝는 建德 5년 十月(576. 11-12) 幷州(太原)에서 사로잡은 甲士 8,000인을 關中으로 이주시켰다.[54] 建德 6년(577) 北齊가 망한 후 後主와 皇室 일족 문무관료 등을 사로잡아 長安으로 遷徙하였다.[55] 같은 해 十二月(577. 12-578. 1) 幷州의 東壽陽 土人의 반란을 진압한 후 幷州 軍人 4만 戶를 關中으로 옮겼다.[56]

위에서 살펴본 것처럼 西魏北周는 지배층을 비롯한 대규모 遷徙를

皆殺之."

53 『周書』卷32「唐瑾傳」, 564쪽, "于謹南伐江陵, 以瑾爲元帥府長史. 軍中謀略, 多出瑾焉. 江陵旣平, 衣冠仕伍, 並沒爲僕隷. 瑾察其才行, 有片善者, 輒議免之, 賴瑾獲濟者甚衆. 時論多焉. 及軍還, 諸將多因虜掠, 大獲財物. 瑾一無所取, 唯得書兩車, 載之以歸."

54 『周書』卷6「武帝紀」下 建德五年冬十月壬申條, 96쪽, "壬申, 齊晉州刺史崔景嵩守城北面, 夜密遣使送款, 上開府王軌率衆應之. 未明, 登城鼓噪, 齊衆潰, 遂克晉州, 擒其城主特進・開府・海昌王尉相貴, 俘甲士八千人, 送關中."

55 『周書』卷6「武帝紀」下 建德六年夏四月條, 102쪽, "夏四月乙巳, 至自東伐. 列齊主於前, 其王公等並從, 車轝旗幟及器物以次陳於其後. 大駕布六軍, 備凱樂, 獻俘於太廟. 京邑觀者皆稱萬歲. 戊申, 封齊主爲溫國公."; 『北齊書』卷42「陽休之傳」, 563쪽, "周武平齊, 與吏部尙書袁聿修・衛尉卿李祖欽・度支尙書元脩伯・大理卿司馬幼之・司農卿崔達拏・祕書監源文宗・散騎常侍兼中書侍郎李若・散騎 常侍給事黃門侍郎李孝貞・給事黃門侍郎盧思道・給事黃門侍郎顔之推・通直散騎常侍兼中書侍郎李德林・通直散騎常侍兼中書舍人陸乂・中書侍郎薛道衡・中書舍人高行恭・辛德源・王劭・陸開明十八人同徵, 令隨駕後赴長安. 盧思道有所撰錄, 止云休之與孝貞・思道 同被召者是其誣罔焉."; 『隋書』卷73「循吏・梁彥光傳」, 1674쪽, "齊亡後, 衣冠士人多遷關內, 唯技巧・商販及樂戶之家移實州郭."

56 『周書』卷6「武帝紀」下 建德六年十二月條, 105쪽, "十二月戊午, 吐谷渾遣使獻方物. 己未, 東壽陽土人反, 率衆五千襲幷州城, 刺史東平公宇文神擧破平之. 庚申, 行幸幷州宮. 移幷州軍人四萬戶於關中."

단행하여 梁과 北齊의 재기를 막고 다시 반란을 일으키는 것을 미리 방지함과 동시에 關中 지역의 인구를 증가시키는 효과가 있었다.

2. 華州(同州)의 政治 · 軍事的 위상과 역할

1 華州(同州)의 정치적 위상

(1) 西魏 · 北周初 兩都體制와 華州(同州)의 覇府

주지하듯이 西魏北周는 長安과 華州(同州)의 兩都體制를 운영하였다. 西魏北周의 실력자 宇文泰와 宇文護가 華州(同州)에 장기 주둔하며 軍權과 행정권을 장악하였다.[57] 그런데 宇文泰와 宇文護는 왜 關中의 정치적 중심인 長安이 아닌 華州(同州)에 주둔했을까? 華州(同州)는 西魏北周의 수도 長安에서 東魏北齊의 軍事 重鎭이자 '실질적인 수도'인 太原(晉陽) 사이에 위치하였고 華州(同州)는 太原에서 汾水를 따라 河東을 거쳐 長安으로 향하는 길목에 있었다. 西魏北周가 西魏 大統 3년(537) 汾 · 絳을 평정하여[58] 河東 지역을 점령하기 전까지 대체로 黃河가 西魏와 東魏의 국경선이었기 때문에 華州(同州)는 국경선에서 가까웠다. 이러한 상황을 고려하면 宇文泰와 宇文護는 長安보다 동북이자 국경에 가까운 華州(同州)에 주둔하여 東魏北齊의 공격을 미리

---

57 『資治通鑑』 卷173 「陳紀」 7 宣帝太建十年三月戊辰條 胡註, 5386쪽, "同州治馮翊. 宇文泰輔魏, 多居同州, 其後受魏禪, 遂以同州置別宮. 長春宮在朝邑, 馮翊之屬縣也. 是宮蓋亦宇文所置."

58 『周書』 卷2 「文帝紀」 下 條, 40쪽, "遣左僕射 · 馮翊王元季海爲行臺, 與開府獨孤信率步騎二萬向洛陽; 洛州刺史李顯趨荊州; 賀拔勝 · 李弼渡河圍蒲坂, 牙門將高子信開門納勝軍, 東魏將薛崇禮棄城走, 勝等追獲之. 太祖進軍蒲坂, 略定汾 · 絳."

막으려고 하였다.[59] 또 華州(同州)는 長安과 가까운 곳에 있었다. 辛德勇의 고증에 따르면, 唐代 長安 동쪽의 滿橋驛에서 同州의 治所 馮翊縣까지 226里의 거리에 있었다.[60] 同州에서 長安城까지 말을 타고 빠르면 이틀이면 도달할 수 있는 거리였다. 이 밖에 宇文泰가 東魏의 高歡으로부터 결정적인 승리를 거둔 沙苑이 華州(同州)에 있었기 때문에 宇文泰가 華州(同州)를 행운의 지역(福地)으로 인식하여 이곳에 霸府를 두었다고 해석하기도 한다.[61]

宇文泰와 宇文護는 이러한 군사적 요지인 華州(同州)에 霸府를 두고 권력을 행사하였다.

"太祖[宇文泰]가 丞相이 된 후 左右 12軍을 두고 모두 相府에 속하게 하였다. 太祖가 붕어한 후 모두 宇文護의 處分을 받았으며 모든 군사의 징발은 宇文護의 書가 아니면 불가능하였다. 宇文護의 저택에 禁衛를 주둔시켰으며 宮闕보다 盛하였다. 事는 크고 작음과 상관없이 모두 宇文護가 결정한 후 皇帝에게 보고하였다. 保定元年(561) 宇文護를 都督中外諸軍事로 임명하였고 5府를 天官에 속하게 하였다."[62]

위의 인용문에 따르면, 宇文泰는 丞相이 된 후 좌우 12軍을 丞相府에 예속시켰다. 胡三省은 인용문의 "左右十二軍"을 "左右各十二

---

59 崔珍烈, 「西魏北周 華州(同州)의 政治·軍事的 지위와 역할」, 233-234쪽.

60 辛德勇, 「隋唐時期長安附近的陸路交通−漢唐長安交通地理研究之二−」, 『古代交通與地理文獻研究』, 北京: 中華書局, 1996, 142-158쪽.

61 李兆宇·丁武, 「西魏北周時期同州地位의 變遷」, 47오른쪽 및 48왼쪽.

62 『周書』卷11 「晉蕩公護傳」, 168쪽, "自太祖爲丞相, 立左右十二軍, 總屬相府. 太祖崩後, 皆受護處分, 凡所征發, 非護書不行. 護第屯兵禁衛, 盛於宮闕. 事無鉅細, 皆先斷後聞. 保定元年, 以護爲都督中外諸軍事, 令五府總於天官."

軍", 즉 모두 24軍으로 보았다.[63] 胡三省의 注釋이 맞다면 宇文泰는 府兵 전체를 丞相府에 예속하여 장악한 것이다. 주지하듯이 大統 16년(550) 이전 柱國大將軍 8인이 임명되었고, 宇文泰와 廣陵王 元欣을 제외한 6인은 각각 2大將軍을 거느렸으며 각각 禁旅를 分掌하였다.[64] 12 大將軍은 각각 1軍을 거느리는 開府 2인을 통할하였다.[65] 左右 12軍은 宇文泰가 창시한 府兵制, 즉 8柱國-12大將軍-24開府를 근간으로 한 西魏의 정규군이었다. 丞相은 본래 행정을 담당하고 兵權과 관련없었기 때문에 규정과는 달리 좌우 12軍을 相府, 즉 丞相府에 예속시켜 宇文泰가 행정권과 兵權을 동시에 장악한 것이다. 宇文泰가 六官制度를 만든 이후 丞相은 大冢宰로 바뀌었다. 宇文泰 사후 大冢宰가 된 宇文護는 병권을 총괄한 都督中外諸軍事를 겸임하여 병권을 장악하고 天部를 제외한 六官組織의 나머지 5府를 天官, 즉 大冢宰에 예속시켜 6府를 장악하였다.[66]

宇文護 역시 행정과 군대를 동시에 장악하며 권력을 행사하였다. 宇文護는 孝閔帝를 살해하고[67] 明帝를 즉위시킨 후 武成元年 正月 己

---

63 『資治通鑑』卷169「陳紀」3 文帝天嘉閏月乙巳五年條 胡註, 5245쪽, "二十四軍, 六柱國及十二大將軍所統關中諸府兵也. 安定公宇相魏, 左右各十二軍, 並屬相府."

64 『周書』卷16「侯莫陳崇傳」, 272쪽, "大統三年, 魏文帝復以太祖建中興之業, 始命爲之. 其後功參佐命, 望實俱重者, 亦居此職. 自大統十六年以前, 任者凡有八人. 太祖位總百揆, 督中外軍. 魏廣陵王欣, 元氏懿戚, 從容禁闈而已. 此外六人, 各督二大將軍, 分掌禁旅, 當爪牙禦侮之寄."

65 『周書』卷16「侯莫陳崇傳」, 273쪽, "右十二大將軍, 又各統開府二人. 每一開府領一軍兵, 是爲二十四軍."

66 崔珍烈,「西魏北周 華州(同州)의 政治·軍事的 지위와 역할」, 234-236쪽.

67 『周書』卷3「孝閔帝紀」孝閔帝元年九月條, 49-50쪽, "帝性剛果, 見晉公護執政, 深忌之. 司會李植·軍司馬孫恆以先朝佐命, 入侍左右, 亦疾護之專, 乃與宮伯乙弗鳳·賀拔提等潛謀, 請帝誅護. 帝然之. 又引宮伯張光洛同謀. 光洛密白護, 護乃出植爲梁州刺史, 恆爲潼州刺史. 鳳等遂不自安, 更奏帝, 將召羣公入, 因此誅護. 光洛又白之."

酉日(559. 2. 13) 明帝에게 권력을 이양했지만, 군권은 여전히 宇文護가 장악하였다.[68] 宇文護는 李安에게 明帝 독살을 지시하여 살해한 후 武帝를 세우고 권력을 독점하였다.[69] 이후 위의 인용문처럼 保定元年(561) 都督中外諸軍事를 겸하고 5府를 天府의 장관 大冢宰의 아래에 두어 軍權과 행정권을 장악하였다. 심지어 宇文護가 周公에 비견되자 周公의 封國 魯에 文王廟를 세운 고사를 모방하여 同州 晉國第에 德皇帝 別廟를 세워 宇文護에게 제사 지내라는 詔書가 내려졌다.[70] 覇府華州(同州)의 위상은 北周 武帝가 建德元年(572) 宇文護를 제거할 때까지[71] 지속되었다.[72]

覇府인 華州(同州)에 장기 주둔한 宇文泰는 西魏 皇帝의 거처 長安을 감시하였다. 특히 大將軍 大行臺 宇文泰 휘하에서 行臺尙書, 大將軍府司馬를 역임한 周惠達이 이런 역할을 맡았다.

時小司馬尉遲綱總統宿衛兵, 護乃召綱共謀廢立. 令綱入殿中, 詐呼鳳等論事. 旣至, 以次執送護第, 並誅之. 綱仍罷散禁兵, 帝方悟, 無左右, 獨在內殿, 令宮人持兵自守. 護又遣大司馬賀蘭祥逼帝遜位. 遂幽於舊邸, 月餘日, 以弑崩, 時年十六. 植 · 恆等亦遇害."

68 『周書』卷4「明帝紀」武成元年春正月己酉條, 56쪽, "武成元年春正月己酉, 太師 · 晉公護上表歸政, 帝始親覽萬機. 軍旅之事, 護猶總焉."

69 『周書』卷11「晉蕩公護傳」, 168쪽, "武成元年, 護上表歸政, 帝許之. 軍國大事尙委於護. 帝性聰睿, 有識量, 護深憚之. 有李安者, 本以鼎俎得寵於護, 稍被升擢, 位至膳部下大夫. 至是, 護乃密令安因進食於帝, 加以毒藥. 帝遂寢疾而崩. 護立高祖, 百官總己以聽於護."

70 위와 같음, "或有希護旨, 雲周公德重, 魯立文王之廟, 以護功比周公, 宜用此禮. 於是詔於同州晉國第, 立德皇帝廟, 使護祭焉."

71 『周書』卷5「武帝紀」上 建德元年三月條, 80쪽.

72 崔珍烈, 「西魏北周 華州(同州)의 政治 · 軍事的 지위와 역할」, 236-237쪽.

"太祖[宇文泰]가 大將軍 大行臺가 되자, [周]惠達을 行臺尙書 大將軍府 司馬에 임명하고 文安縣子, 邑 三百戶에 봉하였다. 太祖가 華州(同州)로 出鎭하자 周惠達에게 [長安에] 머물러 後事를 관장하도록 하였다. 이때 이미 喪亂이 일어나 庶事 가운데 闕한 것이 많았다. 周惠達은 戎仗을 營造하고 食糧을 儲積하였으며 士馬를 簡閱하여 軍國之務를 처리하였으니 당시에 그를 매우 믿고 의지하였다."[73]

위의 인용문에서 알 수 있듯이 宇文泰가 華州(同州)에 주둔할 때 周惠達은 長安에 머물러 무기 제조, 식량 저장, 士馬 簡閱 등 軍國之務를 처리하였다. 뿐만 아니라 周惠達은 宇文泰와 西魏 文帝가 東征할 때 太子와 남아 留臺를 책임졌다.[74]

위에서 살펴본 것처럼 宇文泰와 宇文護는 군대를 장악하고 覇府 華州(同州)에서 長安 朝廷의 정치와 행정을 원격조정하며 二元體制로 통치하였다. 이 점은 鄴과 太原(晉陽)의 兩都體制를 운영한 東魏北齊와 외형상 유사하다.[75] 그러나 두 나라의 兩都體制는 차이점도 존재한다. 東魏北齊는 처음부터 망할 때까지 兩都體制를 유지했던 반쪽, 北周 武帝가 宇文護 부자를 제거하면서 同州의 中外府를 없앴다.[76] 이후

---

73 『周書』 卷22 「周惠達傳」, 363쪽, "太祖爲大將軍·大行臺, 以惠達爲行臺尙書·大將軍府司馬, 封文安縣子, 邑三百戶. 太祖出鎭華州, 留惠達知後事. 於時旣承喪亂, 庶事多闕. 惠達營造戎仗, 儲積食糧, 簡閱士馬, 以濟軍國之務. 時甚賴焉."
74 위와 같음, "其年, 太祖與魏文帝東征, 惠達輔魏太子居守, 總留臺事."
75 周一良, 「北齊書札記·各立一省條」, 408쪽; 嚴耀中, 「北齊政治與尙書幷省」, 36쪽; 王振芳, 「論太原在東魏北齊時期的戰略地位」; 陳琳國, 『魏晉南北朝政治制度研究』, 138쪽; 金翰奎, 「東魏 高氏의 覇府와 晉陽」; 朴漢濟, 「東魏~北齊時代의 胡漢體制의 展開」, 162쪽; 崔彦華, 「晉陽在東魏北齊時的覇府和別都地位」, 22원쪽; 崔彦華, 「鄴-晉陽"兩都體制與東魏北齊政治」, 245원쪽.
76 『周書』 卷5 「武帝紀」上 建德元年三月丙辰條, 80쪽, "丙辰, 誅大冢宰晉國公護·護子

同州의 지위는 일개 州로 전락하였다. 東魏北齊의 太原(晉陽)에 幷省
(幷州에 설치된 尙書省)[77]과 五兵尙書에 속한 外兵曹와 騎兵曹가 승격된
騎兵省과 外兵省[78]이 존재하는 등 공식적인 수도 鄴과 제도적으로 대
등하였고, 이 때문에 太原이 실질적인 수도 역할을 했다고 보기도 한
다.[79] 반면 西魏北周의 華州(同州)는 覇府와 別宮[80]이 존재하였지만, 제
도상 제2수도로 승격되지 않았다. 따라서 中外府를 없애는 등 宇文護
의 권력 기반을 해체하자 同州는 평범한 州로 전락하였다.[81]

(2) 武帝·宣帝의 同州 巡幸

北周 武帝가 宇文護를 제거하고 中外府를 없앤 후 同州는 일개 州로
로 전락하였다. 이후에도 北周 皇帝들은 여전히 同州에 관심을 가졌
다. 이는 北周 皇帝들의 同州 巡幸에서 확인된다. 北周 皇帝들의 同
州 방문은 北周 皇室과도 연고가 있는 지역이었기 때문이었다. 즉 華
州(同州)는 北周의 역대 皇帝들이 태어난 곳이었다. 華州(同州)는 宇文

柱國譚國公會·會弟大將軍莒國公至·崇業公靜, 並柱國侯伏侯龍恩·龍恩弟大將軍
萬壽·大將軍劉勇等. 大赦, 改元. 罷中外府."
77 周一良, 「北齊書札記·各立一省條」, 408쪽; 陳琳國, 『魏晉南北朝政治制度研究』,
138쪽; 嚴耀中, 「北齊政治與尙書幷省」, 38쪽.
78 『北齊書』 卷40 「唐邕傳」, 532쪽, "齊朝因高祖作相, 丞相府外兵曹·騎兵曹分掌兵馬.
及天保受禪, 諸司監咸歸尙書, 唯此二曹不廢, 令唐邕白建主治, 謂之外兵省·騎兵省."
79 朴漢濟, 「東魏~北齊時代의 胡漢體制의 展開」, 162쪽; 毛漢光, 「北魏東魏北齊之
核心集團與核心區」, 98쪽; 崔彦華, 「"鄴-晉陽"兩都體制與東魏北齊政治」, 244왼
쪽-244오른쪽.
80 『資治通鑑』 胡三省註에 따르면, 北周 건국 후에 同州에 別宮이 설치되었다(『資治通
鑑』 卷173 「陳紀」7 宣帝太建十年三月戊辰條 胡註, 5386쪽, "同州治馮翊, 宇文泰輔
魏, 多居同州, 其後受魏禪, 遂以同州置別宮. 長春宮在朝邑, 馮翊之屬縣也. 是宮蓋
亦宇文所置.").
81 崔珍烈, 「西魏北周 華州(同州)의 政治·軍事的 지위와 역할」, 237-238쪽.

泰가 西魏初부터 장기적으로 주둔했던 지역이었기 때문에 孝閔帝와 武帝가 태어난 곳이었다.[82] 또 武帝는 즉위 전인 孝閔帝元年(557)에 同州에 出鎭하였다.[83] 武帝의 아들 宣帝도 同州에서 태어났다.[84] 夏州에서 태어났지만 華州(同州)에서 성장한[85] 孝明帝는 明帝二年 九月 丁未日(558. 10. 14)부터 十月 辛酉日(558. 10. 28)까지 15일 동안 同州를 방문하여 古宅을 지나며 賦詩를 지었다.[86] 賦詩의 마지막 구절 '擧盃延故老, 令聞歌大風'의 大風歌는 漢高祖 劉邦이 고향인 豐·沛에 가서 부른 노래였다.[87] 이 賦詩의 구절로 보아 明帝의 同州 방문은 문자 그대로 錦衣還鄕이었다.[88]

武帝는 保定 3년 九月 丙戌日(563. 10. 28)부터 十二月 辛卯日(12. 31)

---

82 『周書』卷3「孝閔帝紀」, 45쪽, "孝閔皇帝諱覺, 字陁羅尼, 太祖第三子也. 母曰元皇后. 大統八年, 生於同州官舍.";『周書』卷5「武帝紀」上, 63쪽, "高祖武皇帝諱邕, 字禰羅突, 太祖第四子也. 母曰叱奴太后. 大統九年, 生於同州, 有神光照室."

83 『周書』卷5「武帝紀」上, 63쪽, "孝閔帝踐阼, 拜大將軍, 出鎭同州."

84 『周書』卷7「宣帝紀」, 115쪽, "宣皇帝諱贇, 字乾伯, 高祖長子也. 母曰李太后. 武成元年, 生於同州."

85 明帝 宇文毓은 統萬에서 태어나 統萬突이라는 이름을 가졌다. 이후 아버지 宇文泰를 따라 華州(同州)에서 살았을 것이다. 宇文毓은 大統 16년에 行華州事가 되어 華州(同州)의 刺史를 代理하였다(『周書』卷4「明帝」, 53, "世宗明皇帝諱毓, 小名統萬突, 太祖長子也. 母曰姚夫人, 永熙三年, 太祖臨夏州, 生帝於統萬城, 因以名焉. 大統十四年, 封寧都郡公. 十六年, 行華州事."). 宇文毓에게 華州(同州)는 고향이나 다름없었다.

86 『周書』卷4「明帝紀」明帝二年九月丁未條, 56쪽, "丁未, 幸同州, 過故宅, 賦詩曰: '玉燭調秋氣, 金輿歷舊宮. 還如過白水, 更似入新豐. 霜潭漬晚菊, 寒井落疏桐. 擧盃延故老, 令聞歌大風'"

87 『史記』卷24「樂書」2, 1177쪽, "高祖過沛詩三侯之章, 令小兒歌之."; 左同 注引『史記索隱』, 1177, "按: 過沛詩卽大風歌也. 其辭曰: '大風起兮雲飛揚, 威加海內兮歸故鄉, 安得猛士兮守四方'是也. 侯, 語辭也. 詩曰'侯其褘而'者是也. 兮亦語辭也. 沛詩有三'兮', 故云三侯也."

88 崔珍烈,「西魏北周 華州(同州)의 政治·軍事的 지위와 역할」, 238-239쪽.

까지(65일),[89] 建德 3년 九月 庚申日(574. 10. 3)부터 甲戌日(10. 17)까지
(15일),[90] 建德 4년 正月 癸酉日(575. 2. 13)부터 三月 丙寅日(3. 28)까지
(54일),[91] 같은 해 十月 甲午日(12. 22)부터 十二月 庚午日(576. 2. 6)까지
(37일),[92] 建德 5년 正月 癸未日(576. 2. 18)부터 三月 壬寅日(5. 10)까지(80
일),[93] 같은 해 四月 乙卯日(5. 20)부터 五月 壬辰日(6. 26)까지(38일)[94] 등
여섯 차례 同州를 방문하였다.[95] 그리고 도로의 분포를 보면 建德 5-6
년(576-577) 北齊 정복 당시 同州를 거쳐 갔을 것으로 추정된다.[96]

宣帝는 宣政元年 八月 壬申日(578. 9. 24)부터 十月 癸酉日(11. 24)까지
(62일),[97] 大象元年 八月 庚申日(579. 9. 7)부터 壬申日(9. 19)까지(13일),[98]
같은 해 十一月 乙未日(12. 11)에서 壬寅日(12. 18)까지(8일),[99] 大象 2년
三月 辛卯日(580. 4. 5)부터 庚子日(4. 14)까지[100] 등 네 차례 同州를 방문

---

89 『周書』卷5「武帝紀」上 保定三年條, 63쪽, "[九月]丙戌, 幸同州. 十有二月辛卯, 至自
同州."

90 『周書』卷5「武帝紀」上 建德三年九月條, 85쪽, "九月庚申, 幸同州. …… 甲戌, 至自
同州."

91 『周書』卷6「武帝紀」下 建德四年條, 91쪽, "[春正月]癸酉, 行幸同州. …… [三月]丙
寅, 至自同州."

92 『周書』卷6「武帝紀」下 建德四年條, 93-94쪽, "[冬十月]甲午, 行幸 同州. …… [十二
月]庚午, 至自同州."

93 『周書』卷6「武帝紀」下 建德五年春正月條, 94쪽, "五年春正月癸未, 行幸同州. ……
[三月]壬寅, 至自同州."

94 『周書』卷6「武帝紀」下 建德五年夏四月乙卯條, 94쪽, "夏四月乙卯, 行幸同州. ……
五月壬辰, 至自同州."

95 최진열, 『북위황제 순행과 호한사회』, 525-528쪽 (14) 북주(北周) 순행표.

96 崔珍烈, 「西魏北周 華州(同州)의 政治·軍事的 지위와 역할」, 239-240쪽.

97 『周書』卷7「宣帝紀」宣政元年條, 116-117쪽, "[八月]壬申, 行幸同州. …… 冬十月癸
酉, 至自同州."

98 『周書』卷7「宣帝紀」大象元年八月條, 120쪽, "八月庚申, 行幸同州. 壬申, 還宮."

99 『周書』卷7「宣帝紀」大象元年十一月條, 121쪽, "十一月乙未, 幸溫湯. 戊戌, 行幸同
州. 壬寅, 還宮."

하였다.[101] 이 가운데 大象 2년(580) 三月 宣帝의 同州 방문이 특별히 장엄하고 화려하여 本紀에 特記하였다.

"[三月 辛卯日(580. 4. 5)] 同州로 行幸하였다. 候正을 늘리고, 행렬을 선도하는 사람이 길을 떠날 때 360重으로 하였으며, 應門에서 赤岸澤에 이르기까지 수십 里 사이에 幡旗가 서로 덮었고 북을 두드리며 음악을 연주하였다. 또 武賁에게 鈒을 들고 말 위에서 警蹕을 외치게 하였으며, 이러한 상태에서 同州에 이르렀다. 乙未日(4. 9) 同州宮을 天成宮으로 이름을 바꾸었다. 庚子日(4. 14) 同州에서 돌아왔다."[102]

위의 인용문에서 보듯이 宣帝는 大象 2년(580) 三月 長安을 출발하여 同州를 방문하는 길에 호위와 의장 행렬에 참여하는 사람의 수를 늘리고 깃발도 많이 갖추었으며, 북과 음악을 연주하게 하였다. 이는 宣帝 개인만을 위한 행렬이 아니었고 백성들에게 과시하기 위한 의장 행렬이었다. 同州가 宣帝의 고향이었음을 상기하면, 錦衣還鄕의 의도를 간파하기 어렵지 않다. 또 宣帝의 아버지 武帝가 北齊를 멸하고 華北을 통일했기 때문에, 華北을 통치하는 皇帝임을 백성들에게 각인시키려는 정치적 의도도 있었다.[103]

---

100 『周書』 卷7 「宣帝紀」 大象二年春三月條, 123쪽, "辛卯, 以永昌公椿爲杞國公, 紹簡公連後. 行幸同州. …… 庚子, 至自同州."

101 최진열, 『북위황제 순행과 호한사회』, 525-528쪽 (14) 북주(北周) 순행표.

102 『周書』 卷7 「宣帝紀」 大象二年春三月條, 123쪽, "辛卯, 以永昌公椿爲杞國公, 紹簡公連後. 行幸同州. 增候正, 前驅戒道, 爲三百六十重, 自應門至於赤岸澤, 數十里間, 幡旗相蔽, 鼓樂俱作. 又令武賁持鈒馬上, 稱警蹕, 以至於同州. 乙未, 改同州宮爲天成宮. 庚子, 至自同州."

103 崔珍烈, 「西魏北周 華州(同州)의 政治 · 軍事的 지위와 역할」, 240-241쪽.

2 華州(同州)의 군사적 역할: 東魏北齊의 방어와 東進 정책의 교두보

(1) 병참기지 華州(同州)

西魏北周의 首都 長安과 覇府 華州(同州)는 東魏北齊의 군사적 중심지이자 '실질적인' 수도 역할을 한 太原과 평지로 이어져 있었다. 전략적으로 華州(同州)는 東魏北齊의 공격을 방어하고 공격하기 위한 전진기지 역할을 맡았다. 따라서 東進 정책을 위해 무기와 식량을 華州(同州)에 저장할 필요가 있었다. 西魏 大統년간 西魏 朝廷은 屯田을 널리 설치하여 군사비로 공급하려는 정책을 실시하였다. 이에 薛善은 司農少卿에 임명되었고 同州(華州)[104] 夏陽縣 20屯監을 지휘하였다.[105] 薛善은 夏陽縣에 鐵冶를 두고 薛善이 冶監이 되어 매달 8,000인을 동원하여 정교하고 날카로운 무기를 만들었다.[106] 이처럼 西魏文帝 大統년간 薛善이 同州(華州)의 屯田과 鐵冶를 개발하며 무기와 식량을 준비하였다. 이는 「尉遲運墓誌」에서도 확인된다. 「尉遲運墓誌」에 따르면, 同州에는 庫兵과 倉粟이 있었고, 國儲가 존재하였다.[107]

華州(同州) 馮翊縣에 위치한 沙苑은 목축에 유리한 지역이었다. 『隋書』「百官志」에 따르면 隋代에 목축을 담당하는 隴右牧이 原州羊牧, 原州駝牛牧, 鹽州牧, 苑川十二馬牧, 沙苑羊牧 등 諸牧을 관리하였

---

104 西魏 文帝 시기에는 이 지역이 同州가 아닌 華州였다. 그러나 『周書』에서는 北周時代의 표기인 同州로 표기하였다. 따라서 본문에서는 당시의 표기인 華州를 병기하였다.

105 『周書』 卷35 「薛善傳」, 624쪽, "時欲廣置屯田以供軍費, 乃除司農少卿, 領同州夏陽縣二十屯監."

106 위와 같음, "又於夏陽諸山置鐵冶, 復令善爲冶監, 每月役八千人, 營造軍器. 善親自督課, 兼加慰撫, 甲兵精利, 而皆忘其勞苦焉."

107 「尉遲運墓誌」, 305쪽, "同州隩區, 埒于神牧, 庫兵倉粟, 國儲斯在."

다.[108] 이 가운데 沙苑羊牧은 同州 沙苑 일대에 있던 목축지였다. 唐中期 이후 편찬된 『元和郡縣圖志』에도 六畜을 기르기에 적합하여 沙苑監을 설치하였다고 기록하였다.[109] 唐代 秦州·蘭州·原州·渭州·嵐州·沙苑·樓煩·天馬 등지에 官營 牧場이 있었다.[110] 이 목장에도 沙苑이 포함되었다. 즉 隋唐時代 沙苑은 國營 牧場으로 羊을 비롯한 가축을 키웠다. 西魏北周時代 지역별로 목축을 담당하는 관직이 史書에 보이지 않지만, 隋唐時代 沙苑에 국영목장이 있었던 것으로 보아 西魏北周時代에도 沙苑 일대에 목축이 성행했을 것이다.[111] 그렇다면 沙苑을 포함한 華州(同州)에서 西魏北周時代 武川鎮 출신 胡人과 胡化된 漢人이 말과 羊 등 가축을 키웠고 이 가축이 전쟁에 필요한 자원이 되었을 것이다.[112]

그런데 병참기지 華州(同州)의 위상은 西魏北周뿐만 아니라 그 이전

---

108 『隋書』卷28「百官志」下 隋官制條, 784쪽, "隴右牧, 置總監·副監·丞, 以統諸牧. 其驛騮牧及二十四軍馬牧, 每牧置儀同及尉·大都督·帥都督等員. 驢騾牧, 置帥都督及尉. 原州羊牧, 置大都督幷尉. 原州駝牛牧, 置尉. 又有皮毛監·副監 及丞·錄事. 又鹽州牧監, 置監及副監, 置丞, 統諸羊牧, 牧置牧尉. 苑川十二馬牧, 每牧置大都督及尉各一人, 帥都督二人. 沙苑羊牧, 置尉二人."

109 『元和郡縣圖志』卷2「關內道」2 同州馮翊縣條, 37쪽, "今以其處宜六畜, 置沙苑監."

110 『新唐書』卷48「百官志」3 太僕寺·諸牧監條 細注, 1255-1256쪽, "上牧監, 有錄事各一人, 府各三人, 史各六人, 典事各八人, 掌固各四人. 中牧監, 減府一人, 史·典事各減二人. 下牧監, 典事·掌固減二人. 南使·西使, 錄事·史各一人, 府各五人, 史各九人; 北使·鹽州使, 錄事以下員數 及品, 如南使. 麟德中, 置八使, 分總監坊. 秦·蘭·原·渭四州及河曲之地. 凡監四十有八: 南使有監十五, 西使有監十六, 北使有監七, 鹽州使有監八, 嵐州使有監二. 自京師西屬隴右, 有七馬坊, 置隴右三使領之. 又有沙苑·樓煩·天馬監. 沙苑監掌畜隴右諸牧牛羊, 給宴祭及尙食所用, 每歲與典牧署供焉. 自監以下, 品數如下牧監. 至開元二十三年, 廢監."

111 崔珍烈,「西魏北周 華州(同州)의 政治·軍事的 지위와 역할」, 242-244쪽; 李兆宇·丁武,「西魏北周時期同州地位之變遷」, 47오른쪽-48왼쪽.

112 崔珍烈,「西魏北周 華州(同州)의 政治·軍事的 지위와 역할」, 242-244쪽.

으로 소급될 수 있다. 戰國 秦의 櫟陽城은 秦 孝公의 咸陽 遷都 이후에도 對 동진정책의 군사거점이었으며, 虎地秦簡 倉律과 效律의 조문에 일반 縣은 1만 石 저장, 櫟陽은 2만 석 저장, 咸陽은 10만 石을 저장하는 조항[113]이 있을 정도로 경제적 요충지였다.[114] 또 櫟陽은 秦漢교체기 당시 漢王 劉邦이 楚 覇王 項羽와 天下를 다툴 때 劉邦의 거점이 되었던 곳이기도 했다.[115]

華州(同州) 일대는 평지가 많기 때문에 수리시설을 확충하면 곡창지역으로 바뀔 수 있었다. 北周 武帝는 保定 2년(562) 正月 河東 지역인蒲州에 河渠, 同州에 龍首渠를 각각 개착하여 灌漑하였다.[116] 河渠는이미 前漢 武帝 시기 番係가 河東郡의 汾水와 黃河를 개착하여 만들었었다.[117] 龍首渠도 前漢 武帝 시기에 洛水와 商顏山 사이에 개착한

---

113 『睡虎地秦墓竹簡』(睡虎地秦墓竹簡整理小組 編著, 北京: 文物出版社, 1977), 秦律十八種, 35-36쪽, "入禾倉, 萬石一積而比黎之爲戶. 縣嗇夫若丞及倉・鄉相雜以印之, 而遺倉嗇夫及離邑倉佐主稟者各一戶以氣(餼), 自封印, 皆輒出, 餘之索而更爲發戶. 嗇夫免, 效者發, 見雜封者, 以隄(題)效之, 而複雜封之, 勿度縣, 唯倉自封印者是度縣. 出禾, 非入者是出之, 令度之, 度之當堤(題), 令出之. 其不備, 出者負之; 其贏者, 入之. 雜出禾者勿更. 入禾未盈萬石而欲增積焉, 其前入者是增積, 可毆(也); 其它人是增積, 積者必先度故積, 當堤(題), 乃入焉. 後節(卽)不備, 後入者獨負之: 而書入禾增積者之名事邑里于廥籍. 萬石之積及未盈萬石而被(披)出者, 毋敢增積. 櫟陽二萬石一積, 咸陽十萬一積, 其出入禾・增積如律令. 長吏相雜以入禾倉及發, 見之粟積, 義積之, 勿令敗."

114 鶴間和幸, 「秦漢比較都城論-咸陽・長安城の建設プランの繼承-」, 『茨城大學敎養學部紀要』 23, 1991, 27쪽.

115 崔珍烈, 「西魏北周 華州(同州)의 政治・軍事的 지위와 역할」, 244쪽.

116 『隋書』卷24 「食貨志」, 680쪽, "武帝保定二年正月, 初於蒲州開河渠, 同州開龍首渠, 以廣漑灌."

117 『史記』卷30 「平準書」, 1424쪽, "其後番係欲省底柱之漕, 穿汾・河渠以爲漑田, 作者數萬人.";『漢書』卷224下 「食貨志」, 1161쪽, "其後番係欲省底柱之漕, 穿汾・河渠以爲漑田."

수로였다.[118] 명칭과 지역의 유사성으로 보아 北周 武帝 保定 2년(562)의 河渠와 龍首渠의 開鑿은 前漢時代 河渠와 龍首渠를 개보수한 것에 불과했을 것이다.[119]

龍首渠의 開鑿은 華州(同州) 지역의 農土 개간과 농업생산량 증대에 큰 영향을 주었을 것이다. 그런데 華州(同州)와 蒲州는 北齊와의 국경에서 가까운 지역이었다. 지리적으로 보면 北齊와의 국경지역에 수리시설을 만들고 토지를 관개하는 것은 단순한 농업진흥책이 아니었다. 선행연구에 따르면 西魏北周는 東魏北齊와 싸울 때 군량수송이 원활하지 않아 곤란을 겪었으며, 어쩔 수 없이 현지에서 조달하는 방법을 취할 수밖에 없었다. 반면 東魏北齊는 군량이 풍부하였다.[120] 따라서 河渠와 龍首渠의 개착을 통한 蒲州와 華州(同州)의 灌漑와 농업생산량 증대는 北周가 北齊와 전쟁하거나 국경선을 지키기 위해 前線에 보낼 軍糧을 신속히 운반하려는 전략으로 볼 수 있다.[121]

華州(同州) 일대에 만들어진 수리시설은 北周 시대가 처음은 아니었다. 『史記』에는 鄭國渠의 개착과 관련된 기록이 있다.

---

118 『史記』 卷29 「河渠書」, 1412쪽, "其後莊熊羆言: '臨晉民願穿洛以漑重泉以東萬餘頃故鹵地. 誠得水, 可令畝十石.' 於是爲發卒萬餘人穿渠, 自徵引洛水至商顏山下. 岸善崩, 乃鑿井, 深者四十餘丈. 往往爲井, 井下相通行水. 水隤以絶商顏, 東至山嶺十餘里間. 井渠之生 自此始. 穿渠得龍骨, 故名曰龍首渠. 作之十餘歲, 渠頗通, 猶未得其饒."; 『漢書』 卷29 「溝洫志」, 1681쪽, "其後嚴熊言'臨晉民願穿洛以漑重泉以東萬餘頃故惡地. 誠卽得水, 可令畝十石.' 於是爲發卒萬人穿渠, 自徵引洛水至商顏下. 岸善崩, 乃鑿井, 深者四十餘丈. 往往爲井, 井下相通行水. 水隤以絶商顏, 東至山領十餘里間. 井渠之生自此始. 穿得龍骨, 故名曰龍首渠. 作之十餘歲, 渠頗通, 猶未得其饒."

119 崔珍烈, 「西魏北周 華州(同州)의 政治·軍事的 지위와 역할」, 244-245쪽.

120 張文華·蘇小華, 「西魏北周的財政與政治」, 205원쪽-206원쪽.

121 崔珍烈, 「西魏北周 華州(同州)의 政治·軍事的 지위와 역할」, 245쪽.

"韓은 秦이 토목공사를 일으키는 것을 좋아한다는 소식을 듣고, 秦을 피곤하게 하여 東伐하지 못하도록 하려고 하였다. 이에 水工 鄭國을 간첩으로 보내 秦을 설득하여 涇水를 뚫어 中山 서쪽에서 瓠口에 이르기까지 渠를 만들어 北山을 따라 동쪽으로 洛水까지 300여 里에 물을 대어 흐르도록 하여 토지를 관개하고자 하였다. 공사 중에 鄭國의 의도를 깨닫고 秦은 鄭國을 죽이려고 하였다. 鄭國은 '처음에 臣은 간첩으로서 秦에 수리시설을 만들게 하였습니다. 그러나 渠가 완성되면 秦에 이익이 될 것입니다'라고 말하였다. 秦은 鄭國의 말이 옳다고 생각하여 결국 鄭國에게 渠를 완성하도록 하였다. 渠가 완성된 후 진흙이 섞인 물을 대어 소금기가 있는 땅 4만여 頃을 관개하여 모두 畝마다 1鐘의 곡식을 수확할 수 있었다. 이때부터 關中은 沃野가 되어 凶年이 없었으니, 秦은 富彊하게 되었고 마침내 諸侯를 병합할 수 있었다. 이 때문에 이 渠에 鄭國渠라는 이름을 붙였다."[122]

위의 인용문은 『史記』 「李斯列傳」에서 인용한 『史記正義』에도 간단히 기록되었다.[123] 戰國 韓은 간첩 鄭國을 보내 秦이 대규모 토목공사를 벌여 秦의 경제를 피폐하게 만들어 韓을 공격하지 못하도록 하였다. 韓의 예상과 달리 鄭國渠는 關中의 4만여 頃을 관개하고 곡창지

---

122 『史記』 卷29 「河渠書」, 1408-1409쪽, "而韓聞秦之好興事, 欲罷之, 毋令東伐, 乃使水工鄭國間說秦, 令鑿涇水自中山西邸瓠口爲渠, 並北山東注洛三百餘里, 欲以漑田. 中作而覺, 秦欲殺鄭國. 鄭國曰: '始臣爲間, 然渠成亦秦之利也.' 秦以爲然, 卒使就渠. 渠就, 用注塡閼之水, 漑澤鹵之地四萬餘頃, 收皆畝一鐘. 於是關中爲沃野, 無凶年, 秦以富彊, 卒幷諸侯, 因命曰鄭國渠."

123 『史記』 卷87 「李斯列傳」, 注引『史記正義』, 2541쪽, "鄭國渠首起雍州雲陽縣西南二十五里, 自中山西邸瓠口爲渠, 傍北山, 東注洛, 三百餘里以漑田. 又曰韓苦秦兵, 而使水工鄭國開秦作注漑渠, 令費人工, 不東伐也."

대로 만들어 도리어 秦이 六國을 정복하는 경제적 기반이 되었다. 여기서 주목할 점은 鄭國渠의 위치이다.

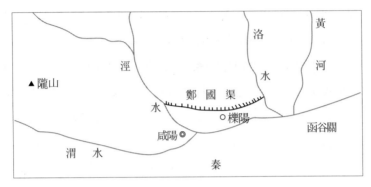

〈지도 21〉 鄭國渠의 위치

〈지도 21〉에서 알 수 있듯이 鄭國渠는 涇水와 黃河 사이에 만들어진 인공수로였다. 이 鄭國渠가 연결한 涇水와 洛水는 關中盆地의 동북쪽에 위치하였고 鄭國渠의 남쪽에 櫟陽이 있었다. 위의 인용문에서는 언급하지 않았지만, 鄭國渠의 기능은 단순히 關中을 沃土로 만든 것에 그치지 않는다. 鄭國渠가 관개한 지역은 關中의 동북쪽이었고, 동쪽의 국경선과 가까워 秦이 동쪽을 공격할 때 咸陽이나 渭水 일대보다 군량을 신속히 운반할 수 있는 지역이었다.[124]

이 밖에 賀蘭祥이 大統 16년(550) 宇文泰의 명령을 받아 富平堰을 축조하였다. 富平堰은 동쪽으로 洛水까지 이어졌다.[125] 富平堰은 富平縣을 통과하여 붙여진 이름으로 추정된다. 富平縣은 雍州 馮翊郡

---

124 崔珍烈, 「西魏北周 華州(同州)의 政治·軍事的 지위와 역할」, 245-247쪽.
125 『周書』卷20 「賀蘭祥傳」, 337쪽, "十六年, 拜大將軍. 太祖以涇渭漑灌之處, 渠堰廢毀, 乃命祥修造富平堰, 開渠引水, 東注於洛. 功用旣畢, 民獲其利."

에 속한 縣이었다.[126] 따라서 富平堰은 華州(同州)와 직접적인 관계가 없는 것처럼 보이지만 華州(同州)의 境內인 洛水까지 이어졌기 때문에 위의 〈지도 21〉에 보이는 鄭國渠와 비슷한 위치에 있었을 것이다. 따라서 富平堰이란 수리시설은 華州(同州)의 농업생산에 기여했을 것이다.[127]

요컨대 華州(同州)가 西魏北周時代에 東進 정책을 위한 병참기지가 된 것은 戰國 秦과 楚漢 교체기 櫟陽의 역할과 유사하다. 保定 2년(562)에 前漢時代의 龍首渠를 개보수한 것도 西魏北周의 만성적인 군량수송 문제를 해결하기 위해 국경과 가까운 華州(同州) 지역의 농업개발을 시도한 것이었다. 이처럼 華州(同州)는 北周가 北齊를 멸망시킬 때까지 병참기지로서 군량과 무기를 생산하고 저장하였다.[128] 또 華州(同州)에서 생산하고 저장한 식량과 물자는 河東과 弘農 지역의 부대에 공급되었다.[129]

(2) 軍事重鎭 同州: 방어와 東進 정책의 거점

華州(同州)는 東魏北齊의 공격을 방어하는 군사적 요지였다. 宇文泰 사후 宇文覺이 華州(同州)로 出鎭한 기사의 胡三省註를 살펴보자.

"宇文泰는 輔政하며 대부분 同州에 거주하였다. 同州의 땅은 關·河를 막는 요충지이며, 齊人이 침입할 때 應接에 편하였다."[130]

---

126 『北周地理志』 卷1 「關中」 雍州馮翊郡富平縣條, 26-27쪽.
127 崔珍烈, 「西魏北周 華州(同州)의 政治·軍事的 지위와 역할」, 246-247쪽.
128 위의 글, 247-248쪽.
129 李兆宇·丁武, 「西魏北周時期同州地位的變遷」, 49원쪽.
130 『資治通鑑』 卷166 「梁紀」22 敬帝太平元年十月丙子條 胡註, 5154쪽, "宇文泰輔政多居同州, 以其地扼關·河之要, 齊人或來侵軼, 便於應接也."

위의 인용문에서 宇文泰와 宇文護의 華州(同州) 주둔이 東魏北齊의 공격을 막기 위한 전진배치였음을 알 수 있다. 北周 武帝가 軍國大權을 장악한 中外府를 폐지한 이후[131] 同州刺史는 同州·蒲津·潼關·楊氏璧·龍門·渫頭 六防의 軍事를 지휘하였다.[132] 이는 同州가 주변의 關所 및 塢壁을 지휘하며 공동으로 방어망을 형성했음을 보여준다. 즉 華州(同州) 주변의 蒲津關(臨津關 혹은 蒲關이라고도 함)과 蒲津橋, 夏陽의 龍門關, 潼關 등 關隘와 三曲城, 元里城, 臨晉城, 輔氏城, 懷德城, 中渭城, 楊氏壁 등 많은 小城池와 塢堡는 촘촘한 방어망을 형성하여 華州(同州)를 지키는 요새가 되었다.[133]

華州(同州) 馮翊縣에 위치한 沙苑은 西魏의 宇文泰가 537년(東魏 天平 4년=西魏 大統 3년) 東魏의 高歡과 싸운 戰場이었다.[134] 沙苑의 전투에서 승리[135]한 宇文泰는 반격하여 東魏의 영토로 쳐들어갔다. 左僕射 馮翊王 元季海와 開府 獨孤信은 步騎 2만을 이끌고 洛陽으로, 洛州刺史 李顯은 荊州로, 賀拔勝과 李弼은 河東의 蒲坂으로 진격하도록 명령하였다. 東魏의 牙門將 高子信은 賀拔勝의 西魏軍에게 투항하고 東

---

131 崔珍烈,「西魏北周 華州(同州)의 政治·軍事的 지위와 역할」, 248-249쪽.

132 이는 尉遲運의 예에서 확인된다(「尉遲運墓誌」, 305쪽, "同州陝區, 埒于神牧, 庫兵倉粟, 國儲斯在. 五年, 除同州·蒲津·潼關·楊氏璧·龍門·渫頭六防諸軍事, 同州刺史.").

133 李兆宇·丁武,「西魏北周時期同州地位的變遷」, 47왼쪽-47오른쪽.

134 『元和郡縣圖志』 卷2「關內道」2 同州馮翊縣條, 37쪽, "沙苑, 一名沙阜, 在縣南十二里. 東西八十里, 南北三十里. 后魏文帝大統三年, 周太祖爲相國, 与高歡戰于沙苑, 大破之."

135 『魏書』 卷12「孝靜紀」 天平四年十月條, 301-302쪽, "壬辰, 齊獻武王西討, 至沙苑, 不克而還. 己酉, 寶炬行臺宮景壽·都督楊白駒寇洛州, 大都督韓延大破之. 寶炬又遣其子大行臺元季海·大都督獨孤如願逼洛州, 刺史廣平王湛棄城退還, 季海·如願遂據金墉, 潁州長史賀若微執刺史田迅西叛, 引寶炬都督梁回據城. 寶炬又遣其都督趙繼宗·右丞韋孝寬等攻陷豫州."

魏 武將 薛崇禮는 도망가다 생포되었다. 결국 西魏는 汾·絳을 평정하였다.[136] 汾·絳은 현재 山西省 서남부 지역에 해당하며 兩漢時代 河東郡에 해당한다. 兩漢時代의 河東郡은 三國 曹魏時代 둘로 나뉘어 북쪽에 平陽郡이 설치되고[137] 남쪽은 河東郡으로 남았다. 이후 北魏末에는 河東·北鄕·高涼·正平·安平·建興·河北 등의 郡으로 세분되었지만, 이 지역 사람들은 曹魏時代의 河東郡이 자기의 본적이라고 생각하였다.[138] 이처럼 광의의 河東 지역은 汾水 하류에 위치하여 東魏北齊의 軍事重鎭이자 '실질적인 수도'인 汾水 상류의 太原으로 진격할 수 있는 요충지였다. 河東 지역을 점령한 후 華州(同州)는 지리적으로 河東의 후방에 위치하여 전쟁의 직접적인 위험에서 벗어났다. 西魏北周는 王思政, 韋孝寬 등 名將에게 河東을 지키게 하였고, 東魏北齊의 파상적인 공격을 성공적으로 막았다.[139]

---

136 『周書』 卷2 「文帝紀」 下 大通三年冬十月壬辰條, 24쪽, "遣左僕射·馮翊王元季海爲行臺, 與開府獨孤信率步騎二萬向洛陽; 洛州刺史李顯趙荊州; 賀拔勝·李弼渡河圍蒲坂. 牙門將高子信開門納勝軍, 東魏將薛崇禮棄城走, 勝等追獲之. 太祖進軍蒲坂, 略定汾·絳."

137 『晉書』 卷14 「地理志」 上 司州·平陽郡條細注, 416쪽, "平陽郡故屬河東, 魏分立. 統縣十二, 戶四萬二千."

138 「裴子通墓誌」에는 "君의 諱는 子通이고 字는 叔靈이며 河東郡 聞喜縣 사람이다. ……(중략)…… 敕으로 右將軍 正平太守 當郡都督에 제수되었다. 正平[郡]은 魏初에 分置되었으니 君의 本郡이다(「裴子通墓誌」, 『新出魏晉南北朝墓誌疏證』, 408쪽, "君諱子通, 字叔靈, 河東聞憙人也. …… 敕除右將軍, 正平太守, 當郡都督. 正平魏初分置, 卽君之本郡也.")."라고 하였다. 勞榦에 따르면 裴子通의 본적 聞喜縣은 北魏後期 正平郡의 屬縣이었다(勞榦, 「北魏州郡志略」, 181-283쪽). 그런데 裴子通은 正平郡이 아닌 河東郡을 本籍이라고 표기하였다. 이는 당시 이 지역의 사람들이 河東郡이 北魏時代에 세분화되어 다른 郡에 편제되었지만, 魏晉時代의 郡名인 河東郡 사람임을 강조하였음을 보여준다.

139 Benjamin E. Wallacker, "Studies in Medieval Chinese Siegecraft: The Siege of Yu-pi, A.D. 546," *The Journal of Asian Studies*, Vol. 28, No. 4, Aug., 1969, 789-

장안의 방어 요충지 華州(同州)는 동시에 北齊를 공격하는 거점이 되었다. 華州(同州) 일대가 西魏北周 시대 처음으로 關中을 지배한 王朝의 東進 정책의 거점이 된 것은 아니었다. 春秋時代 秦 獻公은 獻公二年 櫟陽[140]에 城을 쌓았다.[141] 『史記集解』에 인용된 徐廣의 견해에 따르면 櫟陽에 城을 쌓은 것은 遷都 때문이었다.[142] 獻公의 櫟陽 遷都는 東伐, 즉 동쪽으로 진출하려는 목적이었다.[143] 秦孝公이 咸陽으로 천도한 후에도 櫟陽은 秦의 동방진출 거점이었다.[144] 이후 秦은 櫟陽에서 河東으로 진출하고 魏·趙를 공격하여 영토를 넓혔다.[145]

櫟陽은 秦漢交替期, 즉 楚漢 전쟁 시기에 巴蜀에서 關中으로 진출한 漢의 수도 역할을 하였다. 漢王 劉邦은 漢高祖元年(B.C. 206) 西楚覇王 項羽가 임명한 三秦의 王들을 제거하고 관중을 차지할 때 太子에게 櫟陽을 지키게 하였다.[146] 漢高祖二年(B.C. 205) 十一月 劉邦은

802쪽; 毛漢光, 「北朝東西政權之河東爭奪戰」, 148-187쪽; 陳長琦·易澤陽, 「韋孝寬與玉壁之戰」, 37-40쪽.

140 櫟陽은 陝西省 西安市 동북 武屯鄉 古城村 附近에 있었다. 史爲樂 主編, 『中國歷史地名大辭典』, 北京: 中國社會科學出版社, 2005 참조.

141 『史記』 卷5 「秦本紀」, 201쪽, "獻公元年, 止從死. 二年, 城櫟陽."

142 『史記』 卷5 「秦本紀」 注引 『史記集解』, 201쪽, "徐廣曰: '徙都之, 今萬年是也.'"

143 『史記』 卷5 「秦本紀」 202쪽, "孝公元年, 河山以東彊國六, 與齊威·楚宣·魏惠·燕悼·韓哀·趙成侯並. 淮泗之 閒小國十餘. 楚·魏與秦接界. 魏築長城, 自鄭濱洛以北, 有上郡. 楚自漢中, 南有 巴·黔中. 周室微, 諸侯力政, 爭相幷. 秦僻在雍州, 不與中國諸侯之會盟, 夷翟遇之. 孝公於是 布惠, 振孤寡, 招戰士, 明功賞. 下令國中曰: '昔我繆公自岐雍之閒, 修德行武, 東平晉亂, 以河爲界, 西霸戎翟, 廣地千里, 天子致伯, 諸侯畢賀, 爲後世開業, 甚光美. 會往者厲·躁·簡公·出子之不寧, 國家內憂, 未遑外事, 三晉攻奪我先君河西地, 諸侯卑秦·醜莫大焉. 獻公卽位, 鎭撫邊境, 徙治櫟陽, 且欲東伐, 復繆公之故地, 脩繆公之政令. 寡人思念先君之意, 常痛於心. 賓客羣臣有能出奇計彊秦者, 吾且尊官, 與之分土.' 於是乃出 兵東圍陝城, 西斬戎之獂王."

144 鶴間和幸, 「秦漢比較都城論－咸陽·長安城の建設プランの繼承－」, 27-28쪽.

145 崔珍烈, 「西魏北周 華州(同州)의 政治·軍事的 지위와 역할」, 249-250쪽.

櫟陽을 수도로 정하였고,[147] 櫟陽은 項羽를 격파한 이후인 漢高祖七年 (B.C. 200) 二月에 長安으로 遷都할 때까지[148] 漢初 수도 역할을 하였다. 櫟陽이 수도였던 기간은 劉邦이 중국을 다시 통일하기 이전의 과도기였다. 이는 櫟陽이 關中에 거점을 둔 왕조가 동방으로 진출하기 위해 필요한 지정학적 요충지였음을 시사한다. 동방진출 거점이었던 櫟陽은 西魏北周時代 華州(同州)에 속하였다. 물론 秦漢時代 櫟陽이 華州(同州)의 治所縣은 아니었지만 關中의 동북 지역인 華州(同州) 일대(兩漢時代의 左馮翊)는 關中에서 동방으로 진출하기 위한 군사적 거점이었다. 宇文泰가 華州(同州)에 장기 주둔한 것도 이러한 전략적 가치를 알았기 때문이다. 그러나 宇文泰 시기 西魏는 東魏보다 약했기 때문에 宇文泰의 華州(同州) 주둔은 공격보다 방어 목적이 더 강하였다.[149]

西魏北周의 최초 東進 전략은 華州(同州)를 이용하기보다 洛陽으로 진출하는 방식을 선호하였다. 毛漢光의 선행연구에 따르면, 西魏北周는 먼저 洛陽을 점령하고, 洛陽에서 동쪽으로 진격하여 鄴都를 점령

---

146 『史記』卷8「高祖本紀」漢高祖元年條, 372쪽, "漢王之敗彭城而西, 行使人求家室, 家室亦亡, 不相得. 敗後乃獨得孝惠, 六月, 立爲太子, 大赦罪人. 令太子守櫟陽, 諸侯子在關中者皆集櫟陽爲衛."

147 『漢書』卷1上「高帝紀」上 漢高祖二年條, 33쪽, "漢王如陝, 鎭撫關外父老. 河南王申陽降, 置河南郡. 使韓太尉韓信擊韓, 韓王鄭昌降. 十一月, 立韓太尉信爲韓王. 漢王還歸, 都櫟陽, 使諸將略地, 拔隴西. 以萬人若一郡降者, 封萬戶. 繕治河上塞. 故秦苑囿園池, 令民得田之."

148 『漢書』卷1下「高帝紀」下 漢高祖七年二月條, 64쪽, "二月, 至長安. 蕭何治未央宮, 立東闕・北闕・前殿・武庫・大倉. 上見其壯麗, 甚怒, 謂何曰: '天下匈匈, 勞苦數歲, 成敗未可知, 是何治宮室過度也!' 何曰: '天下方未定, 故可因以就宮室. 且夫天子以四海爲家, 非令壯麗亡以重威, 且亡令後世有以加也.' 上說. 自櫟陽徙都長安. 置宗正(宮)[官]以序九族."

149 崔珍烈, 「西魏北周 華州(同州)의 政治・軍事的 지위와 역할」, 250-251쪽.

하는 전략을 취했지만 네 차례 전쟁에서 이기지 못하였다.[150] 이러한
상황에서 趙煚은 점령해도 지키기 어려운 洛陽보다 黃河 이북, 즉 河
東 지역에서 공격하여 太原으로 향하는 전략을 간언하였다.[151] 그러나
武帝는 趙煚의 제안을 듣지 않았다. 武帝는 建德 4년(575)의 실패 이
후 결국 河東을 거쳐 太原(幷州)으로 진격하는 것이 北齊를 멸망시키
는 지름길임을 깨닫게 되었다.[152]

그러나 毛漢光·袁剛의 지적과는 달리 北周 武帝는 이보다 1년 앞
선 建德 3년 八月 己巳日(574. 10. 12) 同州城의 동쪽에서 군사들을 사
열하였다.[153] 또 北周 武帝는 建德 5년 正月(576. 2-3) 同州를 거쳐 河
東 涑川에서 關中과 河東의 諸軍을 소집하여 校獵을 실시하였다.[154]
이처럼 北周 武帝는 同州에서 黃河를 건너 河東에서 北齊의 晉州를
돌파하여 太原으로 진격하는 전략을 세웠고, 전초기지인 同州에서 군
사들을 사열하고 군사훈련인 校獵을 실시하는 등 東進을 위한 준비
를 하였다.[155]

同州에서 전쟁준비를 한 北周 武帝는 建德 5년 四月 乙卯日(576. 5.
20) 同州를 방문했을 때 宇文神擧를 선봉으로 삼아 北齊의 陸渾 등 5

---

150 毛漢光, 「北朝東西政權之河東爭奪戰」, 181-184쪽.

151 『隋書』 卷46 「趙煚傳」, 1250쪽, "武帝出兵蒲·洛, 欲收齊河南之地. 煚諫曰: '河南洛
陽, 四面受敵, 縱得之, 不可以守. 請從河北, 直指太原, 傾其巢穴, 可一擧以定.' 帝
不納, 師竟無功."

152 毛漢光, 「北朝東西政權之河東爭奪戰」, 183-184쪽; 袁剛, 「論周武帝"取亂侮亡"滅北
齊」, 『許昌師專學報』 19-4, 2000, 69오른쪽

153 『周書』 卷5 「武帝紀」上 建德三年八月己巳條, 86쪽, "己巳, 大閱於城東. 甲戌, 至自同
州."

154 『周書』 卷6 「武帝紀」下 建德五年春正月條, 94쪽, "五年春正月癸未, 行幸同州. 辛卯,
行幸河東涑川, 集關中·河東諸軍校獵. 甲午, 還同州."

155 崔珍烈, 「西魏北周 華州(同州)의 政治·軍事的 지위와 역할」, 251-252쪽.

城을 공격하게 하였다.[156] 그러나 北周 武帝가 병에 걸리자 北周軍은
후퇴하였다. 그리고 武帝도 建德 5년 五月 壬辰日(576. 6. 26) 同州에
서 長安으로 돌아왔다.[157] 北周 武帝는 병에서 회복한 후 北齊 親征을
감행하였다. 그리고 결국 北齊를 정복하였다. 北周 武帝는 同州에서
河東을 거쳐 北齊의 軍事重鎭 晉州와 幷州를 초기에 점령하여 北齊를
쉽게 정복할 수 있었다.[158] 그 출발점은 同州였다.[159]

3. 秦州와 隴右 지역 통치

1 西魏北周 이전 隴右의 상황

關隴 지역은 서쪽의 산지와 동쪽의 關中 평원으로 나뉜다. 前漢 武
帝가 13州를 설치할 때 대체로 전자의 지역은 涼州에 편입되었고, 후
자의 지역은 京畿인 三輔(수도 長安과 그 주변에 설치된 京兆尹·左馮翊·
右扶風을 지칭)로 편제되었다. 後漢 獻帝 시기 三輔 지역이 司隸校尉部
로부터 분리되어 涼州·西域과 합쳐 설치된 雍州에 편입되었다. 曹魏
(三國時代 魏)가 건국한 후 河西를 나누어 涼州를, 隴右를 나누어 秦州
를 설치하였으며, 三輔는 司隸校尉部에 속하게 되었다. 이후 西晉初
三輔 지역에 雍州가 설치되었다.[160] 秦州는 曹魏時代 처음으로 설치되

---

156 『周書』卷6「武帝紀」下 建德五年夏四月乙卯條, 94쪽, "夏四月乙卯, 行幸同州. 開
　　府·淸河公宇文神擧攻拔齊陸渾等五城."
157 『周書』卷6「武帝紀」下 建德五年五月壬辰條, 94쪽, "五月壬辰, 至自同州."
158 崔珍烈, 「東魏北齊의 軍事 중심 太原의 전략적 限界」, 263-264쪽.
159 崔珍烈, 「西魏北周 華州(同州)의 政治·軍事的 지위와 역할」, 252-254쪽.
160 『晉書』卷14「地理志」上 雍州條, 430쪽, "及武帝置十三州, 其地以西偏爲涼州, 其餘

었다가 설치와 廢置를 반복하였다. 西晉 泰始 5년(269) 雍州의 隴右 5
郡과 涼州의 金城郡, 梁州의 陰平郡 등 7州를 합하여 秦州를 설치하
였다. 太康 3년(282) 폐치되고 雍州에 합병되었다가 太康 7년(286) 다
시 雍州로부터 독립하였고 6郡 24縣을 거느렸다.[161] 秦州는 北魏時代
梁州·涇州 등이 분할되었고, 西魏時代에는 東秦州·北秦州·渭州 등
이 분리되어 관할구역이 축소되었다.

北魏時代 隴右 지역은 漢人뿐만 아니라 다양한 種族이 사는 지역
으로 변모했다. 太武帝 시기 金城 邊岡과 天水 梁會가 일으킨 반란
에 秦州의 氐羌·休官·屠各이 가담한 사례[162]를 보면, 秦州 治所 上
邽 부근에 氐羌·休官·屠各 등 이민족이 雜居했음을 알 수 있다. 李
韶가 正始 3년(506) 秦州에서 일어난 呂苟兒의 난을 평정한 후 撫納에
힘쓰자 秦州 '夷夏'의 인심을 얻었다는 기사[163]에서 秦州가 이민족('夷')
과 漢人('夏')이 함께 사는 땅이었음을 확인할 수 있다. 北魏後期 秦州
羌 呂苟兒와 涇州 屠各 陳瞻 등이 반란을 일으킨 『魏書』「楊播傳附椿

並屬司隸, 不統於州. 後漢光武都洛陽, 關中復置雍州. 後罷, 復置司隸校尉, 統三輔
如舊. 獻帝時又置雍州, 自三輔距西域皆屬焉. 魏文帝卽位, 分河西爲涼州, 分隴右爲
秦州, 改京兆尹爲太守, 馮翊·扶風各除左右, 仍以三輔屬司隸. 晉初於長安置雍州,
統郡國七, 縣三十九, 戶九萬九千五百."

161 『晉書』卷14「地理志」上 秦州條, 435쪽, "秦州, 案禹貢本雍州之域, 魏始分隴右置焉,
刺史領護羌校尉, 中間暫廢. 及泰始五年, 又以雍州隴右五郡及涼州之金城·梁州之
陰平, 合七郡置秦州, 鎭冀城. 太康三年, 罷秦州, 幷雍州. 七年, 復立, 鎭上邽. 統郡
六, 縣二十四, 戶三萬二千一百."

162 『魏書』卷51「封敕文傳」, 1135쪽, "金城邊岡·天水梁會謀反, 扇動秦益二州雜人
萬餘戶, 據上邽東城, 攻逼西城. 敕文先已設備, 殺賊百餘人, 被傷者衆, 賊乃引退.
岡·會復率衆四千攻城, 氐羌一萬屯於南嶺, 休官·屠各及諸雜尸二萬餘人屯於北
嶺, 爲岡等形援."

163 『魏書』卷39「李寶傳附韶傳」, 887쪽, "呂苟兒反於秦州, 除撫軍將軍·西道都督·行
秦州事, 與右衛將軍元麗率衆討之. 事平, 卽眞. 璽書勞勉, 復其先爵. 時隴右新經師
旅之後, 百姓多不安業, 韶善撫納, 甚得夷夏之心."

傳」의 기사[164]에서 秦州에 羌이, 涇州에 屠各이 거주했음을 알 수 있다. 涇土 夷民 1만여 家가 延興년간 수도를 방문해 皇甫驎을 統酋로 삼아달라고 간청하였다.[165] 이 예에서 涇土(涇州)도 '夷民', 즉 漢人과 非漢人 異種族이 並存한 공간이었음을 확인할 수 있다. 또 隴西 屠各 王景文의 반란 기록[166]에서 隴西 일대에 屠各이 거주했음을 확인할 수 있다. 이처럼 隴右의 중심지역인 秦州와 涇州 일대에 漢人과 非漢人 異種族이 병존한 상황은 西魏北周時代에도 계속되었다. 秦渭成康文武六州諸軍事 秦州總管에 임명된 尉遲運이 부임했을 때 秦州는 "華戎相半",[167] 즉 漢人('華')과 異種族('戎')이 반반씩 사는 지역이었다. 요컨대 秦州를 비롯한 隴右 지역은 漢人뿐만 아니라 氐·羌·匈奴·鮮卑·吐谷渾 등 다양한 種族이 거주하는 곳이었다.[168]

多種族이 거주하는 隴右 지역은 다스리기 어려운 지역이었다. 北魏 孝文帝 太和 중기 秦州의 상황을 살펴보면, 羌·氐가 상당수를 차지하는 秦州 사람들이 租稅의 課輸를 거부하고, 長吏를 살해하는 등 난동을 부리자 秦州의 太守와 縣令은 부임지에 가지 못하고 秦州 치소에서 머물러 郡縣을 遙領하였다. 신임 秦州刺史 劉藻가 豪橫을 주륙하니 羌·氐가 그를 두려워하여 복종하게 되고서야 비로소 守宰가 처

---

164 『魏書』卷58 「楊播傳附椿傳」, 1285쪽, "秦州羌呂苟兒·涇州屠各陳瞻等聚衆反, 詔椿爲別將, 隷安西將軍元麗討之."

165 「皇甫驎 苗誌」, 81쪽, "延興中, 涇土夷民一萬餘家, 詣京申訴, 請君爲統酋. 然戎華理隔, 本不相豫, 朝議不可."

166 『魏書』卷31 「于栗磾傳附洛拔傳」, 737쪽, "會隴西屠各王景文等恃險竊命, 私署王侯, 高宗詔洛拔與南陽王惠壽督四州之衆討平之, 徙其惡黨三千餘家於趙魏."

167 「尉遲運墓誌」, 305쪽, "俄授秦·渭·成·康·文·武六州諸軍事, 秦州總管. 此州華戎相半, 風俗不一, 雖異空桐之武, 頗有强梁之氣."

168 邵郁, 「北周宇文廣·宇文廣墓誌疏證」, 『天水師範學院學報』 34-3, 2014, 20왼쪽-21오른쪽.

음으로 임지로 부임할 수 있었다.[169] 隴右 지역에서 涇州人 陳瞻의 봉기,[170] 太和 20년(496) 仇池의 반란,[171] 正始 3년(506) 秦州와 涇州의 반란[172] 등이 일어났고, 北魏末에도 끊이지 않았다. 正光 5년 三月(524. 4-5) 沃野鎮의 鎮民 破落汗拔陵(破六韓拔陵)의 반란[173]이 발생하자 같은 해 六月 秦州 城人 莫折太提가 반란을 일으켜 秦州刺史 李彦을 살해하고 秦王을 자칭하였다. 이때 南秦州 城人 孫掩·張長命·韓祖香이 刺史 崔遊를 죽이고 莫折太提에 호응하였다. 莫折太提는 高平鎮을 공격하여 鎮將 赫連略과 行臺 高元榮을 살해하였다. 莫折太提가 죽은 후 넷째 아들 莫折念生이 天子를 자칭하고 百官을 설치하였으며, 아들 阿胡를 太子로 삼고, 형 阿倪를 西河王, 아우 天生을 高陽王, 伯珍을 東郡王, 安保를 平陽王에 봉하였다. 그리고 莫折天生을 隴東으로 보내 汧城을 점령하고 岐州를 차지하고 이어서 雍州를 침입하고 黑水에 주둔하였다. 北魏 조정은 蕭寶夤과 崔延伯을 보내 토벌하게

---

169 『魏書』卷69「劉藻傳」, 1550쪽, "秦人恃嶮, 率多粗暴, 或拒課輸, 或害長吏, 自前守宰, 率皆依州遙領, 不入郡縣. 藻開示恩信, 誅戮豪橫, 羌氏憚之, 守宰於是始得居其舊所."

170 『魏書』卷19上「濟陰王小新成傳附麗傳」, 449쪽, "時秦州屠各王法智推州主簿呂苟兒爲主, 號建明元年, 置立百官, 攻逼州郡. 涇州人陳瞻亦聚衆自稱王, 號聖明元年. 詔以麗爲使持節·都督·秦州刺史, 與別駕楊椿討之. 苟兒率衆十餘萬屯孤山, 別據諸險, 圍逼州城."

171 「皇甫驎墓誌」에 따르면, 太和 20년(496) 仇池에서 반란이 일어나자 皇甫驎이 사자로 파견하여 慰勞케 하니, 數萬이 항복했다고 한다(「皇甫驎君墓誌」, 81쪽, "太和卄年中, 仇池不靖, 扇逼涇隴. 君望著西垂, 勘能厭服, 旨召爲中書博士加議郎, 馳驛慰勞, 陳示禍福. 兇頑盡悟, 面縛歸降, 動有數萬.").

172 「皇甫驎君墓誌」, 81쪽, "正始三年, 秦涇叛逆, 大軍征討, 都督楊公以君權略多端, 深達軍要, 表君爲都長史, 特稟高算."

173 『魏書』卷9「肅宗紀」正光五年三月條, 235쪽, "三月, 沃野鎮人破落汗拔陵聚衆反, 殺鎮將, 號眞王元年. 詔臨淮王彧爲鎮軍將軍, 假征北將軍, 都督北征諸軍事以討之. 朝貢相尋. 瓌以齊獻武王威德日盛, 請致愛女於王, 靜帝詔王納之. 自此塞外無塵矣."

하였다.[174] 莫折念生은 秦州·涇州·岐州·高平鎭·南秦州·南秦州· 豳州·東秦州 등지를 지배하거나 영향력 아래에 두었다.[175] 그러나 莫 折天生이 蕭寶寅과 崔延伯에게 대패하고 10여만을 잃고 이후 胡琛의 공격을 받아 큰 타격을 받았다. 결국 수세에 몰린 莫折念生은 蕭寶寅 에게 항복하였다.[176] 이후 莫折念生은 다시 반란을 일으켰다.[177] 莫折

---

174 『魏書』 卷9 「肅宗紀」 正光五年六月條, 236쪽; 『魏書』 卷59 「蕭寶寅傳」, 1322쪽, "初, 秦州城人薛珍·劉慶·杜遷等反, 執刺史李彦, 推莫折大提爲首, 自稱秦王. 大提尋 死, 其第四子念生竊號天子, 改年曰天建, 置立官僚, 以息阿胡爲太子, 其兄阿倪爲西 河王, 弟天生爲高陽王, 伯珍爲東郡王, 安保爲平陽王. 遣天生率衆出隴東, 攻沒汧 城, 仍陷岐州, 執元志·裴芬之等, 遂寇雍州, 屯於黑水."

175 東秦州刺史 潘義淵이 莫折念生에게 항복하고 岐州 城人이 刺史 魏蘭根을 사로잡 아 호응하였으며, 豳州刺史 畢祖暉가 죽고 行臺 辛深이 도망갔으며, 叱干騏驎이 豳州를 점거하고 莫折天生에 호응하였다(『資治通鑑』 卷151 「梁紀」7 武帝大通元年 正月條, 4720쪽, "魏蕭寶寅出兵累年, 將士疲弊. 秦賊擊之, 寶寅大敗於涇州, 收散 兵萬餘人, 屯逍遙園, 東秦州刺史潘義淵以汧城降賊. 莫折念生進逼岐州, 城人執刺 史魏蘭根應之. 豳州刺史畢祖暉戰沒, 行臺辛深棄城走, 北海王顥軍亦敗. 賊帥胡引 祖據北華州, 叱干麒驎據豳州以應天生, 關中大援. 雍州刺史楊椿募兵得七千餘人, 帥以拒守, 詔加椿侍中兼尚書右僕射, 爲行臺, 節度關西諸將. 北地功曹毛鴻賓引賊 抄掠渭北, 雍州錄事參軍楊侃將兵三千掩擊之; 鴻賓懼, 請討賊自效, 遂擒送宿勤烏 過仁."). 이 기사에서 岐州·東秦州·豳州가 莫折念生의 지배하에 있었음을 알 수 있다. 또 蕭寶寅과 崔延伯이 이끄는 北魏軍이 莫折天生의 군대를 격파한 후 岐州 와 涇州, 隴東을 평정했다는 기록에서(『魏書』 卷9 「肅宗紀」 孝昌元年春正月癸亥條, 239쪽, "癸亥, 蕭寶寅·崔延伯大破秦賊於黑水, 斬獲數萬, 天生退走入隴西, 涇·岐 及隴東悉平.") 莫折念生이 이 지역을 한때 지배했음을 알 수 있다.

176 『魏書』 卷59 「蕭寶寅傳」, 1322쪽, "寶寅與大都督崔延伯擊天生, 大破之, 斬獲十餘 萬. 追奔至于小隴, 軍人探掠, 遂致稽留, 不速追討, 隴路復塞. 仍進討高平賊帥万俟 醜奴於安定, 更有負捷. 時有天水人呂伯度兄弟, 始共念生同逆, 後與兄衆保於顯親, 聚衆討念生, 戰敗, 降於胡琛. 琛以伯度爲大都督·秦王, 資其士馬, 還征秦州, 大敗 念生將杜粲於成紀, 又破其金城王莫折普賢於水洛城, 遂至顯親. 念生率衆, 身自拒 戰, 又大奔敗. 伯度乃背胡琛, 襲琛將劉拔, 破走之, 遣其兄忻和率騎東引國軍. 念 生事迫, 乃詐降於寶寅."

177 『魏書』 卷59 「蕭寶寅傳」, 1323쪽, "而大都督元脩義·高聿, 停軍隴口, 久不西進. 念 生復反, 伯度終爲醜奴所殺. 故賊勢更甚, 寶寅不能制."

念生은 孝昌 3년(527) 秦州 城民 杜粲에게 살해되었고 南秦州 城民 辛琛이 항복하였다.[178] 莫折念生 이후 万俟醜奴가 세력을 확장하여 武泰元年(527) 七月 皇帝를 자칭하고 百官을 설치하였다.[179] 万俟醜奴는 永安 2년(529) 東秦州를 점령하였고[180] 岐州를 포위하였으며 巴蜀을 회유하였다.[181] 万俟醜奴는 涇州(安定), 東秦州, 岐州뿐만 아니라 豳州·夏州·東夏州·靈州 일대를 차지하는[182] 등 雍州를 제외한 關隴 지역의 대부분을 장악하였다. 尒朱榮은 조카 尒朱天光을 雍州刺史로 임명하여 万俟醜奴를 토벌하게 하였다. 尒朱天光이 적의 수가 많음을 알고 머뭇거리자 騎兵參軍 劉貴를 보내 尒朱天光에게 杖으로 매질하여 각성하도록 하였다. 이에 분발한 尒朱天光 등은 토벌전에 나서 万俟醜奴와 蕭寶夤을 생포하고 이어서 잔당 王慶雲·万俟道樂을 생포하여 關西 지역을 모두 평정하였다.[183]

難治의 지역 秦州는 隴右 일대 軍鎭에 군인과 물자를 보내는 지역

---

178 『魏書』卷9「肅宗紀」孝昌三年九月戊子條, 247쪽, "秦州城民杜粲殺莫折念生, 自行州事. 南秦州城民辛琛自行州事, 遣使歸罪."

179 『魏書』卷10「敬宗紀」武泰元年七月條, 259쪽, "是月, 高平鎭人万俟醜奴僭稱大位, 署置百官."

180 『魏書』卷10「敬宗紀」永安二年條, 263쪽, "万俟醜奴攻東秦城, 陷之, 殺刺史高子朗."

181 『魏書』卷58「楊播傳附子侃傳」, 1284쪽, "万俟醜奴陷東秦, 遂圍岐州, 扇誘巴蜀."

182 尒朱天光이 万俟醜奴를 공격할 때 涇·豳·二夏·靈州의 賊黨이 항복했다(『魏書』卷75「尒朱天光傳」, 1674쪽, "於是涇·豳·二夏, 北至靈州, 賊黨結聚之類, 並來歸降."). 이는 이 지역이 万俟醜奴의 지배 아래에 있었음을 보여준다.

183 『魏書』卷74「尒朱榮傳」, 1653쪽, "時賊帥万俟醜奴·蕭寶夤擁衆豳涇, 兇勢日盛. 榮遣其從子天光爲雍州刺史, 令率都督賀拔岳·侯莫陳悅等總衆入關討之. 天光旣至雍州, 以衆少不敵, 逗巡未集. 榮大怒, 遣其騎兵參軍劉貴馳驛詣軍, 加天光杖罰. 天光等大懼, 乃進討, 連破之, 擒醜奴·寶夤, 並檻車送闕. 天光又擒王慶雲·万俟道樂, 關西悉平. 於是天下大難, 便以盡矣."; 『魏書』卷75「尒朱天光傳」, 1674-1676쪽.

이었다. 太武帝 시기부터 仇池鎭將을 역임했던 皮豹子의 上表에서 仇
池鎭에 統萬·安定·長安鎭의 병사들이 있었으며 이들은 "期月", 즉
만 1년의 戍役 임기가 있음을 알 수 있다. 또 長安·上邽·安定鎭의
戍兵이 仇池鎭에 파견되기로 예정되어 있었다. 즉 仇池鎭에는 적어도
統萬·安定·長安·上邽 4鎭의 병사 혹은 戍兵이 定期的으로 파견되
었다.[184] 이 가운데 上邽鎭은 후에 秦州로 바뀌었다. 이처럼 秦州는 남
서쪽 邊鎭인 仇池鎭을 비롯한 關隴·河西(오르도스) 지역의 인적·물
적 교역권에 속하였다.[185] 北魏末 仇池 武興氏의 반란이 일어나자 北
魏朝廷은 張普惠에게 秦州·岐州·涇州·華州·雍州·豳州·東秦州 7
州의 兵武 3만 인을 주고 南秦州와 東益州의 兵租를 운송하여 諸戍에
分給하도록 명령하였다. 張普惠는 6州 兵武의 징발을 멈추고 秦州 兵
武 4,000인만 4인의 統軍에 분배하였다.[186] 이 사례에서 秦州의 兵武
4,000인을 동원한 것을 보면 秦州에 다른 州보다 많은 군인들이 주둔
했음을 알 수 있다. 또 나머지 6州보다 武興과 지리적으로 가까운 곳
이었으므로 다른 州보다 더 많은 물자를 수송해야 했을 것이다. 즉 秦
州는 隴右 지역의 군사적·경제적 중심지였다. 뿐만 아니라 秦州는 關
中과 隴山이 만나는 곳이며 雍州와 涼州 사이 지역의 重鎭이었다. 또
曹魏 征西將軍 陳泰가 말한 것처럼 巴蜀의 군대가 關隴을 차지하기

---

184 『魏書』卷51「皮豹子傳」, 1131-1132쪽.

185 최진열, 『북위황제 순행과 호한사회』, 150-155쪽.

186 『魏書』卷78「張普惠傳」, 1741쪽, "先是, 仇池武興羣氐數反, 西垂郡戍, 租運久絶.
詔普惠以本官爲持節·西道行臺. 給秦·岐·涇·華·雍·豳·東秦七州兵武三萬人,
任其召發, 送南秦·東益二州兵租, 分付諸戍, 其所部諸統, 聽於關西牧守之中隨機
召遣, 軍資板印之屬, 悉以自隨. 普惠至南秦, 停岐·涇·華·雍·豳·東秦六州兵武,
召秦州兵武四千人, 分配四統; 令送租兵連營接柵, 相繼而進, 運租車驢, 隨機輸轉.
別遣中散大夫封答慰喩南秦, 員外常侍楊公熙宣勞東益氏民."

위해 거치는 곳이었다.[187] 요컨대 秦州는 關中平原과 巴蜀盆地, 河西回廊을 잇는 교통의 요지였기 때문에 군사적 요충지였다.

2 北魏末 · 西魏初 秦州의 상황

關隴 지역을 장악한 尒朱天光이 高歡과 싸우기 위해 동쪽으로 떠나자 尒朱天光의 부하들이 關隴 지역에서 활동하였다. 賀拔岳은 平涼 서쪽에 모여 營을 수십 里에 포진하고 原州에서 말을 사육하였다. 이때 費也頭 · 鐵勒(斛律沙門) · 斛拔彌俄突 · 紇豆陵伊利 등이 賀拔岳에 항복하였고, 秦 · 南秦 · 河 · 渭 4州의 刺史가 平涼에 모여 賀拔岳의 명령을 듣기로 합의하였다.[188] 賀拔岳은 侯莫陳悅에게 살해당했으나,[189] 河州刺史 宇文泰가 平涼에 주둔한 賀拔岳의 부하들을 수습하

187 『讀史方輿紀要』卷59 「陝西」8 鞏昌府 · 秦州條, 2833-2834쪽, "州當關 · 隴之會, 介雍 · 涼之間, 屹爲重鎭. 秦人始基於此, 奄有豐岐. 東漢初, 隗囂據之, 妄欲希蹤西伯也. 其後武侯與姜維皆規此以連結羌胡, 震動關輔. 蜀漢延熙十八年, 姜維破魏雍州刺史王經於洮西, 進圍狄道. 魏征西將軍陳泰曰: '維若以戰克之威, 進兵東向, 據略陽積穀之實略陽, 見秦安縣, 招納羌胡, 東爭關隴, 此我所惡也. 而乃以乘勝之威挫堅城之下, 是我破敵之時矣.' 蓋關中要會常在秦州, 爭秦州則自隴以東皆震矣. 晉元康以後, 關中多事, 秦州每爲棋劫之勢. 唐初薛擧據秦州與唐爭關中. 擧不速亡, 則三輔未必能一日無事也. 大歷以後秦州沒於吐蕃, 雍岐之境, 烽火相接矣. 李茂貞兼有秦州, 關中諸鎭岐爲最强. 其後蜀人得此, 數爭岐隴. 周世宗克秦州, 而孟蜀之亡兆已見於此矣. 宋人南渡以後, 以梁 · 益爲東南上游, 拮據蜀口, 嘗在秦隴間. 宋卒棄秦州, 五路遂不可復. 虞允文曰: 關中天下之上游, 隴右關中之上游, 而秦州其關隴之喉舌歟?"
188 『周書』卷14 「賀拔勝傳附岳傳」, 225쪽, "岳自詣北境, 安置邊防. 率衆趣平涼西界, 布營數十里, 托以牧馬於原州, 爲自安之計. 先是, 費也頭万俟受洛干 · 鐵勒斛律沙門 · 斛拔彌俄突 · 紇豆陵伊利等, 並擁衆自守, 至是皆款附. 秦 · 南秦 · 河 · 渭四州刺史又會平涼, 受岳節度."
189 『周書』卷14 「賀拔勝傳附岳傳」, 225쪽, "三年, 岳召侯莫陳悅於高平, 將討之, 令悅爲前驅. 而悅受齊神武密旨圖岳, [岳]弗之知也, 而先又輕悅. 悅乃誘岳入營, 共論兵事,

였다.[190] 그러나 涼州와 宕昌羌, 渭州와 南秦州 氐·羌 등이 반란을 일으키자 南冀州에서 瓜州·鄯州까지 파급되었다. 이에 宇文泰는 李弼에게 原州, 拔也惡蛭에게 南秦州, 可朱渾元에게 渭州에 주둔하고, 趙貴를 行秦州事에 임명하여 반란을 막도록 하였다.[191] 이때 周惠達이 侯莫陳悅 평정 뒤 秦州司馬가 되어 隴右를 安輯하였고,[192] 行秦州事였던 趙貴가 秦州에서 선정을 베풀며 지역 기반을 다졌다.[193] 이후 宇文泰는 侍中 驃騎大將軍 開府儀同三司 關西大都督 略陽縣公에 임명되었고 관리 임명권을 부여받은 후 寇洛을 涇州刺史, 李弼을 秦州刺史, 張獻을 南岐州刺史에 임명하였다.[194] 北魏 孝武帝의 西遷 이후 大將軍 雍州刺史 兼尙書令 略陽郡公에 임명되어 대권을 장악하였다.[195] 이는

令其壻元洪景斬岳於幕中. 朝野莫不痛惜之. 贈侍中·太傅·錄尙書·都督關中三十州諸軍事·大將軍·雍州刺史, 諡曰武壯, 葬以王禮."

190 『周書』卷1「文帝紀」上, 5쪽, "太祖乃率帳下輕騎, 馳赴平涼. 時齊神武遣長史侯景招引岳衆, 太祖至安定, 遇之, 謂景曰: '賀拔公雖死, 宇文泰尙存, 卿何爲也?' 景失色, 對曰: '我猶箭耳, 隨人所射, 安能自裁.' 景於此卽還. 太祖至平涼, 哭岳甚慟. 將士且悲且喜曰: '宇文公至, 無所憂矣.'"

191 『周書』卷1「文帝紀」上, 9쪽, "時涼州刺史李叔仁爲其民所執, 擧州騷擾. 宕昌羌梁(企)[仚]定引吐谷渾寇金城. 渭州及南秦州氐·羌連結, 所在蜂起. 南岐至于瓜·鄯, 跨州據郡者, 不可勝數. 太祖乃令李弼鎭原州, 夏州刺史拔也惡蛭鎭南秦州, 渭州刺史可朱渾元還鎭渭州, 衛將軍趙貴行秦州事. 徵豳·涇·東秦·岐四州粟以給軍."

192 『周書』卷22「周惠達傳」, 362쪽, "悅平, 惠達歸於太祖, 卽用秦州司馬, 安輯隴右."

193 『周書』卷16「趙貴傳」, 262쪽, "悅平, 以本將軍·持節, 行秦州事·當州大都督. 爲政淸靜, 民吏懷之."

194 『周書』卷1「文帝紀」上, 10쪽, "魏帝遣著作郎姚幼瑜持節勞軍, 進太祖侍中·驃騎大將軍·開府儀同三司·關西大都督·略陽縣公, 承制封拜, 使持節如故. 於是以寇洛爲涇州刺史, 李弼爲秦州刺史, 前略陽郡守張獻爲南岐州刺史. 盧待伯拒代, 遣輕騎襲擒之, 待伯自殺."

195 『周書』卷1「文帝紀」上, 13쪽, "七月丁未, 帝遂從洛陽率輕騎入關. 太祖備儀衛奉迎, 謁見東陽驛. 太祖免冠泣涕謝曰: '臣不能式遏寇虐, 遂使乘輿遷幸. 請拘司敗, 以正刑書.' 帝曰: '公之忠節, 曝於朝野. 朕以不德, 負乘致寇. 今日相見, 深用厚顔. 責在

『周書』를 바탕으로 한 西魏 宇文泰 세력과 秦州의 관계이다. 『周書』는 宇文泰가 賀拔岳의 부하들의 추대를 받아 關隴 지역을 장악했을 무렵 趙貴·周惠達·李弼 등이 秦州의 지방관으로 임명되었던 것처럼 기록하였다. 그러나 『魏書』·『北齊書』·『北史』의 기록은 이와 다르다.

宇文泰가 關隴 지역을 장악하기 이전, 즉 大統元年(535) 이전부터 万俟普撥이 秦州刺史로 재임하였다. 万俟普撥은 『北齊書』에서 万俟普 라고도 표기하며 太平郡, 즉 이전의 懷朔鎭 출신이었다. 본래 破六韓 拔陵의 부하였다가 北魏에 항복하여 後將軍 第二領民酋長에 임명되 었다.[196] 永熙 2년(533) 使持節 鎭北將軍 大都督 秦州刺史 万俟普撥을 驃騎大將軍 儀同三司에 임명했다는 기록[197]을 보면 万俟普撥은 이미 秦州刺史로 재임하였다. 高歡의 사주를 받고 賀拔岳을 죽인 侯莫陳 悅이 万俟普撥에게 侯莫陳悅의 黨與가 되어 구원하라는 詔書를 위조 하자, 万俟普撥은 이를 宇文泰에게 보여주었다. 이후 宇文泰가 侯莫 陳悅의 세력권인 原州를 점령하자 叱干寶樂 등 2,000騎를 宇文泰에 게 보냈다.[198] 이는 외형상 万俟普撥이 宇文泰에 복속했음을 뜻한다.

朕躬, 無勞謝也.' 乃奉帝都長安. 披草萊, 立朝廷, 軍國之政, 咸取太祖決焉. 仍加授 大將軍·雍州刺史, 兼尙書令, 進封略陽郡公, 別置二尙書, 隨機處分, 解尙書僕射, 餘如故. 太祖固讓, 詔敦諭, 乃(授)[受]. 初, 魏帝在洛陽, 許以馮翊長公主配太祖, 未 及結納, 而帝西遷. 至是, 詔太祖尙之, 拜駙馬都."

196 『北齊書』卷27「万俟普傳」, 375쪽, "万俟普, 字普撥, 太平人, 其先匈奴之別種也. 雄果 有武力. 正光中, 破六韓拔陵構逆, 授普太尉. 率部下降魏, 授後將軍, 第二領民酋長."

197 『魏書』卷11「廢出三帝紀·出帝平陽王紀」永熙二年條, 288쪽, "秋七月辛卯, 以使持 節·鎭北將軍·大都督·秦州刺史万俟普撥爲驃騎大將軍·儀同三司."

198 『周書』卷1「文帝紀」上, 8쪽, "悅旣懼太祖謀己, 詐爲詔書與秦州刺史万俟普撥, 令 與悅爲黨援. 普撥疑之, 封詔以呈太祖. 太祖表之曰: '臣自奉詔總平涼之師, 責重憂 深, 不遑啓處, 訓兵秣馬, 唯思竭力. 前以人戀本土, 侯莫陳悅窺窬進退, 量度且宜住 此. 今若召悅授以內官, 臣列旆東轅, 匪朝伊夕, 朝廷若以悅堪爲邊扞, 乞處以瓜·涼 一藩. 不然, 則終致猜虞, 於事無益.' 初, 原州刺史史歸爲岳所親任, 河曲之變, 反爲

이때 宇文泰가 李弼을 秦州刺史에 임명했을 가능성도 있지만, 万俟普撥이 東魏에 항복했을 당시 직함이 '秦州刺史'였다.[199] 따라서 趙貴·周惠達·李弼이 秦州의 지방관으로 임명되었다는 기사가 사실이라고 하더라도 万俟普撥이 있는 秦州에 부임한 것이 아니라 관직만 받은 遙領으로 宇文泰 곁에 있었다고 해석하는 것이 자연스럽다.

万俟普撥은 東魏가 天平 3년(536) 厙狄干 등 1만 騎를 거느리고 西魏의 夏州를 함락한[200] 두 달 후 東魏에 항복하였다.[201] 이는 西魏에 큰 충격을 주었을 것이다. 宇文泰는 万俟普撥의 항복 소식을 듣고 輕騎를 이끌고 추격했으나 河北 1,000여 里에 이르러 따라잡지 못하자 되돌아왔다.[202] 『北史』「齊本紀」와 『北齊書』「神武紀」에 따르면, 이때 그의 아들 太宰 受洛干, 豳州刺史 叱干寶樂, 右衛將軍 破六韓常, 督將 300여 人과 함께 항복하였다.[203] 豳州는 秦州의 주변 지역이었으므

悅守. 悅遣其黨王伯和·成次安將兵二千人助歸鎮原州. 太祖遣都督侯莫陳崇率輕騎一千襲歸, 擒之, 幷獲次安·伯和等, 送於平涼. 太祖表崇行原州事. 万俟普撥又遣其將叱干保洛領二千騎來從軍."

199 『周書』卷2「文帝紀」下 大統元年夏五月條, 21-22쪽, "夏五月, 秦州刺史·建中王万俟普撥率所部叛入東魏."

200 『北史』卷6「齊本紀上·高祖神武帝紀」, 225쪽, "[天平]三年正月甲子, 神武帥厙狄干等萬騎襲西魏夏州. 身不火食, 四日而至, 縛矟爲梯, 夜入其城, 擒其刺史費也頭斛拔俄彌突, 因而用之. 留都督張瓊以鎮守, 遷其部落五千戶以歸."; 『周書』卷2「文帝紀」下 大統元年三月條, 21쪽, "二年春三月, 東魏襲陷夏州, 留其將張瓊·許和守之."

201 『北齊書』卷27「万俟普傳」, 375쪽, "高祖平夏州, 普乃率其部落來奔, 高祖躬自迎接, 授普河西公."

202 『周書』卷2「文帝紀」下 大統元年夏五月條, 21-22쪽, "夏五月, 秦州刺史·建中王万俟普撥率所部叛入東魏. 太祖勒輕騎追之, 至河北千餘里, 不及而還."

203 『北史』卷6「齊本紀上·高祖神武帝紀」天平三年條, 225쪽, "二月, 神武令阿至羅逼西魏秦州刺史建忠王万俟普撥, 神武以衆應之. 六月甲午, 普撥與其子太宰受洛干·豳州刺史叱干寶樂·右衛將軍破六韓常及督將三百餘人, 擁部來降."; 『北齊書』卷2「神武紀」下 天平三年條, 19쪽.

로 이들이 秦州와 豳州를 점거한 채 西魏의 宇文泰에 대항했으면, 宇文泰는 동쪽과 서쪽에서 협공당할 위기에 처했을 것이다. 万俟普撥이 東魏에 투항한 이유는 史書에 기록되지 않았으나, 万俟普撥이 懷朔鎭 출신이었음을 고려하면, 同鄕 사람이 지배층을 형성한 東魏에 애착이 있었을 가능성이 크다. 万俟普撥·叱干寶樂·破六韓常 등이 東魏의 영토로 도망감에 따라 4년 이상 万俟普撥이 거느린 秦州는 西魏의 지배 아래 들어왔다.

3 西魏北周의 隴右 중시와 隴右大都督·秦州總管 人選

외형상 宇文泰에 복속한 것처럼 보였지만 東魏에 우호적이었던 万俟普撥이 東魏에 투항한 이후 西魏는 비로소 秦州를 처음으로 손에 넣었다. 西魏北周는 秦州의 군사적·경제적 중요성을 알았기 때문에 万俟普撥처럼 배신하지 않고 믿을 수 있는 중요 인물을 秦州 지역에 파견하였다. 獨孤信은 大統 6-16년 무렵 10여 년 동안 隴右十州大都督 秦州刺史로 隴右(隴西)에 주둔하였고 大統 14년(548) 무렵 중앙에 돌아올 때까지 머물렀다.[204] 10州의 범위를 알 수 없지만, 獨孤信은 秦州刺史로 秦州를 통치하였고, 秦州를 비롯한 隴右(隴西) 10州의 군사를 지휘하였다.[205] 그런데 隴右十州大都督 獨孤信은 당시 西魏를 양분한 인물로 인식되었다. 『周書』「獨孤信傳」의 구절을 검토해보자.

---

204 前島佳孝, 「西魏·北周·隋初における領域統治體制の諸相」, 28쪽.
205 『周書』卷16 「獨孤信傳」, 265-266쪽, "尋除隴右十州大都督·秦州刺史."

"太祖[宇文泰]가 처음에 霸業을 열 때 오직 關中의 땅을 가지고 있었고 隴右는 지세가 군사적으로 아주 중요한 곳이었기 때문에 [獨孤]信에게 맡겨 鎭撫하게 하였다. 獨孤信은 이미 百姓들의 마음을 얻었고 명성은 이웃나라에도 떨쳤다. 東魏 將 侯景이 남쪽의 梁으로 도망가자 魏收는 梁에 檄文을 써서 보내어 [獨孤]信이 隴右를 점거하고 宇文氏를 따르지 않으니 關西는 걱정이 없다고 말하였다. 이는 梁 사람들을 협박한 것이다."[206]

위의 인용문에서 獨孤信이 隴右를 점거하여 자립하고 宇文泰의 명령을 따르지 않는다는 魏收의 기록은 사실과 다르다. 그러나 이웃 나라 東魏의 신하 魏收에게 獨孤信이 宇文泰와 맞설 만한 인물로 보일 정도로 獨孤信은 권력이 있는 인물이었다. 大丞相, 都督中外諸軍事, 大冢宰 등 최고의 관직을 역임하며 西魏의 사실상 최고 지배자였던 宇文泰는 李弼·于謹·趙貴·獨孤信·侯莫陳崇·李虎 등 6인의 柱國大將軍과 等夷關係, 즉 대등한 관계였다고 보는 학설이 우세하다.[207] 宇文泰의 후계자를 정할 때 여러 관리들이 庶長子 宇文毓의 장인이었던 獨孤信의 눈치를 보며 아무 말 못했던 사례[208]와 西魏 恭帝元年

---

206 『周書』卷16「獨孤信傳」, 267쪽, "太祖初啓霸業, 唯有關中之地, 以隴右形勝, 故委信鎭之. 旣爲百姓所懷, 聲振鄰國. 東魏將侯景之南奔梁也, 魏收爲檄梁文, 矯稱信據隴右不從宇文氏, 仍云無關西之憂, 欲以威梁人也."

207 直江直子,「北朝後期政權爲政者グループの出身について」,『名古屋大學東洋史研究報告』5, 1978, 87-90쪽; 藤堂光順,「西魏北周期における'等夷'關係について」,『名古屋大學 東洋史硏究報告』8, 1982, 97-98쪽; 袁剛,「論周武帝"取亂侮亡"滅北齊」, 68 왼쪽; 石冬梅,「論北周的御正和內史」,『唐都學刊』22-2, 2006, 113왼쪽; 石冬梅,「西魏北周六官制度新探」,『西南大學學報(人文社會科學版)』33-1, 2007, 182왼쪽-182 오른쪽; 熊偉,「西魏北周府兵制組織系統功能與作用分析」,『廣西社會科學』2012-1, 2012(總第199期), 2012, 114오른쪽-115왼쪽; 曾磊,「周武帝·周宣帝親信人物與軍權」,『鞍山師範學院學報』15-3, 2013, 28왼쪽.

208 『周書』卷25「李賢傳附李遠傳」, 421쪽, "時太祖嫡嗣未建, 明帝居長, 已有成德; 孝閔

(554) 于謹이 梁의 수도 江陵을 함락한 후 梁의 名醫 姚僧垣을 軍營으로 불렀고 姚僧垣을 달라는 宇文泰의 요구를 거절한 사례[209]가 宇文泰와 獨孤信·于謹은 상하관계가 아닌 대등한 관계였다는 증거로 제시된다.[210] 이보다 더 직접적인 증거는 『周書』「趙貴傳」의 기록이다.

"처음 趙貴와 獨孤信 등은 모두 太祖(宇文泰)와 等夷였기 때문에 孝閔帝가 즉위하고 晉公 宇文護가 섭정하자 趙貴는 스스로 元勳佐命이라고 생각하여 늘 불만을 품고 있었고 불평의 기색이 있었다. 이에 獨孤信과 함께 宇文護를 살해하려고 모의하였다. 약속한 날짜가 다가오자 趙貴는 거사를 실행하려고 했으나 獨孤信은 제지하였다. 곧 開府 宇文盛이 이들의 모의를 밀고하자 趙貴는 주살되었다."[211]

處嫡, 年尙幼冲. 乃召羣公謂之曰: '孤欲立子以嫡, 恐大司馬有疑.' 大司馬卽獨孤信, 明帝敬后父也. 衆皆默, 未有言者, 遠曰: '夫立子以嫡不以長, 禮經明義. 署陽公爲世子, 公何所疑. 若以信爲嫌, 請卽斬信.' 便拔刀而起. 太祖亦起曰: '何事至此!' 信又自陳說, 遠乃止. 於是羣公並從遠議. 出外拜謝信曰: '臨大事, 不得不爾.' 信亦謝遠曰: '今日賴公, 決此大議.'"

209 『周書』卷47「藝術傳·姚僧垣傳」, 841쪽, "及大軍剋荊州, 僧垣猶侍梁元帝, 不離左右. 爲軍人所止, 方泣涕而去. 尋而中山公護使人求僧垣. 僧垣至其營. 復爲燕公于謹所召, 大相禮接. 太祖又遣使馳驛徵僧垣, 謹(故)[固]留不遣. 謂使人曰: '吾年時衰暮, 疹疾嬰沉. 今得此人, 望與之偕老.' 太祖以謹勳德隆重, 乃止焉. 明年, 隨謹至長安. 武成元年, 授小畿伯下大夫."

210 石冬梅,「論北周的御正和內史」, 113왼쪽; 石冬梅,「西魏北周六官制度新探」, 182왼쪽-182오른쪽.

211 『周書』卷16「趙貴傳」, 263쪽, "初, 貴與獨孤信等皆與太祖等夷, 及孝閔帝卽位, 晉公護攝政, 貴自以元勳佐命, 每懷怏怏, 有不平之色, 乃與信謀殺護. 及期, 貴欲發, 信止之. 尋爲開府宇文盛所告, 被誅."

위의 인용문은 556년 十月 宇文泰가 죽은 후 12세의 宇文覺(孝閔帝)의 후사를 위탁받은 宇文護가 실권을 잡는 과정을 묘사하였다. 위의 인용문에서 알 수 있듯이 趙貴·獨孤信은 宇文泰와 대등한 관계였고, 宇文護를 지지하여 宇文覺을 옹립하고 宇文護가 실권을 장악하도록 도운 于謹[212]도 等夷關係였다. 이 일 이후 趙貴와 獨孤信이 宇文護에게 살해되고 侯莫陳崇이 강제로 자살하여 等夷關係에 있는 인물들이 제거되어 宇文護의 독재가 가능해졌다.[213] 等夷關係에 있는 李弼·于謹·趙貴·獨孤信·侯莫陳崇·李虎 등 武將들은 柱國大將軍을 겸임하고 독자적인 개인의 軍團을 가지고 있었을 것으로 추정된다.[214] 이 가운데 獨孤信은 10여 년 동안 隴右十州大都督으로 재임하며 雍州 등 關中平原을 통치한 宇文泰와 西魏의 영토를 사실상 반분한 것처럼 보였을 것이다. 이 점이 東魏의 관리 魏收에게 獨孤信이 隴右를 점거하고 宇文泰와 맞서 자립한 것처럼 오해한 계기가 되었을 것이다.[215]

---

212 『周書』卷15 「于謹傳」, 248쪽, "及太祖崩, 孝閔帝尙幼, 中山公護雖受顧命, 而名位素下, 羣公各圖執政, 莫相率服. 護深憂之, 密訪於謹. 謹曰: '夙蒙丞相殊眷, 情深骨肉. 今日之事, 必以死爭之. 若對衆定策, 公必不得辭讓.' 明日, 羣公會議. 謹曰: '昔帝室傾危, 人圖問鼎. 丞相志在匡救, 投袂荷戈, 故得國祚中興, 羣生遂性. 今上天降禍, 奄棄庶寮. 嗣子雖幼, 而中山公親則猶子, 兼受顧託, 軍國之事, 理須歸之.' 辭色抗厲, 衆皆悚動. 護曰: '此是家事, 素雖庸昧, 何敢有辭.' 謹旣太祖等夷, 護每申禮敬至是, 謹乃趨而言曰: '公若統理軍國, 謹等便有所 依.' 遂再拜. 羣公迫於謹, 亦再拜, 因是衆議始定."

213 藤堂光順, 「西魏北周期における‘等夷關係について」, 97-98쪽; 石冬梅, 「宇文泰實行六官制的目的新論」, 106원쪽; 袁剛, 「論周武帝"取亂侮亡"滅北齊」, 『許昌師專學報』 19-4, 2000, 68원쪽; 曾磊, 「周武帝·周宣帝親信人物與軍權」, 『鞍山師範學院學報』 15-3, 2013, 28원쪽.

214 直江直子, 「北朝後期政權爲政者グループの出身について」, 『名古屋大學東洋史研究報告』 5, 1978, 87-90쪽.

215 獨孤信의 長女가 北周 明帝의 皇后, 넷째 딸이 北周 宣帝의 皇后, 일곱째 딸이 隋文帝의 皇后였다. 그리고 唐皇室과도 혼맥으로 이어졌다. 따라서 獨孤信 가문은

獨孤信의 뒤를 이어 隴右大都督이 된 사람이 宇文泰의 甥 宇文導였다. 그는 大統 13-16년(547-550)부터 隴西 통치자가 되어 恭帝元年 (554)까지 최소 5년 최대 8년 동안 隴右에 머물렀다.[216] 宇文導는 隴右大都督 秦南等十五州諸軍事 秦州刺史에 임명되었고, 宇文泰가 北齊 건국 이후 北齊를 공격할 때 大將軍 大都督 三雍二華等二十三州諸軍事에 임명되어 咸陽에 주둔하였고 宇文泰가 회군한 이후 원래의 治所인 秦州로 돌아갔다.[217] 宇文泰가 宇文導에게 배후의 咸陽에 주둔하도록 명령한 것은 宇文泰가 宇文導를 신뢰했음을 뜻한다. 宇文導는 15 州를 관할하여 獨孤信의 10州보다 많았다. 宇文導가 恭帝元年 十二月(554) 죽은 후 恭帝 3년(556) 훗날 北周 明帝로 즉위하는 宇文毓이 秦州刺史에 임명되었다. 이후 宇文導의 아들 宇文廣(557-560; 563-567)과 宇文亮(570-573)이 秦州刺史에 임명되었다.[218] 宇文廣과 宇文亮은 宇文護 집정기에 秦州總管에 임명되었으며, 모두 宇文護의 조카였다. 즉 宇文導 · 宇文廣 · 宇文亮 父子가 모두 14-17년 동안 秦州에 부임한 것은 宇文泰와 宇文護의 신임과 혈연관계 덕분이었다. 宇文護 집정기

北周 · 隋 · 唐 세 왕조의 외척이 되었는데, 이런 예는 없었다(『周書』 卷16 「獨孤信傳」, 267쪽, "信長女, 周明敬后; 第四女, 元貞皇后; 第七女, 隋文獻后. 周隋及皇家, 三代皆爲外戚, 自古以來, 未之有也."). 獨孤信이 세 王朝의 외척이 되어 北周 · 隋 · 唐 세 왕조와 혼맥을 구축한 것도 "等夷" 관계에 있었던 柱國大將軍 등 武將들 가운데 宇文泰 다음의 권세를 가졌기 때문일 것이다.

216 前島佳孝, 「西魏 · 北周 · 隋初における領域統治體制の諸相」, 29쪽.

217 『周書』 卷10 「邵惠公顥傳附導傳」, 154쪽, "會侯景擧河南來附, 遺使請援, 朝議將應之, 乃征爲隴右大都督 · 秦南等十五州諸軍事 · 秦州刺史. 及齊氏稱帝, 太祖發關中兵討之, 魏文帝遺齊王廓鎭隴右, 征導還朝. 拜大將軍 · 大都督 · 三雍二華等二十三州諸軍事, 屯咸陽. 大軍還, 乃旋舊鎭."

218 前島佳孝, 「西魏 · 北周 · 隋初における領域統治體制の諸相」, 33쪽; 邵郁, 「北周宇文廣 · 宇文廣墓誌疏證」, 20왼쪽. 이 밖에 宇文導의 아들 宇文廣가 秦州刺史에 추증되었다(邵郁, 「北周宇文廣 · 宇文廣墓誌疏證」, 18왼쪽).

에 秦州總管에 임명된 다른 인물로 尉遲逈과 宇文純이 있는데,[219] 尉遲逈의 어머니는 宇文泰의 누나(太祖姊昌樂大長公主)였고,[220] 宇文純은 宇文泰의 아들이었다.[221] 宇文護 집정기 秦州總管에 임명된 인물들은 北周 皇室 일족이거나 姻戚이었다. 北周 武帝 親政時期 秦州總管에 임명된 尉遲運은 尉遲逈의 동생 尉遲綱의 아들이었고,[222] 侯莫陳瓊은 8柱國의 한 사람인 侯莫陳崇의 동생이었고,[223] 秦州總管 임명전 벼슬이 柱國大將軍 大宗伯이었다.[224] 西魏北周가 隴右大都督 혹은 秦州總管에 임명된 인물은 北周 皇室 일족이 대부분이고 인척(尉遲逈과 尉遲綱), 八柱國 일족(侯莫陳瓊)이었다. 따라서 西魏北周는 隴右大都督 혹은 秦州總管 임명에 신경 썼음을 확인할 수 있다.

이처럼 秦州를 治所로 하는 秦州總管에 宇文氏 일족과 姻戚을 임명한 이유는 廢帝二年(553) 巴蜀을 점령한 이후 秦州가 巴蜀과 關中을 잇는 교통의 중심지이자 물자 운반의 중계지였기 때문일 것이다. 巴蜀과 關中을 잇는 여러 도로 가운데 陰平·武都를 거쳐 天水로 이어지는 도로가 비교적 평탄하여 巴蜀에서 거둔 租賦를 운송하기 적합했

---

219 前島佳孝,「西魏·北周·隋初における領域統治體制の諸相」, 34쪽, 表1 北周總管簡表 참조.
220 『周書』卷21「尉遲逈傳」, 349쪽, "尉遲逈字薄居羅, 代人也. 其先, 魏之別種, 號尉遲部, 因而姓焉. 父俟兜, 性弘裕, 有鑒識, 尙太祖姊昌樂大長公主, 生逈及綱."
221 『周書』卷13「文閔明武宣諸子·文帝諸子傳」, 201쪽, "文帝十三子. 姚夫人生世宗, 後宮生宋獻公震, 文元皇后生孝閔皇帝, 文宣皇后叱奴氏生高祖·衛剌王直, 達步干妃生齊王憲, 王姬生趙僭王招, 後宮生譙孝王儉·陳惑王純·越野王盛·代奰王達·冀康公通·滕聞王逌. 齊煬王別有傳."
222 『周書』卷40「尉遲運傳」, 709쪽, "尉遲運, 大司空·吳國公綱之子也."
223 『周書』卷16「侯莫陳崇傳附崇弟瓊傳」, 270쪽, "崇弟瓊, 字世樂. 年八歲喪父, 養母至孝, 善事諸兄, 內外莫不敬之."
224 『周書』卷5「武帝紀」上 建德三年九月戊辰條, 85쪽, "戊辰, 以柱國·大宗伯·周昌公侯莫陳瓊爲秦州總管."

다. 이 도로의 종착역이 秦州였다. 巴蜀 정복 이후 秦州는 隴右와 河西回廊 통치뿐만 아니라 漕運의 중계지점이 되었기 때문에 宇文氏 통치자들(宇文泰·宇文護와 北周皇帝들)은 신임할 수 있는 인물, 즉 친인척을 秦州總管 혹은 秦州刺史에 임명한 것이다.

4 西魏北周의 隴右 統治

西魏北周는 隴右 지역의 중심지인 秦州에 隴右大都督府와 秦州總管府를 두어 통치의 거점과 군사 지휘의 중심지로 삼았다. 西魏는 隴右 지역을 감독하기 위해 사신을 파견하였다. 예컨대 侯莫陳崇은 사신으로 파견되어 秦州를 慰撫하였다.[225] 西魏의 실권자 宇文泰가 隴右 지역을 중시한 사실은 그의 방문에서 확인할 수 있다. 大統 14년 (548) 太師에 임명된 宇文泰는 魏太子와 함께 서쪽 변경을 馴馬하여 新坪郡에서 安定郡과 隴山, 安陽, 原州에 이르고 북쪽의 長城을 순시하고 사냥하였다. 동쪽으로 五原으로 가서 蒲川에 도착할 예정이었으나 文帝의 병이 심하자 돌아왔다.[226] 宇文泰는 恭帝元年(554) 七月 서쪽으로 巡狩를 가서 原州에 이르렀다.[227] 宇文泰가 두 차례에 걸쳐 隴右 지역, 특히 原州 지역을 시찰하였다. 두 번 모두 사냥을 겸한 시찰이었지만, 宇文泰가 주로 華州(同州)에 머물렀고 東魏와의 전쟁에 출전했음을 고려하면, 두 차례의 隴右, 특히 原州 방문은 그가 이 지역

---

225 『周書』卷16 「侯莫陳崇傳」, 269쪽, "又遣崇慰撫秦州, 別封廣武縣伯, 邑七百戶."
226 『周書』卷2 「文帝紀」下 大統十四年夏五月條, 31쪽, "夏五月, 進授太祖太師. 太祖奉魏太子巡撫西境, 自新平出安定, 登隴, 刻石紀事. 下安陽, 至原州, 歷北長城, 大狩. 將東趣五原, 至蒲川, 聞魏帝不豫, 遂還."
227 『周書』卷2 「文帝紀」下 魏恭帝元年秋七月條, 35쪽, "秋七月, 太祖西狩至於原州."

을 중시했음을 과시하는 행동이었다.

隴右 지역은 수도 長安이 있는 關中平原과 이웃한 지역으로 정치적·군사적으로 중요한 지역이었으므로 유능한 지방관을 파견하였다. 獨孤信은 秦州에 부임한 후 소송을 공정하게 판결하였으며, 禮敎와 農桑을 권장하는 등 선정을 베풀었기 때문에 大統 6년(540) 附籍을 원한 流民이 數萬 家에 이르렀다.[228] 李賢은 大統 8년(542) 原州刺史가 되어 原州에서 백성들을 잘 이끌고 백성들과 화합하였다.[229] 于寔·于翼 兄弟는 渭州에서 선정을 베풀어 夷夏, 즉 이민족과 漢人들이 모두 기뻐하였다.[230] 豆盧勣도 渭州에서 선정을 베풀어 漢人과 이민족이 기뻐하여 복종하였다.[231] 王德은 平涼郡守가 되어 선정을 베풀었고 涇州 소속 5郡 가운데 최고의 고과 성적을 거두었다.[232]

西魏北周는 隴右 지역의 土着豪族과 지방세력을 본적지 지방관에 임명하여 지방통치에 활용하였다. 이는 原州 지역에서 두드러진다. 『周書』「田弘傳」에 따르면, 高平郡 출신[233]인 田弘은 西魏 시대 原州刺史에 임명되었는데, 田弘의 功勳과 명망이 있었으므로 錦衣還鄕으

---

228 『周書』卷16「獨孤信傳」, 265-266쪽, "尋除隴右十州大都督·秦州刺史. 先是, 守宰闇弱, 政令乖方, 民有冤訟, 歷年不能斷決. 及信在州, 事無壅滯. 示以禮敎, 勸以耕桑, 數年之中, 公私富實. 流民願附者數萬家."

229 『周書』卷25「李賢傳」, 416쪽, "八年, 授原州刺史. 賢雖少從戎旅, 而頗閑政事, 撫導鄕里, 甚得民和."

230 『周書』卷30「于翼傳」, 523쪽, "孝閔帝踐阼, 出爲渭州刺史. 翼兄寔先莅此州, 頗有惠政. 翼又推誠布信, 事存寬簡, 夷夏感悅, 比之大小馮君焉."

231 『隋書』卷39「豆盧勣傳」, 1155쪽, "會武帝嗣位, 拜邛州刺史. 未之官, 渭源燒當羌因飢饉作亂, 以勣有才略, 轉渭州刺史. 甚有惠政, 華夷悅服, 德澤流行, 大致祥瑞."

232 『周書』卷17「王德傳」, 285쪽, "加征西將軍·金紫光祿大夫·平涼郡守. 德雖不知書, 至於斷決處分, 良吏無以過也. 涇州所部五郡, 而德常爲最."

233 『周書』卷27「田弘傳」, 449쪽, "田弘字廣畧, 高平人也."

로 찬양되었다.[234] 「田弘墓誌」에 따르면 原州 長城郡 長城縣 출신[235]인 田弘은 "大統 14년(548) 持節 都督原州諸軍事 原州刺史에 임명되었다. 비록 錦衣還鄕이었으나 실제로는 治兵 때문이었다."[236] 田弘이 본적지 刺史에 임명된 이유가 治兵으로 언급된 것으로 보아 田弘의 토착세력을 이용하여 原州를 통치하려는 의도로 보인다. 原州는 正光 5년(524) 高平鎭을 州로 편제한 곳[237]으로 이민족들이 다수 거주하는 지역이었다. 따라서 현지 사정에 익숙하고 유력세력인 田弘을 등용하여 변경 방어와 原州의 치안을 맡겼을 것이다. 原州 平高縣 출신[238]인 宇文猛의 祖와 父는 民酋,[239] 즉 領民酋長을 역임하였다. 領民酋長은 非漢人 이민족 部落의 우두머리에게 제수한 관명이므로 宇文猛은 이민족으로 추정된다. 宇文猛은 大統 14년(548) 大都督 原州諸軍事 原州刺史에 임명되었다. 다음 해인 大統 15년(549) 使持節 車騎大將軍 儀同三司와 驃騎大將軍에 임명되었고 宇文氏로 賜姓되었다.[240] 田弘과 宇文猛의 묘지명을 종합하면, 田弘은 大統 14년(548) 原州刺史에 임명되었으나 같은 해 宇文猛으로 대체되었음을 알 수 있다.

---

234 위와 같음, "尋授原州刺史. 以弘勳望兼至, 故以衣錦榮之."
235 「田弘墓誌」, 274쪽, "公諱弘, 字廣略, 原州長城郡長城縣人也."
236 위와 같음, "大統十四年, 授持節·都督原州諸軍事·原州刺史, 雖爲衣錦, 實曰治兵."
237 『魏書』卷106下 「地形志」2下 原州條細注, 2622쪽, "太延二年置鎭, 正光五年改置, 幷置郡縣. 治高平城."
238 耿志强·陳曉樺, 「北周宇文猛墓誌考釋」, 『西夏研究』2013-2, 2013, 92쪽, "公諱猛, 字虎仁, 平高人."
239 위와 같음, "唯祖唯父, 世爲民酋."
240 위와 같음, "十四年, 授大都(督)·原州諸軍事·原州刺史. 授使持節·車騎大將軍·儀同三司, 尋加驃騎大將軍, 開府乃屬, 實歷歸周, 以公先朝勳加(鸞), 賜姓宇文氏."

4. 河東 점령과 統治

1 지정학적 요충지 河東의 영향

兩漢時代 河東郡은 三國 曹魏時代에 둘로 나뉘어 북쪽에 平陽郡이 설치되어[241] 2郡으로 분리되었다. 이후 北魏末 河東·北鄕·高凉·正平·安平·建興·河北 등의 郡으로 세분되었지만, 이 지역 사람들은 曹魏時代의 河東郡이 자기의 본적이라고 생각하였다. 이는 「裴子通墓誌」에서 확인된다.

"君의 諱는 子通이고 字는 叔靈이며 河東郡 聞憙縣 사람이다. ……(중략)…… 敕으로 右將軍 正平太守 當郡都督에 제수되었다. 正平[郡]은 魏初에 分置되었으니 君의 本郡이다."[242]

勞榦의 고증에 따르면 裴子通의 본적 聞憙縣은 北魏後期 正平郡의 屬縣이었다.[243] 그런데 裴子通은 正平郡이 아닌 河東郡을 本籍이라고 표기하였다. 이는 당시 이 지역의 사람들이 河東郡이 北魏時代에 세분화되어 다른 郡에 편제되었지만, 魏晉時代의 郡名인 河東郡 사람임을 강조하였음을 보여준다. 본고에서 살펴보는 河東은 東魏北齊의 河東郡이 아닌 魏晉時代의 河東郡의 지역으로 정의한다.

---

241 『晉書』卷14「地理志」上 司州·平陽郡條細注, 416쪽, "平陽郡故屬河東, 魏分立. 統縣十二, 戶四萬二千."

242 「裴子通墓誌」, 408쪽, "君諱子通, 字叔靈, 河東聞憙人也. …… 敕除右將軍, 正平太守, 當郡都督. 正平魏初分置, 即君之本郡也."

243 勞榦, 「北魏州郡志略」, 181-283쪽.

北魏가 535년 東魏와 西魏로 분열된 이후 처음에는 東魏의 영토였다. 西魏의 宇文泰가 537년(東魏 天平 4년=西魏 大統 3년) 東魏의 高歡과 沙苑에서 싸워 이긴 후[244] 賀拔勝과 李弼을 보내 河東 지역인 汾·絳을 평정하였다.[245] 이후 西魏北周와 東魏北齊는 河東을 차지하기 위해 싸웠지만, 西魏北周는 河東 방어에 성공하였다.

河東은 關中(關隴)과 山東(關東)의 경계에 위치한 지정학적 요충지였다. 關中에 도읍을 정한 西魏北周의 입장에서 河東 지역이 東進을 위한 교두보였다. 이와 함께 西魏北周나 東魏北齊 모두 전략적으로 중요한 곳이었다. 東魏北齊의 사실상 수도인 晉陽과 西魏北周의 수도인 長安 사이의 지역은 黃河를 제외하면 대부분 평지로 연결되어 있다. 따라서 西魏의 宇文泰가 高歡으로부터 독립한 이후 長安과 晉陽 사이의 지역은 한 번 勝勢를 이으면 破竹之勢로 상대국의 수도까지 순조롭게 진격할 수 있는 전략적 요충지였다.[246] 宇文泰가 華州(同州)에 주둔한 것도 東魏가 평탄한 汾水를 따라 河東을 거쳐 黃河를 건너면 長安까지 험준한 지형이 없기 때문이었다.[247]

北周 武帝는 保定 2년 正月(562. 1-2) 河東 지역인 蒲州에 河渠, 同

---

244 『魏書』卷12 「孝靜紀」 天平四年十月條, 301-302쪽, "壬辰, 齊獻武王西討, 至沙苑, 不克而還. 己酉, 寶炬行臺宮景壽·都督楊白駒寇洛州, 大都督韓延大破之. 寶炬又遣其子大行臺元季海·大都督獨孤如願逼洛州, 刺史廣陽王湛棄城退還, 季海·如願遂據金墉. 潁州長史賀若微執刺史田迅西叛, 引寶炬都督梁回據城. 寶炬又遣其都督趙繼宗·右丞韋孝寬等攻陷豫州."

245 『周書』卷2 「文帝紀」下 大通三年冬十月壬辰條, 24쪽, "遣左僕射·馮翊王元季海爲行臺, 與開府獨孤信率步騎二萬向洛陽; 洛州刺史李顯趨荊州; 賀拔勝·李弼渡河圍蒲坂. 牙門將高子信開門納勝軍, 東魏將薛崇禮棄城走, 勝等追獲之. 太祖進軍蒲坂, 略定汾·絳."

246 毛漢光, 「北朝東西政權之河東爭奪戰」, 183-184쪽.

247 崔珍烈, 「東魏北齊의 軍事 중심 太原의 전략적 限界」, 259쪽.

州에 龍首渠를 각각 건설하여 灌漑하였다.[248] 이러한 華州(同州) 일대의 개발로 北周末 華州(同州)에는 庫兵과 倉粟이 있었고, 國儲가 존재하였다.[249] 이는 華州(同州)가 병참기지로서 각종 물자를 완비했음을 보여준다. 이는 西魏의 河東 점령이 華州(同州) 일대의 농업과 무기개발에 힘을 쏟을 수 있었던 시간과 지정학적 위치의 변화 때문이었다.

반면 東魏北齊는 太原 남쪽에 군대를 대거 주둔시켜야 했다. 汾水의 하류 河東은 상류에 위치한 太原을 위협하였기 때문이다. 따라서 東魏北齊는 국경과 가까운 太原 이남 汾水 하류의 방어에 관심을 가지지 않을 수 없었다. 高歡이 권력을 장악한 후 五兵尙書에 속한 外兵曹와 騎兵曹가 相國府에 속하였다가 高歡의 아들 文宣帝(高洋)가 즉위한 후 外兵曹와 騎兵曹를 尙書에 복귀시키지 않고 騎兵省과 外兵省으로 승격되었다.[250] 이는 幷省과 함께 太原이 실질적인 수도 역할을 했다는 증거로 제시된다.[251] 선행연구에서 간과한 사실은 이미 東魏 高歡時期부터 東魏北齊와 西魏北周의 東西對峙로 東魏北齊의 胡族君主가 주둔한 太原은 서남쪽의 국경과 가까웠기 때문에 군사문제에 민감하였다는 점이다. 文宣帝가 騎兵曹와 外兵曹를 수도 鄴城의 尙書省에 예속시키기 않고 晉陽에 잔류시켜 省으로 승격시킨 것

---

248 『隋書』 卷24 「食貨志」, 680쪽, "武帝保定二年正月, 初於蒲州開河渠, 同州開龍首渠, 以廣漑灌."

249 「尉遲運墓誌」, 305쪽, "同州陝區, 埒于神牧, 庫兵倉粟, 國儲斯在."

250 『北齊書』 卷40 「唐邕傳」, 532쪽, "齊朝因高祖作相, 丞相府外兵曹·騎兵曹分掌兵馬, 及天保受禪, 諸司監始歸尙書, 唯此二曹不廢, 令唐邕自建主治, 謂之外兵省·騎兵省. 其後邕·建位望轉隆, 各爲省主, 令中書舍人分判二省事, 故世稱唐·白云."

251 林漢濟, 「東魏~北齊時代의 胡漢體制의 展開」, 162쪽; 毛漢光, 「北魏東魏北齊之核心集團與核心區」, 98쪽; 崔彦華, 「"鄴-晉陽"兩都體制與東魏北齊政治」, 244왼쪽-244오른쪽.

은 北周와의 전쟁에서 신속하게 대처하기 위한 배치였다.[252]

河東의 중요성은 河東 상실 이후 高歡의 대처에서 확인할 수 있다. 『北史』「薛脩義傳」에 高歡과 薛脩義, 斛律金의 대화가 실려 있다.

"沙苑의 패배 이후 秦·南汾·東雍 3州人을 幷州로 옮겼다. 또 晉州를 버리고 家屬을 英雄城으로 보내려고 하였다. 薛脩義는 '만약 晉州가 敗하면, 定州[幷州의 오기] 또한 지킬 수 없습니다'라고 간언하였다. 神武[高歡]는 화를 내며 '너희들은 모두 나를 믿고 앞에서는 我城인 幷州城을 듣지 않고 나에게 향할 곳이 없도록 하는구나'라고 말하였다. 薛脩義는 '만약 晉州를 지키지 못하면 죽음을 청하겠습니다'라고 대답하였다. 斛律金은 '돌아와 漢小兒의 수비를 믿고 家口를 거두어 인질로 삼을 수 있다면 兵馬에 관여할 필요가 없습니다'라고 하였다. 그 말을 좇아 薛脩義를 行晉州事에 임명하였다. 西魏의 儀同 長孫子彦이 晉州城을 포위하여 공격하자 薛脩義는 門을 열고 伏甲을 두어 기다렸다. 長孫子彦은 虛實을 헤아리지 못하고 돌아갔다. 神武는 薛脩義를 가상하게 여겨 晉州刺史에 拜授하였다."[253]

위의 인용문에서 薛脩義는 東魏가 河東을 상실한 후 晉州를 방기하려는 高歡의 정책에 반대하며 晉州를 지키지 못하면 幷州가 위태롭다고 주장하였다. 이는 西魏北周가 河東으로부터 晉州를 돌파하면

---

252 崔珍烈, 「東魏北齊의 軍事 중심 太原의 전략적 限界」, 261쪽.
253 『北史』卷53 「薛脩義傳」, 1918-1919쪽, "及沙苑之敗, 徒秦·南汾·東雍三州人於幷州, 又欲棄晉, 以遣家屬向英雄城. 脩義諫曰: '若晉州敗, 定州亦不可保.' 神武怒曰: '爾輩皆負我, 前不聽我城幷州城, 使我無所趣.' 脩義曰: '若失守, 則請誅.' 斛律金曰: '還仰漢小兒守, 收家口爲質, 勿與兵馬.' 神武從之, 以脩義行晉州事. 及西魏儀同長孫子彦圍逼城下, 脩義開門伏甲待之, 子彦不測虛實, 於是遁去. 神武嘉之, 就拜晉州刺史."

東魏北齊의 실질적인 수도 太原(幷州)이 위태로워짐을 인식한 전략이
었다.[254]

汾水 중하류와 河東의 전략적 가치를 인식한 東魏의 실력자 高歡
은 天平 4년(537) 汾陽을 순찰하였고,[255] 天平년간 高歡이 河東을 자주
방문하였다.[256] 또 東魏北齊는 汾水 중하류 지역을 지키기 위해 平陽,
즉 晉州에 晉州行臺를 설치하였다.『元和郡縣圖志』卷12「河東道」1 河
中府 · 晉州條에 이와 관련된 기사가 있다.

"高齊 武成帝는 이곳에 行臺를 설치하였다. 周武帝가 齊를 멸한 후 晉
州總管을 설치하였다."[257]

晉州行臺는 南汾州 · 東雍州 · 建州 등을 포함하였고 河陽道行臺와
함께 北齊 行省이 만든 强弓의 정면에 해당하며, 나아가면 汾水를 따
라 내려가고 潼關을 돌파하여 長安으로 진격할 수 있었다.[258] 반대로
물러나면 남쪽으로 河陽을 지키고 북쪽으로 平陽을 방어하여 北周軍

---

254 崔珍烈,「東魏北齊의 軍事 중심 太原의 전략적 限界」, 261-262쪽.

255 『北齊書』卷42「陽休之傳」, 561-562쪽, "[天平]四年, 高祖幸汾陽之天池, 於池邊得一
石, 上有隱起, 其文曰'六王三川.' 高祖獨於帳 中問之, 此文字何義. 對曰:「六者是大
王之字, 王者當王有天下, 此乃大王符瑞受命之徵. 旣於天池得此石, 可謂天意命王
也, 吉不可言.」高祖又問三川何義. 休之曰:「河 · 洛 · 伊爲 川, 亦云涇 · 渭 · 洛爲三
川. 河 · 洛 · 伊, 洛陽也; 涇 · 渭 · 洛, 今雍州也. 大王若受天命, 終應統有關右.」高
祖曰:「世人無事常道我欲反, 今聞此, 更致紛紜, 愼莫妄言也.」"

256 『北齊書』卷43「李稚廉傳」, 571쪽, "天平中, 高祖擢爲泰州開府長史 · 平北將軍. 稚
廉緝諧將士, 軍民樂悅. 高祖頻幸河東, 大相嗟賞."

257 『元和郡縣圖志』卷12「河東道」1 河中府 · 晉州條, 336쪽, "高齊武成帝于此置行臺,
周武帝滅齊, 立晉州總管."

258 東魏北齊는 성공하지 못하였지만 唐을 세운 李淵이 太原에서 起兵하여 隋의 수도
大興城(長安)을 단기간에 점령하였다.

을 막을 수 있었다.[259] 北齊는 晉州에 일부 정예부대를 주둔시켰다.

　　"[唐邕은] 또 河陽과 晉州는 周와 국경을 맞닿은 곳이므로 河陽·懷州·
　永橋·義寧·烏藉에 각각 6州 軍人과 가족을 이주시켜 軍府를 세워 安置
　하여 機急한 필요에 대비해야 한다고 주청하였다. 帝는 이를 따랐다."[260]

　　위의 인용문에서 알 수 있듯이, 北齊의 서쪽 변방이며 河陽行臺와
晉州行臺의 치소인 河陽과 晉州에 東魏北齊의 주력인 6州軍人을 주
둔시켰다. 太原 주변에 거주한 北齊의 정예부대를 지칭한다. 이는 太
原 방어를 고려한 배치였다.[261]

　　또 西魏北周의 공격을 막기 위해 방어요새를 구축하였다. 斛律光
은 河淸 2년 三月 乙丑日(563. 4. 9) 5營의 군사를 동원해 軹關에 戍를
축조하여[262] 같은 해 四月 軹關 서쪽에 長城 200里에 13戍를 설치하였
다.[263] 그는 天統 3년(567) 北周 군대를 막기 위해 국경 玉壁에 華谷·
龍門 2城을 축조하고 定陽을 포위하고 南汾城을 쌓은 후 州(南汾州)를
설치하니 夷·夏 1만여 戶가 내부하였다.[264] 이어서 그는 武平 2년(571)

259　牟發松,「東魏北齊的地方行臺」, 104쪽.
260　『北史』 卷55「唐邕傳」, 2002쪽, "又奏河陽·晉州, 與周連境, 請於河陽·懷州·永
　　橋·義寧·烏藉各徙六州軍人幷家, 立軍府安置, 以備機急之用. 帝並從之."
261　崔珍烈,「東魏北齊의 軍事 중심 太原의 전략적 限界」, 262-263쪽.
262　『北史』 卷7「齊本紀中·世祖武成帝紀」 河淸二年三月乙丑條, 283쪽, "三月乙丑, 詔
　　司空斛律光督五營軍士築戍於軹關.";『北齊書』 卷7「武成帝紀」, 91쪽.
263　『北齊書』 卷17「斛律金傳附光傳」, 223쪽, "河淸二年四月, 光率步騎二萬築勳掌城於
　　軹關西, 仍築長城二百里, 置十三戍."
264　『北齊書』 卷17「斛律金傳附光傳」, 224쪽, "其冬, 光又率步騎五萬於玉壁築華谷·龍
　　門二城, 與憲·顯敬等相持, 憲等不敢動. 光乃進圍定陽, 仍築南汾城, 置州以逼之,
　　夷夏萬餘戶並來內附."

平陵·衛壁·統戎 등 13개 鎭戍를 설치하였다.[265]

西魏北周와 東魏北齊는 河東에서 서로 對峙하였다. 東魏北齊와 西魏北周가 동서로 對峙하고 東魏北齊의 '실질적인 수도' 太原과 西魏北周의 수도 長安이 평지에 위치했기 때문에 두 나라는 河東을 지키거나 점령하기 위해 팽팽히 맞섰다. 이를 지원하기 위해 西魏北周의 華州(同州)와 東魏北齊의 太原은 최고권력자가 장기 주둔하거나 방문하는 장소가 되었다.

2 西魏北周의 河東 점령과 經濟 得失

河東은 전통적으로 소금 생산의 중심지였다. 大統 4년(538) 東魏가 正平郡을 점령한 후 鹽池를 겨냥하고 공격하였다. 辛慶之가 잘 지켜내자 東魏軍은 물러났다. 河橋의 전투 때 西魏가 패하여 河北, 黃河 이북인 河東 지역의 지방관들이 도망갔지만 辛慶之는 홀로 鹽池를 지켰다. 西魏北周는 이렇게 河東의 鹽池를 장악하여 국가재정을 늘릴 수 있었다. 『隋書』「食貨志」에 따르면 西魏北周에서는 바닷물을 졸여 만든 散鹽과 鹽池를 끌어들여 만든 鹽鹽(고염), 物地로 만든 形鹽, 戎에서 채취한 飴鹽의 네 종류로 나누었다. 西魏北周는 鹽鹽과 形鹽은 채취를 금지하고 백성이 취하면 세금을 부과하였다.[266] 『隋書』「食貨志」에 따르면 北周 시대에 鹽池와 鹽井은 백성들이 採用하지 못하

---

265 위와 같음, "[武平]二年, 率衆築平隴·衛壁·統戎等鎭戍十有三所."

266 『隋書』卷24「食貨志」, 679쪽, "掌鹽掌四鹽之政令. 一曰散鹽, 煮海以成之; 二曰鹽鹽, 引池以化之; 三曰形鹽, 物地以出之; 四曰飴鹽, 於戎以取之. 凡鹽鹽形鹽, 每地爲之禁, 百姓取之, 皆稅焉."

게 하였다.[267] 양자를 종합하면 西魏北周는 소금 생산을 통제하였고
세금을 부과하였다. 따라서 河東 鹽池의 장악은 西魏北周의 재정수입
증가를 뜻하였다.

반면 河東의 상실은 東魏北齊에 큰 타격이었다. 먼저 경제적인 측
면을 살펴보자. 주지하듯이 河東은 先秦時代부터 주요 소금산지였다.
『魏書』「食貨志」에 따르면 河東郡의 鹽池에 한정되지만, 본래 官에서
鹽利에 세금을 부과하다가 폐지하자 富强한 백성들이 이를 독점하여
孝文帝 延興末에 監司를 세워 鹽利를 세금으로 징수하며 公私가 이
익을 공유하였다. 宣武帝가 즉위하여 소금의 생산과 판매에 대한 금
지 조치를 다시 없애고 백성들과 이익을 공유하였다. 國用에 필요하
면 별도로 條制를 만들어 필요한 세금을 거두었을 뿐이었다.[268] 孝明
帝 때 高陽王 元雍과 淸河王 元懌 등의 上奏로 監官을 두어 鹽池를
관리하도록 했다가 鹽官의 폐지와 설치를 반복하였다.[269] 『魏書』「食貨

267 『隋書』 卷24 「食貨志」, 681쪽, "先是尙依周末之弊, 官置酒坊收利, 鹽池鹽井, 皆禁百
姓採用."
268 『魏書』「世宗紀」에 따르면 景明 4년(503) 鹽池의 利益을 국가로 還收했다는 기록
이 있다(『魏書』 卷8 「世宗紀」 景明四年秋七月條, 196쪽, "庚午, 詔還收鹽池利以入
公."). 본문의 기록을 보면, 이를 소금의 전매로 해석하기는 어려울 것 같다.
269 『魏書』 卷110 「食貨志」, 2862-2863쪽, "河東郡有鹽池, 舊立官司以收稅利, 是時罷
之, 而民有富强者專擅其用, 貧弱者不得資益. 延興末, 復立監司, 量其貴賤, 節其賦
入, 於是公私兼利. 世宗卽位, 政存寬簡, 復罷其禁, 與百姓共之. 其國用所須, 別爲
條制, 取足而已. 自後豪貴之家復乘勢占奪, 近池之民, 又輒障吝. 强弱相陵, 聞於遠
近. 神龜初, 太師・高陽王雍, 太傅・淸河王懌等奏: '鹽池天藏, 資育羣生. 仰惟先朝
限者, 亦不苟與細民競茲贏利. 但利起天池, 取用無法, 或豪貴封護, 或近者吝守, 卑
賤遠來, 超然絶望. 是以因置主司, 令其裁察, 强弱相兼, 務令得所. 且十一之稅, 自
古及今, 取輒以次, 所齊爲廣. 自爾霑洽, 遠近齊平, 公私兩宜, 儲益不少. 及鼓吹主
簿王後興等詞稱請供百官食鹽二萬斛之外, 歲求輸馬千匹・牛五百頭. 以此而推, 非
可稍計. 後中尉甄琛啓求罷禁, 被敕付議. 尙書執奏, 稱琛啓坐談則理高, 行之則事
闕, 請依常禁爲允. 詔依琛計. 乃爲繞池之民尉保光等擅自固護, 語其障禁, 倍於官

志』에서 河東郡만을 언급한 것을 보면 洛陽遷都 이후 河東 지역의 소
금이 중요했음을 알 수 있다. 孝文帝의 洛陽遷都 전후 鹽池 관할권
을 두고 河東과 河北 2군이 다투어 臺府에까지 알려질 정도였다. 이
에 孝文帝가 柳崇을 보내 조사하게 하니 겨우 백성과 官의 소송이 그
쳤다.[270] 이 기사에서 당시 河東郡의 소금이 지역 民과 官府에 중요한
경제적 수입원이었음을 알 수 있다. 526년 이후 河東의 豪族 薛鳳賢과
薛脩義가 각자 鹽池를 점거하고 蒲坂을 공격했으며 당시 반란을 일으
킨 蕭寶夤에 호응하였다.[271] 이 기사에서도 河東 지역의 鹽池가 중시
되었음을 확인할 수 있다. 北魏 孝明帝 孝昌년간 재정수입이 부족하
자 조정에서는 鹽池都將을 설치한[272] 이후 소금 전매수입이 北魏末 재
정수입에서 큰 비중을 차지했다. 이는 北魏의 뒤를 이은 東魏에서도
마찬가지였다. 따라서 河東의 상실이 東魏北齊에 끼친 경제적 타격이
컸을 것이다. 『周書』「辛慶之傳」에는 이와 관련된 기록이 있다.

"이때 처음으로 河東을 수복하자 辛慶之는 本官으로써 鹽池都將을 겸
하였다. [大統] 4년(538) 東魏는 正平郡을 공격하여 함락하고 드디어 鹽池
를 經略하려고 하였다. 辛慶之는 守禦에 대비가 있었기 때문에 東魏軍은
물러났다. 河橋之役에서 大軍이 河北의 守令들은 城을 버리고 달아났지만

司, 取與自由, 貴賤任口. 若無大宥, 罪合推斷. 詳度二三, 深乖王法. 臣等商量, 請依
先朝之詔, 禁之爲便. 防姦息暴, 斷遣輕重, 亦準前旨. 所置監司, 一同往式.'於是復
置監官以監檢焉. 其後更罷更立, 以至於永熙."
270 『魏書』卷45「柳崇傳」, 1029쪽, "于時河東 · 河北二郡爭境, 其間有鹽池之饒, 虜坂之
便, 守宰及民皆恐外割. 公私朋競 紛囂臺府. 高祖乃遣崇檢斷, 民官息訟."
271 『魏書』卷25「長孫道生傳附冀歸傳」, 648쪽, "時薛鳳賢反於正平, 薛脩義屯聚河東,
分據鹽池, 攻圍蒲坂, 東西連結, 以應寶夤. 稚乃據河東."
272 『周書』卷37「寇儁傳」, 658쪽, "孝昌中, 朝議以國用不足, 乃置鹽池都將, 秩比上郡.
前後居職者, 多有侵隱. 乃以儁爲之. 加龍驤將軍, 仍主簿."

辛慶之는 홀로 鹽池를 지키며 強敵에 抗拒하였다. 당시 사람들은 辛慶之의 仁勇을 칭찬하였다. [大統] 6년(540) 行河東郡事에 임명되었다."[273]

위의 인용문을 東魏北齊의 입장에서 분석해보자. 東魏는 大統 4년(538) 正平郡을 점령한 후 鹽池를 공격하였다. 辛慶之가 지키자 東魏軍은 물러났다. 河橋의 전투 때 西魏가 패하여 河北, 黃河 이북인 河東 지역의 지방관들이 도망갔지만 辛慶之는 홀로 鹽池를 지켰다. 결국 東魏北齊는 河東 鹽池를 되찾지 못하였다. 河東 鹽池를 상실한 東魏北齊는 대신 다른 지역에서 소금을 생산해야 했다. 이에 滄州·瀛州·幽州·靑州의 해안에 鹽官을 설치하여 소금을 만들어 팔아 결제대금을 錢으로 받아 軍國의 비용을 충당했다.[274] 여기에 河東이 누락된 것은 이미 西魏가 河東 지역을 점령했기 때문이다. 즉 東魏北齊는 河東 鹽池의 소금전매 수입을 잃어버려 이를 黃海 연안의 滄州·瀛州·幽州·靑州에서 소금을 생산하여 이를 벌충해야 했다. 반대로 西魏北周의 입장에서 河東을 점령하여 중요한 경제적 수입원인 鹽池를 확보하였다.

西魏北周는 河東 지역을 점령하자 민심안정에 주력하였다. 河東이 처음에 민심이 안정되지 않자 李遠이 河東郡守에 임용되어 農桑을 장려하고 방어 준비를 갖추자 백성들의 민심을 얻었다.[275] 河東은 西魏

---

273 『周書』 卷39 「辛慶之傳」, 697쪽, "時初復河東, 以本官兼鹽池都將. 四年, 東魏攻正平郡, 陷之, 遂欲經略鹽池, 慶之守禦有備, 乃引軍退. 河橋之役, 大軍不利, 河北守令棄城走, 慶之獨因鹽池, 抗拒強敵. 時論稱其仁勇. 六年, 行河東郡事."
274 『魏書』 卷110 「食貨志」, 2863쪽; 『隋書』 卷24 「食貨志」, 675-676쪽.
275 『周書』 卷25 「李賢傳附遠傳」, 420쪽, "時河東初復, 民情未安. 太祖謂遠曰: '河東國之要鎭, 非卿無以撫之.' 乃授河東郡守. 遠敦獎風俗, 勸課農桑, 肅遏奸非, 兼修守禦之備. 曾未期月, 百姓懷之."

北周가 東魏北齊의 군사적 중심지이자 '실질적인' 수도 역할을 맡았던 太原(晉陽)을 공격하는 교두보였다. 앞에서 살펴본 것처럼 東魏北齊를 공격하는 西魏北周의 군대는 關中으로부터 군량을 제대로 보급받지 못하고 현지에서 조달해야 했다.[276] 따라서 西魏北周는 주둔한 군대에 제공할 식량을 關中에서 가져오는 것보다 河東 지역에서 자급자족하려고 하였다. 武帝 保定 2년(562) 正月 河東에 속하는 蒲州에 河渠를 개착하여 농토를 개간하도록 하였다.[277]

위에서 살펴본 것처럼 西魏北周의 河東 점령은 鹽稅 수입의 증가와 농업생산 증진을 통해 후방의 군량수송을 줄이는 경제적 효과가 있었다. 반면 東魏北齊는 鹽稅 수입을 상실하여 재정수입에 타격을 입었다. 東魏北齊는 전략적 중요성뿐만 아니라 鹽稅 수입을 확보하기 위해서라도 河東을 점령해야 했다.

3 北朝後期 '河東之爭'과 北齊 · 北周의 命運

西魏의 宇文泰가 537년(東魏 天平 4년=西魏 大統 3년) 東魏의 高歡과 沙苑에서 싸워 이긴 후[278] 左僕射 馮翊王 元季海와 開府 獨孤信은 步騎 2만을 이끌고 洛陽으로, 洛州刺史 李顯은 荊州로, 賀拔勝과 李弼

---

276 張文華 · 蘇小華, 「西魏北周的財政與政治」, 205왼쪽-205오른쪽.

277 『隋書』卷24 「食貨志」, 680쪽, "武帝保定二年正月, 初於蒲州開河渠, 同州開龍首渠, 以廣溉灌."

278 『魏書』卷12 「孝靜紀」天平四年十月條, 301-302쪽, "壬辰, 齊獻武王西討, 至沙苑, 不克而還. 己酉, 寶炬行臺宮景壽 · 都督楊白駒寇洛州, 大都督韓延之破之. 寶炬又遣其子大行臺元季海 · 大都督獨孤如願逼洛州, 刺史廣陽王湛棄城退還, 季海 · 如願遂據金墉. 潁州長史賀若微執刺史田迅西叛, 引寶炬都督梁回據城. 寶炬又遣其都督趙繼宗 · 右丞韋孝寬等攻陷豫州."

은 河東의 蒲坂으로 진격하게 하였다. 東魏의 牙門將 高子信은 賀拔勝의 西魏軍에게 투항하고 東魏 將領 薛崇禮는 도망가다 생포되었다. 결국 西魏는 汾·絳을 평정하였다.[279] 汾水 하류에 교두보를 마련한 이후 北周 明帝 2년(558) 河東郡에 蒲州, 河北郡에 虞州, 正平郡에 絳州, 邵郡郡에 邵州를 설치하였다.[280] 北周 武帝 保定初에 玉壁에 勳州를 설치하였다.[281] 이로써 西魏北周는 五胡諸國과 北朝時代 關隴과 關東의 동서 세력으로 양분되었을 때 關隴에 근거지를 둔 前趙·前秦·後秦·赫連夏처럼 河東을 지배하게 되었다.[282]

이와 함께 東魏北齊를 공격하는 교두보인 河東을 지키기 위해 방어시설을 확충하여 東魏北齊의 공격에 대비하였다. 王思政은 大統 8년(542) 이전 玉壁의 축성을 건의하였고 玉壁에 주둔하였다. 王思政은 大統 8년 東魏의 玉壁 공격을 막아냈다.[283] 大統 8년(542) 王思政 대신 玉壁에 주둔한 韋孝寬은 大統 12년(546) 東魏의 실력자 高歡의 공격을 玉壁에서 막아냈다.[284] 이때 부상을 당한 高歡은 결국 죽었다.[285]

---

279 『周書』卷2「文帝紀」下 大統三年條, 40쪽, "遣左僕射·馮翊王元季海爲行臺, 與開府獨孤信率步騎二萬向洛陽; 洛州刺史李顯趨荊州; 賀拔勝·李弼渡河圍蒲坂. 牙門將高子信開門納勝軍, 東魏將薛崇禮棄城走, 勝等追敗之. 太祖進軍蒲坂, 略定汾·絳."

280 『周書』卷4「明帝紀」明帝二年春正月丁巳條, 54쪽, "丁巳, 雍州置十二郡. 又於河東置蒲州, 河北置虞州, 弘農置陝州, 正平置絳州, 宜陽置熊州, 邵郡置邵州."

281 『周書』卷31「韋孝寬傳」, 538쪽, "保定初, 以孝寬立勳玉壁, 遂於玉壁置勳州, 仍授勳州刺史."

282 譚其驤 主編, 『中國歷史地圖集』第四卷 東晉十六國·南北朝時期, 7-10 및 13-16쪽, 21-22쪽; 郭沫若 主編, 『中國史稿地圖集』上冊, 55-56쪽, 62쪽, 71-72쪽.

283 『周書』卷18「王思政傳」, 295쪽, "思政以玉壁地在險要, 請築城. 卽自營度, 移鎭之. 遷幷州刺史, 仍鎭玉壁. 八年, 東魏來寇, 思政守禦有備, 敵人晝夜攻圍, 卒不能克, 乃收軍還. 以全城功, 受驃騎大將軍."

284 玉壁의 전투는 Benjamin E. Wallacker, "Studies in Medieval Chinese Siegecraft: The Siege of Yu-pi, A.D. 546," 789-802쪽; 陳長琦·易澤, 「韋孝寬與玉壁之戰」, 37

保定初 玉壁에 勳州를 설치하자 勳州 자사에 임명[286]된 韋孝寬은 北齊에 간첩을 보내고 北齊 사람들에게 뇌물을 먹여 정보를 획득하여 北齊의 동정을 北周 조정에서 미리 알 수 있었다.[287] 大統 18년(552) 이후 達奚武는 玉壁에 주둔하며 樂昌·胡營·新城 3防을 세우고 北齊 高苟子의 新城 공격을 방어하였다.[288]

왼쪽-40오른쪽 참조.

285 『周書』卷31 「韋孝寬傳」, 536-538쪽, "八年, 轉晉州刺史, 尋移鎭玉壁, 兼攝南汾州事. …… 十二年, 齊神武傾山東之衆, 志圖西入, 以玉壁沖要, 先命攻之. 連營數十里, 至於城下, 乃於城南起土山, 欲乘之以入. 當其山處, 城上先有兩高樓. 孝寬更縛木接之, 命極高峻, 多積戰具以御之. 齊神武使謂城中曰: '縱爾縛樓至天, 我會穿城取爾.' 遂於城南鑿地道. 又於城北起土山, 攻其, 晝夜不息. 孝寬復掘長塹, 要其地道, 仍飭戰士屯塹. 城外每穿至塹, 戰士卽擒殺之. 又於塹外積柴貯火, 敵人有伏地道內者, 便下柴火, 以皮鞴吹之. 吹氣一衝, 咸卽灼爛. 城外又造攻車, 車之所及, 莫不摧毀. 雖有排楯, 莫之能抗. 孝寬乃縫布爲縵, 隨其所向則張設之. 布旣懸於空中, 其車竟不能壞. 城外又縛松於竿, 灌油加火, 規以燒布, 並欲焚樓. 孝寬復長作鐵鉤, 利其鋒刃, 火竿來, 以鉤遙割之, 松麻俱落. 外又於城四面穿地, 作二十一道, 分爲四路, 於其中各施樑柱, 作訖, 以油灌柱, 放火燒之, 柱折, 城並崩壞. 孝寬又隨崩處竪木柵以扞之, 敵不得入. 城外盡其攻擊之術, 孝寬咸抵破之. 神武無如之何, 乃遣倉曹參軍祖孝征謂曰: '未聞救兵, 何不降也?' 孝寬報雲: '我城池嚴固, 兵食有餘, 攻者自勞, 守者常逸. 豈有旬朔之間, 已須救援. 適憂爾衆有不反之危. 孝寬關西男子, 必不爲降將軍也.' 俄而孝征復謂城中人曰: '韋城主受彼榮祿, 或復可爾, 自外軍士, 何事相隨入湯火中耶.' 乃射募格於城中云: '能斬城主降者, 拜太尉, 封開國郡公, 邑萬戶, 賞帛萬疋.' 孝寬手題書背, 反射城外云: '若有斬高歡者, 一依此賞.' 孝寬弟子遷, 先在山東, 又鎖至城下, 臨以白刃, 雲若不早降, 便行大戮. 孝寬慷慨激揚, 略無顧意. 士卒莫不感勵, 人有死難之心. 神武苦戰六旬, 傷及病死者十四五, 智力俱困, 因而發疾. 其夜遁去. 後因此忿恚, 遂殂."

286 『周書』卷31 「韋孝寬傳」, 538쪽, "保定初, 以孝寬立勳玉壁, 遂於玉壁置勳州, 仍授勳州刺史."

287 『周書』卷31 「韋孝寬傳」, 538-539쪽, "所遣間諜入齊者, 皆爲盡力. 亦有齊人得孝寬金貨, 遙通書疏, 故齊動靜, 朝廷皆先知."

288 『周書』卷19 「達奚武傳」, 304쪽, "以大將軍出鎭玉壁. 武乃量地形勝, 立樂昌·胡營·新城三防. 齊將高苟子以千騎攻新城, 武邀擊之, 悉虜其衆."

반대로 말하자면 東魏北齊의 河東 공격은 집요하였다. 주지하듯이 東魏 天平 4년부터 武定 7년까지(536-549) 東魏와 西魏 사이에 小關·沙苑·河橋·邙山·玉壁·長社 등 6회(거의 2년마다 1회)의 대규모 전쟁이 발발하였다.[289] 대부분의 전쟁터는 洛陽과 그 인근 지역이었지만 국지적으로 河東을 차지하기 위해 싸움을 벌였다. 高歡은 興和 4년(542)[290]과 武定 4년(546)[291] 西魏의 玉壁을 포위했지만 실패하였다. 北齊의 名將 斛律光은 晉州刺史로 재임 중 天保 3년(552) 北周의 天柱·新安·牛頭 3戌를 공격하여 격파하였다. 또 4년 뒤인 天保 7년(556) 北周 儀同 王敬儁 등을 공격하여 500여 口, 雜畜 1,000여 마리를 포획하였다.[292] 이처럼 東魏北齊와 西魏北周는 河東, 즉 黃河와 汾水 하류 일대 지역을 지배하기 위해 방어시설을 구축하고 공세를 취하며 일진일퇴를 거듭하였다.[293] 그러나 東魏北齊는 결국 河東을 수복하지 못하였다.

東魏北齊의 河東 공격과 西魏北周의 방어라는 정세가 바뀌었다. 이는 北周 武帝의 전략 변화 때문이었다. 본래 宇文泰 이래 西魏北周는 먼저 洛陽을 점령하고, 洛陽에서 동쪽으로 진격하여 鄴都를 점령하는 전략을 취하였다. 그러나 네 차례 전쟁에서 이기지 못하였다.[294]

289 崔彦華,「"鄴-晉陽"兩都體制與東魏北齊政治」, 244원쪽.
290 『魏書』卷12「孝靜紀」興和四年條, 305쪽, "冬十月甲寅, 蕭衍遣使朝貢. 齊獻武王圍寶炬玉壁. 十有一月壬午, 班師."
291 『魏書』卷12「孝靜紀」武定四年條, 308쪽, "齊獻武王自鄴帥衆西伐, 文襄王會于晉州. 九月, 圍玉壁以挑之, 寶炬·黑獺不敢應. 冬十有一月, 齊獻武王有疾, 班師."
292 『北齊書』卷17「斛律金傳附光傳」, 223쪽, "天保三年, 從征出塞, 光先驅破敵, 多斬首虜, 並獲雜畜. 還, 除晉州刺史. 東有周天柱·新安·牛頭三戌, 招引亡叛, 屢爲寇竊. 七年, 光率步騎五千襲破之, 又大破周儀同王敬儁等, 獲口五百餘人, 雜畜千餘頭而還."
293 毛漢光,「北朝東西政權之河東爭奪戰」, 148-187쪽.
294 위의 글, 181-184쪽.

이러한 상황에서 北周의 趙煚은 점령해도 지키기 어려운 洛陽보다 黃河 이북, 즉 河東 지역에서 공격하여 太原으로 향하는 전략을 간언하였다.[295] 武帝는 趙煚의 제안을 듣지 않아 성과를 얻지 못하였다. 建德 4년(575)의 실패 이후 武帝는 결국 河東을 거쳐 太原(幷州)으로 진격하는 것이 北齊를 멸망시키는 지름길임을 깨닫고[296] 실천에 옮겼다. 北周 武帝는 晉州로 진격하며 신하들에게 晉州를 돌파하면 破竹之勢로 적의 窟穴을 차지할 수 있다고 말하였다.[297] 武帝의 장담대로 武帝는 建德 5년(756) 晉州를 공격하여 함락하였다.[298] 北齊 後主가 직접

---

295 『隋書』卷46「趙煚傳」, 1250쪽, "武帝出兵鞏·洛, 欲收齊河南之地. 煚諫曰: '河南洛陽, 四面受敵, 縱得之, 不可以守. 請從河北, 直指太原, 傾其巢穴, 可一擧以定.' 帝不納, 師竟無功."

296 毛漢光,「北朝東西政權之河東爭奪戰」, 183-184쪽.

297 『周書』卷6「武帝紀」下 建德五年冬十月條, 95쪽, "冬十月, 帝謂羣臣曰:「朕去歲屬有疹疾, 遂不得克平遂寇. 前入賊境, 備見敵情, 觀彼行師, 殆同兒戲. 又聞其朝政昏亂, 政由羣小, 百姓嗷然, 朝不謀夕. 天與不取, 恐貽後悔. 若復同往年, 出軍河外, 直爲撫背, 未扼其喉. 然晉州本高歡所起之地, 鎭攝要重, 今往攻之, 彼必來援, 吾嚴軍以待, 擊之必克. 然後乘破竹之勢, 鼓行而東, 足以窮其窟穴, 混同文軌」諸將多不願行. 帝曰:「幾者事之微, 不可失矣. 若有沮吾軍者, 朕當以軍法裁之.」

298 『周書』卷6「武帝紀」下 建德五年冬十月條, 95-96쪽, "己酉, 帝總戎東伐. 以越王盛爲右一軍總管, 杞國公亮爲右二軍總管, 隨國公楊堅爲右三軍總管, 譙王儉爲左一軍總管, 大將軍竇(泰)[恭]爲左二軍總管, 廣化公丘崇爲左三軍總管, 齊王憲·陳王純爲前軍. 庚戌, 熒惑犯太微上將. 戊午, 歲星犯太陵. 癸亥, 帝至晉州, 遣齊王憲率精騎二萬守雀鼠谷, 陳王純步騎二萬守千里徑, 鄭國公達奚震步騎一萬守統軍川, 大將軍韓明步騎五千守齊子嶺, (焉)[烏]氏公尹昇步騎五千守(鍾)鼓[鍾]鎭, 涼城公辛韶步騎五千守蒲津關, 柱國·趙王招步騎一萬自華谷攻齊汾州諸城, 柱國宇文盛步騎一萬守汾水關. 遣內史王誼監六軍, 攻晉州城. 帝屯於汾曲. 齊王憲攻洪洞·永安二城, 並拔之. 是夜, 虹見於晉州城上, 首向南, 尾入紫微宮, 長十餘丈. 帝每日自汾曲赴城下, 親督戰. 城中惶窘. 庚午, 齊臺臺丞侯子欽出降. 壬申, 齊晉州刺史崔景嵩守城北面, 夜密遣使送款, 上開府王軌率衆應之. 未明, 登城鼓噪, 齊衆潰, 遂克晉州, 擒其城主特進·開府·海昌王尉相貴, 俘甲士八千人, 送關中. 甲戌, 以上開府梁士彥爲晉州刺史, 加授大將軍, 留精兵一萬以鎭之. 又遣諸軍徇齊諸城鎭, 並相次降款."

北齊軍을 이끌고 구원에 나섰으나 北周軍이 승리하였다. 晉州에서 대패한 北齊軍은 전의를 상실하였고, 北齊 後主는 幷州를 버리고 鄴으로 도망갔다.[299] 北周軍은 다음 해 正月 癸巳日(577. 2. 22) 鄴을 점령하였고[300] 尉遲勤이 後主와 高恒을 靑州에서 생포하여 北齊는 사실상 망하였다.[301] 北齊가 망할 때의 상황을 살펴보면 北周와 北齊가 晉州에서 싸워 北周가 승리하자 北齊의 멸망은 이미 결정되었다.[302] 이는 太

---

299 『周書』卷6「武帝紀」下 建德五年十二月條, 97쪽, "辛亥, 帝幸晉州, 仍率諸軍追齊主. 諸將固請還師, 帝曰: '縱敵患生. 卿等若疑, 朕將獨往.' 諸將不敢言. 甲寅, 齊主遣其丞相高阿那肱守高壁. 帝麾軍直進, 那肱望風退散. 丙辰, 師次介休, 齊將韓建業擧城降, 以爲上柱國, 封郇國公. 丁巳, 大軍次幷州, 齊主留其從兄安德王延宗守幷州, 自將輕騎走鄴."

300 『周書』卷6「武帝紀」下 建德六年春正月乙亥條, 100쪽, "六年春正月乙亥, 齊主傳位於其太子恆, 改年承光, 自號爲太上皇. 壬辰, 帝至鄴. 齊主先於城外掘塹豎柵. 癸巳, 帝率諸軍圍之, 齊人拒守, 諸軍奮擊, 大破之, 遂平鄴. 齊主先送其母幷妻子於靑州, 及城陷, 乃率數十騎走靑州. 遣大將軍尉遲勤率二千騎追之. 是戰也, 於陣獲其齊昌王莫多婁敬顯. 帝責之曰: '汝有死罪者三: 前從幷走鄴, 攜妾棄母, 是不孝; 外爲僞主戮力, 內實通啓於朕, 是不忠; 送款之後, 猶持兩端, 是不信. 如此用懷, 不死何待.' 遂斬之."

301 『周書』卷6「武帝紀」下 建德六年春正月條, 100쪽, "甲午, 帝入鄴城. 齊任城王湝先在冀州, 齊主至河, 遣其侍中斛律孝卿送傳國璽禪位於湝. 孝卿未達, 被執送鄴. 詔去年大赦班宣未及之處, 皆從赦例. 封齊開府·洛州刺史獨孤永業爲應國公. 丙申, 以上柱國·越王盛爲相州總管. 己亥, 詔曰: '自晉州大陣至于平鄴, 身殞戰場者, 其子卽授父本官.' 尉遲勤擒齊主及其太子恆於靑州."

302 『北史』卷8「齊本紀下·後主紀」武平七年二月辛酉條, 297-298쪽, "冬十月丙辰, 帝大狩於祁連池. 周師攻晉州. 癸亥, 帝還晉祠. 甲子, 出兵, 大集晉祠. 庚午, 帝發晉陽. 癸酉, 帝列陣而行, 上雞栖原, 與周齊王憲相對, 至夜不戰, 周師斂陣 而退. 十一月, 周武帝退還長安, 留偏師守晉州, 高阿那肱等圍晉州城. 戊寅, 帝至圍所. 十二月戊申, 周武帝來救晉州. 庚戌, 戰于城南, 齊軍大敗. 帝棄軍先還. 癸丑, 入晉陽, 憂懼不知所之. 寅寅, 大赦. 帝謂朝臣曰: '周師甚盛, 若何?' 羣臣咸曰: '天命未改, 一得一失, 自古皆然. 宜停百賦, 安朝野, 收遺兵, 背城死戰, 以存社稷.' 帝意猶預, 欲向北朔州. 乃留安德王延宗·廣寧王孝珩等守晉陽. 若晉陽不守, 卽欲奔突厥. 羣臣皆曰不可, 帝不從其言. 開府儀同三司賀拔伏恩·封輔相·慕容鍾葵等宿衛近臣三十餘人,

原과 그 주변에 北齊의 정예부대가 포진하였고, 이들이 패하자 다른 지역의 군대를 차출하여 대항하기 어려웠기 때문이다. 北周가 北齊를 멸망시킨 과정을 보면 長安에서 河東을 거쳐 北齊의 陪都이자 군사적 중심지 幷州로 진격한 전략이 성공하였다. 長安-河東-汾水-太原(幷州)이 평지로 이어진 거대한 분지였기 때문에 河東은 長安과 太原 사이에서 방어와 진격의 거점이었음을 확인할 수 있다. 그리고 北齊의 주력이 太原에 집중했던 것은 北周의 공격에 유리했지만, 반면에 北周의 공격을 받아 한 번에 붕괴될 경우 대치할 병력이 부족하다는 점에서 군사적 취약성을 지녔다. 이는 北齊가 멸망 때 그대로 드러났다. 北齊가 멸망하는 과정의 전투를 보면 太原의 관문인 晉州의 전투가 두 나라의 운명을 결정하였다.[303]

5. 邊境 지역의 방어와 통치

1 河隴 지역

關隴 서쪽의 변경지역, 즉 河隴 지역은 羌·氐가 거주하고 吐谷渾, 宕昌羌 등과 국경을 접하였다. 이 지역은 『隋書』「地理志」의 漢陽·臨洮·宕昌·武都·同昌·河池·順政·義城·平武·汶山에 해당하였다.

西奔周師. 乙卯, 詔募兵, 遣安德王延宗爲左廣, 廣寧王孝珩爲右廣. 延宗入見帝, 帝告欲向北朔州, 延宗泣諫, 不從. 帝密遣王康德與中人齊紹等送皇太后·皇太子於北朔州. 丙辰, 帝幸城南軍營, 勞將士, 其夜欲遁, 諸將不從.";『北齊書』卷8「後主紀」, 109-110쪽.

303 崔珍烈, 「東魏北齊의 軍事 중심 太原의 전략적 限界」, 265-267쪽.

이 지역은 氐·羌과 雜居하며 사람들이 勁悍하며 농사와 獵射에 익숙하였다.[304] 「段威墓誌」에 따르면 洮州는 戎·羌이라는 이민족이 많이 사는 지역이었다.[305] 이는 『隋書』「地理志」의 기록과 대체로 부합한다. 이는 隋代의 기록이지만 西魏北周時代에도 적용된다. 즉 關隴 지역의 서쪽 변경지역은 氐·羌 등 이민족 통치가 주된 과제였다. 이를 위해 王德과 閻慶, 辛威가 河州에서,[306] 于寔과 于翼, 豆盧勣이 渭州에서,[307] 段威가 洮州에서,[308] 李和가 漢陽郡에서[309] 각각 氐·羌 등 이민족을 安撫하며 잘 통치하였다.

그러나 이 지역에서는 간헐적으로 氐·羌 등이 반란을 일으켰다. 따라서 西魏北周는 이러한 반란을 진압하며 치안을 유지해야 했다. 李賢은 大統 4년(538) 莫折後熾의 반란을 진압하였고,[310] 侯莫陳順이

---

304 『隋書』卷29 「地理志」上, 829-830쪽, "漢陽·臨洮·宕昌·武都·同昌·河池·順政·義城·平武·汶山, 皆連雜氐羌. 人尤勁悍, 性多質直. 皆務於農事, 工習獵射, 於書計非其長矣."

305 「段威及妻劉妙容墓誌」, 『新出魏晉南北朝墓誌疏證』, 449쪽, "周受禪, 轉虎賁大夫, 除使持節·洮州諸軍事·洮州刺史. 地逦邊裔, 俗雜戎羌, 服叛不恒, 獷黠難馭."

306 『周書』卷17 「王德傳」, 286쪽, "先是河·渭間種羌屢叛, 以德有威名, 爲夷民所附, 除河州刺史. 德綏撫有方, 羣羌率服.";『周書』卷20 「閻慶傳」, 343쪽, "孝閔帝踐祚, 出爲河州刺史, 進爵石保縣公, 增邑千戶. 州居河外, 地接戎夷. 慶留心撫納, 頗稱簡惠.";『周書』卷27 「辛威傳」, 447쪽, "威時望旣重, 朝廷以桑梓榮之, 遷河州刺史, 本州大中正. 頻領二鎭, 頗得民和."

307 『周書』卷30 「于翼傳」, 523쪽, "孝閔帝踐祚, 出爲渭州刺史. 翼兄寔先菇此州, 頗有惠政. 翼又推誠布信, 事存寬簡, 夷夏感悅, 比之大小馮君焉.";『隋書』卷39 「豆盧勣傳」, 1155쪽, "會武帝嗣位, 拜邛州刺史. 未之官, 渭源燒當羌因飢饉作亂, 以勣有才略, 轉渭州刺史. 甚有惠政, 華夷悅服, 德澤流行, 大致祥瑞."

308 「段威及妻劉妙容墓誌」, 449쪽, "周受禪, 轉虎賁大夫, 除使持節·洮州諸軍事·洮州刺史. 地逦邊裔, 俗雜戎羌, 服叛不恒, 獷黠難馭. 公懷遠以德, 制强用武, 曾未期稔, 部內肅然."

309 『周書』卷29 「李和傳」, 498쪽, "尋除漢陽郡守. 治存寬簡, 百姓稱之."

310 『周書』卷25 「李賢傳」, 415-416쪽, "四年, 莫折後熾連結賊黨, 所在寇掠, 賢率鄕兵

大統 4년(538) 이후 南岐州氏 苻安壽의 武都 공격을 막았으며,[311] 于寔은 恭帝二年(555) 羌 東念姐 部落 반란을 평정하였다.[312]

西魏北周는 吐谷渾과 宕昌羌을 방어하기 위해 군사 거점을 만들었다. 李賢은 保定 4년(564) 北齊 공격 때 羌과 吐谷渾이 서쪽 변경을 침입할 것을 대비하여 河州總管에 임명되었다. 河州總管은 이때 처음 설치되었다. 李賢은 屯田을 설치하여 운송비를 줄이고 척후를 두어 침입에 대비하였다. 이에 羌과 吐谷渾이 감히 동쪽으로 향하지 못하였다.[313] 宕昌이 保定 5년(565) 변경을 침입하여 백성들이 생업에 종사하지 못하여 洮州에 總管府를 설치하여 막게 하였다. 이에 李賢은 기병을 이끌고 羌과 吐谷渾 침입을 격퇴하니 더 이상 침입하지 못하였다. 北周는 이후 洮州總管을 없애고 河州에 總管府를 다시 설치하였다.[314] 이처럼 河州總管府는 서쪽 변경을 방어하는 역할을 맡았다.

與行涇州事史寧討之. 後熾列陣以待. 賢謂寧曰: '賊聚結歲久, 徒衆甚多, 數州之人, 皆爲其用. 我若總一陣並力擊之, 彼旣同惡相濟, 理必總萃於我. 其勢不分, 衆寡莫敵. 我便救尾, 無以制之. 今若令諸軍分爲數隊, 多設旗鼓, 掎角而前, 以脅諸柵. 公別統精兵, 直指後熾, 按甲而待, 莫與交鋒. 後熾欲前, 則憚公之銳. 諸柵欲出, 則懼我疑兵. 令其進不得戰, 退不得走, 以候其懈, 擊之必破. 後熾一敗, 則衆柵不攻自拔矣.' 寧不從. 屢戰頻北. 賢乃率數百騎徑掩後熾營, 收其妻子·僮隸五百餘人, 並輜重等. 屬後熾與寧戰勝, 方欲追奔, 忽聞賢至, 乃棄寧與賢接戰. 賢手斬十餘級, 生獲六人, 賊遂大敗. 後熾單騎遁走."

311 『周書』卷19「侯莫陳順傳」, 308쪽, "南岐州氏苻安壽自號太白王, 攻破武都, 州郡騷動. 復以順爲大都督, 往討之. 而賊屯兵要險, 軍不得進. 順乃設反間, 離其腹心; 立信賞, 誘其徒屬. 安壽知勢窮迫, 遂率部落一千家, 赴軍款附."

312 『周書』卷15「于謹傳附寔傳」, 251쪽, "魏恭帝二年, 羌東念姐率部落反, 結連吐谷渾, 每爲邊患. 遣大將軍豆盧寧討之, 踰時不克. 又令寔往, 遂破之."

313 『周書』卷25「李賢傳」, 417쪽, "四年, 王師東討, 朝議以西道空虛, 慮羌·渾侵擾, 乃授賢使持節·河州總管·三州七防諸軍事·河州刺史. 河州舊非總管, 至是創置焉. 賢乃大營屯田, 以省運漕; 多設斥候, 以備寇戎. 於是羌·渾斂跡, 不敢向東."

314 『周書』卷25「李賢傳」, 417-418쪽, "五年, 宕昌寇邊, 百姓失業, 乃於洮州置總管府以

河州總管府를 중심으로 서쪽 변경 방어체계를 만든 西魏北周는 외적의 침입을 쉽게 막을 수 있었다. 侯莫陳順은 大統 4년(564) 河州를 침입한 梁仚定의 군대를 격파하였다.[315] 史寧이 恭帝三年(556) 突厥可汗과 함께 吐谷渾을 침입할 때 豆盧永恩은 5,000騎를 거느리고 河州와 鄯州에 주둔하여 吐谷渾의 침입에 대비하였다.[316] 田弘은 保定 4년(564) 吐谷渾·宕昌羌의 침입을 막아냈을 뿐만 아니라 반격하여 25王을 사로잡고 72柵을 점령하였다.[317]

西魏北周는 河隴 境內 氐·羌 등 이민족을 통제하고 吐谷渾과 宕昌羌 등의 침입을 막으면서 영토를 확장하였다. 西魏는 宕昌羌 梁彌定을 西魏 大統 17년(551) 쫓아내고 羌酋 傍乞鐵匆 등 반란을 평정하고 渠株川에 岷州를 설치하였다.[318] 北周 武成初에 吐谷渾의 군주 夸呂가 梁州를 침입하자 賀蘭祥과 宇文貴가 吐谷渾 군대를 평정하고 吐谷渾의 洮陽과 洪和 2城을 점령하여 洮州를 설치하였다.[319] 「賀蘭祥墓

鎮遏之. 遂廢河州總管, 改授賢洮州總管·七防諸軍事, 洮州刺史. 屬羌寇石門成, 撤破橋道, 以絶援軍, 賢率千騎御之, 前後斬獲數百人, 賊乃退走. 羌復引吐谷渾數千騎, 將入西疆, 賢密知之, 又遣兵伏其隘路, 復大敗之, 虜遂震慴, 不敢犯塞. 俄廢洮州總管, 還於河州置總管府, 復以賢爲之."

315 『周書』卷19「侯莫陳順傳」, 308쪽, "及梁仚定圍逼河州, 以順爲大都督, 與趙貴討破之, 卽行河州事."

316 『周書』卷19「豆盧寧傳附永恩傳」, 310쪽, "三年, 大將軍·安政公史寧隨突厥可汗入吐谷渾, 令永恩率騎五千鎮河·鄯二州, 以爲邊防."

317 『周書』卷27「田弘傳」, 450쪽, "吐谷渾寇西邊, 宕昌羌潛相應接, 詔弘討之, 獲其二十五王, 拔其七十(二)柵, 遂破平之."

318 『周書』卷19「宇文貴傳」, 313쪽, "十六年, 遷中外府左長史, 進位大將軍. 宕昌王梁彌定爲宗人獠甘所逐, 來奔. 又有羌酋傍乞鐵匆因梁仚定反後, 據有渠株川, 擁種類數千家, 與渭州民鄭五醜扇惑諸羌同反, 憑險置柵者十餘所. 太祖令貴與豆盧寧·史寧討之. 貴等擒斬鐵匆及五醜. 史寧又別擊獠甘, 破之, 乃納彌定. 並於渠株川置岷州."

319 『周書』卷50「異域下·吐谷渾傳」, 913-914쪽, "武成初, 誇呂復寇涼州, 刺史是云寶戰沒. 詔賀蘭祥·宇文貴率兵討之. 誇呂遣其廣定王·鐘留王拒戰, 祥等破之, 廣定等

誌」에 따르면, 이때 洪和와 洮陽 2大鎭에는 戶 10만에 달하였다. 洪和와 洮陽 2城은 吐谷渾에 남아 있는 비옥한 땅이었고 곡식과 목축이 생산되는 지역이었다. 吐谷渾은 洪和와 洮陽 2城을 상실하여 경제적으로 타격을 입었고, 吐谷渾은 다시 北周의 변경을 침입하지 못하였으며 北周와 화친하였다.[320] 北周는 洮陽·洪和 2城을 점령하여 경제력을 확보하고 吐谷渾을 방어하는 기지를 안정적으로 유지할 수 있었다. 李賢이 保定 4년(564) 梁彌定의 洮州 침입을 막았다. 梁彌定이 吐谷渾을 끌어들여 石門戍를 침입하자 武帝는 大將軍 田弘을 보내 宕昌羌을 討滅하고 宕州를 세웠다.[321]

이 기록과 달리 『周書』 「武帝紀」 上 天和元年春正月丁未條에 따르면, 2년 후인 天和元年(566) 宕州를 설치하였다.[322] 또 天和初 龍涸王이 항복하자 그 땅을 扶州로 편제하였다.[323]

遁走. 又攻拔其洮陽·洪和二城, 置洮州以還."; 『周書』 卷20 「賀蘭祥傳」, 337-338쪽, "武成初, 吐谷渾侵涼州, 詔祥與宇文貴總兵討之. …… 遂與吐渾廣定王·鐘留王等戰, 破之. 因拔其洮陽·(共)[洪]和二城, 以其地爲洮州. 撫安西土, 振旅而還."

320 「賀蘭祥墓誌」, 246쪽, "吐谷渾乘涼州不備, 入寇, 害涼州刺史洞城公是云寶, 遂爲邊患. 武成元年, 公受命率大將軍俟呂陵□·大將軍宇文盛·大將軍越勤寬·大將軍宇文廣·大將軍庫狄昌·大將軍獨孤渾貞等討焉. 路出左南, 取其洪和·洮陽二大鎭, 戶將十萬, 是渾之沃壤, 穀畜所資, 留兵據守而還. 渾人幷□□逃, 不敢彎弓報復. 因擧國告降, 請除前惡, 乞尋舊好, 使驛相屬, 朝廷然後許焉. 西境大寧, 寔公之力."

321 『周書』 卷49 「異域上·宕昌羌傳」, 914쪽, "[保定]四年, 彌定寇洮州, 總管李賢擊走之. 是歲, 彌定又引吐谷渾寇石門戍, 賢復破之. 高祖怒, 詔大將軍田弘討滅之, 以其地爲宕州."

322 『周書』 卷5 「武帝紀」 上 天和元年春正月丁未條, 72쪽, "丁未, 於宕昌置宕州."

323 『周書』 卷50 「異域下·吐谷渾傳」, 914쪽, "天和初, 其龍涸王莫昌率衆降, 以其地爲扶州."

河西回廊 지역은 지역에 따라 달랐지만 토착세력의 세력이 강하였다. 예컨대 令狐虬는 본적지 지방관인 燉煌郡守를 역임할 정도였다.[324] 토착세력과 지방행정의 관계는 瓜州刺史 元榮 사후에 드러났다. 瓜州刺史 東陽王 元榮이 죽은 후 瓜州 首望은 元榮의 아들 元康을 刺史로 추천하였지만, 女婿 劉彦은 元康을 살해하였다. 조정에서는 劉彦을 刺史로 임명하였다. 劉彦이 吐谷渾과 통하여 반란을 도모하자 申徽는 大統 10년(544) 河西大使가 되어 설득하려고 했지만 실패하였다. 이에 申徽는 瓜州 豪右와 모의하여 劉彦을 생포하였다.[325] 이 일화에서 元榮의 친인척이 瓜州刺史를 독점하려고 하였고, 大使로 파견된 申徽는 土着豪族과 연합하여 비로소 자립한 劉彦을 생포할 수 있을 정도로 土着豪族의 세력이 강했음을 알 수 있다. 瓜州刺史 成慶이 大統 12년(546) 城人 張保에게 살해되자 都督 令狐延 등이 張保를 내쫓고 조정에 신임 자사의 임명을 요구하였다. 이에 申徽가 瓜州刺

---

324 『周書』卷36「令狐整傳」, 641쪽, "令狐整字延保, 燉煌人也. 本名延, 世爲西土冠冕. 曾祖嗣·祖詔安, 並官至郡守, 咸爲良二千石. 父虬, 早以名德著聞, 仕歷瓜州司馬·燉煌郡守·郢州刺史, 封長城縣子."

325 『周書』卷32「申徽傳」, 556쪽, "十年, 遷給事黃門侍郎. 先是, 東陽王元榮爲瓜州刺史, 其女婿劉彦隨焉. 及榮死, 瓜州首望表榮子康爲刺史, 彦遂殺康而取其位. 屬四方多難, 朝廷不遑問罪, 因授彦刺史. 頻征不奉詔, 又南通吐谷渾, 將圖叛逆. 文帝難於動衆, 欲以權略致之. 乃以徽爲河西大使, 密令圖彦. 徽輕以五十騎行, 旣至, 止於賓館. 彦見徽單使, 不以爲疑. 徽乃遣一人微勸彦歸朝, 以揣其意. 彦不從. 徽又使贊成其住計, 彦便從之, 遂來至館. 徽先與瓜州豪右密謀執彦, 遂叱而縛之. 彦辭無罪. 徽數之曰: '君無尺寸之功, 濫居方岳之重. 恃遠背誕, 不恭貢職, 戮辱使人, 輕忽詔命. 計君之咎, 實不容誅. 但授詔之日, 本令相送歸闕, 所恨不得申明罰以謝邊遠耳.' 於是宣詔慰勞吏人及彦所部, 復云大軍續至, 城內無敢動者."

史에 임명되었다.[326] 『周書』「令狐整傳」에 따르면 城民 張保는 涼州刺史 宇文中和와 함께 河西를 점거하려고 하였다. 이때 晉昌郡 사람 呂興 등도 郡守 郭肆를 죽이고 郡을 점거하였다. 敦煌郡 사람 令狐整은 張保를 벗어나 玉門郡에 가서 豪傑을 모아 반격하여 晉昌郡을 평정하여 呂興을 참하고 張保를 공격하여 吐谷渾으로 쫓아냈다.[327] 이 사건에서 반란을 평정한 令狐整과 令狐延, 玉門郡의 豪傑, 반란을 일으킨 張保, 呂興은 모두 瓜州 일대의 土着豪族이었음을 알 수 있다. 예컨대 令狐整은 鄕親 2,000여 인을 데리고 入朝할 정도로 鄕里에서 큰 세력을 형성하였다.[328] 이후 令狐整은 瓜州刺史로 추대되었고 西魏 조정은 令狐整을 瓜州刺史에 임명하였다.[329] 西魏 조정은 令狐整을 정

---

326 위와 같음, "十二年, 瓜州刺史成慶爲城人張保所殺, 都督令狐延等起義逐保, 啓請刺史. 以徽信洽西土, 拜假節 · 瓜州刺史."

327 『周書』卷36「令狐整傳」, 642-643쪽, "尋而城民張保又殺刺史成慶, 與涼州刺史宇文仲和搆逆, 規據河西. 晉昌人呂興等復害郡守郭肆, 以郡應保. 初, 保等將圖爲亂, 慮整守義不從, 旣殺成慶, 因欲及整. 以整人之望也, 復恐其下叛之, 遂不敢害. 雖外加禮敬, 內甚忌整. 整亦僞若親附, 而密欲圖之. 陰令所親說保曰: '君與仲和結爲脣齒, 今東軍漸逼涼州, 彼勢孤危, 恐不能敵. 若或摧衄, 則禍及此土. 宜分遣銳師, 星言救援. 二州合勢, 則東軍可圖, 然後保境息人, 計之上者.' 保然之, 而未知所任. 整又令說保曰: '歷觀成敗, 在於任使. 所擇不善, 旋致傾危. 令狐延保兼資文武, 才堪統御, 若使爲將, 蔑不濟矣.' 保納其計, 具以整父兄等竝在城中, 弗之疑也, 遂令整行. 整至玉門郡, 召集豪傑, 說保罪逆, 馳還襲之. 先定晉昌, 斬呂興. 進軍擊保. 州人素服整威名, 竝棄保來附. 保遂奔吐谷渾."

328 『周書』卷36「令狐整傳」, 643쪽, "整以國難未寧, 常願擧宗效力. 遂率鄕親二千餘人入朝, 隨軍征討. 整善於撫馭, 躬同豐約, 是以人衆竝忘羈旅, 盡其力用."

329 『周書』卷36「令狐整傳」, 642-643쪽, "衆議推整爲刺史. 整曰: '本以張保肆逆, 毒害無辜, 闔州之人, 俱陷不義. 今者同心戮力, 務在除兇, 若其自相推薦, 復恐傚尤致禍.' 於是乃推波斯使主張道義行州事. 具以狀聞. 詔以申徽爲刺史, 徵整赴闕, 授壽昌郡守, 封(驥)[襄]武縣男, 邑二百戶. 太祖謂整曰: '卿少懷英略, 早建殊勳, 今者官位, 未足酬賞. 方當與卿共平天下, 同取富貴.' 遂立爲瓜州義首. 仍除持節 · 撫軍將軍 · 通直散騎常侍 · 大都督."

점으로 한 土着豪族의 도움을 받아 이 지역을 겨우 통치할 수 있었다. 이후 西魏 朝廷은 京兆 杜陵縣 출신 王子直을 廢帝元年에 行瓜州事에 임명하였다. 王子直은 德政으로 교화시켜 瓜州 지역을 수습하였다.[330] 京兆 杜陵縣 사람 韋瑱은 恭帝三年(556) 瓜州刺史가 胡人의 침입을 막아내고 안정시켜 夷夏, 즉 瓜州의 이민족과 漢人의 존경을 받았다.[331] 瓜州刺史가 토착인 令狐整에서 京兆 杜陵縣 출신의 외지인인 王子直과 韋瑱으로 교체된 것은 西魏의 지배력이 이 지역에 뿌리내리고 있음을 보여준다.

涼州刺史 宇文仲和가 瓜州에서 반란이 일어났던 大統 12년(546) 이임을 거부하여 반란을 일으켰다. 宇文泰는 開府 怡峯을 보내 토벌하게 하였다. 이때 獨孤信은 농성하는 涼州城의 동북을 공격하여 함락하고 宇文仲和를 사로잡았다. 西魏 조정은 涼州民 6,000여 家(혹은 6,000戶)를 長安으로 遷徙하였다.[332] 이때 李賢은 獨孤信을 따라 涼州를 평정하고 張掖 등 5郡을 撫慰하였다. 이후 涼州城을 공격한 柔然의 침입을 격퇴하여 치안을 안정시켰다.[333] 史寧은 廢帝元年(552) 涼州

330 『周書』卷39「王子直傳」, 701쪽, "魏廢帝元年, 拜使持節 · 大都督, 行瓜州事. 子直性清靜, 務以德政化民, 西土悅附."

331 『周書』卷39「韋瑱傳」, 694쪽, "三年, 除瓜州諸軍事 · 瓜州刺史. 州通西域, 蕃夷往來, 前後刺史, 多受賂遺. 胡寇犯邊, 又莫能御. 瑱雅性淸儉, 兼有武略. 蕃夷贈遺, 一無所受. 胡人畏威, 不敢爲寇. 公私安靜, 夷夏懷之."

332 『周書』卷2「文帝紀」下 大統十二年夏五月條, 30쪽, "夏五月, 獨孤信平涼州, 擒仲和, 遷其民六千餘家於長安."; 『周書』卷16「獨孤信傳」, 266쪽, "十二年, 涼州刺史宇文仲和據州不受代, 太祖令信率開府怡峰討之. 仲和嬰城固守, 信夜令諸將以沖梯攻其東北, 信親帥壯士襲其西南, 値明克之. 擒仲和, 虜其民六千戶, 送赴長安."

333 『周書』卷25「李賢傳」, 416쪽, "十二年, 隨獨孤信征涼州, 平之. 又撫慰張掖等五郡而還. 俄而茹茹圍逼涼州, 剽掠居民, 驅擁畜牧. 賢欲出戰, 大都督王德猶豫未決. 賢固請, 德乃從之. 賢勒兵將出, 賊密知之, 乃引軍退. 賢因率騎士追擊, 斬二百餘級, 捕虜百餘人, 獲駝馬牛羊二萬頭, 財物不可勝計. 所掠之人, 還得安堵."

刺史가 되어 突厥에 쫓겨 涼州를 침입하여 약탈한 柔然의 공격을 막아냈다. 이후 전쟁마다 이겨 수만 인을 사로잡았다.[334]

요컨대 河西回廊 지역은 州마다 통치방식이 달랐다. 대체로 西魏北周는 강력한 土着豪族의 세력을 견제하면서도 이들의 도움을 받아 이 지역을 겨우 통치하였다.

3 오르도스 지역

오르도스 지역에는 稽胡 · 費也頭를 비롯한 유목민들이 거주하였다. 北魏가 이 지역을 지배하던 夏를 정복한 후 統萬鎭과 夏州 등을 설치하였다. 西魏의 사실상 지배자였던 宇文泰는 賀拔岳의 추천으로 夏州刺史에 임명되어 지역기반을 가졌다.[335] 이후 상관인 賀拔岳이 侯莫陳悅에 살해된 후 侯莫陳悅의 영향 아래 있던 原州를 점령한 후 王伯和 · 成次安 등이 이끄는 2,000인을 획득하고 万俟普撥이 보낸 叱干寶樂 등 2,000騎를 확보하였다.[336] 宇文泰는 河西(오르도스)를 다스리다가 賀拔岳 부하들의 추천으로 關中의 지배자로 거듭났다.

---

334 『周書』卷28「史寧傳」, 467쪽, "魏廢帝元年, 復除涼甘瓜三州諸軍事 · 涼州刺史. 初茹茹與魏和親, 後更離叛. 尋爲突厥所破, 殺其主阿那瓌. 部落逃逸者, 仍奉瓌之子孫, 抄掠河右. 寧率兵邀擊, 獲瓌子孫二人, 並其種落酋長. 自是每戰破之, 前後獲數萬人."

335 『周書』卷1「文帝紀」上, 4쪽, "岳遂引軍西次平涼, 謀於其衆曰: '夏州鄰接寇賊, 須加綏撫, 安得良刺史以鎭之?' 衆皆曰: '宇文左丞卽其人也.' 岳曰: '左丞吾之左右手也, 如何可廢.' 沈吟累日, 乃從衆議. 於是表太祖爲使持節 · 武衛將軍 · 夏州刺史. 太祖至州, 伊利望風款附, 而曹泥猶通使於齊神武."

336 『周書』卷1「文帝紀」上, 8쪽, "初, 原州刺史史歸爲岳所親任, 河曲之變, 反爲悅守. 悅遣其黨王伯和 · 成次安將兵二千人助歸鎭原州. 太祖遣都督侯莫陳崇率輕騎一千襲歸, 擒之, 幷獲次安 · 伯和等, 送於平涼. 太祖表崇行原州事. 万俟普撥又遣其將叱干保洛領二千騎來從軍."

이처럼 오르도스는 본래 西魏의 영토였으나 高歡은 費也頭 등 유목민과 가축만을 원한 것이 아니라 오르도스를 점령하여 長安 공격의 교두보로 삼으려고 하였다. 이에 高歡은 天平 3년(536) 厙狄干 등 1만 騎를 거느리고 西魏의 夏州를 공격하여 刺史 費也頭 斛拔俄彌突을 사로잡고 部落 5,000戶를 데리고 돌아왔다.[337] 西夏州도 이때 잠시 점령한 것으로 보인다.[338] 또 東魏의 영토가 아닌 2夏州·高平·平涼 民의 호구를 대거 조사하였다는 기록을 보면[339] 이때 高平·平涼 지역도 점령했거나 두 지역의 民을 노략했을 것이다. 高歡이 남하하여 長安을 공격하려고 했는지는 알 수 없으나, 東魏의 기세에 편승한 西魏의 秦州刺史 万俟普撥이 東魏에 항복하였다.[340] 그러나 夏州刺史로 임명된 張瓊은 같은 해 宇文泰의 공격을 받아 夏州를 빼앗겼다.[341] 東魏가 夏州를 점령한 것은 天平 3년(536) 무렵으로 그 기간은 매우 짧았다.

이처럼 오르도스는 東魏 및 몽골 고원의 유목국가의 공격을 받을 수 있는 지역이었으므로 武將들을 주로 파견하여 수비와 반란 진압에 대비하였다.

오르도스 일대의 이민족들은 이 지역을 공격하거나 약탈하였다. 따

---

337 『北史』 卷6 「齊本紀上·高祖神武帝紀」, 225쪽, "[天平]三年正月甲子, 神武帥厙狄干等萬騎襲西魏夏州. 身不火食, 四日而至, 縛稍爲梯, 夜入其城, 擒其刺史費也頭斛拔俄彌突, 因而用之. 留都督張瓊以鎭守, 遷其部落五千戶以歸.";『周書』 卷2 「文帝紀」 下 大統元年三月條, 21쪽, "二年春三月, 東魏齱陷夏州, 留其將張瓊·許和守之."

338 『魏書』에서는 高歡이 天平 3년 西魏의 西夏州를 점령했다고 기록하였다(『魏書』 卷12 「孝靜紀」 天平三年春正月戊申條, 300쪽, "齊獻武王襲寶炬西夏州, 克之.")

339 『北齊書』 卷24 「孫搴傳」, 342쪽, "時又大括燕·恒·雲·朔·顯·蔚·二夏州·高平·平涼之民以爲軍士, 逃隱者身及主人·三長·守令罪以大辟, 沒入其家. 於是所獲甚衆, 搴之計也."

340 『周書』 卷2 「文帝紀」 下 大統元年夏五月條, 21-22쪽;『北齊書』 卷27 「万俟普傳」, 375쪽.

341 『北齊書』 卷20 「張瓊傳」, 265쪽, "天平中, 高祖襲克夏州, 以爲慰勞大使, 仍留鎭之. 尋爲周文帝所陷, 卒."

라서 이 지역 지방관들은 침입과 약탈을 막고 이들의 반란 토벌이 주요 임무였다. 于寔은 天和 2년(567) 丹州에 침입한 延州 蒲川賊 郝三郎 반란을 평정하고 郝三郎을 참하고 잡축 1만여 頭를 획득하였다. 이후 于寔은 延州刺史에 임명되었다.[342] 또 辛威는 保定초 丹州 叛胡를 격파하였고,[343] 天和 초에 綏州와 銀州 등 諸州 叛胡를 토벌하였다.[344]

이 지역은 북방에 위치하여 柔然과 突厥 같은 유목국가와 국경으로 접하였다. 따라서 이들의 방어가 이 지역 지방관들의 주요 임무의 하나였다. 行綏州事에 임명된 宇文測은 大統 8년(542) 突厥의 침입에 대비하였다. 그는 수백 곳에 나무를 쌓아두고(봉화) 침입에 대비하였고 突厥의 침입을 막기 위해 戍兵을 두었다.[345] 이에 突厥을 방어할 수 있었다.

일부 지방관은 이 지역의 移風易俗을 위해 활동하였다. 예컨대 延州刺史(延州總管)에 임명된 李和는 창고를 충실히 하고 군대를 쉬게 하였을 뿐만 아니라 總管區 안에 거주하는 稽胡에게 農桑을 권하고 夷俗을 바꾸게 하였다.[346]

---

342 『周書』卷15「于謹傳附寔傳」, 251쪽, "天和二年, 延州蒲川賊郝三郎等反, 攻逼丹州. 遣寔率衆討平之, 斬三郎首, 獲雜畜萬餘頭. 乃除延州刺史."

343 『周書』卷27「辛威傳」, 447쪽, "保定初, 復率兵討丹州叛胡, 破之."

344 『周書』卷27「辛威傳」, 448쪽, "天和初, 進位柱國. 復爲行軍總管, 討綏 · 銀等諸州叛胡, 並平之."

345 『周書』卷27「宇文測傳」, 454쪽, "八年, 加金紫光祿大夫, 轉行綏州事. 每歲河冰合後, 突厥卽來寇掠, 先是常預遣居民入城堡以避之. 測至, 皆令安堵如舊. 乃於要路數百處並多積柴, 仍遠斥候, 知其動靜. 是年十二月, 突厥從連谷入寇, 去界數十里. 測命積柴之處, 一時縱火. 突厥謂有大軍至, 懼而遁走, 自相蹂踐, 委棄雜畜及輜重不可勝數. 測徐率所部收之, 分給百姓. 自是突厥不敢復至. 測因請置戍兵以備之."

346 「李和墓誌」, 326쪽, "出爲延綏丹銀四州 · 大寧 · 安民 · 姚襄 · 招遠 · 平獨 · 朔方 · 武安 · 金明 · 洛陽 · 源啓渝十防諸軍事 · 延州刺史. 總管之內, 編雜稽胡, 狼子難馴, 梟音靡革, 每窺蕃政, 有斁邊境. 公未及下車, 仁聲已暢, 傾陬盡落, 偃草從風, 實倉廩

4 上洛 지역

上洛 지역은 北魏 전기에 荊州, 후기에 洛州로 불렸던 지역이다. 『周書』「泉企傳」에 따르면 泉企의 曾祖 泉景言과 아버지 安志는 宜陽太守[本州他郡]를 역임하였고 4대에 걸쳐 本縣令을 세습하였다.[347] 宣武帝 시기 泉企가 10세였다는 사실에서(후술함) 적어도 太武帝 말년부터 泉企 일가는 縣令을 세습하고 2대에 걸쳐 宜陽太守를 역임한 것을 알 수 있다. 泉氏의 예에서 이 지역의 다른 土着勢力도 본적지 縣令을 세습하며 토착세력으로 남아 있었음을 추측할 수 있다. 北魏는 上洛 지역이 험하고 폐쇄적인 지형이며 남쪽 변경이었기 때문에 토착인을 지방관으로 임명하는 간접통치에 만족했을 것이다.

『周書』「泉企傳」에 따르면 泉企의 曾祖 泉景言과 아버지 安志는 宜陽太守[本州他郡]를 역임하였고 4대에 걸쳐 本縣令을 세습하였다.[348] 泉企 자신은 孝明帝 말 본적지인 上洛太守에 임용되었다.[349] 이처럼 洛州 일대에는 泉氏와 杜氏 등 土着勢力이 존재하였으며,[350] 北魏는 이들을 본적지 지방관으로 임명하는 羈縻 지배정책을 취하고 있었다.

而息干戈, 勸農桑而變夷俗."
347 『周書』卷44「泉企傳」, 785쪽, "泉企字思道, 上洛豐陽人也. 世雄商洛. 曾祖景言, 魏建節將軍, 假宜陽郡守, 世襲本縣令, 封丹水侯. 父安志, 復爲建節將軍·宜陽郡守, 領本縣令, 降爵爲伯."
348 위와 같음, "泉企字思道, 上洛豐陽人也. 世雄商洛. 曾祖景言, 魏建節將軍, 假宜陽郡守, 世襲本縣令, 封丹水侯. 父安志, 復爲建節將軍·宜陽郡守, 領本縣令, 降爵爲伯."
349 『周書』卷44「泉企傳」, 786쪽, "孝昌初, 又加龍驤將軍·假節·防洛州別將, 尋除上洛郡守."
350 위와 같음, "寶夤又遣兵萬人趣靑泥, 誘動巴人, 圖取上洛. 上洛豪族泉·杜二姓密應之. 企與刺史董紹宗潛兵掩襲, 二姓散走, 寶夤軍亦退."

그런데 泉氏의 본적지 縣令 世襲은 사실상 北魏가 邊境의 소규모 王國을 형식상 郡縣으로 편제한 듯한 인상을 준다. 泉企가 12세 때 鄕人 皇平과 陳合 等 300여 人이 州를 방문해 泉企를 縣令으로 삼을 것을 청하였다. 이때 吏部尙書 郭祚가 泉企의 나이가 어리기 때문에 宰民을 감당할 수 없다는 이유로 반대하자 宣武帝가 本鄕이 원한다는 이유로 縣令世襲을 허락하였다.[351] 이는 泉氏가 上洛郡 豊陽縣 일대에서 사실상 '군주'나 다름없었음을 시사한다. 이들은 東·西魏 분립시기 東魏派 杜氏를 제거하고 西魏에 귀부하여 世襲洛州刺史가 되었으며,[352] 그의 아들과 손자 역시 本縣令을 세습하여 洛州의 泉氏 '독립왕국'은 北周時期까지 계속되었다.[353] 요컨대 北魏뿐만 아니라 西魏도 上洛 泉氏의 예에서 볼 수 있듯이 洛州 일대의 巴人酋長에게 部落을 관리하면서 刺史 혹은 縣令을 세습하게 하였다.[354]

宇文泰는 大統 17년(551) 十月 大將軍 王雄에게 子午谷을 거쳐 上津과 魏興을 공격하고, 達奚武에게 散關을 나가 南鄭을 공격하게 하

---

351 『周書』卷44「泉企傳」, 785쪽, "年十二, 鄕人皇平·陳合等三百餘人詣州請企爲縣令. 州爲申上. 時吏部尙書郭祚以企年少, 未堪宰民, 請別選遣, 終此一限, 令企代之. 魏宣武帝詔曰: '企向成立, 且爲本鄕所樂, 何爲捨此世襲, 更求一限.' 遂依所請. 企雖童幼, 而好學恬靜, 百姓安之. 尋以母憂去職. 縣中父老復表請殷勤, 詔許之. 起復本任, 加討寇將軍."

352 『周書』卷44「泉企傳附元禮傳」, 787-788쪽, "及洛州陷, 與企俱被執而東. 元禮於路逃歸. 時杜窋雖爲刺史, 然巴人素輕杜而重泉. 及元禮至, 與仲遵相見, 感父臨別之言, 潛與豪右結託. 信宿之間, 遂率鄕人襲州城, 斬窋, 傳首長安. 朝廷嘉之, 拜衛將軍·車騎大將軍, 世襲洛州刺史."

353 『周書』卷44「泉企傳附仲遵傳」, 788쪽, "仲遵少謹實, 涉獵經史. 年十三, 州辟主簿. 十四, 爲本縣令.";『周書』卷44「泉企傳」, 789쪽, "子㥦嗣. 起家本縣令, 入爲左侍上士." 上洛泉氏는 泉企의 曾祖부터 泉企의 손자까지 모두 6代에 걸쳐 本縣令을 역임하였다.

354 周一良,「北朝的民族問題與民族政策」, 216-217쪽.

였다.³⁵⁵ 達奚武는 3만을 이끌고 漢川을 經略하여 梁 梁州刺史 蕭循의 항복을 받고 劍閣 이북 지역을 평정하였다.³⁵⁶ 王雄이 다음 해인 廢帝元年(552) 春 王雄이 上津·魏興을 점령한 후 西魏는 魏興에 東梁州를 설치하고,³⁵⁷ 上津에 南洛州를 설치하여 泉仲遵을 刺史로 임명하였다. 泉仲遵은 민심수습에 나서 안정시키니 歸附하는 流民이 많았다.³⁵⁸ 이러한 민심수습에도 불구하고 몇 개월 후인 八月 東梁州民이 반란을 일으켜 州城을 포위하였다. 宇文泰는 王雄을 보내 토벌하게 하였다.³⁵⁹ 『周書』「泉企傳附仲遵傳」에 따르면 蠻帥 杜淸和는 巴州刺史를 자칭하다가 西魏에 귀순하고 泉仲遵의 통제를 바랐으나 西魏朝廷은 東梁州都督의 통제에 두려 하였다. 이에 불만을 가진 杜淸和는 安康酋帥 黃衆寶 등과 결탁하여 東梁州城을 포위하였다. 게다가 東梁州刺史 劉孟良이 탐욕스러워 民이 背叛하였다. 西魏 朝廷은 王雄討와 陸騰을 보내 반란을 평정하고 杜淸和가 지배했던 巴州를 洵州로

355 『周書』卷2「文帝紀」下 大統十七年冬十月條, 33쪽, "冬十月, 太祖遣大將軍王雄出子午, 伐上津·魏興; 大將軍達奚武出散關, 伐南鄭."

356 『周書』卷19「達奚武傳」, 304쪽, "十七年, 詔武率兵三萬, 經略漢川. 梁將楊賢以武興降, 梁深以白馬降, 武分兵守其城. 梁梁州刺史·宜豐侯蕭循固守南鄭, 武圍之數旬, 循乃請服, 武爲解圍. 會梁湘陵王蕭紀遣其將楊干運等將兵萬餘人救循, 循於是更據城不出. 恐援軍之至, 表里受敵, 乃簡精騎三千, 逆擊干運於白馬, 大破之. 干運退走, 武乃陳蜀軍俘級於城下, 循知援軍被破, 乃降, 率所部男女三萬口入朝, 自劍以北悉平."

357 『周書』卷2「文帝紀」下 魏廢帝元年條, 33쪽, "魏廢帝元年春, 王雄平上津·魏興, 以其地置東梁州."

358 『周書』卷44「泉企傳附仲遵傳」, 789쪽, "大將軍王雄南征上津·魏興, 仲遵率所部兵從雄討平之. 遂於上津置南洛州, 以仲遵爲刺史. 仲遵留情撫接, 百姓安之, 流民歸附者, 相繼而至."

359 『周書』卷2「文帝紀」下 魏廢帝元年秋八月條, 33쪽, "秋八月, 東梁州民叛, 率衆圍州城, 太祖復遣王雄討之.";『周書』卷19「王雄傳」, 320쪽, "十七年, 雄率軍出子午谷, 圍梁上津·魏興. 明年, 克之, 以其地爲東梁州. 尋而復叛, 又令雄討之."

바꾸고 泉仲遵의 통제하에 두었다. 泉仲遵이 廉簡으로 다스리니 洵州
의 羣蠻이 모두 복속하였다.[360] 이러한 민심수습과 병행하여 다음 해
인 廢帝二年(553) 東梁州의 반란을 평정한 후 豪帥를 雍州로 遷徙하
였다.[361] 10장 1절에서 살펴본 것처럼 반란을 평정하거나 어떤 지역을
정복한 후 지배층을 포함한 民을 關中 지역으로 遷徙한 것은 西魏北
周의 지역지배 전략의 하나였다.

이 지역은 賨·渝·蠻 등 이민족이 많아[362] 통치하기 어려운 지역이
었다. 이 지역의 지방관은 漢人과 각종 이민족을 함께 잘 통치하는 지
혜를 발휘해야 했다. 예컨대 洵州刺史 泉仲遵이 廉簡으로 다스리니
洵州의 羣蠻이 모두 복속하였다. 陽雄도 洵州에 賨과 渝가 많고 民의
다수가 輕猾하자 위엄과 은혜로 다스려 夷·夏를 안정시켰다.[363] 李虎
가 부임한 上州는 蠻左가 잡거하는 지역이었다. 李虎는 德刑을 병행

---

360 『周書』卷28 「陸騰傳」, 470쪽, "魏廢帝元年, 安康賊黃衆寶等作亂, 連結漢中, 衆數
萬, 攻圍東梁州. 城中糧盡, 詔騰率軍自子午谷以援之. 騰乃星言就道, 至便與戰, 大
破之."; 『周書』卷44 「泉企傳附仲遵傳」, 789쪽, "初, 蠻帥杜淸和自稱巴州刺史, 以州
入附. 朝廷因其所據授之, 仍隸東梁州都督. 淸和以仲遵善於撫御, 請隸仲遵. 朝議
以山川非便, 弗之許也. 淸和遂結安康酋帥黃衆寶等, 擧兵共圍東梁州. 復遣王雄討
平之. 改巴州爲洵州, 隸於仲遵. 先是, 東梁州刺史劉孟良在職貪婪, 民多背叛."
361 『周書』卷2 「文帝紀」下 魏廢帝二年二月條, 33쪽, "二月, 東梁州平, 遷其豪帥於雍
州."
362 『隋書』卷31 「地理志」下 荊州條에서는 漢水(沔水) 일대의 지역에는 蠻左·渝 등 이
민족이 많았다고 기록하였다(『隋書』卷31 「地理志」下 荊州條, 897쪽, "南郡·夷陵·
竟陵·沔陽·沅陵·淸江·襄陽·春陵·漢東·安陸·永安·義陽·九江·江夏諸郡,
多雜蠻左, 其與夏人雜居者, 則與諸華不別. 其僻處山谷者, 則言語不通, 嗜好居處
全異, 頗與巴·渝同俗. 諸蠻本其所出, 承盤瓠之後, 故服章多以班布爲飾. 其相呼以
蠻, 則爲深忌."). 이는 隋代의 상황이지만 『周書』에서도 이 지역에 蠻을 비롯한 이
민족이 많았음을 확인할 수 있다.
363 『周書』卷44 「陽雄傳」, 797쪽, "除洵州刺史. 俗雜賨·渝, 民多輕猾. 雄威惠相濟, 夷
夏安之."

하여 풍속을 교화하였다.[364] 澧(豐)州刺史 郭彦은 蠻左가 官府의 명령을 듣지 않고 賦稅를 납부하지 않자 그들에게 耕稼를 권하고 공동 遊獵을 금지하여 豐州 民들이 本業(농사)에 힘쓰게 하니 집에 여분의 식량이 생겼다. 이에 亡命之徒도 戶籍에 편제되어 賦役을 부담하였고 창고가 충실하게 되었다.[365]

---

364 「李虎墓誌」, 『新出魏晉南北朝墓誌疏證』, 510쪽, "尋遷授開府, 幷封順政縣開國公, 上州諸軍事, 上州刺史. 此地營樔嶮岨, 蠻左雜居, 漢蜀交川, 民政矗獷. 公乃德刑幷設, 風教始行, 威□俱申, 大揚流俗."

365 『周書』 卷37 「郭彦傳」, 667쪽, "孝閔帝踐祚, 出爲澧州刺史. 蠻左生梗, 未遵朝憲. 至於賦稅, 違命者多. 聚散無恆, 不營農業. 彦勸以耕稼, 禁共遊獵, 民皆務本, 家有餘糧. 亡命之徒, 咸從賦役. 先是 以澧州糧儲乏少, 每令荊州遞送. 自彦莅職, 倉庾充實, 無復轉輸之勞."

11章

西魏北周의 舊梁 정복지역(巴蜀·江漢) 統治

西魏는 東魏와 河東과 河南의 지배를 두고 다투었으나 전선은 두 지역에서 고착되었다. 東進政策을 포기한 西魏는 侯景의 난과 이후 발생한 梁 宗室諸王의 권력투쟁을 이용하여 長江 중상류 지역, 구체적으로 漢川(漢中), 巴蜀, 漢水 중류 지역을 차례로 점령하는 데 성공하였다. 현재 국내외 학계의 西魏北周의 지방통치 연구는 漢川(漢中)·巴蜀 정복과 지배[1] 혹은 그 배경 분석[2]에 치우쳤다. 본고에서는

---

1 趙文潤,「西魏宇文泰伐蜀滅梁戰役述略」, 中國魏晉南北朝史學會 大同平城北朝研究會 編,『北朝研究』1, 北京: 北京燕山出版社, 1999; 前島佳孝,「西魏·蕭梁通交の成立―大統初年漢中をめぐる抗争の顛末―」, 白東史學會 編,『中央大學東洋史學專攻創設五十周年記念アジア史論叢』;『中央大學アジア史研究』26(東京: 刀水書房, 2002) 및「西魏の漢川進出と梁の内訌」,『中央大學大學院研究年報』28, 文學研究科篇, 1999;「西魏の四川進攻と梁の帝位鬪爭」,『中央大學大學院研究年報』29, 文學研究科篇, 2000;「西魏·北周の四川支配の確立とその經營」,『中央大學人文研紀要』65, 2009(모두 前島佳孝,『西魏·北周政權史の研究』, 東京: 汲古書院, 2013에 수록).

2 李萬生,「二國(東魏北齊與西魏)侵梁」,『侯景之亂與北朝政局』, 北京: 中國社會科學出版社, 2003; 前島佳孝,「東魏·北齊等の情勢と西魏の南進戰略總括」,『西魏·北周

선행연구에서 다루지 못한 사료와 墓誌를 발굴하고 최근의 연구결과를 보충하여 梁의 영토였다가 西魏에 정복된 漢川(漢中), 巴蜀, 江漢 지역 통치과정을 검토한다.

11장에서는 西魏가 이 지역을 정복하고 지배하는 과정을 정복순서에 따라 漢川(漢中), 巴蜀, 江漢(長江 중류와 漢水 유역 사이 지역)으로 나누어 살펴본다.

1. 漢川(漢中) 지역의 征服과 統治

巴蜀 지역은 後漢末 이후 劉焉·劉璋 부자, 劉備의 蜀漢, 趙廞 정권, 成漢, 毛璩 일가 등 외지인들이 지배하거나 나라를 세운 지역이었다. 유일하게 토착인 譙縱이 405년 毛璩 일가를 제거하고 10년 가까이 독립을 유지하다 413년 東晉의 將軍 朱齡石에게 패망하였다.[3] 이 때부터 南朝時代까지 巴蜀은 建康의 남조 정부의 지배를 받았다. 北魏가 504년 漢中을 점령한 이후 北魏는 巴蜀의 북부 지역 일부를 점령하여 통치하였다. 아래에서 北魏가 巴蜀의 일부를 점령하던 과정을 살펴보자.

梁의 梁州長史 夏侯道遷이 正始元年(504) 北魏에 항복하였다. 宣武帝는 邢巒을 보내 漢中을 접수하였고 獠를 회유하게 하였다. 그리고 羊祉를 梁州刺史, 傅竪眼을 益州刺史에 각각 임명하였다.[4] 이후 北魏

政權史の研究』, 東京: 汲古書院, 2013.

3 崔珍烈, 「後漢末·魏晉時期 僑人政權과 巴蜀社會」, 『서울大 東洋史學科論集』 25집, 2001, 67-118쪽.

4 『魏書』 卷101 「獠傳」, 2249쪽, "正始中, 夏侯道遷擧漢中內附, 世宗遣尙書邢巒爲梁

는 巴西 지역을 공격했다가 실패했으나[5] 邢巒이 군대를 보내 晉壽 · 巴西를 점령하고 涪城까지 진격하였다. 이때 北魏軍이 점령한 땅은 동서 700里, 남북 1,000里에 달했으며, 14郡, 2部護軍과 여러 縣戍를 점령하였다.[6] 宣武帝는 延昌 3년(514) 高肇를 大將軍에 임명하여 步騎 10만을 거느리고 남은 巴蜀 지역을 정복하도록 명령하였다. 이때 益州刺史 傅竪眼은 巴北에서, 平南將軍 羊祉는 涪城에서, 安西將軍 奚康生은 綿竹에서, 撫軍將軍 甄琛은 劍閣에서 出兵하도록 하였다.[7] 宣武帝가 다음 해 죽고 外戚 高肇가 洛陽으로 돌아오다가 정적 于忠과

益二州刺史以鎭之, 近夏人者安堵樂業, 在山谷者不敢爲寇. 後以羊祉爲梁州, 傅竪眼爲益州."

5 『梁書』卷11「庾域傳」, 208쪽, "天監初, 封廣牧縣子, 後軍司馬. 出爲寧朔將軍 · 巴西梓潼二郡太守. 梁州長史夏侯道遷擧州叛降魏, 魏騎將襲巴西, 域固守百餘日, 城中糧盡, 將士皆乾草食土, 死者太半, 無有離心. 魏軍退, 詔增封二百戶, 進爵爲伯."

6 『魏書』卷65「邢巒傳」, 1439쪽, "蕭衍梁秦二州行事夏侯道遷以漢中內附, 詔加巒使持節 · 都督征梁漢諸軍事 · 假鎭西將軍, 進退徵攝, 得以便宜從事. 巒至漢中, 自馬巳西猶未歸順, 巒遣寧遠將軍楊擧 · 統軍楊衆愛 · 氾洪雅等領卒六千討之. 軍鋒所臨, 賊皆款附, 唯補谷戍主何法靜據城拒守. 擧等進師討之, 法靜奔潰, 乘勝追奔至關城之下, 蕭衍龍驤將軍關城流雜疑李侍叔逆以城降. 蕭衍輔國將軍任僧幼等三十餘將, 率南安 · 廣長 · 東洛 · 大寒 · 武始 · 除口 · 平溪 · 桶谷諸郡之民七千餘戶, 相繼而至. 蕭衍平西將軍李天賜 · 晉壽太守王景胤等擁衆七千, 屯據石亭. 統軍韓多寶等率衆擊之, 破天賜前軍趙脥, 擒斬一千三百. 遣統軍李義珍討晉壽, 景胤宵遁, 遂平之. 詔曰: '巒至於彼, 須有板官, 以懷初附, 高下品第, 可依征義陽都督之格也.' 拜巒使持節 · 安西將軍 · 梁秦二州刺史. 蕭衍巴西太守龐景民恃遠不降, 巒遣巴州刺史嚴玄思往攻之, 斬景民, 巴西悉平. 蕭衍遣其冠軍將軍孔陵等率衆二萬, 屯據深坑, 冠軍將軍魯方達固南安, 冠軍將軍任僧褒 · 輔國將軍李畋戍石同. 巒統軍王足所在擊破之, 梟衍輔國將軍樂保明 · 寧朔將軍李伯度 · 龍驤將軍李思賢, 賊遂保回車柵. 足又進擊衍輔國將軍范峻, 自餘斬獲殆將萬數. 孔陵等收集遺衆, 奔保梓潼, 足又破之, 斬衍輔國將軍符伯度, 其殺傷投溺者萬有餘人. 開地定民, 東西七百, 南北千里, 獲郡十四 · 二部護軍及諸縣戍, 遂逼涪城."

7 『魏書』卷8「世宗紀」, 214-215쪽, "辛亥, 詔司徒高肇爲大將軍 · 平蜀大都督, 步騎十萬西伐. 益州刺史傅竪眼出巴北, 平南將軍羊祉出涪城, 安西將軍奚康生出綿竹, 撫軍將軍甄琛出劍閣."

宗室諸王 淸河王 元懌, 任城王 元澄 등의 공모로 살해되었다.[8] 皇帝
가 바뀌고 총사령관이 살해되자 巴蜀 정복은 더 이상 진행되지 못하
였다.

　이후 城人들이 반란을 일으킨 巴西의 軍主 李仲遷을 죽이고 梁에
항복하여 巴西를 다시 梁에 빼앗겼다. 이때 武興氏 楊集始가 반란을
일으켜 梁에 붙었으나, 北魏가 결국 반란을 평정하여 武興 일대의 지
배권을 다시 확립하였다.[9] 이후 漢中과 巴西 지역을 두고 北魏와 梁의
전쟁이 지속되었다. 西魏는 梁의 공격을 받아 535년 七月 晉壽를 빼
앗기고 西魏의 東益州刺史 傅敬和가 항복하였고,[10] 十一月 梁軍이 南
鄭으로 진격하자 梁州刺史 元羅도 항복하였다.[11] 이후 漢中은 梁이 지
배하게 되었고 西魏는 漢中을 탈환하기 위해 여러 차례 군대를 보냈
으나 실패하였다. 西魏는 漢中을 점령할 뜻이 없었기 때문에 梁과 通

---

8 『魏書』卷83下「外戚・高肇傳」, 1830-1831쪽, "其年, 大擧征蜀, 以肇爲大將軍, 都督
諸軍爲之節度. 與都督甄琛等二十餘人俱面辭世宗於東堂, 親奉規略. 是日, 肇所乘
駿馬停於神虎門外, 無故驚倒, 轉臥渠中, 鞍具瓦解, 衆咸怪異. 肇出, 惡焉. 四年, 世
宗崩, 敕罷征軍. 肅宗與肇及征南將軍元遙等書, 稱諱言, 以告凶問. 肇承變哀愕, 非
唯仰慕, 亦私憂身禍, 朝夕悲泣, 至于羸悴. 將至, 宿瀍澗驛亭, 家人夜迎省之, 皆不
相視. 直至闕下, 衰服號哭, 昇太極殿, 奉喪盡哀. 太尉高陽王先居西柏堂, 專決庶事,
與領軍于忠密欲除之. 潛備壯士直寢邢豹・伊瓮生等十餘人於舍人省下. 肇哭梓宮
訖, 於百官前引入西廊, 淸河王懌・任城王澄及諸王等皆竊言目之. 肇入省, 壯士搤
而拉殺之."

9 『魏書』卷65「邢巒傳」, 1442-1443쪽, "巒旣克巴西, 遣軍主李仲遷守之. 仲遷得蕭衍
將張法養女, 有美色, 甚惑之. 散費兵儲, 專心酒色, 公事諮承, 無能見者. 巒忿之切
齒, 仲遷懼, 謀叛, 城人斬其首, 以城降衍將譙希遠, 巴西遂沒. 武興氏楊集起等反
叛, 巒遣統軍傅竪眼討平之, 語在竪眼傳."

10 『資治通鑑』卷157「梁紀」13 武帝大同元年秋七月甲戌條, 4866쪽, "益州刺史鄱陽王
範・南梁州刺史樊文熾合兵圍晉壽, 魏東益州刺史傅敬和來降."

11 『資治通鑑』卷157「梁紀」13 武帝大同元年十一月甲午條, 4868쪽, "北揚州刺史蘭欽
引兵攻南鄭, 魏梁州刺史元羅擧州降."

交하여 잠시 소강상태를 유지하였다.[12]

西魏는 漢水 지역을 공격하기 위해 두 갈래로 南進하였다. 동쪽은 王雄이, 서쪽은 達奚武가 각각 진격하였다.

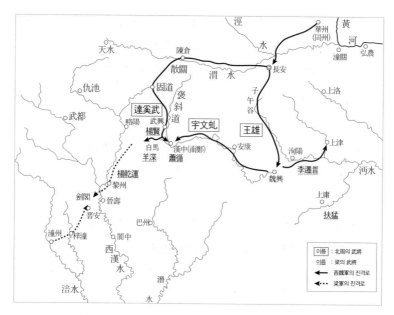

〈지도 22〉 西魏 達奚武와 王雄의 漢川(漢中) 진격로[13]

---

12 前島佳孝,「西魏・蕭梁通交の成立－大統初年漢中をめぐる抗爭の顚末－」,『西魏・北周政權史の研究』(原載「西魏・蕭梁通交の成立－大統初年漢中をめぐる抗爭の顚末－」, 白東史學會 編,『中央大學東洋史學專攻創設五十周年記念アジア史論叢』;『中央大學アジア史研究』26, 東京: 刀水書房, 2002), 191-210쪽.

13 前島佳孝,「西魏の漢川進出と梁の內訌」, 283쪽, 圖 11 西魏漢川進出槪要圖를 바탕으로 필자 편집.

먼저 漢水 동쪽 지역의 정복과 통치과정을 살펴보자. 이 지역은 後
漢末·삼국시대 上庸·魏興 등 '東三郡'이라 불렸다.[14] 大統 17년(551)
十月 王雄이 子午谷을 나가 上津·魏興, 達奚武는 散關을 나가 南鄭
으로 진격하였다.[15] 王雄이 다음 해인 廢帝元年(552) 上津·魏興을 점
령하였다. 西魏는 이 지역에 東梁州를 설치하였다.[16] 또 上津에 南洛
州를 설치하고 泉仲遵을 刺史에 임명하였다. 蠻帥 杜淸和가 항복하자
杜淸和가 자칭한 巴州刺史의 직책을 인정하고 東梁州都督의 휘하에
두었다.[17] 西魏北周時代 洵州(金州), 上州, 羅州, 遷州, 豊州, 淅州 등
의 州가 설치되었다.

西魏가 漢川(漢中)을 평정하였지만, 漢中의 동쪽인 上津·魏興 지역
은 西魏의 통치가 공고하지 않았다. 예컨대 廢帝元年(552) 八月 東梁
州 民이 반란을 일으켜 東梁州城을 포위하였고 王雄이 토벌하였다.[18]
東梁州의 반란 원인은 蠻帥 杜淸和와 西魏 朝廷의 갈등 때문이었다.
杜淸和는 泉仲遵이 선정을 베풀자 東梁州都督이 아닌 泉仲遵에 예속
되기를 청하였지만 西魏 朝廷은 허락하지 않았다. 이에 杜淸和는 安

---

14 이 지역의 지정학적 위치는 田餘慶, 「東三郡與蜀魏歷史」, 『秦漢魏晉史探微』, 北京:
　　中華書局, 1993 참조.

15 『周書』卷2「文帝紀」下 大統十七年冬十月條, 33쪽, "冬十月, 太祖遣大將軍王雄出子
　　午, 伐上津·魏興; 大將軍達奚武出散關, 伐南鄭."

16 『周書』卷2「文帝紀」下 魏廢帝元年條, 33쪽, "魏廢帝元年春, 王雄平上津·魏興, 以
　　其地置東梁州."

17 『周書』卷44「泉企傳附仲遵傳」, 789쪽, "大將軍王雄南征上津·魏興, 仲遵率所部兵
　　從雄討平之, 遂於上津置南洛州, 以仲遵爲刺史. 仲遵留情撫接, 百姓安之, 流民歸附
　　者, 相繼而至. 初, 蠻帥杜淸和自稱巴州刺史, 以州入附. 朝廷因其所據授之, 仍隷東
　　梁州都督."

18 『周書』卷2「文帝紀」下 魏廢帝元年秋八月條, 33쪽, "秋八月, 東梁州民叛, 率衆圍州
　　城, 太祖復遣王雄討之."

康 酋帥 黃衆寶 등과 함께 군대를 일으켜 東梁州를 공격하였다.[19] 巴州刺史 杜淸和와 安康 酋帥 黃衆寶가 반란을 일으킨 이유는 南洛州刺史 泉仲遵이 선정을 베푼 데 비해 東梁州都督은 그렇지 못했거나 폭정을 저질렀기 때문일 것이다.[20] 杜淸和와 黃衆寶는 선정을 베푸는 泉仲遵의 지배를 받고 싶어 했으나 西魏 朝廷이 반대하자 반란을 일으켰다. 王雄이 東梁州를 평정한 후 東梁州 일대의 豪帥를 雍州로 옮겼다.[21] 유력한 지방세력을 西魏의 수도 長安과 그 인근의 雍州로 徙民하여 東梁州에서 반란을 일으킬 세력을 제거한 조치였다. 이어서 杜淸和가 다스렸던 巴州를 洵州로 바꾸고 泉仲遵에게 예속시켰다.[22] 이는 西魏朝廷이, 東梁州의 반란이 東梁州刺史 劉孟良의 貪虐과 가렴주구였음을 알았다는 뜻이다. 실제로 東梁州의 羣蠻은 泉仲遵이 廉簡으로 대우하자 복종하게 되었다.[23] 또 東梁州를 金州로 바꾸어[24] 猛

---

19 『周書』卷44「泉企傳附仲遵傳」, 789쪽, "初, 蠻帥杜淸和自稱巴州刺史, 以州入附. 朝廷因其所據授之, 仍隸東梁州都督. 淸和以仲遵善於撫御, 請隸仲遵. 朝議以山川非便, 弗之許也. 淸和遂結安康酋帥黃衆寶, 擧兵共圍東梁州, 復遣王雄討平之."

20 『周書』卷44「泉企傳附仲遵傳」에서 東梁州刺史 劉孟良이 貪汚하여 대다수의 民이 背叛하였다고 기록하였다(『周書』卷44「泉企傳附仲遵傳」, 789쪽, "先是, 東梁州刺史劉孟良在職貪婪, 民多背叛."). 이는 漢川 일대의 土着民들이 반란을 일으킨 이유가 劉孟良의 가렴주구와 貪虐 때문이었음을 알 수 있다.

21 『周書』卷2「文帝紀」下 魏廢帝二年二月條, 33쪽, "二月, 東梁州平, 遷其豪帥於雍州."

22 『周書』卷44「泉企傳附仲遵傳」, 789쪽, "改巴州爲洵州, 隸於仲遵."

23 위와 같음, "仲遵以廉簡處之, 羣蠻率服."

24 『周書』卷2「文帝紀」下 魏廢帝三年春正月條, 34쪽, "又改置州郡及縣: 改東雍爲華州, 北雍爲宜州, 南雍爲蔡州, 華州爲同州, 北華爲鄜州, 東秦爲隴州, 南秦爲成州, 北秦爲交州, 東荊爲淮州, 南荊爲昌州, 東夏爲延州, 南夏爲長州, 東梁爲金州, 南梁爲隆州, 北梁爲靜州, 陽都爲汾州, 南汾爲勳州, 汾州爲丹州, 南鹽爲寧州, 南岐爲鳳州, 南洛爲上州, 南廣爲淸州, 南襄爲湖州, 西涼爲甘州, 西郢爲鴻州, 西益爲利州, 東巴爲集州, 北應爲輔州, 恆州爲均州, 沙州爲深州, 寧州爲麓州, 義州爲巖州, 新州

將 宇文虯를 金州刺史에 임명하였다.[25] 이 역시 무력으로 金州 일대를 통치할 것을 꾀한 것이다. 이때 白虎蠻 扶猛은 西魏가 魏興을 점령하자 무리를 이끌고 험한 곳에 요새를 만들고 사태를 관망하였다. 王雄이 魏興의 반란을 격파하자 扶猛은 항복하였다. 宇文泰는 扶猛을 羅州刺史로 임명하고 扶猛이 이끄는 1,000人을 賀若敦의 군대에 배속하여 信州를 토벌하게 하였다.[26] 이로써 西魏는 扶猛의 군대를 빼앗아 扶猛의 세력을 약화시켰다.

한편 達奚武는 3만을 이끌고 漢川을 공격하여 먼저 武興과 白馬의 梁軍이 항복하자 계속 진격하여 南鄭을 포위하였고 결국 梁 梁州刺史 蕭循의 항복을 받아 劍閣 이북 지역을 평정하였다.[27] 西魏는 大丞相府 右長史 鄭孝穆을 梁州刺史에 임명했으나 병으로 취임하지 못하였다. 대신 王悅이 刺史의 직책을 대행하였고 민심수습에 성공하였다. 西魏의 漢川(漢中) 점령은 巴蜀 지역의 豪族들에게 영향을 주어 劍閣과 가

爲溫州, 江州爲沔州, 西安爲鹽州, 安州爲始州, 幷州爲隨州, 肆州爲塘州, 冀州爲順州, 淮州爲純州, 揚州爲潁州, 司州爲憲州, 南平爲昇州, 南郢爲歸州, 靑州爲眉州. 凡改州四十六, 置州一, 改郡一百六, 改縣二百三十.”

25 『周書』 卷29 「宇文虯傳」, 492쪽, “虯每經行陣, 必身先卒伍, 故上下同心, 戰無不克. 尋而魏興復叛, 虯又與王雄討平之. 俄除金州刺史, 進位大將軍.”

26 『周書』 卷42 「扶猛傳」, 795쪽, “魏大統十七年, 大將軍王雄拓定魏興, 猛率其衆據險爲堡, 時遣使微通餉饋而已. 魏廢帝元年, 魏興叛, 雄擊破之, 猛遂以衆降. 太祖以其世據本鄕, 乃厚加撫納, 授車騎大將軍 · 儀同三司, 加散騎常侍, 復爵宕渠縣男. 割二郡爲羅州, 以猛爲刺史. 令率所部千人, 從開府賀若敦南討信州.”

27 『周書』 卷19 「達奚武傳」, 304쪽, “十七年, 詔武率兵三萬, 經略漢川. 梁將楊賢以武興降, 梁深以白馬降, 武分兵守其城. 梁梁州刺史 · 宜豐侯蕭循固守南鄭, 武圍之數旬, 循乃請服, 武爲解圍. 會梁武陵王蕭紀遣其將楊干運等將兵萬餘人救循, 循於是更據城不出. 恐援軍之至, 表里受敵, 乃簡精騎三千, 逆擊干運於白馬, 大破之. 干運退走. 武乃陳蜀軍俘級於城下. 循知援軍被破, 乃降, 率所部男女三萬口入朝, 自劍以北悉平.”

까운 南安 豪族 任果가 西魏에 항복하였다.[28]

　그러나 漢中(漢川) 통치는 공고하지 않았다. 達奚武의 漢中 공격 당시 경제와 軍糧 보급을 담당한 叱羅協[29]이 廢帝元年(552) 南冀州刺史에 임명되었을 때 東益州(후에 興州로 개칭) 刺史 楊辟邪가 이미 반란을 일으킨 상태였다. 叱羅協은 廢帝 2년(553) 3,000 이하의 步騎로 楊辟邪의 반란을 평정하고 1만 인을 죽였다.[30] 이후 東益州(興州)는 안정되었다. 같은 해 大都督 興西蓋等六州諸軍事 興州刺史에 임명된 宇文貴는 興州氏를 귀부시켰고, 梁州에 屯田을 설치하자고 건의하니 여러 州가 풍족해졌다.[31] 이 기사에서 梁州(漢中)가 주변의 여러 州에 주둔한 군사들에게 식량을 공급하는 경제적 중심지였음을 알 수 있다. 또 당시 漢川 지방통치에 名將이 이끄는 군대가 주둔하는 무력에 의존했음을 확인할 수 있다.

28　前島佳孝, 「西魏の漢川進出と梁の內訌」, 『西魏·北周政權史の硏究』(原載 「西魏の漢川進出と梁の內訌」, 『中央大學大學院硏究年報』 28, 文學硏究科篇, 1999), 258-271쪽.

29　「叱羅協墓誌」, 『新出魏晉南北朝墓誌疏證』, 270쪽, "十七年, 太祖經略漢中, 以公行支邑州刺史, 委以西南道支度軍糧."

30　『周書』 卷11 「晉蕩公護傳附叱羅協傳」, 178쪽, "初, 太祖欲經略漢中, 令協行南岐州刺史, 幷節度東益州戎馬事. 魏廢帝元年, 卽授南岐州刺史. 時東益州刺史楊辟邪據州反. 二年, 協率所部兵討之, 軍次涪水. 會有氐賊一千人斷道破橋. 協遣儀同仇買等行前擊之, 賊開路, 協乃領所部漸進. 又有氐賊一千人邀協, 協乃將兵四百人守硤道, 與賊短兵接戰, 賊乃退避. 辟邪棄城走, 協追斬之, 羣氐皆伏. 以功授開府. 仍爲大將軍尉遲迥長史, 率兵伐蜀. 旣入劍閣, 迥令協行潼州事."; 「叱羅協墓誌」, 270쪽, "尋値興州刺史楊辟邪率民反叛, 擁衆二萬, 搖蕩壹隅. 公時步騎不滿三千, 運奇設策, 指日平殄, 兼自奮勇, 手斬三人, 猛氣橫流, 刃爲之折. 太祖壯公胆決, 驛騎送刀, 賊徒奔散, 死者萬計, 遠近淸怗, 公之力焉."

31　『周書』 卷19 「宇文貴傳」, 313쪽, "二年, 授大都督·興西蓋等六州諸軍事·興州刺史. 先是興州氏反, 自貴至州, 人情稍定. 貴表請於梁州置屯田, 數州豐足."

梁은 西魏의 漢川(漢中) 통치를 묵인하였다. 당시 梁元帝는 侯景과 싸웠고, 益州의 蕭紀와 반목하였기 때문에 西魏를 적으로 만들 필요가 없었다. 따라서 漢川 수복을 포기하고 도리어 西魏와 通交하였다. 이러한 외교정세 덕분에 西魏는 梁의 침입을 받지 않고 漢川(漢中) 일대를 안정적으로 통치할 기회를 얻었다.[32]

2. 巴蜀 지역의 征服과 統治

1 尉遲逈의 巴蜀 정복

于謹은 宇文泰에게 關中의 지리적 이점으로 "西有巴蜀之饒", 즉 巴蜀의 경제력을 꼽았다.[33] 西魏가 漢川(漢中), 즉 梁州 일대를 점령한 것도 巴蜀 공격을 위한 첫걸음이었다. 漢中을 비롯한 漢水 상류를 점령한 西魏가 巴蜀을 넘보는 사이에 梁元帝는 형제들과 싸우는 상황에서 西魏에 도움을 요청하였다. 이에 宇文泰는 諸將과 巴蜀 정벌을 의논하였다.

---

32 前島佳孝, 「西魏の漢川進出と梁の內訌」, 275-279쪽.

33 『周書』 卷15 「于謹傳」, 246쪽, "及岳被害, 太祖赴平涼. 謹乃言於太祖曰: '魏祚陵遲, 權臣擅命, 羣盜蜂起, 黔首嗷然. 明公伏超世之姿, 懷濟時之略, 四方遠近, 咸所歸心. 願早建良圖, 以副衆望.' 太祖曰: '何以言之?' 謹對曰: '關右, 秦漢舊都, 古稱天府, 將士驍勇, 厥壤膏腴, 西有巴蜀之饒, 北有羊馬之利. 今若據其要害, 招集英雄, 養卒勸農, 足觀時變. 且天子在洛, 逼迫羣兇, 若陳明公之懇誠, 算時事之利害, 請都關右, 帝必嘉而西遷. 然後挾天子而令諸侯, 奉王命以討暴亂, 桓·文之業, 千載一時也.'"

"侯景이 江을 건넜을 때 梁元帝는 江陵에 주둔하고 있었는데, 이미 內難이 자주 일어나자 이웃과 화친하기를 청하였다. 梁元帝의 弟 武陵王 紀는 蜀에서 稱帝하고 무리를 이끌고 동쪽으로 진격하여 장차 梁元帝를 공격하려고 하였다. 梁元帝는 매우 두려워하여 편지를 보내 구원병을 청함과 동시에 蜀 정벌을 청하였다. 太祖[宇文泰]는 '蜀은 가히 도모할 수 있다. 蜀을 취하고 梁을 제어하는 것이 한 번에 가능하다'라고 말하였다. 이에 羣公과 함께 모여 의논하니 諸將은 찬성과 반대로 갈렸다. 오직 [尉遲]逈이 武陵王 紀가 정예부대를 모두 이끌고 동쪽으로 진격하면 蜀은 반드시 空虛할 것이므로, 王師가 蜀에 臨하면 반드시 싸우지 않고 차지할 것이라고 말했다. 太祖는 尉遲逈의 주장이 매우 옳다고 여기고 尉遲逈에게 '蜀 정벌의 일을 모두 너에게 맡긴다면 어떤 계책을 내놓을 것인가?'라고 물었다. 尉遲逈은 '蜀과 中國이 隔絶된 지 100여 년이 지났고 蜀 山川의 險阻를 믿고 우리 군대가 이르는 것을 걱정하지 않을 겁니다. 정예의 甲士와 騎兵으로 재빨리 습격하면 됩니다. 평탄한 길은 하루에 이틀 가는 속도로 빨리 진격하고 험한 길에서는 천천히 진격하면 예기치 못하게 腹心에 도달할 수 있습니다. 蜀人은 官軍의 신속한 진격을 두려워하여 반드시 官軍의 기세를 보고 지킬 수 없을 것입니다'라고 말하였다."[34]

---

34 『周書』卷21「尉遲逈傳」, 349-350쪽, "侯景之渡江, 梁元帝時鎭江陵, 旣以內難方殷, 請修鄰好. 其弟武陵王紀, 在蜀稱帝, 率衆東下, 將攻之. 梁元帝大懼, 乃移書請救, 又請伐蜀. 太祖曰: '蜀可圖矣. 取蜀制梁, 在玆一擧.' 乃與羣公會議, 諸將多有異同. 唯逈以爲紀旣盡銳東下, 蜀必空虛, 王師臨之, 必有征無戰. 太祖深以爲然, 謂逈曰: '伐蜀之事, 一以委汝, 計將安出?' 逈曰: '蜀與中國隔絶百有餘年, 恃其山川險阻, 不虞我師之至. 宜以精甲銳騎, 星夜襲之. 平路則倍道兼行, 險途則緩兵漸進, 出其不意, 沖其腹心. 蜀人旣駭官軍之臨速, 必望風不守矣.'"

위의 인용문은『周書』「尉遲逈傳」의 기록이다. 侯景이 梁의 수도 建康을 점령했을 때 梁武帝의 아들들은 힘을 합하여 싸우지 않고 서로 반목하였다. 이는 梁元帝가 侯景을 타도한 이후에도 지속되었다. 尉遲逈은 長江 상류 益州의 武陵王 蕭紀가 長江 중류의 江陵(荊州)을 공격하면 본거지를 비울 것이므로 西魏軍이 기습하면 허를 찔러 이길 수 있다고 보았다. 西魏는 위의 인용문처럼 梁의 골육상쟁을 이용하여 巴蜀을 정복할 기회를 잡았다. 宇文泰는 廢帝二年 二月(553. 3) 大將軍 尉遲逈을 보내 巴蜀을 공격하도록 하였다.[35] 이때 達奚寔은 行南岐州事가 되어 군량 보급을 책임졌다. 예전에 山氏가 부역을 바치지 않았으나 達奚寔이 설득하니, 氏人이 賦稅를 바쳤다. 達奚寔은 이를 巴蜀을 공격하는 西魏軍에 공급하여 군량문제를 해결하였다.[36] 尉遲逈이 이끄는 西魏軍은 散關에서 固道를 거쳐 秦嶺 산맥을 넘고 白馬와 晉壽를 거쳐 劍閣으로 진격하였다. 그리고 6개월 만인 八月(553. 8-9) 成都를 함락하여 劍南 지역을 평정하였다.[37]

---

35 『周書』卷2「文帝紀」下 魏廢帝二年二月條, 33쪽, "三月, 太祖遣大將軍·魏安公尉遲逈率衆伐梁武陵王蕭紀於蜀."

36 『周書』卷29「達奚寔傳」, 503쪽, "魏廢帝二年, 除中外府司馬. 大軍伐蜀, 以寔行南岐州事, 兼都軍糧. 先是, 山氏生獷, 不供賦役, 歷世羈縻, 莫能制御. 寔導之以政, 氏人感悅, 並從賦稅. 於是大軍糧餉, 咸取給焉."

37 『周書』卷2「文帝紀」下 魏廢帝二年八月條, 34쪽, "八月, 克成都, 劍南平."

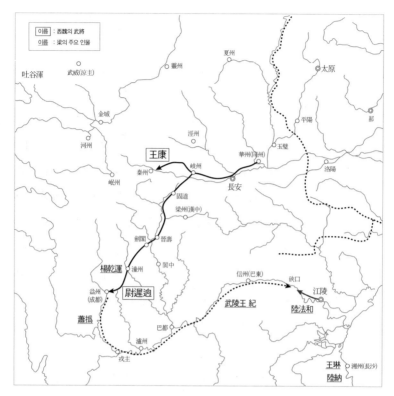

〈지도 23〉 西魏軍의 巴蜀 진격과 정복[38]

『周書』「尉遲逈傳」에서 西魏軍의 巴蜀 정벌과정을 다음과 같이 서술하였다.

"이때 尉遲逈에게 開府 元珍·乙弗亞·萬俟呂陵始·叱奴興·綦連雄·宇文升 等 6軍을 지휘하고 甲士 1만 2,000과 騎 1만 正을 거느리고, 蜀[益

---

38 前島佳孝, 「西魏の四川進攻と梁の帝位鬪爭」, 311쪽, 圖12 四川進出槪要圖.

州를 포함한 四川 지역]을 정벌하도록 명령하였다. 廢帝 2년(553) 春 散關을 나와 固道를 거쳐 白馬로 나간 후, 晉壽로 진격하여 平林의 舊道를 열었다. 前軍은 劍閣으로 진격하니 蕭紀의 安州刺史 樂廣은 항복하였다. 蕭紀의 梁州刺史 楊乾運은 潼州를 지키고 있다가 역시 항복하였다. 尉遲迥은 六月 潼州에 이르러 將士들에게 큰 연회를 베풀고 이어서 이들을 이끌고 西進하였다. 武陵王 紀의 益州刺史 蕭撝는 감히 싸울 생각을 못하고 결국 농성하며 지켰다. 西魏軍이 진격하여 成都를 포위하였다. 처음에 蕭紀가 巴郡에 이르렀을 때 尉遲迥이 來侵한다는 소식을 듣고 譙淹을 보내 군대를 돌아오게 하여 蕭撝의 外援이 되게 하였다. 尉遲迥은 元珍·乙弗亞 等에게 輕騎로써 譙淹의 군대를 격파하게 하니 譙淹은 드디어 항복하였다. 蕭撝는 전후 수십 번 싸웠으나 모두 尉遲迥에게 패하였다. 蕭撝와 蕭紀의 아들 宜都王 肅, 文武 官屬이 西魏의 軍門을 방문하여 알현을 청하니 尉遲迥은 禮로써 그들을 대우하였다."[39]

尉遲迥은 散關을 출발하여 秦嶺을 넘고 潼州를 거쳐 益州의 治所 成都에 이르렀다. 이때 蕭紀는 梁元帝를 공격하기 위해 成都를 떠나 巴郡에 있었다. 즉 西魏軍은 蕭紀가 梁元帝와 싸우는 사이 허점을 찔러 방어가 약한 成都를 공격한 것이다.『梁書』「武陵王紀傳」에서 蕭紀는 南梁州刺史 譙淹을 成都로 보내 구원하게 하였고 이어서 五月 潼

---

39 『周書』卷21「尉遲迥傳」, 350쪽, "於是乃令迥督開府元珍·乙弗亞·(萬)俟呂陵始·叱奴興·綦連[雄]·宇文昇等六軍, 甲士一萬二千, 騎萬疋, 伐蜀. 以魏廢帝二年春, 自散關由固道出白馬, 趣晉壽, 開平林舊道. 前軍臨劍閣, 紀安州刺史樂廣, 以州先降. 紀梁州刺史楊干運時鎭潼州, 又降. 六月, 迥至潼州, 大饗將士, 引之而西. 紀益州刺史蕭撝不敢戰, 遂嬰城自守. 進軍圍之. 初, 紀至巴郡, 聞迥來侵, 遣譙淹回師, 爲撝外援. 迥分遣元珍·乙弗亞等以輕騎破之, 遂降. 撝前後戰數十合, 皆爲迥所破. 撝與紀子宜都王肅, 及其文武官屬, 詣軍門請見, 迥以禮接之."

州刺史 楊乾運이 항복하였다고 기록하였다.[40] 이는 위의 인용문과 선후관계가 바뀌었다. 成都城을 지키며 西魏軍에게 저항하던 蕭撝와 신하들은 결국 항복할 수밖에 없었다. 이때 武陵王 蕭紀는 梁元帝의 거점인 江陵을 공격하고 있었다. 巴東民 苻昇과 徐子初 等이 硤口城主 公孫晃을 죽이고 梁元帝에게 항복하였다. 또 王琳·宋簉·任約·謝答仁 등이 蕭紀의 將軍 侯叡를 進攻하여 3개의 壘를 점령하니 이때 兩岸의 10여 城이 모두 梁元帝에게 항복하였다. 將軍 樊猛이 武陵王 蕭紀와 셋째 아들 圓滿을 사로잡아 硤口에서 죽였다.[41] 武陵王 蕭紀가 피살되어 巴蜀의 저항세력은 완전히 사라진 것처럼 보였다. 西魏의 巴蜀 정복은 당시 梁 내부에서 宗室諸王 사이에 발생한 다툼 덕분이었다. 湘東王 元繹(梁元帝)은 侯景과 싸우면서 宗室諸王들과 帝位를 다투었다. 따라서 湘東王 元繹은 武陵王 蕭紀의 땅인 漢川(漢中)과 益州 일대를 西魏가 점령하도록 방치하거나 묵인하였고, 侯景 및 다른 宗室諸王의 세력을 꺾고 皇帝가 되는 데 만족하였다.[42]

---

40 『梁書』 卷55 「武陵王紀傳」, 825쪽, "太淸五年夏四月, 紀帥軍東下至巴郡, 以討侯景 爲名, 將圖荊陝. 聞西魏侵蜀, 遣其將南梁州刺史譙淹迴軍赴援. 五月日, 西魏將尉遲 迴帥衆逼涪水, 潼州刺史楊乾運以城降之, 迴分軍據守, 卽趣成都."

41 『梁書』 卷55 「武陵王紀傳」, 827-828쪽, "丙戌, 巴東民苻昇·徐子初等斬紀硤口城主 公孫晃, 降于衆軍. 王琳·宋簉·任約·謝答仁等因進攻侯叡, 陷其三壘, 於是兩岸十 餘城遂俱降. 將軍樊猛獲紀及其第三子圓滿, 俱殺之於硤口, 時年四十六."

42 前島佳孝, 「東魏·北齊等の情勢と西魏の南進戰略總括」, 『西魏·北周政權史の硏 究』, 315-320쪽.

益州를 점령한 후 尉遲逈은 吏民에게 생업에 종사하도록 하였고 약탈을 금지하고 僮隷와 儲積만을 將士에게 상으로 주었다. 尉遲逈은 大都督 益潼等十八州諸軍事 益州刺史에 임명되어 劍南 이하 封拜와 黜陟의 권력을 지녔으며 선정을 베푸니 夷夏가 귀부하였다.[43] 그러나 『周書』「尉遲逈傳」의 기록과 달리 益州의 북쪽인 新州 · 潼州 · 始州의 백성들이 五城郡 氏酋 趙雄傑 등의 선동에 현혹되어 반란을 일으켰다. 반란군은 潼州城으로 진격했으나 叱羅協이 儀同 伊婁訓과 大都督 司馬裔 등을 보내 趙雄傑의 군대를 격파하여 상황을 반전시킨이후 반란을 평정하였다.[44] 西魏는 巴蜀 각지에 유능한 지방관을 파견하여 민심을 수습하려고 하였다. 예컨대 馮遷이 廣漢郡에서,[45] 辛昂

---

43 『周書』卷21「尉遲逈傳」, 350쪽, "其吏人等, 各令復業. 唯收僮隷及儲積以賞將士. 號令嚴肅, 軍無私焉. 詔逈爲大都督 · 益潼等十八州諸軍事 · 益州刺史. 以平蜀功, 封一子爲公. 自劍閣以南, 得承製封拜及黜陟. 逈乃明賞罰, 布恩威, 綏緝新邦, 經略未附, 夷夏懷而歸之."

44 『周書』卷11「晉蕩公護傳附叱羅協傳」, 178-179쪽, "仍爲大將軍尉遲逈長史, 率兵伐蜀. 旣入劍閣, 逈令協行潼州事. 時有五城郡氐酋趙雄傑等扇動新 · 潼 · 始三州民反叛, 聚結二萬餘人, 在州南三里, 隔涪水, 據槐林山, 置柵拒守. 梓潼郡民鄧朏 · 王令公等招誘鄕邑萬餘人, 復在州東十里, 涪水北, 置柵以應之. 同逼州城, 城中糧少, 軍人乏食. 協撫安內外, 咸無異心. 遣儀同伊婁訓 · 大都督司馬裔等將步騎千餘人, 夜渡涪水擊雄傑, 一戰破之. 令公以雄傑敗, 亦棄柵走還本郡. 復與鄧朏等更率萬餘人, 於郡東南隔水置柵, 斷絶驛路. 協遣儀同楊長樂, 與司馬裔等率師討之; 復遣大都督裴孟嘗領百姓繼進, 爲其聲勢. 孟嘗旣至梓潼, 値水漲不得卽渡. 而王令公 · 鄧朏見孟嘗騎少, 乃將三千餘人圍之數重. 孟嘗以衆寡不敵, 各棄馬短兵接戰. 從辰至午, 於陣斬令公及朏等. 賊徒旣失渠帥, 遂卽散走. 其徒黨仍據舊柵. 而孟嘗方得渡水與長樂合. 卽勒兵攻柵, 經三日, 賊乃請降. 此後數有反叛, 協輒遣兵討平之."

45 『周書』卷11「晉蕩公護傳附馮遷傳」, 181쪽, "久之, 出爲廣漢郡守. 時蜀土初平, 人情擾動, 遷政存簡恕, 夷俗頗安之."

은 龍安郡에서[46] 각각 민심을 수습하는 데 성공하였다. 그리고 西魏의 통치를 거부하는 지역에 토벌군을 보냈다. 예컨대 田弘은 梁 信州 刺史 蕭韶를 평정하여 信州를 점령하였다.[47] 信州는 長江 상류의 巴蜀과 중류의 荊州 사이에 위치한 三峽에 위치하였다. 信州의 점령은 西魏가 巴蜀의 동쪽 지역까지 장악했음을 의미한다.

巴蜀은 戰國時代부터 농업과 상업이 발달한 부유한 지역이었다. 巴蜀 지역은 유명한 李冰의 治水事業 성공과 鑛山開發, 遠隔地 商業과 도시의 발달로 점차 경제적으로 성장하였다.[48] 이러한 경제 발전과정에서 秦 始皇帝 시기 巴郡의 寡婦 淸[49]과 前漢 武帝 시기 蜀郡 臨邛縣의 卓氏(卓王孫)[50] 등 광산과 교역에 종사하여 부를 축적한 거부들이 출현하였다. 『華陽國志』에 따르면, 蜀郡 廣都縣의 大豪 馮氏가 魚池와 鹽井을 소유하였고,[51] 巴郡 臨江縣의 豪門 역시 家에 鹽井을 가지

---

46 『周書』卷39「辛慶之傳附昂傳」, 698쪽, "及尉遲迥伐蜀, 昂召募從軍. 蜀平, 以功授輔國將軍, 魏都督. 迥仍表昂爲龍州長史, 領龍安郡事. 州帶山谷, 舊俗生梗. 昂威惠洽著, 吏民畏而愛之."

47 『周書』卷27「田弘傳」, 449쪽, "平蜀之後, 梁信州刺史蕭韶等各據所部, 未從朝化, 詔弘討平之."

48 宇都宮淸吉, 「僮約硏究」, 『漢代社會經濟史硏究』, 弘文堂, 1955, 347-353쪽; 崔珍烈, 「後漢末·魏晉時期 僑人政權과 巴蜀社會」, 93쪽.

49 『史記』卷129「貨殖列傳」, 3260쪽, "而巴(蜀)寡婦淸, 其先得丹穴, 而擅其利數世, 家亦不訾."

50 『史記』卷129「貨殖列傳」, 3277쪽, "蜀卓氏之先, 趙人也, 用鐵冶富. 秦破趙, 遷卓氏. 卓氏見虜略, 獨夫妻推輦, 行詣遷處, 諸遷虜少有餘財, 爭與吏, 求近處, 處葭萌. 唯卓氏曰: '此地狹薄. 吾聞汶山之下, 沃野, 下有蹲鴟, 至死不飢. 民工於市, 易賈.' 乃求遠遷. 致之臨邛, 大喜, 卽鐵山鼓鑄, 運籌策, 傾滇蜀之民, 富至僮千人. 田池射獵之樂, 擬於人君."

51 『華陽國志』(常璩 撰, 任乃强 校注, 『華陽國志校補圖注』, 上海: 上海古籍出版社, 1987) 卷3「蜀志」蜀郡廣都縣條, 158쪽, "有鹽井·漁田之饒. 大豪馮氏, 有魚池·鹽井."

고 있었다.[52] 『華陽國志』가 東晉末 씌어졌음을 감안하면, 최소한 東晉 時代에도 부유한 부자들이 많았음을 알 수 있다. 巴蜀이 역대로 경제 가 발전하고 부유한 지역이었기 때문에 諸葛亮은 隆中對에서 劉備에 게 巴蜀 지역이 예로부터 지세가 험하고 沃野가 1,000리에 달하여 天 府라고 불렸던 지역이었다고 설명하였다.[53] 巴蜀의 부유함은 西魏가 巴蜀을 정복하기 직전까지 이어졌다. 武陵王 蕭紀 시기 巴蜀의 부유 함은 아래와 같이 묘사되었다.

"남쪽으로 寧州·越巂을 열고 서쪽으로 資陵·吐谷渾으로 통하였다. 안으로 耕·桑·鹽·鐵에 힘쓰고 밖으로 商賈와 통하여 遠方의 이익을 취 하였으니, 따라서 財用을 늘리고 器甲은 풍부하게 쌓였다."[54]

위의 인용문에서 알 수 있듯이, 巴蜀 지역은 農耕과 養蠶, 소금 생 산과 제철업 등이 발전하였으며, 吐谷渾 등 주변국과 교역하였고 다 른 지역과의 교역을 통해 부유하였다. 武陵王 蕭紀가 湘東王 元繹 (梁元帝)을 공격할 때, 黃金 100斤(100籯)과 銀 500斤을 가지고 갔고, 錦·罽·繒·采는 무수히 많았다.[55] 이러한 귀중품은 교역과 製鹽·製 鐵 수입으로 얻었을 것이다.[56] 이처럼 巴蜀은 부유하고 많은 세금을

---

52 『華陽國志』卷 3 「巴志」 巴郡臨江縣條, 30쪽, "其豪門亦家有鹽井."
53 『三國志』卷35 「蜀書」5 「諸葛亮傳」, 912쪽, "益州險塞, 沃野千里, 天府之土, 高祖因 之以成帝業."
54 『南史』卷53 「梁武帝諸子·武陵王紀傳」, 1332쪽, "南開寧州·越巂, 西通資陵·吐谷 渾, 內修耕桑鹽鐵之功, 外通商賈遠方之利, 故能殖其財用, 器甲殷積."
55 위와 같음, "旣東下, 黃金一斤爲餅, 百餅爲籯, 至有百籯; 銀五倍之, 其他錦罽繒采 稱是."
56 崔珍烈, 「西魏北周의 巴蜀 정복과 지배」, 120-122쪽.

거둘 수 있는 지역이었다. 실제로 益州는 西魏北周의 軍國財政에 중요한 부분을 차지하였다.[57]

西魏北周는 巴蜀 전체를 총괄하는 益州總管의 人選에 주의하였다. 巴蜀의 중심지인 益州都督 혹은 益州總管 임명자를 분석한 선행연구에 따르면, 柱國·上柱國 등 최고위 武將을 임명하지 않았고, 北齊 정복 이후 宗室 출신은 임명되지 않았다.[58]

이는 잘못된 분석이다. 『周書』「齊煬王憲傳」에 따르면, 宇文泰는 巴蜀이 形勝之地, 즉 외부와 단절되어 자립할 수 있는 지역이었기 때문에 동료 장수들을 益州總管이나 益州刺史 등 巴蜀의 주요 지방관에 임명하려고 하지 않았다.[59] 대신 믿을 수 있는 아들 중 한 명을 益州都督(總管)에 임명하려고 하였으나 모두 나이가 어려 대신 외조카 尉遲迥을 益州總管에 임명하였다. 또 宇文泰의 아들들이 성인이 된 北周明帝 武成初에야 비로소 齊王 宇文憲은 益州總管에 임명되었다. 이두 사람은 宇文泰의 아들이거나 조카로서 믿을 수 있는 인물이었기 때문에 益州總管에 임명된 것이다.

西魏는 이 지역의 민심 수습과 원활한 지배를 꾀하며 財富를 수취

---

57 『周書』卷39 「辛慶之傳附昻傳」, 698쪽, "時益州殷阜, 軍國所資."

58 前島佳孝, 「西魏·北周の四川支配の確立とその經營」, 『西魏·北周政權史の硏究』 (原載 「西魏·北周の四川支配の確立とその經營」, 『中央大學人文硏紀要』 65, 2009), 331-348쪽.

59 『周書』卷12 「齊煬王憲傳」, 187-188쪽, "世宗卽位, 授大將軍. 武成初, 除益州總管· 益寧巴瀘等二十四州諸軍事·益州刺史, 進封齊國公, 邑萬戶. 初, 平蜀之後, 太祖以 其形勝之地, 不欲使宿將居之. 諸子之中, 欲有推擇. 遍問高祖已下, 誰能此行. 並未 及對, 而憲先請. 太祖曰: '刺史當撫衆治民, 非爾所及. 以年授者, 當歸爾兄.' 憲曰: '才用有殊, 不關大小. 試而無效, 甘受面欺.' 太祖大悅, 以憲年尚幼, 未之遣也. 世宗 追遵先旨, 故有此授. 憲時年十六, 善於撫綏, 留心政術, 辭訟輻湊, 聽受不疲. 蜀人 懷之, 共立碑頌德."

하려고 하였다. 이를 위해 유능한 지방관을 파견하였다. 崔謙은 恭帝
初 利州에서,[60] 元偉는 保定 2년(562) 成州에서,[61] 侯莫陳凱는 保定년
간(561-565) 陵州에서,[62] 趙文表는 天和년간(566-572) 蓬州에서,[63] 辛昂
은 渠州와 通州에서,[64] 鄭術은 始州와 遂州에서,[65] 그리고 恭帝 시기
益州의 和仁郡에서,[66] 達符忠은 潼州[67]와 信州[68]에서, 尹昇[69]은 興州에
서 각각 선정을 베풀어 민심을 얻고 지방통치를 강화할 수 있었다. 西
魏北周의 조정에서도 사신을 파견해 치안유지에 신경을 썼다. 예컨대
辛昂은 梁州와 益州에 사신으로 파견되어 軍民의 사무를 처리하였고

---

60 『周書』卷35「崔謙傳」, 613쪽, "魏恭帝初, 轉利州刺史. 謙性明悟, 深曉政術, 又勤於
    理務, 民訟雖繁, 未嘗有懈倦之色. 吏民以是敬而愛之. 時有蜀人賈晃遷擧兵作亂, 率
    其黨圍逼州城. 謙倉卒分部, 纔得千許人, 便率拒戰. 會梁州援兵至, 遂擒晃遷, 餘人
    乃散. 謙誅其渠帥, 余並原之. 旬日之間, 遂得安輯."

61 『周書』卷38「元偉傳」, 688쪽, "保定二年, 遷成州刺史. 偉政尚淸靜, 百姓悅附, 流民
    復業者三千餘口."

62 『周書』卷16「侯莫陳崇傳附凱傳」, 271쪽, "保定中, 復爲陵州刺史, 轉丹州刺史. 所在
    頗有政績."

63 『周書』卷33「趙文表傳」, 582쪽, "所管地名恆陵者, 方數百里, 並生獠所居, 恃其險
    固, 常懷不軌. 文表率衆討平之. 遷蓬州刺史, 政尚仁恕, 夷獠懷之."

64 『周書』卷39「辛慶之傳附昂傳」, 698쪽, "朝廷嘉其權以濟事, 詔梁州總管·杞國公亮
    卽於軍中賞昂奴婢二十口·繒彩四百匹. 亮又以昂威信佈於宕果, 遂表爲渠州刺史.
    俄轉通州刺史. 昂推誠布信, 甚得夷獠歡心. 秩滿還京, 首領皆隨昂詣闕朝覲. 以昂
    化洽夷華, 進位驃騎大將軍·開府 儀同三司."

65 鄭術은 始州와 遂州에서 법을 엄격하게 적용하고 백성들에게 관대하게 대하였다
    (「鄭術墓誌」, 261-262쪽, "俄而再遷始·遂二州刺史. 襄帷萬里, 布政兩蕃, 豪右畏其
    秋霜, 輿民愛其冬日.").

66 鄭術은 益州 和仁郡守에 임명되어 풍속을 바꾸는 등 선정을 베풀었다(「鄭術墓誌」,
    261쪽, "始庸蜀初附, 邛莋未賓, 盛選明賢, 撫玆荒梗. 後三年, 除益州和仁郡守. 勝
    殘去煞, 易俗移風, 載興五之歌, 遽動兩歧之頌.").

67 陳財經,「讀北周信州總縮(管)達符忠墓誌」,『碑林集刊』14, 2008, 8쪽, "□□□拜潼
    州諸軍事·潼州刺史. 君宣八政, 振六條, 禮賢良, 問耆老, □風俗□□□愼達, 方□
    校政. 四民各安其生, 三時無失其務. 俄而廷議, 以□巴峽□□陽關□終, 養言良校,

劫盜를 撫導하고 城鎮을 설치하니 수년 후에 안정되었다.[70]

巴蜀에는 氐와 羌,[71] 獠[72] 등 이민족과 流民들이 많았다. 따라서 이 지역 지방관은 이들을 안치시키고 호적에 등록시켜 세원을 파악하기 위해 노력하였다. 예컨대 成州刺史 元偉는 淸靜한 정치로 백성들을 감동시켰고 流民 3,000여 口가 생업에 복귀하였다.[73] 趙剛은 北周 孝閔帝 시기 沙州氐를 복속시켰고 生獠를 招納하여 賦役을 징수하였다.[74] 李輝는 北周 天和 6년(571) 梁州總管에 임명되어 渠州와 蓬州(巴東)의 生獠를 귀부시켰다.[75] 이들의 노력으로 최소 3,000戶 이상의 호구를 편호로 편제하고 조세를 거둘 수 있었다.

斂議修歸." 達符忠은 潼州刺史에 임명되어 益州 북쪽 지역을 잘 다스렸다.

68 達符忠은 信州에서 재판을 잘하였고 農桑을 장려하는 등 선정을 베풀었다(陳才經, 「讀北周信州總綰(管)達符忠墓誌」, 8쪽, "乃征拜都督信 · 開 · 臨 · 南四州諸(軍事) · 信州刺史. 君稟神策于上京, 暢皇威于下國, 寄心神于市獄, 勤正□于農桑. 茂貫□于江岷, 英聲響于雲闕.").

69 尹昇이 興州에서 도적을 토벌하고 農桑을 장려했다(「尹昇墓誌」, 『陝西新見隋朝墓誌』(劉文 編著, 西安: 陝西新華出版傳媒集團 · 三秦出版社, 2018), 11쪽, "屬以庸蜀多虞, 蠻夷放命. 率兵一萬, 問罪西垂. 還遷興州刺史. 山澤無草竊之姦, 農桑致豐羨之業.").

70 『周書』卷39「辛慶之傳附昂傳」, 698쪽, "經塗艱險, 每苦劫盜. 詔昂使於梁 · 益, 軍民之務, 皆委決焉. 昂撫導荒梗, 安置城鎮, 數年之中, 頗得寧靜."

71 『隋書』卷29「地理志」上 益州條, 829-830쪽, "漢陽 · 臨洮 · 宕昌 · 武都 · 同昌 · 河池 · 順政 · 義城 · 平武 · 汶山, 皆連雜氐羌. 人尤勁悍, 性多質直. 皆務於農事, 工習獵射, 於書計非其長矣."

72 『隋書』卷29「地理志」上 益州條, 829쪽, "漢中之人, 質樸無文, 不甚趨利. …… 傍南山雜有獠戶, 富室亦頗參夏人爲婚, 衣服居處言語, 殆與華不別."

73 『周書』卷38「元偉傳」, 688쪽, "保定二年, 遷成州刺史. 偉政尙淸靜, 百姓悅附, 流民復業者三千餘口."

74 『周書』卷33「趙剛傳」, 574-575쪽, "孝閔帝踐阼, 進爵浮陽郡公. 出爲利州總管 · 利沙方渠四州諸軍事. 沙州氐恃險逆命, 剛再討服之. 方州生獠自此始從賦役."

75 『周書』卷15「李弼傳附輝傳」, 241쪽, "天和六年, 進位柱國. 建德元年, 出爲總管梁洋等十州諸軍事 · 梁州刺史. 時渠 · 蓬二州生獠, 積年侵暴, 輝至州綏撫, 並來歸附."

이와 함께 巴蜀 지역의 풍속교화에도 힘썼다. 『隋書』「地理志」에 따르면 漢中 지역은 鬼神 제사를 좋아하고 道敎를 숭상하였다.[76] 이는 漢中뿐만 아니라 巴蜀의 다른 지역도 마찬가지였다.[77] 특히 成都와 인근 지역은 부모와 자식이 異居하는 등 儒家 윤리와 달랐다.[78] 따라서 西魏北周의 지방관들은 道敎에 경도된 이 지역의 移風易俗에 신경 써야 했다. 예컨대 辛昻은 益州의 治所縣인 成都令이 되어 成都에 儒家 윤리를 도입하였다. 이를 위해 辛昻은 文翁學堂에서 諸生과 함께 제사 지내고 잔치를 벌이면서 孝·忠·嚴·信 등 儒家 윤리와 도덕에 힘쓸 것을 부탁하였다. 諸生은 돌아가 父老들을 설득하고 井邑에서 숙연하고 敎化에 따랐다.[79] 鄭術도 益州의 和仁郡守가 되어 移風易俗에 힘썼다.[80]

---

76 『隋書』卷29「地理志」上 益州條, 829쪽, "漢中之人, 質樸無文, 不甚趨利. 性嗜口腹, 多事田漁, 雖蓬室柴門, 食必兼肉. 好祀鬼神, 尤多忌諱, 家人有死, 輒離其故宅. 崇重道敎, 猶有張魯之風焉. 每至五月十五日, 必以酒食相饋, 賓旅聚會, 有甚於三元."

77 위와 같음, "西城·房陵·淸化·通川·宕渠, 地皆連接, 風俗頗同."

78 『隋書』卷29「地理志」上 益州條, 830쪽, "蜀郡·臨邛·眉山·隆山·資陽·瀘川·巴東·遂寧·巴西·新城·金山·普安·犍爲·越巂·牂柯·黔安, 得蜀之舊域. …… 其風俗大抵與漢中不別. 其人敏慧輕急, 貌多蕞陋, 頗慕文學, 時有斐然, 多溺於逸樂, 少從宦之士, 或至著年白首, 不離鄕邑. 人多工巧, 綾錦雕鏤之妙, 殆侔於上國. 貧家不務儲蓄, 富室專於趨利. 其處家室, 則女勤作業, 而士多自閑, 聚會宴飲, 尤足意錢之戲. 小人薄於情禮, 父子率多異居. 其邊野富人, 多規固山澤, 以財物雄役夷·獠, 故輕爲奸藏, 權傾州縣. 此亦其舊俗乎? 又有獠狿蠻賨, 其居處風俗, 衣服飲食, 頗同於獠, 而亦與蜀人相類."

79 『周書』卷39「辛慶之傳附昻傳」, 698쪽, "成都一方之會, 風俗舛雜. 迥以昻達於從政, 復表昻行成都令. 昻到縣, 卽與諸生祭文翁學堂, 因共歡宴. 謂諸生曰: '子孝臣忠, 師嚴友信, 立身之要, 如斯而已. 若不事斯語, 何以成名. 各宜自勉, 克成令譽.' 昻言切理至, 諸生等並深感悟, 歸而告其父老曰: '辛君敎誡如此, 不可違之.' 於是井邑肅然, 咸從其化."

80 「鄭術墓誌」, 261쪽, "始庸蜀初附, 邛莋未賓, 盛選明賢, 撫玆荒梗. 後三年, 除益州和仁郡守. 勝殘去煞, 易俗移風, 載興五之歌, 遽動兩歧之頌."

3 西魏北周 巴蜀 지배의 한계: 잦은 반란의 발생

2항에서『周書』,『隋書』, 각종 墓誌의 기사를 검토하면 이 지역에 파견된 지방관들은 선정을 베풀었다고 기록되었다. 그러나 이 기록들을 그대로 믿을 수 없다. 巴蜀 지역 지방관의 선정과 민심안정, 치안유지에도 불구하고 이 지역에서 氐·羌, 蠻, 獠 등 이민족뿐만 아니라 漢人들의 반란이 자주 일어났기 때문이다. 예컨대 宇文貴가 廢帝三年 (554) 尉遲逈 대신 益州에 부임하자마자 隆州人 開府 李光賜가 鹽亭縣에서 반란을 일으켜 帛玉成·寇食堂·譙淹·蒲皓·馬術 등과 함께 隆州를 공격하였다. 宇文貴는 開府 叱奴興과 開府 成亞를 보내 반란을 평정하였다. 蜀에 劫盜가 많아지자 宇文貴는 俠傑健者를 불러 모아 遊軍 24部를 편성하여 劫盜를 체포하게 되니 劫盜의 활동이 그쳤다.[81] 또 巴西人 譙淹이 南梁州를 거점으로 梁 西江州刺史 王開業과 羣蠻을 끌어들여 반란을 일으키자 賀若敦이 반란을 평정하였다.[82]『周書』등 史書에는 巴蜀 지역에서 일어난 반란이 빈출하였다. 〈표 15〉는 西魏·北周 치하 巴蜀 지역의 반란을 정리한 것이다.

---

81 『周書』卷19「宇文貴傳」, 313쪽, "三年, 詔貴代尉遲逈鎭蜀. 時隆州人開府李光賜反於鹽亭, 與其黨帛玉成·寇食堂·譙淹·蒲皓·馬術等攻圍隆州. 州人李祏亦聚衆反, 開府張遁擧兵應之. 貴乃命開府叱奴興救隆州, 又令開府成亞擊祏及遁. 勢蹙遂降, 執送京師. 除都督益潼等八州諸軍事·益州刺史, 就加小司徒. 先是蜀人多劫盜, 貴乃召任俠傑健者, 署爲遊軍二十四部, 令其督捕, 由是頗息."

82 『周書』卷28「賀若敦傳」, 474쪽, "時岷蜀初開, 民情尙梗. 巴西人譙淹據南梁州, 與梁西江州刺史王開業共爲表里, 扇動羣蠻. 太祖令敦率軍討之. 山路艱險, 人跡罕至. 敦身先將士, 攀木緣崖, 倍道兼行, 乘其不意. 又遣儀同扶猛破其別帥向鎭侯於白帝. 淹乃與開業並其黨泉玉成·侯造等率衆七千, 口累三萬, 自墊江而下, 就梁王琳. 敦邀擊, 破之. 淹復依山立柵, 南引蠻帥向白彪爲援. 敦設反間, 離其黨與, 因其懈怠, 復破之. 斬淹, 盡俘其衆."

種族	반란 시기	반란 장소	반란자 및 기타
漢人	西魏 廢帝二年(553)	南梁州	巴西人 譙淹의 반란(梁 西江州刺史 開業과 羣蠻 참여)[83]
漢人	西魏 廢帝二年(553)	伍城郡, 梓潼郡	伍城郡 趙雄傑과 梓潼郡 王令公・鄧朏 등의 반란[84]
漢人	西魏 廢帝三年(554)	鹽亭縣, 隆州	隆州人 開府 李光賜와 帛玉成・寇食堂・譙淹・蒲皓・馬術 반란[85]
漢人	西魏 恭帝初	利州	蜀人 賈晃遷의 반란[86]

83 『周書』卷28「賀若敦傳」, 474쪽, "時岷蜀初開, 民情尙梗. 巴西人譙淹據南梁州, 與梁西江州刺史王開業共爲表裏, 扇動羣蠻. 太祖令敦率軍討之. 山路艱險, 人跡罕至. 敦身先將士, 攀木緣崖, 倍道兼行, 乘其不意. 又遣儀同扶猛破其別帥向鎭侯於白帝. 淹乃與開業並其黨泉玉成・侯造等率衆七千, 口累三萬, 自墊江而下, 就梁王琳. 敦邀擊, 破之. 淹復依山立柵, 南引蠻帥向白彪爲援. 敦設反間, 離其黨與, 因其懈怠, 復破之. 斬淹, 盡俘其衆."

84 『周書』卷29「伊婁穆傳」, 499쪽, "魏廢帝二年, 穆使於蜀. 屬伍城郡人趙雄傑與梓潼郡人王令公・鄧朏等構逆, 衆三萬餘人, 阻涪水立柵, 進逼潼州. 穆遂與刺史叱羅協率兵破之."

85 『周書』卷19「宇文貴傳」, 313쪽, "三年, 詔貴代尉遲迥鎭蜀. 時隆州人開府李光賜反於鹽亭, 與其黨帛玉成・寇食堂・譙淹・蒲皓・馬術等攻圍隆州. 州人李祏亦聚衆反, 開府張遁擧兵應之. 貴乃命開府叱奴興救隆州, 又令開府成亞擊祏及遁. 勢蹙遂降, 執送京師."

86 『周書』卷35「崔謙傳」, 613쪽, "魏恭帝初, 轉利州刺史. 謙性明悟, 深曉政術, 又勤於理務, 民訟雖繁, 未嘗有懈倦之色. 吏民以是敬而愛之. 時有蜀人賈晃遷擧兵作亂, 率其黨圍逼州城. 謙倉卒分部, 纔得千許人, 便率拒戰. 會梁州援兵至, 遂擒晃遷, 餘人乃散. 謙誅其渠帥, 余並原之, 旬日之間, 遂得安輯."

87 『周書』卷11「晉蕩公護傳附叱羅協傳」, 178-179쪽, "時有五城郡氐酋趙雄傑等扇動新・潼・始三州民反叛, 聚結二萬餘人, 在州南三里, 隔涪水, 據槐林山, 置柵拒守. 梓潼郡民鄧朏・王令公等招誘鄕邑萬餘人, 復在州東十里, 涪水北, 置柵以應之. 同逼州城. 城中糧少, 軍人乏食. 協撫安內外, 咸無異心. 遣儀同伊婁訓・大都督司馬裔等將步騎千餘人, 夜渡涪水擊雄傑, 一戰破之. 令公以雄傑敗, 亦棄柵走還本郡. 復與鄧朏等更率萬餘人, 於州東南隔水置柵, 斷絶驛路. 協遣 儀同楊長樂, 與司馬裔等率師討之; 復遣大都督裴孟嘗領百姓繼進, 爲其聲勢. 孟嘗旣至梓潼, 値水漲不得卽

種族	반란 시기	반란 장소	반란자 및 기타
氐·漢人	西魏 恭帝二年(555)	新州·潼州·始州	五城郡氐酋 趙雄傑 등과 新·潼·始 3州民, 梓潼郡民 鄧朏·王令公等 鄕邑萬餘人[87]
蠻	西魏 恭帝二年(555)	信州	賀若敦과 田弘의 信州蠻 평정[88]
漢人	西魏 恭帝三年(556)	始州·利州·沙州·興州·信州·合州·開州·楚州 등	宇文泰 사후 始·利·沙·興 등 諸州 반란. 信·合·開·楚 4州도 반란[89]
獠	西魏 恭帝三年(556)	陵州	陵州 木籠獠 토벌[90]
蠻	西魏 恭帝三年(556)	黔陽	黔陽蠻 田烏度 등의 반란[91]
蠻左	北周孝閔帝元年(557)	信州	信州의 蠻左 반란[92]

渡. 而王令公·鄧朏見孟嘗騎少, 乃將三千餘人圍之數重. 孟嘗以衆寡不敵, 各棄馬短兵接戰. 從辰至午, 於陣斬令公及朏等. 賊徒旣失渠帥, 遂卽散走. 其徒黨仍據舊柵. 而孟嘗方得渡水與長樂合. 卽勒兵攻柵, 經三日, 賊乃請降. 此後數有反叛, 協輒遣兵討平之."

88　『周書』卷27「田弘傳」, 450쪽, "信州羣蠻反, 又詔弘與賀若敦等平之.";『周書』卷28「賀若敦傳」, 475쪽, "尋出爲金州都督·七州諸軍事·金州刺史. 向白彪又與蠻帥向五子等聚衆爲寇, 圍逼信州. 詔敦與開府田弘赴救, 未至而城已陷. 進與白彪等戰, 破之, 俘斬二千人. 仍進軍追討, 遂平信州."

89　『周書』卷35「崔猷傳」, 616쪽, "及太祖崩, 始利沙興等諸州, 阻兵爲逆, 信合開楚四州亦叛, 唯梁州境內, 民無貳心. 利州刺史崔謙請援, 猷遣兵六千赴之. 信州糧盡, 猷又送米四千斛. 二鎭獲全, 猷之力也."

90　『周書』卷28「陸騰傳」, 471쪽, "魏恭帝三年, 拜驃騎大將軍·開府儀同三司, 轉江州刺史, 爵上庸縣公, 邑二千戶. 陵州木籠獠恃險鱸獷, 每行抄劫, 詔騰討之. 獠旣因山爲城, 攻之未可拔. 騰遂於城下多設聲樂及諸雜伎, 示無戰心. 諸賊果棄其兵仗, 或攜妻子臨城觀樂, 騰知其無備, 密令衆軍俱上, 諸賊惶懼, 不知所爲. 遂縱兵討擊, 盡破之, 斬首一萬級, 俘獲五千人."

91　『周書』卷44「李遷哲傳」, 791-792쪽, "黔陽蠻田烏度·田都唐等每抄掠江中, 爲百姓患. 遷哲隨機出討, 殺獲甚多. 由是諸蠻畏威, 各送糧餼. 又遣子弟入質者, 千有余家. 遷哲乃於白帝城外築城以處之. 並置四鎭, 以靜峽路. 自此寇抄頗息, 軍糧贍給焉."

92　『周書』卷33「趙剛傳」, 574-575쪽, "孝閔帝踐阼, 進爵浮陽郡公. 出爲利州總管·利

種族	반란 시기	반란 장소	반란자 및 기타
氐	北周孝閔帝元年(557년)	沙州	沙州氐의 반란[93]
蠻	北周明帝 武成元年(559)	文州	豆盧永恩의 文州蠻 반란 평정[94]
氐	北周明帝 武成 2년(560)	文州	高琳의 文州氐 토벌[95]
蠻	北周明帝初	鄨州	蠻酋 蒲微의 반란[96]
漢人	北周明帝初	脩城郡	鳳州人 仇周貢 등의 난[97]
夷·夏 (漢人)	北周明帝 시기	陵州·眉州·戎州· 江州·資州·邛州· 新州·逐州 8州	陸騰의 토벌[98]

沙方渠四州諸軍事. 沙州氐恃險逆命, 剛再討服之. 方州生獠自此始從賦役. 剛以僞
信州濱江負阻, 遠連殊俗, 蠻左強獷, 歷世不賓, 乃表請討之. 詔剛率利沙等十四州
兵, 兼督儀同十人·馬步一萬往經略焉. 仍加授渠州刺史. 剛初至, 渠帥憚其軍威, 相
次降款. 後以剛師出踰年, 士卒疲弊, 尋復亡叛. 後遂以無功而還. 又與所部儀同尹才
失和, 被徵赴闕. 遇疾, 卒於路."

93 『周書』卷33「趙剛傳」, 574-575쪽, "孝閔帝踐阼, 進爵浮陽郡公. 出爲利州總管·利
沙方渠四州諸軍事. 沙州氐恃險逆命, 剛再討服之."

94 『周書』卷19「豆盧寧傳附永恩傳」, 310-311쪽, "武成元年, 遷都督利沙文三州諸軍
事·利州刺史. 時文州蠻叛, 永恩率兵擊破之."

95 『周書』卷29「高琳傳」, 497쪽, "武成初, 從賀蘭祥征吐谷渾, 以勳別封一子許昌縣公,
邑一千戶, 除延州刺史. 又從柱國豆盧寧討稽胡郝阿保·劉桑德等, 破之. 二年, 文州
氐酋反, 詔琳率兵討平之."

96 『周書』卷44「李遷哲傳」, 792쪽, "世宗初, 授都督信臨等七州諸軍事·信州刺史. 時
蠻酋蒲微爲鄨州刺史, 舉兵反. 遷哲將討之, 諸將以途路阻遠, 並不欲行. 遷哲怒曰:
蒲微蕞爾之賊, 勢何能爲. 擒獲之略, 已在吾度中矣. 諸君見此小寇, 便有憚心, 後遇
大敵, 將何以戰!' 遂率兵七千人進擊之, 拔其五城, 虜獲二千餘口."

97 『周書』卷39「杜杲傳」, 701-702쪽, "世宗初, 轉修城郡守. 屬鳳州人仇周貢等構亂,
攻逼修城, 杲信洽於民, 部內遂無叛者. 尋而開府趙昶諸軍進討, 杲率郡兵與昶合勢,
遂破平之."

98 『周書』卷28「陸騰傳」, 471쪽, "世宗初, 陵·眉·戎·江·資·邛·新·逐八州夷夏及
合州民張瑜兄弟並反, 衆數萬人, 攻破郡縣, 騰率兵討之."

種族	반란 시기	반란 장소	반란자 및 기타
獠	北周武帝 保定 2년(562)	鐵山(隆州 일대)	蠻獠의 항거, 鐵山 獠 반란[99]
漢人	北周武帝 保定 2년(562)	資州 盤石縣	資州 盤石民 반란[100]
蠻	北周武帝 天和初	信州	信州蠻·蜑의 반란[101]
漢人	北周武帝 天和初	臨州·信州·楚州·合州 등 諸州	臨州·信州·楚州·合州 등 諸州 民庶 반란 동참[102]
漢人	北周武帝 天和初	巴州 萬榮郡	巴州 萬榮郡民의 반란[103]
漢人	北周武帝 天和初	楚州·向州·臨州·容州·開州·信州 等州(地方二千餘里)	涪陵郡守藺休祖의 반란[104]

---

99 『周書』卷28「陸騰傳」, 471쪽, "而蠻·獠兵及所在蜂起, 山路險阻, 難得掩襲. 騰逐量山川形勢, 隨便開道. 蠻獠畏威, 承風請服. 所開之路, 多得古銘, 並是諸葛亮·桓溫舊道. 是年, 鐵山獠抄斷內江路, 使驛不通. 騰乃進軍討之. 欲至鐵山, 乃僞還師. 賊不以爲虞, 遂不守備. 騰出其不意擊之, 應時奔潰. 一日下其三城, 斬其魁帥, 俘獲三千人, 招納降附者三萬戶."

100 위와 같음, "保定元年, 遷隆州總管, 領刺史. 二年, 資州盤石民反, 殺郡守, 據險自守, 州軍不能制. 騰率軍討擊, 盡破斬之."

101 『周書』卷28「陸騰傳」, 472쪽, "天和初, 信州蠻·蜑據江峽反叛, 連結二千餘里, 自稱王侯, 殺刺史守令等. 又詔騰率軍討之."

102 『周書』卷39「辛慶之傳附昂傳」, 698쪽, "時臨·信·楚·合等諸州民庶, 亦多從逆. 昂諭以禍福, 赴者如歸. 乃令老弱負糧, 壯夫拒戰, 咸願爲用, 莫有怨者."

103 위와 같음, "使還, 屬巴州萬榮郡民反叛, 攻圍郡城, 遏絶山路. 昂謂其同侶曰: '兇奴狂悖, 一至於此! 若待上聞, 或淹旬月, 孤城無援, 必淪寇黨. 欲救近溺, 寧暇遠求越人. 苟利百姓, 專之可也.' 於是遂募開·通二州, 得三千人, 倍道兼行, 出其不意. 又令其衆皆作中國歌, 直趣賊壘. 賊旣不以爲虞, 謂有大軍赴救, 於是望風瓦解, 郡境獲寧."

104 『周書』卷28「陸騰傳」, 472쪽, "涪陵郡守藺休祖又據楚·向·臨·容·開·信等州, 地方二千餘里, 阻兵爲亂. 復詔騰討之. 初與大戰, 斬首二千餘級, 俘獲千餘人. 當時雖摧其鋒, 而賊衆旣多, 自夏及秋, 無日不戰, 師老糧盡, 遂停軍集市, 更思方略. 賊見騰不出, 四面競前. 騰乃激勵其衆, 士皆爭奮, 復攻拔其魚令城, 大獲糧儲, 以充軍實. 又破銅盤等七柵, 前後斬獲四千人, 幷船艦等. 又築臨州·集市二城, 以鎮遏之."

種族	반란 시기	반란 장소	반란자 및 기타
漢人	北周武帝 天和初	龍州	4騰의 龍州 諸賊 평정[105]
蠻	北周武帝 天和初	信陵·秭歸	趙㬎의 蠻酋 向天王 격파[106]
蠻	北周武帝 天和初	信州	信州蠻 冉令賢 등의 반란[107]
獠	北周武帝 天和 2년(567)[108]	梁州	梁州 生獠 반란[109]
蠻	北周武帝 시기	龍州	龍州蠻 任公忻과 李國立 등의 난[110]
夷獠	北周靜帝 시기(579–581)	信州總管區 管內	王長述의 夷獠 토벌[111]

〈표 15〉에서 알 수 있듯이 西魏가 大統 17년(551) 漢中, 廢帝二年 (553) 益州 등 巴蜀을 점령한 후 모두 28회의 반란이 발생했다. 漢人 이 11회, 蠻이 8회, 獠와 氐가 각각 4회 반란을 일으켰다(2개 이상 種

---

105 위와 같음, "騰自在龍州, 至是前後破平諸賊, 凡賞得奴婢八百口, 馬牛稱是. 於是巴 蜀悉定, 詔令樹碑紀績焉."

106 『隋書』卷46「趙㬎傳」, 1249쪽, "蠻酋向天王聚衆作亂, 以兵攻信陵·秭歸. 㬎勒所部 五百人, 出其不意, 襲擊破之, 二郡獲全."

107 『周書』卷36「司馬裔傳」, 646쪽, "天和初, 信州蠻酋冉令賢等反, 連結二千餘里. 裔隨 上庸公陸騰討之. 裔自開州道入, 先遣使宣示禍福. 蠻酋冉三公等三十餘城皆來降附. 進次雙城, 蠻酋向寶勝等率其種落, 據險自固. 向天王之徒, 爲其外援. 裔晝夜攻圍, 腹背受敵. 自春至秋, 五十餘戰, 寶勝糧仗俱竭, 力屈乃降. 時尙有籠東一城未下, 尋 亦拔之. 又獲賊帥冉西梨·向天王等. 出師再期, 羣蠻率服."

108 『周書』卷49「異域上·獠傳」에는 天和 3년의 일로 기록되었다(『周書』卷49「異域 上·獠傳」, 891쪽, "天和三年, 梁州恆稜獠叛, 總管長史趙文表討之.").

109 『周書』卷33「趙文表傳」, 582쪽, "所管地名恆陵者, 方數百里, 並生獠所居, 恃其險 固, 常懷不軌. 文表率衆討平之. 遷蓬州刺史, 政尙仁恕, 夷獠懷之."

110 『隋書』卷55「和洪傳」, 1380쪽, "時龍州蠻任公忻·李國立等聚衆爲亂, 刺史獨孤善不 能禦. 朝議以洪有武略, 代善爲刺史. 月餘, 擒公忻·國立, 皆斬首梟之, 餘黨悉平."

111 『隋書』卷54「王長述傳」, 1361쪽, "及高祖爲丞相, 授信州總管, 部內夷·獠猶有未賓, 長述討平之, 進位上大將軍."

族의 반란은 계산에서 제외), 蠻·獠·氐의 반란을 합하면 16회에 달해 57.1%를 차지하였다. 이 수치를 보면 西魏北周의 巴蜀 지방관들이 이 민족 통치를 제대로 하지 못했다고 생각하기 쉽다. 그러나 漢人들의 반란이 39.3%에 달하고 種族별로 가장 많았던 점을 보면 種族에 상관없이 巴蜀 지역에서 반란이 빈발했음을 알 수 있다. 이는 巴蜀의 치안이 불안정했음을 보여준다.

혹은 『周書』 列傳의 巴蜀 지역 지방관의 선정이 과장되거나 왜곡되었을 가능성도 있다. 『周書』 「齊煬王憲傳」에 따르면, 宇文憲이 益州總管에 취임한 후 선정을 베풀어 蜀人들이 頌德碑를 세웠다고 한다.[112] 庚信이 쓴 「周上柱國齊王憲神道碑」에서 "成都에는 文翁의 사당이 있는데, 생전에 세워지지 않았다. 漢陽에는 諸葛亮의 비석이 있는데 이는 諸葛亮이 죽은 후 세워졌다. 이런 예를 현재의 生祠(生爲立廟)와 송덕비를 비교하면, 어찌 함께 논의할 수 있겠는가!"[113]라고 기록하여 宇文憲의 선정이 前漢 景帝 시기 蜀郡守에 임명되어 蜀郡의 移風易俗과 교화 등에 큰 공헌했던[114] 文翁과 三國時代 蜀漢의 명재상 諸葛亮에

---

112 『周書』卷12 「齊煬王憲傳」, 187-188쪽, "世宗即位, 授大將軍. 武成初, 除益州總管·益寧巴瀘等二十四州諸軍事·益州刺史, 進封齊國公, 邑萬戶. 初, 平蜀之後, 太祖以其形勝之地, 不欲使宿將居之. 諸子之中, 欲有推擇. 遍問高祖已下, 誰能此行. 並未及對, 而憲先請. 太祖曰: '刺史當撫眾治民, 非爾所及. 以年授者, 當歸爾兄.' 憲曰: '才用有殊, 不關大小. 試而無效, 甘受面欺.' 太祖大悅, 以憲年尚幼, 未之遺也. 世宗追遵先旨, 故有此授. 憲時年十六, 善於撫綏, 留心政術, 辭訟輻湊, 聽受不疲. 蜀人懷之, 共立碑頌德."

113 『庚子山集注』(庚信 撰, 倪璠 注, 許逸民 點校, 北京: 中華書局, 1980) 卷13 「周上柱國齊王憲神道碑」, 735쪽, "幸無白虎之患, 寧待黃龍之盟, 邛莋畏威, 微盧仰德, 生爲立廟, 刻石頌功. 成都有文翁之祠, 非謂生前, 漢陽有諸葛之碑, 止論身後. 比之今日, 豈可同年而語哉!"

114 『漢書』卷89 「循吏·文翁傳」, 3625-3626쪽, "景帝末, 爲蜀郡守, 仁愛好教化. 見蜀地辟陋有蠻夷風, 文翁欲誘進之, 乃選郡縣小吏開敏有材者張叔等十餘人親自飭厲,

견주었다. 「周上柱國齊王憲神道碑」에 『周書』 「齊煬王憲傳」과 달리 生祠를 세웠다는 기사가 있는데, 이것이 사실이라면, 사후 河陽에 사당이 세워진[115] 蜀의 명재상 諸葛亮보다도 이례적인 일이다. 그런데 『周書』에 따르면, 宇文憲은 武成元年(559) 益州總管에 임명된 후[116] 保定 4년(564) 雍州牧으로 전임될 때까지[117] 5-6년 동안 益州刺史로서 益州의 행정을 책임졌고, 益州總管으로 益·寧·巴·瀘 등 24州의 軍事를 관장하였다.[118] 〈표 15〉에 따르면 宇文憲이 益州總管으로 재직한 동안 巴蜀 지역에서 최소 6회 이상의 반란이 일어났다. 그리고 반란 지역은 文州·鄰州·鳳州(脩城郡)·陵州·眉州·戎州·江州·資州·邛州·新州·遂州·隆州·資州 등 13州에 이르렀다. 이는 益州總管 관할 24州의 절반 이상이다. 宇文憲이 益州刺史로서 益州 지역만의 행정을 관장하고 益州總管은 巴蜀 지역 24州의 軍事만을 관장하기 때문에 이 13州에서 발생한 6-7회의 반란이 宇文憲의 책임이 아니라고 해석할 수도 있다. 그러나 『周書』의 本傳에서 頌德碑를 세운 주체가 '益州人 (益州 주민)'이 아닌 '蜀人(巴蜀 사람)'임을 고려하면, 『周書』 本傳과 「周

遺詣京師, 受業博士, 或學律令. 減省少府用度, 買刀布蜀物, 齎計吏以遺博士. 數歲, 蜀生皆成就還歸, 文翁以為右職, 用次察擧, 官有至郡守刺史者. 又修起學官於成都市中, 招下縣子弟以為學官弟子, 為除更繇, 高者以補郡縣吏, 次為孝弟力田. 常選學官僮子, 使在便坐受事. 每出行縣, 益從學官諸生明經飭行者與俱, 使傳教令, 出入閨閣. 縣邑吏民見而榮之, 數年, 爭欲為學官弟子, 富人至出錢以求之. 繇是大化, 蜀地學於京師者比齊魯焉. 至武帝時, 乃令天下郡國皆立學校官, 自文翁為之始云."

115 『三國志』 卷35 「蜀書」5 「諸葛亮傳」, 928쪽, "景耀六年春, 詔為亮立廟於河陽."

116 『周書』 卷4 「明帝紀」 武成元年八月壬子條, 58쪽, "壬子, 以大將軍·安城公憲為益州總管."

117 『周書』 卷5 「武帝紀」上 保定四年八月戊子條, 70쪽, "戊子, 以柱國齊公憲為雍州牧, 許國公宇文貴為大司徒."

118 『周書』 卷12 「齊煬王憲傳」, 187-188쪽, "世宗即位, 授大將軍. 武成初, 除益州總管·益寧巴瀘等二十四州諸軍事·益州刺史, 進封齊國公, 邑萬戶."

「上柱國齊王憲神道碑」에 기록된 선정과 頌德碑 · 生祠 건립은 실제 상황과 다른 과장이었을 가능성이 높다.[119]

王方慶의 『魏鄭公諫錄』 卷4 對隋大業起居注條에 따르면, 『隋書』를 편찬할 때 太宗이 "隋의 起居注가 없느냐? 왜 『隋書』가 완성되지 않느냐?"고 물으니 魏徵이 "隋의 기록은 遺落이 심하여 『隋書』를 편찬할 때 탐방하고 조사하였으며 또 자손이 家傳에 통했으면, 3家에서 전하는 내용을 비교하여 2家의 내용이 일치했다면 사실로 간주하였습니다"라고 답하였다.[120] 이 일화에서 唐初 『隋書』를 편찬할 때 각 家의 家傳을 참고자료로 활용했음을 알 수 있다.[121] 이는 『隋書』뿐만 아니라 비슷한 시기에 편찬된 『周書』에도 적용되었을 것이다. 즉 『周書』에 지방관들의 선정 기사가 나오고 苛斂誅求의 기록이 거의 보이지 않는 반면, 『北齊書』에는 貪汚하고 부패한 관리들의 비리가 적나라하게 기록되었다.[122] 이는 西魏北周의 관리들이 청렴하고 東魏北齊의 관리들이 부패하다는 이분법만으로 설명할 수 없다. 즉 승리자인 西魏北周 관리들의 후손들이 『周書』와 『隋書』 편찬 때 자기 조상들의 기록을 미화해달라고 요구할 가능성이 높기 때문이다. 반면 亡國인 北齊의 역

---

119 崔珍烈, 「西魏北周의 巴蜀 정복과 지배」, 126-136쪽.

120 『魏鄭公諫錄』 卷4 對隋大業起居注條, "太宗問侍臣: '隋《大業起居注》, 今有在者否?' 公對曰: '在者極少.' 太宗曰: '起居注旣無, 何因今得成史?' 公對曰: '隋家舊史, 遺落甚多. 比其撰錄, 皆是探訪, 或是其子孫自通家傳參校, 三人所傳者, 從二人爲實.' 又問: '隋代誰作起居舍人?' 公對曰: '崔祖濬 · 杜之松 · 蔡允恭 · 虞南等, 臣每見虞南說, 祖濬作舍人時, 大欲記錄, 但隋主意不在此, 每須書 · 手 · 紙 · 筆, 所司多不卽供, 爲此, 私將筆抄錄, 非唯經亂零落, 當時亦不悉具.'"

121 岳純之, 『唐代官方史學研究』, 天津: 天津人民出版社, 2003, 54쪽; 謝保成, 『隋唐五代史學』, 上海: 商務印書館, 2007, 46쪽; 會田大輔, 「『宇文述墓誌』と『隋書』宇文述傳 −墓誌と正史の宇文述像をめぐって−」, 『駿台史學』 137, 2009, 17위쪽-17아래쪽.

122 周仁文은 東魏北齊 관리들의 부정부패 사례를 일일이 나열하였다(周仁文, 「東魏北齊貪汚現象的普遍性及其原因探析」, 54왼쪽-56왼쪽).

사는 부정적으로 기술할 수 밖에 없다.[123]

또 〈표 15〉에서 반란이 발생한 지역을 검토하면 信州가 아홉 차례로 제일 많았다. 信州에서 아홉 차례의 반란이 일어난 것은 이 지역이 長江과 三峽, 험준한 산악지역이 많아서 信州 官府의 영향력이 미치기 어려웠기 때문이다. 이 지역의 蠻과 民은 험한 지형을 이용해 치고 빠지기 전략을 쓰기 좋았다. 또 四川盆地와 티베트 고원이 교차하는 文州·沙州·龍州 등지는 氐·羌 등 이민족이 살던 지역이었다. 그렇다고 해도 巴蜀의 정치적 중심지인 益州(成都)를 제외한 대부분 지역에서 반란이 발생한 것을 보면 巴蜀 통치가 원활하지 않았음을 알 수 있다.[124]

南朝 梁 시기 巴蜀 지역의 州郡縣은 22州, 58郡, 92縣이었고, 北周 시대에는 36州, 89郡, 158縣이었다.[125] 양자의 수를 비교하면 北周時代 14州 31郡 66縣이 증가하였다. 州郡縣 수의 증가가 인구의 증가 때문일 것으로 추정할 수 있지만, 梁과 北周 치하 巴蜀의 인구수를 알 수 없으므로 단언할 수 없다. 다만 위에서 살펴본 것처럼 巴蜀 지역의 異種族의 반란이 빈발했음을 고려하면, 군대가 주둔하는 지역에 州郡縣이 추가로 설치되었을 가능성을 상정해볼 수 있다. 즉 北周時代 州郡의 增置는 불안한 치안을 유지하기 위한 군대 주둔과 밀접한 관계가 있었을 것이다. 또 州郡縣의 하급 관리들은 해당 지역의 인물들이 임명되었으므로, 北周時代 州郡縣의 增置는 巴蜀 지역 토착세력의 요구사항을 반영했을 가능성이 크다.[126] 즉 北周는 토착세력이 요구하는

---

123 崔珍烈, 「西魏北周의 巴蜀 정복과 지배」, 130-131쪽.

124 이러한 통치의 한계는 舊北齊 지역(山東)에서도 발견된다(崔珍烈, 「北周의 舊北齊 (山東) 支配와 그 한계」, 83-136쪽).

125 李敬洵, 『四川通史』 卷3 兩晉南北朝隋唐, 成都: 四川人民出版社, 2010, 113-115쪽, 表3-4 梁朝巴蜀地區行政區劃表 및 115-118쪽, 表3-5 北周時期巴蜀地區行政區劃表.

126 狩野直禎은 後漢時代 巴蜀 豪族들이 巴郡의 분할과 새로운 郡을 설치해달라는 요

관직을 주는 대신 이들의 영향력을 이용하여 공고한 巴蜀 지역의 통치를 꾀했을 것이다.[127]

4 巴蜀 정복의 전략적 의미

西魏의 巴蜀 점령은 이민족과 漢族이 남북으로 팽팽하게 대치한 상황이 북방의 우세로 기울어졌음을 뜻한다. 長江 유역의 남방세력은 長江을 방어선으로 삼아 북방세력의 남하를 저지할 수 있었지만, 長江 상류인 巴蜀이 북방세력인 西魏에 점령당한 이상 長江은 방어선이 아니라 교통로로 바뀌었다. 즉 長江 상류에서 중류인 荊州 일대의 공격이 가능해진 것이다.[128] 『讀史方輿紀要』「四川方輿紀要敍」에서 이 점을 아래와 같이 지적하였다.

"四川은 앉아서 지키는 땅이 아니다. 四川을 가지고 天下를 다투면, 결과가 가장 좋으면 족히 王業을 이룰 수 있고, 차선으로는 족히 霸業을 달

구 사항이 郡縣의 관직을 노린 巴蜀 土着勢力의 정치적 이해와 밀접한 관련이 있음을 지적하였다(狩野直禎,「後漢末の世相と巴蜀の動向-地方分權化と豪族-」,『東洋史硏究』15-3, 1957). 이러한 토착호족의 요구는 西魏北周 시대에도 마찬가지였을 것이다.

[127] 保定元年(561) 3월 河東의 勳州에 세워진 「延壽公碑」에 따르면, 勳州刺史와 勳州總管府의 중추(상급 屬僚와 大都督 등)는 주로 중앙에서 파견되었고 河東의 '豪右'는 總管府의 하급 屬僚와 일부 都督 등에 등용되었다. 한편 郡太守와 州郡縣의 屬僚 대부분은 河東의 '豪右'였다(曾田大輔,「北周の地方統治に關する一考察-「延壽公碑」を中心として-」,『文學部·文學硏究科學術硏究發表會論集』, 2009, 21-35쪽). 이는 河東의 勳州뿐만 아니라 巴蜀 지역에도 통용될 것이다. 즉 巴蜀의 土着豪族들은 州·郡·縣의 屬吏에 임명되었고 일부는 總管府와 將軍府의 屬僚로 등용되었을 것이다.

[128] 李成珪,「中國帝國의 分裂과 統一」, 109-121쪽.

성할 수 있다. 그러나 四川의 험함을 믿고 앉아서 지키면 반드시 망함에 이른다. ……(중략)…… 따라서 예전에 天下를 취하기 위해 간절히 蜀을 이용하지 않은 자가 없었다. 秦이 諸侯를 겸병하고자 하여 먼저 蜀을 병합하니 이후 秦은 더욱 强하게 되고 富는 늘어나니 諸侯를 손쉽게 정복하였다. 晉이 吳를 멸망시키려고 하면 먼저 蜀을 점령해야 했고, 蜀을 점령한 후 王濬은 樓船을 이끌고 益州에서 長江 하류로 내려갔다. [東晉의 권력자] 桓溫과 劉裕는 中原을 회복할 뜻을 가지고 먼저 蜀을 처리하였다. [前秦의 군주] 苻堅은 [東]晉을 도모할 마음이 있어서 역시 梁·益 2州를 겸병하였다. [西魏의 권력자] 宇文泰는 먼저 蜀을 취하였고 드디어 梁을 滅했다. 隋人은 巴蜀의 밑천에 의존하여, 陳을 평정하는 자본으로 삼았다. 楊素는 黃龍과 平乘이라는 선박을 거느리고 永安에서 출발하니 長江 연안의 鎭戍는 隋軍에게 패해 뿔뿔히 흩어졌다. 唐은 蕭銑을 평정하기 위해 信州를 점령하였다. 後唐 莊宗은 梁을 멸한 후 먼저 蜀[前蜀]을 삼켰는데 南服을 削平하려는 雄心이 있었다고 말하지 않을 수 없다. 宋은 먼저 蜀[後蜀]을 멸한 후 江南[南唐]을 병합하고 交廣[南漢]을 거두었다. 南渡 이후 趙鼎은 關中을 도모하려고 하면 마땅히 蜀에서 시작해야 한다고 말했다. 張浚은 金人이 陝을 거점으로 하여 蜀을 엿보게 된다면, 東南은 보존할 수 없다고 생각하고 이때 蜀을 지키려는 전략을 더욱 갖추어 宋이 망할 때까지 늘 蜀의 安危를 [宋의] 盛衰로 간주하였다. 劉整이 반란을 일으켜 몽골에 항복한 후 계책을 바쳐 '江南을 취하려고 하면 마땅히 먼저 蜀을 취해야 합니다. 蜀을 취하면 江南은 평정할 수 있습니다. 무릇 蜀은 秦隴의 肘腋이고, 吳楚의 喉吭이니, 진실로 먼저 攻取해야 하는 資입니다'[129]라고 하였다."

---

[129] 『讀史方輿紀要』 卷66 「四川方輿紀要敍」, 3094-3095쪽, "四川非坐守之地也, 以四川

위의 인용문에서 북방의 역대 왕조가 巴蜀을 점령하면 長江 이남에 수도를 둔 남방 세력을 쉽게 멸망시켰음을 각각의 사례를 제시하며 설명하였다. 史書에서 이를 검증하면, 戰國時代 秦은 昭襄王 29년(B.C. 279) 楚의 수도 郢을 점령하고 南郡을 설치하였고, 다음 해(B.C. 278) 蜀守 若이 楚의 巫郡을 점령한 후 江南에 黔中郡을 설치하였다.[130] 이는 長江 상류 巴蜀에서 長江 중류를 공격한 첫 사례이다. 西晉이 吳를 정복할 때 長江 중류의 武昌(王戎)과 夏口(胡奮), 江陵(杜預)에서 出兵하고 長江 상류의 巴蜀에서 王濬과 唐彬이 강을 따라 공격하였다.[131] 비록 長江 하류의 涂中(琅邪王 伷)과 江西에서도 출병했지만, 吳의 수도 建業까지 진격하여 孫皓의 항복을 받은 이는 益州에서 출병한 王濬과 唐彬의 군대였다.[132] 隋文帝는 陳을 공격할 때 晉王 楊

而爭衡天下, 上之足以王, 次之足以霸, 恃其險而坐守之, 則必至於亡. …… 是故從來有取天下之略者, 莫不切切於用蜀. 秦欲兼諸侯, 則先并蜀, 并蜀而秦益强, 富厚輕諸侯. 晉欲滅吳, 則先擧蜀, 擧蜀而王濬樓船自益州下矣. 桓溫·劉裕有問中原之志, 則先從事於蜀. 苻堅有圖晉之心, 則亦兼梁益矣. 宇文泰先取蜀, 遂滅梁. 隋人席巴蜀之資, 為平陳之本. 楊素以黃龍平乘出於永安, 而沿江鎮戍望風奔潰. 唐平蕭銑, 軍下信州. 後唐莊宗滅梁之後, 則先呑蜀, 未可謂非削平南服之雄心也. 宋先滅蜀, 然後并江南, 收交廣. 南渡以後, 趙鼎諸欲圖關中, 當自蜀始. 張浚虞金人據陝窺蜀, 而東南不可保也, 於是守蜀之謀甚備, 終宋之世, 恆視蜀之安危為盛衰. 劉整之叛降於蒙古也, 獻計曰, 欲取江南宜先取蜀, 取蜀而江南可平. 蓋蜀者, 秦隴之肘腋也, 吳楚之喉吭也, 是誠攻取之先資也."

130 『史記』 卷5 「秦本紀」 昭襄王三十年條, 213쪽, "二十九年, 大良造白起攻楚, 取郢爲南郡, 楚王走. 周君來. 王與楚王會襄陵. 白起爲武安君. 三十年, 蜀守若伐楚, 取巫郡, 及江南爲黔中郡." 『華陽國志』에 따르면, 이때 楚를 공격한 인물은 司馬錯이었다(『華陽國志』 卷1 「巴志」, 11쪽, "司馬錯自巴涪水, 取楚商於之地, 爲黔中郡.").

131 『晉書』 卷3 「世祖紀」 咸寧五年條, 69쪽, "十一月, 大擧伐吳, 遣鎭軍將軍·琅邪王伷出涂中, 安東將軍王渾出江西, 建威將軍王戎出武昌, 平南將軍胡奮出夏口, 鎭南大將軍杜預出江陵, 龍驤將軍王濬·廣武將軍唐彬率巴蜀之卒浮江而下, 東西凡二十餘萬, 以太尉賈充爲大都督, 行冠軍將軍楊濟爲副, 總統衆軍."

132 『晉書』 卷3 「世祖紀」 咸寧五年條, 71쪽, "二月戊午, 王濬·唐彬等克丹楊城. 庚申,

廣에게 六合에서, 秦王 楊俊에게 襄陽에서, 楊素에게 信州에서, 荊州
刺史 劉仁恩은 江陵에서, 王世積은 蘄春에서, 韓擒虎는 廬江에서, 賀
若弼은 吳州에서, 燕榮은 東海에서 각각 출격하도록 하고 晉王 楊廣
의 節度를 받도록 하여 晉王 楊廣을 총사령관으로 임명하였다.[133] 8곳
에서 동시에 출병한 隋軍 가운데 信州에서 出兵한 楊素의 군대가 巴
蜀 지역에서 출발하였다. 이때 韓擒虎와 賀若弼의 隋軍이 陳을 멸망
시키는 데 공헌했지만, 楊素의 出兵 역시 陳을 위협하였다. 이처럼 북
방 세력이 여러 곳에서 동시 출병할 때, 특히 長江 상류에서도 중류와
하류로 진격하면 長江을 교통로로 삼아 쉽게 진격할 수 있는 전략적
이점이 있었다. 이처럼 西魏와 北周도 長江 상류를 점령하여 중류인
江陵에 수도를 정한 梁 元帝의 정부를 위협할 수 있었다. 따라서 西魏
가 巴蜀을 정복한 이후 梁의 방어는 취약할 수밖에 없었다.

又克西陵, 殺西陵都督·鎭軍將軍留憲, 征南將軍成璩, 西陵監鄭廣. 壬戌, 濬又克夷
道樂鄕城, 殺夷道監陸晏·水軍都督陸景. 甲戌, 杜預克江陵, 斬吳江陵督伍延; 平南
將軍胡奮克江安. 於是諸軍並進, 樂鄕·荊門諸戍相次來降. 乙亥, 以濬爲都督益·
梁二州諸軍事, 復下詔曰: '濬·彬東下, 掃除巴丘, 與胡奮·王戎共平夏口·武昌, 順
流長鶩, 直造秣陵, 與奮·戎審量其宜. 杜預當鎭靜零·桂, 懷輯衡陽. 大兵旣過, 荊
州南境固當傳檄而定, 預當分萬人給濬, 七千給彬. 夏口旣平, 奮宜以七千人給濬. 武
昌旣了, 戎當以六千人增彬. 太尉充移屯項, 總督諸方.' 濬進破夏口·武昌, 遂泛舟東
下, 所至皆平. 王渾·周浚與吳丞相張悌戰于版橋, 大破之, 斬悌及其將孫震·沈瑩,
傳首洛陽. 孫晧窮蹙請降, 送璽綬於琅邪王伷. 三月壬寅, 王濬以舟師至于建鄴之石
頭, 孫晧大懼, 面縛輿櫬, 降于軍門. 濬杖節解縛焚櫬, 送于京都.'
133 『隋書』卷2 「高祖紀」下 開皇八年條, 31쪽, "甲子, 將伐陳, 有事於太廟. 命晉王廣·
秦王俊·清河公楊素並爲行軍元帥, 以伐陳. 於是晉王廣出六合, 秦王俊出襄陽, 清
河公楊素出信州, 荊州刺史劉仁恩出江陵, 宜陽公王世積出蘄春, 新義公韓擒虎出廬
江, 襄邑公賀若弼出吳州, 落叢公燕榮出東海, 合總管九十, 兵五十一萬八千, 皆受晉
王節度."

巴蜀이 關中에 수도를 둔 국가 혹은 왕조에 재정적인 도움이 되었다는 기록은 漢高祖 유방이 楚를 정복할 때까지 거슬러 올라간다. 漢王 劉邦이 關中을 평정하고 楚覇王 項羽와 싸울 때 丞相 蕭何는 蜀郡과 漢中의 米를 1만의 선박을 이용하여 군량을 보급하였고 정예 병사를 징발하였다.[134] 西魏北周의 경우 자료 부족으로 巴蜀 지역이 어떻게 재정에 기여했는지 알 수 없다. 다만 巴蜀의 정치·경제적 중심지인 益州가 부유하여 西魏北周의 軍國財政에 도움을 주었다는 기록이 있다.[135] 北周 초기의 권력자 宇文護가 突厥과 연합하여 北齊를 공격할 때 24軍, 左右廂 散隷, 秦隴巴蜀之兵, 諸蕃國之衆 등 20만 대군을 동원하였다.[136] 여기에 "秦隴巴蜀之兵" 가운데 巴蜀의 이름이 들어간 점에 주목하자. 이는 北周時代 巴蜀의 군인들이 北周의 정규군대로 편제되었고, 일부는 대외원정에도 참여했음을 뜻한다. 이처럼 巴蜀은 재정뿐만 아니라 北周軍의 병력 공급지로서 중요한 역할을 맡았다.

---

134 『華陽國志』 卷1 「巴志」, 141쪽, "漢祖自漢中出三秦伐楚, 蕭何發蜀·漢米萬船, 南給助軍糧, 收其精銳, 以補傷疾."

135 『周書』 卷39 「辛慶之傳附昂傳」, 698쪽, "時益州殷阜, 軍國所資."

136 『周書』 卷11 「晉蕩公護傳」, 174쪽, "是年也, 突厥復率衆赴期. 護以齊氏初送國親, 未欲卽事征討, 復慮失信蕃夷, 更生邊患. 不得已, 遂請東征. 九月, 詔曰:'神若軒皇, 尙雲三戰; 聖如姬武, 且曰一戎. 弧矢之威, 干戈之用, 帝王大器, 誰能去兵. 太祖丕受天明, 造我周室, 日月所照, 罔不率從. 高氏乘釁跋扈, 竊有並·冀, 世濟其惡, 腥穢彰聞. 皇天震怒, 假手突厥, 驅略汾晉, 掃地無遺. 季孟勢窮, 伯珪日蹙, 坐待滅亡, 鑒之愚智. 故突厥班師, 仍屯彼境, 更集諸部, 傾國齊至, 星流電擊, 數道俱進, 期在仲冬, 同會並·鄴. 大塚宰晉公, 朕之懿昆, 任隆伊·呂, 平一宇宙, 惟公是屬. 朕當親執斧鉞, 廟庭祗受. 有司宜勒衆軍, 量程赴集. 進止遲速, 委公處分.' 於是徵二十四軍及左右廂散隷·及秦隴巴蜀之兵·諸蕃國之衆二十萬人."

3. 江漢 지역의 征服과 統治

西魏는 大統 15년(549) 六月 東魏에 패배하여 潁川을 잃고 大統 16
년(550) 九月에도 東魏를 공격했다가 또 패하여 도리어 洛陽 동쪽 지
역을 잃었다. 東進政策이 실패한 西魏는 방향을 바꾸어 남진정책을
취하였다.[137] 西魏는 梁의 雍州刺史 蕭詧과 荊州刺史 湘東王 蕭繹(훗
날의 梁 元帝)이 반목하고 싸우는 틈을 타서 漢水 유역을 정복하고 長
江 중류까지 세력을 확대하였다. 본 절에서는 西魏의 漢水 유역과 長
江 중류 정복과정과 통치과정을 살펴본다. 먼저 襄陽과 江陵 등 漢水
및 長江 유역 정복과정을 살펴보기에 앞서 접경 지역이자 정복 이후
배후 지역이 되는 西魏北周의 荊州(현재의 河南省 南陽市 일대)의 상황
을 검토한 후 정복 순서에 따라 漢水 중하류(襄陽), 長江 중류(江陵)의
정복과 통치과정을 살펴본다.

1 荊州 주변 지역 통치

西魏北周의 荊州는 현재의 河南省 南陽市에 있었고(兩漢時代 南陽
郡에 해당) 長江 중류에 설치된 南朝의 荊州와 달랐다. 西魏와 東魏는
이 지역을 지배하기 위해 일진일퇴를 거듭하였다. 獨孤信이 東魏 영
토인 荊州에 파견되어 東魏의 辛纂 등을 물리치고 三荊 지역을 평정
한[138] 이후 西魏北周의 영토가 되었다. 西魏는 荊州를 중심으로 한 지

---

137 會田大輔, 「周書·蕭詧傳に關する一考察—蕭詧の遣使稱藩を手がかりとして—」, 『文
化繼承學論集』 3, 2007, 69쪽.
138 『周書』 卷16 「獨孤信傳」, 264쪽, "時荊州雖陷東魏, 民心猶戀本朝. 乃以信爲衛大將
軍·都督三荊州諸軍事, 兼尚書右僕射·東南道行臺·大都督·荊州刺史以招懷之.

역을 통치하기 위해 東南道行臺를 설치하였다. 선행연구에 따르면, 荊州와 秦州는 長安-同州(華州)의 수도권과 함께 西魏 전기 3대 지역 블록이었다고 한다. 荊州에 行臺가 설치된 이유는 東魏·西魏·梁 三國이 차지하려는 지역으로 전쟁이 자주 발생했으므로, 이에 대처하기 위한 조치로 추측된다.[139] 大統 3년(537) 北魏末 설치되었던 行臺를 없 앴기 때문에[140] 東南道行臺는 西魏의 유일한 行臺였다. 따라서 前島佳 孝의 주장은 설득력이 있다고 생각된다. 東南道行臺에 임명된 인물을 살펴보면, 荊州 지역을 점령하기 전에 獨孤信이 東南道行臺,[141] 元偉 가 大統 11년(545)과 16년(550) 사이 東南道行臺右丞[142] 長孫儉은 大統 15년(549) 東南道行臺僕射 都督十五州諸軍事 行荊州事에[143] 각각 임 명되었다.

荊州와 주변 지역에 파견된 지방관들은 적들의 공격을 잘 막고 선

信至武陶, 東魏遣其弘農郡守田八能, 率蠻左之衆, 拒信於淅陽; 又遣其都督張齊民,
以步騎三千出信之後. 信謂其衆曰: '今我士卒不滿千人, 而首尾受敵. 若卻擊齊民,
則敵人謂爲退走, 必來要截. 未若先破八能.' 遂奮擊, 八能敗而齊民亦潰. 信乘勝襲
荊州. 東魏刺史辛纂勒兵出戰. 士庶旣懷信遺惠, 信臨陣喩之, 莫不解體. 因而縱兵擊
之, 纂大敗, 奔城趨門, 未及闔, 信都督楊忠等前驅斬纂. 語在忠傳. 於是三荊遂定."

139 前島佳孝, 「西魏·北周·隋初における領域統治體制の諸相」, 25-27쪽.

140 『周書』 卷2 「文帝紀」下 大統三年夏六月條, 22쪽, "太祖請罷行臺, 帝復申前命, 太祖
受錄尙書事, 餘固讓, 乃止."

141 『周書』 卷16 「獨孤信傳」, 264쪽.

142 『周書』 卷38 「元偉傳」, 688쪽, "十一年, 遷太子庶子, 領兵部郎中. 尋拜東南道行臺
右丞. 十六年, 進位車騎大將軍·儀同三司."

143 『庾子山集注』(庾信 撰, 倪璠 注, 許逸民 交點, 北京: 中華書局, 1980) 卷13 「周柱國
大將軍拓跋儉神道碑」, 820쪽, "十五年, 更除東南道行臺僕射·都督十五州諸軍事·
行荊州事." 『周書』 「長孫儉傳」에는 이때 荊州刺史에 임명되었다고 기록하였다(『周
書』 卷26 「長孫儉傳」, 427쪽, "時荊襄初附, 太祖表儉功績尤美, 宜委東南之任, 授荊
州刺史·東南道行臺僕射."). 양자의 기록이 모두 옳다면, 먼저 行荊州事가 되어 荊
州刺史의 직책을 대행하다가 후에 정식으로 荊州刺史에 임명되었을 것이다.

정을 베풀었다. 예컨대 獨孤信은 大統 6년(540) 侯景의 荊州 침입을
격퇴하였고, 大使에 임명되어 三荊 지역을 慰撫하였다.[144] 行荊州事
로서 선정을 베풀었던 賀蘭祥이 大統 14년(548) 荊州刺史에 임명되
자 백성들이 안심하였고 귀부한 漢南, 즉 漢水 남쪽의 流民이 날마다
1,000여 명을 헤아렸고 遠近의 蠻夷 역시 款附하였다. 賀蘭祥이 상황
에 따라 撫納하니 이들의 환심을 얻었다.[145] 西魏 시대 南陽郡守로 부
임한 權景宣은 백성들이 징발되어 東魏와의 국경에 설치된 35防을 지
키느라 農桑에 전념하지 못하자 35防을 다 없애고 城樓만 축조하고
무기를 준비하니 盜賊들은 사라지고 백성들은 생업에 종사할 수 있
었다.[146] 荊州刺史 長孫儉은 西魏末 長幼有序의 관념이 없었던 荊蠻의
풍속을 바꾸고 農桑에 힘쓰도록 하였으며 武事를 익히게 하였다. 따
라서 東魏와 梁 사이에 끼어 있었던 荊州의 邊境은 걱정이 없었고 백
성도 편안히 생업에 종사하였다.[147] 北周 武帝 天和 3년 荊州總管에 임

---

144 『周書』 卷16 「獨孤信傳」, 265쪽, "六年, 侯景寇荊州, 太祖令信與李弼出武關. 景退,
以信爲大使, 慰撫三荊."

145 『周書』 卷20 「賀蘭祥傳」, 336쪽, "十四年, 除都督三荊南襄南雍平信江隨二郢淅十二
州諸軍事 · 荊州刺史, 進爵博陵郡公. 先是, 祥嘗行荊州事, 雖未期月, 頗有惠政. 至
是重往, 百姓安之. 由是漢南流民, 襁負而至者日有千數. 遠近蠻夷, 莫不款附. 祥隨
機撫納, 咸得其歡心."

146 『周書』 卷28 「權景宣傳」, 478쪽, "除南陽郡守. 郡鄰敵境, 舊制, 發民守防三十五處,
多廢農桑, 而奸宄猶作. 景宣至, 並除之, 唯修起城樓, 多備器械, 寇盜斂跡, 民得肆
業. 百姓稱之, 立碑頌德. 太祖特賞粟帛, 以旌其能."

147 『周書』 卷26 「長孫儉傳」, 428쪽, "荊蠻舊俗, 少不敬長. 儉殷勤勸導, 風俗大革. 務廣
耕桑, 兼習武事, 故得邊境無虞, 民安其業." 「長孫儉神道碑」에서는 이때 長孫儉의
선정으로 荊州의 戶口가 증가하였고 황무지가 개간되었다고 기록하였다. 이에 이
지역 사람들은 長孫儉의 유임을 조정에 청하였다(『庾子山集注』(庾信 撰, 倪璠 注,
許逸民 點校, 北京: 中華書局, 1980) 卷13 「周柱國大將軍長孫儉神道碑」, 817쪽, "於
是戶口日增, 荒萊畢墾, 華實紛敷, 黔黎茂豫, 但恐衰職有闕, 待公而補, 鼎飪未和,
須公而正. 是以漢陰民望, 荊南杞梓, 並皆上書詣闕, 連名乞留.").

명된 崔謙은 밖으로 强敵을 막고 안으로 軍民을 안무하였으며 풍속을 교화하니 어진 지방관으로 칭송되었고 매년 考績이 늘 天下의 최고였다.[148]

이처럼 지방관의 선정으로 荊州總管府의 治所였던 荊州 통치는 견고해졌고 경제적으로 빈곤한 이웃 州로 食糧을 운송할 수 있는 경제력을 갖추었다. 예컨대 西魏 시대까지 荊州는 澧州(豊州)에 식량을 遞送하였다.[149] 뿐만 아니라 荊州의 선정은 이웃 州 지방관에게도 영향을 주었다. 荊州 동쪽에 위치한 湖州에 부임한 薛愼은 蠻左의 豪帥를 감화시켜 諸蠻을 감복시키니 1,000여 戶가 귀부하였다.[150] 薛愼은 결혼 후에 부모와 별거하는 蠻의 풍속을 바꾸어 자녀들이 부모를 봉양하도록 하였고 이를 朝廷에 보고하니 朝廷에서는 蠻左의 賦役을 면제하였다. 이때 교화가 크게 행해지니 蠻左의 풍속이 바뀌어 華俗과 같아졌다.[151] 뿐만 아니라 荊州 북쪽의 廣州에 부임한 王長述은 위엄과

---

148 『周書』卷35「崔謙傳」, 613쪽, "三年, 遷荊州總管·荊淅等十四州南陽平陽等八防諸軍事·荊州刺史. 州旣統攝遐長, 俗兼夷夏, 又南接陳境, 東鄰齊寇. 謙外御强敵, 內撫軍民, 風化大行, 號稱良牧. 每年考績, 常爲天下最, 屢有詔褒美焉."

149 『周書』卷37「郭彥傳」, 667쪽, "孝閔帝踐祚, 出爲澧州刺史. 蠻左生梗, 未遵朝憲. 至於賦稅, 違命者多. 聚斂無恆, 不營農業. 彥勸以耕稼, 禁共遊獵, 民皆務本, 家有餘糧. 亡命之徒, 咸從賦役. 先是以澧州糧儲乏少, 每令荊州遞送. 自彥蒞職, 倉庾充實, 無復轉輸之勞."

150 『周書』卷35「薛善傳附愼傳」, 625쪽, "保定初, 出爲湖州刺史. 州界旣雜蠻左, 恆以劫掠爲務. 愼乃集諸豪帥, 具宣朝旨, 仍令首領每月一參, 或須言事者, 不限時節. 愼每引見, 必殷勤誘誡, 及賜酒食. 一年之間, 翕然從化. 諸蠻乃相謂曰: '今日始知刺史眞民父母也.' 莫不欣悅. 自是襁負而至者, 千有餘戶."

151 위와 같음, "蠻俗, 婚娶之後, 父母雖在, 卽與別居. 愼謂守令曰: '牧守令長是化民者也, 豈有其子娶妻, 便與父母離析. 非唯民俗之失, 亦是牧守之罪.' 愼乃親自誘導, 示以孝慈, 並遣守令各喩所部. 有數戶蠻, 別居數年, 遂還侍養, 及行得果膳, 歸奉父母. 愼感其從善之速, 具以狀聞. 有詔蠲其賦役. 於是風化大行, 有同華俗."

은혜를 베풀어 인심을 얻었고 재임 기간 중 蠻夷 3만 戶가 廣州에 귀부하였다.[152] 楊腓도 廣州에서 선정으로 이름이 높았다.[153] 大統末 東荊州刺史에 임명되었던 梁昕도 仁惠로 안무하여 蠻夷가 기뻐하고 流民이 歸附하였다.[154]

西魏北周의 荊州는 漢代 南陽郡에 해당하였다. 이 지역은 본래 東魏의 땅이라 梁과 전혀 상관없지만, 西魏는 荊州 지역을 지배하고 있었고, 이 지역을 교두보로 삼아 남방의 襄陽과 江陵 등 長江 중류 지역을 정복할 수 있었다. 따라서 안정적인 荊州 지배는 長江 중류 지역 정복에 직접적 · 간접적으로 기여하였다.

2 漢水(沔水) 중하류[漢東] 지역 정복

西魏가 梁元帝의 거점인 江陵을 점령하고[155] 江漢 지역을 정복하게 된 이유는 梁 宗室諸王의 반목 때문이었다. 『周書』「蕭詧傳」에 따르면, 襄陽에 주둔한 梁의 雍州刺史 岳陽王 蕭詧은 江陵의 梁元帝와 불화하여 大統 15년(549) 西魏에 사신을 보내 稱臣하고 附庸이 되기를 청하였다. 선행연구에서는 蕭詧이 太淸 3년(549) 十一月 西魏에 사신을 보내 稱臣하였다고 보았다.[156] 會田大輔는 『周書』「權景宣傳」의 기

---

152 『隋書』卷54「王長述傳」, 1361쪽, "尋授司憲大夫, 出拜廣州刺史. 甚有威惠, 吏人懷之, 在任數年, 蠻夷歸之者三萬餘戶."

153 「楊腓墓誌」, 『新出魏晉南北朝墓誌疏證』, 412쪽, "頻治澮州 · 廣州刺史, 總督平高 · 大義 · 大和 · 應城 · 雉城五邊防事, 皆以稱職, 邊壤懷之."

154 『周書』卷39「梁昕傳」, 694쪽, "十二年, 除河南郡守, 鎭大塢, 尋又移鎭閻韓. 式遏邊壘, 甚著誠信. 遷東荊州刺史. 昕撫以仁惠, 蠻夷悅之, 流民歸附者, 相繼而至."

155 梁의 수도는 建康이었으나, 侯景의 난을 평정한 후 梁元帝는 자신의 본거지인 荊州(江陵)를 수도로 정하였다.

156 山崎宏, 「北朝末期の附庸國後梁に就いて」, 『史潮』 11-1, 1941, 61-90쪽; 吉川忠夫,

록을 바탕으로 蕭詧의 사신 파견과 稱臣은 두 달 앞선 九月 전후였다
고 주장하였다.[157] 宇文泰는 鄭穆과 榮權을 보내 蕭詧을 梁王으로 봉
하였고, 蕭詧은 大統 17년(551) 西魏에 入朝하였다.[158] 이로써 西魏는
사실상 襄陽을 지배하에 두게 되었다.

西魏는 漢·沔 지역 경략 목적으로 楊忠을 穰城에 주둔하게 하였

「後梁春秋-傀儡王詧の記錄-」, 『侯景の亂始末記-南朝貴族社會の命運-』, 東京: 中
公新書, 1974, 190쪽; 李萬生, 「讀《周書·蕭詧傳》書後」, 『貴州師範大學學報(社會
科學版)』, 1998-3, 30-32쪽; 王光照, 「後梁興亡與南北統一」, 『江漢論壇』 1999-4,
1999, 59왼쪽-64오른쪽.

157 『周書』 卷28 「權景宣傳」에는 "여전히 荊州에 머물렀고 鴉南之事를 맡았다. 이전에
梁 岳陽王 蕭詧이 襄陽을 바쳐 西魏에 항복하려고 하였고, 군대를 이끌고 江陵에
서 梁元帝를 공격하였다. 蕭詧의 叛將 杜岸은 빈틈을 타서 襄陽을 습격하였다. 權
景宣은 이에 騎兵 3,000을 거느리고 蕭詧을 도와 杜岸을 격파하였다. 蕭詧은 이때
妻 王氏와 아들 嶚를 인질로 보냈다. 權景宣은 또 開府 楊忠과 함께 梁將 柳仲禮
를 격파하고 安陸·隨郡을 점령하였다."(『周書』 卷28 「權景宣傳」, 478쪽, "仍留鎭荊
州, 委以鴉南之事. 初, 梁岳陽王蕭詧將以襄陽歸魏, 仍勒兵攻梁元帝於江陵. 詧叛將
杜岸乘虛襲之. 景宣乃率騎三千, 助詧破岸. 詧因是乃送其妻王氏及子嶚入質. 景宣
又與開府楊忠取梁將柳仲禮, 拔安陸·隨郡.")라고 하였다. 여기에서 蕭詧이 梁元帝
(蕭繹)를 공격하기 전에 西魏에 稱臣했고 杜岸이 太淸 3년(549) 九月 襄陽을 공격
하자 權景宣이 군대를 보내 蕭詧을 지원했음을 알 수 있다. 이 기록에서 蕭詧의 遣
使稱藩 시기는 江陵 진공 이전인 大統 15년=太淸 3년(549) 九月 전후였다(會田大
輔, 「『周書』蕭詧傳に關する一考察-蕭詧の遣使稱藩を手がかりとして-」, 『文化繼承
學論集』 3, 2007, 68쪽).

158 『周書』 卷48 「蕭詧傳」, 858-859쪽, "詧旣與江陵構隙, 恐不能自固, 大統十五年, 乃遣
使稱藩, 請爲附庸. 太祖令丞相府東合祭酒榮權使焉. 詧大悅. 是歲, 梁元帝令柳仲
禮率衆進圖襄陽. 詧懼, 乃遣其妻王氏及世子嶚爲質以請救. 太祖又令榮權報命, 仍
遣開府楊忠率兵援之. 十六年, 楊忠擒仲禮, 平漢東, 詧乃獲安. 時朝議欲令察發喪
嗣位, 詧以未有璽命, 辭不敢當. 榮權時在詧所, 乃馳還, 具言其狀. 太祖遂令假散騎
常侍鄭穆及榮權持節策命詧爲梁王. 詧乃於襄陽置百官, 承製封拜. 十七年, 詧留蔡
大寶居守, 乃自襄陽來朝. 太祖謂詧曰: '王之來此, 頗由榮權, 王欲見之乎?' 詧曰: '幸
甚.' 太祖乃召權與詧相見. 仍謂之曰: '榮權, 吉士也, 寡人與之從事, 未嘗見其失信.'
詧曰: '榮常侍通二國之言無私, 故察今者得歸誠魏闕耳.'"

다. 楊忠은 大統 15년 十一月(549. 12. 5-550. 1. 3) 行臺僕射 長孫儉과 함께 隨郡을 점령하고 梁將 柳仲禮의 長史 馬岫를 安陸에서 포위하였다.[159] 梁將 柳仲禮는 大統 16년 正月(550. 2. 2-3. 3) 무리를 이끌고 安陸으로 향했으나, 楊忠은 漴頭에서 역습하여 대파하고 柳仲禮를 사로잡으니 馬岫는 항복하였다. 이에 安陸郡을 점령하였다.[160] 『周書』 「文帝紀」下에서는 기록되지 않았으나 『周書』 「楊忠傳」에 따르면, 이때 楊忠은 馬伯符를 향도로 삼아 梁 齊興郡과 昌州도 점령하였다.

이 지역은 荊州(江陵)의 동북쪽에 있었고 荊州와 가까웠기 때문에 梁은 북쪽과 북동쪽에서 포위될 가능성이 있었다. 이에 梁 湘東王 蕭繹은 아들 蕭方略을 인질로 보내며, 西魏는 石城, 梁은 安陸을 각각 경계선으로 정할 것을 청하였다.[161] 『周書』 「文帝紀」에 따르면, 蕭綸이

---

159 『周書』 卷2 「文帝紀」下 大統十五年十一月條, 32쪽, "冬十一月, 遣開府楊忠率兵與行臺僕射長孫儉討之, 攻克隨郡. 忠進圍仲禮長史馬岫於安陸."

160 『周書』 卷2 「文帝紀」下 大統十六年春正月條, 32쪽, "十六年春正月, 柳仲禮率衆來援安陸, 楊忠逆擊於漴頭, 大破之, 擒仲禮, 悉虜其衆. 馬岫以城降."

161 『周書』 卷19 「楊忠傳」, 316쪽, "時侯景渡江, 梁武喪敗. 其西義陽郡守馬伯符以下迄城降. 朝廷因之, 將經略漢·沔, 乃授忠都督三荊二襄二廣南雍平信隨江二郢淅十五州諸軍事, 鎭穰城. 以伯符爲鄕導, 攻梁齊興郡及昌州, 皆克之. 梁雍州刺史·岳陽王蕭詧雖稱藩附, 而尙有貳心. 忠自樊城觀兵於漢濱, 易旗遞進, 實騎二千, 察登樓望之, 以爲三萬也, 懼而服焉. 梁司州刺史柳仲禮留其長史馬岫守安陸, 自率兵騎一萬寇襄陽. 初, 梁竟陵郡守孫暠以其郡來附, 太祖命大都督符貴往鎭之. 及仲禮至, 暠乃執貴以降. 仲禮又進遣其將王叔孫與暠同守. 太祖怒, 乃令忠帥衆南伐. 攻梁隨郡, 克之, 獲其守將桓和. 所過城戍, 望風請服. 忠乃進圍安陸. 仲禮聞隨郡陷, 恐安陸不守, 遂馳歸赴援. 諸將恐仲禮至則安陸難下, 請急攻之. 忠曰: '攻守勢殊, 未可卒拔. 若引日勞師, 表里受敵, 非計也. 南人多習水軍, 不閑野戰, 仲禮回師在近路, 吾出其不意, 以奇兵襲之, 彼怠我奮, 一擧必克, 則安陸不攻自拔, 諸城可傳檄而定也.' 於是選騎二千, 銜枚夜進, 遇仲禮於漴頭. 忠親自陷陳, 擒仲禮, 悉俘其衆. 馬岫以安陸降, 王叔孫斬孫暠, 以竟陵降, 皆如忠所策. 梁元帝遣使送子方略爲質, 並送載書, 請魏以石城爲限, 梁以安陸爲界."

大統 17년 三月(551. 3. 23-5. 20) 安陸郡을 침입하자 楊忠은 蕭綸의 군대를 격파하고 사로잡았다.[162] 그런데 『周書』「楊忠傳」에 따르면 湘東王 蕭繹이 大統 17년(551) 형 郢州刺史 邵陵王 蕭綸을 핍박하자 蕭綸은 도망가서 北齊에 도움을 청하는 한편 西魏의 영토를 공격하려고 하였다. 이에 梁의 湘東王 蕭繹은 西魏에 이 사실을 밀고하였고 宇文泰는 楊忠을 파견하였다. 楊忠은 漢東을 평정하고 邵陵王 蕭綸을 살해하였다.[163] 전자의 기록에서는 楊忠이 蕭綸을 사로잡았다고 기록하였지만, 후자에서는 살해했다고 기록하여 차이가 있다.

西魏는 漢水(沔水) 중하류의 漢東 지역을 점령한 후, 이 지역을 통치하기 위해 都督府를 설치하였고, 北周時代 總管府로 바뀌었다. 漢東 지역에 襄州總管府와 安州總管府가 설치되었는데, 襄州總管이 荊州總管·安州總管·江陵總管 등을 관할 아래 두고 지휘하였다.[164] 이는 西魏北周가 襄州를 長江 중류와 漢水 유역의 통치 중심지로 정했음을 뜻한다.[165] 이 지역에는 漢人뿐만 아니라 左人 혹은 蠻左라 불리

---

162 『周書』卷2「文帝紀」下 大統十七年春三月, 32쪽, "十七年春三月, 魏文帝崩, 皇太子嗣位, 太祖以冢宰惣百揆. 梁邵陵王蕭綸侵安陸, 大將軍楊忠討擒之."

163 『周書』卷19「楊忠傳」, 316-317쪽, "十七年, 梁元帝逼其兄邵陵王綸. 綸北度, 與其前西陵郡守羊思達要隨·陸土豪段珍寶·夏侯珍洽, 合謀送質於齊, 欲來寇掠. 汝南城主李素, 綸故吏也, 開門納焉. 梁元帝密報太祖, 太祖乃遣忠督衆討之. 詰旦陵城, 日昃而克. 擒蕭綸, 數其罪而殺之; 並獲其安樂侯昉, 亦殺之. 初, 忠之擒柳仲禮, 遇之甚厚. 仲禮至京師, 乃譖忠於太祖, 言其在軍大取金寶珍玩等. 太祖欲覆按之, 惜其功高, 乃出忠. 忠忿恚, 悔不殺仲禮. 故至此獲綸等, 並加戮焉."

164 北周 武帝는 保定 5년과 建德元年 荊州·安州·江陵 등 總管府를 襄州總管府에 예속시켰다(『周書』卷5「武帝紀」上 保定五年正月庚子條, 71쪽, "庚子, 令荊州·安州·江陵等總管並隸襄州總管府, 以柱國·大司空·衛國公直爲襄州總管.";『周書』卷5「武帝紀」上 建德元年夏四月甲戌條, 80쪽, "詔荊州·安州·江陵等總管停隸襄州.").

165 前島佳孝, 「西魏·北周·隋初における領域統治體制の諸相」, 35쪽. 前島佳孝는 北周 武帝가 동생인 衛國公 宇文直을 襄州總管으로 부임하여 襄州總管에 예속시킨

는 蠻人[166]들이 다수 거주하였다. 保定初 湖州刺史가 되었던 薛愼이 州界의 蠻左들을 복종시켰고,[167] 伊婁穆이 鄖州의 반란을 평정할 때 唐州의 山蠻도 토벌한[168] 기사를 검토하면 襄州 동쪽의 鄖州와 唐州 일대에 蠻人들이 다수 거주했음을 알 수 있다. 또 「宇文瓘墓誌」에 따르면, 安州 일대는 "民半左夏",[169] 즉 백성의 절반이 蠻左라 불리는 蠻이라는 이민족이 살고 있는 지역이었다.

西魏는 恭帝元年 十一月 辛亥日(555. 1. 7) 江陵을 점령한 후 襄陽에 있던 蕭詧을 江陵으로 옮기고 襄陽에 襄州를 설치하였다. 楊忠은 새로 정복한 漢水 동쪽 지역의 민심을 수습하였다.[170] 襄州에 부임한 지방관들도 선정을 베풀었다. 예컨대 田弘이 北周 武帝 建德 3년(574) 襄州總管이 되어 屬官들을 엄격히 관리하였고 武備를 갖추었으며 田賦와 均田에 힘썼다.[171] 王長述도 襄州總管이 되어 能吏로 명성이 있

조치가 다른 지역에 보이지 않는 특이한 사례임을 지적하였다. 前島佳孝는 이 조치가 아우인 宇文直을 배려한 특별 조치였다고 추측하였다.

166 蠻의 개념과 東晉南朝의 長江 유역 蠻 혹은 俚 통치는 朴漢濟, 「東晉 · 南朝史와 僑民─'僑舊體制'의 形成과 그 展開─」, 7-12쪽 참조.

167 『周書』 卷35 「薛善傳附愼傳」, 625쪽, "保定初, 出爲湖州刺史. 州界旣雜蠻左, 恆以劫掠爲務. 愼乃集諸豪帥, 具宣朝旨, 仍令首領每月一參, 或須言事者, 不限時節. 愼每引見, 必殷勤勸勵, 及賜酒食. 一年之間, 翕然從化. 諸蠻乃相謂曰: '今日始知刺史眞民父母也.' 莫不欣悅. 自是襁負而至者, 千有餘戶."

168 『周書』 卷29 「伊婁穆傳」, 499쪽, "衛公直出鎭襄州, 以穆爲長史. 鄖州城民王道骨反, 襲據州城. 直遣穆率百餘騎馳往援之. 穆至城下, 頻破肯衆. 會大將軍高琳率衆軍繼進, 肯等乃降. 唐州山蠻恃險逆命, 穆率軍討之. 蠻酋等保據石窟一十四處, 穆分軍進討, 旬有四日, 並破之, 虜獲六千五百人."

169 「宇文瓘墓誌」, 『新出魏晉南北朝墓誌疏證』, 291쪽, "改封建安縣開國子, 仍除安州總管府長史. 此州控隋 · 鄖之沃壤, 揚沔 · 漢之淸波, 民半左夏, 地鄰疆場, 僚端所寄, 才望是資. 公斷決如流, 提挈有序, 鎭南聲績, 蓋有助云."

170 『周書』 卷19 「楊忠傳」, 316-317쪽, "忠間歲再擧, 盡定漢東之地. 寬以御衆, 甚得新附之心."

었다.[172] 그러나 襄州總管府 관할 아래에 있는 郢州에서 城民 王道骨이 반란을 일으키고 唐州의 山蠻이 정부의 명령을 듣지 않았으며,[173] 保定初까지 胡州의 蠻左가 복종하지 않았던[174] 예를 보면, 襄州總管府의 治所인 襄州만이 제대로 통치되었고, 襄州 이외의 다른 州들은 반란을 일으키거나 州郡의 명령을 듣지 않는 통치의 사각지대였음을 알수 있다. 이 지역에는 薛愼 등 일부 지방관의 선정으로 北周의 영향력이 미치는 지역으로 바뀌었다.[175]

安州總管府는 安州·隨州 등 6州와 5防이라는 군사시설을 관리하였다.[176] 安州總管府 관할지역은 北齊와 陳 영토 사이에 끼여 있어 "地

---

171 「田弘墓誌」, 275쪽, "[建德]三年授都督襄·郢·昌·豊·唐·蔡六州諸軍事, 襄州刺史. 下車布政, 威風歙然, 猾吏去官, 貪城解印. 樓船校戰, 正論舟楫之兵; 井賦均田, 始下沮漳之儁."

172 『隋書』卷54「王長述傳」, 1361쪽, "後歷襄·仁二州總管, 並有能名."

173 『周書』卷29「伊婁穆傳」, 499쪽, "衛公直出鎭襄州, 以穆爲長史. 郢州城民王道骨反, 襲據州城. 直遣穆率百餘騎馳往援之. 穆至城下, 頻破肯衆. 會大將軍高琳率衆軍繼進, 肯等乃降. 唐州山蠻恃險逆命, 穆率軍討之. 蠻酋等保據石窟一十四處, 穆分軍進討, 旬有四日, 並破之, 虜獲六千五百人."

174 『周書』卷35「薛善傳附愼傳」, 625쪽, "保定初, 出爲湖州刺史. 州界旣雜蠻左, 恆以劫掠爲務. 愼乃集諸豪帥, 具宣朝旨, 仍令首領每月一參, 或須言事者, 不限時節. 愼每引見, 必殷勤勸誡, 及賜酒食. 一年之間, 翕然從化. 諸蠻乃相謂曰: '今日始知刺史眞民父母也.' 莫不欣悅. 自是襁負而至者, 千有餘戶."

175 薛愼은 湖州의 蠻左를 회유하여 千餘戶를 수습했을 뿐만 아니라(『周書』卷35「薛善傳附愼傳」, 625쪽), 결혼 후에 부모와 별거한 蠻左의 풍습을 바꾸고 華俗으로 교화시켰으며 賦役을 면제하였다(『周書』卷35「薛善傳附愼傳」, 625쪽, "蠻俗, 婚娶之後, 父母雖在, 卽與別居. 愼謂守令曰: '牧守令長是化民者也, 豈有其子娶妻, 便與父母離析. 非唯民俗之失, 亦是牧守之罪.' 愼乃親自誘導, 示以孝慈, 並遣守令各喩所部. 有數戶蠻, 別居數年, 遂還侍養, 及行得果膳, 歸奉父母. 愼感其從善之速, 具以狀聞. 有詔蠲其賦役, 於是風化大行, 有同華俗."). 이를 통해 湖州의 통치가 공고해졌다.

176 于翼이 安州總管에 임명될 때 6州와 5防의 諸軍事를 관장한 것을 보면, 安州總管은 6州와 5防의 군대를 지휘했음을 알 수 있다(『周書』卷30「于翼傳」, 525쪽, "建德二年, 出爲安隨等六州五防諸軍事·安州總管.").

鄰疆場"[177]이라고 불릴 정도로 전략적 요충지였다. 安州總管 于翼은 建德 4년(575) 北周 武帝의 北齊 공격에 호응하여 荊·楚의 2만을 거느리고 北齊의 襄城을 공격하여 19城을 함락하였으나, 武帝가 병에 걸려 후퇴하자 于翼 역시 安州로 회군하였다.[178] 이는 安州가 長江 중류의 荊州 및 江陵뿐만 아니라 北齊의 河南 지역을 견제하는 요충지였음을 확인할 수 있다. 이 지역 역시 安州를 중심으로 北周의 통치가 뿌리내렸다. 建德 2년(573) 安州總管에 임명된 于翼은 제사(淫祀)를 금지한 北周 武帝의 금령을 어기고 기우제를 지내 그해 풍년을 이루는 데 기여하였다. 따라서 당시 백성들의 민심을 얻을 수 있었다.[179] 皇甫璠도 建德 3년(574) 隨州刺史에 임명되어 선정을 베풀었다.[180] 정확한 연도를 알 수 없지만, 宇文瓘(韋瓘)은 安州總管府長史에 임명되어 安州 일대의 안정과 선정에 기여하였고 隨州刺史에 취임하였다.[181]

3 梁의 수도 江陵(荊州) 征服

2항에서 살펴본 것처럼 西魏는 湘東王 蕭繹(梁元帝)과 岳陽王 蕭

---

177 「宇文瓘墓誌」, 291쪽.

178 『周書』卷30「于翼傳」, 525쪽, "四年, 高祖將東伐, 朝臣未有知者, 遣納言盧韞等前後乘驛, 三詣翼問策焉. 翼贊成之. 及軍出, 詔翼率荊·楚兵二萬, 自宛·葉趣襄城, 大將軍張光洛·鄭恪等竝隸焉. 旬日下齊一十九城. 所部都督, 輒入民村, 卽斬以徇. 由是百姓欣悅, 赴者如歸. 屬高祖有疾, 班師, 翼亦旋鎭."

179 위와 같음, "建德二年, 出爲安隨等六州五防諸軍事·安州總管. 時屬大旱, 湹水絶流. 舊俗, 每逢六陽, 禱白兆山祈雨. 高祖先禁羣祀, 山廟已除. 翼遣主簿祭之, 卽日澍雨霑洽, 歲遂有年. 民庶感之, 聚會歌舞, 頌翼之德."

180 『周書』卷39「皇甫璠傳」, 697쪽, "三年, 授隨州刺史. 政存簡惠, 百姓安之."

181 「宇文瓘墓誌」, 291쪽, "改封建安縣開國子, 仍除安州總管府長史. 此州控隋·鄖之沃壤, 揚沔·漢之淸波, 民半左夏, 地鄰疆場. 僚端所寄, 才望是資. 公斷決如流, 提翊有序. 鎭南聲績, 蓋有助云. 俄治隋州刺史."

詧, 邵陵王 蕭綸의 반목을 이용하여 漢東(漢水 동쪽)으로 영토를 넓히고 江陵을 공격할 수 있는 교두보를 마련하였다.[182] 그러나 西魏는 漢水 중하류 지역에서 巴蜀 지역으로 전선을 바꾸어 漢水 중류 지역은 소강 상태에 접어들었다. 大統 17년 十月(551. 11. 14-552. 1. 11) 王雄이 上津·魏興을 공격했고 達奚武가 散關을 나가 南鄭으로 진격하였다. 王雄은 廢帝元年 봄 上津과 魏興을, 達奚武는 四月(552. 5. 9-6. 7) 南鄭(梁州)을 각각 점령하였다.[183] 宇文泰는 廢帝 2년 三月(553. 3. 30-4. 28) 尉遲迥을 보내 益州에 있던 梁의 武陵王 蕭紀를 공격하게 하였다. 西魏軍은 五月(5. 28-6. 26) 潼州의 항복을 받고 八月(8. 25-9. 22)에 成都를 점령하여 巴蜀(劍南)을 평정하였다.[184] 이로써 西魏는 長江 상류 지역을 점령하였다. 이후 西魏는 다시 梁의 수도가 있는 長江 중류 지역으로 눈을 돌렸다.

이때 長孫儉은 江陵 공격의 당위성을 아래와 같이 말했다.

"[長孫]儉이 대답하여 '지금 江陵은 이미 江北에 있고 我國으로부터 멀지 않습니다. 湘東王[梁元帝]이 卽位한 후 이미 3년이 지났습니다. 그 형세를 보면 동쪽으로 진격할 필요는 없습니다. 骨肉이 서로 해치니 民은 그 毒을 싫어합니다. 荊州의 軍資와 器械가 저장된 지 이미 오래되었으니 만

---

182 前島佳孝, 「梁武帝死後の西魏·梁關係の展開」, 『西魏·北周政權史の研究』, 東京: 汲古書院, 2013, 245-249쪽.

183 『周書』 卷2 「文帝紀」 下, 33쪽, "[大統十七年]冬十月, 太祖遣大將軍王雄出子午, 伐上津·魏興; 大將軍達奚武出散關, 伐南鄭. 魏廢帝元年春, 王雄平上津·魏興, 以其地置東梁州. 夏四月, 達奚武圍南鄭, 月餘, 梁州刺史·宜豐侯蕭循以州降. 武執循還長安."

184 『周書』 卷2 「文帝紀」 下 廢帝二年條, 33쪽, "三月, 太祖遣大將軍·魏安公尉遲迥率衆伐梁武陵王蕭紀於蜀. …… 五月, 蕭紀潼州刺史楊乾運以州降, 引迥軍向成都. …… 八月, 克成都, 劍南平."

약 大軍이 南討[185]한다고 해도 반드시 匱乏의 걱정은 없습니다. 弱國을 겸병하고 정치가 혼란한 國을 공격하는 것은 武의 좋은 법칙입니다. 國家는 이미 蜀土를 소유하였으니, 만약 다시 江漢을 평정하고 이 지역을 어루만지고 안정시킨 후 貢賦를 거두어 軍國의 비용으로 충당한다면, 天下를 평정하기에 부족함이 없습니다'라고 말하였다. 太祖[宇文泰]는 옳다고 생각하고 長孫儉에게 '公의 말과 같다면 내가 너무 늦게 이 건의를 알아들었구나'라고 말하고 長孫儉에게 州로 돌아가 비밀리에 南討를 준비하게 하였다."[186]

長孫儉은 梁 宗室의 骨肉相殘과 輜重의 荊州 현지 조달이 쉽다는 점을 들어 江陵 공격을 주장하였다. 梁의 長江 중류 지역을 정복한 후 貢賦를 거두면 西魏의 재정에 도움이 되고 天下를 평정하는 데 기여할 것이라고 주장하였다. 宇文泰는 長孫儉의 주장대로 江陵 공격을 결심하였다. 『資治通鑑』에 따르면 梁元帝가 西魏의 사신을 北齊의 사신보다 푸대접하였고 舊圖에 따라 국경선을 획정하자고 국서를 보냈는데 언사가 불손하여 노한 宇文泰가 荊州刺史 長孫儉을 불러 江陵을 공격할 戰略을 물었다.[187]

---

185 원문은 '西'字이지만, 校勘記注 5)에서는 '南'字의 誤記로 보았다. 번역문에서는 校勘記注에 따라 南討로 번역하였다.

186 『周書』卷26 「長孫儉傳」, 429쪽, "儉對曰: '今江陵旣在江北, 去我不遠. 湘東卽位, 已涉三年. 觀其形勢, 不欲東下. 骨肉相殘, 民厭其毒. 荊州軍資器械, 儲積已久, 若大軍西討, 必無匱乏之慮. 且兼弱攻昧, 武之善經. 國家旣有蜀土, 若更平江漢, 撫而安之, 收其貢賦, 以供軍國, 天下不足定也.' 太祖深然之, 乃謂儉曰: '如公之言, 吾取之晩矣.' 令儉還州, 密爲之備."

187 『資治通鑑』卷165 「梁紀」21 元帝承聖三年條, 5111쪽, "己酉, 魏侍中宇文仁恕來聘. 會齊使者亦至江陵, 帝接仁恕不及齊使, 仁恕歸, 以告太師泰. 帝又請據舊圖定疆境, 辭頗不遜, 泰曰: '古人有言, 「天之所棄, 誰能興之」, 其蕭繹之謂乎!' 荊州刺史長孫儉

宇文泰는 恭帝元年 十月 壬戌日(554. 11. 19) 柱國 于謹과 中山公 宇文護, 大將軍 楊忠, 韋孝寬 등 步騎 5만을 동원하여 梁의 수도 江陵을 공격하였다.[188] 十一月 癸未日(554. 12. 10) 漢水를 넘은 西魏軍은 辛亥日(555. 1. 7) 江陵城을 공격하여 당일 함락하고 梁 元帝를 사로잡아 죽이고 百官과 士民을 사로잡아 돌아왔다.[189]

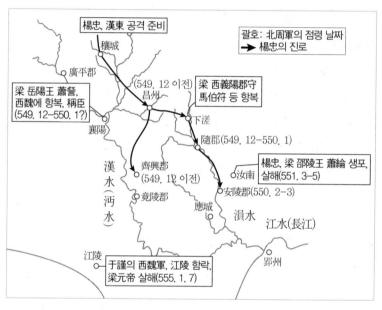

〈지도 24〉 西魏의 漢水·長江 중류 점령 지도

屢陳攻取之策, 泰徵儉入朝, 問以經略, 復命還鎭, 密爲之備."

188 『周書』卷2 「文帝紀」下 魏恭帝元年條, 35쪽, "梁元帝遣使請據舊圖以定疆界, 又連結於齊, 言辭桀慢. 太祖曰: ‘古人有言「天之所棄, 誰能興之」. 其蕭繹之謂乎.’ 冬十月壬戌, 遣柱國于謹·中山公護·大將軍楊忠·韋孝寬等步騎五萬討之."

189 『周書』卷2 「文帝紀」下 魏恭帝元年十一月條, 36쪽, "十一月癸未, 師濟於漢. 中山公護與楊忠率銳騎先屯其城下, 據江津以備其逸. 丙申, 謹至江陵, 列營圍守. 辛亥, 進攻城, 其日克之. 擒梁元帝, 殺之, 并虜其百官及士民以歸."

西魏는 江陵을 직접 통치하지 않고 襄陽에 있던 蕭詧을 江陵으로 옮기고 梁主에 임명하여 西魏의 附庸으로 삼았다.[190] 蕭詧의 梁을 史書에서는 後梁이라 한다. 蕭詧은 皇帝라 칭하고 大定이라는 연호를 사용하였다. 그러나 西魏에 上疏할 때 臣이라 칭하고 西魏 조정의 정삭을 받들었고 西魏의 柱國 등 官名을 兼用하였다.[191] 後梁은 한때 湖南(洞庭湖 남쪽)까지 지배했으나 곧이어 陳에 빼앗겼고 이후 長江 중류에서 後梁과 陳이 20여 년간 대치하였다.[192] 後梁의 역사적 평가에 대해 北周의 배후지 안정에 공헌했다고 보는 견해[193]와 後梁의 성립으로 北周가 長江 중상류 유역을 점령하여 南朝 梁·陳에 군사적 우위를 지니게 되었다는 견해[194]가 있다. 또 後梁의 복속이 北周가 옛 梁 영토 지배의 정당성을 부여하였다고 보기도 한다.[195]

---

190 『周書』卷2 「文帝紀」下 魏恭帝元年十一月條, 36쪽, "立蕭詧爲梁主, 居江陵, 爲魏附庸."

191 『周書』卷48 「蕭詧傳」, 859쪽, "詧乃稱皇帝於其國, 年號大定. 追尊其父統爲昭明皇帝, 廟號高宗, 統妃蔡氏爲昭德皇后. 又尊其所生母龔氏爲皇太后, 立妻王氏爲皇后, 子巋爲皇太子. 其慶賞刑威, 官方制度, 並同王者. 唯上疏則稱臣, 奉朝廷正朔. 至於爵命其下, 亦依梁氏之舊. 其戎章勳級, 則又兼用柱國等官. 又追贈叔父邵陵王綸太宰, 諡曰壯武. 贈兄河東王譽丞相, 諡曰武桓."

192 前島佳孝, 「梁武帝死後の西魏·梁關係の展開」, 250-252쪽.

193 山崎宏, 「北朝末期の附庸國後梁に就いて」, 『史潮』 11-1, 1941, 61-90쪽; 李萬生, 「讀《周書·蕭詧傳》書後」, 『貴州師範大學學報(社會科學版)』, 1998-3, 30-32쪽; 王光照, 「後梁興亡與南北統一」 『江漢論壇』 1999-4, 1999, 59왼쪽-64오른쪽.

194 張國安, 「淮南之役與陳代南人政治之重組」 『國學研究』 5, 1998, 447-482쪽; 王光照, 「後梁興亡與南北統一」, 59왼쪽-64오른쪽.

195 吉川忠夫, 「後梁春秋-傀儡王調の記録-」 『侯景の亂始末記-南朝貴族社會の命運-』, 東京: 中公新書, 1974, 190쪽.

『周書』「蕭詧傳」에 따르면, 于謹이 恭帝元年(554) 江陵을 점령한 후 蕭詧을 梁主로 삼아 江陵東城에 거주하게 하고 江陵(荊州) 1州를 지배하도록 하였다. 그리고 蕭詧이 지배하던 襄陽을 西魏가 차지하였다.[196] 宇文泰는 江陵防主를 설치하고 江陵西城에 군대를 주둔시켰다. 명목상 방어를 돕는다고 했지만 실제로는 蕭詧을 견제하려는 의도였다.[197] 宇文泰는 長孫儉에게 江陵에 주둔하게 하고[198] 楊忠에게 穰城에 주둔하여 掎角之勢를 이루도록 하였다.[199]

그러나 『周書』의 기록과 달리 『隋書』 卷31 「地理志」下 荊州·南郡條 細注에는 "옛날에 荊州를 설치하였다. 西魏는 梁을 封하여 蕃國으로 삼았고, 또 江陵總管府를 설치하였다"[200]라고 기록하였다. 그런데 北周 건국 후 權景宣은 基郢硤平四州五防諸軍事 江陵防主에 임명되었

---

196 『周書』 卷48 「蕭詧傳」, 859쪽, "魏恭帝元年, 太祖令柱國于謹伐江陵, 詧以兵會之. 及 江陵平, 太祖立詧爲梁主, 居江陵東城, 資以江陵一州之地. 其襄陽所統, 盡歸於我."

197 위와 같음, "太祖乃置江陵防主, 統兵居於西城, 名曰助防. 外示助詧備御, 內實兼防 詧也."

198 宇文泰는 長孫儉만이 피정복민(吳民)을 安撫하고 회유할 수 있다고 보아 長孫儉에 게 江陵에 주둔하도록 하였다(『周書』 卷26 「長孫儉傳」, 429쪽, "尋令柱國·燕公于 謹總戎衆伐江陵. 平, 以儉元謀, 賞奴婢三百口. 太祖與儉書曰: '本圖江陵, 由公盡 計, 今果如所言. 智者見未萌, 何其妙也. 但吳民離散, 事藉招懷, 南服重鎭, 非公莫 可.' 遂令儉鎭江陵."). 「長孫儉神道碑」에 따르면, 宇文泰가 長孫儉을 江陵에 주둔하 도록 한 의도가 蜀地를 안정시킨 조치였다고 서술하였다(宇文泰는 江陵 정복을 長 孫儉의 공이라고 말하며 奴婢 300口를 주고 江陵에 주둔하게 함(「周柱國大將軍長 孫儉神道碑」, 821-822쪽, "太祖與公書云: '由公立計, 果如所謀.' 令公作鎭江陵, 以 安蜀地.")).

199 『周書』 卷19 「楊忠傳」, 317쪽, "及于謹伐江陵, 忠爲前軍, 屯江津, 遏其走路. 梁人束 刃於象鼻以戰, 忠射之, 二象反走. 及江陵平, 朝廷立蕭詧爲梁(王)[主], 令忠鎭穰城 以爲掎角之勢."

200 『隋書』 卷31 「地理志」下 荊州·南郡條細注, 888쪽, "舊置荊州. 西魏以封梁爲蕃國, 又置江陵總管府."

다.[201] 嚴耕望은 이 기록과 陽雄이 江陵總管에 임명되었다는 기록[202]에
주목하여 江陵總管府가 江陵 등 5防과 基州·郡州·硤州·平州 4州
를 관할하였다고 고증하였다.[203] 그런데 譚其驤의『中國歷史地圖集』
을 보면 基州·郡州·平州 3州가 後梁의 영토로 표기되었다.[204] 이는
江陵總管府가 後梁의 軍事 문제만 관장하였다고 해석한 것이다. 羣
蠻이 恭帝元年(554) 荊州에서 반란을 일으키자 李賢이 賀若敦과 함께
蠻帥 文子榮을 大破하고 平州 북쪽에 汶陽城을 쌓고 주둔하였다는
『周書』「李賢傳」의 기록은 이를 입증한다.[205]

陽雄은 西魏 恭帝三年(556) 蠻帥 文子榮의 반란이 평정된 후 설치
된 平州의 刺史로 임명되어 百姓을 慰撫하고 安輯하였다.[206] 李遷哲
역시 北周武帝 保定년간(561-565) 平州刺史에 임명되었다.[207] 또 裴文
擧는 北周 武帝 天和 2년(567) 郡州刺史에 임명되었고,[208] 高賓도 郡

---

201 『周書』卷28「權景宣傳」, 479쪽, "孝閔帝踐阼, 征爲司憲中大夫, 尋除基郡硤平四州
五防諸軍事·江陵防主, 加大將軍."
202 『周書』卷44「陽雄傳」, 797쪽, "遷江陵總管·四州五防諸軍事, 改封魯陽縣公. 宣政
元年, 卒於鎭."
203 嚴耕望,『中國地方行政制度史』上編中卷, 478쪽.
204 譚其驤 主編,『中國歷史地圖集』第四冊 東晉十六國·南北朝時期, 67-68쪽.『隋書』
卷31「地理志」下 荊州·南郡·紫陽縣條細注에도 梁이 紫陽城 南面에 郡州와 雲澤
縣을 설치하였다고 기록하였다(『隋書』卷31「地理志」下 荊州·南郡·紫陽縣條細注,
889쪽, "西魏置華陵縣, 後周改名焉. 其城南面, 梁置郡州, 又置雲澤縣."). 이 梁은
後梁이며, 이 기록은 譚其驤 主編『中國歷史地圖集』과 일치한다.
205 『周書』卷25「李賢傳」, 416쪽, "時荊州羣蠻反, 開府潘招討之. 令賢與賀若敦率騎士
七千, 別道邀截, 擊蠻帥文子榮, 大破之. 遂於平州北築汶陽城以鎭之."
206 『周書』卷44「陽雄傳」, 797쪽, "蠻帥文子榮竊據荊州之汶陽郡, 又侵陷南郡之當陽·
臨沮等數縣. 詔遣開府賀若敦·潘招等討平之. 卽以其地置平州, 以雄爲刺史. 進爵
玉城縣公, 增邑通前一千六百戶, 加驃騎大將軍·開府儀同三司. 時寇亂之後, 戶多逃
散, 雄在所慰撫, 民並安輯."
207 『周書』卷44「李遷哲傳」, 792쪽, "保定中, 授平州刺史."

州刺史에 임명되었다.[209] 뿐만 아니라 薛端은 北周初 基州刺史에 임명되었다.[210] 즉 後梁의 4州 가운데 荊州(江陵)를 제외한 3州에 西魏北周의 관리가 州刺史로 파견되었다. 이는 西魏北周가 後梁의 수도 江陵을 제외한 대부분 지역을 사실상 통치했음을 뜻한다. 따라서 譚其讓의『中國歷史地圖集』의 後梁 영토 표기는 잘못되었음을 알 수 있다.

위에서 살펴본 것처럼 江陵總管府는 西魏北周의 附庸國 後梁을 감시하고 陳의 공격을 방어하는 역할을 맡은 독자적인 軍管區 혹은 長江 중류 통치의 중심지였다. 그런데 北周 武帝는 保定 5년(565)과 建德元年(572) 荊州·安州·江陵 등 總管府를 襄州總管府에 예속시켜[211] 江陵總管府는 襄州總管府의 지휘를 받아 위상이 떨어졌다. 이 조치가 일시적인 조치였는지, 保定 5년(565) 이후 항구적인 조치였는지 알 수 없지만, 北周가 襄州를 長江 중류와 漢水 유역의 통치 중심지로 정했고, 江陵보다 襄州를 중시했음을 시사한다.[212] 이는 襄州가 北周의 수도 長安과 가까웠고 북쪽의 荊州總管府, 동쪽의 安州總管府, 남쪽의 江陵總管府를 관할하는 지리적 중심지였기 때문일 것이다. 이와 함께

---

208 『周書』卷37「裴文擧傳」, 670쪽, "天和二年, 除郢州諸軍事·郢州刺史, 進位驃騎大將軍·開府儀同三司, 治襄州總管府司錄."

209 『隋書』卷41「高熲傳」, 1179쪽, "父賓, 背齊歸周, 大司馬獨孤信引爲僚佐, 賜姓獨孤氏. 及信被誅, 妻子徙蜀. 文獻皇后以賓父之故吏, 每往來其家. 賓後官至郢州刺史, 及熲貴, 贈禮部尙書·渤海公."

210 『周書』卷35「薛端傳」, 622쪽, "孝閔帝踐阼, 除工部中大夫, 轉民部中大夫, 進爵爲公, 增邑通前一千八百戶. 晉公護將廢帝, 召羣官議之, 端頗有同異. 護不悅, 出爲蔡州刺史. 爲政寬惠, 民吏愛之. 尋轉基州刺史. 基州地接梁·陳, 事藉鎭撫, 總管史寧遣司馬梁榮催令赴任."

211 『周書』卷5「武帝紀」上 保定五年正月庚子條, 71쪽, "庚子, 令荊州·安州·江陵等總管並隸襄州總管府, 以柱國·大司空·衛國公直爲襄州總管.";『周書』卷5「武帝紀」上 建德元年夏四月甲戌條, 80쪽, "詔荊州·安州·江陵等總管停隸襄州."

212 前島佳孝,「西魏·北周·隋初における領域統治體制の諸相」, 35쪽.

後梁의 감시와 통제가 완전하여 江陵總管府의 정치적·군사적 가치가 덜 중요했을 가능성도 있다.

江陵西城 주변에 주둔한 西魏北周의 군대는 梁과 陳의 침입으로부터 後梁을 보호하였다. 예컨대 恭帝 2년(555) 梁將 王琳이 보낸 侯方兒와 潘純陀가 江陵을 공격하자 豆盧寧은 蔡佑·鄭永과 함께 梁軍을 물리쳤다.[213] 武成元年(559) 陳將 侯瑱이 後梁의 巴·湘을 공격하자 賀若敦은 侯瑱과 대치하기도 했다.[214] 北周는 孝閔帝元年(556) 長江 남쪽에 安蜀城을 쌓아 陳을 방어하도록 하였다. 蠻酋 鄭南鄕이 반란을 일으켜 陳將 吳明徹을 끌어들이자 趙煚은 이를 격파하였다.[215] 다음 해까지 趙煚은 吳明徹과 16번 싸워 陳의 공격을 좌절시켰고 陳 裨將 3인을 사로잡고 160인을 참수하였다.[216] 陳將 吳明徹이 天和 3년(568) 後梁을 공격하자 江陵總管 田弘과 梁主 蕭巋와 紀南城으로 후퇴하고 江陵副總管 高琳은 後梁의 僕射 王操와 함께 江陵三城을 100일 이

---

213 『周書』卷19「豆盧寧傳」, 309쪽, "梁將王琳遣其將侯方兒·潘純陀寇江陵, 寧與蔡佑·鄭永等討之, 方兒等遁走."

214 『周書』卷28「賀若敦傳」, 475쪽, "武成元年, 入爲軍司馬. 自江陵平後, 巴·湘之地並內屬, 每遣梁人守之. 至是陳將侯瑱·侯安都等圍逼湘州, 遏絕糧援. 乃令敦率步騎六千, 度江赴救. 瑱等以敦孤軍深入, 規欲取之. 敦每設奇伏, 連戰破瑱, 乘勝徑進, 遂次湘州. 因此輕敵, 不以爲虞. 俄而霖雨不已, 秋水泛溢, 陳人濟師, 江路遂斷. 糧援旣絕, 人懷危懼. 敦於是分兵抄掠, 以充資費. 恐瑱等知其糧少, 乃於營內多爲土聚, 覆之以米, 集諸營軍士, 人各持囊, 遣官刊部分, 若欲給糧者. 因召側近村民, 陽有所訪問, 令於營外遙見, 隨卽遣之. 瑱等聞之, 良以爲實. 乃據守要險, 欲曠日以老敦師. 敦又增修營壘, 造廬舍, 示以持久. 湘·羅之間, 遂廢農業."

215 『隋書』卷46「趙煚傳」, 1249-1250쪽, "時周人於江南岸置安蜀城以禦陳, 屬霖雨數旬, 城頹者百餘步. 蠻酋鄭南鄕叛, 引陳將吳明徹欲掩安蜀, 議者皆觀煚益修守禦, 煚曰: '不然, 吾自有以安之.' 乃遣使說誘江外生蠻向武陽, 令乘虛掩襲所居, 獲其南鄕父母妻子. 南鄕聞之, 其黨各散, 陳兵遂退."

216 『隋書』卷46「趙煚傳」, 1250쪽, "明年, 吳明徹屢爲寇患, 煚勒兵禦之, 前後十六戰, 每挫其鋒. 獲陳裨將覃冏·王足子·吳朗等三人, 斬首百六十級."

상 지켜냈다. 결국 陳將 吳明徹은 후퇴하였다.[217] 다음 해인 天和 4년
(569) 江陵總管 陸騰은 陳將 章昭達이 이끄는 5만과 船艦 2,000척이
江陵을 포위하자 大將軍 趙誾과 李遷哲 등의 원병과 함께 陳軍을 대
파하고 水攻을 막아냈다.[218] 이처럼 江陵西城과 그 주변에 주둔한 西
魏北周의 군대는 陳으로부터 後梁을 구해냈다. 後梁은 명맥을 유지하
다가 隋初에 隋에 합병되었다.

5 長江 중류(江漢) 지역 정복의 의의

북방의 왕조가 江南의 建業(建康), 臨安 등에 수도를 둔 왕조를 정
복하기 위해 長江 중류와 상류에서 出兵시킨 예가 많다. 특히 長江 중
류에서 하류로 향하는 진격로는 長江 상류에서 진격하는 노선보다 선
호되었다. 曹操는 荊州의 治所 襄陽으로 진격하여 劉表의 아들 劉琮
의 항복을 받은 후 江陵을 점령하고 江南으로 향하였다. 만약 赤壁에
서 패하지 않았다면 曹操는 長江 중류에서 진격하여 建業(建康)을 정
복한 첫 번째 인물이 되었을 것이다. 曹操는 赤壁大戰에서 패한 이후
巢湖를 거쳐 建業으로 향하는 교통로를 겨냥하고 戰場을 바꾸었으나
승리하지 못하였다. 西晉은 長江 상류와 중류, 하류에서 동시에 吳의

---

217 『周書』卷29 「高琳傳」, 497쪽, "三年, 遷江陵[副]總管. 時陳將吳明徹來寇, 總管田弘
  與梁主蕭巋出保南城, 唯琳與梁僕射王操固守江陵三城以抗之. 晝夜拒戰, 凡經十
  旬, 明徹退去."
218 『周書』卷28 「陸騰傳」, 471쪽, "四年, 遷江陵總管. 陳遣其將章昭達率衆五萬·船艦
  二千圍江陵. 衛王直聞有陳寇, 遣大將軍趙誾·李遷哲等率步騎赴之, 並受騰節度.
  時遷哲等守外城, 陳將程文季·雷道勤夜來掩襲, 遷哲等驚亂, 不能抗禦. 騰夜遣開
  門, 出甲士奮擊, 大破之. 陳人奔潰, 道勤中流矢而斃, 虜獲二百餘人. 陳人又決龍川
  寧邦堤, 引水灌江陵城. 騰親率將士戰於西堤, 破之, 斬首數千級, 陳人乃遁."

영토로 진격하였는데,[219] 주력은 襄陽에서 출발한 鎭南大將軍 杜預의
군대였지만, 조정에서는 長江 상류에서 출발한 王濬과 唐彬에게 吳
의 수도 建業으로 진격하도록 하였고 杜預는 洞庭湖 이남의 長沙・
桂陽・零陵 등 郡縣을 평정하도록 교통정리하고 賈充에게 項縣에서
총지휘하도록 하였다.[220] 이에 따라 杜預는 洞庭湖 이남의 諸郡과 交
州・廣州를 정복하거나 항복을 받았다.[221] 隋文帝는 陳을 공격할 때
晉王 楊廣에게 六合에서, 秦王 楊俊에게 襄陽에서, 楊素에게 信州에
서, 荊州刺史 劉仁恩은 江陵에서, 王世積은 蘄春에서, 韓擒虎는 廬江
에서, 賀若弼은 吳州에서, 燕榮은 東海에서 각각 출격하도록 하고 晉
王 楊廣의 節度를 받도록 하여 晉王 楊廣을 총사령관으로 임명하였

---

219 『晉書』卷3「世祖紀」咸寧五年條, 69쪽, "十一月, 大擧伐吳, 遣鎭軍將軍・琅邪王伷
出涂中, 安東將軍王渾出江西, 建威將軍王戎出武昌, 平南將軍胡奮出夏口, 鎭南大
將軍杜預出江陵, 龍驤將軍王濬・廣武將軍唐彬率巴蜀之卒浮江而下, 東西凡二十餘
萬. 以太尉賈充爲大都督, 行冠軍將軍楊濟爲副, 總統衆軍."

220 『晉書』卷3「世祖紀」咸寧五年二月乙亥條, 71쪽, "乙亥, 以濬爲都督益・梁二州諸軍
事, 復下詔曰:'濬・彬東下, 掃除巴丘, 與胡奮・王戎共平夏口・武昌, 順流長鶩, 直
造秣陵, 與奮・戎審量其宜. 杜預當鎭靜零・桂, 懷輯衡陽. 大兵旣過, 荊州南境固當
傳檄而定, 預當分萬人給濬, 七千給彬. 夏口旣平, 奮宜以七千人給濬. 武昌旣了, 戎
當以六千人增彬. 太尉充移屯項, 總督諸方.'"

221 『晉書』卷34「杜預傳」, 1029-1030쪽, "預以太康元年正月, 陳兵于江陵, 遣参軍樊
顯・尹林・鄧圭・襄陽太守周奇等率衆循江西上, 授以節度, 旬日之間, 累克城邑, 皆
如預策焉. 又遣牙門管定・周旨・伍巢等率奇兵八百, 泛舟夜渡, 以襲樂郷, 多張旗
幟, 起火巴山, 出於要害之地, 以奪賊心. 吳都督孫歆震恐, 與伍延書曰:'北來諸軍,
乃飛渡江也.' 吳之男女降者萬餘口, 旨・巢等伏兵樂郷城外. 歆遣軍出距王濬, 大敗
而還. 旨等發伏兵, 隨歆軍而入, 歆不覺, 直至帳下, 虜歆而還. 故軍中爲之謠曰:'以
計代戰一當萬.' 於是進逼江陵. 吳督將伍延僞請降而列兵登陴, 預攻克之. 旣平上流,
於是沅湘以南, 至于交廣, 吳之州郡皆望風歸命, 奉送印綬, 預仗節稱詔而綏撫之. 凡
所斬及生獲吳都督・監軍十四, 牙門・郡守百二十餘人. 又因兵威, 徙將士屯戍之家
以實江北, 南郡故地各樹之長吏, 荊土肅然, 吳人赴者如歸矣."

다.[222] 출병한 8곳 가운데 江陵과 襄陽이 長江 중류 지역이었다. 蒙元
역시 元軍이 至元 10년 二月 丁未日(1273. 3. 14) 南宋 京西安撫使 知襄
陽府 呂文煥의 항복을 받은 후[223] 鄂州를 점령하고[224] 계속 진격하여
南宋의 수도 臨安을 점령하였다.[225] 위에서 살펴본 세 가지 예는 襄陽
과 江陵 등 長江 중류 지역에서 출발한 군대가 남방 세력을 정복하는
데 큰 역할을 한 사례이며, 후자의 예(蒙元의 襄陽 점령과 진격)가 더욱
구체적이다.

　十六國·北朝時代에도 襄陽과 江陵을 점령한 후 長江 하류로 진격
하는 전략을 취하기도 하였다. 後趙의 石勒은 332년 襄陽을 함락하였
고,[226] 379년 前秦의 苻堅이 아들 苻丕를 보내 襄陽을 함락하고 南中
郎將 朱序를 생포하였다.[227] 그러나 後趙의 石勒과 前秦의 苻堅은 襄

---

222 『隋書』卷2「高祖紀」下 開皇八年條, 31쪽, "甲子, 將伐陳, 有事於太廟. 命晉王廣, 秦
　　王俊, 淸河公楊素並爲行軍元帥, 以伐陳. 於是晉王廣出六合, 秦王俊出襄陽, 淸河
　　公楊素出信州, 荊州刺史劉仁恩出江陵, 宜陽公王世積出蘄春, 新義公韓擒虎出廬江,
　　襄邑公賀若弼出吳州, 落叢公燕榮出東海, 合總管九十, 兵五十一萬八千, 皆受晉王
　　節度."

223 『元史』卷8「世祖紀」5 至元十年二月丁未條, 148쪽.

224 『元史』卷8「世祖紀」5 至元十一年條, 158쪽.

225 『元史』卷9「世祖紀」6 至元三年二月條, 177-178쪽.

226 『晉書』卷9「顯宗紀」咸和七年夏四月條, 177쪽, "夏四月, 勒將郭敬陷襄陽."; 『晉書』
　　卷104「石勒載記」上, 2712쪽, "先是, 雍州流人王如·侯脫·嚴嶷等起兵江淮間, 聞勒
　　之來也, 懼, 遣衆一萬屯襄城以距, 勒擊敗之, 盡俘其衆. 勒至南陽, 屯于宛北山. 如懼
　　勒之攻襄也, 使送珍寶車馬犒師, 結爲兄弟, 勒納之. 如與侯脫不平, 說勒攻脫. 勒夜
　　令三軍雞鳴而駕, 晨壓宛門, 攻之, 旬有二日而克. 嚴嶷率衆救脫, 至則無及, 遂降于
　　勒. 勒斬脫, 囚嶷送于平陽, 盡幷其衆, 軍勢彌盛. 勒南寇襄陽, 攻陷江西壘壁三十餘
　　所, 留刁膺守襄陽, 躬帥精騎三萬還攻王如. 憚如之盛, 遂趣襄城. 如知之, 遣弟璃率
　　騎二萬五千, 詐言犒軍, 實欲襲勒. 勒逆擊, 滅之, 復屯江西, 蓋欲有雄據江漢之志也.
　　張賓以爲不可, 勸勒北還, 弗從, 以賓爲參軍都尉, 領記室, 位次司馬, 專居中總事."

227 『晉書』卷9「孝武帝紀」太元四年二月戊午條, 229쪽, "二月戊午, 苻堅使其子丕攻陷
　　襄陽, 執南中郎將朱序. 又陷順陽."; 『晉書』卷113「苻堅載記」上, 2901쪽, "太元四

陽 점령 이후 襄陽을 거점으로 長江 하류의 建康으로 진격하려고 했으나, 桓沖의 저항에 막혀 포기하였다. 苻堅은 襄陽에서 공격하는 대신 淮水를 건너 建康으로 진격하는 진격로를 계획하였지만, 淝水에서 패하여 東晉 정복에 실패하였을 뿐만 아니라 前秦의 붕괴를 초래하였다. 北魏 孝文帝는 세 차례(495. 1. 1)에 걸쳐 南齊 親征을 벌였다. 孝文帝는 太和 18년 十二月 辛丑朔 行征南將軍 薛眞度에게 襄陽으로, 大將軍 劉昶에게 義陽으로, 徐州刺史 元衍에게 鍾離로, 平南將軍 劉藻에게 南鄭으로 진격할 것을 명령하였다.[228] 孝文帝의 2차 南齊 親征(497. 9. 29-499. 2. 17) 당시 南陽과 新野를 공격하였다.[229] 3차 親征(499. 3. 31-499. 4. 26) 당시 孝文帝가 20만 기병을 거느리고 樊城까지 진격했다가 회군하였다.[230] 孝文帝는 세 차례 모두 南陽·襄陽 방면으로 출격하였고 南齊의 沔北 5郡을 점령하였지만, 결국 襄陽을 점령하지 못하였다. 孝文帝가 단순히 영토확장이 아니라 南齊 정복과 통일을 위해 親征에 나섰음을 고려하면, 孝文帝는 襄陽과 江陵을 점령한 후

年, 晉兗州刺史謝玄率衆數萬次于泗汭, 將救彭城. 苻丕陷襄陽, 執南中郎將朱序, 送于長安, 堅署爲度支尙書. 以其中壘梁成爲南中郎將·都督荊揚州諸軍事·荊州刺史, 領護南蠻校尉, 配兵一萬鎭 襄陽, 以征南府器仗給之."

228 『魏書』卷7下「高祖紀」下 太和十八年十二月辛丑朔條, 175-176쪽, "遣行征南將軍薛眞度督四將出襄陽, 大將軍劉昶出義陽, 徐州刺史元衍出鍾離, 平南將軍劉藻出南鄭."

229 『南齊書』「魏虜傳」에 따르면, 孝文帝는 咸陽王 元禧에게 南陽을 공격하게 하였고 자신은 新野로 향하였다(『南齊書』卷57「魏虜傳」, 997쪽, "宏留僞咸陽王懷圍南陽, 進向新野, 新野太守劉思忌亦拒守."). 다음 전투에서 孝文帝가 20만 기병을 거느리고 南齊의 장군 崔慧景을 鄧城에서 격파했다(『南齊書』卷57「魏虜傳」, 998쪽, "虜得沔北五郡. 宏自將二十萬騎破太子率崔慧景等於鄧城, 進至樊城, 臨沔水而去. 還洛陽, ……").

230 『南齊書』卷57「魏虜傳」, 998쪽, "虜得沔北五郡. 宏自將二十萬騎破太子率崔慧景等於鄧城, 進至樊城, 臨沔水而去. 還洛陽, 聞太尉陳顯達經略五郡, 圍馬圈, 宏復率大衆南攻, 破顯達而死."

長江을 따라 하류에 있는 建康으로 진격하는 공격로를 구상했을 것이다. 그러나 孝文帝는 後趙나 前秦과는 달리 襄陽조차 점령하지 못하고 3차 원정에서 병을 얻어 穀塘原에서 사망하였다.

위의 예를 종합하면, 西晉·北魏·隋·蒙元이 남방 정복을 위해 襄陽과 江陵 등 長江 중류 지역으로 진격하거나 長江 중류 지역에서 출발하였다. 이는 長江 중류를 거쳐 長江을 따라 하류로 진격하는 노선을 택하여 長江이 자연 방어선이 아닌 자연 교통로로 이용한 전략이었다. 이처럼 長江 중류 지역은 長江 하류의 建康을 지키기 위해 중요한 전략 거점이었다. 따라서 西魏의 江陵 점령은 西魏가 長江 상류뿐만 아니라 중류 지역까지 지배하게 됨으로써 梁의 영토가 줄어들었을 뿐만 아니라 長江이 더 이상 북방세력의 방어선이 아니라 교통로로 변하여 방어에 취약해졌음을 뜻한다. 侯景의 난 이후 梁 宗室諸王의 권력투쟁 과정에서 東魏北齊는 淮南 지역을 정복하여 長江까지 국경선을 확장하였다. 이때는 북방이 東魏北齊와 西魏北周로 분열되었기 때문에 梁과 陳은 아직 명맥을 유지할 수 있었다. 그러나 北周가 北齊를 정복한 이후 陳은 더 이상 長江에 의지하여 방어할 수 없게 되었다. 北周 武帝가 北齊 정복 이후 오래지 않아서 죽지 않았다면, 그가 陳을 정복하고 통일할 수 있는 상황이었다. 隋文帝는 附庸國 後梁을 없앤 후 西晉·北魏·蒙元보다 더 손쉽게 陳 정복을 계획할 수 있었다. 西晉은 襄陽에서 출발하여 南郡의 治所 江陵을 점령해야 진격이 가능했다. 北魏와 蒙元은 襄陽을 점령한 후 江陵 등 다른 長江 중류 지역을 점령해야 진격할 수 있었다. 北魏 孝文帝는 襄陽 점령에 실패한 반면, 蒙元의 바얀(伯顔)은 襄陽 守將 呂文煥의 항복을 받은 이후 破竹之勢로 長江 하류로 진격하여 손쉽게 南宋 정복에 성공하였다. 이 세 나라와 달리 隋는 江陵에 있던 附庸國 後梁을 없애 隋의 州

縣에 통합했기 때문에 세 나라보다 長江 중류에서 출발하는 것이 더욱 용이하였다. 長江 중류를 거쳐 남방을 정복하려고 했던 네 왕조의 예를 비교하면, 보다 출발이 쉬웠던 나라는 隋였고, 隋는 西魏가 정복한 長江 유역을 이어받은 것에 불과하였다. 바꿔 말하면 西魏의 江漢 지역(長江 중류) 정복은 南朝 정복과 재통일의 시발점이라고 평가해도 과언이 아니다.

12章

北周의 舊北齊(山東) 統治와 그 한계

北周 武帝는 北齊를 정복하고 華北을 통일하였다. 선행연구에서는 北周 武帝의 北齊 정복 준비[1]나 華北統一 과정[2]에 주목하거나 北齊 멸망 후 營州의 高保寧 반란,[3] 舊北齊 지역인 山東豪族의 의식,[4] 尉遲逈의 반란과 關東 통치[5]에 관심을 가졌지만 北周의 舊北齊 지역 통치를 다룬 연구는 필자의 연구뿐이다.[6] 필자는 『周書』와 『隋書』, 墓誌를 분석하여 北周의 舊北齊 지역의 통치 양상과 한계에 관심을 가지고 본장을 집필하였다.

---

1 楊翠微, 「周武帝滅齊統一北方可能性探析」, 『求是學刊』 1998-3, 1998, 84-87쪽.

2 會田大輔, 「北周武帝の華北統一」, 『アジア遊學』, 2017, 59-69쪽.

3 王小甫, 「隋初與高句麗及東北諸族關係試探-以高保寧據營州爲中心-」, 王小甫 主編, 『盛唐時代與東北亞政局』, 上海: 上海辭書出版社, 2003.

4 侯林虎, 「北齊亡後山東豪族心態試析-以董敬墓誌爲線索-」, 『淮陰師範學院學報(哲學社會科學版)』 2011-1(第32卷), 2011.

5 李鴻賓, 「尉遲逈事變及其結局-新舊時代轉變的表徵」, 『西北民族大學學報(哲學社會科學版)』 2004-2, 2004.

6 崔珍烈, 「北周의 舊北齊(山東) 支配와 그 한계」, 『東洋史學研究』 144, 2018, 83-136쪽.

12장에서는 北周가 北齊를 정복하고 舊北齊, 즉 河北 중하류와 淮水 일대(山東) 지역을 통치하는 과정을 다룬다. 1절에서 西魏北周와 東魏北齊의 전쟁을 살펴본다. 2절에서 武帝의 北齊 정복과 舊北齊 통치정책을 검토한다. 3절에서 武帝의 아들 宣帝와 宣帝의 아들 靜帝 시기 舊北齊(山東) 통치정책을 분석한다. 4절에서 『周書』와 『北史』를 분석하여 北周의 舊北齊 지역 통치의 한계를 비판한다.

1. 西魏北周와 東魏北齊의 東西大戰

東魏 天平 4년(536)부터 武定 7년(549)까지 東魏와 西魏 사이에 小關, 沙苑,[7] 河橋, 邙山, 玉壁,[8] 長社 등 6회의 大戰이 평균적으로 2년

---

[7] 關治中·劉樹友는 沙苑의 전투에서 東魏軍이 패한 이유를 ① 감정에 치우친 경솔한 작전, ② 高歡의 실력 부족, ③ 宇文泰의 "挾天子以令諸侯"와 高歡의 민심 상실, 東魏 境內의 많은 豪族들이 宇文泰 지지, ④ 수적 우세를 믿고 西魏軍 경시, ⑤ 高歡의 고집과 독단 등 5가지로 분석하였다(關治中·劉樹友, 「沙苑之戰述評」, 『西北大學學報』 1990-2, 1990). 반면 武鐵城은 西魏軍이 승리한 이유를 ① 地利의 이용(배수의 진과 매복), ② 후방 華州의 대비 지시, 東魏軍의 정보 획득, ③ 西魏 將士들의 용맹과 투지 등 3가지로 분석하였다(武鐵城, 「沙苑之戰淺析」, 『軍事歷史』 1993-5, 1993).

[8] 靳生禾·謝鴻喜는 우선 玉壁의 위치를 현재의 稷山縣 서남쪽 20里의 峨眉塬 위로 비정하였고 城址 규모를 기술하였다. 玉壁城 등 2城이 중심이 되어 설치된 방어선, 汾河 河谷과 涑水 河谷의 교통 要道를 통제할 수 있었던 玉壁의 전략적 이점을 지적하였다(靳生禾·謝鴻喜, 「玉壁之戰古戰場考察報告」, 『中國歷史地理論叢』 2000-3, 2000). 靳生禾·謝鴻喜의 「東西玉壁之戰研究」는 이전 논문을 기초로 546년 玉壁之戰의 경과와 전투의 結局 成因을 분석하였다(靳生禾·謝鴻喜, 「東西玉壁之戰研究」, 『太原大學學報』 2002-9, 2002). 陳長崎·易澤陽은 546년 高歡의 패배와 西魏의 승리가 守將 韋孝寬의 걸출한 지휘 재능 덕분이라고 보았다(陳長崎·易澤陽, 「韋孝寬與玉壁之戰」, 37왼쪽·40오른쪽).

에 한 번 발생했다. 高歡은 太原(晉陽)에서 병력과 물자를 조직하여 출병하여 싸웠다.[9] 東魏北齊와 西魏北周는 洛陽과 그 인근 지역뿐만 아니라 河東을 차지하기 위해 싸웠다.[10] 두 나라는 玉壁을 두고 두 차례 결전을 치렀고, 西魏北周가 모두 이겼다.[11] 두 번째 玉壁의 전투인 大統 12년 十一月(546. 12-547. 1) 東魏는 玉壁에서 전사한 7만 將士를 하나의 冢으로 합장한 후 후퇴하였다. 53세의 東魏 丞相 高歡은 玉壁之戰이 끝난 다음 해인 東魏 武定 5년 正月(547. 2-3) 玉壁之戰 패배의 회한 때문에 죽었다. 高歡 사후 大將 侯景은 高歡의 아들 高澄에 불만을 품고 東魏에 반란을 일으키고 荊·襄 등 13州를 바치고 南朝 梁에 항복하였다. 東魏는 玉壁의 전투 패배로 크게 타격을 입었고 게다가 侯景의 南叛으로 새로 타격을 입어 東魏의 군사력은 더욱 약화되었다. 결국 玉壁의 전투 이후 西魏는 東魏가 입은 타격을 이용하여 수년 후에 가장 강대국이 되었다.[12] 玉壁을 비롯한 河東 이외에 東魏北齊와 西魏北周는 河南(黃河 이남 지역)에서 일진일퇴의 접전을 벌였다. 그러나 한쪽이 결정적인 승리를 거두지는 못하였다.[13]

東魏北齊의 우세가 西魏北周의 우세로 바뀌게 된 장면은 『北史』「斛律金傳附子光傳」에 보인다.

---

9 崔彦華, 「"鄴-晉陽"兩都體制與東魏北齊政治」, 244왼쪽.

10 毛漢光, 「北朝東西政權之河東爭奪戰」, 148-187쪽; 宋傑, 『兩魏周齊戰爭中的河東』, 北京: 中國社會科學出版社, 2006; 崔珍烈, 「東魏北齊의 軍事 중심 太原의 전략적 限界」, 257-264쪽.

11 Benjamin E. Wallacker, "Studies in Medieval Chinese Siegecraft: The Siege of Yu-pi, A.D. 546," 789-802쪽; 陳長琦·易澤陽, 「韋孝寬與玉壁之戰」, 37왼쪽-40오른쪽; 蘇小華, 「西魏北周軍隊構成的變化及其對北朝軍事的影響」, 108왼쪽.

12 陳長琦·易澤陽, 「韋孝寬與玉壁之戰」, 40왼쪽-40오른쪽.

13 朱葉俊, 「兩魏周齊河南之爭」, 11-32쪽.

"처음 文宣[帝] 시기에 周人은 齊兵이 서쪽으로 건너는 것을 두려워하여 늘 冬月에 黃河를 지키고 얼음을 두드려 깼다. [武成]帝가 즉위한 후, 朝政은 점차 문란해졌고, 齊人은 얼음을 두드려 깼는데 周兵의 위협을 두려워했기 때문이다. [斛律]光은 이를 근심하여 '國家는 늘 關·隴을 병탄할 뜻을 지녔는데, 오늘날 여기에 이르렀음에도 불구하고 오직 聲色에 탐닉하시다니!'라고 한탄하였다."[14]

위의 인용문에서 알 수 있듯이, 東魏北齊와 西魏北周는 상대방의 공격을 막기 위해 黃河의 얼음을 깨서 도하를 미리 막으려고 하였다. 처음에는 西魏北周가 얼음을 깨서 東魏北齊의 진격과 黃河 도하를 막았으나, 나중에는 北齊가 北周의 공격을 막기 위해 같은 행동을 하게 되었다는 것이다. 이는 北齊의 쇠퇴와 北周의 강성을 상징한다. 이처럼 北齊가 北周에 밀리게 되자, 서쪽의 변경 지대에 서쪽의 北周를 방어하기 위해 여러 차례 長城과 방어시설을 만들었다. 文宣帝는 天保 5년 八月(554. 9-10) 常山王 演, 上黨王 渙, 淸河王 岳, 平原王 段韶 등에게 명하여 洛陽 서남쪽에 伐惡城·新城·嚴城·河南城을 축조하였다.[15] 斛律光은 天保 10년(559) 北周의 開府 曹迴公을 격파하고 栢谷城과 文侯鎭을 점령한 후 戍와 柵을 설치하였다.[16] 斛律光은 北周

---

14 『北史』卷54「斛律金傳附子光傳」, 1968쪽, "初, 文宣時, 周人常懼齊兵之西度, 恒以冬月, 守河椎冰. 及帝卽位, 朝政漸紊, 齊人椎冰, 懼周兵之逼. 光憂曰: 「國家常有吞關·隴之志, 今日至此, 而唯耽聲色!」"

15 『北齊書』卷4「文宣紀」天保五年八月條, 59쪽, "是月, 詔常山王演·上黨王渙·淸河王岳·平原王段韶等率衆於洛陽西南築伐惡城·新城·嚴城·河南城."

16 『北齊書』卷17「斛律金傳附光傳」, 223쪽, "[天保]十年, 除特進·開府儀同三司. 二月, 率騎一萬討周開府曹迴公, 斬之. 栢谷城主儀同薛禹生棄城奔遁, 遂取文侯鎭, 立戍置柵而還."

와의 접경 지역에도 戍와 柵을 설치한 것이다. 王峻은 皇建년간(560) 洛陽 서쪽에 長塹 300里를 만들고 城戍를 두어 간첩을 방지하였다.[17] 또 武成帝는 河淸 2년 三月 乙丑日(563. 4. 9) 斛律光이 5營의 군사를 동원해 軹關에 戍를 축조하도록 명령하였다.[18] 『北齊書』「斛律金傳附 光傳」은 三月이 아닌 四月에 斛律光이 步騎 2만 명을 동원하여 軹關 서쪽에 勳掌城을 쌓고 200里의 長城을 축조하고 13戍를 설치하였다 고 기록하였다.[19] 洛陽과 栢谷城과 文侯鎭 일대에 설치한 城·戍·柵 은 西魏北周의 공격을 막기 위한 방어시설이었음을 알 수 있다. 河淸 2년(563) 軹關 일대에 長城과 城·戍를 쌓은 것도 北周의 공격을 막기 위한 포석처럼 보인다. 지도에서 軹關과 勳掌城, 長城의 위치를 보면 黃河와 그 지류인 沁水 일대에 있었다. 이는 北周의 군대가 黃河를 따 라 鄴으로 진격하는 것을 막기 위한 전략으로 보인다. 武平元年(570) 正月 宜陽에 統關·豐化 2城을 쌓아 宜陽之路를 통하게 하였다.[20] 같 은 해 겨울에는 斛律光이 步騎 5만을 거느리고 玉壁에 華谷·龍門 2 城을 쌓고 宇文憲과 대치하였다. 武平 2년(571) 平隴 등 鎭戍 13所를 축조하였다.[21]

---

17 『北齊書』卷25「王峻傳」, 364쪽, "皇建中, 詔於洛州西界掘長塹三百里, 置城戍以防間諜."

18 『北史』卷7「齊本紀中·世祖武成帝紀」河淸二年三月乙丑條, 283쪽, "三月乙丑, 詔司空斛律光督五營軍士築戍於軹關.";『北齊書』卷7「武成帝紀」, 91쪽.

19 『北齊書』卷17「斛律金傳附光傳」, 223쪽, "河淸二年四月, 光率步騎二萬築勳掌城於軹關西, 仍築長城二百里, 置十三戍."

20 『北齊書』卷17「斛律金傳附光傳」, 224쪽, "武平元年正月, 詔光率步騎三萬討之. 軍次定隴, 周將張掖公宇文桀·中州刺史梁士彥·開府司水大夫梁景興等又屯鹿盧交道, 光摜甲執銳, 身先士卒, 鋒刃纔交, 桀衆大潰, 斬首二千餘級. 直到宜陽, 與周齊國公宇文憲·中國公擒跋顯敬相對十旬. 光置築統關·豐化二城, 以通宜陽之路. 軍還, 行次安鄴, 憲等衆號五萬, 仍躡軍後."

21 『北史』卷54「斛律金傳附子光傳」, 1968쪽, "其年冬, 光又率步騎五萬於玉壁築華谷·

西魏北周는 동서 대치과정에서 전략과 전술을 바꾸었다. 즉 국경의 방어를 담당하는 武將을 점차로 胡人에서 漢人으로 교체하였고, 城 방어전과 攻城戰 전략을 가다듬었으며 步兵을 중심으로 한 戰法을 채택하였다. 즉 北周는 步兵이 주력이었고, 北齊는 騎兵이 주력이었다. 野戰 때 騎兵이 步兵보다 나았다. 그러나 근접전과 방어전 때 步兵의 우세는 비교적 두드러졌다. 北周가 北齊를 멸하는 전투에서 北周軍의 방어는 北齊軍보다 나았다. 北齊 정복 중의 晉州 방어전이 대표적인 예였다. 반면 北齊軍의 방어는 晉州, 高梁壁, 晉陽, 鄴省에서 모두 성공하지 못하였다. 이는 北齊軍의 騎兵이 주력 병종인 것과 밀접한 관련이 있다.[22]

2. 武帝의 舊北齊 安撫와 한계

1 武帝의 北齊 征服

(1) 武帝의 전략 수정

본래 西魏北周는 東魏北齊보다 인구와 군사력이 열세였으나 결국 최종 승자가 되었다. 그 직접적인 원인은 세 가지였다. 첫째, 西魏北周는 강성을 자랑하는 突厥과 연합하여 東魏北齊를 견제하였다. 예컨대 宇文泰는 突厥과 연합하여 北齊에 대항하였다. 北周 武帝도 通婚과 사신 왕래를 하였다. 突厥의 皇后가 장안에 도착하자 天和 3년

龍門二城, 與憲相持, 憲不敢動. 二年, 率衆築平隴等鎭戍十三所."
22 蘇小華, 「西魏北周軍隊構成的變化及其對北朝軍事的影響」, 108왼쪽-111오른쪽.

(568) 親迎의 禮를 행하여 敬重을 표시하였고 해마다 突厥에 繒絮錦綵 10만 段을 바치고 長安에 오는 突厥人들에게 비단옷과 고기로 접대하였다.[23] 이러한 양보로 突厥의 군사상 지지를 얻었고 北齊는 외교적으로 고립되었다.[24]

둘째, 北周 武帝는 韋孝寬의 전략대로 陳과 北齊가 싸우는 상황을 잘 이용하였다.[25] 이는 北齊의 對陳 정책과 陳의 對北齊 정책을 잘 활용한 것이다. 東魏北齊는 武定 6년(548)부터 建明元年(560)까지 적극적인 南進 정책을 취했지만, 建明元年 이후에는 소극적인 정책을 취하여 江南을 잃어버렸고 江淮 지역의 현상유지에 만족하였다. 北齊의 江淮 지역 경시는 일정 정도 北齊의 멸망을 이끈 요인으로 평가되기도 한다.[26] 또 北齊 武成帝 河清 2년(563)과 3년(564) 北周는 突厥과 연합하여 北齊의 북쪽 변경을 침략한 이후 北齊가 突厥을 막기 위해 북방에 군대를 주둔하였기 때문에 淮南에 파견할 병력이 부족하였다.

---

23 『周書』卷50「異域下·突厥傳」, 911쪽, "俟斤死, 弟他鉢可汗立. 自俟斤以來, 其國富彊, 有凌轢中夏志. 朝廷旣與和親, 歲給繒絮錦綵十萬段. 突厥在京師者, 又待以優禮, 衣錦食肉者, 常以千數. 齊人懼其寇掠, 亦傾府藏以給之. 他鉢彌復驕傲, 至乃率其徒屬曰: '但使我在南兩箇兒孝順, 何憂無物邪.'"

24 楊翠微,「周武帝滅齊統一北方可能性探析」, 85쪽.

25 『周書』卷31「韋孝寬傳」, 540쪽, "建德之後, 武帝志在平齊. 孝寬乃上疏陳三策. 其第一策曰: 臣在邊積年, 頗見間隙, 不因際會, 難以成功. 是以往歲出軍, 徒有勞費, 功績不立, 由失機會. 何者? 長淮之南, 舊爲沃土, 陳氏以破亡餘燼, 猶能一擧平之. 齊人歷年赴救, 喪敗而反, 內離外叛, 計盡力窮. 傳不云乎: '讐有釁焉, 不可失也.' 今大軍若出軹關, 方軌而進, 兼與陳氏共爲掎角; 幷令廣州義旅, 出自三鵶; 又募山南驍銳, 沿河而下; 復遣北山稽胡絶其幷·晉之路. 凡此諸軍, 仍令各募關·河之外勁勇之士, 厚其爵賞, 使爲前驅. 岳動川移, 雷駭電激, 百道俱進, 拉趨虜庭. 必當望旗奔潰, 所向摧殄. 一戎大定, 實在此機."

26 李萬生,「論東魏北齊的積極進取」, 22원쪽.

이는 陳이 침입할 기회를 제공하였다.[27] 또 北齊 後主와 총신 韓鳳 등
은 陳將 吳明徹의 壽陽 점령과 北進을 심각하게 생각하지 않고 소극
적으로 대처하였다.[28] 이는 北齊의 남방 경시 경향을 보여준다. 반면
陳 宣帝는 建德 2년(573) 이후 적극적인 北進政策을 취하여 北齊의 邊
境을 침략하여 北齊를 곤경에 빠뜨렸다. 예컨대 北齊 後主 武平 4년
(573) 五月 尉破胡와 長孫洪略 등이 陳將 吳明徹에 패해 秦州・涇州・
和州・合州를 빼앗겼고[29] 같은 해 十月 壽陽을 빼앗겼다.[30] 北周가 北
齊를 멸망시킬 당시 陳將 吳明徹은 北齊의 영토인 淮北까지 진격하였
다. 이러한 기회를 이용한 北周는 北齊를 공격하였다. 즉 北齊의 멸망
은 陳과 北周 양국의 연합 진공 때문이었다.[31]

  셋째, 西魏北周의 전략 수정, 즉 北齊의 군사적 중심지 太原으로의
진격 전략이다. 西魏北周는 먼저 洛陽을 수복하고, 洛陽에서 동쪽으
로 진격하여 鄴都를 점령하는 전략을 취하였다. 大統 3년(537) 沙苑의
승리 이후 東魏軍의 추격,[32] 大統 9년(543) 宇文泰의 芒山 패배,[33] 保定

---

27 蘇小華, 「東魏北齊重北輕南的原因及其影響」, 『社會科學評論』 2009-4, 2009, 85-86쪽.
28 『北齊書』 卷50 「恩倖・韓鳳傳」, 692쪽, "壽陽陷沒, 鳳與穆提婆聞告敗, 握槊不輟,
   曰: '他家物, 從他去.' 後帝使於黎陽臨河築城戍, 曰: '急時且守此作龜茲國子, 更可
   憐人生如寄, 唯當行樂, 何因愁爲?' 君臣應和若此."
29 『北史』 卷8 「齊本紀下・後主紀」 武平四年五月條, 295쪽, "是月, 開府儀同三司尉破
   胡・長孫洪略等與陳將吳明徹戰於呂梁南, 大敗, 破胡走以免, 洪略戰歿, 遂陷秦・涇
   二州. 明徹進陷和・合二州.";『北齊書』 卷8 「後主紀」, 107쪽.
30 『北史』 卷8 「齊本紀下・後主紀」 武平四年條, 295쪽, "六月, 明徹進軍圍壽陽. ……
   冬十月, 陳將吳明徹陷壽陽.";『北齊書』 卷8 「後主紀」, 107쪽.
31 楊翠微, 「周武帝滅齊統一北方可能性探析」, 86쪽; 蘇小華, 「東魏北齊重北輕南的原
   因及其影響」, 86-87쪽.
32 『周書』 卷2 「文帝紀」下 大統三年・四年條, 24-26쪽, "遣左僕射・馮翊王元季海爲行
   臺, 與開府獨孤信率步騎二萬向洛陽; 洛州刺史李顯趨荊州; 賀拔勝・李弼渡河圍蒲
   坂. 牙門將高子信開門納勝軍, 東魏將薛崇禮棄城走, 勝等追獲之. 太祖進軍蒲坂, 略

4년(564) 宇文護의 北齊 공격,[34] 建德 4년(575) 武帝의 親征[35] 등 西魏北

定汾·絳. 於是許和殺張瓊以夏州降. 初, 太祖自弘農入關後, 東魏將高敖曹圍弘農, 聞其軍敗, 退守洛陽. 獨孤信至新安, 放曹衆走度河, 信遂入洛陽. 東魏潁川長史賀若統與密縣人張儉執刺史田迅擧城降. 滎陽鄭榮業·鄭偉等攻梁州, 擒其刺史鹿永吉; 淸河人崔彦穆·檀琛攻滎陽, 擒其郡守蘇定, 皆來附. 自梁·陳已西, 將吏降者相屬. …… 七月, 東魏遣其將侯景·厙狄干·高敖曹·(元)[韓]軌·可朱渾元·莫多婁貸文等圍獨孤信於洛陽. 齊神武繼其後. 先是, 魏帝將幸洛陽拜園陵, 會信被圍, 詔太祖率軍救信, 魏帝亦東. 八月庚寅, 太祖至穀城, 莫多婁貸文·可朱渾元來逆, 臨陣斬貸文, 元單騎遁免, 悉虜其衆送弘農. 遂進軍東. 是夕, 魏帝幸太祖營, 於是景等夜解圍去. 及旦, 太祖率輕騎追之, 至於河上. 景等北據河橋, 南屬邙山爲陣, 與諸軍合戰. 太祖馬中流矢, 驚逸, 遂失所之, 因此軍中擾亂. 都督李穆下馬授太祖, 軍以復振. 於是大捷, 斬高敖曹及其儀同李猛·西兗州刺史宋顯等, 虜其甲士一萬五千, 赴河死者以萬數. 是日置陣旣大, 首尾懸遠, 從旦至未, 戰數十合, 氛霧四塞, 莫能相知. 獨孤信·李遠居右, 趙貴·怡峯居左, 戰並不利, 又未知魏帝及太祖所在, 皆棄其卒先歸. 開府李虎·念賢等爲後軍, 遇信等退, 卽與俱還. 由是乃班師, 洛陽亦失守. 大軍至弘農, 守將皆已棄城西走. 所虜降卒在弘農者, 因相與閉門拒守. 進攻拔之, 誅其魁首數百人.”

33 『周書』卷2 「文帝紀」下 大統九年三月條, 28쪽, “三月, 齊神武至河北. 太祖還軍上以引之. 齊神武果度河, 據邙山爲陣, 不進者數日. 太祖留輜重於曲, 士皆銜枚, 夜登邙山. 未明, 擊之, 齊神武單騎爲賀拔勝所逐, 僅而獲免. 太祖率右軍若干惠等大破齊神武軍, 悉虜其步卒. 趙貴等五將軍居左, 戰不利. 齊神武軍復合, 太祖又不利, 夜乃引還. 旣入關, 屯渭上, 齊神武進至陝, 開府達奚武等率軍禦之, 乃退.”

34 『周書』卷5 「武帝紀」上 保定四年條, 70-71쪽, “冬十月癸亥, 以大將軍陸通·大將軍宇文盛·蔡國公廣並爲柱國. 甲子, 詔大將軍·大冢宰·晉國公護率軍伐齊, 帝於太廟庭授以斧鉞. 於是護總大軍出潼關, 大將軍權景宣率山南諸軍出豫州, 少師楊出(枳)[軹]關. 丁卯, 幸沙苑勞師. 癸酉, 還宮. 十一月甲午, 柱國·蜀國公尉遲逈率師圍洛陽, 柱國·齊國公憲營於邙山, 晉公護次於陝州. 十二月, 權景宣攻齊豫州, 刺史王士良以州降. 壬戌, 齊師渡河, 晨至洛陽, 諸軍驚散. 尉遲逈率麾下數十騎扞敵, 得卻, 至夜引還. 柱國·庸國公王雄力戰, 死之. 遂班師. 楊摽於軹關戰沒. 權景宣亦棄豫州而還.”

35 『周書』卷6 「武帝紀」下 建德四年條, 93쪽, “[丁丑]以柱國陳王純爲前一軍總管, 滎陽公司馬消難爲前二軍總管, 鄭國公達奚震爲前三軍總管, 越王盛爲後一軍總管, 周昌公侯莫陳瓊爲後二軍總管, 趙王招爲後三軍總管, 齊王憲率衆二萬趣黎陽, 隨國公楊堅·廣寧侯薛迥舟師三萬自渭入河, 柱國梁國公侯莫陳芮率衆一萬守太行道, 申國公李穆帥衆三萬守河陽道, 常山公于翼帥衆二萬出陳·汝. 壬午, 上親率六軍, 衆六萬,

周의 東魏北齊 공격의 주요 목적은 洛陽이었고 모두 패하고 돌아왔다. 洛陽은 四戰之地였기 때문에 공격을 받으면 河南 지역에서 지원하였고 매년 2/3의 시간 동안 幷州(太原)에 주둔한 東魏의 大丞相과 北齊 皇帝들은 洛陽에 變이 생기면 幷州에서 군대를 보내 남하하니 신속히 도달하였다. 따라서 宇文氏가 여러 차례 洛陽을 점령하더라도 능히 지킬 수 없었고 潼關으로 회군하였다. 北周 武帝는 建德 4년의 패배 이후 關中에서 河東을 거쳐 幷州(太原)로 진격하는 공격로를 택하였다.[36]

北周 武帝는 士卒의 훈련에 주의하였다. 史書의 기록에 따르면 北周 武帝는 北齊 멸망 이전에 여러 차례 講武·大射·校獵을 벌였다. 大射는 百官·將領이 참가하였고 규모는 작고 장소는 宮廷에 한정되었다. 반면 講武와 校獵은 규모가 컸다. 講武는 실제로 군사훈련이었다. 北周 武帝는 建德元年(572)부터 建德 6년(577)까지 매년 校獵과 講武를 실시하였다. 이는 建德년간 이후 北周 武帝가 北齊 정복의 전쟁을 급히 서둘렀음을 보여준다. 建德 3년(574) 北周 武帝는 六月과 十二月 두 차례 講武를 진행하였다. 이는 北周 武帝가 建德 3년 준비를 마쳤음을 보여준다.[37] 그리고 建德 5-6년(576-577) 北齊를 정복하는 데 성공하였다.

直指河陰. 八月癸卯, 入于齊境. 禁伐樹踐苗稼, 犯者以軍法從事. 丁未, 上親率諸軍攻河陰大城, 拔之. 進攻子城, 未克. 上有疾. 九月辛酉夜, 班師, 水軍焚舟而退. 齊王憲及于翼·李穆等所在克捷, 降拔三十餘城, 皆棄而不守. 唯以王藥城要害, 令儀同三司韓正守之. 正尋以城降齊. 戊寅, 至自東伐. 己卯, 以華州刺史·畢王賢爲荊州總管."

36 毛漢光, 「北朝東西政權之河東爭奪戰」, 181쪽 및 183-184쪽.
37 楊翠微, 「周武帝滅齊統一北方可能性探析」, 86쪽.

(2) 北周의 北齊 征服

北周 武帝는 建德 5년 十月 己酉日(576. 11. 10) 전년에 이어 군대를 동원하였고 北周軍의 河洛 일대에 집결한 北齊 精兵을 피하여 汾水 유역(현재의 山西省 남부)으로 진입하였다. 武帝는 步騎 14만 5,000인을 친히 이끌고 癸亥日(11. 24) 晉州(平陽)에 도착하여 壬申日(12. 3) 열흘 만에 晉州를 점령하였다.[38] 이때 後主는 太原(晉陽)에서 晉州로 향하였다. 이때의 일정을 『北齊書』 「後主紀」 武平七年條에서 확인해보자.

"帝는 冬十月 丙辰日(576. 11. 17) 祁連池에서 대규모 수렵을 하였다. 周師[北周軍]는 晉州를 공격하였다. 帝는 癸亥日(11. 24) 晉陽으로 돌아왔다. 甲子日(11. 25) 出兵하여 晉祠에 군사를 대규모로 집합시켰다. 帝는 庚午日(12. 1) 晉陽을 출발하였다. 帝는 癸酉日(12. 4) 陣을 펼치고 진격하여 雞棲原에 올라 周 齊王 憲과 서로 대치하였으나 밤이 될 때까지 싸우지 않았고, 周師는 군사들을 거두어 후퇴하였다. 武帝는 十一月 周 長安으로 후퇴

---

38 『周書』 卷6 「武帝紀」下 建德五年冬十月條, 95-96쪽, "己酉, 帝總戎東伐. 以越王盛爲右一軍總管, 杞國公亮爲右二軍總管, 隨國公楊堅爲右三軍總管, 譙王儉爲左一軍總管, 大將軍竇(泰)[恭]爲左二軍總管, 廣化公丘崇爲左三軍總管, 齊王憲·陳王純爲前軍. 庚戌, 熒惑犯太微上將. 戊午, 歲星犯太陵. 癸亥, 帝至晉州, 遣齊王憲率精騎二萬守雀鼠谷, 陳王純步騎二萬守千里徑, 鄭國公達奚震步騎一萬守統軍川, 大將軍韓明步騎五千守齊子嶺, (爲)[烏]氏公尹昇步騎五千守(鍾鼓[鍾]鎭, 涼城公辛韶步騎五千守蒲津關, 柱國·趙王招步騎一萬自華谷攻齊汾州諸城, 柱國宇文盛步騎一萬守汾水關. 遣內史王誼監六軍, 攻晉州城. 帝屯於汾曲. 齊王憲攻洪洞·永安二城, 並拔之. 是夜, 虹見於晉州城上, 首向南, 尾入紫微宮, 長十餘丈. 帝每日自汾曲赴城下, 親督戰, 城中惶窘. 庚午, 齊行臺左丞侯子欽出降. 壬申, 齊晉州刺史崔景嵩守城北面, 夜密遣使送款, 上開府王軌率衆應之. 未明, 登城鼓噪, 齊衆潰, 遂克晉州, 擒其城主特進·開府·海昌王尉相貴, 俘甲士八千人, 送關中. 丙戌, 以上開府梁士彥爲晉州刺史, 加授大將軍, 留精兵一萬以鎭之. 又遣諸軍徇齊諸城鎭, 並相次降款."

하여 돌아가면서 일부 군대를 남겨 晉州를 지키게 하였다. 高阿那肱 등은 晉州城을 포위하였다. 戊寅日(12. 9) 帝는 圍所에 도착했다."[39]

北周 武帝가 晉州에 도착했던 十月 癸亥日(11. 24)보다 일주일 앞선 丙辰日(576. 11. 17) 北齊 後主는 北周軍의 晉州 공격 사실을 알았다. 그러나 北周軍이 晉州에 도착했던 같은 날 太原(晉陽)으로 돌아왔고 군대를 정비하여 庚午日(12. 1) 太原을 떠나 晉州로 출발하였다. 이후 이틀 후인 壬申日(12. 3) 北周軍은 晉州를 점령하였다. 다음 날인 癸酉日(12. 4) 北齊軍과 北周軍은 대치하였다. 北齊 後主의 동선을 보면 太原에서 晉州까지 고작 사흘 거리였음을 알 수 있다. 太原에서 군대를 정비하여 출발하는 데 일주일이 걸렸으므로 양력 11월 17일 바로 親征을 결정하였으면 사흘의 太原-晉州의 행군시간을 더해도 열흘 후인 양력 11월 27일 晉州에 도착할 수 있었다. 이때는 北周軍이 晉州를 점령하기 6일 전이었다. 北齊 後主의 늑장 대응 때문에 晉州城이 함락된 것이다. 北齊 後主가 지체한 이유는 아래의 인용문에서 살펴볼 수 있다.

"周師가 平陽에 가까이 다가왔을 때, 後主는 天池에서 校獵을 하고 있었다. 晉州에서 자주 [사자를 보내 위급을 고하는] 상주를 올렸으니, 아침부터 午時까지 驛馬가 세 번 이르렀다. 그러나 高阿那肱은 '大家께서 막 즐거움을 누리시려고 하는데 어찌 급히 폐하께 아뢰겠는가?'라고 말하였다. 저녁에 이르러 사신이 다시 와서 '平陽城은 이미 함락되었고 賊이 곧

---

39 『北齊書』卷8「後主紀」武平七年條, 109쪽, "冬十月丙辰, 帝大狩於祁連池. 周師攻晉州. 癸亥, 帝還晉陽. 甲子, 出兵, 大集晉祠. 庚午, 帝發晉陽. 癸酉, 帝列陣而行, 上雞棲原, 與周齊王憲相對. 至夜不戰, 周師斂陣而退. 十一月, 周武帝退還長安, 留偏師守晉州. 高阿那肱等圍晉州城. 戊寅, 帝至圍所."

오려고 합니다'라고 보고하니 상주의 내용이 알려졌다. 다음날 이른 아침에 後主는 군대를 이끌고 출정하려고 하였으나 [馮]淑妃는 또 一圍의 교렵을 하기를 청하였다."[40]

위의 인용문은 『北齊書』「恩倖·高阿那肱傳」의 기사이다. 인용문을 보면 北周軍이 晉州로 진격하자 晉州에서 구원을 요청하는 사신이 여러 차례 찾아왔음에도 불구하고 後主는 사냥에 열중하였고, 高阿那肱은 중간에 보고를 막았다. 게다가 馮淑妃는 出征하려는 後主에게 사냥을 한 번 더 하자고 졸랐고, 後主는 이를 따랐다.[41] 사냥 때문에 전방의 보고를 제대로 받지 않고, 보고를 받은 이후에도 문제의 심각함을 느끼지 못한 北齊 後主는 놀 만큼 논 후에 晉州로 진격한 것이다.

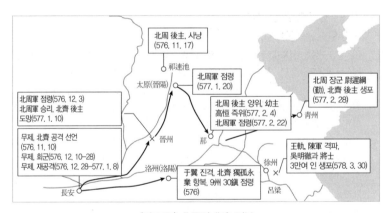

〈지도 25〉 北周의 北齊 정복

---

40 『北齊書』卷50「恩倖·高阿那肱傳」, 691쪽, "周師逼平陽, 後主於天池校獵, 晉州頻遣馳奏, 從旦至午, 驛馬三至, 肱云: '大家正作樂, 何急奏聞.' 至暮, 使更至, 云: '平陽城已陷, 賊方至.' 乃奏知. 明早旦, 卽欲引軍, 淑妃 又請更合一圍."
41 『北史』卷14「后妃下·齊·馮淑妃傳」, 525-526쪽, "周師之取平陽, 帝獵於三堆, 晉州亟告急, 帝將還, 淑妃請更殺一圍, 帝從其言."

北齊 後主의 親征과 구원 소식을 들은 武帝는 十一月 己卯日(12. 10) 北齊軍을 두려워하여 회군 명령을 내리고 長安으로 돌아갔다가 丁酉日(12. 28) 다시 북벌에 나섰다.[42] 北周 武帝는 이때 이길 자신이 없어서 도망간 것이다. 그는 다시 十二月 戊申日(1. 8) 晉州에 도착하였고 이틀 후인 庚戌日(1. 10) 北齊軍을 격파하였다. 北齊 後主가 北周軍의 구원병을 대비하기 위해 만든 塹을 메워 北周軍이 승리하고 北齊 後主는 패하자 幷州로 도망가고 北齊軍이 버리고 간 軍資甲仗이 수백 리에 걸쳐 산더미처럼 쌓였다.[43] 晉州에서 대패한 北齊軍은 전의를 상실하였고, 이 전투로 두 나라의 승패가 결정되었다. 이후 北周軍은 晉州에서 幷州로 진격하였고 北齊 後主는 幷州를 버리고 鄴으로 도망갔다.[44] 建德 5년 十二月 庚申日(577. 1. 20)에 幷州를 점령[45]한 北

---

42 『周書』卷6「武帝紀」下 建德五年冬十一月己卯條, 96쪽, "十一月己卯, 齊主自幷州率衆來援. 帝以其兵新集, 且避之, 乃詔諸軍班師, 遣齊王憲爲後拒. 是日, 齊主至晉州, 憲不與戰, 引軍度汾. 齊主遂圍晉州, 晝夜攻之. 齊王憲屯諸軍於涑水, 爲晉州聲援. 河東地震. 癸巳, 至自東伐. 獻俘於太廟. 甲午, 詔曰: '僞齊違信背約, 惡稔禍盈, 是以親總六師, 問罪汾·晉. 兵威所及, 莫不摧殄, 賊衆危惶, 鳥栖自固, 暨元戎反斾, 方來聚結, 遊魂越首, 尙敢赵趄, 朕今更率諸軍, 應機除剪.' 丙申, 放齊諸城鎭降人還. 丁酉, 帝發京師. 壬寅, 度河, 與諸軍合."

43 『周書』卷6「武帝紀」下 建德五年十二月條, 96-97쪽, "十二月戊申, 次於晉州. 初, 齊攻晉州, 恐王師卒至, 於城南穿塹, 自喬山屬於汾水. 庚戌, 帝帥諸軍八萬人, 置陣東西二十餘里. 帝乘常御馬, 從數人巡陣處分, 所至輒呼主帥姓名以慰勉之. 將士感見知之恩, 各思自厲. 將戰, 有司請換馬. 帝曰: '朕獨乘良馬何所之?' 齊主亦於塹北列陣. 申後, 齊人塡塹南引. 帝大喜, 勒諸軍擊之, 齊人便退. 齊主與其麾下數十騎走還幷州, 齊衆大潰, 軍資甲仗, 數百里間, 委棄山積.";『北齊書』卷8「後主紀」武平七年條, 109쪽, "十二月戊申, 周武帝來救晉州. 庚戌, 戰於城南, 我軍大敗."

44 『周書』卷6「武帝紀」下 建德五年十二月條, 97쪽, "辛亥, 帝幸晉州, 仍率諸軍追齊主. 諸將固請還師, 帝曰: '縱敵患生, 卿等若疑, 朕將獨往.' 諸將不敢言. 甲寅, 齊主遣其丞相高阿那肱守高壁. 帝麾軍直進, 那肱望風退散. 丙辰, 師次介休, 齊將韓建業擧城降, 以爲上柱國, 封郇國公. 丁巳, 大軍次幷州, 齊主留其從兄安德王延宗守幷州, 自將輕騎走鄴."

周軍은 다음 해 正月 癸巳日(577. 2. 22)에 鄴을 점령하였고[46] 尉遲勤이 後主와 아들 高恒을 靑州에서 생포하여 北齊는 사실상 망하였다.[47]

(3) 北周 승리와 北齊 패망의 원인

唐代 편찬된 『北齊書』·『周書』·『北史』 등 정사류와 이를 기반으로 한 선행연구에서는 西魏北周가 필연적으로 이길 수밖에 없었던 반면 東魏北齊는 반드시 패할 수밖에 없다고 서술하였다. 예컨대 宇文泰는 『周禮』를 따른 六官制度를 실시하였고, 『尙書』를 모방한 문체를 도입하였으며, 府兵制, 均田制, 勸農 정책, 胡姓再行, 능력에 따른 인재 등용, 官奴婢와 雜戶의 해방, 佛敎의 탄압과 僧尼의 환속으로 인한 재정기반 확보 등 다양한 정책을 추진하였고,[48] 24條의 新制

---

45 『周書』卷6「武帝紀」下 建德五年十二月條, 98쪽, "戊午, 高延宗僭卽僞位, 改年德昌. 己未, 軍次幷州. 庚申, 延宗擁兵四萬出城抗拒. 帝率諸軍合戰, 齊人退, 帝乘勝逐北, 率千餘騎入東門. 詔諸軍繞城置陣. 至夜, 延宗率其衆排陣而前, 城中軍卻, 人相蹂踐, 大爲延宗所敗, 死傷略盡. 齊人欲閉門, 以闍下積尸, 扉不得闍. 帝從數騎, 崎嶇危險, 僅得出門. 至明, 率諸軍更戰, 大破之, 擒延宗, 幷州平."

46 『周書』卷6「武帝紀」下 建德六年春正月乙亥條, 100쪽, "六年春正月乙亥, 齊主傳位於其太子恆, 改年承光, 自號爲太上皇. 壬辰, 帝至鄴. 齊主先於城外掘塹竪柵. 癸巳, 帝率諸軍圍之, 齊人拒守, 諸軍奮擊, 大破之, 遂平鄴. 齊主先送其母幷妻子於靑州, 及城陷, 乃率數十騎走靑州. 遣大將軍尉遲勤率二千騎追之. 是戰也, 於陣獲其齊昌王莫多婁敬顯. 帝責之曰: '汝有死罪者三: 前從幷走鄴, 攜妾棄母, 是不孝; 外爲僞主盡力, 內實通啓於朕, 是不忠; 送款之後, 猶持兩端, 是不信. 如此用懷, 不死何待.' 遂斬之."

47 『周書』卷6「武帝紀」下 建德六年春正月條, 100쪽, "甲午, 帝入鄴城. 齊任城王湝先在冀州, 齊主至河, 遣其侍中斛律孝卿送傳國璽禪位於湝. 孝卿未達, 被執送鄴. 詔去年大赦班宣未及之處, 皆從赦例. 封齊開府·洛州刺史獨孤永業爲應國公. 丙申, 以上柱國·越王盛爲相州總管. 己亥, 詔曰: '自晉州大陣至于平鄴, 身殞戰場者, 其子卽授父本官.' 尉遲勤擒齊主及其太子恆於靑州."

48 張祥光, 「論北周武帝」, 『貴州社會科學』1981-1(總四期), 1981, 55원쪽-60원쪽; 萬繩楠, 「以漢族爲中心的民族融合的最後勝利-論北周的改革-」, 『魏晉南北朝史論稿』,

(535),[49] 12條制(541),[50] 中興永式(544),[51] 刑書要制(577)[52] 등 법률과 제도를 정비하였다. 또 戶籍制度와 賦役의 개혁을 통해 재정수입을 증대시켰다. 이러한 정책은 西魏北周의 중앙집권화와 원활한 지방통치에 크게 기여하였다. 이 밖에 皇帝부터 百官臣僚까지 節儉을 표방하고 엄격히 지켰으며 유한한 財力을 國防과 軍事需要에 집중하여 사용하였다.[53]

西魏北周는 流民 招撫, 關中 徙民, 廢佛, 일부 奴婢의 석방과 雜戶의 방면, 早婚 정책 등을 실시하여 노동력 확보에 노력하였다. 또 農桑을 勸課하고 水利施設을 확충하고 屯田을 설치하여 關中 농업의

　　合肥: 安徽敎育出版社, 1983; 陳作樑·丁柏傳, 「述論北周武帝-宇文邕-」, 『中央民族學院學報』 1984-4, 1984; 陳德光, 「論宇文泰宇文邕父子對隋統一的貢獻」, 『江漢大學學報』 1985-1, 1985; 馮憲開, 「談論北周的社會改革」, 『文史知識』 1985-8, 1985; 劉精誠, 「北魏末年人民起義與東魏北齊·西魏北周的改革」, 『魏晉南北朝史硏究』, 成都: 四川省人民科學院出版社, 1986; 徐世明, 「北周武帝改革略論」, 『貴州師大學報』 1990-2, 1990; 施光明, 「宇文泰改革評析」, 『固原師專學報』 1990-3, 1990, 59-64쪽; 孔毅, 「西魏北周改革述評」, 『晉陽學刊』 1992-3, 1992, 103-105쪽; 劉國石, 「簡論西魏北周改革-兼論孝文改制未盡之歷史任務」, 『民族硏究』 1999-3, 1999, 53-61쪽; 辛聖坤, 「北周 武帝의 集權的 體制改革과 그 性格」, 『中國學報』 39, 1999; 劉國石, 「1949年以來西魏北周改革硏究槪述」, 『中國史硏究動態』 2000-11, 2000; 會田大輔, 「北周武帝の華北統一」, 『アジア遊學』, 2017, 59-69쪽.

49 『周書』 卷2 「文帝紀」 下 大統元年三月條, 21쪽, "三月, 太祖以戎役屢興, 民吏勞弊, 乃命所司甚酌今古, 參考變通, 可以益國利民便時適治者, 爲二十四條新制, 奏魏帝行之."

50 『周書』 卷2 「文帝紀」 下 大統七年冬十一月條, 26쪽, "冬十一月, 太祖奏行十二條制, 恐百官不勉於職事, 又下令申明之."

51 『周書』 卷2 「文帝紀」 下 大統十年秋七月條, 28쪽, "秋七月, 魏帝以太祖前後所上二十四條及十二條新制, 方爲中興永式, 乃命尙書蘇綽更損益之, 總爲五卷, 班於天下. 於是搜簡賢才, 以爲牧守令長, 皆依新制而遣焉. 數年之間, 百姓便之."

52 『周書』 卷6 「武帝紀」 下 建德六年條, 105쪽, "初行刑書要制. 持杖羣彊盜一匹以上, 不持杖羣彊盜五匹以上, 監臨主掌自盜二十匹以上, 小盜及詐僞請官物三十匹以上, 正長隱五戶及十丁以上·隱地三頃以上者, 至死. 刑書所不載者, 自依律科."

53 張文華·蘇小華, 「西魏北周的財政與政治」, 206왼쪽-207오른쪽.

회복과 발전을 꾀하였다.[54] 특히 均田制를 실시하며 豪族 大土地所有
制를 효율적으로 통제하였고 지배층에게 淸貧 풍조를 심어주는 데
성공하였다.[55] 이와 함께 裴俠,[56] 薛端,[57] 韓褒,[58] 申徽,[59] 柳敏,[60] 唐瑾,
王悅 등 廉吏를 지방관으로 발탁하여 宇文泰와 蘇綽의 개혁을 지방
에까지 철저하게 실시하였고, 이는 西魏北周의 농업발전으로 이어졌

---

54 趙文潤·陳鼎中,「西魏北周時期的關中農業」, 70-71쪽 및 74쪽.

55 谷川道雄,「西魏"六條詔書"中的士大夫倫理」, 馬彪 譯,『中國中世社會與共同體』, 北京: 中華書局, 2002, 230-231쪽; 薛海波,「論西魏北周國家對小農和豪族經濟的支配與控制」,『許昌學院學報』28-6, 2009, 21쪽등.

56 『周書』卷35「裴俠傳」, 619쪽, "除河北郡守. 俠躬履儉素, 愛民如子, 所食唯菽麥鹽菜而已. 吏民莫不懷之. 此郡舊制, 有漁獵夫三十人以供郡守. 俠曰: '以口腹役人, 吾所不爲也.' 乃悉罷之. 又有丁三十人, 供郡守役使. 俠亦不以入私, 並收庸直, 爲官市馬. 歲月旣積, 馬遂成羣. 去職之日, 一無所取. 民歌之曰: '肥鮮不食, 丁庸不取, 裴公貞惠, 爲世規矩.' 俠嘗與諸牧守俱謁太祖. 太祖命俠別立, 謂諸牧守曰: '裴俠淸愼奉公, 爲天下之最, 今衆中有如俠者, 可與之俱立.' 衆皆默然, 無敢應者."

57 『周書』卷35「薛端傳」, 622쪽, "晉公護將廢帝, 召羣官議之, 端頗有同異. 護不悅, 出爲蔡州刺史. 爲政寬惠, 民吏愛之."

58 『周書』卷37「韓褒傳」, 661쪽, "出爲北雍州刺史, 加衛大將軍. 州帶北山, 多有盜賊. 褒密訪之, 並豪右所爲也, 而陽不之知, 厚加禮遇. 謂之曰: '刺史起自書生, 安知督盜, 所賴卿等共分其憂耳.' 乃悉詔桀黠少年素爲鄕里患者, 署爲主帥, 分其地界. 有盜發而不獲者, 以故縱論. 於是諸被署者, 莫不惶懼. 皆首伏曰: '前盜發者, 並某等爲之.' 所有徒侶, 皆列其姓名. 或亡命隱匿者, 亦悉言其所在. 褒乃取盜名簿藏之. 因大牓州門曰: '自知行盜者, 可急來首, 卽除其罪. 盡今月不首者, 顯戮其身, 籍沒妻子, 以賞前首者.' 旬日之間, 諸盜咸悉首盡. 褒取名簿勘之, 一無差異. 並原其罪, 許以自新. 由是羣盜屛息."

59 『周書』卷32「申徽傳」, 556쪽, "十二年, 瓜州刺史成慶爲城人張保所殺, 都督令狐延等起義逐保, 啓請刺史. 以徽信洽西土, 拜假節·瓜州刺史. 徽在州五稔, 儉約率下, 邊人樂而安之."

60 『周書』卷32「柳敏傳」, 560쪽, "累遷河東郡丞. 朝議以敏之本邑, 故有此授. 敏雖統御鄕里, 而處物平允, 甚得時譽. 及文帝克復河東, 見而器異之, 乃謂之曰: '今日不喜得河東, 喜得卿也.' 卽拜丞相府參軍事."

다.[61] 西魏北周의 廉吏 발탁은 東魏北齊 吏治의 부패[62]와 상반된다. 이상은 선행연구를 그대로 옮긴 것이다.

결과적으로 北周가 北齊를 정복했지만, 이는 北周가 강했기 때문은 아니다.

"海內가 아직 편안하지 않아서 오로지 敎習에 마음을 두었다. 校兵과 閱武 때에 걸어서 山谷을 지났고, 힘을 들여 부지런히 일하고 온갖 고생을 견뎌내며 몹시 애를 썼다. 이는 모두 다른 사람들이 감당할 수 없는 바였다. 北齊를 평정하는 전쟁에서 맨발로 걸어가는 軍士를 보고 帝는 친히 靴를 벗어 그 군사에게 하사하였다. 잔치에서 將士들을 만날 때마다 반드시 스스로 잔을 들고 술을 권하고 손수 물건을 하사하였다. 征伐하는 장소에서는 몸은 行陣에 있었다. 또 딱 잘라서 결정하는 성격이었기 때문에 능히 大事를 판단할 수 있었다. 따라서 士卒의 死力을 얻을 수 있었기 때문에 弱으로써 強을 제어할 수 있었다."[63]

위의 인용문은 『周書』「武帝紀」下 마지막 부분이다. 위의 인용문에서 北周 武帝가 솔선수범하여 부하 軍士들의 신망을 얻었고, 전쟁 때에는 앞에 나아가 싸웠으며, 빠르고 올바른 판단을 했기 때문에 北齊

---

61 趙文潤, 「宇文泰的擢用廉吏與西魏的經濟發展」, 『陝西師大學報(哲學社會科學版)』 1990-3, 1990, 62-64쪽.

62 周仁文, 「東魏北齊貪汚現象的普遍性及其原因探析」, 『湖南工業職業技術學院學報』 9-2, 2009, 55원쪽; 薛海波, 「東魏北齊國家的權力結構與豪族大土地所有制」, 『河南科技大學學報(社會科學版)』27-5, 2009, 20원쪽-20오른쪽.

63 『周書』卷6「武帝紀」下 宣政元年六月條, 107쪽, "以海內未康, 銳情敎習. 至於校兵閱武, 步行山谷, 履涉勤苦, 皆人所不堪. 平齊之役, 見軍士有跣行者, 帝親脫靴以賜之. 每宴會將士, 必自執杯勸酒, 或手付賜物. 至於征伐之處, 躬在行陣. 性又果決, 能斷大事. 故能得士卒死力, 以弱制強."

를 이길 수 있었음을 알 수 있다. 마지막 구절에서 "弱으로써 强을 제어할 수 있었다(以弱制强)"란 구절을 보면 北周의 신하들 또는 『周書』撰者들은 당시 北周軍이 北齊軍보다 약했음을 알 수 있다. 北齊 後主가 北周軍의 공격 소식을 알고도 한가롭게 사냥을 즐겼던 것도 北周軍의 약세를 알고 있었기 때문이다. 그러나 北齊軍이 晉州 포위전에서 패한 이후 北齊 後主는 잘못된 판단을 내렸다.

北齊 後主는 太原(晉陽)으로 돌아간 후 六鎭鮮卑 10만 이상의 주력을 이끌고 平陽으로 갔다. 北周軍의 주력은 玉壁(현재의 山西省 稷山縣 남쪽)으로 후퇴하고 梁士彦의 1만 精兵이 平陽城을 지켰다. 十二月初 北周武帝는 8만의 주력을 집결하여 北齊와 平陽城 남쪽에서 결전을 벌여 兩軍이 싸웠으나 승부가 나지 않았다. 北周와 北齊의 平陽 決戰에서는 쌍방의 실력은 비슷하였으나 北齊는 10만의 六鎭鮮卑로 구성된 정예부대를 보유하였고 전략은 우세하였다. 이때 北周 武帝는 승리할 성공의 가능성이 없었기 때문에 후퇴할 생각이었다. 그러나 北齊後主는 이러한 국가 존망의 대결전을 兒戱처럼 생각하고 馮淑妃를 거느리고 전선에 나갔고 軍機大事는 馮淑妃와의 사냥만큼 중요하지 않았다. 양군이 팽팽한 접전을 벌이고 있을 때 淑妃가 전쟁을 보다가 北齊軍의 東翼이 조금 퇴각하자 陣上에서 관전하던 馮淑妃와 재상 穆提婆는 패했다고 여기고 後主에게 퇴각을 종용하였다. 이어서 馮淑妃가먼저 도망가고 後主마저 도망갔다.[64] 이에 北齊軍의 군심이 흩어져 크게 무너졌다. 北齊의 10만 주력은 패하였고 北周軍은 太原을 점령한

---

64 『北史』 卷14 「后妃下 · 齊 · 馮淑妃傳」, 526쪽, "仍與之並騎觀戰, 東偏少却, 淑妃怖曰: '軍敗矣!' 帝遂以淑妃奔還. 至洪洞戍, 淑妃方以粉鏡自玩, 後聲亂唱賊至, 於是復走. 內參自晉陽以皇后衣至, 帝爲按轡, 命淑妃著之, 然後去. 帝奔鄴, 太后後至, 帝不出迎; 淑妃將至, 鑿城北門出十里迎之."

후 齊都 鄴城(현재의 河北省 磁縣 남쪽)으로 진격하였다.[65] 이 과정에서 北齊 後主가 馮淑妃와 穆提婆의 잘못된 간언을 듣고 팽팽한 전쟁 도중에 후퇴하는 전술적 우를 범하였고 이는 北齊軍의 붕괴로 이어졌다.

北齊 後主가 鄴에 막 들어왔을 때 군인들을 모으며 將士들에게 重賞을 내린다고 하였지만 지키지 않았다. 廣寧王 高孝珩이 宮人과 珍寶를 將士들에게 班賜하라고 간언하였지만 後主는 기뻐하지 않았다. 斛律孝卿이 後主에게 친히 將士의 노고를 위로하라고 청했고 미리 연설을 준비하여 後主가 將士들을 慷慨하고 눈물을 흘리도록 말하여 인심을 감동시키라고 간언하였다. 그러나 後主는 將士를 보고 위로의 말을 건네는 것을 잊고 큰 웃음을 그치지 않았고 좌우 侍從도 따라서 웃으니 將士들은 원망하고 노하여 흩어졌다.[66] 後主는 대세가 이미 기운 것을 보고 황망히 8세의 아들 高恒에게 禪位하고 太上皇帝를 자칭하였다.[67] 高恒은 隆化 2년 春正月 乙亥日(577. 2. 4) 즉위하였다. 後主는 河南으로 가서 募兵하여 반격하고 실패하면 陳으로 도망가자는 顔之推 · 薛道衡 · 陳德信 등의 간언을 받아들여 濟州를 거쳐 靑州로 도망갔다. 癸未日(2. 12) 鄴에서 도망간 幼主 高恒은 乙未日(3. 4)[68] 任城王 高湝에게 양위하고 侍中 斛律孝卿에게 禪文과 玉璽를 瀛州의

---

65 袁剛, 「論周武帝"取亂侮亡"滅北齊」, 69오른쪽 및 70왼쪽.

66 『北齊書』卷8 「後主紀」 隆化元年十二月條, 110쪽, "庚申, 帝入鄴. 辛酉, 延宗與周師戰於晉陽, 大敗, 爲周師所虜. 帝遣募人, 重加官賞, 雖有此言, 而竟不出物. 廣寧王孝珩奏請出宮人及珍寶班賜將士, 帝不悅. 斛律孝卿居中受委, 帶甲以處分, 請帝親勞, 爲帝撰辭, 且曰宜慷慨流涕, 感激人心. 帝旣出臨衆, 將令之, 不復記所受言, 遂大笑, 左右亦羣咍, 將士莫不解體."

67 『北齊書』卷8 「後主紀」 隆化元年十二月條, 110-111쪽, "又引高元海 · 宋士素 · 盧思道 · 李德林等, 欲議禪位皇太子. 先是望氣者言, 當有革易, 於是依天統故事, 授位幼主."

68 원문에는 '乙亥'이지만 校勘記28에서는 『資治通鑑』에서 乙未日로 표기한 것으로 보아 『資治通鑑』의 표기대로 '乙亥'는 '乙未'의 誤記일 것으로 보았다.

高湝에게 보내라고 명령하였다. 그러나 斛律孝卿은 北周에 항복하였다.[69] 北周軍이 癸巳日(2. 22) 北齊의 공식 수도 鄴을 함락하였다. 後主는 青州에 이르러 陳으로 도망가려고 하였으나 총신 高阿那肱이 배신하여 北周軍이 아직 멀리 있고 이미 다리를 끊었다고 後主에게 허위 보고하였다. 이에 잠시 휴식을 취하던 後主는 北周軍의 공격을 받고 青州 南鄧村으로 도망가다가 己亥日(2. 28) 北周 將軍 尉遲綱[70]에게 생포되어 北周의 수도 長安으로 보내졌다.[71]

이러한 에피소드를 감안하면 富國强兵에 성공한 北周가 개혁에 실패하고 부패에 만연한 北齊를 정복한 것이 아니었다. 北齊軍은 강했지만 결정적인 상황에서 後主의 판단 미숙과 잘못된 지휘가 平陽 전투의 승패를 갈랐다. 이어서 鄴에서 재기할 수 있었으나 將士들을 무

---

69 『周書』「武帝紀」에 따르면 斛律孝卿은 北周軍에 생포되었다.

70 『周書』「武帝紀」에서 '尉遲勤'으로 표기하였다.

71 『北齊書』卷8「幼主紀」承光元年條, 111쪽, "隆化二年春正月乙亥, 卽皇帝位, 時八歲, 改元爲承光元年, 大赦, 尊皇太后爲太皇太后, 帝爲太上皇帝, 后爲太上皇后. 於是黃門侍郎顏之推‧中書侍郎薛道衡‧侍中陳德信等勸太上皇帝往河外募兵, 更爲經略, 若不濟, 南投陳國, 從之. 丁丑, 太皇太后‧太上皇后自鄴先趣濟州. 周師漸逼, 癸未, 幼主又自鄴東走. 己丑, 周師至紫陌橋. 癸巳, 燒城西門. 太上皇將百餘騎東走. 乙亥, 渡河入濟州. 其日, 幼主禪位於大丞相‧任城王湝, 令侍中斛律孝卿送禪文及璽紱於瀛州, 孝卿乃以之歸周. 又爲任城王詔, 尊太上皇爲無上皇, 幼主爲守國天王. 留太皇太后濟州, 遣高阿那肱守鄴. 太上皇並皇后攜幼主走青州, 韓長鸞‧鄧顒等數十人從. 太上皇旣至靑州, 卽爲入陳之計. 而高阿那肱召周軍, 約生致齊主, 而屢使人告言, 賊軍在遠, 已令人燒斷橋路. 太上所以停緩. 周軍奄至靑州, 太上窘急, 將遜於陳, 置金囊於鞍後, 與長鸞‧淑妃等十數騎至靑州南鄧村, 爲周將尉遲綱所獲. 送鄴, 周武帝與抗賓主禮, 並太后‧幼主‧諸王俱送長安, 封帝溫國公."; 『周書』卷6「武帝紀」下 建德六年春正月條, 98쪽, "六年春正月乙亥, 齊主傳位於其太子恆, 改年承光, 自號爲太上皇. 壬辰, 帝至鄴. 齊主先於城外掘塹竪柵. 癸巳, 帝率諸軍圍之, 齊人拒守, 諸軍奮擊, 大破之, 遂平鄴. ……己亥, 詔曰: '自晉州大陣至于平鄴, 身殞戰場者, 其子卽授父本官.' 尉遲勤擒齊主及其太子恆於靑州."

시하는 언행으로 재기의 기회를 놓쳤다. 北齊 後主의 무능이 두 나라의 운명을 갈랐다.

2 武帝의 舊北齊 安撫 조치

(1) 舊北齊 세력의 제거와 탄압

北周 武帝는 北齊의 부흥운동을 막고 지방통치의 걸림돌이 되는 後主와 皇室 일족, 문무관료, 군인 등을 長安과 關中으로 遷徙하였다. 北周 武帝는 建德 5년 十月(576. 11-12) 幷州(太原)에서 사로잡은 甲士 8,000인을 關中으로 이주시켰다.[72] 北齊를 정복한 후 武帝는 建德 6년 四月 乙巳日[73] 後主와 皇室 일족 등을 長安으로 데려와 太廟 앞에 바쳤다.[74] 이와 아울러 문무관료(衣冠士人) 대부분을 關內로 이주시켰고 技巧·商販·樂戶之家를 相州의 州郭으로 옮겼다.[75] 『北齊書』「陽休之傳」과 『隋書』「陸爽傳」에 따르면, 이때 袁聿修·李祖欽·元脩伯·司馬幼之·崔達拏·源文宗·李若·李孝貞·盧思道·顏之推·李德林·陸乂·薛道衡·高行恭·辛德源·王劭·陸開明 등 18인[76]과 陸

---

72 『周書』卷6「武帝紀」下 建德五年冬十月壬申條, 96쪽, "壬申, 齊晉州刺史崔景嵩守城北面, 夜密遣使送款, 上開府王軌率衆應之. 未明, 登城鼓噪, 齊衆潰, 遂克晉州, 擒其城主特進·開府·海昌王尉相貴, 俘甲士八千人, 送關中."

73 陳垣의 『二十史朔閏表』에는 四月에 乙巳日이 없다. '四月'은 '三月'의 誤記로 생각되며 이 경우 서기로 577년 5월 5일이다.

74 『周書』卷6「武帝紀」下 建德六年夏四月條, 102쪽, "夏四月乙巳, 至自東伐. 列齊主於前, 其王公等並從, 車轝旗幟及器物以次陳於其後. 大駕布六軍, 備凱樂, 獻俘於太廟. 京邑觀者皆稱萬歲. 戊申, 封齊主爲溫國公."

75 『隋書』卷73「循吏·梁彥光傳」, 1674쪽, "齊亡後, 衣冠士人多遷關內, 唯技巧·商販及樂戶之家移實州郭."

76 『北齊書』卷42「陽休之傳」, 563쪽, "周武平齊, 與吏部尚書袁聿修·衛尉卿李祖欽·度支尚書元脩伯·大理卿司馬幼之·司農卿崔達拏·祕書監源文宗·散騎常侍兼中書

爽 · 袁叔德 등 10여 인[77]이 長安으로 이주하였다.

다음으로 北齊를 정복한 후 舊北齊 세력을 제거하고 北齊의 상징과 구심점을 없애는 등 北齊 지우기에 나섰다. 武帝는 正月 辛丑日(577. 3. 2) 鄴의 東山, 南園, 三臺를 허물게 하였다.[78] 이어서 五月 戊戌日(577. 6. 27) 幷州와 鄴의 궁전과 건물을 허물었다.[79] 北齊의 皇帝의 거소와 정치가 행하던 官府 건물을 없앰으로써 백성들에게 北齊가 더 이상 존재하지 않음을 시각적으로 보여준 것이다. 또 十月(577. 10-11) 北齊의 亡國 君主인 後主, 즉 北周에서 溫國公으로 봉해진 高緯를 죽였다.[80] 『北史』 「安德王延宗傳」에 따르면 이때 後主뿐만 아니라 高延宗(幷州에서 稱帝)도 살해하였다.[81] 이는 北齊 부흥운동의 구심점과 再起를 방지하는 정치적 동기가 작용했지만, 舊北齊 지배층과 백성들에

侍郎李若 · 散騎常侍給事黃門侍郎李孝貞 · 給事黃門侍郎盧思道 · 給事黃門侍郎顏之推 · 通直散騎常侍兼中書侍郎李德林 · 通直散騎常侍兼中書舍人陸乂 · 中書侍郎薛道衡 · 中書舍人高行恭 · 辛德源 · 王劭 · 陸開明十八人同徵, 令隨駕後赴長安. 盧思道有所撰錄, 止云休之與孝貞 · 思道 同被召者是其誣固焉."

77 『隋書』卷58 「陸爽傳」, 1420쪽, "及齊滅, 周武帝聞其名, 與陽休之 · 袁叔德等十餘人俱征入關. 諸人多將輜重, 爽獨載書數千卷."

78 『周書』卷6 「武帝紀」下 建德六年春正月辛丑條, 101쪽, "辛丑, 詔曰: '僞齊叛渙, 竊有漳濱, 世縱淫風, 事窮彫飾. 或穿池運石, 爲山學海; 或層臺累榭, 概日凌雲. 以暴亂之心, 極奢侈之事, 有一於此, 未或弗亡. 朕非食薄衣, 以弘風敎, 追念生民之費, 尙想力役之勞. 方當易茲弊俗, 率歸節儉. 其東山 · 南園及三臺可並毀撤. 瓦木諸物, 凡入用者, 盡賜下民. 山園之田, 各還本主.'"

79 『周書』卷6 「武帝紀」下 建德六年五月戊戌條, 103쪽, "戊戌, 詔曰: '京師宮殿, 已從撤毀. 幷 · 鄴二所, 華侈過度, 誠復作之非我, 豈容因而弗革. 諸堂殿壯麗, 並宜除蕩, 甍宇雜物, 分賜窮民. 三農之隙, 別漸營構, 止蔽風雨, 務在卑狹.'"

80 『周書』卷6 「武帝紀」下 建德六年冬十月條, 104쪽, "是月, 誅溫國公高緯."

81 『北史』卷52 「齊宗室諸王下 · 文襄諸子 · 安德王延宗傳」, 1883쪽, "及至長安, 周武與齊君臣飲酒, 令後主起舞, 延宗悲不自持. 屢欲仰藥自裁, 傅婢苦執 諫而止. 未幾, 周武誣後主及延宗等, 云遙應穆提婆反, 使並賜死."

게는 北齊 소멸을 상징하였다.[82]

北周는 北齊의 잔여 세력 혹은 부흥운동을 진압하였다. 武帝가 幷州(太原)를 점령했을 때 北朔州에서 前長史 趙穆과 司馬 王當萬 등이 北朔州總管 封輔相을 사로잡고, 瀛洲의 任城王을 영입하려고 하였으나 성공하지 못하였고 대신 高紹義를 영입하였다. 이때 肆州 이북의 280여 城戍가 高紹義에 귀부하였다. 高紹義는 靈州刺史 袁洪猛과 함께 남하하여 幷州를 공격하려 하였으나 北周의 반격을 받았다. 이때 宇文神擧는 馬邑으로 진격하고 高紹義가 보낸 杜明達을 격파하였다. 결국 高紹義는 突厥로 망명하였다.[83]

마지막으로 武帝는 北齊의 淮南을 점령하고 淮北으로 진격한 陳軍을 격파하고 北齊가 陳에 빼앗긴 영토를 되찾는 조치를 취하였다. 陳將 吳明徹이 呂梁으로 진격하여 徐州總管 梁士彦이 패하여 徐州로 후퇴하여 지키자 十一月 癸酉日(577. 11. 29) 上大將軍 鄭國公 王軌를 보내 토벌하게 하였다.[84] 이때 吳明徹은 徐州 부근의 堰을 터뜨려 徐州城을 물바다로 만들고 배를 城 근처에 대기시켜 공격하려고 하였다. 王軌는 이를 역이용하여 陳軍을 공격하였고 吳明徹과 將士 3만여 인

---

82 崔珍烈, 「北周의 舊北齊(山東) 支配와 그 한계」, 117-119쪽.

83 『北史』卷52 「齊宗室諸王下 · 文宣諸子 · 范陽王紹義傳」, 1884-1885쪽, "周武帝克幷州, 以封輔相爲北朔州總管. 此地齊之重鎭, 諸勇士多聚焉. 前長史趙穆 · 司馬王當萬等謀執輔相, 迎任城王於瀛州. 事不果, 迎紹義. 紹義至馬邑, 輔相及其屬韓阿各奴等數十人, 皆齊叛臣, 自肆州以北城戍二百八十餘, 盡從輔相; 及紹義至, 皆反焉. 紹義與靈州刺史袁洪猛引兵南出, 欲取幷州. 至新興而肆州已爲周守, 前隊二儀同, 以所部降周. 周兵擊顯州, 執刺史陸瓊, 又攻陷諸城. 紹義還保北朔. 周將宇文神擧軍逼馬邑, 紹義遣杜明達拒之, 兵大敗. 紹義曰: '有死而已, 不能降人.' 遂奔突厥. 衆三千家, 令之曰: '欲還者任意.' 於是哭拜別者太半."

84 『周書』卷6 「武帝紀」下 建德六年十一月條, 104쪽, "癸酉, 陳將吳明徹侵呂梁, 徐州總管梁士彦出軍與戰, 不利, 退守徐州. 遣上大將軍 · 鄭國公王軌率師討之."

을 생포하였다. 陳은 이 패배로 정예 士卒을 상실하였다.[85]

(2) 체제정비와 민심 수람

北齊를 정복한 北周 武帝는 山東(舊北齊) 지역을 통치하기 위해 몇 가지 조치를 취했다.

먼저 北齊에 대한 정보를 파악하였다. 武帝가 北齊를 점령한 후 小司馬 唐道和에게 李德林의 집에 방문하여 데리고 오게 한 후 內史 宇文昂에게 李德林으로부터 北齊의 風俗·政敎·인물 등의 정보를 파악하도록 하였다.[86] 이와 동시에 北齊의 官文書를 점검하여 戶口 등의 정보를 파악하였다. 北周는 陳이 지배한 지역을 제외하고 55州, 162郡, 385縣, 330만 2,528戶, 2,000만 6,686口의 州郡縣과 戶口를 파악하였다.[87]

---

85 『周書』卷40「王軌傳」, 712쪽, "及陳將吳明徹入寇呂梁, 徐州總管梁士彦頻與戰不利, 乃退保州城, 不敢復出. 明徹遂堰淸水以灌之, 列船艦於城下, 以圖攻取. 詔以軌爲行軍總管, 率諸軍赴救. 軌潛於淸水入淮口, 多豎大木, 以鐵鎖貫車輪, 橫截水流, 以斷其船路. 方欲密決其堰以斃之, 明徹知之, 懼, 乃破堰遽退, 冀乘決水之勢, 以得入淮. 比至淸口, 川流已闊, 水勢亦衰, 船艦並礙於車輪, 不復得過. 軌因率兵圍而蹙之. 唯有騎將蕭摩訶以二千騎先走, 得免. 明徹及將士三萬餘人, 並器械輜重, 並就俘獲. 陳之銳卒, 於是殲焉."

86 『隋書』卷42「李德林傳」, 1198쪽, "及周武帝克齊, 入鄴之日, 勅小司馬唐道和就宅宣旨慰喩, 云: '平齊之利, 唯在於爾. 朕本畏爾逐齊王東走, 今聞猶在, 大以慰懷, 宜卽入相見.' 道和引之入內, 遣內史宇文昂訪問齊朝風俗政敎·人物善惡, 卽留內省, 三宿乃歸."

87 『資治通鑑』의 胡三省註에 따르면, 北齊가 망할 당시 60州를 지배하였으나, 東廣州·秦州·西楚州·揚州·南潁州·北建州·羅州·合州·江州·和州 10州는 陳이 점령하였다. 『通鑑考異』에서는 『隋書』「地理志」에는 北齊의 州郡縣이 97州, 160郡, 165縣이었음을 지적하였다(『資治通鑑』卷173「陳紀」7 宣帝太建九年條胡註, 5375쪽, "梁太宗大寶元年, 齊顯祖受魏禪, 五主, 二十七年而亡. 齊所有司·冀·趙·義·懷·黎·建·東雍·汾·晉·南朔·幷·肆·靈·顯·恆·朔·定·瀛·幽·東燕·北

이어서 官制와 法律, 지방행정조직, 도량형, 의복을 통일하였다. 北周 武帝는 建德 6년 八月 壬寅日(577. 7. 1) 北魏時代부터 존재했던 諸雜戶를 방면하여 民으로 삼았다.[88] 北周의 시각에서 보면 齊의 舊俗에 昏政을 바꾸지 못하고, 賊盜가 간악하고 바르지 못했으며 憲章이 어그러졌다. 따라서 같은 해에 刑書要制를 만들어 법률을 통일하였고, 群盜와 官物의 절도를 엄하게 처벌하였다.[89] 또 지방행정조직을 통일하였다. 北周는 여러 州를 관할하기 위해 總管府를 설치한 데 비해 北齊는 行臺를 설치했었다. 따라서 武帝는 北齊의 行臺를 없애고 總管府로 대체하였다. 구체적으로 河陽·幽州·青州·南兗州·豫州·徐州·北朔州·定州에 總管府를 설치하였다. 그리고 北齊의 수도 相州(鄴)와 幷州(太原)에 總管府와 宮, 六府官을 설치하였다.[90] 幷州와 相州에 天官府의 속관인 司會가 설치되었다.[91]『資治通鑑』 胡三省註에 따

燕·南營·安·青·濟·光·膠·徐·仁·睢·兗·北徐·南青·海·東楚·潼·東徐·洛·鄭·陽·宋·梁·南兗·西兗·北荊·襄·東廣·秦·西楚·揚·南潁·北建·羅·合·江·和共六十州, 而東廣已下十州, 時已爲陳, 故止言五十州. 考異曰: 隋書地理志: 州九十七, 郡一百六十, 縣一百六十五. 今從周書.").

88 『周書』卷6「武帝紀」下 建德六年八月壬寅條, 103쪽, "詔曰: '以刑止刑, 世輕世重. 罪不及嗣, 皆有定科. 雜役之徒, 獨異常憲, 一從罪配, 百世不免. 罰旣無窮, 刑何以措. 道有沿革, 宜從寬典. 凡諸雜戶, 悉放爲民. 配雜之科, 因之永削.'"

89 『隋書』卷25「刑法志」, 709쪽, "魏武入關, 隷戶皆在東魏, 後齊因之, 仍供廝役. 建德六年, 齊平後, 帝欲施輕典於新國, 乃詔凡諸雜戶, 悉放爲百姓. 自是無復雜戶. 其後又以齊之舊俗, 未改昏政, 賊盜奸宄, 頗乖憲章. 其年, 又爲刑書要制以督之. 其大抵持仗群盜一匹以上, 不持仗群盜五匹以上, 監臨主掌自盜二十匹以上, 盜及詐請官物三十匹以上, 正長隱五戶及十丁以上及地三頃以上, 皆死. 自餘依大律. 由是澆詐頗息焉."

90 『周書』卷6「武帝紀」下 建德六年二月丁未條, 101쪽, "合州五十五, 郡一百六十二, 縣三百八十五, 戶三百三十萬二千五百二十八, 口二千萬六千(六)百八十六. 乃於河陽·幽·青·南兗·豫·徐·北朔·定並置總管府, 相·幷二總管各置宮及六府官."

91 王仲犖, 『北周六典』(北京: 中華書局, 2007(初版1979)) 卷7「同州司會東京六府」,

르면, 相州와 幷州에는 北齊의 舊宮과 省이 있었기 때문에 宮을 설치하였다. 六府官은 省, 즉 鄴省과 幷省[92]을 대신하는 것이며, 北周 長安의 六官의 府를 본떴을 것으로 추정된다.[93] 建德 6년 八月 壬寅日(577. 7. 1) 새로운 도량형을 제정하여 천하에 반포하고 新式에 맞지 않는 도량형을 사용하지 못하게 하였다.[94] 九月 戊寅日(577. 10. 5) 백성의 옷 재질을 아홉 가지로 제한하는 조치를 취하였다.[95]

또 武帝는 민심을 수습하기 위해 다양한 조치를 취하였다. 建德 6년 正月 庚子日(577. 3. 1) 東魏北齊에서 억울하게 죽은 斛律光(斛律明月)[96]과 崔季舒 등 7인을 伸冤하고 官爵을 追贈하고 諡號를 내렸으며 자손들에게는 벼슬을 주고 적몰된 家口와 田宅을 되돌려주었다.[97]「斛

516-517쪽.「鄭譯墓誌」에 따르면, 建德 5년(576) 相州吏部大夫 兼大使에 임명되었다(「鄭譯墓誌」,『陝西新見隋朝墓誌』, 117쪽, "五年, 授相州吏部大夫兼大使, 慰勞靑齊等六州."). 여기에서 相州吏部大夫는 相州六府에 속한 관리로 추정된다. 즉 相州에 司會 이외에 吏部 등 다양한 六府 관리가 임명되어 활동했음을 알 수 있다. 다만 이 墓誌에서 建德 5년은 建德 6년의 誤記로 보인다.

92 東魏北齊 鄴省과 幷省의 이원구조는 周一良,「北齊書札記 · 各立一省條」, 408쪽; 嚴耀中,「北齊政治與尙書幷省」, 36쪽; 陳琳國,『魏晉南北朝政治制度硏究』, 138쪽; 朴漢濟,「東魏～北齊時代의 胡漢體制의 展開」, 162쪽; 崔彦華,「晉陽在東魏北齊時的覇府和別都地位」, 22원쪽; 崔彦華,「"鄴-晉陽"兩都體制與東魏北齊政治」, 245원쪽 참조.

93 『資治通鑑』卷173「陳紀」7 宣帝太建九年條胡註, 5375쪽, "相 · 幷二州, 皆有齊舊宮及省, 故仍置宮, 若別都然. 置六府官, 以代省也. 六府官, 蓋倣長安六官之府, 未必備官也."

94 『周書』卷6「武帝紀」下 建德六年八月壬寅條, 103쪽, "八月壬寅, 議定權衡度量, 頒於天下. 其不依新式者, 悉追停."

95 『周書』卷6「武帝紀」下 建德六年九月戊寅條, 104쪽, "戊寅, 初令民庶已上, 唯聽衣綢 · 綿綢 · 絲布 · 圓綾 · 紗 · 絹 · 絁 · 葛 · 布等九種, 餘悉停斷. 朝祭之服, 不拘此例."

96 『周書』에서는 斛律光을 斛律明月로 표기하였다.

97 『周書』卷6「武帝紀」下 建德六年春正月庚子條, 100쪽, "庚子, 詔曰: '僞齊之末, 姦佞擅權, 濫罰淫刑, 動挂羅網, 僞右丞相 · 咸陽王故斛律明月, 僞侍中 · 特進 · 開府故崔

律徹墓誌」에 따르면, 斛律光의 손자 斛律徹은 斛律光의 피살 이후 고
초를 겪었으나 北周 武帝가 斛律光의 자손에게 벼슬을 주라고 명령
한 지 8-9개월 이후인 建德 6년 九月(577. 9-10) 使持節 儀同大將軍에
임명되고 崇國公을 襲爵하였다. 이를 전후로 北周는 斛律徹의 祖 斛
律光에게 使持節 上柱國 恒朔趙安燕雲六州刺史의 관직과 崇國公 邑
五千戶를 追贈하고 父 斛律武都에게 使持節 上開府 懷平邵三州刺史
의 벼슬을 추증하였다.[98] 『周書』와 「斛律徹墓誌」를 비교하면 北周 武
帝의 명령이 실행되는 데 약 8개월이 걸렸다.

　武帝는 舊北齊 신하들의 伸冤뿐만 아니라 北齊의 지배층과 人才를
포섭하는 정책을 취하였다. 『周書』 「武帝紀」에는 보이지 않으나, 宣政
元年 八月 壬申日(578. 9. 24) 宣帝가 同州를 방문하여 반포한 詔書 가
운데 이미 敕을 내려 僞齊, 즉 舊北齊 관리들 가운데 7品 以上의 관리
들을 收用하였음을 지적하였다.[99] 이는 武帝 시기에 舊北齊의 7品 이
상 관리를 등용했음을 시사한다. 三月 壬午日(577. 4. 12) 山東諸州(舊
北齊) 인재를 등용하는 詔書를 반포하였다.[100] 이어 七月 己丑日(577. 7.

季舒等七人, 或功高獲罪, 或直言見誅. 朕兵以義動, 翦除凶暴, 表閭封墓, 事切下車.
宜追贈諡, 幷窆措. 其見存子孫, 各蠲蔭敍錄. 家口田宅沒官者, 並還之."

98　「斛律徹墓誌」, 『新出魏晉南北朝墓誌疏證』, 465쪽, "祖明月, 齊左丞相, 咸陽嗣王. 周
贈使持節上柱國, 恒朔趙安燕雲六州刺史, 崇國公, 邑五千戶. 匡世佐時, 阿衡梁棟.
父武都, 咸陽國世子, 尚義寧公主, 除駙馬都尉, 特進·府儀同三司, 西兗梁東兗三州
刺史, 太子太保. 周贈使持節·上開府·懷平邵三州刺史. …… 童卯在年, 家屯禍難,
旣逢周武封墓表閭, 繼絕存亡, 旌賢顯德. 建德六年九月, 蒙除使持節·儀同大將軍,
襲祖崇國公, 戶邑如舊."

99　『周書』 卷7 「宣帝紀」 宣政元年八月壬申條, 116쪽, "壬申, 行幸同州. 遣大使巡察諸
州. 詔制九條, 宣下州郡: …… 七日, 僞齊七品以上, 已敕收用, 八品以下, 爰及流外,
若欲入仕, 皆聽預選, 降二等授官; ……"

100　『周書』 卷6 「武帝紀」 下 建德六年三月壬午條, 102쪽, "三月壬午, 詔山東諸州, 各擧明
經幹治者二人. 若奇才異術, 卓爾不羣者, 弗拘多少."

8) 山東(舊北齊) 諸州에 인재를 천거하도록 명령하였다. 즉 上縣에서 6
인, 中縣에서 5인, 下縣에서 4인을 선발하여 行在所로 불러 政治의 得
失을 함께 논의하게 하였다.[101] 九月 壬辰日(577. 10. 19) 經 1개 이상
능통한 舊北齊 지역 儒生을 천거하여 長安으로 불러들였다.[102] 武帝는
李德林을 신뢰하여 李德林을 長安에 데리고 가서 內史上士에 임명한
후 詔誥·格式의 작성과 山東 인물 기용을 李德林에게 위임하였다.[103]
선행연구에 따르면 89인의 舊北齊 관리들이 北周에 벼슬하였다.[104]
필자는 묘지명에서 徐敏行(尙書駕部郞 待詔文林館),[105] 侯子欽(儀同三司
晉州道行臺左丞),[106] 宋循(驃騎將軍),[107] 劉士彦(南營州長史 行南營州刺史
事),[108] 李元儉(總管府戶曹參軍),[109] 尉遲孟都(左兵郞中 金紫光祿大夫),[110] 封

---

101 『周書』卷6「武帝紀」下 建德六年秋七月己丑條, 103쪽, "己丑, 詔山東諸州擧有才者,
　　上縣六人, 中縣五人, 下縣四人, 赴行在所, 共論治政得失."

102 『周書』卷6「武帝紀」下 建德六年九月壬辰條, 104쪽, "壬辰, 詔東土諸州儒生, 明一經
　　已上, 並擧送, 州郡以禮發遣."

103 『隋書』卷42「李德林傳」, 1198쪽, "仍遣從駕至長安, 授內史上士. 自此以後, 詔誥格
　　式, 及用山東人物, 一以委之."

104 稻住哲朗,「北齊出身者と關隴集団」,『九州大學東洋史論集』41, 2013, 74-77쪽,〈表
　　1〉北齊出身者就官表.

105「徐敏行及妻陽氏墓誌」,『新出魏晉南北朝墓誌疏證』, 363-365쪽.

106「侯子欽墓誌」,『新出魏晉南北朝墓誌疏證』, 382-383쪽.

107「宋循墓誌」,『新出魏晉南北朝墓誌疏證』, 402-404쪽.

108「劉士安墓誌」,『新出魏晉南北朝墓誌疏證』, 562-564쪽.

109「李元儉墓誌」에 따르면, 北齊의 幷州田曹參軍을 역임한 李元儉(542-577)은 北周의
　　總管府戶曹參軍을 역임하였다. 李元儉이 建德 6년(577) 十一月 九日 晉陽에서 죽
　　고 建德 6년(577) 十二月庚子朔 二十一日庚申 相州城 동쪽 10里에 묻혔음을 보면
　　(「李元儉墓誌」,『新見北朝墓誌集釋』(王連龍, 北京: 中國書籍出版社, 2012), 194쪽),
　　隴西郡 출신 李元儉의 실제 거주지는 相州(鄴)였으며, 죽었던 곳에서 근무했기 때
　　문에 總管府戶曹參軍의 '總管府'는 幷州總管府로 추정된다.

110「尉遲融墓誌」,『唐代墓誌彙編』, 291쪽, "祖孟都, 齊左兵郞中, 金紫光祿大夫, 周齊州
　　刺史."

子繡(潁川·渤海太守),[111] 孫士琛(河間王開府行参軍 → 員外將軍 → 直寢 侍御史 → 武邑太守), 匹婁普樂(太子舍人 建內將軍 散騎侍郎 開府儀同三司 北豫州刺史 驍衛將軍 廣安郡王),[112] 匹婁孝育(散騎侍郎 廣安郡王),[113] 高普(給事 侍中 武衛大將軍 河陽道行臺尙書 豫州刺史 左僕射 特進 尙書令 司空公 司徒公 武興郡王),[114] 唐鑒(中書舍人 通直散騎常侍),[115] 唐徹(中書舍人 散騎常侍)[116] 등이 北周에 벼슬한 舊北齊 출신임을 찾아냈다. 그러나 徐敏行, 尉遲孟都, 匹婁普樂, 匹婁孝育, 高普, 唐鑒, 唐徹의 官名이 北周의 것이 아니기 때문에[117] 후손들이 지어낸 官爵일 가능성도 있다. 이처럼 선행연구와 필자의 조사에서 알 수 있듯이 실제로 北周는 舊北齊 관리들, 즉 지배층을 관리로 임명하여 北周의 지배층으로 포섭하였지만, 그 수는 100인이 채 되지 않는다. 『通典』에 따르면, 北齊의 중앙 관리만 2,322인이었음을 고려하면,[118] 北周에 임용된 100인 미만의 관리 숫자는 舊北齊 중앙관리의 5%도 채 되지 않는 소수에 해당된다. 바꿔 말하면, 약 95%의 舊北齊 중앙관리는 여전히 실업자였을 것이다. 이는 舊北齊 지배층의 포섭이 순조롭지 않음을 보여준다.

이어서 舊北齊의 일반 백성들의 민심 확보를 위한 조치를 취하였

---

111 「封泰墓誌」, 『唐代墓誌彙編』, 550쪽, "祖子繡, 齊潁川渤海太守, 隋通州刺史; ……"

112 「唐故忠州司馬匹婁府君墓誌」, 『唐代墓誌彙編』, 781쪽.

113 「匹婁氏墓誌」, 『唐代墓誌彙編』, 871쪽.

114 「唐故海州司倉高君墓誌」, 『唐代墓誌彙編續集』, 74-75쪽.

115 「大唐故開府儀同三司特進戶部尙書上柱國莒國公唐君墓誌」, 『唐代墓誌彙編續集』, 88-90쪽.

116 「大唐故殿中少監上柱國唐府君」, 『唐代墓誌彙編續集』, 233쪽.

117 이들이 역임한 尙書駕部郎, 左兵郎中, 散騎侍郎, 侍中, 武衛將軍, 中書舍人 등은 北齊의 官名이고 『周禮』를 본뜬 六官制度를 채택한 北周에는 없는 官名이었다.

118 『通典·職官典』, 1988, 卷19 「歷代官制總序·要略」, 480쪽, "北齊二千三百二十二員 (並內官)."

다. 예컨대 正月 辛丑日(577. 2. 6) 鄴의 東山, 南園, 三臺를 허물고 건
물의 瓦·木·諸物을 백성에게 하사하였으며, 山園의 田은 원래의 주
인에게 돌려주게 하였다.[119] 二月 癸丑日(577. 3. 14) 武平 3년(572) 이
후 北齊의 노략질로 奴婢가 된 河南 사람을 방면하고 淮南 官私奴婢
의 귀국을 허용하였다. 그리고 刺史·郡守·縣令과 親民長司에게 癃
殘孤老를 파악하고 親屬이 없으면 衣食을 지급하는 등 구제정책을
시행하도록 명령하였다.[120] 五月 戊戌日(577. 6. 27) 幷州와 鄴의 궁전
과 건물을 허물고 雜物은 窮民에게 나누어주었다.[121] 武帝는 민심수습
을 위해 舊北齊 각지에 사자를 파견하였다. 예컨대 武帝는 四月 己巳
日(577. 5. 28) 사신을 舊北齊 각지로 보내 민심을 안정시키며 풍속을
살피게 하였다.[122] 이때 元暉가 河北에,[123] 韋師가 山東으로[124] 파견되

---

119 『周書』卷6 「武帝紀」下 建德六年春正月辛丑條, 101쪽, "辛丑, 詔曰: '僞齊叛渙, 竊有
漳濱, 世縱淫風, 事窮雕飾. 或穿池運石, 爲山學海; 或層臺累構, 槪日凌雲. 以暴亂
之心, 極奢侈之事, 有一於此, 未或弗亡. 朕菲食薄衣, 以弘風敎, 追念生民之費, 尚
想力役之勞. 方當易茲弊俗, 率歸節儉. 其東山·南園及三臺可並毀撤. 瓦木諸物, 凡
入用者, 盡賜下民. 山園之田, 各還本主.'"

120 『周書』卷6 「武帝紀」下 建德六年二月癸丑條, 101-102쪽, "癸丑, 詔曰: '無侮煢獨, 事
顯前書; 哀彼矜人, 惠流往訓. 僞齊末政, 昏虐寔繁, 災甚滔天, 毒流比屋. 無罪無辜,
係虜三軍之手; 不飮不食, 僵仆九逵之門. 朕爲民父母, 職養黎人, 念甚泣辜, 誠深罪
己. 除其苛政, 事屬改張, 宜加寬宥, 兼行賑恤. 自僞武平三年以來, 河南諸州之民,
僞齊被掠爲奴婢者, 不問官私, 並宜放免. 其住在淮南者, 亦卽聽還, 願(往)[住]淮北
者, 可隨便安置. 其有癃殘孤老, 饑餒絶食, 不能自存者, 仰刺史守令及親民長司, 躬
自檢校. 無親屬者, 所在給其衣食, 務使存濟.'"

121 『周書』卷6 「武帝紀」下 建德六年五月戊戌條, 103쪽, "戊戌, 詔曰: '京師宮殿, 已從撤
毁. 幷·鄴二所, 華侈過度, 誠復作之非我, 豈容因而弗革. 諸堂殿壯麗, 並宜除蕩,
甍宇雜物, 分賜窮民. 三農之隙, 別漸營構, 止蔽風雨, 務在卑狹.'"

122 『周書』卷6 「武帝紀」下 建德六年夏四月己巳條, 102쪽, "詔曰: '東夏旣平, 王道初被,
齊氏弊政, 餘風未殄. 朕勖勞萬機, 念存康濟. 恐淸淨之志, 未形四海, 下民疾苦, 不
能上達, 寢興軫慮, 用切於懷. 宜分遣使人, 巡方撫慰, 觀風省俗, 宣揚治道. 有司明
立條科, 務在弘益.'"

어 安撫하였고 韋世康도 민심수습에 나섰다.[125] 武帝의 측근 鄭譯도 相州吏部大夫 兼大使에 임명되어 靑州와 齊州 등 6州의 민심수습을 위해 파견되었다.[126] 宣帝 시기에도 楊尙希는 山東·河北을 安撫하러 파견었고,[127] 陸彦師도 幽·薊 지역에 파견되었다.[128]

마지막으로 武帝는 舊北齊의 영역인 河北으로 순행하였다. 武帝는 建德 6년 六月 甲子日(577. 7. 22) 長安을 출발하여[129] 洛州를 거쳐[130] 十月 戊申日(577. 11. 4) 鄴宮을 방문하고 戊午日(577. 11. 14) 冀州에서 德皇帝의 무덤을 改葬하였다.[131] 武帝의 동선과 행적을 보면 祖父에 대한 孝가 山東 巡幸의 동기였지만, 山東, 즉 舊北齊의 백성들에게 자신이 지배자임을 각인시켜주는 정치적 효과도 있었다.[132]

---

123 『隋書』 卷46 「元暉傳」, 1256쪽, "及平關東, 使暉安集河北, 封義寧子, 邑四百戶."
124 『隋書』 卷46 「韋師傳」, 1257쪽, "及平高氏, 詔師安撫山東, 徙爲賓部大夫."
125 『隋書』 卷47 「韋世康傳」, 1265쪽, "于時東夏初定, 百姓未安, 世康綏撫之, 士民胥悅."
126 「鄭譯墓誌」, 117쪽, "五年, 授相州吏部大夫兼大使, 慰勞靑齊等六州." 「鄭譯墓誌」의 '五年'은 당시 상황을 보면 '六年', 즉 建德 6년의 誤記로 보인다.
127 『隋書』 卷46 「楊尙希傳」, 1252쪽, "宣帝時, 令尙希撫慰山東·河北, 至相州而帝崩, 與相州總管尉迥發喪於館."
128 『隋書』 卷72 「孝義·陸彦師傳」, 1662쪽, "宣帝時, 轉少納言, 賜爵臨水縣男, 奉使幽·薊."
129 『周書』 卷6 「武帝紀」下 建德六年六月甲子條, 103쪽, "甲子, 帝東巡."
130 『周書』 卷6 「武帝紀」下 建德六年秋七月丙戌條, 103쪽, "丙戌, 行幸洛州."
131 『周書』 卷6 「武帝紀」下 建德六年冬十月條, 104쪽, "冬十月戊申, 行幸鄴宮, 戊午, 改葬德皇帝於冀州, 帝服緦, 哭於太極殿, 百官素服哭." 德皇帝는 北周의 실제적인 창업군주인 宇文泰의 아버지 宇文肱이다.
132 崔珍烈, 「北周의 舊北齊(山東) 支配와 그 한계」, 119-125쪽.

3 武帝 시기 舊北齊 統治의 한계

(1) 舊北齊 세력의 반란

北周의 舊北齊 민심수습책에도 불구하고 北周의 정복과 통치에 반대하는 반란이 일어났다. 建德 6년 十二月 己未日(578. 1. 14) 東壽陽土人 5,000人이 幷州城을 습격하는 반란이 일어났다. 이 반란은 幷州刺史 宇文神擧가 평정하긴 했지만,[133] 당시 河北을 巡幸 중이던 武帝에게 준 충격은 컸다. 武帝는 다음 날인 庚申日(578. 1. 15) 幷州宮을 방문하여 幷州 軍人 4만 戶를 關中으로 이주시켰다. 이는 幷州에 주둔한 舊北齊 軍人의 반란과 독립운동을 막고 舊北齊 군대를 약화시키려는 조치였다. 이어서 戊辰日(578. 1. 23) 幷州宮과 六府를 없앴다.[134] 사료에는 구체적인 반란 이유가 제시되어 있지 않지만, 武帝가 幷州로 行幸하고 幷州宮과 六府를 없앤 것을 보면 東壽陽土人의 반란이 北齊의 부흥운동과 관련 있을 가능성이 있다. 한편 東魏北齊시대에도 六州鮮卑가 위치하여 실질적 수도였던 幷州[135]에서 다시 반란이 발생하는 것을 막으려는 의도도 있었을 것이다.

설상가상으로 建德 6년 十二月(577. 12-578. 1) 高寶寧의 반란이 일어났다.[136] 이어서 宣政元年 閏月 乙亥日(578. 7. 29) 幽州 사람 盧昌期 · 祖

---

133 『周書』卷40「宇文神擧傳」, 715쪽, "所部東壽陽縣土人, 相聚爲盜, 率其黨五千人, 來襲州城. 神擧以州兵討平之."

134 『周書』卷6「武帝紀」下 建德六年十二月條, 105쪽, "己未, 東壽陽土人反, 率衆五千襲幷州城, 刺史東平公宇文神擧破平之. 庚申, 行幸幷州宮. 移幷州軍人四萬戶於關中. …… 戊辰, 廢幷州宮及六府."

135 毛漢光,「北魏東魏北齊之核心集團與核心區」, 29-104쪽; 嚴耀中,「北齊政治與尙書幷省」, 38쪽.

136 『周書』卷6「武帝紀」下 建德六年十二月條, 105쪽, "是月, 北營州刺史高寶寧據州反."

英伯·宋護 등이 范陽에서 반란을 일으켰고 北周의 儀同三司에 임명
되었다가 모친상을 당해 고향에 온 盧思道도 가담하였다.[137] 盧氏와 祖
氏는 范陽郡의 대표적인 토착세력이자 문벌이었으므로 范陽郡의 土着
豪族이 北周에 반기를 들었음을 알 수 있다. 이에 北周는 宇文神擧에
게 토벌하게 하였다.[138] 이 두 반란의 배후에는 北朔州에서 부흥운동을
펼치다가 突厥로 도망간 高紹義가 있었다. 高紹義는 突厥로 망명한 北
齊 사람들을 거느리고 平州를 점령하였으며, 營州의 高寶寧 및 盧昌期
와 연락을 취하였다. 이에 고무된 突厥의 他鉢可汗은 北周를 공격하려
고 하였다. 北周 武帝는 突厥 親征에 나서다가 병에 걸려 죽었다. 高寶
寧의 齊軍은 宇文神擧가 보낸 宇文恩의 군대를 격파하였다.[139]

『周書』「武帝紀」에는 기록되지 않았지만 北齊의 齊州治中 房彦謙
은 군사를 이끌고 北周 군대에 저항할 것을 모의했으나 실행에 옮기
지 못했다. 北周 武帝가 柱國 辛遵을 齊州刺史에 임명하였으나 辛遵
은 賊帥 輔帶劍에게 사로잡혔다. 房彦謙이 輔帶劍에게 편지를 보내
니 輔帶劍은 두려워하여 辛遵을 齊州로 돌려보냈고 諸賊이 귀순하였

---

137 『隋書』卷57「盧思道傳」, 1398쪽, "周武帝平齊, 授儀同三司, 追赴長安, 與同輩陽休
之等數人作聽蟬鳴篇. …… 未幾, 以母疾還鄕, 遇同郡祖英伯及從兄昌期·宋護等擧
兵作亂, 思道預焉."

138 『周書』卷7「宣帝紀」宣政元年閏月乙亥條, 116쪽, "是月, 幽州人盧昌期據范陽反, 詔
柱國·東平公宇文神擧帥衆討平之."

139 『北史』卷52「齊宗室諸王下·文宣諸子·范陽王紹義傳」, 1885쪽, "突厥他鉢可汗謂
文宣爲英雄天子, 以紹義重踝似之, 甚見愛重. 凡齊人在北者, 悉隸紹義. 高寶寧在
營州, 表上尊號, 紹義遂卽皇帝位, 稱武平元年以趙穆爲天水王. 他鉢聞寶寧得平州,
亦招諸部, 各擧兵南向, 云共立范陽王作齊帝, 爲其報讎. 周武帝大集兵於雲陽, 將
親北伐, 遇疾暴崩. 紹義聞之, 以爲天贊己. 昌期據范陽, 亦表迎紹義. 俄而周 將
宇文神擧攻滅昌期. 其日, 紹義適至幽州, 聞周總管出兵于外, 欲乘虛取薊城. 列天子
旌旗, 登燕昭王冢, 乘高望遠, 部分兵衆. 神擧遣大將軍宇文恩將四千人馳救幽州, 半
爲齊軍所殺."

다.[140] 輔帶劍이 州刺史를 생포했다 풀어준 일화에서 北齊의 각 지방에서도 北周의 北齊 정복과 지배에 대한 저항이 있었음을 확인할 수 있다.

이어서 建德 7년, 즉 宣政元年(578) 舊北齊 宗室인 高元海와 段德擧가 鄴城에서 반란을 모의하였으나 발각되어 주살되었다.[141] 北齊 皇室은 韓軌·厙狄干·可朱渾天和·尉景·竇泰·段榮·婁昭 7家의 懷朔鎭 勳貴 집단과 겹사돈을 맺었다. 특히 段榮 일가는 다수의 부마를 배출하여 최고의 通婚家門이었다.[142] 따라서 高元海와 段德擧의 반란 모의는 단순한 반란이 아니라 北齊 再建을 위한 거사였을 것이다.

北周는 幷州에서 일어난 東壽陽土人과 盧昌期 등의 반란을 평정하였고[143] 輔帶劍의 齊州刺史 辛遵 체포 문제를 해결하였으며 高元海와 段德擧의 음모를 사전 적발했을 뿐만 아니라 突厥의 他鉢可汗을 매수하여 高紹義를 생포하였다.[144] 그러나 이러한 반란은 舊北齊 지배층과 토착호족들이 아직 北周에 복종하지 않았을 뿐만 아니라 北周의 舊北齊 통치가 용이하지 않았음을 보여준다.[145]

---

140 『隋書』卷66「房彦謙傳」, 1561쪽, "及周師入鄴, 齊主東奔, 以彦謙爲齊州治中. 彦謙痛本朝傾覆, 將糾率忠義, 潛謀匡輔. 事不果而止. 齊亡, 歸於家. 周帝遣柱國辛遵爲齊州刺史, 爲賊帥輔帶劍所執. 彦謙以書論之, 帶劍慚懼. 遂遵還州, 諸賊並各歸首."

141 『北齊書』卷14「上洛王思宗傳附元海傳」, 184쪽, "鄴城將敗, 徵爲尙書令. 周建德七年, 於鄴城謀逆, 伏誅.";『北齊書』卷16「段榮傳附德擧傳」, 214쪽, "詔第三子德擧, 武平末, 儀同三司. 周建德七年, 在鄴城與高元海等謀逆, 誅."

142 薛海波,「東魏北齊統治集團婚姻特徵試探－以高齊皇室與懷朔鎭勳貴婚媾爲中心－」, 『黑龍江民族叢刊(雙月刊)』2012-6(總第131期), 2012, 80원쪽-81원쪽.

143 『周書』卷40「宇文神擧傳」, 715쪽, "高祖至雲陽, 疾甚, 乃班師. 幽州人盧昌期·祖英伯等聚衆據范陽反, 詔神擧率兵擒之."

144 『北史』卷52「齊宗室諸王下·文宣諸子·范陽王紹義傳」, 1885쪽, "周人購之於他鉢, 又使賀若誼往說之. 他鉢猶不忍, 遂僞與紹義獵於南境, 使誼執之, 流于蜀."

145 崔珍烈,「北周의 舊北齊(山東) 支配와 그 한계」, 125-127쪽.

(2) 지방행정 장악력의 부족

武帝는 北齊 정복 이후 지방행정제도와 법률을 통일하고 舊北齊 지역에 통용시켰지만 北齊를 멸망시킨 후 山東 사람들이 北齊의 舊錢을 사용한 사실에서 알 수 있듯이,[146] 화폐 통일을 시도하지 못하였다.[147] 뿐만 아니라 민심수습과 민생안정을 위한 조치도 제대로 실현되지 않았다. 武帝의 뒤를 이어 즉위한 宣帝는 宣政元年 閏月 乙亥日 (578. 7. 29)에 山東(舊北齊) 지역 流民 가운데 다시 농사 짓거나 突厥의 약탈 때문에 생업에 지장이 있는 사람들에게 稅役을 1년 면제하는 명령을 내렸다.[148] 후자는 같은 해 四月 壬子日(578. 5. 7) 突厥의 幽州 침입[149] 때문에 피해를 입은 백성들을 배려한 조치였다. 그러나 전자의 조치는 이 시점까지 山東 지역에 정착하지 못한 流民이 많았음을 시사한다. 이는 지방행정이 원활하게 작동하지 않아 武帝의 민생 수습책이 제대로 실시되지 않고 流民의 戶口 파악이 제대로 이뤄지지 않았음을 보여준다. 隋文帝가 大索貌閱을 실시하기 전까지 山東 지역에서 戶口 누락과 租賦 탈루가 심했다는 『隋書』 「食貨志」의 기록을 보면[150] 北周는 北齊 정복 이후에도 舊北齊 지역의 지방행정을 제대로

---

146 『隋書』 卷24 「食貨志」, 691쪽, "齊平已後, 山東之人, 猶雜用齊氏舊錢."

147 宣帝 大象元年(579) 永通萬國錢을 주조하여 五行大布錢・五銖錢과 병용하도록 하였다(『隋書』 卷24 「食貨志」, 691쪽, "至宣帝大象元年十一月, 又鑄永通萬國錢. 以一當十, 與五行大布及五銖, 凡三品並用."). 이전에 사용한 五行大布錢・五銖錢이 새로 주조한 화폐와 함께 사용된 것은 화폐 통일이 잘 되지 않았음을 보여준다.

148 『周書』 卷7 「宣帝紀」 宣政元年閏月乙亥條, 115쪽, "閏月乙亥, 詔山東流民新復業者, 及突厥侵掠家口破亡不能存濟者, 並給復一年."

149 『周書』 卷6 「武帝紀」下 宣政元年夏四月壬子條, 106쪽, "庚申, 突厥入寇幽州, 殺掠吏民. 議將討之."

150 『隋書』 卷24 「食貨志」, 681쪽, "是時山東尚承齊俗, 機巧姦偽, 避役惰遊者十六七. 四方疲人, 或詐老詐小, 規免租賦. 高祖令州縣大索貌閱, 戶口不實者, 正長遠配, 而又開相糾之科. 大功已下, 兼令析籍, 各爲戶頭, 以防容隱."

장악하지 못했음을 알 수 있다. 이는 隋初 乞伏慧와 令狐熙의 예에서
도 확인할 수 있다. 『隋書』「乞伏慧傳」의 기사를 살펴보자.

"高祖[隋文帝]가 선양을 받은 후 曹州刺史에 임명되었다. 曹土의 舊俗
은 民들이 대부분 姦隱하였으니, 戶口의 簿帳은 늘 부실하였다. 乞伏慧는
부임한 후 按察하여 戶 數萬을 얻었다. ……(중략)…… 1년 이후 齊州刺史
로 옮겼고, 隱戶 數千戶를 얻었다."151

위의 인용문에 보이는 曹土舊俗은 東魏北齊 시대 曹州의 관행을
지칭하는 말일 것이다. 乞伏慧는 隋初에 曹州와 齊州에서 누락된 戶
口를 파악하는 데 성공하였다. 이어서 『隋書』「令狐熙傳」의 사례를 살
펴보자.

"부임하지 않은 상황에서 滄州刺史에 임명되었다. 이때 山東은 齊의 弊
를 이어받아 戶口 簿籍類는 부실하였다. 令狐熙는 백성들을 曉諭하고 스
스로 歸首하도록 명령하니, 歸首者가 1만 戶에 이르렀다."152

인용문의 "山東承齊之弊" 역시 東魏北齊 시대 戶口 파악의 부실을
지칭한다. 東魏北齊 시대의 戶口 파악 부실은 『隋書』「食貨志」에서 잘
설명하였다.

---

151 『隋書』 卷55 「乞伏慧傳」, 1378쪽, "高祖受禪, 拜曹州刺史. 曹土舊俗, 民多姦隱, 戶
口簿帳恒不以實. 慧下車按察, 得戶數萬. …… 歲餘, 轉齊州刺史, 得隱戶數千."
152 『隋書』 卷56 「令狐熙傳」, 1385쪽, "會蜀王秀出鎭於蜀, 綱紀之選, 咸屬正人, 以熙爲
益州總管長史. 未之官, 拜滄州刺史. 時山東承齊之弊, 戶口簿籍類不以實. 熙曉諭
之, 令自歸首, 至者一萬戶. 在職數年, 風教大洽, 稱爲良二千石."

"舊制에는 결혼하지 않은 사람은 床租調의 절반을 납부하도록 규정하니, 陽翟 1郡은 戶가 數萬에 이르렀지만, 籍에 無妻로 등록된 사람들이 많았다. 有司가 이를 적발하였으나, 帝[文宣帝]는 이를 生事로 여겼으니 이로 말미암아 奸欺가 더욱 심해졌다. 戶口의 租調는 10에 6-7은 없었다."[153]

위의 인용문에 따르면 결혼하지 않으면 一牀의 1/2에 해당하는 租調를 내는 "舊制"의 규정을 악용하여 數萬 戶를 가진 陽翟郡에서 未婚으로 등록한 남성들이 租調를 탈루하였다. 위의 인용문 『隋書』 「乞伏慧傳」과 「令狐熙傳」의 일화는 이러한 戶口의 탈루가 北齊 시대뿐만 아니라 北周의 華北統一 이후에도 舊北齊 영토였던 曹州와 齊州(黃河 이남), 滄州(黃河 이북)에서 제대로 시정되지 않았음을 보여준다. 또 隋初 梁彦光이 山東의 大儒를 초빙하여 鄕에 학교를 세워 儒學을 가르쳐 移風易俗을 성공하기 전까지 相州는 技巧·商販·樂戶가 風謠를 퍼뜨리고 官人에게 소송하였으며 狡猾之徒가 활개를 치는 등 지방행정을 어지럽혔다.[154] 이 역시 北周의 北齊 정복 이후 지방통치가 용이하지 않았음을 보여준다.[155]

이처럼 舊北齊 통치가 원활하지 않았음을 직감한 武帝는 舊北齊 지역을 巡幸하였다.

153 『隋書』 卷24 「食貨志」, 676쪽, "舊制, 未娶者輸半床租調, 陽翟一郡, 戶至數萬, 籍多無妻. 有司劾之, 帝以爲生事, 由是奸欺尤甚. 戶口租調, 十亡六七."

154 『隋書』 卷73 「循吏·梁彦光傳」, 1674쪽, "復爲相州刺史. 豪猾者聞彦光自請而來, 莫不嗤笑. 彦光下車, 發摘奸隱, 有若神明, 於是狡猾之徒, 莫不潛竄, 合境大駭. 初, 齊亡後, 衣冠士人多遷關內, 唯技巧·商販及樂戶之家移實州郭. 由是人情險詖, 妄起風謠, 訴訟官人, 萬端千變. 彦光欲革其弊, 乃用秩俸之物, 招致山東大儒, 每鄕立學, 非聖哲之書不得敎授."

155 崔珍烈, 「北周의 舊北齊(山東) 支配와 그 한계」, 127-130쪽.

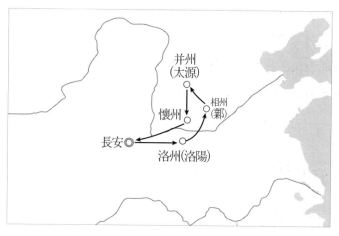

〈지도 26〉 北周 武帝의 舊北齊 巡幸(577-578)[156]

　그는 宣政元年 正月 壬午日(578. 2. 7) 鄴宮을 방문하였다. 그리고
相州를 분할하여 廣平郡에 洺州, 淸河郡에 貝州, 黎陽郡에 黎州, 汲
郡에 衛州를 설치하였다. 또 定州의 常山郡을 나누어 恆州를 두었고
幷州의 上黨郡에 潞州를 설치하였다.[157] 癸巳日(578. 2. 18) 懷州에 宮을
두도록 하였다.[157] 그리고 三月 戊辰日(578. 3. 24) 蒲州에 宮을 설치하
였다.[158] 이처럼 宣政元年 武帝의 東巡에서는 행정구역의 분할과 宮
설치 기사만 기록되었다. 舊北齊의 司州였던 相州에서 4州를 분할하
고 別都였던 幷州에서 潞州를 분할한 것은 舊北齊의 2대 정치적 거점

---

156 최진열, 『북위황제 순행과 호한사회』, 20쪽, 지도 6 북주 무제의 순행 장소(577-
　　578).

157 『周書』卷6「武帝紀」下 宣政元年春正月條, 105쪽, "壬午, 行幸鄴宮. 分相州廣平郡
　　置洺州, 淸河郡置貝州, 黎陽郡置黎州, 汲郡置衛州; 分定州常山郡置恆州; 分幷州上
　　黨郡置潞州. 辛卯, 行幸懷州. 癸巳, 幸洛州. 詔於懷州置宮."

158 『周書』卷6「武帝紀」下 宣政元年三月戊辰條, 106쪽, "三月戊辰, 於蒲州置宮. 廢同州
　　及長春二宮."

인 相州와 幷州를 약화시켜 잠재적인 舊北齊 부흥운동세력의 반란 거점이 되지 못하도록 미리 대처한 것이다. 또 武帝가 거쳐간 懷州와 長安에서 幷州로 가는 길목인 蒲州에 宮을 설치한 것은 武帝가 舊北齊 지역을 자주 방문할 것임을 보여준 것이다.

3. 宣帝 이후의 山東 支配

1 宣帝의 山東 통치정책

武帝의 뒤를 이어 즉위한 宣帝는 宣政元年(578) 八月 壬申日(578. 9. 24) 同州를 방문하여 9條의 개혁조치를 州郡에 반포하였다. 이 가운데 舊北齊 관리들에 대한 조치가 주목된다. 第7條에 따르면 北周는 舊北齊의 7品 이상의 관리에게 관직을 주었지만, 8品 이하의 관리와 流外官에게는 관직을 주지 않았다. 따라서 후자에게 入仕를 원하면 인사평가를 통해 舊北齊에서 받았던 品階보다 2等을 낮춰 벼슬을 줄 것을 명문화하였다.[159] 이는 北周에게 심각하고 중요한 문제였다. 『通典』에 따르면 北齊의 관원은 2,322員, 北周는 2,989員이었다.[160] 細注에서는 모두 內官이라고 하였는데, 중앙정부의 관원 총수로 해석된다. 北齊 朝廷 관리 2,322員을 北齊가 멸망한 후 모두 임용하기에는 北周의

---

159 『周書』卷7「宣帝紀」宣政元年八月壬申條, 116쪽, "壬申, 行幸同州, 遣大使巡察諸州. 詔制九條, 宣下州郡: …… 七日, 僞齊七品以上, 已敕收用, 八品以下, 爰及流外, 若欲入仕, 皆聽預選, 降二等授官; ……"

160 『通典·職官典』卷19「歷代官制總序·要略」, 480쪽, "北齊二千三百二十二員(並內官). 後周二千九百八十九員(並內官)."

중앙정부의 관리 정원도 한계가 있었다. 이들을 모두 지방관으로 임
명하는 방법도 있지만, 이를 위해 州郡縣의 수나 지방관의 정원을 갑
자기 늘릴 수 있는 상황도 아니었다. 따라서 北周에서 관리로 임명되
지 못하는 舊北齊 관료들이 많았다. 예컨대 高正禮,[161] 高紹信,[162] 高白
澤[163] 등 北齊 宗室뿐만 아니라 杜臺卿,[164] 房彦謙,[165] 裴矩,[166] 王劭,[167]
劉子翊,[168] 房恭懿,[169] 諸葛潁,[170] 孫萬壽,[171] 韓邕,[172] 元伏和,[173] 王釗,[174]

---

161 『北史』卷52「齊宗室諸王下 · 文襄諸子 · 河間王孝琬傳附正禮傳」, 1879쪽, "齊亡, 遷
綿州卒."

162 『北史』卷52「齊宗室諸王下 · 文襄諸子 · 漁陽王紹信傳」, 1883쪽, "齊滅, 死於長安."

163 『北史』卷52「齊宗室諸王下 · 孝昭諸子 · 樂陵王百年傳」, 1887쪽, "詔以襄城王子白
澤襲爵樂陵王. 齊亡入關, 徙蜀死."

164 『隋書』卷58「杜臺卿傳」, 1421쪽, "臺卿少好學, 博覽書記, 解屬文. 仕齊奉朝請, 歷
司空西閤祭酒 · 司徒戶曹 · 著作郎 · 中書黃門侍郎. 性儒素, 每以雅道自居. 及周武
帝平齊, 歸于鄕里, 以禮記 · 春秋講授子弟. 開皇初, 被徵入朝. 臺卿嘗采月令, 觸類
而廣之, 爲書名玉燭寶典十二卷. 至是奏之, 賜絹二百匹. 臺卿患聾, 不堪吏職, 請修
國史. 上許之, 拜著作郎."

165 『隋書』卷66「房彦謙傳」, 1561쪽, "及周師入鄴, 齊主東奔, 以彦謙爲齊州治中. 彦謙
痛本朝傾覆, 將糾率忠義, 潛謀匡輔. 事不果而止. 齊亡, 歸於家. 周帝遣柱國辛遵爲
齊州刺史, 爲賊帥輔帶劍所執. 彦謙以書論之, 帶劍慚懼. 送遵還州, 諸賊並各歸首."

166 『隋書』卷67「裴矩傳」, 1577쪽, "齊北平王貞爲司州牧, 辟爲兵曹從事, 轉高平王文
學. 及齊亡, 不得調. 高熲爲定州總管, 召補記室, 甚親敬之."

167 『隋書』卷69「王劭傳」, 1601쪽, "後遷中書舍人. 齊滅, 入周, 不得調. 高祖受禪, 授著
作佐郎."

168 『隋書』卷71「誠節 · 劉子翊傳」, 1601쪽, "劉子翊, 彭城叢亭里人也. …… 仕齊殿中將
軍. 開皇初, 爲南和丞, 累轉秦州司法參軍事."

169 『隋書』卷73「循吏 · 房恭懿傳」, 1679쪽, "仕齊, 釋褐開府參軍事, 歷平恩令 · 濟陰守,
並有能名. 會齊亡, 不得調. 尉迥之亂, 恭懿預焉, 迥敗, 廢於家."

170 『隋書』卷76「文學 · 諸葛潁傳」, 1734쪽, "諸葛潁字漢, 丹陽建康人也. 祖銓, 梁零陵
太守. 父規, 義陽太守. 潁年八歲, 能屬文, 起家梁邵陵王參軍事, 轉記室. 侯景之亂,
奔齊, 待詔文林館. 歷太學博士 · 太子舍人. 周武平齊, 不得調, 杜門不出者十餘年.
習周易 · 圖緯 · 倉 · 雅 · 莊 · 老, 頗得其要."

171 『隋書』卷76「文學 · 孫萬壽傳」, 1735쪽, "在齊, 年十七, 奉朝請. 高祖受禪, 滕穆王

高六奇,¹⁷⁵ 王德,¹⁷⁶ 韓顯,¹⁷⁷ 劉藏,¹⁷⁸ 索昉,¹⁷⁹ 索雄,¹⁸⁰ 楊陁羅¹⁸¹ 등이 北

引爲文學, 坐衣冠不整, 配防江南."

172 韓邕은 天平元年 徐州司馬 騎都尉 龍驤將軍을 거쳐 驃騎將軍으로 승진한 후 隋 開
皇 7년 죽을 때까지 벼슬이 없다(「韓邕墓誌」, 『新出魏晉南北朝墓誌疏證』, 386쪽,
"天平元年, 特除徐州司馬·騎都尉, 本號龍驤, 進加驃騎. …… 大隋開皇七年, 時年
八十六, 卒于相州零泉縣界, 八月十一日葬于環線鄉淸化里."). 이는 北周 시대에 벼
슬하지 못했음을 시사한다.

173 元伏和는 武平元年 車騎大將軍 牟平縣令에 임명된 후 開皇 7년에 定陽縣令에 임명
되었다(「元伏和墓誌」, 『新出魏晉南北朝墓誌疏證』, 457쪽, "武平元年, 更授車騎大將
軍·牟平縣令. 開皇七年, 汾州定陽縣令."). 중간에 역임한 관직이 없는 것으로 보아
北周時代에 관리가 되지 못했다고 해석하는 것이 자연스럽다.

174 王釗는 北齊에서 벼슬을 시작하였고 隋代 隋州司倉參軍事에 임명되었다(「王釗墓
誌」, 『新出魏晉南北朝墓誌疏證』, 530쪽, "齊釋褐開府行參軍, 大隋隋州司倉參軍
事."). 중간에 北周 시대에 벼슬했다는 기록이 없는 것으로 보아 王釗는 北周 시대
에 벼슬하지 못했을 것이다.

175 高六奇는 北齊時代 盪正都督 假儀同三司에 임명된 후 隋代에 兗州金鄕縣令에 임명
되었다(「高六奇墓誌」, 『新出魏晉南北朝墓誌疏證』, 532, "齊氏御歷, 邊隅□梗, 折衝
厭難, 實屬才雄, 遂去文官, 來居武任. 搴旗斬□, 屢有戰功, 拜直盪正都督·假儀同
三司. 大隋膺運, 車□共軌, 偃伯修文, 弘玆治術. 乃授兗州金鄕縣令, 又遷□州龍門
縣令."). 그런데 "車□共軌, 偃伯修文"의 표현으로 보아 高六奇는 隋의 陳 정복 후,
즉 통일 후에 金鄕縣令에 임명되었을 것이다. 그 사이에 벼슬했다는 기록은 없다.

176 王德은 北齊時代 開府行兼參軍에 임명된 후 大業 7년에 죽을 때까지 벼슬했다는
기록이 없다(「王德墓誌」, 『新出魏晉南北朝墓誌疏證』, 585쪽, "齊樂安王聞而徵辟,
任開府行兼參軍. 辭炳不就, 優遊儀里, 歸誠勝業, 聽讀安心. …… 春秋七十有八, 大
業七年十一月十五日, 遘疾, 終於敬業里第."). 이는 北齊가 망한 후 王德이 벼슬하
지 못했음을 뜻한다.

177 韓顯은 北齊에서 營州長史로 起家한 후 죽을 때까지 벼슬하지 못하였다(「韓顯墓
誌」, 『唐代墓誌彙編』, 236쪽, "齊起家授營州長史. 六條俟 弼諧之則, 千里著翼贊之
功, 獄訟寂廖, ……, 春秋六十九, 七月十八日終於第."). 따라서 北周時代 벼슬하지
못했다.

178 劉藏은 北齊에 벼슬했다가 北齊가 北周에 합병된 후 關右로 遷徙되었다(「劉相墓
誌」, 『唐代墓誌彙編續集』, 34쪽, "公父藏, 仕於齊, 名聲藉甚. 齊末, 周幷天下, 徙於關
右, 故遂爲京兆人焉. 弈葉重光, 珪組相襲. 此乃昭彰史籍, 豈待形言."). 이후 벼슬했
다는 기록이 없는 것으로 보아 劉藏은 北周에서 벼슬을 하지 못한 것으로 보인다.

179 「索昉墓誌」에 따르면, 索昉은 北齊에서 東宮庫眞, 前鋒第二副都督, 鎭南將軍, 直盪

周에서 벼슬을 하지 못하였다. 그나마 房彦謙, 裴矩, 王劭, 房恭懿, 劉子翊, 諸葛潁, 孫萬壽, 王釗, 高六奇, 索昉 등은 隋代에 벼슬하여 史書에 이름을 남겼지만, 舊北齊 관료들 가운데 北齊 멸망 이후 벼슬을 잃고 鄕里로 귀향한 사람들이 많았음은 쉽게 짐작할 수 있다.[182] 宣政元年 八月 壬申日(578. 9. 24)의 조치로 벼슬을 잃은 모든 舊北齊 관리들이 入仕할 수 있지는 못했겠지만, 이들의 일부를 체제 내로 흡수하는 데 도움이 되었을 것이다.[183]

　　宣帝도 아버지 武帝처럼 山東(舊北齊) 지역을 자주 巡幸하였다. 예

第一副都督 安平縣開國子 食邑六百戶의 官爵을 받았고 北齊 멸망 이후 左司衛府軍曹를 역임하였다. 이후 宣政 2년(579) 九月 十三日 죽었다(「索昉墓誌」, 『墨香閣藏北朝墓誌』, 208쪽). 墓誌銘의 標題는 "大隋故大都督索府君墓誌銘"인 것으로 보아 隋初 大都督으로 임명되었거나 追贈되었을 것으로 추정된다. 그런데 左司衛府軍曹는 北周의 벼슬이 아니라 隋의 官名이었다. 따라서 索昉은 北周에서 벼슬하지 못했음을 알 수 있다.

180 索雄은 北齊에서 奉朝請(起家), 平州外兵參軍事 行平州北平縣令, 翊軍將軍 范陽王開府主簿 등을 역임하였다. 이후 관직 역임 기록이 없고 開皇 8년(588) 十二月 廿九日 齊州 武康縣 芳德里의 집에서 사망하였다(「索雄墓誌」, 『墨香閣藏北朝墓誌』, 210쪽). 그런데 墓誌銘 標題를 "大隋故翊軍將軍開府主簿索府君墓誌銘"이라고 표기하였고, '翊軍將軍 范陽王開府主簿'는 北齊에서 역임한 벼슬이었다. 이를 隋朝에서 벼슬한 것이라고 기록한 것은 사망한 연대를 의식한 것으로 해석되며, 北周時代에 벼슬하지 않았음을 알 수 있다.

181 楊陁羅는 北齊에서 開府參軍事, 安西將軍 瀛州別駕, 司空從事內郎 驃騎大將軍을 역임하였다. 그리고 開皇 3년(583) 三月 廿五日 定州에서 죽었다(「楊陁羅墓誌」, 『墨香閣藏北朝墓誌』, 212쪽; 「楊陁羅墓誌」, 『新見隋唐墓誌集釋』(王連龍 著, 瀋陽: 遼海出版社, 2013), 5쪽). 墓誌銘 標題에 "齊故司空內郎驃騎大將軍楊君之墓誌"라는 표현으로 보아 北齊 시대 벼슬하지 못했음을 알 수 있다.

182 唐代 墓誌銘을 검토하면 北齊에서 벼슬하고 北周가 아닌 隋에서 벼슬한 사람들의 예가 많다. 이들도 北周時代에 벼슬하지 못했을 가능성이 높다. 그러나 隋代의 관직이 죽을 때의 관직일 가능성이 높아서 北周時代 벼슬하지 않았다고 단정하기 어렵다. 따라서 본문에서 이러한 인물들은 열거하지 않았다.

183 崔珍烈, 「北周의 舊北齊(山東) 支配와 그 한계」, 130-132쪽.

컨대 大象元年 正月 甲辰日(579. 2. 23) 東巡을 시작하여 戊午日(579. 3. 9) 洛陽으로 行幸하여 魯王 衍을 皇太子로 삼았다.[184] 二月 乙亥日 (579. 3. 26) 鄴을 방문하였고,[185] 三月 庚申日(579. 5. 10) 長安으로 돌아 왔다.[186] 宣帝는 洛陽 체류 중인 二月 癸亥日(579. 3. 14) 詔書에서 洛陽 의 건설을 천명하였고,[187] 山東 諸州兵 4만 인을 45일 동안 동원하여 洛陽宮을 건설하였다.[188] 또 相州 六府를 洛陽으로 옮겨 東京六府로 칭하였다.[189] 이어서 辛卯日(579. 4. 11) 鄴城의 石經[190]을 洛陽으로 옮 겼고 洛陽 舊民과 원하는 사람의 洛陽 거주를 허가하였다. 뿐만 아니 라 河陽 · 幽州 · 相州 · 豫州 · 亳州 · 青州 · 徐州 등 7總管은 東京六府 의 處分을 받도록 하여 東京六府의 권한을 강화하였다.[191] 여기에 언

---

184 『周書』 卷7 「宣帝紀」 大象元年春正月條, 117쪽, "甲辰, 東巡狩. …… 戊午, 行幸洛 陽. 立魯王衍爲皇太子."

185 『周書』 卷7 「宣帝紀」 大象元年二月乙亥條, 118쪽, "乙亥, 行幸鄴."

186 『周書』 卷7 「宣帝紀」 大象元年三月庚申條, 119쪽, "庚申, 至自東巡, 大陳軍伍, 帝親 擐甲冑, 入自青門. 皇帝衍備法駕從入. 百官迎於青門外. 其時驟雨, 儀衛失容."

187 『周書』 卷7 「宣帝紀」 大象元年二月癸亥詔條, 118쪽, "我太祖受命酆鎬, 胥宇崤函, 蕩定四方, 有懷光宅. 高祖神功聖略, 混一區宇, 往巡東夏, 省方觀俗, 布政此宮, 遂 移氣序. 朕以眇身, 祇承寶祚, 庶幾聿修之志, 敢忘燕翼之心. 一昨駐蹕金墉, 備嘗遊 覽, 百王制度, 基趾尙存, 今若因修, 爲功易立. 宜命邦事, 修復舊都. 奢儉取文質之 間, 功役依子來之義. 北瞻河內, 咫尺非遙, 前詔經營, 今宜停罷."

188 宣帝 시기 洛陽에 東京을 세울 때 樊叔略이 營構監이 되어 宮室制度를 정하였다 (『隋書』 卷73 「循吏 · 樊叔略傳」, 1677쪽, "拜汴州刺史, 號爲明決. 宣帝時, 於洛陽營 建東京, 以叔略有巧思, 拜營構監, 宮室制度, 皆叔略所定.").

189 『周書』 卷7 「宣帝紀」 大象元年二月癸亥條, 118쪽, "於是發山東諸州兵, 增一月功爲 四十五日役, 起洛陽宮. 常役四萬人, 以迄于晏駕. 并移相州六府於洛陽, 稱東京六 府.";『隋書』 卷24 「食貨志」, 680쪽, "宣帝時, 發山東諸州, 增一月功爲四十五日役, 以起洛陽宮. 並移相州六府於洛陽, 稱東京六府."

190 이 石經은 魏 孝靜帝 武定 4년 八月 洛陽에서 鄴으로 옮긴 漢魏 石經으로 추정된 다(『魏書』 卷12 「孝靜紀」 武定四年八月條, 308쪽, "八月, 移洛陽漢魏石經于鄴.").

191 『周書』 卷7 「宣帝紀」 大象元年二月辛卯條, 119쪽, "辛卯, 詔徙鄴城石經於洛陽. 又

급된 總管府의 지명을 살펴보면, 幷州와 幽州 등 일부의 總管府를 제외하면 舊北齊 지역의 대부분을 통할하였다. 외형적으로 長安의 중앙 정부인 六府가 關中·巴蜀·江漢·북변을, 洛陽의 東京六府가 舊北齊의 대부분을 관할하여 동쪽과 서쪽의 2개의 정부가 통치하는 구조처럼 보인다. 宣帝는 大象初 盧愷를 東京吏部下大夫,[192] 趙芬을 東京小宗伯[193]과 東京左僕射,[194] 長孫平을 東京小司寇,[195] 楊尚希를 東京司憲中大夫[196]에 각각 임명하였다. 또 靜帝 시기에 권력을 장악한 楊堅은 楊勇을 東京小冢宰[197]에 임명하였다. 후자에 대해『資治通鑑』에서 隨世子 楊勇을 洛州總管 東京小冢宰로 임명하여 舊齊之地를 總統하도록 하였다고 기록하였다.[198] 이는 北周에서 隋로 넘어가는 과도기였고 楊勇이 찬탈예정자 楊堅(隋文帝)의 世子였기에 내려진 특별한 조치이긴 하지만, 東京六府가 舊北齊 통치의 주요 기구였음을 보여준다. 이처럼 洛陽에 東京六府를 옮기고 洛陽宮을 건설한 것은 黃河 중하류의 경제력과 舊北齊 통치의 강화 등을 고려한 것으로 추정된다. 이와 함

詔曰: '洛陽舊都, 今旣修復, 凡是元遷之戶, 並聽還洛州. 此外諸民欲往者, 亦任其意. 河陽·幽·相·豫·亳·靑·徐七總管, 受東京六府處分.'"

192 『周書』卷32「盧柔傳附愷傳」, 563쪽, "大象初, 拜東京吏部下大夫."

193 『隋書』卷46「趙芬傳」, 1251쪽, "復出爲淅州刺史, 轉東京小宗伯, 鎭洛陽."

194 위와 같음, "由是深見親委, 遷東京左僕射, 進爵郡公. 開皇初, 罷東京官, 拜尙書左僕射, 與郢國公王誼修律令."

195 『隋書』卷46「長孫平傳」, 1251쪽, "宣帝卽位, 置東京官屬, 以平爲小司寇, 與小宗伯趙芬分掌六府."

196 『隋書』卷46「楊尙希傳」, 1252쪽, "仕明·武世, 歷太學博士·太子宮尹·計部中大夫, 賜爵高都縣侯, 東京司憲中大夫."

197 『隋書』卷1「高祖紀」上 大象二年九月條, 4쪽, "九月, 以世子勇爲洛州總管·東京小冢宰."

198 『資治通鑑』卷174「陳紀」8 宣帝太建十二年九月庚戌條, 5429쪽, "庚戌, 以隨世子勇爲洛州總管·東京小冢宰, 總統舊齊之地."

께 宣帝 시기 陳 공격 기사가 빈출하는 것을 보면[199] 洛陽을 南進 정책의 거점으로 활용하려는 의도가 있었을 것이다.[200]

宣帝가 洛陽을 중시했던 또 다른 이유는 山東, 즉 舊北齊의 경제력 때문이었을 것이다. 『隋書』「食貨志」에는 이를 시사하는 기사가 있다.

> "諸州의 調物은 매해 黃河 이남은 潼關, 黃河 이북은 蒲坂에서 京師에 도달하니 서로 길에서 서로 이어졌으며 밤낮으로 수개월 동안 끊이지 않았다."[201]

이 기사는 開皇 3년(583)과 9년(589) 사이의 기사에 배치되었다. 이는 隋初의 상황이지만, 北周가 北齊를 평정한 이후 舊北齊 지역의 調物을 黃河 이남은 潼關, 黃河 이북은 蒲坂을 통해 長安으로 운송했다고 추정할 수 있다. 潼關은 洛陽과 長安 사이에 있던 지역이었다. 따라서 洛陽은 黃河 이남의 諸州에서 長安으로 운송되는 물자가 통과하는 지역이었다. 開皇 3년(583) 隋 朝廷은 京師, 즉 長安의 창고가 비어 있고 홍수와 가뭄에 대비한다는 명목으로 蒲·陝·虢·熊·伊·

---

199 宣帝는 宣政元年(578) 十二月 己丑日 滕王 宇文逌를 行軍元帥로 삼아 陳을 공격하도록 하였다(『周書』卷7「宣帝紀」宣政元年十二月己丑條, 117쪽, "己丑, 以上柱國·河陽總管滕王逌爲行軍元帥, 率衆伐陳. 免京師見徒, 並令從軍."). 다음 해인 大象元年(579) 九月 乙卯日 韋孝寬을 行軍元帥로 삼아 宇文亮·梁士彦과 함께 陳을 정벌하도록 하였다(『周書』卷7「宣帝紀」大象元年九月乙卯條, 121쪽, "上柱國·鄖國公韋孝寬爲行軍元帥, 率行軍總管杞國公亮·邴國公梁士彦以伐陳. 遣御正杜杲·禮部薛舒使於陳."). 韋孝寬과 宇文亮, 梁士彦은 十一月 각각 壽陽, 黃城, 廣陵을 점령하였다. 이로써 淮南·江北을 모두 점령하였다(『周書』卷7「宣帝紀」大象元年十一月條, 121쪽, "是月, 韋孝寬拔壽陽, 杞國公亮拔黃城, 梁士彦拔廣陵. 陳人退走, 於是江北盡平.").
200 崔珍烈,「北周의 舊北齊(山東) 支配와 그 한계」, 133-134쪽.
201 『隋書』卷24「食貨志」, 681-682쪽, "諸州調物, 每歲河南自潼關, 河北自蒲坂, 達于京師, 相屬於路, 晝夜不絕者數月."

洛·鄭·懷·邵·衛·汴·許·汝 黄河 연변의 13州에 米를 운반할 運米丁을 모집하였고 衛州에 黎陽倉, 洛州에 河陽倉, 陝州에 常平倉, 華州에 廣通倉을 각각 설치하였다. 이를 통해 山東과 汾·晉의 粟을 京師로 운반하였다. 그리고 洛陽에서 陝州의 常平倉으로 40石을 운반할 사람을 모집하였다.[202] 다음 해인 開皇 4년(584)에 수도 大興城에서 潼關에 이르는 300여 리에 廣通渠를 개착하였다.[203] 이처럼 開皇 3-4년(583-584)에 山東에서 關中으로 곡물을 운반하기 위해 運米丁을 모집하고 중간 거점에 창고를 세운 것은 隋初 關中에서 생산되는 식량만으로 자급자족하기 어려웠기 때문이다. 또 지리적인 분포를 보면 洛州와 陝州, 華州는 長安(大興城)으로 가는 길목에 있었다. 따라서 洛州, 즉 洛陽에 河陽倉을 설치한 것은 山東 諸州의 식량을 일단 洛陽에 저장한 다음 陝州의 常平倉과 華州의 廣通倉으로 운반하여 최종적으로 大興城으로 운반하는 漕運 체계를 만든 것이다. 이는 關中의 농업생산만으로는 長安(大興城)에 있는 朝廷의 수요를 감당하기 어려웠음을 시사한다. 開皇 3-4년(583-584)은 北周가 망한 지 3-4년밖에 지나지 않은 때였다. 따라서 北周의 경제적 핵심지역인 關中의 농업생산량 부진과 山東 지역 곡물 운송 수요는 華北統一 이후 北周 武帝末과 宣帝 시기에도 존재했을 것이다.[204]

---

202 『隋書』卷24「食貨志」, 683쪽, "開皇三年, 朝廷以京師倉廩尙虛, 議爲水旱之備, 於是詔於蒲·陝·虢·熊·伊·洛·鄭·懷·邵·衛·汴·許·汝等水次十三州, 置募運米丁. 又於衛州置黎陽倉, 洛州置河陽倉, 陝州置常平倉, 華州置廣通倉, 轉相灌注. 漕關東及汾·晉之粟, 以給京師. 又遣倉部侍郎韋瓚, 向蒲·陝以東, 募人能於洛陽運米四十石, 經砥柱之險, 達于常平者, 免其征戍. 其後以渭水多沙, 流有深淺, 漕者苦之."
203 『隋書』卷24「食貨志」, 684쪽, "於是命宇文愷率水工鑿渠, 引渭水, 自大興城東至潼關, 三百餘里, 名曰廣通渠. 轉運通利, 關內賴之. 諸州水旱凶饑之處, 亦便開倉賑給."
204 崔珍烈,「北周의 舊北齊(山東) 支配와 그 한계」, 134-136쪽.

그런데 『顏氏家訓』 風操第六에는 北周 朝廷의 재정 지출을 시사하는 기록이 있다.

"근래 나는 조정에서 다른 관리들과 함께 백관의 秩祿問題를 상의할 때, 當代의 名臣인 한 顯貴가 우리가 논의하는 秩祿이 지나치게 많다고 비판하였다. 北齊의 士族文學之人이 이 顯貴에게 '지금 천하는 통일되었으므로(天下大同) 마땅히 百世 후에도 유용한 규례를 만들어야 합니다. 어찌 우리나라가 옛날 관중에 국한되어 있을 때의 생각을 하십니까? 公이 이처럼 인색하시니 陶朱公 范蠡의 큰아들이 틀림없습니다'라고 말하였다."[205]

위의 인용문은 隋가 陳을 멸한 후에 관리들의 秩祿을 늘리는 제도를 제정하려고 하는 논의를 당시의 실력자가 못마땅하게 여긴 일화이다. 이 일화에서 隋가 통일 이후 百官의 俸祿을 증액시켰음을 확인할수 있다. 즉 통일 이전 隋의 봉록은 적었다. 이는 隋 이전 왕조인 北周도 마찬가지였을 것이다. 따라서 北周 시대에 俸祿의 부담이 隋 통일 이전보다 적은 상황에서 정부의 재정지출도 적었을 것이다. 그러나 山東 지역의 調物, 특히 곡물을 들여와야 朝廷의 재정지출을 감당할 수준이었다면, 關中의 농업생산량이 山東(關東)의 그것을 넘을 수준은 아니었고, 중앙정부의 재정수요를 자급자족하기에 턱없이 부족했음을 시사한다.

위에서 살펴본 것처럼 宣帝는 舊北齊 지역에서 곡물을 운송해야 長

---

205 『顏氏家訓』(顏之推 著, 王利器 撰, 『顏氏家訓集解』, 北京: 中華書局, 1993) 卷2 風操第六, "近在議曹, 共平章百官秩祿, 有一顯貴, 當世名臣, 意嫌所議過厚. 齊朝有一兩士族文學之人, 謂此貴曰, '今日天下大同, 須爲百代典式, 豈得尙作關中舊意? 明公定是陶朱公大兒耳!' 彼此歡笑, 不以爲嫌."

安 朝廷의 재정수요를 감당할 수 있다는 점을 파악하였을 것이다. 따라서 洛陽으로 遷都할 계획을 가졌거나, 隋 煬帝 이후나 唐代처럼 洛陽을 제2수도로 설정하여 山東의 물자를 집적하는 중간기지로 활용할 계획을 가졌을 것이다. 따라서 宣帝가 洛陽에 洛陽宮을 만들고 東京六府를 두어 幷州 등지를 제외한 舊北齊 지역을 통제하는 정치도시로 만든 배경에는 舊北齊 지역, 즉 山東의 경제력에 의존해야 하는 당시 상황을 반영한 것이다.

2 尉遲逈의 擧兵과 楊堅의 山東 弱化策

北周의 舊北齊 지역 통치의 분수령이 되었던 것은 大象 2년(580) 相州總管 尉遲逈의 擧兵이다.[206] 尉遲逈은 宣帝의 조서를 위조하여 권력을 잡은 楊堅이 韋孝寬을 相州總管으로 임명하여 尉遲逈을 제거하려고 하자 조카 靑州總管 尉遲勤과 함께 반란을 일으켰다. 이때 相州總管의 관할구역인 相州·衛州·黎州·毛州·洺州·貝州·趙州·冀州·瀛州·滄州, 靑州總管의 관할구역인 靑州·膠州·光州·莒州뿐만 아니라 滎州刺史 宇文胄, 申州刺史 李惠, 東楚州刺史 曹孝達이 尉遲逈에 호응하였다. 尉遲逈은 高寶寧과 연계하여 突厥과 통하였고 陳과 제휴하여 陳에 江淮之地의 할양을 약속하였다.[207] 그러나 尉遲

---

206 『周書』卷8「靜帝紀」大象二年六月甲子條, 132쪽, "甲子, 相州總管尉遲逈擧兵不受代. 詔發關中兵, 卽以孝寬爲行軍元帥, 率軍討之."

207 『周書』卷21「尉遲逈傳」, 351쪽, "宣帝卽位, 以逈爲大前疑, 出爲相州總管. 宣帝崩, 隋文帝輔政, 以逈望位夙重, 懼爲異圖, 乃令迥子魏安公惇□詔書以會葬征逈. 尋以郧公韋孝寬代逈爲總管. 逈以隋文帝當權, 將圖篡奪, 遂謀擧兵, 留惇而不受代. 隋文帝又使候正破六汗裒詣逈喩旨, 密與總管府長史晉昶等書, 令爲之備. 逈聞之, 殺長史及裒. 乃集文武士庶, 登城北樓而令之曰: '楊堅以凡庸之才, 藉後父之勢, 挾幼"

逈은 기병한 지 68일 만에 패하였다.[208] 『周書』「尉遲逈傳」에 따르면, 尉遲逈은 相州總管의 막료로 崔達拏를 제외하고 모두 齊人, 즉 舊北齊(山東) 人士를 등용하였다.[209] 이 기록과는 달리 尉遲逈의 거병에 참가한 舊北齊 人士도 있었지만, 辛德源[210]과 陸彦師[211]처럼 협력을 거부하거나 尉遲逈의 거병 때 席毗의 兗州·徐州 침입에 대항한 劉弘[212]처럼 적극적으로 반대한 人士도 있었다.[213]

尉遲逈의 거병[214]이 일어난 원인을 逆臣 楊堅을 격파시켜 周 皇室을

主而令天下, 威福自己, 賞罰無章, 不臣之跡, 暴於行路, 吾居將相, 與國舅甥, 同休
共戚, 義由一體. 先帝處吾於此, 本欲寄以安危. 今欲與卿等糾合義勇, 匡國庇人, 進
可以享榮名, 退可以終臣節. 卿等以爲何如?" 於是衆咸從命, 莫不感激. 乃自稱大總
管, 承製置官司. 於時趙王招已入朝, 留少子在國, 逈又奉以號令. 逈弟子勤, 時
爲青州總管, 亦從逈. 逈所管相·衛·黎·毛·洺·貝·趙·冀·瀛·滄, 勤所統青·
膠·光·莒諸州, 皆從之. 衆數十萬. 滎州刺史邵公宇文胄·申州刺史李惠·東楚州刺
史費也利進·東潼州刺史曹孝達, 各據州以應逈. 逈又北結高寶寧以通突厥; 南連陳
人, 許割江·淮之地."

208 『周書』卷21「尉遲逈傳」, 352쪽, "逈自起兵至敗, 六十八日."

209 위와 같음, "以開府·小御正崔達拏爲長史, 余委任亦多用齊人. 達拏文士, 無籌略,
舉措多失綱紀, 不能有所匡救."

210 『隋書』卷58「辛德源傳」, 1422쪽, "因取急詣相州, 會尉遲逈作亂, 以爲中郎. 德源辭不
獲免, 遂亡去."

211 『隋書』卷72「孝義·陸彦師傳」, 1662쪽, "俄而高祖爲丞相, 彦師遇疾, 請假還鄴. 尉
逈將爲亂, 彦師微知之, 遂委妻子, 潛歸長安. 高祖嘉之, 授內史下大夫, 拜上儀同."

212 『隋書』卷71「誠節·劉弘傳」, 1640쪽, "尉逈之亂也, 遣其將席毗掠徐·兗. 弘勒兵拒
之, 以功授儀同·永昌太守·齊州長史."

213 崔珍烈, 「北周의 舊北齊(山東) 支配와 그 한계」, 136-137쪽.

214 尉遲逈의 반란은 湯承業, 「論隋文帝勘平三方之亂與剪除六王之謨」, 『幼獅學志』(臺
北) 1968-4, 1968; 李啓命, 「北周末尉遲逈 등의 反亂~周隋革命의 端緒로써」, 『龍
鳳論叢(全南大)』 10, 1980; 胡如雷, 「周隋之際의 "三方之亂" 及其平定」, 『河北學刊』
1989-6, 1989(胡如雷, 『隋唐政治史論集』, 石家莊: 河北敎育出版社, 1997); [英] 崔
瑞德 編, 中國社會科學院歷史硏究所西方漢學硏究課題組 譯, 『劍橋中國隋唐史』, 北
京: 中國社會科學出版社, 1990, 60-62쪽, [英] 杜德橋·王立群 譯, 「尉遲逈在安陽:
一個8世紀的宗敎儀式及其神話傳說」, 樂黛雲 等 編選, 『歐洲中國古典文學硏究名家

지키려 한 행위로 보기도 하고[215] 尉遲逈과 楊堅의 권력투쟁으로 해석하기도 한다.[216] 尉遲逈의 반란 혹은 기병은 楊堅에게 큰 위협이 되었다. 첫째, 尉遲逈 본인은 北周 皇室의 親屬이었고 그는 北周 皇室에 영향력을 미칠 수 있었다. 둘째, 거병의 지역적 기반인 相州와 주변 州縣은 舊北齊의 수도 鄴과 그 주변 지역이었다. 따라서 이 거병은 關中의 北周와 舊北齊의 關東이라는 동서 대결 구도로 발전할 수 있었다. 따라서 이 거병의 사회적 영향과 파급력은 楊堅의 찬탈에도 영향을 줄 수 있었다.[217]

尉遲逈의 거병에 대해 楊堅은 신속하게 대응하여 關中의 精兵을 동원하고 韋孝寬을 行軍元帥로 삼아 관할하는 군대를 이끌고 相州로 가서 진압하도록 하였다. 尉遲逈의 반란은 68일 만에 끝났다. 楊堅이 동원한 군대는 關中의 정예였던 반면, 尉遲逈의 군대는 相州 등 河北에서 징집한 군인들과 일부 關中兵으로 구성되었다. 尉遲逈이 가장 신뢰한 군대는 關中兵이었지만, 尉遲逈이 거느린 關中 정예는 많지 않았기 때문에 關中의 정예부대를 지휘한 韋孝寬과의 싸움에서 패하였다. 尉遲逈과 韋孝寬의 군대가 싸울 때 鄴城 주변의 士民 수만 인

十年文選』, 南京: 江蘇人民出版社, 1998; 山下將司, 「唐‧開元二十六年『北周‧尉遲逈廟碑』について」, 『早稻田大學敎育學部 學術硏究(地理學‧歷史學‧社會科學編)』 50, 2001 등 참조.

215 崔瑞德 編, 『劍橋中國隋唐史』, 60-62쪽; [英] 杜德橋, 王立群 譯, 「尉遲逈在安陽: 一個8世紀的宗敎儀式及其神話傳說」, 樂黛雲 等 編選, 『歐洲中國古典文學硏究名家十年文選』, 南京: 江蘇人民出版社, 1998; 李鴻賓, 「尉遲逈事變及其結局−新舊時代轉變的表徵」, 『西北民族大學學報(哲學社會科學版)』 2004-2, 2004, 10쪽.

216 『讀通鑑論』(王夫之, 北京: 中華書局, 1975) 卷18 宣帝十; 胡如雷, 「周隋之際的"三方之亂"及其平定」, 『河北學刊』 1989-6, 1989(胡如雷, 『隋唐政治史論集』, 石家莊: 河北敎育出版社, 1997).

217 李鴻賓, 「尉遲逈事變及其結局−新舊時代轉變的表徵−」, 11쪽.

은 관망하며 전쟁을 구경하였다. 河北 相州와 남부 기타 州縣은 비록 相州總管 尉遲迥의 지휘 아래에 있었지만, 해당 지역의 지방관들은 尉遲迥의 명령을 위해 목숨을 바치거나 저항하지 않았다. 결국 尉遲迥이 패하여 자살 후에 楊堅에게 투항하였다. 山東 士民이 尉遲迥을 지지하지 않은 것뿐만 아니라 楊堅에 대항한 司馬消難·王謙과의 연합작전이 성공하지 못한 것도 패인이었다. 또 楊堅과 대항하기 위해 高寶寧·突厥·陳의 도움을 청하였지만, 세 세력은 관망할 뿐 尉遲迥을 돕지 않았다.[218] 게다가 相州總管府와 가까운 幷州總管 李穆과 幽州總管 于翼, 洛陽의 京洛營作大監 竇熾 3인은 원로중신이었지만 尉遲迥의 거병에 호응하는 대신 楊堅 편에 섰다.[219]

韋孝寬이 大象 2년 八月 庚午日(580. 9. 11) 尉遲迥의 거병을 평정하자 北周는 相州의 治所를 鄴城에서 安陽으로 옮기고 鄴城과 城居를 모두 훼손하였다. 그리고 相州 陽平郡에 毛州, 昌黎郡에 魏州를 각각 설치하였다.[220] 이는 거병을 일으킨 거점인 相州의 힘을 약화시키는 조치였다. 楊堅은 같은 달 庚辰日(580. 9. 21) 相州·青州·荊州·金州·晉州·梁州 6州總管을 없앴다.[221] 6 總管府 가운데 相州·青州·晉州 세 개의 總管府는 舊北齊의 영토에 있었다. 總管이 管內의 군사를 지휘할 권한을 가졌음을 고려하면 이는 舊北齊에서 반란이 일어나

---

218 위의 글, 11-12쪽.

219 呂春盛,「周隋革命與統治階層的變動」,『關隴集團的權力結構演變: 西魏北周政治史研究』, 臺北縣板橋: 稻鄉出版社, 2010(再版), 292쪽.

220 『周書』卷8「靜帝紀」大象二年八月庚午條, 133쪽, "庚午, 韋孝寬破尉遲迥於鄴城, 迥自殺, 相州平. 移相州於安陽, 其鄴城及邑居皆毀廢之. 分相州陽平郡置毛州, 昌黎郡置魏州."

221 『周書』卷8「靜帝紀」大象二年八月庚辰條, 134쪽, "廢相·青·荊·金·晉·梁六州總管."

는 것을 원천적으로 차단하기 위해 군사력을 약화시킨 조치였다. 九月 丙戌日(580. 9. 27) 河陽總管을 없애고 鎭으로 격하하여 洛州에 예속시켜 長安과 가까운 洛陽의 권력을 강화하였다.[222] 楊堅은 권력이 강화된 洛陽에 아들 楊勇을 洛州總管 東京小冢宰에 임명하여 舊齊之地를 總統하도록 하였다.[223] 楊堅은 尉遲迥의 거병을 빌미로 舊北齊 諸州의 군사력을 약화시키고, 특히 北齊의 수도 鄴이 위치한 相州의 세력을 무력화시켰으며 권력을 집중한 東京六府와 洛州總管에 자기의 맏아들을 임명하여 舊北齊 지역을 통치하도록 하였다. 요컨대 尉遲迥의 거병 이후 楊堅은 舊北齊의 정치적 중심지였던 鄴을 파괴하고 總管府를 없애 토착인을 비롯한 지방관이 반란을 일으킬 수단이 될 수 있는 군대수를 줄였다. 따라서 舊北齊 지역이 關中 朝廷의 무력에 굴복할 수밖에 없는 상황으로 바뀌었다.[224]

4. 舊北齊 地方統治의 한계

北周의 舊北齊(山東) 통치를 평가하는 데 몇 가지 장애가 있다. 먼저 北周 武帝가 建德 6년(577) 北齊를 멸망시킨 지 1년 후에 죽고 宣

---

222 『周書』 卷8 「靜帝紀」 大象二年九月丙戌條, 134쪽, "丙戌, 廢河陽總管爲鎭, 隷洛州."
223 『資治通鑑』 卷174 「陳紀」 8 宣帝太建十二年九月庚戌條, 5429쪽.
224 尉遲迥의 거사에 참여한 山東士人들은 隋代 장기간 禁錮되었고 隋初 吏部尙書 盧愷는 尉遲迥의 黨인 山東士人 房恭懿를 추천했다가 탄핵되어 除名되고 일반 백성으로 전락하였다(唐長孺, 『魏晉南北朝隋唐史三論』, 武昌: 武漢大學出版社, 1992, 374쪽: 呂春盛, 「周隋革命與統治階層的變動」, 345쪽). 이는 隋文帝가 자신에 대항한 山東 출신들을 官界에 발붙이지 못하도록 보복하였음을 보여주며, 舊北齊(山東) 사람들에게 隋에 대항하면 처벌을 받음을 각인시켜 강제적으로 복종시키는 효과가 있었을 것이다.

帝도 1년 후인 大成元年(579) 죽었다. 그해 즉위한 어린 靜帝 대신 外戚 楊堅이 권력을 장악하고 581년 隋를 세웠다. 北周가 北齊를 멸망시킨 후 4년 후에 망했기 때문에 北周의 舊北齊 통치 결과를 평가하기에 그 기간이 너무 짧다. 다음으로 北齊 멸망 이후 전란이 있었다. 營州 일대에서 高保寧이 부흥운동을 주도하였고, 北周가 北齊를 공격하는 사이 陳은 淮水 이북까지 진격하였다. 北周는 북쪽의 高保寧과 남쪽의 陳의 공격을 막아야 했다. 또 楊堅에 반대하여 尉遲迥이 大象 2년(580) 일으킨 거병으로 河北 일대가 전란에 휩싸였기 때문에 北齊의 舊北齊 통치가 성공적으로 진행되었어도 尉遲迥의 반란 때문에 물거품이 되었을 가능성이 있다. 마지막으로 北周를 일방적으로 미화한 『周書』의 기록을 그대로 믿을 수 있을지 여부이다.

필자는 영성한 자료를 바탕으로 北周의 舊北齊 지역이 성공적이지는 않았다고 판단한다. 먼저 현행 正史에서는 西魏 혹은 화북통일 이전 北周의 戶口數를 알 수 있는 기록이 없다. 『周書』가 宇文泰 · 武帝의 개혁으로 부국강병에 성공하여 北齊를 멸망시켰다고 기록하였지만, 객관적인 지표인 戶口數는 『周書』 혹은 『隋書』 「食貨志」에도 기록되지 않았다. 참고할 수 있는 戶口 기록은 577년 北齊가 멸망할 때 北周 지역의 戶口數이다. 당시 戶口는 330만 2,528戶, 2,000만 6,886口였다.[225] 그런데 불과 2-3년 후인 靜帝 大象년간(579-580) 舊北齊 지역을 포함한 北周 전체의 戶口數는 359만 戶와 900만 9,604口이었다.[226] 戶數를 단순하게 비교하면 舊北齊 戶數보다 불과 28만 7,472戶가 많다. 口數는 오히려 1,099만 7,282口가 줄었다.[227] 기계적으로 계산하

---

225 『周書』 卷6 「武帝紀」 下 建德六年條, 101쪽.
226 『通典 · 食貨典』 卷7 「食貨 · 歷代盛衰戶口條」, 146-147쪽, "按大象中, 有戶三百五十九萬, 口九百萬九千六百四."

면, 이 戶口가 北齊 정복 이전 北周의 戶口이다. 이것이 사실이라면, 北周의 戶口는 北齊보다 지나치게 적다. 사실이 아니라고 하더라도 大象년간 北周 戶口數는 정상적인 통계수치가 아니다.

필자는 『隋書』 「地理志」에 기록된 郡縣 호구 통계를 바탕으로 華北 統一 이전 舊北周와 舊北齊 지역의 戶口를 추산해보았다.

⟨표 16⟩ 隋 煬帝 大業 5년(609) 기준 北周와 北齊 영역 호구 비교[228]

北周		北齊	
지역	戶數(戶)	지역	戶數(戶)
雍州 전체	1,017,925	兗州 전체	785,121
梁州 전체	611,577	冀州(河東郡, 絳郡 제외)	2,443,427
豫州(上洛郡, 弘農郡, 淅陽郡, 南陽郡, 淯陽郡, 淮安郡)	217,492	靑州 전체	462,439

---

227 참고로 劉宋 大明 8년(464) 巴蜀에 해당하는 梁州의 戶口는 1만 5,516戶, 6만 6,625口(『宋書』 卷38 「州郡志」3 梁州刺史條, 1145-1154쪽), 益州의 戶數는 5만 4,042戶(5만 3,141戶), 24만 9,088口(24만 8,293口)(『宋書』 卷38 「州郡志」4 益州刺史條, 1169-1182쪽), 寧州는 9,907戶(1만 253戶)(『宋書』 卷38 「州郡志」4 寧州刺史條, 1182쪽)이다(梁方仲 編著, 『中國歷代戶口·田地·傳附統計』, 上海: 上海人民出版社, 1980, 47쪽, 甲表16. 劉宋各州戶口數·平均戶口數及各州戶口數的比重). 益州와 寧州의 戶口數가 두 개인 것은 益州刺史條와 瀛州刺史條에 기록된 戶口數와 각 州에 속한 郡 戶口數의 합계가 다르기 때문이다. 梁州의 경우 梁州刺史條에 梁州 전체의 戶口數가 기록되지 않았다. 통계수치가 불충분하지만, 巴蜀 지역에 해당하는 梁州·益州·寧州 3州의 戶口를 합하면 戶數는 7만 9,465戶 혹은 7만 8,910戶, 口數는 최소 31만 5,714口 혹은 31만 4,918口이다. 100년의 차이가 있지만 北周 치하 巴蜀의 戶口와 같다고 가정하면 關隴·河西回廊 戶口는 20여만 戶에 불과하다. 이는 東魏 시대 河北의 定州·冀州의 戶口數 합계보다 적다.

228 梁方仲 編著, 『中國歷代戶口·田地·傳附統計』, 73-77쪽, 甲表22. 隋各州郡戶數及每縣平均戶數(大業 5년, 公元 609年). 北周와 北齊의 영토비교는 譚其驤 主編, 『中國歷史地圖集』第四卷 東晉十六國·南北朝時期, 65-68쪽 및 同氏, 『中國歷史地圖集』第五卷 隋·唐·五代十國時期, 北京: 地圖出版社, 1982, 5-27쪽.

北周		北齊	
冀州(河東郡, 絳郡)	228,954	徐州	397,602
荊州(淸江郡, 襄陽郡, 春陵郡, 漢東郡, 安陸郡, 沔陽郡, 竟陵郡, 夷陵郡)	360,594	揚州(江都郡, 鍾離郡, 淮南郡, 弋陽郡, 蘄春郡, 廬江郡, 東安郡, 歷陽郡)	332,592
		荊州(義陽郡, 永安郡)	74,328
합계	2,436,542	합계	4,495,509

〈표 16〉에서 舊北齊와 舊北周의 영토는 譚其驤 主編『中國歷史地圖集』의 경계를 기준으로 삼았다. 또 隋代 郡의 경계가 北周와 北齊의 영토와 반드시 일치하지 않기 때문에 약간의 오류가 있다. 北周와 北齊의 戶數 비율(243만 6,542戶 : 449만 5,509戶)을 계산하면 0.54 : 1이다. 즉 舊北周 영역은 전체 戶數의 35.1%, 舊北齊 영역은 전체의 64.9%에 해당한다. 王鋡의 통계에 따르면 隋 大業년간 北齊 舊境에는 540만 戶, 北周 舊境에는 250만 戶가 있었다.[229] 이 수치가 〈표 16〉과 다른 것은 軍人, 雜戶, 奴婢, 逃戶, 僧尼 등을 포함한 추산 수치이기 때문이다. 舊北齊 지역의 인구를 과대평가하고 舊北周 지역의 인구를 과소 추산한 단점은 있지만, 이에 따르면 舊北周와 舊北齊의 영역 戶數 비율은 0.46 : 1이었다. 지역별 인구증감률이 동일하다고 가정하고 이 비율을 北周가 北齊를 정복한 후 北齊의 戶口인 330만 2,528戶, 2,000만 6,886口에 0.46을 곱하면 舊北周 영역의 호구는 151만 9,163戶, 920만 3,167口로 추산된다. 北周의 北齊 정복 시점에서 양자, 즉 舊北周 영역과 舊北齊 영역의 戶口를 합하면 482만 1,691戶, 2,921만 53口로 추산된다. 이 추산 통계 수치는 2-3년 이후인 靜帝 大象년간

---

229 王鋡, 『王鋡隋唐史論稿』, 北京: 中國社會科學出版社, 1981, 85쪽.

(579-580) 舊北齊 지역을 포함한 北周 전체의 戶口數 359만 戶와 900만 9,604口와 큰 차이를 보인다. 이는 北齊 정복 이후 舊北齊 통치가 실패했거나 애초에 舊北齊 정복 당시 戶口가 과장되었을 가능성을 떠올리게 한다.

이러한 戶口 통계의 오류는 隋初 曹州·齊州·滄州의 사례에서 확인할 수 있다.

(가) "高祖[隋文帝]가 禪讓을 받은 후 曹州刺史에 임명되었다. 曹土의 舊俗은 民들이 대부분 나쁘게도 戶口의 정보를 숨겼으니, 戶口의 簿帳은 늘 부실하였다. 乞伏慧는 부임한 후 按察하여 戶 數萬을 얻었다. ……(중략)…… 1년 이후 齊州刺史로 옮겼고, 隱戶 數千戶를 얻었다."[230]

(나) "蜀王 秀가 蜀에 出鎭할 때 綱紀(屬官)의 선발은 모두 올바른 사람에게 맡기려고 하였다. 이에 [令狐]熙는 益州總管長史에 임명되었다. 부임하지 않은 상황에서 滄州刺史에 임명되었다. 이때 山東은 齊의 弊를 이어받아 戶口 簿籍類는 부실하였다. 令狐熙는 백성들을 曉諭하고 스스로 歸首하도록 명령하니, 歸首者가 1萬戶에 이르렀다."[231]

(가)에서 隋가 건국한 581년 乞伏慧가 曹州刺史에 임명되었음을 밝혔고, (나)에서 蜀王 秀의 蜀 出鎭은 楊秀가 越王에서 蜀王으로 전봉

---

230 『隋書』卷55「乞伏慧傳」, 1378쪽, "高祖受禪, 拜曹州刺史. 曹土舊俗, 民多姦隱, 戶口簿帳恒不以實. 慧下車按察, 得戶數萬. …… 歲餘, 轉齊州刺史, 得隱戶數千."
231 『隋書』卷56「令狐熙傳」, 1385쪽, "會蜀王秀出鎭於蜀, 綱紀之選, 咸屬正人, 以熙爲益州總管長史. 未之官, 拜滄州刺史. 時山東承齊之弊, 戶口簿籍類不以實. 熙曉諭之, 令自歸首, 至者一萬戶. 在職數年, 風敎大洽, 稱爲良二千石."

되고 益州總管에 임명된 九月 辛未日(581. 11. 6) 기사를 지칭한다.[232]
(가)와 (나) 모두 隋가 건국한 開皇元年(581)의 사건이다.

(가)에서 언급한 曹土舊俗은 문맥상 東魏北齊 시대의 관행, 특히 戶
口 탈루와 부정직한 신고를 지칭한다. (나)의 "山東承齊之弊" 역시 東
魏北齊 시대 戶口 파악의 부실을 지칭한다. 한 선행연구에서는 曹州
와 齊州(黃河 이남), 滄州(黃河 이북)는 본래 北齊의 영토였으므로 北齊
政府는 戶口計帳의 관리가 北周와 달리 비교적 허술했음을 지적하였
다.[233] 그러나 이 두 일화 모두 隋가 건국한 581년의 일이므로, 北周
가 北齊를 멸망시킨 이후인 577년부터 581년까지 4-5년 동안 東魏北
齊의 戶口 簿帳(簿籍)의 부실과 허위 보고는 시정되지 않았음을 보여
준다. 즉 北周가 北齊를 정복한 후 지방행정 관행과 적폐가 타파되지
않았음을 알 수 있다. (가)와 (나)에서 曹州·齊州·滄州의 戶口 파악
누락은 시정되고 1만 戶와 수만, 수천 戶가 새로 戶口에 편입되었음
을 확인할 수 있다. 이 3州를 제외한 舊北齊의 다른 지역에서도 "山東
承齊之弊"가 없어지지 않았다. 『隋書』「食貨志」에는 이를 입증하는 기
사가 있다.

"이때 山東 지역은 여전히 齊俗을 이어받아 사람들이 교활하고 간사하
며 속였으니 役을 피하고 게으르고 노는 사람이 10 중 6-7이다. 四方의 疲
人은 老 혹은 小라고 나이를 속여 보고하여, 법에 따라 租賦를 면제받았
다."[234]

---

232 『隋書』卷56「高祖紀」上 開皇元年九月辛未條, 15쪽, "辛未, 以越王秀爲益州總管,
　　改封爲蜀王."
233 張文華·蘇小華,「西魏北周的財政與政治」, 207원쪽.
234 『隋書』卷24「食貨志」, 681쪽, "是時山東尚承齊俗, 機巧姦僞, 避役惰遊者十六七. 四

위의 인용문 앞뒤에 開皇 3년(583)의 조치가 기록되었기 때문에 開皇 3년의 상황임이 분명하다. 따라서 인용문 (가)와 (나)에서 살펴본 曹州·齊州·滄州의 舊北齊 시대 호구 누락 적폐 청산은 예외적인 모범 사례였음을 알 수 있다.

隋文帝는 開皇元年(581) 新令을 반포하여 5家를 保, 5保를 閭, 4閭를 族으로 편제하여 기층조직을 만들었다. 그리고 男女의 나이에 따라 3세 이하를 黃, 10세 이하를 小, 17세 이하를 中, 18세 이상을 丁, 16세를 老로 규정하였다.[235] 이는 나이에 따라 조세와 요역을 차등하여 부과하려는 조치이며, 백성을 성별과 연령별로 나누는 것은 국가권력이 人民의 정보를 정확히 파악한다는 의미가 있다. 또 이러한 작업을 수행하기 위해 완벽한 지방통치가 전제가 되어야 한다. 開皇 3년(583) 山東, 즉 舊北齊 지역을 대상으로 大索貌閱을 실시하여 새로 44만 3,000丁과 164만 1,500口의 호구를 등록하였다.[236] 이 大索貌閱의 성과에 찬반의 논란이 있지만, 舊北齊 지방통치가 점차 공고해졌던 계기가 되었음은 분명하다.

方疲人, 或詐老詐小, 規免租賦."

235 『隋書』 卷24 「食貨志」, 680쪽, "及頒新令, 制人五家爲保, 保有長. 保五爲閭, 閭四爲族, 皆有正. 畿外置里正, 比閭正, 黨長比族正, 以相檢察焉. 男女三歲已下爲黃, 十歲已下爲小, 十七已下爲中, 十八已上爲丁. 丁從課役, 六十爲老, 乃免."

236 『隋書』 卷24 「食貨志」, 681쪽, "高祖令州縣大索貌閱, 戶口不實者, 正長遠配, 而又開相糾之科. 大功已下, 兼令析籍, 各爲戶頭, 以防容隱. 於是計帳進四十四萬三千丁, 新附一百六十四萬一千五百口."

| 小結 |

西魏北周는 東魏北齊보다 군사력과 경제력이 열세였으나, 梁의 영
토인 巴蜀과 江漢 지역을 점령한 후 결국 北齊를 정복하여 華北을 통
일하였다. 西魏北周는 蘇綽 등의 개혁안을 시행하여 吏治를 정돈하여
지방관의 선정을 유도하고 백성들의 민생안정을 도모하였다. 그리고
지방관의 본적지 지방관 임명을 허가하고 關中本位政策을 취하여 土
着豪族들을 포섭하여 이들이 지닌 鄕兵을 군대에 편입시켰다. 西魏北
周는 이민족의 우두머리에게 지방관과 武將으로 등용하고 이들을 慰
撫하여 조세와 軍役을 징수하려고 하였다. 그러나 60여 회의 이민족
반란이 발생한 사실에서 알 수 있듯이 西魏北周의 이민족 통치는 성
공적이지 못하였다.

西魏北周는 본거지인 關隴 지역을 통치하기 위해 수리 시설을 확충
하고 勸農 정책을 실시하였다. 그리고 梁의 수도 江陵과 北齊를 정복
하고 각종 반란을 진압한 후 지배층을 비롯한 대규모 인구를 關中으
로 遷徙하여 인구증가를 도모하였다. 西魏北周는 宇文泰와 宇文護의

覇府가 있었던 華州(同州) 지역을 東進政策의 거점으로 삼았다. 華州(同州)에 수리시설을 확충하고 屯田을 열었으며, 광산을 개발하고 鐵冶를 설치하여 무기를 만들었다. 武帝는 北齊를 親征하기 전에 同州에서 군사훈련을 실시하는 등 北齊 공격의 전초기지로 활용하였다. 그러나 同州는 北齊 정복 이후 전략적 가치가 줄어들었으나 宣帝는 고향이라는 이유로 자주 방문하였다.

西魏北周는 河東, 巴蜀, 江漢(長江 중류), 山東(舊北齊)의 순서로 영토를 확장하였다. 이 가운데 河東은 東魏北齊와의 接境으로 군대를 주둔시키고 土着豪族의 협조를 받아 안정적으로 통치하였다. 西魏北周는 소금의 주요 생산지인 河東을 점령하여 막대한 재정수입을 확보하였다. 西魏는 梁 宗室諸王의 반목 덕분에 巴蜀과 江漢 지역을 정복하고 後梁을 附庸으로 만들었다. 巴蜀 지역은 漢人뿐만 아니라 氏 · 羌 · 蠻 · 獠 등 이민족들이 雜居하고 반란을 자주 일으켰다. 이는 南朝時代부터 지속된 현상이었다. 이 지역에서 漢人과 이민족의 반란이 자주 일어난 것으로 보아 西魏北周는 巴蜀과 江漢 지역의 통치가 쉽지 않았다. 西魏는 恭帝元年(554) 梁의 수도 江陵을 점령한 후 蕭詧을 梁主로 삼아 後梁을 附庸國으로 삼았다. 西魏北周는 江陵西城에 江陵防主를 두어 後梁을 감시함과 동시에 陳의 공격을 방어하였다.

建德 6년(577) 北齊를 정복한 北周는 官制와 지방행정구역, 法制 등을 통일시키고 지배층을 長安으로 옮기고 민심을 수습하는 등 다양한 정책을 취하였다. 그러나 舊北齊 지역에서 반란이 일어나고 北齊 시대 이후의 戶口 누락과 토착인의 저항이 일어나는 등 北周의 山東(舊北齊) 통치는 용이하지 않았다. 北周 宣帝는 洛陽에 洛陽宮과 東京六府를 두고 사실상 陪都로 운영하였다. 楊堅은 尉遲迥의 반란을 진압한 후 北齊의 옛 수도 相州를 분할하고 여러 總管府를 없애어 山東 지역의 세력을 약화시켰다. 이와 함께 洛陽에 권력을 집중시키고 큰아들 楊勇을 洛州總管 東京小冢宰로 삼아 舊北齊 지역의 통치를 맡겼다.

『周書』만을 읽으면, 北周의 舊北齊(山東) 지역 통치가 원활한 것처럼 보인다. 그러나 隋唐時代 墓誌를 분석하면, 北周 武帝가 北齊를 정복한 후 선언한 舊北齊 관료 혹은 지방 인재의 등용은 제대로 실현되지 않았다. 北周의 北齊 정복 당시 戶口보다 2-3년 이후 北周 전체 戶口가 적었고, 隋 건국 당시 曹州·齊州·滄州 등 舊北齊 지역의 戶口 탈루 현상이 여전하였다. 이는 北周 武帝와 宣帝가 취한 조치가 北周가 망하고 隋가 건국할 때까지 지방의 현장에서 제대로 실현되지 않았음을 보여준다.

北朝 諸國 地方統治의 비교

北朝時代 여러 왕조는 北魏와 北魏의 동서 분열로 생긴 4개 국가
(東魏, 西魏, 北齊, 北周)이다. 이런 유사성 때문에 北朝 5개 국가를 '拓
跋國家'라고 부르기도 한다. 그러나 地方統治의 양상을 살펴보면 차
이점이 존재한다. 이미 1-4部의 小結에서 각 部의 내용을 요약했기 때
문에 終章에서 연구서의 내용을 요약할 필요가 없다. 따라서 종장에
서는 北朝 여러 왕조 地方統治의 특징을 각 분야별로 비교하는 형식
으로 내용 요약을 대신한다.

1. 地方統治에 걸린 시간

먼저 地方統治를 공고하게 한 시간의 차이이다. 北魏와 西魏北周
는 처음부터 華北 전체를 지배한 것이 아니라 영토를 점진적으로 확
대했다는 공통점이 있다.

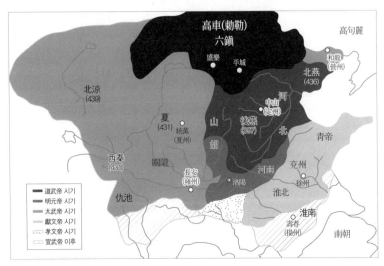

〈지도 27〉 北魏의 영토확장 지도

　〈지도 27〉에서 알 수 있듯이 北魏의 영토는 100년 이상 점진적으로
확대되었다. 비록 太武帝가 五胡諸國을 정복하고 華北을 통일했다고
하지만, 黃河 이남과 淮水 북쪽 사이의 지역은 그의 曾孫 獻文帝 시기
에 점령되었다. 宣武帝 시기에 淮水 이남으로 영토를 확장하였고, 漢
水 이남으로도 진출하였다. 따라서 영토를 점령하는 데 걸린 시간이
길었던 만큼 그 지역을 확고하게 통치하는 데 시간이 걸렸다. 北魏는
後燕의 수도 中山城과 黃河 이북 지역을 점령했지만 河北을 완벽하게
통치하는 데 30-40년이 걸렸다. 그리고 京畿 지역의 漢人·郡縣 지역
통치방식을 河北과 기타 지역에 단계적으로 적용하였다.

　반면 西魏北周도 단계적으로 영토를 확장하였다. 西魏北周의 영토
확장은 아래 〈지도 28〉에서 확인할 수 있다.

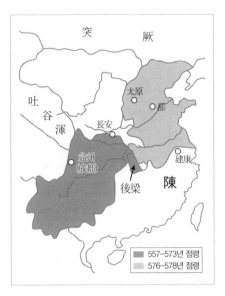

〈지도 28〉 北周의 영토확장 과정

　〈지도 28〉에서 알 수 있듯이 西魏北周의 영토확장은 두 차례에 걸쳐 행해졌다. 西魏末 侯景의 난 이후 宗室諸王이 싸우는 틈을 타서 巴蜀 지역과 長江 중류 지역의 영토를 점령하였다. 北周 武帝는 576-577년 北齊 정복에 성공하고 北齊의 영토에 침입한 陳의 군대를 격파하여 陳에게 빼앗긴 淮水 양안의 영토를 회복하였다. 이처럼 北周가 華北을 통일하는 데 30여 년밖에 걸리지 않았다. 이처럼 北魏에 비해 짧은 기간 동안 영토를 확장했기 때문에 지방통치에 걸린 시간 역시 짧았을 것이다. 그러나 12장에서 살펴본 것처럼 北周가 舊北齊 지역을 공고히 통치하기 전에 망하고 그 과업은 隋에게 넘겨졌다.

　東魏는 北魏末 高歡이 정권을 잡는 과정에서 北魏末 혼란을 수습하고 황하 중하류 지역의 통치를 굳혔다.

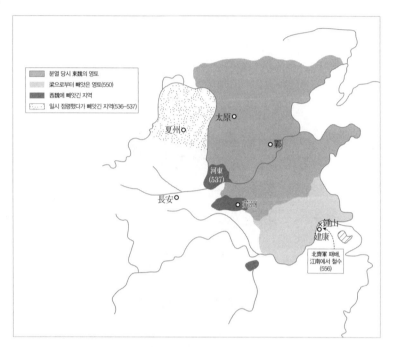

〈지도 29〉 東魏北齊의 영토확장

  〈지도 29〉에서 보듯이 東魏末·北齊初 淮南과 江北 지역을 점령하였다. 東魏·北齊는 처음에 10년 동안 조세 면제의 혜택을 주다가 10년이 지난 後主 天統(565-569)·武平(570-576)년간 세금을 과도하게 거두었다는 사실로 보아 武成帝·後主 시기 철저한 徵稅가 가능할 정도로 지배가 공고해졌을 것이다. 그러나 그 기간은 짧았고 北周 武帝가 北齊를 공격하는 사이 陳이 北伐하자 北齊는 陳에게 淮南·江北 지역을 빼앗겼다.

  北魏와 나머지 네 왕조의 地方統治 기간이 다른 것은 胡人의 漢人·漢地 統治의 유무, 漢人官僚의 등용과 밀접한 관계가 있을 것이다. '序紀時代' 拓跋部(代國)도 일부 漢人을 지배했지만 郡縣 조직으로 통치한 것이 아니라 漢人을 생산에 종사시키며 수취하였다.[1] 이는 유목국가에 생산계층으로 존재하는 정주농경민이 존재하는 예와 비슷하다. 그러나 河北 지역을 지배하면서 序紀時代보다 훨씬 많은 漢人들을 統治하게 되었다. 北魏가 河北을 統治할 때 권력집단은 주로 胡人 위주의 '近侍官'이었으며, 北魏 건국 이전부터 拓跋部에 충성했던 漢人들이 주로 중용되었고 舊後燕의 관료들은 일부만 중용되었다. 舊後燕 관료 출신들은 일정한 기간 이후 본격적으로 등용되었다. 이는 다른 피정복지 출신 漢人官僚들도 마찬가지였고 배반과 복속을 반복한 靑齊 지역 출신들이 가장 늦게 중용되었다. 序紀時代 중국의 제도, 특히 郡縣支配體制를 제대로 알지 못했던 胡人支配層은 피정복지에 郡縣 조직과 다른 軍鎭(鎭)·護軍 등 이민족 통치의 軍政組織을 만들었다. 이후 漢人과 漢地 통치의 경험을 가진 이후 鎭과 護軍을 州郡縣으로 바꾸었다. 반면 東魏北齊와 西魏北周의 지배층은 각각 懷朔鎭과 武川鎭 출신 胡人 혹은 胡化한 漢人으로 漢人과 漢地 통치 개념이 없었던 것은 北魏 초기와 같았다. 그러나 이들은 漢人官僚들을 대거 등용하여 중앙과 지방의 행정사무에 종사하게 하였다. 宇文泰는 關中 출신 蘇綽을 등용하여 여러 가지 개혁조치를 취하기도 하였다.

---

1   西晉末 拓跋猗盧는 馬邑·陰館·樓煩·繁時·崞 5縣의 民을 陘北으로 옮겨 통치하였다. 그러나 '序紀時代' 漢人을 통치하는 郡縣을 설치했다는 기록은 없다(『魏書』 卷1 「序紀」 穆帝三年條, 7쪽, "帝以封邑去國懸遠, 民不相接, 乃從琨求句注陘北之地. 琨自以託附, 聞之大喜, 乃徙馬邑·陰館·樓煩·繁時·崞五縣之民於陘南, 更立城邑, 盡獻其地, 東接代郡, 西連西河·朔方, 方數百里."). 拓跋部는 漢人을 城邑에 거주하여 생산에 종사하게 하는 생산의 '督課'에만 관심을 가졌던 것 같다.

2. 胡漢分治

胡漢分治는 유목민 등 이민족과 漢族을 일원적인 지배가 아니라 각자의 특성을 인정하며 이원적인 방식으로 통치하는 방식을 지칭한다. 魏晉南北朝 이전의 시대였던 兩漢 시대(前漢과 後漢을 통칭하는 용어)에는 漢族, 즉 중국인은 郡縣制와 관료제를 중심으로 조직적으로 통제하면서 통치하였다. 즉 모든 농민을 戶籍에 등록시켜 가족관계와 수입 등 모든 정보를 국가가 파악하고 통제하면서 이들을 里, 鄕, 縣, 郡 등 행정조직에 편제하여 통치하는 시스템으로 漢族 농민들을 통치하였다. 반면 유목민들은 이러한 조직적인 통제가 불가능하였다. 匈奴 등 유목국가는 호적을 만들지 않고 十戶·百戶·千戶 등 군사조직을 만들어 호적을 대체하였지만 전통적인 중국 왕조처럼 철저하지 않았다. 따라서 이 시기 胡漢分治는 漢族 농경민들은 중국의 郡縣支配體制로, 유목민들은 군사조직으로 통제하는 시스템으로 각각 통치했다는 특징이 있다.

胡漢分治는 十六國時代에 처음 생긴 것으로 오해되지만, 실제로는 秦漢時代부터 존재했다고 볼 수 있다. 秦漢時代에 현급행정구역으로 이민족 거주지에 설치한 '道'가 존재하였다. 또 『續漢書』 「郡國志」에 張掖屬國·廣漢屬國·蜀郡屬國·犍爲屬國·遼東屬國처럼 郡이름을 딴 屬國이 郡, 國(諸侯王의 식읍)과 병렬된 것으로 보아 적어도 後漢時代 屬國이 군급 행정구역으로 간주되었음을 알 수 있다.[2] 屬國에는 屬

---

2 『續漢書』 「百官志」에서 屬國은 郡에 먼 縣에 설치하였으며 郡보다 작다고 하였고(『續漢書』 志第28 「百官志」5, 3619쪽, "其屬國都尉. 屬國, 分郡離遠縣置之, 如郡差小, 置本郡名."), 邊郡에 설치된 都尉와 屬國都尉는 郡에 비견된다고 하였다(『續漢書』 志第28 「百官志」5, 3621쪽, "省關都尉, 唯邊郡往往置都尉及屬國都尉, 稍有分

國都尉가 설치되어 蠻夷, 즉 중국 내 이민족을 통할하였다.[3] 이 밖에 (使)匈奴中郎將은 南匈奴,[4] 護烏桓校尉는 烏桓,[5] 護烏桓長史·司馬, 東夷校尉는 鮮卑,[6] 護烏桓校尉는 西羌[7]을 각각 관리하였다. 南匈奴·烏桓·鮮卑·西羌은 모두 後漢 변경 안팎에 거주한 이민족이었고, 이들을 郡縣에 예속시킨 것이 아니라 中郎將·校尉 등 武官이 감독하게 하였다. 三國 曹魏에서 關隴 지역의 羌을 통치하기 위해 護軍이 설치되었는데[8] 護軍 역시 본래 武官 직이었다. 앞에서 설명한 것처럼 유목국가가 유목민을 군대조직으로 편성하여 지배했던 것을 참고하면, 屬國都尉·中郎將·校尉·護軍 등 武官이 이민족을 관장하게 한 것은 郡縣이라는 지방행정조직으로 통치하기 어려운 이민족을 유목국가의 통치방식인 군대조직으로 통치했음을 알 수 있다. 이는 漢人王朝의 胡漢分治로 해석할 수 있다.

이민족 입장의 胡漢分治는 16國時代에 시작되었다. 최초의 胡漢分治는 漢(前趙)의 제도이다. 西晉을 멸망시킨 漢(前趙)의 劉聰은 국가를 유지하는 다음과 같은 제도를 만들었다.

縣, 治民比郡.").

3 『續漢書』志第28「百官志」5, 3621쪽, "又置屬國都尉, 主蠻夷降者."

4 『續漢書』志第28「百官志」5 匈奴中郎將條, 3626쪽, "匈奴中郎將一人, 比二千石. 本注曰: 主護南單于. 置從事二人, 有事隨事增之, 掾隨事爲員. 護羌·烏桓校尉所置亦然."

5 『續漢書』志第28「百官志」5 護烏桓校尉條, 3626쪽, "護烏桓校尉一人, 比二千石. 本注曰: 主烏桓胡."

6 『續漢書』志第28「百官志」5 護烏桓校尉條 注引應劭『漢官』, 3626쪽, "應劭漢官曰: '擁節. 長史一人, 司馬二人, 皆六百石. 幷領鮮卑. 客賜質子, 歲時胡市焉.' 晉書曰: '漢置東夷校尉, 以撫鮮卑.'"

7 『續漢書』志第28「百官志」5 護烏桓校尉條, 3626쪽, "護羌校尉一人, 比二千石. 本注曰: 主西羌."

8 高敏, 「十六國時期的軍鎭制度」, 267-272쪽.

(가) "左·右司隸를 설치하여 각각 20여만 戶를 관할하게 하고, 1만 戶마다 內史 1인을 두어 대략 內史 43개를 설치하였다. 單于左右輔가 각각 六夷 10만 部落을 주관하고, 1만 部落마다 都尉 1인을 설치하였다."[9]

(나) "單于臺를 渭城에 설치하여 大單于를 받들게 하고, 左右賢王 이하를 설치하되 모두 胡·羯·鮮卑·氏·羌의 豪桀로써 우두머리에 임명하였다."[10]

인용문 (가) 『晉書』 「劉聰載記」와 (나) 「劉曜載記」의 기록을 정리하여 漢(前趙)의 통치방식을 살펴보자. 첫째, 單于臺에서 胡人을 관할하였다. 單于臺 아래에는 左·右單于輔가 있고, 單于輔는 六夷 部落을 통제하였다. 1만 部落을 관할하는 都尉는 秦漢時代 武官의 명칭이었다. 혹은 都尉는 匈奴의 관직명칭인 左·右大都尉[11]를 연상시킨다. 南匈奴가 중국의 北邊으로 이주한 후 左·右大都尉의 관명은 사라졌지만,[12]

9 『晉書』 卷102 「劉聰載記」, 2665쪽, "置左右司隸, 各領戶二十餘萬, 萬戶置一內史, 凡內史四十三. 單于左右輔, 各主六夷十萬落, 萬落置一都尉."

10 『晉書』 卷103, 「劉曜載記」, 2698쪽, "置單于臺于渭城, 拜大單于, 置左右賢王已下, 皆以胡·羯·鮮卑·氏·羌豪桀爲之."

11 『史記』 卷110 「匈奴列傳」, 2890쪽, "置左右賢王, 左右谷蠡王, 左右大將, 左右大都尉, 左右大當戶, 左右骨都侯."; 『漢書』 卷94上 「匈奴傳」, 3751쪽, "置左右賢王, 左右谷蠡, 左右大將, 左右大都尉, 左右大當戶, 左右骨都侯."

12 『晉書』 卷97 「四夷·北狄·匈奴傳」에는 중국의 북변으로 이주한 匈奴, 즉 南匈奴의 官名이 나열되었다(『晉書』 卷97 「四夷·北狄·匈奴傳」, 2550쪽, "其國號有左賢王·右賢王·左奕蠡王·右奕蠡王·左於陸王·右於陸王·左漸尙王·右漸尙王·左朔方王·右朔方王·左獨鹿王·右獨鹿王·左顯祿王·右顯祿王·左安樂王·右安樂王, 凡十六等, 皆用單于親子弟也. 其左賢王最尊, 唯太子得居之. 其四姓, 有呼延氏·卜氏·蘭氏·喬氏. 而呼延氏最貴, 則有左日逐·右日逐, 世爲輔相; 卜氏則有左沮渠·右沮渠; 蘭氏則有左當戶·右當戶; 喬氏則有左都侯·右都侯. 又有車陽·沮渠·

(가)의 都尉를 匈奴의 左·右大都尉와 유사한 官名으로 볼 수 있다. 이 경우 匈奴는 單于臺의 胡人들을 匈奴 고유의 官制로 통치했다고 해석할 수 있다. 都尉를 秦漢時代의 武官 혹은 匈奴의 官號로 이해하건 간에 漢(前趙)은 單于와 單于左·右輔 이하 胡人들을 군사조직으로 관리했음을 알 수 있다. 둘째, 皇帝 아래에 左·右司隸가 설치되었고 하부에 郡이 두어지고 內史가 임명되어 漢人 編戶를 관장하였다. 즉 漢人들은 秦漢時代 이래의 郡縣 조직으로 관리되었다. 양자를 종합하면 漢(前趙)은 胡人 부락계통은 전쟁을 담당하고(군사조직) 漢人 編戶 계통은 생산활동(농경과 길쌈)을 맡는 二重統治體制로 통치하였다. 이를 胡漢分治라고 한다.[13] 後趙도 漢(前趙)과 유사한 胡漢分治 체제를 취하였다. 즉 內史(封內)와 郡縣(24郡), 單于部落制(羯人 이외의 소수민족)로 나누어 漢人과 胡人을 통치하였다.[14] 후자의 大單于(單于臺)는 16국 시대 여러 나라와 北魏에서도 채용되었다.[15]

胡漢分治는 다양한 방식으로 나타났다. 특히 유목민 등 이민족들이 사는 지역은 漢人들을 통치하는 州郡縣이라는 행정조직과는 별도의 조직을 만들어 통제했다. 이를 軍鎭制度라고 한다. 軍鎭制度는 軍

餘地諸雜號, 猶中國百官也."). 이를 『史記』 및 『漢書』 「匈奴傳」의 官名과 비교하면, "○○王"으로 표기되는 南匈奴의 官號의 수가 증가되었음을 알 수 있다. 그런데 左右大將과 左右大都尉는 보이지 않는다.

13 五胡諸國의 胡漢分治는 陳寅恪, 「胡族的漢化及胡漢分治」, 萬繩楠 整理, 『陳寅恪魏晉南北朝史講演錄』, 北京: 黃山書社, 1987; 閆旭梅, 「十六國胡漢分治門題試析」, 首都師範大學碩士卒業論文, 2003. 5; 郭曉華, 「試論十六國時期胡漢分治的幾個問題」, 四川大學碩士學位論文, 2006. 4; 陳勇, 「漢趙國胡與屠各異同考-兼-說漢趙國的胡漢分治-」『漢趙史論稿』, 北京: 商務印書館, 2009 참조.

14 高敏, 「十六國時期的軍鎭制度」, 257쪽.

15 單于制度 혹은 單于臺에 대한 연구는 韓狄, 「十六國時期的"單于"制度」, 『內蒙古大學學報(人文社會科學版)』33-5, 2001 참조.

鎭을 설립하여 居民을 통치하는 제도이며 군사조직과 행정통치방식이 일치하는 것이 특징이고 군사통치가 지방행정계통을 대체하는 제도였다.[16]

十六國前期의 軍鎭은 州郡과 동등한 지방행정조직으로 인정되었고, 軍鎭은 兵戶를 주로 통할하였지만 일반 民戶는 거느리지 않았다. 그런데 軍鎭 설치는 임시적이며 고정적이지는 않았다. 즉 군사적 필요에 따라 설치하였다. 그러나 十六國後期, 즉 華北을 통일한 前秦이 붕괴한 이후에 등장한 五胡諸國의 軍鎭은 나라마다 달랐다. 後秦의 경우, 정식으로 "軍鎭"이란 용어가 등장하였고, 軍鎭의 설립 지역은 長安 등 도읍지나 요지에 한정되지 않았으며, 軍鎭의 장관은 兵뿐만 아니라 民도 통할하였다.[17] 또 軍鎭에 속하는 鎭戶가 존재하였다.[18] 夏는 통치구역 안에 郡縣을 세우지 않고 軍鎭이 戶를 統領하였다.[19] 河西回廊에 위치한 後涼·南涼·北涼에는 苑囿가 있었다. 이 가운데 東苑은 평민과 兵戶가 집중거주하는 지역이었다. 東苑은 軍이 民을 거느리는 방식을 취했기 때문에 東苑은 軍鎭의 성질을 지녔다고 보기도 한다.[20]

16 周一良, 「北朝的民族問題與民族政策」, 『周一良集』 第一卷(魏晉南北朝史論), 瀋陽: 遼陽敎育出版社, 1998; 高敏, 「十六國時期的軍鎭制度」, 255쪽.
17 高敏, 「十六國時期的軍鎭制度」, 259-262쪽.
18 唐長孺, 「晉代北境各族"變亂"的性質及五胡政權在中國的統治」, 『魏晉南北朝史論叢』, 北京: 三聯書店, 1955, 166쪽.
19 洪亮吉, 「十六國疆域志」, 卷16 夏國·幽州條, 124쪽(『二十五史補編』 3, 北京: 中華書局, 1955, 4206가운데쪽), "案朔方·雲中·上郡·五原等郡, 自漢末至東晉, 久已荒廢, 赫連雖據有其地, 然細校諸書, 自勃勃至昌·定世, 類皆不置郡縣, 惟以城爲主, 戰勝克敵, 則徙其降虜, 築城以處之. 故今志夏國疆域, 惟以州統城, 而未著其所在郡縣以別之, 與志他國異焉."
20 高敏, 「十六國時期的軍鎭制度」, 264-266쪽.

軍鎭과 함께 十六國·北朝時代에 나타난 胡人 통치조직이 護軍이었다. 護軍은 이미 曹魏時代에 보이며, 前涼·前秦·後秦·西涼·北涼·後涼·南涼·西秦·夏·仇池에서도 존재하였다.[21] 北燕에서도 遼東護軍이 존재하므로, 北燕뿐만 아니라 前燕·後燕에서도 지방행정조직인 護軍이 존재했을 가능성이 있다.[22] 護軍은 郡級 행정단위와 縣級 행정단위로 나뉘며, 軍職 명칭일 뿐만 아니라 지방행정장관의 명칭이었다. 그리고 護軍은 일정한 지역을 실제 통할하는 軍政·軍民合一의 통치기구였다.

이 가운데 前秦·後秦 護軍의 특징을 살펴보면 다음과 같다. ① 護軍은 軍職 명칭이지만 지방장관의 명칭이기도 하였다. 예컨대 洪亮吉의 『十六國疆域志』에 따르면 前秦의 北地郡은 "領縣三, 護軍一(三原護軍)"이라 하여 護軍이 縣級 행정구역으로 간주되었다. 이처럼 前秦의 護軍은 郡級·縣級 두 가지가 있었다. ② 護軍에 郡縣처럼 실재의 관할지역이 있었다. ③ 護軍은 軍政·軍民 합일의 조직기구와 통치방식이었다. ④ 護軍은 대개 漢人이 아닌 이민족을 관할하였기 때문에 이민족을 통치하기 위한 조직이었다.[23] 軍鎭과 護軍, 특히 후자는 關隴과 河西回廊 지역에 밀집하였다.[24]

---

21 위의 글, 267-272쪽.

22 前燕의 지방행정조직에 관한 연구에 따르면, 前燕에는 俟釐·都尉·城郎·城大 등 유목민을 전문적으로 관리하는 기구가 있었다(高然, 「十六國前燕疆域·政區考」, 『中國歷史地理論叢』29-3, 2014, 70왼쪽-87오른쪽). 그런데 본문에서 언급한 護軍의 존재는 지적하지 않았다. 16국 시대 關隴 지역에서 "地名+護軍"의 용례가 이민족 통치기구임을 고려하면 前燕의 遼東護軍도 遼東 지역의 胡人들을 관리하는 관직이었을 것이다.

23 高敏, 「十六國時期前秦·後秦的"護軍"制」, 『魏晉南北朝兵制研究』, 221-224쪽.

24 朴漢濟, 「五胡赫連夏國의 도시 統萬城의 選址와 그 구조」; 高敏, 「北魏的兵戶制及其演變」; 同氏, 「十六國時期的軍鎭制度」; 同氏, 「十六國時期前秦後秦的"護軍"制」;

北魏는 五胡諸國과 東晉南朝의 영토를 점령한 후 해당 지역의 행정 조직을 유지하였고, 스스로도 鎭·護軍을 설치하여 지방조직도 이민족 통치를 하는 鎭·護軍 등과 郡縣 조직이 병존하는 胡漢分治를 실시하였다. 太武帝부터 孝文帝까지 北邊의 六鎭과 서남쪽 변경 仇池 일대에 몇 개의 鎭을 제외하고 대부분 州郡으로 개편되었다.

東魏北齊도 懷朔鎭을 비롯한 舊六鎭民을 州로 편제하여 6州(幷州·肆州·汾州에 설치한 恒州·燕州·雲州·朔州·蔚州·顯州)는 외형상 漢人의 郡縣과 차이가 없었다. 高琛이 임명된 六州九酋長大都督[25]에서 9인의 酋長, 즉 領民酋長 등이 존재했음을 알 수 있다. 領民酋長이 거느린 部族(部落)은 행정구역에 편제되지 않고 따로 존재했을 것이다. 또 "지명+領民都督/領民正都督/領民副都督/鎭民都督"의 관명이 墓誌에 보인다. 이들도 領民酋長 혹은 鎭民酋長처럼 지방행정구역에 편제되지 않은 집단을 거느린 관직일 것이다. 요컨대 지방행정조직에 편제되지 않고 領民酋長, 鎭民酋長 혹은 領民都督, 領民正都督, 領民副都督, 鎭民都督 등이 유목민 집단인 部族(部落)을 거느렸을 것이다. 6州나 領民酋長 등에 소속된 舊六鎭民에게는 세금이 부과되지 않았고 舊六鎭民은 兵籍에 포함되어 전쟁에 종사하였다.

西魏北周도 武川鎭을 비롯한 胡人과 胡化 漢人이 兵籍에 등록되어 일반 농민과 분리시키는 兵農分離의 군사제도를 실시하였다. 서위북주의 실질적인 건국자 宇文泰는 大統 9년(543) 邙山의 전투에서 패한

牟發松, 「十六國時期地方行政機構的軍鎭化」, 太原: 『晉陽學刊』 1985-6(K22 1985-12), 1985.

25 『北齊書』 卷13 「趙郡王琛傳」, 169쪽, "及斛斯椿等釁結, 高祖將謀內討, 以晉陽根本, 召琛留掌後事, 以爲幷·肆·汾大行臺僕射, 領六州九酋長大都督, 其相府政事琛悉決之."

후 선비인이 다수인 서위군이 대거 전사하자 關隴의 호족들의 鄕兵을 서위군에 편입시켰다. 이는 胡人(선비인)과 漢人(한족)이 군사와 생산을 담당하던 역할분담의 경계선을 허문 것이다. 北周 武帝는 建德 2년(573) 군사를 侍官으로 바꿔 부르게 하고 백성들을 侍官으로 충당하였다. 이후 夏人(한족)이 府兵의 절반을 차지하게 되었다.[26] 따라서 北周 武帝 이후에는 鮮卑(胡人) 위주의 군대에서 鮮卑(胡人)와 漢人이 병존하는 군대로 바뀌었다. 이로써 선비인의 무력 독점이 깨지게 되었다.

胡人을 군인으로 편제하고, 漢人을 농민 등 생산에 종사하게 하는 西魏北周의 胡漢分治는 東魏北齊의 그것과 본질적으로 같다. 차이점이 있다면 東魏北齊에 일부 領民酋長 등 州郡縣에 편제되지 않은 部族(部落)이 있었던 반면 西魏北周에는 거의 없었고, 西魏北周는 대량의 漢人을 받아들여 胡人들의 무력독점이 점차 사라졌다는 점이다.

北朝의 胡漢分治를 비교하면, 北魏平城時代의 胡漢分治는 지방행정구역의 구별과 호적의 분리를 추구했다면 東魏北齊, 西魏北周의 胡漢分治는 兵·農 분리의 호적제도를 바탕으로 전쟁(胡人)과 생산(漢人)으로 분리하는 형태였다.

위에서 살펴본 胡漢分治 혹은 軍民分治라는 이원적인 통치체제는 契丹이 세운 遼와 女眞이 세운 金, 몽골이 세운 元, 만주(여진)가 세운 淸 등 중국의 일부 혹은 전체를 지배한 이민족 왕조에서 채용한 중국 통치방식이었다. 이러한 이원적인 통치방식은 전쟁과 생산을 담당하

---

26 北周 武帝는 建德 2년 軍士를 侍官으로 바꾸고 백성을 모집하여 侍官으로 충당하였으며 縣籍에서 제외하였다. 이후 夏人(漢人) 절반이 兵이 되었다고 한다(『隋書』卷24「食貨志」, 680쪽, "建德二年, 改軍士爲侍官, 募百姓充之, 除其縣籍. 是後夏人半爲兵矣.").

는 계층 혹은 계급을 나누어 분리하여 통치하였다. 이는 南涼의 禿髮利鹿孤에게 간언한 鏺勿崙의 말에서 확인할 수 있다.

　"마땅히 晉人(한인(중국인)을 지칭)을 여러 성에 두고 농사와 길쌈에 종사하도록 독촉하여 軍國의 재원으로 공급하도록 하고 우리는 戰法을 익혀 항복하지 않은 자들을 제거하면 됩니다."

위의 인용문에서 알 수 있듯이 南涼에서는 지배층인 鮮卑人이 군사훈련과 전쟁을 담당하였고 漢人(晉人)은 농사와 길쌈 등 생산활동에 종사하였다. 이처럼 이민족과 漢人이 각각 군사와 생산활동을 담당하고 있는 이상 후자를 잘 다독거려 통치하는 것이 이상적이었다. 北齊의 실질적인 창업자였던 高歡의 일화에서 이를 찾아볼 수 있다.

　"高歡은 鮮卑 병사들에게 鮮卑語로 '漢人들은 너희들의 노예이다. 남자들은 너희들을 위해서 농사짓고 여자들은 너희들을 위해 길쌈한다. 그래서 먹고 입을 것을 바쳐 너희들이 따뜻하고 배부를 수 있는데, 왜 너희들은 그들을 그렇게 억압하느냐?'라고 말했다. 반면 高歡은 漢人들에게 漢語로 '鮮卑人들은 너희들의 손님이다. 너희가 그들에게 한 줌의 곡식과 한 필의 옷감을 주면 평화와 질서를 얻을 수 있도록 그들은 너희들을 위해서 싸워준다. 왜 너희들은 그들을 미워하느냐?'라고 말하였다."

위의 인용문에서도 胡人(鮮卑人)이 군인으로 전쟁을, 漢人은 농사와 길쌈 등 생산에 종사하여 서로 다른 직업에서 각자의 장점을 살려 살게 하는 분리통치의 특징을 확인할 수 있다.

3. 首都와 地方統治

北魏는 전기에 平城, 후기에 洛陽을 수도로 정하였다. 東魏北齊의
수도는 鄴이었으며, 西魏北周의 수도는 長安이었다. 수도에 따른 지
방통치의 차이가 있는지 검토해보자.

平城은 北魏가 유일하게 수도로 정했던 곳이다. 道武帝는 皇始 2년
(397) 中山城을 점령한 다음 해인 天興元年 正月 庚子日(398. 3. 2) 中
山에서 常山郡의 眞定縣과 趙郡의 高邑縣을 거쳐 鄴에 도착하여 백성
들을 위무하였다. 道武帝는 鄴을 둘러보면서 鄴에 定都할 생각을 가
졌다고 한다. 그러나 鄴에 行臺를 설치하고 中山으로 돌아갔다.[27] 그
리고 道武帝는 正月 辛酉日(398. 3. 23) 中山을 출발하여 望都堯山으
로 향했으며, 이때 山東, 즉 河北 六州의 民吏와 徒何 · 高句麗 · 雜
夷 36만을 遷徙하였다.[28] 二月에는 平城의 남쪽인 繁畤宮에 도착했으
며[29] 七月 平城으로 遷都하였다.[30] 道武帝는 鄴을 都城으로 정할 생
각이 있었다고 하지만 결국 平城을 都城으로 정하고 다시는 鄴에 관

---

27 『魏書』卷2「太祖紀」天興元年春正月條, 31쪽, "天興元年春正月, 慕容德走保滑臺,
　[元]儀克鄴, 收其倉庫. 詔賞將士各有差. [元]儀追[慕容]德至於河, 不及而還. 庚子,
　車駕自中山行幸常山之眞定, 次趙郡之高邑, 遂幸于鄴. 民有老不能自存者, 詔郡縣賑
　恤之. 帝至鄴, 巡登臺榭, 遍覽宮城, 將有定都之意. 置行臺, 以龍驤將軍日南公和
　跋爲尙書, 與左丞賈彜率郎吏及兵五千人鎭鄴. 車駕自鄴還中山, 所過存問百姓. 詔
　大軍所經州郡, 復賞租一年, 除山東民租賦之半."

28 『魏書』卷2「太祖紀」天興元年春正月條, 31-32쪽, "辛酉, 車駕發自中山, 至于望都堯
　山. …… 車駕次于恒山之陽."

29 『魏書』卷2「太祖紀」天興元年春二月條, 32쪽, "二月, 車駕自中山幸繁畤宮, 更選屯
　衛."

30 『魏書』卷2「太祖紀」天興元年秋七月條, 32쪽, "秋七月, 遷都平城, 始營宮室, 建宗
　廟, 立社稷."

심을 가지지 않았다.[31] 河西回廊의 변경에 나라를 세운 五涼(前涼·後涼·西涼·南涼·北涼)과 河湟 지역에 나라를 세운 西秦, 遼西를 지배한 北燕 등 변방에 세운 나라를 제외하면 長安·洛陽 등 黃河 유역이 아닌 변경에 수도를 정한 나라는 關中과 오르도스(당시 河西)를 지배한 夏와 北魏뿐이었다. 前燕의 경우 변방인 龍城에 수도를 정했지만 黃河 중하류 지역을 정복한 후 鄴에 수도를 정했고, 中山에 수도를 정했던 後燕은 北魏에 수도를 빼앗긴 후 조상들의 근거지 龍城으로 후퇴하였다. 따라서 前燕과 後燕은 변경에 수도를 둔 사례에서 제외한다. 夏의 赫連勃勃은 東晉의 권력자 劉裕가 수도 建康으로 돌아간 후 東晉 武將들 사이에 내분이 일어나자 關中을 점령하였다. 그러나 關中의 중심지 長安으로 천도하지 않았고 統萬城을 여전히 수도로 삼았다. 北魏와 夏가 中原이 아닌 변두리에 수도를 정한 이유는 이 두 나라가 유목생활을 유지하여 수도 주변을 巡幸하였고 상대방을 병합하려고 했기 때문이다. 따라서 北魏가 河北, 夏가 關中을 지배하면서도 河北의 鄴과 關中의 長安에 수도를 정하지 않았다. 道武帝와 明元帝는 京畿와 陰山·漠南 등을 순행하며 유목세력의 정복에 관심을 가졌다. 太武帝는 赫連勃勃이 죽은 후 太子 赫連璝와 赫連昌 사이의 내분이 발생하자 夏를 공격하여 결국 夏를 정복하는 데 성공했다. 이어서 北涼과 北燕을 정복하여 華北을 통일했지만, 黃河 유역에 관심을 보이지 않았다. 太武帝·文成帝의 순행 동선을 보면 北魏의 우선순위는 南朝와의 전쟁 혹은 통일이라기보다 몽골 고원의 柔然 정복에 있었다. 한편으로 平城은 농경과 목축의 점이지대 혹은 경계선에 위치했

---

31 최진열, 『북위황제 순행과 호한사회』, 163-165쪽. 鄴의 都城으로서의 가치는 朴漢濟, 「魏晉南北朝時代 각 왕조의 首都 선정과 그 의미」, 117-150쪽 참조.

는데, 지리적으로 목축을 하는 胡人과 농경에 종사하는 漢人을 모두 통치할 수 있는 이점이 있었다. 이처럼 농경과 목축의 점이지대에 수도를 정했던 이민족 왕조는 현재의 北京에 수도를 정한 金·元·淸이었다.

孝文帝는 用武의 땅 平城을 버리고 洛陽으로 천도하였다. 몽골 고원에 있던 柔然으로부터의 위험 감소, 잦은 寒害와 흉년 때문에 생긴 식량부족, 기후 한랭화, 정통성 확보, 漢化政策의 실시 등이 洛陽遷都의 원인으로 제기된다. 필자는 孝文帝가 洛陽遷都 이후 南齊 親征에 몰두했음을 바탕으로 洛陽遷都의 주된 원인이 南齊 정복과 통일이라고 생각한다. 洛陽은 주변에 險地가 없어 방어에 불리한 지역이다. 이러한 약점을 보완하기 위해 後漢末 函谷關·廣成關·伊闕·大谷關·轘轅關·旋門關·小平津關·孟津關 등 8關을 두었지만,[32] 袁紹를 중심으로 한 反董卓 연합군의 위협을 받은 董卓은 獻帝를 협박하여 長安으로 천도해야 할 정도로 방어에 취약하였다. 洛陽에 수도를 정한 西晉은 匈奴(漢)의 공격을 받고 洛陽이 함락되고 懷帝가 포로가 되는 굴욕을 맛보았다. 이처럼 孝文帝가 방어에 불리하고 南齊와의 국경선이 보다 가까운 洛陽에 수도를 정한 이유는 北魏軍의 武力이 南齊의 그것보다 우위에 있고 南齊를 정복할 수 있는 자신감 때문이었을 것이다.

洛陽에 수도를 정한 後漢 光武帝는 建武 6년(30) 군대를 관리하던 內郡의 都尉를 없애고 軍役을 담당한 농민을 사열하는 都試를 없앴다.[33] 외형상 재정지출 부담을 이유로 들었지만, 방어에 불리한 洛陽

---

32 鹽澤裕仁, 「洛陽八關とその內包空間—漢魏洛陽盆地の空間的理解に觸れて—」, 『千年帝都 洛陽—その遺跡と人文·自然環境—』, 東京: 雄山閣, 2010, 9-30쪽.

33 『續漢書』志第28 「百官志」5 護烏桓校尉條, 3621쪽, "中興建武六年, 省諸郡都尉, 幷

방어를 위해 洛陽과 가까운 內郡의 군사력 약화를 고려할 필요가 있었다.[34] 西晉 武帝도 州郡兵을 없애어 지방의 무력을 약화시켰다.[35] 北魏도 領軍將軍이 거느린 친위부대와 중앙군의 수를 늘렸지만, 南朝 南齊·梁과의 전쟁 때문에 남쪽 변경, 특히 淮水 유역에 주둔하는 군대(지방군)를 줄일 수 없었다. 이 점은 吳의 공격을 막기 위해 淮南에 대군을 주둔시켰던 曹魏와 비슷하며, 통일왕조인 後漢·西晉과 다른 점이었다. 北魏가 洛陽에 수도를 정했던 다른 왕조와 공통점은 中原의 중심지인 洛陽으로 물자를 집중시키는 운송 시스템을 만든 점이다. 그러나 5장에서 살펴본 것처럼 北魏洛陽時代 수운과 교통로는 洛陽으로 집중했지만, 동시에 남쪽 변경으로 이어지는 운송로도 존재하였다. 이는 南朝와의 전쟁을 위한 '戰時動員體制'를 위한 조치였다. 이 점은 曹魏와도 다른 점이었다.

東魏北齊가 수도로 정한 鄴은 두 개의 수도를 두어야 했던 지역이다. 袁紹의 아들들을 격파하고 4州(冀州·幷州·靑州·幽州)를 정복한 曹操는 수도 許(許昌) 대신 鄴에 머물렀다. 曹操는 建安 13년(208) 남방 공격을 위해 수군을 훈련시킬 玄武池를 鄴에 만들었고 三公을 없애고 丞相과 御史大夫를 설치한 후 丞相에 취임하였다.[36] 후에 荊州의 劉表를 공격하기 위해 출발한 장소도 鄴이었다. 이후 魏公이 된 후

職太守, 無都試之役."

34 高敏은 정확한 시기를 특정할 수 있지만, 後漢 중기 이후 州郡兵을 다시 두었다고 추론하였다(高敏, 「東漢·魏·晉時期"州郡兵"制度的歷史演變」, 『魏晉南北朝兵制研究』, 鄭州: 大象出版社, 1999).

35 唐長孺, 「魏晉州郡兵的設置和廢罷」, 『魏晉南北朝史論拾遺』, 北京: 中華書局, 1983; 高敏, 「晉武帝"罷州郡兵"問題辨析」, 『魏晉南北朝兵制研究』, 鄭州: 大象出版社, 1999.

36 『三國志』卷1「魏書」1「武帝紀」建安十三年條, 7쪽, "十三年春正月, 公還鄴, 作玄武池以肄舟師. 漢罷三公官, 置丞相·御史大夫. 夏六月, 以公爲丞相."

魏의 使職과 宗廟를 두고 尙書·侍中·六卿을 둔 곳도 鄴이었다.[37] 建安 21년(216) 魏王이 되었을 때도 鄴에 있었다.[38] 요컨대 曹操는 袁紹를 격파한 후(사실상 華北을 점령한 후) 鄴에 거주하며 許의 後漢 조정과 다른 정부, 즉 魏國의 정부(尙書·侍中·六卿)를 두었다. 사실상 두 개의 수도가 설치되었다.

石虎 사후 後趙의 잔여세력과 冉閔이 세운 冉魏가 서로 싸우는 상황을 이용하여 352년 四月 冉閔을 생포했으며[39] 손쉽게 黃河 중하류 지역을 정복하고 곧이어 鄴을 점령하였다.[40] 慕容儁은 352년 薊에서

---

37 『三國志』卷1「魏書」1「武帝紀」建安十八年條, 42쪽, "秋七月, 始建魏社稷宗廟. 天子聘公三女爲貴人, 少者待年于國. 九月, 作金虎臺, 鑿渠引漳水入白溝以通河. 冬十月, 分魏郡爲東西部, 置都尉. 十一月, 初置尙書·侍中·六卿."

38 『三國志』卷1「魏書」1「武帝紀」建安二十一年條, 47쪽, "二十一年春二月, 公還鄴. 三月壬寅, 公親耕籍田. 夏五月, 天子進公爵爲魏王."

39 『資治通鑑』卷99「晉紀」21 穆帝永和八年四月條, 3125-3126쪽, "閔軍於安喜, 慕容恪引兵從之. 閔趣常山, 恪追之, 丙子, 及於魏昌之廉台. 閔與燕兵十戰, 燕兵皆不勝. 閔素有勇名, 所將兵精銳, 燕人憚之. 慕容恪巡陳, 謂將士曰: '冉閔勇而無謀, 一夫敵耳! 其士卒饑疲, 甲兵雖精, 其實難用, 不足破也!' 閔以所將多步卒, 而燕皆騎兵, 引兵將趣林中. 恪參軍高開曰: '吾騎兵利平地, 若閔得入林, 不可複製. 宜亟遣輕騎邀之, 旣合而陽走, 誘致平地, 然後可擊也.' 恪從之. 魏兵還就平地, 恪分軍爲三部, 謂諸將曰: '閔性輕銳, 又自以衆少, 必致死於我. 我厚集中軍之陳以待之, 俟其合戰, 卿等從旁擊之, 無不克矣.' 乃擇鮮卑善射者五千人, 以鐵鎖連其馬, 爲方陳而前. 閔所乘駿馬曰硃龍, 日行千里. 閔左操雙刃矛, 右執鉤戟, 以擊燕兵, 斬首三百餘級. 望見大幢, 知其爲中軍, 直衝之; 燕兩軍從旁夾擊, 大破之, 圍閔數重, 閔潰圍東走二十餘里, 硃龍忽斃, 爲燕兵所執. 燕人殺魏僕射劉群, 執董閔·張溫, 及閔皆送於薊. 閔子操奔魯口. 高開被創而卒. 慕容恪進屯中山, 儁命恪鎭中山."

40 『晉書』卷110「慕容儁載記」, 2833-2834쪽, "時鮮卑段勤初附於儁, 其後復叛. 儁遣慕容恪及相國封弈討冉閔于安喜, 慕容垂討段勤于繹慕, 儁如中山, 爲二軍聲勢. 閔懼, 奔于常山, 恪追及於泒水. 閔威名素振, 衆咸憚之. 恪謂諸將曰: '閔師老卒疲, 實爲難用; 加其勇而無謀, 一夫之敵耳. 雖有甲兵, 不足擊也. 吾今分軍爲三部, 掎角以待之. 閔性輕銳, 又知吾軍勢非其敵, 必出萬死衝吾中軍. 吾今貫甲厚陣以俟其至, 諸君但厲卒, 從旁須其戰合, 夾而擊之, 蔑不克也.' 及戰, 敗之, 斬首七千餘級, 擒閔,

황제로 즉위하고 옛 수도 龍都(龍城)에 留臺를 설치하였다. 그리고 玄菟太守 乙逸을 尙書에 임명하여 龍都에 설치된 留臺의 행정(留務)을 처리하게 하였다.[41] 胡三省註에서는 "燕은 처음에 龍城에 도읍을 정했다가 이때 薊로 옮겼다. 따라서 龍城에 留臺를 세우고 이를 龍都라 불렀다"[42]라고 하였다. '都'라는 표현으로 보아 前燕은 薊, 후에 鄴으로 천도한 이후에도 龍城을 수도로 예우했음을 알 수 있다. 龍都(龍城)는 최소한 새 수도 鄴 다음 가는 副都의 지위에 있었다. 즉 일종의 兩都體制로 볼 수 있다.[43]

後漢末 曹操의 魏國과 許의 後漢 조정, 前燕의 수도 鄴과 留臺 龍都(龍城)처럼 東魏北齊에도 두 개의 정치적 중심지가 있었다(8장 1절). 東魏北齊의 兩都體制는 北魏末 尒朱氏政權의 군사적 중심지 太原과 北魏 조정의 洛陽의 관계를 이어받은 것이다. 孝武帝가 高歡을 제거

送之, 斬於龍城. 恪屯軍呼沱. 閔將蘇亥遣其將金光率騎數千襲恪, 恪逆擊, 斬之, 亥大懼, 奔于幷州. 恪進據常山, 段勤懼而請降, 遂進攻鄴. 閔將蔣幹閉城距守. 儁又遣慕容評等率騎一萬會攻鄴. 是時燕鳥巢于儁正陽殿之西椒, 生三雛, 項上有豎毛; 凡城獻異鳥, 五色成章. 儁謂羣僚曰: '是何祥也?' 咸稱: '鳶者, 燕鳥也. 首有毛冠者, 言大燕龍興, 冠通天章甫之象也. 巢正陽西椒者, 言至尊臨軒朝萬國之徵也. 三子者, 數應三統之驗也. 神鳥五色, 言聖朝將繼五行之籙以御四海者也.' 儁覽之大悅. 旣而蔣幹率銳卒五千出城挑戰, 慕容評等擊敗之, 斬首四千餘級, 幹單騎還鄴. 於是羣臣勸儁稱尊號, 儁答曰: '吾本幽漠射獵之鄉, 被髮左袵之俗, 曆數之籙寧有分邪! 卿等苟相褒擧, 以覬非望, 實匪寡德所宜聞也.' 慕容恪·封弈討王午于魯口, 降之. 尋而慕容評攻克鄴城, 送冉閔妻子僚屬及其文物于中.";『十六國春秋輯補』卷26「前燕錄」4, 201-202쪽.

41 『資治通鑑』卷99「晉紀」21 穆帝永和八年十一月戊辰條, 3131쪽, "戊辰, 儁卽皇帝位, 大赦. …… 改冀州爲中州, 建留臺於龍都, 以玄菟太守乙逸爲尙書, 專委留務."

42 『資治通鑑』卷99「晉紀」21 穆帝永和八年十一月戊辰條 胡註, 3131쪽, "燕初都龍城, 時遷于薊, 故建留臺於龍城, 謂之龍都."

43 崔珍烈, 「16국 시대 요서(遼西)의 인구 증감과 전연(前燕)·후연(後燕)·북연(北燕)의 대응」, 162-163쪽 및 183쪽.

하려다가 宇文泰에게 피신한 후 孝靜帝를 세우고 鄴으로 천도하였다. 이후 高歡·高澄 부자 시기에 太原은 사실상의 수도였고, 鄴은 명목상의 수도였다. 그런데 高洋이 東魏 孝靜帝로부터 皇帝의 자리를 빼앗고 北齊를 세운 후에도 여전히 太原에 오래 머물렀음에도 鄴을 여전히 공식적인 수도로 정했다. 高歡·高澄 시기에 太原에는 大行臺와 丞相府(혹은 相國府)가 설치되었지만 北齊 건국 후 幷省(幷州, 즉 太原의 尙書省)과 軍務를 담당하는 騎兵曹와 外兵曹는 騎兵省과 外兵省으로 승격되어 北齊皇帝에게 필요한 관청이 완비되었다. 그럼에도 불구하고 太原을 공식 수도로 정하지 않은 점은 의문으로 남는다. 요컨대 鄴에 수도를 정했던 東魏北齊는 두 개의 정치적 중심지를 가졌다는 점에서 後漢末 曹操의 魏國, 16국 시대 前燕과 유사하였다. 그러나 曹操의 魏國과 前燕의 鄴이 실질적인 수도였고, 洛陽이 권력을 상실한 後漢의 수도, 龍城이 조상의 근거지로 留臺가 설치된 것과 정반대였다. 즉 東魏北齊의 鄴은 공식적인 수도였지만 權府의 太原이 실질적인 수도였다.[44]

北魏後期의 수도 洛陽, 東魏北齊 수도의 鄴과 달리 西魏北周의 수도 長安은 秦漢時代의 咸陽 혹은 長安, 隋唐의 長安과 비슷한 모습을 보였다. 힘이 약할 때 關中의 험한 지형을 이용하여 방어에 충실하고 힘이 있을 때 關東(山東, 黃河 중하류)을 정복하여 통일했던 점은 위에서 언급한 모든 왕조에 해당한다. 특히 먼저 關東을 점령하기 전에 巴蜀을 점령한 점도 秦·漢과 동일하다. 이 밖에 長安과 關中으로 피정

---

44 石虎가 石勒의 아들 石弘을 죽인 후 鄴으로 천도하였다. 또 冉閔이 後趙의 石氏를 제거한 후 세운 魏(冉魏)만이 鄴 한 곳을 수도로 정했다. 그러나 後趙 石虎 이후의 시간은 짧았고 冉魏는 16국에 포함되지 않았다. 따라서 鄴이 一極의 중심지가 되었던 기간은 짧았다.

복민 혹은 다른 지역의 사람을 강제 이주시켜 關中을 충실히 하였고 수도 長安과 關中 사람들을 우대했던 '關中本位政策'도 西魏北周가 長安을 수도로 정했던 秦·漢·隋·唐 등 왕조들과 비슷하다. 즉 수도 長安(秦의 咸陽 포함)은 漢人王朝와 이민족 왕조의 구별 없이 비슷한 점이 많았다. 長安을 운영하는 사람보다 關中의 지형과 지정학적 요인이 왕조의 성격을 결정했음을 보여준다.

4. 遷都와 地方統治

北魏는 秦 始皇帝의 통일 이후 성립한 통일왕조와 非통일왕조 가운데 중간에 수도를 바꾼 드문 예이다. 몽골제국은 쿠빌라이 카안이 즉위하면서 수도를 몽골 고원의 카라코룸에서 大都(현재의 北京)로 옮겼다. 다른 왕조의 경우 왕조 말기에 政變 등의 이유로 수도가 옮겨졌다.[45] 明은 永樂帝가 建文帝를 제거하고 즉위한 후 적대적인 南京과 江南의 분위기를 피하고 몽골의 위협에 대처하기 위해 北京에 상주

---

45 後漢의 경우 董卓이 권력을 장악한 후 反董卓派와 전쟁에서 이길 수 없다고 판단하자 獻帝를 강제로 洛陽에서 長安으로 이주시켰다. 이후 獻帝는 董卓 사후 董卓의 부하 李催과 郭汜가 싸우는 틈을 타서 탈출하여 河東郡을 거쳐 洛陽으로 되돌아왔다. 獻帝는 曹操의 통제 아래에 들어가며 폐허가 된 洛陽이 아닌 許(이후 許昌으로 개칭)로 옮겼다. 西晉 역시 匈奴가 세운 漢의 공격을 받고 洛陽이 함락되자 잔여 세력이 長安에서 愍帝를 옹립하였다. 愍帝가 생포되어 살해된 후 建鄴(建康)에 있던 琅邪王 司馬睿가 즉위하였다(東晉). 唐의 경우 복잡하지만, 洛陽에 就食하러 갔던 기간을 제외하더라도 安史의 난 때 成都와 靈武(朔方節度使의 治所)가 수도 역할을 하였고, 黃巢의 난 때는 피난지 成都가 임시수도였다. 이후 朱全忠이 권력을 잡은 후 昭宗을 통제하기 쉬운 洛陽으로 강제로 이주시켰다. 이후 唐이 망하기 전까지 洛陽이 수도였다. 非통일왕조 가운데 三國時代 吳와 五代十國의 吳가 여러 차례 수도를 옮겼다.

하며, 사실상 北京으로 천도하였다. 淸은 중국 본토를 정복하면서 수도를 盛京(현재의 遼寧省 瀋陽)에서 北京으로 옮겼다. 非통일왕조이지만 金도 上京에서 中都(현재의 北京, 熙宗), 開封(海陵王), 中都(世宗), 開封(宣宗) 등 여러 차례 수도를 옮겼다. 明의 예외가 있지만, 漢人王朝의 경우 되도록 遷都를 피한 반면,[46] 이민족 왕조의 경우 영토의 확장과 남방 세력 정벌 등을 이유로 여러 차례 수도를 옮겼다. 遷都 여부와 상관없이 北魏(平城時代에 국한)와 遼·金·元·淸 皇帝들은 수도와 인근 지역을 돌아 다녔다.[47] 외형상 孝文帝의 洛陽遷都는 이민족 왕조에서 공통적으로 보이는 특징이라고 할 수 있다.

孝文帝의 洛陽遷都 원인으로 기후의 한랭화, 平城 일대의 흉작과 농업생산 부진, 漢化 등이 제기된다. 孝文帝의 동선을 검토하면 南齊 정복을 통한 남북 통일이 낙양천도의 원인이었을 것이다.[48] 北魏洛陽時代, 즉 洛陽遷都 이후 지방통치는 남방경략을 위한 수취체제의 정비에 초점이 맞춰진 '戰時動員體制'를 지향하였다. 그러나 孝文帝의 統一政策은 결과적으로 실패하였다. 統一을 위한 南伐이 南朝 南齊·梁의 저항에 부딪히면서 단기간의 전쟁을 위한 '戰時動員體制'가 오랫동안 지속되고 洛陽의 지리적 약점, 즉 北鎭(六鎭) 통제의 상대적 이완으로 갑자기 붕괴하기 시작하였다. 결국 洛陽遷都 후 40여 년 만에 망하고 말았다. 필자는 孝文帝는 開封으로 遷都하여 南宋을 정복하려다 살해된 金의 海陵王에 비견되는 인물이라고 평가한다. 차이가 있다면

---

46 後漢이 獻帝 시기에 長安과 許로, 唐이 昭宗 시기에 洛陽으로 천도했으며, 西晉이 洛陽 함락 이후 長安을 임시수도(피난수도)로 삼은 예가 보이지만, 이는 왕조 말기적인 현상이었다.

47 최진열, 『북위황제 순행과 호한사회』, 序章 참조.

48 최진열, 『효문제의 '한화' 정책과 낙양 호인사회』, 267-274쪽

海陵王이 南宋 정벌 때 살해된 후, 그의 정책이 폐기되고 金은 더 존속한 반면 北魏는 孝文帝의 손자 세대에 망한 시기의 차이뿐이다.

北魏의 동서 분열을 야기한 孝武帝의 西遷은 高歡의 太原(晉陽) 遷都 강요와 밀접히 관련이 있다. 孝武帝의 西遷 이후 高歡은 孝靜帝를 세운 후 太原이 아닌 鄴으로 遷都하였다. 鄴 천도 이후 東魏北齊는 군사적 중심지인 太原(晉陽)과 정치적·경제적 중심지인 鄴의 이원적인 중심지로 나뉘졌다. 이를 兩都體制라고 한다. 이는 漢地·漢人에 익숙하지 않고 유목 혹은 목축생활을 유지한 東魏北齊 지배층을 위한 방식이었다.

5. 兩都體制

秦 始皇帝가 최초로 중국을 통일한 후 '1'이 정치적으로 중요한 숫자였다. 皇帝와 皇后, 皇太子, 수도는 하나이어야 했다. 曹魏時代 '五都'[49]가 2개 이상 수도의 효시로 알려졌지만, 두 개 이상의 수도 혹은 정치적 중심지는 十六國·北朝時代에 자주 등장하였다. 石勒은 331년 洛陽을 南都로 삼고 洛陽에 行臺治書侍御史를 설치하였다.[50] 石勒은 石弘을 후계자로 정하고[51] 수도 襄國과 洛陽 중간에 위치한 鄴에

---

49 『三國志』卷2「魏書」2「文帝紀」黃初二年條 注引『魏略』, 77쪽, "魏略曰: 改長安·譙·許昌·鄴·洛陽爲五都; 立石表, 西界宜陽, 北循太行, 東北界陽平, 南循魯陽, 東界郯, 爲中都之地. 令天下聽內徙, 復五年, 後又增其復."

50 『晉書』卷105「石勒載記」下, 2748-2749쪽, "勒以成周土中, 漢晉舊京, 復欲有移都之意, 乃命洛陽爲南都, 置行臺治書侍御史于洛陽."; 『資治通鑑』卷94「晉紀」16 成帝咸和六年九月條, 2979쪽, "九月, 趙主勒復營鄴宮; 以洛陽爲南都, 置行臺."

51 『晉書』卷105「石勒載記」下, 2739쪽, "先是, 勒世子興死, 至是, 立子弘爲世子, 領中

鄴宮을 만들고 아들 石弘에게 鎭守시키게 하였다. 그리고 車騎將軍
소속 54營을 石弘이 지휘하도록 하였다.[52] 자신의 후계자를 수도가
아닌 곳에 거주하게 하고 군대를 지휘하게 한 것은 또 다른 정치적·
군사적 중심지를 만든 것이다. 352년 慕容儁은 薊에서 황제로 즉위하
고 옛 수도 龍都(龍城)에 留臺를 설치하였다. 그리고 玄菟太守 乙逸을
尙書에 임명하여 龍都에 설치된 留臺의 행정(留務)을 처리하게 하였
다.[53] 胡三省註에서는 "燕은 처음에 龍城에 도읍을 정했다가 이때 薊
로 옮겼다. 따라서 龍城에 留臺를 세우고 이를 龍都라 불렀다"[54]라고
하였다. 夏도 關中을 점령한 후 長安에 南臺를 설치하고 太子 赫連璝
를 大將軍 雍州牧 錄南臺尙書事에 임명하여 주둔하게 하였다.[55] 赫連
勃勃은 수도 統萬城에 있으면서 太子 혹은 후계자를 關中의 중심지
長安의 南臺에 주둔하여 두 개의 정치적·군사적 중심지를 운영하였
다. 이는 北魏의 전신인 代도 마찬가지였다. 拓跋猗盧는 313년 盛樂
에 城을 쌓고 北都로 삼았으며 故平城을 수리하여 南都로 삼았다.[56]
後燕도 389년 龍城에 留臺를 설치하고 慕容隆을 錄留臺尙書事에 임

領軍."

52 『晉書』卷105「石勒載記」下, 2743쪽, "勒旣將營鄴宮, 又欲以其世子弘爲鎭, 密與程
遐謀之. 石季龍自以勳效之重, 仗鄴爲基 雅無去意. …… 勒以弘鎭鄴, 配禁兵萬人,
車騎所統五十四營悉配之, 以驍騎領門臣祭酒王陽專統六夷以輔之."

53 『資治通鑑』卷99「晉紀」21 穆帝永和八年十一月戊辰條, 3131쪽, "戊辰, 儁卽皇帝位,
大赦. …… 改司州爲中州, 建留臺於龍都, 以玄菟太守乙逸爲尙書, 專委留務."

54 『資治通鑑』卷99「晉紀」21 穆帝永和八年十一月戊辰條 胡註, 3131쪽, "燕初都龍城,
時遷于薊, 故建留臺於龍城, 謂之龍都."

55 『晉書』卷130「赫連勃勃載記」, 3210쪽, "乃于長安置南臺, 以璝領大將軍·雍州牧·
錄南臺尙書事.";『十六國春秋輯補』卷16「夏錄」2, 475쪽.

56 『魏書』卷1「序紀」穆皇帝條, 8쪽, "六年, 城盛樂以爲北都, 修故平城以爲南都. 帝登
平城西山, 觀望地勢, 乃更南百里, 於灅水之陽黃瓜堆築新平城, 晉人謂之小平城, 使
長子六脩鎭之, 統領南部."

명하였다.[57] 이어서 391년 薊에 行臺를 설치하고 慕容盛을 錄行臺尙書事에 임명하였다.[58] 두 개 이상의 수도 혹은 정치적 중심지가 존재한 十六國時代의 경향은 東魏北齊와 西魏北周에도 보인다.[59]

東魏北齊와 西魏北周는 兩都體制를 유지하였다. 東魏北齊의 鄴은 경제적 중심지, 太原(晉陽)은 정치·군사적 중심으로 분화되었고, 東魏의 실력자 高歡·高澄과 北齊 황제들은 이 두 도성을 오가며 통치하였다.[60] 공식 수도보다 비공식 수도가 정치적 혹은 군사적으로 더 중시되는 兩都體制는 東魏北齊뿐만 아니라 元(大都-上都), 淸(北京-熱河[承德]) 등 이민족 왕조에도 있었다. 이 세 나라의 兩都體制는 단순히 수도를 두 개를 두었다는 의미가 아니라 두 지역을 巡幸했다는 점에서 唐과 明의 兩都 운영과 달랐다.[61] 西魏北周도 兩都體制를 취했지만 東魏北齊와 차이가 있었다. 西魏北周의 華州(同州)는 北魏가 東魏와 西魏로 분열된 534년부터 北周 武帝가 宇文護를 제거한 建德元年(572)까지 40여 년 가까이 西魏北周를 사실상 통치했던 宇文泰와 宇文護의 정치적 본거지였다. 宇文泰와 宇文護는 華州(同州)에서 군대와

57 『晉書』 卷123 「慕容垂載記」, 3087쪽, "建留臺于龍城, 以高陽王慕容隆錄留臺尙書事."; 『十六國春秋輯補』 卷44 「後燕錄」3, 350쪽, "遼西王農在龍城五年, 庶務愉擧, 表請代還. 垂乃召農還, 爲侍中司隷校尉, 而以高陽王隆代之. 農建留臺龍城, 使隆錄留臺尙書事. 隆因農舊規, 修而廣之, 遼碣遂安."

58 『資治通鑑』 卷107 「晉紀」29 孝武帝太元十六年春正月條, 3398쪽, "春, 正月, 燕置行臺於薊, 加長樂公盛錄行臺尙書事."

59 崔珍烈, 「16국 시대 요서(遼西)의 인구 증감과 전연(前燕)·후연(後燕)·북연(北燕)의 대응」, 183-186쪽.

60 崔珍烈, 「東魏北齊의 華北 지배와 그 한계」, 99-100쪽.

61 다만 唐의 경우 關中에서 흉년이나 자연재해가 발생하면 皇帝와 관리, 심지어 백성들이 洛陽으로 옮겨 재난을 피하였다. 이를 就食이라고 한다. 본문에서 소개한 東魏北齊, 元, 淸처럼 정기적인 巡幸이 아니라 부정기적이고 일시적인 현상이므로 이 세 나라와 다른 체계로 분류하였다.

행정권을 장악하고 長安의 조정을 遙制하였다. 이 점은 鄴과 太原(晉陽)의 兩都體制를 운영한 東魏北齊와 유사하다. 그러나 東魏北齊는 처음부터 망할 때까지 兩都體制를 유지했지만 北周 武帝가 宇文護 부자를 제거하면서 同州는 일개 州로 전락하였다. 따라서 西魏北周의 兩都體制는 필연적인 것이 아니라 覇主(사실상의 지배자)의 권력기반을 위해 만들어진 일시적인 조치였다.[62]

6. 巡幸과 地方統治

北魏前期 皇帝 순행은 크게 두 가지 목적이 있었다. 첫째, 유목민의 계절이동 습속의 영향이다. 北魏皇帝와 지배층은 수도 平城뿐만 아니라 京畿·河西(오르도스)·漠南 등을 방문하였다. 이 지역은 대부분 유목민이 목축하는 곳이며, 北魏皇帝는 목축을 감독하고 사냥을 하며 유목민의 생활을 즐겼다. 둘째, 이러한 胡地 순행은 胡人들 통제의 기능도 겸했다. 漢地(漢人이 사는 華北 지역) 순행도 地方統治와 관계가 있었다.

동위의 사실상의 지배자였던 高歡·高澄과 북제 황제들[63]은 공식적인 수도인 鄴과 자신들이 자주 머물렀던 覇府 太原(晉陽)을 오가며 통

---

62 崔珍烈, 「西魏北周 華州(同州)의 政治·軍事的 지위와 역할」, 254쪽.

63 懷朔鎭 출신의 高歡은 尒朱榮 사후 尒朱兆 등 尒朱氏 세력을 제거하고 정권을 잡았다. 그러나 高歡에 대항했던 孝武帝가 長安으로 도망간 후 孝靜帝를 세웠다. 이를 東魏라고 하며, 長安으로 도망갔던 세력과 宇文泰 등 武川鎭軍閥이 세운 나라를 西魏라고 한다. 허수아비 皇帝를 세우기는 했지만 東魏는 高歡이, 西魏는 宇文泰가 사실상 지배하였다. 그러나 그들의 아들인 高洋(文宣帝)과 宇文覺(孝閔帝) 시기에 정식으로 帝位에 올라 北齊와 北周를 세웠다.

치하였다.[64] 高歡・高澄과 北齊皇帝들이 鄴을 자주 방문한 것은 鄴에 있던 東魏 孝靜帝를 감시하거나 鄴의 관료들을 감찰하려는 의도가 있었을 것으로 추정된다. 그러나『北齊書』는 北齊皇帝들이 鄴에서 했던 활동을 구체적으로 기록하지 않았다. 이처럼 두 장소를 왕복하는 패턴은 西魏의 宇文泰와 北周의 宇文護가 수도인 장안과 覇府인 華周(同州)를 왕복하는 관행과 유사하다.[65]

北周 武帝는 建德 6년(577) 北齊를 멸망시키고 화북을 통일하였다. 그런데 武帝가 같은 해인 건덕 6년 六月 甲子日(577. 7. 22)부터 宣政 元年 二月 丁巳日(578. 3. 13)까지 234일 동안 옛 북제 지역을 東巡했던 사실은 北周의 옛 北齊 지역((山東)이라고도 함) 통치가 확고하지 못했음을 시사한다. 무제는 옛 北齊 지역의 민심을 수습하기 위해 七月 己丑日(8. 17) 체류하던 洛州(낙양)의 行在所로 산동 諸州에 인재를 천거하여 보내도록 명령하였다.[66] 한편 北齊의 재기를 막기 위한 조치를 취하였다. 시월에 北齊의 마지막 황제 高緯를 살해하여[67] 구심점을 제거하였다. 또 十二月 己未日(578. 1. 14) 東壽陽 士人들이 반란을 일으켜 幷州城을 공격하자 武帝는 庚申日(1. 15) 幷州로 순행하였고, 반

---

64 괴뢰였던 東魏의 孝靜帝는 鄴 주변에서 사냥하는 데 그쳤다(『魏書』卷12「孝靜帝 紀」天平二年十二月壬午條, 299쪽, "車駕狩于鄴東.";『魏書』卷12「孝靜帝紀」興和 三年冬十月癸亥條, 305쪽, "車駕狩于西山.";『魏書』卷12「孝靜帝紀」武定元年冬 十一月甲午條, 306쪽, "車駕狩于西山.";『魏書』卷12「孝靜帝紀」武定元年春正月記 事條, 306쪽, "車駕蒐于邯鄲之西山.").

65 谷川道雄,「兩魏齊周時代の覇府と王都」, 85-88쪽; 辛聖坤,「北周 宇文護 執政期의 王都와 覇府」,『中國古中世史研究』17, 2007, 227-260쪽.

66 『周書』卷6「武帝紀」下 建德六年秋七月條, 103쪽, "丙戌, 行幸洛州. 己丑, 詔山東諸 州舉有才者, 上縣六人, 中縣五人, 下縣四人, 赴行在所, 共論治政得失."

67 『周書』卷6「武帝紀」下 建德六年冬十月條, 104쪽, "是月, 誅溫國公高緯."

란이 평정된 후 병주 군인 4만 호를 관중으로 옮겼다.[68] 이어 戊辰日
(1. 23)에 병주의 궁전과 六府를 없앴다.[69] 建德 6년(577)부터 宣政元年
(578)까지 진행된 武帝의 東巡은 北周의 山東(舊北齊) 통치를 확립하는
데 기여하였다.[70]

　武帝의 뒤를 이어 즉위한 宣帝는 宣政元年 八月 壬申日(578. 9. 24)
에 同州를 방문하여 9條의 개혁조치를 州郡에 반포하였다. 여기에는
北周의 적폐를 제거하고 특히 舊北齊 지역 사람들을 달래고 지방통치
를 강화하려는 정치적 목적이 있었다. 그는 大象元年(579) 正月에 洛
陽으로 순행하였다.[71] 이어 洛陽宮을 축조하고 相州의 六府를 洛陽으
로 옮긴 후 東京六府로 개칭하였다.[72] 또 鄴의 石經을 洛陽으로 옮기
게 하고 東京六府가 河陽·幽州·相州·豫州·亳州·靑州·徐州 7개
總管府를 지휘·감독하도록 조치를 취하였다.[73] 이는 洛陽이 山東(舊
北齊) 지역을 총괄하도록 한 조치였다. 宣帝가 洛陽을 陪都로서 중시
했던 정책은 이후 隨 煬帝에게서도 발견되며, 당대에도 이어졌다.[74]

---

68 『周書』卷6「武帝紀」下 建德六年十二月條, 105쪽, "己未, 東壽陽土人反, 率红五千襲
　幷州城, 刺史東平公宇文神擧破平之. 庚申, 行幸幷州宮. 移幷州軍人四萬戶於關中."
69 『周書』卷6「武帝紀」下 建德六年十二月條, 105쪽, "戊辰, 廢幷州宮及六府."
70 최진열, 『북위황제 순행과 호한사회』, 19-20쪽.
71 『周書』卷7「宣帝紀」大象元年正月條, 117쪽, "甲辰, 東巡狩. …… 戊午, 行幸洛陽."
72 『周書』卷7「宣帝紀」大象元年二月條, 118쪽, "於是發山東諸州兵, 增一月功爲四十五
　日役, 起洛陽宮. 常役四萬人, 以迄于晏駕. 幷移相州六府於洛陽, 稱東京六府."
73 『周書』卷7「宣帝紀」大象元年二月條, 119쪽, "辛卯, 詔徙鄴城石經於洛陽. 又詔曰:
　「洛陽舊都, 今旣修復, 凡是元遷之戶, 崿聽還洛州. 此外諸民欲往者, 亦任其意. 河
　陽·幽·相·豫·亳·靑·徐七總管, 受東京六府處分.」"
74 朴漢濟, 「隋唐代 洛陽의 都城構造와 그 性格-'中世的' 都城構造의 終焉-」, 『中國古
　中世史研究』22, 2009, 363-364쪽; 최진열, 『북위황제 순행과 호한사회』, 19-20쪽.

7. 使職과 地方統治

天子(皇帝)가 諸侯 혹은 지방관을 감시하거나 특수한 목적을 수행하기 위해 대리인의 使者를 파견하는 관행은 周代까지 거슬러 올라간다. 이미 周代 天子가 諸侯國에 사신을 파견하였다.[75] 이후 秦漢時代 皇帝가 사신(사자)을 보내 지방관을 감찰하고 지방을 통제하는 관행이 있었다.[76] 北魏時代에도 使者는 지방통치에 기여하였다. 『魏書』「官氏志」에는 伺察을 담당하는 候官이 목을 길게 빼고 멀리까지 볼 수 있는 白鷺의 특징을 취해 명명했다고 기록하였다.[77] 監察·使臣과 관련된 관직이 胡族的인 색채를 지니고 있음을 알 수 있다. 北魏時代에 "□□使" 혹은 "□□大使"의 직함이 등장하였다. 이는 唐代의 使職과 유사하다. 北魏後期 '監察大使'는 지방감찰 등을 담당한 北魏前期 使者의 기존 직무를 계승하였고, 전란으로 혼란했던 北魏末과 東魏時代 '監察大使'는 慰勞大使·慰喻大使·黜陟大使·賞勳大使 등의 명칭으로 불리고 監察 이외에도 便宜從事·군대 통솔·募兵·지방관 대행 등 권한이 대폭 확대되었다. 그러나 혼란이 수습된 北齊·北周時代에

---

75 葛志毅·張惟明, 「周代巡行遣使制度及其演變」, 『先秦兩漢的制度與文化』, 哈爾濱: 黑龍江敎育出版社, 1998.

76 葛志毅·張惟明, 「西漢遣使巡行制度及其負擔的社會政治功能」, 『先秦兩漢的制度與文化』, 哈爾濱: 黑龍江敎育出版社, 1998; 葛志毅·張惟明, 「漢代博士奉使制度」, 『先秦兩漢的制度與文化』, 哈爾濱: 黑龍江敎育出版社, 1998; 李成珪, 「中國 古代 帝國의 統合性 提高와 그 機制-民·官의 異同과 '帝國意識'의 형성을 중심으로-」, 『中國古代史研究』 11, 2004, 57-61쪽; 張國芝, 「秦代的巡視制度」, 『漢代巡視制度研究』, 鄭州: 大象出版社, 2014; 同氏, 「漢代巡視制度的歷史地位」, 『漢代巡視制度研究』, 鄭州: 大象出版社, 2014.

77 『魏書』卷113 「官氏志」, 2973-2974쪽 "初, 帝欲法古純質, 每於制定官號, 多不依周漢舊名, 或取諸身, 或取諸物, 或以民事, 皆擬遠古雲鳥之義. 諸曹走使謂之鳧鴨, 取飛之迅疾; 以伺察者爲候官, 謂之白鷺 取其延頸遠望. 自餘之官, 義皆類此, 咸有比況."

는 '監察大使'의 권한이 축소되어 이전처럼 감찰업무를 담당하게 된다. 非'監察大使'인 括戶大使·和糴(大)使·營田大使·營構使·監築長城大使·諸州造仗都使는 중앙정부를 대표하여 戶口의 檢括[括戶大使], 軍糧 조달[和糴大使·營田大使], 임시적인 토목건축[營構使·監築長城大使], 武器製造[諸州造仗都使]를 수행하거나 감독하였다. 전체적으로 北朝의 使職은 使職의 권한이 강하고 다양한 분야에서 활약했던 北魏·東魏와 '監察大使'로 환원되어 중요성이 상대적으로 감소한 北齊와 西魏·北周 등 국가마다 편차가 있었다.[78]

앞에서 언급한 것처럼 大使, 즉 '監察大使'를 파견하며 지방을 통제하는 방식이 北朝만의 전유물은 아니다. 南朝에서도 皇帝가 측근을 파견하여 지방관을 감시하는 제도가 있었다. 劉宋 孝武帝가 처음으로 典籤을 파견하여 出鎭한 宗室諸王을 견제하고 地方統制를 강화하였다.[79] 典籤 이외에도 皇帝가 臺使라 불리는 사자를 보내 지방관을 감찰하고 지방을 통제[80]하거나 자연재해가 발생했을 때 구휼 업무를 처리하였다.[81]

주목할 사실은 北朝의 '監察大使'의 監察區 명칭에 '道'가 처음으로 사용되었다는 점이다. 北朝 '監察大使'의 監察區는 대개 '道'로 불렸는

---

78 崔珍烈, 「北朝時代 使職의 출현과 그 의의」, 75-119쪽.

79 趙翼 著, 王樹民 校證, 『廿二史箚記校證』(北京: 中華書局, 1984) 卷12 「齊制典籤之重太重」, 250-252쪽; 越智重明, 「典籤考」, 『東洋史研究』13-6, 1955; 陳元湘, 「試論南朝的典籤」, 『滁州師專學報』1999-3, 1999; 高敏, 「南朝典籤制度考略」, 『秦漢魏晉南北朝史論考』, 北京: 中國社會科學出版社, 2004; 田振洪, 「典籤監察與南朝社會」, 『綏化學院學報』26-5, 2006.

80 譚書龍, 「宋文帝遣使與元嘉之治」, 『西華師範大學學報(哲學社會科學版)』2005-5, 2005; 井紅波·楊鈺俠, 「劉宋的遣使出巡與地方政務管理」, 『宿州學院學報』21-6, 2006; 武劍青, 「南朝遣使巡行初探」, 『西南交通大學學報(社會科學版)』8-6, 2007.

81 武劍青, 「南朝劉宋遣使救災述論」, 『西南交通大學學報(社會科學版)』7-1, 2006.

데, 이는 隋唐時代에도 계승되었다.[82] 원래 漢代의 '道'는 異民族을 통치하는 縣級 행정구역이었으나 監察 혹은 최고 지방행정구역의 명칭으로 사용된 것은 北魏의 '道'가 처음이다. 따라서 北魏時代 처음 출현한 監察區 '道'는 唐代 道制의 명칭상 기원이 된다고 볼 수 있다. '道'는 "東·西 2道 → 東·西·南·北 4道 → 八方의 8道"로 分化되었다.[83]

8. 地方官의 本籍地 任命

秦漢時代 郡太守·郡丞, 縣令·縣丞·縣尉는 해당 지역 인물을 임용하지 않는 본적지 회피 관행이 있었다.[84] 南朝에서도 지방관의 본적지 임용이 있었다. 그러나 지방관의 본적지 임명은 주로 王朝 교체기나 政變으로 인한 皇帝 교체기에 한정되었다.[85]

반면 北魏에서는 地方官의 本籍地 임명이 현저하게 증가하였다. 北魏前期 漢族士人의 本籍 州郡의 지방장관 임명 현상은 매우 적었지만,[86] 獻文帝 이후 地方官의 本籍地 임용 횟수는 골고루 분포하며 孝

---

82 道는 北魏末 行臺區의 명칭으로 사용되어 東魏·北齊에서 地方行政 구역으로 정착하였고(牟發松 著, 古賀昭岑 譯, 「北朝行臺の地方官化についての考察」, 151-157쪽), 이후 隋唐時代 監察區로 계승되었을 것이다(卞孝萱, 「關于北朝·隋·唐的 "道"」, 『南開大學學報』 1977-6, 1977, 82-88쪽).

83 崔珍烈, 「北朝時代 使職의 출현과 그 의의」, 108-109쪽.

84 濱口重國, 「漢代に於ける地方官の任用と本籍地との關係」, 791-801쪽; 李成珪, 「前漢 縣長吏의 任用方式: 東海郡의 例」, 85-101쪽; 嚴耕望, 「中國地方行政制度史·秦漢地方行政制度」, 345-350쪽.

85 越智重明, 「南朝における地方官の本籍地任用に就いて-」, 『愛媛大學歷史學紀要』 1, 1953, 41-60쪽; 小尾孟夫, 「南朝における地方支配と豪族─地方長官の本籍地任用門題について─」, 32-48쪽.

86 楊龍, 「論北魏後期地方長官本籍任用」, 78오른쪽.

866

明帝·孝莊帝 시기 폭증하는 현상이 보인다. 지역적으로는 거의 華北 전 지역에 걸치며, 특히 幽州·冀州·司州(洛陽遷都 이후의 司州)의 地方官 本籍地 임용이 집중되는 현상을 보인다.[87] 이는 철저한 郡縣支配를 지향했던 秦漢帝國 이래 漢人王朝와는 다른 양상이며, 北魏는 土着勢力과의 타협과 공존으로 정권을 유지했음을 시사한다. 北魏는 '監察大使'를 자주 지방에 파견하여 감찰하였고, 이는 地方官의 本籍地 임용으로 대표되는 느슨한 지방통치를 보완하며 中央集權化에 기여했을 것이다.[88]

西魏北周時代에도 본적지 지방관이 빈출하여 『周書』에서 17인이 발견된다. 지역적으로 보면, 弘農(陝州), 夏州, 河東, 洛州 등 당시 北邊이나 東魏北齊와의 接境에 임명된 지방관이 많다. 西魏北周는 본적지 출신자를 다수 지방관으로 임명하였고, 地方豪族에게 鄕兵을 지휘하도록 하였다. 또 北魏後期에 이어 西魏北周時代에도 본적지 지방관 임명을 錦衣還鄕으로 여기며 본인과 鄕里에서 영광으로 여기는 풍조가 있었다.

北朝時代 지방관의 본적지 임명은 외형적으로 부족의 우두머리나 領民酋長·領民庶長 등을 용인했던 것과 본질적으로 같다. 필자는 이를 胡族的 유제로 단정하지 않는다. 胡人支配層이 통제와 감시에 주의를 기울인 漢人皇帝와 달리 유연한 태도로 효율적인 통치에 임했음은 분명하다. 北朝時代 본적지 지방관을 인정하고 다수 임용한 것은 본적지 지방관의 충성을 이끌어낼 수 있는 강력한 군사력과 大使(使者)의 지방통제가 가능했기 때문일 것이다.

---

87 注添慶文, 「魏晋南北朝における地方官の本籍地任用について」, 19-22쪽; 楊龍, 「論北魏後期地方長官本籍任用」, 78원쪽-80원쪽.

88 崔珍烈, 「北朝時代 使職의 출현과 그 의의」, 100-108쪽 및 109-110쪽.

| 참고문헌 |

1. 사료

『史記』(司馬遷, 中華書局標點校勘本, 北京: 中華書局, 1992)

『漢書』(班固 撰, 顏師古 注, 北京: 中華書局, 1962)

『後漢書』(范曄 撰, 李賢 等注, 北京: 中華書局, 1965)

『三國志』(陳壽 撰, 裴松之 注, 北京: 中華書局, 1959)

『晉書』(房玄齡 等撰, 北京: 中華書局, 1974)

『魏書』(魏收 撰, 中華書局標點校勘本, 北京: 中華書局, 1988)

『宋書』(沈約 撰, 北京: 中華書局, 1974)

『南齊書』(蕭子顯 撰, 北京: 中華書局, 1972)

『梁書』(姚思廉 撰, 北京: 中華書局, 1973)

『陳書』(姚思廉 撰, 北京: 中華書局, 1972)

『北齊書』(李百藥 撰, 中華書局標點校勘本, 北京: 中華書局, 1997)

『周書』(令狐德棻 等撰, 『周書』, 中華書局標點校勘本, 北京: 中華書局, 1992)

『隋書』(魏徵 等撰, 中華書局標點校勘本, 北京: 中華書局, 1992)

『舊唐書』(劉昫 等修, 北京: 中華書局, 1975)

『新唐書』(歐陽修, 宋祁, 中華書局標點校勘本, 北京: 中華書局, 1975)

『宋史』(脫脫 等撰, 北京: 中華書局, 1985)

『資治通鑑』(司馬光 編著, (元) 胡三省 音注, 『資治通鑑』, 北京: 中華書局,
　　1956)

『華陽國志』(常璩 撰, 任乃强 校注, 『華陽國志校補圖注』, 上海: 上海古籍出版
　　社, 1987)

『洛陽伽藍記』(楊衒之, 范祥雍 校注, 上海: 上海古籍出版社, 1999)

吳廷燮, 「元魏方鎭年表」『二十五史補編』, 北京: 中華書局, 1955)

洪亮吉, 「十六國疆域志」『二十五史補編』 3, 北京: 中華書局, 1955)

『魏延昌地形志』(張穆 原著, 安介生 輯校, 濟南: 齊魯書社, 2011)

『十六國春秋輯補』(崔鴻 撰, 湯球 輯補, 王魯一·王立華 點校, 濟南: 齊魯書
　　社, 1998)

『金石萃編』(『石刻史料叢書』(臺北: 藝文印書館, 1980))

『張家山漢墓竹簡』(張家山二四七號漢墓竹簡整理小組, 北京: 文物出版社,
　　2001)

『睡虎地秦墓竹簡』(睡虎地秦墓竹簡整理小組 編著, 北京: 文物出版社, 1977)

『漢魏南北朝墓誌彙編』(趙超 著, 天津: 天津古籍出版社, 1992)

『新出魏晉南北朝墓誌疏證』(羅新·葉煒, 北京: 中華書局, 2005)

『新見北朝墓誌集釋』(王連龍, 北京: 中國書籍出版社, 2012)

『漢魏六朝碑刻校注』(毛遠明 編著, 北京: 線裝書局, 2008)

『晉陽古刻選·北朝墓誌』(太原三晉文化研究會·《晉陽古刻選》編輯委員會
　　編, 太原: 山西出版集團·山西人民出版社, 2008)

『邙洛碑誌三百種』(趙君平 編, 北京: 中華書局, 2004)

『河洛墓刻拾零』上册(趙君平·趙文成 編, 北京: 北京圖書館出版社, 2004)

『墨香閣藏北朝墓誌』(葉煒·劉秀峰 主編, 上海: 上海古籍出版社, 2016)

『陝西新見隋朝墓誌』(劉文 編著, 西安: 陝西新華出版傳媒集團·三秦出版社, 2018)

『唐代墓誌彙編』(周紹良 主編, 上海: 上海古籍出版社, 1992)

『唐代墓誌彙編續集』(周紹良·趙超 主編, 上海: 上海古籍出版社, 2001)

『歷代宅京記』(顧炎武 著, 北京: 中華書局, 1984)

『北齊地理志』(施和金, 北京: 中華書局, 2008)

『北周六典』(王仲犖, 北京: 中華書局, 2007(初版1979))

『長安志』(宋敏求 撰, 北京: 中華書局, 1991)

『顔氏家訓』(顔之推 著, 王利器 撰, 『顔氏家訓集解』, 北京: 中華書局, 1993)

『廿二史箚記』(趙翼 著, 王樹民 校證, 『廿二史箚記校證』, 北京: 中華書局, 1984)

『北周地理志』(王仲犖 著, 北京: 中華書局 1980(2007重印))

『元和郡縣圖志』(李吉甫 撰, 賀次君 點校, 北京: 中華書局, 2005)

『讀史方輿紀要』(顧祖禹 撰, 賀次君·施和金 點校, 北京: 中華書局, 2005)

『水經注』(段熙仲 點校, 陳橋驛 復校, 『水經注疏』, 南京: 江蘇古籍出版社, 1989)

『太平御覽』(石家莊: 河北教育出版社, 1994)

『通典』(杜佑 撰, 王文錦·王永興·劉俊文·徐庭雲·謝方 點校, 北京: 中華書局, 1988)

『二十五史補編』(北京: 中華書局, 1955)

『廿二史箚記校證』(趙翼, 王樹民 校證, 北京: 中華書局, 1984)

『潛夫論』(王符 著, 汪繼培 箋, 彭鐸 校正, 『潛夫論箋校正』, 北京: 中華書局, 1997)

『唐六典』(李林甫 等撰, 陳仲夫 點校, 北京: 中華書局, 1992(2005重印))

『庾子山集注』(庾信 撰, 倪璠 注, 許逸民 交點, 北京: 中華書局, 1980)

『五曹算經』(甄鸞 撰, 郭書春·劉鈍 交點,『算經十書』(二), 瀋陽: 遼寧敎育出版
　　社, 1998)

2. 연구서

〈국문〉

宮崎市定 지음, 임대희 등 옮김,『구품관인법의 연구』, 소나무, 2002

김성희,『북위의 하북 지배와 그 지향』, 이화여자대학교 대학원, 2006

盧泰敦,『고구려사 연구』, 사계절출판사, 1999

마크 C. 엘리엇 지음, 이훈·김선민 옮김,『만주족의 청제국』, 푸른역
　　사, 2009

박원길,『몽골의 문화와 자연지리』, 민속원, 1999

朴漢濟,『中國中世胡漢體制硏究』, 一潮閣, 1988

三崎良章 지음, 김영환 옮김,『五胡十六國－中國史上의 民族 大移動
　　－』, 경인문화사, 2007

辛聖坤,『南北朝時期 官私隸屬民에 관한 硏究』, 서울大學校 大學院
　　東洋史學科 文學博士學位論文, 1995. 8

劉昭民 지음, 박기수·차경애 옮김,『기후의 반역』, 성균관대학교출판
　　부, 2005

丁載勳,『위구르 유목제국사 744-840』, 문학과지성사, 2005

崔珍烈,『北魏皇帝의 巡幸 硏究－‘遊牧的 君主’의 통치행위와 그 변천
　　과정을 중심으로－』, 서울大學校 大學院 東洋史學科 文學博士學位
　　論文, 2007. 8

_____, 『북위황제 순행과 호한사회』, 서울대학교출판문화원, 2011. 12

_____, 『발해 국호 연구-당조가 인정한 발해의 고구려 계승 묵인과 부인-』, 서강대학교출판부, 2015

_____, 『효문제의 '한화' 정책과 낙양 호인사회-북위 후기 호속 유지 현상과 그 배경-』, 한울아카데미, 2016

〈중문〉

葛劍雄, 『中國移民史』第二卷, 福州: 福建人民出版社, 1997

康樂, 『從西郊到南郊-國家祭典與北魏政治-』, 臺北: 稻鄉出版社, 1995

郭沫若 主編, 『中國史稿地圖集』, 北京: 中國地圖出版社, 1996

譚其驤 主編, 『中國歷史地圖集』第四卷 東晉十六國·南北朝時期, 北京: 地圖出版社, 1982

_____, 『中國歷史地圖集』第五卷 隋·唐·五代十國時期, 北京: 地圖出版社, 1982

唐長孺, 『魏晉南北朝隋唐史三論』, 武漢: 武漢大學出版社, 1998

杜士鐸, 『北魏史』, 太原: 山西高校聯合出版社, 1992

梁方仲, 『中國歷代戶口·田地·田賦統計』, 上海: 上海人民出版社, 1980

馬長壽, 『烏桓與鮮卑』, 上海: 上海人民出版社, 1962

_____, 『碑銘所見的前秦至隋初的關中部族』, 桂林: 廣西師範大學出版社, 2006(原載 北京: 中華書局, 1985)

毋有江, 『北魏政區地理研究』, 復旦大學博士學位論文, 2005

白翠琴, 『魏晉南北朝民族史』, 成都: 四川民族出版社, 1996

謝保成,『隋唐五代史學』, 上海: 商務印書館, 2007

史念海,『河山集』, 北京: 三聯書店, 1963

史爲樂 主編,『中國歷史地名大辭典』, 北京: 中國社會科學出版社, 2005

宋傑,『兩魏周齊戰爭中的河東』, 北京: 中國社會科學出版社, 2006

岳純之,『唐代官方史學研究』, 天津: 天津人民出版社, 2003

楊純淵,『山西歷史經濟地理』, 太原: 山西人民出版社, 1993, 19쪽

嚴耕望,『中國地方行政制度史』上編, 卷中下册 北朝地方行政制度史, 臺北: 臺灣商務印書館, 1963

_____,『中國地方行政制度史 · 秦漢地方行政制度』, 上海: 上海古籍出版社, 2007

嚴蘭紳 主編,『河北通史』, 北京: 河北人民出版社, 2000

吳宏岐,『西安歷史地理研究』, 西安: 西安地圖出版社, 2006

王蕊,『魏晉十六國靑徐兗地域政局研究』, 濟南: 齊魯書社, 2008

王鑅,『王鑅隋唐史論稿』, 北京: 中國社會科學出版社, 1998

王天順,『河套史』, 北京: 人民出版社, 2006

劉金柱,『萬里長城』, 哈爾濱: 黑龍江科學技術出版社, 1985

俞鹿年,『北魏職官制度考』, 北京: 社會科學文獻出版社, 2008

劉淑芬,『六朝的城市與社會』, 臺北: 臺灣學生書局, 1992

姚薇元,『北朝胡姓考』, 北京: 中華書局, 1962(再版 2007)

李敬洵,『四川通史』卷3 兩晉南北朝隋唐, 成都: 四川人民出版社, 2010

李幷成 · 李春元,『瓜沙史地研究』, 蘭州: 甘肅文化出版社, 1996

張金龍,『北魏政治史研究』, 蘭州: 甘肅教育出版社, 1996

_____,『北魏政治史』6, 蘭州: 甘肅教育出版社, 2008

章羣,『唐代蕃將研究』, 臺北: 聯經, 1990

_____, 「關於乾陵石人像問題」, 『唐代蕃將硏究續編』, 臺北: 聯經, 1990

章義和, 『地域集團與南朝政治』, 上海: 華東師範大學出版社, 2002

周良霄, 『皇帝與皇權』, 上海: 上海古籍出版社, 1999

張丕遠 主編, 『中國歷史氣候變化』, 濟南: 山東科學技術出版社, 1996

周偉洲, 『南涼與西秦』, 西安: 陝西人民出版社, 1987

_____, 『敕勒與柔然』, 桂林: 廣西師範大學出版社, 2006

陳金鳳, 『魏晉南北朝中間地帶硏究』, 天津: 天津古籍出版社, 2005

陳琳國, 『魏晋南北朝政治制度硏究』, 臺北: 文津出版社, 1984

陳爽, 『世家大族與北朝政治』, 北京: 中國社會科學出版社, 1998

陳連慶, 『《魏書·食貨志》校注』, 長春: 東北師範大學出版社, 1999

陳垣, 『二十史朔閏表』, 北京: 中華書局, 1962

陳仲安·王素, 『漢唐職官制度硏究』, 北京: 中華書局, 1993

[英] 崔瑞德 編, 中國社會科學院歷史硏究所西方漢學硏究課題組譯, 『劍橋中國隋唐史』, 北京: 中國社會科學出版社, 1990

韓樹峰, 『南北朝時期淮漢迆北的邊境豪族』, 北京: 社會科學出版社, 2003

黃鳳岐, 『契丹史硏究』, 赤峰: 內蒙古科學技術出版社, 1999

〈일문〉

岡本隆司 編, 『中國經濟史』, 名古屋: 名古屋大學出版會, 2013

小尾孟夫, 『六朝都督制硏究』, 廣島: 溪水社, 2001

中林史朗, 『中國中世四川地方史論集』, 東京: 勉誠出版, 2015

川本芳昭, 『魏晋南北朝時代の民族問題』, 東京: 汲古書院, 1998

護雅夫, 『古代トルコ民族史硏究』 I, 東京: 山川出版社, 1967

3. 연구논문

〈국문〉

강희정, 「南北朝時代 佛敎美術의 漢族 傳統」, 『美術史學硏究』 238-
239, 2003

_____, 「龍樹, 龍華樹, 連理木」, 『中國史硏究』 35, 2005

金鐸民, 「北魏 太和 이전의 胡族의 編制와 經濟的 基盤-均田制와 三
長制의 理解를 위한 田制-」, 『歷史學報』 124, 1989

金翰奎, 「東魏 高氏의 覇府와 晉陽」, 『古代東亞細亞幕府體制硏究』, 一
潮閣, 1997

金浩東, 「古代遊牧國家의 構造」, 서울大東洋史學硏究室編, 『講座中國
史』 II, 知識産業社, 1989

_____, 「北아시아 遊牧國家의 君主權」, 東洋史學會 編, 『東亞史上의
王權』, 도서출판 한울, 1993

金浩東, 「몽골제국과 "大元"」, 『역사학보』, 2006

李成珪, 「前漢列侯의 性格-郡縣支配下에서 封建制의 一變貌-」, 『東
亞文化』 14, 1977

_____, 「中國帝國의 分裂과 統一-後漢解體 이후 隋·唐統一의 形成
過程을 중심으로-」, 閔賢九·李成珪 등 編, 『歷史上의 分裂과 再
統一』(上), 一潮閣, 1992

_____, 「中國의 分裂體制模式과 東아시아 諸國」, 『韓國古代史論叢』
8, 1996

_____, 「中國 古代 帝國의 統合性 提高와 그 機制-民·官의 異同과
'帝國意識'의 형성을 중심으로-」, 『中國古代史硏究』 11, 2004

_____, 「尹灣簡牘에 反映된 地域性-漢帝國의 一元的 統治를 制弱

876

하는 地域傳統의 一端-」,『中國古代史研究』13, 2005

朴漢濟, 「南北朝時代의 南北關係-交易과 交聘을 中心으로-」,『韓國學論叢』4, 1981

_____, 「北魏 洛陽社會와 胡漢體制-都城區劃과 住民分布를 중심으로-」,『泰東古典研究』6, 1990

_____, 「東晉·南朝史와 僑民-'僑舊體制'의 形成과 그 展開-」,『東洋史學研究』53, 1996

_____, 「東魏~北齊時代의 胡漢體制의 展開」, 서울대학교동양사학연구실 編,『分裂과 統合-中國 中世의 諸相-』, 知識産業社, 1998

_____, 「五胡赫連夏國의 도시 統萬城의 選址와 그 구조-胡族國家의 都城經營方式-」,『東洋史學研究』69, 2000

_____, 「魏晉南北朝時代 각 왕조의 首都 선정과 그 의미-洛陽과 鄴都-」,『歷史學報』168, 2000

_____, 「北魏의 對民政策과 均田制」,『東亞文化』39, 2001

_____, 「胡族의 中原統治構造와 北魏 均田制」,『魏晉隋唐史研究』8, 2001

_____, 「西魏-北周時代『周禮』官制 採用의 經過와 그 意味」,『中國學報』42, 2002

_____, 「隋唐代 洛陽의 都城構造와 그 性格-'中世的' 都城構造의 終焉-」,『中國古中世史研究』22, 2009

송미령, 「康熙帝의 清 帝國 구상과 滿洲族의 정체성」,『歷史學報』196, 2007

辛聖坤, 「北朝 兵戶制의 變遷과 丁兵制의 性格」,『慶尙史學』11, 1995

_____, 「北周 武帝의 集權的 體制改革과 그 性格」,『中國學報』39, 1999

_____, 「北周 宇文護 執政期의 王都와 覇府」, 『中國古中世史研究』 17, 2007

李啓命, 「北周末尉遲迥 등의 反亂~周隋革命의 端緒로써」, 『龍鳳論叢 (全南大)』 10, 1980

_____, 「北魏末의 亂政과 叛亂－尒朱氏政權을 중심으로－」, 『全南史學』 9, 1995

_____, 「關中의 「郡姓」－河東薛氏의 成立－」, 『中國史研究』 12, 2001

丁載勳, 「古代遊牧國家의 社會構造」, 『韓國古代史講座』 3, 가락국사적 개발연구원, 2003

池培善, 「南燕與慕容德」, 『文史哲』 1993-3, 1993

崔珍烈, 「後漢末·魏晉時期 僑人政權과 巴蜀社會」, 『서울大 東洋史學 科論集』 25집, 2001

_____, 「北魏의 華北支配와 그 性格」, 서울大學校 大學院 東洋史學科 文學碩士學位論文, 2002. 8

_____, 「北魏의 種族政策－'부족해산'의 실상과 對'部落首領' 정책을 중심으로－」, 『魏晉隋唐史研究』(『中國古中世史研究』로 변경) 10집, 2003

_____, 「北魏의 地域支配方式과 그 性格－華北지역을 중심으로－」, 『東洋史學研究』 92, 2005

_____, 「北朝時代 使職의 출현과 그 의의－北朝使職의 試論的 考察－」, 『中國古代史研究』(『中國古中世史研究』로 변경) 14, 2005

_____, 「雲崗石窟 曇曜五窟 五帝의 재해석－廟號와 國號로 본 北魏의 정체성－」, 『中央아시아研究』 10, 2005

_____, 「北魏前期 近侍官의 性格－「文成帝南巡碑」의 분석을 중심으로－」, 『역사문화연구』 28, 2007

878

_____, 「北魏後期 친위부대의 정치개입과 그 배경—領軍府의 구조·인적구성·정치개입방식을 중심으로—」, 『역사문화연구』 30, 2008

_____, 「唐人들이 인정한 高句麗人의 正體性—唐代 墓誌銘에 보이는 高句麗의 別稱(朝鮮·三韓·扶餘) 分析을 중심으로—」, 『동북아역사논총』 24, 2009

_____, 「北魏後期 洛陽거주 胡人들의 생활과 문화—孝文帝의 '漢化政策'의 재검토—」, 『中國古中世史研究』 24, 2010

_____, 「北魏前期 皇室通婚정책—겹사돈婚의 만연과 그 정치적 기능을 중심으로—」, 『역사와 교육』 11, 2010

_____, 「北魏時代 漢人官僚들의 巡幸論」, 역사와교육학회, 『역사와교육』 10집, 2010

_____, 「北魏의 '部族解散' 再論—部·部落의 多義性과 鮮卑 無姓 현상의 검토—」, 『역사와교육』 13, 2011

_____, 「北魏 皇帝 巡幸의 統計的 性格—巡幸頻度·巡幸期間·순행활동의 통계적 분석을 중심으로—」, 『中國古中世史研究』 26, 2011

_____, 「東魏北齊의 華北 지배와 그 한계」, 『東洋史學研究』 125, 2013

_____, 「북조 장성 축조와 그 배경」, 홍승현·송진·최진열·허인욱·이성제, 『중국 역대 장성의 연구』(동북아역사재단 기획연구 62), 동북아역사재단, 2014

_____, 「西魏北周 華州(同州)의 政治·軍事的 지위와 역할」, 『中國古中世史研究』 31, 2014

_____, 「16국 시대 요서(遼西)의 인구 증감과 전연(前燕)·후연(後燕)·북연(北燕)의 대응」, 『백제와 요서지역』(백제학연구총서 쟁점백제사7), 한성백제박물관, 2015

_____, 「후연(後燕) '용성시대(龍城時代)'의 정치적·경제적 자멸(自滅)—광개토대왕(廣開土大王) 후연 공략의 대외적 배경—」, 『동북아역사논총』 52, 2016

_____, 「北魏末 '尒朱榮政權'의 출현과 그 영향—六鎭의 난 과대 평가와 尒朱榮政權의 재평가를 중심으로—」, 『대동문화연구』 102, 2018

_____, 「北周의 舊北齊(山東) 支配와 그 한계」, 『東洋史學硏究』 155, 2018

_____, 「西魏北周의 巴蜀 정복과 지배」, 『中國古中世史硏究』 50, 2018

〈중문〉

賈文慧, 「從《洛陽伽藍記》看北魏洛陽城里坊布局特徵」, 『赤峰學院學報(漢文哲學社會科學版)』 34-1, 2013

葛志毅·張惟明, 「周代巡行遺使制度及其演變」, 『先秦兩漢的制度與文化』, 哈爾濱: 黑龍江敎育出版社, 1998

_____, 「西漢遣使巡行制度及其負擔的社會政治功能」, 『先秦兩漢的制度與文化』, 哈爾濱: 黑龍江敎育出版社, 1998

_____, 「漢代博士奉使制度」, 『先秦兩漢的制度與文化』, 哈爾濱: 黑龍江敎育出版社, 1998

康玉慶·勒生禾, 「試論古都晉陽的戰略地位」, 『中國古都研究』 12, 太原: 山西人民出版社, 1998

高敏, 「東漢·魏·晉時期"州郡兵"制度的歷史演變」, 『魏晉南北朝兵制研究』, 鄭州: 大象出版社, 1999

_____, 「晉武帝"罷州郡兵"問題辨析」, 『魏晉南北朝兵制研究』, 鄭州:

大象出版社, 1999

_____, 「十六國時期的軍鎮制度」, 『魏晉南北朝兵制研究』, 鄭州: 大象
出版社, 1999

_____, 「十六國時期前秦·後秦的"護軍"制」, 『魏晉南北朝兵制研究』,
鄭州: 大象出版社, 1999

_____, 「南朝典籤制度考略」, 『秦漢魏晉南北朝史論考』, 北京: 中國社
會科學出版社, 2004

_____, 「北魏的兵戶制及其演變」, 『魏晉南北朝兵制研究』, 鄭州: 大象
出版社, 1999

_____, 「北魏"宗主督護"制施行時間試探−兼論"宗主督護"制的社會影
響−」, 『秦漢魏晉南北朝史論考』, 北京: 中國社會科學出版社, 2004

_____, 「北魏的兵戶制及其演變」, 『魏晉南北朝兵制研究』, 鄭州: 大象
出版社, 1999

_____, 「東魏·北齊與西魏·北周時期的兵制試探」, 『魏晉南北朝兵制
研究』, 鄭州: 大象出版社, 1999

高敏, 「《南齊書·魏虜傳》書後」, 『魏晉南北朝史發微』, 北京: 中華書局,
2005

高然, 「十六國前燕疆域·政區考」, 『中國歷史地理論叢』 29-3, 2014

高平, 「拓跋魏往京師平城大規模遷徙人口的數字·原因及其影響」, 中
國魏晉南北朝史學會 大同平城北朝研究會 編, 『北朝研究』 第一輯,
1999

高賢棟, 「《魏書·李沖傳》"舊無三長, 唯立宗主督護"辨析」, 中國魏晉南
北朝史學會·武漢大學中國三至九世紀研究所 編, 『魏晉南北朝史
研究: 回顧與探索−中國魏晉南北朝史學會第九屆年會論文集−』,
武漢: 湖北教育出版社, 2009

谷川道雄,「西魏"六條詔書"中的士大夫倫理」, 馬彪 譯,『中國中世社會
　　與共同體』, 北京: 中華書局, 2002

孔毅,「西魏北周改革述評」,『晉陽學刊』1992-3, 1992

＿＿＿＿,「北朝後期六鎮鮮卑群體心態的演變」,『重慶師院學報哲社版』
　　1999-2, 1999

郭建中,「北魏泰常八年長城尋踪」,『內蒙古文物考古』2006-1, 2006

J. 霍爾姆格林 著, 謝萌珍 譯,「論南燕政權的建立與滅亡」,『國外社會
　　科學』1993-11, 1993

郭黎安,「北魏定冀相三州的歷史地位」,『北朝研究』1990年 上半年刊(總
　　第2期), 1990

郭曉華,「試論十六國時期胡漢分治的幾個問題」, 四川大學碩士學位論
　　文, 2006.4

關治中・劉樹友,「沙苑之戰述評」,『西北大學學報』1990-2, 1990

堀內明博 著, 于德源 譯,「北魏平城」,『大同高等專科學校學報(綜合版)』
　　1994-4, 1994

宮萬松・宮萬瑜,「濟源出土的北魏宗室元葰墓誌銘考釋」,『中原文物』
　　2011-5, 2011

靳生禾・謝鴻喜,「玉壁之戰古戰場考察報告」,『中國歷史地理論叢』
　　2000-3, 2000

＿＿＿＿,「東西玉壁之戰研究」,『太原大學學報』2002-9, 2002

羅新,「北魏直勤考」,『歷史研究』2004-5, 2004

＿＿＿＿,「跋北魏太武帝東巡碑」,『北大史學』11, 北京: 北京大學出版
　　社, 2005

＿＿＿＿,「柔然官制續考」,『中古北族名號研究』, 北京: 北京大學出版社,
　　2009(原載『中華文史論叢』2007-1, 2007)

_____, 「北魏直勤考」, 『中古北族名號研究』, 北京: 北京大學出版社, 2009(原載『歷史研究』2004-5, 2004)

勞榦, 「北魏州郡志略」, 『中央研究院歷史於焉研究所集刊』 32, 1961

盧開萬, 「論北朝施行屯田制的必要性·可能性及其規模與效果－北朝屯田制度之一－」, 『武漢大學學報(社科版)』 1985-6, 1985(F7 經濟史 1986-3, 1986)

魯西奇, 「西魏北周時代"山南"籍"方隅豪族"」, 『中國史研究』 2009-1, 2009

逯耀東, 「北魏平城對洛陽規建的影向」, 『從平城到洛陽－拓跋魏文化轉變的歷程－』, 北京: 中華書局, 2006

_____, 「拓跋氏與中原士族的婚姻關係」, 『從平城到洛陽－拓跋魏文化轉變的歷程－』, 北京: 中華書局, 2006

鈕仲勳, 「論北魏孝文帝之遷都」, 『山西大學學報(哲學社會科學版)』 1996-4, 1996

譚其驤, 「翟魏始末」, 『益世報』 1942. 12. 17

譚書龍, 「宋文帝遣使與元嘉之治」, 『西華師範大學學報(哲學社會科學版)』 2005-5, 2005

唐長孺, 「九品中正制度試釋」, 『魏晉南北朝史論叢』, 北京: 三聯書店, 1955

_____, 「魏晉雜胡考」, 『魏晉南北朝史論叢』, 北京: 三聯書店, 1955

_____, 「晉代北境各族"變亂"的性質及五胡政權在中國的統治」, 『魏晉南北朝史論叢』, 北京: 三聯書店, 1955

_____, 「拓跋國家的建立及其封建化」, 『魏晉南北朝史論叢』, 北京: 三聯書店, 1955

_____, 「北魏均田制中的幾個問題」, 『魏晉南北朝史論叢續編』, 北京:

三聯書店, 1959

_____, 「魏晉州郡兵的設置和廢罷」, 『魏晉南北朝史論拾遺』, 北京: 中
華書局, 1983

_____, 「南北朝基幹西域與南朝的陸道交通」, 『魏晉南北朝史論拾遺』,
北京: 中華書局, 1983

_____, 「北魏的青齊士民」, 『魏晉南北朝史論拾遺』, 北京: 中華書局,
1983

_____, 「論北魏孝文帝定姓族」, 『魏晉南北朝史論拾遺』, 北京: 中華書
局, 1983

_____, 「北魏末期的山胡敕勒起義」, 『山居存稿』, 北京: 中華書局,
2011(原載 唐長孺·黃惠賢, 「北魏末期的山胡敕勒起義」, 『武漢大學學報(人
文科學版)』1964-4, 1964)

_____, 「試論魏末北鎮鎮民暴動的性質」, 『山居存稿』, 北京: 中華書局,
2011(原載 唐長孺·黃惠賢, 「試論魏末北鎮鎮民暴動的性質」 『歷史研究』,
1964-1, 1964)

戴衛紅, 「北魏考課制度與大使巡行·吏民告發」, 『北魏考課制度研究』,
北京: 中國社會科學出版社, 2010

陶賢都, 「高歡父子霸府述論」, 青島: 『青島大學師範學院學報』2006-1,
2006(K22 魏晉南北朝隋唐史 2006-4, 2006)

[英] 杜德橋, 王立群 譯, 「尉遲迥在安陽: 一個8世紀的宗教儀式及其神
話傳說」, 樂黛雲 等 編選, 『歐洲中國古典文學研究名家十年文選』,
南京: 江蘇人民出版社, 1998

欒貴川, 「十六國北朝時期黃淮海地區戶口與勞動力考述」, 北京: 『中
國社會科學院研究生院學報』2000-4, 2000(K22 魏晉南北朝隋唐史
2000-6, 2000)

馬志强·張焯, 「北魏平城京畿行政區劃的演變」, 『洛陽大學學報』18-1, 2002

馬志强·何建國, 「北魏懷朔鎭將略談」, 『蘭臺世界』2015·6月下旬, 2015

馬馳, 「蕃將與武則天政權」, 『許昌師專學報: 社科版』1991-4, 1991

萬繩楠, 「以漢族爲中心的民族融合的最後勝利−論北周的改革−」, 『魏晉南北朝史論稿』, 合肥: 安徽敎育出版社, 1983

_____, 「從陳·齊·周三方關系的演變看隋的統一」, 『安徽師大學報(哲學社會科學版)』, 1985-4, 1985

牟發松, 「十六國時期地方行政機構的軍鎭化」, 太原: 『晉陽學刊』1985-6, 1985(K22 1985-12)

_____, 「東魏北齊的地方行臺」, 『魏晉南北朝隋唐史資料』9·10, 1988

_____, 「六鎭起義前的北魏行臺」, 『魏晉南北朝隋唐史資料』11, 1991

_____, 「北魏 "離散諸部" "領民酋長" 研究的回顧與反思」, 『歷史敎學問題』, 2017-6, 2017

毛漢光, 「北魏東魏北齊之核心集團與核心區」, 『中國中古政治史論』, 上海: 上海書店出版社, 2002(原載 『中央研究院歷史硏究所集刊』57-2, 1985)

_____, 「北朝東西政權之河東爭奪戰」, 『中國中古政治史論』, 上海: 上海書店出版社, 2002(原載 『臺灣大學文史哲學報』35)

_____, 「西魏府兵史論」, 『中國中古政治史論』, 上海: 上海書店出版社, 2002

_____, 「中古統治階層之社會基礎」, 『中國中古社會史論』, 上海: 上海書店出版社, 2002

_____, 「晉隋之際河東地區與河東大族」, 『中國中古政治史論』, 上海:

上海書店出版社, 2002(原載『臺灣大學文史哲學報』35)

武建國,「均田制産生的社會原因和條件」,『均田制研究』, 昆明: 雲南人
　　民出版社, 1992

＿＿＿＿,「北朝屯田述論」,『漢唐經濟社會研究』, 北京: 人民出版社,
　　2010(『思想戰線』1986-5, 1986)

武劍青,「南朝劉宋遣使救災述論」,『西南交通大學學報(社會科學版)』
　　7-1, 2006

＿＿＿＿,「南朝遣使巡行初探」,『西南交通大學學報(社會科學版)』8-6,
　　2007

武仙卿 著, 宇都宮清吉・增村宏 譯,『魏晉南北朝經濟史－均田制度の
　　實施－』, 東京: 生活史, 1942

毋有江,「道武帝之後北魏在新占地區的政區設置」,『中國史研究』2010-
　　3, 2010

武鐵城,「沙苑之戰淺析」,『軍事歷史』1993-5, 1993

裴恒濤,「北周武帝的文化政策論略」,『遵義師范學院學報』11-1, 2009

＿＿＿＿,「北周武帝的民族政策芻議」,『四川民族學院學報』20-2, 2011

卞孝萱,「關于北朝・隋・唐的"道"」,『南開大學學報』1977-6, 1977

史貴國,「南燕國史研究」, 山東師範大學碩士學位論文, 2012. 5. 15

謝美婧,「北魏洛陽城的營建」, 東北師範大學碩士學位論文, 2009. 6

史蘇苑,「北魏孝文帝遷都洛陽平議」, 洛陽市文物局・洛陽白馬寺漢魏
　　故城文物保管所 編,『漢魏洛陽故城研究』, 北京: 科學出版社, 2000

史衛,「北魏平城時代的財政」, 首都師範大學碩士學位論文, 2001. 5

＿＿＿＿,「北魏貨幣使用研究」,『許昌學院學報』23-1, 2004

＿＿＿＿,「論南北朝時期河北地區經濟中心地位的形成」,『石家莊學院學
　　報』10-1, 2008

山西省考古研究所·靈丘縣文物局,「山西靈丘北魏文成帝《南巡碑》」,
　　『文物』1997-12, 1997

尚珩,「北齊長城考」,『文物春秋』2012-1, 2012

索伯(Alexander C. Soper),「北涼和北魏時期的甘肅」,『敦煌研究』1999-
　　4(總第62期), 1999

徐美莉,「論高歡及其時代」, 中國魏晉南北朝史學會 大同平城北朝研究
　　會,『北朝研究』2, 北京: 北京燕山出版社, 2001

徐世明,「北周武帝改革略論」,『貴州師大學報』1990-2, 1990

石冬梅,「論北周的御正和內史」,『唐都學刊』22-2, 2006

＿＿＿＿,「西魏北周六官制度新探」,『西南大學學報(人文社會科學版)』33-
　　1, 2007

徐勝一,「北魏孝文帝遷都洛陽與氣候變化之研究」,『臺灣師大地理研究
　　報告』38, 2003

陝西省考古研究院,「北周莫仁相·莫仁誕墓發掘簡報」,『考古與文物』
　　2012-3, 2012

薛瑞澤,「北魏的內河航運」,『山西師大學報(社會科學版)』28-3, 2001

＿＿＿＿,「北魏縣令長的相關門題」,『史學集刊』2003-3, 2003

薛海波,「東魏北齊國家的權力結構與豪族大土地所有制」,『河南科技大
　　學學報(社會科學版)』27-5, 2009

＿＿＿＿,「論西魏北周國家對小農和豪族經濟的支配與控制」,『許昌學院
　　學報』28-6, 2009

＿＿＿＿,「北魏末年鎮民暴動新探-以六鎮豪強酋帥爲中心-」,『文史哲』
　　2011-2(總第323期), 2011

＿＿＿＿,「論北魏末年的邢杲暴動」,『齊魯學刊』2011-5(總第224期),
　　2011

      , 「東魏北齊統治集團婚姻特徵試探-以高齊皇室與懷朔鎮勳貴婚媾爲中心-」, 『黑龍江民族叢刊(雙月刊)』 2012-6(總第131期), 2012

      , 「論北魏末期尒朱榮軍事集團中的六鎮豪强酋帥」, 『東北師大學報(哲學社會科學版)』 2013-6(總第266期), 2013

      , 「論北魏六鎮經濟與六鎮暴動的原因」, 『中國社會經濟史研究』 2014-3, 2014

      , 「論北魏六鎮豪帥的婚姻關係與其社會地位"劇降"問題」, 『古代文明』 9-3, 2015

邵郁, 「北周宇文廣·宇文廣墓誌疏證」, 『天水師範學院學報』 34-3, 2014

蘇小華, 「試論尒朱氏集團的興亡」, 太原: 『晉陽學刊』 2005-3, 2005(K22 魏晉南北朝隋唐史 2005-5, 2005)

      , 「西魏北周軍隊構成的變化及其對北朝軍事的影響」, 『雲南民族大學學報(哲學社會科學版)』 25-2, 2008

      , 「遷都洛陽後北魏六鎮的地域社會特徵」, 『古代文明』 2-2, 2008

      , 「東魏北齊重北輕南的原因及其影響」, 『社會科學評論』 2009-4, 2009

孫綱, 「河北唐縣'賽思顚窟'」, 『文物春秋』 1998-1, 1998

孫權, 「北魏河北地區研究」, 山西大學碩士學位論文, 2009. 6

施光明, 「宇文泰改革評析」, 『固原師專學報』 1990-3, 1990

辛德勇, 「隋唐時期長安附近的陸路交通-漢唐長安交通地理研究之二-」, 『古代交通與地理文獻研究』, 北京: 中華書局, 1996

梁麗紅, 「也談北魏離散部落的問題-與楊恩玉同志商榷-」, 『晉陽學刊』 2009-2, 2009

楊龍, 「論北魏後期地方長官本籍任用-以漢族士人爲中心的考察-」,

『烟臺大學學報(哲學社會科學版)』25-3, 2012

楊帆, 「北周武帝開發西北經濟初探」, 『烏魯木齊成人教育學院學報』15-4, 2007

梁燕妮, 「北魏末年渤海封氏的動向」, 『滄桑』2011-3, 2011

楊耀坤, 「北魏末年北鎮暴動分析」, 『歷史研究』1978-11, 1978

梁偉基, 「北魏軍鎮制度探析」, 『中央民族大學學報(社會科學版)』1998-2, 1998

楊恩玉, 「北魏離散部落與社會轉型-就離散的時間·內涵及目的與唐長孺·周一良·田餘慶諸名家商榷-」, 『文史哲』2006-6, 2006

楊翠微, 「周武帝滅齊統一北方可能性探析」, 『求是學刊』1998-3, 1998

_____, 「西魏北周政治鬪爭與中央集權之加强」, 『中國文化研究』2003年冬之卷, 2003

嚴耕望, 「北魏尚書制度考」, 『中央研究院歷史語言研究所』18, 1948

_____, 「北魏尚書制度」, 『嚴耕望史學論文選集』, 臺北: 聯經出版事業公司, 1991

嚴耀中, 「北齊政治與尚書幷省」, 『上海師範大學學報(哲社版)』1990-4, 1990

_____, 「關于北魏"三刺史"制度的若干詮釋」, 『魏晉南北朝史考論』, 上海: 上海人民出版社, 2010

_____, 「北魏平涼郡考」, 『魏晉南北朝史考論』, 上海: 上海人民出版社, 2010

_____, 「平齊民身分與靑齊士族集團」, 『魏晉南北朝史考論』, 上海: 上海人民出版社, 2010

黎鏡明, 「北魏尒朱家族專制研究」, 陝西師範大學碩士學位論文, 2015. 5

呂春盛, 「周隋革命與統治階層的變動」, 『關隴集團的權力結構演變: 西

魏北周政治史研究』, 臺北縣板橋: 稻鄉出版社, 2010(再版)

黎虎, 「北魏前期的狩獵經濟」, 『魏晉南北朝史論』, 北京: 學苑出版社, 1999

力高才·殷憲, 「北魏平城京畿地名考釋」(上), 『北朝研究』 1989-1(創刊號), 1989

力高才·殷憲·高平, 「北魏平城京畿地名考釋」(下), 『北朝研究』 1990年下半年刊(總第3期), 1990

亦鄰眞, 「中國北方民族與蒙古族族源」, 『亦鄰眞蒙古學文集』, 呼和浩特: 內蒙古人民出版社, 2001

閆旭梅, 「十六國胡漢分治問題試析」, 首都師範大學碩士卒業論文, 2003. 5

閆廷亮, 「北魏對河西的經營和開發」, 『河西學院學報』 21-4, 2005

閻忠, 「南燕國考」, 『松遼學刊(社會科學版)』 1995-3, 1995

烏其拉圖, 「部分匈奴語詞之復原考釋-再探匈奴人語言所屬-」, 『內蒙古大學學報(人文社會科學版)』 31-4, 1999

_____, 「《南齊書》中部分拓跋鮮卑語名詞的復原考釋」, 『內蒙古社會科學(漢文版)』 23-6, 2002

吳松巖, 「從考古學視野看北魏初期離散部落政策」, 『內蒙古大學學報(哲學社會科學版)』 44-1, 2012

吳之湖, 「北魏《宇文善墓誌》」, 『洛陽師範學院學報』 34-6, 2015

王佳月, 「談孝宣之際北魏洛陽城的規建」, 『石窟寺研究』 2, 2012

王光照, 「後梁興亡與南北統一」, 『江漢論壇』 1999-4, 1999

王東洋, 「從平城到洛陽: 北魏孝文帝遷都洛陽草率說獻疑」, 風鋒 主編, 『雲崗文化研究選粹』, 北京: 光明日報出版社, 2017

王連龍, 「北魏高樹生及妻韓期姬墓誌考」, 『文物』 2014-2, 2014

_____, 「新見北齊《尒朱世邕墓誌》及其相關門題研究」, 『華夏考古』 2014-4, 2014

王萬盈, 「北魏存在地方財政說質疑－兼與渡邊信一郎先生商榷－」, 『中國社會經濟史研究』 2008-3, 2008

王萌, 「試探北魏北部邊疆軍事經略及其成敗」, 『內蒙古社會科學(漢文版)』 37-3, 2016

王明前, 「試論北齊北周的國家經濟一體化努力」, 『蘭州學刊』 2012-2, 2012

_____, 「北魏邊疆經營與北鎮問題」, 『遼寧教育行政學院學報』 2013-4, 2013

王小甫, 「隋初與高句麗及東北諸族關係試探－以高保寧據營州爲中心－」, 王小甫 主編, 『盛唐時代與東北亞政局』, 上海: 上海辭書出版社, 2003

王穎超, 「淸代馬政對遼西走廊民俗文化的影響」, 中央民族大學碩士學位論文, 2005. 5

王堯, 「東魏北齊早期農業區域經濟建設」, 『赤峰學院學報(漢文哲學社會科學版)』 33-12, 2012

王仁磊, 「試論河北地區在北魏前期政局中的地位與影響」, 鄭州大學碩士學位論文, 2006. 5

_____, 「略論北魏道武帝平定河北策略的制定」, 『內蒙古社會科學(漢文版)』 30-6, 2009

_____, 「道武帝平定河北與北魏在北方的迅速崛起」, 政協大同市委員會 · 山西大同大學, 『2018中國大同 · 北魏文化論壇論文集』, 2018. 8

王仲犖, 「東西魏北齊北周僑置六州考略」, 『北周地理志』, 北京: 中華書局 1980[2007重印]

王振芳,「論太原在東魏北齊時期的戰略地位」,『山西大學學報(哲學社會
　　科學版)』1991-14, 1991

王天順,「魏晉十六國北朝時期河套諸族」,『河套史』, 北京: 人民出版社,
　　2006

汪波,「魏晉南北朝幷州地區少數民族初探」, 殷憲 · 馬志强,『北朝研究』
　　2, 北京: 北京燕山出版社, 2001

王鑫義,「北朝時期淮河流域農業生産的恢復和發展」,『中國農史』21-2,
　　2002

姚波,「六鎭問題與北魏的滅亡」,『重慶科技學院學報(社會科學版)』2010-
　　11, 2010

牛旭,「北朝秦州地區研究」, 陝西師範大學碩士學位論文, 2009. 5

牛潤珍,「東魏北齊鄴京里坊制度考」,『晉陽學刊』2009-6, 2009

熊德基,「九品中正制考實」, 中國社會科學院歷史研究所 編,『古史文存
　　(秦漢魏晉南北朝卷)』, 北京: 社會科學文獻出版社, 2004

熊偉,「西魏北周府兵制組織系統功能與作用分析」,『廣西社會科學』
　　2012-1, 2012(總第199期), 2012

袁剛,「論周武帝"取亂侮亡"滅北齊」,『許昌師專學報』19-4, 2000

韋琦輝,「東魏北齊胡漢分治政策與高演政變」,『社科縱橫』26-6, 2011

劉國石,「簡論西魏北周改革－兼論孝文改制未盡之歷史任務－」,『民族
　　研究』1999-3, 1999

_____,「1949年以來西魏北周改革研究概述」,『中國史研究動態』
　　2000-11, 2000

劉東昇,「北魏南北向書制度考」,『北方論叢』2017-1(總第261期), 2017

_____,「東魏張瓊墓誌考釋」, 政協大同市委員會 · 山西大同大學,
　　『2018中國大同 · 北魏文化論壇論文集』, 2018. 8

892

俞鹿年,「北魏前期的地方職官·軍鎮的建制及其職官」,『北魏職官制度考』, 北京: 社會科學文獻出版社, 2008

_____,「北魏前期的地方職官·都督」,『北魏職官制度考』, 北京: 社會科學文獻出版社, 2008

_____,「北魏前期的地方職官·北魏初期的地方行臺」,『北魏職官制度考』, 北京: 社會科學文獻出版社, 2008

_____,「北魏前期的地方職官·領民酋長」,『北魏職官制度考』, 北京: 社會科學文獻出版社, 2008

_____,「北魏前期的地方職官·諸部護軍」,『北魏職官制度考』, 北京: 社會科學文獻出版社, 2008

_____,「北魏前期的地方職官」,『北魏職官制度考』, 北京: 社會科學文獻出版社, 2008

_____,「北魏後期的地方職官·軍鎮的建制及其職官」,『北魏職官制度考』, 北京: 社會科學文獻出版社, 2008

_____,「北魏後期的地方職官·都督與都督區」,『北魏職官制度考』, 北京: 社會科學文獻出版社, 2008

_____,「北魏後期的地方職官·北魏末年的地方行臺」,『北魏職官制度考』, 北京: 社會科學文獻出版社, 2008

_____,「北魏後期的地方職官·領民酋長」,『北魏職官制度考』, 北京: 社會科學文獻出版社, 2008

_____,「北魏後期的地方職官」,『北魏職官制度考』, 北京: 社會科學文獻出版社, 2008

劉精誠,「北魏末年人民起義與東魏北齊·西魏北周的改革」,『魏晉南北朝史研究』, 成都: 四川省人民科學院出版社, 1986

劉志玲,「縱論魏晉北朝鄴城的中心地位」,『邯鄲學院學報』18-4, 2008

柳春藩,「關于漢代食封制度的性質問題」,『秦漢魏晉經濟制度研究』, 哈爾濱: 黑龍江人民出版社, 1993

劉漢東,「北魏屯田述略」,『上饒師專學報』1988-3·4, 1988

劉曉華,「北周賀蘭祥墓誌及其相關問題」,『咸陽師範學院學報』16-5, 2001

殷憲,「北魏《申洪之墓銘》及幾個相關問題」,『山西大同大學學報(社會科學版)』24-1, 2010

_____,「北魏畿上塞圍考辨」,『平城史稿』, 北京: 科學出版社, 2012

_____,「北齊《張謨墓志》與北新城」,『晋陽學刊』2012-2, 2012

李久昌,「北魏洛陽里坊制度及其特點」,『學術交流』2007-7(總第160期), 2007

李萬生,「讀《周書·蕭詧傳》書後」,『貴州師範大學學報(社會科學版)』, 1998-3, 30-32쪽

_____,「論東魏北齊的積極進取-兼論東魏北齊歷史的一種分期法-」, 『史學月刊』2003-1, 2003

_____,「二國(東魏北齊與西魏)侵梁」,『侯景之亂與北朝政局』, 北京: 中國社會科學出版社, 2003

_____,「河南之地與三國之爭」,『侯景之亂與北朝政局』, 北京: 中國社會科學出版社, 2003

李文才·王婷琳,「尒朱氏興衰的政治與文化考察」,『南京曉莊學院學報』2007-4, 2007

李凭,「論宗主督護」,『北魏平城時代』, 北京: 社會科學文獻出版社, 2000

_____,「道武帝時期的大移民與雁北的開發」,『北魏平城時代』, 北京: 社會科學文獻出版社, 2000

_____,「論宗主督護」,『北魏平城時代』, 北京: 社會科學文獻出版社, 2000

_____,「北魏平城畿內的城邑」,『北魏平城時代』, 北京: 社會科學文獻出版社, 2000

_____,「拓跋珪與雁北的開發」, 太原:『晉陽學刊』1985-3, 1985(K22 魏晉南北朝隋唐史 1985-6, 1985)

_____,「論北魏遷都事件」,『北朝研究存稿』, 北京: 商務印書館, 2006

李森,「南燕史考論」,『濰坊敎育學院學報』2002-2, 2002

李三謀·李竹林,「北魏至北周時期的河東鹽業經濟活動」,『鹽業史研究』2007-2, 2007

李書吉,「十六國北朝山西塢壁的地理分布」, 中國魏晉南北朝史學會·山西大學歷史文化學院 編,『中國魏晉南北朝史學會第十屆年會暨國際學術研討會論文集』, 太原: 北岳文藝出版社, 2012

李書吉·崔彦華,「北齊陪都晉陽與歐亞大陸經濟文化交流」,『中國經濟史研究』2009-2, 2009

李兆宇·丁武,「西魏北周時期同州地位的變遷」,『西部學刊』2015-10, 2015

李則芬,「九品中正制度」,『中國歷史論文集(上)』(從先秦到南北朝), 臺北: 黎明出版, 1998

_____,「北魏的六鎭」,『中國歷史論文集(上)』(從先秦到南北朝), 臺北: 黎明出版, 1998

李鴻賓,「朔方軍與胡兵蕃將」,『唐朝朔方軍研究』, 長春: 吉林人民出版社, 2000

_____,「尉遲迥事變及其結局-新舊時代轉變的表徵-」,『西北民族大學學報(哲學社會科學版)』2004-2, 2004

張劍·孟昭芝,「北魏國都平城和洛陽城的對比研究」,『三門峽職業技術學院學報』10-1, 2011

張慶捷,「北魏破多羅氏壁畫墓所見文字考述」,『歷史研究』2007-1, 2007

_____,「絲綢之路與北朝晉陽」, 中國魏晉南北朝史學會·山西大學歷史文化學院 編,『中國魏晉南北朝史學會第十屆年會暨國際學術研討會論文集』, 太原: 北岳文藝出版社, 2012

張慶捷·郭春梅,「北魏文成帝《南巡碑》所見拓跋職官初探」,『中國史研究』1999-2(K22 復印報刊資料 魏晉隋唐史 1999-5)

章冠英,「兩晉南北朝時期民族大變動中的稟君蠻」,『歷史研究』1957-2, 1957

張國剛,「唐代的蕃部與蕃兵」,『唐代政治制度研究論集』, 臺北: 文津出版社, 1995

張國安,「淮南之役與陳代南人政治之重組」,『國學研究』5, 1998

張國芝,「秦代的巡視制度」,『漢代巡視制度研究』, 鄭州: 大象出版社, 2014

_____,「漢代巡視制度的歷史地位」,『漢代巡視制度研究』, 鄭州: 大象出版社, 2014

張金龍,「北魏後期的直閤將軍與"直衛"諸職」, 濟南:『文史哲』1999-1(K22 1999-3), 1999

_____,「北朝都督制的演變與禁衛武官都督的形成」, 中國魏晉南北朝史學會 大同平城北朝研究會 編,『北朝研究』1, 北京: 北京燕山出版社, 1999

_____,「東魏·北齊京畿大都督考」,『文史哲』2000-1, 2000

_____,「北魏洛陽里坊制度探微」,『北魏政治與制度論稿』, 蘭州: 甘肅教育出版社, 2002(原載『歷史研究』1999-6, 1999)

_____, 「東魏北齊左右衛府制度考論」, 『蘭州大學學報(社會科學版)』 32-2, 2004

張文華·蘇小華, 「西魏北周的財政與政治」, 『求索』 2006-11, 2006

張敏, 「論北魏長城-軍鎭防禦體系的建立-」, 『中國邊疆史地研究』 13-2, 2003

蔣福亞, 「魏晉南北朝河北經濟的發展」, 『魏晉南北朝經濟史探』, 蘭州: 甘肅人民出版社, 2003

長部悅弘 著, 王冬艶 譯, 「北魏尒朱氏軍閥集團考」, 中國魏晉南北朝史學會·武漢大學中國三至九世紀研究所 編, 『魏晉南北朝史研究: 回顧與探索-中國魏晉南北朝史學會第九屆年會論文集-』, 武漢: 湖北敎育出版社, 2009

張祥光, 「論北周武帝」, 『貴州社會科學』 1981-1(總四期), 1981

張小隱, 「魏晉南北朝時期行臺性質的演變-兼論地方行臺制度的淵源-」, 『人文雜誌』 2008-3, 2008

_____, 「北朝都督·行臺與總管長官等級考辨」, 『北華大學學報(社會科學版)』 10-4, 2009

張旭華, 「北魏中央與地方中正組織的分張及其意義」, 『九品中正制略論稿』, 鄭州: 中州古籍出版社, 2004

_____, 「九品中正制性質芻議」, 中國魏晉南北朝史學會·武漢大學中國三至九世紀研究所 編, 『魏晉南北朝史研究: 回顧與探索-中國魏晉南北朝史學會第九屆年會論文集-』, 武漢: 湖北敎育出版社, 2009

_____, 「北魏時期的中央與地方中正組織」, 『九品中正制研究』, 北京: 中華書局, 2015

張蔚, 「北魏長城與金界壕對比研究」, 『東北史地』 2012-6, 2012

張維訓,「略論北魏孝文帝以來的租調制度」,『中國史研究』1990-1, 1990(F7 經濟史 1990-4, 1990)

章義和·洪吉,「北魏諸帝巡行的歷史意義」,『文化學刊』2008-1(總第9期), 2008

張焯,「東魏北齊京畿大都督府補考−兼向周雙林先生請敎−」,『史學月刊』1989-2, 1989

_____,「北朝的總管制−兼論周隋府兵軍府的建置−」, 大同:『北朝研究』總第3期, 1990

張鶴泉,「北魏都督諸州軍事制度試探」, 殷憲 主編,『北朝史研究: 中國魏晉南北朝史國際學術研討會論文集』, 北京: 商務印書館, 2004

田德新·公維章,「北魏對西北地區的統治措施」,『發展』1998-6, 1998

錢龍,「北魏安置六鎭"饑民"失誤淺論」,『滄桑』2007-1, 2007

田餘慶,「東三郡與蜀魏歷史」,『秦漢魏晉史探微』, 北京: 中華書局, 1993

_____,「獨孤部落離散問題−北魏"離散部落"個案考察之二−」,『拓跋史探』, 北京: 三聯書店, 2003(原載『慶祝鄧廣銘敎授九十華誕論文集』, 石家莊: 河北敎育出版社, 1997)

_____,「賀蘭部落離散問題−北魏"離散部落"個案考察之一−」,『拓跋史探』, 北京: 三聯書店, 2003(原載『歷史研究』1997-2, 1997)

_____,「北魏後宮子貴母死之制的形成和演變」,『拓跋史探』, 北京: 三聯書店, 2003(原載『國學研究』5, 北京大學出版社, 1998)

_____,「北魏后宮子貴母死之制的形成和演變」,『拓跋史探』, 北京: 三聯書店, 2003

田振洪,「典籤監察與南朝社會」,『綏化學院學報』26-5, 2006

鄭建民,「尒朱集團和北魏末期的政局」, 2008屆研究生碩士學位論文,

2008. 4

鄭顯文,「北齊戶口考」,『中國社會經濟史研究』1993-1, 1993

井紅波·楊鈺俠,「劉宋的遣使出巡與地方政務管理」,『宿州學院學報』
　　21-6, 2006

趙文潤,「宇文泰的擢用廉吏與西魏的經濟發展」,『陝西師大學報(哲學社
　　會科學版)』1990-3, 1990

　　　　,「西魏北周時期的社會思潮」,『文史哲』1993-3, 1993

　　　　,「西魏宇文泰伐蜀滅梁戰役述略」, 中國魏晉南北朝史學會 大同
　　平城北朝研究會 編,『北朝研究』1, 北京: 北京燕山出版社, 1999

趙文潤·陳鼎中,「西魏北周時期的關中農業」,『陝西師大學報(哲學社會
　　科學版)』2-1, 1993

操曉理,「北魏移民初論」,『首都師範大學學報』1998-6, 1998

鍾盛,「西魏北周"作牧本州"考析」,『魏晉南北朝隋唐史資料』25, 2009

朱大渭,「代北豪强酋帥崛起述論」,『六朝史論』, 北京: 中華書局, 1998

　　　　,「北魏的國營畜牧業經濟」,『六朝史論』, 北京: 中華書局, 1998

　　　　,「北朝歷史建置長城及其軍事戰略地位」,『六朝史論續編』, 北
　　京: 學苑出版社, 2007(原載『中國史研究』2006-2, 2006)

周得京,「洛陽古代航運述略」, 中國古都學會 編,『中國古都研究』, 太
　　原: 山西人民出版社, 1998

周雙林,「從京畿都督府看東魏北齊的民族關係」,『史學月刊』1987-6,
　　1987

朱葉俊,「兩魏周齊河南之爭」, 南京大學碩士學位論文, 2011. 4

周仁文,「東魏北齊貪污現象的普遍性及其原因探析」,『湖南工業職業技
　　術學院學報』9-2, 2009

周一良,「北朝的民族問題與民族政策」,『魏晉南北朝史論集』, 北京: 中

華書局, 1965

_____, 「北齊書札記·各立一省條」, 『魏晉南北朝史札記』, 北京: 中華書局, 1985

_____, 「北齊書札記·各立一省條」, 『魏晉南北朝史札記』, 北京: 中華書局, 1985

_____, 「乞活考−西晉東晉間流民史之一項−」, 『周一良集』第一卷(魏晉南北朝史論), 瀋陽: 遼陽敎育出版社, 1998

_____, 「讀《鄴中記》」, 『周一良集』第壹卷, 『周一良集』第貳卷 魏晉南北朝札記, 瀋陽: 遼寧敎育出版社, 1998

_____, 「馬場」, 『周一良集』, 第貳卷魏晉南北朝史札記, 瀋陽: 遼寧敎育出版社, 1998

_____, 「北魏用人兼容幷包」, 『周一良集』第貳卷魏晉南北朝史札記, 瀋陽: 遼寧敎育出版社, 1998

_____, 「北魏鎭戍制度考」, 『周一良集』第壹卷 魏晉南北朝史論, 瀋陽: 遼寧敎育出版社, 1998

_____, 「北魏鎭戍制度續考」, 『周一良集』第壹卷 魏晉南北朝史論, 瀋陽: 遼寧敎育出版社, 1998

_____, 「北朝的民族問題與民族政策」, 『周一良集』第一卷(魏晉南北朝史論), 瀋陽: 遼陽敎育出版社, 1998

_____, 「領民酋長與六州都督」, 『周一良集』第一卷(魏晉南北朝史論), 瀋陽: 遼陽敎育出版社, 1998

_____, 「從北魏幾郡的戶口變化看三長制的作用」, 『周一良集』第一卷(魏晉南北朝史論), 瀋陽: 遼陽敎育出版社, 1998

_____, 「從北魏幾郡的戶口變化看三長制的作用」, 『周一良集』第一卷(魏晉南北朝史論), 瀋陽: 遼陽敎育出版社, 1998

_____, 「中山鄴信都三城」, 『周一良集』第貳卷 魏晉南北朝札記, 瀋陽: 遼寧敎育出版社, 1998

朱學淵, 「鮮卑民族及其語言」(上), 『滿語硏究』2000-1(總第30期), 2000

周慧敏, 「北周莫仁相・莫仁誕父子墓誌考釋」, 『淮陰師範學院學報・哲學社會科學版』35, 2013

曾磊, 「周武帝・周宣帝親信人物與軍權」, 『鞍山師範學院學報』15-3, 2013

陳乾康, 「論東晉南朝的僑州郡縣」, 『四川師範大學學報(社會科學版)』22-2, 1995

陳金鳳・姜敏, 「南北朝時期北魏與中間地帶蠻族合作探微−以北魏和桓誕・田益宗合作爲中心−」, 『中南民族大學學報(人文社會科學版)』22-6, 2002

陳德光, 「論宇文泰宇文邕父子對隋統一的貢獻」, 『江漢大學學報』1985-1, 1985

陳勇, 「漢趙國胡與屠各異同考−兼說漢趙國的胡漢分治−」, 『漢趙史論稿』, 北京: 商務印書館, 2009

陳元湘, 「試論南朝的典籤」, 『滁州師專學報』1999-3, 1999

陳寅恪, 「宇文氏之府兵及關隴集團(附鄉兵)」, 萬繩楠 整理, 『陳寅恪魏晉南北朝史講演錄』, 北京: 黃山書社, 1987

_____, 「胡族的漢化及胡漢分治」, 萬繩楠 整理, 『陳寅恪魏晉南北朝史講演錄』, 北京: 黃山書社, 1987

_____, 「論唐代之蕃將與府兵」, 『金明館叢稿初編』, 北京: 三聯書店, 2001

陳作樑・丁柏傳, 「述論北周武帝−宇文邕−」, 『中央民族學院學報』1984-4, 1984

陳長琦 · 易澤陽,「韋孝寬與玉壁之戰」,『南都學壇(人文社會科學學報)』 28-1, 2008

陳財經,「讀北周信州總綰(管)達符忠墓誌」,『碑林集刊』14, 2008

蔡學海,「北朝行臺研究」,『歷史學報(臺灣師範大學)』5, 1977

崔彥華,「晉陽在東魏北齊時的霸府和別都地位」,『晉陽學刊』2004-3, 2004

＿＿＿＿,「"鄴-晉陽"兩都體制與東魏北齊政治」,『社會科學戰線』2010-7, 2010

＿＿＿＿,「北魏前期"盛樂-平城"兩都格局-兼論北魏金陵之所在-」, 中國魏晉南北朝史學會 · 山西大學歷史文化學院 編,『中國魏晉南北朝史學會第十屆年會暨國際學術研討會論文集』, 太原: 北岳文藝出版社, 2012

＿＿＿＿,「"洛陽-平城"兩都格局與北魏政權之敗亡」,『山西大學學報(哲學社會科學版)』35-4, 2012

崔珍烈,「北魏道武帝時期部落解散的再檢討」, 中國魏晉南北朝史學會 · 山西大學歷史文化學院 編,『中國魏晉南北朝史學會第十屆年會暨國際學術研討會論文集』, 太原: 北岳文藝出版社, 2012

＿＿＿＿,「平城定都與鮮卑人保持的草原政治文化」, 政協大同市委員會 · 山西大同大學,『2018中國大同 · 北魏文化論壇論文集』, 2018. 8

竺可楨,「中國近五千年來氣候變遷」, 葛劍雄 · 華林甫 編,『歷史地理研究』, 武漢: 湖北教育出版社, 2002(原載『考古學報』1972-1, 1972)

湯承業,「論隋文帝勘平三方之亂與剪除六王之謨」,『幼獅學志』(臺北) 1968-4, 1968

彭體用,「儒學理性精神與北周武帝」,『北朝研究』1992-4, 1992

布雷特 · 辛斯基(Bret Hinsch) 著, 藍勇 · 劉建 · 鍾春來 · 嚴奇巖 譯,「氣

候變遷和中國歷史」,『中國歷史地理論叢』2003-2(18-2), 2003

馮憲開, 「談論北周的社會改革」,『文史知識』1985-8, 1985

何德章, 「"陰山却霜"之俗解」,『魏晉南北朝隋唐史資料』12, 武漢: 武漢
　　　出版社, 1993

_____, 「北魏太和中州郡制改革考釋」,『武漢大學學報(哲學社會科學版)』
　　　1995-3(總第218期), 1995

_____, 「論北魏孝文帝遷都事件」,『魏晉南北朝隋唐史資料』26, 1997

_____, 「北魏初年的漢化制度與天賜二年的倒退」,『中國史研究』,
　　　2001-2(K 22 2001-6)

何茲全, 「府兵制前的北朝兵制」,『讀史集』, 上海: 上海人民出版社,
　　　1982

賀次君, 「西晉以下北方宦族地望表」,『禹貢』3-5, 1935

許少林, 「北魏經略江淮地區述論」, 吉林大學碩士學位論文, 2016. 4

許蓉生, 「河東薛氏研究: 兼論南北朝時期地方豪強的發展道路」,『中國
　　　魏晋南北朝史學會第四屆國際學術討論會』발표논문, 1992. 9

胡阿祥, 「東晉南朝籍都督區」,『六朝政區』, 南京: 南京出版社, 2008

_____, 「十六國北朝僑州郡縣與僑流人口研究引論」,『中國歷史地理論
　　　叢』24-3, 2009

胡如雷, 「周隋之際的"三方之亂"及其平定」,『河北學刊』1989-6,
　　　1989(胡如雷,『隋唐政治史論集』, 石家莊: 河北教育出版社, 1997)

洪吉, 「北魏皇帝的巡幸」, 2007屆研究生碩士學位論文, 華東師範大學,
　　　2007. 4

洪濤, 「尒朱榮述論」,『中央民族大學學報(社會科學版)』1998-2, 1998

黃壽成, 「漢士族與東魏北齊政權」,『青島大學師範學院學報』28-1,
　　　2011

曉鳳, 「北魏建都平城之我見」, 『大同職業技術學院』 第20卷 第3期, 2006

侯林虎, 「北齊亡後山東豪族心態試析－以董敬墓誌爲線索－」, 『淮陰師範學院學報(哲學社會科學版)』 2011-1(第32卷), 2011

侯甬堅, 「北魏時期鄂爾多斯高原的自然-人文京觀」, 『歷史地理學探索』, 北京: 中國社會科學出版社, 2004

侯旭東, 「北魏"三長制"」, 『北朝村民的生活世界: 朝廷·州縣與村里』, 北京: 商務印書館, 2005

_____, 「北魏境內胡族政策初探－從《大代持節豳州刺史山公寺碑》說起－」, 『中國社會科學』 2008-5, 2008

_____, 「《大代持節豳州刺史山公寺碑》所見史事考－兼論北魏對待境內胡族的政策－」, 『紀念西安碑林九百二十周年華誕國際學術研討會論文集』, 北京: 文物出版社, 2008

〈일문〉

江上波夫, 「匈奴の祭祀」, 『ユウラシア古代北方文化: 匈奴文化論攷』, 東京: 山川出版社, 1950

岡田和一郎, 「北齊國家論序說－孝文體制と代體制－」, 『九州大學東洋史論集』 39, 2011

兼子秀利, 「北魏前期の政治」, 『東洋史研究』 19-1, 1960

古賀登, 「北魏三長攷」, 『東方學』 31, 1965

古賀昭岑, 「北魏における徙民と計口受田について」, 『九州大學東洋史論集』 1, 1973

_____, 「北朝の行臺について－その一一」, 『九州大學東洋史論集』 3, 1974

_____, 「北魏の部族解散について」, 『東方學』 59, 1980

谷口房男, 「南北朝時代の蠻酋」, 魏晉南北朝隋唐時代の基本問題編纂
　　委員會 編, 『魏晉南北朝隋唐時代の基本問題』, 東京: 汲古書院,
　　1997

谷川道雄, 「慕容國家における君權と部族制」, 『隋唐帝國形成史論』, 東
　　京: 筑摩書房, 1971(原載 「慕容國家の權力構造－とくに前燕を中心とし
　　て－」, 『名古屋大學文學部研究論集』 29, 1963)

_____, 「兩魏齊周時代の覇府と王都」, 唐代史研究會 編, 『中國都市の
　　歴史的研究』, 唐代史研究會報告 第Ⅳ集, 1988

_____, 「兩魏齊周時代の覇府と王都」, 『(增補)隋唐帝國形成史論』, 東
　　京: 筑摩書房, 1998

菊池英夫, 「北朝軍制に於ける所謂郷兵について」, 『重松先生古稀記念
　　九州大學東洋史論叢』, 1957

堀敏一, 「均田制の成立」, 『東洋史研究』 24-1・2, 1965

_____, 「均田思想と均田制度の源流」, 『均田制の研究－中國古代國家
　　の土地政策と土地所有制－』, 東京: 岩波書店, 1975

_____, 「北魏における均田制の成立」, 『均田制の研究』, 東京: 岩波書
　　店, 1975

_____, 「九品中正制度の成立をめぐって－魏晉の貴族制社會にかん
　　する一考察－」, 『唐末五代變革期の政治と經濟』, 東京: 汲古書院,
　　2002

宮崎市定, 「漢代の里制と唐代の坊制」, 『東洋史研究』 21-3, 1962

_____, 「中正と科擧」, 『九品官人法の研究－科擧前史－』, 京都: 同朋
　　舍, 1977(初版 1956)

宮川尙志, 「南北朝の軍主・隊主・戍主等について」, 『六朝史研究』 政

治・社會篇, 東京: 日本學術振興會, 1956

氣賀澤保規, 「府兵制の成立とその構造」, 『府兵制の研究-府兵兵士とその社會-』, 京都: 同朋舍, 1999

吉田愛, 「北魏雁臣考」, 『史滴』 27, 2005

_____, 「同州と西魏・北周の覇府」, 『史滴』 34, 2012

吉川忠夫, 「後梁春秋-傀儡王調の記錄-」, 『侯景の亂始末記-南朝貴族社會の命運-』, 東京: 中公新書, 1974

稲住哲朗, 「北齊出身者と關隴集団」, 『九州大學東洋史論集』 41, 2013

渡邊信一郎, 「北魏の財政構造-孝文帝・宣武帝期の經費構造を中心に-」, 『北朝財政史の研究-『魏書』食貨志を中心に-』, 平成11年度~平成14年度科學研究費補助金 基礎研究 研究成果報告書, 2002

_____, 「北魏の財政構造-孝文帝・宣武帝期の經費構造を中心に-」, 『中國古代の財政と國家』, 東京: 汲古書院, 2010(原載 「北魏の財政構造-孝文帝・宣武帝期の經費構造を中心に-」, 『北朝財政史の研究-『魏書』食貨志を中心に-』, 平成11年度~平成14年度科學研究費補助金 基礎研究 研究成果報告書, 2002)

_____, 「三五發卒考實-六朝期の兵役・力役徵發方式と北魏の三長制-」, 『中國古代の財政と國家』, 東京: 汲古書院, 2010

藤堂光順, 「西魏北周期における'等夷'關係について」, 『名古屋大學 東洋史研究報告』 8, 1982

藤井律之, 「北朝皇帝の行幸」, 前川和也・岡村秀典 編, 『國家形成の比較研究』, 東京: 學生社, 2005

瀧川正博, 「北周における「稽胡」の創設」, 『史觀』 160, 2009

牟發松(古賀昭岑 譯), 「北朝行臺の地方官化についての考察」, 『九州大學東洋史論集』 25, 1997

福島惠, 「唐代ソグド姓墓誌の基礎的考察」, 『學習院史學』 43, 2005

濱口重國, 「漢代に於ける地方官の任用と本籍地の關係」, 『秦漢隋唐史の研究』, 東京: 東京大學出版會, 1980

_____, 「東魏の兵制」, 『秦漢隋唐史の研究』 上卷, 東京: 東京大學出版會, 1980

_____, 「正光四年の交に於ける後魏の兵制に就いて」, 『秦漢隋唐史の研究』, 東京: 東京大學出版會, 1980

山口正晃, 「都督制の成立」, 『東洋史研究』 60-2, 2001

山崎宏, 「北朝末期の附庸國後梁に就いて」, 『史潮』 11-1, 1941

_____, 「北魏の大人官に就いて」(上), 『東洋史研究』 9-5·6, 1947,

_____, 「北魏の大人官に就いて」(下), 『東洋史研究』 10-1, 1947

山下將司, 「唐·開元二十六年『北周·尉遲迥廟碑』について」, 『早稻田大學教育學部 學術研究(地理學·歷史學·社會科學編) 50, 2001

西野正彬, 「北魏の軍制と南邊」, 『北陸史學』 25, 1976

_____, 「北魏の宗敎反亂と地方軍」, 『北陸史學』 30, 1981

石見淸裕, 「唐の建國と匈奴の費也頭」, 『史學雜誌』 91-10, 1982(石見淸裕, 「唐の北方問題と國際秩序』, 東京: 汲古書院, 1998에 再錄)

船木勝馬, 「拓跋部の華北支配への道」, 『アジアアフリカ文化研究所研究年報』, 1970

_____, 「北魏建國期における州郡縣の設置について」, 『東洋大學紀要 文學部編』 24, 1971

_____, 「北魏太宗朝の諸反亂について」, 『鈴木俊先生古稀記念東洋史論叢』, 東京: 山川出版社, 1975

小島典子, 「北魏末期の尒朱榮」, 『史窓』 58, 2001

小林聰, 「慕容政權の支配構造の特質−政治過程の檢討と支配層の分

析を通して-」,『九州大學東洋史 論集』16, 1988,

小尾孟夫,「南朝における地方支配と豪族-地方長官の本籍地任用門題について-」,『東方學』42, 1971

蕭璠みちる,「北魏の華北支配と道教」, 記念論叢刊行會 編,『福井重雅先生古稀・退職記念論集 古代東アジア史の社會と文化』, 東京: 汲古書院, 2007

松永雅生,「北魏太祖の「離散諸部」」,『福岡女子短大紀要』9, 1974

松下憲一,「「部族解散」研究史」,『北魏胡族體制論』, 札幌: 北海道大學出版會, 2007

_____,「領民酋長制と「部族解散」」,『北魏胡族體制論』, 札幌: 北海道大學出版會, 2007

_____,「北魏石刻史料に見える內朝官-「北魏文成帝南巡碑」の分析を中心に-」,『北魏胡族體制論』, 札幌: 北海道大學出版會, 2007

_____,「「定襄之盛樂」と「雲中之盛樂」-鮮卑拓跋國家の都城と陵墓-」,『史朋』40, 2007

_____,「北魏の洛陽遷都」,『北魏胡族體制論』, 札幌: 北海道大學出版會, 2007

_____,「北魏部族解散再考-元萇墓誌を手がかりに-」,『史學雜誌』123-4, 2014

狩野直禎,「後漢末の世相と巴蜀の動向-地方分權化と豪族-」,『東洋史研究』15-3, 1957

勝畑冬實,「拓跋珪の「部族解散」と初期北魏政權の性格」,『早稻田大學院文學研究科紀要 哲學・史學篇』別册 20集, 1994

_____,「北魏の郊甸と「畿上塞圍」-胡族政權による長城建築の意義-」,『東方學』90, 1995

市來弘志,「乞活と後趙專權」, 中國古代史研究會 編,『中國古代史研究』
7, 東京: 研文出版, 1997

_____,「魏晉南北朝時代における鄴城周邊の牧畜と民族分布」, 鶴間
和幸 編,『黃河下流域の歷史と環境−東アジア海文明への道−』, 東
京: 東方書店, 2007

鹽澤裕仁,「洛陽八關とその内包空間−漢魏洛陽盆地の空間的理解に觸
れて−」,『千年帝都 洛陽−その遺跡と人文・自然環境−』, 東京: 雄
山閣, 2010,

_____,「鮮卑の都城"平城"」,『後漢魏晉南北朝都城境域研究』, 東京:
雄山閣, 2013

窪添慶文,「北魏の地方軍(特に州軍)について」,『西嶋定生博士還曆記念
東アジア史における國家と農民』, 東京: 山川出版社, 1984

_____,「北魏の州の等級について」,『高知大學教育學部研究報告』第
二部 40號, 1988

_____,「北魏の都督−軍事面からみた中央と地方−」,『魏晉南北朝官
僚制研究』, 東京: 汲古書院, 2003(原載「北魏的都督−從軍事面看中央
與地方−」,『中華民國史專題論文集第五屆討論會』, 臺北: 國史館, 2000)

_____,「北魏における榮陽鄭氏」,『お茶の水史學』51, 2008

_____,「北魏服屬諸族覺書」,『立正大學大學院紀要』26, 2010

_____,「魏晉南北朝における地方官の本籍地任用について」,『魏晉南
北朝官僚制研究』, 東京: 汲古書院, 2003(原載「魏晉南北朝における地
方官の本籍地任用について (一)・(二)」,『史學雜誌』83-1・2, 1974)

宇都宮淸吉,「僮約研究」,『漢代社會經濟史研究』, 東京: 弘文堂, 1955

園田俊介,「北魏時代における匈奴の遼西徙民とその背景」,『中央大學
アジア史研究』(白東史學會 編) 27, 2003

越智重明,「南朝における地方官の本籍地任用に就いて」,『愛媛大學歷史學紀要』1, 1953

_____,「典籤考」,『東洋史研究』13-6, 1955

_____,「魏晉時代の四征將軍と都督」,『史淵』117, 1980

前島佳孝,「西魏・北周・隋初における領域統治體制の諸相」,『唐代史研究』15, 2012

_____,「西魏の漢川進出と梁の內訌」,『西魏・北周政權史の研究』, 東京: 汲古書院, 2013(原載『中央大學大學院研究年報』28, 文學研究科篇, 1999)

_____,「西魏の四川進攻と梁の帝位鬪爭」,『西魏・北周政權史の研究』, 東京: 汲古書院, 2013(原載『中央大學大學院研究年報』29, 文學研究科篇, 2000)

_____,「西魏・蕭梁通交の成立−大統初年漢中をめぐる抗爭の顚末−」,『西魏・北周政權史の研究』, 東京: 汲古書院, 2013(原載「西魏・蕭梁通交の成立−大統初年漢中をめぐる抗爭の顚末−」, 白東史學會 編,『中央大學東洋史學專攻創設五十周年記念アジア史論叢』;『中央大學アジア史研究』26, 東京: 刀水書房, 2002)

_____,「西魏・北周の四川支配の確立とその經營」,『西魏・北周政權史の研究』, 東京: 汲古書院, 2013(原載「西魏・北周の四川支配の確立とその經營」,『中央大學人文研紀要』65, 2009)

_____,「東魏・北齊等の情勢と西魏の南進戰略總括」,『西魏・北周政權史の研究』, 東京: 汲古書院, 2013

_____,「梁武帝死後の西魏・梁關係の展開」,『西魏・北周政權史の研究』, 東京: 汲古書院, 2013

前田正名,「三-五世紀における太行山脈東麓の地域構造に關する論考−

住民構造を通じて−」『平城の歷史地理學的研究』, 東京: 風間書房, 1979

_____, 「四-五世紀における太行山脈東麓路に關する論考−住民構造−」『平城の歷史地理學的研究』, 東京: 風間書房, 1979

_____, 「住民構造」『平城の歷史地理學的研究』, 東京: 風間書房, 1979

_____, 「平城と河北平野との經濟的關係」『平城の歷史地理學的研究』, 東京: 風間書房, 1979

_____, 「平城をめぐる交通路」『平城の歷史地理學的研究』, 東京: 風間書房, 1979

_____, 「平城都市景觀の展開」『平城の歷史地理學的研究』, 東京: 風間書房, 1979

_____, 「平城附近・桑乾河流域・隣接地域人口流動一覽表」『平城の歷史地理學的研究』, 東京: 風間書房, 1979

井上直樹, 『韓暨墓誌』を通してみた高句麗の對北魏外交の一側面−六世紀前半を中心に−」『朝鮮學報』178, 2001

町田隆吉, 「後趙政權下の氏族について~「五胡」諸政權の構造理解にむけて」『史正』7, 1979

齊藤達也, 「安息國・安國とソグド人」『國際仏敎學大學院大學研究紀要』11, 2007

_____, 「北朝・隋唐史料に見えるソグド姓の成立について」『史學雜誌』118-12, 2009

佐久間吉也, 「北朝の領民酋長制に就いて」『福島大學學藝部論集』1, 1950

_____, 「北魏時代の漕運」『魏晉南北朝水利史研究』, 東京: 開明書

院, 1980(原載「北魏時代の漕運について」,『福島大學教育學部論集』23-1, 1971)

佐藤佑治,「北朝の地方官と豪族」,『一橋論叢』76-1, 1976

佐藤智水,「北魏皇帝の行幸について」,『岡山大・文・紀要』5(通卷45), 1984

_____,「北魏末の大乘の亂と災害」,『岡山大學文學部紀要』14, 1990

佐川英治,「北魏の編戸制と徵兵制度」,『東洋學報』81-1, 1999

_____,「三長・均田兩制の成立過程−『魏書』の批判的檢討をつうじて−」,『東方學』97, 1999

_____,「孝武西遷と國姓賜與−六世紀華北の民族と政治−」,『岡山大學文學部紀要』38, 2002

_____,「遊牧と農耕の間−北魏平城の鹿苑の機能とその変遷−」,『岡山大學文學部紀要』47, 2007

_____,「北魏平城」, 佐川英治・陳力・小尾夫,『漢魏晉南北朝都城復元圖の研究』, 平成22〜平成25年度科學研究費補助金基盤研究(B)研究成果報告書(最新の考古調査および禮制研究の成果を用いた中國古代都城史の新研究), 2014. 3

_____,「曹魏・後趙・東魏北齊鄴城」, 佐川英治・陳力・小尾夫,『漢魏晉南北朝都城復元圖の研究』, 平成22〜平成25年度科學研究費補助金基盤研究(B)研究成果報告書(最新の考古調査および禮制研究の成果を用いた中國古代都城史の新研究), 2014. 3

_____,「漢魏洛陽城」, 佐川英治・陳力・小尾夫,『漢魏晉南北朝都城復元圖の研究』, 平成22〜平成25年度科學研究費補助金基盤研究(B)研究成果報告書(最新の考古調査および禮制研究の成果を用いた中國古代都城史の新研究), 2014. 3

912

前島佳孝,「西魏・北周・隋初における領域統治體制の諸相」,『唐代史研究』15, 2012

中田篤郎,「北齊の京畿大都督について」,『東洋史苑』17, 1981

直江直子,「北朝後期政權爲政者グループの出身について」,『名古屋大學東洋史研究報告』5, 1978

川本芳昭,「內朝制度」,『魏晉南北朝時代の民族問題』, 東京: 汲古書院, 1998(原載「北魏の內朝」,『九州大學東洋史論集』6, 1977)

_____,「六朝における蠻の理解についての一考察－山越・蠻漢融合の問題を中心としてみた－」,『魏晉南北朝時代の民族問題』, 東京: 汲古書院, 1998(原載「六朝期における蠻の理解についての一考察－山越・蠻漢融合の問題を中心としてみた－」,『史學雜誌』95-8, 1986)

_____,「六朝における蠻の漢化について」,『魏晉南北朝時代の民族問題』, 東京: 汲古書院, 1998(原載「六朝期における蠻の漢化について」,『史淵』118, 1981)

_____,「部族解散の理解をめぐって」,『魏晉南北朝時代の民族問題』, 東京: 汲古書院, 1998(原載「北魏太祖の部落解散と高祖の部族解散－所謂部族解散の理解をめぐって－」,『佐賀大學敎養部研究紀要』14, 1982; 「北朝社會における部族制の傳統について」,『佐賀大學敎養部研究紀要』21, 1989)

_____,「蠻の問題を中心としてみた六朝期段階における各地域の狀況について」,『魏晉南北朝時代の民族問題』, 東京: 汲古書院, 1998(原載「蠻の問題を中心としてみた六朝期段階における各地域の狀況について(その二)」,『九州大學東洋史論集』23, 1995)

_____,「蠻漢抗爭と融合の軌跡」,『魏晉南北朝時代の民族問題』, 東京: 汲古書院, 1998

_____,「封爵制度」,『魏晉南北朝時代の民族問題』, 東京: 汲古書院, 1998

_____,「北魏における身分制について」,『魏晉南北朝時代の民族問題』, 東京: 汲古書院, 1998

_____,「北魏文成帝南巡碑について」,『九州大學東洋史論集』28, 2000

_____,「北魏內朝再論－比較史の觀點から見た－」,『東洋史研究』70-2, 2011

太田稔,「拓跋珪の『部族解散』政策について」,『集刊東洋學』89, 2002

河地重造,「北魏王朝の成立とその性格について－徙民政策の展開から均田制へ－」,『東洋史研究』12-5, 1953

鶴間和幸,「秦漢比較都城論－咸陽・長安城の建設プランの繼承－」,『茨城大學敎養學部紀要』23, 1991

_____,「漢代皇帝陵・陵邑・成國渠調査記－陵墓・陵邑空間と灌漑區の關係-」,『古代文化』41-3, 1991

護雅夫,「突厥の國家と社會」,『古代トルコ民族史研究』I, 東京: 山川出版社, 1967

會田大輔,「北周『叱羅協墓誌』に關する一考察－宇文護時代再考の手がかりとして－」,『文學研究論集』23, 2005

_____,「『周書』蕭詧傳に關する一考察－蕭詧の遣使稱藩を手がかりとして－」,『文化繼承學論集』3, 2007

_____,「北周の地方統治に關する一考察－『延壽公碑』を中心として－」,『文學部・文學研究科學術研究發表會論集』, 2009

_____,「『宇文述墓誌』と『隋書』宇文述傳－墓誌と正史の宇文述像をめぐって－」,『駿台史學』137, 2009

_____, 「北魏後半期の州府僚佐-「山公寺碑」を中心に-」, 『東洋學報』 91-2, 2009

_____, 「北周武帝の華北統一」, 『アジア遊學』, 2017

〈영문〉

Benjamin E. Wallacker, "Studies in Medieval Chinese Siegecraft: The Siege of Yu-pi, A.D. 546," *The Journal of Asian Studies*, Vol. 28, No. 4, Aug., 1969

Boodberg, Peter A., "The Language of the T'o-Pa Wei," *Harvard Journal of Asiatic Studies*, Vol. 1 No. 2, 1936

Louis Ligeti, "Le Tabghatch, un dialecte de la langue Sien-pi," Louis Ligeti ed., *Mongolian Studies*(*Bibliotheca Orientalis Hungarica, Vol. XIV*), Budapest: Akadémiai Kiadó, 1970

922

최진열

서울대학교 동양사학과를 졸업하고 같은 과에서 석사학위와 박사학위를 받았다. 『북위황제 순행과 호한사회』(서울대학교출판문화원, 2011), 『발해 국호 연구−당조가 인정한 발해의 고구려 계승 묵인과 부인−』(서강대학교출판부, 2015), 『효문제의 '한화' 정책과 낙양 호인사회−북위 후기 호속 유지 현상과 그 배경−』(한울아카데미, 2016) 등 연구서를 집필하였고 수십 편의 논문을 발표하였다. 『효문제의 '한화' 정책과 낙양 호인사회』는 2017 학술원 우수학술도서로 선정되었다. 현재 한국전통문화대학교 연구교수로 있다.

中國 北朝 地方統治 研究

대우학술총서 621

1판 1쇄 찍음 | 2019년 3월 11일
1판 1쇄 펴냄 | 2019년 3월 25일

지은이 | 최진열
펴낸이 | 김정호
펴낸곳 | 아카넷

출판등록 | 2000년 1월 24일(제406−2000−000012호)
주소 | 10881 경기도 파주시 회동길 445−3
전화 | 031−955−9510 (편집) · 031−955−9514 (주문)
팩시밀리 | 031−955−9519
책임편집 | 이하심
www.acanet.co.kr

© 최진열, 2019

Printed in Seoul, Korea.

ISBN 978−89−5733−619−9 94910
ISBN 978−89−89103−00−4 (세트)

이 도서의 국립중앙도서관 출판예정도서목록(CIP)은
서지정보유통지원시스템 홈페이지(http://seoji.nl.go.kr)와
국가자료공동목록시스템(http://www.nl.go.kr/kolisnet)에서 이용하실 수 있습니다.
(CIP제어번호: CIP2018039709)